ISBN 978-1-5281-8142-6
PIBN 10927621

English
Français
Deutsche
Italiano
Español
Português

www.forgottenbooks.com

Mythology Photography **Fiction**
Fishing Christianity **Art** Cooking
Essays Buddhism Freemasonry
Medicine **Biology** Music **Ancient
Egypt** Evolution Carpentry Physics
Dance Geology **Mathematics** Fitness
Shakespeare **Folklore** Yoga Marketing
Confidence Immortality Biographies
Poetry **Psychology** Witchcraft
Electronics Chemistry History **Law**
Accounting **Philosophy** Anthropology
Alchemy Drama Quantum Mechanics
Atheism Sexual Health **Ancient History**
Entrepreneurship Languages Sport
Paleontology Needlework Islam
Metaphysics Investment Archaeology
Parenting Statistics Criminology
Motivational

REVUE

DES

EUX MONDES

LXXIe ANNÉE — CINQUIÈME PÉRIODE

REVUE

DES

EUX MONDES

LXXIᵉ ANNÉE. — CINQUIÈME PÉRIODE

TOME PREMIER

PARIS

BUREAU DE LA REVUE DES DEUX MONDES

RUE DE L'UNIVERSITÉ, 15

LE FANTÔME

TROISIÈME PARTIE (1)

V. — UNE CONFESSION (*Suite*

AUTRES FRAGMENS DU JOURNAL DE MALCLERC

1

Promontogno, 24 août 1892.

… Nous nous sommes arrêtés quelques jours ici, à mi-chemin entre l'Engadine et l'Italie, — cette douce Italie que je m'étais fait une joie de visiter avec Éveline, après avoir tant rêvé autrefois d'y vivre selon mon cœur, et avec Antoinette!… Quelles mélancolies m'y attendent maintenant? Quelles déceptions? Quels lancinemens de cette idée fixe qui a commencé de m'obséder? Qu'aurai-je à écrire sur ce pauvre journal, que je reprends, pour me soulager de tant de silences, en me parlant du moins à moi-même, comme jadis dans d'autres heures? — Alors, j'étais libre. J'allais, je venais, sans cette sensation d'un cœur si tendre, si dévoué, suspendu à chacun de mes mouvemens. Alors, je pouvais me laisser souffrir sans que ma souffrance eût aussitôt cette répercussion qui la double, sans ce supplice de rendre misérable par ma misère l'innocente enfant à qui j'ai juré protection. C'est une parole donnée, je dois la tenir. Et qu'est-ce que ce mot protéger veut dire, s'il ne signifie pas assumer sur

(1) Voyez la *Revue* des 1er et 15 décembre 1900.

soi toute l'épreuve, porter toute la croix, comme Éveline dirait, elle qui prie, elle qui a, dans les minutes trop dures, un autel où s'agenouiller, un appui d'en haut à implorer? Moi, je n'ai que moi, et cette vie à deux a cela de particulièrement éprouvant dans une telle crise, que la tendresse inquiète de ma compagne ne me laisse pas me concentrer dans ce « moi, » m'y piéter, m'y raidir. Ses doux yeux, si cruels à leur insu, ont cette inquisition de l'amour jaloux qui veut lire jusqu'au fond de l'être aimé, y découvrir le chagrin caché, le consoler, le partager. A une blessure comme la mienne, et de cette profondeur d'empoisonnement, ce qu'il faudrait, c'est la paix absolue, la totale solitude, qu'aucune main n'essayât de s'en approcher, même pour la panser, et qu'elle saignât, saignât, saignât indéfiniment. Depuis que je me suis assis à ma table pour penser tout haut sur ce cahier, il m'a semblé qu'un peu du sang de la plaie coulait en effet dans cette confession, et j'ai si longtemps hésité à me la permettre, à reprendre ce dangereux journal! Mais cette comédie de toutes les heures me rendait fou. Il faut que je sois vrai, complètement, férocement vrai avec quelqu'un, ne fût-ce qu'avec moi, et vis-à-vis de ce papier blanc, quand je n'aurais, pour m'abandonner à cette sincérité absolue, qu'un instant comme celui-ci, conquis par un mensonge! Pour avoir le droit de m'enfermer sous clef dans cette chambre, j'ai dû prétexter une fatigue, le besoin de me reposer. Je sais qu'Éveline est là, dans la pièce voisine, tourmentée de ma souffrance, s'imaginant que je dors, n'osant qu'à peine bouger. Quelle pitié! Et moi, j'étouffe mes mouvemens, je ne me lève pas, je ne remue pas, de peur qu'elle ne vienne, me sachant éveillé, frapper à ma porte et me demander si je suis mieux, de sa voix qui m'émeut jusqu'aux larmes, et qui me donne envie de me jeter à ses genoux et d'implorer mon pardon... Mon pardon, et de quoi? Est-on coupable, quand on s'est élancé vers ce que l'on croyait le bonheur avec son âme tout entière, égaré, mais avec tant de bonne foi, par le mirage de l'espérance, trompé, mais si sincèrement, par cette puissante magie du désir qui flotte comme une vapeur entre nous et la réalité? Un cœur d'homme n'est pas à trente-cinq ans ce qu'il était à vingt-cinq. Une jeune fille de vingt ans et une femme de trente ans ne sont pas le même être. L'amour hors du mariage n'est pas ce qu'il est dans le mariage. Ces vérités me paraissent aujourd'hui bien claires, bien élémentaires. Je ne les ai pas comprises. Je n'ai

pas compris davantage que certains secrets pèsent trop sur le
cœur. On n'est pas l'heureux mari d'une fille dont on a aimé la
mère. On peut aimer cette fille, mais dans un rêve, dans un regret,
idéalement, lointainement. Durant mes fiançailles, c'était ainsi, et
voilà pourquoi elles ont été possibles. Ces deux visages, celui de la
morte et celui de la vivante, si semblables l'un à l'autre, de traits,
de regards, d'expressions, se superposaient, se mélangeaient, se
confondaient. De ces deux êtres, l'un n'était plus qu'un souvenir.
L'autre n'était qu'une espérance. J'étais vis-à-vis d'elles dans ce
domaine de l'idée, qu'un abîme sépare du domaine de la possession. C'est dans le passage de l'un à l'autre de ces domaines
que j'ai reconnu toute ma folie et sur quel chemin je m'étais engagé, — pas seul, hélas ! — Du jour où Éveline a été vraiment ma
femme, le réveil a eu lieu, un réveil aussi brusque, aussi rapide,
aussi irrémissible, que l'espèce de sursaut animal dont il a procédé. Avant une certaine minute, Antoinette et Éveline n'étaient
qu'une. Depuis cette minute, elles sont deux, et, pour que je
pusse être heureux dans un tel mariage, il fallait que cette dualité
ne m'apparût jamais, il fallait que cette illusion de ma maîtresse
ressuscitée se prolongeât, il fallait... Ah! Il fallait que je fusse
heureux! Le bonheur seul absout certains actes. On doit en demeurer comme enivré pour supporter de les avoir commis. N'importe qui m'aurait prédit ce qui m'arrive. Je ne l'ai pas prévu.

Quand j'y pense, je me rends compte que j'ai été comme fou
durant ces fiançailles. Ce n'était point la jeune et légère griserie
habituelle à cette période, qui n'est qu'un point; mais délicieux
d'inconnu, une oasis de songe entre une existence achevée et une
existence toute neuve. Ma folie à moi était l'ardeur, tragique en
son fond, de l'homme qui attend du mariage ce que l'on attend
de la passion, une intense exaltation de sa sensibilité, un frisson
suprême, un ravissement. Comment y aurais-je vu clair en moi,
quand je vivais dans cette déconcertante demi-intimité, toute
mélangée de réserve et d'abandon, où la jeune fille demeure si
lointaine et si présente, si étrangère et si familière, si près de
l'étreinte et si chastement inaccessible? Et pourtant, à trois reprises, cette folie a été coupée d'un éclair de raison. Par trois fois,
j'ai constaté, — j'aurais pu constater, si je l'avais voulu, — que
cette identité entre mon ancien amour et le nouveau était illusoire. Par trois fois, j'ai pu prévoir ce qui m'arrive : ce déchi-

rement de mon cœur entre deux émotions qui s'excluent au lieu de se compléter, qui se combattent au lieu de se confondre. Elles s'excluaient déjà, elles se combattaient pendant ces fiançailles, mais dans des profondeurs de ma pensée, où je ne descendais pas. Ces trois épreuves les ont illuminées, ces profondeurs. J'ai fermé mes yeux, — et j'ai passé outre.

La première date de notre retour d'Hyères à Paris. Ce fut ma présentation à M. d'Andiguier, le collectionneur, le vieil ami d'Antoinette. Que j'avais eu souvent, depuis ces dix années, l'envie de connaître cet homme, l'envie et la peur !... Je savais par ma pauvre maîtresse qu'elle l'avait choisi comme exécuteur testamentaire. J'en avais conclu jadis qu'au lendemain de la catastrophe toutes mes lettres avaient dû tomber entre ses mains. Elles ne m'avaient pas été renvoyées. Il avait donc dû être chargé, par ce même testament, de les détruire. Je m'étais dit qu'il les avait lues, et une invincible pudeur m'avait toujours retenu d'essayer d'approcher ce dépositaire d'un secret que j'aurais voulu être seul à garder dans mon cœur. Cette appréhension s'était, lors de mes fiançailles, changée en une véritable terreur. Éveline lui avait écrit pour lui annoncer notre engagement. Je m'étais attendu à le voir apparaître à Hyères. Il n'était pas venu. Il avait répondu dans des termes qui me prouvaient ou qu'il n'avait jamais eu mes lettres à sa disposition, ou qu'il les avait brûlées sans les lire. Si un doute me fût resté sur ce point, son accueil l'aurait dissipé. Pourquoi n'ai-je pu y répondre? Pourquoi cette sympathie m'a-t-elle fait honte subitement? Pourquoi ai-je éprouvé, sous le regard clair de ce vieillard, cette gêne insurmontable, sinon parce qu'il me représentait ma maîtresse, la mère de ma fiancée, avec une telle réalité? Pourquoi cette gêne a-t-elle grandi jusqu'à devenir une souffrance, à mesure que se prolongeait cette visite dans ce musée, sinon parce qu'Antoinette m'en avait tant parlé autrefois? La vue de certaines peintures me la rendait trop vivante, cette Sainte Claire de l'Angelico, par exemple, qui tient son cœur brûlant dans sa main : « C'est ainsi que je voudrais avoir mon portrait fait pour toi... » Je me rappelai tout d'un coup qu'elle m'avait dit cette phrase, un jour, après m'avoir décrit ce tableau, et, l'ayant cherché et trouvé, je me mis à le regarder avec un attendrissement inexprimable. C'était comme si le cœur de ma chère maîtresse eût vraiment brûlé dans la main de la sainte. En ce

moment, Éveline s'approchait de moi pour regarder ce panneau
qui semblait tant m'intéresser. A peine si je lui laissai le temps
d'y poser les yeux. Pourquoi sa présence devant ce tableau, à
cette minute, m'était-elle physiquement intolérable, sinon parce
qu'elle était la fille de l'autre, et que tout l'être se révolte contre
certains mélanges de sensations?... Quel avertissement! Et que
ne l'ai-je écouté!...

N'en fut-ce pas un autre, et plus significatif, que cette première
visite à l'hôtel de la rue de Lisbonne, — où nous habiterons à
notre rentrée? Par quel égarement encore ai-je accepté cette
combinaison? et comme j'en redoute l'accomplissement! Par
bonheur, l'hôtel a été loué à des étrangers jusqu'à l'année dernière, en sorte que, du moins, l'installation n'est pas restée la
même que du vivant d'Antoinette; mais Éveline, durant cette première visite, suppléait à ces changemens par ses souvenirs. Elle
me conduisait de chambre en chambre, se rappelant, tout haut,
sa vie de petite fille et celle de sa mère, et me les rendant présentes. Je me prêtais à ce jeu de mémoire, avec une curiosité,
d'abord émue, qui bientôt devint douloureuse. L'évocation de son
existence d'enfant me reportait d'une manière trop précise à mon
existence d'amant à la même époque. Je sentais, moi aussi, mes
souvenirs renaître et un dédoublement s'accomplir entre les deux
femmes. L'image de la mère se détachait, se distinguait de celle
de la fille, à chacun des mots d'Éveline. Elle disait : « Je faisais
ceci... Maman faisait cela... » et cette hallucination où elles se
sont confondues se dissipait. Je les sentais deux, — et deux rivales!... A un moment, et comme nous venions d'entrer dans le
petit salon, où Antoinette s'enfermait pour m'écrire, je vis soudain la jeune fille reflétée dans la glace de la cheminée. Le miracle de sa ressemblance avec la morte, qui m'avait jusque-là
charmé jusqu'à la fascination, me donna soudain la secousse
d'une véritable épouvante. Je crus apercevoir le fantôme d'Antoinette elle-même qui venait nous chasser de cette chambre où elle
m'avait tant aimé en pensée. La voix de la vivante, m'appelant
par mon nom, et me parlant avec sa confiante amitié, me fit tressaillir, comme une profanation. Je lui dis : « Je ne me sens pas
bien, allons-nous-en d'ici... » Et je l'entraînai hors de cette
chambre, hors de cette maison, jusqu'à la voiture où son excellente tante nous attendait. J'avais eu la chance que Mme Muriel
eût redouté de monter les escaliers et qu'aucune de ses cousines

ne fût avec nous. Dois-je dire la chance? N'eût-il pas mieux valu que quelque témoin assistât à cette scène, que l'attention d'Éveline fût éveillée par quelque remarque, au lieu que, dans son tendre aveuglement, elle n'a eu qu'un souci, celui de ma santé? Et moi, je n'ai voulu voir là qu'un désarroi passager de mes nerfs, au lieu que cette vision de la morte irritée était l'avant-coureuse des troubles peut-être inguérissables dont je suis maintenant la victime. Si du moins je pouvais être cette victime, sans être en même temps un bourreau!

Et il y a eu un troisième avertissement, le plus solennel, car il me fut donné par un homme vivant, avec une voix vivante. Il me vint du vieil ecclésiastique à qui j'étais venu, sur l'indication de ma fiancée, demander un billet de confession. Le regard de cet abbé Fronteau, qui a baptisé Éveline et connu Antoinette, me causa, dès le premier instant, la même gêne que m'avait causée le regard de M. d'Andiguier. Autour de lui, tout respirait cette atmosphère du renoncement, d'une vie intérieure et tournée uniquement vers les choses de l'âme, qui m'a toujours étrangement impressionné. Je me suis demandé bien souvent si la grande émotion, ce que j'appelais jadis l'émotion sacrée, n'était pas le partage de ceux qui ont vécu ainsi. La pièce où ce prêtre me recevait était une chambre blanchie à la chaux, au sol carrelé, presque une cellule, ornée de quelques gravures de sainteté. Son grand visage ascétique avait, sous ses cheveux gris, une expression d'austérité froide que démentait le feu de ses prunelles noires, d'une fixité et d'une pénétration singulières. Lorsque je lui eus expliqué que je ne me confessais point, n'ayant pas la foi, et les raisons pour lesquelles je tenais cependant à me marier à l'église, il me dit :

— Je ne veux pas peser sur votre conscience, Monsieur, je n'en ai pas le droit. Je désire seulement de vous une promesse, oh! bien simple. Quand Mlle Duvernay sera devenue Mme Malclerc, vous n'essaierez jamais de vous mettre entre elle et sa vie religieuse?...

— Je vous le promets, lui répondis-je, et je n'aurai pas beaucoup de mérite à tenir ma parole.

— L'apôtre a écrit que l'homme incroyant sera sanctifié par l'épouse croyante, reprit le prêtre. Si vous observez cet engagement, ce sera le principe de votre retour. Vous ne voyez aujourd'hui dans le mariage qu'un contrat; vous éprouverez, par vous-

même et à l'user, qu'il est un sacrement, et un grand sacrement :
Sacramentum hoc magnum est, a dit encore saint Paul. Il procure à ceux qui le reçoivent une grâce spéciale, et dont l'effet
est de créer ce qu'un de nos moralistes a si bien appelé une
société des cœurs. Remarquez l'expression que j'emploie : *créer.*
Créer ! L'homme ne le pourrait pas sans une grâce. Il s'agit pour
les époux, je vous cite toujours l'Écriture, de réaliser le miracle que le Sauveur proclame dans son entretien avec Nico-
dème : naître à nouveau. *Oportet nasci denuò.* Il faut que vous
naissiez tous les deux à nouveau... Je connais l'enfant que vous
avez le bonheur d'épouser, depuis qu'elle est au monde. Elle vous
arrive avec une âme toute blanche. Cette naissance à une nouvelle vie s'accomplira, pour elle, sans un effort, sans un regret.
Elle n'aura rien à vous cacher de son passé. Je ne connais pas
le vôtre, Monsieur, mais, j'en suis bien sûr, du moment où vous
vous êtes décidé à ce mariage, vous êtes libre. Ce que mon caractère, mon âge, mon affection profonde pour cette enfant, une
longue expérience des misères humaines, — j'ai beaucoup confessé,
— m'autorisent à vous dire, c'est ceci : vous ne devez pas avoir aboli
le passé uniquement dans les faits, vous devez l'avoir aboli dans
votre âme. Ce serait profaner le sacrement et commettre un véritable sacrilège, dont vous seriez un jour terriblement puni, par
des voies comme sait en trouver le Dieu dont on ne se joue point : —
Deus non irridetur..., — que d'aller à l'autel, je ne dis pas avec des
regrets, vous ne pouvez pas en avoir, je dis avec des souvenirs.
La destruction absolue, totale, de votre passé, l'ancien homme
vraiment mort, enterré, anéanti, voilà le don surnaturel et que
votre fiancée vous obtiendra, si vous n'y mettez pas obstacle...

Il y avait, pour moi, dans ces paroles, à qui les citations
latines habituelles aux gens d'église donnaient comme un accent
liturgique, une signification trop directe, pour qu'elles ne pé-
nétrassent pas, avec l'acuité d'une lame, jusque dans l'arrière-
fonds de ma conscience. Le coup d'œil de certains prêtres a-t-il,
comme celui de certains médecins, de ces divinations chirurgi-
cales qui vont aussitôt au point malade, à l'abcès caché ? Il
était très certain que le digne abbé Fronteau ne connaissait pas
mon passé. Il me l'avait dit, et, rien qu'à son regard, je l'avais
compris. Il était certain aussi qu'il m'avait parlé comme s'il le
connaissait, et avec cette énergie dans la conviction, toujours
communicative, fût-on, comme moi, bien persuadé que le sur-

naturel n'existe pas. Je le quittai, poursuivi dans l'escalier de
la maison, puis dans la rue, par les phrases qu'il avait prononcées comme par une prédiction de malheur, attristé aussi par
cette nouvelle preuve qu'Éveline, sous ses dehors si pareils à
ceux de sa mère, en était si différente. Ce prêtre venait de m'exprimer, en des termes d'une théologie plus abstraite, exactement l'idée que ma fiancée se faisait du mariage. C'était à ce
Dieu du catholicisme, sévère et tragique, au Dieu vengeur des
irrévocables justices, qu'elle croyait. Par contraste, Antoinette se
représenta, avec ses beaux yeux noyés d'extase, et me disant :
— Je n'ai pas peur de Dieu. Car il est amour. Jamais je ne
croirai qu'il nous punit d'avoir aimé. Il ne nous punit que de la
haine. Quand nous sentons dans notre cœur ce que je sens dans
le mieu pour toi, nous sommes avec lui, il est avec nous. Quand
je lis dans l'*Imitation* les pages sur l'amour, j'y trouve ce que
j'ai là pour toi... Et elle répétait de sa voix profonde les phrases
du chapitre de ce livre sur les preuves du véritable amour, qu'elle
savait par cœur : — Dilatez-moi dans l'amour, afin que j'apprenne
à goûter au fond de mon âme, combien il est doux de se perdre
et de se fondre dans l'amour... — Je les redis moi-même à haute
voix ces mots d'exaltation, comme pour protester contre le discours sévère que je venais d'entendre. Ils firent battre mon cœur
du même battement que jadis, et pourtant je ne pus retenir un
frisson de superstitieuse terreur. Si pourtant le prêtre avait raison ? Que serait alors l'avenir de mon mariage, quand je me pré-
parais à aller à l'autel, comme il l'avait dit, non seulement avec
des souvenirs, mais rien qu'avec des souvenirs et pour rechercher des souvenirs ?...

Oui, ce furent là trois avertissemens et dont chacun avait son
sens. Le premier m'avait montré dans mon propre cœur les germes latens des conflits futurs entre les anciennes émotions et
les émotions nouvelles. Le second m'avait révélé, dans le cœur de
ma fiancée, des souvenirs aussi, à moi qui suis tellement obsédé
des miens, ceux de son enfance, toute une personnalité irréductible qui devait nécessairement s'opposer en moi, tôt ou tard, à
ma vision de sa mère. Le troisième en avait appelé à mon sens
moral. Je n'ai accepté ni les uns ni les autres, quand il m'était
permis de me retirer, avant l'engagement irréparable. Il faut tout
dire. C'avaient été des impressions si fugitives, si rapides ! Pou-

vais-je deviner qu'elles se développeraient avec cette intimité
totale dont j'ai si souvent entendu prétendre qu'elle est le plus
puissant principe d'union, celui auquel ne résiste aucun malentendu? Et pour moi cette intimité fut le principe même de
désunion, le réveil subit du songe où je m'étais complu... Cela
commença dans le wagon qui nous emmenait loin de Paris, le
soir de notre mariage. Nous étions partis à quatre heures, pour
être à Auxonne un peu avant minuit. Là, nous devions trouver
une voiture qui, en quarante minutes, nous conduirait dans cette
petite maison de l'Ouradoux que mon père m'avait laissée, et où
j'ai tant joué enfant. Lorsque le train se mit en marche, Éveline, le visage tout ému, se tourna vers moi. D'elle-même, elle
vint se tapir contre mon épaule, sans me parler, mais, dans ses
yeux, dans son sourire, sur tout son frémissant et joli visage,
je pouvais lire l'absolue, l'entière confiance d'un être qui se donne
à un autre, qui se met à sa merci, à sa discrétion, et qui n'a pas
peur. Il y eut, dans ce silencieux et tendre mouvement, quelque
chose dè si virginal, une telle innocence émanait d'elle, que le
baiser par lequel je lui fermai ses chers yeux bleus était vraiment
celui d'un frère, la caresse d'une âme à une âme... Et puis, comme
elle était là, si belle et si candide, si fraîche et si naïve, la soie
de ses cheveux effleurant ma joue, son jeune buste serré contre
ma poitrine, voici que la mémoire des sens, cette mystérieuse et
indestructible mémoire qui conserve au plus secret de notre
chair le souvenir des baisers donnés et reçus se mit à s'éveiller
en moi. Le souvenir de mes lèvres longuement et passionnément
promenées sur des traits si pareils à ceux-ci, et celui des bon-
heurs ressentis dans ces caresses, firent courir dans mes veines
une fièvre de désir. Ma bouche commença de descendre de ces
paupières palpitantes vers cette adorable bouche entr'ouverte
que je voyais sourire dans un sourire si charmant d'ingénuité et
d'ignorance. Et, à cette sensation d'ardeur et de volupté, un sentiment vint tout à coup se mêler, irraisonné, inattendu, irrésistible : celui d'un respect presque intimidé devant cette confiance
et cette pureté... Au lieu de presser ces lèvres qu'aucun baiser
d'amour n'avait jamais touchées, à peine si mes lèvres les effleu-
rèrent. Rien que d'avoir associé, une seconde, à cette enfant, qui
ne saurait de la vie que ce que je lui en apprendrais, l'image des
voluptés goûtées autrefois auprès de sa mère, venait de me
donner l'horreur de moi-même. Ç'avait été comme si je me pré-

parais à lui infliger une souillure. Un frisson de remords tel que
je n'en ai jamais connu avait passé entre la fille d'Antoinette
et mon désir!...

Cette impression fut si violente dans sa soudaineté que mon
bras, qui entourait sa taille, se dégagea. Je m'éloignai d'elle, sous
le prétexte de l'installer commodément, paisiblement, pour le
voyage. Elle me laissait, avec son même sourire de confiance et
d'abandon, lui rendre les petits services d'un Attentif à sa Dame,
placer son coussin de cuir sous ses minces épaules, un des tabourets du salon roulant sous ses pieds, disposer sur la table mobile
les pièces minuscules de son thé de voyage. Je jouais au jeune
mari amoureux, avec un sourire aux lèvres, moi aussi, et au fond
de mon cœur une mortelle détresse. Cette identité de visage entre
ces deux femmes, qui m'avait troublé, attiré, séduit, jusqu'à l'enchantement, tant que j'en étais demeuré au rêve de la volupté
pressentie, imaginée, inéprouvée, allait-elle devenir un élément
de douleur et de séparation dans cette existence conjugale dont,
moi aussi, j'ignorais tout? J'avais cru qu'elle était la même que
l'existence amoureuse, et la première heure n'était pas finie, que
déjà, au lieu de se mélanger à mes émotions d'aujourd'hui pour
les redoubler et les attendrir, mes émotions d'autrefois me les
avaient paralysées et empoisonnées. Le fantôme d'Antoinette
allait-il se glisser entre Éveline et moi comme il s'était glissé
entre mes maîtresses de ces dix années et mon étreinte, pour
m'empêcher d'être heureux d'une autre joie que celle de jadis?
Seulement ces maîtresses étaient des aventures d'un jour, au lieu
que, si mon mariage n'était pas heureux, c'était pour la vie. Cette
fusion si profondément souhaitée du passé et du présent, ce renouvellement espéré de l'ancienne extase par la possession de la
même femme, la même, mais redevenue vivante et jeune, était-ce
donc une chimère? Et, comme pour me rendre plus perceptible
l'antithèse entre ce que je donnais, et ce que je recevais, Éveline
me racontait, dans la touchante simplicité d'une enfant heureuse
qui sent tout haut, sa joie de fuir loin de Paris, seuls tous les
deux, et pour de longs jours :

— Si vous saviez, disait-elle, comme j'ai cru que je tremble-
rais de partir ainsi seule avec vous, que j'aurais peur de vous
déplaire, peur de ne pas vous suffire?... Et maintenant, il me
semble que je n'ai jamais été plus tranquille. Auprès de vous, je
me sens dans mon chemin, contente, apaisée, ne désirant rien,

ne craignant rien, défendue contre tout, excepté contre l'inévitable. Mais vous êtes jeune, moi aussi, et Dieu, qui a permis que nous nous rencontrions, nous donnera des années...

Le dévouement de son honnête amour me riait dans ses yeux purs. Tandis qu'elle me parlait, il se dégageait de ses gestes, de son attitude, de son accent, une telle grâce d'affection simple! Cette grâce fut la plus forte, — pour quelques instants. Nous nous mîmes à causer de nos projets d'avenir immédiat. Je lui décrivis la vieille maison où nous passerions cette première semaine, puis celle de la campagne de Dôle où nous rejoindrions ma mère et ma sœur, l'Engadine où nous monterions en août, l'Italie où nous descendrions en septembre. A travers ses questions et mes réponses, le soir tombait... Le gentil enfantillage d'une dînette de pensionnaires que nous improvisâmes tous deux acheva de m'apaiser. Mon trouble devait recommencer aussitôt que je la traiterais non plus comme une camarade, comme une jeune fille, presque comme une sœur, mais comme une femme, comme *ma femme*... De nouveau, quand la nuit fut tout à fait venue, et que la dernière lueur orangée du couchant se fut effacée au bord du ciel, nous nous retrouvâmes tout près l'un de l'autre, les mains unies, elle blottie contre moi, son souffle mêlé à mon souffle, sa beauté si près de mon désir, et, de nouveau, avec ce désir, l'image des sensations éprouvées avec sa mère s'éleva en moi, et, comme tout à l'heure, ce fut un rejet de toute mon âme en arrière. Le frisson du remords me ressaisit devant cette pureté, que de telles pensées, à cette minute, profanaient sans qu'elle s'en doutât. Je retrouvai l'impossibilité d'associer dans un embrassement celle d'autrefois et celle d'aujourd'hui, une impossibilité en même temps d'étreindre celle-ci sans me souvenir de l'autre, et, pour répéter le mot terrible, que j'ai eu pourtant le courage de me dire le premier jour, — à quoi cela m'a-t-il servi? — j'éprouvai, dans toute sa force, dans toute son horreur, *la sensation de l'inceste...*

La sensation de l'inceste! Était-ce donc là ce que j'avais voulu? Était-ce vers ce cruel et monstrueux délire, tout mélangé de sensualité et de remords, que je m'étais élancé si avidement, si tendrement, si passionnément, du fond de mes regrets? Qu'y avait-il de commun entre ce que j'avais rêvé, souhaité, pressenti et ces alternatives de désir et de révolte, — un désir corrompu, dépravé par des réminiscences criminelles, — une révolte tardive et qui me rend plus criminel encore de ne pas l'avoir subie plus tôt? Il était trop tard pour ces scrupules, trop tard pour être honnête homme! Par quelle contradiction inexplicable à moi-même, cette ressemblance qui m'avait tant séduit venait-elle tout à coup de me faire mal?... Aujourd'hui que cette première impression s'est approfondie et renouvelée pendant ces trois mois, je comprends et pourquoi elle n'avait pour ainsi dire pas existé avant ce départ, et pourquoi elle est née avec cette soudaineté et cette violence, dès que nous avons échangé, Éveline et moi, une caresse vraiment passionnée. Je comprends pourquoi cette vieille maison de mon enfance, que j'avais choisie pour y passer, dans la solitude et le recueillement, cette semaine décisive de l'initiation, et où je suis devenu son mari, — à travers quelles émotions! — me restera désormais dans mon souvenir comme un des endroits au monde où j'ai le plus souffert. C'est que d'être aimé d'une vierge avec toutes les tendresses pudiques, toutes les réserves sacrées d'un tel amour, c'est recevoir quelque chose de si beau, de si délicat, de si adorable, et que, pour mériter ce don sacré, — le prêtre avait raison, — il faut avoir été repétri dans le repentir, dans l'oubli de ce que l'on fut. Il faut être l'homme nouveau, l'homme né une seconde fois dont il parlait. Il faut ne pas se revoir en pensée dans d'autres heures, ne pas comparer, malgré soi, un regard à un regard, la douceur d'un baiser à un autre baiser, — et quand ces regards, quand ces baisers sont ceux de la mère de cette vierge, alors ce rapprochement est abominable! Ah! quand on ose ce que j'ai osé, on doit avoir cette implacable audace dans la recherche de la sensation qui trouve un spasme de délice dans ces sacrilèges du cœur. Est-ce là mon histoire? Non, non, non, et encore non! Ce que j'avais rêvé, ce que j'avais demandé de toute la force de mon âme, ce n'était pas de la sensation, c'était de l'émotion; ce n'était pas du plaisir, c'était du bonheur, c'était d'être aimé et d'aimer dans la douceur, dans l'extase, dans l'abandon, — et j'écris ces lignes en pleurant, et en me cachant de mes larmes pour n'en faire pas verser d'autres... Je viens d'entendre qu'une voix m'appelle à travers la porte, bien doucement, pour savoir si je repose encore. Éveline m'a entendu qui bougeais... Je quitte ce cahier, que je vais cacher et refermer. Et cela encore me fait sentir la misère de notre mariage, où tout doit être silence!

2

Milan, 4 septembre.

... Quelques journées douces, et celle qui vient de finir très cruelle dans ses dernières heures, avec un sentiment nouveau des conditions d'inévitable douleur qu'enveloppe la situation où je me suis mis, et dire que je ne les ai pas vues! Après la crise de l'arrivée à Promontogno, j'avais pourtant reconquis mes nerfs. J'avais eu honte de tant laisser voir mon trouble intérieur, devant l'effort constant d'Éveline pour dominer elle-même l'expression de ses inquiétudes à mon égard. Depuis que nous avons quitté l'Engadine, elle essaie de ne plus m'interroger, quand elle me voit pris auprès d'elle de mes accès de silence et de mélancolie. Nous sommes mariés depuis deux mois, et elle n'a plus l'âme tout ouverte de ses fiançailles. Elle n'est plus l'enfant épanouie du départ. Sa confiance des premiers jours s'est tournée en une appréhension. Elle est moins imprudente, mais à quel prix! Quand je constate que j'ai déjà usé quelque chose en elle, que je lui ai enlevé, par la seule contagion de ma secrète folie, un peu de sa spontanéité de jeunesse, alors d'autres remords me viennent, qui me rendent mon énergie. A Promontogno, je m'étais repris en main. Je m'étais dit : — Je n'ai pas trouvé dans ce mariage ce que j'en attendais. Je ne pouvais pas l'y trouver. Ce que j'ai voulu n'était pas humain. J'ai été trompé par le mirage de mes souvenirs. Je n'aime pas, je ne pouvais pas aimer Éveline comme j'ai aimé Antoinette, ou plutôt j'ai aimé Antoinette, et j'ai cru qu'elle revivait pour moi dans Éveline, trompé par une illusion sentimentale que la réalité de la vie commune a dissipée. Cette saisissante ressemblance entre elles, qui m'est devenue si douloureuse dans l'intimité physique, m'avait pourtant été douce dans l'intimité morale. Si j'essayais de la reprendre? J'avais rêvé d'être pour Éveline l'époux-amant : si j'essayais d'être l'époux-ami? Cette sensation d'inceste qui s'est soudain mêlée à mon désir pour le corrompre, et que je ne peux matériellement pas supporter, je ne la rencontrerai pas sur cet autre chemin. Que j'arrive avec cette enfant à la communion d'esprit, et, si je n'ai pas réalisé tout ce que j'ai désiré, ma part sera encore assez belle. En tous cas, ma vie conjugale sera possible, et je dois tout essayer pour la rendre possible...

Les circonstances s'accordaient à ce projet d'un assagisse-
ment, d'un apaisement de nos rapports. Nous allions descendre
en Italie. Éveline avait toujours montré une vive curiosité de ce
voyage. Je comptais sur les puissantes diversions qu'offre à
chaque pas cette terre de beauté pour nous aider à ne plus penser,
moi à la secrète misère de ma vie, elle aux passages de mon
humeur sur mon front et dans mes yeux. Nous allions avoir ce
point d'appui extérieur, où poser nos réflexions et nos entretiens,
qui est un si grand bienfait dans de certaines crises. C'est le seul
remède au rongement de l'idée fixe. Mon amie, — je me plais à
lui donner dans mon cœur ce doux nom, si pareil à ce que je
voudrais qu'elle devînt en effet pour moi, — mon amie donc est
très intelligente. Elle est instruite, plus instruite que n'était sa
mère, et d'une jolie qualité d'instruction, qu'elle doit surtout aux
conseils de M. d'Andiguier. Les livres d'histoire et d'esthétique
qu'il lui a prêtés, leurs conversations, les promenades qu'ils
ont faites ensemble au Louvre, à Cluny, dans les églises, lui ont
donné ces connaissances d'art un peu précises qui manquent si
souvent aux Françaises. J'ai moi-même, au cours de mes vaga-
bondages, visité presque tous les musées d'Europe. Le terrain
d'entente était donc trouvé entre nous. Nous devions étudier
ensemble l'art italien, nous intéresser à autre chose qu'à nous-
mêmes, nous guérir par une commune éducation de nos esprits.
Et, de fait, les quatre jours que nous mîmes à gagner Milan par
Chiavenna, l'entrée du lac de Côme, celui de Lugano, et un dernier arrêt à Côme même, furent les meilleurs peut-être que nous
ayons eus depuis le départ. Ces basses vallées des Alpes, avec
leurs châtaigniers vigoureux où les fruits épineux pâlissaient dans
l'intense verdure, — avec leurs violentes rivières qui roulaient
leurs flots glauques, pris aux glaciers, — avec leurs lacs à l'horizon,
si bleus dans leurs cassures de *fjords*, — ravirent mon amie d'un
enthousiasme où je la retrouvai toute vibrante, toute spontanée.
Sa jeune et ardente nature semblait avoir repris sa force d'élan,
son élasticité, un moment amortie. Cet enthousiasme s'éleva
à son comble à Lugano. Nous y arrivâmes le soir et nous cou-
rûmes aussitôt, pour profiter des dernières lueurs du jour, à cette
église de Sainte-Marie-des-Anges où Luini a peint un célèbre Cru-
cifiement. Devant la magnificence de cet art si noble et si délicat,
d'une robustesse si fine dans sa large manière, Éveline eut le
saisissement qu'elle aurait eu devant une apparition. C'était la

première grande fresque qu'elle voyait à sa place, dans son atmosphère, dans son décor originel. Instinctivement, elle me prit la
main, comme pour m'associer à cette révélation d'une certaine
sorte de beauté. Je l'entendis qui murmurait : « Ah! Je n'ai pas
rêvé cela...! » Et, dans un mouvement adorable de ferveur, faisant comme une gerbe, pour l'offrir là-haut, de toutes les fleurs
d'âme qui s'ouvraient en elle, instinctivement encore, elle se mit
à genoux. Elle pria pendant quelques minutes, remerciant le
Dieu en qui elle croit de lui avoir donné cet instant. Qu'elles
me furent douces, à moi aussi, ces quelques minutes! Qu'elle me
fut bonne, cette prière! L'émotion que j'eus à la regarder, agenouillée sur cette marche en pierre de cette église, à deux pas du
chef-d'œuvre du vieux maitre, cette émotion, si haute, si tendre,
si pure, j'ai pu du moins la goûter pleinement. Cette fois, ce
n'était pas une ressemblance qui me faisait sentir, c'était bien
Éveline, Éveline seule!

C'est avec elle seule aussi que je me suis promené dans
Milan, ces jours-ci, dans cette claire et opulente ville, dont j'ai
toujours aimé l'aspect heureux, ses rues dallées, son dôme de
marbre, les surprises de pittoresque de ses canaux intérieurs, et
celles de ses horizons : la dentelure blanche des hautes Alpes là-
bas. Et puis, quels trésors d'un art qui n'est ni celui de la Vénétie,
ni celui de la Toscane, et qui les vaut! Milan, ç'a été pour moi la
découverte de l'Italie, et je l'ai vue être cela aussi pour mon
amie. Ah! qu'elle l'était, mon amie, tandis que nous allions d'un
musée à une église, d'une chapelle à un palais, moi la conduisant,
exerçant sur elle ce tendre despotisme de celui qui sait sur celle
qui ignore, guidant ses pas, guidant ses yeux, guidant son cher
esprit, lui donnant des joies que, du moins, je partageais avec
elle, sans un souvenir, sans un remords, pas même celui d'être
infidèle à mon fantôme. C'était, ce monde de belles visions im-
personnelles, un monde si différent de celui où Antoinette et
moi avons mêlé et brûlé nos cœurs! Soyez bénies, nobles créations des nobles artistes qui nous avez permis, à Éveline et à
moi, de nous sentir si proches l'un de l'autre, si unis dans une
même exaltation! Bénis soient entre tous, les chefs-d'œuvre où
elle s'est complu davantage, — béni, ce saint Jean de la Brera,
si touchant de grâce fière, sous les anneaux de ses cheveux cres-
pelés, et qui tend au Sauveur un calice sur lequel se love un

serpent; — bénie, cette sainte Catherine de San Maurizio, où ce
même Luini a représenté la tragique Dame de Challant, agenouillée, les mains jointes, le cou nu sous ses cheveux relevés,
attendant le fer que le bourreau soulève d'un geste furieux, et
sereine même devant la mort; — bénie, cette chapelle Portinari,
où se voit, dans la coupole, la ronde d'anges modelée par Miche-
lozzo, avec les cloches de fruits, de fleurs et de feuillages qu'ils
balancent sur un souple lien d'or! Bénies, ces étroites salles de
la galerie Poldi, dont nous avons tant aimé le charme d'asile,
où nous avons passé de longs, d'heureux momens, dans la familiarité des maîtres milanais! Ils sont si bien représentés là, et
par des tableaux si choisis, pas trop grands, bien à portée et
comme plus accessibles sur ces murs d'un appartement privé.
Je voyais dans les prunelles d'Éveline l'éveil de son intelligence
à ces impressions délicates ou sublimes. Je voyais ces belles
images entrer en elle, se fixer dans sa pensée, ses souvenirs se
faire, l'abeille intérieure composer son miel... A ce spectacle, la
paix me gagnait. Il a suffi d'un entretien plus intime pour que
cette paix fût de nouveau perdue.

C'était aujourd'hui et encore sur la fin de l'après-midi. Un
peu las d'avoir visité plusieurs églises, une entre autres qui porte
à son fronton cette devise, — ma devise : *Amori et Dolori Sa-
crum, Consacrée à l'Amour et à la Douleur!* — nous nous promenions sous les arbres du jardin public, presque vide en ce
moment. Nous laissions venir à nous, du moins je laissais venir
à moi, la tranquillité de ce beau soir transparent et tiède. Nous
parlions de nos sensations de ces derniers jours, et, à ce propos,
du charme propre aux divins artistes lombards, de cet Idéal grave
et attendrissant, voluptueux et réfléchi, qui se reconnaît à la
grâce mystérieuse de leurs Madones et de leurs Hérodiades, et à
la noblesse du type qu'ils donnent au visage de leurs vieillards.
Je me rappelai une pensée de Vinci, que j'ai lue autrefois, et je
la lui citai en la lui traduisant :

— *Siccome una giornata bene spesa dà lieto dormire, cosi una
vita bene spesa dà lieto morire... Comme une journée bien dépensée donne une joie au sommeil, ainsi une vie bien dépensée
donne une joie à la mort...* C'est un soir italien, ajoutai-je, cette
belle phrase. C'est ce soir. Et c'est aussi la vieillesse de ces vieillards... Je me souviens d'avoir tant admiré cette image, quand
je l'ai rencontrée je ne sais où, lors de mon premier séjour en

Lombardie, il y a huit ans... Je l'ai apprise par cœur, et vous voyez, après ces huit ans, je ne l'ai pas oubliée.

— Il y a huit ans, fit-elle, j'en avais douze... Puis, songeuse : — Je ne peux pas m'empêcher d'avoir de la mélancolie à me dire que vous avez tant senti, tant connu de choses qui sont si neuves pour moi... Quand vous m'apprenez un détail, même le plus petit, comme celui-ci, qui se rapporte à votre passé, j'en suis tout heureuse. Cela vous arrive si rarement!... Mais oui, continua-t-elle, quand vous causez avec moi, comme ces jours derniers, avec une affection dont je vous suis si reconnaissante, vous me parlez de tout, excepté de vous... Croyez-vous que je ne le remarque pas?... Ah! si j'osais!...

— Osez, lui dis-je. L'accent avec lequel elle venait de parler avait touché de nouveau dans mon cœur le point malade. Pourtant je n'aurais pas pû l'arrêter, comme il eût été sage. Elle avait cessé de me questionner sur mes tristesses et mes silences, depuis quelque temps déjà. Pourquoi? J'allais le savoir, et ce que cette discrétion cachait d'anxiétés passionnées :

— Alors j'oserai..., avait-elle répondu, et me tutoyant, pour se rapprocher encore de moi par cette douce caresse de langage, elle dit : — Tu viens d'être si bon, cette semaine, peut-être le seras-tu davantage encore. Plus je suis avec toi, plus je t'aime, et plus je comprends que tu ne te donnes pas tout entier à moi... Ne m'interromps pas. Pour une fois, laisse-moi te parler, comme je pense, complètement, absolument. Oui, je le comprends, et aussi la raison. Si tu as vécu, avant de me connaître, toute cette vie d'intelligence, si riche, et si pleine, tu as aussi vécu une vie d'émotions. Il y a des momens où je me dis que tu en gardes, non pas des regrets, — tu ne m'aurais pas épousée, tu es trop loyal, — mais des souvenirs... J'ai quelquefois le sentiment que tu as éprouvé, dans ton existence, un très grand chagrin, que quelque chose ou quelqu'un t'a fait mal, très mal... Dans des heures comme celles de maintenant, où nous sommes si unis, si près l'un de l'autre par le cœur, ne crois-tu pas que tu pourrais me raconter un peu de ta vie? Puis, une autre fois, un peu davantage?... Par exemple, — tu vois comme j'ose, — dans ce séjour à Milan, il y a huit ans, je voudrais tant savoir, si tu avais, non pas avec toi, — tu ne m'aurais pas fait cela, de me mener dans le même endroit, je le sais, — mais, quelque part, quelqu'un que tu aimais...

— Non, lui répliquai-je, je n'aimais personne...

— Mais, il y a neuf ans, il y a dix ans, il y a onze ans?... Ou depuis?... insista-t-elle : J'ai quelquefois une telle impression d'un secret chez toi. C'est comme s'il y avait, dans une maison que nous habiterions, une chambre où tu ne me laisserais jamais entrer... Et, soudain toute tremblante devant mon silence : Ah! Je t'ai froissé, s'écria-t-elle, je le vois, je le sens... Pardonne-moi, et ne me réponds pas... Puis, d'une voix si profonde : Je suis si maladroite, si gauche! Je ne sais pas te manier. Mais c'est que je t'aime tant!...

Je l'ai apaisée du mieux que j'ai pu, par des paroles de tendresse, auxquelles elle a cru, — ou fait semblant de croire. J'ai bien deviné, à ses yeux, tout ce soir, qu'elle aussi avait senti ce que je sens, que l'harmonie ne peut exister entre nous que si nous nous taisons sur les choses profondes. Ce rêve d'être l'époux-ami de cette adorable enfant, est-il donc aussi une chimère, comme ce premier rêve d'être son époux-amant? Mais qu'ai-je donc fait de mon expérience de la vie? Ne sais-je pas qu'on ne peut jamais être l'ami d'une femme qui vous aime d'amour? Il y a dans le cœur passionné un besoin de rencontrer ou de communiquer toute l'ardeur dont il est consumé. Avec quel sûr instinct cette naïve Éveline, qui ne sait rien de la vie, a deviné l'espèce de pacte fait avec moi-même, mon effort pour faire porter nos conversations sur des objets étrangers à nous deux! Avec quelle finesse elle a saisi l'occasion favorable pour me ramener dans ce domaine sentimental, où je ne peux pas habiter avec elle! Le risque est trop grand de réveiller ce qui doit dormir! Avec quelle sûreté elle a discerné la véritable cause des troubles moraux dont je suis saisi depuis notre mariage! Comme elle a pressenti mon secret et sa nature! Qu'ils étaient justes, ces mots : « Quelqu'un, quelque chose, t'a fait trop mal!... » Comme j'ai tressailli intérieurement, quand elle a dit cet « il y a onze ans!... » Oui, il y a onze ans, à cette date, j'étais heureux, bien heureux. Mais avec qui?... C'était l'époque où, par les légères après-midi de septembre, nous allions, Antoinette et moi, en voiture fermée, jusque dans les bois de Chaville et de Viroflay. Une gerbe de roses, préparée pour elle, emplissait d'un parfum d'amour le coupé qui nous emportait à travers les faubourgs populeux, puis les bois. Les rideaux de soie bleue étaient baissés, juste à la hauteur de son visage. De l'air entrait, qu'elle respirait avec délices, quand nous commencions de rouler sous les branches encore toutes vertes. Nous

descendions, et, après avoir marché un peu, nous nous asseyions
sous un pin, toujours le même, dans une clairière, moi à ses
pieds, elle caressant mes cheveux. Les oiseaux chantaient. Les
feuilles frémissaient. Le ciel était bleu, et je regardais ses yeux,
que je laissais descendre au fond, tout au fond de mon cœur.
C'est qu'alors, je n'avais rien à cacher! Quand nous causions,
jamais Antoinette ne rencontrait en moi la place de silence, le
coin fermé, la chambre où l'on n'entre pas, comme a dit Éveline.
— Dieu! si celle-ci soupçonnait ce que je cache dans la chambre
close, et quel fantôme elle y verrait!...

. . . .

3

Naples, 7 octobre.

... Mes grandes heures émotionnelles ont toujours été la nuit,
quand, couché dans mon lit, je laisse ma pensée s'amplifier en
moi, librement, indéfiniment. Elle va, se développant, jusqu'au
bord extrême de mon être. Je la sens me dévorer, les idées se
présenter avec un relief de choses réelles, les souvenirs grandir
sur les souvenirs, toute une architecture de regrets et de désirs,
d'espérances et de volontés, qui monte, monte et monte. Je ne
dirige plus mon âme. Elle vit d'une vie à elle, indéterminée, démesurée, dont je suis le témoin et la victime. En vain, dans des
périodes de troubles profonds, comme ceux d'à présent, ai-je
essayé de me débattre, de gouverner ces accès de fièvre imaginative. Ils ont toujours été les plus forts, mais jamais ils ne
m'ont envahi avec l'intensité qu'ils ont prise ces dernières
semaines. Jamais non plus je n'avais éprouvé, à leur occasion,
ce que j'éprouve, étendu dans les ténèbres, sentant ce travail intérieur commencer dans mon esprit, et, à quelques pas, dans la
chambre voisine, dont la porte n'est pas fermée, Éveline est endormie. Je me lève parfois pour marcher sur la pointe des pieds
jusqu'à cette porte, et m'assurer de son sommeil. J'entends aller
et venir son souffle égal, j'entends presque le battement de son
cœur. Cœur si jeune, si pur, qui n'a jamais palpité que pour des
sentimens simples et vrais! Et je reviens m'étendre dans mon lit,
et je songe, tandis qu'elle dort, que sa destinée se joue en moi,
dans ce drame d'émotions contradictoires et indirigeables, dont
je suis le théâtre. Ah! J'aime encore mieux qu'elle dorme, qu'elle

goûte du moins l'oubli, et que je sois seul à ressentir, avec une
acuité soudain redoublée, toutes les plaies de notre mariage ! Elle
ne les soupçonne que déjà trop, mais sans les connaître. La crise
est pire, quand je la devine, dans ces ténèbres, éveillée, elle aussi,
sachant bien que je ne dors pas, et se retenant de parler, de
bouger, presque de respirer, de peur que l'accent de ma voix, si
je lui adressais la parole d'une chambre à l'autre, ne lui révélât
un de mes mauvais momens. Elle a comme un don de double
vue pour les pressentir, ces mauvais momens. Quand je les ai,
elle le sait, quelque effort que je fasse pour tromper sa divination.
Quand je les ai eus, elle le sait, à quel signe ? A quelle altération, invisible pour tout autre, de ma physionomie, où j'em-
preins pourtant toute l'affection que j'ai pour elle, de mes yeux
qui ne lui envoient que des regards de douceur ? Il n'est pas de
regard, il n'est pas d'attitude qui prévale contre cette évidence
qu'elle m'a formulée un jour, quand elle m'interrogeait encore,
et que je lui jurais ne rien avoir :

— Tu as que tu es mon mari, me répondit-elle, que je suis
ta femme, que je t'aime de tout mon cœur, et que tu n'es pas
heureux...

L'insomnie de la nuit dernière a été plus terrible que les
autres. J'en veux reprendre les pensées, pour bien me convaincre
que la résolution, sur laquelle elle s'est terminée, est la seule
sage, pour y bien retremper mon courage de la tenir... Éveline
s'était endormie presque aussitôt que couchée. J'avais moi-même
sommeillé. Le vent, qui avait commencé de se lever la veille au
soir et qui faisait maintenant gémir la mer, me réveilla. Je me
pris à me ressouvenir de ce mot justement, de cet : « Et tu n'es
pas heureux !... » Je me le répétai tout bas, et voici que j'en
sentis le profond, l'irrémédiable découragement et l'absolue tendresse, plus encore qu'à l'instant où il avait été prononcé. Il me
prenait le cœur comme avec une main. Il me donnait cette défaillance dans l'émotion qui vous met les larmes au bord des yeux,
les confidences au bord des lèvres. Hélas ! Quelles confidences ?
Je me rappelai alors qu'une fois déjà, l'autre semaine, je m'étais
dit : « Si je lui parlais, pourtant ? Si je lui avouais la vérité, toute
la vérité, que j'ai connu sa mère jadis, que je l'ai aimée, que
c'est là le secret qui pèse sur notre ménage ?... » Oui, je m'étais
dit cela, et ceci encore : — Le projet d'un pareil aveu est insensé,

Et pourtant il y a quelque chose de plus insensé que cet aveu : c'est d'avoir épousé cette enfant, et d'être obsédé par le souvenir de l'autre ; c'est d'avoir commis cette action et d'en aggraver encore la faute par les chagrins que mon attitude inflige à une innocente ; c'est de l'aimer assez pour ne pouvoir pas supporter maintenant l'idée de l'abandonner, et pas assez pour oublier ce qui fut. Qui sait si une confession complète ne serait pas ma guérison ? Si elle m'aimait assez pour me pardonner cependant ?... Et, dans mon insomnie, l'heure où j'avais été tenté de mettre ce projet à exécution se représenta. — Nous étions à Florence, alors. C'était par une après-midi d'une douceur délicieuse. Éveline et moi, nous nous promenions dans les avenues du jardin Boboli. Ces terrasses décorées d'urnes et de statues, la beauté des points de vue, le Campanile, le Palais Vieux, le Dôme, les quais de l'Arno découverts à chaque détour, la finesse du ciel au-dessus de nos têtes, la forme des montagnes là-bas, et, par intervalles, dans cette atmosphère, de légers tintemens de cloche qui se prolongeaient en vibrations argentines, — tout se réunissait pour donner à cette heure une poésie extraordinaire. Jamais pourtant je ne m'étais senti plus oppressé, plus serré, plus incapable de m'abandonner à des impressions de bonheur. J'avais éprouvé, dans ce décor si idéal, une détresse infinie à voir Éveline, elle aussi, jouir de cette beauté presque tristement, avec ce fond de mélancolie qui ne la quitte plus, sans cet élan de jeunesse heureuse que je lui ai encore vu à Milan. O illogisme des situations fausses et d'où rien que de faux ne peut sortir ! Était-ce le moyen de lui rendre cet élan, que de lui dire la vérité sur les causes des passages de tristesse qui l'inquiétaient tant chez moi ? Non, sans doute. Mais c'était le moyen de substituer une crise aiguë et définitive à cette lente et sourde malaria dont nous étions tous deux consumés. Les médecins définissent la maladie : un procédé de la nature pour expulser le principe malfaisant. On dirait qu'il y a dans l'âme un instinct qui la pousse à pratiquer cette méthode sur elle-même, et à chercher la terminaison de ses misères dans des éclats, dussent-ils aboutir à des catastrophes. Et, sous les arbres de ce jardin d'enchantement, j'avais commencé de lui parler de sa mère, moi, qui, d'habitude, déploie toute la diplomatie dont je suis capable pour empêcher que nos conversations ne dérivent de ce côté ! Je lui avais dit, prenant prétexte d'une allusion préalable au musée de M. d'Andiguier, que suggérait naturellement cet horizon florentin :

— Comment se fait-il que, liée comme elle était avec lui, votre mère n'ait jamais eu l'idée de faire un voyage ici?...

— Mais maman y est venue, m'avait-elle répondu, avec mon père, l'automne avant leur mariage...

— Et elle n'a jamais pensé à y retourner?...

— Si, avait-elle repris. Que de fois je l'ai entendue qui interrogeait d'Andiguier, longuement, à chacun de ses retours!... Et puis, elle reculait, à cause de moi. Elle ne voulait pas me quitter, et elle craignait de m'emmener. Je n'étais pas très forte et elle appréhendait pour moi la fatigue, la nourriture d'hôtel, le changement de climat, que sais-je ? L'année avant sa mort, pourtant, elle avait parlé de partir. Nous devions aller avec notre vieil ami. Elle l'a laissé voyager seul... J'étais toute sa vie. Elle m'a tout sacrifié, cela comme le reste... C'est pour moi qu'elle n'a pas voulu se remarier. Et elle était si belle !... Que je voudrais que vous l'eussiez connue, — si belle et si séduisante!... Elle avait dans sa personnalité un charme enlaçant auquel on n'échappait plus quand on l'avait approchée, une façon si douce, si égale de vous traiter, qu'on se sentait auprès d'elle comme dans une atmosphère de sécurité. Elle avait le génie de l'affection, et aucun de ceux pour qui elle a été bonne ne l'a oubliée. Encore maintenant, quand nous parlons d'elle, d'Andiguier et moi, je sens qu'elle lui est aussi présente que si elle venait de nous quitter hier, et à moi de même. Je n'ai qu'à fermer les yeux, et je la vois devant moi, telle que je l'ai embrassée, avant qu'elle ne sortît, le jour du terrible accident... Je vois son regard, ses cheveux, sa bouche, je la vois toute, et ses doigts sur cette bouche, pour m'envoyer un dernier baiser, du seuil de la porte, — vraiment le dernier...

Elle avait fermé à demi ses paupières, en prononçant ces paroles. Elle *voyait* le fantôme, et moi, je le *voyais* aussi... Antoinette était là, dans ce jardin, nous regardant tous les deux avec ses prunelles profondes, mais ce n'était pas du même regard. La double existence qu'elle avait rêvée se prolongeait après sa mort, puisqu'en l'évoquant, Éveline tout haut et moi mentalement, à cette seconde, nous évoquions, elle, une mère, la plus dévouée, la plus attentive des mères, et moi, ma maîtresse, la plus passionnée, la plus prenante des maîtresses. Et cependant, cette mère et cette maîtresse étaient bien la même personne. Ce qu'Éveline venait de dire sur ce charme d'enlacement, sur cet art d'aimer et de se faire aimer, ressemblait trop à mon souvenir. Moi aussi, tandis qu'elle me parlait, je m'étais rappelé un dernier baiser, sur le seuil d'une autre porte, quelques jours avant la catastrophe. Et le contraste de nos deux visions m'avait fait sentir, avec une terrassante évidence, l'impossibilité absolue de dire la vérité, ma vérité, à Éveline... Cette impossibilité, je me la suis de nouveau démontrée cette nuit, en repassant par la pensée toute cette scène. — Non, je ne pourrai jamais mêler, sans crime, à la pure image qu'elle retient de sa douce morte, l'autre image, celle de l'amoureuse de mes rendez-vous. Ce serait un crime contre Antoinette, qui a voulu, avec un parti pris si mérité, ce divorce entre la mère et l'amante, précisément pour qu'aucune ombre ne ternît jamais sa mémoire dans les regrets de sa fille. Ce serait un crime envers celle-ci, à qui je n'ai pas le droit d'enlever cela, cette chapelle intime où se retirer pour y revoir sa mère, — et, de même que notre promenade dans le jardin Boboli s'est achevée sans que l'explication ait eu lieu, sans que j'aie dit mon secret, notre vie en commun continuera, coûte que coûte, sans que je le dise. Mais, par instans, qu'il me pèse, et qu'il m'a pesé, cette nuit, dans cette première partie de ma veillée solitaire, au bruit du vent de plus en plus déchaîné ! J'avais peur qu'il n'arrachât Éveline aussi à son repos... Je crus l'entendre qui remuait, et j'allai doucement sans lumière jusque dans l'autre chambre, auprès de son lit. Elle dormait toujours.

Elle dormait, et, même dans ce sommeil, elle m'aimait encore, car, m'étant assis une minute à son chevet, ma main rencontra la sienne, et, sans qu'elle eût repris connaissance, comme devinant à travers ce sommeil que c'était moi, ses doigts serrèrent doucement mes doigts. Ce geste si tendre et si confiant me fit me souvenir d'un autre discours qu'elle m'a tenu, pas plus tard qu'avant-hier au soir. — Nous étions à nous promener en voiture, sur la route du Pausilippe. C'était de nouveau une heure exquise : la lune se levait dans un ciel d'un bleu très sombre et très doux, un bleu de velours, et les belles lignes du golfe se fondaient, s'estompaient dans cette clarté élyséenne. La ville, derrière nous, s'étalait sur le rivage, sonore et illuminée, et, là-bas, sur les pentes du volcan, un peu de lave rouge s'épandait par nappes. La mer frissonnante s'étalait, toute noire par places, et, à d'autres, toute luisante. Des groupes de petits garçons et de petites filles suivaient sans cesse notre victoria en courant. Ils mendiaient, les uns faisant la roue sur leurs mains, comme des acrobates, d'autres lançant des fleurs dans la capote avec une extrême adresse. A leur propos, nous nous mîmes à parler des enfans délaissés, et, tout d'un coup, se tournant vers moi, Éveline me demanda :

— Parmi vos camarades de jeunesse, en avez-vous connu beaucoup qui aient eu des eufaus naturels et qui les aient abandonnés ?...

— Quelques-uns, répondis-je, pourquoi ?...

— Parce que cette action me semble la plus monstrueuse que puisse commettre un homme, et que je voudrais comprendre quelles raisons il se donne vis-à-vis de sa conscience...

— Mais beaucoup, répliquai-je, quand ce ne serait que l'incertitude de cette paternité...

— Et quand il n'y a pas d'incertitude ?...

— On s'en crée..., répondis-je, en riant.

— Et comment s'excuse-t-on à ses propres yeux ?...

— On se dit qu'un égarement de jeunesse ne doit pas peser sur toute la vie. On se tient quitte avec un cadeau d'argent à la mère...

— Et on se marie, et on ne parle pas à sa femme ?... Je suis sûre, — et elle était mi-plaisante, mi-rieuse, comme lorsqu'on veut interroger quelqu'un sans l'interroger... — je suis sûre que vous, vous n'auriez pas agi ainsi...

— Je n'ai heureusement pas eu à résoudre le cas, lui répondis-je, et j'ajoutai, en plaisantant à mon tour : J'espère surtout que vous n'allez pas vous faire des imaginations de cette sorte ?...

— Non... dit-elle en me prenant la main, et je compris à cette pression que le ton libre de ma réponse venait de la soulager d'une anxiété. Sa question était une preuve qu'elle continue, je le sais trop bien, même quand elle ne me parle pas, à errer en pensée autour du tourment dont elle sent le mystère en moi. Elle avait entrevu cette hypothèse d'un enfant naturel que je lui aurais caché, elle en avait souffert, sans y croire. Elle en était délivrée, et elle répétait : « Oh ! non ! » puis, si tendrement : « Je t'estime trop, vois-tu, pour croire de toi quoi que ce soit de vraiment mal, pour même le concevoir... D'ailleurs, quelle raison aurais-tu de mentir à un être comme moi, qui t'est si, si dévoué, qu'il ne t'en voudrait jamais, jamais de rien ?... Tu serais venu me dire : — J'ai un enfant. — Je t'aurais dit : Amène-le-moi, que je l'aime... Et je l'aurais aimé, à cause de toi... Pas sans souffrir un peu, ajouta-t-elle, en hochant sa gracieuse tête, mais souffrir pour quelqu'un, c'est mieux sentir combien on l'aime... Puis, profondément, presque solennellement : — Combien et comment je t'aime, tu ne le sais pas encore. Tu le sauras peut-être un jour, et, si tu ne le sais pas dans cette vie, certainement dans l'autre... Si tu croyais, tu me comprendrais. Il y aura un Jugement dernier, vois-tu, et alors, les plus secrètes actions, les moindres pensées seront visibles. Je suis bien certaine que, dans ce moment-là, tu ne verras rien dans toute ma vie qui ne te fasse m'aimer davantage, et moi aussi, je suis bien certaine que tu ne m'auras rien caché dans la tienne qui puisse me faire moins t'aimer... J'ai si foi en toi !...

« J'ai foi en toi ! » — Son instinctif serrement de main, dans son sommeil, me répétait cette affirmation de sa confiance absolue. Je lui rendis cette pression de ses doigts, doucement, pour qu'elle continuât de reposer. Je la quittai, et, de nouveau seul dans ma chambre, la pensée recommença de me dévorer. Je me demandai pourquoi chaque nouveau témoignage de l'estime, presque du culte qu'elle m'a voué me fait cette peine si particulière, la plus insupportable de toutes. Le principe le plus profond de souffrance gît là, exactement là. J'en ai compris la raison, dans cette insomnie, et aussi quel travail s'est accompli en moi durant cet espace de temps, bien court encore, qui me sépare de mes fiançailles. Avant de vivre avec Éveline, dans ce contact de chaque minute, je ne soupçonnais pas qu'il pût exister des âmes comme la sienne, où tout est droiture, transparence, honnêteté, et, en même temps, sensibilité. Il y avait pour moi deux mondes : celui de la vie morale et celui de la vie passionnelle, et je les considérais, dans leur essence, comme inconciliables. Il fallait choisir et j'ava's choisi. Je n'avais jamais conçu que toute la pureté de l'un pr̂ être associée à toute l'ardeur de l'autre, que l'on pût tant senir et demeurer si simple de cœur, garder tant de vertu dans une telle flamme. C'est la radicale contradiction entre son être le plus intime et le mien que des phrases telles que cette phrase sur le Jugement me rendent comme palpable. Alors, et devant la preuve que, dans la naïveté

de cette confiance, elle me croit tout semblable à elle, il se fait
en moi une révolte... de quoi?... De mon honneur, tout simplement. L'impression est trop forte de la différence entre l'homme
qu'elle voit et l'homme que je suis, trop forte l'évidence de la
mauvaise action que j'ai commise en prenant toute la vie d'une
créature si intacte, si étrangère à toutes les complications, alors
que ces complications sont, pour moi, la façon même de sentir,
alors que ce mariage était lui-même, pour moi, la complication
suprême. La faute en est toujours à cette ressemblance qui m'a
empêché de voir sa personnalité distincte. J'ai cru reconnaître
en elle des nuances de cœur toutes pareilles à celles du cœur de
sa mère. Et c'est bien vrai qu'elle a de sa mère cette faculté de
s'absorber dans son sentiment, cet art aussi de manifester ce sentiment avec tant de finesse, d'en empreindre tous ses gestes,
toutes ses pensées. Mais, chez Antoinette, un triste mariage, de
longues années de contrainte, des habitudes de reploiement sur
elle-même avaient produit des complexités de caractère qui en
faisaient ma vraie compagne. Elle était mon âme-femelle, comme
elle disait quelquefois elle-même. Ma sensibilité souffrante, qui
déjà n'était plus simple, s'appariait à la sienne, si étroitement, si
absolument. Si c'était elle que j'eusse épousée et non Éveline, je
pourrais, j'en suis sûr, même dans un si étrange mariage, me
montrer à elle, lui confesser la vérité de tous mes égaremens,.
elle reconnaîtrait son cœur dans mon cœur. Elle et moi, nous
étions de la même race, de ces âmes avides de sentir, inassou-
vies d'émotion, de ces esprits impatiens et audacieux qui vont à
leur bonheur par-dessus et à travers les lois. Éveline appartient à
l'autre race, à celle des âmes d'ordre, de soumission, d'harmonie,
qui ne conçoivent même pas l'émotion hors du devoir, qui ne
voudraient pas d'un bonheur acheté au prix d'une faute, qui ne
pourraient pas en vouloir, car ce bonheur, pour elles, ne serait
plus du bonheur. Si la pieuse enfant me voyait tel que je suis,
— sous cette lumière qu'elle imagine devoir éclairer les replis
les plus cachés, dans ce jour du Jugement, — elle ne me chérirait
pas moins, j'en ai la certitude, — on ne se reprend plus, quand
on s'est donnée à ce degré, — mais j'ai la certitude aussi que
tout son amour deviendrait comme une grande plaie. Je sais cela,
et de le savoir est pour moi comme un jugement en effet, comme
une condamnation. Cette enfant me fait, par sa seule présence,
douter des idées qui ont gouverné toute ma vie. J'ai toujours

cru que, jeté sur cette terre, dans un monde qu'il ne comprendra jamais, par une cause qu'il ne connaît point, pour une fin qu'il ignore, l'homme n'avait, durant les quelques années qui lui sont accordées entre deux néans, qu'une seule raison d'être : multiplier, aviver, exalter en lui les sensations véhémentes et profondes, et, comme l'amour les contient toutes à leur plus haute puissance, aimer et être aimé. Auprès d'Éveline, une suggestion à laquelle je résiste en vain me contraint de me demander si, en pensant ainsi, je ne me suis pas trompé. L'idée que j'ai toujours le plus haïe comme la plus mutilante pour l'expérience sentimentale : celle de la responsabilité, s'élève en moi, s'empare de moi. Je me sens responsable vis-à-vis d'elle. *J'ai des remords.*

Qu'ils étaient aigus, cette nuit, et qu'ils m'ont fait mal ! Comme j'ai senti ce qui constitue l'irréparable misère de ce mariage ! Quand bien même j'aurais retrouvé dans les bras d'Éveline toute l'ivresse que j'ai connue autrefois, quand même j'aurais réalisé avec elle ce programme de l'époux-ami, dont j'ai rêvé un moment, il n'en resterait pas moins que je me suis condamné à ne pouvoir vivre auprès d'elle sans lui mentir, et sur un point qui la touche si profondément. Quoi qu'il arrive, il y aura toujours entre nous cette chose que je ne puis ni m'estimer de lui taire, ni m'estimer de lui dire. Il restera qu'en me faisant aimer d'elle, en prenant son cœur, en prenant sa vie, je lui ai enlevé, et pour toujours, la chance de rencontrer l'homme vraiment digne de recevoir cette foi que je ne mérite pas. Comme j'ai senti cela, cette nuit, de nouveau, que je ne la méritais pas ! Comme je me suis rappelé ma conversation avec l'abbé Frouteau, et sa menaçante et prophétique phrase : *dont vous seriez un jour terriblement puni...* Le vent continuait de souffler, la mer de gémir J'écoutais encore. Éveline continuait de dormir. Elle ne percevait pas plus la tempête déchaînée au dehors que la tempête déchaînée en moi. L'accord entre le trouble des élémens et mon trouble intérieur était si complet, il y avait dans ce sommeil ignorant d'Éveline à côté de ma veille malheureuse un tel symbole de toute notre vie, le souvenir des paroles du vieux prêtre avait tellement ébranlé de nouveau en moi la corde secrète de la mysticité, que je me pris à penser, comme si souvent jadis, aux communications entre les morts et les vivans... Si pourtant tout n'était pas fini après le tombeau ? Si, de l'autre côté de l'ombre impénétrable, les disparus pouvaient nous voir ? S'ils nous gar-

daient des sentimens?... J'ai voulu croire, quand j'ai deviné
l'amour d'Éveline, qu'Antoinette eût favorisé, qu'elle favorisait
cet amour. Si c'était le contraire? Si cette impossibilité de bonheur était une vengeance de la morte, une possession de mon
esprit par son esprit? Ou, simplement, si mon mariage était, pour
elle, dans ces ténèbres où elle est tombée d'une si tragique façon,
sans confession, sans repentir, la forme de son supplice éternel?
Si c'était là son enfer, cet enfer auquel croit Éveline, — et elle
n'est pas une illuminée! — auquel croit ce prêtre, — et il est si
sage!...

Vers le matin, et quand la blafarde lueur du petit jour commença de se glisser par l'interstice des rideaux, cette exaltation
se dissipa. Je passai un costume de chambre et je revins m'asseoir
au chevet du lit d'Éveline, toujours sans la réveiller. Accoudé sur
la table de nuit, je regardais dans ce crépuscule du matin les
traits si délicats dans leur sommeil toujours calme, la minceur
de son cou autour duquel s'enroulait la lourde tresse blonde de
ses cheveux, l'attache menue de son poignet, tous ces signes
d'une grâce presque trop fine, fine jusqu'à la fragilité. Un autre
sentiment s'empara de moi, en présence de cette douce enfant
endormie, avec une force souveraine. Je me dis que j'avais,
dans ce désarroi de ma vie sentimentale et morale, un devoir
encore, de quoi m'estimer un peu tout de même, de quoi agir,
sinon tout à fait bien, moins mal. Ce devoir consiste à redevenir
maître de moi, et à épargner à ma femme, — car enfin, quels que
soient mes torts envers elle dans mon passé, ces torts appartiennent au passé, et, dans le présent, elle est ma femme, c'est-à-
dire un être qui m'a pris pour soutien, à qui j'ai juré de servir
d'appui, — à lui épargner donc les contre-coups d'affolement
comme ceux que j'ai traversés dans cette terrible nuit. Il faut que
je me ressaisisse, que je tienne enfin ce rôle que je peux tenir, et
qui se résume dans cette modeste, mais si nette formule : le chef de
la communauté. J'ai mal agi en l'épousant, très mal, plus que
mal, criminellement. J'en suis puni par de grandes tortures
morales, et c'est justice. Ce qui ne l'est pas, c'est qu'Éveline, qui,
elle, n'est coupable de rien, souffre de mes fautes, ou, — j'hésite
à écrire ce mot, quand il s'agit de la « pauvre Ante », — des
fautes de sa mère. Elle n'en souffrira plus. J'ai pris la résolution de me simplifier le cœur, d'exécuter enfin cet effort sur

moi-même que le prêtre me demandait : « Vous ne devez pas
avoir aboli le passé uniquement dans les faits, vous devez l'avoir
aboli dans votre âme... *Vous devez en avoir fini, non pas seulement avec les regrets, mais presque avec les souvenirs...* » Ce
sont ces souvenirs qui m'obsèdent, et que je dois tuer. Il faut que
je dise adieu pour toujours à la mémoire d'Antoinette; que je
m'arrache ce passé du cœur pour ne plus y avoir qu'Éveline...
Pour cela, une reprise de moi-même dans un peu de solitude est
nécessaire. Dans cette vie à deux que nous menons, jouant sans
cesse l'un sur l'autre, je suis la victime d'impressions trop multiples pour que je puisse me recueillir, me ramasser, me reconstituer dans une volonté enfin redressée. Je me suis décidé à
faire, pour cette œuvre de notre salut à tous deux, ce que font les
personnes religieuses à la veille des décisions décisives, une
véritable retraite. Aujourd'hui même, je parlerai à Éveline. Je
lui donnerai, des étrangetés d'humeur où je suis de nouveau
tombé, une explication qui, après tout, n'est pas absolumen
fausse, et à laquelle elle croira. Je prétexterai un état nerveux
qui exige que je passe quelques jours tout seul, à portée d'elle,
mais séparé d'elle, à Sorrente, par exemple. Cette séparation, en
me permettant d'y voir tout à fait clair en moi, et de me tracer
une ligne de conduite définitive et préeise, marquera une date
dans nos rapports. Ma seule crainte est qu'elle n'accepte pas cette
nécessité de nous quitter, même pour un temps très court. Ah !
que l'âme de sa mère passe en elle, pour lui faire sentir ce que
je ne peux pas lui expliquer !...

Sorrente, nuit du 7 au 8 octobre.

... Éveline ne m'a fait aucune des objections que je redoutais.
Elle a vraiment été la fille d'Antoinette, de celle qui me disait :
« Appelle-moi, j'apparaîtrai toujours; — quand tu ne voudras
plus, tu ne m'appelleras plus. » — Tandis que je lui expliquais,
avec des mots qui s'embarrassaient de plus en plus, mes raisons
de la quitter pour quelques jours, elle n'avait dans ses yeux que
de l'amour. Et je suis parti. Je suis ici, et elle est là-bas, toute
seule dans cette ville étrangère dont les lumières blanchissent le
ciel, de l'autre côté du golfe. Je l'ai laissée, j'ai pu la laisser,
n'ayant avec elle pour la soigner, si elle souffrait, — car enfin, il
y a des maladies subites, — qu'une femme de chambre. Il y a
aussi des morts subites. Comment donc a disparu sa mère ?... Je

l'ai laissée... Que fait-elle en ce moment? [Que pense-t-elle? Je
la devine, assise à notre balcon, fouillant dans l'espace, comme
j'y fouille moi-même, me cherchant dans la distance et se dévo-
rant d'anxiété. Comment ai-je eu la force de monter dans la
voiture qui m'a emporté loin d'elle, puis dans le train, puis dans
l'autre voiture, alors que chaque tour de roue mettait une nouvelle distance entre nous? Comment, surtout, me connaissant moi-
même, n'ai-je pas compris que je ne supporterais pas cette solitude si près d'elle, avec l'idée qu'elle souffre, qu'elle s'inquiète,
qu'elle pleure? Si elle a cru au prétexte que je lui ai donné, dans
quelle anxiété elle doit être! Si elle n'y a pas cru, dans quelle détresse! Et moi, ne savais-je pas d'avance que cette tentative de
retraite dans ces conditions, au lieu de calmer les lancinemens
de l'idée fixe, les exaspérerait? Cette nuit que je vais passer loin
d'elle, la première depuis notre mariage, est à peine commencée,
que, déjà, elle m'apparaît comme interminable. Le vent s'est apaisé.
Le ciel est rempli d'étoiles. La mer, encore remuée, mais plus
douce, palpite avec un soupir étouffé contre les rochers au-dessus
desquels ouvrent mes fenêtres, et, dans ce soupir, j'en entends
un autre, comme si l'appel du cœur d'Éveline arrivait au mien,
porté par ces lames. Chose étrange! Cette impression de l'avoir
abandonnée en proie au chagrin a, pour un moment, tout suspendu en moi de mes autres sentimens. Le fantôme d'Antoinette
lui-même a reculé. La pitié que j'ai pour la vivante serait-elle
donc ma seule arme contre la pauvre morte, qui, elle, ne peut
plus rien sentir? Cette énergie d'oubli que j'ai rêvé de demander
à ma volonté résiderait-elle là, uniquement là? Ma volonté?
Comme si j'en avais une! Comme si elle avait jamais été chez
moi autre chose que le sentiment le plus fort!... Mais le voilà,
ce sentiment le plus fort, avec lequel je peux espérer de vivre et
d'aider à vivre. C'est cette pitié. Ah! Cédons-y! Abandonnons-
nous à ce flot d'inexprimable émotion que le sentiment de sa
souffrance me fait jaillir de l'âme, et qui efface tout, qui noie
tout... Le reste : souvenirs, regrets, comparaisons, remords, ce
sont des idées, un vain et inutile tourbillon d'idées. Ce qui est
une réalité, et positive et saignante, c'est sa peine. Ce qui est une
réalité, c'est ceci encore, que *de la plaindre me fait l'aimer.* Il
faut qu'elle le sache, il faut qu'elle le voie. Non, je ne resterai
pas ici, à essayer de me reprendre. Me reprendre? Pourquoi l'ai-
je voulu? Pour pouvoir lui donner un peu de bonheur. N'en

aura-t-elle pas, quand, demain, elle me verra revenir, n'ayant
pas pu supporter même cette courte absence? Mais les mauvaises
heures recommenceront? Qu'elles recommencent! Nous en aurons eu une bien douce, celle où je lirai dans ses yeux son ravissement de mon retour, où elle lira dans les miens le repentir
fou de mon absence!

. . . .

4

Paris, 2 décembre.

... Nous sommes revenus à Paris et Éveline est enceinte.
Qu'elle était jolie et touchante de grâce craintive, quand elle
m'a annoncé ce grand événement!

— J'en suis si heureuse, m'a-t-elle dit, et pourtant, je devrais
avoir peur... Oui, ajouta-t-elle en rougissant, je vais devenir laide,
et toi, tu ne vas plus m'aimer du tout...

J'essayai de la rassurer par des paroles d'affection. Je la serrai
contre moi avec un tel sursaut de tendresse, et bien vrai! Elle
trahissait tant d'amour, cette crainte que le travail sacré qui
allait s'accomplir dans sa chair ne me détachât d'elle, — tant
d'amour et si peu de confiance dans l'avenir de notre ménage!
Ai-je mérité qu'elle pensât autrement? Me suis-je conduit aussitôt de manière à lui persuader qu'elle se trompait? Ai-je accueilli
cette nouvelle de la venue du premier enfant, qui fait l'orgueil
du foyer, comme un fondateur de famille, avec cette joie grave
et radieuse de courage, qu'une jeune mère est en droit d'attendre d'un père? Un foyer? Mais avons-nous un foyer? En
a-t-on un, lorsque la vie en commun n'est pas la vie commune,
que la cohabitation n'est pas l'union, que le mari porte en soi
tout un domaine de pensées interdit à sa femme, que celle-ci
le sait, lorsqu'elle sait aussi que l'enfant qui a tressailli dans
son flanc n'est pas né de l'amour, qu'il est né de la pitié? C'est
dans l'émotion de mon retour de Sorrente que ce petit être a
été engendré, dans ces heures de repentir attendri et de commisération passionnée. Il n'est pas le fruit de la joie. Il est celui
du remords. Il n'est pas un rejeton d'allégresse et d'espérance.
C'est l'enfant du mortel délire où m'a jeté le sentiment d'une
souffrance que je ne me pardonnais pas d'avoir causée. Que j'ai
mêlé de larmes aux baisers par lesquels cette promesse d'âme

a été appelée à l'existence! Cette nuit-là, j'ai vu Éveline elle-
même, ravie d'abord jusqu'à l'extase par ce qu'elle prenait pour
une folie d'amour, s'assombrir tout à coup entre mes bras, la
flamme du bonheur se voiler dans son regard, ses lèvres se détourner de mes lèvres, et comme, bouleversé de cette mélancolie
soudaine, je lui disais :

   — Tu ne voudras donc Jamais croire que je t'aime ?...

   — Non, répondit-elle en me mettant la main sur la bouche
pour m'empêcher de parler, et avec une profondeur extraordinaire dans ses yeux, tu ne m'aimes pas, tu me plains...

Voilà parmi quelles impressions de son père et de sa mère
cet enfant a été créé. Dès qu'Éveline eut prononcé la phrase
révélatrice : — Je suis enceinte..., — voilà le souvenir qui a surgi
dans mon esprit, et il arrêta net en moi cette fierté instinctive de
la race dont j'aurais sans doute été possédé, comme tant de mes
amis et les plus indifférens, les plus cyniques. J'imagine qu'un
poitrinaire, et qui connaît son état, éprouve, en apprenant que
sa femme est grosse, le même étrange sentiment qui m'a saisi
à ce moment-là et qui ne m'a plus quitté. Il se demande ce que
je n'ai pas cessé de me demander depuis ces dernières semaines :
quelle hérédité pèsera sur cet enfant? C'est la question que je
me suis adressée tout de suite et que je m'adresse sans cesse :
quels germes de malaise physique et moral aura déposé en lui
cette minute où il a été conçu, dans les embrassemens de deux
êtres si troublés? Si c'est un fils, et qu'il me ressemble, lui aurai-
je transmis ma misérable âme d'aujourd'hui, incertaine et désorientée, torturée et torturante? Si c'est une fille, quelle tare
d'inquiétude lui aura léguée Éveline, l'Éveline de ces mots si
navrés et si tendres : « Tu ne m'aimes pas. Tu me plains ?... »
Il y a dans la Bible un passage qui m'est tombé sous les yeux,
par hasard, quand j'étais bien jeune, à l'époque de mes premiers
heurts contre la vie, et je ne l'ai jamais oublié, tant il s'appliquait
dès lors, avec une exactitude saisissante, aux relations entre moi
et ceux dont je descends. Il s'agit du prophète Élie, et de son découragement, lorsque, couché sur le sable du désert, dans l'ombre
d'un genévrier, il gémit : « J'en ai assez, Seigneur, prends mon
âme, je ne suis pas meilleur que mes pères... » Cri si triste,
moins triste que celui qui me jaillira du cœur, si je dois voir
grandir un enfant qui vaille moins que moi, qui vaux moins

que mon père, qui valait moins que ses aînés, puisqu'ils l'ont
fait si sain encore, si équilibré, et qu'il m'a fait si malade! Comment, moi, aurai-je fait mon fils? Et pourvu que ce soit un fils!...
C'est une de mes terreurs que ce ne soit une fille, et que je ne
retrouve, dans ses traits, dans ses yeux, dans ses gestes, quand
elle grandira, cette identité du type, qui m'a tour à tour tant séduit et tant fait souffrir auprès d'Éveline. Ce serait la tragédie de
mon mariage, renouvelée à chaque seconde, incarnée dans cette
chair où il y aurait un peu de nos trois chairs, de la chair d'Éveline, de ma chair, de la chair d'Antoinette. Ce serait cette *sensation de l'inceste*, qui m'obsède, mais perpétuée dans cette enfant,
mais allante et venante, indestructible... Et j'ai peur, oui, j'ai
peur des mouvemens du cœur qui se soulèveraient en moi. On
peut haïr son enfant : c'est horrible, mais cela se rencontre. Que
le sort m'épargne cette épreuve!...

Nous faisons si peu un ménage, tout en vivant, en respirant
côte à côte, que cette naissance d'une fille, dont je frémis d'horreur par avance, est précisément ce qu'Éveline souhaite avec
le plus de passion. Elle ne se doute pas du mal qu'elle me fait,
quand, assis tous deux au coin du feu, en tête à tête, il lui arrive de m'entretenir de ses ambitions maternelles. Elle me donne
alors, de ses préférences, des raisons si pures, si simples, qui
tiennent à sa façon toute droite, toute loyale de comprendre et de
sentir la vie :

— Une fille, vois-tu, me disait-elle hier encore, ce sera mon
enfance retrouvée et prolongée. Elle sera pour moi ce que j'ai
été pour ma mère. Je serai pour elle ce que ma mère a été pour
moi. Je retrouverai, à la distance de l'âge et avec les rôles renversés, la même façon de vivre dans la même maison. Je suis si
heureuse que cet hôtel n'ait pas été vendu! J'aime tant l'idée
que je dors dans la chambre où maman dormait! J'aimerai tant
l'idée que ma fille dorme dans la chambre où je dormais toute
petite! Je voudrais penser, qu'après moi, elle habitera ici encore.
Un fils, je le chérirais bien aussi, mais il me donnerait moins
cette impression de la vie continuée, qui m'est si précieuse. Je
n'ai pas eu de frère, et j'ai à peine connu mon père. La famille,
pour moi, c'est une mère et c'est une fille. Pardon, ajouta-t-elle,
en me prenant la main, c'est toi aussi...

Elle venait, une fois de plus, d'apercevoir sur mon visage le reflet du malaise intérieur. Elle l'attribuait à ses paroles. C'était vrai, mais pour des causes si différentes de celles que sa tendresse imagine. Tout ce qu'elle pense de la famille, je le pense également. Cet instinct de continuité, ce besoin d'avoir ses morts tout près de soi, de se mouvoir dans leur atmosphère, ce désir de vivre comme ils ont vécu, de retrouver leur passé dans son présent, et de prolonger, de perpétuer ce passé à travers soi dans l'avenir de ses enfans, ces émotions si nobles, si vraies, sont le ciment des pierres du foyer. Je le sais. Je le sens comme elle ! Le foyer ? Toujours ce même mot qui me hante comme un refrain où se résume la nostalgie de ce que j'entrevois aujourd'hui de si doux, de si profond, de si nourrissant pour le cœur dans le mariage et dans la paternité, et qui m'est refusé. Comment m'associerais-je à ces rêves d'Éveline pour l'avenir de cette petite fille qu'elle voit déjà promener ses jeux et ses rires, ses yeux bleus et ses boucles fauves dans cette chambre qui fut celle d'Antoinette ? Sa vénération fait tout naturellement de sa mère une aïeule. Pour moi, cette mère est une amoureuse, et dont la brûlante sensibilité qui enivra mes vingt-cinq ans me ferait peur à retrouver chez ma fille. Comment respirerais-je dans cette demeure cette atmosphère de vérité qu'y respire Éveline ? Pour elle, cet hôtel où elle a grandi est aussi l'endroit où elle est le plus elle-même. C'est la maison, *sa maison*, l'asile où elle est libre d'épanouir sa personne, d'avoir ses joies sincères, ses douleurs sincères. Pour moi, habiter ici, c'est mentir, mentir par tous mes regards, mentir par tous mes gestes, par toutes mes attitudes, puisque je ne peux pas dire une seule des idées qu'éveillent en moi tous les aspects de ces pièces où se mouvait ma maîtresse.... Quel présage aura été cette première visite où je crus la voir apparaître au fond du petit salon, dans la glace où elle s'est tant mirée sans doute, les matins de nos rendez-vous, pour savoir si elle serait jolie, si elle me plairait ! Comme elle *revient* dans ces pièces qu'Éveline s'ingénie à rendre pareilles à ce qu'elles étaient autrefois ! Elle y multiplie les portraits de sa mère. Elle veut, dit-elle, avoir toujours cette image devant les yeux, pendant sa grossesse, pour que l'enfant se modèle d'après la beauté de la morte. C'est ainsi que je retrouve Antoinette sans cesse, Antoinette à tous les âges : ici, toute petite fille, et déjà si fine, précocement sensible et délicate, là, plus grande, ailleurs à la veille de son mariage, ailleurs encore après ce ma-

riage, puis à l'époque où elle m'aima, et elle me regarde du
fond du passé, elle m'appelle, elle me tente...

Elle me tente? De quoi?... D'aller la rejoindre enfin, de
rentrer dans la grande nuit où elle repose depuis si longtemps.
Il y aura onze années, dans deux jours. Je n'ai qu'à feuilleter les
pages de ce cahier, pour retrouver la preuve qu'à cette même
date, il y a un an, j'éprouvais déjà une fatigue immense, comme
une courbature de tout mon être moral, le sentiment de ma vie
finie. C'est l'espérance de galvaniser ce cœur si lassé qui m'a fait
me rapprocher d'Éveline, puis l'épouser. Le miracle de résurrec-
tion que j'attendais s'est-il accompli? Hélas! Ce mariage avec la
Sosie de ma lointaine amie n'a ranimé de ce cœur que les portions
souffrantes. Les portions heureuses sont demeurées mortes, mortes
comme cette amie de ma jeunesse, mortes comme cette jeunesse
elle-même. C'est là ce que le fantôme me dit avec les yeux et
les sourires de tous ses portraits, surtout du grand pastel ovale
qui est dans la chambre à coucher d'Éveline. Je ne veux jamais
le regarder, quand j'entre dans cette pièce, et je le regarde, ou
plutôt il me regarde toujours... C'est un tableau déjà passé, où
les prunelles et la bouche ont seules gardé une intensité de
nuances, pour moi hallucinante. Antoinette y est représentée de
buste, les épaules et les bras nus, dans un corsage décolleté. La
mousseline de soie, conleur de feu, de ce corsage frissonne autour
de ces formes fragiles, délicates, presque évaporées, comme déjà
immatérielles. Tout le sang de ce corps semble s'être retiré dans
la bouche rouge, toute son énergie dans les prunelles bleues. Le
lit conjugal, par un sacrilège que je suis seul à savoir, et que je
n'aurais pu empêcher que par un crime pire, est à quelques pas
du cadre doré où cette bouche en fleur me sourit. Ces belles
lèvres remuent, elles me parlent, elles répètent l'ancienne phrase :
« Je voudrais m'en aller ainsi, avant ma première ride, avant ta
première lassitude... » Elle est partie comme elle l'avait désiré.
Elle avait beau être mère, et tendre mère, un instinct lui disait
qu'elle ne pouvait pas, qu'elle ne devait pas vieillir. Cette poésie
de la vie de famille, qui est profonde, qui est réelle, ne se con-
cilie pas avec une autre poésie, profonde aussi, réelle aussi, qui
était la sienne, qui a été la mienne. Il est des cœurs de spasme
et d'exaltation, comme il est des cœurs d'attachement et d'habitude. A ceux-ci, le foyer, la maison, la famille. A eux la durée, à

eux ces prolongemens de la vie sentimentale à travers les déca-
deuces de la vieillesse qui leur sont des occasions de fidélité, de
sérénité et de dévouement. Mais les autres, ceux dont le rêve fut
de ramasser toute leur puissance d'émotion dans une minute
d'extase suprême, dussent-ils s'y anéantir, ces cœurs excessifs et
passionnés, quand ils ont atteint une fois cette extrémité d'ardeur qu'ils ne dépasseront pas, leur aventure à eux est finie, bien
finie. C'est là ce que voulait dire Antoinette, c'est le conseil
qu'elle me donne du fond de la tombe. Qui me retient d'aller
l'y rejoindre?... Une cartouche, glissée dans une des chambres
du revolver que j'ai là, à portée de main..., la pression de mon
doigt sur la gâchette, une toute petite pression..., et ce serait la
sortie à jamais hors de ce monde où j'ai passé l'âge d'une certaine joie, où je n'ai plus l'âme d'une autre joie, et, l'aurais-je,
que les circonstances seraient trop hostiles. Je ne pourrais pas
les maîtriser. Ce sont les données mêmes de ma vie qui sont
fausses. On ne se construit pas un foyer dans la maison d'une
femme dont on fut l'amant et dont on a épousé la fille. Je l'ai
cru. Je l'ai espéré. Je l'ai voulu. Ce n'est pas vrai, ce n'est pas
vrai, ce n'est pas vrai!

Comme je viens de le subir, avec une violence qui m'envahissait comme un vertige, cet attrait de la mort volontaire! J'en
suis séparé de nouveau par cette pitié dont j'ai eu, en Italie,
il y a deux mois, une crise si forte. J'ai cru sur le moment
pouvoir refaire et ma vie et celle d'Éveline avec cela. J'ai trop
éprouvé que c'était encore une chimère. La pitié est un mouvement, un geste de l'âme. Elle peut produire une action déterminée, comme mon retour de Sorrente, inspirer des paroles
comme celles que j'ai prononcées alors. Ce n'est pas un état. Ce
n'est pas une assise où fonder quoi que ce soit qui dure. Elle
s'épuise, cette pitié, avec la douleur qui l'a causée, et on ne la
retrouve plus en soi, qu'en recommençant de faire souffrir.
Quand je me figure Éveline, entrant dans cette chambre, et me
voyant à terre, mort, l'image de sa peine me déchire. Je me dis :
il faut que je vive... Ai-je raison? Ce paroxysme de chagrin que
lui infligerait mon suicide, n'est-il pas moins douloureux, moins
cruel que cette existence, prolongée des jours et des jours, des
années peut-être, sans fusion de nos cœurs, avec l'évidence de
cette idée fixe dont je ne peux physiquement pas lui cacher les

accès... « Avant la première lassitude, » disait Antoinette, et moi, je dis : « Ah! partir avant la dernière! »

. . . .

5

... Le dilemme est là, inéluctable : ou bien il faut dire à ma femme la vérité, toute la vérité, ou bien il faut la quitter, m'en aller. M'en aller? Où donc, sinon là-bas, au pays d'où l'on ne revient plus? Tout vaut mieux que cette affreuse vie où chaque jour envenime la plaie cachée, au lieu de l'adoucir. La contradiction foncière sur laquelle pose notre ménage m'est devenue trop pénible. Mes nerfs s'usent à la maintenir et j'en arrive à cet état d'irritation latente où l'on est sans cesse tout voisin de commettre des actes indignes de son propre caractère. Qu'une scène comme celle d'aujourd'hui se reproduise, que celle-ci se fût aggravée seulement, et où en serais-je de cette estime de moi-même, conservée jusqu'ici, malgré tout, parce que je pouvais du moins me rendre une justice : j'avais tout fait pour épargner à Éveline le contre-coup de mes chagrins? Si elle avait souffert, ç'avait été de me voir souffrir. Jamais je ne m'étais permis cette lâcheté, ce honteux soulagement des consciences tourmentées : faire volontairement mal autour de soi, parce que l'on a mal soi-même. Dans le cas présent, l'iniquité est vraiment trop grande...

Ce qui me mesure le degré de ce désordre mental et presque physique, c'est la ténuité du fait qui a servi de premier principe à cette irritation. J'avais déjeuné dehors, seul, comme cela m'arrive souvent, et sans même donner de prétexte à Éveline, qui, d'ailleurs, ne m'en demande jamais. C'est mon procédé le plus sûr, quand je me sens sous le coup d'une de mes crises d'obsession et que je veux essayer de la conjurer. Je fuis la maison, et je marche, je marche, indéfiniment. D'aller ainsi parmi des foules où je ne connais personne, endort quelquefois l'accès. Vers quatre heures, me sentant mieux, ou croyant me sentir mieux, je suis rentré. Le petit de Montchal était en visite chez Éveline. C'est la seconde fois depuis notre retour que ce garçon vient nous voir. Il avait sans doute voulu déposer simplement des

cartes. On lui avait dit que Madame recevait, et il n'avait pas osé
ne pas monter. Avais-je même besoin de me donner cette explication pour que la présence de cet ancien candidat à la main de
ma femme me laissât parfaitement indifférent? Être jaloux d'un
René de Montchal serait bien ridicule, et, être jaloux de qui que
ce soit à propos d'Éveline, simplement odieux, après qu'elle m'a
prodigué tant de preuves du dévouement le plus complet que
jamais épouse ait donné à son mari. Pourtant, je ressentis, à me
trouver face à face avec ce jeune homme, la plus vive contrariété,
la moins dissimulée aussi. Il était visible, au premier regard, qu'il
avait changé. On ne peut pas dire que ces douze mois l'aient
vieilli. Ils l'ont mûri. J'en savais trop bien la cause. Je n'avais
qu'à me rappeler la scène de violence entre nous, sur le champ
de courses d'Hyères, sa cravache levée sur mon cheval, puis sa
visite chez moi, notre explication et la réelle générosité dont il
avait fait preuve dans cette circonstance. Il avait aimé Éveline
et il avait été extrêmement malheureux de son mariage. Il l'aimait encore, sans espérance. Son attitude, à ce moment même,
toute gauche, presque douloureuse de contrainte, le prouvait
assez. Le bon goût le plus élémentaire voulait que je n'eusse
même pas l'air de m'en apercevoir. Mais une idée s'empara de
moi tout d'un coup, qui me rendit pénible et presque cruel de
constater ces indices. Avec tous les défauts de sa nature et de son
milieu, médiocre d'esprit comme il était, malgré son passé de
vulgaires plaisirs, ce jeune homme eût fait pour Éveline un meilleur mari que moi. Ce sentiment qu'il lui garde dans son cœur,
sans illusion, sans calcul, c'était du vrai sentiment, quelque chose
de sincère, de simple et par conséquent de fort, de quoi bâtir le
foyer. Cet humble amoureux évincé était la vivante condamnation de l'anomalie sur laquelle j'ai voulu fonder mon mariage,
sans réussir à rien qu'à faire, de la plus adorable enfant, de la
plus dévouée, la martyre, — dois-je dire de mon égoïsme? Est-on
égoïste, quand on s'aime si peu soi-même? — une martyre, en
tout cas, et pour laquelle il eût mieux valu rencontrer tout, mais
pas ce qu'elle a rencontré. Cette impression fut si profonde
que la présence du pauvre garçon me devint littéralement
odieuse. A peine si je répondais par des monosyllabes aux
phrases de politesse qu'il croyait devoir prononcer. Mon extraordinaire procédé acheva de le décontenancer tout à fait. Il
partit enfin, et, une fois seuls, Éveline ne put s'empêcher de

me faire, bien doucement, bien timidement, cette remarque :

— Pourquoi avez-vous été si peu gracieux pour M. de Montchal? J'en étais plus déconcertée encore que lui...

— Je n'ai pas à être gracieux pour quelqu'un qui vient ici vous faire la cour, répondis-je sèchement.

— M. de Montchal vient me faire la cour? répéta-t-elle, plus étonnée encore qu'émue de cette déraisonnable observation.

— S'il ne vous la fait pas, il vous l'a faite, continuai-je, puisqu'il a voulu vous épouser.

— Sur quel ton vous me dites cela? reprit-elle; voyons, vous n'êtes pas jaloux de M. de Montchal? Ce serait un peu humiliant, vous savez, ajouta-t-elle avec un demi-sourire, et un hochement de tête si joliment mutin.

— Cela prouve que vous êtes comme toutes les femmes, repartis-je, vous rougissez de vos anciennes coquetteries.

— Moi, des coquetteries? s'écria-t-elle, sérieuse cette fois, et elle répéta : des coquetteries?...

Il y avait, dans les détestables phrases que je venais de proférer, une méchanceté si gratuite, il était si vil de frapper ainsi ce tendre cœur sans défense! A la minute même où, pour la première fois, je passais sur elle mon énervement, j'en éprouvai un remords qui, au lieu de m'adoucir, m'irrita davantage encore. Par bonheur, l'entrée dans le petit salon de la bonne Mme Muriel, qui se trouve de passage à Paris, coupa court à cette absurde et odieuse scène. Je profitai de l'occasion qui m'était offerte pour me retirer. J'étais horriblement mécontent de moi-même et j'avais honte, une honte qui se changea en un nouvel accès d'irritation passionnée, lorsque, après une demi-heure, Mme Muriel demanda à me parler :

— Qu'y a-t-il entre Éveline et vous?... me dit-elle, après s'être excusée de son intervention en des termes très affectueux et pour sa nièce et pour moi. — Oui, insista-t-elle, il y a longtemps que je la trouve préoccupée, inquiète, triste. Ses cousines l'ont remarqué aussi. Aujourd'hui, j'ai vu tout de suite que vous veniez d'avoir avec elle une discussion. Elle n'a jamais voulu me l'avouer. Mais vous, Étienne, vous me parlerez... Je l'aime comme si elle était ma fille, vous le savez. Je vous aime comme si vous étiez mon fils... Un jeune ménage a quelquefois des malentendus qu'un peu de confiance dans les parens dissiperait. Ayez cette confiance...

— Mais il n'y a rien, ma tante, je vous assure, lui répondis-je. Depuis notre retour d'Italie, j'avais appréhendé une démarche de ce genre. A maintes reprises j'avais distingué dans les yeux de la tante-mère, comme l'appelle Éveline, ce regard qui annonce une question, qui est une question déjà. J'en avais toujours été gêné. N'avais-je pas été déloyal vis-à-vis de Mme Muriel aussi ? M'eût-elle donné cette nièce qu'elle aimait vraiment, comme une de ses filles, si elle avait tout su ? — Non, répétai-je, il n'y a rien. C'est l'état d'Éveline qui l'éprouve beaucoup et qui la rend un peu nerveuse...

— Comme vous mentez mal, mes pauvres enfans ! fit Mme Muriel, et elle ajouta : Vous refusez de vous ouvrir, vous aussi, Étienne, vous avez tort. Mais, si vous ne vous ouvrez pas à moi, ouvrez-vous à elle...

— Que voulez-vous dire ?... lui demandai-je, tout saisi par la preuve de perspicacité que la bonne dame venait de me donner. C'était, comme tout à l'heure pour le petit de Montchal, l'inconsciente leçon d'une âme toute simple, toute droite, mais par cela même si près des vérités profondes de la vie.

— Je veux dire, répondit-elle, que je vous connais bien tous deux... Quand elle était toute petite, Éveline avait déjà cet instinct : aussitôt qu'elle sentait vivement quelque chose, se refermer, se taire. Et vous, je l'ai trop remarqué, je le vois encore maintenant, vous êtes pareil... Eh bien ! Croyez-en une vieille femme qui vous aime tendrement l'un et l'autre : défiez-vous de vos silences. Ne laissez pas entre vous de malentendus. Expliquez-vous. Racontez-vous. Commencez, Étienne. Vous êtes l'homme d'abord, et c'est à vous de gouverner la barque. Si Éveline est nerveuse, c'est trop justifié dans son état, en effet... Ne vous taisez pas avec elle, et surtout ne la laissez pas se taire. Elle s'y use trop !... »

M'expliquer ? Me raconter ? Avec quels mots ? A quel moment ? Que ce conseil de la mère de famille supposait bien ce que j'aperçois à chaque nouvelle station de mon calvaire, comme la loi même, comme la condition première et dernière de la famille : que l'on n'ait rien au fond de soi d'absolument, d'irrémédiablement inavouable. Mais, quand on le porte sur son cœur, ce poids de l'inavouable, quand on sent à la fois, et avec une égale force, la nécessité de la parole et le devoir du silence, quand on est acculé à ce carrefour : faire tant souffrir en se taisant, faire tant souffrir en parlant, où se tourner ? Quelle issue prendre ? Et, m'y voici

arrivé au point d'intersection des deux branches. Ma méchanceté
d'aujourd'hui me l'a trop prouvé. Si je continue à vivre sur ce fonds
de regrets et de mensonges, d'obsessions et de silences, je deviendrai fou. J'en suis à subir déjà l'assaut de sentimens dont je me
serais cru complètement incapable : une répulsion, par instans
presque une aversion pour la grossesse d'Éveline, pour son corps
déformé, son masque altéré, la souillure de sa chair! Quelle vi-
lenie! Et quel contraste, à ne pas en supporter l'amertume, avec
ce qu'elle attend, elle, de cette épreuve qu'elle bénit! Lorsque, après la visite de sa tante, je suis retourné auprès d'elle, je
l'ai trouvée toute tremblante de l'injuste colère où elle m'avait
vu, ne m'en voulant pas, mais si frémissante, et je lui en ai demandé pardon, je me suis mis à genoux, je lui ai prodigué les
mots de tendresse, et elle répondait :

— Tu es si bon! Quand tu es avec moi comme tu as été tout
à l'heure, c'est que tu souffres. Tu vois. Je ne t'interroge plus
jamais. Je crois ce que tu m'as dit à Naples. Je veux le croire, et
qu'il n'y a là rien que de physique... Si c'était autrement, ce
serait trop coupable de ne pas tout faire pour que nous ayons
ensemble une harmonie entière... Pense que maintenant nous
sommes trois, que nous allons avoir une petite âme à nous, qu'il
nous faudra soigner, préserver, comme une fragile plante. Nous
ne pouvons y réussir que si nous n'avons rien entre nous, si nous
sommes unis, plus unis encore...

J'avais posé ma tête sur ses genoux, tandis qu'elle me parlait.
Par un geste d'instinctive amitié, sa main blanche caressait mes
cheveux. C'était le geste d'Antoinette, autrefois. J'avais l'âme si
brisée, que ce rappel de la douce morte auprès de la douce vivante ne me faisait plus mal. Je me disais, en écoutant la pauvre
femme épancher son cœur dans cette plainte et implorer si timidement une franchise dont elle avait besoin comme on a besoin
d'air et de lumière dans un cachot fermé, — je me disais qu'elle
a raison, que cette œuvre d'éducation à laquelle nous allons être
appelés exige l'harmonie entière, que cette harmonie est impossible sans vérité. Je me disais que je lui mentais, à cette seconde
même, rien qu'en ayant ma tête sur ses genoux et en évoquant,
dans cette attitude, mes anciens abandons ainsi, auprès de l'autre...
Et puis, comme, en la regardant, je voyais sa taille élargie, la
lourdeur de sa ceinture, la svelte et voluptueuse silhouette de

mon fantôme passa soudain dans ma mémoire, et une inexprimable détresse m'envahit... Oh! M'en aller, m'en aller de cette maison, m'en aller de ces chagrins, m'en aller d'Éveline, — m'en aller de tout, et d'abord de mon cœur!...

. . . .

6

Paris, 12 avril.

... Un peu plus près, un peu plus près, chaque jour!... C'est de la mort que je m'approche ainsi, de la délivrance désirée et redoutée à la fois. J'ai tant aimé la vie, et tout dans la vie, — jusqu'à ses douleurs, — j'ai tant aimé sentir, qu'encore aujourd'hui, par momens, cet instinct se réveille. La perspective de me dissoudre dans le néant me fait frissonner. C'est un froid de glace qui pénètre jusqu'au plus intime et au plus profond de mon être, jusqu'à ce point dernier par où je dis moi. Et puis, cette impression de froid intense et de frissonnement finit par devenir une espèce de douceur. Mon âme s'y repose de cette fatigue dont l'accable le retour constant des mêmes troubles. Toujours se heurter aux mêmes difficultés, sans dénouement concevable, toujours subir les mêmes crises de conscience et de sensibilité sans issue, quelle misère! Pour quelques minutes je m'en délivre en habitant ma pensée à la grande pacification suprême. Mes seuls instans de détente intérieure sont ceux où je vaque lentement, minutieusement, aux préparatifs d'un suicide que je sais inévitable, quoique je n'y sois cependant pas tout à fait décidé. Mais que j'en suis séparé par peu de chose! Entre le coup de pistolet qui terminera la tragédie de ce criminel ménage et la seconde où j'écris ces lignes, que l'épaisseur de volonté qui me reste à réduire est donc petite! Sans cela, aurais-je accompli le sacrifice que j'ai accompli aujourd'hui? Aurais-je accepté de détruire enfin cet appartement, conservé intact depuis la mort d'Antoinette, et qui désormais n'est qu'un souvenir, mais un souvenir qu'Éveline du moins ne rencontrera pas, quand je n'y serai plus. Dès l'instant que j'ai eu la force de vouloir cette destruction, j'aurai aussi la force de l'autre destruction. Ce n'est plus le goût de la vie qui m'en sépare, c'est toujours l'idée de la peine que je causerai. Cette idée s'usera aussi. L'acuité de la sensation que j'en avais s'est déjà émoussée. Je suis malade d'âme, si malade, que tout s'efface, s'abolit dans ma conscience, même cela. Après avoir cru aimer Antoinette et Éveline d'un même amour, après les avoir aimées toutes deux, il me semble parfois que ces deux femmes se sont détruites l'une l'autre dans mon cœur, et que je ne peux plus rien sentir ni par l'une ni par l'autre. C'est que je sais trop à présent mon incapacité à penser à l'une sans souffrir de l'autre. Quand je commence à m'attendrir sur Éveline, l'image d'Antoinette s'élève et l'obsession du remords me ressaisit. Quand j'essaie d'évoquer le charme des années d'autrefois et de cet amour qui me fut si cher, c'est l'image d'Éveline qui surgit, et elle m'inflige, de nouveau, le malaise intolérable. C'est comme si je les avais perdues toutes deux, — et je les ai perdues. J'ai perdu Éveline, parce que je ne peux rien lui apporter et rien recevoir d'elle que de la douleur. J'ai perdu Antoinette, — ah ! bien plus que le jour du tragique accident, — parce que je ne peux plus, comme alors, m'abîmer, me rouler dans mes souvenirs d'elle ! Après que mon passé m'a empoisonné mon présent, mon présent m'empoisonne mon passé. D'avoir aimé la mère m'a empêché d'aimer la fille, heureusement, simplement, loyalement. D'avoir épousé la fille me rend insupportable d'avoir été l'amant de la mère.

Cette paralysie de ma sensibilité par l'excès d'émotions contraires, je l'ai constatée avec une mélancolie singulière, au cours des démarches que j'ai faites ces jours derniers pour liquider ce petit appartement de l'avenue de Saxe. Même à l'époque de mon mariage, j'ai reculé devant la disparition de ces trois chambres, où rien n'avait bougé. Elles avaient pour moi comme des physionomies de créatures vivantes. Il est vrai de dire qu'en ce moment-là, et dans mon état d'égarement sentimental, je n'ai pas cru faire tort à ma femme en conservant cet asile de mon bonheur d'autrefois. Éveline et Antoinette se confondaient si étroitement dans mon culte, que les reliques de mon ancien amour ne me paraissaient pas hostiles au nouveau. Les conditions étaient d'ailleurs arrangées de telle sorte que je n'avais à craindre aucune complication de l'ordre matériel. L'appartement n'était pas à mon nom. Éveline eût donc appris son existence, je pouvais prétendre que je le louais pour le compte d'un ami. C'eût été un mensonge. J'en ai tant fait. Les concierges, à qui son entretien est confié, n'ont pris cette place que depuis la

mort d'Antoinette. Ils ne l'ont donc jamais connue, et, si quelqu'un les interrogeait, ils n'auraient rien à dire, sinon que je
suis venu là de temps à autre, m'enfermer pendant des heures,
et toujours seul. Mais, depuis que je songe sérieusement à me
tuer, je ne veux pas qu'une pareille indication puisse jamais être
donnée aux recherches qu'Éveline essaiera de faire sur les causes
de ma mort, si je meurs ainsi de ma propre main. J'ai donc
arrêté de supprimer pour toujours cette dernière trace de ce
qui fut ma meilleure part de joie ici-bas. L'exécution d'un pareil
projet se réduit, en fait, à des actions bien simples, mais que
leur brutalité est cruelle avec certaines dispositions du cœur !
Quitter un logement dans des circonstances comme celles où je
quittais celui-là, c'est avoir des rapports avec tant de gens dont
il est si dur d'associer la personnalité à une besogne que l'on
voudrait respectueuse et muette comme une cérémonie pieuse.
Discuter un arrangement avec un tapissier pour qu'il emporte
tous les objets, romanesquement disposés jadis dans ces pièces
que ses ouvriers vont déshonorer, quelle mortelle ironie quand
on a dans l'âme tout le tremblement d'un adieu à ses plus
doux rêves !... Il y a un an à peine, je ne me serais pas cru
capable de procéder à cette profanation, sans un déchirement.
Je viens d'y vaquer avec cette espèce de calme automatique qui
est celui des survivans dans les apprêts des convois funèbres.
Certes, l'opération a été affreuse. Je l'ai accomplie sans hésiter,
sans m'y reprendre, et, à la seconde actuelle, je ne dirai pas que
cette dispersion de ces chers meubles ne me soit pas très douloureuse, mais je n'ai pas un regret, et je recommencerais demain, si c'était nécessaire, aussi calmement, aussi froidement.

L'affaire a duré deux jours. Le plus pénible fut hier, quand
il m'a fallu aller jusqu'à l'appartement et le revoir, après tant
de jours. Je me fis conduire en voiture, jusqu'à l'église Saint-
François-Xavier. Je laissai là mon coupé et je marchai, comme
autrefois, par l'avenue et la place de Breteuil. L'aspect du quartier n'a pas beaucoup changé depuis l'époque où je suivais ces
mêmes trottoirs, sous ces mêmes grêles platanes, pour me rendre
dans le cher asile. C'est toujours ce même coin, un peu inco-
hérent, du bord du faubourg, avec des bâtisses inégales, d'humbles boutiques, et, à l'horizon, le dôme doré des Invalides, qui
prend au couchant des reflets rosés. Une grande construction
neuve, à l'angle de la place, dressait ses six étages encore in-

occupés. De larges bandes de papier étalaient sur ses vitres ces mots : A louer. Je pensai qu'il y aurait quelque jour, attachés à ces logemens, encore si anonymes, si indifférens, des lambeaux de vie humaine, des espérances, des regrets, des joies, des chagrins ; qu'un amant peut-être viendrait plus tard évoquer devant ces murs, lui aussi, l'image de tendresses pour toujours abolies, et j'éprouvai un accablement de la commune misère qu'augmenta encore l'aspect de la maison où je me rendais. Elle avait trois étages seulement, et quatre fenêtres de façade. Notre appartement était au premier. Ses volets étaient clos. Quand j'y fus entré, et que le concierge eut ouvert les croisées, le jour, tout voilé, tout brouillé, éclaira de la lumière qui convenait vraiment à cette visite l'aspect familier de ces pauvres choses, notre royaume d'amour jadis, — et aujourd'hui !... Je m'étais complu à parer les murs de quelques grandes photographies où étaient reproduits des tableaux aimés par Antoinette, une fête de Watteau, entre autres. Les tons en étaient décolorés, décolorée aussi l'étoffe des rideaux et celle des tentures. L'atmosphère qui flotte dans les pièces abandonnées avait étendu partout ses teintes grisâtres. Le sang me battait dans les tempes et j'étais comme noué. L'idée que je devais ne m'en aller de là qu'après y avoir fait ce que j'avais à y faire tendait tous mes nerfs et m'empêchait de m'abandonner aux rêveries désespérées que j'avais connues dans ces chambres, quand j'y revenais les premiers temps, que je me couchais sur le divan où Antoinette avait tant reposé, et que je me mettais à fondre en larmes. Au lieu de cela, les yeux secs, je commençai, en attendant le marchand que le concierge s'était chargé de trouver, à détruire de mes mains les quelques objets personnels que je ne pouvais pas emporter et que je ne voulais pas vendre. J'avais demandé qu'on allumât trois grands feux dans les trois cheminées de l'appartement. Je pris dans l'armoire la tunique de soie mauve où la forme adorable de son corps se devinait encore. J'en déchirai l'étoffe par longues bandes, que je jetai, les unes après les autres, dans les flammes. Il y avait une paire de fines mules, que je déchirai et brûlai de même ; un châle de dentelles, que je déchirai aussi ; des peignes d'écaille blonde, que je brisai en plusieurs pièces. L'affreuse odeur de brûlé qui se répandit dans l'air me prenait à la gorge, et je continuais à ne pas pleurer. Le marchand arriva parmi ces étranges occupations. J'imagine qu'il se rendit compte

des raisons secrètes que j'avais pour me défaire de ce mobilier
sur-le-champ, car il m'en offrit un prix dérisoire que je ne
discutai même pas. Il fut convenu que le déménagement serait
exécuté le jour même et que je viendrais le lendemain, qui
était aujourd'hui, donner un dernier coup d'œil à l'appartement, prendre la quittance du terme à échoir et remettre les
clefs.

Et j'y suis allé. J'ai repris ces avenues, par un temps radieux
cette fois et dont je n'ai même pas senti l'insulte à ma douleur.
Avais-je même de la douleur ? Une espèce d'atonie glacée était
en moi. Quand j'arrivai devant la maison, je vis que les volets,
maintenant, n'étaient pas refermés. Les vitres sans rideaux révélaient le déménagement accompli. Le marchand était dans la
loge, qui me tendit la somme d'argent convenue entre nous. Il
me présenta une quittance, que je signai de mon vrai nom, avec
l'indifférence d'un homme qui ne cherche à dépister aucune
curiosité. J'ai peut-être eu tort, mais que pourrait-on essayer
de me faire ? Qu'Éveline sache que j'ai eu, jusqu'à ces derniers
temps, un appartement caché, que m'importe ? Ce qui m'importe,
c'est qu'elle ne sache jamais qui j'y ai reçu, et cela, ni ce marchand ni personne ne peut le soupçonner, maintenant que le sacrifice est consommé, que j'ai anéanti toutes ces petites choses
personnelles, comme je veux, avant d'en finir, brûler aussi ses
lettres. Puissé-je trouver pour cette dernière immolation l'énergie
que j'ai eue encore pour monter dans l'appartement vide et
passer en revue ces pièces où la boue des souliers des démé-
nageurs se voyait sur le parquet, dénudé de son tapis, où des
morceaux de l'étoffe des tentures pendaient à des clous, où les
débris consumés des objets brûlés la veille noircissaient les
foyers des cheminées ! Avant de quitter ce logement, dont je ne
repasserai plus jamais le seuil, je vins jusqu'à la chambre à coucher. J'en regardai longtemps les murs vides, comme stupéfié
par le subit évanouissement de tout ce décor de mes extases et
de mes nostalgies de tant d'années. Puis, comme quelqu'un qui
fuit un endroit où il a vu se passer une scène horrible, je sortis
de cette maison, fébrilement, hâtivement, sans me retourner.
Toujours hâtivement, je me dirigeai par la rue Duroc et la rue
Masseran, ces rues le long desquelles j'ai tant de fois reconduit
Antoinette, vers l'église Saint-François-Xavier. J'y entrai. J'avisai
un tronc pour les pauvres, dans lequel je glissai l'argent que

l'acheteur des meubles m'avait remis, et, quand ce fut fait, je sentis qu'entre la mort et moi, il n'y avait plus rien.

. . . .

7

Paris, 8 mai.

... J'en suis à la dernière station de mon calvaire. Je vais me tuer. J'ai passé ces nuits-ci à détruire tous les papiers qui ne devaient pas rester après moi. J'ai brûlé ce que je devais brûler. J'ai écrit à M. d'Andiguier la lettre que je devais lui écrire et classé pour lui les feuillets déchirés de ce journal qui peuvent plaider un jour, non pas pour moi, mais pour ma douleur, si la vérité était jamais sue d'Éveline. Je n'ai eu qu'un moment de faiblesse, le dernier, quand je suis allé l'embrasser dans son lit, et que j'ai vu ses yeux et son sourire. Et puis, j'ai regardé le portrait d'Antoinette, de l'autre côté de ce lit. L'évidence des suprêmes, des irrévocables raisons qui me commandent de mourir était là, tout entière, dans ces deux visages, celui de la vivante et celui de la morte, à côté l'un de l'autre. Je leur ai, à cette minute dernière, dit adieu à toutes les deux, en demandant à la Cause inconnue, si cette Cause peut avoir pitié, que ma mort soit l'expiation et que jamais, jamais, la fille ne sache ce que la mère a été pour moi. Encore quelques instants, et je ne *sentirai* plus... Ah! quel repos!...

PAUL BOURGET.

(*La dernière partie au prochain numéro.*)

SOUVENIRS D'UNE AMBASSADE

AUPRÈS DU

PAPE LÉON XIII

(1878 a 1880)

PREMIÈRE PARTIE

Les hasards de la carrière diplomatique m'ont amené à Rome, une première fois après la guerre d'Italie, comme secrétaire de notre ambassade, sous le pontificat de Pie IX, une seconde fois comme ambassadeur, peu de temps après l'avènement du pape Léon XIII. Ces deux périodes de ma vie ne se sont pas effacées de ma mémoire et me sont demeurées très chères. La seconde surtout m'a mis en rapports directs et fréquens avec un des pontifes les plus éminens qui soient montés sur la chaire de saint Pierre. Les débuts de son règne offrent un intérêt particulier. La suite n'a été que le développement et la confirmation des pensées primitives. Il m'a semblé, dès lors, que rappeler les souvenirs de ces deux premières années, dont je fus le témoin, comme représentant de mon pays, offrirait quelque intérêt et me permettrait, en même temps, de rendre un hommage public au Saint-Père, qui daignerait peut-être l'agréer. Les faits d'une authenticité indiscutable cités dans ce récit, seront la meilleure preuve des bons rapports qui ont régné pendant cette période entre la France et le Saint-Siège et se sont conservés jusqu'à présent à peu près intacts, malgré la difficulté des temps. Ils ne pourront, par suite, que développer et affermir les sentimens de respectueuse sympathie que la très grande majorité des Français a voués au pape Léon XIII. Je serais heureux d'être, pour un moment encore, leur interprète autorisé et fidèle, au commencement du nouveau siècle qui s'ouvre aujourd'hui dans l'histoire.

J'ajouterai que, même après vingt ans d'intervalle, j'ai évité de toucher à une ou deux questions particulièrement délicates et sur lesquelles la réserve s'impose encore aujourd'hui. Je crois donc pouvoir, sans crainte, livrer ces notes à la publicité et espérer des lecteurs de la *Revue* l'accueil favorable qu'ils ont bien voulu faire à celles que je leur ai données, il y a cinq ans, sur mes missions en Russie et en Allemagne pendant et après la guerre de 1870.

I

J'étais ministre à Bruxelles, fort satisfait d'y être et ne pensant à aucun autre poste, lorsque, le 21 mars 1878, je reçus un télégramme chiffré, suivi d'une lettre particulière de M. Waddington, ministre des Affaires étrangères dans le cabinet présidé par M. Dufaure. Il m'offrait de me proposer au maréchal de Mac-Mahon comme ambassadeur auprès de Léon XIII, qui venait d'être élevé au souverain pontificat. L'agrément du Saint-Siège, m'écrivait-il, avait déjà été demandé et obtenu, et le nonce à Bruxelles vint me voir pour m'engager à accepter. N'ayant rien su de cette négociation que ce qu'en disaient vaguement les journaux, je fus un peu effrayé des responsabilités qui pouvaient m'incomber dans cette situation nouvelle et des difficultés que je pourrais y rencontrer plus tard sur ma route. La question religieuse, en France, depuis la réélection des 363 députés de l'opposition, allait évidemment, un jour ou l'autre, se transformer en question politique de premier ordre; et l'ambassadeur à Rome en subirait presque fatalement le contre-coup. Mais, d'autre part, ce que j'entendais dire à Bruxelles, où l'on conservait précieusement les souvenirs de sa nonciature, des qualités éminentes du nouveau pontife, nos anciennes relations avec la société romaine et l'honneur toujours très grand de représenter la France auprès du Saint-Siège, comme me le disait le ministre d'Italie lui-même, me déterminèrent à accepter. J'envoyai, toutefois, à M. Waddington, en réponse à sa lettre particulière, un aperçu de mes idées qui lui fit comprendre que, catholique convaincu, je ne pourrais jamais dépasser certaines limites dans l'exécution de ses instructions. La lettre est encore sous mes yeux, alors que j'écris ces lignes.

Peu de jours après l'avoir expédiée, et ma nomination étant officielle, je pris congé du roi Léopold et partis pour Paris. J'y demeurai une douzaine de jours, avant de me rendre à Rome, et je m'entretins successivement avec la plupart des membres du cabinet. MM. Dufaure, Bardoux, ministre des Cultes et Waddington, que je vis plusieurs fois, me laissèrent une grande liberté d'action. Ils s'intéressaient beaucoup aux débuts du nouveau pontificat, mais ils tenaient surtout à ce qu'on ne leur créât pas d'*embarras*. C'était leur droit assurément; mais le mien était de leur faire connaître la réciprocité que le Saint-Siège était en droit, de son côté, d'attendre du gouvernement de la République et j'indiquai nettement la question du Concordat et celle des congrégations religieuses, comme deux points sur lesquels il me serait impossible de demander aucune suppression ou modification. On me répondit que je n'avais rien à craindre à cet égard et que je pouvais partir, en toute tranquillité, pour mon nouveau poste. Je dis aux ministres que je croyais pouvoir, dans ces conditions, leur garantir mon concours entier et espérer celui du Saint-Siège, dont les dispositions favorables à la France ne me paraissaient pas douteuses.

Le maréchal de Mac-Mahon me tint un langage aussi satisfaisant que pouvait le lui permettre l'appel inutile qu'il avait fait le 16 mai au pays. Il me dit qu'il avait été charmé de signer ma nomination comme ambassadeur auprès du Saint-Siège; et plus tard, lorsqu'il se décida à quitter le pouvoir, il voulut bien m'écrire une lettre de sa main pour m'engager à demeurer à mon poste. J'ai tenu à terminer cette question personnelle, avant de parler des incidens auxquels je fus mêlé pendant le cours de ma mission.

J'arrivai à Rome le 11 mai 1878. J'éprouvai, comme toujours, en y revenant, le sentiment dont aucune autre ville ne laisse au même degré l'impression, celui d'une émotion et d'un respect à peu près égaux. En revoyant cette terre privilégiée entre toutes, il est impossible de n'être pas frappé de tous les souvenirs qu'elle éveille. C'est là que s'est établi et a prospéré cet empire romain, le plus grand de ceux dont on ait conservé la mémoire. C'est là aussi que, plus tard, a surgi de ses ruines la plus grande autorité morale que le monde ait acceptée. Le sang de ses martyrs a purifiée la Ville du vice de ses Césars, et, toutes les fois que ce souvenir est évoqué, comme il vient de l'être récemment par un grand écrivain, l'humanité entière tressaille à l'évocation d'un passé toujours présent. Nous tous chrétiens, quels que soient nos pays d'origine, nous sommes les fils spirituels de ce *Domine, quo vadis?* rencontré par saint Pierre; nous apercevons à travers les ans le *labarum* de Constantin élevé sur le pont Milvius. Nous allons au Colisée assister, en pensée, à ce défilé des chrétiens, qui venaient y chercher la mort pour rendre témoignage à leur foi; et, sur ces gradins encore à moitié debout, nous pouvons constater la place où s'asseyaient leurs persécuteurs, aujourd'hui disparus. Puis, à quelque distance, nous voyons sur la rive gauche du Tibre cette noble église de Michel-Ange, dédiée à saint Pierre, le vainqueur de Néron et, à côté d'elle, le palais du souverain de nos âmes, de celui qui a remplacé officiellement le paganisme éteint, le vicaire de Jésus-Christ. Alors, réunissant le passé et le présent, confondus dans une admiration muette pour l'un et pour l'autre, nous éprouvons ce frémissement intérieur qui nous récompense d'être venus, et nous nous écrions encore aujourd'hui avec Horace et plus justement peut-être : « On ne peut rien voir de plus grand que Rome : *Possis nihil urbe Roma Visere majus.* »

II

Le lendemain de mon arrivée, je me rendis au Vatican et j'entrai en relations avec le cardinal Franchi, le nouveau secrétaire d'État de Léon XIII. Les rapports malheureusement trop courts que j'eus avec lui, — car il mourut peu de mois après sa nomination et pendant mon absence de Rome, — ne laissèrent rien à désirer. Je l'avais connu substitut à la secrétairerie d'État, lorsque je n'étais que secrétaire d'ambassade, et nous eûmes par suite plaisir à nous retrouver tous deux dans une situation supérieure. Je fus charmé de son gracieux accueil, de l'ouverture et de la gaieté de son esprit, de son désir d'entente sur toutes les questions. Il avait été assez activement mêlé dans le dernier conclave à l'élection du nouveau Pape, et, de concert avec les cardinaux Nina, Bartolini, Ferrieri, il avait contribué puissamment à sa désignation par le Sacré-Collège. « Le cardinal Franchi, écrivais-je quelques jour après, est bien vu à Rome de tous les esprits modérés et impartiaux. On pourrait presque dire qu'il est populaire, si la popularité n'était pas un mot dont il ne faut pas abuser, en raison des réactions nécessaires qu'amènent les espérances exagérées. Je ne crois donc pas que Son Éminence là désire; mais il est incontestable que sa nomination répond au sentiment général de tous ceux qui espèrent qu'une ère de pacification succédera tôt ou tard à celle des luttes ardentes. Le nouveau secrétaire d'État semble donc être l'homme de son temps et nos rapports se sont mutuellement établis sur le pied d'une entière confiance. »

Peu de jours après, j'eus l'honneur de remettre au Saint-Père mes lettres de créance en audience solennelle. Depuis les événemens du 20 septembre et l'entrée des Italiens à Rome, Pie IX avait laissé tomber cet usage en désuétude. Léon XIII tint à le remettre en honneur. Je fus donc reçu au Vatican avec l'ancien cérémonial et en cortège de gala. La garde suisse et la garde noble étaient sous les armes, et je fus introduit avec les membres de l'ambassade auprès de Sa Sainteté par les personnes de sa cour. Puis, après ma réception, nous fûmes conduits dans la basilique de Saint-Pierre avec les mêmes honneurs, pour y faire la visite accoutumée au tombeau des apôtres.

Léon XIII était sur son trône, entouré par ses camériers et ses prélats. « Sa physionomie, écrivais-je, est douce et singulièrement majestueuse. Un grand air de bonté et de piété règne sur sa personne. Il est à la fois simple et imposant. Sa santé ne paraît pas robuste, et l'on craint généralement qu'habitué depuis vingt-cinq ans à l'air plus vif et au climat plus tempéré de Pérouse, il n'ait de la peine à supporter les chaleurs malsaines de Rome pendant la saison d'été. A la différence de son prédécesseur, que j'ai eu l'honneur d'approcher à diverses époques de son pontificat et récemment encore, en quittant le poste d'Athènes pour me rendre à Bruxelles, le nouveau Pape est d'une constitution plutôt frêle et délicate. Cependant, jusqu'ici, rien n'autorise les bruits que la malveillance a fait courir sur sa santé; mais l'empressement du monde catholique est tel que, même dans cette saison, le Pape est obligé de s'imposer chaque jour des fatigues assez grandes pour ses réceptions. »

Après que j'eus prononcé quelques paroles dans lesquelles j'exprimai au Saint-Père les témoignages de vénération dont le Président de la République m'avait chargé pour son auguste personne, au nom de la France et du gouvernement tout entier, et lorsque j'y eus joint l'hommage de mon respect, Léon XIII répondit. Le Saint-Père m'entretint des sentimens profondément catholiques de la France, de la satisfaction qu'il avait éprouvée à la voir se relever de ses désastres, du bonheur qu'il ressentirait à voir cette grande nation sortir définitivement des épreuves qu'elle avait traversées. Puis, il voulut bien ajouter quelques paroles de bienveillance personnelle qui m'ont vivement touché.

Sa Sainteté congédia ensuite les personnes de son entourage et nous demeurâmes seuls. Le Saint-Père m'entretint longuement de la question de la nomination des évêques qui avait suscité récemment quelques difficultés entre le nonce à Paris, Mgr Meglia, et le ministre des Cultes. M. Bardoux avait, à cet égard, quelques idées dont il m'avait entretenu et que j'expliquai au Saint-Père. Il pouvait y avoir certaines difficultés à leur exécution, et le Pape me les fit comprendre. Elles furent heureusement aplanies par le bon vouloir réciproque du Saint-Siège et du ministre des Cultes.

Cette question du mode de nomination des évêques est toujours, d'ailleurs, une des plus délicates, dans la pratique, en raison des droits parallèles de l'Église et de l'État, et elle ne peut être résolue que par une mutuelle entente. J'eus l'occasion plus tard de la traiter à fond avec le Saint-Père lui-même, et, en raison de l'importance des déclarations qu'il me fit alors, je montrai le compte rendu de mon audience au cardinal-secrétaire d'État, qui le plaça sous les yeux de Sa Sainteté et m'annonça son approbation. Je l'envoyai à Paris et j'y reviendrai dans le courant de ces souvenirs; mais je préfère, en ce moment, me borner à cette première indication.

Le Pape m'entretint ensuite de quelques incidens récens dont un, le centenaire de Voltaire, lui avait été particulièrement pénible et où notre Conseil municipal de Paris avait cru devoir se signaler. Je répondis le moins mal que je pus au Saint-Père sur tous ces points qui n'offrent plus d'intérêt aujourd'hui, et l'au-

dience, qui avait duré à peu près trois quarts d'heure, se termina
de la façon la plus satisfaisante.

« L'impression qui m'en est restée, écrivais-je en en sortant,
est, si je puis exprimer mon opinion après une seule entrevue,
conforme à celle que j'ai trouvée en Belgique au ministère des
Affaires étrangères. Le nouveau pontife est à la fois un homme
de science et de grande piété, en même temps qu'un homme de
son temps. C'est un Pape accompli et digne de présider aux destinées de l'Église, dans la position difficile où les événemens
l'ont aujourd'hui placée. »

Je restai six semaines sans revoir Léon XIII, et ce fut le
29 juin, le jour de la Saint-Pierre, que j'eus ma seconde audience.
Le Saint-Père me parla d'abord de l'imposante manifestation qui
avait eu lieu ce jour-là et qui avait amené, pendant toute la matinée et une partie de la soirée, presque toute la population romaine dans la basilique de Michel-Ange. Le fait est que le concours du peuple était si imposant que j'arrivai avec un peu de
retard à l'audience pontificale, ma voiture ayant dû aller au pas
presque tout le temps, par suite de la multitude des piétons. Il
y avait là bien des fidèles recueillis, entrant dans l'immense basilique et en sortant, et, sans vouloir abuser d'un mot à effet, il
me sembla que le Pape n'avait jamais été plus visible à Rome
que depuis qu'il ne se montrait plus au dehors.

L'audience fut longue et complète. Le Saint-Père me parla,
entre autres sujets, de l'Allemagne. Un de mes successeurs à
l'ambassade, le comte Lefebvre de Béhaine, alors chargé d'affaires
à Munich, a traité ici même ce sujet dans trois articles d'un vif
intérêt. Ils font connaître successivement les détails de cette
grande pacification religieuse qui amena la fin du Culturkampf (1).
Je n'y reviendrai donc pas. Mais je dois dire que, tenu au courant
des moindres incidens de cette longue lutte dont le Vatican
sortit avec les honneurs de la paix, je n'ai vu aucune négociation diplomatique conduite avec plus d'habileté et de fermeté
qu'elle ne le fut par Léon XIII et ses deux premiers secrétaires
d'État, les cardinaux Franchi et Nina, pendant les deux années
et demie qu'elle dura.

Le jour où le Saint-Père m'en parla pour la première fois,
elle venait de commencer, à la suite d'un télégramme de fé-

(1) Voyez la *Revue* des 1er mars, 1er juin, 1er juillet 1897.

licitations qu'il avait adressé à l'empereur allemand, après l'attentat de Nobiling. La courtoisie de la réponse du prince de Bismarck, et quelques jours après celle du prince impérial, permettaient quelque espérance. Mais on était encore loin d'une entente,
comme l'écrivait M. de Saint-Vallier, notre ambassadeur à Berlin,
dont les dépêches sur ce sujet me furent régulièrement envoyées.
« Le Saint-Père la désirait vivement et il avait confiance dans
l'avenir, tout en étant décidé à ne pas faire un pas qui fût incompatible avec sa dignité. Il souhaitait de tout son cœur pouvoir
rendre aux catholiques persécutés d'Allemagne le libre exercice
de leur culte, mais, l'agression étant venue du cabinet de Berlin,
c'était à lui à faire les premiers pas. Le Saint-Siège ne dépas-
serait pas cette mesure, en dehors de laquelle il perdrait la confiance de ceux qui avaient souffert dans l'exercice de leur foi. »
Ce furent les paroles du Saint-Père, et cette ligne fut invariablement suivie par le Vatican durant cette longue période de lutte
qui marquera dans l'histoire du siècle. M. de Bismarck en sortit
vaincu. Mais, si son amour-propre en souffrit un moment, sa
haute clairvoyance politique lui fit promptement apercevoir qu'à
tout prendre, l'autorité morale est une et qu'on ne peut gouverner un peuple, en opprimant précisément ceux qui acceptent
le plus volontiers les lois de leur pays, quand on leur laisse la
liberté de leur culte et leurs droits de citoyens.

Une autre question dont le Saint-Père m'entretint durant
cette audience fut la situation des catholiques en Orient. Le cardinal Franchi m'avait adressé, quinze jours auparavant, une
note que j'avais envoyée à M. Waddington et dans laquelle il
demandait à la France de s'intéresser, suivant sa tradition séculaire, à ces grands intérêts religieux. En me la remettant, le
secrétaire d'État du Saint-Siège avait ajouté que la France était
toujours en Orient le vrai représentant des intérêts catholiques
et que son expérience personnelle, comme préfet de la Congrégation de la Propagande, avait déterminé à cet égard une conviction profonde. Je l'avais remercié de cette déclaration qui honorait notre pays et j'avais exprimé le vœu que les instructions
envoyées de Rome fussent toujours en harmonie avec ces assurances. Notre ministre des Affaires étrangères venait de partir
pour Berlin, où il allait représenter la France au Congrès qui
venait de s'ouvrir. Comprenant l'importance de ces grands intérêts religieux, quoiqu'il fût protestant, il avait réussi à faire

accepter par le Congrès la clause qui concernait notre protectorat. Il me l'avait annoncé par un télégramme dont j'avais donné
confidentiellement connaissance au cardinal Franchi. Le Saint-
Père écouta ces déclarations avec grand plaisir et voulut bien
m'exprimer sa satisfaction de voir ce point réglé par un mutuel
accord des puissances.

Cette seconde audience du Souverain Pontife me permit
d'apprécier mieux sa personne que je n'avais pu le faire la première fois. « Le nouveau Pape, écrivais-je, intéresse et captive
tous ceux qui l'approchent. Il étudie et discute chaque chose; il
écoute attentivement et avec une souveraine bienveillance. On
sent qu'il tient compte des faits de chaque jour et de la marche
du siècle, alors même qu'il n'en approuve pas certaines tendances. Son esprit est d'une très grande élévation et touche à
tous les sommets. Si, comme je l'espère, le temps ne lui manque
pas, son pontificat sera souverainement bienfaisant pour l'Église,
et, au bout de quelques mois, rien ne se fera que par lui et
comme il l'aura décidé. »

III

En reproduisant, vingt-deux ans après, ces dernières lignes
avec une certaine émotion, — car le temps, ce grand destructeur
des prévisions humaines, a permis que mes espérances d'alors
fussent encore dépassées par les réalités qui ont suivi, — je ne
puis m'empêcher de rappeler une parole de Pie IX, dans la dernière année de son pontificat, que le cardinal Czacki m'a rapportée depuis. Elle explique mieux qu'aucune autre les divergences des deux Papes dans leur action politique, mais leur
parfaite et constante unité morale. « Mon successeur, disait un
soir Pie IX à quelques personnes de son entourage intime, pourra
et *devra peut-être même* agir différemment que je ne l'ai fait
vis-à-vis des gouvernemens; mais, moi, j'ai dû lutter et résister
jusqu'à la fin. » Ce mot m'a toujours paru éclairer la situation
des deux pontifes qui, depuis cinquante-quatre ans, ont gouverné
l'Église catholique. On a voulu les opposer l'un à l'autre; en
réalité, ils n'ont jamais eu que le même but, défendre les droits
dont ils avaient la garde et diriger la barque de Pierre, suivant
l'état de la mer et des flots.

Ces vérités ont été entrevues même par des personnes qui, assurément, étaient peu qualifiées pour les juger, mais dont le témoignage n'en est que plus intéressant à recueillir. J'en donnerai un exemple dont je garantis l'authenticité. Un jour, sous l'ambassade du duc de Gramont, en 1861, je le trouvai dans son cabinet de fort belle humeur, ce qui était très naturel, car il venait d'y recevoir la visite de l'auteur des *Trois Mousquetaires*. Alexandre Dumas passait par Rome, venant de Sicile, et, l'ambassadeur lui ayant demandé, avec quelque hésitation, s'il désirait voir le Pape : « Non, lui répondit-il, je ne fais que traverser Rome, que j'aime beaucoup du reste, et je voudrais retourner à Paris le plus tôt possible. D'ailleurs, j'ai vu Grégoire XVI. » Et, comme M. de Gramont paraissait étonné de cette déclaration imprévue : « Voyez-vous, mon cher duc, lui dit son interlocuteur, tous les dix ans, en moyenne, les cardinaux se réunissent au Quirinal, brûlent tous les soirs des petits papiers mentionnant les votes du conclave, quand ils n'out pu réunir la majorité, jusqu'au jour de l'élection, où ils nous disent qu'ils ont élu un nouveau Pape. Ils se trompent ; c'est toujours le même, *car il ne change pas.* »

Ce dernier mot, malgré son impertinence apparente, renfermait le plus bel éloge que l'on pût faire de la Papauté. Il explique et justifie son infaillibilité dogmatique, et je voudrais croire que son auteur fut assez chrétien pour en avoir compris toute la portée. Oui, le Pape ne change pas et l'on aura beau faire, il ne changera pas. On pourra le déplacer, le laisser mourir à Valence comme Pie VI, le transporter alternativement de Rome aux Tuileries, et des Tuileries à la prison de Savone, comme Pie VII, l'exiler à Gaëte ou le confiner au Vatican comme Pie IX ; attaqué par le despotisme, le caprice d'un César ou les fureurs de la Révolution, il ne changera pas plus que la religion et le dogme dont il est le représentant. Il pourra peut-être avoir un jour de faiblesse, comme homme, mais il est de race granitique, comme pontife, et le temps n'a pas de prise sur lui, car il aura toujours un successeur.

Quand l'étranger arrive à Rome et qu'il va faire sa visite à ces belles basiliques où l'on ne sait ce qu'on doit admirer davantage, de la pensée qui les inspira ou de l'art qui se chargea de les exécuter, on arrive à Saint-Paul hors les murs, et l'on voit, à côté les uns des autres, dans l'intérieur du temple, les

portraits des deux cent cinquante-huit Papes qui se sont succédé
depuis saint Pierre, avec les médaillons encore vides qui attendent leurs remplaçans. Cela paraît très simple, au premier abord,
mais rien n'est plus grand, quand on y réfléchit. C'est le plus
solennel acte de foi que la pensée humaine ait pu concevoir,
car où pourrait-on trouver ailleurs cette suite non interrompue
du passé, en relation directe avec l'avenir ? Quel est aujourd'hui
le palais des souverains qui ose se flatter d'abriter un si grand
nombre d'ancêtres et d'espérer, sans témérité, de pareils rejetons ? Ce n'est qu'à Rome que l'on trouve ainsi le passé et le
présent réunis dans une étreinte commune, d'où nous nous
attendons, avec une confiance certaine, à voir sortir et se dérouler l'avenir.

Autocratique par son chef, aristocratique par ses cardinaux
et ses évêques, démocratique par ses prêtres et ses fidèles, qui
appartiennent à toutes les classes de la société, et la liberté individuelle de chacun garantissant la sincérité de chaque adhérent,
l'Église catholique réunit à la fois les principes essentiels des
gouvernemens les plus divers. Elle serait, par suite, la plus admirable des constitutions humaines, si elle n'était qu'humaine,
mais elle ne l'est pas, car des hommes n'auraient jamais pu, à
eux seuls, réaliser une conception aussi forte et la faire durer
depuis des siècles. Il faut donc regarder plus haut et dire avec le
poète, en fixant les yeux sur le Calvaire : *Stat Crux, dum vol-
vitur orbis.* La croix reste debout au milieu des révolutions du
monde.

IV

La satisfaction d'avoir trouvé chez le Pape et à la secrétairerie d'État les dispositions favorables que j'ai mentionnées précédemment m'encouragea à me rendre compte de l'opinion individuelle des cardinaux avec lesquels je pouvais me trouver en
rapport. L'usage habituel des ambassadeurs était de se borner à
visiter le doyen du Sacré-Collège, qui était alors le cardinal di
Pietro, et de réserver pour une grande réception officielle l'occasion de rencontrer les autres. Il me sembla qu'il y avait quelque
chose à faire de plus. En allant individuellement chez chacun
d'eux, aux heures où j'avais le plus de chance de les rencontrer,

et en les amenant, ainsi, à me trouver à l'ambassade aux mêmes heures, j'étais certain de pouvoir être parfaitement renseigné sur leurs dispositions intimes. Un jour donné, il était possible d'arriver, de la sorte, à obtenir quelques facilités, à modifier même quelques points importans, puisque toutes les affaires que le Saint-Père ne se réserve pas, lui-même, sont soumises aux congrégations cardinalices, dont les conclusions sont le plus souvent adoptées par le Pape. Le comte Rossi, durant sa mission à Rome, sous le ministère Guizot, s'était beaucoup loué de ce mode de procéder, qui consiste, comme il le disait lui-même, — car il ne négligeait même aucun camérier important, — à partir d'en bas pour arriver en haut.

Je suivis ce conseil et m'en trouvai très bien. Pendant tout le temps que j'ai été à Rome, on verra par la suite de ce récit que j'ai obtenu tout ce que mon gouvernement m'avait chargé de demander. On voulut bien même quelquefois rechercher confidentiellement l'avis de l'ambassadeur, que l'on connaissait personnellement. Je ne saurais trop recommander cette manière de procéder à tous ceux qui auront affaire avec le Saint-Siège. Nulle part on ne peut faire de meilleure diplomatie, si l'on veut s'en donner la peine.

Il est bien entendu, une fois pour toutes, que ces souvenirs ne s'adressent pas à ceux qui, depuis trente ans, demandent la suppression de notre ambassade, quand ils sont dans l'opposition, quitte à voter pour son maintien, quand ils arrivent au pouvoir. Ce jour-là, ils *tombent en raison*, comme disait un ministre anglais ; car le pouvoir est un chemin de Damas où se révèlent bien des clartés. Je n'écris que pour ceux qui considèrent la force morale d'une nation comme aussi nécessaire à sa grandeur que sa force matérielle ; qui ne croient pas qu'elle puisse vivre sans religion, plus qu'elle ne peut subsister sans nourriture ; et qui comprennent que, lorsque l'enfant vient au monde, il n'est que logique de lui procurer celle de son âme, en même temps qu'on lui donne celle de son corps. Aux autres, je n'aurais rien à dire, car nous ne pourrions nous entendre.

Je ne donnerais pas mon impression complète sur la situation que je trouvai à mon arrivée à Rome, si je ne disais un mot des rapports que nous avions à y entretenir avec la société romaine demeurée fidèle au Saint-Siège. C'était avec elle seule que ces rapports pouvaient s'établir, et ce ne fut pas sans un véritable regret que nous eûmes des relations moins suivies avec des personnes que nous avions connues avant l'invasion de Rome par l'armée italienne. Cette belle société romaine s'était divisée après cette époque et ce fut un vrai dommage pour elle-même; car, pendant les trente années de ma carrière diplomatique, je n'en ai connu aucune qui, réunie, fût plus sympathique. La simplicité jointe à la grandeur en faisait le charme. Ces palais, avec leurs splendides galeries, qui n'avaient pas été vendues ou dispersées, ouvertes le matin à l'admiration du monde entier, vous présentaient le soir un assemblage de personnes qui se réunissaient à des jours périodiques et où l'on voyait briller sur les plus nobles poitrines les splendides écrins, héritages patrimoniaux des grandes familles. C'était comme un défilé de souvenirs historiques, rajeunis par la grâce de la jeunesse et de la beauté. On n'a jamais groupé, d'une façon plus charmante, un passé glorieux par sa fidélité avec un présent plus aimable, et les étrangers, presque tous de marque, qui venaient passer l'hiver dans la Ville éternelle, se sentaient bien chez eux, quand ils n'y étaient pourtant que de passage. C'était encore exactement, sauf quelques royaux exilés de moins, la Rome dont Chateaubriand nous parle dans ses Mémoires, et l'on me pardonnera d'en avoir conservé un doux et mélancolique souvenir.

Cette société, par suite de la difficulté des temps, n'était donc plus la même que celle que nous avions connue, lorsque je revins à Rome comme ambassadeur. Nous n'en fûmes que plus heureux de retrouver les personnes demeurées fidèles au Saint-Siège. C'étaient des relations plus sérieuses peut-être qu'autrefois, mais qui se ressentaient aussi de l'estime que les étrangers eux-mêmes devaient avoir pour des convictions noblement soutenues. A ma réception solennelle d'arrivée à l'ambassade, quatre cents personnes environ furent présentes, y compris une grande partie des membres du Sacré-Collège et de la prélature. Le palais Colonna, où l'ambassade était alors établie, se prêtait à merveille à ces cérémonies, qui font honneur également au pays dont le représentant les donne, et aux étrangers qui veulent bien y venir.

Je n'eus qu'à me louer également de mes rapports avec mon collègue auprès du roi d'Italie. Le marquis de Noailles, aujourd'hui notre ambassadeur à Berlin, que je connaissais depuis longtemps, entretint toujours avec nous les meilleures relations et je n'eus qu'à me féliciter de l'avoir eu pour collègue, ainsi que M. de Haymerlé, ambassadeur d'Autriche et depuis ministre des Affaires étrangères. Nous nous voyions dans l'intimité où nous réunissions mutuellement ceux de nos compatriotes qui étaient à Rome, à demeure ou de passage. D'ailleurs, nous avions aussi, et, en particulier, avec M. Geffroy, le regretté directeur de l'École archéologique, avec nos écoles de la villa Médicis et du palais Farnèse, — de fréquens rapports, ainsi qu'avec les représentans de nos pieux établissemens de Saint-Louis, qu'ils dirigeaient avec une conscience égale à leur sollicitude pour les intérêts dont ils avaient accepté la gestion.

V

Quelques jours après l'audience que j'avais obtenue du Saint-Père, le Congrès de Berlin avait terminé ses travaux, et il est très intéressant, même aujourd'hui, de rappeler l'impression que cet événement politique produisit en Italie :

« Je n'ai pas, écrivais-je, à vous rendre compte en détail, ce soin étant réservé à notre autre ambassade, de l'impression de déconvenue éprouvée ici à la suite du Congrès de Berlin. Il était de tradition, depuis la guerre de 1859, que l'Europe n'avait pas de plus grands intérêts à servir que ceux de l'Italie *irredenta*, comme on l'appelle ici, et que même ses désastres pouvaient, comme en 1866, lui donner l'équivalent d'un succès. La déception a donc été grande. Au Vatican, ce résultat n'a pas produit, à beaucoup près, une impression aussi défavorable. Sans doute, on ne se fait pas de grandes illusions sur la durée d'une paix dont la base est la satisfaction de convoitises mutuelles qui, nécessairement, doivent en faire naître d'autres dans un temps donné. Sans doute aussi la cour de Rome ne se déclarera officiellement satisfaite que d'un traité qui lui rendrait certains avantages temporels. Néanmoins, la grande majorité du Sacré-Collège me paraît admettre que la paix est chose chrétienne et par conséquent bonne en soi, même pour ceux qui n'en retirent pas d'avantages immédiats. Dans la situation où il se trouve, le Saint-Siège a vu, en outre, avec une grande satisfaction les puissances, et notamment la France, stipuler en faveur des intérêts religieux en Orient des garanties positives. J'ai eu l'honneur de

vous faire parvenir l'expression des remerciemens du Saint-Père
pour la très bonne part que nous y avons prise. Je pourrais les
renouveler encore et je suis très heureux, en ce qui me concerne, d'avoir été l'intermédiaire de ces communications. »

Peu de jours après avoir écrit ces lignes, je partis pour la
France, en congé, et je pus confirmer à M. Waddington la bonne
impression que son attitude à Berlin avait produite sur le Saint-
Siège. Quoiqu'il fût protestant, comme je l'ai déjà dit, j'ai toujours trouvé en lui un interprète consciencieux et éclairé des
intérêts de la France catholique. Il ne m'a jamais créé aucun
embarras pendant le cours de ma mission et a tout fait pour
m'y maintenir, au moment où il quitta le pouvoir, en 1880.

J'eus l'occasion de remarquer son bon vouloir, entre autres
circonstances, dans des questions de personnes assez délicates,
notamment celle des chapeaux cardinalices que nous pouvions
demander au Saint-Siège, et en particulier pour l'évêque d'Orléans, Mgr Dupanloup. Cette question pouvant intéresser encore
un certain nombre de personnes, j'entrerai dans quelques détails,
nécessaires pour expliquer exactement ce qui s'est passé à son
égard.

Mgr Dupanloup a trop marqué dans l'histoire religieuse et
même politique de notre pays pour que j'aie à retracer ici son
portrait. Mais ses adversaires eux-mêmes ont toujours reconnu
la supériorité de son esprit, ses vertus éminemment sacerdo-
tales et son amour de l'Église. Il était donc naturellement désigné pour marcher à la tête de l'épiscopat français et pour
entrer un jour donné dans le Sacré-Collège.

Malheureusement, son attitude dans la question de l'Infaillibilité, contre laquelle il avait pris d'abord parti avec sa chaleur
habituelle, avait blessé le pape Pie IX, que sa soumission exemplaire désarma, mais qui avait toujours conservé un souvenir
un peu pénible de son opposition primitive au dogme proclamé
par le Concile. En outre, la nature éminemment française de son
esprit, sa décision, son extrême activité n'étaient pas tout à fait
sympathiques à l'ensemble du Sacré-Collège. A Rome, on
n'est jamais pressé, parce que l'on a derrière soi les siècles
passés et devant soi les siècles à venir. Mgr Dupanloup l'était
toujours, j'oserais dire un peu trop. Il aurait voulu enlever les
affaires et les suffrages. C'est tout le contraire de ce qu'il faut à
Rome, où l'on n'enlève rien, et où rien ne se fait qu'avec la plus

scrupuleuse attention. Mgr Dupanloup n'avait donc pas su conquérir, malgré ses éminentes qualités, cet assentiment secret qui aurait pu triompher peut-être des résistances du Saint-Père. Aussi, malgré les efforts de notre ambassade, sous le ministère de M. Jules Simon, Pie IX ne voulut-il jamais consentir à l'admettre au sein du Sacré-Collège.

Et cependant, qui mieux que lui comprenait la dignité de l'Église? Quelle âme plus noble et plus haute que la sienne? Un nouveau pontificat devait permettre à ses amis d'espérer que ses intentions seraient mieux comprises et qu'il serait d'autant plus soumis après la définition de l'Infaillibilité, qu'il y avait paru d'abord plus hostile; ce fut le cas pour lui, et son éternel honneur. Un jour Lord Odo Russel, depuis Lord Ampthill, que je retrouvai comme ambassadeur à Berlin, après l'avoir connu à Rome comme chargé d'affaires, purement officieux, de l'Angleterre, me dit ces paroles, que je n'ai pas oubliées : « M. Gladstone m'en a un peu voulu de lui avoir écrit que beaucoup d'évêques protesteraient sans doute contre le projet de l'Infaillibilité, mais que tous s'y soumettraient, quand le Concile l'aurait proclamée. C'était pourtant la vérité. » Mgr Dupanloup fut de ce nombre, et l'éclat de sa soumission égala celui de son indépendance antérieure. Il était donc permis d'espérer qu'en raison de ces circonstances, nous pourrions obtenir du nouveau pontificat ce que le précédent nous avait refusé. C'était, à mon avis, une question de temps et d'opportunité. Mais, je devais, avant tout, pour y arriver, avoir l'assentiment de mon gouvernement, sans lequel il m'était impossible d'agir; et, là encore, il y avait des difficultés, en raison de l'attitude de l'évêque d'Orléans, pendant la période du Seize Mai.

La première fois que j'en parlai à M. Dufaure, quelques jours après ma nomination, il écouta avec une grande froideur mes ouvertures. Il n'opposa pas un refus formel, mais il me fit une réponse dilatoire. MM. Bardoux et Waddington furent un peu plus favorables, mais mon impression très nette fut que, à l'inverse de ce qui se fait d'habitude, c'était par Rome qu'il fallait commencer, et par en bas, comme je l'ai déjà dit, si l'on voulait arriver à un résultat.

J'essayai donc, suivant l'autorisation que m'en avait donnée M. Waddington, de débrouiller l'affaire à Rome même, et lorsque, peu de jours après mon arrivée, je fis mes visites aux membres

du Sacré-Collège, comme je l'ai indiqué plus haut, je leur posai
à peu près à tous la même question. Fidèle à la règle de M. Rossi,
je terminai par le cardinal secrétaire d'État et le doyen du Sacré-
Collège, décidé, après cette enquête préalable, à en faire connaître
le résultat à mon gouvernement et à lui demander, s'il était favorable, l'autorisation d'en parler formellement au Saint-Père.
Je dois déclarer qu'au début, je trouvai encore contre Mgr Dupanloup, chez quelques cardinaux, des préventions dans le sens de
celles que j'ai rapportées ; mais, peu à peu, il me sembla que
l'opinion s'était très heureusement modifiée devant la récapitula-
tion que je leur faisais des services considérables rendus par lui
à la cause de l'Église de France, et que je pouvais, en conscience,
me croire autorisé par ces témoignages à la faire connaître à
mon gouvernement.

Je n'y manquai pas ; et, dès mon arrivée à Paris, pendant les
vacances, j'abordai la question avec les ministres auxquels j'en
avais parlé précédemment. MM. Dufaure et Bardoux m'écou-
tèrent cette fois avec intérêt ; M. Waddington, presque avec
plaisir. Il me sembla, sans que je puisse l'affirmer, que le discours que venait de prononcer Gambetta à Romans, et où se
trouvait la fameuse phrase sur le cléricalisme, avait modifié les
idées du cabinet et lui avait fait voir de quel côté il aurait désormais à lutter. Aussi, lorsque je parlai aux ministres des résultats de mon enquête à Rome et que je les priai de m'accorder l'autorisation de demander au Saint-Père le chapeau de
cardinal pour l'évêque d'Orléans, j'emportai du ministre des
Affaires étrangères un assentiment marqué, qui se serait, par
suite du précédent de M. Jules Simon, transformé, je n'en doute
pas, en une démarche officielle auprès du Saint-Siège.

Malheureusement, les événemens déroutèrent toutes mes prévisions. Le soir de mon arrivée à Turin, où le débordement de
la Bormida, un des affluens du Pô, coupant le chemin de fer,
m'avait obligé de m'arrêter, en entrant dans le cabinet de lecture
de l'hôtel où ma famille et moi étions descendus, j'y lus avec
une bien douloureuse surprise la nouvelle de la mort de l'évêque
d'Orléans, survenue le 11 octobre à Lacombe, dans le Dau-
phiné.

Mon émotion fut réelle, et je trouvai, quelques jours après, la
même impression chez le cardinal Nina, successeur du cardinal
Franchi. Je reviendrai sur la personnalité du nouveau secrétaire

d'État, mais, pour achever ce qui touche l'évêque d'Orléans, je dois dire que le cardinal m'en parla dans les meilleurs termes, m'expliquant les malentendus du passé par la raison que j'ai déjà indiquée, me disant combien le nouveau pontife avait apprécié son attitude de soumission et les grands services qu'il avait rendus récemment encore à l'Église. Quelques jours après, le 26 octobre, j'eus une très longue audience du Saint-Père où il me parla spontanément, et dans des termes très affectueux, de Mgr Dupanloup. Il me rappela les services qu'il avait rendus à toutes les époques, sa soumission après le Concile, sa dernière lettre sur le denier de Saint-Pierre, sa lutte contre le centenaire de Voltaire, dont il avait dénoncé au monde, pièces en mains, l'absence complète de patriotisme et de dignité nationale. Néanmoins Sa Sainteté ne fit aucune allusion au chapeau de cardinal, qui avait été demandé, comme je l'ai dit, pour l'évêque d'Orléans, sous le ministère de M. Jules Simon et refusé par Pie IX.

Je ne crus pas devoir embarrasser le Saint-Père, ni me permettre de lui poser une question que la mort de Mgr Dupanloup rendait à la fois indiscrète et inutile; mais je demeure convaincu, en présence des nominations que fit le Saint-Père six mois après dans le Sacré-Collège, en y faisant entrer notamment Mgr Haynald et le Père Newman, tous deux primitivement hostiles à l'Infaillibilité, que Mgr Dupanloup aurait été nommé cardinal par le pape Léon XIII. J'ajouterai même que, dans mon humble opinion, selon toute vraisemblance, il l'aurait été dans le Cousistoire du 8 mai de l'année suivante, où furent proclamés les cardinaux étrangers que je viens de désigner.

J'ai cru devoir entrer dans ces détails, par suite des inexactitudes que les amis et les ennemis du vénérable évêque ont répandues sur ces incidens. Dans l'ardeur de la lutte, — et elle fut vive en ces temps déjà lointains, — on croit volontiers ce que l'on désire; mais la vérité finit par trouver son jour, et j'ai cru bien faire en la donnant, dans la mesure où elle m'a été connue.

VI

Je reviens au nouveau secrétaire d'État dont je n'ai fait qu'indiquer encore l'arrivée aux affaires.

Je fus charmé de son accueil. « J'ai trouvé, écrivais-je, après l'avoir vu longuement, le cardinal Nina dans les mêmes principes sages et modérés que le cardinal Franchi, avec moins de séduction personnelle et d'habitude diplomatique que son prédécesseur, mais peut-être avec plus de fermeté dans les idées et quelques illusions de moins. La difficulté qu'éprouve Son Éminence à parler le français rend désirable pour elle, comme pour ses interlocuteurs, de s'exprimer en italien, et c'est dans cette langue que se sont établis nos rapports. Cependant, le cardinal Nina comprend tout ce qu'on lui dit en français et il serait en état de suivre toute conversation qui ne provoquerait pas un abandon ou une confidence particulière. C'est le cas pour le plus grand nombre des étrangers qui viennent au Vatican et il n'est pas probable que, par suite, on constate une lacune dans les visites qui pourraient être faites au nouveau secrétaire d'État. »

Ceci n'était qu'une première impression et je dois ajouter, d'ailleurs, que peu de mois après, cette petite difficulté de langage avait à peu près disparu. Il restait seulement un éminent prélat, dépositaire des confidences intimes du Saint-Père, et avec lequel j'ai eu l'honneur d'entretenir des rapports non seulement de parfaite courtoisie, mais de véritable intimité. C'est un des amis du Pape dont le souvenir m'est resté le plus sympathique, car il réunissait à une parfaite loyauté une intelligence réelle des besoins de son temps, qui l'a rendu l'interprète fidèle des pensées de Léon XIII.

Dans l'audience dont je viens de parler et qui fut fort intéressante, par suite de tous les sujets qui y furent traités, Léon XIII me parla d'abord du cardinal Franchi : « Il est mort à la peine, me dit le Saint-Père, victime de son dévouement à l'Église et à ma personne. Je lui disais bien souvent qu'il devait prendre du repos, mais il était infatigable. Il recevait le jour et travaillait la nuit. Il en est mort. » Comme je parlais au Saint-Père de la séduction des entretiens du cardinal, à laquelle personne n'échappait : « Oui, m'a répondu le Saint-Père, il avait le don d'attirer à lui et de retenir tous ceux qu'il avait conquis. »

Le Pape m'a parlé ensuite fort longuement de la France. Sa Sainteté m'a demandé d'abord des nouvelles du Maréchal-président, et elle a exprimé la confiance qu'il remplirait jusqu'au bout le mandat qu'il avait accepté. Puis, le Pape m'a dit qu'il n'avait pu lire sans une douloureuse impression certaines attaques contre la religion qui s'étaient produites en ces derniers temps. Il craignait notamment qu'il n'y eût, dans le discours de Romans, tout un programme de mesures violentes, que, dans un avenir plus ou moins prochain, une fraction importante de la Chambre des députés voudrait imposer au gouvernement et au Sénat, après le renouvellement partiel de ce corps. Il croyait que, s'il en était ainsi et si réellement l'on entrait dans une voie de persécution et de violence morale, la religion en souffrirait sans doute, mais bien plus encore ceux qui les auraient permises.

Le Saint-Père ajouta qu'il n'avait de parti pris contre aucune forme de gouvernement. Un État républicain, où la religion serait honorée et respectée, ne rencontrerait de sa part qu'estime et sympathie. Puis il me dit, avec une certaine émotion, qu'il tendait la main à tout le monde et qu'il faisait appel à toutes les bonnes volontés et à tous les concours. Il s'adressait aussi bien aux puissances schismatiques et hérétiques qu'aux puissances catholiques, à la Russie qui avait exilé et déporté les évêques de Pologne, comme à la Suisse qui les avait chassés et à l'Allemagne qui avait fait les lois de Mai. A plus forte raison comptait-il sur la France, la fille aînée de l'Église, et désirait-il vivement qu'elle continuât à demeurer fidèle à toutes ses traditions religieuses, qui devaient lui être aussi chères que le soin de la défense de ses frontières et le souci de ses intérêt matériels.

Je crus pouvoir répondre au Saint-Père que j'espérais que sa confiance ne serait pas trompée, malgré les regrettables incidens auxquels il venait de faire allusion. Il avait été de mon devoir de m'en préoccuper avant de revenir à Rome, et j'en avais entretenu aussi bien le Maréchal-président que plusieurs membres du cabinet. Leur langage avait été parfaitement net et tous avaient regretté le discours de Romans. La France n'avait, en effet, aujourd'hui, nul goût pour les violences, de quelque côté qu'elle vinssent. Elle avait soif d'apaisement et de repos. Par suite, toutes les persécutions lui deviendraient odieuses et déconsidéreraient nécessairement tous ceux qui en auraient la responsabilité morale ou matérielle, aujourd'hui ou plus tard.

Ces paroles me parurent produire un apaisement assez notable dans l'esprit du Saint-Père, qui m'entretint ensuite de divers autres sujets et notamment de la Belgique et de l'Allemagne. La chute du ministère Malou et son remplacement par le cabinet libéral présidé par M. Frère-Orban préoccupaient le Pape, qui aimait trop la Belgique pour ne pas redouter tout ce qui pourrait refroidir ses rapports avec le Saint-Siège. En retour, il me parla avec confiance du rétablissement de la paix avec l'Allemagne. « C'est une affaire de temps, me dit le Souverain Pontife, mais de tous côtés il me semble que l'on désire un arrangement, et, quant à moi, je le désire vivement, dans l'intérêt de ce pays, que j'aime, comme dans celui de l'Église. »

Je rappelai ensuite au Saint-Père la demande que j'avais adressée depuis mon retour au nouveau secrétaire d'État de faire respecter le protectorat que le Congrès de Berlin nous avait reconnu sur les catholiques d'Orient et de ne pas permettre que d'autres puissances cherchassent à le partager avec nous. C'était à la demande du Saint-Siège et du Saint-Père personnellement que ce droit avait été reconnu à la France par un traité formel. C'était à la cour de Rome à sauvegarder l'exécution pratique d'un article qui avait été obtenu par notre intermédiaire et auquel nous avions, par suite, le droit de nous intéresser davantage.

Le Pape voulut reconnaître la justesse de ces observations et me dit qu'il en parlerait au secrétaire d'État et au cardinal préfet de la Propagande. Je vis, du reste, avec plaisir, que Sa Sainteté était informée des moindres détails, et qu'elle suivait avec la plus vigilante sollicitude toutes les questions de politique étrangère auxquelles se trouvaient mêlés les intérêts de l'Église.

Tels sont les principaux points qui furent traités dans cette audience, dont j'ai pu oublier alors et dont j'omets encore aujourd'hui quelques détails, dans un compte rendu destiné à la publicité, mais c'est toujours la pensée et ce sont souvent les expressions mêmes du Souverain Pontife qui y ont été reproduites. « Je regrette seulement, ajoutais-je, de ne pouvoir y joindre l'expression de bonté et presque de paternité bienveillante qui s'est peinte à diverses reprises sur son visage, notamment lorsqu'il me parlait de la France, ni retracer la finesse et la distinction de cette physionomie qui appartient déjà à l'histoire et y laissera, je crois pouvoir l'affirmer aujourd'hui, si le temps ne lui manque pas, une trace lumineuse et souverainement bienfaisante. »

J'eus l'occasion, quelques jours, après de recevoir la visite du cardinal Simeoni, préfet de la Propagande, qui vint m'annoncer que, sur l'ordre du Pape, il venait d'adresser à tous les délégués apostoliques en Orient une circulaire conforme au désir, que j'avais exprimé, de voir notre protectorat sur les catholiques placé en dehors de toute atteinte. Le secrétaire de la Propagande, Mgr Agnozzi, m'avait tenu l'avant-veille le même langage, et, pendant tout le temps de mon séjour à Rome, je n'eus qu'à me louer de l'exactitude avec laquelle fut tenu cet engagement.

Je fus d'autant plus satisfait du langage du cardinal Simeoni, que, par la force des choses, il avait pu, comme ancien secrétaire d'État de Pie IX, après la mort du cardinal Antonelli, manifester, sur certaines questions, et notamment sur celle de notre protectorat, quelques sentimens politiques en désaccord avec la nouvelle inspiration de la secrétairerie d'État. Mais je vis là une preuve nouvelle de l'identité de vues de la cour de Rome, quand le Pape s'était une fois prononcé. Je profitai de la visite du cardinal pour lui donner connaissance d'un télégramme de Mgr Azarian, communiqué par M. Fournier, et dans lequel le délégué apostolique se louait hautement de l'attitude aussi sage qu'énergique prise par notre ambassadeur à Constantinople, dans l'élection du patriarche chaldéen, qui venait, grâce à son intervention, d'obtenir la sanction de la Porte. J'en pris texte pour faire ressortir vis-à-vis du cardinal Simeoni que nous comprenions nos devoirs, en même temps que nous désirions voir respecter nos droits ; et il voulut bien reconnaître la parfaite correction de notre attitude et de notre langage.

VI

Quelques jours après ces visites, la nouvelle de l'attentat commis par Passanante sur la personne du roi Humbert éclata comme un coup de foudre dans Rome. La présence d'esprit de la reine Marguerite et le courage de Cairoli le préservèrent cette fois. L'indignation fut générale et unanime en Italie comme en Europe. Le *Popolo romano*, journal libéral modéré, très répandu et qui voulait une entente entre le pontificat et l'Italie, publia, le surlendemain de l'attentat, un remarquable article, que j'envoyai à Paris et que, même aujourd'hui, on peut relire avec intérêt et profit. Parlant du cri poussé par la reine Marguerite, au moment où l'assassin cherchait à poignarder le Roi : « *Cairoli, salvi il Re!* — Cairoli, sauvez le Roi! » le rédacteur de l'article ajoutait :

« Oui, sauvez le Roi! mais, pour le faire, il ne faut pas attendre
que l'assassin lève son poignard. Il faut, par une énergique application des lois, faire en sorte que, dans les associations républicaines, on ne prépare pas et on ne discute pas l'assassinat, et
que le drapeau rouge glorifié et impuni ne couvre pas la garde
du poignard qui va l'accomplir. Cairoli est une des figures les
plus sympathiques apparues dans l'histoire de nos troubles politiques; il est l'ami et le ministre dévoué du roi Humbert; le poi-
guard des assassins a voulu les frapper ensemble. Cairoli, sauvez
le Roi! mais, pour y arriver, il faut une des deux choses, ou
abandonner vos utopies, ou abandonner le pouvoir. »

Le Vatican ne pouvait pas rester en arrière, au milieu de l'émotion et de l'indignation générales. Seulement, en raison de sa po-
sitiou spéciale, le Pape ne crut pas pouvoir faire une démarche
directe auprès du Roi. La difficulté fut tranchée par une lettre
de Sa Sainteté à l'archevêque de Naples. D'après ce que me dit
le cardinal Nina, cette lettre mentionnait l'indignation du Saint-
Père pour le lâche attentat dont le Roi avait failli être la victime, remerciait le ciel de l'avoir préservé, et appelait l'attention
de Sa Majesté sur les dangers auxquels les violences sectaires
peuvent exposer la personne des souverains et l'existence de
leurs États.

Le roi d'Italie fit répondre par le secrétaire de son cabinet à
la lettre que l'archevêque de Naples lui avait écrite de la part du
Saint-Père. Sa Majesté s'y montrait très sensible au témoignage
d'intérêt que lui donnait le Souverain Pontife dans cette circonstance douloureuse et l'en remerciait en termes d'affectueux respect pour son auguste personne; mais il ne répondait pas aux
exhortations paternelles, à la *predichetta*, — m'a dit le cardinal
Nina, — qui terminait la lettre. Somme toute, cet échange de
communications produisit plutôt un bon effet au Quirinal, comme
au Vatican; et il y eut lieu de s'en féliciter.

Cet attentat, du reste, précédé et suivi des tentatives criminelles de Florence et de Pise, produisit une impression également
douloureuse dans le monde ecclésiastique et dans le monde italien. Seulement, les conséquences qu'on en tira au Vatican ne
furent naturellement pas les mêmes et les remèdes à apporter au
mal parurent différens. Pour les uns, une modification dans l'administration et un changement dans le ministère parurent indispensables; pour les autres, l'attentat de Passanante sembla être

l'indice d'un état de choses profondément troublé et qui ne pouvait être guéri que par une modification sensible dans le régime intérieur de l'Italie, et même dans l'état général de l'Europe.

Quoi qu'il en soit, les acclamations qui accompagnèrent le Roi à son retour de Naples à Rome étaient l'indice d'un grave danger, entrevu par tout un peuple, et le Roi y trouva un regain de popularité, qui lui avait manqué dans les derniers temps. L'attentat de Passanante fit tout oublier et l'on ne pensa plus qu'au danger qu'on aurait couru, si le Roi avait été assassiné. « Je dois constater, ajoutai-je dans mon rapport à M. Waddington, que, dans les jours qui ont précédé l'attentat, et dans les démonstrations qui ont eu lieu avant l'arrivée du Roi à Rome, on sentait dans l'air une sorte d'agitation révolutionnaire, prélude de graves événemens. La tolérance du ministère et de celui qui l'a précédé vis-à-vis des sociétés secrètes avait porté ses fruits. On ne sentait nulle part, ainsi que je l'écrivais, il y a un mois, à Votre Excellence, l'influence du gouvernement, et les mauvaises passions profitaient naturellement de sa tolérance. »

Il m'a semblé que les douloureux événemens, qui se sont accomplis l'été dernier, donnent une triste actualité à ces pages, bien que Bresci ait malheureusement fait oublier Passanante, et qu'il n'y ait eu de semblable que le courage de la malheureuse Reine et l'indignation du monde entier devant le crime commis. Mais on ne saurait assez répéter qu'il n'y a pas deux manières de gouverner, et la solidarité des principes révolutionnaires avec les attentats qui en résultent nécessairement dans un temps donné indiquent clairement que, si on veut les éviter, il faut appuyer et défendre énergiquement les principes contraires. Cela est vrai pour tous les pays et quelle que soit la forme du gouvernement qu'ils aient cru devoir adopter; mais on comprend que le Vatican ait, plus qu'un autre pouvoir, le droit de proclamer ces doctrines et de les rappeler dans toutes les occasions où leur application devient nécessaire. Il n'y a pas manqué en 1900, comme il l'avait fait en 1879.

Nous en eûmes bientôt la preuve dans la première Encyclique du nouveau Pape, qui parut au commencement de 1879. Le Saint-Père me dit lui-même, dans une des audiences qu'il m'accorda à la fin de l'année et sur lesquelles je reviendrai plus tard, que l'idée de l'Encyclique lui était venue le jour de la rentrée du roi Humbert, après l'attentat de Passanante. Ayant appris les pré-

cautions extraordinaires qui avaient été prises pour le retour de
Naples à Rome, Sa Sainteté dit à un cardinal qui se trouvait chez
elle : « Mais pourquoi ne penser jamais qu'à des mesures de police,
qui peuvent être nécessaires, mais qui n'empêchent pas les attentats, au lieu de revenir aux seuls principes qui puissent les prévenir? » L'idée de l'Encyclique était dans ces mots, et, le lendemain, le Pape commença à s'en occuper.

La publication de l'Encyclique produisit une très grande impression en Italie. Il n'y avait pas lieu de s'en étonner, en présence
de la grandeur des questions qui y étaient abordées et des jugemens doctrinaux qu'elle renfermait ; mais on pouvait croire qu'en
dehors des catholiques convaincus, elle ne rencontrerait pas une
approbation complète. Il n'en fut rien ; et des journaux libéraux
comme la *Perseveranza* de Milan, le *Risorgimento* de Turin, la
Nazione et l'*Opinione* de Florence, lui donnèrent une adhésion
plus ou moins formelle. L'*Italie* elle-même, malgré des réserves
explicites, ne marchanda pas ses éloges au document émané du
Vatican. Les causes de ce succès étaient multiples et il est inté-
ressaut de les rappeler.

Une des plus évidentes était que, depuis l'attentat, tous les esprits modérés du royaume comprenaient le danger que créait à
leur pays l'existence d'une secte qui se manifestait par de pareils
crimes et pouvait compromettre la nationalité italienne elle-
même, en détruisant la souveraineté qui l'a fondée. La théorie de
la soumission aux princes et aux lois ne pouvait donc déplaire
aux hommes sages, en majorité dans le pays, et c'est à ce titre
qu'ils donnèrent à l'Encyclique, comme l'avait fait entre autres
la *Nazione*, une approbation sans réserve.

D'autres, comparant le ton modéré de l'Encyclique du nouveau Pape, avec les documens émanés du Vatican sous le dernier pontificat, en avaient trouvé la forme plus douce, si le
fond demeurait à peu près le même. Ils s'en contentèrent, n'y
voyant aucune revendication expresse en faveur du pouvoir temporel.

« Une autre fraction du parti libéral, écrivais-je dans ma dépêche du 19 janvier, qui tend à prendre en Italie une importance
assez grande depuis quelque temps, est celle à la tête de laquelle se
sont placés les comtes Sclopis et di Masino. Hommes modérés
et catholiques sincères, ils partent du principe des faits accomplis dans l'ordre politique, pour soutenir à peu près exclusive-

ment le principe religieux, et s'y attacher avec d'autant plus de
force que les intérêt temporels demeureraient en dehors.

« Les hommes qui forment ce groupe applaudissent hautement au langage profondément chrétien de l'Encyclique, en dégagent toute la partie doctrinale, et y adhèrent avec fermeté et
conviction. C'est surtout en Piémont et en Toscane que ce parti
se recrute et gagne des adhérens. Ils voudraient aller aux élections, mais sans engagement préalable, se réservant, s'ils entraient
dans les Chambres, d'y soutenir toutes les mesures favorables à
l'Église, mais sans faire d'opposition au gouvernement italien.
Pour le moment, ils ont pleinement adhéré à toute la partie doctrinale de l'Encyclique, ainsi que le démontrent les articles du
Risorgimento et de la *Perseveranza*.

« Enfin, une des causes du succès de l'Encyclique en Italie, que
personne ne conteste, c'est qu'elle révèle une force indiscutable
avec laquelle on n'aime pas à se trouver en désaccord, dans un
pays où une autorité réelle, même purement doctrinale, a toujours du prestige. En général, les Italiens croient au succès du
pontificat de Léon XIII, de même qu'ils étaient persuadés du
malheur nécessaire, de la *jettatura*, pour me servir d'une de
leurs expressions favorites, de celui du pape Pie IX. L'Encyclique paraît leur révéler un maitre. Ils ne l'aiment pas tous,
mais ils le craignent et, par suite, ils le respectent davantage.

« D'ailleurs, ces grandes allures de langage donnent satisfaction à leur amour de la forme, qui se complaît aussi bien dans
ces belles périodes que dans les œuvres d'art où ils excellent. De
même qu'ils aimaient leurs cérémonies d'autrefois, éclairées par
leur brillant soleil sur la place de Saint-Pierre, de même ils se
plaisent à voir l'un d'entre eux porter la tiare avec majesté, alors
même qu'ils obéissent à un autre. C'est un trop noble patrimoine,
c'est une force européenne trop bien constatée, pour que tout ce
qui n'est pas sectaire ne cherche pas à les conserver à l'Italie.
Il n'y a pas à Rome, par exemple, dans les rues les plus fréquentées, un marchand d'estampes ou de gravures chez lequel, à côté
de l'image du Roi et de la charmante reine Marguerite, ne se
trouve celle du Pape. Cette dernière même est plus souvent exposée que l'autre, à la différence de ce que j'ai vu lors de mes
précédens passages à Rome. Léon XIII est évidemment aujour-
d'hui, si je puis me servir de cette expression, la grande figure
du jour en Italie, et sa première Encyclique lui a dressé un pié-

destal, d'où il se fait entendre même de ceux qui se sont déclarés
ses ennemis.

« Telles sont, je crois, les raisons du succès de cet important
document. Je n'ai pas voulu, toutefois, m'en rapporter à moi-
même dans ces appréciations. J'en ai entretenu, durant ces huit
jours, un certain nombre de personnes d'opinions diverses, y
compris deux ambassadeurs accrédités auprès du Quirinal et
avec lesquels j'étais lié, avant de venir à Rome. Il m'a semblé
que leur manière de voir ne différait pas sensiblement de la
mienne dans leur ensemble, et c'est à ce double titre que j'ai cru
pouvoir vous la communiquer. »

J'ignore si quelques-unes des appréciations qui précèdent conservent encore aujourd'hui le même caractère d'exactitude qu'elles
avaient, je crois pouvoir le dire, il y a vingt ans; mais il m'a
paru intéressant de faire connaître l'impression que produisit
alors en Italie ce premier acte public du grand pontife dont, à
partir de ce moment, la noble figure allait s'imposer à l'histoire
contemporaine.

VIII

J'eus l'honneur de le revoir deux fois pendant ce mois de décembre 1878; la première, pour lui remettre une lettre du Président de la République, demandant l'institution canonique pour
Mgr Denécheau, évêque de Tulle; la seconde, à l'occasion des
fêtes de Noël et du nouvel an. Cette dernière offrit surtout un
réel intérêt et me permit de pénétrer davantage la pensée intime
du Souverain Pontife. En ce qui concerne la France, je le trouvai
moins préoccupé que la dernière fois où j'avais eu l'honneur de
l'approcher. Le passage successif d'un assez grand nombre de nos
évêques, venus à Rome, suivant l'usage, pour y faire leur visite,
dans la première année du nouveau pontificat, était pour Sa Sainteté un motif de consolation et d'encouragement. Les questions
politiques, comme celles du renouvellement du Sénat, l'intéressaient par conséquent un peu moins, en présence du nombreux
concours des prélats français, qui lui représentaient une force
permanente de dévouement au Saint-Siège et d'assistance morale
et matérielle. Sa Sainteté me parla de notre épiscopat dans les
termes les plus flatteurs, disant qu'elle ne saurait assez se louer

de son concours, de sa modération, de son excellent esprit. Tous ceux de nos évêques, qui n'étaient pas encore venus à Rome, lui avaient écrit ces jours derniers. Le Pape voulut bien me *lire* quelques passages de leurs lettres et daigna se rappeler que les indications que je lui avais données moi-même, à diverses reprises, sur l'état de la France, étaient conformes à celles qu'il venait de recevoir.

Le Saint-Père me parla de l'avenir avec confiance et espoir : c'était le développement de la parole de Celui dont il est le représentant ici-bas : paix sur la terre aux hommes de bonne volonté. Il développa ce thème devant moi avec une autorité apostolique et une élévation de langage qui me firent vivement regretter d'en être le seul auditeur. « J'aurais voulu, écrivais-je, que l'on pût entendre au dehors ces paroles où il n'y avait qu'une invite à la concorde et à l'union entre les chrétiens. L'expression de sa noble figure, pendant qu'il les prononçait, donnait à son langage une couleur plus accentuée. Je le voyais, en quelque sorte, s'élever devant moi, tranquillement, graduellement, et je le regardais monter, avec une admiration muette, comme si une force surnaturelle donnait des ailes à sa pensée et un éclair à son regard. » « Le Saint-Père a confiance dans l'avenir, ajoutais-je, tout en ne se faisant pas d'illusions sur les difficultés présentes, et, sans désespérer du temporel, il consacre toutes ses forces au raffermissement de l'autorité doctrinale. Les questions politiques pures ne le touchent que secondairement. En dehors de l'Italie, il s'arrangera de tout gouvernement qui ne le gênera pas dans l'exercice de son autorité spirituelle ; mais, en raison même de sa modération et de ses efforts constans pour arriver à la pacification religieuse, sans abandonner toutefois aucun principe, il relèverait énergiquement toute insulte faite au Saint-Siège par ceux auxquels il avait d'abord tendu la main. Ce serait alors un véritable lutteur, avec lequel il faudrait compter très sérieusement et, je ne conseillerais à aucun gouvernement d'engager avec Léon XIII un combat, où il se montrerait, je n'en doute pas, supérieur.

« Le Saint-Père est, du reste, secondé dans sa tâche par deux individualités marquantes, le cardinal Nina, secrétaire d'État et Mgr Czacki, substitut de la secrétairerie d'État pour les affaires ecclésiastiques extraordinaires. Le cardinal Nina a toutes les qualités que l'on peut souhaiter pour le poste qu'il occupe, sauf son peu· de connaissance de notre langue qu'il étudie chaque jour, c'est-à-dire fermeté, droiture et conciliation. Mgr Czacki, qui a, chaque semaine, son jour de travail avec le Saint-Père, est une des individualités les plus distinguées de la prélature romaine. Connaissant toutes les langues de l'Europe, qu'il parle également bien, d'une habileté consommée, il est l'âme de toute la politique extérieure du Saint-Père. C'est lui qui, au fond, d'accord avec le ·cardinal Franchi, dont il était l'ami intime, a inspiré tous les pourparlers avec l'Allemagne et qui est chargé directement par le Pape des négociations délicates que le Saint-Père ne croit pas pouvoir faire traiter officiellement par le cardinal secrétaire d'État. Ces deux hommes sont, dans les questions extérieures, chacun suivant son grade, les organes de la pensée du Saint-Père, et il est incontestable qu'elle ne peut être remise entre des mains plus sûres et plus habiles. »

Au moment où j'écrivais ces lignes, j'avais, en effet, entamé avec Mgr Czacki une négociation fort importante pour nos intérêts religieux et qui fut couronnée de succès. Il s'agissait d'obtenir pour deux de nos évêques le chapeau de cardinal et de porter à sept un nombre qui, depuis le commencement du siècle, n'avait jamais dépassé six pour la France. Les détails de cette négociation politico-religieuse pourront intéresser les personnes qui attachent quelque importance à voir l'influence française se manifester au dehors, aussi bien dans les questions religieuses que dans les questions politiques. J'en parlerai dans un prochain article.

				Marquis de Gabriac.

LE PROLOGUE

DU

DIX-HUIT FRUCTIDOR

I

LA RÉACTION THERMIDORIENNE DANS LE MIDI

La réaction qui suivit la chute de Robespierre attend encore
son historien. Ce qu'on en sait le mieux, c'est le nom : Réaction thermidorienne, sous lequel elle est entrée dans l'histoire ;
c'est aussi qu'elle s'exerça dans le Midi avec plus de violence que
sur les autres parties du territoire. Quant aux détails, ils sont
perdus dans la tumultueuse mêlée des événemens contemporains.

A l'époque où, dans les contrées méridionales, se déroulaient
ces péripéties, la Vendée ajoutait des pages tragiques à son immortelle épopée; l'armée royaliste, émigrés et chouans, trouvait
à Quiberon son tombeau. A Paris, Montagnards et Thermido-
riens se livraient le combat suprême où les premiers devaient
périr. Victorieuse de l'assaut de prairial, la Convention était
contrainte de faire face aux royalistes. A son exemple, le Directoire les poursuivait de ses rigueurs; le 18 fructidor consom-
mait leur écrasement. Aux frontières enfin, les armées de la
République, aux prises avec la coalition, rivalisaient entre elles

de vaillance et d'exploits, dans d'émouvantes alternatives de défaites et de victoires. Que sont à côté de ces drames grandioses les soulèvemens du Midi? Dédaignés ou ignorés, il n'en est guère question que dans les débats des assemblées ou dans les rapports envoyés aux comités et au Directoire. C'est à peine si les historiens de ces temps y font allusion.

Il faut cependant reconnaître qu'ils ont quelque droit à être tirés de l'oubli, lorsque, par exemple, on y découvre la main des émigrés, dont ils complètent l'histoire, ou lorsque, de l'étude qu'on en peut faire, résulte la preuve qu'ils constituent avec la prétendue trahison de Pichegru, dont nous reparlerons dans la suite de ces récits, une des causes qu'invoquera le Directoire pour justifier le coup de force du 18 fructidor.

Telle est la conclusion qui se dégagera, croyons-nous, de la lecture des pages qui suivent, tableau rapide et à grands traits de ces sanglantes aventures et de leur dénouement.

[

Au lendemain de la journée du 9 thermidor, la France entière, délivrée du joug de la Terreur, s'était soulevée sous la poussée d'un besoin de protestation et de représailles, d'autant plus impérieux qu'il avait été plus longtemps et plus durement contenu. Aux innocens morts sur l'échafaud, aux combattans tombés sous les balles républicaines survivaient des parens et des amis avides de voir les assassins expier leurs longs forfaits. Contre ces assassins, de toutes parts, on demandait des lois.

Au sein des contrées qui s'étendent des Pyrénées aux Alpes, dans la vallée du Rhône, sur les rives du Tarn et du Lot, dans le massif montagneux de la Haute-Loire et des Cévennes, dans ces pays de soleil, où les têtes sont si promptes à s'échauffer et les passions à se manifester en de terribles colères, c'était pis encore. Là, on ne considérait pas que les lois pussent suffire à rendre les châtimens dignes des forfaits. A Lyon, à Marseille, à Nimes, au Puy, à Tarascon, à Aix, les terrorisés de la veille prenaient les armes, couraient sus aux terroristes que la chute de Robespierre venait de désarmer, ne voulant laisser à personne le soin de venger le sang innocent, excitant leur cruauté aux souvenirs des arrêts iniques du tribunal d'Orange, des exécutions de Mende, de l'implacable rigueur des Conventionnels qui de Lyon à Toulon avaient exercé le pouvoir en bourreaux.

Dans la plupart des villes du Midi, les massacres se succèdent tantôt en masse, tantôt isolés et le plus souvent avec des raffinemens barbares. Tous les partisans de la réaction ne sont pas animés au même degré d'intentions homicides. Beaucoup d'entre eux s'en tiennent aux menaces. Mais, lorsque, sans pitié, les plus violens exécutent ces menaces, les plus modérés, encore qu'ils n'osent applaudir, couvrent d'une approbation silencieuse les crimes par lesquels la réaction thermidorienne répond aux crimes de la Terreur. Ainsi, aux lieu et place du régime abominable qui s'est effondré, s'en élève un autre dont la justice n'est ni moins sommaire, ni moins expéditive que la sienne. Des villes où elle a frappé ses premiers coups, cette terreur nouvelle, à la faveur du désarroi des pouvoirs publics qui vainement tentent de la détruire, se répand dans les communes rurales, y porte le fer et le feu, confondant bientôt innocens et coupables, jetant dans les pays dont elle s'est emparée de tels fermens d'indiscipline, de révolte et de résistance qu'au bout de dix-huit mois, vers la fin de 1795, lorsque le Directoire succède à la Convention, ces pays ne sont qu'un champ de guerres civiles aux multiples théâtres.

De la frontière suisse à Marseille, les campagnes se sont couvertes d'insurgés, de malfaiteurs et de pillards. La paix avec l'Espagne, récemment conclue, a fait refluer vers les régions riveraines du Rhône un grand nombre de gens sans aveu. Déjà, sous la Terreur, ils pillaient au nom de la loi; depuis, ils se sont faufilés à la suite des armées. Ils viennent grossir les rangs des mécontens. Ils s'enrôlent sous les ordres de quelqu'un des terribles chefs que la réaction s'est donnés. Ce n'est plus, comme au temps des insurrections de Saillans et de Charrier, des troupes de rebelles à peu près organisées, obéissant aux ordres de personnages qui s'affublent, autorisés ou non, du titre de lieutenans du Roi, mais des bandes, de vingt, trente, cinquante hommes, qui, quoique toujours prêtes à se réunir pour frapper un grand coup, opèrent isolément, sans frein ni discipline. A côté de royalistes sincères, paysans, prêtres insermentés, émigrés rentrés, fanatisés par l'ardeur de leurs convictions ou par celle de leurs ressentimens, on trouve dans ces bandes la lie de la population des villes, et surtout des déserteurs.

Depuis les premières guerres soutenues par la Convention,

il y a des déserteurs partout, dans le Midi plus qu'ailleurs. Ils
sont la plaie de ce temps. C'est par milliers qu'on les compte,
bien avant Thermidor. Après, ce sera pis, malgré les rigueurs
exercées contre eux. A Bollène, dans le département de Vau-
cluse, ils assassinent en plein jour un vieux soldat de l'ancien régime, rallié à la Révolution, le général d'Ours, qui s'était offert,
au lendemain de la reddition de Lyon, à laquelle il avait contribué, pour les ramener au devoir. Partout où sont commis des
excès, on est sûr de les rencontrer. Aux insurrections ils fournissent des complices : assommeurs, égorgeurs, chauffeurs, Compagnons de Jésus, Barbets, Compagnons du Soleil, Ganses noires,
Vengeurs de la nature outragée. Ils contribuent à donner aux
royalistes révoltés des mœurs de brigands.

C'est eux et les malheureux que leur exemple a promptement
perverti qu'on voit envahir les petites communes, le visage
masqué ou barbouillé de suie, arracher les arbres de la liberté,
piller les fermes dont ils assassinent les habitans; c'est eux qui
pénètrent la nuit chez les anciens terroristes, les attachent au
pied d'un lit, allument du feu entre leurs jambes ou promènent
sur leur ventre une pelle rougie à la flamme pour les obliger,
avant de les assommer, à révéler où ils cachent leur argent; c'est
eux, enfin, qui arrêtent les diligences, dévalisent les voyageurs et
mettent à sac la malle-poste. La politique ne leur est qu'un prétexte. Mais ils sont nécessairement les soldats désignés aux meneurs des soulèvemens, aux artisans de révoltes. Ils excitent les
ruraux, qui n'ont pris les armes que pour renverser la République,
restaurer l'ancien régime et rendre sa couronne au Roi. En se
mêlant à ces victimes de la Terreur, à tous ces braves gens ruinés,
spoliés, écrasés d'impôts et de réquisitions, empêchés d'exploiter
leur industrie, de labourer leurs champs, d'en vendre les produits et [déshabitués du travail paisible et fécond, les déserteurs
achèvent de les démoraliser. Ils déshonorent ainsi la cause dont
ils se disent les défenseurs.

De ces bandes, qui se sont donné pour signe de ralliement une
petite plaque de fer-blanc ou d'étain, à la doublure du gilet, il ne
faut attendre aucune pitié. La Terreur a tué : elles tuent. Dans
un seul département, la Haute-Loire, quarante individus succombent, en quelques semaines, sous leurs coups, qui ne sont
nulle part plus meurtriers que dans ces sauvages Cévennes, où ne
sont oubliés ni les souvenirs du camp de Jalès, ni ceux des guerres

de religion. Dans ces souvenir , dans la rudesse des habitans, dans la configuration du sol, l'insurrection trouve des alimens redoutables, comme l'esprit républicain n'a cessé d'y trouver une résistance latente, mais énergique, encouragée par la présence d'une poignée de gentilshommes qui ont promis au Roi de former dans le Midi une nouvelle Vendée. Vainement les directoires départementaux prennent des arrêtés annonçant des châtimens impitoyables; vainement les chefs de corps sont autorisés à procéder à des visites domiciliaires; vainement ils donnent la chasse aux déserteurs, aux prêtres insermentés et obligent les communes riveraines du Rhône à former le long du fleuve un cordon de gardes nationales pour arrêter les brigands : rien n'y fait. L'esprit de révolte est plus fort que les mesures de répression.

Celles-ci n'empêchent ni les scènes de chauffe, suivies de meurtre, ni les violences exercées contre les membres du clergé constitutionnel pour leur arracher une rétractation, ni le vol, ni le pillage à main armée, ni la propagande des placards séditieux. Elles n'empêchent pas la poudre de circuler librement. Elle arrive de Suisse et d'Italie sous toutes les formes : dans des sacs d'amidou, dans des balles de café, dans des tonneaux de fromage, dans des caisses de sucre. Décidément, l'esprit public est gangrené, comme le dit un rapport du temps.

Ce qu'il y a de plus inquiétant, c'est que les troupes manquent pour arrêter ces désordres. Des villes comme Avignon sont dépourvues de garnison. Le peu de soldats qu'on parvient à laisser sur les points les plus menacés subit l'influence de l'entourage, marche mollement, sans entrain. Les gendarmes ne sont ni plus zélés, ni plus résolus. Il en est qui refusent d'escorter les courriers, afin de n'avoir pas à faire le coup de feu contre des parens ou des amis qu'ils savent enrôlés dans l'insurrection. S'ils frappent sur un point, le désordre se reproduit sur un autre. Restent les gardes nationales. Mais on en a besoin dans les communes privées de troupes. Les municipalités invitent les généraux à ne pas les employer au dehors. Les insurgés peuvent donc agir à leur guise.

Les chefs ne manquent pas. Pour la plupart, ils ont fait leurs preuves et participé aux insurrections précédentes. C'est le marquis de Bésignan, dont le nom a conquis quelque célébrité depuis qu'il a soutenu dans son château de la Drôme, en 1792, un siège en règle que dirigeait le général d'Albignac, commandant en chef de la réserve de l'armée du Midi, et qui ne s'est décidé à fuir qu'après avoir vu le canon démolir les murailles derrière lesquelles, avec huit hommes qu'électrisait son propre courage, il a résisté durant cinq jours à plusieurs centaines de volontaires. C'est le baron de Saint-Christol, gentilhomme du Comtat, qui rêve d'organiser une armée royale et de s'emparer successivement des grandes villes du Midi. C'est encore le chevalier de Lamothe, ancien officier, pour qui la guerre d'escarmouches et de coups de main, à laquelle il se livre, n'est que le prélude d'une prise d'armes générale; le chevalier Durrieu, audacieux, plein de fougue, surnommé le chevalier de la Lune par les populations du Vivarais au milieu desquelles il est apparu un matin sans qu'on sache qui il est ni d'où il vient; Pelamourgue, comte de Cassagnouze, qui longtemps a mené une vie errante autour de son château vendu comme bien d'émigré, attendant d'y rentrer en maître et enfin, le marquis de Surville (1); le plus brillant, le plus séduisant, le plus raffiné de cette élite aristocratique, ancien officier au régiment de Picardie, poète à ses heures et qui devait, à deux ans de là, au moment de périr, léguer à ses héritiers et à son pays, comme une trouvaille faite dans des papiers de famille, les poésies de Clotilde de Surville, — innocente supercherie littéraire qui ne fut percée à jour qu'un peu plus tard, quand il eut été démontré qu'il était l'auteur de ces poésies archaïques.

Puis, à côté de ces gentilshommes, des petits bourgeois, des prêtres réfractaires, des hommes du peuple, qui les dépassent en énergie, en violence, en cruauté et qui, soit fanatisme, soit conviction, soit cupidité, ne reculent devant aucun excès pour assouvir les vengeances dont ils se sont faits les instrumens : le maçon Levasseur, qui terrorise l'Aveyron; Fontanieu, dit Jambe-de-Bois, un des agens les plus infatigables de la cause royaliste; le redoutable Sans-Peur, autrement dire le curé Sollier, ancien prieur de Colognac dans la Lozère, prêtre-soldat qui ne manque jamais de dire la messe à sa troupe avant de la mener à l'assaut de quelque habitation de terroriste; Raymond, curé d'Alleyrac, dans la Drôme, prêtre assermenté qui réunit ses parois-

(1) Né à l'Ile de France vers 1760, d'une noble famille, originaire du diocèse de Viviers. Il avait été capitaine au régiment de Pondichéry et avait épousé Mlle d'Arplendes-Mirabel, alliée à Olivier de Serres. C'est elle qui publia, en 1803, les *Poésies de Clotilde de Surville*. Elle survécut pendant quarante-cinq ans à son mari.

siens au son de la cloche et les conduit sur le passage des diligences pour se livrer au pillage; Féret, dit Bellerose, qui opère avec lui; Delaur, surnommé Martin Moustache, ancien capitaine aux hussards de Bercheny; Jean-Jacques Aymé, naguère procureur-syndic à Valence et maintenant membre du Conseil des Cinq-Cents; les frères Rouche, les frères Bastide, les frères Meilloux, le père Chrysostome, désigné sous le sobriquet de « Capucin boiteux, » et le plus célèbre d'entre ces humbles, le plus connu des populations, autant par sa vaillance que par ce qu'on raconte de ses relations avec les princes, l'intrépide Dominique Allier, frère de Claude Allier, ce curé de Chambonas dans l'Ardèche, exécuté à Mende en septembre 1793, à la suite de l'insurrection de Charrier dans laquelle il avait figuré.

Avec la bande qu'il a recrutée, chacun de ces Chouans, — c'est ainsi qu'on les désigne, — travaille pour son compte, en attendant que les représentans du Roi les appellent, les groupent et en forment une armée. Ils se sont partagé le Midi. Sans-Peur opère tour à tour sur les bords du Tarn, dans l'Hérault, dans le Gard, où se trouve aussi Bellerose, avec qui il a tenté, deux ans avant, d'enlever le général Châteauneuf-Randon, membre de la Convention, chargé de la pacification de ces contrées. Pris deux fois, par deux fois il s'évade et rentre en campagne. Dominique Allier s'est réservé le Vivarais et le Velay, où il a déjà combattu et dont il connaît tous les détours. Arrêté antérieurement au 9 thermidor, il a recouvré la liberté à la faveur de la réaction et avant qu'on n'instruisît son procès. Depuis, il combat, toujours debout, jamais abattu, insaisissable, déjouant par son audace toutes les tentatives faites pour s'emparer de lui, communiquant par la Haute-Loire avec Lyon où affluent les émigrés.

Les malheurs de cette ville, les misères du siège, les implacables rigueurs qui l'ont suivi, les mitraillades de Fouché, loin d'affaiblir le royalisme de ses habitans, l'ont surexcité au point de faire paraître aux plus honnêtes comme très légitimes les représailles exercées contre les terroristes par des assassins invisibles qui ne se laissent deviner qu'au caractère odieux de leurs forfaits. Lyon est à cette heure le boulevard et le refuge des conspirateurs. Ils s'y meuvent librement. Ils y trouvent des complices jusque dans la municipalité. Imbert-Colomès, royaliste convaincu, agent secret de Louis XVIII, est venu s'y établir. C'est par lui que passent les instructions envoyées aux insurgés méridionaux par le général de Précy, qu'à Vérone le prétendant a muni de ses pleins pouvoirs à l'effet de diriger ces mouvemens partiels et de les faire concourir au succès de la cause. C'est donc de Lyon que Dominique Allier attend des ordres décisifs. En attendant qu'ils arrivent, il s'applique à tenir en haleine les troupes envoyées contre les rebelles.

Le maçon Levasseur évolue de préférence dans l'Aveyron, son pays. Il met sur les dents les soldats lancés à sa poursuite et trompe incessamment leur vigilance. Quand ils croient le surprendre aux abords de quelque village perdu dans la montagne, il a déjà gagné d'autres contrées, le Gard ou les rives du Lot. Là, comme partout où il passe, il signale sa présence par les incendies, les assassinats, les arrestations de courriers. Lorsque, à travers l'obscurité des documens de cette époque, on reconstitue les sinistres exploits de ces hommes de rapine et de sang, il est impossible de ne pas les considérer comme les pires bandits. On n'en est que plus étonné de surprendre parfois dans les péripéties de leur tragique existence quelque trait où se révèlent à l'improviste des sentimens généreux et une grandeur d'âme que leurs forfaits ne permettaient pas de soupçonner. Tel ce maçon Levasseur, le plus redoutable d'entre eux, le plus cruel et le plus entreprenant, qu'on voit un jour, à la prière d'une famille éplorée, épargner un acquéreur de biens nationaux dont il avait décrété la mort et doubler le prix de cet acte de clémence par la magnanimité avec laquelle il l'accomplit.

On est au lendemain du 9 Thermidor et durant la période la plus sanglante de la réaction. Un jeune ecclésiastique de Rodez, prêtre gentilhomme, l'abbé de Curières, dont la Terreur a respecté la vie et les biens, mais à qui ses opinions et sa naissance semblent donner autorité sur quiconque se dit royaliste, est supplié d'aller plaider auprès de Levasseur la cause du malheureux sur lequel cet homme implacable se prépare à venger le sang versé par les bourreaux. L'abbé de Curières ne connaît Levasseur que par son fanatisme et ses crimes. Suspect lui-même, il s'expose, en allant le trouver, à encourir le soupçon des autorités locales. Il n'hésite pas cependant. Ayant découvert la retraite du brigand dont la tête est mise à prix, il s'y présente un soir. Levasseur est absent; lorsqu'il arrive quelques instans après, suivi de trois ou quatre de ses compagnons, il enveloppe l'inconnu qui est venu le relancer dans sa tanière d'un regard de défiance et de menace. Mais l'abbé se nomme. Le bandit se métamorphose, devient empressé, cordial; il écoute avec respect la requête qui lui est présentée. Puis, quand le visiteur cesse de parler, il lui répond dans son rude et grossier patois cévenol :

— Monsieur l'abbé, je ne puis refuser à votre caractère, à votre naissance, à notre communauté d'opinions politiques, ce que vous demandez. Mais, vous obéissez, laissez-moi vous le dire, à un sentiment plus généreux qu'éclairé. Vous vivez sur les traditions d'un passé qu'on a renversé, d'un ordre social qui n'existe plus. Les formes de la justice que vous respectez encore ne servent qu'à couvrir l'iniquité. Les dominateurs de la France nous ont ramenés aux lois primitives de la défense naturelle et personnelle. Rien n'a été respecté. Les existences les plus obscures comme les plus hautes ont été troublées par ces hommes. Ils ont torturé, égorgé, saccagé; ils ont tenu la France sous leurs proscriptions. Et ils s'étonnent aujourd'hui que des gens de cœur usent de représailles! Ces représailles ne sont-elles pas légitimes? N'out-ils pas dit que la résistance à la tyrannie est le plus saint des devoirs? Quand l'autorité légitime a succombé, quand un peuple est plongé dans l'anarchie, quand il n'y a plus d'autre droit que la force, le dernier des citoyens peut y recourir pour défendre ses biens. son foyer, sa vie. Je n'étais qu'un maçon. Mais, de ma truelle, ils ont fait une épée dont je me servirai tant qu'ils ne seront pas abattus.

L'abbé de Curières est stupéfait d'entendre de tels accens dans une telle bouche. Mais son étonnement s'accroît encore lorsque, après une pause, Levasseur reprend :

— Je vais, monsieur, recommencer ma vie aventureuse. Retournez chez vous et rassurez votre protégé. Vous avez sauvé sa tête. Il ne sera plus inquiété. Mais ne comptez pas sur sa reconnaissance. Je le connais mieux que vous. Quant à vos amis de la noblesse, répétez-leur ce qu'ose vous dire ici un homme du peuple, obscur et sans nom, qui préfère la mort à la honte de courber son front devant cette République dont ils attendent humblement le pardon : c'est que, si, au lieu de fuir leur terre natale pour aller se faire abreuver d'humiliations à l'étranger, ils fussent restés dans leur foyer et eussent donné des chefs à tant de braves gens qui réclamaient en vain leur concours, vingt Vendées auraient surgi dans le royaume et peut-être la monarchie eût-elle été sauvée.

Cette élévation de sentimens et de vues n'était pas exceptionnelle dans ces âmes ardentes qu'on pourrait croire à peine dé-
grossies. Les documens contemporains en font foi. On la retrouve
dans une lettre que, quelques mois plus tard, et justement après la
mort de ce même Levasseur, qui s'était laissé prendre en tentant
un coup de main sur Saint-Chély dans l'Aveyron, les chouans de
ce département, découragés par sa disparition, adressaient, en
offrant de se soumettre, au général Boisset, commandant les forces
militaires qui les poursuivaient.

« Ne croyez pas, général, lui écrivaient-ils, que c'est la faiblesse
ou la crainte qui nous engagent à la démarche que nous faisons
aujourd'hui. Nous avons trop souffert pour ne pas mépriser la
mort. Nous sommes endurcis aux peines et aux fatigues; nous
avons appris à résister à l'oppression et nous sommes incapables
d'une lâcheté. Mais ce que les plus terribles menaces, ce que les
plus violentes mesures qui semblaient devoir nous écraser en un
instant n'ont pu faire, nous le faisons aujourd'hui par le pur
désir de pacifier cette contrée. En conséquence, nous offrons de
rendre les armes et de nous soumettre aux lois de la République,
promettant de vivre en bons et fidèles citoyens, moyennant une
amnistie, dûment accordée par le gouvernement français et dont
nous connaîtrions l'existence par la publicité que vous lui ferez
donner, si on l'accorde. »

Quoi qu'on pense des chouans du Midi, on ne saurait nier que
ceux qui tenaient ce langage n'étaient point des insurgés vulgaires
et qu'il y avait parmi eux des hommes de cœur, que seules les
persécutions dont ils étaient les victimes, avaient égarés, fanatisés
et jetés dans le crime. En la circonstance, le Directoire ayant
accordé l'amnistie qu'on lui demandait, tous ceux qui l'avaient
acceptée se soumirent et tinrent pour un temps la parole qu'ils
avaient donnée. Malheureusement, au nom d'une autre amnistie,
amnistie générale votée par la Convention avant de se séparer et
de laquelle étaient exceptés les faits d'émigration et de royalisme,
la chasse aux émigrés et aux prêtres devenait plus rigoureuse
et plus violente. Le Midi, au moment où finissait l'année 1795,
n'attendait la délivrance que de la guerre civile déjà commencée
sous les formes qui viennent d'être décrites. Les conspirateurs
qui l'avaient soulevée tournaient leurs regards vers l'Autriche,
dont les agens des princes leur annonçaient le secours. C'était le
moment où Condé tentait de négocier avec Pichegru, dans l'es-

poir de se faire livrer par ce général l'Alsace, ses places fortes et ses garnisons. Le Directoire ignorait encore ou soupçonnait à peine ce qui se tramait aux bords du Rhin. Il croyait n'avoir devant lui, dans le Midi, que des émeutes partielles et peu redoutables, encore qu'il y vît la main des émigrés. Châteauneuf-Randon, qui demeurait chargé de les combattre et de les écraser, avait établi son quartier général à Montpellier, d'où il envoyait ses ordres aux généraux placés sous son commandement. « J'y périrai, mandait-il aux autorités de l'Hérault, ou j'arrêterai dans sa source cette Vendée vastement combinée. »

Sa confiance, que partageait le Directoire, fut brusquement ébranlée. Coup sur coup, des incidens imprévus venaient révéler au gouvernement que ces soulèvemens isolés résultaient d'un complot. C'est de la Franche-Comté que lui arriva la lumière. Le 5 décembre, la police que le Directoire entretenait dans cette province était avertie qu'un individu, débarqué à Besançon depuis peu de jours sous le nom d'Alexandre, levait des recrues au nom du roi de France. On l'avait vu circuler dans la ville, aller, venir, fréquenter les cafés. Toutefois, comme il avait fait viser son passeport à la municipalité, on ne s'était pas inquiété de ses mouvemens. Signalé à la police par une dénonciation précise, il devint l'objet d'une surveillance spéciale. Elle confirma les dires du dénonciateur. L'arrestation d'Alexandre fut décidée. On y procéda dans la soirée du 12 décembre. Il se laissa prendre sans résistance. Mais, tandis qu'on le conduisait de son auberge à la prison, il s'échappa. A la faveur de la nuit, il se perdit dans le dédale des rues de la ville. Le lendemain, les douaniers postés sur la frontière suisse, à qui son signalement avait été donné l'aperçurent au moment où il essayait de la franchir. Ils se lancèrent à sa poursuite, mais sans parvenir à l'atteindre. En racontant leur déconvenue à la police, ils lui remirent une liasse de papiers que, serré de près et craignant d'être pris, le fugitif avait jetée dans un fossé.

Parmi ces papiers, se trouvait une lettre adressée par l'abbé de Tinseau, ancien vicaire général de Toulouse, à son frère Tinseau d'Amondans, qui résidait à Besançon, et dans laquelle il était question d'un ami de ce dernier, le capitaine du génie Pautenet de Véreux. Cette lettre ne laissait aucun doute quant à l'existence d'un complot royaliste. Rapprochée des autres papiers saisis, elle le révélait avec tous ses moyens. Elle en désignait le

principal auteur, le marquis de Bésignan, que la police connaissait
bien, puisque, depuis trois ans, elle le poursuivait. La disparition
de son représentant Alexandre, la fuite de Tinseau et de Pautenet
de Véreux, qu'on trouva partis, quand on vint pour les arrêter,
parurent constituer une preuve positive de la vérité de ces révélations. Elles furent en outre confirmées par le général Ferrand,
commandant la place. Il avait reçu les confidences des conjurés
et même des propositions ayant pour objet de le décider à embrasser le parti du Roi.

N'ayant pu mettre la main sur les coupables, la police franc-
comtoise envoya leurs papiers à Paris. Quand ils parvinrent au
Directoire, il était en train d'en dépouiller de non moins révélateurs, qui lui avaient été envoyés, les uns de Carouge près de
Genève, les autres du département de l'Aude, et qui tous avaient
trait au même complot. L'imprudence ou la trahison des agens
de Bésignan les avait livrés à la police de ces contrées. Tout le
plan de ce gentilhomme était ainsi sous les yeux du Directoire,
avec des pièces qui prouvaient que l'exécution définitive restait
subordonnée à l'approbation du prétendant. Cette approbation, il
ne l'avait pas encore donnée. Il s'était borné à charger le prince
de Condé, le général de Précy et Imbert-Colomès d'aviser aux
moyens d'en tirer parti, sans en laisser la direction à Bésignan,
considéré à Vérone comme un homme plus entreprenant que
prudent, plus mobile que persévérant, et duquel il fallait se
défier.

Quant à celui-ci, il fut prouvé que, depuis qu'après le siège et
la destruction de son château, il avait été mis hors la loi, il ne
cessait de fomenter une contre-révolution. A l'armée de Condé, où
il avait un moment paru ; à Lyon, où ensuite il avait osé venir
et résider au péril de sa vie ; à Rome, où il était allé supplier le
Pape de lever des troupes et de s'unir à la coalition comme intéressé à rentrer dans la propriété du Comtat-Venaissin ; dans ses
rapports avec les représentans d'Autriche et d'Angleterre, délégués auprès des princes ; partout, il avait conspiré et s'était efforcé
de faire le jeu des ennemis de l'intérieur. A Lyon notamment, il
avait provoqué des conciliabules, présidé des réunions secrètes,
prêché la nécessité de grouper les gardes nationaux « dont on
était sûr » et « de régulariser le zèle apostolique » des égorgeurs
et assommeurs désignés sous le nom de Compagnons de Jésus. Il
voulait aussi créer une légion « d'ouvriers évangéliques, » à l'effet

de « fanatiser le peuple des campagnes, de l'aliéner par degré contre le gouvernement de la République, de l'électriser en faveur de la royauté. » — « Envoyez-nous des prêtres, écrivait-il à Condé. C'est l'expédient le plus sûr pour dominer l'opinion. La force ne peut rien sans elle; il faut l'éclairer. » Enfin, sa dernière conception, la plus récente, se résumait dans ce complot qu'on venait de découvrir, dont le siège principal était à Lyon, et qui devait liguer entre eux les départemens riverains du Rhône et ceux qui les avoisinent.

Dans plusieurs lettres dont il avait conservé les minutes, Bésignan se vantait d'avoir organisé un peu partout, sur ce vaste théâtre, des bandes armées. Il énumérait les forces militaires sur lesquelles il comptait, formées surtout de « la partie saine » des gardes nationales; il indiquait les lieux de leurs rassemblemens, les itinéraires qu'elles devaient suivre, les points où elles devaient se réunir. Il ajoutait qu'il disposait de ressources considérables. C'est dans la Haute-Loire que le mouvement devait d'abord éclater. A cet effet, il avait décidé M. de Blumestein, directeur des fonderies du Forez, à lui livrer la poudre dont il aurait besoin.

M. de Blumestein n'était pas le seul affilié que désignât Bésignan. Les papiers qu'il avait si maladroitement laissé saisir nommaient d'autres personnages : les généraux de Précy et de Chavannes, encore à l'étranger; le colonel de Teissonnet, aide de camp du prince de Condé; Imbert-Colomès, en résidence à Lyon; le marquis de Surville; le chevalier de Lamothe, qu'il avait connu à l'armée royale; et enfin les abbés Linsolar et Devillers, qu'il appelait les chefs du diocèse de Lyon.

Il résultait encore de l'examen de ses papiers qu'il était en désaccord avec le premier de ces ecclésiastiques, « en ce que celui-ci, dit le rapport qui est sous nos yeux, pour mettre à couvert la conjuration jusqu'au moment où elle devait éclater avec certitude du succès, avait, dans ses instructions aux prêtres, décidé qu'ils pouvaient tolérer que les initiés se soumissent provisoirement aux lois de la République, et que, dans sa correspondance avec les princes et le prétendant, il est parvenu à présenter Bésignan comme un homme dangereux par son caractère bouillant, ses imprudences qui ont été dans le cas plusieurs fois de faire avorter le projet et d'en compromettre les chefs et complices. On s'explique, d'après ces motifs, que Bésignan, quoique la cheville ouvriére et active de ces machinations, n'ait pu obtenir la commission de principal agent des princes et ait été comme disgracié pour avoir tenté de faire éclater la révolte avant que les moyens d'exécution fussent suffisamment assurés. »

La conclusion que tirait ce rapport de la minutieuse analyse des papiers saisis n'était que trop justifiée par la réalité des faits. L'auteur de ces plans plus ingénieux que réalisables avait dû se résigner à ne tenir que le second rôle, sous les ordres de Précy et de Chavannes. Il espérait du moins que sa vaillance dans l'action et le succès final lui rendraient la première place, à laquelle il se croyait des droits. C'est tandis qu'il nourrissait cet espoir et attendait le signal d'entrer en branle que la saisie de ses papiers venait le dénoncer tout à coup au Directoire, anéantir ses projets et désigner à la police la plupart des gens qui s'y étaient associés.

II

Au cours de ces événemens, et bien loin de les soupçonner, Bésignan résidait à Lyon, tautôt sous un nom, tantôt sous un autre. Il y était venu, après le 9 thermidor, avec quelques-uns des gentilshommes que nous avons désignés plus haut et notamment avec le marquis de Surville et le chevalier de Lamothe, qui se tenaient comme lui prêts à agir. Repoussé par Imbert-Colomès, qui le considérait comme un brouillon et ne voulait même pas le recevoir, il se plaignait des défiances dont il était l'objet, se vantait auprès de ses compagnons d'avoir reçu une mission formelle, se livrait d'autre part à une active propagande parmi les royalistes lyonnais, s'absentant parfois pour aller se montrer, dans le Vivarais, la Lozère et l'Auvergne, aux bandes qu'il avait déjà recrutées en vue d'une action prochaine, et multipliant de tous côtés les demandes d'argent.

C'est donc à Lyon que dans les derniers jours de 1795, lui parvint de Besançon la nouvelle de la saisie de ses papiers. C'était un désastre pour sa cause et pour lui-même. Sur son désir formel, Surville et Lamothe se séparèrent de lui. Surville partit pour le Vivarais, Lamothe pour la Haute-Loire. Imbert-Colomès, qu'il avait pu prévenir, s'empressa de fuir et parvint à gagner la Suisse. Quant à lui, il partit de Lyon, mais resta caché aux environs de la ville, d'où il put assister aux suites douloureuses de ses imprudentes équipées. En moins de quinze jours, il y eut plus de cent arrestations opérées, dont il était contraint de s'avouer l'auteur, les gens emprisonnés ne l'ayant été que parce qu'on les soupçonnait de s'être faits ses complices. Dans une lettre bien humble, datée du 15 février 1786, et adressée au juge de paix du canton de l'Hôtel-Dieu, il prenait leur défense; il affirmait qu'ils ne l'avaient jamais ni vu ni connu : affirmation mensongère, qui, loin de leur venir en aide, aggravait les charges qui pesaient sur eux. Après cette manifestation en leur faveur, il disparut. Mais Imbert-Colomès ne lui pardonnait pas.

« Bésignan est actuellement en France, mandait-il de Lausanne, où il s'était réfugié, au prince de Condé; mais je n'ai pu savoir positivement dans quelle partie. Les uns le disent dans le Velay, les autres dans le Forez. Ce qu'il y a de certain, c'est que, si le Directoire exécutif avait été jaloux de le faire arrêter, ç'aurait été chose facile, ce qui ferait présumer Bésignan capable de trahison, puisqu'il est encore libre. »

Dans la lettre qui formule ce jugement injuste, Imbert-Colomès en rendait un second, mieux fondé sans doute, sur l'un des compagnons de Bésignan, le chevalier de Lamothe.

« Quant à lui, je le crois à présent tout aussi dangereux que l'autre. Il est venu ici, il y a environ trois semaines, dans l'espérance d'y accrocher de l'argent et retourner en France, manœuvrer à sa guise. Il assurait être brouillé avec Bésignan et n'avoir plus rien de commun ensemble. Mais, je n'en crois rien; leurs têtes se ressemblent trop pour se séparer. Il disait avoir laissé en France pour environ trente louis de dettes. Je lui ai offert de les payer sous condition qu'il ne rentrerait pas, qu'il irait à votre armée, et je promettais de lui payer un traitement particulier pendant qu'il y serait. Il a refusé ma proposition et a préféré de rentrer pour se mettre de nouveau à la tête de soixante ou quatre-vingts vagabonds qui couraient les montagnes du Forez avec lui et Bésignan. J'ai pris des mesures pour éviter à ces deux mauvaises têtes toute confiance de la part des habitans des campagnes et j'espère y réussir. »

Sous ces appréciations sévères à l'excès, Condé devina-t-il le reproche de s'être montré trop confiant dans Bésignan et dans Lamothe? La réponse qu'il fit à Imbert-Colomès ne permet guère d'en douter :

« Je ne prends pas le plus petit intérêt à M. de Bésignan, dont

je blâme certainement la conduite à tous égards. Je ne le connaissais que pour avoir été en 1792 dans mon armée, où il ne fit
ni bien ni mal. Je l'avais absolument perdu de vue, quand il
m'écrivit, au mois de mai dernier, qu'il avait un parti avec lequel
il comptait soutenir la cause du Roi. Je lui répondis, au commencement de juin, que c'était fort bien fait, — et je ne pouvais guère
lui répondre autrement, — mais qu'il ne fallait rien de partiel;
qu'on ne ferait que des victimes; et que c'était le moyen de
reculer au lieu d'avancer; que, de plus, je ne lui donnais aucun
ordre, puisqu'il me mandait avoir reçu ceux du Roi, alors régent,
et qu'il n'avait qu'à les suivre. Il me récrivit; je ne lui répondis
plus. J'étais averti de ne pas me fier à lui. Il vint à Mulheim, où
il vit Wickham, à qui je dis de prendre garde que ce pouvait
être un homme dangereux, s'il n'avait quelque satisfaction, et
Wickham l'autorisa à aller servir sous Chavannes. Il n'y avait
que cela à faire ou le faire arrêter.

« Pour Lamothe, je ne lui ai pas donné la plus petite mission. Je n'ai même pas eu ses confidences. C'est à regret que je
lui ai donné un passeport, craignant l'usage qu'il en ferait. »

Tandis que s'échangeaient ces correspondances qui eussent
assurément refroidi son zèle, si elles fussent tombées entre ses
mains, Lamothe, après un rapide séjour en Suisse, revenait
dans la Haute-Loire, mécontent d'avoir été éconduit et résolu à
se procurer par d'audacieux coups de main les fonds qu'on lui
refusait dans l'entourage des princes. Il tenta de faire une levée
de troupes, recruta quelques hommes, forma un camp au Per-
tuis près d'Yssengeaux, et commença à rançonner les communes
environnantes. Mais sa bande, à sa première rencontre avec les
gardes nationaux et les gendarmes, lâcha pied et se dispersa. Il
n'eut que le temps de se jeter dans les bois, d'où il se dirigea
vers le Vivarais.

Là, il trouva le marquis de Surville, le baron de Saint-
Christol, Dominique Allier, le chevalier de Rochemaure, le chevalier de la Lune et, pour tout dire, l'état-major de l'insurrection. Faute de ressources et par suite des mesures plus
rigoureuses prises par le gouvernement, depuis qu'avait été découvert le complot de Bésignan, ce personnel, ne pouvant entreprendre de grandes choses, était immobilisé. L'arrivée de Lamothe lui rendit quelque activité. Cet ancien officier apportait
un plan dont l'exécution semblait facile et permettrait tout au

moins de ne pas désarmer ni s'avouer vaincu. Ce plan consistait à envoyer un émissaire au Roi afin d'obtenir qu'il donnât aux forces insurrectionnelles éparses dans le Midi un chef militaire à qui tout le monde serait tenu de se soumettre. En attendant ce chef, on tiendrait le pays en haleine par de petites et incessantes entreprises, et on préparerait ainsi une prise d'armes générale.

Le plan fut unanimement adopté. Quand il fallut choisir l'envoyé qui devait exprimer au Roi les vœux de sa noblesse du Midi, c'est sur Lamothe que se porta unanimement le choix de ses compagnons. Mais il déclina l'honneur qu'on lui faisait, alléguant qu'il était plus apte à combattre qu'à négocier. En réalité, il se souvenait de l'accueil qu'il avait reçu, quelques semaines avant, chez Imbert-Colomès à Lausanne. Il redoutait d'avoir été desservi dans l'esprit du Roi. Plus heureux que lui, Surville conservait tout son crédit, du moins Lamothe le croyait et lui-même le désigna pour remplir la mission dont chacun reconnaissait la nécessité.

Entre les innombrables victimes de ces temps calamiteux, le marquis Jean-Louis-Amand Tallard de Surville est une des plus dignes d'intérêt et de pitié. Il se distingue de ses farouches et parfois cruels compagnons par sa sensibilité, la grâce charmante de son visage, la noblesse de ses sentimens, la culture de son esprit, ses dispositions à la rêverie, la source poétique qui coule en lui et qu'il ne laisse se répandre en des inspirations tour à tour ingénieuses et touchantes qu'après les avoir revêtues d'une savante parure, empruntée à la langue du passé. A l'époque où sa présence était signalée parmi les conspirateurs du Midi, personne, si ce n'est sa femme et quelques amis, ne soupçonnait qu'il y eût en lui une âme de poète. Mais elle chantait déjà depuis longtemps. Souvent il trompait, en faisant des vers, la longueur de ses courses aventureuses. A l'indolence d'un créole il unissait l'énergie et la vigueur d'un paladin; et son intrépide courage se revêtait parfois d'excentricité. En 1785, à Schlestadt, provoqué en duel par un Anglais, il ne voulut se battre qu'autant que ce serait avec l'appareil de la chevalerie. Les deux adversaires parurent sur le terrain, bardés de fer, casque en tête, armés de pied en cap comme les preux d'autrefois. Le combat terminé sans grand dommage, ils se réconcilièrent solennellement.

Le hasard, plus encore que sa volonté, avait fait de ce brillant gentilhomme, âgé de trente-cinq ans en 1795, un champion de guerre civile. Enrôlé d'abord dans l'armée de Condé, il ne semble pas qu'il y eût trouvé de nombreuses occasions de s'y couvrir de gloire. Las de vivre sur un sol étranger, il était parti, en apprenant la chute de Robespierre, convaincu, comme la plupart des émigrés, que la Terreur touchait à sa fin. Il avait hâte de revoir son pays. Il y passa quelques semaines avant de se rendre à Lyon où se trouvaient déjà plusieurs de ses compagnons d'exil. Durant ce séjour en Vivarais, il subit la contagion de l'esprit de révolte et d'insurrection, depuis longtemps déchaîné dans ces contrées, et que transformait, en le surexcitant, la possibilité de se venger, apportée aux victimes par la journée du 9 thermidor. Trop généreux de cœur pour ne pas répugner aux représailles et aux vengeances telles que les exerçaient les chouans, par désir de contribuer à la restauration ou par besoin de donner un but à son activité, il se jeta dans leurs rangs avec, peut-être, l'espoir de les discipliner, de rendre moins barbare la guerre qu'ils avaient déclarée à la République et à ses défenseurs. Son nom, sa naissance, sa qualité d'ancien officier, tout le désignait pour exercer un commandement. Il est vraisemblable qu'au moment où la confiance de Lamothe et de ses compagnons l'envoyait auprès du Roi pour demander qu'un chef militaire fût préposé à la direction des mouvemens insurrectionnels du Midi, il se flattait de l'espoir d'être appelé à ce poste de confiance. Il quitta le Vivarais, au commencement de 1796, pour se rendre auprès du prétendant, à Vérone.

Les insurgés, Surville parti, imprimèrent à la propagande royaliste une impulsion plus vive. Livrés à eux-mêmes, n'ayant ni chefs, ni plan d'ensemble, ils tenaient, comme l'avait voulu Lamothe, le pays en haleine. Ils cherchaient à faire des prosélytes, allaient dans les maisons, et, pour décider les habitans à s'unir à eux, ils prodiguaient tour à tour les promesses et les menaces.

— Le roi nous envoie des chefs, à l'aide desquels nous nous vengerons, disaient-ils. Tout nous assure un prompt succès. Le Directoire périt de ses divisions. Les républicains s'égorgent entre eux. Grâce à ce désordre, nous avons pu nous assurer déjà plusieurs de leurs généraux. Partout, les troupes manquent pour défendre le gouvernement; les gendarmes sont à nous ; ils nous aideront à massacrer nos ennemis, et, quand le Roi sera revenu, les propriétés des terroristes seront distribuées entre ceux qui auront embrassé sa cause. Quant à ceux qui refusent de s'y rallier, gare à eux.

L'exaltation des meneurs royalistes ne se traduisait pas seulement par ces mensonges et ces vantardises. Les exactions reprirent de plus belle. On ne saurait énumérer les coups de main, les attaques, les meurtres que signalent les documens officiels. Un jour, c'est une émeute qui éclate à Toulouse et qui met aux prises la garnison avec ce que compte de plus fameux le personnel des rebelles. Un autre jour, c'est Lamothe qui marche sur le Pont-Saint-Esprit, où il s'est assuré des relations ; il s'empare de la citadelle, ne la garde que quelques heures et l'abandonne, non sans avoir répandu l'épouvante dans la petite ville qui s'est crue au moment d'être mise à feu et à sang. L'année suivante, c'est un autre partisan, Saint-Christol, qui la reprendra et ne s'en laissera déloger qu'à coups de canon. S'emparer des villes et des faubourgs qu'on sait dépourvus de troupes et y rester le temps de lever des contributions sur les habitans les plus riches, telle paraît être, sans parler des assassinats qui se multiplient, la tactique à l'aide de laquelle « on tiendra le pays en haleine. » Les généraux attachés aux 9e et 10e divisions militaires que commande Châteauneuf-Randon sont sur les dents, se plaignent de manquer de troupes. Châteauneuf-Randon, pour se rapprocher du théâtre le plus ordinaire des émeutes, transporte son quartier général de Montpellier aux Vans dans l'Ardèche. Mais il n'est pas plus heureux que ses lieutenans. Sa présence n'empêche rien. On vient le braver jusque dans la maison qu'il habite. Le général Frégeville l'avertit qu'il ait à se bien garder, Dominique Allier ayant déclaré qu'il l'enlèverait.

Encore un homme terrible, celui-là. Sa tête est mise à prix ; trois mille francs sont promis à qui le livrera mort ou vivant. Apprenant qu'un maire a fait proclamer la promesse dans sa commune, il se présente un soir chez lui :

— Voici ma tête, je te la livre; paye! Et le maire est contraint de lui compter les trois mille francs. Dominique Allier se retire en disant : — Tout bien réfléchi, je reprends ma tête ; mais je garde l'argent.

Le 18 avril, il commet un acte de brigandage bien autrement tragique. Étant parvenu à réunir une bande de deux cents hommes, il part le soir avec eux de Saint-Paul-Trois-Châteaux, où il leur avait donné rendez-vous. Il marche toute la nuit et, le lendemain dans la matinée, il arrive devant Barjac, commune populeuse de la Lozère, à douze kilomètres de Mende. Le bourg est gardé par une compagnie de volontaires. Il somme les officiers et les soldats de se rendre, en leur annonçant que Châteauneuf-Randon est prisonnier et que Nîmes, Montpellier, Toulouse sont en insurrection. Sur le refus qui lui est opposé, il ordonne à sa troupe d'attaquer, désarme les volontaires, les enferme dans le poste et fait fusiller les deux officiers qui n'out cédé qu'à la force. Il oblige ensuite les habitans à se cloîtrer chez eux, arrête les membres de la municipalité, ordonne le renversement des arbres de la liberté, réquisitionne de l'argent et des vivres et autorise le pillage. Il tient ainsi la commune sous la terreur jusqu'au soir. A onze heures, averti que de tous côtés des troupes marchent sur lui, armées de canons, il part, gagne Jalès où il prend des mesures de défense sous les yeux de la petite garnison du château, intimidée par son audace. Le lendemain, lorsque arrivent les généraux Châteauneuf-Randon et Motte, qui le poursuivent, il a déguerpi; sa bande est dispersée et lui-même devenu de nouveau introuvable.

C'est en vain que, quelques jours plus tard, un conseil de guerre prononce la peine de mort contre trois des insurgés qui sont restés au pouvoir des troupes, les sieurs Croze, Fabregat, Bergé, et les fait exécuter séance tenante; ce rigoureux et nécessaire exemple, s'il venge et châtie l'odieux assassinat commis à Barjac, ne fait pas tomber les armes des mains des rebelles. Longtemps encore, ils continueront à résister, à combattre, souvent protégés, aux heures les plus périlleuses de leur vie nomade, par la complicité des communes qui n'osent les dénoncer de peur des représailles dont elles sont menacées. On a beau multiplier les battues dans les bois, ces malandrins se dérobent toujours. Si l'un d'eux est pris, il trouve parmi ses juges des gens pour atténuer ses torts. Tel cet administrateur du Gard, Troupel, chargé de procéder à une enquête sur les événemens de Barjac, et qui avoue, avec raison d'ailleurs, « que les excès inexcusables des patriotes n'out que trop contribué à fanatiser l'esprit de ces contrées. » L'histoire de l'annéc 1796 se résume pour le Midi dans celle de cette longue rébellion et des innombrables épisodes qui la caractérisent et s'y succèdent sans en modifier la physionomie.

Cependant, dès les premiers mois de 1797, il était visible que le découragement commençait à se répandre parmi les insurgés. Leurs ressources s'épuisaient : la mise en état de siège des départemens qui servaient de théâtre à leurs sinistres exploits ne leur permettait plus de s'en procurer aussi facilement que les années précédentes. Les secours qu'ils attendaient de l'étranger, sur la foi des promesses de leurs chefs, n'arrivaient pas. Le marquis de Surville n'était pas revenu. Ils restaient sans nouvelles du dehors, plus exposés que jamais aux périls du dedans, perdus et dispersés sur le vaste territoire où ils évoluaient, acculés à une résistance désespérée pour se dérober à un adversaire de qui, après l'avoir si longtemps bravé et par tant de crimes encore impunis, ils n'avaient à espérer ni grâce ni clémence. Pour comble d'infortune, la division s'était mise entre eux. Victimes des mêmes déceptions et des mêmes malheurs, Lamothe et Dominique Allier en étaient arrivés à se haïr. Ils s'accusaient réciproquement d'audace inutile et d'incapacité. Chacun d'eux rendait l'autre responsable de la triste situation du parti royaliste dans les Cévennes. Leur querelle s'envenima. Lamothe tenta de tuer son complice. Menacé de mort et ayant reçu un coup de fusil, Allier dut se retirer pour sauver sa vie.

C'est à cette époque, — 17 avril, — que l'entreprenant Lamothe vit brusquement finir sa carrière de conspirateur. Depuis quelque temps, il évitait de faire parler de lui. A l'instigation de Dominique Allier, la plupart de ses hommes l'avaient abandonné. Livré à lui-même, ne songeant qu'aux moyens de tromper la surveillance exercée partout où était soupçonnée sa présence, il vivait au hasard des chemins, n'osant coucher deux fois de suite au même endroit, se sachant à la merci d'une rencontre ou d'une trahison. Un jour, aux abords du hameau de la Narce, dans la Haute-Loire, il se trouva à l'improviste devant le juge de paix de Coucouron, qui le reconnut et s'attacha à ne pas perdre ses traces. Quelque diligence qu'il eût mise à fuir, il était arrêté quelques heures plus tard; il fut écroué à la prison du Puy.

Il devait s'attendre à être jugé, condamné et fusillé sur-le-champ. Mais il fut sursis à son procès. Le 6 octobre suivant, dans la soirée, une émeute éclata au Puy. Elle avait, croit-on, pour objet de le délivrer. Lorsqu'elle eut pris fin, on le trouva égorgé dans son cachot. L'obscurité dont est resté enveloppé ce dramatique épisode ne permet pas de préciser si Lamothe périt de la main de ses gardes, qui ne voulaient pas se le laisser enlever, ou si sa mort fut l'œuvre de quelques-uns de ses complices qui redoutaient ses révélations.

Il était incarcéré depuis plusieurs mois, lorsque le marquis de Surville reparut dans le Vivarais. C'était à la fin d'août. Sa longue absence n'avait profité ni à lui ni à ses compagnons. Il rentrait sans avoir pu mener à bonne fin la mission dont ils l'avaient chargé, n'ayant obtenu du Roi ni pouvoirs ni secours, ayant dû se résigner, pour ne pas enfreindre la volonté royale, à se mettre sous les ordres du général de Précy, qui ne pensait pas que l'heure d'agir fût venue et qui s'efforçait de paralyser les tentatives isolées, ne croyant qu'à l'efficacité de celles que seconderaient les armées étrangères. « Les malheurs qui ont suivi le siège de Lyon lui en font redouter de plus grands encore, écrivait, en septembre 1795, Imbert-Colomès au prince de Condé. Il tremble, non pour lui, mais pour ses compatriotes. Il voudrait différer tout mouvement jusqu'à ce que les armées des Puissances combinées aient eu quelques succès. » Telle était encore en 1797 l'opinion de Précy.

Dans les rares relations, très incomplètes d'ailleurs, et souvent inexactes, que les historiens compatriotes de Surville lui ont consacrées, il est dit uniformément qu'en revenant dans le Vivarais, il rapportait le brevet de commandant suprême dans la Haute-Auvergne, le Vivarais et le Velay, qui lui aurait été octroyé par Louis XVIII. C'est le contraire qui est vrai. Comme nous l'avons dit, il revenait les mains vides, victime d'une défiance égale à celle dont, peut-être avec plus de raison, avait été l'objet Bésignan, de la part des grands chefs du parti royaliste, et qui durait toujours (1). Le 8 mars 1797, le Roi en envoyant Surville à Condé, lui disait : « C'est M. de Surville qui vous remettra cette lettre, mon cher cousin. Vous connaissez l'homme ; ainsi, je n'ai rien à vous en dire. J'espère qu'en le mettant de plus en plus, ainsi que j'ai tâché de le faire, dans la main de M. de Précy, sa tête n'aura pas d'inconvéniens et que son zèle pourra servir. »

Lorsque Surville remit ce message à Condé, il y avait près d'une année qu'il sollicitait des pouvoirs. Le Roi les lui ayant refusés, Condé ne pouvait les lui donner et se contenta de l'envoyer à Précy. « J'ai fait partir Surville ce matin avec les paquets pour

(1) « Sa tête est exaltée plus que jamais. Il déclame beaucoup contre ceux qui ne veulent pas lui donner de l'argent pour suivre ses projets. » — Imbert-Colomès à Condé.

Vezet et Précy (1), » mandait-il au Roi le 18 mars. On doit donc supposer que c'est à dater de ce jour que Surville s'attacha à convaincre Précy de l'efficacité des services qu'il se disait en mesure de rendre. Mais la correspondance du général démontre avec la dernière évidence que pas plus que le Roi et Condé, il ne céda aux argumens et aux raisons du marquis. Dans une lettre adressée à d'Avaray, en septembre, il disait : « Le rapport n'est pas aussi satisfaisant sur la partie de MM. de Lamothe et Allier. Il faut que ces messieurs y aient excité de vifs mécontentemens, puisque le premier a été arrêté et mis en prison, il y a environ deux mois. On l'aceuse de vexations très fortes. Mais on espère cependant le tirer de ce mauvais pas. Il paraît que la division la plus forte s'était établie entre lui et Allier, car il en est venu au point de le faire fusiller. Atteint de plusieurs coups, M. Allier a cependant réussi à se sauver. Je crois M. de Surville rentré depuis environ quinze jours. J'ai toujours persisté dans mon refus de lui accorder des pouvoirs et je crois, d'après cet événement, devoir le faire moins que jamais. »

A la lumière de ces correspondances, il est aisé de se figurer en quel état d'esprit se trouvait Surville, à son retour en Vivarais. On peut même se demander dans quel dessein il rentrait et quel espoir il conservait encore, alors qu'il était sans mandat pour prendre le commandement des opérations du Midi. On s'explique mieux son découragement, que vint accroître la constatation des malheurs survenus en son absence : l'arrestation de Lamothe, les échecs successifs des insurgés, leurs rivalités et leurs divisions. En revanche, il est impossible de préciser ce qu'il devint du mois d'août 1797 au mois de juillet 1798. Au cours de cette année, on ne retrouve ses traces qu'une seule fois. En décembre, les autorités municipales de la Lozère signalent au Directoire du département sa présence dans le pays, celle de Dominique Allier, et c'est tout. Où se trouvait-il, lorsque Lamothe périt au Puy, lorsque fut découverte, à Paris, l'agence royaliste que dirigeaient l'abbé Brottier, Duverne, Lemaître, et La Villeheurnoys ; lorsque Bonaparte fit saisir à Venise les papiers de d'Antraigues ; et lorsque enfin, menacé dans son existence par des complots dont il tenait les preuves, le Directoire recourut à la force, le 18 fructidor, pour se débarrasser de ses ennemis ? Le silence des documens

(1) Ils dirigeaient l'agence royaliste d'Augsbourg.

enveloppe de mystère l'existence de Surville à cette époque.
Avait-il passé à l'étranger? Était-il à Lausanne, où, durant son
séjour de l'année précédente, il avait noué des relations et conquis de précieuses amitiés, celle notamment de la chanoinesse
de Polier, directrice du *Journal littéraire de Lausanne*, à qui,
avant de mourir, il recommandait les poésies de Clotilde de Surville? Était-il, au contraire, resté dans la Haute-Loire, et y vivait-il
en se cachant à Retournac, chez son amie Mme de Chabanolle, ou
ailleurs, pour se soustraire aux poursuites dirigées contre lui et
ses compagnons? Autant de questions auxquelles on ne saurait
répondre. Il n'est qu'un fait certain, c'est qu'il ne prit aucune
part au coup de main que, quelques jours avant le 18 fructidor,
tenta le baron de Saint-Christol pour s'emparer du Pont-Saint-
Esprit. Intimidé sans doute par le piteux dénouement de cette
équipée, ou rendu impuissant par l'écrasement de son parti, il
s'abstint de toute tentative armée.

Il n'avait pas cependant renoncé à une action ultérieure. Après
qu'il eut été pris, on découvrit dans ses papiers des minutes de
lettres et des projets de proclamations, dans lesquelles il se qua-
lifiait « Colonel Légionnaire et Commissaire départi par Sa Majesté Très Chrétienne dans l'intérieur du royaume, près des Français amis du trône et de l'autel. » Il fut également prouvé que,
depuis son retour, il avait associé sa fortune à celle de Dominique
Allier en prenant le nom de Lionne, et son complice celui de
Barlatier; qu'ensemble, ils avaient pratiqué l'embauchage et, pour
s'assurer les moyens de payer leurs soldats, fabriqué peut-être de
la fausse monnaie.

Au commencement de juillet, ils étaient tous deux à Saint-
Pal, village perdu dans les montagnes de la Haute-Loire, non
loin de Tiranges et de Craponne. Tout ce pays est sillonné de
gorges et de précipices. Depuis le commencement de la révolution, des prêtres réfractaires y vivaient réfugiés, et relativement
en sûreté, grâce non seulement à la configuration du sol qui leur
offrait des retraites inaccessibles, mais encore à la complicité des
habitans que leur prédication ne cessait d'exciter contre la République, et qui se hâtaient de les prévenir, toutes les fois qu'apparaissaient les gendarmes. Surville et Allier devaient donc s'y
croire à l'abri de tout danger, et c'est là qu'ils revenaient toujours
de préférence.

III

Le 1ᵉʳ août 1798, le général de brigade Colomb, commandant la première subdivision de la 19ᵉ division militaire, était venu du Puy à Craponne pour inspecter un cantonnement de troupes qu'on avait formé dans cette commune. A peine arrivé, il fut averti que quatre inconnus qu'on supposait être des rebelles, et non des moins dangereux, résidaient depuis peu de jours à Saint-Pal. Ils y avaient passé la dernière nuit, dans la maison de Marie Thiouleyre, veuve de Jean-Pierre Brun, qui avait consenti à leur donner asile. Ils devaient encore y passer la nuit suivante. En conséquence, si l'on voulait s'emparer d'eux, il serait facile d'y réussir. Les documens ne désignent pas le dénonciateur. La tradition locale adoptée par la plupart des narrateurs de l'événement veut que ce fût une femme. Ils ne la nomment pas. Mais tous s'accordent à la considérer comme « une Messaline. » Maîtresse du plus jeune de ces suspects, elle aurait reçu de lui, outre des confidences compromettantes, un dépôt d'argent, et ce serait afin de s'approprier ce dépôt qu'elle n'aurait pas hésité à trahir le secret arraché par elle à la confiance de son amant. Au surplus, de quelque côté que vint l'avis apporté au général Colomb, il ne pouvait n'en pas tenir compte. Il donna des ordres sur l'heure à l'effet de se saisir de ces suspects.

Il serait dommage de ne pas tirer de la poussière des archives où il est resté longtemps enseveli le rapport dans lequel il racontait à son divisionnaire, le général Pille, commandant à Lyon, les suites qu'il avait données à l'avis si positif qui venait de lui être transmis. Le récit que nous en pourrions faire nous-même ne saurait avoir la saveur et le piquant de celui qu'il adressait à son chef hiérarchique, quatorze jours après l'arrestation, et qui, sous sa forme un peu emphatique, possède ce mérite, si rare dans les pièces documentaires relatives à ces temps troublés, de ne pas outrager la vérité.

« Le 15 fructidor, à huit heures du soir, la gendarmerie de Craponne s'est mise en marche pour se rendre dans la commune de Saint-Pal, avec quarante chasseurs de la seizième demi-brigade d'infanterie légère, en cantonnement à Craponne, commandée par le lieutenant Meusnier, se dirigeant sur une maison située dans des gorges indiquées comme repaire de prêtres insermentés.

A quatre heures du matin, la troupe investit la maison en silence. Au moment où la porte s'ouvre au jour, comme à l'ordinaire, par une femme de l'intérieur qui ne se doutait de rien, la troupe entre et trouve tout le monde au lit. Elle entend du bruit sur sa tête et un mouvement précipité. L'officier demande de la lumière, qu'il n'obtient qu'après beaucoup de menaces.

« Dans cet intervalle, le citoyen Delaigne, brigadier de la gendarmerie, aperçoit par une ouverture la clarté d'une lampe, qui est éteinte sur-le-champ, et, regardant vers l'endroit où il l'avait aperçue, il remarque un trou par lequel un homme peut passer à peine. Le brave Delaigne entre et se trouve dans une caverne où, aussitôt qu'il a pénétré, un des brigands, — l'ex-marquis de Surville, — le prend par les cheveux et, lui tenant une espingole sur la poitrine, lui dit :

« — J... F..., tu es mort, si tu parles !

« Le brigadier s'écrie :

« — Chasseurs, je suis perdu ; mais faites rôtir tous les gueux qui sont ici.

« Dans cette caverne, à l'instant, l'officier Meusnier fait braquer toutes les armes sur l'ouverture et ordonne aux brigands de lâcher le brigadier, s'ils ne veulent tous périr. Enfin, sur sa promesse et celle de Delaigne de leur ménager la vie, ils sortent, quoique avec beaucoup de peine, un à un, de leur caverne, au nombre de quatre, et sont enchaînés de même et amenés à Craponne, d'où, le lendemain, ils prennent la route du Puy, escortés par le même détachement et vingt-cinq hussards du 9ᵉ régiment... » En envoyant au gouvernement le rapport de son subordonné, le général Pille l'annotait en ces termes : « Le dévouement généreux du brave Delaigne est digne des plus grands éloges. Il renouvelle le trait de d'Assas à Clostercamp. Mais, en attendant qu'il reçoive la récompense qu'il mérite du gouvernement, il faut que d'Assas-Delaigne trouve ici, ainsi que le lieutenant Meusnier, son détachement et les gendarmes, le témoignage public de la satisfaction du général divisionnaire qui saisit cette occasion pour féliciter de nouveau de leur zèle infatigable toutes les troupes et la gendarmerie de sa division. »

Quoi qu'en pensât le signataire de ces appréciations excessives, la victoire avait été plus facile qu'il ne disait, et, sauf le trait de courage du brigadier, n'avait pas exigé un bien grand héroïsme. Épuisés par les fatigues de leur vie nomade et les privations de toutes sortes auxquelles ils étaient soumis, victimes d'une trahison et surpris comme des loups dans un trou au moment où ils s'y attendaient le moins, les malheureux qu'on venait de saisir avaient vu trente fusils braqués sur eux et compris sur-le-champ l'inutilité de leur résistance. Ils s'étaient rendus sans combattre, après s'être assurés qu'on n'allait pas les massacrer. Quelques heures plus tard, on les incarcérait au Puy, et, avec eux, cette Marie Thiouleyre, à qui on demandait compte de l'hospitalité qu'elle leur avait accordée (1).

Interrogés le lendemain, les deux plus jeunes donnèrent leur véritable nom. L'un se fit reconnaître pour Charbonnelle de Jussac (2), né à Monistrol dans la Haute-Loire et résidant ordinairement à Saint-Maurice dans la Loire; il avait vingt et un ans; l'autre, pour Jean-Baptiste Robert, âgé de vingt-quatre ans, cultivateur et domicilié dans le même département, à Laborie de Chantecorps. On ne mit pas en doute la sincérité de leur réponse. Il n'en fut pas de même des deux plus âgés. Lorsqu'ils se furent désignés, le premier sous le nom de Tallard, le second sous le nom de Barlatier, natif de Lille et marchand forain, le commissaire qui les interrogeait soupçonnant, après examen des papiers qu'on avait trouvés en les arrêtant, qu'ils ne disaient pas la vérité, fit défiler devant eux des paysans qui les reconnurent, l'un pour le marquis de Surville, l'autre pour Dominique Allier. Ils n'en persistèrent pas moins à soutenir leurs premiers dires. Mais la police, convaincue qu'elle tenait les deux principaux meneurs du soulèvement des Cévennes, ne les désigna plus, dans les rapports officiels, que sous leur véritable nom. Comme on pouvait craindre que leurs partisans ne tentassent de les délivrer, la maison de détention du Puy où ils avaient été enfermés fut fortifiée. On mura des croisées et des portes; on multiplia les serrures, on tripla les postes; on ne pouvait prendre trop de précautions contre des hommes de cette trempe, qui avaient donné tant de preuves d'indomptable audace.

(1) On retint contre elle la prévention de complicité avec des faux monnayeurs. Les documens permettent de supposer qu'elle fut acquittée.

(2) Originaire du Velay, la famille de Charbonnelle de Jussac remonte au xie siècle. Le père de celui de ses membres dont il est ici question, fit partie de l'armée de Condé, où il commandait l'artillerie de la légion de Mirabeau. Il fut tué sur ses pièces, le 18 mai 1793. Une de ses filles épousa le comte de Chabron. De ce mariage naquit un fils qui fut le général de Chabron que nous avons connu député à l'Assemblée nationale de 1871 et senateur inamovible.

Aussitôt après la constatation de leur identité, on s'occupa d'instruire leur procès. Cette instruction n'était pas difficile. Il eût suffi de quelques minutes pour la mener à bonne fin, si l'on eût voulu s'en tenir contre eux à un seul chef d'accusation. Avec leurs papiers, on avait saisi divers instrumens dont ils s'étaient, croyait-on, servis pour fabriquer de la fausse monnaie. On pouvait donc les condamner comme faux monnayeurs. Mais, soit que les preuves à cet égard ne fussent pas positives, soit qu'on voulût donner à l'expiation de leurs crimes une solennité exemplaire, on ouvrit une enquête à l'effet d'établir un dossier complet au point de vue des charges qui pouvaient leur être imputées. Le passé de chacun d'eux fut de la sorte reconstitué.

Ce qu'on prétendit y avoir découvert n'était pas pour leur attirer la clémence de leurs juges. Joseph Charbonnelle de Jussac était accusé d'avoir fait partie à Lyon d'une bande d'assommeurs. Griefs analogues contre Jean-Baptiste Robert, à la charge duquel on spécifia, par surcroît, qu'il avait poignardé un curé asser- menté, après avoir obtenu de ce malheureux un asile pour la nuit, et qu'il était déjà condamné à mort par contumace. Mais on ne trouve nulle part une preuve de ces faits. Quant à Dominique Allier, son dossier était bien autrement chargé. Non seulement plusieurs personnes avaient été l'objet de ses vexations, rançon- nées et volées par lui, ou même mises à mort, mais, en outre, il avait figuré dans un grand nombre de rassemblemens armés. Il fut prouvé qu'il était aux côtés de Saint-Christol, lors de l'inva- sion par ce dernier de la ville du Pont-Saint-Esprit; on lui rap- pela le tragique épisode de Barjac et l'exécution abominable de deux officiers qui n'étaient coupables que de ne s'être pas rendus à sa première sommation.

Pour l'honneur de la mémoire de Surville, il est consolant de constater que les pièces judiciaires ne mettent à sa charge aucun fait analogue à ceux qu'on relevait contre ses compagnons. S'il était coupable d'avoir conspiré contre la République, ainsi que le prouvaient les papiers saisis avec sa personne, on ne dé- couvrait nulle part qu'il eût tué ou volé, ni même que ses pro- jets « liberticides » eussent reçu un commencement d'exécution. L'affirmation, émise par lui dans des manifestes, qu'il était délé- gué dans le Midi par Sa Majesté Louis XVIII ne prouvait pas que ces manifestes eussent été répandus; de même, les appels aux armes qui devaient être adressés à « la brillante Jeunesse » des départemens méridionaux n'existaient qu'en minutes et n'avaient jamais été distribués. Assurément, en avoir conçu la pensée et rédigé le texte, c'était assez pour appeler sur sa tête un arrêt de mort. Il est toutefois remarquable qu'on renonça à se servir de ces moyens. L'accusation d'avoir fabriqué de la fausse monnaie fut également abandonnée. On n'en avait pas besoin pour justifier une sentence capitale. Le marquis de Surville était émigré. Aux termes de la loi du 19 fructidor de l'an V, cela suffisait.

Mais les choses ainsi décidées allaient produire un résultat inattendu. Les faits reprochés à Dominique Allier, à Charbonnelle de Jussac et à Robert se trouvèrent n'être pas justiciables de la même juridiction que ceux dont Surville était accusé. En sa qualité d'émigré, et poursuivi pour avoir contrevenu aux lois sur l'émigration, Surville devait comparaître devant une commission militaire spéciale, siégeant au Puy, tandis que c'est le conseil de guerre permanent de la 19ᵉ division militaire, siégeant à Lyon, qui devait connaître des crimes de ses complices. Ainsi en décida le tribunal d'Yssingeaux à qui on avait demandé de fixer la compétence.

Si rapidement qu'eût été menée l'enquête dont les quatre prévenus étaient l'objet, il fallut plus de deux mois pour aboutir à cette conclusion. Pendant ce temps, ils avaient été soumis à une réclusion rigoureuse. Résigné dès le premier jour à mourir, Surville la supportait avec un calme stoïque, laissant passer avec une indifférence dédaigneuse les griefs qu'on lui imputait, ne déployant quelque énergie que pour se défendre de s'être associé à des violences, d'avoir fabriqué de la fausse monnaie, et pour affirmer qu'il s'appelait bien réellement Tallard et non marquis de Surville. Dans son cachot, où il passait seul les heures que lui laissaient ses fréquens interrogatoires, il consacrait à la lecture les loisirs de sa solitude. Il écrivait aussi. On a raconté qu'il ajouta, pendant sa captivité, plusieurs pièces de vers aux poésies de Clotilde. L'inventaire des papiers qu'après sa mort on trouva dans sa prison ne mentionne que trois lettres dont il est question plus loin. Il en existe une quatrième, adressée à sa femme quelques instants avant sa mort (1). mais elle ne fut pas saisie. Il

_____

(1) Il nous a été impossible de découvrir où résidait à cette époque la marquise de Surville. Quant à la lettre que lui écrivit son mari avant de mourir, M. Macé, qui était, il y a vingt-quatre ans, professeur d'histoire à la Faculté de Grenoble, en possédait à cette époque l'original.

était parvenu à la dérober à la surveillance de ses gardiens, ou, tout au moins, à l'expédier grâce à la complicité de l'un d'eux. Sa bonne grâce et l'égalité de son humeur lui avaient conquis les sympathies de tous ceux qui l'approchaient.

Tout autre, Dominique Allier. Jusque dans les fers, il restait l'homme bouillant et ardent qu'il avait toujours été. Loin d'être résigné à mourir, il espérait que les royalistes de la contrée, parmi lesquels il était populaire, parviendraient à le délivrer. Il est certain que la quadruple arrestation de Saint-Pal les avait exaspérés et disposés à de nouveaux coups de main. « Les montagnes de la Haute-Loire sont en feu, écrivait de Lyon, au ministre de la Guerre, le général Pille, en demandant un envoi de troupes ; les campagnes sont sans défense et la protection des prisons est insuffisante. » On devait donc craindre qu'ainsi qu'on l'avait déjà vu à plusieurs reprises, les prisonniers ne fussent enlevés.

Ce qui était sujet de crainte pour les autorités de la Haute-Loire était sujet d'espoir pour Dominique Allier. Il travaillait sans relâche à se créer des relations avec le dehors. Il ne désespérait pas de faire parvenir ses ordres aux nombreux partisans qu'il avait dans le pays. Par malheur pour lui, une tentative à laquelle il se livra dans ce dessein échoua. Il était parvenu à remettre plusieurs lettres à l'un de ses codétenus qui, n'étant pas au secret comme lui, recevait fréquemment au parloir de la prison les visites de sa femme. Par les soins de celle-ci, les lettres devaient être envoyées aux destinataires. Volontairement ou non, le mari et la femme, en se les passant, les laissèrent voir. On les prit dans leurs mains. Elles ne laissaient aucun doute sur les intentions et les espérances de Dominique Allier. Dans l'une, adressée à « sa chère cousine, » il demandait des vêtemens, racontait les péripéties de son arrestation et affirmait que ses compagnons et lui ne s'étaient rendus qu'afin de ne pas attirer un malheur sur la maison où ils avaient reçu asile. Dans une autre, il invitait ses amis du dehors à se réunir au nombre de cent, à marcher sur la commune de Pradelle et à s'emparer des notables jacobins qu'elle renfermait. « Vous les garderez comme otages sans leur faire de mal. Vous aurez ainsi de l'argent, en même temps que vous obligerez la petite garnison du Puy à secourir Pradelle. Vous l'entraînerez dans les bois aussi loin que vous pourrez et vous viendrez ensuite nous délivrer. »

Ces instructions si précises, tombées au pouvoir des gardiens du prisonnier, eurent pour effet de rendre sa détention plus rigoureuse et de hâter son transfert à Lyon, déjà décidé. Avant de partir, il comparut devant un représentant du peuple qui se trouvait au Puy et qui l'adjura de désigner tous ses complices, en faisant luire à ses yeux, pour prix de ses révélations, la possibilité d'une mesure de grâce. Il commença par désigner trois habitans de la Lozère et un Anglais qu'il ne nomma pas, comme préparant une contre-révolution dans le Bourbonnais. Puis, coupant court brusquement à ces premiers et vagues aveux, il déclara n'en vouloir faire qu'à « ceux qui avaient découvert l'infâme conspiration de Robespierre, » et qu'au surplus, « ses forfaits avaient mérité la mort. »

Arrivé à Lyon, le 23 octobre, avec Robert et Charbonnelle de Jussac, il comparut avec eux, le 15 novembre, devant le premier conseil de guerre de la 19e division militaire, réuni au Palais de Justice. Ils étaient assistés d'un avocat nommé d'office. Devant l'évidence de leur participation à des rassemblemens armés, seul fait qu'en définitive eût officiellement retenu l'accusation, et en l'absence des témoins, le procès n'exigeait ni débats, ni longues audiences. En moins de deux heures, tout fut dit. Le conseil, délibérant à huis clos, prononça à l'unanimité la peine de mort contre Jean-Pierre Barlatier, reconnu pour être Dominique Allier, et contre ses deux co-accusés. Il ordonnait, en outre, l'impression à deux mille exemplaires et l'affichage du jugement, qui devait être exécuté sans délai, sous la réserve des vingt-quatre heures accordées par la loi aux condamnés pour se pourvoir en revision. Quoiqu'ils n'eussent rien à espérer de nouveaux juges, ils interjetèrent appel de cette terrible sentence. Mais le conseil de revision la confirma le lendemain. Dès lors, la loi devait suivre son cours.

Les seuls détails qui nous aient été conservés de leur supplice sont très fidèlement résumés dans le rapport qu'expédia au Directoire le général Pille, le 27 brumaire, à quatre heures du soir.

« Dominique Allier et ses deux complices viennent de tomber sous la hache de la loi, sur la place de la Liberté, en face de la maison commune de Lyon. Une foule immense s'est précipitée sur leur passage, poussée par la seule curiosité. Le nommé Robert, qui a monté le premier sur l'échafaud, et qui, entre autres crimes, a assassiné un curé assermenté qui lui donnait l'hospi-

talité, s'est écrié qu'il mourait pour son roi et la religion catholique, apostolique et romaine. Le deuxième, Charbonnelle-Jussac,
qui avait salué fort tranquillement de droite et de gauche, le long
de la route, s'est écrié aussi : — Vive le roi ! Adieu, brigands !
Enfin, le troisième, Dominique Allier, après le même cri de : Vive
le roi ! a ajouté : — Un roi est un Dieu sur la terre. »

Au moment où ces malheureux payaient de leur vie les criminelles représailles auxquelles ils s'étaient livrés contre des
républicains qu'ils rendaient responsables des crimes de la Terreur, le marquis de Surville n'existait plus. On venait d'afficher
dans Lyon le jugement en vertu duquel il avait péri. Moins
compliquée ou plus rapidement close que celle du procès de Lyon,
l'instruction dirigée contre lui avait permis de le traduire, dès le
17 octobre, devant la commission militaire du Puy qui ne fut
pas moins expéditive que le conseil de guerre du Rhône. Il y
comparut sous le nom de Jean-Louis-Amand Tallard, qu'il
persistait à se donner, mais « présumé être l'ex-marquis de Surville, ex-capitaine au régiment de Pondichéry, prévenu d'émigration. » Comme il fallait avant tout établir judiciairement
son identité, on avait recruté à Viviers, pays originaire de sa
famille, où il s'était marié et résidait souvent avant la Révolution,
onze témoins qui devaient être entendus aux débats et confrontés
avec lui. Un seul d'entre eux déclara « n'être point intimement
persuadé que ledit prévenu fût effectivement le marquis de
Surville. » Les dix autres, en revanche, affirmèrent que c'était
bien lui. Sa figure était charmante, « une figure qu'on n'oublie
pas quand on l'a vue. » Une cicatrice à la tempe droite aida à le
faire reconnaître, d'autant plus que les huit années qui s'étaient
écoulées depuis son émigration ne l'avaient que très peu vieilli.
Convaincu d'être l'ex-marquis de Surville, il fut condamné.

Pendant que les juges délibéraient, on l'avait, selon l'usage,
ramené dans sa prison. Après qu' « en présence de la garde assemblée sous les armes, » lecture lui eut été donnée du jugement, il
se décida à faire l'aveu de son identité. Il déclara qu'il avait reçu
les pouvoirs du Roi à l'effet de soulever trente départemens et de
renverser le gouvernement républicain. Sans désigner ni les lieux,
ni les personnes, il prétendit avoir des complices parmi les plus
hauts fonctionnaires, et qu'il les nommerait à Barras ou à tout
autre membre du Directoire, si on voulait le conduire à Paris.
Pressé de questions, il refusa d'y répondre. Dans la soirée, il

demanda à parler au président de la commission militaire, mais à lui seul. Le président ne crut pas devoir obtempérer au désir du condamné. Il vint le trouver, accompagné du général Colomb et de deux membres de la municipalité.

— C'est trop de monde, objecta Surville.

En réalité, il n'avait rien à dire. Quand il sut qu'il devait être passé par les armes le lendemain matin, il retomba dans son silence et ne s'en départit plus.

Les renseignemens authentiques sur la nuit qui précéda sa mort et sur sa mort elle-même font défaut. Un avis du général Pille au ministre de la Justice porte simplement « que l'ex-marquis de Surville a été fusillé à onze heures du matin, en présence de la garnison et de tous les habitans du Puy. » Pour le reste, nous en sommes réduits à des souvenirs oraux qui ne tirent quelque autorité que de leur vraisemblance. D'après ces souvenirs, après avoir accepté les secours religieux d'un prêtre assermenté, les seuls qui eussent pu lui être offerts, il alla très crânement à la mort, en culotte, sans habit, « rose et poudré, » son mouchoir à la main, saluant du geste la foule accourue sur son passage. C'est encore sur la foi de témoignages dépourvus de sanction qu'il faut relater son refus de se laisser bander les yeux et ses dernières paroles aux soldats qui formaient le peloton d'exécution.

— C'est ici qu'il faut frapper, leur aurait-il crié, en mettant la main sur son cœur.

Nous avons dit qu'avant de mourir, il avait écrit quatre lettres. Une seule parvint à sa destination, celle qu'il adressait à sa femme. Elle révèle de quelles préoccupations il était obsédé au moment de quitter la vie. Les poésies de Clotilde de Surville, — son œuvre, — en formaient le principal objet. « Je ne puis te dire maintenant où j'ai laissé quelques manuscrits de ma propre main relatifs aux œuvres immortelles de Clotilde, que je voulais donner au public. Ils te seront remis quelque jour par des mains amies à qui je les ai spécialement recommandés. Je te prie d'en communiquer quelque chose à des gens de lettres, capables de les apprécier et d'en faire après cela l'usage qu'en dictera ta sagesse. Fais en sorte, au moins, que ces fruits de mes recherches ne soient pas totalement perdus pour la postérité, surtout pour l'honneur de ma famille, dont mon frère reste l'unique et dernier soutien. »

Quant aux trois autres lettres, signées : « Lionne, » il n'est dit nulle part comment et par qui, au lieu d'être expédiées à leur adresse, elles furent livrées à l'autorité militaire. On doit à cette circonstance de les voir figurer dans le dossier très incomplet de Surville, conservé aux Archives nationales de France. L'une d'elles destinée à l'ancien commissaire de police Mesnard, place Grolée, à Lyon, donne à penser que c'est à lui qu'avait été confié, au moins en partie, le manuscrit des poésies. « Vous voudrez bien, mon cher Mesnard, faire parvenir à celui qui vous enverra ce billet le peu de papiers, écrits de ma main, que je vous ai confiés à mon départ de Lyon. On les fera parvenir à mon épouse. Recevez les adieux d'un homme qui vous estime et qui vous honore, et qui veut en ce moment, sans vous compromettre en rien, vous donner cette marque de ses regrets et de son amitié. Prenez soin de ma mémoire. Adieu, Mesnard. » Par une autre lettre, le condamné chargeait un sieur Lerat, tenant l'Hôtel National à Lyon, de remettre son portemanteau à la citoyenne Branche Cadette, femme de Beaujolais (?) « Je lui donne tout ce qu'il y a dedans, faute de mieux. Vous obligerez sensiblement celui qui vous fait ses derniers adieux. »

La dernière de ces lettres était écrite pour cette chanoinesse de Polier, directrice du *Journal littéraire de Lausanne* dont nous avons déjà parlé. « Il est des circonstances, Madame, où l'on ne peut écrire que des billets, lui disait Surville. Je vais, sous peu d'instans, me faire casser la tête. Il ne me sera plus possible d'avoir quelque légère part à la confection de votre journal intéressant. Je vous prie d'en adresser quelques numéros à mon épouse, qui les lira avec le plus vif intérêt. Adieu donc pour jamais, adieu, ma chère et très honorable correspondante. Dans une heure peut-être, je vais paraître au grand tribunal. Je me recommande à vos prières, à votre souvenir, à celui de tout ce qui vous est cher. Mme de Surville, qui possédera bientôt quelques articles de Clotilde, aura l'honneur de vous en faire part. Elle mérite à tous égards que vous entreteniez une correspondance avec elle. Recevez mes adieux avec la sensibilité que j'éprouve moi-même. Il m'est bien doux de trouver une âme honnête à qui je puisse confier sans crainte les sentimens de respect, de reconnaissance et d'estime que vous m'avez inspirés. » En transmettant cette correspondance au ministre de la Justice, le général Pille ajoutait ces trois lignes grosses de menaces, pour deux des correspondans de Surville : » Vous verrez quel usage vous en ferez. Quant à

moi, je ne puis prendre de renseignemens sur le journaliste de
Lausanne. Mais je charge le commandant de la place de Lyon
d'en recueillir sur les citoyens auxquels les deux autres lettres
ont été adressées. »

La mort du marquis de Surville et celle de Dominique Allier
eurent pour effet de décapiter le parti royaliste du Midi. Mais il
fallut deux ans pour en finir avec ces bandes. Une dernière tentative préparée contre la manufacture d'armes de Saint-Étienne
fut déjouée par la victoire de Marengo. Dans l'intervalle, les
héros des insurrections disparaissaient, s'efforçaient de se faire
oublier, ou périssaient, tantôt « sous la hache de la loi, » tantôt
dans quelque tragique aventure.

Nous avons dit que, dès 1797, le maçon Levasseur avait été
pris et exécuté. Deux ans plus tard, Fontanieu dit Jambe-de-Bois
subissait le même sort. Delaur, dit Martin Moustache, se laissait
surprendre à Saint-Geniez et était aussitôt fusillé. Fusillé aussi
au coin d'un bois, le curé d'Alleyrac, Raymond. Même histoire
pour les frères Rouche ; dans une rencontre avec les troupes,
l'aîné était fait prisonnier, tandis que son cadet, quoique gravement blessé, parvenait à s'enfuir et à se dérober un an encore à
l'échafaud qui l'attendait. Le curé Solier, dit Sans-Peur, en dépit
de son intrépidité et de ses ruses, n'avait pas meilleure fortune.
Arrêté, lui aussi, et tandis que sa bande, pour le venger, massa-
crait vingt-huit conscrits qui allaient de Rodez à Montpellier, il
comparaissait devant un conseil de guerre à Avignon, obtenait, à
force d'habileté, son acquittement, et, redevenu libre, recommençait ses brigandages, jusqu'au jour où, traqué de toutes parts, il
était assiégé dans un château en ruines qui lui servait de refuge,
s'y défendait en désespéré et périssait les armes à la main. En
janvier 1800, à Cavillargues, humble village des Cévennes du
Gard, le P. Chrysostome, dit le Capucin Boiteux, était surpris à
l'autel, disant sa messe et arrêté en pleine église. Une note dans
un rapport constate « qu'il a expié ses crimes. » Les fils de ceux
qui l'avaient connu affirmaient, il y a quarante ans encore, que
ce fut « un héros de courage et de zèle apostolique et qu'il mourut comme un saint. » Où est la vérité ? Elle oblige à dire qu'en
cette même année, une commission militaire fonctionnant à
Milhau dans l'Aveyron prononça trente condamnations à mort.

Plus heureux, d'autres acteurs de ces événemens étaient parvenus à s'enfuir : tels Raymond de Pourqueyrolles, dit Va-de-bon-

cœur, que délivraient les hommes de sa bande, alors qu'on le conduisait enchainé à Rodez, et tel encore Pelamourgue, comte de Cassagnouze, qui disparaissait, après être rentré par un coup d'audace dans son château, qu'occupait indûment son fermier. Le marquis de Bésignan et le baron de Saint-Christol s'étaient aussi dérobés par la fuite au châtiment qu'ils avaient encouru. Le second passa en Russie. A la recommandation du Roi, il obtint un emploi dans l'armée avec le grade qu'il avait eu à celle de Condé. Une fois en ce pays, on perd ses traces. En revanche, en l'an XI, on retrouve celles d'un de ses fils, qu'on accusait d'avoir comploté avec Danican et qui venait sottement se jeter dans un piège que la police lui avait tendu. On lui imputait des crimes atroces, comme « d'avoir fait massacrer des Français et joué un rôle actif dans l'odieux guet-apens de Rastadt. » Il avoua d'abord, puis se rétracta, ce qui n'empêcha pas une commission militaire de le condamner à la déportation. En attendant qu'il fût déporté, on le tint emprisonné à Nancy. Le 14 messidor an XI, on le trouva mort dans son cachot. Il s'était coupé la gorge avec un rasoir.

Il ne semble pas que Bésignan ait eu une fin aussi tragique. Elle fut en tout cas plus cachée. Au mois d'avril 1803, on signalait sa présence sur l'ancien théâtre de la capture et de la mort du marquis de Surville. Puis, l'agent qui l'avait signalée revenait sur ses dires, n'osant affirmer que ce fût l'ancien agitateur : « C'est peut-être son fils. Pour lui, il a bien peu de partisans, paraît-il, et on croit que, s'il revenait, il serait dénoncé. » L'histoire de ces obscurs comparses de nos guerres civiles abonde en ténèbres, en contradictions, en lacunes. Quand on cherche, en reconstituant leur histoire, à savoir comment ils finirent, on en est réduit le plus souvent aux suppositions et aux conjectures.

ERNEST DAUDET.

ÉTRANGERS ET CHINOIS

Les evénemens qui ont eu lieu en Mandchourie ainsi qu'au Tchi-li, et dont l'issue ne saurait encore être prévue, ont posé une fois de plus la question des rapports entre la Chine et les étrangers. Tout récemment le Congrès de la Paix a évoqué l'affaire, déterminé les causes des troubles parmi lesquelles il ne semble avoir oublié que les causes intérieures, et voté une résolution se terminant par ce paragraphe : « La seule politique commandée par les circonstances présentes consiste à préparer l'abandon formel du protectorat religieux, à favoriser la constitution en Chine d'un gouvernement indigène fort et sagement progressiste, capable d'accomplir les réformes intérieures indispensables, et à assurer, sous le régime de la *porte ouverte*, l'efficace protection du commerce étranger honnête pour le plus grand bien de la civilisation. » Il serait trop long de discuter en détail ce programme politique ; j'ai déjà autre part (1) dépeint brièvement la face interne de la situation en Chine, je voudrais ici donner quelques indications sur les relations entre les étrangers, missionnaires ou autres, et les Chinois ; pour les rendre plus claires, je dois d'abord tracer une esquisse du caractère de ces derniers : de cette étude et de cet examen de conscience sortiront quelques conclusions susceptibles d'application prochaine.

(1) *Annales des Sciences politiques* (juillet 1900), *La Situation dans le 'nord de la Chine*.

I

Le trait dominant du Chinois, c'est un esprit très pratique, patient et avisé, joint à une imagination pauvre et impersonnelle. D'une situation, le Chinois sait tirer toutes les applications utiles ; le régime patriarcal lui a offert la première organisation régulière de la famille, de la *gens*, fondée sur le *hiao*, c'est-à-dire sur le culte filial ; depuis lors, il n'a pas cherché autre chose. La famille, la *gens* sont aujourd'hui ce qu'elles étaient deux cents ans avant notre ère, presque les mêmes qu'au temps de Confucius. De cet organisme primitif, la race, ingénieuse, a déduit toutes les institutions nécessaires à son évolution comme peuple : d'abord, une féodalité patriarcale, qui semble avoir duré environ neuf siècles ; puis, à la chute de celle-ci (221 avant notre ère), une monarchie absolue, patriarcale aussi, où l'empereur est le chef, des familles, le « père et la mère » de ses sujets ; enfin, après quelques oscillations entre les deux formes de gouvernement, la monarchie s'est fixée depuis l'époque des Thang (618-907). Plus récemment, aux familles et aux *gentes* se sont ajoutées d'autres associations, communes rurales (depuis le XIᵉ siècle), corporations commerciales (avant le XVIᵉ siècle), qui ont imité la forme de l'association familiale. C'est toujours au même principe de groupement que le Chinois a eu recours ; manquant de personnalité, il ne peut vivre seul et ne sait rien être sinon une cellule d'un organisme, mais il ne conçoit pas de groupe plus vaste que celui que son œil embrasse à la fois : famille, association communale, commerciale ou autre. Au VIIᵉ siècle avant notre ère, la Chine, ne s'étendant guère au delà des sites où sont Péking, Singan, Han-khéou, et Changhaï, comprenant moins de sept des provinces d'aujourd'hui, était déjà en voie de concentration et ne renfermait pas moins d'une trentaine de royaumes unis par un lien féodal très lâche, sans compter plusieurs tribus barbares indépendantes ; le Chinois d'alors ne connaissait pas autre chose que ces petits États ; son descendant n'élève pas sa conception plus haut que la sous-préfecture où il est né et dont les intérêts le touchent ; s'il n'est pas mandarin, la province, l'Empire ne sont pour lui que des mots et leurs affaires ne le concernent pas.

Habile à employer ce qu'elle a sous la main, cette race redoute l'inconnu : aussi l'amour de la tradition a-t-il été érigé en principe comme le respect des anciens et de l'autorité. Cinq cents ans avant l'ère chrétienne, il s'est trouvé un homme, Confucius, qui réunissait à un degré éminent les meilleurs traits du caractère national, respect de l'antiquité, amour de la justice, modération, sens pratique. Après avoir été pendant sa vie un conseiller souvent peu écouté, sa mort en a fait le type même de la race, « l'instituteur de toutes les générations, » et, quoique observateur soumis des idées et des formes sociales léguées à son époque par les ancêtres, il a compris assez la variété chinoise de la nature humaine pour que sa doctrine, résistant aux bouleversemens politiques et sociaux, s'applique encore à la famille et à l'individu comme aux jours de sa vie. De là, la fortune de cet homme qui ne s'est donné ni comme dieu ni comme prophète, et qui, depuis plus de deux mille ans, reçoit l'hommage d'une vénération semblable à un culte. Un souverain chinois a rendu au confucianisme un service de premier ordre : deux cent cinquante ans après la mort du maître, à l'heure où sa mémoire encore vivace s'était déjà nimbée de légendes, mais où, de sa doctrine, exposée et déformée par diverses écoles, n'était pas encore né de système capable de la supplanter, Chi-hoang-ti, ayant anéanti la féodalité, fut blâmé par les lettrés disciples de Confucius. A leur interprétation politique de la doctrine il n'eut pas l'esprit d'en opposer une autre plus large et seulement humaine ; il mit à mort les lettrés et brûla leurs livres. Il en résulta qu'à la chute de sa dynastie, qui lui survécut à peine, le confucianisme, qui n'était qu'une morale privée et publique, sans aucun dogme, sans aucun culte, s'était mué en une sorte de religion. Les lettrés en furent les prêtres laïques, les *King* ou Livres canoniques, recouvrés à grand'peine, en furent la Bible. Mais ces *King* correspondaient à un état de civilisation oublié par suite de la violence même des convulsions qui l'avaient ruiné ; ils étaient écrits dans une langue archaïque, en caractères anciens, et présentaient des rédactions divergentes ; les lettrés ne furent plus seulement des moralistes continuant la pensée du maître, ils devinrent des philologues étudiant la lettre encore plus que l'esprit, des archéologues cherchant à reconstituer la société antique. Ainsi naquit autour des textes sacrés une littérature exégétique, bien différente des œuvres antérieures, d'esprit plus indépendant ; l'histoire, la poésie, la philosophie, la critique des anciens textes sont issues, plus ou moins directement, de cette source orthodoxe et, même au temps de leur plus brillante floraison, en ont gardé la saveur; les rejetons des autres écoles, soit de l'antiquité, soit de l'étranger, tenus en défiance, se sont maigrement développés; les formes nouvelles, méprisées, laissées au peuple grossier, sont restées sans influence.

Confucius, semblable à ses compatriotes, homme de sens pratique, manquait de l'imagination qui construit, était peu capable de l'abstraction qui généralise; analyste des hommes et des institutions, il voulait les ramener à leur pureté antique; mais il ignorait la nature matérielle où l'homme est plongé; du mystère du monde, il n'avait pas ce sentiment si remarquable dans les écrits taoïstes; il ne tressaillait pas de cette universelle sympathie, si marquée dans le bouddhisme qui ne devait parvenir en Chine que cinq siècles après sa mort; il était étranger à cette curiosité des idées qui aiguillonnait les Grecs dès avant Socrate et Euclide. Comme lui, ses disciples ne connaissent ni la science ni la métaphysique, ni la charité ni l'amour de la vérité : c'est pourquoi, depuis deux mille ans, frappés par l'éducation de cette empreinte unique, les Chinois, surtout ceux des classes supérieures, restent volontiers fermés à tout sentiment d'expansion, confinés dans leur admiration pour les formes orthodoxes de la morale et de la littérature. Aussi, dans ce pays où l'on a peut-être plus écrit, étudié avec plus de patience que dans aucune autre région de la terre, la science n'existe pas : l'histoire naturelle n'est qu'un catalogue de faits à peine classés, rapportés à un usage médical, agricole ou industriel; l'alchimie, négligée aujourd'hui, semble-t-il, l'astrologie toujours en honneur, n'ont jamais eu d'autre but que de connaître et de modifier la destinée de l'homme, de satisfaire ses passions, Jamais d'autres règles que des recettes qui ne sont liées en ucun système clair prétendant traduire la réalité; les mathématiques se composent de formules empiriques, destinées à la solution de problèmes particuliers, et ignorent cet enchaînement de propositions dont les Grecs ont posé les premiers termes.

Ce qui manque partout, c'est l'idée de la loi scientifique : la conception des séries de faits liés constamment ou habituellement a jusqu'ici dépassé la force d'abstraction du Chinois. Dans son esprit, les phénomènes s'associent par contiguïté. A ceux qui n'out pas d'explication voisine, on suppose des causes mystérieuses, Pour le lettré, tout l'univers se réduit aux combinaisons de deux principes, le *yin* et le *yang* ; tout le raisonnement scientifique aboutit à un cliquetis de mots. Pour l'ignorant, tout résulte de l'action d'esprits innombrables, doués de peu d'attributs distincts : les uns, sans figure, animant des animaux, des objets, parfois étant ces objets mêmes ; les autres, conçus comme des hommes, personnages historiques ou anecdotiques qui ont acquis un nouveau genre d'existence. De cette absence de notions scientifiques, naissent à la fois le scepticisme et la crédulité : on n'admet pas les constatations les plus simples de la physiologie, de la physique, des mathématiques ; et l'on croit que de la place d'un tombeau dépend la ruine d'une famille ; que des démons en papier ·peuvent couper les nattes de toute une population ; que des exercices, des méditations permettent de traverser les murs ou rendent invulnérable. Comme les deux principes, comme les esprits déchaînent les maladies, les inondations, les sauterelles, l'incendie, comme ils régissent les fléaux et la prospérité des familles et de l'empire, l'acte le plus simple, interprété par le croyant ou le malveillant, peut soulever une tempête de fanatisme. qu'une explication conforme aux préjugés pourra seule à son tour apaiser.

Interrogé sur les esprits et sur l'au-delà, Confucius répondit : « Je ne sais pas encore les choses de la vie, comment saurais-je les choses de la mort? » et il conseilla, pour les rapports avec les divinités, de se conformer aux coutumes des anciens. Fidèles à cet enseignement, ses disciples font des sacrifices en l'honneur de leurs ancêtres, des héros bienfaiteurs et protecteurs, des dieux qui président aux phénomènes de la vie et de la nature, ils prennent part aux cérémonies du taoïsme et du bouddhisme ; mais de tout cela ils ne cherchent pas la signification, ils ne se demandent pas s'ils croient ; le mot de foi n'a pas de sens pour eux, et leur morale a sa base ailleurs. Quant à l'ignorant, il croit indistinctement à tous les esprits dont on lui a parlé, et s'efforce d'avoir des intelligences parmi eux ; c'est là une foi intéressée, individuelle, susceptible de réunir les hommes seulement si quelque offense contre les esprits, commise ou supposée, fait redouter leur vengeance. Toutefois il y a eu souvent en Chine des hommes qui, adoptant la foi en un esprit quelconque, ont, en son nom, imposé des épreuves d'initiation, ont formulé des règles de morale, ont organisé une |hiérarchie et un culte, ont enfin formé des sectes ressemblant à des religions agissantes ; cet élément est présent dans la plupart des sociétés secrètes; mais jusqu'ici, ces confréries fluides, sans durée, sans extension, n'out rien organisé, n'out même pu soulever de troubles que pour des motifs étrangers, économiques ou politiques.

La religion proprement dite n'est donc pas une force en Chine; et il en est de même de cette autre religion, qui a aussi sa foi et ses martyrs, je veux dire le patriotisme. Concevoir un pays comme un être qui vit et se développe, qui peut souffrir et périr, exige une puissance d'abstraction rare ou absente dans l'esprit chinois. Le paysan défend son champ et sa maison, il s'inquiète des troubles qui ont lieu dans son district ou dans le district voisin et dont le contre-coup peut l'atteindre; mais l'homme du Chantong ne se soucie pas de l'invasion qui menace le Tchi-li et qui sans doute ne s'étendra pas jusqu'à lui. Quand les troupes franco-anglaises, ou japonaises, ont occupé des provinces chinoises, la population s'est aisément soumise et a vaqué à ses travaux dès que l'ordre a été assuré : bien plus, des *coolies* chinois, loués par les armées étrangères, ont bravement fait le service pour lequel ils étaient engagés, même contre les troupes impériales. En raison de ce manque de cohésion, les Chinois ont fini par subir toutes les invasions, depuis les peuples tartares, To-ba, Mou-yang et autres dans les premiers siècles de l'ère chrétienne jusqu'aux Mandchous au XVIIe siècle; ils ont accueilli tous les maîtres, du moment que ceux-ci, s'étant établis par la force, ont à peu près respecté les propriétés, les coutumes des vaincus. D'ailleurs, tout en attendant la mort avec indifférence, le Chinois redoute la guerre intérieure ou extérieure, qui l'arrache à son champ ou à son métier. La perte immédiate qu'il subit, en cessant de travailler, est plus grave à ses yeux que le danger éloigné et incertain qu'il faudrait combattre; l'organisation patriarcale et égalitaire des associations de tous genres s'accorde mal avec la discipline d'une armée, si vague soit-elle : ni la nécessité, ni les principes d'une forte organisation militaire ne sont compris; et l'on voit ce trait se marquer, surtout depuis que, la féodalité ayant définitivement disparu, la propriété individuelle a, au VIIIe siècle, remplacé la propriété de l'État, qui était en partie concédée aux nobles, en partie partagée périodiquement. Dès lors, les fortunes privées ont pu s'édifier, le commerce s'est développé. La Chine est assez riche en produits naturels; le Chinois sait assez tirer parti de ces produits pour fournir aux besoins du plus grand nombre : les industries multiples et raffinées, touchant à l'art, mais n'y atteignant pas souvent, satisfont aux recherches de l'élégance et de la sensualité; l'organisation démocratique permet à chacun d'aspirer, pour lui ou pour les siens, à l'instruction, aux examens, aux charges; la famille et les autres associations guident, de la naissance à la mort, l'individu qui a peu de personnalité et redoute l'isolement; la littérature et la morale orthodoxes, en théorie bien commun de tous, sont, pour le lettré, l'expression adéquate de toute beauté, de toute vérité. De cette civilisation, le Chinois jouit avec amour; il ne conçoit rien en dehors, est même incapable de percevoir ce qui lui est étranger, et il reporte sur elle tout le dévouement qu'il n'a pas pour sa patrie.

Ce dévouement n'est pas sans égoïsme, mais il n'est pas dépourvu de désintéressement, puisque, dans cette civilisation complexe comme dans d'autres, se mêlent les idées élevées et les jouissances matérielles. L'esprit terre à terre du peuple s'est appliqué avec succès à tout ce qui facilite la vie : il est superflu d'insister sur l'activité des Chinois, sur leur ingéniosité à gagner de l'argent. Chez le travailleur, l'avidité est tenue en bride par l'intérêt bien entendu : les commerçans sont renommés pour leur honnêteté, et je ne pense pas que sur ce point, surtout dans la population rurale, le niveau moral diffère sensiblement de ce qu'il est autre part. Chez le mandarin, l'avidité, qui est la même, ne trouve pas à se satisfaire par des gains licites, les traitemens étant notoirement insuffisans : il ne reste de ressource que la concussion sous les formes les plus variées. Les moralistes la condamnent; mais l'État la tolère, l'opinion l'absout et la coutume ancienne la consacre; la corruption est telle cependant qu'elle sera bien difficile à guérir et qu'elle arrêtera, on peut le craindre, toutes les réformes tentées. Le désintéressement n'en est pas moins prêché par les lettrés, alors qu'ils ne le pratiquent pas; les enfans sont nourris d'exemples de fidélité au souverain, d'amour de l'étude, de mépris des richesses : ces préceptes influent parfois sur la vie. En face des mandarins rapaces, on en cite qui instruisent, secourent leurs administrés; en face des lettrés qui, par l'étude, ne poursuivent que les honneurs lucratifs, on en trouve qui ont entrepris de longues recherches, composé des œuvres importantes, dont ils ne tirent aucun profit, puisqu'il n'y a pas de propriété littéraire et que souvent les ouvrages sont publiés après la mort de l'auteur. On rencontre aussi des hommes qui consacrent leur fortune à secourir les lettrés sans ressources, à imprimer des livres écrits par des savans pauvres, aidant ainsi doublement le peuple, par l'argent et par l'instruction qu'ils répandent. Il serait peut-être paradoxal, mais vrai, de dire que le Chinois instruit méprise l'argent, ou du moins ne le recherche que pour les satisfactions élevées qu'il en tire.

II

La civilisation chinoise, totalement différente de la nôtre, n'est donc ni moins complexe, ni moins raffinée que la civilisation européenne, mais, encore moins que celle-ci, elle inspire aux hommes l'intelligence et la tolérance des idées étrangères. L'Européen de valeur moyenne ne comprend pas, d'habitude, les Asiatiques et, dans leurs coutumes les plus indifférentes ou les plus louables, ne trouve qu'objet de raillerie ou de dédain ; le Chinois grossier, comme le cultivé, n'a pour nous que du mépris, ou, s'il est singulièrement bienveillant, de la pitié. L'isolement séculaire où la Chine a vécu explique en partie ces sentimens. Jusqu'au iiie siècle avant l'ère chrétienne, les petits États qui composaient l'Empire étaient liés surtout par la communauté de langue et d'institutions ; la Chine antique ressemblait à l'Europe du moyen âge, où de nombreux souverains indépendans se partageaient les populations de civilisation chrétienne et reconnaissaient la suprématie plus ou moins efficace du Pape et de l'Empereur. Entre les royaumes chinois existaient des relations réglées par un véritable droit des gens ; mais de ces rapports réguliers étaient exclues les tribus barbares, c'est-à-dire de langue différente, d'organisation primitive, qui peuplaient le pourtour de la confédération et vivaient à l'intérieur même de ses limites, comme, en Occident, l'Islam fut longtemps privé des droits admis en faveur des chrétiens. La chute des petits royaumes féodaux, substituant aux relations internationales celles de province à province dans un même empire, ruina à sa base l'idée du droit des gens ; et, comme cet événement coïncida avec une subite extension de puissance qui porta l'autorité du Fils du Ciel approximativement jusqu'aux frontières de ce que nous appelons la Chine propre, l'empire n'eut plus d'autres voisins que des peuples encore barbares, dont un bon nombre étaient nomades et dont les plus avancés connurent l'écriture cinq ou six siècles plus tard. Quelques-uns de ces peuples copièrent son organisation, apprirent ses industries ; tous voulurent avoir part aux élégances de sa civilisation et subirent son ascendant. Centre d'où rayonnait tout ce qu'il y avait d'art et de science dans la moitié orientale de l'Asie, foyer de la propagande bouddhique, qu'elle avait d'abord accueillie, puis à son tour continuée, source de richesses naturelles et fabriquées, la Chine domina souvent par les armes et la diplomatie, toujours par l'industrie et l'intelligence, tout le monde connu d'elle, monde dont elle emplissait en réalité la plus grande partie. Car, au delà des barbares soumis à son influence ou à son autorité, de l'autre côté des océans, des montagnes, des déserts, il existait sans doute encore des hommes, voire des empires : mais l'éloignement, la difficulté et la lenteur des voyages faisaient de ces peuples une autre humanité, de ces régions les confins à demi fabuleux de l'univers. Isolé et par la configuration du sol, et par sa propre supériorité intellectuelle, il n'est pas étonnant que le Chinois ait conçu de lui-même un contentement exagéré où il était déjà porté par la nature de son esprit, qu'il ait tenu l'étranger pour un barbare, ignorant, sans lois, sans droits; deux mille ans de cette orgueilleuse solitude l'ont rendu presque incapable de voir; car l'Annam et la Corée copiaient la Chine leur suzeraine, le Japon vivait isolé par ses mers, ses luttes internes, sa politique; au XIXᵉ siècle seulement, le développement économique et les inventions industrielles ont établi le contact permanent entre la Chine et l'Occident et le reste du monde.

Toutefois l'expansion maritime de l'Europe au XVIᵉ siècle avait déjà raccourci les distances et jeté sur les côtes extrêmes de l'Asie des hommes hardis qui, par leurs entreprises et celles de leurs successeurs pendant trois siècles, fournirent aux Chinois la première occasion d'apprécier notre monde moderne. A l'époque où Cortez renversait l'empire des Aztèques, où les Vasco de Gama et les Albuquerque venaient de soumettre différens princes sur les côtes des Indes et de la Malaisie, les Portugais arrivaient à Canton (1517), y étaient assez bien accueillis et obtenaient d'envoyer une ambassade à la Cour. Mais, émules des grands pirates qui fondaient les colonies de l'Espagne et du Portugal, ils ne s'aperçurent pas qu'ils n'avaient pas affaire à des Américains, des nègres ou des Hindous, et, dans cet État organisé; ils voulurent parler en maîtres, acheter des esclaves, résister

aux lois par la force; ils furent aussitôt chassés de Canton, leurs
envoyés furent emprisonnés (1522 ou 1523), puis relégués dans
des provinces éloignées, où le principal, Pirez, se maria et acheva
ses jours. Plus tard, établis à Ning-po, ils furent massacrés pour
avoir fait violence à des femmes indigènes (1545); de même ils furent chassés d'Emoui, de Tshiuen-tcheou (1549); enfin, des trois
localités qu'ils avaient occupées dans les environs de Canton, Macao seul leur resta : on leur abandonna cet endroit désert, où ils
construisirent une ville et où, moins arrogans que par le passé,
ils acceptèrent la surveillance la plus rigoureuse des mandarins.
En 1844 seulement, ils furent autorisés à construire de nouvelles
églises et exemptés de l'ingérence des autorités chinoises dans les
affaires de la ville; mais ce n'est qu'en 1887 que la propriété en
fut reconnue au Portugal. Jusque-là, les Portugais étaient seulement tolérés; on peut s'expliquer cette tolérance par l'infime importance d'une poignée d'étrangers installés au bord de la mer,
sur les confins d'un immense empire, aussi bien que par les profits de toute nature qu'apportait aux mandarins et à la population le commerce d'outre-mer. Mais, si les Chinois, moins patiens
et plus prévoyans, avaient dès l'abord réglé plus nettement la situation de ces premiers étrangers et de ceux qui les suivirent,
le cours de l'histoire chinoise eût pu être changé. Les Hollandais,
en 1622, attaquèrent Macao, puis s'établirent aux Pescadores, d'où,
sur l'ordre des Chinois, ils se retirèrent à Formose, encore sauvage
et indépendante. Les Anglais, en 1637, débutèrent par s'emparer
des forts de Canton. Les relations entre Chinois et étrangers
étaient à peu près celles de pirates qui attaquent et d'habitans qui se défendent; parfois ceux-ci, instruits par les violences
précédentes, ouvraient le feu, repoussaient les vaisseaux, en-
fermaient les envoyés. Les Hollandais, à Batavia, répondaient à
des soupçons de conspiration par le massacre des Chinois; à
Manille, les Espagnols avaient institué un système de surveillance, d'oppression qui inspira peut-être l'organisation des mar-
chauds hannistes de Canton. Les Européens, entre eux, usaient
des mêmes procédés qu'envers les Chinois; les intrigues, la calomnie, la piraterie, les attaques jusque dans les eaux chinoises
étaient fréquentes et bien faites pour donner aux Asiatiques une
juste idée de la concorde régnant alors en Europe. Parfois les
étrangers se montraient aussi souples qu'ils avaient été arrogans; les coupables de meurtre étaient livrés à la justice chi-

noise, même, semble-t-il, jusqu'à la fin du XVIIIe siècle et le début du XIXe, si l'homme tué était un étranger. Les marchands et leurs employés ne pouvaient résider à Canton, seul port qui soit resté constamment ouvert de 1684 à 1842, que pendant la saison des affaires et seulement dans d'étroites factoreries où ils étaient parqués. Les envoyés des souverains d'Europe étaient conduits à Pékin sous bonne escorte et se prosternaient devant l'Empereur, acceptant ainsi pour leurs maîtres la qualité de tributaires. Parfois, sans motif apparent, on résistait à ces exigences pour les subir bientôt après : ainsi les Chinois ne pouvaient voir aucune raison dans une conduite aussi contradictoire. C'était, de la part des étrangers, accréditer l'idée qu'ils n'étaient que des barbares, prêts à subir toutes les avanies, pourvu que leur commerce prospérât.

Les guerres et les relations d'affaires, depuis 1840, ont montré à la Chine que les États étrangers sont plus forts qu'elle, que, sur un petit nombre de points, ils sont toujours d'accord, mais que, dans la plupart des cas, il est facile de les opposer les uns aux autres : si la raison n'est pas la même à Londres ou à Berlin qu'à Pétersbourg, en quoi celle que l'on suit à Pékin serait-elle inférieure? et si l'usage de la force a trahi la Chine, la fortune ne peut-elle pas tourner? Ce ne sont pas, je le veux bien, les sentimens de tout un peuple, mais ce sont sans doute les vues de ceux qui dirigent, soit qu'ils cherchent à nous imiter pour nous résister, soit que, de nous, ils repoussent tout indistinctement. Les traités imposés ont introduit, au moyen du canon, les principes d'un droit des gens nouveau pour la Chine, après quoi les meilleurs ouvrages ont été traduits pour les lui faire connaître. Ces principes, résultant chez nous d'une évolution séculaire, les Chinois en pourraient juger à l'usage : mais, qu'il s'agisse de guerre ou de paix, lequel de ces principes n'a pas été violé par un État civilisé à l'égard d'un autre? L'histoire, depuis·cent ans, suffit à répondre. Que ·si l'information des Chinois est trop pauvre en cette matière, ils peuvent se rappeler leurs relations avec l'étranger, depuis qu'ils ont été tirés de force dans la société des nations. L'Europe leur a imposé l'opium, leur a fait la guerre sans déclaration, s'est emparée de leurs ports sans état de guerre; tout cela était amené par leurs confiscations, par leur mauvaise foi, par leurs meurtres, je l'accorde. Mais, si nous sommes en droit de nous plaindre, avons-nous lieu d'être surpris qu'ils oublient à l'égard de nos ambassadeurs ce droit

international qui n'est pas le leur, alors que nos intérêts le méconnaissent si facilement? Un article de notre credo international, c'est le droit des peuples civilisés à commercer partout suivant leurs propres usages. » Incontestable du point de
vue desdits peuples, l'utilité du commerce extérieur est réelle
même pour les autres, pourvu toutefois que ces derniers soient
assez fortement organisés pour supporter l'état économique plus
avancé que nous leur imposons. C'est ainsi que la nation japonaise, avec son unité profonde et son admirable ressort, a
presque immédiatement tiré avantage de la transformation subie
d'abord et bientôt consentie. Mais la Chine actuelle, issue d'une
évolution qui n'a eu de pareille ni au Japon ni en Europe, n'est
pas prête pour notre régime économique et social : sans tenir
compte de ses répugnances légitimes, on a d'abord ouvert ses
ports et ses villes les uns après les autres ; depuis 1895, et tout à
la fois, on a voulu la sillonner de trains de chemin de fer et
de bateaux à vapeur, la couvrir d'usines, éventrer ses mines,
bouleverser ses coutumes. L'Angleterre prétendrait-elle de même
imposer ses habitudes économiques à la Russie, ou l'Allemagne
aux États-Unis? En agir autrement avec la Chine était peu généreux et peu profitable. Si la Chine n'était pas prête, il fallait la
préparer, et je sais bien que la persuasion n'y eût pas suffi : du
moins fallait-il agir avec moins de hâte et plus de discernement.
Notre impatience et notre brutalité ne sont pas de nature à
donner une haute idée d'une civilisation qui ne trouve pas d'autres argumens.

Malheureusement, la conduite individuelle des Européens ne
peut parfois que confirmer les Chinois dans leur antipathie. Je
ne parle pas des vols, des actes de violence et d'immoralité qui
sont commis dans toute agglomération humaine. Encore est-il
fâcheux de voir des étrangers proposer à d'honnêtes indigènes
qu'ils ont à leur service un rôle de pourvoyeur de plaisirs qui
n'est pas plus estimé en Chine qu'en Europe. D'autres, après
avoir fait sur le paquebot étalage de sentimens humanitaires,
dès la première escale chinoise, encouragent de la canne les *coulis*
qui tirent leur *dzinrikcha* ou portent leur chaise ; d'autres, explorant quelque province de l'intérieur, se frayent à coups de fouet
un passage sur une route encombrée. Mais que dire, quand un
personnage, muni des meilleures recommandations pour un résidant européen de l'intérieur, use de l'hospitalité qu'il reçoit

pour chercher à faire violence aux femmes et aux filles des Chinois du voisinage et n'arrête même pas ses entreprises aux portes de l'orphelinat qui est proche ? Il y a déjà bon nombre d'années, des étrangers, visitant le Temple du Ciel, souillèrent d'une manière immonde la salle même où l'empereur vient s'asseoir avant et après le sacrifice : ils avaient déjà quitté Pékin quand le ministre de leur nationalité les fit poursuivre et ramener pour présenter des excuses au Tsong-li-Yamen ; depuis lors, l'entrée du temple a été strictement interdite. Un vol ayant été commis par des étrangers aux dépens d'un riche Chinois, le représentant de leur pays les fit partir par le premier paquebot pour ne pas avoir, en les châtiant, à humilier la supériorité européenne devant des Asiatiques. Mais le crime impuni d'un seul retombe alors sur toute la communauté. De pareils faits sont rares, il est vrai ; les étrangers résidens ne sont pas, et de beaucoup, assez nombreux pour tyranniser les Chinois : mais ce qui frappe l'esprit, ce sont les actes anormaux et blâmables. Différens des Chinois et par le visage et par le costume et par les habitudes, par là même ridicules à leurs yeux, nous devrions veiller d'autant plus sévèrement sur notre conduite, leur montrer que nous sommes des hommes et des civilisés. Il faudrait qu'il n'allât en Chine que des gens capables de comprendre ce qui s'y trouve de respectable et d'enseigner ce que nous avons de bon; il faudrait bannir cette impudence, ce laisser aller dont on rougirait en Europe, et même cette gaminerie malsaine qui pousse quelques-uns à injurier les indigènes, cet esprit de raillerie qui se moque ouvertement de leurs habitudes et d'eux-mêmes; et, pour être traités par eux en hommes, il nous faudrait ne pas commencer par voir en eux des brutes.

Laissant ce sujet pénible et rentrant dans la vie régulière, voyons quelles sont avec les Chinois les relations d'un Européen résidant dans un port, d'un commerçant par exemple. Ignorant le chinois et sans employé européen qui le sache, il vit au milieu d'un personnel indigène : d'abord le *comprador*, à la fois caissier, intendant, courtier, négociant même pour son propre compte, associé à la maison en qualité de premier des subalternes, représentant d'un groupe de maisons chinoises qui le garantissent; ensuite les employés chinois, scribes, *shroffs* et autres; enfin les *boys* et *coolies*, domestiques privés, garçons de bureau, hommes de peine, habituellement présentés et garantis par le *comprador*. Ce personnel sait plus ou moins le *pidgin english*, jargon mixte, tout juste suffisant pour exprimer les idées les plus simples et traiter les affaires ordinaires, et est l'intermédiaire obligé de toute communication entre la maison européenne et le monde extérieur chinois. Centre d'une association de parasites qui le servent et qui l'exploitent, le négociant étranger est ainsi plus séparé aujourd'hui du monde où il vit qu'à l'époque où, parqué dans les factoreries, il avait au moins avec les marchands hannistes, véritable aristocratie commerciale, des rapports suivis, souvent cordiaux. Cette solitude ne lui pèse pas, car il a, pour se délasser, pour donner carrière à son esprit, à ses sentimens élevés, à sa philanthropie, une société européenne plus ou moins considérable, avec ses aspirations nobles et sa frivolité, son brillant et ses misères : à l'égard de ses compatriotes ou des étrangers en général, il joue souvent le rôle d'un homme instruit et intelligent, il dépense son argent, il paie de sa personne pour faire le bien. Mais ses sentimens humains s'arrêtent presque toujours au seuil de la cité chinoise, dont, en vingt ans de séjour, il ne franchit pas une fois les portes. Du peuple au milieu duquel il vit, il ne connaît ni les mœurs, ni les idées, ni les besoins : jeune homme, il y prendra peut-être sa maîtresse, mais il sera incapable d'adresser une phrase banale au négociant avec qui il est en affaires quotidiennes, de venir intelligemment en aide à un vieux serviteur dans la détresse. D'habitude (peut-être y a-t-il quelques exceptions), entre étrangers et indigènes, il n'y a que des rapports d'argent : les indigènes, aux yeux des Européens, sont des machines qui doivent produire un certain travail et, par un juste retour, ils nous regardent comme des machines faites pour acquérir et pour amasser l'argent. Le lettré et le mandarin peuvent répéter avec les Japonais des deux derniers siècles : « Ce n'est pas la voie de l'humanité que le barbare recherche avant tout, c'est le gain; » et l'on a si souvent accepté, en compensation de vies européennes, des indemnités pécuniaires ou territoriales, qu'en vérité ils sont fondés à croire que la vie même de l'homme est tarifée pour une somme d'argent.

Seuls les Japonais et les Russes savent en général que les Chinois sont des hommes : les uns, par l'antiquité du voisinage, les autres, grâce à cette souplesse intellectuelle, à ce sentiment humanitaire qui leur sont innés. Aussi voit-on l'émigrant de

la Russie d'Europe témoigner un profond respect au mandarin
chinois, se soumettre sans surprise à la juridiction d'un Bou-
riate; mais s'imagine-t-on un Anglais courbant son orgueil ou un
Français sa vanité devant un fonctionnaire hindou ou annamite?
et a-t-on oublié les clameurs des commerçans européens du
Japon, quand il s'est agi de reconnaître à cet empire la pleine
juridiction qu'exercent les pays de chrétienté?

C'est au nom de la civilisation occidentale moderne que
l'Europe, au XIXe siècle, a proclamé la barbarie de tout le reste
de l'univers et assumé la mission de l'éclairer; c'est le progrès
moderne que l'on prétend introduire en Chine. Ce développement
industriel et commercial, résultat un peu trouble de siècles de
recherches scientifiques et d'aspirations vers la justice, vers le
bien de tous, a-t-il par lui-même une vertu éducatrice? Entre
deux peuples de civilisation analogue, les échanges commerciaux sont accompagnés d'échange d'idées et de sympathies : il
n'en est pas de même là où les esprits n'out par avance aucun
point de contact. Le commerce entre Occidentaux et Chinois
pourrait continuer pendant des siècles sur le pied actuel sans
que de l'accord des comptes résultât celui des intelligences, sans
qu'une pensée commune germât dans le cerveau de ce blanc et
de ce jaune qui trafiquent ensemble. Et quand tous les négo-
eiaus et industriels occidentaux, à l'imitation de quelques-uns
d'entre eux, connaîtraient la langue de leurs cliens, entreraient
en rapports directs avec eux, — but qu'il faut atteindre pour développer sainement nos relations avec la Chine, — ce ne serait
pas encore assez. Nos techniciens, absorbés par leurs affaires, d'esprit plus pratique qu'élevé, donneront des leçons de choses, mon-
treront en acte notre esprit de justice et d'exactitude, notre
probité morale et intellectuelle, notre dévouement à ce qui est
généreux : ce pourrait être assez pour un peuple curieux et géné-
ralisateur, mais ce serait trop peu pour le Chinois, pratique, au
plus, analyste. Quand le Céleste-Empire achèterait chez nous
toutes ses cotonnades et toutes ses machines; quand toutes ses
mines seraient ouvertes, ses voies ferrées exploitées de Péking à
Canton, de Ning-po à Si-ngan; quand il aurait appris ou surpris
tous nos secrets industriels, sans doute il aurait reçu de nous,
avec de nouveaux besoins, le moyen d'y satisfaire; la sensualité
et l'avidité accrues le pousseraient davantage à ce matérialisme
où il penche; mais, pour avoir perdu l'amour de la civilisation

chinoise, le respect de l'autorité patriarcale, il ne comprendrait pas davantage l'élan vers le bien qui aiguillonne notre civilisation; nous ne serions pas plus hommes à ses yeux. L'âme européenne ne se dépense pas toute en résultats tangibles, et, pour montrer le reste, l'immatériel, il faudrait atteindre au cœur même de la civilisation chinoise, agir par l'éducation.

III

Depuis la mort de saint François Xavier dans une île inhabitée en face de Canton (1552), il s'écoula plus d'un quart de siècle avant que les missionnaires jésuites, enfermés à Macao comme les Portugais, pussent s'établir sur le sol chinois : le P. Matthieu Ricci, après plusieurs années de séjour aux portes de la Chine, fut enfin autorisé (1583) à résider à Tchao-khing, capitale de la province. Il avait mis à profit sa longue attente et il connaissait déjà bien les hommes qu'il allait évangéliser. Il fallait avant tout ne pas choquer un peuple raffiné, infatué de ses coutumes. Les Jésuites ne pouvaient changer leur visage afin de ne pas prêter à rire aux Chinois; du moins ils prirent le vêtement du pays, d'abord celui des bonzes, et un peu plus tard, ayant reconnu le peu de cas que l'on fait de ces derniers, celui des lettrés. C'est alors qu'ayant acquis la respectabilité que donne le costume, ils durent harmoniser leur genre de vie et leur maintien avec leur extérieur, renoncer aux attitudes et aux gestes européens, à cette exubérance occidentale que le Chinois tient pour un signe de mauvaise éducation; il leur fallut se composer ce masque sérieux et impassible qui est de bon ton, travail de chaque heure, difficile parce qu'il touche aux habitudes corporelles qui traduisent notre caractère même. Se faire Chinois avec les Chinois, telle était la première étape : du jour où il y avait à peu près réussi, le missionnaire pouvait prêcher aux hommes du peuple, âmes simples et d'accès facile. Mais la prédication ouverte n'était guère de mise avec les lettrés, orgueilleux de leur science, rompus aux discussions subtiles; avec eux, il fallait se faire lettré, connaître leurs classiques, être en état d'écouter leurs dissertations et d'y répondre, pouvoir écrire leur langue avec agrément : plusieurs Jésuites y réussirent et leurs ouvrages, lus par tous, trouvèrent accès jusqu'à la bibliothèque impériale. Ce n'était pas assez de traiter de pair avec les gens cultivés; combattre leurs idées sans pré-

paration, eût été maladroit. Les missionnaires travaillèrent à faire
sentir la supériorité de la civilisation européenne, ils furent
savans, ils enseignèrent la géographie, l'histoire naturelle, la
physique, les mathématiques; ils furent cartographes et dres-
sèrent la première carte détaillée de l'Empire; astronomes et ingénieurs, ils calculèrent les éclipses, corrigèrent le calendrier;
ils construisirent des canons, des lunettes, des horloges, des machines élévatoires; ils furent peintres, musiciens, architectes,
médecins; ils furent diplomates, et personne ne contribua plus
qu'eux à la signature du traité sino-russe de Nertchinsk (1689).
Ils établirent de toutes façons la supériorité intellectuelle des
hommes d'Occident; leurs entretiens étaient recherchés par les
lettrés, par les dignitaires, par les empereurs : on sait quelle fut
leur situation à Péking sous les derniers des Ming, à partir de
1600, et comment ils tinrent ensuite une grande place à la cour
de la dynastie mandchoue. Au milieu des recherches scientifiques
et du tracas des affaires, ils n'oubliaient jamais l'œuvre de l'évangélisation, prêchant les humbles dans un langage simple et, avec
les autres, profitant des conversations scientifiques ou morales
pour insinuer la vérité chrétienne, la développer, la faire éclater
aux yeux. La civilisation de l'Europe, en effet, est assez imbue
de christianisme pour que, aux yeux des penseurs d'Extrême-
Orient, l'esprit chrétien se décèle même dans celles de nos idées
que nous lui croirions étrangères ou opposées : le Chinois qui
avait fréquenté les docteurs européens, qui s'était habitué à leurs
vues scientifiques, littéraires, morales, était familiarisé et à demi
conquis.

Il y eut des conversions dans toutes les provinces, et le nombre
en fut considérable : en 1663, plus de 110 000 chrétiens étaient
répartis dans douze des provinces actuelles; je n'ai pas de chiffres
pour les six autres. La nouvelle religion avait trouvé des adeptes
parmi les plus hauts fonctionnaires, tel le grand secrétaire Siu-
Koang-Khi, et jusque dans la famille impériale. Plusieurs convertis donnèrent d'admirables exemples de vertu et de charité;
d'autres proclamèrent leur foi, dans les prisons, dans l'exil, dans
les supplices. Car la politique impériale n'avait pas plus d'unité
envers les missionnaires qu'envers les autres étrangers : le même
souverain qui les protégeait un jour les bannissait bientôt après,
(1665), puis, les rappelant (1671), finissait par leur accorder la
liberté du culte (1692). Il arriva parfois que les uns devaient

continuer leur service d'astronomes impériaux, tandis que les autres étaient poursuivis, soit par ordre de l'Empereur, soit sur l'initiative des vice-rois. On vit même l'un de ceux-ci suivre pendant plusieurs années une politique persécutrice, malgré les injonctions de la Cour. Ces faits montrent à la fois combien l'autorité des plus grands empereurs s'exerçait difficilement dans les provinces, et qu'à l'égard de la religion chrétienne, il n'existait aucun sentiment général d'opposition : l'opinion était flottante. S'il eût été permis aux missionnaires Jésuites de poursuivre l'œuvre commencée, leurs rapides et solides succès permettent de croire que les chrétiens se fussent multipliés et que la Chine se fût peu à peu apprivoisée aux idées européennes.

La querelle des rites ruina l'édifice. Fidèles à leur principe d'accepter des mœurs chinoises tout ce qui n'était pas directement contraire à la religion, se rappelant peut-être combien de formes païennes ont été empruntées par la primitive Église qui les a remplies d'un sens chrétien, les Jésuites avaient toléré chez leurs néophytes le culte des ancêtres, celui de Confucius et d'autres rites analogues, ayant reconnu, après discussion approfondie avec les lettrés, qu'il y avait là non une adoration païenne ou des pratiques superstitieuses, mais un hommage rendu aux morts : cette concession était encore justifiée par les déclarations des chrétiens au sujet du sens qu'eux du moins attachaient à ces cérémonies. Vers 1630, des Dominicains espagnols entrèrent au Fou-kien; en 1684, abordait Mgr Pallu, des Missions étrangères. A cette époque, bien qu'il existât une division rudimentaire en provinces ecclésiastiques, des missions d'origines diverses travaillaient le même terrain : entre les Jésuites de la vice-province de Chine, ceux de la province du Japon, ceux de la mission française de Péking à partir de 1687; entre les Dominicains, les membres de la Société des missions étrangères, dont le premier porta le titre d'Administrateur général des missions de Chine, les frontières et les attributions n'étaient pas déterminées. Cette confusion eut des suites fâcheuses; dès le lendemain de leur arrivée, les Dominicains, mal éclairés, dénoncèrent à Rome la tolérance des Jésuites pour les rites chinois; la question fut tranchée en sens contraires, en 1645 et 1656; reprise par Mgr Maigrot, des Missions étrangères (1693), elle fut, après de longs débats et des décisions contradictoires, résolue contre les Jésuites par la bulle *Ex quo singularis* (1742). Désormais les chrétiens devaient s'abstenir des cérémonies en l'honneur des ancêtres; renoncer à la piété filiale qui est la base de la société chinoise; creuser entre eux et leurs ancêtres, entre eux et leurs compatriotes, un fossé infranchissable. Or, tant qu'elle n'avait à lutter que contre le taoïsme et le bouddhisme, la propagande chrétienne pouvait espérer le succès; dès qu'elle s'attaquait au principe même de l'édifice social, alors que ce principe n'est pas intrinsèquement religieux et que les missionnaires le mieux informés, les chrétiens, l'Empereur même repoussaient toute idée superstitieuse, l'avenir lui semblait fermé. Cependant, malgré bien des pertes et des persécutions, le christianisme a survécu en Chine, surtout parmi les classes pauvres, parmi celles qui n'ont pas d'ancêtres ou ne peuvent les vénérer comme il convient.

Cette affaire déplorable eut sans tarder les plus fâcheux résultats. Un premier légat, Mgr de Tournon, reçu en audience par l'Empereur (1705) qui lui expliqua le vrai sens des rites, publia cependant un mandement qui les interdisait (1707); un autre, Mgr de Mezzabarba, vint pour aplanir les difficultés (1721) et permit les cérémonies sous certaines conditions. Cette double intervention d'un souverain européen dans les affaires chinoises et le dédain montré par Mgr de Tournon pour la parole impériale, irritèrent l'empereur Khang-hi qui bannit immédiatement Mgr Maigrot et deux de ses prêtres, fit bientôt arrêter le légat lui-même et l'envoya à Macao, où les Portugais le gardèrent en prison jusqu'à sa mort (1710). Alors l'appui impérial commença d'être retiré aux missionnaires. Sous les successeurs de Khang-hi, la Cour fut constamment et plus ou moins ouvertement hostile à la propagande chrétienne, tout en gardant à Péking quelques Jésuites pour le service de l'Observatoire. Enfin la suppression de cet ordre, l'arrestation à Macao, et l'expulsion par le gouvernement portugais de vingt-quatre de ses membres (1762) furent le coup de grâce pour l'ancienne mission de Chine. Les Jésuites eurent immédiatement des successeurs, mais peu nombreux, peu instruits des choses de Chine, mal vus des fonctionnaires et des lettrés; ils ne purent soutenir l'œuvre d'éducation entreprise et longtemps prospère. Un fossé plus profond que dans le passé fut creusé entre la Chine et l'Europe.

Aujourd'hui, la situation des missions catholiques en Chine est bien différente de ce qu'elle était au xviiie siècle. Depuis les traités et d'après diverses conventions, elles ont en face du gou-

vernement chinois une existence officielle et ne dépendent plus
de son bon plaisir; elles se sont multipliées, s'étendent au delà
de la Chine propre; le nombre des chrétiens, qui avait diminué
jusque vers 1850, s'est accru de nouveau, et par suite le nombre
de ceux qui dans l'étranger ne voient pas un barbare et un
ennemi. L'autorité pontificale a divisé la Chine en vicariats
apostoliques indépendans les uns des autres, confiés à des missions différentes, et a ainsi prévenu le retour des conflits qui ont
amené l'affaire des rites. Un péril vient toutefois aux missions de
leur existence officielle même : les Chinois sont processifs, et
souvent il s'en est trouve qui, ayant quelque litige, ont eu l'idée
de se faire chrétiens, pour acquérir l'appui des missionnaires et,
par eux, des agens étrangers; ils auraient ainsi impliqué la mis-.
sion dans leurs débats. Mais la durée de l'instruction religieuse,
les conditions exigées des catéchumènes, l'enquête minutieuse
qui précède l'admission, sont des garanties suffisantes pour
écarter le danger des conversions intéressées. En fait, il est bien
peu d'affaires relatives aux chrétiens auxquelles on puisse attribuer une telle origine. Presque toujours, quand des actes graves
se sont produits, ç'a été du fait des bandes de pillards qui s'en
prennent aux chrétiens comme aux autres, ou des sociétés
secrètes qui en veulent et au gouvernement et aux étrangers. Il
faut ajouter que le missionnaire n'intervient que rarement et
prudemment en faveur de ses ouailles, cela surtout dans certaines
missions particulièrement bien organisées, où les rapports avec
les mandarins locaux sont réservés à quelques missionnaires
expérimentés. La sagesse montrée par ces hommes dévoués a
reçu, il y a deux ans, sa récompense officielle, quand un décret
impérial a réglé sur le pied d'égalité les rapports entre évêques
et hauts fonctionnaires, entre missionnaires et mandarins.

Depuis que les missions se sont solidement établies sur le sol
chinois, elles ont repris l'œuvre d'éducation de leurs prédécesseurs du xviie et du xviiie siècle. Les moyens ne sont plus les
mêmes : les lettrés n'oublient pas que les rites sont encore proscrits; les mandarins se souviennent de la malveillance qui a
longtemps régné à la Cour à l'endroit des chrétiens et qui subsiste chez un bon nombre de grands personnages envers tous les
étrangers; ils se tiennent donc à l'écart, n'ont avec les prêtres
catholiques que les relations indispensables, et ne viennent plus
étudier avec eux les sciences de l'Europe, qui ne piquent plus

leur curiosité, mais qu'ils ignorent encore plus qu'auparavant. Toutefois les Jésuites ont à Zi-ka-wei un muséum et un observatoire qui reçoivent parfois la visite des mandarins; ils ont aussi fondé un journal illustré qui expose et discute les choses d'Europe; lu par un certain nombre d'indigènes, il est loin d'avoir la même popularité que les publications analogues trouvent au Japon. C'est en commençant par la jeunesse que l'on tente de transformer l'esprit chinois. Des écoles ont été fondées et sont entretenues en partie par les missions, en partie grâce à des subventions reçues du gouvernement français, des municipalités françaises de Chine : elles sont ouvertes aux enfans sans distinction de religion, et il en est où les chrétiens sont moins nombreux que les autres. La rétribution demandée est faible; la gratuité est accordée, s'il y a lieu. La propagande religieuse en est absente : les missions espèrent que l'habitude des idées européennes préparera naturellement les esprits à la religion d'Occident; cette discrétion est récompensée par le succès des établissemens. Une solide instruction élémentaire est donnée, portant principalement sur les sciences exactes, la géographie, la morale, le français qui sert de véhicule à l'enseignement; on n'a garde de négliger le chinois, les enfans étudient les classiques sous des maîtres indigènes, de manière à pouvoir, s'ils le veulent, se préparer ensuite aux examens. Depuis une quinzaine d'années, plusieurs de ces institutions ont été fondées, à Péking, Tien-tsin, Chang-haï, Canton, etc., par les Lazaristes, par les Jésuites, par les Missions étrangères avec l'aide des Frères maristes; mais l'argent n'abonde pas, et l'on ne peut faire tout ce que l'on voudrait. C'est là une œuvre toute française, de la plus grande importance pour l'avenir de notre influence en Chine, et qui mériterait tous les encouragemens.

Des résultats sérieux ont été obtenus; les élèves ont été placés dans les consulats, dans les postes, dans les télégraphes, chez les commerçans et ingénieurs européens, dans les chemins de fer; on n'en a pu fournir autant qu'il en était demandé; après la crise actuelle, limitée d'ailleurs au Nord, il y aura des ruines à relever, il faudra encore de l'argent et des dévouemens; mais, si l'Europe et la France savent jouer leur rôle, les écoles devront prendre un nouvel essor. L'intérêt n'en est pas de fournir des moyens d'existence à des Chinois, mais de créer un noyau de jeunes gens intelligens, une élite (cette instruction mi-européenne ne pourra jamais s'adresser sous cette forme à la masse) capable

de former trait d'union entre les Occidentaux et les indigènes.
Ce n'est d'ailleurs pas assez de cette instruction élémentaire; il
faudra, dès que les circonstances politiques de la Chine et l'état
des fonds le permettront, y joindre une culture plus élevée, des
études d'agriculture, de sériciculture, de mécanique, de tissage,
de médecine, par exemple : quelques cours de ce genre existent
déjà, ainsi ceux que professait jusqu'aux derniers événemens un
médecin français à Tien-tsin. Ce genre d'instruction sera rapidement apprécié des Chinois et commencera de réaliser entre les
deux civilisations le rapprochement auquel il faut parvenir.

Telle est l'œuvre entreprise par les missionnaires catholiques
contemporains, et tel est le champ qui s'ouvre à leur dévouement :
car, sinon eux, qui pourrait tenter l'éducation de cet empire,
économiquement, puisque l'on a peu d'argent, et avec la patience,
la continuité, l'unité de direction nécessaires pour assurer le
succès? Reste, pour qu'ils reconstruisent et agrandissent encore
l'édifice de leurs prédécesseurs, un seul obstacle à écarter : l'interdiction des rites. Mais cette sentence, si souvent modifiée, est-
elle irrévocable? et n'en peut-on reprendre l'examen avec les
idées plus éclairées et plus largement humaines qui règnent au
Vatican aujourd'hui?

Je ne veux pas négliger de mentionner les missions protestantes qui ont paru en Chine en 1807 et qui, aussi bien que les
catholiques, ont profité des traités conclus depuis 1842; outre
l'évangélisation, elles se sont appliquées surtout, avec les ressources considérables dont elles disposent, à la fondation de dis-
pensaires et d'écoles, dont quelques-unes portent le nom ambitieux d'Université. C'est un missionnaire américain, le Rev. Gilbert
Reid, qui a récemment lancé l'idée d'un institut international où
toutes les nations de bonne volonté concourraient, par leur argent
et par leurs professeurs, à l'éducation de la Chine, au moyen
de conférences, bibliothèques, musées, laboratoires : idée généreuse, mais utopique, car on ne voit pas d'où viendrait la direction. Je n'ai pas à apprécier le succès en Chine des diverses confessions protestantes, presque toutes de langue anglaise; il est
parfois compromis par un zèle peu éclairé, par un emploi indiscret
de l'argent, mais il est diminué surtout par l'essence même du
protestantisme : l'absence de hiérarchie, le principe de libre
examen sont opposés au caractère des Chinois. On ne peut d'ailleurs que s'incliner devant le dévouement des missionnaires.

IV

La Chine n'oppose aux étrangers ni le patriotisme, ni l'esprit militaire, ni le sentiment religieux, qui n'existent pas. La civilisation, dont elle s'enorgueillit à juste titre, mais non sans excès, n'est incompatible ni avec les relations extérieures, ni avec la présence des Occidentaux dans l'empire : Confucius a recommandé la justice et la bienveillance envers ceux qui viennent de l'extérieur. La morale confucianiste, loin de répugner aux idées chrétiennes, montre avec elles de remarquables coïncidences ; l'édifice social peut s'accommoder du christianisme ; les chrétiens sont les serviteurs les plus fidèles, les sujets les plus obéissans de l'Empereur ; les ressemblances des deux morales éclateraient aux yeux et produiraient leur effet, le jour où la question des rites serait résolue selon les principes plus tolérans et plus charitables qui avaient guidé les théologiens du xviie siècle. On peut, au contraire, se demander si nos importations économiques n'attaquent pas la société chinoise beaucoup plus que ne le fait la religion chrétienne. Les grands ateliers de travail pour les femmes, sous une surveillance masculine plus ou moins directe, sont contraires à la morale reçue ; les ingénieurs, qui ne sont guère aux yeux des Chinois que des docteurs en *fong choei* d'une école opposée, bouleversent les tombes, troublent les esprits des montagnes et les dragons des fleuves ; les villes ouvertes donnent à ceux qui y ont vécu des habitudes d'indépendance qui sapent l'organisation communale et familiale ; les chemins de fer, en facilitant les déplacemens, rompent les cadres de la vie patriarcale, intacts depuis tant de siècles. Faut-il donc fermer les ports et les usines, abandonner les mines, les voies ferrées ? Évidemment non ; mais il faut introduire les nouveautés graduellement, les présenter aux Chinois par le côté le plus pratique et le moins choquant pour leurs idées, leur montrer dans leurs croyances et dans leurs livres ce qui concorde avec nos inventions et ce qui les fait prévoir ; surtout il faut laisser là cet orgueil agressif à propos de notre civilisation, orgueil qui n'est pas toujours justifié et qui est particulièrement offensant pour des gens civilisés eux-mêmes. Mais ces préparations, cette patience, peut-on les demander à nos commerçans ou industriels ? Qu'ils s'associent à cette œuvre de rapprochement, fort bien ; mais d'autres, des éducateurs, et les Chinois mêmes formés par ces derniers, en doivent être les principaux ouvriers.

La classe des commerçans, des travailleurs a intérêt à notre présence dans l'Empire. Les lettrés et les mandarins nous sont hostiles : si les idées européennes se répandent, il leur faudra, pour conserver leur place, laisser l'éducation purement morale et littéraire dont ils sont fiers, s'adonner à ces études scientifiques spécialisées qu'ils méprisent et dont ils n'ont aucune idée précise. Pour les apprivoiser, il n'est d'autre moyen que la conversation avec des hommes qui connaissent les méthodes occidentales et sachent en montrer adroitement la supériorité, que la lecture d'ouvrages conçus dans le même sens. Les mandarins redoutent encore que des procédés administratifs plus exacts, et lont la douane maritime leur est un exemple, attaquent leur laisser aller, interdisent les profits illégaux qui forment la majeure partie de leurs ressources; ils sont gênés de trouver dans leurs administrés chrétiens, avec autant ou plus de respect pour les lois et d'exactitude au payement des impôts, un plus vif sentiment de leurs droits, une personnalité développée sous l'influence du christianisme. Si nous pouvons comprendre ces craintes, nous ne saurions que nous réjouir le jour où nous verrions, à la suite de la prédication religieuse, s'effacer quelques abus, se réaliser plus de justice et d'honnêteté.

Tout cela est encore œuvre d'éducation. Maintenir la Chine ouverte au commerce et à l'industrie, l'ouvrir plus largement et compter sur la vertu civilisatrice du télégraphe et du chemin de fer pour procurer « les réformes intérieures indispensables, » c'est se méprendre. La Chine pourra être ouverte de force comme aujourd'hui, accepter l'inévitable, ou se servir contre nous de nos enseignemens; il faudra alors que l'Europe à perpétuité monte la garde sur les côtes du grand empire. Mais les « réformes intérieures indispensables, » l' « efficace protection du commerce étranger honnête, » résulteront surtout d'un changement d'esprit. C'est l'esprit chinois qu'il nous faut comprendre; c'est lui qu'il nous faut modifier. Pour le comprendre, l'Europe doit étudier les choses de Chine; pour le modifier, si cela est possible, il n'y a que l'éducation, l'œuvre des Jésuites du xviie siècle reprise et transformée par les missionnaires contemporains.

MAURICE COURANT.

LA PLÉIADE FRANÇAISE

LA POÉTIQUE DE LA PLÉIADE

On a vu comment, dans quelles circonstances, autour de quelles idées, s'étaient d'abord groupés les poètes de la Pléiade, et quelle occasion les avait obligés, — un peu plus tôt qu'ils ne l'eussent voulu, — de préciser ce que ces idées, très générales, avaient encore de vague et de flottant. C'est ce qui explique ce que l'on peut aisément relever, dans la *Défense et Illustration de la langue françoise*, de provocateur et de hâtif à la fois. L'opuscule se sent de la chaleur, mais aussi de la rapidité de l'improvisation : l'auteur ou les auteurs, — car, sans pouvoir le prouver, je ne doute pas que Ronsard y ait mis la main (2), — s'y répètent et s'y contredisent; ils savent moins ce qu'ils veulent que ce qu'ils ne veulent pas; le développement de leur pensée n'y a point toujours de juste proportion avec son importance; et, pour toutes ces raisons, si l'on veut bien saisir la signification et la portée du manifeste, le pire moyen qu'on en pourrait prendre serait certainement de l' « analyser. »

On ne saurait non plus l'isoler des opuscules moins fameux qui l'ont précédé ou presque immédiatement suivi. Ce Thomas Sibilet, à l'*Art poétique* duquel nos érudits de Coqueret avaient répondu par leur *Défense*, ne voulut pas, comme on le pense bien, demeurer sous le coup de cette éloquente invective, et il

(1) Voyez la *Revue* du 15 décembre 1900.
(2) Comparez notamment le chapitre intitulé : *du Long Poème françois*, et la seconde préface *sur la Franciade*, qu'on a retrouvée dans les papiers de Ronsard, mais qu'il n'a publiée lui-même dans aucune édition de ses *OEuvres*.

répliqua, dans la préface de sa traduction de l'*Iphigénie* d'Euripide, 1549. Un poète lyonnais, parent et ami de Pontus de Tyard, Guillaume des Autels, — que nous retrouverons plus tard au nombre des amis de Ronsard, — essaya de dire, l'année suivante, 1550, quelles nuances le séparaient des auteurs de la *Défense*, et on peut considérer que, de son côté, tout en approuvant le manifeste de Du Bellay, c'est ce que Pontus lui-même prétendit faire, un an ou deux plus tard, dans son *Solitaire Premier*. Un anonyme, — Charles Fontaine ou Barthélemy Aneau (1), — dans un autre opuscule, le *Quintil Horatian*, 1550, prit ouvertement parti pour l'école de Marot, si maltraitée dans la *Défense;* et insista, non sans aigreur, sur les contradictions dont nous venons de dire qu'il semblait qu'elle abondât. Mais Du Bellay revint à la charge, en prose, dans la préface de son *Olive*, pour commencer, et, en vers, dans sa *Musagnæomachie*, puis dans une Ode à Pierre de Ronsard : *Contre les envieux poètes*. Mellin de Saint-Gelais, vivement et nommément attaqué, intervint dans le débat, et, contre les nouveaux venus, s'arma de la « tenaille » et des « pinces » de son ironie de cour. Ni l'histoire ne saurait omettre tous ces détails, ni la critique, sans en tenir quelque compte, se faire une juste idée de la « Poétique de la Pléiade. » La *Défense et Illustration* n'est pas à elle seule toute cette poétique.

Et on en diminuerait enfin de beaucoup la portée, si, — quelque embarras ou quelque scrupule que l'on doive toujours éprouver d'anticiper sur la suite des temps, — on n'essayait pas d'éclairer « l'obscur » de la *Défense et Illustration*, d'en compléter les indications quelquefois trop sommaires, ou d'en concilier les contradictions au moyen de telles pièces que Du Bellay lui-même et Ronsard n'ont vraisemblablement écrites qu'à cette intention. C'est ainsi que l'Ode à Madame Marguerite, sœur d'Henri II, intitulée : *D'escrire en sa langue*, de Du Bellay :

> Quiconque soit qui s'estudie
> En leur langue imiter les vieux

---

(1) Voyez sur cette question la lettre à Jean de Morel où Charles Fontaine lui-même se défend d'être l'auteur du *Quintil Horatian*, et en attribue la paternité à Barthélemy Aneau. *Lettres de Joachim du Bellay*, publiées par M. P. de Nolhac; Paris, 1883, Charavay.

(2) Il y a quelque lieu de croire que Rabelais aussi se mêla de la querelle, comme ami de Mellin de Saint-Gelais; et Ronsard s'en serait vengé par la fameuse épitaphe que nous avons citée.

> D'une entreprise trop hardie,
> Il tente la voye des Cieux ;...

Son *Discours au Roi sur la Poésie;* son *Poète courtisan,* bien qu'il n'ait paru qu'en 1559; et encore, l'*Abbrégé de l'Art poétique* de Ronsard, ou ses préfaces pour *la Franciade,* sont ici ce que l'on peut appeler des documens nécessaires de la cause. Une doctrine littéraire, sans cesser pour cela d'être elle-même, et la même, se précise en s'appliquant; elle s'enrichit, en les absorbant ou en se les incorporant, des objections qu'on lui oppose; elle se corrige en se développant. C'est ce que l'on va voir dans cette esquisse de la poétique de la Pléiade; et, si peut-être on disait que c'est là bien de l'appareil pour l'interprétation d'un texte qui n'est ni si long ni si difficile à lire, nous répondrions qu'il faut faire attention que l'importance de ce texte passe, dans l'histoire de notre littérature, et dans celle de la formation de l'idéal classique, tout ce qu'on en a pu dire.

I

Quant à moy, si j'estoy' enquis de ce que me semble de noz meilleurs poëtes françois, je diroy', à l'exemple des stoïques qui, interrogués si Zénon, si Cléanthe, si Chrysippe sont sages, répondent certainement ceux-là avoir été grands et vénérables, n'avoir eu toutefois ce qui est le plus excellent en la nature de l'homme : je respondroy', dy-je, qu'ilz ont bien escript; qu'ilz ont illustré notre langue; que la France leur est obligée; *mais aussi diroy-je bien qu'on pourroit trouver en notre langue,* si quelque sçavant homme y vouloit mettre la main, *une forme de poësie beaucoup plus exquise...* (*Illustration,* Livre II, chap. II).

Voilà, je pense, l'intention de la Pléiade nettement et très simplement définie par les auteurs de la *Défense et Illustration :* ils ne se sont proposé que de relever la poésie de la condition, à leur avis médiocre, où elle végétait avant eux; et toute leur érudition, tout leur enthousiasme, toute leur subtilité ne se sont employés qu'à définir ou à préciser, en conséquence, les moyens de ce relèvement. Il n'y avait rien là que de facile, semblera-t-il peut-être ! En fait, et à vrai dire, c'était toute une révolution.

(1) Je cite ici le texte de l'*Illustration* d'après l'édition qu'on en pourrait appeler définitive, un vol. in-4°. Paris, 1561, Fédéric Morel; et je prie le lecteur de vouloir bien observer combien l'orthographe en est plus voisine de la nôtre qu'on ne le croirait à lire les éditions de nos jours.

Car, d'abord, c'était l'opinion qu'il s'agissait de renouveler, si c'était le poète lui-même qu'il fallait relever de l'humilité de sa situation de cour, et tirer des humbles besognes où on le voyait depuis si longtemps relégué. Quand les Saint-Gelais ou les Marot, pour ne rien dire des moindres, avaient rimé quelques *Étrennes* ou quelques *Mascarades;* quand ils avaient célébré

Quelque noce, ou festin, ou bien quelque entreprise
De masque ou de tournoi ;

quand ils avaient prêté leur plume de spirituels entremetteurs d'amour aux caprices « d'un grand prince ou de quelque grande dame, » on ne leur en demandait pas davantage ; un « doux sourire, » quelques écus payaient leur complaisance ; et d'ailleurs ils ne s'en trouvaient pas plus rabaissés, ni surtout humiliés, que de faire le lit du roi quand ils avaient l'honneur d'être l'un de ses valets de chambre. Mais les Du Bellay, les Ronsard, les Pontus de Tyard, Baïf même, du moins en l'avril de son âge, n'avaient aucune disposition à jouer un pareil rôle. Ils avaient l'âme plus indépendante; et, si c'était un métier que de faire des vers, ils prétendaient que l'on ne le considérât comme inférieur à aucun autre. Gentilshommes de race, destinés dès l'enfance aux armes, à la diplomatie, à l'Église, très fiers de leur naissance, de leur parenté, de leurs alliances, ils n'admettaient point que l'on « dérogeât » en écrivant des *Sonnets* ou des *Odes*. « La gloire des Romains, disaient-ils à ce propos, n'est moindre en l'amplification de leur langage que de leurs limites; » et, de cette gloire, même militaire, que subsisterait-il sans les poètes qui l'ont consacrée?

Vixere fortes ante Agamemnona
Multi, sed omnes illacrimabile
Urgentur ignotique longa
Nocte, carent quia vate sacro.

Les souvenirs de l'antiquité venaient ici se mêler, dans l'idée que les Ronsard et les Du Bellay se formaient du poète, au sentiment de leur dignité personnelle. « Alexandre s'écriait près du tombeau d'Achille : O bienheureux adolescent, qui as trouvé un tel buccinateur de tes louanges ! »

Mais, si ce pouvoir de faire ainsi durer éternellement les exploits des héros n'a été donné qu'à un petit nombre d'hommes,

ceux qui l'ont reçu ne sont-ils pas les premiers des mortels?
Qu'ils prennent donc enfin conscience de leur personnage, de
son importance, et de sa grandeur! Un empereur n'a-t-il pas dit
encore « qu'il voulait plutôt la vénérable puissance des lois être
rompue que les *OEuvres de Virgile*, condamnées au feu par le
testament de l'auteur, fussent brûlées? » Voilà rendre témoignage
à l'excellence de la poésie. Non, en vérité, le poète n'est pas un
homme ordinaire! Seul d'entre tous, l'inspiration « l'éveille du
sommeil et dormir corporel à l'intellectuel veiller; » elle le « révoque des ténèbres d'ignorance à la lumière de vérité, de la mort
à la vie, d'un profond oubli au ressouvenir des choses célestes
et divines; » elle en fait l'interprète, le confident, l'égal des
Dieux. Ainsi du moins s'expriment Pontus dans le premier de
ses *Dialogues;* ainsi, Du Bellay dans son Ode à Bouju, Angevin,
sur l'*Immortalité des Poètes;* et ainsi, Ronsard lui-même, Ronsard surtout, et un peu partout, mais nulle part avec plus d'abondance, et d'éloquence, et de magnificence que dans son *Ode*
célèbre à Michel de l'Hospital, chancelier de France, son chef-
d'œuvre aux yeux de ses contemporains (1) :

> Errant par les champs de la Grâce
> Qui peint mes vers de ses couleurs
> Sur les bords Dircéans j'amasse
> L'élite des plus belles fleurs...

On voit par là quelle est l'exacte signification des vers si
souvent cités de Du Bellay :

> Rien ne me plaît, hors ce qui peut déplaire
> Au jugement du rude populaire;

et qu'ils ne lui ont été dictés ni par sa vanité de gentilhomme,
ni par quelque infatuation de pédantisme ingénu, comme on l'a
semblé croire, mais par l'idée même qu'il se fait, avec ses amis,
du poète et de la poésie. Le sens en est précisément le même
que celui des vers de Ronsard, mettant ces paroles dans la
bouche du maître des Dieux :

> Ceux-là que je feindrai poètes,
> Par la grâce de ma bonté,
> Seront nommés les interprètes
> Des Dieux et de leur volonté;

(1) Il est intéressant de comparer à cette *Ode* celle que Victor Hugo, dans ses
Contemplations, a intitulée : *Les Mages*.

Mais ils seront tout au contraire
Appelés sots et furieux
Par le caquet du populaire
Méchantement injurieux.

Le « populaire » ou le « vulgaire, » ce n'est pas, à vrai dire, pour eux, la foule anonyme, ignorante et indifférente, mais, au contraire, c'est la fausse élite ; ce sont ceux qui se croient une élite et qui n'en sont pas une ; ce sont ceux qui confondent le divertissement avec l'art ; et ce sont ceux qui, comme on le leur entendra dire un jour, n'estiment pas, après tout, qu'un « bon poète » soit plus utile à l'État, ni l'honore davantage qu'un « bon joueur de quilles. » Ou, en d'autres termes encore, le « populaire » ou le « vulgaire, » aux yeux de Ronsard et de Du Bellay, ce sont tous ceux qui les ont eux-mêmes précédés, les Marot et les Saint-Gelais, les Molinet et les Meschinot, les Crétin et les Chastelain, « grécaniseurs » ou « latiniseurs, » à qui la science et le talent même n'out point tant manqué que le sentiment de la grandeur unique de l'art, et la conscience de leur dignité de poètes.

Je m'attens bien qu'il s'en trouvera beaucoup... qui diront qu'il n'y a aucun plaisir et moins de proufit à lire telz escriptz, (que les nôtres); que ce ne sont que fictions poëtiques; *et que Marot n'a point ainsi écrit.* A tels, *pource qu'ils n'entendent la poësie que de nom,* je ne suis délibéré de respondre, produisant pour défense tant d'excellens ouvrages poëtiques, grecs, latins ou italiens, *aussi aliènes de ce genre d'escrire, qu'ilz approuvent tant, comme ilz sont eux-mêmes éloingnés de toute bonne érudition.* Seulement veux-je admonester celuy qui aspire à une gloire non vulgaire, s'éloingner de ces ineptes admirateurs, et fuyr ce peuple ignorant, peuple ennemi de tout rare sçavoir. (*Illustration,* Livre II, ch. xi.)

L'expression de la même idée reparaît dans la seconde *Préface de l'Olive,* 1551, et c'est presque la seule et dédaigneuse réponse que Du Bellay ait cru devoir opposer au *Quintil Horatian.*

J'ai expérimenté, dit-il, ce qu'auparavant j'avoy', assez préveu, c'est que d'un tel œuvre (sa *Défense*) je ne rapporteroy', jamais favorable jugement de noz rhétoriqueurs François, tant pour les raisons assez nouvelles et paradoxes introduites par moy en notre vulgaire *que pour avoir, ce semble, heurté un peu trop rudement à la porte de noz ineptes rymasseurs.* Ce que j'ai faict, lecteur, non pour autre raison que *pour éveiller le trop long silence des cygnes, et endormir l'importun croassement des corbeaux,*

On ne saurait parler plus clair. Entre la Pléiade et ses adversaires, c'est de la notion ou de l'objet de la poésie même qu'il s'agit. Qu'on ne lui allègue donc plus Saint-Gelais ni Marot, ni l'auteur des *Lunettes des Princes*, ni celui du fameux rondeau, le Raminagrobis de Rabelais,

> Prenez-la, ne la prenez pas...

Le vrai poète est « ennemi mortel des versificateurs, dont les conceptions sont toutes ravalées, qui pensent avoir fait un grand chef-d'œuvre quand ils ont mis de la prose en vers. » (Claude Binet, *Vie de Ronsard*.) Il ne méprise point la foule, et, au contraire, c'est elle qu'il voudrait atteindre, ou essayer d'élever jusqu'à lui. Seulement, pour y réussir, il faut commencer par ouvrir les yeux de cette foule, et par la détourner ou la dégoûter à jamais de tout ce qui, sous le nom de poésie, n'en a été jusqu'alors que la dérision ou la caricature.

Et c'est encore la raison de la guerre qu'ils ont menée contre « les poètes courtisans. » Non pas du tout qu'ils dédaignent la Cour, et, au contraire, ils voudraient l'avoir, comme la foule, avec eux ! Mais, au lieu d'employer ou de « ravaler » le poète à des besognes inférieures, ils voudraient que la Cour apprît ce que c'est que l'interprète des Dieux, à quel prix on l'est, et surtout qu'elle sentît la différence qui sépare un Ronsard ou un Du Bellay d'un Marot. Si le poète, pour s'acquitter de ce qu'ils eussent volontiers appelé sa « mission divine » ou « sa fonction sociale, » a besoin de vivre loin de la Cour et du monde, s'il ne peut égaler ou remplir sa propre définition qu'à force de travail et de « veilles ; »

> S'il accourcit ses ans pour allonger sa gloire ;

ils voudraient que la Cour lui en sût gré, l'en payât même comme d'un sacrifice ; et, comparant leur labeur avec la facilité des versificateurs de cour, ils voudraient qu'on les honorât à proportion du dévouement qu'ils montrent pour leur art.

> Qui veult voler par les mains et les bouches des hommes doit demourer longuement en sa chambre, et qui désire vivre en la mémoire de la postérité doit, comme mort en soy-même, suer et trembler maintefois, et autant que noz poëtes courtisans boivent, mangent et dorment à leur aise, endurer de faim, de soif et de longues vigiles. (*Illustration*, Livre II, ch. III.)

C'est qu'aussi bien ce dévouement à son art, qui est le titre

sur lequel le poète fonde les privilèges qu'il réclame, est en
même temps le signe auquel on le reconnaît poète.

> Ce procès tant mené et qui encore dure,
> Lequel des deux vaut mieux, ou l'art ou la nature,
> En matière de vers à la Cour est vidé...

La Cour préfère la nature. Mais précisément, pour les poètes
de la Pléiade, il n'y a pas de plus grande erreur. « Qu'on ne leur
allègue point que les poètes naissent! » Cela ne s'entend que
d'une certaine ardeur et « allégresse d'esprit, » qu'en effet on apporte en naissant, comme on apporte son tempérament ou la
couleur de ses cheveux. Mais si cette autre ardeur ne s'y ajoute,
qui ne consiste pas moins dans l'ambition d'exceller que dans
l'avidité de savoir, il n'y a point de poète. Et dira-t-on peut-
être, à ce propos, qu'il semble que la doctrine se contredise ici?
Puisque les Dieux les ont sacrés poètes, quel besoin les poètes
ont-ils de tant de travail et d'application? Mais plutôt la doctrine se complète, elle s'achève, elle se précise, en faisant de l'avidité de savoir et de l'ambition d'exceller, — *lo gran disio d'eccel-
lenza*, — le caractère même, et comme qui dirait la preuve de
l'élection ou du décret divin. N'est-ce pas à peu près ainsi que,
dans un autre ordre d'idées, la « grâce » n'est donnée qu'à
quelques-uns? et le nombre des élus est petit, mais on les reconnaît à ce signe que, tout ce que l'on peut humainement faire
pour mériter ce don de Dieu, ils le font; et c'est cela même que
la pauvreté du langage des hommes appelle du nom de
« Grâce. »

II

Comment cependant réaliser cette idée du poète et de l'objet
ou de la « mission » de la poésie? par quels moyens? Et dans
quel sens dirigerons-nous l'effort de nos « longues vigiles? » Il
faut nous souvenir ici qu'avec toutes ses qualités, mais aussi tous
ses défauts ou tous ses manques, la *Défense* est l'œuvre d'un jeune
homme de vingt-cinq ans, — ou de deux jeunes gens qui n'ont
guère à eux deux plus de la cinquantaine; — et à vingt-cinq ans
on peut bien être le poète exquis ou le très grand poète que sont
effectivement Du Bellay et Ronsard, mais on ne serait ni l'un ni
l'autre si l'on savait comment on l'est, et bien moins encore si

l'on pouvait indiquer à un autre les moyens de le devenir! Nous ne nous étonnerons donc pas qu'aussitôt qu'il s'agit d'en venir au conseil ou à la leçon, nos réformateurs hésitent, ou plutôt, — car ils n'hésitent guère, et leur intrépidité d'affirmation ne s'émeut d'aucune contradiction, — nous ne nous étonnerons pas qu'au moment de « se formuler, » leur doctrine s'embrouille, et se confonde. Aussi bien, la langue de l'époque, inhabile ou du moins neuve encore à l'expression des idées littéraires, n'est-elle pas pour les préserver de cette confusion. Même quand ils savent ce qu'ils veulent dire, ils ne le disent pas toujours, et les textes de Cicéron, d'Horace, de Quintilien, de Vida, qu'ils copient sans le moindre scrupule, perdent, en passant par eux, quelque chose de la lucidité, de la précision, et de l'impérieuse autorité du latin.

Ils sont nets, à la vérité, et décisifs sur un point, qui est la proscription en masse de tous les anciens genres. On connaît l'invective classique :

Laisse moy, ô Poëte futur, toutes ces vieilles poësies françoises aux Jeux floraux de Toulouse et au Puy de Rouen, comme Rondeaux, Ballades, Virelaiz, Chants royaux, Chansons et autres telles épiceries qui corrompent le goust de notre langue et ne servent sinon à porter témoignage de notre ignorance. (*Illustration*, Livre II, ch. IV.)

Mais la raison de cette proscription, ils ne la donnent, je veux dire qu'ils ne la motivent nulle part ; et, si l'on a droit de supposer que, ce qui leur en a principalement déplu, comme gênant en quelque sorte la liberté de leurs mouvemens, c'est la forme fixe, leurs adversaires n'ont-ils pas beau jeu de s'écrier là-dessus :

Sonnez-lui l'antiquaille! vraiment, tu nous as bien induict à laisser le blanc pour le bis, les Ballades, Virelaiz, Rondeaux et Chants royaux pour les Sonnets, invention, comme tu dis, italienne (*Quintil Horatian*, Ed. Person, 206).

Et, au fait, c'est une première question que de savoir si les combinaisons quasi mathématiques du Sonnet ont rien en soi de moins « contraignant » que celles de la Ballade ou du Chant Royal ; mais c'en est une seconde, et plus importante, que de savoir si ces « contraintes, » que l'on rejette si délibérément, n'ont pas peut-être leur valeur d'art. Que de contraintes Horace ou Pindare ne se sont-ils pas imposées dans l'architecture de leurs

Odes, — on le prétend du moins ! — et qui niera que la facilité
même, ou l'air d'aisance et de maîtrise avec lequel ils en ont
triomphé, ne soit toute une part de leur génie poétique ?

La rime aussi est une contrainte, et cependant ni Du Bellay
ni Ronsard n'auront garde de s'en débarrasser : Baïf, seul, nous
le verrons, s'avisera de faire des vers mesurés à l'antique. Mais
si Du Bellay consent bien que la rime soit riche, — « pour ce
qu'elle nous est, dit-il, ce qu'est la quantité aux Grecs et Latins, » — il se hâte aussitôt d'ajouter :

> Quand je dy que la rythme doit être riche, je n'entens qu'elle soit con-
> trainte, et semblable à celle d'aucuns qui pensent avoir fait un grand chef-
> d'œuvre en françois quand ils ont rymé un *imminent* et un *éminent*, un *misé-
> ricordieusement* et un *mélodieusement*, et autres de semblable farine, encore
> qu'il n'y ait sens ou raison qui vaille. [*Illustration*, Livre II, ch. vii] (1).

Il répond sans doute à Thomas Sibilet, lequel, dans son
Art Poétique, distinguant cinq sortes de rimes, les classait selon
qu'elles étaient : la première « de demi-syllabe, » la seconde,
« d'une syllabe seule, » la troisième, « de syllabe et demie, » la
quatrième, de « deux ou plusieurs syllabes, » et la cinquième
enfin, la bonne ou la meilleure, de « deux, trois ou quatre syllabes. » L'auteur du *Quintil Horatian*, aussi lui, comme Sibilet,
estime fort cette dernière espèce :

> Comme tu as ôté les plus belles formes de la poésie française, — disait-il
> à Du Bellay, — *ainsi rejettes-tu la plus exquise forme de rimes que nous ayons,*
> moyennant qu'elle ne soit affectée, et cherchée trop curieusement... *La diffi-
> culté des équivoques,* qui ne te viennent pas toujours à propos, les te fait re-
> jeter. (Ed. Person, 209.)

Il est certain que Du Bellay n'admire que modérément l'équivoque, et il a sans doute raison. Mais, dans son ardeur de réagir
contre les « ineptes rymasseurs » de l'école des Molinet et des
Meschinot, n'est-il pas allé trop loin à son tour ? Assurément, il a
raison quand il demande que « la rime soit volontaire et non forcée ;
reçue et non appelée ; propre, non aliène ; naturelle, non adop-
tive ; » ou du moins il aurait raison, si ce n'étaient là de simples
antithèses qui ne rendent pas grand sens quand on essaie de les
presser. Le poète et l'orateur sont sujets à se payer de mots !

(1) Je lis dans les *Conversations de Gœthe* [traduction Délerot, II, 241, 242] :
« Aujourd'hui le mérite technique préoccupe avant tout, et MM. les critiques se
mettent à murmurer, si l'on fait rimer un *s* avec un *sz* ou un *ss*. »

On serait assez embarrassé de distinguer une rime « propre »
d'avec une rime « aliène, » et une rime » reçue » d'avec une
rime « appelée. » Mais s'est-il surtout bien rendu compte à
quel point, dans notre langue, la rime était génératrice du vers?
On prouverait aisément que les idées et les sentimens mêmes
s'engendrent souvent, dans notre poésie, de l'appel mystérieux
et lointain de la rime. La rime, en français, n'est pas sonorité
seulement, mais aussi résonance; et Ronsard ou Du Bellay, qui
l'ont bien su, comme poètes, ne semblent pas, comme critiques,
s'en être doutés.

Tu seras plus soigneux de la belle invention et des mots que de la rime,
laquelle vient assez et aisément d'elle-même, après quelque peu d'exercice
et de labeur. (*Abrégé de l'Art Poétique : de la Ryme.*)

Ainsi s'exprimera Ronsard, et on pourrait dire familièrement
qu'il en parle à son aise. Oui, « la rime vient assez aisément d'elle-
même » quand on est Ronsard ou Du Bellay! Mais quand on ne
l'est pas? Quand on ne l'est pas, il y a lieu d'être surpris de les
entendre dire : « Je ne veux que notre poète *regarde si supersti-
tieusement à ces petites choses*, et lui doit suffire que les deux
dernières syllabes soient unisones. » Cette indifférence un peu dédaigneuse ne s'accorde guère avec leur ambition d'art; et on
aimerait que, tout en proscrivant sans pitié les jeux inutiles de
rimes, ils eussent toutefois mieux reconnu, défini, et montré
toute l'importance de la rime, le moyen d'art qu'elle est, et les
effets que l'on en peut tirer.

Mais où leurs idées, et surtout leurs expressions, achèvent de
se brouiller, c'est au chapitre de l'*Imitation des anciens auteurs
Grecs et Romains*, et notamment quand il s'agit d'en concilier
les leçons avec leur désir passionné « d'amplifier la langue
française. » Car c'était bien en français qu'ils voulaient réaliser
leur idée du poète ou de la poésie, et, à cet égard, le titre même
de *Défense et Illustration de la Langue française* exprimait bien
le fond de leur pensée. L'auteur du *Quintil Horatian* le leur
reprochait en ces termes :

Ce titre, — disait-il, — est de belle parade, magnifique promesse et très
grande attente, mais, à le bien considérer, il est faux... Car, comme un Lacon
— un Lacédémonien, — à un rhéteur lui présentant une oraison des
louanges d'Hercule, en les refusant répondit : « Qui est-ce, dit-il, qui le
blâme ? » ainsi pouvons-nous dire : Qui accuse, ou qui a accusé la langue
francaise? (Ed. Person, 207.)

L'habile homme jouait sur les mots. On « n'accusait » pas la
langue française ; mais on ne « l'employait » point ! Une tradition régnait encore, héritée de la scolastique, et, — sans parler
de ceux qui écrivaient en latin leurs *Grammaires françaises*, —
il était convenu que, si l'on prétendait aborder de certaines matières, plus hautes, plus abstraites, plus difficiles, il y fallait
appeler le latin. Longueil, le cicéronien, et Budé, le grand Budé,
nous en sont de sûrs témoins. Heureux encore que celui-ci ne
se fût pas avisé d'écrire en grec son *De transitu hellenismi ad
christianismum !* Il l'eût pu, s'il l'eût voulu. Pareillement, c'est
en latin que Calvin avait d'abord écrit son *Institution chrétienne*,
et s'il l'avait mise plus tard en français, ce n'avait pas été, tout
au rebours de Ronsard et de Du Bellay, pour « l'illustrer, » mais
au contraire pour la « vulgariser, » pour en répandre la doctrine
parmi ceux qui ne se piquaient point d'humanisme, petites
gens, humbles artisans d'Orléans ou de Meaux. Les poètes eux-
mêmes composaient en latin, Étienne Dolet, Nicolas Bourbon,
Salmon Macrin, Jean Voulté, Théodore de Bèze, dont les *Poc-
mata* venaient précisément de paraître, en 1548, quelques mois
avant la *Défense et Illustration.* C'était toujours le latin qui donnait la réputation, à défaut de la fortune. Et quiconque écrivait
en français, comme Rabelais ou comme Marot, si ce n'était pas
précisément un aveu d'ignorance qu'il faisait, il se « classait, »
du moins, je serais tenté de dire : il se disqualifiait ; il s'adressait
à un autre public, moins cultivé, plus facile à contenter, moins
curieux d'instruction ou de profit que d'agrément ; il prenait
rang dans le nombre des « auteurs simplement plaisans. »
Contre tous ces latineurs, en revendiquant les titres de la langue
française, et par exemple, en établissant « qu'elle n'est incapable
de la philosophie. » Ronsard et Du Bellay ne s'attaquaient donc
pas à des ennemis imaginaires ; ils accomplissaient une besogne
urgente ; et on s'explique tout naturellement leur insistance
sur ce point :

> Je ne puis assez blâmer la sotte arrogance et témérité d'aucuns de notre
> nation, — écrivait Du Bellay, — qui n'estans rien moins que Grecs ou Latins
> desprisent et rejettent d'un sourcil plus que stoïque toutes choses escriptes
> en françois, et ne me puis assez esmerveiller de l'opinion d'aucuns sçavans
> qui pensent que nostre vulgaire soit incapable de toutes bonnes lettres et
> érudition. [*Illustration*, Livre I, ch. 1.]

Pontus de Tyard revenait à la charge, et après avoir loué

délicatement « les vers de quelques damoiselles, » — Pernette du Guillet, je pense, Claudine Scève ou Louise Labé, — il disait :

> Au moins par tels exemples seront contraints les sévères censeurs, ennemis de notre vulgaire, de rougir et de .confesser... que l'esprit logé en délicat corps féminin, et la langue françoise sont plus capables des doctrines abstruses que leurs grosses têtes coiffées de stupidité, et, quant aux langages, que le nôtre peut être haussé en tel degré d'éloquence que ni les Grecs ni les Latins auront à penser qu'il leur demeure derrière. [*Solitaire Premier*, édition de 1587, p. 32.]

Et qui ne connaît l'éloquente invective de Ronsard ?

> C'est un crime de lèze-majesté d'abandonner le langage de son pays, vivant et florissant, pour vouloir déterrer je ne sais quelle cendre des anciens... Comment veux-tu qu'on te lise, latineur, quand à peine lit-on Stace, Lucain, Sénèque, Silius et Claudien qui ne servent que d'ombre muette en une étude; auxquels on ne parle jamais que deux ou trois fois en sa vie, encore qu'ils fussent grands maîtres en leur langue maternelle? Et tu veux qu'on te lise, qui as appris en l'école, à coup de verges, le langage étranger que sans peine et naturellement ces grands parlaient à leurs valets, nourrices et chambrières! [*Seconde Préface sur la Franciade.*]

On ne saurait plaider plus éloquemment la cause de la langue maternelle. Malheureusement, c'était ici qu'apparaissait la contradiction et, pour ainsi parler, dans le passage même de la « défense » à « l'illustration » de la langue. Car on proposait bien divers moyens de l'amplifier ou de la magnifier, tels que « d'usurper quelquefois des vocables non vulgaires; » et d' « inventer de nouveaux mots; » et d'en rajeunir d'antiques, « pour les enchâsser en son poème, ainsi qu'une pierre précieuse et rare; » mais ce n'étaient là que de petits moyens, des moyens de peu de portée, sur la valeur desquels ni Du Bellay, ni Ronsard, à en juger du moins par leurs vers, ne se faisaient d'illusion. Archaïsmes, néologismes, provincialismes, on a dressé le total de leurs « inventions » en ce genre, et il ne dépasse pas, si seulement il atteint ce qu'on en trouverait dans Rabelais (1). Un conseil plus utile était celui que Du Bellay donnait en ces termes, et surtout un enseignement plus fécond :

> Encores te veux-je avertir de hanter quelquefois non seulement les sçavans, mais aussi toutes sortes d'ouvriers et gens mécaniques, comme mariniers, fondeurs, peintres, engraveurs et autres, sçavoir leurs inventions, les

---

(1) Cf. Marty-Laveaux : *La langue de la Pléiade*, 2 vol. in-8°. Paris, 1896-1898. A. Lemerre.

noms des matières, des outils, et les termes usités en leurs arts et mestiers, pour tirer de là ces belles comparaisons et vives descriptions de toutes choses. [*Illustration*, Livre II, ch. xi.]

Et Ronsard, à son tour :

Tu pratiqueras bien souvent les artisans de tous métiers, comme de marine, vénerie, fauconnerie, et principalement les artisans de feu, orfèvres, fondeurs, maréchaux, minéraliers; et de là tireras maintes belles et vives comparaisons, avec les noms propres des métiers, pour enrichir ton œuvre et le rendre plus agréable et plus parfait. [*Abrégé de l'Art Poétique*, au préambule.]

Il est certes fâcheux que, de toutes les leçons de nos réformateurs, ce soit celle-ci que nos poètes, pendant deux cent cinquante ans, dussent le moins retenir! Elle les eût préservés de leur tendance à nommer les choses par les noms les plus généraux, et à confondre ainsi l'esthétique de la poésie avec celle de la prose. Mais, de tous les moyens le plus sûr, celui que recommandaient tout particulièrement Ronsard et Du Bellay, c'était encore l' « imitation des anciens auteurs grecs ou romains; » et naturellement, on leur demandait comment, par quel artifice ils accordaient ensemble cette « défense » de la langue française et cette « apologie » du latin et du grec? »

Je ne vois comme se peut entendre ceci, — reprenait l'auteur du *Quintil Horatian*, — car, si Grecs et Romains nous faut chercher, que sera-ce? Ou les choses? ou les paroles? Si les choses, tu te contredis... et encore ou ce sera par translation ou par tractation? Si par translation, tu la défends; si par tractation, c'est redite de même chose en autre langue à nous propre et rien pour cela enrichie de parolles. [Ed. Person, 201.]

A quoi Ronsard et Du Bellay ne répondaient rien, ou peu de chose. Et ce n'est pas qu'il y eût contradiction au fond de leur pensée : il n'y avait que confusion. Peu exercés encore au maniement des idées générales, leur expression se sentait de la pauvreté relative, de la raideur, de l'imprécision de la langue, de la nouveauté de leur dessein, et, en deux mots, de tous les défauts dont ils prétendaient la guérir en la mettant elle-même à l'école de l'antiquité. Ce qu'il y a de plus rare quand on écrit, n'est-ce pas de dire tout ce que l'on veut dire, et, en le disant, de ne dire que ce que l'on veut dire? Mais vraiment c'est alors que la critique et l'histoire ne serviraient de rien, si nous ne voyions pas quelquefois plus clair que son auteur lui-même dans la signification d'un vieux texte, ou dans les apparentes contradictions d'une antique doctrine.

Ce que les auteurs de la *Défense et Illustration* ont donc voulu dire, avec leur théorie de l'imitation des anciens, et ce qu'en somme ils ont dit, c'est que, la langue française étant capable en soi d'égaler le latin et le grec, elle n'y pouvait réussir qu'en imitant les moyens qui jadis avaient porté ces langues elles-mêmes à leur perfection. Et, en effet, on ne dérobe à quelqu'un le secret de son art qu'en se résignant soi-même à pratiquer, pour commencer, le rudiment de cet art; ou encore, et de même que l'obéissance est l'apprentissage du commandement, ainsi l'imitation est le noviciat de l'originalité. Je me sers exprès de ces mots de « noviciat » et d' « apprentissage, » comme rendant mieux que d'autres, si je ne me trompe, le second, ce qu'il y a de provisoire, et le premier de quasi religieux dans l'imitation des anciens, telle que l'ont conçue Ronsard et Du Bellay. Mais les mêmes poètes, à qui l'on reprochera plus tard d'avoir voulu parler grec et latin en français, et dont les œuvres, nous le verrons, ne laissent pas de donner prise à cette accusation, — parce que la doctrine est une chose, et l'application en est une autre, — sont au contraire, dans la *Défense et Illustration,* plus indépendans que leurs critiques eux-mêmes de cette antiquité gréco-latine. Ils en sont plus émancipés que ne le seront Voltaire ou Boileau! Qu'on se rappelle seulement à ce propos la conclusion de leur opuscule.

Là donques, François, marchez courageusement vers cette superbe cité romaine, et des serves despouilles d'elle, comme vous avez fait plus d'une fois, ornez voz temples et autelz. Ne craignez plus ces oyes criardes, ce fier Manlie et ce traître Camille qui sous ombre de bonne foi vous surprenne tous nuz, contans la rençon du Capitole. Donnez en cette Grèce menteresse et y semez encor' un coup la fameuse nation des Gallo Grecs. Pillez-moi sans conscience, les sacrez thrésors de ce temple delphique, ainsi que vous avez fait autrefois; et ne craignez plus ce muet Apollon, ses faulx oracles, ni ses flesches rebouchées. vous souvienne de vostre antique Marseille, seconde Athènes, et de vostre Hercule Gallique tirant les peuples après lui par leurs oreilles avecques une chaîne attachée à sa langue.

Or, précisément, c'était ce que les latineurs et grécaniseurs, au sentiment de Ronsard et de Du Bellay, n'avaient pas fait jusqu'alors. Ces dépouilles de l'antiquité, ils ne se les étaient point « rendues serves, » et, comme il dit ailleurs, ces sacrés trésors

du temple delphique, nos rhétoriqueurs ne se les étaient point
du tout « convertis en sang et nourriture. » On les avait vus
s'efforcer de devenir eux-mêmes Latins et Grecs, au lieu que,
de ces Grecs et de ces Latins, il eût fallu s'efforcer de faire des
Français. S'il y a deux manières d'user de la tradition, dont la
première est de s'y conformer judaïquement, et la seconde au
contraire de n'en retenir que ce qu'il faut pour « la continuer »
en la transformant, on avait pratiqué jusqu'ici la première. Mais
la *Défense* n'était qu'un long et chaleureux plaidoyer en faveur
de la seconde. On n'étudiera désormais le latin et le grec que
pour apprendre d'eux à s'en passer un jour; et, à ce propos, je
ne sais si l'on fait assez de compte du curieux passage où Du
Bellay l'a formellement déclaré :

Songeant beaucoup de fois (1) d'où provient que les hommes de ce siècle
généralement sont moins sçavans en toutes sciences et de moindre pris que
les anciens, entre beaucoup de raisons, je trouve celle-ci que j'oseroy' dire la
principale : c'est l'étude des langues grecque et latine. Car, si le temps que
nous consumons à apprendre lesdites langues, estoit employé à l'étude des
sciences, la nature certes n'est point devenue si brehaigne qu'elle n'en-
fantast de notre temps des Platons et des Aristotes. [*Illustration*, Livre I., ch. x.]

Qu'est-ce à dire, sinon que l'imitation des anciens, nécessaire
de ce que l'on appelle une « nécessité de moyen, » ne le sera pas
toujours? que le temps viendra de ne plus aller à l'école? et
qu'à vrai dire, en refusant d'y aller, c'est l'échéance de ce moment
même qu'on recule?

On le voit donc, la contradiction n'est qu'apparente ou superficielle, entre le conseil que donne la *Défense* sur l'imitation des
anciens, et l'ambition que l'auteur nourrit « d'amplifier et de
magnifier la langue. » Il n'y en a pas davantage entre cette am-
bitiou, quoi qu'on en ait pu dire, et les conditions générales
d'évolution ou de développement d'une langue. C'est Du Bellay
qui a raison : une langue littéraire est ce que la font les hommes
qui la parlent, ou plutôt qui l'écrivent.

Donques les langues ne sont nées d'elles-mêmes en façon d'herbes, de
racines et d'arbres : les unes infirmes et débiles en leurs espèces, les autres
saines et robustes et plus aptes à porter le fais des conceptions humaines,
mais toute leur vertu est née au monde du vouloir et arbitre des mortelz...

(1) On notera qu'il joint ici l'exemple au précepte, et qu'il ne fait, dans ce passage, que traduire ou s'approprier, pour une fin particulière, le début du *De Oratore*
de Cicéron : « *Cogitanti mihi sæpe numero*, etc.

Il est vrai que par succession de temps *les unes pour avoir été plus curieuse-ment reiglées sont devenues plus riches que les autres*, mais cela ne se doit attri-buer à la félicité desdites langues, ains au seul artifice et industrie des hommes. [*Illustration*, Livre I., ch. 1.]

Il a tort en ce qu'il dit de l'originelle ou première éga-lité des langues, et nous savons aujourd'hui qu'elles sont nées, les unes « infirmes et débiles en leurs espèces » et les autres « saines, robustes, et plus aptes » à porter la pensée. Le grec et le latin n'ont pas les mêmes qualités ni les mêmes défauts. Mais il a raison en ce qu'il dit du droit supérieur et du pouvoir effectif de l'écrivain sur la langue. Nous ne pouvons pas développer ou perfectionner une langue à contresens de ses aptitudes, mais ses aptitudes sont plus étendues, plus diverses, moins limitées qu'on ne le croirait avant de les avoir cultivées; et, dans cette mesure, il est absolument vrai que ses grands écrivains sont les maîtres de son perfectionnement ou de son développement. Aussi, de toutes les idées de la *Défense*, aucune, et tout de suite, ne devait-elle devenir plus féconde en conséquences, ni plus caractéristique de l'esprit classique naissant. « Régler curieusement la langue, » pour l'enrichir d'autant, telle allait être, chez tous nos écrivains, prosa-teurs ou poètes, l'une de leurs préoccupations les plus constantes. *Duas res gens Gallica industriosissime persequitur, rem militarem et argute loqui :* le trait de race allait reparaître; une évolution voulue, succéder à l'évolution naturelle de notre « vulgaire; » et cet effort de volonté contribuer, — pour quelle part, nous le ver-rons, — à la fortune de la littérature et des idées françaises.

On en pourrait presque dire autant de la doctrine de la dis-tinction ou de la hiérarchie des genres, telle qu'elle commence à se préciser dans le manifeste de la Pléiade. Qu'est-ce qu'un « Genre littéraire? » Assurément les auteurs de la *Défense* ne se sont pas posé la question avec cette netteté; et ils ne le pou-vaient pas. Ils ne pouvaient pas davantage distinguer nettement ces genres les uns des autres, et encore moins les classer. Pour-tant, on ne laisse pas d'être surpris, à cet égard, du peu de cas que Ronsard et Du Bellay semblent avoir fait du théâtre.

Quant aux comédies et tragédies, si les roys et les républiques les vou-loient restituer en leur ancienne dignité, qu'ont usurpée les farces et les moralitez, je seroy' bien d'opinion que tu t'y employasses, et si tu le veux faire pour l'ornement de ta langue, tu sçais où tu en dois trouver les arché-types. [*Illustration*, Livre II, ch. IV.]

C'est tout ce qu'ils en disent, sans plus; et peut-être n'en eus-
sent-ils rien dit, s'ils n'avaient cru devoir répondre à ce passage
de Thomas Sibilet dans son *Art poétique :*

La *Moralité* française représente en quelque chose la tragédie grecque
et latine... Et si le Français s'était rangé.à ce que la fin de la Moralité fut
toùjours triste et douloureuse, la Moralité serait tragédie. [*Art poétique,*
Éd. de 1548, p. 62.]

Il faut attendre que Jodelle, que la Péruse, que Grévin aient
paru. Mais ce qu'en tout cas les auteurs de la *Défense* ont bien
su, c'est qu'il n'est pas vrai que tous les « genres littéraires » se
vaillent; et ce qu'ils ont affirmé, c'est qu'il y en a d'inférieurs.

O combien je désire voir sécher ces *Printemps,* chastier ces *Petites Jeu-
nesses,* rabbatre ces *Coups d'essai,* tarir ces *Fontaines,* brief abolir tous ces
beaux tiltres assez suffisans pour dégoûter les lecteurs sçavans d'en lire
davantage. Je ne souhaite moins que ces *Dépourous,* ces *Bannis de liesse,* ces
Esclaves, ces *Traverseurs* soient renvoyés à la table ronde, et ces belles
petites devises aux gentilzhommes et damoiselles d'où on les a empruntées.
Que diray plus ? Je supplie à Phébus Apollon que la France, après avoir été
si longuement stérile, grosse de lui, enfante bientôt un poëte dont le luth
bien résonant face taire ces enrouées cornemuses. [*Illustration,* Livre II,
ch. xi.]

Et ce qui est encore certain, c'est qu'en substituant aux
« épiceries » des vieux rhétoriqueurs les genres des anciens, s'ils
en ont, comme ils disaient en leur langue, « extollé » deux par-
dessus les autres, l'*Ode* et le *Long poème françois,* leur admiration
ne s'est pas trompée tout à fait dans ses préférences.

Il est vrai qu'ils y ont ajouté le *Sonnet,* et nous avons dit
quelle résistance l'innovation avait soulevée. Le sonnet, pour
l'auteur du *Quintil Horatian,* avait premièrement le tort d'être
italien d'origine, étranger par conséquent; et de n'être, en second
lieu, comme la ballade et le rondeau, qu'un poème à forme fixe
mais moins « savant » en ses « croisures. » Tout autre était
l'avis de Ronsard et de Du Bellay :

Sonne-moi ces beaux sonnets, — disaient-ils à leur poète futur, — *non
moins docte que plaisante invention Italienne,* conforme de nom à l'*Ode,* et différente d'elle, seulement pour ce que le sonnet a certains vers reiglez et
limitez, et l'*Ode* peut courir par toutes manières de vers librement... Pour
le sonnet donc tu as Pétrarque et quelques modernes italiens. [*Illustration,*
Livre II, ch. iv.]

On est d'ailleurs un peu étonné que Du Bellay, qui connaissait Dante, ne l'ait pas cité au même rang que Pétrarque, si la *Vita Nuova* n'est qu'un Canzoniere mêlé de son propre commentaire; si c'est Dante qui le premier peut-être a bien vu que le sonnet n'était ou ne devait être qu'une forme ou une espèce du lyrisme; et si les *Canzoni* ou les *Ballate* de la *Vita Nuova* lui ont à lui-même, Du Bellay, dans ses *Vers lyriques*, servi plus souvent de modèles que les *Odes* d'Horace et surtout de Pindare (1). Au reste, pour avoir « certains vers réglés et limités, » le sonnet n'est pas plus que l'ode pindarique un poème à forme fixe, s'il convient, comme je le crois, de voir le caractère essentiel du poème à forme fixe dans le refrain, — *responsorium*, ainsi que le note encore Dante, — c'est-à-dire dans la répétition des mêmes mots, compliquée de l'effort que l'on fait pour que cette répétition de mots ne soit pas une répétition d'idées. Et bien loin que le dernier vers du sonnet, comme l'*Envoi* de la ballade ou le dernier vers du rondeau, « le ferme » pour ainsi parler, nous avons déjà dit qu'au contraire il l' « ouvrait » sur l'infini du rêve : un beau sonnet n'est beau de rien tant que de l'ouverture ou de l'ampleur de ce dernier vers. C'est ce que les poètes de la Pléiade ont bien su. Nous ajouterons qu'en acclimatant sous notre ciel de France la forme étrangère du sonnet, ils n'ont pas seulement enrichi notre poésie d'une forme d'art aussi supérieure à nos genres à forme fixe qu'elle en est différente, mais ils ont fait preuve d'une juste reconnaissance envers leurs maîtres italiens; ils ont mêlé à l'imitation des anciens l'accent de « modernité » qui est celui de Dante ou de Pétrarque; et ils ont enfin rendu à l'inspiration personnelle du poète ce que l'on va voir que leur conception du *Long Poème françois* et de l'*Ode* même lui ravissait de liberté.

Telle en effet qu'ils l'ont conçue d'abord, dans la *Défense*, avec son appareil soi-disant pindarique, — strophe, antistrophe, épode, — l'*Ode* n'a guère de liberté que du côté de la science ou de l'érudition, et c'est ce qui explique assez bien qu'eux-mêmes, en en

---

(1) Que Du Bellay connût Dante, c'est ce qui résulte de la mention qu'il en fait dans son Ode à Madame Marguerite : *D'escrire en sa langue*; et puisqu'il l'y rapproche de Bembo, il eût sans doute pu, et avec plus de raison, le rapprocher de Pétrarque.

La *Vita Nuova* contient en effet quelques-uns des plus beaux sonnets de la langue italienne, moins sensuels que ceux de Pétrarque, plus platoniques en ce sens, et plus voisins enfin de l'inspiration générale de l'*Olive* de Du Bellay.

faisant tant d'éloge, semblent toutefois s'en être assez promptement fatigués. *Cantique, Chant lyrique, Ode* ou *Chanson*,
c'était tout un pour Thomas Sibilet et pour l'auteur du *Quintil
Horatian.* Avec une rare ininintelligence de ce qu'il disait, Sibilet
recommandait aux jeunes studieux de « choisir le patron des
Odes en Pindarus, poète grec, en Horace latin, » et... en Saint-
Gelais, « qui en était, disait-il, *auteur tant doux que divin.* » [*Art
poétique*, p. 57.] Et sur la phrase de Du Bellay :

> Chante-moi ces Odes inconnues encore de la Muse française,

l'auteur du *Quintil Horatian* répondait à son tour :

> Vray est que le nom d'*Ode* a été inconnu, comme pérégrin et grec
> escorché, et nouvellement inventé entre ceux qui, en changeant les noms
> cuident desguiser les choses ; mais le nom de *chant* et de *chanson* est
> bien connu et reçu comme français. [Ed. Person, 203.]

Quelle était donc, en réalité, la différence de la chanson et
de l'*Ode* ? Ni Du Bellay, ni Ronsard ne se sont expliqués sur ce
point, et ce qu'ils sentaient si profondément, les mots ne leur
ont nulle part manqué plus cruellement pour le dire. Si l'on en
croyait Ronsard, dans la *Préface* un peu naïve de ses *Odes*,
l'objet de l'*Ode* serait la louange des hommes constitués en
« honneurs, » et

> s'il ne connaît en eux chose qui soit digne de grande recommandation, le
> poète doit entrer dans leur race, et là chercher quelqu'un de leurs aïeux,
> jadis braves et vaillans, ou les honorer par le titre de leur pays, ou de
> quelque heureuse fortune survenue soit à eux, soit aux leurs, ou par autres
> vagabondes digressions, industrieusement brouillant ores ceci, ores cela.

On ne peut là-dessus s'empêcher d'admirer la générosité de
ceux qui l'ont récompensé de les avoir loués de la sorte! Du
Bellay, lui, moins flatteur, mais, en vérité, plus pindarique encore, recommande au poète qu'il n'y ait, dans ses *Odes*, « vers où
n'apparaissent quelques vestiges de rare et antique érudition. »
Et, un peu plus loin :

> Prens bien garde que ce genre de poëme soit éloingné du vulgaire, et
> illustré de mots propres, et épithètes non oysifz, orné de graves sentences,
> et varié de toutes manières de couleurs et ornements poétiques. [*Illustration*,
> Livre II, ch. IV.]

Nulle recommandation ne pouvait être alors plus dangereuse
à suivre : l'*Ode*, ainsi définie, n'apparaissait proprement que

comme une chanson de pédant. Et il est bien vrai qu'elle est souvent cela dans Horace, mais, dès le temps de la Pléiade, il semble qu'elle pût être quelque chose d'autre ou de plus; de moins « artificiel, » de plus libre, de plus intérieur au poète; et c'est encore ce que ne semblent pas avoir très bien vu les auteurs de la *Défense et Illustration*.

Ont-ils mieux défini le *long poème françois*, par des traits plus caractéristiques et plus essentiels? Ce que du moins il convient d'observer sur ce point, c'est qu'ils l'ont conçu, très savant, comme l'*Ode*, mais plus libre cependant que l'*Ode*, et plutôt sur le modèle du *Roland furieux* que de l'*Enéide* ou de l'*Iliade*.

> Comme un Arioste, italien, — dit la *Défense* à ce propos, — qui a bien voulu emprunter de notre langue les noms et l'histoire de son poëme, choisy-moi quelqu'un de ces beaux vieux romans françois, comme un Lancelot, un Tristan, ou autres, et en fay renaître une admirable Iliade et laborieuse Énéide. [*Illustration*, Livre II, ch. v.]

Une « *admirable* Iliade » et « une *laborieuse* Énéide : » voilà qui est bien vu et finement senti! Il ne craindrait d'ailleurs pas, « n'était la sainteté des vieux poèmes, » de comparer « un Arioste... à un Homère et à un Virgile; » et c'est encore justement rendre hommage à l'Italie. Le rôle de l'influence italienne a été pour le moins aussi considérable, dans la formation de la poétique de la Pléiade, que celui de l'influence antique. Et si Ronsard a, dans sa *Franciade*, pour des raisons que l'on verra, préféré le sujet des « origines françaises » à celui des *Amadis* ou de *la Table Ronde*, et s'il y a fait, selon son habitude, à l'antiquité de larges emprunts, le thème en est cependant bien « moderne. » Un autre grand Italien, quelques années plus tard, Torquato Tasso, dans sa *Jérusalem*, exécutera son poème, si je puis ainsi dire, dans les données générales de la *Défense*, et d'une heureuse combinaison de l'histoire avec les « vieux romans français » fera sortir un chef-d'œuvre. Mais ici encore, malheureusement, Ronsard et Du Bellay ont manqué de précision. Ils en ont manqué à ce point, sur cet article du « long poème françois, » que c'est même un des rares chapitres de la *Défense* où l'aigre censeur du *Quintil Horatian* n'ait trouvé ni une idée ni un mot à reprendre. Et nous, pour achever de caractériser la poétique de la Pléiade, c'est ce qui nous amène à demander ce que Ronsard et ses amis, dans ces belles formes, dont ils ont si bien apprécié la valeur esthétique, ont donc prétendu que l'on mît, quel contenu dans ce contenant d'un dessin si savant et si pur, et quelles idées, quels sentimens, quelle liqueur dans ces amphores ?

III

On ne serait pas juste, si l'on répondait d'un mot trop général qu'ils ont prétendu que l'on y versât de « l'enthousiasme ; » et on a déjà vu qu'au contraire, tout en accordant beaucoup à leur poète, ils ont aussi exigé beaucoup de lui. Leur poète sera laborieux et savant ; il faudra qu'il possède l'encyclopédie des connaissances de son temps ; et les philosophes ne lui seront pas moins familiers que les poètes eux-mêmes, ses modèles et ses maîtres.

Quant aux figures des sentences, et des mots, et toutes les autres parties de l'élocution, les lieux de commisération, de joye, de tristesse, et d'ire, et toutes autres commotions de l'âme, je n'en parle point après un si grand nombre d'excellens philosophes et orateurs qui en ont traité, et que *je veux avoir esté bien leuz et releuz de notre poëte,* premier qu'il entreprenne quelque haut et excellent ouvrage. [*Illustration,* Livre II, ch. ix.]

Même la science proprement dite, — ou ce que nous appelons aujourd'hui de ce nom, mathématiques, astronomie, physique, histoire naturelle, — ne lui sera pas étrangère ; et, comme autrefois Aratus, il devra pouvoir décrire les *Phénomènes* et les *Météores,* ou comme Callimaque, en sa *Chevelure de Bérénice,* mêler habilement l'érotisme et l'astronomie. Quelques *Hymnes* de Ronsard seront vraiment de la poésie philosophique, et le *Microcosme* de Maurice Scève, qui ne paraîtra qu'en 1562, sera l'abrégé des connaissances de son temps. Pontus de Tyard abandonnera les vers pour la prose, et traitera, dans son *Premier Curieux,* de « la Nature du monde et de ses Parties. » Il est, nous l'avons dit, le philosophe de la Pléiade. Et, nous l'avons également vu, cette « philosophie » ne se bornera point aux spéculations de la métaphysique et de la morale, mais elle descendra au détail des arts ou des métiers mêmes. Elle sera curieuse du langage et des occupas destion « ouvriers, laboureurs mêmes et toutes sortes de gens mécaniques. »

Un pas encore, et ce serait déjà le réalisme de l'observation, et de fait, il s'en faut de bien peu que Ronsard n'y voie une loi de l'art.

Tu imiteras les effets de la nature en toutes tes descriptions, suivant Homère. Car, s'il fait bouillir de l'eau en un chaudron, tu le verras premier fendre son bois, puis l'allumer et le souffler, puis la flamme environner la panse du chaudron tout alentour, et l'écume de l'eau se blanchir et s'enfler à gros bouillons avec un grand bruit, et ainsi de toutes les autres choses. [*Préface de la Franciade.*]

Il avait déjà dit, dans la *Préface* de ses *Odes :*

Je suis de cette opinion que nulle poésie ne se doit louer pour accomplie, si elle ne ressemble la nature, laquelle ne fut estimée belle des anciens que pour être inconstante et variable en ses perfections.

Mais, de ce qu'il disait là, sans doute n'avait-il pas entrevu la portée, ni même le vrai sens, car eût-il, en ce cas, ajouté :

qu'en telle imitation de la nature, consiste toute l'âme de la poésie héroïque, laquelle n'est qu'un enthousiasme et fureur d'un jeune cerveau ?

Nous en revenons donc à « l'enthousiasme » comme principe ou comme thème de l'inspiration du poète, et au « désir de l'immortalité, » *perpetuandi nominis desiderium,* comme immortel aliment de cet enthousiasme lui-même.

Cherche un renom qui les âges surmonte,
Un bruit qui dure, une gloire qui monte
Jusques aux Cieux, et tente à cet effet
Si tu veux être un poète parfait
Mille sujets de mille et mille modes
Chants pastoraux, hymnes, poèmes, odes.
Fuyant surtout ces vulgaires façons
Ces vers sans art, ces nouvelles chansons
Qui n'auront bruit à la suite des âges
Qu'entre les mains des filles et des pages.
. . . .
Par ce chemin, loin des touches menues,
A branche d'aile on vole outre les nues,
Se couronnant à la postérité
Des rameaux saints de l'immortalité.

Entre tant d'expressions que Ronsard a laissées du même sentiment, si nous choisissons celle-ci, c'est qu'il n'y en a pas qui se rapporte mieux à ce passage de la *Défense :*

Les allèchemens de vénus, la gueule, les ocieuses plumes ont chassé d'entre les hommes tout désir de l'immortalité... mais quelque infélicité de siècle où nous soyons, ne laisse pourtant à entreprendre une œuvre digne de toy, espère le fruit de ton labeur de l'incorruptible et non envieuse postérité : c'est la gloire, seule eschele par les degrez laquelle les mortelz d'un pié léger montent au ciel, et se font compagnons des Dieux. [*Illustration*, Livre II., ch. v.]

Ni l'un ni l'autre n'a jamais douté que ce sentiment, très généreux d'ailleurs, pût suffire à soutenir, et, — quelque sujet qu'il traitât, — à renouveler l'inspiration du poète.

Ils y en ont ajouté cependant un autre, qui est l'amour de la patrie française, et on sait, à ce propos, que Du Bellay a passé longtemps pour avoir introduit le premier ce mot même de « *Patrie* » dans notre langue. C'est précisément dans la dédicace de la *Défense* à son puissant parent et patron, « Monseigneur le révérendissime cardinal Du Bellay; » et l'auteur du *Quintil Horatian* lui avait même fait là-dessus une chicane étrange. « Qui a *Pays* n'a que faire de *Patrie*, » lui disait-il; et il en donnait cette surprenante raison que *Patrie* n'était qu'une « escorcherie du latin, » et le vrai mot français était *Pays*, qui venait de « fontaine grecque! » Mais s'il est aujourd'hui certain que Du Bellay n'est pas le premier qui se soit servi du mot, les pages les plus éloquentes de la *Défense*, — et, en particulier, tout un chapitre qu'il a consacré : *Aux louanges de la France*, le douzième de la seconde partie, — sont là pour attester qu'il a vraiment vu, comme Ronsard, dans la rénovation de la poésie française, une tâche que nous appellerions aujourd'hui « patriotique. » Contemporain de l'*Hymne à la France* de Ronsard, 1549, le passage qui commence par ces mots : « Je ne parlerai ici de la tempérie de l'air, fertilité de la terre, et abondance de tous genres de fruits, » — ce passage, comme l'*Hymne* de Ronsard, peut bien être, et je le crois, imité de l'éloge de l'Italie dans les *Géorgiques : Salve, magna parens frugum*, mais l'accent n'en est pas moins personnel à Ronsard et à Du Bellay; et c'était la première fois qu'il se faisait entendre; et on pourrait dire qu'en la résumant, cette dernière observation symbolise toute leur poétique. Ils ont estimé que, de l'entreprise qu'ils tentaient, l'enrichissement qui résulterait pour la langue nationale serait lui-même une extension du nom, et un accroissement de la grandeur française.

Aussi, de tous les reproches que leurs adversaires leur ont

adressés, n'en est-il pas de moins fondé, de plus injuste, de plus contraire à la vérité que celui d'avoir, en important des « genres étrangers » dans une littérature jusqu'à eux prétendûment nationale, détourné cette littérature elle-même de ses vraies destinées. L'opposition des Sibilet, des Fontaine, des Aneau, de tant d'autres encore, à la « poétique de la Pléiade » a été plus que l'opposition d'une école dérangée dans ses habitudes ou dépossédée de son public et de son antique réputation, mais il y faut reconnaître l'opposition de l'esprit du moyen âge à celui de la Renaissance. Non seulement ils n'ont pas vu, qu'en dépit des apparences, ces admirateurs des anciens étaient à leur date les vrais modernes, mais ils n'out pas compris qu'en essayant de ravir à l'Italie et à l'antiquité la gloire de l'art et de la poésie pour les transporter à la France, c'était encore les Ronsard et les Du Bellay qui travaillaient dans l'intérêt et pour le profit de la patrie commune De telle sorte que la contradiction qu'on a cru trouver entre les doctrines de la Pléiade sur l' « imitation des anciens, » et son ambition de « magnifier la langue, » non seulement n'en est pas une, mais. au contraire, la prétendue contradiction est l'âme même de cette « poétique. » En 1550, on ne pouvait rien faire de plus « français » en poésie, que de se mettre à l'école de l'Italie et de l'antiquité, si l'on ne pouvait rien faire qui pût être plus favorable au développement de l'esprit français, et, rien que de l'avoir tenté, c'est ce qui suffirait pour donner. à la *Défense et Illustration de la langue françoise*, une importance unique dans notre histoire littéraire.

C'est ce qui en fait également l'originalité. *La Défense et Illustration de la langue françoise* n'est peut-être dans le détail qu'une « mosaïque » ou un « centon (1), » un de ces textes rares qui font la joie des annotateurs, pour la quantité de « rapprochemens » qu'ils suggèrent, et l'étalage d'érudition que l'on y peut comme suspendre à chaque phrase et presque à chaque mot. Et en effet, ce n'est pas Du Bellay qui a dit que l'*Ode* aurait pour matière « les louanges des Dieux et des hommes vertueux, le discours fatal des choses mondaines, la sollicitude des jeunes hommes, et l'amour et les vins libres, et toute bonne chère, » c'est Horace :

(1) Voyez encore à cet égard le livre déjà cité de M. Henri Chamard: *Joachim Du Bellay*, Lille, 1900, Le Bigot.

Musa dedit fidibus Divos puerosque Deorum,
Et juvenum curas et libera vina referre.

Ce n'est point Du Bellay qui a dit, ni Ronsard « que la plus grande part de l'art est sans doute contenue dans l'imitation, » c'est Quintilien : *Non dubitari potest quin artis pars magna contineatur imitatione.* Et ce n'est pas seulement de Quintilien ou d'Horace que la *Défense et Illustration* s'inspire, c'est de Cicéron, c'est de Virgile, c'est de Vida : j'ajouterai même à ces noms, si l'on veut, celui du Trissin et celui de Dante. Les auteurs de la *Défense* ont-ils connu le *De vulgari Eloquio?* Si le texte original, en latin, n'en a paru pour la première fois qu'en 1577, on en avait publié, dès 1529, une traduction italienne, à Vicence, et l'auteur en était précisément le Trissin. Mais, après cela, les emprunts de Du Bellay pourraient être plus nombreux encore, et l'originalité de son opuscule n'en être pas diminuée. C'est qu'une idée première, et une idée maîtresse, lui a dicté, comme à Ronsard, le choix de ses emprunts. Pour la traduire, ils ont eux-mêmes usé du trésor de l'antiquité, comme ils eussent voulu qu'on en usât, librement, et sans scrupule. L'originalité n'a pas consisté pour eux à dire des choses qui n'eussent pas été dites, et dont personne avant eux ne se fût avisé; mais, au contraire, ils ont eu la prétention de ne rien avancer que sur l'autorité des maîtres, et ils se fussent crus moins sûrs de la valeur de leurs leçons, si elles avaient été uniquement leurs. Ils ne se sont pas piqués, comme critiques, d'inventer, mais au contraire de rétablir dans ses droits la vérité méconnue. Et, comme enfin les moyens qu'ils ont crus propres à la rétablir étaient *relatifs* des circonstances où ils écrivaient, des doctrines qu'ils attaquaient, de leurs idées ou de leurs goûts personnels, leur originalité reparaît ainsi jusque dans leurs imitations.

Il s'agit de les étudier maintenant dans leurs œuvres poétiques, et puisque enfin toutes les théories ne se jugent que par l'application qu'on en fait, il nous faut maintenant examiner ce que la « poétique » dont nous venons d'essayer de donner une idée générale, — et pour ainsi dire commune à l'école entière, — est devenue dans les mains d'un Du Bellay lui-même, d'un Ronsard ou d'un Baïf.

FERDINAND BRUNETIÈRE.

LE
MÉCANISME DE LA VIE MODERNE

XIX [1]

LE PRÊT POPULAIRE

MONTS-DE-PIÉTÉ. — BONS CRESPIN. — CRÉDIT MUTUEL

I

La location de l'argent, le prêt à intérêt, fut longtemps, comme on sait, un délit aux yeux de l'État, un péché aux yeux de l'Église. Les mœurs étaient, au moyen âge, d'accord avec les lois pour le réprouver. Les docteurs n'auraient-ils fait que partager l'erreur économique de leur temps, l'idée fausse que l'on avait, bien avant l'institution du christianisme, sur « l'argent issu de l'argent, » qu'Aristote estimait un profit *contre nature?* Toujours est-il que, par une aberration générale, les mêmes gens qui trouvaient tout naturel de louer leurs terres ou leurs maisons estimaient dégradant de louer leurs espèces monnayées; qu'à cette époque de servage, où la personne humaine, susceptible de vente ou d'achat, était considérée comme une marchandise, dont le possesseur, clerc ou laïque, surveillait très strictement et s'appropriait, en toute sûreté de conscience, l'accroissement

(1) Voyez la *Revue* du 15 août 1900.

par reproduction, l'or ou l'argent, — ou même le blé, car le prêt
des denrées était aussi mal vu que le prêt des métaux, — n'étaient
pas regardés comme pouvant à bon droit se reproduire par le
louage.

On n'oserait se montrer trop sévère pour ces excentricités de
la raison des aïeux, parce que nos descendans trouveront encore
matière à rire dans beaucoup de nos idées actuelles, qui nous
paraissent les plus respectables; que beaucoup de professions
sont décriées ou vénérées qui, dans deux ou trois siècles sans
doute, ne le seront plus. N'oublions pas qu'il y a fort peu de
temps qu'un chirurgien est l'égal d'un médecin; fort peu de
temps aussi que les artistes dramatiques jouissent du droit
commun des citoyens et des chrétiens et que les marchands d'esclaves n'en jouissent plus; qu'un agent de la police criminelle,
qui maintient l'ordre social en pourchassant, au péril de sa vie,
ceux qui tendent à le troubler est infiniment plus bas placé dans
l'estime publique qu'un huissier ou un avoué qui rendent de
moindres services.

Ces opinions et bien d'autres, vestiges du passé, nous aident à
comprendre comment le métier de prêteur d'argent put être considéré, durant des centaines d'années, comme une occupation
avilissante pour ceux qui l'exerçaient personnellement, ou qui,
indirectement, par l'octroi de leurs capitaux, y participaient. De
là, l'extrême rareté des prêteurs, la mauvaise organisation du
prêt et le taux inouï de l'intérêt, conséquences naturelles de
l'absence de concurrence et du défaut de sécurité. On connaît la
législation spéciale et incohérente appliquée, pendant quatre
cents ans, par les divers princes de l'Europe, aux tristes banquiers de leurs États, juifs et lombards, traités tantôt comme des
vaches à lait qu'on nourrit à discrétion pour qu'elles rendent
davantage, tantôt comme des ennemis de l'ordre public que l'on
rançonne ou que l'on détruit.

Tolérés, expulsés, rappelés, ces instrumens odieux et néces-
saires du crédit demeurent, du xiie au xvie siècle, dans le monde
civilisé, comme des oiseaux sur la branche, vont, viennent, ou-
vrent ou ferment leurs échoppes, selon les besoins et les caprices
des potentats ou des foules. Philippe le Bel fixa le taux d'intérêt
à 20 pour 100 pour les opérations ordinaires. Louis le Hutin l'autorise, quelques années plus tard, jusqu'à 260 pour 100 (un sou
pour livre par semaine), mais pas davantage; « car, disait-il,

dans son ordonnance, notre volonté n'est mie que l'on puisse
prêter à usure. »

Ce monarque était trop bon; il laissait à l'intérêt légal une
marge dont celui-ci n'avait pas besoin. Une pauvre serve de
Troyes, débitrice en 1388 d'une somme de 25 sous, pour laquelle
elle a mis en gage sa meilleure « cotte, » paie deux deniers pour
livre par semaine, soit sur le pied de 74 pour 100 par an, pendant les quatre mois que dure sa dette; c'est le taux le plus
élevé que j'aie remarqué en fait, bien que plus tard, à Grenoble,
le conseil communal demande que l'on exerce des poursuites
contre les usuriers « qui exigent un intérêt de 100 pour 100. »
Mais il peut y avoir là une de ces exagération de langage comme
les assemblées délibérantes ne craignent pas d'en commettre.
L'intérêt mobilier a varié en France, au moyen âge, autant qu'on
en peut juger par un très grand nombre d'exemples choisis
dans beaucoup de provinces, de 45 à 10 pour 100. En moyenne,
il oscille entre 20 et 25 pour 100.

Trois siècles se passèrent à tourner dans un cercle vicieux :
la proscription périodique des banquiers augmentant l'usure;
l'usure, devenue habituelle, motivant la proscription des banquiers. Ce mot de « banque, » cette qualification de « banquiers, »
qui éveillent aujourd'hui l'idée de quelque local vaste et confortable, de quelque individu opulent et important, conviennent-ils
bien à ces parias au nez crochu, la robe déshonorée par une ron-
delle jaune, qui se tiennent en plein air derrière leur table,
comme des marchands des quatre saisons ? A eux le droit commun
ne s'applique pas; ils sont un peu moins que des hommes : dans
les tarifs de péages féodaux, on les classe parmi les marchandises.
Entre le « grand cheval, » qui paie 8 sous, et « le millier de ha-
rengs » qui doit 10 deniers, prend place « le juif, » taxé à 30 deniers au passage de la frontière. C'est une faveur exceptionnelle
des souverains, pour les grandes foires, que d'en permettre l'accès
en franchise à « toutes personnes de juifs, » comme on autorise
les forains, un jour de fête, à dresser librement un cirque ou
une ménagerie.

Ces infidèles, ces gens si mal vus, avaient longtemps rencontré des concurrens habiles et achalandés dans les religieux
Templiers, qui concentraient en leurs mains, comme trésoriers
de l'Église romaine, des rois et de particuliers nombreux, auxquels ils avaient ouvert des comptes conrans, une bonne partie

des richesses métalliques de l'Europe. Bijoux, lingots, successions en numéraire, étaient déposés dans l'enceinte du Temple à Paris, et y servaient de gages à des emprunts. Après la fin tragique du grand maître Jacques Molay et la destruction de l'ordre des chevaliers du Temple, le commerce individuel des israélites ne connut en France aucune rivalité.

Lors des bannissemens plus ou moins rigoureux du juif, le peuple, qui applaudissait à son expulsion, ne tardait pas à le regretter; soit que l'usurier chrétien qui le remplaçait se montrât plus dur que son devancier, soit simplement que le public payât, en définitive, les frais de toute atteinte portée au crédit. Quant aux princes, obligés, par leur besoin constant des hommes d'argent, de vivre avec eux en bonne intelligence, ils revenaient bien vite au système qui consistait à les mettre en coupe réglée, à les tondre et à les saigner, au lieu de les écorcher et de les pendre.

C'était une chose fructueuse et bonne à exploiter que le juif! Chaque potentat de la chrétienté cherchait à en attirer le plus possible et s'annexait les juifs du voisin, même à prix d'or. Puis, après maintes caresses et mille privilèges, après les avoir aidés de son mieux, en mettant au service de leur commerce le bras séculier et les foudres ecclésiastiques, le gouvernement tout à coup se retournait contre eux; il condamnait à l'exil perpétuel la tribu hébraïque; et la « juiverie » de chaque cité, — l'*Aljama*, disait-on dans le Midi, — hommes, femmes, enfans et bagages, déguerpissait tristement, par terre ou par eau, à la recherche d'un lieu plus hospitalier. Non sans espoir de retour : rançonnant, rançonnés, ces financiers de l'âge héroïque ne se faisaient pas trop tirer l'oreille pour racheter en masse les impôts spéciaux qui pleuvaient sur eux, quittes à se récupérer à leur tour sur la clientèle. Le pouvoir, avec lequel ils pactisaient de nouveau, arrêtait ou paralysait lui-même les lois qu'il venait d'édicter.

A l'époque de la Renaissance, les juifs furent atteints d'une autre manière, beaucoup plus sûrement : par la concurrence ouverte des chrétiens. Les principes de la scolastique se relâchèrent, et le commerce des métaux précieux s'élargit. Les souverains n'auront plus recours normalement, « pour se procurer quelque finance, » à des procédés qui vaudraient aujourd'hui un conseil judiciaire au fils de famille qui les emploierait. Ils n'achèteront plus, par exemple, comme le Duc de Bourgogne en 1416, des centaines de pièces d'étoffe *à terme*, pour les revendre le même jour *au comptant* à moitié prix.

Les bourgeois trouveront aussi des prêts moins onéreux avec des formalités moins dures : il n'était guère de petite somme avancée, aux siècles précédens, sans un nantissement de valeur bien supérieure, ni de grosse somme aventurée sans une garantie foncière qui emportait l'éviction du possesseur. Les innombrables lettres patentes défendant de prendre en gage les objets nécessaires au travail journalier montrent, par leur répétition même, combien peu elles étaient observées. L'emprisonnement, suspendu sur la tête des débiteurs insolvables, était une sorte de sanction qui semblait devoir assurer l'exactitude des paiemens, et qui ne prouvait, au contraire, que la fragilité des contrats. La loi était d'autant plus sévère en théorie qu'elle était plus faible en pratique; de même que le Code pénal n'est jamais si terrible que dans les pays et les époques où la criminalité est la plus impunie : frappant fort parce qu'il saisit peu. Les particuliers enchérissent encore, dans leurs conventions, sur les rigueurs de l'action publique. Des emprunteurs, au XIVe siècle, s'engageaient, en cas de non-paiement sous un délai fixé, à rester enfermés dans une tour de *la maison du créancier.*

II

« Il y a depuis longtemps, disait La Bruyère, une manière de faire valoir son bien qui continue d'être pratiquée par d'honnêtes gens et condamnée par d'habiles docteurs. » Au temps de La Bruyère, les docteurs à la vérité, s'étaient fort adoucis, et les « rentes constituées » reposant, non sur un immeuble comme les « rentes foncières, » mais sur la personne et l'ensemble des biens du débiteur, étaient nombreuses sous Louis XIV. « A prendre votre costume depuis les pieds jusqu'à la tête, dit *l'Avare* de Molière à son fils, il y aurait là de quoi faire une bonne *constitution.* » Ces « constitutions, » ou pensions, ne furent autre chose que l'intérêt d'un prêt, une forme du crédit personnel, une valeur mobilière répartie entre les diverses classes sociales.

Nous étions pourtant bien en arrière de nos voisins du Sud et du Nord, sous le rapport des institutions de crédit destinées aux petites gens. Le prêt sur gages se faisait en Allemagne et dans les Pays-Bas, dès les premières années du xviiᵉ siècle, d'une façon moins coûteuse et plus régulière que chez nous. Marie de Médicis, retirée à Cologne où elle mourut presque dans la misère, avait mis ses pierreries au mont-de-piété de cette ville, et notre gouvernement, pour empêcher la vente de ces bijoux, s'empressa de payer les intérêts de la somme avancée à la Reine.

La noblesse, aux État -Généraux de 1614, avait proposé l'établissement de monts-de-piété, « à l'instar de l'Italie, de l'Espagne et de la Flandre. » Ils auraient été associés entre eux dans toute l'étendue du royaume; on fit à cet égard un projet très étudié. Quelle distance sépare le germe de la fécondation, pour tant d'idées justes; ou, si l'on veut, combien est longue la durée de leur gestation par l'opinion publique! Le tiers-état, que l'on trouve le plus souvent à la tête du progrès, fut néanmoins unanime à repousser cette extension du crédit, en disant « qu'il y avait déjà bien assez d'usuriers en France, et que c'était impiété et abus. » Cent soixante ans plus tard, seulement, sous le règne de Louis XIV, furent institués à Paris, puis dans les principales villes, des monts-de-piété dont la mission était plus vaste que celle des nôtres, puisqu'ils prêtaient, non seulement sur les objets mobiliers et les valeurs, mais aussi sur les *effets de commerce*.

La tourmente révolutionnaire, les désastres du papier-monnaie et la confiscation, vinrent, peu après, jeter le désordre dans les affaires du mont-de-piété, qui, proscrit d'ailleurs au nom de la liberté des transactions, ferma ses portes. La foule des gens que l'absence de crédit oblige à garantir leurs emprunts par des gages, fut de nouveau livrée aux usuriers : des maisons de prêts s'ouvrirent, en l'an IV, sous les dénominations de Caisse auxiliaire, Lombard-Lusseau, Lombard-Feydau, Lombard-Serilly, Lombard-Augustin, en si grand nombre, dit un contemporain, que, « dans certains quartiers, les lanternes qui les annoncent suffiraient pour éclairer la voie publique, et épargner au département la moitié des frais d'illumination. »

Les malheureux acceptaient, sans récrimination et sans lutte, les conditions que leur imposaient ces industriels; même ils leur savaient gré du secours qu'ils en obtenaient à si haut prix. Turgot racontait, sous l'ancien régime, qu'étant rapporteur d'un procès d'usure à la Tournelle, il n'avait jamais été tant sollicité qu'il le fut pour cet accusé; « le plus surprenant, ajoutait-il, ceux qui me sollicitaient avec tant de chaleur étaient ceux-là mêmes sur qui s'était exercée l'usure, objet du procès. Le contraste d'un homme poursuivi criminellement pour avoir fait à des particuliers un tort dont ceux-ci non seulement ne se plaignaient pas, mais même témoignaient de la reconnaissance, me parut singulier et me fit faire bien des réflexions. »

A ce besoin d'argent, si impérieux qu'il ne laisse pas la berté de discuter le taux du prêt, à cette masse sans biens qui s'estime heureuse encore d'être volée par ses sauveurs, presque tous les États ont donné satisfaction, dans une mesure plus ou moins large, par l'institution officielle de monts-de-piété investis de monopoles. La nécessité de ces monopoles est amplement justifiée par leur comparaison avec le régime adopté en Angleterre et en Amérique, où l'industrie libre a développé l'usure, avec un succès qui n'a pas son pareil sur le continent.

Le nombre des emprunts de ce genre est vingt fois plus considérable en Angleterre qu'en France; à Londres seulement, opèrent 650 prêteurs patentés, — *pawn-brokers*, — qui reçoivent chaque année 39 millions de gages sur lesquels ils avancent 243 millions de francs. Sauf les trois boules d'or de Lombardic, qui continuent de figurer à leur enseigne, rien ne rappelle, dans ces boutiques furtives où pénètre un peuple honteux, l'institution bienfaisante due au moine démocrate de la renaissance italienne, l'illustre Savonarole. Dans ce pays de Grande-Bretagne où foisonne l'opulence, où les fonds publics, rapportant à peine 2 et demi pour cent, se capitalisent plus haut que nulle part ailleurs, l'intérêt du prêt sur gages oscille entre 20 et 25 pour 100 et, d'après l'Act de 1872, l'objet donné en nantissement peut être vendu au bout d'un an et sept jours, si le montant de l'avance ne dépasse pas 10 shillings, sans que l'emprunteur puisse réclamer le « boni, » c'est-à-dire l'excédent du produit de la vente sur la dette. Or, la moitié des emprunts dans les grandes villes, à Liverpool, par exemple, où ils s'élèvent chaque année à 10 millions de francs, ne sont pas supérieurs à 2 shillings.

A New York, où le mal était identique, quelques capitalistes, émus de cette situation, se réunirent en 1894 pour créer une concurrence aux *pawn-brokers*. Ils fondèrent à cet effet une banque, dont les bénéfices très réduits sont répartis entre les actionnaires, et qui perçoit uniformément 12 pour 100 sur tous les prêts, quels qu'en soient le montant et la durée, au lieu des 24 et

36 pour 100 précédemment exigés dans les « offices » de Gob-
seck du Nouveau Monde.

Les taux sont beaucoup plus favorables, grâce au développement des opérations, dans les monts-de-piété européens. Parmi
ceux de France, quelques-uns, dotés de fondations charitables, —
Grenoble, Montpellier, Angers, — prêtent gratuitement ou moyennant un intérêt modique de 1 et demi pour 100. D'autres, au
contraire, grevés sans doute de charges exceptionnelles, — Nantes,
Cambrai, Rouen, — exigent 9 pour 100 environ pour le loyer de
leurs avances. Le plus grand nombre des 45 monts-de-piété,
répartis sur notre territoire, se contentent de 5 à 7 pour 100 ; le taux
moyen, pour les 100 millions de francs prêtés annuellement dans
ces établissemens sur 4 300 000 gages, est de 6 fr. 30 pour 100.
Cet intérêt est notamment celui que prélève le mont-de-piété de
Paris, qui représente à lui seul plus de la moitié du total, —
56 millions de francs, — et mérite par là même une étude spéciale. En 1804, lors de sa réorganisation, il fit payer aux emprunteurs 15 pour 100 ; puis, l'année suivante, 12 pour 100 jusqu'en 1830, et ensuite, jusqu'en 1895, 9 pour 100. Depuis le milieu de ce siècle jusqu'à 1900, le chiffre des sommes empruntées
a doublé, — il était de 28 millions seulement en 1847 ; — mais
le *nombre* des objets engagés a peu augmenté d'une époque à
l'autre, puisqu'il atteignait déjà 1 600 000 à la fin du règne de
Louis-Philippe et n'est actuellement que de 1 900 000. La moyenne
des prêts est donc beaucoup plus forte : 30 francs environ, de
nos jonrs, contre 17 francs, il y a cinquante ans.

La valeur des gages est aussi plus grande, et, de fait, ils ont
changé de nature : le nombre des hardes et autres articles de première nécessité a diminué, celui des bijoux s'est accru. En 1882,
il était déposé à peu près autant de bijoux que de « paquets, »
— terme générique sous lequel l'administration désigne toutes
les autres matières. — L'année dernière, il était consigné *moitié
moins* de « paquets » divers que de bijoux, et l'importance
pécuniaire de ceux-ci est deux fois plus forte que celle des autres.
Cette évolution est le résultat du progrès général de l'aisance ; les
familles les moins fortunées possèdent à présent des bijoux à
mettre en gage. Le prix d'une montre notamment a tellement
baissé depuis vingt, et surtout depuis cinquante ans, que bien
peu de personnes en sont dépourvues. D'un autre côté, les vêtemens sont arrivés à un si bas prix, qu'ils sont difficilement

acceptés en gage après avoir été portés durant quelque temps.

Les nécessiteux ne sont pas seuls du reste à s'adresser au mont-de-piété. Il est aussi le banquier d'une légion de petits fabricans ou commerçans qui ne trouveraient nulle part un taux plus avantageux que celui de 6 fr. 35 pour 100, exigé par lui. Quoique cette catégorie fournisse à peine le dixième des emprunteurs, elle absorbe plus du quart des sommes prêtées. — 14 millions de francs. — Au contraire les ouvriers, qui ne reçoivent qu'un chiffre à peu près égal de 14 millions, représentent les six dixièmes de l'effectif des emprunteurs.

Mais aussi la destination du prêt n'est pas la même : le petit patron, quand les affaires marchent, emprunte pour *produire*, pour acheter des matières premières; l'ouvrier emprunte pour *consommer*, pour vivre, quand le travail ne marche pas. Aussi a-t-il été constaté que ces deux motifs opposés, qui conduisent le Parisien chez « ma tante, » s'excluent l'un l'autre : quand les patrons engagent de l'argenterie, les ouvriers dégagent des draps et réciproquement. Fait paradoxal : la visite au mont-de-piété de toute une catégorie de patentés est un indice de prospérité industrielle. Il vient ainsi, aux bureaux de la rue des Francs-Bourgeois et dans leurs succursales, des aristocrates de la gêne et de véritables déshérités de la vie. Les seconds profitent du voisinage des premiers. Le taux de 6 fr. 35 pour 100, qui semble élevé à première vue, serait cependant beaucoup trop bas pour permettre au mont-de-piété de couvrir ses dépenses *sur les deux tiers des prêts*.

Ce taux constitue une sorte d'assistance mutuelle entre les emprunteurs. On comprend que les frais généraux sont presque les mêmes pour une grosse somme que pour une petite. Puis, l'emplacement occupé par une machine à coudre est beaucoup plus vaste que celui de 12 couverts d'argent et les risques de dépérissement d'une couverture de laine sont beaucoup plus grands que ceux d'une paire de boucles d'oreilles en diamant.

Les dépenses du mont-de-piété se composent d'abord de la rente des fonds qu'il emprunte d'une main pour les prêter de l'autre; car il ne possède en propre aucun capital. Le service de sa dette, au taux moyen de 2 fr. 67 pour 100, lui coûte environ 1 500 000 francs par an. L'ensemble des frais d'administration, magasinage, assurances, manutention, personnel, etc. s'élève en outre à près de 2 400 000 francs. Or, il appert des calculs officiels qu'avec l'intérêt de 6 fr. 35 pour 100, uniformément exigé des déposans, les prêts inférieurs à 33 francs sont, sans exception aucune, onéreux au mont-de-piété. De 34 à 117 francs les prêts lui sont coûteux ou profitables, suivant la durée du séjour des gages en magasin. Enfin, à partir de 118 francs, les opérations de prêt sont toujours rémunératrices ; le produit des intérêts dépassant, dès la première quinzaine, le montant des charges supportées par l'administration.

L'année dernière, sur 1 900 000 perceptions, un tiers (617 000) étaient en gain ; les deux autres tiers (1 283 000) constituaient des pertes, parce qu'elles n'atteignaient pas le minimum de 1 fr. 05, nécessaire pour couvrir les dépenses qu'elles avaient occasionnées. La plupart, en effet (926 000), ne dépassaient pas 0 fr. 50 et 330 000 environ donnaient de 0 fr. 05 à 0 fr. 15. Une institution qui prête de l'argent, emmagasine, transporte, épure, — les matelas sont gratuitement passés à l'étuve, — des gages généralement eucombrans, pour une redevance aussi modeste, accomplit, à coup sûr, une besogne qu'aucun particulier ne saurait entreprendre, à moins d'y apporter un désintéressement peu commun.

Pour les articles chers et, d'une manière générale, pour les bijoux, le mont-de-piété pourrait se contenter d'un intérêt de 4 à 4 1/2 pour 100, à la condition de faire payer 15 ou 20 pour 100 aux nantissemens divers, tels que linge, rideaux, lits de plume, violons ou bicyclettes ; celles-ci, au nombre de plus de 4 000. Le mont-de-piété de Berlin suit ce procédé, plus commercial que charitable : il prend 12 pour 100, sur les prêts supérieurs à 37 fr. 50, et exige 24 pour 100 sur les prêts inférieurs à cette somme, c'est-à-dire sur toutes les pauvres choses, indispensables à la vie, dont les emprunteurs, pour vivre, ont cependant dû se séparer.

Le séjour de ce matériel hétéroclite est parfois singulièrement prolongé : il a été vendu, en 1895, douze serviettes engagées pour 8 francs en 1853. Un emprunt de 30 francs a été renouvelé pendant un demi-siècle. En ce moment, les magasins du dépôt principal abritent encore un parapluie, appartenant à la petite-fille d'un ministre du roi Louis-Philippe, laquelle paie, depuis vingt-cinq ans, le loyer onéreux de cet ustensile.

III

Une pareille constance est rare; mais aussi beaucoup de pauvres gens ne peuvent, ni rentrer en possession de leur gage, ni même proroger la durée de l'emprunt qu'on leur a consenti, parce qu'ils se sont laissé dépouiller de leur titre de propriété : la « reconnaissance, » ou reçu, à eux délivrée aux guichets officiels. Je ne sais si c'était Musette ou Mimi, ou quelque autre héroïne de Murger, qui, en une de ses heures de détresse chronique, écrivait à son bien-aimé : « Je suis dans une débine affreuse, j'ai mis ma montre « au clou; » tâche de la dégager; je t'envoie la reconnaissance, avec *la mienne.* » — A quoi l'ami, sans scrupule, répondait : « Je suis encore moins fortuné que toi-même, j'ai vendu la « reconnaissance; » c'est moi qui t'en dois. »

Dès cette époque florissait en effet, dans la capitale, le trafic des reconnaissances du mont-de-piété, favorisé par l'écart existant, entre la valeur des objets servant de garantie au prêt, et la modicité relative de la somme avancée par l'établissement. Les marchands, spéculant sur l'estimation infime des gages, achetaient aux emprunteurs, pour une somme naturellement très inférieure à celle qu'ils savaient les revendre, ces modestes papiers, derniers vestiges de la possession d'un paletot, d'un matelas ou d'un anneau de mariage, qu'on ne reverrait plus.

Les malandrins actuels savent déposséder encore à meilleur marché la population indigente. Il existe à Paris 450 maisons de « commerce, » dont l'unique fonction est de prêter aux besogueux, *à un taux qui varie de 60 à 120 pour 100 par an,* — contre dépôt de leur reconnaissance, — un cinquième en plus de la somme que le mont-de-piété leur a déjà avancée. Cette spéculation eut pour inventeur, vers 1879, un Allemand, dont il est inutile de rappeler le nom, qui la pratiqua le premier dans un local de la rue de Buci. Depuis lors, bien que cet ingénieux personnage, traduit devant les tribunaux, ait été condamné et finalement expulsé, on voit quel régiment d'imitateurs! Leur pullulement a lassé la justice; elle en traduit à sa barre chaque année une ou deux douzaines, mais il est peu de délits plus difficiles à saisir que l'usure.

On connaît son masque classique : vente aux emprunteurs, sous un nom supposé, de marchandises invraisemblables ou imaginaires, charretées de lard ou cargaisons de vins de Champagne, locomotives ou fauves de ménagerie, que le prêteur rachète incontinent à moitié prix. On cite, dans les annales du métier, le fameux bateau de charbon, amarré au quai du Louvre, qui pendant cinquante ans figura dans tous les marchés. Les brocanteurs sur reconnaissances, féconds en moyens d'éluder la loi, trouvent d'ailleurs, dans les bénéfices qu'ils réalisent, le moyen de supporter aisément l'amende dont on peut les frapper. Ils détiennent à peu près la moitié des reconnaissances délivrées annuellement par le mont-de-piété et, chose triste à dire, les millions qui forment leur fonds de roulement appartiennent, pour partie, à des bourgeois qui, satisfaits de placer leur argent à gros intérêts, se persuadent sans doute à eux-mêmes qu'ils ignorent l'usage que l'on en fait.

Le hasard a fait tomber entre les mains de l'administration du mont-de-piété un document édifiant : c'est une circulaire, discrètement adressée à des cliens choisis, où se trouve exposée l'opération de père de famille à laquelle les destinataires sont conviés. La commandite sollicitée consiste en bons de participation de mille francs, rapportant 240 francs par an, payables chaque mois par mandats-poste : « Nous ne sommes pas une banque, disent ces honnêtes gens, nous ne jouons nullement avec les capitaux qui nous sont confiés, ni aux courses, ni à la bourse. » Et après avoir expliqué la sécurité parfaite dont jouissent les sommes ainsi engagées, garanties par des reconnaissances d'une valeur très supérieure, les rédacteurs de ce prospectus concluent, fort judicieusement, qu'un pareil intérêt de 2 pour 100 par mois « n'a jamais été donné jusqu'à ce jour par aucune spéculation commerciale ou industrielle. »

Ce qu'ils n'ajoutent pas, c'est qu'ils peuvent servir l'intérêt promis d'autant plus aisément qu'ils prêtent eux-mêmes cet argent à des taux trois ou quatre fois supérieurs, allant jusqu'à 10 pour 100 *par mois*. Et, à quelle clientèle ! Le bénéfice de ces écumeurs de mansardes sort des poches les plus misérables de Paris, des poches alimentées souvent par le bureau de bienfaisance. Et le préjudice causé aux malheureux est beaucoup plus grand que le profit des sangsues qui les sucent, parce qu'ils se trouvent dépossédés, pour quelques francs, d'un objet indispensable que, plus tard, s'ils sortent de la gêne, ils achèteront de nouveau au prix fort.

Peu importe alors que le mont-de-piété parisien ne demande à tous qu'un intérêt faible, que le renouvellement des prêts y soit aisé ! Lorsqu'il n'a plus rien à engager, le pauvre engage ses reconnaissances ; il en possède, en général, une dizaine. Ses titres le quittent ainsi un par un : pendant plusieurs mois il se soumet aux conditions léonines qu'il a souscrites, puis il se lasse. Il est alors déchu de son droit, le prêteur devient propriétaire à sa place. Lors même qu'il se libère du principal et des frais, il n'en a pas moins payé un intérêt effroyable.

Les commissaires-priseurs, aujourd'hui personnellement responsables, sont amenés, par la crainte d'éprouver des pertes, à évaluer les gages fort bas. Il est facile de le constater par le prix qu'atteignent ces objets, lorsqu'ils sont livrés aux enchères publiques : les matelas et lits de plume ont été vendus, en 1899, avec un « boni » de 70 pour 100, représentant l'excédent de leur valeur marchande sur le prêt consenti. A ce mal, le directeur du mont-de-piété, M. Edmond Duval, philanthrope et homme de progrès, a proposé un remède fort simple : faire prêter par l'établissement, non plus le tiers ou la moitié, mais les neuf dixièmes de la valeur des objets présentés en nantissement. Ces reconnaissances seraient déclarées inaliénables, et nul n'aurait d'ailleurs avantage à s'en emparer. Un projet très approfondi, approuvé par le Conseil de surveillance du mont-de-piété, puis par le Conseil supérieur de l'Assistance publique et par le Conseil municipal de Paris, fut soumis à la Chambre en 1893.

Quel accueil croit-on qu'une assemblée démocratique, préoccupée, dit-elle, de mettre le crédit à la portée des petites gens, ait fait à une proposition du gouvernement qui, remplaçant les courtages des commissaires-priseurs par un traitement fixe, permettait de ruiner, dans sa base même, l'industrie malfaisante des brocanteurs ? Elle l'a écartée, presque sans débats, grâce à la formule commode d'un « renvoi à la commission. » Il n'y a pas lieu de rechercher ici les mobiles qui ont poussé à la tribune les adversaires de cette réforme, que des intérêts privés, embusqués sur son chemin comme sur celui de toutes les réformes, cherchent à arrêter.

Heureusement le palais législatif a ceci de commun avec celui de la Belle au Bois dormant, que les questions y peuvent som-

meiller longtemps sans vieillir. Je n'ai pas le pouvoir de secouer
le carton léthargique où repose, depuis sept ans, le dossier de
cette affaire; mais il est bon que l'opinion, l'impartiale opinion,
soit dûment informée. Le moment ne serait-il pas venu de bou-
cher les fissures d'un règlement suranné, qui entretient, derrière
l'institution chargée de secourir les pauvres, une horde attachée
à les dépouiller?

Depuis 1892, une nouvelle sorte de gages a été admise au
mont-de-piété : les valeurs mobilières, contre le dépôt desquelles il prête des sommes qui, par leur modicité et par la qualité des emprunteurs, rentrent essentiellement dans le crédit populaire. La presque-totalité de cette clientèle se compose d'ouvriers (48 000), d'employés (53 000), et de petits marchands ou
fabricans (46 000). Un cinquième des avances demandées ne dépassent pas 100 francs, et les deux tiers d'entre elles sont inférieures à 300 francs. L'administration s'occupe d'étendre son
action bienfaisante au prêt sur titres de pensions civiles et militaires. Légalement, ces pensions sont « incessibles et insaisissables, » mais la pratique ne suit pas toujours la théorie.

On se doute peu du nombre des malheureux retraités qui,
poussés par la gêne, engagent leur titre de pension chez le chan-
geur usurier. Pour un trimestre avancé, celui-ci leur en retient
deux, si ce n'est plus. On a cité le cas d'un pauvre diable qui avait
ainsi obtenu 249 francs, et qui, après avoir versé par acomptes
successifs plus de 2 000 francs à son bienfaiteur, se trouvait
n'avoir pas encore remboursé un sou du prêt initial. La médaille militaire donne droit à une pension annuelle de 100 francs
payable par semestre; mais beaucoup de titulaires ne touchent
jamais plus de 40 francs tous les six mois et laissent, à chaque
renouvellement de l'emprunt, 10 francs entre les mains du prêteur.

Ce dernier est dans l'usage de faire contracter au client une
assurance sur la vie à son profit; mais il est toujours passible de
poursuites correctionnelles. De plus, le titulaire pourrait exiger
la restitution de son brevet, ou s'en faire donner un double par
État, ou encore refuser le certificat de vie sans lequel les arrérages ne peuvent être perçus. Les risques de l'opération retom-
bent lourdement sur les débiteurs de cette catégorie, qui trouveraient à bon compte au mont-de-piété les fonds dont ils ont
besoin.

IV

Le prêt d'un capital pour une année n'est autre chose que la vente d'une somme d'argent à un an de crédit; de même la vente d'une armoire ou d'un costume à un an de crédit est exactement semblable au prêt de la valeur de ce costume ou de cette armoire pendant un an. Les privilégiés de l'aisance se procurent aisément capitaux et marchandises; ils trouvent de l'argent parce qu'ils inspirent de la confiance, ils inspirent confiance parce qu'ils ont de l'argent. Les personnes sans fortune ne trouvaient naguère ni crédit, ni argent, précisément parce qu'elles sont dépourvues de l'un et de l'autre. Leur confier des fonds en échange d'un gage, c'est déjà leur apporter un secours notable : c'est aussi rendre service à cette masse dénuée de ressources que de lui livrer des objets nécessaires ou utiles, sans exiger d'elle le débours immédiat de leur valeur.

A la condition toutefois de ne pas majorer le prix de ces objets au point que le délai concédé pour le paiement devienne matière à usure. Dans tout commerce, dans toute industrie, le crédit impose au vendeur un surcroît de frais généraux; il coûte quelque chose; et ce quelque chose est mis toujours à la charge de l'acheteur, qui l'acquitte sans trop l'apercevoir, les riches chez leur carrossier ou leur couturière, les pauvres chez leur boulanger, et ce n'est pas ici que le crédit est le moins cher. Il s'est fondé, depuis une quarantaine d'années, un certain nombre d'établissemens ayant pour but la *vente à crédit*, aux classes laborieuses, des habits, des meubles et en général de tout ce que détaillent, au comptant, les magasins ordinaires de nouveautés. La plupart ont disparu ou végètent; un seul a prospéré, — la maison Crespin-Dufayel; — son chiffre d'affaires atteint annuellement 70 millions de francs.

Libéré du service militaire comme caporal, Crespin, qui, pour se distinguer d'un concurrent installé dans sa rue, adopta plus tard cette raison sociale : « Crespin aîné, de Vidouville (Manche), » se souciait peu de retourner au village natal pousser la charrue aux côtés de son père. Échoué à Paris, il débuta dans une imprimerie où il n'arrivait pas à gagner plus de 1 fr. 50 par jour. La photographie le tenta et, après avoir exercé quelque temps ce nouveau métier, — il avait alors 37 ans, — l'idée lui vint d'offrir, moyennant 1 franc versé comptant, 20 portraits-cartes dont le prix, fixé à 20 francs, devait être acquitté par acomptes longuement échelonnés. C'était en 1856, dans la primeur des inventions qui venaient de transformer le daguerréotype.

Les cliens affluèrent; de l'aurore au coucher du soleil, Crespin photographiait sans trêve. Débordé par la besogne, il s'adjoignit des aides, devint patron, et engagea un personnel de courtiers qui multipliaient les chalands. Il songea aussitôt à leur vendre, dans les mêmes conditions de paiement, autre chose que leur image : du linge, des vêtemens. Et, comme il n'avait pas le moyen d'acquérir lui-même ces marchandises pour les revendre, il s'entendit avec certains commerçans, qui prirent, pour espèces sonnantes, les « bons d'achat » émis par lui.

Le mécanisme de l'opération était fort simple et il a peu varié depuis l'origine : Crespin délivrait à ses « abonnés, » — c'est le terme en usage, — des « bons » de crédit d'une valeur cinq fois supérieure à la somme qui lui était versée en argent. Munis de ces titres, les porteurs faisaient immédiatement emplette de ce qu'ils désiraient dans les magasins dont on leur remettait la liste et entre lesquels ils avaient le droit de choisir. Le montant des bons était ensuite soldé par Crespin à la maison qui les avait reçus en paiement, sous déduction d'une remise convenue.

L'attrait et, dans les milieux très modestes auxquels on s'adressait ici, le besoin du crédit est si grand, que l'entreprise réussit à merveille. Les affaires augmentaient chaque année d'un million de francs; le local des Batignolles, devenu insuffisant, était abandonné pour un autre, et, après plusieurs agrandissemens successifs, à la boutique du début s'est substituée une administration pompeuse étalant, boulevard Barbès, sur un terrain de 17 000 mètres, des bâtisses à coupole, ornées de statues de Falguière et d'un fronton de Dalou. Il s'y trouve des écuries copieuses en marbre et une « harmonie » de 100 musiciens amateurs, employés aux recouvremens.

Le fondateur de cette vaste machine n'en a pas vu l'apothéose; même il a maigrement joui de son succès. Sa raison s'était troublée; il lui fallait, de temps à autre, s'enfermer de longs mois dans l'isolement; dix ans avant sa fin, il avait dû abandonner la direction de sa maison et se retirer à la campagne. Dans sa famille, nul successeur capable; un fils unique, mort insolvable à Londres, malgré les millions, hérités par lui de son père. A ces médailles de chance, dont la foule ne voit que la face, il ne manque pas de tristes revers ! C'est alors que la veuve de M.. Crespin, une lingère, fille du peuple comme lui, s'associa M. Dufayel : elle lui confia peu à peu la direction de l'établissement et finit par le lui vendre, avec la faculté de s'acquitter, lui aussi, par abonnement.

Quoique cette spéculation ait largement réussi, ainsi qu'en témoigne le chiffre cité plus haut; quoique ses effets semblent pleinement louables, puisqu'elle met le crédit à la portée des plus humbles et développe les habitudes d'économie, en aidant le prolétaire à acquérir des objets durables, — les consommations de bouche sont exclues de la liste, — sans nuire à ses besoins journaliers, l'industrie des ventes « par abonnement » est en général jugée avec peu de faveur. La médiocre estime dont elle jouit dans l'opinion n'est pas sans causes : les inventeurs de cette combinaison n'étaient rien moins que des âmes charitables, poussées par le désir de rendre service à leur prochain. Ils n'éprouvaient d'autre ambition que celle de s'enrichir; ce qui, au demeurant, n'avait rien de criminel. Mais, dénués de capital, sujets à des pertes nombreuses et grevés de frais énormes, pour faire suer goutte à goutte à ces innombrables débiteurs, qui presque tous vivent de leur travail, le montant des sommes avancées, les lanceurs de bons exigeaient une remise démesurée des marchands, auxquels ils envoyaient de la clientèle. Ces marchands à leur tour, afin de s'indemniser des commissions de 40 et 50 pour 100 qu'ils avaient consenties, se rattrapaient sur le public en livrant de pure « camelote » ou en majorant effrontément leurs prix.

Aussi l'établissement Crespin-Dufayel n'eût-il jamais pris son essor actuel, s'il n'avait rencontré un jeune couple, — les époux Cognacq, — qui venaient de fonder en 1872, à l'enseigne de la Samaritaine, une maison de nouveautés dont j'ai naguère conté l'histoire. M. Cognacq accueillit les « bons, » parce qu'en augmentant le total de ses ventes, ils lui permettaient de s'approvisionner, en gros, à meilleur marché; ce dont il tirait un bénéfice positif pour les marchandises débitées contre espèces. Espèces ou papier furent au reste traités chez lui sur un pied d'égalité parfaite. Satisfaits de la Samaritaine, les abonnés de Crespin lui valurent une vogue rapide et, par là même, multiplièrent l'émission des bons dont les trois quarts vont à ses comptoirs.

Présentés par le magasin dont il s'agit à la caisse Crespin-Dufayel, ces bons y sont immédiatement payés, avec une retenue de
18 pour 100. Comment, dans le commerce des nouveautés, où le
profit net est très mince, a-t-il été possible d'accepter une charge
aussi lourde, même en économisant sur les autres frais généraux
et en réduisant les gains au minimum, c'est ce que je ne me char-
gerai pas d'expliquer. L'acheteur, toujours éveillé sur ses intérêts,
capable de comparer les prix parmi les offres concurrentes qui
lui sont faites dans les catalogues et de discerner, par l'usage, les
qualités relatives des marchandises, ne se porterait pas sans
doute avec constance dans un bazar où il serait trompé. Il n'en
est pas moins vrai que les maisons qui « travaillent » ainsi ne
reçoivent, pour 100 francs de bons, que 82 francs d'argent;
qu'elles pourraient, en livrant les mêmes articles *au comptant*,
faire bénéficier leur clientèle de 18 pour 100 de rabais; autrement dit, que l'acheteur paie 18 pour 100 le crédit qui lui est
consenti. Il le paie même davantage, puisqu'il fait, à la délivrance des bons, un versement immédiat *en monnaie*, dont la
quotité,— le cinquième jusqu'à 50 francs, — augmente progressivement au quart ou au tiers pour les sommes supérieures.

Cependant, cette part de 18 francs pour 100 francs, bénéfice
brut de l'établissement Dufayel, qui paraît lui réserver un intérêt
formidable, ne laisse qu'un profit assez mince, par suite des dépenses nécessaires pour assurer à des rouages aussi compliqués
un fonctionnement sûr. En 1880, lorsque le chiffre d'affaires
était seulement de 5 millions, les frais généraux atteignaient 19
pour 100, et, si les remises des magasins n'eussent été beaucoup
plus fortes, la maison eût été en perte, même sans tenir compte
du loyer des sommes qui lui étaient dues. Les frais, décroissant
peu à peu, s'élèvent encore, paraît-il, à 14 pour 100, absorbés
presque exclusivement par le personnel administratif; car les
pertes, occasionnées par les mauvais payeurs, ne sont que de 1 à
2 pour 100.

Les « abonneurs » et receveurs, au nombre de 800, se partagent les divers quartiers de Paris, subdivisés en 176 sections.
L' « abonneur » est le courtier, le recruteur de cette armée de
cliens dont l'effectif actuel, dans la capitale et sa grande banlieue,
dépasse 600 000. Il touche 5 pour 100 sur les engagemens nouveaux qu'il apporte, et conserve indéfiniment la moitié de cette

commission sur ses anciens cliens qui prennent de nouveaux
bons. Les contrats ne deviennent définitifs qu'après approbation
du service des renseignemens. Celui-ci consulte d'abord ses archives, où sont classés, au nom de leurs titulaires, tous les livrets de bons émis depuis vingt-cinq ans; précieux dossiers de
police privée, mais auxquels on ne peut se fier tout à fait parce
que les hommes et les situations changent vite. Des inspecteurs
sont envoyés pour s'enquérir de la moralité et des moyens d'existence de l'abonné proposé. On leur remet chaque matin trente
feuilles à remplir, dont une, *fictive*, porte un nom et une adresse
de fantaisie; cela pour contrôler leur travail et s'assurer qu'ils
prennent leurs informations en conscience.

Quant aux abonnés en cours, dix omnibus partent chaque
matin à huit heures et transportent, dans les quartiers éloignés,
les receveurs, qui doivent extraire 1 ou 2 francs par semaine, de
poches très diverses, mais uniformément peu garnies. Ces recouvremens sont effectués à tour de rôle, chez le même abonné, par
trois receveurs différens, dont l'alternance hebdomadaire aide à
vérifier la régularité des visites.

Grâce à cette organisation savante, aux employés choisis dont
il dispose et qui, tous, ont quinze et vingt ans d'expérience de
leur besogne, l'établissement Crespin-Dufayel réduit au minimum
le nombre des mauvaises créances, des bons falsifiés et des escro-
queries multiples qui le menacent : trois personnes composent à
elles seules tout son service du contentieux. Dans une opération
qui comporte tant d'aléas, puisqu'elle ne s'adresse qu'à des individus sans surface, auxquels on ne demande aucun billet à ordre,
un pareil résultat fait honneur à la probité de la population parisienne.

Il est clair pourtant qu'en cas de guerre, de panique ou de ca-
lamité nationale, toujours accompagnée d'un arrêt du travail, la
plupart des abonnés se trouveraient incapables de tenir leurs engagemens. Les contrats Dufayel prévoient ce cas extrême, où ils
se réservent de suspendre toute livraison à crédit; mais, pour les
livraisons déjà effectuées, ils rencontreraient de grosses défections
parmi leurs débiteurs, sans pouvoir faire attendre les créanciers :
horlogers ou confectionneurs, marchands de meubles ou de bicyclettes.

Ce risque éventuel, non moins que l'intérêt du fonds de roulement nécessaire, — une vingtaine de millions de francs, —

suffit-il à justifier les profits d'une industrie aussi vaste; ces
gains, au contraire, seraient-ils disproportionnés avec le service
rendu? Peu importe. Seulement, par la force même des choses,
par les frais généraux qui lui incombent, cet organisme est amené
à vendre, bien que de façon détournée, à des prix exorbitans, le
crédit *de six mois* qu'il procure. L'ouvrier ou l'employé, qui pla-
cerait à la caisse d'épargne l'argent nécessaire à ses acquisitions,
éviterait une pareille surcharge; mais beaucoup n'auraient pas le
courage d'économiser par avance pour acheter l'objet convoité et
seront néanmoins capables, *une fois l'achat réalisé*, de s'acquitter
peu à peu de leur dette. Le système a donc un côté moralisateur,
mais il coûte trop cher.

V

N'est-il pas possible de faire des avances d'argent à la masse
besogneuse à des taux moins élevés, et sans exiger le dépôt d'un
gage dont la jouissance est enlevée à l'emprunteur? Telle est la
question que s'efforce de résoudre une institution, nouvelle encore dans notre pays : celle du prêt populaire coopératif.

L'Allemagne, la Belgique, l'Italie, l'Autriche, nous ont de
beaucoup devancés sur ce terrain. Il y a plus de cent ans, la
Prusse faisait les premières applications de la mutualité au crédit
foncier, au moyen de ses *landschaften,* pour les étendre, en 1850,
au crédit personnel urbain et agricole. La France devait rester
longtemps étrangère à cette idée, qui se répandit dans l'Europe centrale et jusqu'en Russie. Certaines de nos communes rurales
avaient fondé, au XVIIIᵉ siècle, pour l'usage de leurs habitans, des
monts-de-grains, qui prêtaient à Noël la semence aux laboureurs,
moyennant un intérêt de 5 pour 100, payable au mois de septembre, *en nature,* au moment de la restitution du grain emprunté.
Ces « monts-frumentaires, » administrés par le châtelain, le curé,
les consuls élus et les cultivateurs notables, avaient disparu,
sans laisser même le souvenir de leur existence, lorsque apparut,
sous le second Empire, la première société de banque populaire.
Quelques ouvriers parisiens eurent l'idée de mettre en commun
leurs économies, pour se procurer mutuellement le crédit. Ils
agissaient en secret, comme des conspirateurs. Les réunions,
raconte l'un des fondateurs, « étaient difficiles et dangereuses.

On ne pouvait choisir ni son endroit, ni son jour. Mais le besoin de montrer ce que peut l'initiative particulière, les services que nous attendions de cette communauté, nous firent risquer notre tranquillité. On se groupa donc dans les vignes de Montreuil, au bois de Vincennes, dans les clairières, et là, assis en rond, les femmes et les enfans autour, en vedettes, on discutait le règlement, on votait les articles, on nommait les fonctionnaires, puis on enterrait les bulletins. Joyeux de la besogne faite, chaque assemblée dans les champs ou dans les bois se terminait par un banquet modeste, mais qui nous procurait les jouissances qu'on goûte aux momens d'enthousiasme. »

Ainsi fut inauguré en France le crédit mutuel, sous le nom de « Banque de solidarité commerciale, » par neuf adhérens qui se cotisèrent pour la première fois le 2 juin 1867. Comment et pourquoi l'élan fut-il arrêté? Cette association prospéra d'abord; 200 similaires furent fondées à son exemple; mais, déviant de leur principe originel et brûlant les étapes inévitables de toute innovation, au lieu de développer le crédit, ce fut la production coopérative qu'elles prétendirent du premier coup aborder. Les ouvriers, disait plus tard l'un d'eux, « ont mal compris leur affaire; ils ont cru que le travail était tout et ont complètement oublié le capital. »

En 1863, le mouvement de l'Allemagne commence à être connu; on cherche à le suivre : « Il faut, écrivait G.-P. Beluze, faire pour les travailleurs ce qu'on a déjà fait pour les propriétaires avec le crédit foncier et le crédit mobilier. » Là-dessus, fut fondée une « Société de Crédit au Travail, » avec 400 francs d'espèces versées. Elle progressa rapidement; trois ans après, en 1866, le nombre des sociétaires était de 1 200 et le capital souscrit de 200 000 francs. L'établissement, qui faisait déjà 10 millions d'affaires, périt cependant d'une façon misérable, parce qu'il s'était engagé dans la voie périlleuse des avances aux associations ouvrières. Il avait commencé par de faibles prêts; puis, les sociétés débitrices périclitant, pour ne pas perdre ses premiers sacrifices, il en consentit de nouveaux, et finit par avoir à sa charge deux entreprises où il était à découvert de 300 000 francs. Dès lors, incapable de marcher faute d'argent, il dut confesser la vérité à ses commanditaires. La consternation fut générale; on voulut poser de nouvelles règles, revenir à la sagesse, mais trop tard. La confiance était perdue; il ne se trouva plus de souscripteurs, et le *Crédit au travail,* mis en faillite en 1868, ne distribua pas plus de 18 pour 100 à ses créanciers.

Un second désastre, presque simultané, acheva de discréditer en France les banques populaires, c'est celui de la *Caisse d'Escompte des Associations populaires.* Quoique les instigateurs de cette affaire fussent des hommes d'expérience, elle s'exposa aux mêmes périls, commit les mêmes fautes, et eut le même sort. La Banque de France avait réescompté du papier à cette caisse et perdit avec elle beaucoup d'argent, que les administrateurs, dont la bonne foi était entière, furent dispensés, grâce à l'intervention de M. de Rothschild, de rembourser personnellement.

Si la Banque de France, après semblable aventure, est devenue défiante à l'endroit des banques populaires, on ne saurait s'en étonner. Les organismes de ce genre doivent se constituer par en bas, c'est-à-dire par les intéressés eux-mêmes, mettant en commun leurs moyens et leurs responsabilités ; ce principe essentiel fut oublié. On imagina de créer un établissement central avec des capitaux puissans : « L'Empereur, disait *le Moniteur* du 16 janvier 1866, préoccupé de développer l'esprit d'union dans les classes laborieuses, a invité quelques personnes de bonne volonté à fonder une *Caisse des Associations coopératives.* »

Elle commença avec un million, dont Napoléon III avait fourni la moitié ; à sa tête étaient des hommes pratiques, dont la sagesse vit tout de suite l'extrême danger des opérations qu'on leur proposait de faire. Ces hommes, avant de prêter de l'argent, demandaient des garanties que les ouvriers ne purent pas leur donner. Aussi la caisse ne perdit rien, pour une raison bien simple, parce qu'elle ne prêta jamais rien.

En 1880, se fondait la *Caisse centrale de l'Épargne et du Travail,* avec l'intention de susciter, dans chaque arrondissement de Paris, une banque populaire qui s'appuierait sur la caisse centrale. La politique et l'agiotage se mêlèrent à l'humanitarisme ; par le choix des membres qui composaient le conseil, le fondateur montrait qu'il comptait sur leurs noms pour décider le peuple à lui confier son argent. Faux calcul : les ouvriers ne vinrent qu'en petit nombre. Pour retenir ceux des sociétaires qui étaient de bons agens électoraux, on leur accordait toute facilité d'accès aux coffres-forts. Telle de ces banques de quartier eut jusqu'à sept administrateurs mis successivement en faillite ; aussi disparurent-elles l'une après l'autre. La Caisse centrale comprit

qu'elle devait renoncer à une entreprise impossible et liquida
avec de grandes avaries.

Tous ces gros établissemens portaient d'ailleurs en eux un
germe de mort : sans contact avec les classes urbaines ou rurales,
parmi lesquelles ils étaient censés devoir recruter leurs pratiques,
ils durent s'adonner, pour vivre, à de tout autres occupations
que celles de leur but initial. La Société de Crédit agricole,
qui de toutes eut la plus longue existence, disparut en 1876,
compromise dans des spéculations avec le gouvernement égyp-
tien complètement étrangères au crédit de l'agriculture.

Mais ce qui peut surprendre davantage, c'est que, chez certains esprits, les leçons du passé n'aient pas semblé avoir laissé
de traces. Sans parler des diverses propositions de loi qui ont été
déposées à la Chambre, n'avons-nous pas vu l'année dernière une
nouvelle tentative faite par un *Syndicat national de Crédit agricole*, qui a cherché à se constituer au capital de 40 millions pour
répandre, de Paris, le crédit par toute la France? Le projet échoua
et fut abandonné six jours plus tard. La sagesse des populations
rurales les avait détournées de ce mirage.

Tandis qu'en France des projets mal conçus avortaient ainsi
l'un après l'autre, l'idée du crédit mutuel faisait son chemin à
l'étranger. Raconter son prodigieux succès au delà de nos frontières m'entraînerait hors du cadre de cette étude ; aussi bien les
lecteurs de la *Revue* ont-ils été édifiés par des articles antérieurs
sur l'importance des résultats obtenus. Il me suffit de rappeler
ici que, depuis un demi-siècle, où, à quelques années d'intervalle, deux inconnus, sans appui, sans fortune, sans expérience,
mais doués d'un esprit juste et d'un cœur passionné pour le bien
du peuple, Hermann Schulze, petit juge de canton, Raiffeisen,
officier d'artillerie démissionnaire, fondèrent, l'un à Delitsch, dans
la Saxe prussienne, l'autre dans un coin du Palatinat, à Hedders-
dorf-Neuwied, les premières mutualités de crédit urbain ou
rural, sous deux formes différentes, l'Allemagne a vu se grouper
10 000 sociétés populaires autour d'un millier de banques coopératives. 660 millions de francs y sont déposés, et leurs opérations annuelles atteignent 2 milliards et demi. En Italie,
les institutions analogues, dont la première fut inaugurée par
M. Luzzatti à Milan, en 1858, avec un capital de 700 francs, ont
également prospéré, puisqu'elles possèdent plus de 400 millions
de francs de dépôts.

Chez nous, les premières manifestations sérieuses du crédit coopératif ne remontent pas au delà d'une quinzaine d'années ; c'est même seulement depuis sept à huit ans que, sous l'effort parallèle ou combiné d'une élite d'apôtres du progrès social, parmi lesquels se rencontrent des gens de toutes professions et de toutes croyances, l'entreprise est parvenue à vaincre les difficultés du début. Tous les essais n'ont pas également réussi ; dans le commerce de l'argent, il suffit de l'imprudence d'un jour pour faire évanouir le fruit de nombreuses années de travail.

Fonder sans capital des banques populaires, où les frais généraux dépassent pendant longtemps les bénéfices, paraît déjà assez malaisé ; mais la plus grosse difficulté est de trouver de bons directeurs. Le *Crédit mutuel*, débutant à Paris, rue de Valois, en 1882, après avoir duré douze ans et groupé de petits patrons à qui il escomptait 2 millions de francs d'effets, se vit forcé de liquider, parce que son président avait abusé de l'autorité qui lui était dévolue pour passer à l'établissement du papier de complaisance revenu impayé. Au contraire, la Banque coopérative de Menton a, depuis 1883, enfanté dans sa région le crédit agricole et voit le total de ses écritures atteindre aujourd'hui 69 millions de francs, parce qu'elle est conduite avec sagacité par M. Rayneri, l'un des chefs de ce mouvement contemporain.

De même la Société de Crédit mutuel de Poligny a pu, depuis 1884, avancer 3 millions de francs aux agriculteurs de son entourage. Ces initiatives essaimèrent autour d'elles lentement. En 1889, l'on ne comptait pas plus d'une vingtaine d'associations analogues. A cette époque se réunit à Marseille, sous la présidence d'un économiste dévoué à la doctrine coopérative, M. Eugène Rostand, un congrès dont l'influence fut décisive. Les hommes s'y unirent et les idées s'y dégagèrent.

Les résultats se chiffrent, à l'heure actuelle, par l'existence d'environ 700 associations de crédit populaire, urbain ou rural. Les premières sont au nombre d'une trentaine seulement, dont les six plus importantes disposent d'un million de capital, versé par 2300 associés. Parmi les sociétés agricoles, dont l'effectif est vingt fois plus fort, 388 ont fourni quelques détails sur leur fonctionnement : elles se composent de 16000 membres et ont prêté, en 1899, 5 millions et demi de francs.

Pécuniairement, le progrès peut sembler mince ; moralement, il est considérable. Des cadres sont dressés, les esprits s'ouvrent

à des habitudes nouvelles ; le *self help*,— l'aide-toi toi-même,—
s'implante parmi le peuple, surtout parmi le peuple des campagnes,
qui acquerra la notion de sa force en prenant conscience de sa
richesse, plus grande que celle d'ancun banquier, et qui apprendra
à s'en servir chez lui et pour lui. L'État, dans cette expansion de
la mutualité, n'a joué qu'un rôle très effacé. La loi du 5 novembre
1894 contient, au profit de ces petites sociétés, des exemptions
fiscales raisonnables et réduit à leur minimum les formalités de
constitution. Elle ne les autorise toutefois qu'entre personnes
exerçant la profession d'agriculteur ou une profession connexe ;
elle laisse en dehors tous les autres métiers ou commerces qui
s'exercent dans les communes champêtres et qui ont aussi besoin
de crédit. D'où, pour les caisses cantonales cette alternative : rester
dans la légalité, en refusant leur concours à qui n'est pas cultivateur, ou l'accorder à cette catégorie de gens, en violant la loi.
A quoi, le plus souvent, les caisses se résolvent sans peine.

Une autre loi (1895) a permis aux caisses d'épargne d'employer
en prêts aux sociétés de crédit mutuel un cinquième de leurs
ressources. Mais, par la brèche ainsi pratiquée dans notre vieux
système centraliste, c'est à peine si trois ou quatre d'entre nos
caisses d'épargne ont songé à passer jusqu'à ce Jour ; tellement
est grande la routine qui leur fait, en France, porter tous leurs
fonds au Trésor ; tandis qu'à l'étranger, — en Suisse ou en Allemagne, — elles en usent avec une entière indépendance.

Au reste, ce n'est pas l'argent qui fait défaut, puisque la Banque
de France, lors du renouvellement de son privilège en 1897, a
consenti au gouvernement une avance de 40 millions sans intérêts
et une redevance annuelle proportionnée à ses bénéfices. Une
somme de 53 827 000 francs figure de ce chef, aujourd'hui, dans
les comptes de notre grand établissement national, à la disposition
de l'État. Elle est destinée à subventionner les caisses régionales
de *crédit mutuel*, intermédiaires naturels entre les caisses locales,
dont elles escomptent le papier, et la Banque de France, à qui
elles le repassent. A cette subvention, qui peut égaler le montant
du capital de chaque société, il n'a été que bien discrètement fait
appel, depuis trois ans, pour un total de 604 000 francs, par
huit caisses régionales, dont celle de la Beauce et du Perche,
celle de la Marne, Aisne et Ardennes, celle du Midi et celle de la
Charente, ont pris la plus forte part.

Et non seulement l'argent ne manque pas, mais le plus grand

nombre des mutuelles, les « Caisses rurales » du type Raiffeisen, refusent par principe d'user des largesses de l'État. Dans celles-là, les associés ne versent aucun capital fixe; ils se constituent solidairement responsables de toutes les dettes de la société dont ils font partie et trouvent, dans la juste mesure et l'exacte surveillance des prêts accordés par leur collectivité, une limitation *pratique* de la garantie *théoriquement* illimitée à laquelle ils s'engagent.

Si les nouvelles institutions de crédit coopératif ne sont pas arrêtées par le besoin de fonds, c'est donc que les emprunteurs ne se pressent pas de profiter des conditions favorables qui leur sont offertes, puisque les opérations effectuées demeurent, on doit l'avouer, fort restreintes jusqu'à ce jour. On est donc tenté de conclure que le crédit mutuel n'a guère sa raison d'être dans un pays où, faute de clientèle, il est réduit à végéter. Ce serait une erreur; la pénurie d'affaires, le chiffre modeste de celles qui sont traitées, s'expliquent par le *milieu économique* dans lequel a surgi le crédit populaire en France.

Philanthropique et, dans certains cas, religieuse par son but, cette œuvre est, par sa nature même, une entreprise financière : En finance, il n'est pas de crédit « populaire » ou impopulaire; on ignore le crédit catholique, protestant ou juif : on ne connaît que le crédit tout court, personnel ou réel, fait aux gens ou aux choses. Les promoteurs du crédit coopératif ont dû, sous peine de compromettre leur tentative, s'inspirer dans leurs prêts des mêmes principes que les financiers ordinaires. Or, deux sortes de gens cherchent à emprunter : les uns, parce qu'ils veulent payer ou acheter, — ils ont ou font des dettes; — les autres parce qu'ils ont produit ou vendu, — ils possèdent des créances et des marchandises. Les premiers sont intéressans, les seconds sont solvables. Ceux-ci tirent, endossent, acceptent des effets de commerce, qu'escomptent, à des taux fort modérés, les banques locales et les innombrables agences que les établissemens, dont j'ai autrefois exposé les rouages (1), — Crédit Lyonnais, Comptoir d'escompte, Société générale, etc., — multiplient à l'envi les uns des autres, pompant et distribuant, sur tout le territoire, les traites et la monnaie.

_____

(1) Voyez, dans la *Revue* du 1ᵉʳ janvier 1895, *les Établissemens de crédit*.

VI

A l'époque où Schulze-Delitsch apparut en Allemagne et M. Luzzatti en Italie, il n'existait au delà du Rhin ni au delà des Alpes aucun organisme de ce genre. Ils attirèrent naturellement à eux le petit commerce, voire le grand, et leurs banques florissantes ne sont pas plus essentiellement « populaires » que le Crédit « Lyonnais » n'est affecté spécialement au département du Rhône. La preuve, c'est que, dans les statistiques allemandes, figurent nombre d'effets de 125 000 francs chaque; qu'en Italie, le compte rendu des opérations de la Banque *populaire* de Milan, la plus célèbre de toutes, comprend une colonne, assez bien remplie, réservée aux traites supérieures à 100 000 francs. Il est très invraisemblable qu'un homme du peuple soit engagé pour 100 000 francs dans une seule affaire.

A ce gros papier, qui gonfle les bilans des mutualités étrangères et laisse dans leur bourse des profits abondans, nos associations françaises ne peuvent prétendre, parce qu'elles arrivent trop tard. Les banques ordinaires l'ont accaparé dans leurs succursales et le retiennent par un bon marché au-dessous duquel la banque populaire ne saurait descendre; d'autant plus que la force acquise, la notoriété, la richesse, leur confèrent une supériorité invincible sur leurs nouveaux concurrens. Elles-mêmes, ces maisons modernes de crédit, sont de fait « populaires, » quoiqu'elles n'en prennent pas le titre; elles recueillent et négocient énormément d'effets qui n'excèdent pas 50 francs, lorsqu'ils émanent de petits patrons honorables; car « un bon debteur, comme disait Marot, trouve toujours un bon prêteur. »

Il se passe, en matière de banque, ce que j'ai eu précédemment occasion de signaler pour les assurances sur la vie: nombre de sociétés d'assurances *par actions* sont prospères; les quatre plus anciennes distribuent à leurs actionnaires, pour un capital originairement versé de 4 millions, un dividende annuel de 8 millions; tandis qu'une Mutuelle-Vie, très bien gérée, dont le but est de faire empocher ces dividendes aux assurés eux-mêmes, languit dans une obscurité relative, parce que le public a, dès longtemps, donné à d'autres sa faveur.

Le crédit populaire ne trouve, lui, à glaner *dans les villes* que des signatures rares et de second choix; il doit s'armer de prudence vis-à-vis de la clientèle purement ouvrière, celle qui emprunte pour consommer, non pour produire, et ne présente pas de garantie. A celle-là on prête *sur l'honneur;* mais cette avance, qui ne peut se transformer en effet commercial, susceptible de circulation, immobilise les fonds jusqu'à un remboursement toujours problématique. Les institutions mutuelles, qui ont essayé le « prêt d'honneur » à l'étranger, ont éprouvé une perte d'environ 33 pour 100 de la portion de leur avoir qu'elles y avaient consacrée. Ce déficit, rapproché des pertes minimes qu'accuse, pour des opérations presque analogues, l'établissement Crespin-Dufàyel, ne laisse pas de surprendre. Il semble que les coopératives de crédit pourraient remplir, avec plus de succès, cette partie si ardue mais si utile de leur dessein, soit en organisant le système des recouvremens partiels, soit en exigeant de cette catégorie d'emprunteurs la solidarité de quelques parrains.

C'est à quoi s'appliquent déjà les *Caisses rurales et ouvrières.* N'ayant pour associés que des salariés, ces caisses ne peuvent, en aucun cas, arriver à un gros chiffre d'affaires; mais les services qu'elles rendent sont bien plus considérables que ne pourrait le faire croire, à première vue, la modestie de leur mouvement de fonds. Il faut avoir vécu dans les milieux manufacturiers, dans l'intimité des humbles logis, pour comprendre l'importance pratique d'une avance de 50 francs, qui permet, au moment opportun, un achat de provisions à bon marché, facilite une location avantageuse par le paiement anticipé du terme, aide à trouver l'emploi où un cautionnement est nécessaire, donne de quoi acquérir les outils et fournitures d'un travail exécuté à façon.

Dans une ville un peu importante, il est impossible d'établir solidement une caisse qui s'étende sur toute la population ouvrière; il faut chercher un milieu plus restreint, qui ait établi des relations plus fréquentes entre les futurs associés. Tantôt la caisse se limite à un seul quartier, tantôt c'est la paroisse qui sert de base; tantôt la caisse agrège les ouvriers de la même usine, ou les membres de la même profession qu'unit un syndicat, un cercle, une société de secours mutuels.

La caisse *rurale*, ayant dans sa sphère naturelle des cliens plus faciles à surveiller, s'est développée beaucoup plus aisément que la citadine. A la campagne le village forme une grande famille; non pas toujours une famille très unie; il y a des divisions, des partis et des haines, mais personne n'est inconnu de ses voisins ; les goûts, les habitudes, les faits et gestes de chacun sont observés, discutés. Il existe entre les habitans des rapports, des liens, qui peuvent être moins que cordiaux mais qui sont réels.

Les 630 mutualités agricoles aujourd'hui existantes, toutes ou presque toutes communales, se partagent en deux groupes principaux : le *Centre fédératif du Crédit populaire* et l'*Union des Caisses rurales et ouvrières*. A la tête de ces deux agglomérations sont des hommes qui, — si l'on excepte le déchet inévitable de quelques professeurs de sociologie en chambre, quelques politiques en disponibilité, porteurs de toasts et banqueteurs platoniques, — ont accompli avec un superbe dévouement une tâche ingrate et méritoire. A l'*Union des caisses*, sous la présidence de M. Louis Durand, apôtre perspicace et infatigable, MM. l'abbé Lemire, Harmel, Fournier-Sarlovèze ; au *Centre fédératif*, à côté de M. E. Rostand, le Père Ludovic de Besse, un éloquent capucin, l'honneur de son ordre, M. Benoît-Lévy, M. Dufourmantelle, etc.

Ces deux phalanges, qui devraient, semble-t-il, se soutenir, sont malheureusement rivales, même hostiles. Le Centre fédératif, sagement libéral, traite l'Union des caisses de sectaire, parce qu'elle refuse d'adhérer au principe de neutralité religieuse ; l'Union des caisses, étroitement catholique, accuse le Centre fédératif d'impiété, parce qu'il accouple, dans son conseil dirigeant, des israélites et des moines, des croyans et des francsmaçons. Une malveillance réciproque anime ainsi ces deux affiliations, et, parce qu'elles visent au même but par des moyens différens, elles sont portées à se combattre.

Quel juge impartial de ces griefs pourrait donner tort à l'un ou à l'autre ? Le Centre fédératif a mille fois raison de bannir les luttes confessionnelles du terrain des affaires, où elles sont en même temps déplacées et dangereuses ; il a raison, pour provoquer tous les concours, de ne déployer aucun drapeau. Qui pourtant oserait jeter la pierre à l'Union des caisses rurales, si, puissamment aidée par le clergé des campagnes, elle rêve, — car peut-être ne sera-ce qu'un rêve, — d'imprimer à cette œuvre économique un caractère religieux, et de doter ses adeptes d'un « Crédit mutuel » où l'on trouverait autre chose que de l'argent et que de l'or : un peu de pain venu du ciel ?

L'homme en travail depuis cent ans a enfanté des manufactures, des mines, des docks, des bateaux, des télégraphes, des

écoles et des théâtres; il a enfanté des habits, des journaux, du
gaz, du linge, de l'hygiène et des égouts; il a enfanté des richesses et des plaisirs, de la philanthropie et des sociétés d'assurances, même des constitutions politiques et des systèmes phi-
losophiques; mais, il n'enfante pas de l'amour ni de la joie,
surtout il n'enfante pas de la résignation et de l'idéal, c'est-à-
dire de la paix et de l'espérance. La fumée des locomotives et
du tabac en contient-elle plus que la fumée de l'encens?

Le prêt populaire à bon marché est une belle chose; mais
ce n'est pas en prêtant aux besogneux à 5 ou même à 4 pour 100,
que l'on résoudra la « question sociale. » Elle ne sera jamais ré-
solne, parce qu'elle n'existe pas. Et, en effet, elle n'existe que
dans notre imagination; elle ne vient pas de l'estomac, comme
on pense, elle vient du cerveau et du cœur. Aux maux imaginaires il faut des remèdes spirituels.

Toutes nos batailles modernes contre les élémens, toutes nos
victoires sur la matière, n'ont, au moral, abouti à rien. La
masse intelligente demeure irritée, exacerbée, les sens plus
subtils, l'esprit bandé vers un but [impossible et l'âme triste,
déçue. Nous avons, pour beaucoup [produire, évoqué le Génie
de la force et déchaîné le Génie de la vitesse; ils dévorent l'ouvrage; nous devons marcher et les suivre; ces esclaves-machines
nous entraînent. Bientôt il n'y aura plus de place perdue sur
la terre, il n'y aura plus de temps perdu dans la vie; mais,
entassât-on cent fois plus de jouissances, l'humanité sera la
proie d'un terrible ennui, l'ennui que l'on éprouve à regarder les
villes que ne surmontent aucune flèche, aucun dôme, aucune
tour, toutes choses de première nécessité, quoique parfaitement
inutiles en elles-mêmes. Les ouvriers, les paysans, tous devenus « bourgeois, » dans le sens que nous donnons aujourd'hui
à ce mot, tous devenus penseurs, sentiront par là même des
souffrances qu'ils ignoraient naguère, — celles de la pensée,
— et seront désespérés d'être au monde, ayant perdu la certitude
d'en trouver un meilleur au sortir de celui-ci. C'est alors que le
peuple vomira les religions laïques, laborieusement absorbées;
il pleurera pour avoir une âme et pour qu'on lui rende un
Dieu.

Vte G. d'Avenel.

LE SEL

LE BESOIN PHYSIOLOGIQUE DU SEL. — LE SEL DU SAHARA

Le sel est une denrée universelle. Son usage semble avoir
été de tous les lieux, de tous les temps et de toutes les civilisations ; il faut y regarder de très près pour trouver des exceptions à cette règle. C'est le même sel qui, aujourd'hui, assaisonne la misérable pitance du nègre soudanien et les mets
recherchés des tables européennes. Aussi loin que l'on remonte
dans l'histoire, on trouve qu'il est l'objet de la même prédilection. Les Juifs l'offrent à Jéhovah avec les prémices des
moissons et les fruits de la terre ; Homère le qualifie de divin et
le fait figurer aux repas de ses héros ; Tacite relate les guerres
furieuses que se livraient les tribus germaniques pour la possession des sources salées voisines de leurs territoires.

Les hommes, en définitive, n'ont reculé devant aucun effort,
aucun sacrifice ou aucun danger pour se procurer cette précieuse
substance. Ils l'ont demandée à la guerre, à la fraude, à la fatigue de longs voyages ; des populations très arriérées ont déployé
une ingéniosité remarquable pour se le procurer ; et, par exemple,
les indigènes des îles de la Sonde ont créé une sorte d'industrie
chimique rudimentaire pour l'extraire de la boue des palétu-
viers. Mungo Park a vu les habitans de la côte de Sierra Leone
donner tout ce qu'ils possédaient, et jusqu'à leurs femmes et
leurs enfans, pour en obtenir. C'est, en somme, un objet de con-

sommation si général et si nécessaire qu'il fournit au commerce la matière d'échanges assurés. Et c'est ce que l'on veut exprimer lorsque l'on dit qu'il a servi et qu'il sert encore de monnaie. Cela est vrai pour diverses contrées de l'Afrique centralè. Il en a été de même dans l'antiquité. Et c'est parce que le soldat romain recevait sa ration en sel, aussi bien qu'en huile, en viande ou en froment, que sa solde a pris le nom de *salaire*, étendu plus tard à toute rémunération du travail matériel.

Le besoin du sel, la « faim de sel, » ne sont pas limités à l'homme. Beaucoup d'animaux recherchent cette substance avec avidité. Buffon écrivait : « Rien ne flatte plus l'appétit des brebis que le sel. » Barral, Boussingault et Desaive nous ont appris que le bétail pouvait souffrir cruellement de la disette de sel et qu'il prospérait, au contraire, lorsqu'on l'ajoutait à sa ration habituelle (1). Les rennes, les cerfs et les chevreuils aiment à lécher la surface des flaques saumâtres et les efflorescences salines. Dans tous les climats, sous toutes les latitudes, les ruminans et les solipèdes sauvages se plaisent ainsi dans les terrains à salure, et les chasseurs savent tirer parti de cette circonstance pour choisir leur affût dans les endroits où le sel affleure naturellement ou bien dans lesquels ils ont pris eux-mêmes le soin de le répandre.

Une prédilection si générale, un goût si impérieux, ne sauraient être considérés comme un simple accident; ils correspondent sans doute à un besoin naturel; ils doivent avoir des raisons profondément inscrites dans l'organisation animale. La physiologie contemporaine a essayé de les pénétrer. Elle s'est demandé pourquoi, parmi les substances minérales qui entrent dans notre nourriture, et dont quelques-unes prennent une part beaucoup plus étendue à la constitution des tissus, le sel marin était la seule que l'homme ajoutât, par artifice, à ses alimens naturels. Les sels de chaux et le phosphate de soude, par exemple, qui tiennent une si grande place dans la composition du squelette ou des liquides de l'économie, n'en tiennent aucune dans la cuisine. Si nous les employons quelquefois à l'état isolé, c'est comme médicamens. Pourquoi cet emploi instinctif et unique du

(1) On admet assez généralement, en pratique agricole, qu'il est utile de donner, par jour, de 2 à 5 grammes de sel à un mouton; de 30 à 50 grammes à un cheval; de 60 à 100 grammes à un bœuf. En Angleterre et en Allemagne, les éleveurs dépassent, de beaucoup, ces doses.

sel, en supplément de la quantité qui est naturellement contenue dans les mets usuels? Cette interrogation met en cause la question plus générale de savoir quel rôle remplit le sel, une fois introduit dans l'organisme, à quels phénomènes physiologiques il participe, quelle évolution, en un mot, il y subit.

A côté de ces problèmes biologiques, l'usage du sel en soulève une infinité d'autres. Il en est un d'ordre géologique qui est près d'avoir reçu, tout récemment, une solution satisfaisante. C'est celui de l'origine des *sebkhas*, c'est-à-dire des gisemens de sel d'où la population du centre de l'Afrique tire cette précieuse denrée. Enfin, la tentative fort intéressante, due à quelques-uns de nos compatriotes, de faire concurrence, sur les marchés soudanais et congolais, à ce sel du Sahara, mérite aussi d'être signalée. Ce sont ces différens points que nous allons passer en revue.

I

Un examen attentif des lieux, des temps et des circonstances n'a pas tardé à montrer que la consommation du sel, quoique très répandue, n'était cependant pas une pratique universelle. Tous les hommes ne salent point leurs alimens; tous les animaux n'out point de prédilection pour cet assaisonnement. Il en est, au contraire, qui lui sont indifférens ou même qui le repoussent et qui manifestent à son égard une franche aversion.

Il y a eu, dans l'évolution de l'humanité, un moment où le sel a commencé de s'introduire dans l'alimentation, c'est-à-dire, où s'est produite la découverte du sel. Ce moment est celui du passage de la vie pastorale et nomade à la vie sédentaire et agricole. Les langues indo-européennes n'out pas de mot commun pour désigner le sel, ni la plupart des objets qui se rapportent à l'agriculture; mais, au contraire, elles ont des racines communes pour tout ce qui a trait aux occupations pastorales. On peut voir là une indication que les peuplades primitives qui ont donné souche à nos races actuelles, se sont séparées avant d'avoir quitté la vie pastorale. Elles n'out connu que plus tard l'agriculture et, avec celle-ci, l'usage du sel.

Il y a des populations, des groupes ethniques, des castes, qui ne l'ont jamais adopté. Les prêtres égyptiens ne salaient point leurs alimens. Plutarque s'étonnait de ce dédain étrange. Salluste dit des Numides qu'ils ne recherchaient point le sel : *neque salem, neque alia irritamenta gulæ quærebant.* Et de même, nous voyons autour de nous, à côté des animaux de ferme qui en sont friands, le chien et le chat qui n'y trouvent aucun plaisir.

Ces exceptions ont longtemps passé pour inexplicables. On ne comprenait pas comment le besoin du sel pouvait être, dans certains cas, aussi impérieux que les véritables besoins physiologiques, la faim et la soif, tandis que d'autres fois, il semblait entièrement étranger à l'organisme. Un savant physiologiste, M. Bunge, de Bâle, a apporté la lumière dans cet obscur problème. D'une vaste enquête, — ethnographique, historique et géographique, — à laquelle il s'est livré, il a tiré cette première conclusion que l'usage du sel est lié au régime. Le sel est un complément obligatoire du régime végétarien. Parmi les animaux, ce sont les herbivores qui le recherchent avec prédilection : les carnassiers n'ont pour lui que de l'indifférence ou même du dégoût. Parmi les hommes, l'appétence pour cet assaisonnement existe surtout chez ceux qui se nourrissent de légumes et de céréales, c'est-à-dire chez les populations agricoles, ou chez ceux, tout au moins, qui ont un régime mixte. Au contraire, ceux qui s'en montrent dédaigneux ce sont les nomades, les tribus pastorales qui tirent de leurs troupeaux le lait et la viande dont ils se nourrissent ; et, encore, les peuples chasseurs ; ou enfin les populations ichtyophages qui demandent leur nourriture à la pêche et qui, vivant cependant sur les rivages de la mer ou aux embouchures des fleuves, ont à leur portée le sel dont elles ne veulent pas. Et, s'il en est vraiment ainsi, on conçoit, au moins comme un fait dont il y aura lieu de chercher tout à l'heure l'explication, la corrélation intime de ces deux phénomènes historiques : le développement de l'agriculture et de la vie sédentaire, d'une part ; l'usage alimentaire du sel, d'autre part.

Cette loi résume, nous le répétons, les résultats d'une très vaste enquête sur les mœurs et les habitudes alimentaires des diverses populations, mises en regard de l'usage qu'elles font ou ne font pas du sel. Quelques-unes de ces observations ont la valeur d'une expérience de contrôle.

Toutes les tribus nomades du nord de la Russie et de la Sibérie s'abstiennent de saler leurs alimens, non point que le sel leur fasse défaut, car les gisemens, les efflorescences et les lacs salés abondent dans ces régions ; mais, ces peuples, qui vivent du produit de la chasse et de la pêche éprouvent une aversion décidée pour cet aliment. Un explorateur qui a vécu longtemps chez les Kamtschadales et les Tungouses, le minéralogiste bien connu C. von Ditmar, s'amusait à leur faire goûter les alimens salés dont lui-même faisait usage, et à noter les mines et les grimaces de répulsion que provoquait chez eux ce très simple assaisonnement. Ce n'est pas, cependant, que ces gens se montrent d'une délicatesse exagérée. Ils se nourrissent habituellement d'un mélange innomable formé de poissons, amassés dans d'énormes silos, et qui s'y corrompent à loisir en attendant le moment d'être consommés. Le gouvernement russe a voulu améliorer ces habitudes alimentaires par trop répugnantes et malsaines ; il a enseigné à ces peuplades l'art de saler le poisson pour le préserver de la pourriture ; il a établi, à cet effet, des salines dans le voisinage de leurs campemens et il leur a livré le sel à un prix dérisoire. Vains efforts ! Ces populations dociles ont obéi ; elles ont salé le poisson, mais elles ne l'ont pas mangé.

Sous d'autres latitudes, on trouve les mêmes exemples d'indifférence ou d'antipathie à l'égard de l'assaisonnement qui nous paraît si nécessaire. Les Kirghizes du Turkestan qui se nourrissent de lait et de viande dans des steppes salés, n'usent cependant point de sel. Les Bédouins de l'Arabie, d'après Wrede, trouvent l'emploi du sel ridicule, et les Numides dont parle Salluste et qui dédaignaient le sel se nourrissaient, à son témoignage, de lait et de viande, *lacte et carne ferina*.

L'Afrique nous fournit encore d'autres exemples tout aussi démonstratifs. L'Écossais Mungo Park qui, il y a un siècle, explora la région que l'on appelle aujourd'hui la boucle du Niger, avait été frappé de l'avidité des populations nègres, agricoles, pour le sel. Celui-ci leur était apporté péniblement et à un prix très élevé par les caravanes qui le tiraient de la Mauritanie, de la sebkha d'Idgil à mi-chemin entre le Sénégal et le Maroc, ou des gisemens de Taodenit, au-dessus de Tombouctou. « A l'intérieur du pays, dit-il, le sel est le régal par excellence. C'est un spectacle curieux pour un Européen de voir un enfant sucer un bâton de sel comme si c'était du sucre... J'ai vu cela maintes

fois, quoique, dans la classe pauvre, les habitans soient si éco-
nomes de cet article de prix, que, lorsqu'on dit ·de quelqu'un
qu'il mange du sel à ses repas, on veut désigner par là un
homme riche... J'ai ressenti vivement la rareté de ce produit de
la nature. Une alimentation végétale éveille une envie de sel si
ardente qu'on ne peut la décrire. » C'est là un aveu précieux. On
peut le rapprocher d'une observation inverse qui le complète et
lui sert de contrôle. Celle-ci est encore rapportée par Bunge. Il
s'agit de l'astronome L. Schwarz qui, ayant vécu pendant trois
mois chez les Tungouses de la Sibérie, au régime exclusif de la
viande de renne et du gibier, avait perdu le besoin et l'habitude
d'ajouter du sel à ses alimens.

L'Amérique donne lieu aux mêmes observations. Au temps
de la découverte, la plupart des tribus indiennes de l'Amérique
du Nord vivaient de chasse et de pêche : elles n'usaient point
du sel, cependant très commun dans leurs prairies. Un petit
nombre seulement étaient alors sédentaires et agricoles : celles-là
recherchaient le sel et étaient en guerres fréquentes pour la possession des sources salées. Plus bas, au Mexique, un peuple
sédentaire, adonné à la culture, employait régulièrement le sel;
tandis que, dans les pampas, couvertes de lacs salés et d'efflorescences, les gauchos méprisent la nourriture végétale et le sel
qui l'assaisonne comme une pâture tout au plus bonne pour
leurs troupeaux.

L'examen de ce qui se passe chez les peuples de l'Archipel
indien et de l'Australie apporte un nouvel appui à la loi de
Bunge. Partout ce sont les populations vouées à l'agriculture qui
consomment le sel, et partout aussi les peuples adonnés à la
chasse, à la pêche ou à la vie pastorale qui en dédaignent ou en
repoussent l'usage. Des explorateurs européens soumis au
régime animal, comme Schwarz, se déshabituent du sel; tandis
que d'autres, comme Mungo Park, réduits aux seuls alimens
végétaux, éprouvent pour cette substance une faim ardente au
point de devenir douloureuse.

II

La relation est donc bien établie entre l'alimentation végétale et le besoin du sel, et, réciproquement, entre le régime

animal et l'exclusion de ce condiment. Il reste à pousser plus loin et à se demander la raison de ces rapports remarquables. C'est la question que G. Bunge s'est posée, et qu'il a résolue, en chimiste, par une théorie fort ingénieuse.

La réponse pourrait être fort simple. Si, par exemple, la différence des deux régimes alimentaires correspondait à une différence de leur teneur en sel; si la nourriture d'origine végétale était pauvre en sel marin et que la nourriture animale fût riche en cette substance, la chose irait de soi : la loi empirique de Bunge trouverait une explication évidente. Il faudrait ajouter du sel à l'aliment naturel simplement parce que celui-ci n'en apporte pas une quantité suffisante.

Mais, les choses ne se présentent point avec cette simplicité. Les deux modes de nourriture ne se distinguent point par la quantité de sel qu'ils apportent à l'organisme, et le besoin de sel n'apparaît point comme une conséquence directe du déficit de la ration. En fait, les deux espèces d'alimens sont très pauvres, l'un et l'autre. Si l'on essayait d'évaluer approximativement la quantité de cette substance que le carnassier trouve dans sa ration quotidienne, on s'apercevrait qu'elle ne diffère point profondément de celle que l'herbivore rencontre dans la sienne. Les différences, sans être absolument négligeables, ne méritent point d'entrer en ligne de compte.

La plupart des alimens, qu'ils viennent des plantes ou des animaux, si on les envisage dans leurs constituans essentiels, sont fades, insipides, insuffisamment salés pour notre goût. Les albuminoïdes de la viande, les graisses, l'amidou des céréales ou des légumineuses, par eux-mêmes, n'exerceraient aucune action sur notre sensibilité gustative. La saveur de notre nourriture lui vient de produits secondaires, d'aromes et de bouquets qui lui sont surajoutés en quelque sorte; et, pour tout dire, de substances étrangères, existant en quantités très faibles, éthers, acides, huiles essentielles que la préparation culinaire et la cuisson ne font que développer davantage. En général, la nourriture naturelle est faiblement salée.

Cette faible quantité de sel marin contenue dans les mets naturels devrait suffire à nos besoins, dans le cas du régime végétal, comme elle y suffit dans celui du régime animal. Pourquoi n'en est-il pas ainsi? D'où vient que l'un des modes d'ali-

mentation exige l'artifice d'un supplément de sel? Les chimistes
ont cherché dans la différence de composition des deux catégories d'alimens la raison de cette particularité. Si les uns et les
autres contiennent des quantités également faibles de chlorure
de sodium, il y a un autre produit minéral qu'ils renferment à
un degré inégal, quoique élevé, et par lequel ils peuvent se différencier. Il s'agit de la potasse. Par opposition au précédent,
celui-ci, toujours abondant, subit, de plus, d'un aliment à l'autre
des variations très étendues quant à sa quantité relative. Il y a
des alimens qui en contiennent beaucoup, et ce sont précisément
ceux qui sont empruntés au règne végétal. Les plantes se distinguent habituellement par leur richesse en sels potassiques. Elles
en accumulent d'énormes quantités qu'elles arrachent aux sols
les plus pauvres. Si bien qu'avant la découverte des mines de
Stassfurt, l'incinération des plantes vertes était la source unique
de la potasse industrielle. Il y a, inversement, d'autres alimens
qui sont relativement pauvres en cette sorte de composés, et ce
sont, en général, les substances empruntées aux animaux. De
telle sorte qu'en définitive la différence capitale, — nous ne
disons pas : la seule, — qui distingue aux yeux du chimiste les
deux modes d'alimentation, réside dans l'abondance en potasse
de la ration végétarienne, opposée à la pénurie de la ration
carnée.

Si l'on fait une liste des alimens, rangés d'après la quantité
croissante de potasse qu'ils contiennent, on verra que les substances animales (sang, lait, viande) viennent en tête, tandis que
les derniers rangs sont occupés par les végétaux (haricots,
fraises, pommes de terre et trèfle). Cependant, il y a quelques
interversions remarquables. Le riz, par exemple, est extrêmement
pauvre en potasse : un kilo de riz, à l'état sec, ne fournit qu'un
gramme de potasse : il est vrai qu'il fournit encore bien moins
de soude (trente-trois fois moins); par ces traits, le régime du riz
se rapproche du régime animal; et, en effet, il ne provoque qu'à
un faible degré l'appétence du sel. Tout au contraire, un kilogramme de pommes de terre contient 24 grammes de potasse et
soixante fois moins de soude : cet aliment réalise, à ce point de
vue, le type végétarien dans sa perfection.

Les enseignemens que donne l'analyse chimique se résument,
en définitive, dans cette formule : le régime végétal livre à l'économie beaucoup de potasse et très peu de soude; — environ, de

25 à 150 fois plus de potasse que de soude —; d'autre part, le régime animal réduit l'apport de potasse sans réduire dans la même proportion l'apport de soude; il ne laisse guère pénétrer dans l'économie que de 2 à 5 fois plus de potasse que de soude.

Tout cela est parfaitement vrai, et intéressant en soi; mais on peut se demander ce que cela peut avoir à faire avec la question qui nous occupe, et quel rapport caché il y a entre le taux de la potasse qui distingue les deux régimes alimentaires, et l'inégal besoin de sel qu'ils provoquent. M. Bunge a saisi ce rapport ou cru le saisir. Il déclare que, si nous aimons le sel de cuisine ou si nous le détestons, c'est la potasse qui en est responsable. C'est là son postulat. Il le justifie par une série d'affirmations étroitement enchaînées : le besoin de sel est la conséquence d'une perte de sel subie par l'organisme, comme la soif est la conséquence de pertes d'eau dues à l'hémorragie, à la transpiration ou à d'autres causes : qui dit « besoin de sel » dit par là même « perte de sel » préalable. En second lieu, la perte de sel *doit être* un phénomène d'ordre chimique résultant de réactions de désintégration. Troisièmement, ce phénomène chimique étant, comme le prouve l'expérience, en rapport avec la diversité des régimes alimentaires, *doit être* en rapport avec leur caractéristique chimique, c'est-à-dire avec la différence des taux de potasse. Voilà la doctrine. La théorie étant amenée à ce point, le reste n'est plus qu'un jeu pour l'habile chimiste bâlois : il n'a pas de peine à découvrir le mécanisme par lequel les oscillations de la potasse introduite peuvent régler la proportion du sel rejeté.

Quand un théoricien déclare qu'une chose *doit être* — c'est, d'ordinaire, qu'il soupçonne qu'elle peut être autrement. Et cela arrive deux fois dans le raisonnement qui précède : de là deux fêlures dans la chaine de ces propositions. Aussi, le principe de la théorie est-il incertain et peut-il être contesté.

Il l'a été en effet.

Il est possible, contrairement à la doctrine de Bunge, d'accroître la quantité relative et absolue de potasse ingérée, sans faire naître la sensation du besoin de sel, et même, tout au contraire, en l'apaisant.

Un exemple de ce genre est offert par les tribus nègres de l'Afrique qui consomment le *sel de cendres*. L'usage de ce con-

diment minéral est répandu dans une grande partie de l'Afrique
centrale, dans les bassins de l'Ogooué et de la Sangha, au .nord
du Congo, et dans les provinces de l'État Libre qui leur font
face, au sud, de l'autre côté du fleuve. La disette du sel marin
et du sel gemme, oblige ces populations à remplacer cette substance par une autre matière saline qu'ils préparent sur place,
par leurs propres moyens.

Mais celle-ci n'est pas le sel ordinaire, le chlorure de sodium ;
elle n'est même pas un sel de soude. On obtient ce faux sel au
moyen des cendres de plantes. Ce ne sont point les premières
venues, des plantes quelconques qui sont choisies pour cet objet ;
mais, au contraire, des espèces végétales parfaitement déterminées. On s'adresse surtout à deux plantes de rivière : la plus
recherchée est une aroïdée flottante, commune sur l'Ogooué, et
reconnue par M. Lecomte pour être le *Pistia Stratiotes ;* on la dit
cultivée sur quelques points, précisément en vue de l'extraction
du sel. La seconde est une sorte de haut bambou, poussant en
touffes sur les terrains inondés.

Quelle particularité recommande ces plantes et les fait choisir
à l'exclusion des autres? On l'ignore. M. L. Lapicque, à qui nous
empruntons une partie de ces renseignemens, suppose que c'est
la faible proportion de carbonates qu'elles fournissent à l'incinération, à moins que cette pénurie en carbonates ne soit l'effet
des traitemens subséquens. L'avantage est, en effet, très appréciable, pour un produit destiné à l'alimentation, de ne point
contenir de carbonates alcalins, dont la saveur nauséeuse et le
goût de lessive provoquent chez tout le monde une répulsion
décidée.

Les plantes récoltées sont séchées, puis brûlées ; les cendres
recueillies sont ensuite lessivées. Le docteur Herr, à Berberati,
sur la haute Sangha, a assisté à cette opération. Les indigènes
se servent, pour l'exécuter, d'une sorte de filtre grossier, constitué par un panier conique dans lequel les cendres sont rassemblées. On y verse de l'eau que l'on recueille et que l'on fait repasser plusieurs fois, de manière à épuiser la masse du contenu.
La solution ainsi obtenue est évaporée à chaud ; le résidu fixe
constitue le *sel de cendres.*

La composition de ce sel est connue, au moins dans ses traits
principaux ; M. Dybowski, en 1893, en a communiqué quelques
analyses à l'Académie des sciences. Cette composition ne s'écarte

pas sensiblement de celle que fourniraient la plupart des autres
plantes traitées de la même manière. Il est de règle, comme il a
été dit plus haut, que chez tous les végétaux, la potasse soit en
grand excès sur la soude; la proportion normale varie de 30
à 150 de potasse contre 1 de soude : c'est ce qui arrive ici : la
quantité de sonde est des plus faibles. Les traits caractéristiques
de composition offerts par ces plantes seraient donc : l'abondance du chlorure de potassium et la rareté des carbonates.

Ce faux sel a une saveur qui ressemble beaucoup au sel véritable; mais il laisse après lui l'arrière-goût âcre des sels potassiques. Somme toute, il n'est pas décidément mauvais pour un
palais européen; quant aux indigènes, ils le préfèrent à notre sel
ordinaire.

Le goût violent de ces nègres africains, sédentaires, agriculteurs, pour cette espèce de condiment minéral justifie bien la
règle posée par Bunge, d'après laquelle le besoin du sel est lié
aux habitudes agricoles et au régime végétal. Et, si cette appétence se manifeste ici, non point pour le sel véritable, mais pour
une sorte de faux sel, la règle n'en est que mieux vérifiée. Bunge
va jusqu'à dire que la rigueur de l'observance en est poussée jusqu'à l'aberration. Mais on voit bien que, d'un autre côté, la
théorie que le chimiste bâlois a imaginée pour expliquer cette
règle, se trouve infirmée par le même exemple; car, ce besoin
de sel, d'après Bunge, étant dû à la spoliation de l'organisme en
chlorure de sodium; et celle-ci, à son tour, étant l'effet indirect
de la surabondance de la potasse contenue dans les alimens, il
ne devrait être possible d'y remédier que par la restitution du
chlorure de sodium perdu. Or, ici, le sel de cendres qui apaise ce
besoin et lui donne satisfaction est encore un sel de potasse qui
ne devrait réussir qu'à l'exaspérer.

L'explication de Bunge n'est donc pas valable. Tout ce qu'enseigne l'expérience c'est que le régime végétal exclusif fait naître
un besoin, une appétence particulière qui peut être satisfaite
par des substances ayant le goût du sel de cuisine, et contenant
soit du chlorure de sodium, soit du chlorure de potassium. C'est,
en un mot, *un besoin de chlorures*, si on le considère du point
de vue chimique; ou *un besoin de saveur salée*, c'est-à-dire d'une
espèce particulière de sensation gustative, si on l'envisage du
point de vue physiologique.

III

L'un des effets du progrès de la civilisation a été de substituer l'alimentation mixte au régime, tantôt exclusivement animal et tantôt exclusivement végétal, des peuples primitifs. Du même coup, l'usage du sel s'est généralisé et est devenu une habitude universelle. Mais on vient de voir qu'originairement son emploi se limitait aux populations végétariennes et qu'il avait sa source dans un besoin de matière ou dans un besoin de sensation.

Laquelle de ces deux alternatives est la vraie? Faut-il admettre, avec Bunge, qu'il s'agit là d'un véritable besoin chimique, d'un appel, d'une attraction de l'organisme vers une substance nécessaire à sa constitution et momentanément déficiente? N'est-ce pas, plutôt et seulement, un besoin sensitif, une sorte de protestation de la sensualité contre la fadeur habituelle des alimens végétaux qui doit être relevée par un condiment, d'ailleurs inoffensif? C'est la conclusion de la plupart des physiologistes. C'est celle de M. Lapicque, qui voit, dans le goût du sel, un cas particulier d'un penchant très général, le goût des condimens, commun à toutes les populations qui se nourrissent de végétaux: aux Abyssins, qui relèvent par une sauce pimentée, le *berberi*, l'insipidité de leur *durrha* de maïs; aux Indous et aux Malais qui masquent par l'assaisonnement du *cari* la platitude du goût du riz, base de leur alimentation. C'est aussi l'avis, bien plus ancien, de Salluste qui, parlant du sel dédaigné par les Numides, le range parmi les *alia irritamenta gulæ*.

En réalité on peut concilier ces opinions et mettre d'accord Bunge avec Salluste et avec M. Lapicque. Le rôle des condimens ne consiste pas seulement, en effet, à rendre agréable la corvée alimentaire et à transformer en un plaisir la nécessité du repas. La sensualité gustative n'a pas toute sa satisfaction en elle-même; elle est chargée d'une mission importante dans le fonctionnement de l'appareil digestif. C'est elle, comme l'ont montré récemment le professeur Pawlow et ses élèves, qui met en branle l'énergie vitale de l'estomac et provoque la sécrétion d'un suc gastrique actif, à la fois riche en acide et en ferment. Le contact même des alimens avec la muqueuse stomacale, auquel, il y a encore peu de temps, les physiologistes réservaient exclusivement le pouvoir d'éveiller la sécrétion de

cet organe, n'aurait pas autant de vertu que l'excitation sensorielle due aux substances sapides. L'impression gustative serait
plus efficace : elle ferait apparaître un suc plus abondant, plus
énergique dans son action digestive, et à qui reviendrait la prédominance.

Les condimens, les assaisonnemens trouvent ainsi, en dehors
de la gourmandise, une justification en quelque sorte physiologique. Ils assurent le fonctionnement de l'estomac.

Il pourrait y avoir, et il y a en effet, selon M. P. Lecomte,
quelque exagération dans la doctrine de Pawlow; la sécrétion
chimique provoquée par le contact n'a pas, vis-à-vis de la sécrétion sensorielle, un rôle aussi sacrifié que le veulent les physiologistes russes. Quoi qu'il en soit, il reste à celle-ci une part
encore assez belle : mettre en mouvement la digestion gastrique
et en assurer en partie l'accomplissement (1). C'est là, par conséquent, l'un des rôles du sel alimentaire.

Le sel fait quelque chose de plus. En même temps qu'il met
en mouvement la sécrétion de l'estomac il en fournit les matériaux, ou tout au moins quelques-uns d'entre eux. L'acide chlorhydrique, qui caractérise le suc gastrique et assure son efficacité
digestive, est emprunté au sel, au chlorure de sodium du sang.
La même origine doit être attribuée aux autres composés chlorés
qui se rencontrent dans la liqueur stomacale, chlorures fixes et
chlore organique. En d'autres termes, la matière première des
combinaisons chlorées du suc gastrique vient du sel alimentaire.

Ce n'est pas le lieu de dire comment, pour produire ce résultat, le sel du sang est décomposé dans la profondeur des glandes
gastriques. Il s'agit là d'un problème qui a fortement préoccupé
les chimistes-physiologistes contemporains et sur lequel ils ne
s'entendent pas encore très bien. Maly a imaginé un mécanisme
pour cette réaction ; Landwehr en a proposé un autre. Il n'importe. Ce qu'il faut retenir, c'est que du sel est détruit en effet par
la digestion gastrique, — et que l'équilibre de l'organisme exige
qu'il soit remplacé. Si donc la perte de sel n'est pas, comme le
veut Bunge, l'origine, le point de départ du besoin de sel, si général chez tous les peuples, elle en est tout au moins la conséquence et la justification physiologique.

(1) Voir la *Revue* du 1ᵉʳ novembre 1900.

Tout autre chlorure que celui de sodium, susceptible d'être introduit dans le sang, peut y participer à des réactions analogues et y jouer le même rôle. Le sel de cendres, riche en chlorure de potassium, est une bonne doublure du sel de cuisine. Des expériences récentes ont permis à MM. Dastre et Frouin de conclure que le chlorure de magnésium est capable de tenir le même emploi avec une supériorité indiscutable. La sécrétion gastrique, accrue en quantité par l'introduction du sel ordinaire dans le sang, l'est au plus haut point par l'introduction du sel magnésien.

Le même résultat serait obtenu aussi bien par le faux sel de cendres que préparent les nègres de l'Ogooué et de la Sangha, que par le sel ordinaire ; il le serait encore mieux par le sel magnésien si d'autres raisons n'en excluaient l'emploi. Et même, comme l'a montré un chimiste bien connu, E. Külz, à défaut de ces sels qui appartiennent au même genre que le sel de cuisine, d'autres qui en sont plus éloignés, tels que les iodures et les bromures alcalins pourraient lui servir de succédanés. Ceux-ci donnent naissance à un suc gastrique qui est acidifié par l'acide iodhydrique ou bromhydrique, au lieu de l'être par l'acide chlorhydrique, comme le suc normal. Toutefois, si une pareille substitution serait sans inconvénient au point de vue de la fonction que le sel remplit vis-à-vis de l'estomac, il n'en serait pas de même pour celle qu'il remplit auprès des autres organes.

IV

Le sel ordinaire, le chlorure de sodium est un des élémens constituans des organismes animaux. Il y existe partout. Le sang a un goût de sel plus ou moins prononcé : toutes les sécrétions sont salées; les larmes, elles-mêmes, sont plus salées qu'amères, quoi qu'en disent les bonnes gens. Les particules vivantes baignent, en réalité, dans l'eau salée ; et c'est une eau chargée de chlorure de sodium qui lessive continuellement l'édifice organique et s'échappe par toutes issues en entraînant les déchets qui doivent être rejetés au dehors.

Le sel ordinaire est plus propre que tout autre à ce rôle. A la dose de 9 grammes pour 1 000, il forme une solution inoffensive pour les élémens anatomiques et qui peut circuler autour des plus délicats d'entre eux sans leur causer le moindre dommage.

Ceux-ci ont pris l'habitude immémoriale de ce contact ; ils s'y sont adaptés ; et ce ne serait pas sans quelque inconvénient qu'on les mettrait trop brusquement en présence d'un autre constituant minéral. Chez certains animaux saignés à blanc, la vie peut être entretenue pendant quelque temps, si l'on remplace le sang par cette solution salée que l'on nomme, à cause de ses propriétés, la solution physiologique. Une tortue, une grenouille, dans les veines desquelles circule cette liqueur, continue de vivre assez longtemps. Sans doute ce n'est pas une liqueur généreuse ; les particules vivantes élémentaires n'y trouvent point de quoi se ravitailler et s'entretenir, et elles n'y peuvent vivre qu'autant que durent leurs propres réserves ; mais au moins, n'ont-elles point à en souffrir.

Ceci posé, on peut commencer à comprendre ce que deviendra le sel que le besoin singulier dont nous avons parlé nous oblige à ingérer ? Il est facile d'en tirer l'horoscope. La plus grande partie restera en simple solution : une autre entrera en combinaison plus ou moins intime avec la substance vivante. La première pénétrera dans les liquides circulans, lymphe et sang ; elle parcourra, avec eux, tous les départemens de l'organisme sans prendre aucune part directe aux mutations vitales, mais, au contraire, réduite à un rôle de remplissage, faisant nombre par ses molécules de manière à neutraliser le danger que ferait courir à la société cellulaire un milieu trop dilué ; et elle sortira, enfin, par les émonctoires naturels, invariable, inaltérée, mais ayant rendu le service de débarrasser l'économie de la tourbe des déchets sociaux. Ce sel éliminé doit être remplacé. Sa perte ressentie par l'organisme est un premier élément du besoin de sel,

La seconde portion, et la plus faible, du sel ingéré pénétrera dans les élémens eux-mêmes, en fera partie intégrante, participera aux mutations chimiques, non seulement à celles qui donnent naissance au suc gastrique, mais à d'autres encore, dans lesquelles elle [est finalement détruite et perdue pour l'organisme. Le vide laissé par cette continuelle élimination est sans doute pour quelque chose encore dans la sensation du besoin de sel qu'éprouve l'animal. C'en est un second élément.

V

La nécessité de la présence du sel ordinaire dans les alimens résulte de l'évolution qui vient d'être esquissée. L'organisme ne se maintiendrait pas, ou, en d'autres mots, la santé ne se conserverait point si ce qui est perdu n'était pas restitué. Il faut donc, par suite, des alimens minéraux : il faut du sel. Il y a des besognes physiologiques pour lesquelles ce sel ordinaire pourrait être remplacé par un autre ; et nous avons vu que c'était le cas pour la sécrétion gastrique. Mais il y en a d'autres pour lesquelles cette substitution ne serait probablement pas possible. Il y a un minimum de chlorure de sodium indispensable à la vie.

A la vérité, ni l'homme ni les animaux n'ont à se préoccuper de trouver ce minimum. Il est couvert et au delà par les quantités de sel qui existent normalement dans les alimens naturels. La difficulté n'est donc pas de se procurer des substances nutritives contenant ce minimum nécessaire : elle serait, plutôt, de constituer une alimentation, d'ailleurs suffisante au point de vue des matières azotées, grasses et féculentes, et qui ne contiendrait pas ce minimum.

Un physiologiste a pourtant résolu ce problème : c'est Forster en 1864. Il utilisa les déchets de poudre de viande provenant de la fabrication de l'Extrait Liebig ; il les traita à plusieurs reprises par l'eau bouillante de manière à enlever la presque totalité des sels solubles (1) ; et, avec cette viande lessivée, de la fécule et de la graisse, il constitua une ration à laquelle il ne manquait véritablement que les sels minéraux.

On peut dire des animaux nourris avec cette ration qu'ils étaient soumis, en réalité, à l'*inanition minérale*. L'expérience de Forster, exécutée à Munich, sous la direction de Voit, est en effet une expérience typique d'inanition minérale complète, et c'est peut-être la seule qui ait existé dans la science, jusqu'à ces dernières années où Bunge et d'autres physiologistes l'ont reprise.

La nécessité de l'alimentation minérale avait été affirmée dès 1851, par Liebig, dans ses *Lettres sur la Chimie*, comme un prin-

(1) Il n'en restait plus que 0,8 pour 100 du poids sec.

cipe général. Déjà, il est vrai, Chossat et Boussingault avaient
appelé l'attention sur la présence obligatoire de la chaux, et
Becquerel et Rodier sur celle du fer. Mais ce n'étaient là que des
études particulières. Liebig posa le principe général. Les animaux ont besoin, pour s'entretenir, d'albuminoïdes, des graisses,
ou féculens ou sucres, et d'alimens minéraux. Mais ce n'est pas
Liebig qui en donna la démonstration; ce fut Forster.

A la vérité, l'expérience de Forster porte sur l'ensemble des
matières minérales et non pas spécialement sur le chlorure de
sodium. C'est une épreuve d'inanition minérale complète et non
pas d'*inanition salée*. Elle fournit pourtant quelques renseignemens sur les suites que peut avoir la suppression du sel dans
l'alimentation.

Chez l'animal, aussitôt que le régime fut institué, la quantité
de sel rejetée par les émonctoires baissa considérablement, tandis que l'urée et les déchets organiques se maintenaient à leur
taux habituel. L'organisme retient donc ses matières minérales :
les mutations du chlorure de sodium engagé dans les combinaisons organiques sont minimes. Après vingt-six jours de ce
mode d'alimentation, l'animal n'avait perdu que 7 grammes de
ce chlorure de sodium combiné. Sa santé, cependant, s'était profondément altérée. Il s'était affaibli de jour en jour; des troubles
nerveux étaient apparus, consistant d'abord en hébétude, inertie,
paralysie des membres; et, plus tard, avaient éclaté des convulsions et des accès de rage. La sécrétion gastrique avait diminué, dès
le début : ultérieurement elle ne contint plus d'acide chlorhydrique; les accidens digestifs graves survinrent à la fin. L'animal
d'ailleurs avait très peu maigri, et son dépérissement, sa déchéance corporelle et physique étaient bien le résultat de la
suppression des sels minéraux. La perte en sel ordinaire n'avait,
sans doute, qu'une part dans la production de ces accidens; les
autres sels, particulièrement les phosphates, y intervenaient aussi.
Néanmoins on est frappé de voir que des variations aussi minimes aient provoqué des désordres aussi violens. En somme
l'animal a succombé plus vite à la privation des seuls élémens
minéraux, qu'il n'eût succombé à l'inanition totale, c'est-à-dire à
la suppression de tout aliment, à l'exception de l'eau.

La nécessité d'une ration minima de sel ordinaire ressort de
ces expériences. Le chlorure de sodium est donc un aliment
plastique; il est rangé par Munk et Ewald dans la catégorie des

sels nutritifs, avec les phosphates alcalins et terreux et les sels de fer.

D'après les données statistiques la consommation quotidienne du sel, en Europe, est, en moyenne, de 17 grammes par tête. Là-dessus il y a environ 2 grammes qui sont nécessaires pour couvrir la perte par désassimilation : ces 2 grammes représentent le *sel nutritif*. Les 15 grammes restant représenteraient donc, d'une part les 8 à 10 grammes entraînés par les excrétions, et nécessaires à la reconstitution des liquides circulans ; et, pour le surplus, la consommation de luxe ; mais, étant donnée l'influence du sel sur les sécrétions, il ne serait pas prudent de dire que ce luxe est un sacrifice fait à la simple sensualité.

On vient de voir les inconvéniens de la privation du sel ; il faudrait peut-être dire un mot de ceux qui résultent de son usage excessif. On sait qu'au-dessus de la ration moyenne, il provoque la soif et détermine une excrétion rénale surabondante : on a montré que cette augmentation diurétique était sensiblement la même, que le sujet ingère ou non quelque boisson. L'eau excrétée alors provient de la spoliation des tissus.

Si l'absorption est poussée au delà de ces quantités modérées, les vomissemens et les troubles intestinaux en sont la couséquence. On a eu rarement l'occasion d'observer ce genre d'abus ; à moins que l'on ne veuille considérer comme authentique l'histoire de ces mousses que Pierre le Grand obligeait, dit-on, à boire de l'eau de mer afin de les endurcir à la vie marine, et qui moururent de ce régime.

VI

En dehors de sa participation active à quelques phénomènes vitaux, aucune autre substance ne réalise aussi bien que le sel ordinaire les conditions d'un milieu indifférent et cependant approprié aux besoins physiologiques de la matière vivante. Le protoplasma des particules vivantes est partout, aussi bien chez les animaux que chez les plantes, dans les cellules mobiles telles que les globules du sang ou dans les élémens fixes des tissus, également riches en sels potassiques. Le milieu intérieur qui baigne ces particules, au contraire, est, chez les animaux tout au moins, essentiellement abondant en sels sodiques et particulièrement en chlorure de sodium. L'eau de mer se trouve dans le même cas. Elle pourrait, convenablement diluée, circuler dans les veines et remplacer, pour un temps, le liquide sanguin, comme nous avons vu que faisait la solution physiologique. Quelques naturalistes ont voulu voir dans ce fait une condition ancestrale; il rappellerait les circonstances au milieu desquelles la vie animale est apparue sur notre globe, et où elle s'est longtemps maintenue, dans l'eau salée des mers paléozoïques.

Le chlorure de sodium serait donc un élément traditionnel du milieu propre à la vie animale, du sang et des humeurs organiques; et l'alimentation salée, qui crée une atmosphère de chlorure de sodium autour des élémens anatomiques, ressouvenir des origines marines de la vie animale, relierait, en quelque sorte, la physiologie actuelle à celle des temps primitifs.

C'est, en effet, encore aujourd'hui, à l'eau de mer qu'est emprunté le sel alimentaire et le sel constituant de l'organisme. Il est extrait des mers actuelles à l'état de *sel de salines*, et des mers anciennes à l'état de *sel gemme*, ou de *sel des lacs salés*. On en rencontre, de l'une ou l'autre de ces provenances, à peu près partout. Le commerce, d'ailleurs, l'introduit dans les pays où, par quelque raison, aucune de ces sources diverses n'est exploitée ou ne l'est suffisamment.

Il est intéressant de voir ce qui se passe lorsque toutes ces conditions font défaut à la fois. C'est dans le centre du continent africain. Depuis le Sénégal et le Sahel à l'Ouest, jusqu'à la région des lacs à l'Est et, dans la direction nord-sud, du Sahara au Zambèze, il y a une vaste région, trop éloignée de la mer pour pouvoir en exploiter les eaux, où il n'existe pas, d'autre part, de gisement de sel gemme, et dont les populations, cependant, astreintes pour la plupart au régime végétal, éprouvent à un rare degré d'intensité le besoin du sel.

Comment se le procurent-elles? La question est intéressante. Pour que la réponse soit claire, il faut établir des distinctions.

En premier lieu, il faut mettre à part les régions côtières. L'extraction du sel de l'eau de mer, au moins d'un sel impur, est si simple, elle est réalisée d'une manière si spontanée dans les climats chauds, que les populations du littoral, même les moins industrieuses, ont toujours pu se procurer assez facilement ce complément obligé de l'alimentation végétale. Mais, dès qu'on

pénètre quelque peu dans l'intérieur des terres, cette ressource
ne tarde pas à faire défaut. Dans la région du Gabon et du Rio
Benito, au dire du lieutenant Blaise, à une distance d'une douzaine de lieues de la côte, les indigènes en sont réduits à fabriquer le *sel de cendres*. En fait, toutes ces populations littorales,
au lieu d'exploiter elles-mêmes le sel marin, le reçoivent des
traitans européens, qui ont établi presque partout des comptoirs.
Le sel qui inonde ainsi toute l'Afrique occidentale est, surtout,
du sel anglais. Ce sel est recueilli aux portes mêmes de Liverpool,
où il est embarqué par milliers de tonnes. Il y a là, à Norwich,
au milieu des grès bigarrés du terrain triasique, deux couches
puissantes de sel gemme, l'une de 25 mètres d'épaisseur, l'autre
de 40, qui sont exploitées tout à fait en grand et dans des conditions à la fois si perfectionnées et si favorables qu'elles défient
à peu près toute concurrence.

Il est ainsi vendu, sur la côte occidentale, une quantité
considérable de sel en sacs. On ne peut évaluer à moins de
40 000 tonnes l'apport de Liverpool. Hambourg y amène, de son
côté, quelques milliers de tonnes de sel allemand ; le sel français forme l'appoint, qui est très faible. — Toute cette masse de
sel ne suffit encore à alimenter qu'une zone très restreinte du
littoral. C'est que le sel est une substance éminemment déliques-
cente, qui subit déjà un déchet notable en magasin, et à plus forte
raison pendant les transports : il fond dans les sacs exposés à
l'humidité atmosphérique, à la rosée ou aux accidens des voyages
par eau. D'autres fois les enveloppes se percent, se déchirent ;
et c'est encore là, pour le contenu, une autre manière de se
perdre. Ces accidens, ajoutés aux aléas du transport exécuté à
dos d'homme ou de chameau depuis le port de débarquement,
font comprendre que la zone de pénétration du sel européen
n'atteigne pas au delà de 200 kilomètres. Aussi n'est-ce pas le
sel d'Europe qui alimente le Soudan proprement dit, les régions
de la boucle du Niger et du lac Tchad et le Congo belge : c'est le
sel en plaques venu du Sahara. Celui-ci est transporté à l'état de
plaques, en effet, d'un poids moyen de 25 à 35 kilogrammes,
ayant, en moyenne, 1 mètre de long sur 30 centimètres de large,
avec une épaisseur de 5 à 8 centimètres. Tous les explorateurs
connaissent ces barres de sel qui forment l'un des objets principaux du commerce soudanien.

Ce sel brut, impur, chargé de débris terreux, coloré par

l'oxyde de fer, ou d'autres matières étrangères, gris, rouge ou noir, a cependant, sur le sel d'importation, un avantage décisif : c'est qu'il est solide, maniable, qu'il résiste aux intempéries : qu'il voyage à nu sans que les convoyeurs prennent d'autres précautions que d'assujettir les plaques avec des planchettes ou des bâtons. Du lieu de production jusqu'à leur destination, ces barres de sel ont à parcourir des distances énormes, qui atteignent jusqu'à 2 000 kilomètres. Les frais d'un aussi long voyage, aggravés par les périls que courent les caravanes, expliquent la majoration qu'éprouvent les prix à mesure que l'on s'éloigne du point de départ. D'après les renseignemens fournis par le capitaine Binger à M. Charles Roux, en 1894 le sel, qui coûtait environ 1 franc le kilogramme à Tombouctou, valait 2 francs sur le haut Niger ; il atteignait le prix de 4 francs à Kong, et le dépassait au delà de ce point.

Le sel saharien est donc d'un prix élevé ; il arrive en proportion insuffisante ; et, dans les temps troublés qui ne permettent pas la circulation des caravanes, il n'arrive plus du tout.

On a compris l'intérêt considérable qu'il y avait à régulariser ce commerce et à satisfaire, en tout temps, aux besoins des populations pour lesquelles le sel représente un produit de première nécessité. L'industrie et le commerce français trouveraient un débouché immense dans le centre africain pour le sel qui se fabrique dans notre pays si on pouvait lui donner une forme aussi maniable qu'au sel saharien. M. Charles-Roux ne l'évaluait pas à moins d'un million de tonnes.

La condition essentielle était donc de renoncer au sel en grains et de fabriquer un sel plus compact et plus résistant. Les Anglais l'ont tenté, non pas, à la vérité, au profit des Africains, mais pour leurs propres besoins. On sait que nos voisins font usage du *sel comprimé*, et que, chez eux, au lieu d'une boîte à sel, c'est un bloc de sel qui figure dans les offices et que la cuisinière râpe, quand il y a lieu, comme elle fait avec le sucre en pains.

Mais ce n'est pas encore la solution ; car ces barres, obtenues par compression du sel humide et séchage à l'étuve, absorbent encore assez facilement l'humidité : elles s'effritent et se désagrègent sous l'action des chocs et des frottemens : elles sont

loin d'offrir la grande résistance des véritables barres de sel sahariennes.

C'est là la constitution de celles-ci qu'il fallait imiter; et on y
est parvenu. La Société marseillaise du Sel aggloméré, dirigée
par M. Pierre Vincent, a réussi à mettre le sel, très pur, sous la
forme de blocs très compacts présentant l'apparence et le poli du
marbre blanc. A cet état, il occupe un volume moindre de moitié
qu'à l'état ordinaire et moindre du tiers qu'à l'état comprimé,
ce qui est une nouvelle commodité pour l'emmagasinage et le
transport, il n'est plus hygrométrique et n'a presque rien à
redouter de la pluie, de la rosée ou de l'humidité atmosphérique. Les visiteurs du pavillon du Soudan, à l'Exposition universelle, ont pu voir ces barres de sel aggloméré auxquelles on
a donné précisément la même forme et les mêmes dimensions
qu'aux plaques du Sahara, afin d'en faciliter le transport par les
mêmes moyens et d'en permettre la substitution progressive au
produit naturel.

L'administration des Colonies a encouragé ces efforts. Le général de Trentinian, très préoccupé du développement économique du Soudan et des régions limitrophes, après avoir encouragé la mission pacificatrice de M. Coppolani chez les Maures,
ne devait pas rester indifférent à cette utile et intelligente entreprise. Il a agi de tout son pouvoir pour en faire connaître les
produits chez toutes les populations sur lesquelles nous avons de
l'action. Comme les généraux romains à leurs troupes, il a donné
à ses soldats, à ses tirailleurs soudanais, l'appoint de leur solde
en sel : il en a fait leur salaire.

C'est à Kayes, sur le haut Sénégal, que s'organise la relève
pour tous les postes de ces régions. Ces colonnes, avec leur long
attirail, donnent, à quelque degré, l'impression de peuplades en
migration : elles sont formées de tirailleurs soudanais traînant
après eux leurs femmes, leurs enfans, leurs provisions et tout
ce qu'ils possèdent. Chemin faisant ces gens trafiquent avec les
tribus dont ils traversent les territoires. Les femmes vendent,
achètent, échangent : elles essayent de se défaire des produits
qu'elles emportent en surplus de leurs besoins, et les barres de
sel sont du nombre. En munissant ces convois d'une large réserve de sel aggloméré, l'on employait sans doute le meilleur
moyen d'en populariser l'usage.

D'autre part, les missions qui ont parcouru l'Afrique, en ces dernières années, ont été pourvues, elles aussi, d'une ample provision de cette utile denrée. La mission Marchand a pu distribuer des barres de sel en cadeaux aux chefs indigènes qu'elle a rencontrés sur sa route. Les explorateurs du bassin du Tchad, MM. de Behagle et Bonnel de Mézières, ont été mis en état d'agir de même.

En fin de compte, l'usage du sel aggloméré se répand. Les compagnies belges et l'État indépendant l'ont adopté. Les caravanes ne quittent plus le haut Sénégal sans s'en être approvisionnées. On le rencontre même d'une façon courante dans quelques colonies ànglaises. L'entreprise est donc en voie de réussir. Il faut en souhaiter le succès pour le profit de notre industrie, pour la récompense de l'esprit d'initiative montré par ses fondateurs, et, nous ajouterons avec M. Charles-Roux, pour l'aide efficace qu'elle apportera à l'œuvre civilisatrice et humanitaire que la France poursuit en Afrique.

VII

Le sel saharien qui, en attendant l'adoption du sel marseillais aggloméré, alimente le centre africain, provient de trois points principaux : la sebkha d'Idgil, qui fournit à l'Afrique occidentale ; les gisemens de Taodenit qui répandent leurs produits dans le Sahel, la boucle du Niger et le Congo ; enfin la sebkha de Bilma pour toute la partie orientale et la région du Tchad. Ces trois localités se trouvent sur le trajet des caravanes qui mettent en relation les régions du nord avec celles du sud, à travers le Sahara et le Ouadaï ; et c'est l'importance de leurs produits qui a précisément déterminé la route de ces caravanes.

Les sebkhas sont des sortes de lacs salés ou de mares. Pendant la saison des pluies, les eaux du ciel et les eaux d'infiltration s'y rassemblent et en élèvent le niveau : pendant la saison sèche les eaux baissent, par suite de l'évaporation, au point, quelquefois, de laisser à nu le fond de la dépression avec le dépôt salin qui le remplit et qui est souvent exploitable.

Le sel qui alimente les populations de la boucle du Niger et du Soudan français vient, comme nous l'avons dit, des gisemens de Taodenit et des sebkhas d'Idgil ou el-Khadera. Il y a très peu de voyageurs européens, deux ou trois en tout, qui aient vu de leurs yeux ces exploitations célèbres. Elles sont situées dans les régions les plus inhospitalières du Sahel Mauritanien, entre le Soudan français et le Maroc, et leur accès est défendu par les Maures nomades et les Touaregs, dont les tribus sont en luttes continuelles les unes contre les autres. Nous devons à l'obligeance de M. Coppolani qui a rempli en 1899, auprès de ces populations guerrières, une mission dont les résultats ont été si heureux pour la pacification du Sahel, quelques renseignemens sur ces gisemens de sel.

La Sebkha-el-Khadera (le lac bleu d'azur) est située à la frontière septentrionale de l'Adrar Mauritanien, à la latitude d'Arguin. C'est une dépression profonde qui occupe le centre d'une vaste région désertique. Pendant la courte saison des pluies, c'est-à-dire pendant le mois de juillet, cette cuvette est le déversoir de toutes les eaux de la région; deux mois plus tard en octobre, elle est déjà à sec, et laisse apparaître le dépôt salin et miroitant produit par l'évaporation des eaux. L'azur du ciel s'y reflète, pendant tout le temps qu'il met à s'assécher; de là son nom. Plus tard le sable poussé par les vents violens de ces régions recouvre ce dallage miroitant d'une couche, épaisse environ d'un demi-mètre.

Les vastes plaines du Sahel présentent un grand nombre de mares qui se comportent de même. Les eaux s'y accumulent pendant la très courte période pluviale: ce sont des eaux d'infiltration qui se sont chargées de sel en traversant les terrains salifères du voisinage. Les mares se dessèchent en un mois ou deux, et le sable, poussé par les vents, ne tarde pas à en recouvrir le fond salin. Les Maures exploitent les plus grandes de ces flaques: ils les font déblayer par leurs esclaves de traite; ils recueillent au râteau le dépôt granuleux. Ce sel encore mélangé de terre, impur, de mauvaise qualité, est amené sur les marchés. Il vaut, en moyenne, 15 à 20 centimes le kilo.

La Sebkha-el-Khadera est l'analogue de ces mares, à l'étendue près. Sa surface est immense. On peut l'évaluer à 200 kilomètres carrés. La couche de sel qui apparaît, après déblaiement du sable, est compacte: elle forme un dallage assez régulier d'environ six à sept centimètres d'épaisseur, sous lequel on en trouve un autre de même nature ou à peu près, puis un autre plus souillé, plus noir, et ainsi de suite sur une profondeur d'un mètre environ.

La dernière couche, la plus profonde et la plus souillée repose sur le fond formé de vase ou d'eau. C'est la couche la plus superficielle que l'on exploite seule.

On ne peut douter que cette disposition, en couches d'épaisseur sensiblement égale, ne soit due à la régularité du régime des eaux. La plus superficielle représente sans doute le dépôt annuel.

Quant à l'exploitation de cette couche, elle se fait de la manière la plus simple. La surface est découpée, à la scie, en plaques de forme et de dimensions constantes, ayant environ un mètre de long sur une largeur moyenne de 35 centimètres. C'est ce que l'on appelle la *barre de sel*. Son poids est de 20 à 25 kilos suivant l'épaisseur qui varie, elle-même, de 5 à 8 centimètres.

Les Maures transportent ces barres à dos de chameau jusqu'à Chinguitti, qui est à quinze jours de marche plus au sud. Quatre barres forment la charge d'un chameau.

De Chinguitti, d'autres convoyeurs l'apportent à Tichitt, ville principale du Tagant. Et c'est là surtout que s'organisent les caravanes, également conduites par des Maures, qui amènent le sel à Nioro, à Segou, à Siguiri et jusqu'à Kong, dans la Haute-Guinée, c'est-à-dire dans tout le Soudan occidental. Le Soudan oriental, jusqu'au Gourma, au Mossi, au Sokoto est, comme on va le voir, alimenté par le sel de Taodenit.

Ce sel est le meilleur qui circule au Soudan : il est gris rougeâtre. Les plaques sont très compactes : elles sont formées de cristaux soudés et cimentés par des dissolutions et précipitations répétées. M. Pierre Vincent s'est assuré qu'on obtiendrait un produit très analogue à ces plaques, dans les salines artificielles de nos pays, si l'on abandonnait à lui-même le dépôt qui s'effectue sur les tables salantes.

Le sel qui provient des gisemens de Taodenit est moins coloré, les barres ressemblent à un marbre blanc veiné de rouge ; mais, en définitive, le produit est moins pur et moins estimé que le précédent. Les barres sont plus longues et plus pesantes. Leur poids moyen est de 30 kilogrammes. Il y a toute raison de penser que les gisemens de Taodenit ont une origine analogue à celle des sebkhas. L'exploitation s'en fait de la même façon.

Taodenit est au nord de Tombouctou, sur le chemin des cara-

vanes qui relient cette ville au Maroc. On peut dire que l'importance de cette ville lui vient précisément de sa proximité de
ce gisement célèbre. Toute l'année, des chameaux chargés de sel
de Taodenit arrivent à Tombouctou. Au printemps et à l'automne
cette circulation prend un développement considérable. Les Maures
de la région, les Bératich, organisent, alors, avec le secours
d'autres tribus nomades deux immenses convois qui comprennent chacun de 3 000 à 4 000 chameaux chargés de sel. Au
total, on peut évaluer à 250 tonnes la quantité de cette denrée
qui est amenée annuellement à Tombouctou et dispersée de là
dans toutes les régions situées vers l'est et le sud, soit par les
pirogues et les chalands qui descendent le Niger, soit par les
caravanes et les porteurs.

Les Maures prennent, en échange, les produits agricoles de la
contrée, des grains, du mil et du riz, du beurre de Karité, du tabac,
des étoffes soudanaises, des peaux non tannées. Ils prennent aussi
des esclaves qui sont ensuite vendus au Maroc et dans la Tripo-
litaine. Il paraît évident que si les Maures n'avaient point de sel
à offrir, ils ne recevraient pas, en échange, les esclaves du
Sahel et du Soudan. Mais on peut concevoir la suppression de
ce honteux trafic sans la suppression du sel saharien et des
échanges et, en un mot, de toute la vie commerciale dont il
fournit la matière. Les tribus limitrophes de nos possessions et
qui commencent à accepter notre protectorat sont bien informées
que tout esclave devient libre dès qu'il touche notre territoire et
que la traite y est prohibée. Une répression efficace est possible,
puisque déjà nous surveillons, dans un but fiscal, toutes les
routes d'accès des caravanes : il suffit de les fermer à la circulation des captifs.

Taodenit est une ville de quelques centaines d'habitans,
Maures et nègres libres ou captifs. Il n'y a point de sel à Taodenit, il n'y a point de gisement. C'est improprement que l'on
emploie des désignations de ce genre. Le gisement se trouve
véritablement à Taraze, à deux journées plus au nord. L'histoire
de ces mines de sel est célèbre. C'est l'histoire même des luttes
des Marocains et des Maures contre les sultans et les maîtres de
Tombouctou. L'ancien adage : « qui terre a, guerre a, » pourrait se formuler : « qui sel a, guerre a. » Dès qu'un peuple commence à passer de la vie nomade à la vie sédentaire, il a à lutter
pour la possession du sel comme pour la possession du sol. On

en a vu, plus haut, des exemples depuis les Germains de Tacite
jusqu'aux Indiens des temps de la découverte de l'Amérique. On
en trouve ici une nouvelle preuve. Les gisemens de Taodenit ou
plutôt de Taraze ont appartenu alternativement aux sultans du
Maroc et aux chefs de l'empire sonrhaï établis à Tombouctou :
aujourd'hui, ils sont aux mains des Maures indépendans.

Le commerce du sel de Taodenit et de la Sebkha-el-Khadera
fournit d'importantes ressources au budget du Soudan. Le gouvernement d'Ahmadou, auquel nous nous sommes substitués,
avait habitué les Maures au paiement d'une redevance. Les caravanes acquittaient une taxe ou droit de circulation, qui s'appelait l'oussourou. Nous avons gardé l'oussourou. Sans en changer
la quotité, nous en avons régularisé la perception et nous
l'avons facilitée.

L'oussourou est une dime. Les caravanes doivent le dixième
des marchandises qu'elles transportent. Elles donnent une barre
de sel sur dix. Des postes de perception sont installés le long de
la frontière, dans les villages où aboutissent les routes du Sahel.
Les chefs de caravane, après avoir acquitté le droit de douane, reçoivent un laisser-passer qui les garantit contre toute nouvelle
exigence. Sous le régime que nous avons remplacé cette garantie
n'existait pas : les convoyeurs étaient exposés à toutes sortes
d'exactions de la part des sofas et des chefs toucouleurs, et, en
définitive, comme le dit M. Coppolani, les caravanes ne circu-
laient qu'à force de cadeaux.

VIII

La plupart des explorateurs avec qui l'on trouve à s'entretenir
de ces gisemens de sel de Taodenit, de Taraze, de la Sebkha-el-
Khadera ou de Bilma et Agadès, sont persuadés qu'ils ont leur
origine dans un dépôt marin. Ce seraient les restes d'une ancienne mer desséchée qui aurait couvert le Sahara. Mais il y a
longtemps que les géologues ont fait justice de la mer saharienne.
Il leur a suffi pour dissiper cette légende de constater l'altitude
de ces dépôts, bien supérieure au niveau d'aucune mer ancienne
ou actuelle. D'ailleurs le Sahara n'est pas une formation homogène : il fournit des types des époques géologiques les plus diverses, depuis les terrains primitifs que la mission Foureau a

traversés si péniblement du côté de l'Aïr jusqu'aux couches les plus récentes.

Les lagunes et les lacs salés sont extrêmement nombreux sur tout le littoral atlantique ou méditerranéen de l'Afrique du Nord. Ils constituent les chotts. On peut y rencontrer le sel à tous ses degrés de formation, comme dans les différens compartimens des salines industrielles. Il y a de ces dépressions lagunaires dans lesquelles l'eau marine, une fois coupée de ses communications avec la mer, a déposé sans incident, à la suite d'une évaporation prolongée, tous les corps qu'elle contenait en dissolution. Elle a fourni ainsi *le sel total*. D'autres fois, les barrières qui y retenaient l'eau salée ont pu céder sur quelque point; alors, le liquide qui a été évacué par ces ouvertures de décharges après avoir abandonné seulement une partie de ses matériaux, a fourni un dépôt incomplet réduit aux sels qui se déposent les premiers. On peut imaginer que le phénomène ait été arrêté à l'une quelconque des phases de la précipitation : on peut supposer, par surcroît, toutes sortes d'alternatives de rupture et de rétablissement des communications avec la mer ou avec les bassins d'évacuation. On aura ainsi constitué les dépôts les plus divers des sels dissous dans l'eau de mer et réalisé les superpositions de couches les plus fantaisistes : on n'aura pas encore dépassé le nombre des combinaisons que la nature a pu réaliser. Il est donc impossible d'affirmer, d'après la composition inhabituelle ou singulière d'un dépôt salin, et les alternances anormales de ses couches, qu'il n'a pas une origine marine, puisque toutes les dispositions peuvent se présenter.

Si les dépôts partiels dus à l'eau de mer, peuvent, en principe, offrir toutes les variétés imaginables, on sait, au contraire, que le dépôt total formé sans incident, dans un bassin clos et tranquille, présente une constitution d'une constance parfaite.

Quand l'eau de mer est soumise à une évaporation que rien ne vient déranger, elle dépose ses matériaux dans un ordre parfait. D'abord, elle se clarifie; les débris de roche ou de terre dont elle était souillée tombent au fond. W. Spring a énoncé cette loi, que plus la salure est forte et plus précoce est la précipitation des particules argileuses. Il en résulte que les débris argileux qui rendent les eaux marines boueuses et jaunâtres, se séparent complètement par suite des premiers progrès de l'évaporation. Il n'y a rien de plus limpide que l'eau d'une fiaque marine reposée. Inversement, l'eau de la Baltique, qui est, de toutes les mers, la moins salée, a souvent une couleur jaune due aux particules terreuses qui y restent en suspension : l'eau de la Méditerranée, d'une salure beaucoup plus forte, est, lorsqu'elle est calme, d'une belle couleur bleue, non seulement parce qu'elle reflète l'azur d'un ciel incomparable, mais parce qu'elle dépose facilement les débris terreux; pour la même raison, les mers intermédiaires ont une couleur mixte, c'est-à-dire verte.

Après les particules terreuses, l'eau de mer dépose les sels les moins solubles de la série qu'elle contient : le carbonate de chaux, puis le sulfate de chaux ou gypse. Après cela, c'est le sel proprement dit, le chlorure de sodium qui se montre et qui fournit la couche la plus épaisse. Enfin, au-dessus du chlorure de sodium, les sels déliquescens (chlorure de potassium, et surtout chlorure et sulfate de magnésium), forment la dernière assise. On peut se contenter de ce schème fort simplifié, qui réduit le dépôt à quatre assises superposées, correspondant aux phases successives de la précipitation, et, par conséquent, aux degrés de solubilité : le sable, — le sulfate de chaux, — le chlorure de sodium, — les sels déliquescens.

Telle est la composition du dépôt normal.

Il n'est pas besoin de rappeler que l'extraction du sel de l'eau de mer, dans les salines artificielles, a précisément pour principe d'éviter le dépôt total, dont le produit serait inutilisable. Au contraire on s'arrange de manière à sérier les diverses phases de la précipitation : on les fait s'accomplir dans des bassins différens, ce qui permet d'en séparer les matériaux. Ce soin industrieux permet de recueillir à part le sel alimentaire, et de l'offrir à la consommation débarrassé des substances qui lui donneraient une saveur insupportable. L'eau de mer est impropre aux usages culinaires, précisément parce que ce départ n'est point fait. Il y a bien longtemps que l'on sait, grâce au chimiste Macquer, qu'elle doit aux sels déliquescens et particulièrement aux sels magnésiens l'amertume qui la rend impotable et nauséeuse.

Le sel comestible devrait être exempt de ces sels déliquescens. Il en retient, en réalité, une proportion minime qui modifie légèrement la saveur propre au chlorure de sodium. Cependant la présence de cette petite quantité, si elle n'altère pas profondément le goût du sel, présente un autre inconvénient : elle en compromet la conservation. Le sel commun fond d'autant plus facilement à l'humidité qu'il a retenu une plus grande proportion de sels magnésiens déliquescens. Avec le sel pur cet inconvénient est réduit au minimum : c'est le cas pour le produit aggloméré de M. P. Vincent.

Le sel des sebkhas sahariennes est, lui aussi, dans cette condition : il ne contient qu'un minimum de matériaux magnésiens. En revanche, il est mélangé d'une assez forte proportion de sulfate de chaux et de sels terreux.

Le sel livré à la consommation a encore une autre provenance que l'eau de mer : il est fourni, en grande partie, par les mines de sel gemme, répandues dans toute l'Europe. C'est encore du sel marin; c'est celui des mers anciennes : il s'est déposé, au cours des périodes géologiques, dans des dépressions lagunaires, que le relèvement des rivages avait séparées de la haute mer. L'évaporation lente de l'eau en a amené la précipitation. Ces dépôts, lorsqu'ils ont été préservés de l'action dissolvante des pluies ou des eaux d'infiltration, se sont maintenus; nous les retrouvons dans les entrailles de la terre, sous les sédimens des époques ultérieures. Cette préservation est le fait d'une enveloppe imperméable, formée d'argiles jaunes et de marnes multicolores, qui a encaissé le gisement salin.

Lorsque cette condition n'a pas été remplie, ou l'a été mal, le dépôt salin a disparu, lentement entraîné par les eaux pluviales dans les roches voisines. Il est parfois arrivé que ces eaux, primitivement douces, mais ultérieurement salées par dissolution du gisement salin, se sont rassemblées, à un niveau plus bas, dans quelque dépression; de là la formation de lacs salés, de mares, lagunes, chotts et sebkhas, qui, à leur tour, peuvent subir l'évaporation et fournir des dépôts de seconde main.

C'est précisément là l'origine probable du sel saharien. La mer saharienne, unique, est, comme nous l'avons dit, un mythe. Le Sahara ne représente pas davantage une série de fonds marins d'époques différentes. Les gisemens de Taodenit, d'Agadès et Bilma, ne sont pas les dépôts directs de mers partielles. Ce sont des formations secondaires, des résidus d'évaporation de lacs salés de l'époque actuelle. A leur tour, ces lacs sont continuellement alimentés par les eaux atmosphériques qui s'infiltrent et circulent dans le sous-sol, dissolvant les matériaux des terrains salifères qui le composent.

Telle est, en effet, l'origine que les recherches récentes permettent d'assigner aux sebkhas et aux chotts des hauts plateaux algériens. Il y a accord sur ce point; et, les travaux de M. Blayac sur les chotts de l'est constantinois, qui s'étalent, à une altitude moyenne de 900 mètres, au nord de l'Aurès, entre Aïn Beïda et Batna, ne font qu'étendre et confirmer les vues déjà émises, à cet égard, par MM. Ville, Fournel, Renou, Coquand, Hardouin et Pomel. Le sel de ces chotts vient des roches riches en gypse, et en sel, auprès desquelles ils sont situés.

Ces roches salifères sont abondantes dans tout le nord de l'Afrique. Quelques-unes sont exploitées. Le sel consommé dans le Tell vient, en grande partie, de la célèbre montagne de sel (Djebel-el-Melâh) située dans la plaine d'El-Outaya, près de Biskra. C'est une énorme masse formée de bancs horizontaux; elle est recouverte d'un encroûtement de gypse salifère résultant de l'action des eaux pluviales.

Le problème qui préoccupait les géologues était de savoir l'âge de ces dépôts, source première du sel des sebkhas. C'est la période triasique. M. Marcel Bertrand avait le premier émis cette opinion devant les membres de la Société géologique, réunis en Algérie, en 1894. Les études de MM. Blayac, Ficheur et Gentil l'ont confirmée.

Encore une fois se vérifie cette vérité que les grands dépôts de sel gemme appartiennent surtout à deux terrains entre ceux qui forment la longue série sédimentaire, au miocène et au trias, à ce dernier surtout. La période triasique est le moment des grands mouvemens orogéniques qui ont marqué la fin des temps paléozoïques. Les fonds de mer émergés, puis recouverts, ont donné lieu à un système de lagunes, de mares et de flaques, qui ont couvert le centre de l'Europe et le nord de l'Afrique et qui offraient les conditions les plus favorables à la formation des dépôts salifères.

A. DASTRE.

CHRONIQUE DE LA QUINZAINE

---

31 décembre.

La loi d'amnistie qui vient d'être votée par les deux Chambres sera, chez nous, le dernier acte politique, non seulement de l'année, mais du siècle : on aurait pu rêver pour celui-ci un plus beau couronnement. Si notre chronique ne devait pas se borner aux événemens de la quinzaine, nous aimerions à jeter un long regard en arrière sur ce siècle si agité, si passionné, si douloureux à quelques égards, mais noble, grand et généreux. Il ne fera pas mauvaise figure à côté de ses devanciers, et la France, malgré les malheurs qu'elle y a finalement essuyés, gardera une place d'honneur parmi les nations qui l'ont illustré dans tous les ordres d'activité de l'esprit humain, à l'exclusion toutefois de la politique, où nous n'oserions pas dire qu'elle ait particulièrement brillé, ou du moins réussi. Nul ne peut dire ce que nous réserve le siècle qui commence. L'avenir, sur bien des points, reste obscur, et, sur quelques-uns, inquiétant. On aurait sans doute bien étonné nos pères dans leur optimisme, si on leur avait annoncé que le siècle se terminerait au milieu de l'anarchie morale que nous sommes bien obligés de constater autour de nous, et sous les auspices d'un gouvernement à la fois faible et violent, qui ne conçoit le salut de la République que dans la suppression d'un certain nombre de libertés. Ils ont vu le jacobinisme héroïque, triomphant et couronné au commencement du siècle : à la fin, nous le retrouvons sans gloire, sans éclat, hargneux, agressif et mesquin. Espérons que son règne actuel sera éphémère. Mais, pour revenir à l'amnistie, elle aurait pu être un acte d'apaisement au milieu de

nos disputes ; elle aurait pu témoigner d'un effort sincère vers la
réconciliation et la concorde ; elle aurait pu mettre une dernière ligne
bienveillante et confiante au livre près de se refermer. Malheureusement le ministère ne l'a pas comprise et voulue ainsi.

La conception qu'il en a eue, bien qu'infiniment étroite, a pourtant été juste sur un point. Au fond, il ne s'est préoccupé que de
mettre fin à l'affaire Dreyfus. Quels que soient ses sentimens personnels sur cette affaire, il n'a pas échappé à l'influence de l'opinion
qui lui demandait d'une voix de plus en plus impérieuse de ne pas se
prêter à sa reprise. Après les élections générales de 1898, la Chambre
nouvelle n'avait qu'une pensée, ou du moins qu'un désir, qui était
de reconquérir sa liberté d'esprit et de l'appliquer tout entière aux
intérêts généraux du pays. Elle n'a pas pu le faire aussi vite qu'elle
l'aurait voulu. L'affaire maudite s'est imposée à elle, lui a fait perdre
beaucoup de son temps et de son calme, l'a poussée à commettre
beaucoup de fautes sur lesquelles nous ne reviendrons pas. Au reste,
quel ministère ou quelle Chambre n'a pas quelques fautes à se
reprocher à propos de cette affaire ? S'il y a une question sur laquelle
il serait équitable et sage de se témoigner quelque indulgence réciproque, à coup sûr, c'est celle-là. Et ce sentiment, s'il prévalait, serait
la véritable fin de l'affaire. Mais il y a des gens qui, en ayant vécu longtemps, ne veulent pas qu'elle finisse. Ils remuent désespérément
des cendres qui s'éteignent, pour essayer d'en faire jaillir encore
quelques étincelles et de rallumer un incendie. La discussion de
l'amnistie devait leur fournir une occasion de manifester une fois de
plus, — et il faut souhaiter que ce soit la dernière, — la fureur de
leur parti pris. On a assisté, à la Chambre des députés, aux scènes les
plus tumultueuses et les plus prolongées. Une séance a duré jusqu'à
deux heures et demie du matin, ce qui ne s'était pas encore vu depuis
les périodes révolutionnaires de notre histoire. On a entendu rappeler
à la tribune des pièces, des documens, des incidens presque oubliés ;
les mots dont on se servait ne réveillaient déjà plus que des idées
confuses ; il fallait faire un effort de mémoire pour en préciser le souvenir. Un officier, — comme autrefois, — a commis des indiscrétions
qui l'ont fait punir des arrêts de forteresse et envoyer au Mont-
Valérien. On s'est demandé un moment si l'affaire allait vraiment
recommencer, et en quelque sorte rebondir sur le projet d'amnistie
qui avait pour intention de l'étouffer définitivement. Cela ne suffisait-
il pas pour faire sentir combien il était désirable que cette amnistie
fût votée, malgré toutes les lacunes et tous les défauts qu'elle pré-

sente? Les deux Chambres l'ont compris. Elles ont voté, mais sans enthousiasme, une loi qui ne donnait pleine satisfaction à personne, et qui se présentait seulemeut comme un moindre mal.

Le ministère avait pris la responsabilité d'un acte qui est, croyons-nous, sans précédent, et qui, à toute autre époque ou dans toute autre circonstance, aurait provoqué les plus ardentes protestations : il a suspendu le cours de la justice en attendant que son projet d'amnistie fût voté. Un certain nombre de procès, se rattachant à l'affaire Dreyfus, étaient pendans devant divers tribunaux : il les a arrêtés. Rien de plus arbitraire, à coup sûr, et il serait déplorable qu'un pareil fait se renouvelât. Et pourtant il y avait utilité, il faut bien le reconnaître, à cet arrêt mis dictatorialement à l'œuvre de la justice, et, par le vote de l'amnistie, le parlement a accordé au ministère, suivant la pratique anglaise, un véritable bill d'indemnité : il l'a absous d'avoir méconnu la loi. Mais que serait-il arrivé si, en fin de compte, l'amnistie n'avait pas été votée ? Tous ces procès, qui attendaient à la porte des prétoires, y seraient rentrés avec fracas. Leur ajournement n'aurait fait qu'aigrir les passions qui s'y rattachent, et nous serions revenus aux pires jours de l'affaire. Sans doute le pays, lassé et fatigué, n'a plus la même impressionnabilité qu'autrefois. Dreyfus, d'ailleurs, n'est plus à l'île du Diable, il est en liberté, et on ne peut plus faire appel à l'humanité lésée dans sa personne. Il n'en est pas moins vrai que la brusque reprise de plusieurs procès en cour d'assises aurait rouvert une période de crise, et que le sang-froid le plus robuste aurait été mis à une épreuve périlleuse. Ce qui s'est passé à la Chambre des députés a pu en donner un avant-goût. Que d'interpellations nouvelles n'aurait-il pas fallu subir ! Que de discussions ! Que de tempêtes ! Et pourquoi ? Rien désormais ne peut changer l'opinion de qui que ce soit sur Dreyfus. Il est dans une situation unique au monde, que ni arrêt, ni jugement, ni amnistie ne peuvent, en ce qui le concerne, modifier d'une manière appréciable. Ce n'est donc pas à Dreyfus qu'on pense, mais à l'affaire qui est issue de lui. Eh bien ! cette affaire, le pays en est excédé. Il ne veut plus en entendre parler. Il ne pardonnerait pas au gouvernement qui, consciemment ou inconsciemment, la laisserait recommencer. Voilà pourquoi une amnistie qui déclarait périmés tous les procès pendans avait un but pratique et devait être votée. Elle ne porte pas atteinte, bien entendu, aux droits des tiers et laisse intacte l'action civile. Nous pourrons donc avoir encore quelques procès, mais ils n'auront que des conséquences civiles et ne se dérouleront pas dans la sonorité des cours d'assises. On a fait tout ce qu'on pouvait faire : on devait faire tout ce qu'on pouvait.

Mais comment qualifier l'abus par lequel la Chambre a fait servir l'amnistie à toutes sortes de fins particulières, qui n'avaient aucun rapport, ni avec l'affaire Dreyfus, ni même avec la politique ? Il y a eu deux projets d'amnistie qui ont été d'abord séparés, puis confondus de manière à produire l'amalgame législatif le plus bizarre et le plus difforme qu'on ait encore vu. Après les élections générales de 1898, le gouvernement de cette époque avait déposé un premier projet pour tous les délits de presse, de réunion, etc., commis pendant la période électorale. La Chambre élue la veille avait des indulgences toutes prêtes pour les délits électoraux : elle s'était empressée de voter la loi sans y regarder de très près. Le Sénat, au contraire, après y avoir jeté un premier coup d'œil, l'avait laissé reposer dans cette pénombre des commissions, où tant d'autres projets également mal venus dorment du dernier sommeil. Très probablement ce sommeil n'aurait jamais été troublé, si le ministère actuel n'avait pas déposé un second projet d'amnistie sur l'affaire Dreyfus. La même commission sénatoriale, saisie de l'un et de l'autre, a commencé par ne pas montrer plus de faveur à celui-ci qu'à celui-là. Mais le gouvernement a insisté, et les commissions sénatoriales, aussi bien que le Sénat lui-même, ne résistent guère aujourd'hui à l'insistance du gouvernement. Celui-ci ne s'est d'ailleurs pas opposé à ce qu'on séparât les deux projets, sentant bien qu'il serait plus facile de faire accepter en deux fois par la haute assemblée une potion aussi amère : au surplus, il ne tenait pas autrement au projet de 1898. Le Sénat a donc voté l'amnistie Dreyfus, avec la satisfaction de penser que l'autre retomberait dans les limbes muets où elle avait dormi pendant plus de deux ans. Mais, à la Chambre, la situation s'est trouvée changée. Les députés, qui l'avaient un peu oubliée, ont demandé ce qu'était devenue l'amnistie de leurs électeurs, et le gouvernement n'a pas tardé à comprendre que l'un des deux projets serait la rançon de l'autre, que celui-ci aiderait celui-là à passer. En conséquence, il s'est retourné vers le Sénat, et il lui a demandé de fermer les yeux, d'ouvrir la bouche, et d'avaler héroïquement la seconde partie de la potion. Ainsi fut fait. La Chambre s'est alors trouvée en possession de deux projets à la fois. Si encore elle les avait votés tels quels ! Mais non. Tous les députés qui avaient des électeurs en souffrance, après des frottemens plus ou moins durs avec le Code pénal, n'ont eu d'autre préoccupation que de les comprendre dans l'amnistie ; et celle-ci a bientôt charrié un nombre incalculable de contraventions, de délits et même de crimes de tous les genres. On ne s'est arrêté de remplir l'omnibus que lorsqu'il a été complet : après quoi, on l'a dirigé pesamment vers le Luxembourg. Lorsque la commission sénatoriale a procédé au déballage, elle a été épouvantée du nombre et de la qualité des coupables qu'on lui demandait de rendre blancs comme neige. Nous avons le texte de la loi sous les yeux; on y lit des énumérations comme la suivante : « Tous les délits et contraventions de navigation maritime, de pêches fluviale et maritime, de détournemens d'épaves, de chasse en matière forestière, de contributions indirectes, de douanes, de grande et de petite voirie, de police sanitaire, de police de roulage, etc., etc. Qui se serait attendu, par exemple, à voir les détourneurs d'épaves en cette affaire? Mais il y a des députés dont les arrondissemens baignent mollement dans la mer : ils n'ont pas oublié les électeurs que l'attrait d'une proie facile, et qui semblait s'offrir à eux, avait détournés de leurs devoirs. Tout cela n'est, en somme, que de la petite monnaie électorale. Le Sénat pouvait à la fois en gémir et en sourire. Mais il y avait des choses plus graves.

La Chambre avait compris dans l'amnistie les anarchistes tombés sous le coup des lois de 1893 et 1894, et les incendiaires de l'église Saint-Joseph. Les lois de 1893 et de 1894 ont été faites, l'une au lendemain du jour où une bombe a éclaté dans la Chambre des députés, l'autre au lendemain de celui où un président de la République a été assassiné. Ce sont des lois de préservation sociale au premier chef. Elles ont si bien rempli leur objet qu'on n'a eu que très rarement [à les appliquer, et M. le garde des Sceaux a pu dire au Sénat qu'il n'y avait actuellement qu'un seul anarchiste appelé à bénéficier de l'amnistie. La question n'était pas de savoir s'il y en avait un ou plusieurs, et le nombre ne faisait rien à l'affaire. L'anarchiste en question avait été gracié : cette mesure était suffisante et dispensait de recourir à une seconde. Quant aux incendiaires de l'église Saint-Joseph, ils avaient été graciés aussi : leur âge leur a servi d'excuse. C'est du moins ce qu'a expliqué M. le garde des Sceaux, et il aurait dû s'arrêter là. Il a eu le grand tort d'ajouter qu'un de ces petits misérables, après avoir encouru une peine afflictive et infamante, ne pouvait faire son service militaire que s'il était amnistié, et on juge de ce que l'armée risquait de perdre s'il ne le faisait pas! Cet argument a produit la plus pénible impression. M. Waldeck-Rousseau l'a senti; il a pris la parole à son tour, et a demandé au Sénat de ne pas s'arrêter aux détails de la loi. C'est, a-t-il dit, un « acte politique » qu'il s'agit d'accomplir : le propre des actes politiques est sans doute, à ses yeux, de comprendre beaucoup d'alliage impur. Le Sénat s'est résigné : il a voté tout ce qu'on a voulu. L'argument qui a le plus porté sur lui est que, si la loi était amendée, elle retournerait à la Chambre et que, quand elle en reviendrait, elle serait pire encore : on aurait vidé complètement les prisons pour refaire des électeurs.

Cet élargissement de l'amnistie, poussé jusqu'aux limites que nous venons d'indiquer, a rendu encore plus choquante l'exclusion, obstinément maintenue, d'un certain nombre de condamnés, coupables si l'on veut, mais aussi dignes d'indulgence que quelques-uns de ceux auxquels on venait d'en prodiguer tant. Nous ne parlerons que pour mémoire des Assomptionnistes, ces dangereux criminels qui ont été condamnés à 16 francs d'amende. Bien entendu, les délits d'association figuraient dans l'amnistie : on a failli oublier, mais on s'est souvenu, en temps opportun, que les Assomptionnistes s'en étaient rendus coupables. Exclus de l'amnistie, les membres des associations religieuses! Le trait ne serait qu'amusant, s'il ne dénotait pas, une fois de plus, à quel point de mesquinerie peut atteindre la préoccupation antireligieuse dans notre monde politique. Qu'importait que les Assomptionnistes fussent compris pêle-mêle dans une amnistie qui comprenait tant de choses et tant de gens? Personne n'y aurait fait attention. Il n'en était pas tout à fait de même des condamnés de la Haute Cour; leur amnistie n'aurait pas été inaperçue; mais elle aurait été généralement approuvée, et aurait fait passer le reste de la loi aux yeux de ceux qui, n'ayant d'ailleurs aucune tendresse particulière pour les condamnés dont il s'agit, ont gardé à leur égard le sentiment de ce qu'on peut appeler la justice proportionnelle, et les trouvent, en vérité, moins odieux que certains de ceux dont M. le garde des Sceaux a présenté si ingénûment la défense. L'amnistie aurait pris un caractère de généralité qui aurait servi d'excuse à certaines de ses applications : elle aurait pu, dès lors, produire cet effet d'apaisement que tous les bons citoyens doivent désirer. Les deux Chambres, livrées à leur propre inclination, l'auraient votée pleine et entière. Dans l'une comme dans l'autre, la majorité qui s'est prononcée contre a été relativement faible : elle a été due à l'insistance du ministère qui a posé la question de confiance et déclaré la défense républicaine gravement compromise, si les quatre ou cinq condamnés de la Haute Cour rentraient en France.

Mais il ne s'agit, au fond, que de M. Déroulède; les autres ne comptent pas; et n'est-ce pas faire beaucoup d'honneur à M. Dérou-

lède que de croire, ou de donner à croire qu'il est à lui seul aussi
redoutable? Il reviendra pourtant un jour ou l'autre, et très vraisemblablement un jour assez prochain : on s'apercevra sans doute alors
que les choses continuent de marcher comme auparavant, et qu'on
avait éprouvé une crainte chimérique. Quand même M. Déroulède, ce
qui n'est pas improbable, commettrait encore quelques incartades,
nous osons espérer que la République y survivrait. Mais ce n'est pas
de la République qu'il s'agit, c'est du ministère ; et il ne survivrait
pas, lui, à l'abandon de la politique de combat qui est sa seule raison d'être. Il faut que la République se croie en danger pour qu'on
le supporte. Il est condamné jusqu'au bout au rôle de sauveur : le
jour où il aurait enfin tout sauvé serait celui de sa mort. C'est peut-
être ce que M. le ministre de la Guerre a voulu dire, dans un discours
qu'il a prononcé à Beaune et qui a embarrassé ses admirateurs. Il a
déclaré qu'il ne sortirait du ministère que « les pieds devant, » locution familière qui veut dire : étendu horizontalement dans un cercueil. On aime à croire que M. le général André n'a parlé qu'au
figuré. Quoi qu'il en soit, le ministère ne veut pas mourir encore, et
il faut par conséquent qu'il garde toujours quelque chose à sauver.

Mais que nous parle-t-il d'apaisement? Il n'a, certes, pas le droit
de le faire, même et surtout lorsqu'il présente une amnistie qu'on
a pu si justement appeler une amnistie de combat. Tout, en effet, porte
un caractère de combat dans sa politique, dans celle d'aujourd'hui, et
encore plus dans celle qu'il annonce pour demain. Il a fait un effort
sincère pour empêcher la reprise et le développement de l'affaire
Dreyfus sur le terrain judiciaire : nous l'avons constaté et nous lui
en savons gré. Mais, encore une fois, l'affaire Dreyfus ne tient plus
aujourd'hui à Dreyfus : elle a pris des extensions imprévues aux
quelles il ne se rattache que par un lien artificiel. Il y a un esprit
détestable qui est né de cette affaire et qui continue d'agir en dehors
d'elle. Il est fait de radicalisme, de socialisme, de jacobinisme, de
préjugés violens contre l'esprit militaire et de passions haineuses
contre l'esprit religieux. Le cabinet actuel a formé de ces élémens
divers, mais facilement conciliables, un tout dont il s'est constitué la
raison sociale, et il poursuit avec acharnement une politique inspirée
de pensées de représailles, ou même de vengeance, qui finiront par
déchaîner dans le pays une véritable guerre civile. Nous sommes
trop justes pour ne pas reconnaître qu'à cet état d'esprit, sorti de
l'affaire Dreyfus, en correspond un autre qui a, lui aussi, ses égaremens et ses dangers. Au sortir d'une lutte si ardente, et parfois

si aveugle, les nerfs sont restés, de part et d'autre, violemment tendus et surexcités. Mais le devoir du gouvernement est de créer, autant qu'il est en lui, une atmosphère où, peu à peu, les nerfs se détendraient, les imaginations se calmeraient, les âmes s'apaiseraient, les esprits reprendraient leur équilibre. Est-ce là ce que fait le ministère ? Il fait tout l'opposé. Fermer l'arène judiciaire aux champions les plus exaltés de l'affaire Dreyfus est quelque chose sans doute, mais peu de chose, si on se contente de porter la lutte sur le terrain politique, et d'entretenir au sein même de la nation cette division en deux camps ennemis qui aurait pu n'être qu'un accident passager, tandis qu'elle risque de devenir un état normal et perpétuel. Le ministère a la prétention de nous rendre la paix par l'unité. Il se propose de faire naître et d'élever des générations nouvelles qui, ayant reçu une instruction et une éducation identiques, seront façonnées dans le même moule et se réconcilieront dans l'uniformité. A supposer que sa réalisation fût désirable, ce beau projet n'en resterait pas moins une chimère. Nous avons parlé, en commençant, du siècle qui s'achève : que d'actions, que de réactions n'a-t-il pas successivement présentées! Il en sera de même du siècle qui s'ouvre : la violence qu'on y aura dépensée pour incliner les esprits dans un certain sens n'aura d'égale que la violence avec laquelle ils se redresseront ou plutôt se rejetteront en sens inverse. Nous croyons peu à l'influence durable et lointaine du gouvernement actuel ; les générations futures échapperont facilement à ses entreprises, et les tournerout peut-être en risée ; mais la génération présente en sera déchirée. On ne lui distribue que des armes de guerre. Et nous ne parlons que de nos intérêts moraux : nos intérêts matériels ne courent pas un moindre péril. C'est là ce qui nous trouble, nous afflige, et nous oblige à avouer que ce siècle finit mal pour la France. L'histoire ne sera pas embarrassée pour dire à qui en revient la responsabilité.

A l'étranger, il s'en faut aussi que la situation soit sans nuages. On annonce qu'en Chine, les représentans de toutes les puissances ont enfin reçu l'autorisation de signer une note collective, qu'ils l'ont signée en effet, et remise au prince Ching. Quant à Li-Hong-Chang, il est malade, et son grand âge permet de craindre que sa maladie ne prenne un caractère sérieux. On a beaucoup parlé de lui depuis quelques mois, et la presse européenne ne lui a pas été généralement favorable : pourtant, son absence serait regrettable dans les négociations qui viennent de s'ouvrir. Il est mieux à même que personne d'y apporter un élément modérateur. Le prince Ching a donc reçu la note des Puissances et s'est empressé de la transmettre à son gouvernement. On regarde comme probable que celui-ci y fera un bon accueil. La note, après avoir subi beaucoup d'amendemens et être passée par des rédactions assez variées, est au total modérée. Les exigences premières, au sujet de la punition à infliger aux principaux auteurs des massacres et des incendies, ont été maintenues en principe, comme elles devaient l'être, mais adoucies dans la forme. Lorsqu'on lit cette note finale et qu'on la rapproche des propositions françaises du 30 septembre dernier, on s'aperçoit qu'elle n'en diffère sur aucun point essentiel. Les principes que M. Delcassé avait posés ont été admis par tout le monde, et seulement complétés; mais les adjonctions qui ont été faites, utiles sans aucun doute, sont d'une importance moindre. On se demande ce que les puissances ont fait pendant ces trois mois. On ne cesse pas de s'étonner du temps qu'il leur faut pour conclure, même lorsqu'elles sont d'accord, ou du moins qu'elles le disent. C'est une lente et pesante machine que met en mouvement le concert des Puissances; l'expérience qui vient d'en être faite l'a prouvé une fois de plus. Cependant il ne faut pas en médire. Félicitons-nous plutôt de ce que, malgré des tiraillemens en sens divers, l'entente se soit maintenue jusqu'au bout. On s'effraie à la pensée de ce qui serait arrivé, s'il en avait été autrement.

Il y aurait quelque témérité à essayer de prévoir la réponse du gouvernement chinois : on croit qu'elle sera satisfaisante, et nous voulons l'espérer. Quelques personnes ont exprimé le regret que les troupes alliées, après être entrées à Pékin, n'y aient pas fait plus de dégâts matériels. — Pourquoi, disent-elles, n'a-t-on pas rasé les fortifications de la ville et le Palais impérial? Les fortifications n'ont pas d'importance militaire et ne sauraient arrêter une armée européenne; mais leur démolition n'aurait-elle pas agi puissamment sur l'imagination des Chinois? — Cela est possible, et peut-être, en effet, aurait-on pu démolir les fortifications de Pékin; mais toucher au Palais impérial aurait été une faute grave, dont nous nous serions ensuite repentis longtemps. Notre principale raison de penser que le gouvernement chinois se soumettra aux conditions imposées par la note collective est le désir qu'ont l'empereur, l'impératrice et tous les princes et mandarins de leur entourage, de revenir à Pékin et d'y reprendre leurs anciennes habitudes. Un gouvernement se lasse vite d'être nomade; il recule aussi devant la pensée de faire au loin

une installation nouvelle et définitive. L'œuvre serait pénible et coûteuse, le résultat incommode, sans compter que le prestige d'une
dynastie qui aurait abandonné pour toujours la vieille et traditionnelle capitale de l'empire subirait une atteinte dont il aurait de la
peine à se relever. Ce serait la consécration officielle d'une défaite
que le gouvernement actuel fait tous ses efforts pour dissimuler à ses
peuples. Quitter Pékin provisoirement, afin d'être plus libre dans les
négociations avec les Puissances, peut être présenté comme une manœuvre habile, et l'est effectivement ; mais si, ces négociations se
prolongeant beaucoup, on ne voyait pas le gouvernement revenir à
Pékin, ce serait pour lui un désastre politique. Il est certainement
pressé d'y rentrer, et l'impatience qu'il en éprouve est le sentiment
sur lequel nous pouvons le plus compter pour l'amener à faire les
concessions indispensables, et à les faire vite. Si le gouvernement
chinois mettait à rédiger sa réponse le même temps que les Puissances ont mis à rédiger leur demande, nous serions encore très
loin du dénouement. Mais les Puissances étaient huit et le gouvernement chinois est seul, ce qui permet d'espérer que, quoique soumis à des influences très diverses, il arrivera plus promptement à une
décision.

Pour le moment, on ne peut que l'attendre, et les pronostics que
l'on établirait sur les vraisemblances seraient d'autant plus vains que
nous sommes encore peu familiarisés avec la psychologie du Chinois,
et que les mêmes choses peuvent se présenter à son esprit tout autrement qu'à celui d'un Européen.

Nous n'avons même pas besoin d'aller en Chine et de rencontrer
un peuple dont la civilisation s'éloigne sensiblement de la nôtre,
pour constater des procédés de conduite et presque des manières de
penser très différens de ceux auxquels nous sommes habitués. Les
États-Unis sont les fils de l'Europe, ou les frères, si l'on veut ; ils ont
nos idées, nos mœurs, notre civilisation, et nous nous sommes tous
empressés de les admettre dans le grand concert des Puissances,
où ils viennent de tenir une place très honorable et ont montré, à
maintes reprises, beaucoup de bon sens et de fermeté d'esprit. Mais
ils ont encore quelque chose à apprendre sur les règles qui régissent
les rapports des États entre eux, — à moins qu'ils ne réussissent à nous
le faire oublier. Ce qui vient de se passer entre eux et l'Angleterre, à
l'occasion du projet de percement d'un canal interocéanique à travers
le Nicaragua, en est une preuve frappante.

Il y a cinquante ans, l'Angleterre et les États-Unis avaient fait un traité qui, d'après le nom de ses négociateurs, s'appelle le traité Clayton-Bulwer, et qui, si on en néglige les détails, avait un double objet : 1° de décider qu'aucun des deux contractans ne creuserait éventuellement le canal à l'exclusion de l'autre ; 2° que le canal, une fois ouvert, serait neutre. Pendant longtemps, on n'a plus parlé de ce traité : d'abord parce que ni l'Angleterre, ni les États-Unis n'étaient pressés de se lancer dans l'entreprise du canal ; ensuite parce qu'une autre entreprise avait eu lieu, en vue de percer un canal à travers une autre partie de l'isthme, et qu'on avait pu croire à son succès. Nous ne disons pas qu'on ne puisse pas y croire encore ; mais les accidens d'ordres divers qu'a éprouvés dans son exécution le projet de M. de Lesseps ont ramené l'attention sur le traité Clayton-Bulwer, et, comme il s'est passé, depuis un demi-siècle, bien des choses dans le monde, les deux contractans de 1850 ont éprouvé le besoin d'apporter certaines modifications à leur arrangement. A dire vrai, ce sont les États-Unis qui ont senti cette nécessité : l'Angleterre aurait fort bien continué de s'accommoder de l'ancien traité. Mais les États-Unis, à mesure qu'ils ont grandi, et surtout depuis les succès qu'ils ont obtenus ces dernières années, ont perfectionné la doctrine de Monroë et sont devenus très intransigeans sur son application. L'Amérique doit être aux Américains seuls : les puissances du vieux monde n'ont rien de plus à faire que d'y apporter leurs capitaux, en échange de ses produits à bon marché. L'idée d'un canal qui serait percé sur territoire américain avec la collaboration d'un État européen n'était plus supportable! L'Angleterre elle-même s'en est rendu compte. Elle ménage beaucoup les États-Unis ; elle devait s'efforcer d'écarter avec eux tout germe de conflit. De part et d'autre, on s'est donc mis à l'œuvre pour corriger le traité de 1850, et on en a fait un nouveau, qui, toujours suivant les noms de ses négociateurs, s'appelle le traité Hay-Pauncefote : il a été signé au mois de février dernier. En deux mots, l'Angleterre renonce au droit parallèle à celui des États-Unis qu'elle avait sur la construction du canal. Si le canal est jamais creusé, il ne le sera que par des mains américaines. Mais il devra être neutre, comme il avait été convenu en 1850, et on lui appliquera les règles qui ont été préparées pour assurer la neutralité du canal de Suez.

Restait à faire voter le nouveau traité par les parlemens des deux pays. On a commencé, et pour cause, par le soumettre au Sénat américain, sans être bien sûr de ce qu'il en ferait. Qu'en a-t-il fait? Avec une désinvolture inconnue jusqu'ici, il l'a complètement amendé et changé. L'Angleterre avait renoncé au droit de construction en commun que lui donnait le traité de 1850; le Sénat américain a refusé en outre la neutralité du canal; enfin il a décidé que le traité, contrairement aux premières conventions, ne serait communiqué à aucune autre puissance que l'Angleterre. On juge sans doute que le traité n'intéresse que celle-ci; mais il nous semble que, dans sa teneur actuelle, il cesse de l'intéresser elle-même, puisqu'on lui enlève, sans demander son consentement, tous les droits qu'elle pouvait avoir. Il n'en reste rien désormais.

On a beaucoup répété depuis quelque temps que l'Amérique était un jeune géant en croissance, et on applaudissait, en Angleterre plus encore que partout ailleurs, à la poussée vigoureuse qui déterminait ses développemens. On trouvait, à Londres, ce spectacle magnifique! Mais les géans en croissance sont sujets à des impatiences qui les portent à secouer le joug des règles qu'observent les grandes personnes dont l'éducation est achevée. Or, s'il y a une règle bien établie entre les nations du vieux monde et du vieux temps, c'est qu'elles communiquent toujours entre elles par l'intermédiaire de leurs gouvernemens, et non pas par celui de leurs parlemens. De très bonnes raisons justifient cette pratique; la place nous manque pour les exposer: elles sont inspirées par l'expérience, la prudence, le désir d'éviter l'imprévu dans les relations mutuelles et de ne pas s'exposer à des heurts trop violens. Enfin, la préparation des traités est l'œuvre propre et exclusive du pouvoir exécutif, quels que soient d'ailleurs, suivant les pays, sa forme et son nom. Les parlemens ont, bien entendu, leur mot à dire sur ces traités, ou plutôt ces projets de traité, et ce mot est même le plus important, puisqu'il est définitif et décisif. Mais il est très court : il se borne à oui ou non. Les parlemens donnent ou refusent aux gouvernemens l'autorisation de ratifier un traité : quant au traité lui-même, ils n'ont pas le droit de le modifier. Nous n'avons pas besoin de dire que, s'ils le rejettent, la discussion qui a précédé leur vote peut éclairer très utilement le gouvernement en vue de négociations ultérieures, à supposer qu'il y ait lieu d'en ouvrir. Mais aucun parlement n'avait encore eu l'idée qu'il pouvait amender un traité qui lui était soumis. Pourquoi? demandera-t-on. Pour un motif très simple, en dehors de ceux que nous avons déjà sommairement indiqués, à savoir que, pour négocier, il est bon d'être deux, et qu'un parlement est toujours seul. Il n'a pas de partenaire en face de lui. Il agit unilatéralement; de sorte qu'au

lieu de faire une proposition, il a toujours l'air de faire un ultimatum.
Et c'est bien un ultimatum que le Sénat américain a entendu adresser
à l'Angleterre, en passant par-dessus la tête de son propre gouvernement. Au surplus, cette tête s'est aussitôt inclinée si bas que tout
pouvait passer par-dessus. Si lord Salisbury a le loisir de relire son
discours au banquet du lord-maire, peut-être trouvera-t-il aujourd'hui
un peu excessif le dithyrambe par lequel il a célébré la victoire de
M. Mac-Kinley. Celui-ci, se regardant comme le simple agent du
Congrès, a mis, dit-on, sous enveloppe le texte amendé par lui, et l'a
envoyé purement et simplement à Londres. Le directeur des postes
aurait suffi pour cet office.

Que fera lord Salisbury de ce traité qui n'en est plus un? Traitera-
t-il l'Amérique comme un enfant terrible, auquel on passe tous ses
caprices? Reculera-t-il devant le danger de laisser s'établir un pareil
précédent? Admettra-t-il les procédés nouveaux que le gouvernement
américain tend à introduire dans le droit international, ou protestera-
t-il contre eux? Nous l'ignorons. Peut-être ne fera-t-il rien du tout, et
se contentera-t-il de mettre le texte du Sénat américain dans un carton
auquel il ne touchera plus. Il se dira que, puisque le nouveau traité
n'a pas été ratifié, l'ancien subsiste; et l'Amérique pensera, avec plus
de raison encore, que l'acte qu'elle a accompli peut passer, à tout le
moins, pour une dénonciation catégorique de l'ancien traité, de sorte
qu'il n'en existe plus aucun et qu'elle a reconquis toute sa liberté
d'action. Chacun aura l'air d'être satisfait, ce qui sera fort bien, si on
ne construit pas le canal, mais pourra tourner assez mal, si on le
construit. Le temps cicatrisera la blessure ou l'envenimera, suivant
l'occurrence. En ce moment, l'Angleterre a des préoccupations plus
pressantes : elle regarde du côté du Cap. Et, pour elle aussi, le siècle,
qui a été d'ailleurs rempli de ses prodigieux progrès, ne finit pas
comme elle l'avait rêvé.

Francis Charmes.

Le Directeur-Gérant,

F. Brunetière.

LE FANTÔME

VI. — DEUX AMOURS

Il est peu d'épreuves plus cruelles pour un homme de cœur, que d'apprendre d'une façon certaine, après la perte d'une personne qui lui fut chère, quelque action de cette personne absolument contraire à l'image qu'il en a gardée. Elle n'est plus là pour se défendre, pour expliquer comment elle a pu faire ce dont il ne l'eût jamais crue capable. De la condamner sans l'entendre, maintenant surtout qu'elle est revêtue du caractère solennel de la mort, donne au survivant l'impression qu'il commet une iniquité sacrilège. Mais la vérité est plus forte, et elle a raison de ce pieux scrupule. Il se met à se souvenir du passé, de l'époque où l'action qui vient de lui être dénoncée fut accomplie. Il se rappelle telle phrase que le mort ou la morte a prononcée, tel geste, tel regard. Cette créature en qui il avait tant cru le trompait donc? Elle jouait devant lui une comédie? C'est une douleur profonde et d'une amertume sans nom, quand cette découverte rétrospective aboutit à une rupture avec un très cher souvenir. Il est des morts avec qui l'on brise ainsi, des morts que l'on souhaite désormais ne plus revoir, de l'autre côté des jours, et ces déchiremens de l'affection posthume ont toutes les tristesses d'un second adieu plus désolé que le premier. D'autres

(1) Voyez la *Revue* des 1er et 15 décembre 1900 et du 1er janvier.

TOME I. — 1901.   16

fois, la faute que l'on ne soupçonnait point va chercher dans
l'âme une fibre de tendresse plus intime et plus douce. On se
prend à plaindre celui ou celle qui n'est plus, d'avoir été faible.
C'est à soi-même que l'on en veut si ce cœur ne s'est pas ouvert.
On se reproche de ne l'avoir pas fait s'ouvrir, de ne l'avoir pas
deviné. On se dit : « Je ne lui ai pas assez montré combien je
l'aimais, » et l'on se met à l'aimer davantage encore. C'est un
rapprochement, au lieu d'une séparation, c'est un réchauffement,
une nouvelle poussée d'émotions vivantes, là où ne végétaient
plus que les froides fleurs du regret et du souvenir. Quand
cette seconde mort par le mépris ou ce renouveau par la pitié
s'accomplit à propos d'affections toutes spirituelles, celle, par
exemple, d'un frère pour un frère, d'un ami pour un ami, la tragédie en est toujours bien pathétique, moins pourtant qu'à l'occasion d'une femme que nous avons aimée d'amour, et lorsque
nous apprenons qu'elle a aimé, elle aussi, hors de nous et à notre
insu, qu'elle s'est donnée à quelqu'un que nous avons absolument ignoré, et dans des conditions qui furent toutes un mensonge à notre égard. Pour que le mélange de jalousie physique
et de déception morale soudain remué en nous ne se résolve
pas en un flot d'âcre rancune, il faut que notre façon de sentir soit
très généreuse et très haute. Toutes les trahisons servent de
pierre de touche à la magnanimité, aucune au même degré que
celle-là.

Magnanime, certes Philippe d'Andiguier l'était, dans la pleine
signification de ce beau mot. Il avait vraiment cette noblesse
innée du geste intérieur, qui écarte jusqu'à la plus vague idée
d'une bassesse ou d'une mesquinerie. Il était absolument, instinctivement étranger à cette pauvreté du cœur qui voit une duperie
dans le fait d'aimer sans être aimé. La poésie profonde de son
sentiment pour Mme Duvernay avait résidé dans ce renoncement
anticipé à toute espérance et à tout désir. Il avait accepté qu'elle
épousât un autre homme et il avait assisté à son existence de
ménage, non sans jalousie, mais sans révolte, et son pire regret
avait été qu'elle ne fût pas plus heureuse. Devenue libre, il avait
continué de vivre dans son atmosphère, sans même oser concevoir
que rien pût changer dans leurs rapports. Morte, il avait poussé
la dévotion jusqu'à cet héroïsme d'obéissance qui lui avait fait
brûler, sans les lire, les lettres qu'elle lui avait laissées. Aucune
nuance d'égoïsme, fût-ce la plus légère, n'avait terni la pureté de

ce sentiment aussi désintéressé que le rayonnement de la lumière dans le ciel, que l'épanouissement des fleurs sur les branches, que toutes les énergies bienfaisantes de la nature. Jamais il n'avait été même touché par la pensée que cette prodigalité de ses trésors d'affection lui donnât droit à un retour. Et cependant, lorsqu'il eut fini de lire ces fragmens révélateurs du journal de Malclerc, ces pages où le complice d'Antoinette avait raconté le roman secret de cette amie, idolâtrée vingt ans, avec tant de renoncement, mais aussi avec tant d'aveuglement, ce grand amoureux ne put s'empêcher de frémir de la plus violente, de la plus animale des haines. Toute la ferveur de son ancienne idolâtrie se tourna soudain en une aversion presque féroce contre celui qui avait été le héros de ce roman, contre cet homme que la morte avait aimé. Dans ces confidences où se trouvait ramassé un drame conjugal si poignant, si chargé de menaces pour l'avenir de la plus attendrissante des victimes, le vieillard n'aperçut, le manuscrit une fois refermé, que cette unique et douloureuse chose : « Antoinette avait aimé!... » Cette bouche, dont il revoyait en pensée la ligne idéalement fine et frémissante, avait murmuré des paroles d'amour, donné des baisers d'amour! Ces yeux, dont l'impénétrable et doux regard le poursuivait du fond de la tombe, s'étaient baignés des larmes de l'amour, illuminés de la brûlante flamme de l'amour! Les masses fauves de ces beaux cheveux, des mains d'amant les avaient caressées et déroulées! Un amant avait étreint et possédé ce corps délicieux! Un amant avait reçu d'elle et lui avait donné cet ineffable bonheur de l'extase partagée, si divine à goûter entre les bras d'une créature comme elle, que cet amant n'avait pu l'oublier, qu'il en demeurait blessé d'une inguérissable nostalgie!... A cette idée, un sursaut de répulsion faisait vibrer d'Andiguier tout entier. Ce phénomène d'attrait et d'antipathie à la fois, qu'il avait éprouvé à la première rencontre avec Malclerc, s'expliquait maintenant. Une double vue de son cœur l'avait averti. Il avait été attiré par une influence d'Antoinette devinée, pressentie chez cet inconnu. Il avait été repoussé par une intuition de l'odieuse vérité. Qu'elle lui était odieuse, en effet, si odieuse que la préoccupation qu'il aurait dû avoir d'Éveline et de ce mariage monstrueux avec l'amant de sa mère s'effaçait, s'abolissait complètement. Ce fervent, ce dévoué Philippe d'Andiguier, que bouleversait, ce matin même, la seule pensée

d'un malheur suspendu sur la tête de Mme Malclerc, n'allait plus
avoir, pour quelques heures, que cet inutile et torturant souci :
plonger en esprit dans son passé et y rechercher des signes
qu'il n'avait pas vus alors... Il se rappelait qu'à une époque,
Antoinette ne l'avait plus reçu aux mêmes heures. Elle avait
prétexté une prescription du médecin qui lui recommandait
des promenades à pied. Et lui, d'Andiguier, y avait cru !... Il se
revoyait, lors de son dernier voyage en Italie, avant la mort
d'Antoinette, insistant pour que celle-ci partît avec lui, comme
elle en avait eu l'intention, et elle refusant, à cause de sa fille,
avait-elle dit. Et il avait cru encore à ce motif ! Et il lui avait su
gré d'être si bonne mère !... Vingt épisodes pareils se représentaient
à son esprit, tous également humilians pour sa perspicacité,
jusqu'au dernier, à ce legs des lettres qu'elle lui avait demandé
de brûler... La scène ressuscita dans sa mémoire, avec le relief
de la réalité. Il était là, dans cette même pièce, au coin de cette
cheminée, tenant en main l'enveloppe de cuir blanc et souple
que des rubans défendaient seuls. La face des objets, autour de
lui, n'avait pas changé : les deux grandes tapisseries florentines
d'après Filippino Lippi dressaient leurs personnages au fond de
la paisible salle, alors comme aujourd'hui. Alors comme aujour-
d'hui, les enluminures des cartes de tarot faisaient une joaillerie
de couleurs sur l'étoffe sombre du lutrin ; la princesse peinte par
Pisanello détachait son profil de médaille sur un paysage de
montagnes bleues et d'eaux claires comme miniaturé ; les statuettes d'or s'érigeaient sur les branches, et le piédestal d'argent du haut crucifix du Verocchio — tous les objets du musée,
alors comme aujourd'hui, entouraient leur maître, l'invitaient à
oublier la vie et ses misères dans la sérénité contemplative de
l'art. Alors il n'avait pas eu une pensée pour eux, à cette minute des suprêmes hésitations devant l'enveloppe des lettres
d'Antoinette. Aujourd'hui, et pour exorciser le fantôme de la
morte qu'il leur avait préférée, il se mit, tout au contraire, à
regarder ces cartes peintes, ces tableaux, ces sculptures, ces pièces
d'orfèvrerie, ces mosaïques, ces bijoux, ces boiseries, toutes ces
choses, insensibles et muettes ; — mais elles ne l'avaient pas
trompé, mais il ne leur avait dû que des joies ! Et, repoussant
de la main les feuilles éparses du cruel Journal qui venait de
lui percer le cœur, il jeta à haute voix ce cri de rébellion contre
sa foi de tant d'années :

— Tout mentait donc, excepté ça...

A ce moment, ses yeux rencontrèrent, parmi tant de merveilles éparses sur les chevalets et sous les vitrines, le mince panneau dont Malclerc avait parlé dans sa confession, cette sainte Claire, vêtue en franciscaine, pieds nus et tenant son cœur dans sa main. La phrase d'Antoinette au jeune homme : « C'est ainsi que je voudrais avoir mon portrait fait pour toi... » revint tout à coup à l'esprit du vieillard, et cette autre, écrite par Malclerc lui-même : « C'était vraiment le cœur de ma pauvre maîtresse qui brûlait dans la main de la sainte... » L'idée que cette peinture leur avait servi à tous deux de gage d'amour, qu'ils l'avaient tous deux regardée avec les mêmes émotions, la lui rendit soudain physiquement intolérable. Il marcha sur elle comme il eût marché sur son rival, et, d'une main tremblante de colère, il l'arracha plutôt qu'il ne la décrocha de la muraille. Puis, avisant un coffre tout auprès, il en souleva le couvercle, et il y jeta le précieux panneau, d'un geste qui l'aurait fait passer pour fou aux yeux des collectionneurs du monde entier, s'ils l'avaient vu saisir avec cette brutalité d'iconoclaste ce délicat chef-d'œuvre, exécuté sur une pâte tout écaillée, toute friable, et dont les couleurs fragiles s'effritaient déjà !...

Cet homme si réservé d'habitude, si digne, et dont toute l'existence s'était écoulée parmi les gestes surveillés des amateurs d'art, fut ramené à lui-même par la puérilité impulsive de cette déraisonnable action. Il passa les mains sur ses yeux, et il secoua, plusieurs fois, sa vieille tête blanchie comme pour dire non et encore non à cette colère qui venait de le dégrader ainsi à ses propres yeux. Il retourna vers la table où il avait jeté les feuillets du journal de Malclerc. Il les ramassa. Puis, accoudé, le front dans sa main, il recommença de les lire, et il tomba dans une rêverie qui n'avait plus rien de commun avec son emportement de tout à l'heure. C'est qu'à travers ces pages, maintenant, la grâce d'Antoinette lui redevenait si présente, si vivante, qu'il en subissait de nouveau l'ensorcellement. Elle était là, qui lui souriait de son sourire si à elle, ce sourire d'enfant, et toujours teinté d'un peu de mélancolie, avec cette fossette, à gauche, un peu au-dessus du coin frémissant de sa bouche. Comme Malclerc avait senti la grâce amère de ce sourire ! Comme le vieillard retrouvait le souvenir qu'il gardait des prunelles de la

morte, dans ces confidences de l'amant! Elles se rouvraient, elles
le regardaient, ces prunelles bleues, « *à la fois si douces et si
impénétrables.* » Elle lui avait parlé, à lui aussi, elle lui parlait, de
cette voix « *qui semblait venir de si loin dans son âme* »…Si différens que fussent les deux hommes, leur impression de leur
commune amie avait eu quelques-unes de ces analogies profondes, qui veulent qu'une invincible sympathie se mêle à la
haine dans certaines rivalités d'amour, et voici que l'image d'Antoinette, évoquée par la passion d'un autre, s'anima pour d'Andiguier davantage et davantage encore. Voici que la chaude
source de tendresse se mit à jaillir de nouveau, à ruisseler dans
ce cœur de plus de soixante ans, comme si la perfide était réellement entrée dans la chambre… Perfide? Avait-il vraiment le droit
de l'appeler ainsi? Quelle promesse lui avait-elle faite, qu'elle ne
lui eût pas tenue? Quel droit lui avait-elle donné, qu'elle lui
eût repris? A quels engagemens envers lui avait-elle manqué? Si
elle s'était tue du sentiment qu'elle avait éprouvé pour Malclerc,
n'était-ce pas qu'elle se savait aimée par son vieil ami, d'une
affection plus passionnée que l'amitié, et afin de lui épargner
une inutile souffrance? Il en avait été de lui comme de sa fille.
Si réfléchie et si fine, elle avait souhaité de leur éviter à l'un et
à l'autre des complications dangereuses. Elle avait rêvé de ne
rien leur prendre. Elle ne leur avait rien pris. Son silence n'était
ni une hypocrisie, ni une défiance. C'était un respect pour les
droits acquis, et, pour ce qui le concernait, un ménagement envers une tendresse trop susceptible. D'Andiguier n'en avait-il pas
eu la preuve dans cette mission dont elle l'avait chargé après
sa mort? Ces lettres, livrées si loyalement à sa fidélité, sans un
essai d'explication, sous la seule sauvegarde d'un sonhait, n'était-
ce pas l'aveu qu'elle avait des secrets, inconnus de lui, en même
temps qu'une supplication de ne pas chercher à les savoir? Comment pouvait-il lui reprocher sa double vie, lorsqu'elle lui en avait
mis le mystère entre les mains, avec une simplicité qui attestait
une telle estime, tant d'amitié aussi? La part qu'elle lui avait
attribuée dans son cœur, n'avait certes pas été la plus grande.
Elle avait été bien à lui. Quand il l'avait rencontrée au bord
du lac de Côme, dans la douloureuse période d'avant son mariage avec Albert Duvernay, qu'avait-il voulu, désiré, espéré?
Qu'elle lui permît de se dévouer pour elle, de la protéger, de
l'aimer? N'avait-elle pas accepté cette protection jusqu'au bout?

N'avait-elle pas choisi ce dévouement pour y faire appel, jusque dans la mort? Ne lui avait-elle pas donné un suprême témoignage qu'elle croyait à l'infinie délicatesse de son amour? Et, devant l'évidence renouvelée que, s'il n'avait pas été tout dans cette vie de femme, il y avait du moins été quelque chose de très vrai, de très intime, de très rare, le remords de sa colère le saisit, et des larmes commencèrent de rouler dans les rides de ses joues, tandis qu'il cachait son pauvre visage usé dans ses mains, en disant et redisant de nouveau tout haut, mais cette fois au fantôme de la disparue : « Pardon! pardon! pardon! »

C'est alors, et dans ce violent sursaut de remords et d'attendrissement, que le sens de la réalité ressaisit tout à fait cet homme généreux. A quoi et à qui venait-il de penser, depuis qu'Éveline était partie de cette chambre et qu'il avait commencé la lecture du Journal de Malclerc? A sa propre histoire, et à lui, uniquement à lui. Que s'était-il demandé? S'il avait été trompé par Antoinette. Et, pendant ce temps-là, un être vivant et sentant, cette tendre, cette innocente Éveline, qui s'était adressée à lui dans son agonie, au nom même de cette Antoinette, était en danger, et il l'oubliait. Il oubliait dans quelles circonstances ces pages révélatrices lui avaient été remises, par le mari de cette malheureuse enfant, au lendemain d'un premier essai de suicide, à la veille peut-être d'un second, dans un de ces intervalles de répit comme en comportent les profondes maladies morales et que l'on ne retrouve pas toujours, si l'on en laisse échapper l'opportunité. Le désespoir de la jeune femme, si dangereux dans les conditions présentes de sa santé, avait été suspendu par la démarche qu'il avait consenti à faire. Ce désespoir allait reprendre, et, sans doute, devenir fatal. Malclerc, épuisé, brisé par la scène de la veille, s'était, pour un moment, départi de son orgueil et de son silence. Il s'était remis tout entier aux mains du plus vieil ami de sa femme. Demeurerait-il dans ces sentimens? La maladie de ce ménage, comme avait dit si étrangement et si justement Mme Malclerc, traversait une crise d'où dépendait tout l'avenir. Le hasard voulait que la responsabilité en pesât sur d'Andiguier. Allait-il la fuir?... Quand cet autre courant d'idées eut traversé l'esprit du vieillard, il se redressa. Les larmes séchèrent dans ses yeux. Une tension de toute sa volonté le raidit dans un geste d'énergie, et, comme pour manifester par son attitude le changement qui s'accomplissait en lui, il se mit à ranger méthodiquement, sans que

ses doigts tremblassent maintenant, les feuilles détachées du
journal de Malclerc. Il devait avoir eu cette méticulosité jadis,
dans le palais du quai d'Orsay, pour classer les dossiers qui res-
sortissaient à ses fonctions de conseiller-référendaire. Les cahiers
une fois mis en ordre, il les enferma dans un meuble de la Renaissance, en noyer sculpté, où il plaçait les documens relatifs à son
musée.. — La clef ne quittait jamais sa chaîne de montre. — Et
il se reprit à marcher de long en large, comme il avait fait
quelques heures plus tôt, quand il attendait Éveline. L'aiguille
de la pendule en forme d'ostensoir avait parcouru la moitié du
tour du cadran, et le crépuscule commençait d'assombrir les
arbres du jardin sous les hautes fenêtres, qu'il se promenait
encore. Il n'avait rien mangé de la journée, ayant renvoyé son
domestique quand celui-ci était venu lui annoncer que le dé-
jenner était servi. Il ne s'était pas plus aperçu de ce jeûne que
de la fuite des minutes. Son intelligence était dans cet état
d'éréthisme qui précède certaines décisions dont nous pressentons
le caractère irrévocable et tragique. Sans qu'il s'en doutât, une
autre raison encore que le péril pressant de sa protégée, surexcitait
ses facultés, dans ces instans d'une méditation angoissée. Inconsciemment, il instituait vis-à-vis de lui-même une rivalité entre
son cœur et le cœur de Malclerc. Il ne s'en rendait pas compte,
mais, si son désir d'être bienfaisant à Éveline s'exaltait en ce moment à ce degré d'ardeur, c'était à cause de sa jalousie. Cette
redoutable passion, toute mêlée de chair et de sang, et qui,
chez la plupart des hommes, demeure confinée aux bas-fonds
les plus haineux de l'âme, prend cependant, chez quelques cœurs
d'élite, une forme aussi élevée qu'elle est rare : celle d'une ému-
lation de dévouement. En face de l'amant aimé, qui avait tout
reçu, tout possédé, d'Andiguier représentait l'amour chevaleresque et désintéressé, celui que le vulgaire traite volontiers de
dupe, et qui le serait, s'il ne réservait pas à ses dévots les
ineffables voluptés du sacrifice. Que peut faire cet amour sans
voluptés, cet amour qui n'est pas partagé, en face de l'autre,
sinon lui prouver et se prouver qu'il aime davantage, sinon dépasser l'amour heureux, l'écraser par la magnificence de ses im-
molations, par la prodigalité de ses tendresses ? Lutte douloureuse et sublime, dont un des amoureux de cette race, le romanesque et mystérieux La Bruyère, a ramassé les fiertés dans ce
soupir : « *C'est une vengeance douce à celui qui aime beaucoup,*

de faire, par tout son procédé, d'une personne ingrate, une très
ingrate... » Défendre Éveline, après ce qu'il venait d'apprendre,
avec autant, avec plus de fidélité que s'il n'eût jamais su le
secret d'Antoinette, n'était-ce pas pour d'Andiguier dire à celle-
ci, lui crier, de par delà les années, de par delà la mort : « C'est
un autre que tu as le plus aimé, mais c'est moi qui t'ai le plus
aimée. Ce bonheur que tu lui as donné, c'est moi qui le méritais. C'est moi qui réparerai le mal qu'a causé l'homme que tu
m'as préféré, moi qui défendrai ta fille, et contre lui, qui est en
train de la tuer !... »

Défendre Éveline ? Mais comment ? Cette question, d'Andiguier se la posa et se la reposa bien des fois durant les longues
heures de cette méditation, sans pouvoir y répondre. Vainement
apportait-il, à en considérer les diverses faces, toute la vigueur
d'esprit que lui donnait, avec l'expérience de ses soixante-trois
ans, son brûlant désir d'être bienfaisant à l'enfant de la morte.
Il se rencontre dans la vie des situations sans issue, qui semblent
ne comporter d'autre remède que l'attente. Les pires misères,
et qui paraissent les plus inguérissables, finissent avec le temps,
ou plutôt, elles ne finissent pas, elles s'usent. Mais avant que
cette force d'usure n'ait exercé son irrésistible pouvoir, il y a
vraiment des problèmes de destinée insolubles. Le mariage
d'Éveline en était un. En épousant la fille de sa maîtresse comme
il avait fait, à cause du sentiment qu'il gardait à la mémoire de
la morte et halluciné par le mirage d'une saisissante ressemblance entre ces deux femmes, Malclerc s'était engagé, et il avait
engagé avec lui cette innocente, dans une de ces impasses morales qui ne permettent à un couple humain ni d'y rester, ni d'en
sortir. Quoique le cas n'ait été prévu par aucun code, et qu'au
demeurant il eût eu le droit strict d'agir comme il avait agi, il
n'en avait pas moins manqué à une de ces lois non écrites que
la conscience reconnaît comme absolument, comme irrévocable-
ment impératives. Cette substitution, sentimentale et physique,
de l'épouse à la maîtresse, de la fille à la mère, constituait une
véritable monstruosité. C'était une anomalie et d'autant plus irréductible que le charme de cette vivante n'avait même pas eu raison du souvenir de cette morte. Le malheureux, — son journal
l'attestait avec trop d'évidence, — n'était arrivé qu'à empoisonner,
c'étaient ses propres termes, son présent par son passé, et son

passé par son présent. Que lui conseiller? De quitter sa jeune
femme au moment où elle allait devenir mère?... Un tel abandon
était un nouveau crime. — De continuer la vie avec elle?
Était-ce possible dans des conditions pareilles? — En ayant
recours au suicide, comme au seul moyen d'en finir, avait-il
eu si tort?... Et pourtant non. Se tuer, ce n'était rien réparer.
Un mari dont la femme est grosse a encore moins le droit de
mourir que de s'en aller... Que faire alors? Était-il possible
d'appliquer à ce douloureux malaise, au lieu de la méthode
expectative, un procédé chirurgical? Il y en avait un que Malclerc avait lui-même entrevu à plus d'une reprise sans oser jamais
l'employer: tout révéler à Éveline. D'Andiguier avait trop vécu
pour ne pas savoir que la vérité porte avec elle d'étonnantes
vertus de guérison. La preuve en est que la certitude du malheur est moins insupportable que son attente, la découverte d'un
danger moins terrifiante que son soupçon. Sachant cela, lui
aussi, pourquoi Malclerc avait-il toujours reculé devant cette
révélation? Pourquoi? Mais parce qu'il avait senti ce que d'Andiguier sentait aussi, avec une force extrême, qu'il n'est jamais
permis à un homme, quelles que soient les circonstances, de toucher à une mère dans le cœur de sa fille. Où trouver les mots
pour énoncer de vive voix l'horrible chose? Pouvait-on davantage faire lire à Éveline cette confession de son mari, dont
chaque phrase lui entrerait dans le cœur comme une pointe en-
venimée? N'y eût-il qu'une chance, une seule, pour que la jeune
femme ignorât jusqu'à la fin qui elle avait épousé en épousant
Malclerc, le devoir de ceux qui savaient la vérité ne faisait pas
doute. Ils devaient à tout prix aider à la maintenir dans cette
ignorance. Le coup à frapper était trop cruel!... Que faire alors?
Que faire? En appeler à la conscience de Malclerc uniquement,
cette conscience obscurcie et pourtant vivante, et qui palpitait,
malgré ses fautes, qui gémissait à travers les pages où il avait
raconté ses égaremens. — « *Il se fait en moi*, avait-il écrit, *une
révolte. De quoi? De mon honneur...* » Et ailleurs : « *Je me sens
responsable vis-à-vis d'elle. J'ai des remords...* » C'est la corde,
cela, qu'un homme a toujours le droit de toucher dans un
autre homme. C'est aussi celle qu'il peut toujours toucher
efficacement. L'honneur est comme le courage, un témoin le
suscite et l'inspire. N'était-ce pas cette suggestion de sa volonté
défaillante par une volonté ferme que Malclerc avait implorée en

remettant à d'Andiguier son journal ? « Ce que vous me pres-
crirez de faire, je le ferai... » avait-il dit, et toute la confusion
d'une honte bien voisine du repentir n'avait-elle point passé dans
cette plainte : « Laissez-moi vous serrer la main. C'est peut-être la
dernière fois ?... » Et combien il était influençable, combien aisément sa sensibilité malade se mettait au ton d'une sensibilité
plus saine, ne l'avait-il pas déclaré par cet aveu : « Je pourrai
lui être bienfaisant. *De ne plus être seul à porter ce poids sur le
cœur, va me le permettre !...* » Oui, plus d'Andiguier y réfléchissait, plus il comprenait que la seule voie de salut ouverte à ce
ménage était dans ce repentir de Malclerc. Il fallait que cet
homme aperçût dans une acceptation courageuse et secrète de
sa souffrance intérieure un rachat possible de la faute qu'il avait
commise. Il avait pris toute une existence, — et dans quelles
conditions ! — uniquement pour satisfaire son morbide appétit
de sentir. Il retrouverait l'estime de lui-même et par suite un
peu plus de force chaque jour, s'il se dominait assez pour que
les contre-coups de ses émotions n'atteignissent plus le cœur
dont il avait abusé. L'effort serait d'autant plus pénible que l'attention d'Éveline était éveillée et qu'elle épierait sur le visage
de son mari les moindres vestiges du trouble caché dont elle
avait mesuré l'intensité. Mais aussi, elle allait être mère. La
naissance d'un enfant exerce sur une âme de femme une si
puissante dérivation de ses facultés aimantes ! Quatre ou cinq
semaines la séparaient de la délivrance. Que Malclerc eût la force
de tenir jusque-là ce rôle d'un homme redevenu maître de lui,
et qui a traversé une crise d'un ordre tout physique, comme il
l'avait prétendu — ... peut-être la maternité accomplirait-elle une
fois de plus son miracle d'apaisement.

— J'ai bien vu sa mère arrachée ainsi au désespoir, se disait d'Andiguier. — Oui, la maternité sauvera tout, à la condition qu'elle ne soupçonne rien, absolument rien... Cela dépend de lui, de lui seul... Ah ! Je l'y forcerai bien... Pourvu
qu'il ne se passe rien de nouveau cette nuit-ci ?... Je ne me le
pardonnerais pas... J'aurais dû le faire venir dès aujourd'hui,
lui parler. Mais c'était trop dur Et que ce sera dur, même
demain !...

C'est sur ce discours intérieur et sur cette résolution que
s'acheva, pour le veillard, cette terrible journée. L'appréhension

de ce premier entretien, maintenant qu'aucune équivoque n'était
plus possible, le remuait à une telle profondeur qu'il ne put dormir de la nuit. Il avait eu beau, dans sa fervente exaltation de
la veille, se hausser à cette attitude presque héroïque de l'ami
qui pardonne à l'amant, du dévot d'amour qui trouve dans l'immolation de ses plus justes rancunes une ivresse de martyre, il
était homme, et l'idée de tenir là, devant ses yeux, celui à qui
Antoinette s'était donnée, de l'entendre respirer, de le voir
bouger, de le sentir réel dans son animalité, lui faisait mal à
l'avance, si mal qu'à plusieurs reprises la tentation le saisit
d'éviter, de reculer au moins cette entrevue. Si au lieu de
provoquer une conversation avec Malclerc, il lui écrivait, en détail et longuement? Mais une lettre a-t-elle l'efficacité de la
présence et de la parole? Pour suggestionner quelqu'un, —
car c'était d'une suggestion qu'il s'agissait, — le regard, la voix,
l'influx physique et immédiat de la volonté sont nécessaires... Et
puis une lettre s'égare, elle est volée, elle tombe dans des mains
à qui elle n'est pas destinée. Qu'il écrivît à Malclerc et qu'Éveline
interceptât le message?... Non. L'entrevue était inévitable et tout
de suite. A constater combien il était faible devant un acte dont
sa raison lui démontrait la capitale importance, d'Andiguier
s'indignait contre lui-même. De quel droit condamnait-il les
lâchetés de Malclerc et ses complaisances à sa propre émotion
quand il en rencontrait de pareilles en lui? Que s'agissait-il de
dompter? Une souffrance d'imagination, la petite secousse nerveuse d'une vision toute rétrospective, rien de plus, et il hésitait?
Le bonheur, la vie peut-être de la fille d'Antoinette étaient en
jeu, et il ne trouvait pas, dans sa tendresse pour la mémoire de
la mère, dans sa pitié pour une enfant injustement tourmentée,
l'énergie de cet effort? Comment rendrait-il la vigueur de la résolution à l'âme inquiète dont il voulait arrêter le désarroi, si son
âme à lui vacillait ainsi? On ne communique pas le courage,
quand on a peur, la robustesse quand on est faible, la volonté
quand on hésite :

— Non, se dit-il à un moment, je ne lui ressemblerai pas...

Cette comparaison avec Malclerc acheva de décider cet homme
que la pureté de sa vie et la longue fidélité de sa pensée à un
sentiment unique, gardaient si jeune de cœur malgré les années,
si vibrant de passion sous ses cheveux blancs. Quand il se réveilla,
au matin, d'un court sommeil, pris fiévreusement à l'aube, cette

décision n'avait pas changé. Sa première action, aussitôt levé,
fut d'envoyer à Malclerc un billet de quelques lignes où il lui
demandait de venir rue de la Chaise aussitôt que possible. Il
prit le soin de rédiger cette missive en phrases toutes banales.
Éveline aurait pu les lire au besoin, et les trouver parfaitement naturelles. A cette précaution, il en avait joint une autre :
celle de recommander à son domestique qu'il remit le billet
en mains propres au destinataire et qu'il attendît la réponse. Il
n'avait osé ajouter aucune autre instruction. Aussi épron-
va-t-il un véritable soulagement lorsque, au retour, son mes-
sager lui dit qu'il avait donné la lettre à M. Malclerc en personne :

— Il était seul? insista d'Andiguier.
— Il était seul, répondit le valet de chambre.
— Et qu'a-t-il répondu? demanda le maître.
— Qu'il me suivait, fit le serviteur.

Ainsi la première conversation entre les deux hommes allait
avoir lieu sans qu'Éveline la soupçonnât. Ce point paraissait à
d'Andiguier d'une telle importance que ce fut l'objet de sa première question à Malclerc quand celui-ci arriva au rendez-vous.
Les deux hommes étaient demeurés l'un en face de l'autre, sans
paroles, pendant quelques instans. Leur embarras ne cessa
qu'après que le vieillard eut tendu la main à son visiteur par un
geste qui a dû être inscrit, là-haut, au martyrologe d'amour. Ce
simple contact de chair ramassait en lui toutes les tortures dont
la jalousie physique l'avait accablé depuis la veille. Mais l'autre
jalousie, celle du cœur, lui ordonnait de ne pas laisser même
soupçonner les sensations que l'amant d'Antoinette lui infligeait
par sa seule présence. Dans tout autre moment, Malclerc eût
sans doute été frappé par l'altération des traits de son confident.
Le coup reçu la veille était empreint dans les rides plus accen-
tuées, dans la décoloration du teint, dans l'affaissement des jones,
dans les yeux dont l'éclat était comme terni par les larmes.
M. d'Andiguier avait vieilli de plusieurs années dans ces quelques
heures. Si son visiteur l'eût connu davantage, il eût été étonné
aussi que le collectionneur eût choisi, pour le recevoir, une
pièce en retrait derrière la chambre à coucher, et visiblement
abandonnée, au lieu de la galerie où il se tenait toujours, étant
de ces dilettantes qui vivent à même leurs objets d'art, familiè-

rement, continûment. Il n'avait pu supporter la pensée que Malclerc regardât de nouveau le petit panneau de l'Angelico, remis
à sa place sur le mur, et se souvînt d'Antoinette devant la Sainte
au cœur brûlant. Il avait besoin de tout son sang-froid pour
ce grave entretien, et, en fait, sa voix ne trahissait aucune de
ses profondes émotions quand cet héroïque servant d'une mémoire adorée demanda :

— Comment avez-vous quitté Éveline? J'espère qu'elle ne.
sait pas que je vous ai écrit?...

— Absolument pas, répondit Malclerc. Je ne l'ai pas vue ce
matin. Mais la journée d'hier a été calme. Elle est rentrée de
chez vous plus tranquille, quoique avec un regard qui indique
trop qu'elle cherche toujours. Et moi aussi, j'ai été plus tranquille. Vous ne saurez jamais le bien que vous m'avez fait, rien
qu'en acceptant de recevoir ma confidence... Je vous répète ce
que je vous ai dit : j'étouffais... Et puis, je vous connais si bien,
monsieur d'Andiguier. Quand nous causions de vous autrefois,
elle me disait toujours : « C'est le plus noble cœur que j'aie
rencontré... » Je savais que vous me comprendriez, que vous
me plaindriez. J'en ai tant besoin... Quand vous m'avez tendu
la main, tout à l'heure, j'ai senti qu'*elle* était entre nous, *elle*
dont vous avez été le meilleur ami, et moi!... Mais qu'avez-vous,
monsieur d'Andiguier, qu'avez-vous?...

Le vieillard avait pâli affreusement, tandis que son interlocuteur prononçait ces dernières paroles. Ce rappel d'Antoinette,
accompagné d'un regard chargé de tant de souvenirs, cette
syllabe d'amour, cet : « elle, » murmuré d'une voix émue,
cette allusion, d'une atroce ironie pour lui, à l'estime où l'avait
tenu cette femme passionnément éprise d'un autre, — l'épreuve
avait été trop forte. La plaie intime, ouverte depuis la veille,
touchée ainsi, — et par quelles mains ! — avait saigné à la faire
crier. Mais déjà il avait maîtrisé cette faiblesse et repris :

— Je n'ai rien. Un peu de fatigue, voilà tout, à cause de la
secousse d'hier. Elle a été rude, je vous assure, quand Éveline m'a
parlé comme elle m'a parlé. Mais je suis mieux... D'ailleurs, —
son visage était redevenu ferme et sa voix claire pour dire cette
phrase : — Ce n'est pas de moi qu'il s'agit, c'est de vous. C'est
d'Éveline surtout... Vous m'avez demandé hier, reprit-il après
un silence, d'être un appui pour vous à cause de cette pauvre
enfant. Ce sont les mots dont vous vous êtes servi. Je ne con-

nais pour un homme qu'une façon d'en aider un autre, c'est de
lui parler d'abord avec une absolue franchise...

— Je suis prêt à tout entendre, répondit Malclerc, vous ne
me jugerez pas plus sévèrement que je ne me juge...

— Je vous jugerai peut-être autrement, fit d'Andiguier. Je
serai brutal, ajouta-t-il. Vous avez voulu voir à votre situation
des dessous qu'elle n'a pas. Vous vous êtes attardé, votre journal
le prouve, à éveiller en vous les remords d'un crime imaginaire
et raffiné que vous n'avez pas commis. Vous avez écrit ces mots :
une sensation d'inceste, et, ne dites pas non, vous vous êtes presque
complu non pas à cette sensation, mais à ce remords... La vérité
est plus humble, et il faut la regarder bien en face. Vous n'avez
pas commis ce crime-là. S'il y avait un inceste dans le mariage
que vous avez fait, vous n'auriez qu'à vous tuer. Il n'y a pas
d'inceste. Il y a un autre crime, mais réparable et qui a un
nom : c'est l'abus de confiance... — Et, sur un geste du jeune
homme : — Je vous ai prévenu que je serais brutal... Puis-je
continuer?... — Et comme l'autre avait incliné sa tête en signe
d'assentiment : — Le prêtre que vous êtes allé voir, à la veille
d'épouser Éveline, vous a dit que le mariage est un sacrement.
Moi, qui sui un vieux fonctionnaire, je m'en tiens à une définition civile, et je dis que le mariage est un contrat. Or, dans
un contrat, si une des deux parties dissimule à l'autre un secret
d'une telle nature que, connu, il eût empêché l'accord, il y a dol.
Voilà le vrai caractère de votre faute vis-à-vis d'Éveline. Si cette
enfant, ou quelqu'un qui s'intéressait à elle, sa tante, par exemple,
avait connu votre passé, ce mariage n'aurait pas eu lieu. Vous le
saviez. Vous avez passé outre. Vous avez commis un dol. Votre
tort est là. Il n'est pas ailleurs. L'admettez-vous ?

— Je l'admets, répondit Malclerc. Sa physionomie, quand
d'Andiguier avait prononcé ces termes méprisans *d'abus de
confiance*, de *dol*, s'était assombrie. Un éclair avait passé dans
ses yeux. Visiblement, il ne s'était pas attendu que le vieillard
lui parlerait de cette voix dure, avec ces phrases impitoyables,
où il distinguait, non sans étonnement, une animosité, toute voisine d'être haineuse. Mais c'était lui qui avait provoqué cet
entretien par ses déclarations de la veille et par la remise de
son Journal. Il se contint.

— Du moment qu'il en est ainsi, continua d'Andiguier, et
que vous le reconnaissez, la nature de votre erreur vous marque

votre devoir.. Accepter les conséquences de ses fautes, c'est là
toute l'expiation dont un homme est capable. On ne peut pas exiger
de lui davantage. C'est ce que le langage vulgaire appelle si
exactement prendre la responsabilité de ses actes. Vous avez
épousé Mlle Duvernay avec un secret que vous deviez lui dire
avant le mariage. En l'épousant, vous vous êtes engagé, par cela
même, à ce que ce secret meure dans votre cœur, sans jamais en
sortir, dussiez-vous en mourir aussi. Tous les mots, tous les
gestes, toutes les expressions de visage qui ont pu donner à
votre femme, durant ces derniers mois, l'idée que vous lui cachiez
quelque chose, ont été autant de mauvaises actions ajoutées à la
première. Il est temps encore de réparer le mal. Qu'à partir d'aujourd'hui, Éveline vous voie vivre avec elle simplement, naturellement, et elle attribuera les accès de tristesse qui l'ont tant
troublée, et jusqu'à la scène d'hier soir, à ces désordres nerveux
dont vous lui avez parlé déjà. Souffrez en dedans, mais qu'elle
ne le voie plus. Tout votre devoir est là. Je conviens que c'est
une très dure épreuve. Mais c'est vous qui l'avez voulue. Subissez-
la virilement. Vous retrouverez votre propre estime, et, avec elle,
la force de sauver votre ménage. Vous devez vivre, et vivre avec
ce but : guérir la blessure que vous avez faite à ce jeune cœur
qui s'était donné à vous avec un si complet abandon. Moi, je
serai là pour vous soutenir, puisque le silence vous était trop
lourd. Vous me parlerez, et tout ce que je pourrai pour vous
aider à endormir les soupçons d'Éveline, je le ferai. Mais, prenez
garde ! Ce n'est pas dans huit jours, ce n'est pas dans vingt-quatre
heures qu'il faut commencer à vous prendre en main ; c'est aujourd'hui, c'est tout de suite... Vous en sentez-vous l'énergie ?...
— Oui, dit le jeune homme avec fermeté. — La virile allure de
la parole de d'Andiguier, dans cette seconde partie de son discours, correspondait trop à certains besoins de cette âme
désorientée et fatiguée d'une si longue solitude. Mais Malclerc
avait aussi trop souffert pour n'avoir pas besoin de plus d'affection dans le conseil, de plus d'indulgence dans l'appui, et, après
avoir répété : « Oui, je m'en sens l'énergie et je vous donne ma
parole que je ne retomberai plus dans mes faiblesses, » il
continua : « Vous avez été bien sévère pour elles tout à l'heure,
mais vous êtes un sage, monsieur d'Andiguier. Vous ne savez
pas ce que c'est que d'avoir aimé comme j'ai aimé, d'avoir été
aimé comme je l'ai été, et par quelle femme !... Vous ignorez ce

qu'il vous en reste au cœur de nostalgie, comme on est impuissant contre le reflux d'un tel passé, comme le souvenir dissout la volonté, combien on peut être à plaindre, même en étant très coupable…

— Vous croyez avoir aimé… répondit d'Andiguier avec un profond accent d'amertume. Ses grands traits s'étaient de nouveau altérés, quand l'ancien amant d'Antoinette avait fait cette directe allusion à la morte. Il eut, pour prononcer cette parole d'un doute presque injurieux pour les sentimens de son interlocuteur, une voix soudain si changée que celui-ci en demeura surpris et le regarda. Pour la première fois, il eut une intuition de la vérité, en voyant de quelle flamme brillaient les yeux du vieillard et en l'entendant qui soulageait son cœur malgré lui et qui continuait : — Vous avez aimé à aimer, comme vous l'avez dit dans votre Journal, vous avez aimé à sentir, aimé à souffrir. Vous n'avez pas aimé. Vous ne vous êtes pas un seul jour, pas une seule heure, renoncé vous-même. Ce que vous avez regretté, avec cette nostalgie dont vous parlez, ce n'était pas votre amour. On ne regrette pas son amour, pour la simple raison que cet amour ne peut pas s'en aller. Il ne disparaît qu'avec nous, quand c'est vraiment de l'amour. Vous avez regretté des émotions. Ces deux femmes, pour vous, n'ont été qu'un prétexte à vous réchauffer, à vous brûler le cœur. Le foyer n'était pas en vous. Il était en elles. A mon âge, on y voit clair dans les âmes, allez. Encore aujourd'hui, vous ne savez pas, vous ne soupçonnez pas ce que c'est que d'aimer… Aimer, ce n'est pas recevoir, c'est donner. Ce n'est pas chercher l'émotion, c'est la créer. C'est se dévouer à un autre être pour toujours. Il vit, on l'aime. Il meurt, on l'aime. Il ne nous quitte jamais, pas plus que Dieu ne quitte son fidèle. Si cet être vous aime, c'est le paradis. C'est le paradis encore, même s'il ne vous aime pas, même s'il en aime un autre. Car ce paradis, nous l'avons, nous le portons en nous, et c'est l'amour. Cet amour, vous l'avez inspiré, vous l'inspirez encore. C'est ainsi qu'Éveline vous aime, c'est ainsi que l'autre vous a aimé. Cet amour, vous ne l'avez ressenti, vous, ni pour cette autre, — vous n'auriez pas épousé sa fille, — ni pour cette fille, — vous ne l'auriez pas torturée et vous ne seriez pas torturé du regret de l'autre… Non. Ne dites pas vous avez aimé, vous n'en avez pas le droit… Surtout ne me le dites pas…

A mesure que d'Andiguier parlait, transfiguré par une exaltation grandissante, la lumière achevait de se faire dans l'esprit de celui auquel il adressait cette protestation trop passionnée pour n'être pas personnelle. Avec cette instantanéité du souvenir qui se produit en nous quand une évidence subite coordonne et illumine une suite de petites observations, restées jusque-là presque inconscientes, vingt images se représentèrent à Malclerc, dont le sens s'éclaira pour lui. L'espèce de réserve attendrie avec laquelle Antoinette lui avait révélé les assiduités de d'Andiguier chez elle, le ton si particulier de respect ému qu'elle avait toujours eu en le nommant, ses réticences pour raconter ce qui le concernait, son désir et sa crainte tout ensemble que les deux hommes se connussent, autant d'indices auxquels il avait à peine pris garde. Il en comprenait soudain la signification : d'Andiguier avait aimé Mme Duvernay, et celle-ci l'avait su. Que cet amour durât encore, la souffrance dont le visage du vieillard portait la trace, en ce moment, le disait assez, et l'effrayant changement de ses traits depuis la veille, et cette vibrante revendication pour la supériorité de son sentiment. De qui parlait-il, sinon de lui? De quel amour, sinon du sien? Cet être, aimé même dans sa mort, même dans son amour pour une autre, qui était-ce, sinon Antoinette? Contre quoi cet homme de plus de soixante ans se révoltait-il avec cette frénésie de douleur, sinon contre la révélation qui venait de lui être faite de la passion d'Antoinette, et pour qui?... Si préoccupé qu'il fût par le drame de sa propre vie, Malclerc éprouva un saisissement devant cette complication, tout d'un coup découverte. Quel déchirement ses confidences avaient dû infliger à ce cœur si fidèle! Et quelle générosité de l'avoir reçu, après cela, comme il l'avait reçu, de s'être offert à le soutenir, de l'avoir soutenu!... Toutes ces impressions se résolurent chez lui par un mouvement de pitié et de remords, qui le fit, après une minute d'hésitation, et quand d'Andiguier se fut tu, s'avancer vers lui, et lui tendre la main, en lui disant :

— Monsieur d'Andiguier, pardonnez-moi.

— Vous pardonner?... interrogea le vieillard, sans répondre au geste du jeune homme. Qu'ai-je à vous pardonner?... d'un ton redevenu hautain et presque dur.

— De vous avoir donné ce Journal, balbutia Malclerc. Ah! si j'avais su!...

— Vous saviez mon affection pour Éveline, répondit d'Andiguier, et vous avez eu raison de tout m'avouer.

Son noble visage avait repris son masque de réflexion soucieuse et froide. Il ne voulait pas de cette sympathie de son rival
pour sa sensibilité blessée. Ses yeux clairs eurent, en se fixant
sur les yeux de l'autre, le regard de fierté d'un homme qui
n'admet pas qu'on lui dise qu'il souffre. Ils semblaient déclarer à
Malclerc, en le défiant et le condamnant : « Voilà l'exemple. »
Mais cet éclair d'orgueil s'éteignit vite pour céder la place à une
expression d'inquiétude épouvantée, quand le domestique qui
avait porté la lettre rue de Lisbonne, le matin même, vint interrompre ce tête-à-tête des deux hommes et qu'il annonça, non sans
un embarras qui prouvait que déjà les gens pressentaient un
mystère autour des allées et venues de leurs maîtres :

— Madame Malclerc demande à parler à Monsieur... Que
faut-il répondre?...

— Il faut la faire monter, naturellement, dit d'Andiguier :
Vous voyez comme elle est en éveil?... ajouta-t-il en se retournant vers Malclerc, dans la minute qu'ils passèrent seuls. Souvenez-vous de votre promesse...

— Je m'en souviens, et je la tiendrai, dit le jeune homme,
qui ajouta : — Vous me rendrez votre estime, je la veux, et je
la mériterai... Et quand Éveline entra dans la chambre, des deux
complices dans cette œuvre d'un tragique mensonge, c'était lui
le plus calme, lui dont le visage offrait aux yeux aigus de l'arrivante cette expression naturelle, si difficile à prendre ainsi, à
l'improviste. Il y avait au contraire une trace de contrainte,
perceptible à une inquisition passionnée, dans la bonhomie jouée
avec laquelle d'Andiguier vint à la jeune femme, et il lui disait,
devançant ses questions, pour l'en désarmer :

— Toi chez moi, et à cette heure?... Que se passe-t-il encore
dans cette mauvaise tête?... Tu t'es inquiétée de lui?... Hé bien !
Tu le vois. Il est ici...

— Je n'en doutais pas, répondit Éveline, mais j'ai voulu en
être sûre.

— Comme tu dis cela, reprit d'Andiguier. Pourquoi?...

— Pour rien... fit Éveline en rougissant. Comme toutes les
personnes très délicates que le soupçon a précipitées dans une
démarche de quasi-espionnage, elle était partagée entre son fiévreux désir de savoir le secret qu'elle pressentait et une honte
d'être venue surprendre son mari. C'était l'occasion pour celui-
ci, d'entrer en scène à son tour, et de mériter l'estime de son

juge, comme il l'avait dit, par son énergie à garder la parole
donnée. Il commença donc, en s'adressant à d'Andiguier, d'un
ton presque découragé :

— Avais-je raison, dans ce que je vous disais tout à l'heure?...
Voilà ce qui m'enlève toute tranquillité. Je m'épuise à lutter
contre ces imaginations qu'elle se fait, et qu'elle garde. Mais je
suis décidé à suivre votre conseil, et à ne plus laisser de silences
s'établir entre nous... Et, se tournant vers sa femme : — Nous
sommes vos deux meilleurs amis, Éveline. Vous nous tenez là,
tous deux devant vous. Si vous avez de nouveau quelque chose
sur le cœur, interrogez-nous. Nous vous répondrons...

— Non, dit-elle, je n'ai rien... Et elle répéta : Je n'ai rien...
Mais c'est vrai, j'ai été folle... Aussi... continua-t-elle, cédant,
malgré la révolte de sa dignité, à ce besoin d'enquête qui l'avait
fait, ayant su son mari sorti de grand matin, accourir droit chez
d'Andiguier, avec l'idée fixe qu'il ne pouvait être que là : — aussi
pourquoi rencontré-je toujours l'énigme devant moi, toujours
la preuve qu'on me cache quelque chose?

— Mais quelle énigme? Mais quelle preuve?... demanda Malclerc.

— Avant-hier, dit-elle d'une voix saccadée et qui hésitait,
qui implorait. Le souvenir de ses horribles émotions de l'autre
nuit, et de cette tentative de suicide, vainement niée, la reprenait,
en même temps qu'elle avait encore plus honte. — Oui, avant-
hier, il y avait sur le bureau, je l'ai vue, une enveloppe au nom
de M. d'Andiguier...

— Et vous vous mettez dans un état comme celui où vous
êtes, pour de pareilles idées? interrompit le jeune homme.
J'avais préparé, tout simplement, pour lui, trois brochures qu'il
m'avait prêtées... Où les avez-vous mises, monsieur d'Andiguier?
Montrez-les-lui...

— Non, dit vivement Éveline, je ne veux pas les voir... A
quoi bon?... continua-t-elle, en se parlant à elle-même, et involontairement encore, elle trahit le tumulte des impressions parmi
lesquelles elle se débattait, en se contredisant aussitôt, et elle
demanda : Mais alors pourquoi avez-vous tenu à venir lui parler,
dès ce matin?

— Pourquoi? répéta Malclerc, et, tirant de sa poche la lettre
de d'Andiguier : Lisez ce billet. Notre ami était tourmenté de
vous, de nous, pour tout dire. Il a désiré m'entretenir de notre

ménage, me réconforter, me donner des conseils... Mais lisez...
lisez...

— Non, répondit encore la jeune femme, et elle repoussa
l'enveloppe de la main. Dé nouveau, une lutte entre des émotions contraires se peignit sur son visage. Puis, interpellant le
vieillard avec une solennité singulière, elle reprit : « S'il en est
ainsi, vous, mon ami, jurez-moi sur le souvenir de maman
qu'Étienne et vous ne me cachez rien, et je vous croirai...

— Mon enfant!... dit d'Andiguier, — et tout son pauvre cœur
tremblait dans sa voix. — Ce n'est pas bien de mêler les morts
à nos pauvres petites agitations. Ce n'est pas bien de dramatiser
avec des appels de ce genre, avec des évocations et des sermens,
des difficultés d'un ordre très simple. Je n'ai rien à te jurer et
je ne te jurerai rien. Mais je te dirai avec tout ce que j'ai en
moi d'amitié pour toi, avec tout ce que j'ai eu d'affection pour ta
mère : reviens au bon sens et à la réalité. Ton mari vient de te
donner l'exemple de ce qui est vrai, de ce qui est juste, de ce
qui est sage. Il a souffert de désordres nerveux. Il va essayer de
se soigner, de prendre sur lui-même, de se guérir. Ne lui rends
pas cet effort impossible, et, toi-même, pense au grand événement qui se prépare. Il n'y a rien entre vous que des idées, que
tes idées. Ne les laisse pas te ressaisir... Tu es toute pâle. Tu t'es
rendue malade ce matin encore, en te levant sitôt, en venant, en
te tourmentant, et c'est si inutile, c'est si coupable!... Allons,
Étienne, — c'était la première fois qu'il appelait Malclerc de son
petit nom, par une simulation d'amitié, bien magnanime, elle
aussi, — vous allez la reconduire et la calmer. J'irai prendre
de tes nouvelles cet après-midi, et, regarde-nous, tu verras
bien que je ne te mens pas quand je le dis que, lui et moi, nous
ne voulons que ton bonheur...

— J'aurais dû jurer... se disait ce grand honnête homme, un
quart d'heure plus tard, quand il se retrouva seul, dans sa galerie,
après le départ des jeunes gens : J'aurais dû jurer... Qu'est-ce
qu'un faux serment, quand il s'agit d'épargner à une femme une
révélation semblable sur son mari et sur sa mère?... Mais non.
Elle m'aurait cru aujourd'hui, et demain, elle aurait recommencé
de douter, de chercher. Elle a été trop avertie... Du temps, il
faut gagner du temps, et arriver à la naissance de l'enfant... Si
ce malheureux, — il pensait à Malclerc, — a la force de se com-

porter comme ce matin, pendant ces cinq semaines, tout peut
encore s'arranger... Ah! conclut-il, j'aurais dû jurer tout de
même!... Sur *son* souvenir, je n'ai pas pu!...

VII. — L'INÉVITABLE

D'Andiguier avait raison. Éveline avait été trop avertie, mais,
et de cela il ne se doutait pas, entre tous les signes qui, depuis
le début de son mariage, avaient d'abord éveillé, ensuite porté
son inquiétude à ce point d'anxiété inapaisable où elle se trouvait
maintenant, le plus décisif venait d'être cette attitude de l'ancien ami de sa mère, en face de son mari. Tandis que celui-ci la
ramenait au sortir de cette pénible scène, de la rue de la Chaise
à la rue de Lisbonne, et qu'il continuait de jouer, avec une perfection qui eût trompé toute autre personne, le rôle que lui avait
suggéré d'Andiguier, la jeune femme commençait déjà le travail
d'esprit qui devait bien vite l'amener dans la direction de la
vérité, et, une fois en chemin, comment se serait-elle arrêtée?
— Il n'a tout de même pas fait le serment que je lui deman-
dais,... se disait-elle, en se rappelant quelle émotion d'Andiguier
avait manifestée, dans les derniers momens de leur entretien
et devant son appel filial. — Il ne pouvait pas le faire. Il n'a
pas voulu me mentir jusque-là. Car il me ment, lui aussi. Ils me
mentent. Ils s'entendent pour me mentir, et depuis hier,... ils
s'entendent? Comment? Pourquoi?...
Cet accord des deux hommes était un incident si nouveau, si
singulier, qu'il avait, comme on voit, frappé aussitôt et très
fortement l'intelligence de la jeune femme. Ce n'était pas une
personne d'une très vive imagination qu'Éveline. Si elle tenait
de sa mère cette sensibilité un peu farouche, ce reploiement sur
soi-même, cette répugnance à montrer ses émotions profondes,
qui lui donnait des coins romanesques dans l'âme, elle avait
hérité du côté paternel un réalisme d'esprit et de jugement, très
différent du tour d'idées, volontiers chimérique, de Mme Duvernay.
Elle avait toujours tout pris très au sérieux. De là lui venait
cette droiture un peu raide qui avait tant agi, par contraste, sur
la nature ondoyante et complexe de son mari. On dupe aisément,
une première fois, ces sortes de caractères, car, d'instinct, ils
croient les autres aussi sincères, aussi simples qu'eux-mêmes.
Quand leur défiance s'éveille, elle ne s'endort plus, précisément

pour le motif qui les rend tardifs au soupçon. Ils ont trop besoin d'être vrais avec eux-mêmes, pour ne pas couler à fond les
indices qu'ils ont une fois remarqués. C'est ainsi qu'Éveline,
durant les quelques jours qui suivirent ces quarante-huit heures,
si chargées pour elle de mystères, ne questionna plus, ne se
plaignit plus. Mais toute l'énergie de sa réflexion se concentra
sur cette donnée inattendue de l'énigme dont elle sentait le poids
sur son ménage. Le problème se posait ainsi maintenant : au
lendemain de la tentative de suicide de son mari, elle était
venue, affolée, à bout de forces, supplier d'Andiguier. Celui-ci
avait accepté la mission de faire une démarche auprès de Malclerc. Il était parti en promettant de lui parler, de lui arracher
son secret, d'essayer du moins. Il était revenu sachant ce secret,
— pour Éveline ce point ne faisait pas doute, — oui, le sachant,
et décidé à s'en taire. De quelle nature était donc cette confidence pour que non seulement son plus sûr ami ne voulût pas
la lui répéter à elle, mais encore que les deux hommes se
fussent aussitôt ligués afin de mieux lui cacher ce qu'elle avait
un droit sacré à savoir ? Tout l'avenir de son mariage était en
péril. Elle n'avait dissimulé à d'Andiguier aucun de ses troubles.
Elle lui en avait montré la cause dans cette idée fixe qui rongeait son mari, dans ce secret autour duquel elle errait depuis
des mois. Elle avait vu d'Andiguier bouleversé de sa souffrance,
elle entendait encore son cri d'indignation : « Tu as raison, il
faut que Malclerc s'explique ! » et cet entretien avec Malclerc avait
suffi pour retourner cet homme, pour en faire un allié de l'autre
dans une conjuration de silence. Cette antipathie réciproque,
dont il lui avait fait l'aveu, s'était changée, dans ce si petit
espace de temps, en une complicité. Quelles paroles s'étaient
donc prononcées entre eux ? Quand elle les avait surpris dans
cet entrevue du matin organisée à son insu, cette volonté d'entente
et de silence était écrite sur leurs visages, dans leurs regards,
dans leurs attitudes. Quelle impérieuse nécessité, commune à
l'un et à l'autre, les avait fait se concerter avec une soudaineté
qu'elle eût qualifiée de miraculeuse, si elle n'y avait pas assisté ?
C'était un mystère par-dessus un mystère, que cette subite main-
mise du jeune homme sur le vieillard. Mais c'était aussi un de
ces faits qui circonscrivent subitement le champ des explications
possibles, et en tournant et retournant ce fait dans sa pensée,
par cet inconscient effort d'analyse qu'une préoccupation pas-

sionnée suscitait en elle, Éveline allait en tirer des conséquences déjà trop voisines de la cruelle vérité !

Au cours des huit Jours qui s'écoulèrent ainsi, entre ces premières scènes et l'inévitable, le décisif événement qui devait achever de l'éclairer, rien cependant ne trahit chez elle cette tension extraordinaire de sa pensée sur ce problème, à présent rétréci d'une façon bien nette. Elle alla et vint, comme d'habitude, accomplissant ceux des devoirs du monde qu'un huitième mois de grossesse permet encore à une femme, suivant avec sa ponctualité accoutumée les prescriptions du médecin, marchant beaucoup, et activant les derniers préparatifs pour la toute prochaine naissance de l'enfant, qu'elle avait déclaré vouloir nourrir elle-même. Quiconque l'aurait vue, assise à la table des repas, en face de son mari, ou cheminant dans une des allées écartées du Bois, tantôt avec lui, tantôt avec une de ses cousines, ou bien encore, travaillant le soir à un ouvrage dans l'angle préféré de son petit salon, n'aurait jamais imaginé qu'elle avait traversé, si peu de temps auparavant, des épreuves si violentes et si tragiques. D'Andiguier était le seul à comprendre que la tragédie continuait, mais silencieuse et toute mentale, sous ce front si jeune et si impénétrable où le bleuâtre réseau des veines semblait faire couler un sang paisible et que la pensée dévorait. Il avait trop vu sa mère se renfermer dans cette atmosphère de douceur distante, pour n'en être pas effrayé. Mais il se gardait de communiquer ses craintes à Malclerc, qu'il voyait, de son côté, tenir sa promesse, se dominer et opposer aux investigations de sa femme un visage tout ensemble affectueux et indéchiffrable, sans aucune trace des anciennes mélancolies. Le vieillard sentait bien que ce n'était là qu'une accalmie entre deux tempêtes. Cependant, le jour de la délivrance d'Éveline approchait, et, pour lui, cette venue de l'enfant continuait à être la grande espérance. Il avait besoin de cette espérance, afin de supporter lui-même la tristesse dont il continuait d'être rongé, et qui se manifestait par des symptômes dont Éveline et Malclerc ne pouvaient s'empêcher de s'inquiéter, malgré leurs propres soucis. Seulement, le jeune homme savait pourquoi, à chacune de ses visites rue de Lisbonne, le collectionneur montait l'escalier d'un pas plus pesant, avec un souffle plus court, quelle idée douloureuse creusait ses rides chaque jour un peu davantage. Il savait pourquoi, dans ce petit salon de l'ancien hôtel de Mme Duvernay, le vieillard choisissait toujours le même siège maintenant, près de la fenêtre, à contre-lumière de façon à dissimuler son visage pâli, de façon surtout à ne pas voir, lui non plus, une certaine miniature placée sur la table dans un cadre d'or ciselé, — un de ses cadeaux de noce au mariage Malclerc ! Quoique les deux hommes n'eussent plus échangé un mot sur le passé, Étienne savait encore pourquoi d'Andiguier ne lui donnait jamais la main, sans qu'il sentit cette main frémir, sans qu'il vît une angoisse luire dans ces yeux, de plus en plus fiévreux d'insomnie. C'était là différence qui séparait son observation de celle d'Éveline. Celle-ci remarquait bien tous ces signes d'une profonde altération dans la physionomie et les manières de d'Andiguier. Mais, tandis que Malclerc plaignait le vieil ami d'Antoinette en le comprenant, elle cherchait, elle réfléchissait, elle se demandait s'il n'y avait pas autre chose qu'une coïncidence entre les scènes de l'autre semaine et les troubles subits de cette santé, demeurée si intacte jusque-là.

— Est-ce que vous vous sentez souffrant ? lui avait-elle demandé le surlendemain de l'explication chez lui.

— Tu me trouves un peu défait ? avait-il répondu. Ce sont mes névralgies qui me reprennent et qui m'empêchent de dormir...

La précipitation qu'il avait eue de donner à son visible état de malaise une cause matérielle lui aussi, comme Malclerc, avait arrêté toute autre question sur les lèvres d'Éveline. Elle s'était dit : « A quoi bon essayer de nouveau de l'interroger ? Il ne parlera pas plus que l'autre... » et elle avait, à chaque visite, étudié les progrès de la souffrance sur le visage du vieillard. Non. Le dépérissement de d'Andiguier n'avait pas uniquement un principe physique. Elle l'avait vu malade à d'autres reprises, et elle avait pu constater son stoïcisme dans la douleur. C'était le chagrin qui le rongeait, comme c'était le chagrin qui avait rongé Malclerc, — *c'était le même chagrin*. Celui-ci se dominait depuis la terrible nuit où il avait été sur le point d'attenter à sa vie. Mais Éveline n'était pas la dupe de cette attitude destinée à la tromper. L'autre se dominait aussi, mais il en mourait. Pourquoi ? Quelle était la gravité terrible du secret qu'on lui cachait, pour que non seulement il eût fait, d'un coup, l'accord entre les deux hommes, mais encore frappé d'Andiguier comme un malheur

personnel? Car c'était là ce que la jeune femme avait pu lire,
dès le premier Jour, dans les yeux du vieillard, ce qu'elle y lisait
distinctement à chaque visite : il ne souffrait plus pour elle, il
souffrait pour lui. Elle n'avait, pour se convaincre qu'elle ne
rêvait pas en constatant ce changement, qu'à se rappeler la
première partie de leur entretien dans le petit musée de la rue
de la Chaise, lorsqu'elle était venue lui crier sa détresse. Comme
il lui avait parlé alors, avec quelle fusion de tout son cœur !
Comme il était visible que, dans ces momens-là, il ne réservait
rien, que l'élan de sa pitié n'avait pas d'arrière-pensée ! Comme
dans ses gestes, dans la pression de ses mains, dans les inflexions de sa voix, dans les anxiétés de son regard, elle avait
perçu une sympathie, totalement, complètement absorbée par
elle ! Cette sympathie n'était pas moins sincère, moins émue maintenant, mais c'était comme si cette âme n'en eût plus eu la force.
Une plaie intérieure s'était ouverte en lui. Quelle plaie ? Par quel
autre mystère, d'Andiguier était-il malheureux de ce qu'avait dû
lui révéler Malclerc, pour son propre compte, et en dehors de son
affection pour Éveline ? Telle était la question que se posait la
jeune femme, continûment, fixement, à travers ce train de la
vie quotidienne qui avait repris, comme il reprend toujours, et
une idée commençait de pointer dans son esprit, si vague, si
obscure, qu'elle ne se la formulait pas. Il y a des pénombres
dans notre pensée, toute une région de limbes indéterminés,
un bord de conscience où s'ébauchent, presque à notre insu, des
inductions dont nous ne saurions dire à quelle minute elles ont
commencé, où s'éveillent des intuitions qui dépassent et déconcertent notre volonté. Non. Nous n'avons pas voulu concevoir
cela, et nous l'avons conçu. Nous n'avons pas voulu supposer
cela, et nous l'avons supposé. Une invincible, une ingouvernable
logique a fonctionné en nous presque malgré nous, et nous ne
soupçonnions même pas ce travail qu'il s'était accompli déjà et
que son résultat s'était élaboré, indestructible.

Quelle idée ?... Éveline, qui connaissait d'Andiguier depuis
qu'elle existait, le savait bien ; et c'était la raison, qui, toute
petite, l'avait liée à lui d'un attachement si instinctif, si spontané ; la vie sentimentale du vieil amateur d'art s'était concen-
trée, depuis longtemps, autour d'elle et du souvenir de sa
mère. Elle ne l'avait jamais vu ému, réserve faite de ses tableaux

et de ses marbres, que pour des incidens qui la concernaient ou qui concernaient cette mère. Elle ne s'en était pas étonnée : d'abord les choses avaient toujours été ainsi, et puis, elle avait trouvé, quand elle avait commencé à réfléchir, une explication très naturelle à cette affection. D'Andiguier n'avait plus, pour ainsi parler, de famille. Il ne lui restait que des parens éloignés, avec lesquels il n'entretenait que de très rares relations. Il avait été le compagnon et l'ami de jeunesse, — Éveline le croyait du moins, — de son grand-père Montéran. Il avait reporté cette amitié sur Mme Duvernay, puis sur sa fille. Celle-ci n'avait jamais associé l'idée de l'amour à l'image de cet homme qu'elle avait connu plus que quadragénaire, avec des cheveux gris et une physionomie plus vieille que son âge. Elle ne soupçonnait pas les racines profondes de ce sentiment épanoui en si magnifiques fleurs d'âme, ni de quelle rosée de larmes secrètes ces fleurs avaient été nourries. Mais on n'a besoin de connaître ni les causes, ni la nature d'un sentiment pour en connaître la force et la vivacité, ni pour deviner devant certaines tristesses qu'elles doivent tenir à la portion la plus vivante d'un cœur. Cette portion la plus vivante chez d'Andiguier, — Éveline l'avait trop éprouvé pour en douter, — c'était le souvenir de l'amie disparue qu'elle lui représentait. En présence du chagrin dont elle le voyait soudain consumé, elle devait nécessairement penser : — Je ne l'ai jamais vu ainsi depuis la mort de ma mère... — Ce fut au sortir de la conversation où il lui avait répondu en expliquant son changement par une reprise d'anciennes névralgies, qu'Éveline se résuma ainsi pour elle-même une impression, toute voisine de cette autre : — Il ne serait pas autrement s'il s'agissait de ma mère... — Pour la première fois, l'hypothèse que sa chère morte pût être, d'une façon d'ailleurs incompréhensible, mêlée au mystère dans lequel elle se débattait, venait de lui apparaître, si vaguement, si confusément?

Une remarque singulière précisa tout d'un coup un peu cette incertaine et informe imagination. Elle était rentrée de sa promenade le soir même du jour où elle avait ainsi causé avec d'Andiguier, comme d'habitude, vers les six heures, et, comme d'habitude, après avoir changé sa tenue de ville pour une toilette d'intérieur, elle s'était dirigée, pour se reposer, vers son petit salon. En ouvrant la porte, elle vit que Malclerc l'y avait précédée. Il était debout, et tenait à la main une photographie

qu'il considérait attentivement. Au bruit de la porte, il reposa
le cadre sur la table où il l'avait pris, avec un mouvement
brusque, comme quelqu'un surpris en faute. Éveline s'aperçut
que sa main tremblait un peu, et aussi qu'il avait de nouveau
sur le visage cette expression qu'elle connaissait trop pour s'y
être meurtri le cœur si souvent depuis. presque une année. Le
portrait que Malclerc venait de remettre ainsi était un de ceux
de Mme Duvernay. Cette expression et cette gêne durèrent à peine
une minute, assez cependant pour qu'Éveline en demeurât elle-
même toute saisie. Elle dit, sans attacher d'importance à sa
propre question, et plutôt pour se donner une contenance :

— Vous regardiez ce portrait de maman ? C'est celui où je
lui ressemble le plus, n'est-ce pas ?...

— C'est justement ce qui me faisait le regarder, répondit-il
vivement, et tout de suite, sans transition aucune, il se mit à raconter une histoire, qu'il venait, disait-il, d'apprendre au cercle.
Sa physionomie avait repris ce calme voulu, où Éveline reconnaissait le parti pris, si cruellement irritant pour elle, d'échapper
à son inquisition. Sa voix avait son accent surveillé. Aucun
signe d'émotion ne transparaissait en lui. Il en avait eu une
pourtant, à son entrée, et extrêmement forte. Il quitta la pièce
presque aussitôt, et Éveline, étendue sur sa chaise longue, roula
elle-même dans un abîme de réflexion... Elle regardait, à son
tour, la photographie de sa mère. Elle se demandait pourquoi
son mari avait paru si contrarié qu'elle l'eût surpris ainsi, ce
portrait à la main. Ses yeux se fixaient sur les lignes un peu
effacées de ce visage tout pareil au sien, comme pour y retrouver
la trace des pensées qu'avait eues à leur occasion cet homme
qu'elle aimait tant, auprès de qui elle vivait, qu'elle avait vu alternativement auprès d'elle si tendre et si fermé, si exalté et si
sombre, si heureux et si désespéré. Elle portait son nom et elle
le connaissait si peu ! Oui. Quelles pensées avait éveillées en lui
ce portrait de la mère de sa femme ? Pourquoi sa main avait-elle
tremblé en reposant ce cadre sur la table ? Pourquoi avait-il sur
sa physionomie son expression des mauvais jours ? En toute
autre circonstance, Éveline s'en fût tenue à cette question, comme
à tant d'autres semblables, pendant ces dix mois. Mais la constatation de l'entente entre Malclerc et d'Andiguier l'avait habituée,
depuis ces derniers jours, à associer dans sa rêverie ces deux détenteurs du redoutable secret qui pesait sur elle, et voici que

les élémens épars de ses récentes observations se rapprochèrent
et firent corps : son raisonnement sur les chagrins de d'Andiguier
et leur cause possible, d'abord, — puis ses réflexions sur le
changement de rapports entre les deux hommes, et l'étrangeté
d'une entente qui supposait un retournement si complet chez
d'Andiguier encore, provoqué par quoi, sinon par la même cause
qui provoquait ces chagrins ; — l'évidence enfin du trouble de
Malclerc quand elle était entrée dans le petit salon et devant
cette photographie... Pour des motifs qu'elle n'entrevoyait pas,
à un degré qu'elle ne comprenait pas, dans des conditions
qu'elle ne soupçonnait pas, par un point au moins, le secret autour duquel errait son enquête silencieuse était relatif à sa mère.

— C'est impossible, se dit-elle aussitôt, Étienne ne l'a pas
connue... Elle avait reposé le portrait, elle aussi, d'un mouvement brusque, en se prononçant tout bas cette petite phrase.
L'irréfutable objection de cet alibi eut un instant raison du travail qui s'était déjà accompli inconsciemment dans son esprit.
Elle songea : — Je deviens vraiment folle... — et, pour chasser
entièrement une idée qu'elle jugeait tout à fait morbide, elle
commença de s'occuper à un des menus ouvrages qu'elle multipliait pour l'enfant à naître. C'était un petit bonnet, composé de
fleurs en fil, dans ce point si joliment appelé *frivolité*. L'attention
que ses yeux et ses doigts devaient apporter au maniement de la
navette d'ivoire trompait d'habitude sa pensée. Le génie d'acceptation qui était une des grâces et une des forces de sa patiente
nature, s'éveillait en elle dans ces momens-là. Elle sentait tressaillir dans son sein l'être déjà vivant, dont bientôt elle enten-
drait les cris, qu'elle nourrirait de son lait, qu'elle réchaufferait
de ses caresses, et elle s'efforçait de s'absorber dans des soins qui
prévoyaient, qui préparaient cette toute prochaine venue. Cette
fois-ci, l'absorption de son esprit dans cette minutieuse besogne dura quelques instans à peine. Elle remit presque aussitôt
son ouvrage dans le vide-poche qui se trouvait à portée de sa
chaise longue. Un souvenir avait tout d'un coup traversé sa
mémoire, celui de sa première visite avec Étienne, alors son
fiancé, dans cet hôtel qui devait être le leur. Que son attitude
avait été étrange à ce moment-là ! A peine entré dans cette
pièce-ci, en particulier, comme il s'était montré nerveux, tourmenté ! Avec quelle hâte il lui avait demandé de partir, comme
si de voir les murs de ces chambres lui était insupportable ! Et

depuis, qu'elle avait eu souvent le sentiment, — elle l'avait dit à
d'Andiguier, — qu'il prenait cette maison en aversion, qu'il la
fuyait comme on fuit un endroit dont l'aspect vous rappelle une
personne !... Quelle personne ? Il n'y en avait qu'une dont
l'image fût étroitement associée à cette demeure, c'était sa mère.
Et de nouveau, à cette idée, qui lui revenait, plus obsédante, elle
répondait mentalement le « c'est impossible » de tout à l'heure ;
mais, déjà, l'affirmation en était plus faible, moins catégorique,
moins décidée... Un autre souvenir surgissait, oublié lui aussi,
parmi tant d'autres : à Hyères, et quand, au lendemain de ses
fiançailles, elle avait prononcé le nom de d'Andiguier, et annoncé qu'elle venait de lui écrire, Étienne n'avait-il pas donné
les signes d'une extraordinaire agitation ? N'avait-il pas paru
plus inquiet qu'il n'était naturel sur la manière dont ce vieil ami
accueillerait cette nouvelle ? N'avait-il pas laissé voir un soulagement lorsque la réponse était arrivée ? Il ne connaissait
pourtant pas d'Andiguier à cette époque, — du moins personnellement. Elle en était bien sûre, puisque c'était elle qui les
avait présentés l'un à l'autre. D'où venait alors qu'il lui en eût
toujours parlé dans des termes si exacts et si profonds, comme
d'un homme que l'on a pénétré complètement ? Elle-même, dans
sa grande explication avec son vieil ami, n'avait-elle pas dit ces
mots auxquels sur le moment elle n'avait pas attaché d'importance : « A peine s'il vous a vu et il vous connaît comme moi... »
Était-il admissible qu'une autre personne eût renseigné ainsi
Malclerc sur le caractère de d'Andiguier, et que cette personne
fût Mme Duvernay ?

— Alors Étienne l'aurait rencontrée ?... Il aurait été lié avec
elle ?... Où ? Comment ?... Et il ne me l'aurait pas dit ? Pourquoi ?... Je perds le sens... Non, ce n'est pas vrai...

C'est sur cette révolte de ce qu'elle croyait être son bon sens
qu'elle se releva de sa chaise longue, afin d'aller se préparer
pour le dîner, en agitant sa tête d'un geste qui n'en chassa pas
l'obsédante idée. Il y a, dans une hypothèse juste, lorsqu'une
fois l'intelligence l'a conçue, une exactitude d'adaptation aux
faits qui ne nous permet plus de la rejeter à notre gré. Pendant
tout ce dîner, comme pendant la soirée et les jours qui suivirent,
Éveline eut beau s'obstiner à repousser comme extravagante
cette possibilité que son mari eût jamais rencontré sa mère,
toute sa force d'observation fut tendue à saisir les moindres dé-

tails qui pouvaient confirmer ou démentir cette supposition. Elle
constata ainsi deux indices qui, pour être très petits, n'en étaient
pas moins bien significatifs, dans l'ordre de pensées où elle était
engagée. Pas une fois, durant ces jours, elle ne put surprendre
le regard de son mari posé de nouveau sur un des portraits de
Mme Duvernay. Elle les avait, on se rappelle, multipliés dans la
maison. Quand l'œil de Malclerc en rencontrait un maintenant,
il passait vite, comme si l'image n'était pas là. Ce soin que le
jeune homme avait de ne plus jamais regarder les portraits devait
frapper d'autant plus Éveline qu'il concordait avec un effort
analogue qu'elle pouvait remarquer chez d'Andiguier pour éviter
les conversations sur la morte. Autrefois, il ne faisait pas une
visite rue de Lisbonne, que très naturellement il ne mentionnât
son nom et ne rapportât quelque souvenir, auquel son vieux
cœur semblait se rajeunir et se réchauffer. A présent, lorsque Éveline faisait une allusion à sa mère, jamais plus il ne la relevait.
Sans affectation, mais avec une évidente volonté de ne pas laisser
la causerie se fixer sur ce point, il passait à un autre sujet.
A la rigueur, et si son attention n'eût pas été éveillée par une
suite d'incidens, Éveline aurait pu croire qu'elle se trompait sur
Malclerc et qu'il n'y avait pas de parti pris dans certaines distractions de son regard, trop constantes cependant pour [n'être
pas volontaires. Chez d'Andiguier, le parti pris était indiscutable,
et il était tellement inattendu, il révélait, chez le vieillard, des
dispositions si nouvelles, un tel bouleversement des anciennes
habitudes, qu'Éveline se sentait saisie, à cnaque visite, d'un désir
toujours et toujours plus aigu de lui demander : « Pourquoi ne
voulez-vous plus que nous parlions de maman?... » La question
lui brûlait le cœur, lui brûlait les lèvres, — et elle ne la posait
pas.

Quelle réponse appréhendait-elle? Elle n'aurait pu le dire. Mais
déjà la fièvre du soupçon commençait de l'envahir, et l'idée toute
vague, tout abstraite d'abord, se réalisait, se concrétait, dans sa
pensée. Cette possibilité que sa mère fût mêlée au secret dont
son ménage était la victime se traduisait en suppositions précises, qu'elle allait tour à tour accepter et rejeter, en proie à
ces subites et incohérentes alternatives de crédulité et de doute,
dont le va-et-vient est comme un roulis et un tangage moral si
douloureux pour l'être qui en subit l'agonie. Il finit alors par
avoir un appétit de certitude, égal au désir du voyageur, ballotté

sur l'Océan, de poser enfin ses pieds sur la terre ferme. Ceci soit
dit pour excuser la pauvre Éveline de l'acte si contraire à son caractère auquel l'entraîna ce besoin d'étreindre une vérité, quelle
qu'elle fût! Mais qui donc osera la condamner, parmi ceux qui,
s'étant heurtés, comme elle, dans leur entourage, à quelque mystère, petit ou grand, ont connu ces véritables accès d'hallucina-
tions imaginatives où les hypothèses se présentent avec une
telle surabondance de détails, un tel cortège de preuves, que
les impossibilités s'abolissent, et que l'invraisemblance fait certitude? Puis l'adhésion irraisonnée et fougueuse de l'âme est
suivie d'une réaction. Elle aperçoit soudain l'absurdité de ce
qu'elle acceptait tout à l'heure avec la plus partiale des complaisances. Elle détruit d'un coup l'édifice d'argumens qu'elle
avait dressé, pour se retrouver devant le petit fait indiscutable
qui avait servi de premier élément à ce travail et se construire
de nouveau un échafaudage de conceptions qu'elle renversera, à
peine debout. C'est ainsi qu'Éveline se prit soudain à se demander si ce secret, dont son mari tour à tour et son vieil ami
avaient semblé si émus, n'avait pas trait à la mort de son père.
Elle avait à peine connu M. Duvernay. On lui avait toujours dit
qu'il avait succombé à une fluxion de poitrine, contractée à la
chasse... Si c'était là un mensonge, destiné à tromper la famille?
S'il avait été tué dans un duel, demeuré caché, et que son
meurtrier fût Étienne?... Cette extraordinaire hypothèse s'évanouit aussitôt devant cette simple réflexion qu'à l'époque de
cette mort, celui-ci n'avait pas vingt ans d'une part, et que, de
l'autre, Mme Muriel eût été au courant d'un pareil incident.
Éveline chercha alors d'un autre côté, et une non moins extraordinaire et non moins chimérique imagination vint l'assaillir...
L'attitude de Malclerc et celle de d'Andiguier lui parurent tout
d'un coup indiquer qu'il s'agissait d'une question d'honneur... Il
y a pourtant des hommes du monde qui, dans leur jeunesse, ont
commis quelque acte très coupable, et que la menace d'une dénonciation poursuit ensuite leur vie durant. Tout son amour se
révolta aussitôt contre une telle possibilité appliquée à son mari...
D'ailleurs une faute grave d'Étienne n'eût pas justifié ce chagrin
de d'Andiguier... Mais n'y a-t-il pas aussi des fautes de famille
et dont les enfans, les petits-enfans même sont responsables?...
S'il s'agissait de quelque indélicatesse d'un des siens? Y aurait-il
eu, par exemple, abus d'un dépôt par un de ses grands parens?

Sa fortune provenait-elle de là, et son mari l'avait-il appris?...
Quelle folie!... Il le lui aurait dit, tout simplement... —
Était-ce?... — Mais à quoi bon reprendre une par une les fantaisies morbides autour desquelles s'évertuait anxieusement cette
sensibilité blessée, si pure, qu'entre toutes les hypothèses, une
seule ne se présenta jamais à elle. Tout lui paraissait possible,
excepté que sa mère n'eût pas été la plus honnête, la plus irré-
prochable des femmes. Pauvre et généreuse enfant, pour qui
seulement imaginer la faute dont elle était la victime expia-
toire eût paru un crime!

Toute une semaine avait passé dans le tumulte de ces imaginations aussi déraisonnables qu'inefficaces, sans que la misérable Éveline fût arrivée à aucun autre résultat qu'à s'exaspérer encore autour de l'énigme, de plus en plus inintelligible,
dont elle se sentait environnée et opprimée. L'approche du moment de sa délivrance ajoutait à son anxiété morale l'angoisse animale des premières grossesses. Il lui arrivait parfois
de souhaiter de mourir dans cette épreuve, et d'autres fois,
quand l'enfant remuait dans son sein, qu'il lui donnait, en se
retournant, ces secousses profondes, qui retentissent jusqu'au
plus intime de l'être chez la femme enceinte, la mère s'éveillait
en elle. Elle était prise de la crainte que ses troubles moraux
n'eussent une répercussion sur cette vie encore unie à sa vie et
qui bientôt s'en détacherait, qui s'en détachait déjà, et elle s'efforçait d'apaiser son inquiétude, de bannir le souci qui la rongeait... L'entrée de son mari dans la chambre, avec un regard
et un sourire toujours affectueux maintenant, la rejetait bien
vite à l'énigme... Hélas! l'occasion allait lui être donnée de savoir
enfin ce qu'il y avait derrière ce regard et ce sourire. Comment
l'eût-elle laissée échapper?... C'était exactement huit jours après
celui où elle s'était, dès le matin, précipitée chez d'Andiguier
pour savoir si son mari s'y trouvait, et de nouveau, la scène
décisive allait avoir pour théâtre cet hôtel de la rue de la Chaise,
— qui semblait si peu fait pour servir de cadre au dénouement
d'un drame de passion, avec ses hautes fenêtres de vieille demeure
parlementaire, ouvrant, les unes sur une cour où l'herbe enca-
drait les pavé , les autres, sur des jardins plantés d'arbres centenaires. Depuis quarante-huit heures, l'hôte de cette paisible
maison était réellement malade. Quand il avait dit à Éveline qu'il

souffrait d'une reprise d'anciennes misères, d'Andiguier n'avait pas menti. Soit qu'au cours de cette dernière semaine, il eût entièrement négligé les précautions, grâce auxquelles il maintenait son reste de santé, soit que la peine morale eût son contre-coup inattendu chez lui dans ce que les physiologistes appellent, avec tant de justesse, le point de moindre résistance, il recommençait d'être, comme il l'avait déclaré, le martyr de violentes névralgies. Elles s'étaient placées, cette fois, dans la poitrine, et le médecin, appréhendant quelque désordre du côté du cœur, avait mis le vieillard en observation. Il avait dû s'aliter, et, depuis deux après-midi, c'était Éveline qui venait prendre de ses nouvelles et passer quelques heures avec lui. Ce jour-là, quand elle était arrivée, le domestique l'avait avertie qu'elle ne s'inquiétât pas de l'état où elle trouverait son maître. Pour combattre l'insomnie que lui causait l'intensité de la douleur, on lui avait donné une dose un peu forte de chloral et d'opium, sous l'influence de laquelle il était encore. Quand la jeune femme entra dans la chambre, d'Andiguier reposait en effet. Elle fit signe au serviteur qu'elle attendrait son réveil, et elle s'assit dans un fauteuil au pied du lit du patient, dans cette chambre où elle retrouvait partout la trace du culte que le vieil homme gardait à sa mère. Le crucifix placé au-dessus du lit avait appartenu à Mᵐᵉ Duvernay. C'était Éveline elle-même qui l'avait donné à d'Andiguier, comme aussi cette aquarelle représentant le petit salon de la rue de Lisbonne, autrefois. Une boucle de cheveux blonds et des feuilles séchées se voyaient sous un verre au chevet du malade. C'étaient des cheveux coupés sur la tête de la morte et des branches prises à un des arbustes de son tombeau. Une grande photographie de la Villa d'Este était auprès. D'Andiguier l'avait souvent montrée à Éveline et la croix tracée de sa main, qui marquait la fenêtre de la chambre occupée par celle qui était encore Mˡˡᵉ de Montéran, lors de leur première rencontre, en 1871. Ailleurs, une bibliothèque vitrée contenait des livres prêtés jadis à Mᵐᵉ Duvernay. Éveline le savait, et elle n'avait qu'à regarder les portraits placés dans des cadres mobiles sur la cheminée, pour retrouver, comme dans sa propre chambre, sa mère partout, sa mère toujours. D'autres portraits, les siens, disaient la place qu'elle occupait, elle aussi, dans les religions de cœur du vieillard. Cette évidence d'un dévouement que les années avaient exalté, au lieu de le glacer, saisit une fois de plus la fille d'Antoi-

nette, et elle se mit à contempler avec une émotion singulière
les traits du malade dont elle voyait le profil amaigri et les
yeux fermés. Les traces des ravages que la funeste révélation
avait faits en lui étaient plus reconnaissables dans cette détente
du sommeil. Un souffle inégal et qui, parfois, s'approfondissait
en un soupir, indiquait une souffrance, même dans ce repos.
Quelle souffrance? Était-ce la sensation toute physique perçue
à travers l'endormement de l'anesthésie? Était-ce une récurrence
de cette anxiété sentimentale, dont la cause, — Éveline n'en
doutait pas plus que de la tendresse du vieillard pour elle et
pour sa mère, — était· ce secret auquel elle se heurtait sans le
comprendre, depuis les premières semaines de son mariage?
Elle examinait ce front ridé, que voilaient à demi des mèches
blanches, en songeant: « Si je pouvais y lire ! » et elle se sentait
de nouveau envahie par la brûlante fièvre de son impuissant
désir de savoir, quand un objet que rencontra son regard fit
tout d'un coup s'arrêter son cœur. D'Andiguier venait de bouger
dans son sommeil et de dégager son bras du lit. Éveline
ramena la couverture vers l'épaule, et, ce faisant, elle souleva un
peu l'oreiller. Son geste fit glisser sur le tapis un objet que le
dormeur avait caché là, pour ne pas s'en [séparer, et qui était
sa montre avec sa chaîne. Celle-ci était double et à l'une de ses
extrémités étaient appendues des clefs dont Éveline connaissait
bien l'usage. Une était celle d'un coffre-fort, l'autre ouvrait le
meuble de la Renaissance, à deux corps, en bois de noyer
sculpté et incrusté de plaques de marbre où le collectionneur
enfermait les papiers relatifs à ses trésors, où il avait enfermé
le Journal de Malclerc. La jeune femme ignorait ce fait, comme
elle ignorait l'existence du Journal. Pourtant, après avoir ramassé la montre, elle commença, au lieu de remettre l'objet
sous le traversin, à rouler la chaîne et les deux clefs entre ses
doigts et à songer... Que de fois elle avait vu d'Andiguier faire
les honneurs de ce cabinet, d'un très fin travail! Et il ne manquait jamais d'expliquer à ses visiteurs le mécanisme savant de
la serrure, qui était un bijou dans un bijou... Que le malade eût
dissimulé ses clefs sous son oreiller, au lieu de les poser dans le
tiroir de la table, un peu de manie justifiait cet excès de précaution... Contre qui pourtant et contre quoi ?... Éveline était
trop au courant de ses habitudes pour ne pas savoir qu'il
n'employait que des gens dont il était absolument sûr, à cause

de l'immense valeur de son musée. Elle savait aussi que le collectionneur gardait chez lui juste les sommes nécessaires aux
dépenses quotidiennes de sa maison. S'il avait ainsi caché ces
clefs, c'était par une crainte qui n'avait rien à faire avec l'argent que pouvait contenir son coffre-fort, rien non plus avec
les documens d'ordre technique qu'il plaçait d'ordinaire dans le
meuble de la Renaissance... Éveline serra les clefs dans sa main.
Elle ferma les yeux. Elle venait de voir en pensée le bureau de
son mari, pendant la nuit des préparatifs du suicide, et, sur ce
bureau, la grande enveloppe et la suscription : « à Monsieur
Philippe d'Andiguier. » La seule image de ces caractères lui
brûlait les prunelles à se les rappeler. Elle ouvrit les yeux, et,
comme pour fuir une affreuse tentation qui venait de surgir
dans son esprit, elle replaça la montre et la chaîne sous
l'oreiller. Le malade ne se réveilla point.

Éveline le regardait de nouveau reposer et de nouveau l'évidence du chagrin qu'il avait traversé, les temps derniers, s'em-
parait d'elle. Il y avait sur cette physionomie au repos un
masque de tristesse, trop différent de la sérénité qui ennoblissait
d'habitude les lignes heurtées de ce visage. La jeune femme
se souvint qu'elle l'avait vu, ce même masque de tristesse, se
dessiner à travers les lignes d'un autre visage, celui de son mari,
— et dans quelle période de leur vie commune, dans ces premiers
mois du mariage qui sont une joie et une lumière, même pour
les couples destinés plus tard à la désunion ! Tout ce qu'il y
avait eu d'exceptionnel et d'amer dans son sort, depuis cette dernière année, se représentait à sa pensée avec une intensité torturante. Qu'avait-elle fait à Dieu pour devoir subir cette épreuve,
la plus cruelle pour une jeune femme? Tant aimer son mari et
ne pas le rendre heureux, le voir souffrir devant soi, souffrir
jusqu'à vouloir mourir, et soi-même ne pas seulement soupçonner la nature et la cause de cette souffrance!... Cette cause,
d'Andiguier, lui, la savait, — Étienne la lui avait révélée...
Dire que les papiers, instrumens de cette révélation, étaient
peut-être à quelques pas, dans ce meuble de la galerie, dont la
jeune femme voyait maintenant en esprit les deux portes ouvertes, comme elle les avait vues si souvent, et les tiroirs...
Par un de ces calculs mentaux qui achèvent dans une netteté
presque visionnaire ces évocations-là, elle rapprocha soudain la
largeur de ces tiroirs et la largeur de l'enveloppe aperçue sur le

bureau de son mari. Elle se dit que, si d'Andiguier avait caché ce paquet dans ce meuble, il avait dû choisir un des larges casiers d'en bas. Ces casiers se peignirent devant ce regard de son esprit, avec leur mince poignée de fer forgé... Elle crut en sentir la fraîcheur sous sa main... Cette image fut la plus forte. Lentement, doucement, avec un geste qui tremblait, tant l'andaee de sa propre action la bouleversait, ses doigts se glissèrent sous l'oreiller, à la place même où ils venaient de remettre la montre et la chaîne. Elle tira cet objet à elle, la gorge serrée, le cœur battant. Elle se leva de sa chaise en étouffant ses mouvemens, en retenant son souffle, les jones brûlantes de remords, et pourtant, contrainte par une passion plus forte que sa volonté, par une frénésie de tout essayer pour savoir, savoir enfin ! A reculons, sans perdre de vue le vieillard qui dormait toujours, elle alla jusqu'à la porte qui donnait de la chambre à coucher dans la galerie. Le bruit du pène dans sa gâche, puis du battant sur son gond la firent tressaillir de la tête aux pieds. Mais déjà elle était dans le musée, où les faces des Madones peintes par les vieux Maîtres, qui l'avaient regardée, huit jours auparavant, se jeter à genoux avec une si ardente ferveur, la voyaient maintenant marcher d'un pas à peine appuyé, comme une criminelle, vers le meuble sculpté, dans la serrure duquel sa main essaya l'une et l'autre clef. Une fois la serrure ouverte, et, quand, ayant tiré un dès tiroirs, puis un second, elle aperçut la grande enveloppe avec la suscription écrite de la main de son mari, son émotion fut telle qu'elle dut s'asseoir. Il lui sembla qu'elle entendait dans la chambre voisine le mouvement de quelqu'un qui s'éveille... Elle n'hésita plus. Elle prit l'enveloppe. Ses doigts en retirèrent les feuillets... Ses yeux tombèrent sur le prénom de sa mère au haut d'une page. Elle lut quelques lignes d'abord, celles écrites à Milan : « *Je n'aime pas, je ne pouvais pas aimer Éveline, comme j'ai aimé Antoinette...* » d'autres lignes, d'autres encore... L'horreur de ce qu'elle venait de découvrir lui fit jeter un grand cri. Il lui sembla que toutes les choses tournaient autour d'elle et qu'elle allait mourir. Les feuillets du Journal s'échappèrent de sa main, et, s'affaissant sur le plancher, elle s'évanouit...

Quand elle reprit connaissance, elle se retrouva auprès de d'Andiguier, sur un fauteuil où il avait eu la force de l'asseoir, malgré sa propre faiblesse et ses douleurs, seul, sans l'aide de son domestique. Il avait ramassé les papiers, refermé le cabinet, toujours seul. Éveline aurait pu croire qu'elle avait rêvé, si le costume de chambre hâtivement passé par le vieillard n'eût attesté qu'il s'était, réveillé par son cri, élancé pour la secourir, de son lit de douleur, — de ce lit sous l'oreiller duquel elle avait pris ces clefs, gardiennes du terrible secret. A rencontrer le regard fou d'inquiétude de son vieil ami, le sentiment de l'affreuse réalité la ressaisit tout d'un coup, et elle se mit à trembler de tous ses membres, en disant :

— Il faut que je rentre... Je souffre trop... Puis, comme elle vit que d'Andiguier voulait lui parler, son visage exprima un véritable sursaut d'épouvante, et, claquant des dents, d'une voix qui râlait dans sa gorge, elle dit encore : « Plus tard... Pas maintenant... Maintenant, il faut que je rentre. J'ai trop mal... » Elle appuyait sa main sur son sein en prononçant ces paroles, d'un geste de détresse. D'Andiguier comprit que la secousse qu'elle venait d'éprouver avait avancé en elle l'œuvre de la maternité et que ce travail de sa pauvre chair, dont il avait attendu un salut de cette destinée, allait commencer, dans quelles conditions! Cette évidence d'un danger immédiat rendit au vieillard, si malade lui-même, l'énergie de la jeunesse. En quelques minutes, il fut habillé, Éveline transportée jusque dans sa voiture, avec son appui et l'aide du domestique, qu'il avait pu appeler cette fois sans courir le risque que la vraie cause de cette crise fût même soupçonnée, et déjà le coupé roulait dans la direction de la rue de Lisbonne. La jeune femme appuyée dans l'angle, les yeux fermés, toujours secouée de son grand frisson, ne prononça pas une parole pendant ce trajet, si ce n'est au tournant de l'avenue de Messine, et avant d'arriver à l'hôtel, pour supplier son compagnon :

— Dites que la voiture n'entre pas, fit-elle; que l'on ne sonne pas le timbre... Je ne veux voir personne, personne, et, serrant la main de son compagnon avec une force convulsive :
— Ah! épargnez-moi cela, mon ami!...

— Tu ne verras personne, je te le promets, répondit d'Andiguier, qui ajouta pour la rassurer : — J'en fais mon affaire... En réalité, comment empêcher un tel hasard de se produire? Que Malclerc, par la plus simple des coïncidences, se trouvât sur le point de sortir lui-même à ce moment précis, qu'il entendît les portes s'ouvrir, que les gens vinssent l'avertir?... La perspec-

tive de ces possibilités rendit ces instans si tragiques, qu'une
fois ce péril passé, et Éveline rentrée dans sa chambre sans
qu'ancun incident se produisit, ce fut d'Andiguier qui sentit
son corps lui manquer. Il dut s'asseoir sur une chaise dans le
petit salon qui précédait la chambre d'Éveline. Les jambes lui
refusaient le service, et c'est là, qu'ayant envoyé prévenir Malclerc, celui-ci le surprit, devant la porte qu'il défendait. Tout au
plus s'il eut la force de montrer cette porte d'une main, tandis
qu'il mettait l'autre sur sa bouche pour ordonner le silence au
jeune homme. Celui-ci comprit au jeu de cette physionomie
qu'un événement extraordinaire venait de se passer, et, à ce
geste, quel événement. L'exclamation qu'il avait été sur le point
de pousser à la vue de la pâleur du vieillard s'arrêta sur ses
lèvres, et c'est à voix basse qu'il demanda :

— Éveline sait tout !...

— Elle sait tout, répondit d'Andiguier à voix basse, lui
aussi, et il écouta, comme s'il eût eu peur que même ce murmure arrivât à travers la porte jusqu'à la pauvre femme. Puis il
commença de raconter à Malclerc, et la visite d'Éveline chez lui,
et son sommeil, et ce qu'il croyait s'être passé pendant ce sommeil, et comment il avait entendu un grand cri qui l'avait
réveillé, et le reste !

— Maintenant, conclut-il, la voiture est allée chercher le
médecin. Il va venir. Je vous en conjure, n'essayez pas de la
voir... Pensez que si elle doit accoucher ainsi, sous le coup de
cette émotion et avant terme, elle est en danger de mort... Et
vous-même, souvenez-vous de la parole que vous lui avez donnée
à elle... Renouvelez-la pour moi. Jurez-moi que vous n'attenterez
pas à vos jours.

— J'ai trop besoin de votre estime, répondit Étienne, pour
ne pas me conduire comme un homme... Ses traits exprimaient
à cette minute une extrême souffrance, et cependant une espèce
de soulagement. — J'aurai de la force, continua-t-il, à présent
que je peux ne plus mentir. Écoutez... et l'angoisse contracta
de nouveau son visage. Un gémissement venait de percer la cloison
et d'apporter aux deux hommes la certitude que le terrible travail allait commencer. — Pourvu, ajouta-t-il, que le médecin
arrive à temps... Monsieur d'Andiguier, pensez que je suis le
père, que je l'entends souffrir et que je n'ai pas le droit d'être là..
Si j'ai été bien coupable, allez, je suis bien puni. Mon Dieu ! Je

m'en irai, je disparaîtrai, j'expierai, je ferai ce qu'elle voudra que je fasse !... Mais qu'elle vive !...

VIII. — LA VIE POSSIBLE

... Qu'elle vive !... Il y avait douze jours que Malclerc avait poussé ce soupir du plus profond de son remords, à la porte de cette chambre où sa femme allait devenir mère, sans qu'il lui fût permis de l'assister de sa présence, — douze jours qu'elle avait donné naissance à un fils, et elle avait été en péril de vie sans qu'il pût seulement la voir. L'inlassable dévouement de d'Andiguier avait épargné à cet homme infortuné les misères de détail que cette étrange exclusion hors de la chambre d'Éveline risquait d'entraîner. Il fallait à tout prix éviter les questions que Mme Muriel n'aurait pas manqué de poser. D'Andiguier s'était adressé au médecin. Il lui avait parlé d'une grave discussion survenue entre le mari et la femme à la veille du grand événement, et il avait obtenu que celui-ci interdît presque absolument à l'accouchée de recevoir des visites jusqu'à nouvel ordre, et, en tout cas, plus d'une personne à la fois. Cette ruse avait réussi momentanément, mais Éveline entrait en convalescence. Elle vivrait... Comment ? Que pensait-elle ? Que voulait-elle ?... Maintenant que le premier danger immédiat était écarté, le problème des relations futures entre les époux surgissait de nouveau. C'était l'objet des entretiens quotidiens entre d'Andiguier et Malclerc. Celui-ci en revenait toujours à sa promesse de la première heure:
— Je ferai ce qu'elle voudra que je fasse ! — et toujours aussi à cette affirmation qu'il aurait de la force parce qu'il n'avait plus à mentir.
— Je me méprisais trop, disait-il, de cette hypocrisie... Je savais bien que c'était mon devoir, et, comme vous me l'avez montré, la conséquence nécessaire de ma faute. Toute mon énergie s'en allait dans ce mensonge. Qu'il est juste, le mot si célèbre : la vérité a libéré mon âme !... Depuis que je ne n'ai plus rien à lui cacher, je n'en saigne pas moins, mais de tout mon cœur, et je respire !...
En écoutant ces paroles et d'autres semblables, d'Andiguier, qui s'était reproché, comme un crime, ce sommeil durant lequel Éveline avait pu s'emparer de la fatale clef, se demandait si ce déchirement de tous les voiles n'avait pas été au contraire un

bienfait, le seul que pussent recevoir ces deux sensibilités dont l'une avait tant souffert de son propre silence, dont l'autre s'était tant suppliciée contre ce mystère. Du moins, à partir d'aujourd'hui, leur sort allait se décider d'une manière définitive, sans les incohérences et les surprises que les luttes intérieures de Malclerc avaient infligées par contre-coup à leur ménage. Mais avaient-ils encore un ménage? La réponse à cette question dépendait uniquement d'Éveline. A peine si d'Andiguier l'avait vue lui-même quelques minutes chaque jour, et sans jamais qu'elle lui parlât d'autre chose que de sa santé à lui. Cette sollicitude à son égard, conservée par l'accouchée au milieu des pires souffrances, comme aussi son désir que son fils s'appelât Philippe, avaient touché le vieillard à la place la plus profondément malade de son cœur. Il avait voulu voir, dans cette tendresse persistante d'Éveline pour le vieil ami de sa mère, la preuve que la révélation de l'affreuse chose n'avait pas tout à fait détruit chez elle le culte de cette mère. Ce dévot d'amour avait encore ce passionné besoin, de plaider pour la morte auprès de la vivante. Il lui était intolérable de penser qu'Éveline dût juger Antoinette. A travers le martyre de ses jalousies rétrospectives, il en était arrivé, vis-à-vis de son amie disparue, à ce pardon total, absolu, qui fait plus qu'excuser, qui comprend, qui accepte, qui plaint. Comment donner à la femme d'Étienne Malclerc qui était aussi la fille d'Antoinette Duvernay les raisons de cette indulgence, presque de cette complicité de pensée? Pour lui, le mariage d'Antoinette la justifiait d'avoir cherché le bonheur où elle l'avait cherché. Il ne pouvait pas, il ne devait pas défendre Antoinette ainsi, et cependant ce lui était un supplice de se dire : Éveline ne la vénère plus, elle ne l'aime plus comme auparavant... —Sauver l'avenir de ce ménage, du moins ce qui en était encore sauvable, — sauver l'image d'Antoinette dans le cœur de sa fille, tous les motifs d'exister se réduisaient maintenant à ces deux rêves pour cet éternel amoureux, si absorbé par cette double espérance, par cette double incertitude plutôt, qu'il ne sentait plus sa propre maladie, la continuelle étreinte de la ceinture névralgique dont sa poitrine étouffait. Chaque mouvement le déchirait, chaque respiration, et il allait sans cesse de l'appartement de la rue de la Chaise à l'hôtel de la rue de Lisbonne, et sans cesse il avait de longs entretiens avec Malclerc. A présent que celui-ci savait la nature de l'affection que le vieil-

lard avait portée à Mme Duvernay, il éprouvait devant cet héroïsme
physique et moral les mêmes impressions complexes qui l'avaient
saisi à cette révélation, mais portées à un degré supérieur : —
un respect presque pieux pour cette magnanimité, un remords
de ne pas l'avoir deviné, — une espèce d'envie aussi. Oui. Il l'enviait, — une telle comparaison est permise à l'occasion du
« d'Andiguier des tarots, » — un peu comme un artiste inférieur
en envie un autre, comme le Verocchio dut envier Léonard, quand
celui-ci peignit la figure de l'Ange, à gauche, dans le Baptême
du Christ de l'Académie de Florence. Lui qui avait tant désiré,
tant poursuivi l'émotion, qui s'était tant tourmenté pour sentir,
tant acharné à se travailler le cœur, la vue de cette âme si naturellement généreuse et riche, capable d'une telle ardeur continue d'amour, malgré l'âge, le confondait d'une admiration
presque jalouse, mais où il trouvait une force. La suggestion de
cette énergie aimante continuait d'agir sur lui. Il n'eût pas supporté de rien faire, de rien sentir que d'Andiguier n'approuvât
point. Ce dernier se rendait-il compte de cet hommage accordé par
son rival aux supériorités de son cœur? Il ne le montrait point.
En revanche, si Malclerc l'eût vu le regarder à de certains
momens où il ne l'observait pas, il aurait pu se convaincre que
le fidèle d'Antoinette subissait toujours, en sa présence, un sursaut d'aversion physique. En même temps, le mystérieux et im-
brisable lien du commun amour continuait de les attacher l'un
à l'autre. Tous deux le sentirent et avec une bien grande force,
quand, à la fin de la seconde semaine, d'Andiguier étant arrivé
rue de Lisbonne à deux heures, suivant sa coutume, Malclerc
l'aborda avant qu'il n'entrât chez Éveline pour lui dire, avec un
visage dévoré d'anxiété :

— Elle vous a réclamé plusieurs fois déjà... Il se passe
quelque chose... Elle a voulu voir l'abbé Fronteau. Il est venu
ce matin...

— Elle ne va pas moins bien? demanda d'Andiguier, et, sur
une réponse négative : M. Fronteau ne vous a pas parlé, à
vous?...

— Non, fit Malclerc, et, avec une visible souffrance : mais j'ai
lu dans son regard qu'elle lui avait tout dit...

— C'est impossible, répondit vivement d'Andiguier, dont la
physionomie s'était assombrie. Même en confession, elle n'y serait pas tenue. Ce secret n'est pas à elle... Et il ajouta : Non, si

elle me réclame après l'avoir vu, c'est qu'elle est sur le point de prendre un parti...

Quelque importance que le vieillard attachât à cette résolution d'Éveline, le souci de savoir le secret d'Antoinette livré à un nouveau confident, autant dire à un nouveau juge, fut si vif en lui, que sa première question à la jeune femme porta sur cette visite du prêtre. Un détail d'ailleurs, dans cette chambre où le recevait l'accouchée, était de nature à augmenter encore son inquiétude sur ce point particulier. Les murs en étaient nus. Mᵐᵉ Malclerc avait demandé qu'on enlevât tous les tableaux, sous le prétexte que le jeu de la lumière sur les cadres et dans les glaces l'empêchait de reposer, véritablement pour ne plus avoir, au-dessus de son lit, ce portrait de sa mère, dont son mari avait tant parlé dans son Journal. Ce signe de son changement d'esprit envers la morte avait tant peiné d'Andiguier la première fois qu'il l'avait constaté ! Il s'accordait trop à ses préoccupations présentes pour ne pas les redoubler. Il demanda donc, d'une voix un peu abaissée, comme par crainte de réveiller l'enfant, endormi dans son berceau auprès du lit d'Éveline, en réalité parce que l'émotion le serrait à la gorge :

— On m'a dit que M. l'abbé Fronteau était venu te voir ?...

— Oui, répondit Éveline, et cette conversation m'a fait beaucoup de bien. Puis, avec une de ces divinations où se reconnaît le tendre génie féminin, elle ajouta : — Je ne lui ai dit que ce que j'avais le droit de lui dire, comme vous pensez, pour qu'il pût me conseiller... Il n'a pas cherché à en savoir davantage, et il a été très bon...

D'Andiguier prit la petite main toute pâle, aussi pâle que la batiste du drap sur laquelle elle était posée, et il y appuya ses lèvres avec une reconnaissance infinie. Il remarqua, le temps de ce baiser, que la jeune femme portait au doigt l'anneau de son alliance, mais que le rubis de sa bague de fiançailles ne luisait plus à côté. C'était le symbole de ce qu'elle voulait désormais garder de son mariage : le devoir sans l'espérance, l'attachement sans les joies. Était-ce de son âge ? Était-ce humain ? Et, pour sonder jusqu'au fond la blessure de ce cœur, pour la panser, s'il le pouvait, il l'interrogea :

— Si tu as demandé conseil à M. Fronteau, je suis sûr qu'il t'a dit ce que je voulais te dire moi-même, quand tu aurais la force de m'écouter, c'est que tu dois à ton fils, — et il montra le berceau,

— de ne pas le priver de son père... Toi qui as tellement su ce que c'était que d'être aimée quand tu étais petite, qui as été entourée de tant de soins, tu comprends bien quels chagrins représenterait une enfance partagée entre deux intérieurs...

— Je le comprends, répondit Éveline, et je ne me reconnais pas le droit d'imposer cette épreuve à mon enfant... Les souvenirs que vous rappelez, ajouta-t-elle, sont restés là, — et elle montra son cœur, — et ils y resteront toujours...

— Si tu penses ainsi, continua d'Andiguier, tu dois comprendre aussi que la situation actuelle ne peut pas durer... Jusqu'ici, on a pu s'arranger pour que ta tante ne s'aperçût trop de rien. Du moins, je l'espère... Dorénavant ce serait impossible... Et, d'une voix qui prononçait ces mots comme le chirurgien enfonce en effet le fer d'un instrument dans une plaie, avec l'angoisse de la fibre saignante qu'il va rencontrer : « Ne penses-tu pas qu'il faudrait te décider à voir ton mari?...

— Qu'il vienne... répondit-elle. Le battement de ses paupières sur ses yeux avait été le seul signe du saisissement que lui avait donné la phrase de d'Andiguier. Elle l'attendait, elle aussi, cette phrase, comme le blessé attend le fer du chirurgien, et elle répéta : Qu'il vienne ...!

— Et quand veux-tu? demanda d'Andiguier.

— Mais quand vous voudrez... dit-elle. Maintenant... Seulement, et son joli visage creusé et décoloré, où ses prunelles brûlaient d'un éclat de fièvre, se contracta comme si l'air manquait à sa poitrine, pour cette imploration : Seulement, qu'il ne me parle de rien!...

— Comme tu souffres, fit d'Andiguier, et comme tu lui en veux!...

— Non, répondit-elle, en secouant sa tête lassée, je ne lui en veux pas. Je n'en veux à personne... Et elle continua, comme se parlant à elle-même et avec une voix où d'Andiguier retrouva l'accent que la mère avait eu autrefois, après la mort de Montéran, et quand elle était grosse de cette fille même, pour confesser ses détresses : Quand on s'est donnée comme je me suis donnée à lui, on ne se reprend pas. Je ne pourrais pas changer mon cœur, quand je le voudrais, et quand il serait blessé à mort... Être malheureux, ce n'est pas en vouloir. Je l'ai aimé trop absolument, trop complètement, pour ne pas l'aimer toujours... Et je l'aime, mais avec une horrible douleur... Cela ne m'empê-

chera pas de faire mon devoir vis-à-vis du petit et vis-à-vis de
lui aussi. Nous avons vécu avec quelque chose que je pressen-
tais et qui me faisait mal à chercher. Nous vivrons avec quelque
chose qui me fait plus mal à savoir. Voilà tout... La voulez-vous,
la preuve que je l'aime toujours? Dans toutes ces longues heures
où j'ai tant pensé, savez-vous ce qui me déchirait davantage?
C'était de me dire que lui, il ne m'a jamais aimée... Non! Ce n'est
pas moi qu'il a aimée en moi... Ce n'est pas moi! Ah ! gémit-elle
avec un regard de terreur, ne m'en faites pas dire plus!...

— Pauvre âme!... répondit le vieillard dont l'émotion était
portée à l'extrême. Dans la délicate et passionnée susceptibilité
de ce cœur de femme, il reconnaissait une façon de sentir si pareille à la sienne, et il reprit, trouvant dans sa pitié les seules
paroles qui pussent insinuer un baume dans ce dernier pli du
cancer qu'elle venait de découvrir : — Si c'était ainsi, tu aurais
raison. Mais ce n'est pas ainsi. Tu dis que ton mari ne t'a pas
aimée pour toi, et ce n'est pas vrai... D'où viennent les troubles
que tu lui as vu traverser alors, s'il ne t'aimait pas? Contre quoi
s'est-il débattu, sinon contre le regret du tort irréparable qu'il
t'avait fait? Si tu le veux, je t'apporterai son Journal. Tu le re-
prendras. Tu le liras tout entier, et tu y verras comme tu lui es
devenue chaque jour plus chère, et comment il n'a pas pu supporter de te mentir... Condamne-le, c'est ton droit. Mais ne dis
pas qu'il ne t'a pas aimée... — Ah! qu'il lui coûtait, cet éloge de
l'homme qu'il avait, lui, un si puissant motif de haïr ! — J'ai
pu le juger, depuis que tu m'as envoyé chez lui et qu'il s'est
confié à moi. J'ai pu constater combien il était digne d'être aimé,
combien il en a besoin, et d'être aimé par toi. Si tu l'avais vu,
comme moi, regarder son fils, votre fils, tu ne dirais jamais qu'il
ne t'aime pas...

— Oui, dit Éveline, je sais qu'il est bon pour l'enfant... On
m'a raconté qu'il le prend, qu'il l'embrasse... Mais vous savez
bien qu'on peut aimer un enfant et ne pas aimer la mère...

— Tu n'as qu'à le lui tendre, quand il entrera dans la
chambre, dit d'Andiguier. Tu verras qui de vous deux il regar-
dera...

— Je ne pourrais pas,... répondit Éveline... Je peux le recevoir. Qu'il ne me demande rien de plus ! ni vous. Je ne peux
que cela...

Il y eut un silence entre eux, qu'elle interrompit, après avoir

sans doute prié mentalement de toutes les forces de son cœur
si malade, en disant du ton d'une victime à son bourreau :

— Allez le chercher. Je suis prête...

La grandeur de l'effort que cette femme atteinte à une telle
profondeur s'imposait à cette minute se révéla par le tremblement dont elle fut saisie de nouveau quand la porte se rouvrit
et qu'Étienne entra dans la chambre. Quand il la vit si blanche, si
amaigrie, et agitée de ce frémissement convulsif, une indicible émotion décomposa aussi son visage. L'ardeur de la tendresse la plus douloureuse éclata dans ses yeux à lui, d'où jail-
lirent deux grosses larmes qui roulèrent le long de ses jones,
sans qu'il prononçât un mot, et il se recula pour s'en aller.
Devant cette évidence du chagrin de son coupable mari, la
source de l'amour se rouvrit dans Éveline, et, le geste qu'elle
venait de se déclarer incapable de faire, elle le commença, sans
pouvoir le finir. De ses mains tremblantes, elle prit l'enfant toujours endormi dans son berceau, comme si elle voulait le tendre
au père. Et puis elle ne le tendit pas. Mais elle n'opposa pas de
résistance, lorsque d'Andiguier, se penchant sur elle, prit à son
tour le petit être et le mit entre les bras de Malclerc. Celui-ci
effleura des lèvres le front de son fils et voulut le rendre au
vieillard, qui, le refusant et s'effaçant, poussa doucement le père
vers le lit de la mère. Éveline parut hésiter une minute, et, cédant enfin, elle reçut l'enfant des mains de son mari, sur le
visage duquel passa une expression passionnée de reconnaissance
et d'amour, devant ce présage d'un pardon qu'il n'avait le droit ni
de demander, ni d'espérer. C'en était assez pour que d'Andiguier,
le muet témoin de cette scène muette, aperçût la possibilité,
pour ces deux êtres, de durer encore, de se reprendre à une
existence où venait d'apparaître le principe de l'immortel renouvellement. Il sentit que cette première entrevue ne devait
pas se prolonger, tant l'intensité des émotions d'Éveline et de
son mari était excessive, et il dit, caressant de sa vieille main
la petite joue de l'enfant :

— C'est en son nom que je vous le demande, il faut vouloir
oublier ; il faut vouloir vivre maintenant.

— J'essaierai, dit Malclerc.

— J'essaierai, dit Éveline d'une voix étouffée, en appuyant
son fils contre son cœur.

PAUL BOURGET.

SOUVENIRS D'UNE AMBASSADE

AUPRÈS DU

PAPE LÉON XIII

(1878 à 1880)

DEUXIÈME PARTIE (1)

Avant de parler de la négociation entre le Saint-Siège et le gouvernement français, qui devait, par suite de la création simultanée de deux nouveaux cardinaux, augmenter notre part d'influence au sein du Sacré Collège dans une proportion qui n'avait pas encore été atteinte, je dois rappeler, en quelques mots, la part réciproque des gouvernemens et du Saint-Siège dans ces nominations. Elles diffèrent complètement de celles des évêques, où le droit est égal des deux côtés, lorsqu'il y a concordat, comme en France, le pouvoir civil ayant seul qualité pour nommer les évêques, et le Saint-Siège pour les instituer. Il n'en est pas de même pour les cardinaux. Ils représentent, au sein de l'Église catholique, le Conseil supérieur de la papauté. Ce sont ses conseillers intimes; mais ils ne sont pas investis, par leur titre même, d'attributions déterminées, lorsqu'ils n'y joignent pas, comme la plupart d'entre eux, du reste, des fonctions épiscopales. Le Saint-Père ne les laisse sans doute pas inactifs, et les cardinaux, résidant à Rome, sont tous membres ou présidens de congrégations importantes, auxquelles sont confiées toutes les affaires de l'Église, dont la décision supérieure appartient au Pape. Plusieurs d'entre eux ont des heures d'audience régulière

(1) Voyez la *Revue* du 1ᵉʳ janvier.

et un travail personnel avec Sa Sainteté. Leurs attributions sont
donc fort importantes en elles-mêmes. Elles le deviennent encore
davantage, le jour où, réunis en conclave, ils ont à procéder à
l'élection d'un nouveau Pape. Mais les gouvernemens étrangers,
qui ont toujours tenu à grand honneur d'avoir plusieurs de leurs
représentans au sein du Sacré Collège, n'ont pas de droit positif
à ces nomination, qui leur échappent, parce qu'elles ne s'appliquent pas à une juridiction déterminée sur les catholiques de
leur propre pays. Il y a bien un usage traditionnel qui leur
permet de réclamer ces faveurs et ils ne s'en privent pas; le
chiffre même des candidats est à peu près fixé pour chacune
des puissances catholiques; mais de droit strict, aucune n'en a,
et par suite, à la grande différence des évêques, le pouvoir civil
ne peut que proposer au Souverain Pontife ceux qu'il désire voir
élever à la dignité cardinalice, sans pouvoir se formaliser, en
cas de refus de sa part. C'est toujours une marque de bienveillance et de bonne grâce du Saint-Siège pour le gouvernement
étranger. C'est un ami nouveau qu'il reçoit, s'il le veut bien,
dès mains d'une puissance catholique; mais, s'il n'accepte pas sa
candidature, il ne laisse point un diocèse ou un ecclésiastique
en souffrance, comme il arriverait, lorsqu'il se croit obligé, en
conscience, de refuser l'institution canonique à un évêque nommé
par le pouvoir civil.

Il s'ensuit que, lorsque le gouvernement demande un cardinal au Saint-Siège, ce n'est jamais que sous forme de proposition
que cette demande est faite, et il n'y a pas de *nomination* sans
l'accord parfait des deux côtés. La question se traite toujours à
Rome par l'intermédiaire des ambassadeurs et jamais par celui
des nonciatures, qui n'y sont pas mêlées. — Lorsque l'accord est
établi sur un nom, le chef de l'État écrit alors au Pape une
lettre autographe pour demander officiellement la nomination
du candidat déjà accepté en principe, à la suite des négociations
antérieures. Le Saint-Père envoie alors sa réponse d'assentiment
officiel, et le *biglietto* de la secrétairerie d'État est adressé au
nouveau cardinal pour lui faire part de sa nomination. Les autres
formalités, départ de l'ablégat porteur de la barrette, remise de
la barrette par le chef de l'État, sont connues. Je n'ai pas à les
rappeler ici.

Voilà quel est l'usage constant; mais il y a un cas qui se
présente assez rarement : c'est celui où le Saint-Père, désirant

particulièrement élever un candidat à la pourpre, craint, pour
un motif ou un autre, que la proposition ne lui en soit pas faite
par le gouvernement auquel appartient le prélat qu'il a distingué
personnellement. Le Saint-Père ne peut alors que deux choses :
ou nommer directement le cardinal, ce qui est son droit; mais
alors il doit l'enlever à son diocèse, s'il est évêque, et le faire ré
sider à Rome, où il devient cardinal de la Curie romaine; ou obtenir du gouvernement étranger qui, jusqu'ici, avait fait la sourde
oreille qu'il lui propose officiellement le candidat qu'il désire.
C'est toujours fort délicat, on le comprend; car, lorsqu'il s'agit
d'un prélat d'une notoriété avérée, si le gouvernement ne le propose pas au choix du Saint-Siège, c'est que, pour un motif ou un
autre, il ne croit pas pouvoir lui donner ce témoignage de faveur.

Ce fut précisément une de ces candidatures dont j'eus à
m'occuper à Rome, et dont j'eus quelque peine à faire accepter
le principe à Paris. On en jugera par le récit qui va suivre. — Je
crois pouvoir en garantir l'exactitude.

I

Au commencement de décembre de l'année qui s'achevait,
Mgr Czacki vint me voir à l'ambassade et me parla spontanément
du très vif désir qu'avait le Saint-Père de nous voir lui proposer
Mgr Pie, évêque de Poitiers, pour le chapeau de cardinal. Le
Pape ne voulait point, pour ne pas m'embarrasser, me le demander directement, ou me le faire demander par le cardinal secrétaire d'État, mais il souhaitait vivement que cette proposition lui
fût faite. — Je répondis à Mgr Czacki que, sans pouvoir préjuger
les intentions du gouvernement à cet égard et tout en rendant
hommage aux grandes qualités de Mgr Pie, que j'avais pu appré-
précier moi-même pendant son récent séjour à Rome, son nom
isolé me paraissait pouvoir soulever quelques objections. Il avait
pu être présenté sous le ministère de M. Jules Simon par le
duc Decazes, en même temps que Mgr Dupanloup; mais il ne me
paraissait pas possible aujourd'hui de le demander au Saint-Père.
Il n'en serait peut-être pas de même, si nous pouvions, en pro-
posant simultanément avec lui un autre cardinal, obtenir un
septième chapeau qui n'avait pas été accordé à la France depuis
le commencement du siècle. L'honneur de voir un plus grand
nombre des nôtres dans le Sacré Collège déciderait peut-être le

gouvernement de la République à présenter Mgr Pie, conjointe-
ment avec un autre archevêque ou évêque, pour satisfaire au désir
que le Saint-Père voulait bien me manifester par son intermédiaire. Mgr Czacki me répondit qu'il croyait le Saint-Père disposé
à nous donner ce septième chapeau de cardinal, à la condition,
bien entendu, que Mgr Pie fût un des deux prélats proposés. La
sympathie que Sa Sainteté éprouvait pour la France, l'estime
qu'il avait pour notre corps épiscopal, donnaient quelques motifs
de l'espérer. Il me demandait seulement de rendre compte au
Pape de notre entretien, avant de me répondre définitivement.

Mgr Czacki vint me revoir quelques jour après et me dit
que le Saint-Père avait bien voulu accepter ma proposition. Sa
Sainteté mettait seulement pour condition que la concession du
septième chapeau cardinalice ne constituerait pas un précédent
pour l'avenir. Je répondis que je ne m'occupais que de la proposition présente, qui me paraissait également bonne pour l'Église
de France et pour le gouvernement qui aurait l'honneur de la
faire et de la voir agréer. Une fois le précédent établi, nous
réserverions l'avenir.

Après cet entretien, je m'empressai d'en faire connaître la
substance par un télégramme au ministre des Affaires étrangères et j'y joignis une lettre particulière, où les considérations
qui précèdent étaient développées. J'écrivis également par le
même courrier au Maréchal-Président, à M. Dufaure et au ministre des Cultes, pour les disposer plus favorablement à la
réponse qui me serait faite, lorsque M. Waddington saisirait le
Conseil des ministres de la proposition du Saint-Siège. Dans
mes lettres au Maréchal, à M. Waddington et à M. Dufaure, je
rappelais que depuis le commencement du siècle, nous n'avions
jamais pu obtenir un nombre de cardinaux, dits de *couronne*,
égal à celui que la bienveillance du Souverain Pontife nous
permettait d'espérer en ce moment. Le gouvernement du roi
Louis-Philippe avait fait de vives instances auprès du pape Grégoire XVI pour obtenir *six* chapeaux et, malgré tous ses efforts,
n'avait pu y réussir. Le second Empire et la seconde République
avaient été plus heureux, malgré l'échec de Mgr Darboy ; mais
le chiffre de six cardinaux français, sans parler de ceux
qui pouvaient se trouver déjà à Rome comme cardinaux de
curie, Mgr Bonaparte, MMgrs de Falloux et Pitra, n'avait jamais
été dépassé. J'insistai auprès du gouvernement sur l'honneur qui

résulterait pour la France d'obtenir ce succès dû à la bienveillance du Souverain Pontife pour elle. Je montrai la satisfaction qu'en ressentirait l'épiscopat, et qui serait un élément de pacification religieuse. Au point de vue extérieur, la France pourrait faire comprendre à l'Europe que ses institutions actuelles n'étaient pas un obstacle à une parfaite entente avec le Saint-Siège. Elle obtiendrait un succès, constaté par un chiffre positif, que lui envieraient, et nous en eûmes bientôt la preuve, ceux-là mêmes qui, au dehors, pourraient chercher à l'amoindrir.

Quelques jours après, je reçus la réponse du gouvernement. M. Waddington, dans un télégramme du 21 décembre, me disait « que le gouvernement avait examiné avec toute l'attention qu'elles méritaient les ouvertures confidentielles qui m'avaient été faites pour la prochaine promotion de cardinaux. Nous sommes disposés à présenter l'évêque de Poitiers au Saint-Père, si Sa Sainteté consent à nommer avec lui Mgr l'Archevêque de... Nous attacherions cependant beaucoup de prix à ce que le Saint-Père ne maintînt pas sa réserve, en ce qui concerne le septième chapeau, et nous aimerions à espérer qu'il nous donnerait ce gage de sa bienveillance pour la France, sans y mettre aucune condition restrictive. »

Cette réponse nous plaça dans l'embarras, car le nom du candidat que proposait le gouvernement ne fut pas agréé par le Saint-Père. Il en fut de même d'un second qui, à son défaut, me fut envoyé de Paris quelques jours après et que je ne dirai pas davantage. La négociation prenait une tournure délicate, car elle allait se compliquer d'une question doctrinale sur laquelle Rome était bien décidée à ne pas céder. Les ministres des Cultes et des Affaires étrangères avaient eu, en effet, la pensée de donner comme contrepoids à la nomination de Mgr Pie, deux archevêques qui avaient été dans la minorité du Concile et contraires à la définition de l'infaillibilité pontificale.

« Pour l'œuvre de conciliation et d'apaisement, me télégraphiait le 23 décembre M. Waddington, que le Saint-Siège poursuit, non moins que le gouvernement, il semblerait préférable de choisir le second cardinal parmi les archevêques ou évêques n'appartenant pas à la même *nuance doctrinale* que l'évêque de Poitiers. » Or, c'était précisément ce que le Saint-Siège ne voulait à aucun prix. Le vote du dogme de l'infaillibilité par le Concile et la soumission de tous les évêques récalcitrans avait tranché la question d'une manière décisive.

Le nouveau Pape ne pouvait que suivre le point de vue de son prédécesseur. Il n'avait aucun motif d'exclusion pour un évêque ou pour un autre, si l'on ne rappelait pas le passé; mais du moment où on y faisait appel, la question changeait de face. On tendait à faire revivre des opinions condamnées par l'Église, que la bonne foi de leurs anciens partisans rendait sans doute excusables aux yeux de Rome, mais qui ne pouvaient être considérées comme donnant, en elles-mêmes, des droits à une distinction exceptionnelle, comme l'élévation au cardinalat.

Ainsi, me disait Mgr Czacki, proposer Mgr X... comme contre-partie doctrinale de Mgr Pie, pour confondre ces nuances dans une pensée commune de pacification religieuse, est fort naturel, au point de vue gouvernemental français, mais est inacceptable au point de vue romain. Il ne peut être question pour nous que de donner à la France un témoignage de bienveillance spéciale par la concession d'un septième chapeau, en créant deux cardinaux qui honorent l'Église et leur pays par leur dignité épiscopale, leurs qualités personnelles et leur attachement au Saint-Siège; mais il ne peut être question de revenir sur des affaires jugées et qui appartiennent désormais à l'unité doctrinale.

Mgr Czacki avait parfaitement raison et il interprétait fidèlement la pensée du Saint-Siège. Mais, de son côté, la France ne pouvait pas accepter des refus successifs, et les deux que j'avais eu à enregistrer, bien que n'ayant eu aucune publicité, me parurent suffisans. Je crus donc nécessaire d'intervertir les rôles, et, sous ma responsabilité, sans en référer à Paris, je priai Mgr Czacki de demander au Saint-Père de nous donner la liste de quelques évêques sur lesquels il verrait avec plaisir notre choix se porter. Le gouvernement retrouverait par suite son initiative et l'honneur du choix lui reviendrait en réalité. La question de dignité était ainsi sauvegardée de part et d'autre.

Le Saint-Père, avec ce tact merveilleux qui caractérise son pontificat, voulut bien accepter immédiatement ma proposition, que Mgr Czacki avait vivement appuyée auprès de lui. Il désigna quatre archevêques, dont j'envoyai les noms au gouvernement et parmi lesquels il était sûr que nous en trouverions au moins un qui nous fût agréable. En transmettant à Paris ce message confidentiel, le 28 décembre, je l'accompagnai des réflexions suivantes : « Il me paraît résulter clairement des déclarations qui m'ont été faites par Mgr Czacki que le Saint-Père désire très vivement l'évêque de Poitiers ; qu'il nous fait, dans le dessein de le nommer cardinal de couronne, la concession du septième chapeau, mais qu'il est résolu à ne pas aller plus loin. Une grande illustration personnelle, comme l'eût été Mgr Dupanloup, lui aurait seule permis d'oublier, pour la première promotion de cardinaux accomplie sous son pontificat, le souvenir de l'ancienne minorité du Concile.

« Aujourd'hui, le Saint-Père ne voit pas de motifs pour justifier une concession qui, dans sa pensée, mécontenterait la grande majorité du Sacré Collège, avec laquelle il doit compter, et celle de l'épiscopat. Un septième chapeau accordé à la France ne peut manquer de provoquer quelques observations et quelques compétitions de la part des puissances étrangères. Le Saint-Père ne craint pas de les affronter, mais, si elles revêtaient une couleur doctrinale, je craindrais que nous n'arrivions à un conflit avec le Saint-Siège, que nous devons tout faire pour éviter. Il semblerait donc préférable de ne pas insister et de choisir un des noms que le Saint-Père a désignés lui-même. Le précédent une fois créé, nous n'aurions plus qu'à le maintenir, lorsqu'une vacance nouvelle se produira parmi nos cardinaux. »

Ces déclarations furent confirmées, officiellement cette fois, par le cardinal secrétaire d'État. Jusque-là, elles n'avaient été qu'officieuses et étaient demeurées secrètes entre Mgr Czacki et moi. Le cardinal me répéta presque dans les mêmes termes les paroles du substitut de la secrétairerie d'État, et je m'empressai de les transmettre à Paris par un télégramme du 3 janvier. Ne recevant pas de réponse, par suite de la crise gouvernementale que le renouvellement de la moitié du Sénat allait provoquer en France, j'insistai auprès de M. Waddington dans une lettre particulière que je lui écrivis le 9 janvier. Évidemment le ministère, tout en étant flatté de la proposition du Saint-Père, hésitait à sanctionner par une décision gouvernementale française le point de vue doctrinal romain, qui s'était trouvé incidemment mêlé à la question. Mais, d'autre part, il était certain que, si la proposition du Saint-Siège n'était pas acceptée avec le mode d'élection que j'étais parvenu à y introduire, le Vatican en aurait conclu que nous renoncions à la proposition qui nous avait été faite.

Le Sacré Collège, sans être arrivé au *plenum* de soixante-dix qu'il n'atteint jamais par principe, comptait déjà 58 membres. Sept nouveaux noms se trouvaient en vue, tant à l'étranger que dans la prélature romaine, et l'on savait que, outre les autres États catholiques, qui avaient la promesse d'un chapeau réglementaire, comme l'Autriche, le Portugal, par l'entremise de son représentant, le marquis de Thomar, envoyé spécialement à Rome avec le titre d'ambassadeur, sollicitait très vivement la même faveur pour l'archevêque de Porto. — Il n'y avait donc pas à hésiter davantage, si l'on ne voulait pas renoncer à l'honneur que le Saint-Père voulait faire à la France catholique dans la première promotion du nouveau pontificat.

Ces réflexions décidèrent le gouvernement, et, le 22 janvier 1879, je reçus le télégramme suivant de M. Waddington :

« Le gouvernement a décidé de proposer au Saint-Père pour le cardinalat l'archevêque de Toulouse (un des quatre désignés par le Saint-Père) et l'évêque de Poitiers. Je vous prie d'en informer dès à présent le cardinal secrétaire d'État et de lui rappeler que nous considérons la proposition de Mgr Pie comme étant étroitement liée, en fait tout au moins, à la concession d'un septième chapeau pour la France. Je vous écrirai officiellement demain pour confirmer cette décision que j'ai tenu à vous faire connaître sans retard. »

Je reçus trois jours après, par le courrier, la dépêche officielle qui me confirmait le télégramme du ministère et les lettres que le président de la République adressait au Saint-Père pour lui demander d'élever à la dignité de cardinal Mgr Desprez, archevêque de Toulouse, et Mgr Pie, évêque de Poitiers.

Je m'empressai de communiquer cette nouvelle au cardinal secrétaire d'État et de le prier de demander au Saint-Père l'audience où j'aurais l'honneur de lui remettre les deux lettres du Maréchal. Il fut entendu entre nous que la promotion de l'évêque de Poitiers demeurait liée, tout au moins en fait, à la concession du septième chapeau cardinalice à la France, et je laissai copie entre les main du cardinal de la dépêche officielle du ministère, de manière qu'aucune équivoque ne fût possible. Je cherchai à bien mettre en relief que, malgré l'honneur qui nous était accordé, le gouvernement français n'en faisait pas moins certaines concessions au Saint-Siège, que le Pape, je l'espérais fermement, saurait reconnaître par le maintien de cette prérogative à la France. Le cardinal Nina et Mgr Czacki le compriren tous deux et me laissèrent espérer leur concours dans cet ordre d'idées auprès du Souverain Pontife.

Le secrétaire d'État, que je revis le lendemain, m'exprima toute la satisfaction que le Saint-Père avait éprouvée en apprenant l'accord intervenu. Il demeura bien entendu que la nomination des deux cardinaux serait simultanée, qu'aucun des deux candidats à la pourpre ne pourrait être réservé *in petto* (1) pour une préconisation ultérieure et qu'ainsi, de fait, nous obtenions le septième chapeau.

Ce fait, me dit formellement le cardinal à deux reprises différentes, pourra se renouveler, et Son Éminence m'a déclaré qu'elle serait toute disposée à nous seconder dans cette voie; mais, quant au droit formel, le Saint-Père ne croyait pas pouvoir dépasser ses premières promesses. Avec les trois cardinaux français résidant déjà à Rome, le nombre de ces dignitaires de l'Église allait se trouver porté à dix, et nous aurions ainsi le sixième des voix du Sacré Collège. Il serait impossible à Sa Sainteté, après un fait aussi considérable et qui lui vaudrait certainement des observation de la part des cardinaux italiens et des ambassadeurs des autres puissances catholiques, de proclamer à l'état de droit permanent pour la France ce qu'elle était très heureuse de nous accorder en fait. Le Saint-Père désirait donc, dans l'audience qu'il m'accorderait le lendemain, que j'évitasse de toucher à la question de droit. Il lui serait pénible de me refuser, et il me saurait gré de ma réserve.

Devant ces observations du secrétaire d'État, et le principe de la négociation demeurant intact, je ne pouvais pas insister. « D'ailleurs, écrivais-je à M. Waddington, comme je vous l'ai dit dans mes premiers télégrammes, à Rome, un précédent vaut mieux qu'une promesse, et, ce précédent, nous ne l'avions Jamais obtenu Jusqu'ici. Le Pontife actuel et le secrétaire d'État sont très désireux d'être agréables à la France, et j'en ai eu une nouvelle preuve dans l'audience que le Saint-Père m'a accordée hier matin. »

J'ai tenu, m'a dit textuellement le Souverain Pontife, quand je suis entré dans son cabinet, à ce que, dans la « première promotion de cardinaux que j'avais à faire, la France eût la part principale. » Et comme je le remerciais vivement de ces paroles,

---

(1) Cette réserve *in petto* est un cas qui se produit, lorsque le Saint-Père, pour une raison ou une autre, nomme un cardinal, mais se réserve de le proclamer officiellement dans un consistoire plus éloigné.

il m'a dit qu'il avait été très heureux de voir mon gouvernement s'associer à sa pensée d'une façon aussi satisfaisante et qu'nn des premiers actes du cabinet, au lendemain du vote de confiance que lui avait donné la Chambre des députés, eût été de lui présenter deux candidats aussi recommandables que l'évêque de Poitiers et l'archevêque de Toulouse. Il serait heureux de les créer cardinaux dans la même promotion. Sa Sainteté me parla. alors du ministre des Cultes, M. Bardoux, qui avait témoigné, d'après ce qui lui était revenu, de très bonnes dispositions pour cette négociation, du Maréchal et de M. Dufaure qui y avaient présidé, et enfin du ministre des Affaires étrangères, dont Elle avait déjà apprécié, pendant qu'il était au Congrès de Berlin, l'attitude favorable aux intérêts catholiques. Le Saint-Père ajouta qu'il espérait bien que l'accord qui venait de se produire entre le Saint-Siège et le gouvernement de la République porterait en France ses fruits naturels et que les intérêts religieux continueraient à trouver chez nous dans les représentans du pouvoir la protection à laquelle ils avaient droit.

Les lettres que le maréchal de Mac-Mahon adressa au Pape pour lui demander la nomination des deux nouveaux cardinaux français furent un des derniers actes et des meilleurs de sa carrière politique. La réponse du Saint-Père fut remise à M. Grévy, son successeur. Elle confirmait pleinement les assurances que Sa Sainteté m'avait données, et ce fut dans le Consistoire du 12 mai que les nouveaux cardinaux furent préconisés. J'y reviendrai tout à l'heure, lorsque j'aurai à faire connaître la composition de cette première liste de cardinaux, qui fit une certaine impression en Italie et dans le monde catholique, lorsqu'elle parut. Mais je tiens à faire connaître d'abord celle que produisit le départ du maréchal de Mac-Mahon, lorsque la nouvelle en parvint au Vatican.

II

J'eus l'occasion de le constater officiellement, quand j'eus à remettre au Souverain Pontife la lettre par laquelle M. Grévy lui notifiait son élection à la Présidence. Le Saint-Père me reçut avec sa bienveillance habituelle, le 27 février, et m'exprima l'espoir que le parti modéré en France, dans lequel il plaçait sans hésitation le président du nouveau cabinet, M. Waddington, resterait le maitre de la situation et ne serait pas débordé par le parti extrême. « Le Saint-Père, écrivais-je à M. Waddington, m'a confirmé ce que j'ai eu l'honneur de vous écrire souvent sur l'indifférence relative avec laquelle le Saint-Siège envisage aujourd'hui les modifications successives qui peuvent se produire dans le personnel gouvernemental des différens pays. — Il ne se préoccupe que des intérêts religieux dont il a la garde, et c'est dans cette limite que sont soigneusement réglées ses répulsions et ses préférences, mobiles comme ces intérêts eux-mêmes et trop hautes pour l'attacher à telle forme de gouvernement, ou pour la repousser en elle-même. La forme républicaine de nos institutions ne sera donc pas pour le Saint-Siège un motif d'éloignement envers la France, aussi longtemps que les intérêts religieux seront sauvegardés dans leur ensemble. »

Le Saint-Père avait, par suite, été bien aise d'apprendre que le nonce fût entré immédiatement en rapports avec le nouveau Président et que le cardinal Guibert se fût empressé de faire visite à M. Grévy. Son Éminence avait rendu compte au Saint-Père de cet entretien dont il a bien voulu me citer les points principaux et qui l'avaient généralement satisfait. Le Pape y puisait la confiance que le gouvernement de la République continuerait à se maintenir dans une voie d'entente avec le Saint-Siège, et il ne voyait dès lors que des motifs d'encourager l'épiscopat français à ne troubler, par aucun désaccord, cette note générale de bonne harmonie. Le Saint-Père daigna aussi, à deux reprises, me remercier des efforts que je faisais pour maintenir la bonne entente entre la France et le Saint-Siège et m'en exprima toute sa satisfaction. Je lui répondis que tous mes efforts étaient acquis à ce programme d'apaisement, qui me paraissait être aussi bien dans la pensée du gouvernement qu'il l'était dans mes intentions personnelles.

Le jour où j'avais l'honneur de voir le Saint-Père étant le lendemain du premier anniversaire de son pontificat, je profitai de cette occasion pour résumer devant Sa Sainteté les résultats déjà importans que la politique modérée suivie par le Saint-Siège avait obtenus depuis un an.

Le Saint-Père écouta sans contradiction, et j'oserai dire avec complaisance, ces paroles qui me parurent correspondre à sa pensée intime. Puis, il me parla de la députation des journalistes catholiques qu'il devait recevoir le surlendemain. « C'est une puissance que la presse, me dit le Souverain Pontife, et il faut compter avec elle. Ces paroles m'ont frappé, car elles sont la meilleure démonstration de ce que j'ai eu l'honneur de vous écrire souvent, que Léon XIII est un homme de son temps. Sa prétention est surtout d'éclairer le monde et, bien qu'il ne craignît pas de dénoncer toute erreur avec autant de sévérité qu'aucun de ses prédécesseurs, ce n'est qu'à regret, on le sent, qu'il laisserait tomber de sa bouche des paroles de réprobation et d'anathème. »

Le surlendemain, en effet, le Pape reçut dans la grande salle du Consistoire les représentans de la presse catholique du monde entier. On évalue à un millier environ le nombre des délégués. La presse américaine et la presse anglaise y étaient largement représentées, et c'est au milieu des applaudissemens de cet auditoire très cosmopolite et très nouveau venu au Vatican, en tant du moins que corporation, que le Saint-Père prit la parole. Après avoir remercié les représentans de la presse, venus ainsi de toutes les parties du monde, du concours moral qu'ils donnaient au Saint-Siège, Léon XIII leur montra la route qu'ils devaient suivre et leur traça leurs devoirs. Il leur recommanda la modération, parce qu'avec la violence on n'obtient rien. On ne fait qu'irriter les passions et on rend possible ce qu'on avait l'intention d'empêcher. Le Saint-Père revendiqua très nettement le droit du Saint-Siège de fixer seul les points doctrinaux et de ne pas permettre que des laïcs prissent sur eux de les interpréter sans mandat. Puis il ajouta que, pour maintenir la plénitude de l'autorité doctrinale, il était nécessaire que le Saint-Père jouit de la plus entière liberté, et que cette liberté ne pouvait être efficacement garantie que par la souveraineté temporelle, gage de cette indépendance.

Quelques jours après, à l'occasion de l'anniversaire de son couronnement, le Pape réunit dans une audience générale toute la noblesse romaine demeurée fidèle au Saint-Siège, et qui répondit à l'unanimité à son appel. C'était le jour de réception du cardinal Nina pour le Corps diplomatique, et je me trouvai, par hasard, montant l'escalier du Vatican, lorsque tout le patriciat romain en descendait. C'était une véritable foule, et toutes les cours du palais étaient remplies par les voitures et la suite des princes romains. Le Pape profita de cette occasion pour adresser à ses interlocuteurs une allocution dont quelques passages furent très remarqués et méritaient de l'être. Sa Sainteté, après avoir remercié la noblesse romaine de son concours empressé, ajouta que des liens étroits et anciens l'unissaient intimement au pontificat. Le Pape rappela que c'est à l'ombre de ce pontificat que sont nées et se sont illustrées les plus grandes familles patriciennes de Rome; que chacune, dans la longue suite de ses ancêtres, était fière de compter de nombreux personnages qui, par leurs vertus, leur esprit, leur doctrine et leur valeur, avaient réalisé de grandes choses et obtenu, en retour, du pontife romain, des encouragemens et des largesses (*larghezze*) souveraines. Ce noble passé et des exemples récens donnaient au Saint-Père le droit d'espérer que les anciens liens de fidélité et d'union au Saint-Siège ne seraient jamais rompus.

Ce discours fit une assez grande impression sur la noblesse réunie auprès du Saint-Père. « Quel que soit l'avenir, écrivais-je à M. Waddington, il est certain que le pape Léon XIII est un noble lutteur et qu'on ne peut lui refuser, à quelque opinion qu'on appartienne, un tribut d'admiration sympathique et respectueuse pour le courage dont il fait preuve et la noblesse de son langage. On ne peut contester non plus qu'en Italie sa position ne soit aujourd'hui très grande et que le pontificat n'oblige amis et ennemis à compter avec lui. Il n'y a pas un jour où les journaux italiens ne soient occupés du Vatican et ne lui consacrent, comme articles de fond ou comme informations, une partie importante de leurs colonnes. C'est un spectacle très curieux et très instructif à la fois que cette préoccupation générale de ce que peut faire ou dire un pouvoir qui n'a pas un bataillon pour se défendre et à plus forte raison pour attaquer, mais dont l'autorité morale s'impose à tous, aussi bien en Italie qu'au dehors. »

III

En même temps que le Saint-Père recevait la noblesse romaine et les journalistes catholiques, on s'occupait activement au Vatican de la création des nouveaux cardinaux, qui furent officiellement proclamés dans les consistoires des 12 et 15 mai 1879. — L'usage, en effet, est que la remise officielle des chapeaux cardinalices aux titulaires nouveaux n'ait pas lieu le jour de leur préconisation, mais dans un consistoire ultérieur. C'est ce qui eut lieu. Mais la promotion fut bien plus considérable qu'on ne l'avait cru d'abord. Ce qui la caractérisa surtout, c'était d'être

recrutée complètement en dehors de la prélature romaine; car
le choix de Mgr Pecci, frère du Saint-Père, qui lui fut désigné
en quelque sorte par l'unanimité des vœux du Sacré Collège, ne
peut rentrer dans cette catégorie. Le nombre des cardinaux de
cette promotion s'éleva à dix. Ce furent, par ordre de nomination, l'archevêque de Toulouse, Mgr Desprez, l'évêque de Poitiers, le père Newman, le docteur Hergenröther, le père Pecci,
Mgr Haynald, primat de Hongrie, le prince de Fürstenberg, archevêque d'Olmütz, le père Zigliara, dominicain établi à Rome et
Corse d'origine, l'évêque d'Albenga, Mgr Alimonda, et enfin, l'archevêque de Porto, que l'ambassadeur de Portugal demandait
depuis deux ans, sans avoir pu l'obtenir.

L'Autriche avait également obtenu deux cardinaux. D'après
ce que me dit le secrétaire d'État, il n'avait d'abord été question
que de la nomination de Mgr Haynald, primat de Hongrie.
L'empereur François-Joseph avait alors écrit au Saint-Père une
lettre conçue dans les termes du plus vif attachement pour le
Saint-Siège et demandé instamment que le nombre des chapeaux
accordé à l'Autriche fût porté à six, chiffre déjà atteint à d'autres
époques. Mon collègue d'Autriche, le comte Paar, me l'avait
annoncé confidentiellement, le même jour où je l'avais rencontré sortant du cabinet du Saint-Père, auquel il avait remis
la demande de l'Empereur en faveur du prince de Fürstenberg,
archevêque d'Olmütz, prélat fort distingué, mais d'une notoriété
moins grande que celle de son collègue, Mgr Haynald.

A côté des deux cardinaux français, des deux Autrichiens,
du cardinal du Portugal, le Saint-Père avait tenu à compléter
cette promotion étrangère par le choix du père Newman. J'en
dirai quelques mots. Cette nomination produisit un grand effet
en Angleterre, et le nouveau cardinal fut très fêté, à l'occasion de
son élévation à la pourpre, par tous les Anglais et Américains
présens à Rome. Il avait d'abord hésité à accepter, par suite de
son grand âge et du dissentiment d'opinion qu'il avait jadis manifesté sur la question de l'infaillibilité; mais les instances du
cardinal Manning le décidèrent. Le matin du jour où le garde
noble lui apporta, suivant l'usage, les insignes de sa dignité nouvelle, toute la société anglaise, parmi laquelle un assez grand
nombre de protestans, était réunie dans les salons du cardinal
Howard, qui les avait mis, pour cette occasion, à la disposition
de son collègue. Lady Herbert lui lut une adresse de félicitations

et l'accompagna d'un magnifique présent offert par la colonie. Le cardinal répondit en anglais par un grand discours qui fut fort remarqué, parce qu'il y était fait une allusion directe au dogme de l'infaillibilité pontificale, dont il se déclara le partisan sincère et convaincu. « Il va repartir pour l'Angleterre, écrivais-je, où il fixera dorénavant sa résidence. Il est fort âgé et contraste de tous points, par la simplicité de son costume, son âge avancé et l'austérité de son visage, avec la taille imposante et le bel air du cardinal Howard. »

Cette promotion de cardinaux, tous choisis en dehors de la prélature romaine, presque tous étrangers à l'Italie, sauf le cardinal Alimonda et Mgr Pecci, ne pouvait manquer de produire une assez grande impression à Rome. On y remarqua nettement les deux choses que le Saint-Père s'était proposées en les faisant : composer le Sacré Collège d'hommes éminens, d'un mérite incontesté et reconnu par tous, et en éloigner le plus possible toutes les médiocrités qui tenteraient d'y pénétrer par de prétendus droits acquis. Puis après, fort de cet entourage cosmopolite qui ouvrait le Sacré Collège à une moitié de cardinaux étrangers, obliger l'Italie à compter davantage avec un pouvoir qui était si dignement représenté au dedans et au dehors, tel fut le but que le Saint-Père se proposa dans cette première promotion.

« Ces dispositions de Sa Sainteté, que manifestent ses derniers choix, écrivais-je à M. Waddington, et sa tendance à donner graduellement à l'étranger une part prépondérante dans le Sacré Collège sont des événemens d'une certaine importance. En ce qui nous concerne, nous n'avons qu'à nous féliciter d'avoir assuré le maintien de nos intérêts permanens d'influence à Rome, par l'adjonction de deux nouveaux cardinaux. A quelque point de vue que l'on se place, il ne saurait, en effet, nous être indifférent d'être représentés avec plus de dignité auprès d'un pouvoir qui sera toujours, comme l'a dit avec raison M. Frère-Orban lui-même au Sénat belge, une grande puissance morale dans le monde. En ce qui concerne l'Italie, désormais c'est au dehors que le Saint-Siège placera son point d'appui, non pas qu'il se flatte d'obtenir pour le moment une assistance matérielle quelconque; mais il sait que les Italiens compteront d'autant plus avec lui que l'étranger se montrera plus favorablement disposé. Une papauté, devenant de plus en plus italienne, ne serait plus qu'un évêché de Rome, à bref délai. Au contraire, un pontife s'appuyant moralement sur la catholicité tout entière obligera toujours les Italiens à respecter sa dignité, si précaire que soit la situation à laquelle les événemens l'aient réduit.

« ·Ce suffrage de l'étranger a une grande valeur en ce pays, plus peut-être que dans aucun autre, Léon XIII l'a déjà, on peut le dire, conquis en partie. Il a, par suite, obtenu dès le début de son règne, de toute la population de la péninsule, un respect à peu près unanime et qui va en s'augmentant tous les jours. L'Italie se sent honorée et flattée d'avoir ce Pape à grandes allures. Il ne lui déplaît pas de voir quelques prélats un peu malmenés pour la bonne cause et quelques incapables remerciés. Elle sent que la tiare est placée sur une tête qui sait la porter. Elle n'en redoute pas l'autorité dans le présent et elle en aime la dignité. Et puis, à tort ou à raison, elle s'imagine que le règne du pontife actuel sera heureux, et, comme tout le monde, elle aime le succès. Garibaldi lui-même n'a pas osé jusqu'ici jeter au nouveau pontife ses insultes habituelles envers l'Église et ses représentans. Au fond, la nation entrevoit, confusément encore, mais avec cet esprit politique qui la caractérise, qu'il y a, entre elle et la papauté, sinon une conciliation possible, du moins une gloire italienne, qu'elle ne doit pas laisser échapper, et au maintien de laquelle les suffrages venus de l'étranger ne lui feront attacher que plus de prix. La création des nouveaux cardinaux ne peut, à ce point de vue, être envisagée que comme un acte habile du nouveau pontificat. C'est un avertissement à l'Italie, qui n'était pas fait pour lui plaire, mais qui, venant à propos, n'a produit au fond qu'nn salutaire effet. »

J'eus l'occasion de m'apercevoir, en voyant Sa Sainteté quelques jours après les deux derniers consistoires des 12 et 15 mai, que j'avais bien compris sa pensée en la traduisant ainsi. Le Saint-Père me parla fort longuement des choix qu'il avait ·cru devoir faire et de la satisfaction qu'ils lui paraissaient avoir produite à l'étranger, du concours sympathique que les Anglais, même appartenant à la religion protestante, avaient donné, par leur présence dans les salons du cardinal Howard, au choix du cardinal Newman. Il me dit qu'il avait été très heureux d'avoir pu accorder à la France une part aussi importante dans le Sacré Collège. Il m'entretint de l'émotion qu'il avait éprouvée en donnant le chapeau cardinalice à son frère, plus âgé que lui de quelques années, et qu'il avait, sur la demande expresse du Sacré

Collège, élevé à une dignité que celui-ci n'ambitionnait pas, mais méritait à tous égards.

Le Pape s'entretint longuement ensuite avec moi de la situation des Églises d'Orient, qui avait fait l'objet de sa dernière allocution. Il espérait que le gouvernement français continuerait à s'en occuper, et le nonce venait d'être chargé de recommander à l'attention toute spéciale de M. Waddington la protection de ces graves intérêts.

Le Saint-Père me parla ensuite de nos affaires religieuses, dont il paraissait très préoccupé, notamment du projet de loi sur l'enseignement supérieur que venait de présenter M. Jules Ferry. Sa Sainteté souhaitait vivement que, tout au moins, l'article 7 de ce projet pût être supprimé et que la liberté de l'enseignement chrétien ne reçût pas cette grave atteinte. Mais le Saint-Père, avec ce tact parfait et cette bienveillance qui le caractérisent, n'a pas cherché à s'appesantir vis-à-vis de moi sur ces difficultés, car on voit que son plus vif désir serait de maintenir avec la France les relations cordiales qui ont si heureusement existé jusqu'ici, et que rien ne vînt modifier des rapports de mutuelle confiance, auxquels il me parait attacher le plus grand prix. Je n'ai pas négligé cette occasion de lui dire avec quelle sympathie la France entière avait salué son avènement au pontificat et que les opinions les plus diverses s'accordaient dans un commun hommage de sympathie et de vénération pour son auguste personne. Le Saint-Père me parut touché de ces paroles. Il aime la France; il en parle à chaque instant avec estime et sympathie. Il n'a aucun préjugé contre la forme actuelle de nos institutions et il en donne tous les jours des preuves manifestes. Rien ne serait donc plus cruel pour ce noble cœur et cette grande intelligence chrétienne, que d'être un jour ou l'autre déçu dans la réalisation de ses légitimes espérances. Son avènement au pontificat a coïncidé avec une politique d'apaisement dont les effets commencent à se faire sentir dans le monde entier. C'est cette politique que l'on demandait au Saint-Siège d'appliquer depuis de longues années. Elle est aujourd'hui mise en pratique. Tous les esprits éclairés ne peuvent que lui rendre cet hommage, qui lui vient de partout et que lui apportent tous les échos autorisés de l'opinion de l'Europe et du monde.

Nous eûmes une nouvelle preuve de ces sentimens de bienveillance du Saint-Père pour la France dans la nomination du nouveau nonce qui remplaça à Paris Mᵍʳ Meglia. Dans les premiers jours de juillet, le cardinal secrétaire d'État me dit que le Saint-Père avait l'intention d'élever, dans le courant de l'été ou de l'automne, au cardinalat les quatre nonces qui. étaient en situation d'y prétendre et de les remplacer par des sujets qu'il avait choisis lui-même. Son choix pour la France s'était porté sur Mgr Czacki, avec lequel nous avions déjà traité à Rome bien des affaires délicates, et notamment celle des deux cardinaux élus dans le consistoire du 15 mai. C'était, en ce qui le concernait, la réalisation d'une idée déjà ancienne du Saint-Père, remontant à l'origine de son pontificat, car, le surlendemain de son exaltation, le nouveau Pape avait dit à Mgr Czacki : « Vous serez mon nonce à Paris. »

« Le nouveau nonce, écrivais-je dans une lettre particulière à M. Waddington, est un homme de quarante-cinq ans, allié aux meilleures familles de Pologne et de Russie, les Branicki, Odescalchi, Potocki, en même temps qu'aux Strogonoff et aux Sherbatoff. J'entre dans ces détails pour vous faire bien comprendre que vous n'aurez pas affaire à un *Polonais romanisé*, susceptible de vous créer un embarras éventuel avec la Russie. Il parle notre langue comme vous et moi et l'écrit de même. Vous le comprendrez donc merveilleusement bien, et d'autant mieux qu'il fera tout son possible pour rapprocher le Saint-Siège de la France. Avec lui, tout vous sera facile, si vous savez en tirer parti, auprès de l'épiscopat français et envers d'autres, en dehors, bien entendu, de la lutte avec Rome, dans laquelle, malgré certaines dispositions législatives qui pourraient l'amener, comme je vous l'ai écrit particulièrement il y a une dizaine de jours, vous aurez le bon esprit de ne pas vous engager...

Je vous en dirais davantage encore, si je ne savais que c'est rendre un mauvais service à un homme, ou à une femme, que de vanter à l'avance le mérite de l'un ou la beauté de l'autre. Vous jugerez notre nouveau nonce à l'œuvre au mois d'octobre prochain, mais je crois pouvoir vous dire, avec certitude de n'être pas démenti, que depuis longtemps, à mon avis, le Saint-Siège n'aura pas été mieux représenté en France que par le candidat dont je soumets le nom à votre agrément. »

La lettre que l'on vient de lire était trop pressante, et j'ose dire trop justifiée, pour que le gouvernement de la République n'agréât pas avec plaisir le choix qui lui était proposé. Je reçus quelques Jours après un télégramme m'annonçant l'agrément du nouveau nonce et j'en fis part au cardinal secrétaire d'État. Le Saint-Père fut très sensible à notre empressement à ratifier un choix qui émanait, comme je l'ai dit, de son initiative personnelle et il m'en fit exprimer ses remerciemens par le cardinal Nina. — Il ne fallut pas moins, du reste, que la gravité croissante de nos affaires religieuses pour décider le Saint-Père à se séparer, en l'envoyant à Paris, d'un homme qui avait toute sa confiance et qui avait « gagné son cœur. » Ces natures polonaises ont quelquefois un charme auquel il est difficile de résister, mais celle-là était de tout premier ordre, et l'on comprend, quand on l'a connue, la sympathie qu'elle inspirait autour d'elle. Si la santé avait été chez le nouveau nonce à la hauteur de l'intelligence, nul doute qu'il n'eût réussi à conjurer bien des malentendus. Malheureusement, l'amour du travail et la conscience de ses devoirs épuisèrent ses forces, et, quand je le revis à Paris, après que j'eus quitté l'ambassade, je constatai trop souvent en lui un affaiblissement qui devait l'obliger assez promptement à abandonner la nonciature et à rentrer à Rome. Il y mourut peu de temps après que le chapeau cardinalice lui eut été remis, laissant à tous ceux qui l'avaient connu intimement de sincères et unanimes regrets.

Avec Mgr Czacki, nommé à Paris en remplacement de Mgr Meglia, le choix du Saint-Père s'arrêta, pour Vienne, sur Mgr Vannutelli, nonce à Bruxelles, en remplacement de Mgr Jacobini ; sur Mgr Aloisi Masella, qui de Munich passait à Lisbonne ; sur Mgr Roncetti, transféré du Brésil à Munich ; sur Mgr Bianchi à Madrid. Mgr Cretoni remplaça Mgr. Czacki comme substitut de la secrétairerie d'État. C'étaient tous d'excellens choix, et les anciens titulaires, qui m'étaient tous personnellement connus, furent créés cardinaux dans le consistoire du 19 septembre.

Toutes ces nominations produisirent un bon effet. En renouvelant ainsi le personnel des nonciatures, Léon XIII y infusait en quelque sorte un esprit nouveau. C'était le digne complément du premier mouvement cardinalice et l'on n'était pas loin d'atteindre le chiffre des soixante-dix cardinaux composant le Sacré Collège et qui n'est jamais dépassé. Le Saint-Père se montrait ainsi fidèle à la règle qu'il s'était tracée de ne faire autant que possible que des choix amplement justifiés par la valeur et la distinction personnelle des candidats. L'horreur de la médiocrité

m'a toujours paru l'un des signes les meilleurs et les plus caractéristiques de son pontificat.

I V

La saison d'été était déjà assez avancée et, tous mes collègues
s'étant plus ou moins dispersés aux environs de Rome, nous en
profitâmes pour aller passer quelques semaines à Pérouse, dans
une maison de campagne que le Saint-Père avait occupée pendant les deux dernières années qui avaient précédé son pontificat.
Son propriétaire fut bien aise de la louer à un des ambassadeurs
accrédités auprès du Saint-Père, qui, de son côté, parut charmé
d'apprendre que, en nous éloignant de lui, pour quelques
semaines, nous allions retrouver à Pérouse son souvenir et pour
ainsi dire sa présence. L'habitation était située à une dizaine de
minutes de la ville, dans une charmante position. La vue y était
superbe, et je n'oublierai jamais ces beaux couchers de soleil sur
les montagnes de l'Ombrie, qu'il illuminait successivement, au
moment de disparaître. On comprend que l'école du Pérugin en
soit sortie et ait éclairé, à son tour, le monde de la peinture et
des arts. L'air y était délicieux le matin et le soir, et nous pensions bien souvent au sacrifice réel que le Saint-Père avait dû
faire au bien de l'Église, en quittant la douce brise de Pérouse
pour aller s'établir au Vatican. Et puis, si cette ville rappelle
le souvenir de bien des luttes du moyen âge, quelles idées de
paix n'éveille-t-elle pas aussi ! A peu de distance de là, se trouve
cette cité d'Assise, dont le bienheureux François a immortalisé
le nom. On croit l'y voir se promenant dans la campagne et ap-
privoisant, selon la légende, le loup qui la dévastait. Il semble
que l'on entende les oiseaux chanter encore autour de lui et
saluer en chœur ce nouveau bienfaiteur de l'humanité. Pourquoi, en effet, refuser ce titre à des hommes qui n'ont jamais eu
en vue que le bien de leurs semblables et jeter sur eux un regard de haine, ou simplement de défiance? Ils se sont proposé le
noble but de captiver l'humanité en s'en faisant aimer, tandis
que d'autres n'ont jamais cherché qu'à s'en faire craindre pour
l'exploiter ou l'asservir.

Ces pensées ne pouvaient qu'être agréables au Saint-Père, et,
ayant eu à lui remettre, vers la fin de septembre, des lettres du
Président de la République demanda   l'institution canonique

pour deux de nos évêques, Amiens et Gap, je m'aperçus bien vite de l'intérêt qu'il continuait à porter à son ancien diocèse où il avait vécu vingt-cinq ans. Sa Sainteté voulut tout savoir, aussi bien les détails de notre installation que mon impression sur Pérouse et sur ses monumens. Le Saint-Père me questionna longuement sur une exposition agricole, très curieuse, du reste, qui y était ouverte à ce moment. Je dus lui parler de tout, hommes et choses, tableaux de maîtres anciens et modernes, et produits industriels. Tout l'intéressait. « Le Pape, ajoutais-je, dans le récit de cette audience, a même conservé jusqu'ici la direction de son ancien diocèse, dont les détails seulement sont confiés à un administrateur. On lui rend compte officiellement de tout; mais Sa Sainteté comprend que cet état provisoire ne peut durer plus longtemps et son intention serait de se remplacer prochainement lui-même à Pérouse par la désignation d'un nouveau titulaire. »

Le Pape me parla ensuite des deux nouveaux évêques d'Amiens et de Gap, auxquels il serait heureux d'accorder l'institution canonique, après l'entente qui venait de s'établir entre nous, et de Mgr de la Tour d'Auvergne, archevêque de Bourges, dont la mort lui avait causé un vif regret. Il m'en fit un grand éloge, en ajoutant qu'il espérait que la nomination de son successeur ferait également honneur à la France et à l'Église.

Nous parlâmes ensuite du nouveau nonce, sur lequel le Saint-Père s'exprima dans les termes de l'affection et de la sympathie les plus vives. C'est un véritable cadeau que, dans sa pensée, le Pape a fait à la France en nous le donnant. C'est, en même temps, la preuve de l'importance capitale que le Pape attache, en ce moment, à nos affaires religieuses. « Le Saint-Père, écrivais-je à M. Waddington, ne m'a pas dissimulé ses appréhensions; mais il a bon espoir que les difficultés présentes pourront être aplanies par un esprit de modération et d'équité. Le nouveau nonce a les instructions les plus larges. Il ne repoussera personne et il accueillera tous ceux qui viendront à lui. Les violens seuls auront le droit de le fuir. — Mais la France ne leur appartient pas; elle est aujourd'hui dans les mêmes conditions que le reste de l'Europe, qui a soif d'apaisement et de concorde. Elle devrait même désirer davantage le repos, ayant été plus éprouvée que d'autres. Le Nonce trouvera dans ces données une base sérieuse et large, sur laquelle le Pape espère qu'il pourra asseoir une politique durable de pacification religieuse.

« C'est cette pacification que Léon XIII voudrait établir partout et, depuis que j'ai l'honneur de l'approcher, je n'ai pas surpris un moment de défaillance dans cet espoir. On a beaucoup abusé en tout temps du mot de philanthropie; mais il est certain que Léon XIII est un philanthrope, dans l'expression la plus haute et la plus évangélique du mot. Il aime l'humanité, et non seulement en elle la partie dont les doctrines se rapprochent des siennes, mais celle même qui s'en éloigne. Il donnera la main à tous ceux qui ne la repousseront pas absolument; il combattra sans doute, s'il le faut, mais il plaindra surtout l'erreur, et l'anathème est une parole qui ne sortira qu'avec peine de sa bouche de pontife. Il fait respecter la parole de Dieu quand il écrit, il la fait aimer quand on l'entend. Avec ces dispositions, il n'est pas surprenant, si son pontificat dure quelques années, qu'un jour ou l'autre, le monde ne vienne à lui, comme nous le voyons déjà en Allemagne, en Italie, et ailleurs. »

Au moment même où j'écrivais ces lignes, la fin du schisme arméno-catholique et l'arrivée de Mgr Kupélian à Rome, où il venait faire sa soumission entre les mains du Saint-Père, lui causèrent une satisfaction d'autant plus grande que le succès en était dû aux efforts de notre ambassadeur à Constantinople. On sait que les Arméniens catholiques, qui reconnaissaient pour chef Mgr Hassoun et formaient les deux tiers de la communauté, étaient en graves dissentimens avec l'autre tiers de leurs coréligionnaires, qui se laissaient diriger par Mgr Kupélian. Ces dissentimens ne restèrent pas seulement sur le terrain moral de la lutte religieuse; ils devinrent promptement une question politique, et le grand vizir Hussein-Pacha, sous des influences hostiles à la France, ainsi que me le confirma Mgr Kupélian lui-même dans la visite qu'il me fit, avait, en 1874, donné l'ordre d'enfoncer les églises des Hassounistes et leur avait infligé mille outrages. L'influence de notre ambassade à Constantinople avait fini par faire entendre raison au cabinet ottoman, et les exhortations, venues de Rome, avaient décidé Mgr Kupélian à renoncer au schisme. M. Fournier s'entremit très heureusement dans toute cette affaire et, sur ma demande, notre ambassadeur reçut du Saint-Père le grand cordon de Pie IX, dont il se montra profondément reconnaissant. Le Saint-Siège accueillit à bras ouverts Mgr Kupélian, qui me parut fort heureux de rentrer dans le sein de l'Église catholique.

Il en fut de même pour le schisme chaldéen, que M. Fournier parvint également à apaiser, par la restitution aux catholiques de l'église patriarcale de Mossoul, malgré les influences contraires d'une autre ambassade étrangère. Le Saint-Père en fut très heureux, et l'archevêque de Tarse, en Cilicie, de passage à Rome, me dit que, par l'apaisement de ces deux différends religieux, la France était en train de conquérir en Orient une influence beaucoup plus sérieuse qu'on ne pouvait se l'imaginer de loin. Cette question d'influence religieuse au dehors a été fort discutée dans ces derniers temps par l'esprit de parti, mais il semble que, en dehors des sectaires acharnés contre l'Église catholique, l'accord soit bien près de se faire entre nous. Il est facile d'en comprendre les motifs par les raisons suivantes, qui avaient persuadé, dit-on, Gambetta lui-même. Je veux en dire un mot, puisque l'occasion m'en est offerte en ce moment.

Si les diverses communauté catholiques, au dehors, n'obtenaient plus de la France la protection qu'elle leur a toujours accordée, elles recourraient, comme nous l'avons vu bien des fois, à l'Autriche, à l'Italie, à l'Allemagne, à l'Angleterre même, qui s'empresseraient de la leur accorder; car il est de l'essence des pays d'Orient que, le faible s'y trouvant toujours sans défense et livré à la tyrannie ou à l'arbitraire local, cherche une protection autour de lui. Ce rôle *ne sera jamais vacant*, et, le jour où la France renoncerait, pour sa part, à ce rôle traditionnel, qui a fait sa force et son honneur, elle verrait immédiatement sa place prise par d'autres puissances, au grand détriment de ses intérêts moraux et même matériels. Cette dernière assertion peut paraître un peu hasardée au premier abord; elle n'est que rigoureusement vraie, car une nation avec laquelle on ne compte plus moralement perd bientôt le prestige qui lui est nécessaire pour protéger ses nationaux et obliger les gouvernemens étrangers à écouter ses réclamations.

De même qu'en Angleterre, en Hollande, en Belgique, en Suisse, les questions d'intérêts matériels priment facilement les autres, de même, en Orient, les questions religieuses seront toujours des questions d'intérêts positifs, et les premières de toutes. Nous l'avons vu lors de la guerre de Crimée. Nous avons retrouvé les mêmes impressions, il y a deux ans, lors du voyage de l'empereur allemand à Jérusalem. Nous le verrons bien des fois encore. Il semble, en effet, que, dans ces contrées plus voisines du berceau du genre humain et du tombeau du Sauveur, l'humanité chrétienne se donne rendez-vous dans la personne des représentans des divers États; pour y mesurer sa force grandissante ou diminuée, en raison de la protection plus ou moins officielle accordée à ces grands intérêts.

V

Une des questions importantes, que j'eus encore à traiter pendant le cours de mon ambassade, fut celle des nominations épiscopales et des moyens d'arriver, sur cette question délicate, à une entente pratique qui sauvegardât à la fois les deux intérêts en jeu, à savoir la dignité du gouvernement et celle du Saint-Siège, conformément au texte et à l'esprit du Concordat. On se rappelle peut-être que c'était une des premières questions dont m'avait entretenu le Saint-Père à mon arrivée à Rome, et que je m'étais réservé d'en parler dans un chapitre spécial. Je dois ajouter que, en raison de l'importance de ces déclarations, je crus devoir en soumettre le résumé au cardinal Nina, qui le mit sous les yeux du Saint-Père et m'annonça qu'il avait reçu son approbation. Voici le texte de ce résumé, tel que je l'envoyai à M. Waddington :

« Le Saint-Père estime que la pratique constamment suivie dans ces dernières années, celle d'une entente préalable entre le ministère des Cultes et la nonciature, pour la nomination des évêques, est la seule qui ne présente pas d'inconvéniens. Le droit de nomination directe des évêques, ou l'*Indultum*, est accordé au chef de l'État par le Concordat; mais un évêque n'est pas un simple fonctionnaire, et par conséquent, il n'est pas à nommer purement par un décret, comme un préfet ou un général; il n'est évêque pour les fidèles, en vue desquels le gouvernement le choisit et d'après le Concordat lui-même, qu'autant que le Souverain Pontife lui a donné l'institution canonique. Or, le Pape ne peut lui conférer cette institution qu'autant qu'il est à sa parfaite connaissance, — *ex conscientiâ bene informata*, que, par ses mérites, la pureté de sa doctrine et ses vertus, il honorera le siège auquel il est appelé. Or un évêque ne peut honorer son siège qu'en joignant à l'autorité épiscopale dont il est investi ce prestige moral intellectuel et pastoral qui lui procure la confiance de son clergé et la vénération de son peuple. Sans doute le gouvernement lui-même a intérêt à ne placer sur les sièges épiscopaux que des hommes recommandables, mais, quelle que soit la confiance que Rome puisse avoir dans la clairvoyance d'un ministre quelconque, lui ou ses bureaux ne pourront que difficilement· obtenir sur le compte des candidats à l'épiscopat certaines informations confidentielles de la nature la plus délicate et que le Nonce pourra, au contraire, comme évêque et représentant du Saint-Père, recueillir facilement et discrètement. Si l'on s'en tient au droit strict des deux côtés et que l'on ne cherche pas l'entente, le pouvoir civil sera quelquefois exposé à faire de mauvais choix, que le Pape ne pourra pas ratifier en conscience, comme cela a eu lieu trois ou quatre fois sous le dernier Empire. Ce sont des cas toujours très regrettables, qui laissent des diocèses vacans, comme on l'a vu pendant plusieurs années, lorsque le gouvernement ne croit pas pouvoir renoncer au choix qu'il a fait, et qui portent à la considération du candidat refusé par Rome une atteinte dont il a toujours la plus grande peine à se relever.

« Le Saint-Père croit donc que le mieux est de demeurer dans la voie où M. Thiers était entré, lorsqu'il arriva au pouvoir après la guerre de 1870, celle d'une entente toute confidentielle, et non avouée même, si on le désire, entre le ministère des Cultes et la nonciature, mais, en pratique, réelle. Le secret peut être facilement gardé entre deux personnes et un candidat retiré diserètement, sans aucun préjudice pour sa considération personnelle Si quelque difficulté survient plus tard, comme nous l'avons vu dans quelques nominations, rien n'empêche alors de la porter à Rome et de la trancher directement entre l'ambassade et la secrétairerie d'État ; mais, si nous commençons par porter l'affaire à Rome, le Pape et la secrétairerie d'État, avec la meilleure volonté du monde, ne pourront jamais se prononcer qu'autant qu'ils auront déjà reçu des informations préalables. Ne connaissant pas habituellement les candidats à l'épiscopat, ils ne pourront nous répondre que pour la forme ·et ne le feront définitivement qu'après avoir reçu les rapports du Nonce. Pendant ce va-et-vient entre Paris et Rome, le secret nécessaire peut n'être pas gardé, comme on l'a vu quelquefois, et les candidats évincés ou soupçonnés de l'être peuvent en souffrir dans leur considération. Cette entente du gouvernement avec la nonciature n'affaiblit, du reste, en rien les droits du gouvernement, puisqu'il reste toujours le maître du choix de ses candidats ; mais elle 'empêche des difficultés, qui ne peuvent manquer de survenir, lorsque la nonciature, informée seulement des décisions lorsqu'elles sont déjà officielles, peut se trouver dans l'obligation d'envoyer à Rome des informations défavorables sur le compte du candidat, ou de faire connaître certaines circonstances qui rendent impossible au Souverain Pontife de lui conférer l'institution canonique. »

Telles furent les déclarations du Saint-Père, que je m'empressai de transmettre à Paris, et qui y furent, je crois, frauchement acceptées par le ministère des Cultes, car elles sont de nature à sauvegarder au même degré les droits de l'Église, ceux de l'État et les intérêts particuliers des candidats proposés pour la dignité épiscopale. Il me paraît impossible d'y rien changer, aussi longtemps que les deux pouvoirs désireront vivre en bonne intelligence vi -à-vis l'un de l'autre, c'est-à-dire par de mutuelles concessions. La question n'est pas nouvelle, puisqu'elle date de la querelle des investitures et du Concordat de Worms, il y a quelque huit siècles. Ce sera l'honneur de Léon XIII de l'avoir, à mon avis, sinon tranchée, — elle l'était déjà en principe par le Concordat de 1801, — du moins élucidée et mise en pratique dans l'intérêt de tous, de la façon la plus satisfaisante.

Du reste la pratique de l'entente préalable est constamment suivie, sous une forme ou sous une autre, par toutes les puissances étrangères qui ont un concordat avec le Saint-Siège et des dispositions similaires au sujet de la nomination des évêques.

Cette audience fut une des dernières que j'obtins du Saint-Père, qui m'en accorda seize pendant le cours de mon ambassade. Le 29 décembre, je reçus un télégramme de M. Waddington m'annonçant qu'il quittait le ministère des Affaires étrangères et la présidence du Conseil. M. Léon Say l'accompagnait dans sa retraite. C'était la fraction modérée du ministère qui abandonnait le pouvoir et, dans la situation donnée, il était facile de prévoir que ce départ aurait un contre-coup direct sur nos affaires religieuses. J'appris, en effet, d'une source sûre, que le ministère nouveau, dont les deux personnages les plus marquans étaient M. de Freycinet, président du Conseil, ministre des Affaires étrangères, et M. Jules Ferry, auteur de l'article 7, avaient accepté de la majorité de la Chambre des députés la mission de dissoudre les congrégations et de demander l'assentiment du Saint-Siège à cette mesure arbitraire.

Il m'était impossible, comme je l'ai dit dans mon précédent

article, de me faire l'exécuteur de ce nouveau programme politique, et, malgré deux lettres très pressantes de M. Waddington,
qui me demandait instamment de demeurer à mon poste, dans
des termes trop flatteurs pour que je puisse les reproduire, je
compris que l'heure du départ avait sonné pour moi. Je n'eus
pas d'ailleurs à attendre longtemps la confirmation de mon impression personnelle. Quinze jours après la formation du nouveau cabinet, le 13 janvier 1880, je reçus une lettre particulière
de M. de Freycinet me disant que « des considérations tout à
fait étrangères à ma personne obligeraient sans doute le gouvernement à disposer de l'ambassade qui m'était confiée. Il tenait à
m'en informer avant que cette éventualité se réalisât, afin que je
ne pusse me méprendre sur le caractère de la mesure et sur les
sentimens du gouvernement à mon égard. »

Le 5 février, je reçus, en effet, la nouvelle de ma mise en
disponibilité et mes lettres de rappel. Mon successeur était
nommé. C'était M. Desprez, directeur des affaires politiques au
ministère des Affaires étrangères. Malgré son incontestable habileté, on sait que le Saint-Siège refusa énergiquement d'accorder
au nouvel ambassadeur la dissolution des ordres religieux, qu'il
avait été chargé de lui demander. M. Andrieux, de son côté, a
raconté, dans ses *Souvenirs d'un Préfet de Police*, les agitations
morales que lui causa l'ordre d'expulsion des religieux auquel
il avait dû procéder entre temps. M. de Freycinet ne fut pas plus
heureux que ses deux agens. Quelques mois après, le 23 septembre 1880, il dut quitter le pouvoir sur cette question, et, avec
sa perspicacité habituelle, il ne chercha point à la faire renaître,
lorsqu'en 1882, et d'autres fois encore, il reprit le portefeuille des
Affaires étrangères. Ces enseignemens du passé sont toujours
bons à méditer, et il peut être utile de les rappeler aujourd'hui.

Pour achever, en quelques mots, ce qui m'est personnel dans
ces souvenirs, on comprendra que ce ne fut pas sans regret que,
encore dans la force de l'âge, je quittai une carrière honorable-
ment parcourue depuis trente ans, à la suite de mon père, qui
y avait été successivement ministre et ambassadeur; mais j'ai
toujours cru que, particulièrement dans les temps difficiles, après
avoir servi son pays dans des fonctions publiques importantes,
nul ne pouvait se plaindre qu'on lui ouvrît une bonne porte pour
en sortir. Je me suis moins consolé, je l'avoue, de n'avoir pu
jouir plus longtemps de la présence et des bénédictions de ce

grand Pape, avec lequel j'avais entretenu des rapports de confiance entière, et qui personnellement m'inspirait la plus respectueuse sympathie. J'avais eu l'honneur de le faire connaître en détail au gouvernement de mon pays et à la France catholique, par l'intermédiaire de nos évêques qui, presque tous, vinrent à Rome et à l'ambassade, pendant les deux premières années du nouveau pontificat. Vis-à-vis de Léon XIII, je ressentais un attachement égal pour le Pontife et pour l'homme. C'est dire avec quel regret je le quittai et avec quel intérêt j'ai lu et médité depuis ses admirables encycliques, sorties du Vatican comme les rayons d'un phare lumineux, dont la projection s'est successivement étendue sur toutes les contrées de la terre.

Ma dernière audience fut fixée au 29 février 1880, pour la remise de mes lettres de rappel. Sa Sainteté daigna me donner le grand cordon de Pie IX et son médaillon entouré de pierreries. Elle nous fit, en outre, à ma famille et à moi, l'honneur très rare de nous inviter à sa table, après sa messe, avec le cardinal Nina. C'était beaucoup trop pour de très faibles efforts.

Nous quittâmes Rome le 1er mars. Depuis lors, j'ai suivi avec bonheur les développemens de ce beau pontificat, dont j'étais loin, comme tout le monde, de prévoir la durée, mais dont je n'avais pas un seul jour, on voudra bien le reconnaître, hésité à présager la grandeur. L'Europe tout entière n'a pas cessé de le suivre dans son action souverainement bienfaisante, et il a désarmé tous ceux qu'il n'a pu encore conquérir. Le siècle qui s'achève tiendra à honneur de le compter parmi ses grandes figures, et le nouveau lui saura gré de l'avoir béni, à son entrée dans le monde, par l'ouverture d'un jubilé solennel. Léon XIII appartiendra ainsi un jour doublement à l'histoire, et personne n'aura été plus digne que lui d'y marquer son passage.

MARQUIS DE GABRIAC.

CE QUE COUTE

UNE

GUERRE IMPÉRIALE ANGLAISE

I

Lorsqu'il y a deux ans nous racontions ici l'histoire de la Dette anglaise, nous faisions l'éloge des finances de la Grande-Bretagne, c'est-à-dire de ceux qui en avaient eu la gestion depuis près d'un siècle. Or, comme il n'est guère de bonnes finances sans bonne politique, c'est à celle-ci que nos louanges allaient dans une certaine mesure. Nous étions loin de prévoir qu'à brève échéance ce pays, dont les hommes d'État avaient donné tant de preuves de sagesse, se laisserait entraîner à nne guerre si différente de la plupart des expéditions qui avaient occupé les armées anglaises depuis 1815, et qui, à l'exception de la campagne de Crimée et de la révolte des Cipayes, ne méritent pas d'être rangées au nombre de ces épreuves décisives qui mettent en jeu la grandeur et la fortune politique d'une nation. Il est vrai que, depuis plusieurs années, une transformation profonde, mais encore obscure, se faisait dans l'esprit du peuple anglais, que nous avons vu pen à peu abandonner la tradition gladstonienne et celle même du torysme modéré, pour prêter l'oreille aux appels de l'impérialisme, cet état d'âme tout moderne de nos voisins. Déjà bien avant la campagne sud-africaine, leurs armemens maritimes indiquaient la préoccupation qui les obsédait d'être prêts à toute éventualité et de ne pas redouter ce « splendide isolement, » dont un de leurs hommes d'État ne craignait pas de s'enorgueillir, et qui leur impose des budgets militaires infiniment supérieurs à ceux des époques où ils savaient armer les puissances continentales de l'Europe les unes contre les autres.

De même que la durée et la difficulté de la lutte contre les Boers ont dépassé de cent coudées celles de la plupart des entreprises coloniales de l'Angleterre au XIXᵉ siècle, de même les charges financières qu'elle paraît devoir imposer aux contribuables sont hors de proportion avec celles qui étaient nées des guerres antérieures. C'est plus spécialement ce côté de la question que nous examinerons. Nous n'en ignorons point les difficultés; il est malaisé de prévoir quelles charges seront imposées aux pays occupés en ce moment par les troupes anglaises et dont l'annexion à l'Empire a été proclamée, le 25 mai 1900, pour l'État libre d'Orange et le 1ᵉʳ septembre suivant, pour la République sud-africaine. Il n'en est pas moins instructif de montrer dès aujourd'hui l'énorme augmentation du budget de la métropole, les dépenses engagées dans le présent, celles qu'il faut prévoir dans l'avenir, enfin, l'effet considérable produit sur les marchés financiers, sur celui de Londres tout d'abord, et, par contre-coup, sur ceux du monde entier, solidaires, jusqu'à un certain point, du premier. Diverses leçons d'une haute portée se dégagent de cette étude, qui nous apprendra comment une erreur politique peut compromettre ou du moins arrêter dans son développement une œuvre financière poursuivie avec une rare persévérance par plusieurs générations de grands ministres et d'hommes d'État à longues vues.

Nous ne pouvons pas encore dresser le bilan d'une campagne qui n'est pas terminée; mais nous savons déjà quelles taxes nouvelles ont été établies en Angleterre et dans quelle mesure certains impôts ont été augmentés; nous constatons, depuis un an, la tension du marché monétaire de Londres, due en partie aux besoins de l'Échiquier (1) et à l'interruption des envois d'or de l'Afrique du Sud, qui venaient régulièrement réapprovisionner la Banque d'Angleterre. Aussi voyons-nous la réserve de celle-ci se tenir à un niveau inférieur à celui des années précédentes, tandis que les taux d'escompte s'y élèvent et s'y maintiennent à une hauteur qui dépasse la moyenne de ces mêmes années. Sans prétendre que tous ces phénomènes aient leur source

(1) L'Échiquier est le Trésor public anglais.

unique dans les dépenses de la guerre « Khaki » (1) comme elle est déjà surnommée, nous pouvons affirmer qu'elles y ont joué une part prépondérante. Cette guerre agissait en effet dans les deux sens : elle augmentait le besoin de capitaux, en particulier de ces capitaux frappés de stérilité qui s'engloutissent dans les œuvres de mort, et elle tarissait la source du métal précieux, qui n'est qu'une des formes du capital, mais qui en est la forme utile par excellence, l'huile, selon l'expression heureuse de M. Paul Leroy-Beaulieu, qui entretient les rouages en bon état de fonctionnement.

Nous rappellerons ce qu'était le budget anglais avant la lutte contre les deux Républiques boers, quelles prévisions avaient été faites pour l'exercice 1899-1900, avant que rien annonçât au public l'orage qui s'amoncelait, quelles charges soudaines y ont ajoutées les nécessités de la guerre. Nous raconterons l'histoire du marché monétaire de Londres pendant cette période et nous indiquerons le contre-coup ressenti par les autres places financières. Nous essaierons, en manière de conclusion, et ce ne sera pas la partie la plus aisée de notre travail, de prévoir les conséquences durables des faits que nous aurons exposés.

II

Le budget de 1898-1899 prévoyait pour la Grande-Bretagne environ 3 milliards de francs de dépenses, et autant de recettes. Celles-ci, chez nos voisins, dépassent en général les premières, mais dans des proportions modérées, car les chanceliers de l'Échiquier ne cherchent pas, par une exagération dans leurs prévisions de dépenses ou une modération excessive dans celles des recettes, à se préparer de faciles excédens. Les Anglais estiment avec raison que l'art véritable d'un ministre consiste à soumettre au Parlement des évaluations aussi voisines que possible de la réalité. Seule, la rapidité du développement économique du Royaume-Uni, au cours des dernières années du xixe siècle, a fait progresser les recettes des douanes et de certains services publics et les produits des impôts à une allure plus rapide encore que les dépenses, quelque considérables que ces dernières aient été : depuis 1882, pour horner à cette période notre coup d'œil rétrospectif, seize

(1) Le khaki est l'étoffe de couleur jaunâtre qui sert à habiller les troupes coloniales anglaises.

budgets se soldèrent en excédent, et trois seulement en déficit.
On connaît les sacrifices que les Anglais se sont imposés pour
développer sans relâche leur flotte militaire, dont ils ont passé
avec orgueil une revue demeurée célèbre, dans la rade de Spit-
head, en 1897, l'année du jubilé de diamant de l'impératrice-
reine Victoria. Si quelques doutes peuvent être émis sur l'égale
valeur de tous les équipages de ces innombrables bâtimens, ils
n'en constituent pas moins la force navale la plus imposante qui
soit aujourd'hui entre les mains d'un peuple; aidées de la flotte
commerciale qui effectue à elle seule une bonne partie des transports internationaux de marchandises dans le monde, ces escadres permettent au cabinet de Saint-James d'entreprendre des
campagnes d'outre-mer dans des conditions qui ne pourraient être
réalisées par aucun autre pays. En peu de mois, 200 000 hommes
de troupes, cavalerie, artillerie, intendance comprises, ont été
amenés dans l'Afrique australe; leur subsistance, leur ravitaillement en armes, vêtemens, munitions, leur relève, sont assurés par
un va-et-vient régulier et incessant de navires entre les ports
de la Grande-Bretagne et ceux des colonies du Cap et de Natal,
Capetown, East-London, Port-Élisabeth, Durban. Le pays a pu
juger en cette occurrence que les dépenses faites avaient eu du
moins pour résultat de donner à la mobilisation transocéanique
de son armée les instrumens qui lui étaient nécessaires. Pour
l'armée de terre, la progression des crédits, moins formidable que
pour la marine, n'en avait pas moins, en dix-sept ans, dépassé
cent millions de francs; en 1882, le budget de l'armée n'atteignait
pas 400 millions; en 1899, il s'était élevé à 500 millions. Quant à
la marine, elle recevait 265 millions en 1882 et 650 en 1899. Voici
un tableau qui mettra sous les yeux du lecteur des chiffres in-
structifs : depuis 1865, les dépenses militaires et navales de la
Grande-Bretagne ont suivi la marche suivante :

		Moyenne millions de francs	
Décade	de 1865 à 1874. . .	665	Guerres de Nouvelle-Zélande, d'Abyssinie, des Achantis; dépenses de la guerre franco-alle-mande.
	de 1875 à 1884. . .	700	Guerres russo-turque, du Trans-vaal, des Zoulous, d'Égypte, d'Afghanistan.
—	de 1885 à 1894. . .	840	Dépenses d'armement.
Quinquennat	de 1895 à 1899. . .	1 030	Dépenses d'armement, campagne du Soudan.

Notre but précis étant de rechercher l'influence de la guerre transvaalienne, bornons-nous à considérer les chiffres de l'exercice 1899-1900, exposés et commentés par sir Michael Hicks Beach, chancelier de l'Échiquier, dans son discours-budget (*budget speech*) du mois d'avril 1899, quelque temps avant la conférence de Bloemfontein, où le président Krüger et sir Alfred Milner, haut commissaire de la Reine dans l'Afrique du Sud, devaient se rencontrer et ne point s'entendre. Le chancelier prévoyait alors 515 millions de crédits pour la guerre et 665 pour la marine, soit une charge militaire de 1180 millions, représentant 42 et demi pour 100 des dépenses totales, qui se montaient à 2775 millions. Dans ce dernier chiffre était comprise une somme de 650 millions, soit environ le quart du budget, qui s'applique au service d'intérêt et d'amortissement de la dette, à la liste civile, à certains traitemens judiciaires et pensions, et qui, une fois inscrit au passif de la nation, est soustrait au vote annuel du Parlement, lequel reste toutefois maître de le modifier par des décisions ultérieures; c'est ce qu'on nomme le fonds consolidé. Si nous l'ajoutons aux services civils (550 millions), nous arrivons à un total de 1200 millions, presque identique à celui des dépenses militaires. Les 395 millions restans s'appliquent aux dépenses des services postaux et télégraphiques, et du recouvrement des impôts.

Les recettes effectives de l'année 1899-1900 ont atteint 3 milliards de francs, soit 225 millions de plus que les estimations : cet excédent a été dû en partie au fait que les droits sur certaines marchandises en entrepôt ont été acquittés en toute hâte avant l'ouverture de l'année financière nouvelle, au début de laquelle des augmentations de taxes devaient entrer en vigueur. Les liqueurs alcooliques, dont toute guerre développe la consommation, ont apporté aussi leur contingent à ce supplément de recettes, qui ne suffit d'ailleurs pas à mettre en équilibre l'exercice clos au 31 mars 1900, car les dépenses en atteignirent 3350 millions. Celles de l'année suivante étaient estimées à 4125 millions, dont la guerre et la marine absorbaient 2225 millions, c'est-à-dire une somme presque égale au total du budget anglais de 1894-1895, déduction faite des dépenses locales. Une revue financière de Londres (1) calculait que, du 31 mars 1894 au 31 mars 1901,

(1) *The Investor's Review.*

l'Angleterre aura dépensé pour l'armée et la marine, plus de
8 750 millions, à peu près ce que la guerre de 1870 a coûté à la
France. Les revenus de l'Échiquier, estimés à 3 450 millions
pour 1900-1901, ne dépassaient guère 2 550 millions en 1894-
1895; ils ont donc augmenté de plus de 35 pour 100.

Au mois d'octobre 1899, c'est-à-dire au début de la guerre
sud-africaine, le chancelier de l'Échiquier, sir Michael Hicks
Beach, annonçait qu'elle coûterait de 250 à 275 millions de francs.
En mars 1900, il prévoyait 1100 millions. Certains statisticiens
affirment qu'elle en a coûté jusqu'à 75 par semaine. C'est le calcul
établi, il y a quelques mois, par M. A.-J. Wilson, qui comptait
25 millions pour la nourriture des hommes et des chevaux; autant pour l'entretien et le renouvellement de l'équipement, de la
chaussure, des munitions; autant pour l'entretien et le renon-
vellement des armes, des moyens de transport, le service sanitaire
et les dépenses imprévues qu'entraîne chaque jour le maintien
sur pied de mobilisation d'une armée de 150 à 200 000 hommes,
à 3 000 lieues de la métropole. Au mois de septembre 1900, le
même écrivain, tenant compte de la réduction des effectifs en
hommes et en chevaux, avait abaissé son évaluation à 50 millions par semaine, et ajoutait sarcastiquement que le prix d'un cadavre boer était tombé de 1 250 000 à 900 000 francs; l'*Economist*
anglais avançait le même chiffre au mois de mars 1900. Dans
quelle mesure sera dépassée la prévision de 1100 millions de
francs pour les dépenses extraordinaires de l'armée, que sir Michael Hicks Beach formulait au mois de mars dernier? c'est ce
qu'il n'est pas encore possible de dire. Le fardeau paraîtra d'autant plus lourd au contribuable que les années précédentes avaient
déjà été marquées par un accroissement énorme des dépenses
militaires. Voici, en effet, un tableau que nous empruntons au
même *Economist* et qui montre la marche des huit budgets
ayant précédé celui de la guerre, groupés en deux périodes :

REVENUS NETS (MILLIONS DE FRANCS).

	4 ans (1891-1895).	4 ans (1895-1899).	Augmentation de la seconde période sur la première.
Douanes.	2 000	2 137	137
Accise.	3 017	3 286	269
Droits de succession . . .	1 065	1 474	409
Timbre et enregistrement.	548	749	201
Impôt sur le revenu. . . .	1 452	1 700	248

	4 ans (1891-1895).	4 ans (1895-1899).	Augmentation de la seconde période sur la première.
Impôt foncier et sur les maisons	246	244	—2
Total du produit des impôts.	8328	9590	1262
Revenu ne provenant pas de l'impôt	362	491	129
	8690	10081	1391

DÉPENSES NETTES (MILLIONS DE FRANCS).

Dette (intérêt et amortissement)	2536	2550	14
Armée et marine	3372	4060	688
Éducation	785	1004	219
Services civils et divers . .	1274	1366	92
Paiemens aux autorités locales	723	863	140
Transféré à des comptes spéciaux pour dépenses militaires et navales . .		238	238
	8690	10081	1391

Les augmentations de dépenses pour l'armée et la marine absorbent à elles seules 926 millions, c'est-à-dire les deux tiers de l'énorme gonflement budgétaire qui s'est produit entre deux dates aussi rapprochées que le 1er avril 1891 et le 31 mars 1899. Le service de la dette est pour ainsi dire resté stationnaire; les paiemens aux autorités locales, c'est-à-dire la part des impôts perçus par le Trésor impérial pour leur compte, ont progressé de 139 millions; le budget de l'instruction publique est le seul qui, parmi les services civils, ait reçu un supplément de dotation appréciable. La période est donc nettement caractérisée au point de vue de la nature des dépenses. Les Anglais ne s'y méprennent point, du reste, et envisagent sans sourciller les conséquences de la politique d'expansion et de domination coloniales dont ils sont aujourd'hui férus. Tout en s'efforçant de démontrer que ni la mère patrie, ni l'Afrique australe, théâtre de la guerre actuelle, ne souffrent autant qu'on serait tenté de le croire, ils admettent que leur budget va subir des modifications fondamentales.

Il y a peu de semaines, le chancelier de l'Échiquier, parlant à Bristol, admettait qu'il ne faudra pas surcharger les pays annexés et que les contribuables anglais auront à payer une

bonne part des frais de la campagne. De son côté, sir Robert
Giffen prévoit une augmentation considérable du budget ordinaire de la guerre pour le Royaume-Uni, qu'il ne craint pas de
fixer à un milliard de francs pour l'avenir : il demande d'ores et
déjà, que l'armée soit doublée, que la paie des troupes soit augmentée. Énumérant les périls qui menacent, selon lui, l'Angleterre et dont il trouve la preuve dans les sentimens de réprobation qu'a provoqués en Europe et en Amérique la campagne
actuelle, il estime que le budget de la marine, lui aussi, devra
être doté de nouvelles sommes, en dépit du formidable développement qu'il a reçu depuis peu d'années; il ne croit pas que
le total de ce budget reste beaucoup en deçà de celui de l'armée,
si bien qu'il prononce le chiffre de 2 milliards de francs comme
celui qu'atteindront dans l'avenir les dépenses militaires annuelles de la Grande-Bretagne. Il avoue du reste que cette organisation défensive, rendue nécessaire, à ses yeux, par la puissance des autres États, sera une tâche herculéenne : nous
sommes d'accord avec lui à cet égard; car ni l'Allemagne, avec
ses 60 millions d'habitans, ni la Russie, qui en compte 130 millions, ni la France, dont la population est à peu près égale à
celle du Royaume-Uni, n'oseraient demander à leur budget ordinaire, pour la défense nationale, des ressources qui approchent
de cette effroyable couple de milliards, somme à peu près égale
au total du budget anglais d'il y a vingt ans.

Pour l'année 1900, nous avons inscrit aux dépenses de la
guerre et de la marine 1 023 millions de francs; l'Allemagne,
l'an dernier, en prévoyait 962 tant à l'ordinaire qu'à l'extraordinaire; la Russie, en 1900, ne comptait dépenser, pour ces deux
départemens, que 1 093 millions de francs. La guerre de Chine
exigera des crédits supplémentaires considérables, surtout chez
ces deux dernières puissances : mais, même en les ajoutant aux
totaux qui précèdent, elles resteront bien en deçà des 80 millions de livres sterling, c'est-à-dire des 2 milliards de francs
annoncés aux Anglais comme don de joyeux avènement après
l'annexion des deux Républiques boers.

III

Au moyen de quelles ressources les Anglais ont-ils fait face
à ce flot montant de dépenses? Depuis la guerre de Crimée jus-

qu'en 1900, ils n'avaient pour ainsi dire pas emprunté : la dernière émission de rentes consolidées date presque d'un demi-siècle. C'est donc l'impôt qui a alimenté, pour la plus grande part, les chapitres grossis des budgets. En dehors de l'économie réalisée, sur le service de la dette, par les conversions de rentes et par les rachats de titres au moyen de divers fonds d'amortissement, de l'augmentation du produit net des postes et télégraphes, de l'accroissement de revenu fourni par les actions du canal de Suez, si habilement et opportunément achetées en 1875 par lord Beaconsfield, les ressources avaient été fournies par une surcharge des impôts existans, notamment de celui sur le revenu, qui avait varié de 2 à 8 pence par livre (0,85 à 3 un tiers pour 100) jusqu'à l'année actuelle, par certains relèvemens de taxes indirectes, sur le tabac, la bière, l'alcool, et enfin, par l'établissement, en 1894, d'une nouvelle législation sur les successions, qui a considérablement augmenté les droits sur les héritages. Cette politique financière avait été d'autant plus remarquable qu'elle n'avait pas empêché le dégrèvement d'un certain nombre de matières de première nécessité, la suppression des droits de douane sur plusieurs objets d'alimentation et une réduction notable de la dette publique, dont nous avons ici même retracé l'éloquente histoire (1). Le service des intérêts de la dette consolidée ne figurait, au budget 1898-99, que pour un peu plus de 400 millions de francs, et le produit des douanes n'y était évalué qu'à 520 millions, chiffre sensiblement égal à celui des années précédentes ; celui de l'intérêt de la dette était inférieur de 125 millions à la somme portée pour le même objet au budget de 1882. En vingt ans, le revenu des douanes s'était à peine élevé de 30 millions, celui de l'accise était resté stationnaire, ou du moins, était à peu près revenu à son point de départ, après des oscillations en sens contraire.

Les diverses mesures auxquelles le gouvernement anglais a eu recours pour subvenir aux besoins de la guerre sont de deux ordres : emprunts et impôts. Nous devrions dire de trois ordres, car il a aussi pris sur les ressources du fonds consolidé une somme importante, destinée à amortir la dette ; et cette suppression d'un amortissement, que depuis nombre d'années, le Parlement s'était plu à considérer comme un devoir régulier des gérans de la for-

(1) Voyez, dans la *Revue* du 15 septembre 1898, notre étude sur *la Dette anglaise*.

tune publique, équivaut au prélèvement d'une contribution sur le
pays. Cette politique ne paraît pas s'être suffisamment inspirée du
principe de haute morale posé par Gladstone dans un discours
demeuré à jamais célèbre, le jour où il soutenait que les frais
d'une guerre doivent être mis à la charge de la génération qui
l'a déclarée et non pas rejetés sur un lointain avenir : car, disait-
il, ces fardeaux qu'entraîne une entreprise belliqueuse sont le
frein qu'il a plu à la Providence de mettre à l'insatiable ambition
des peuples et des gouvernemens. Or, la part faite à l'emprunt
au cours de la guerre actuelle a été large : il est vrai que les
sommes demandées sous cette forme l'ont été au moyen de bons
du Trésor ou de l'Échiquier à terme plus ou moins court, ou de
titres de rentes remboursables à l'échéance de dix ans. Nous
saurons plus tard si cette échéance sera respectée et si, dès le
5 avril 1910, les 750 millions de francs de rente 2 trois quarts
émis en 1900 auront été amortis sans être remplacés par d'autres
émissions de rentes.

Quoi qu'il en soit, voici quelles sommes ont été jusqu'ici empruntées pour la guerre : en octobre 1899, peu de jours après
l'ouverture des hostilités, le chancelier de l'Échiquier se faisait
autoriser par le Parlement à émettre 175 millions de francs en
bons du Trésor. Il en émit ensuite pour 125 millions. En
mars 1900, présentant son budget de 1900-1901 un mois plus tôt
que ne l'exigeait la coutume, le chancelier prévoyait une dépense
totale de 1500 millions pour mener la campagne jusqu'au 30 septembre 1900, et proposait à la Chambre l'émission d'un emprunt
de 750 millions de francs en 2 trois quarts pour 100, non conver-
tible ni remboursable avant 1910. Quel chemin était déjà parcouru
depuis le mois d'octobre précédent, alors que sir Michael Hicks
Beach déclarait fièrement qu'aucune portion des dépenses de
guerre ne serait couverte au moyen d'une création de dette consolidée et que toute la dette flottante devrait être remboursée en
deux ans par l'impôt ! Pour achever de couvrir ses prévisions de
dépenses de guerre, le chancelier faisait état de l'excédent de revenu de l'année 1899-1900, du produit des taxes nouvelles et des
augmentations d'impôt (300 millions), enfin, des ressources provenant de la suppression des fonds d'amortissement.

D'autres créations de dette flottante devinrent nécessaires au
cours de l'année 1900. Chaque mois, le gouvernement espérait
que la fin des hostilités arriverait et qu'il pourrait liquider les dé-

penses de l'expédition, dont il connaîtrait alors le montant. C'est pourquoi il différait l'émission d'un nouvel emprunt consolidé; c'est pourquoi, en septembre 1900, l'Échiquier mettait en vente 10 millions de livres sterling, soit 250 millions de francs, de bons 3 pour 100, à trois ans d'échéance, dont le prix d'émission fixait le rendement réel à environ 3,75 pour 100 l'an, et se faisait garantir, avant l'émission, la souscription de ces bons par un syndicat composé en partie de maisons de banque de New-York. Pour la première fois dans l'histoire, l'Amérique aidait de ses capitaux l'Angleterre qui, depuis un siècle, lui avait prêté des milliards, et qui recourait maintenant à l'appui de la jeune métropole financière du Nouveau-Monde. Peu d'années auparavant, lorsque le président Cleveland réparait les maux de la législation argentiste et émettait des emprunts successifs destinés à combler les vides du trésor américain, c'est avec l'appui de puissantes maisons anglaises que les banquiers de New-York avaient souscrit les obligations fédérales. Il a fallu que la guerre du Transvaal atteignit bien profondément le marché de Londres pour que, en un espace de temps aussi court, les rôles fussent renversés. Aujourd'hui la dette flottante de l'Échiquier dépasse 400 millions de francs, tandis que le Trésor fédéral à Washington dispose d'une encaisse or de 2250 millions : il est vrai qu'une partie de la circulation américaine consiste en billets du gouvernement, dont ce stock métallique garantit le remboursement.

Ce n'est pas une des moindres surprises de l'évolution provoquée par les derniers événemens que de voir tout d'un coup surgir cette puissance au premier rang des grands centres financiers : la richesse des ressources naturelles, jointe à la prodigieuse activité des habitans du Nouveau-Monde, faisait depuis longtemps pressentir aux observateurs attentifs l'importance qu'il prendrait un jour. Mais, s'il est exact de dire que la guerre sud-africaine n'a pas provoqué le phénomène, on peut affirmer qu'elle en a tout au moins hâté singulièrement l'apparition.

Depuis lors, plusieurs émissions de bons du Trésor ont encore eu lieu. Le 21 septembre 1900, il en a été créé 50 millions, qui ont été adjugés au taux d'environ 3,87 pour 100, moitié à six mois, moitié à neuf mois d'échéance. L'Échiquier avait emprunté de toutes manières, notamment en faisant usage des pouvoirs qui lui avaient été conférés par une série de lois antérieures, telles que l'acte des casernes de 1890 (*Barracks act*), les lois des télégraphes

de 1892 à 1899 (*Telegraph act*), du chemin de fer de l'Uganda
(1896 et 1900), des constructions navales et militaires (1895 à 1899).
En face de cette politique, on comprend les critiques de l'ancien
chancelier de l'Échiquier, sir William Harcourt, qui rappelait
aux Communes, dans la séance du 6 mars dernier, que les frais
de la guerre de Crimée avaient été couverts, jusqu'à concurrence
d'un milliard, par l'impôt, et de 800 millions seulement par
l'emprunt.

En dehors des ressources que l'Échiquier s'est ainsi procu-
rées et auxquelles va s'ajouter le produit de l'emprunt que le
Parlement, dans sa session de décembre 1900, a autorisé pour
un montant de 400 millions de francs, voici celles qu'il a demandées à l'impôt. Au mois de mars 1900, le chancelier proposait d'élever d'un shilling par baril le droit sur la bière, de six
pence par gallon le droit sur l'alcool; de 4 pence par livre le droit
sur le tabac, de 2 pence par livre le droit sur le thé, et enfin, de
porter l'impôt sur le revenu de 8 pence à un shilling par livre
sterling. Il évaluait à 358 millions de francs le revenu addi-
tionnel ainsi obtenu, dont 212, c'est-à-dire les quatre septièmes,
étaient attendus de l'*income-tax*. Celui-ci est maintenant fixé à
5 pour 100 du revenu; il s'était élevé à 10 pour 100 pendant les
guerres du premier Empire et à 6,66 pour 100 lors de la guerre
de Crimée. Malgré les critiques auxquelles ces propositions ont
donné lieu en particulier de la part de ceux qui trouvaient trop
lourd le taux de l'*income-tax* et qui auraient voulu demander une
somme plus forte aux droits de consommation, elles ont été
adoptées par le Parlement. Les revenus publics à percevoir, sur
la base de cette nouvelle législation, sont évalués pour l'année
1900-1901 à 3190 millions, plus 240 millions d'impôts à encaisser
par l'Échiquier pour compte des fonds des taxes locales (*local
taxation accounts*).

La politique financière que suivra maintenant le cabinet anglais, les projets qu'il apportera au Parlement en février 1901,
dépendront de la tournure que prendront les événemens. Il a
beau avoir annexé officiellement l'Orange et le Transvaal, l'état .
de guerre y subsiste et les dépenses extraordinaires suivent leur
cours, sans qu'il soit encore possible d'en arrêter le total. D'autre
part, bien que nous ne pensions pas que ces dépenses doivent
être mises à la charge des pays conquis, ce qui semblerait peu
conforme au droit des gens, il a été, à plusieurs reprises, question

d'inscrire au futur budget sud-africain une partie de l'annuité de l'emprunt de liquidation qui devra être contracté à la fin de la campagne. Quelle sera la nature de cet emprunt? Sera-t-il créé en rente perpétuelle ou en rente amortissable? Celle-ci sera-t-elle soumise à des tirages annuels, selon le système français, ou remboursable en bloc à une époque déterminée? quelle sera cette époque? Autant de questions qu'il est impossible de résoudre aujourd'hui. Nous ignorons aussi le chiffre auquel seront fixés dans l'avenir les crédits de la guerre et de la marine. Ces diverses raisons font que nous ne saurions encore supputer ce que sera le budget anglais au lendemain de la paix, ni prédire quels impôts seront maintenus ou créés.

IV

Quel aura été, quel est encore l'effet de la guerre sud-africaine sur les marchés financiers du monde et en particulier sur celui de Londres? Personne ne saurait mettre en doute l'influence considérable d'une crise politique et militaire de cette importance. Cette influence est ici plus profonde et d'un retentissement plus durable encore parce que le pays, théâtre des hostilités, fournissait, dans les dernières années, une partie notable de l'or dont le monde a besoin. Pour nous garder de toute exagération et nous efforcer de dégager les diverses causes qui, en dehors de celle que nous étudions, ont concouru à provoquer la situation actuelle, nous rappellerons que, depuis plusieurs années déjà, l'Europe et l'Amérique étaient lancées dans un mouvement très actif d'affaires industrielles, dont l'effet naturel avait été de renchérir peu à peu le taux de l'argent. En Allemagne, en Belgique, aux États-Unis, et, dans une mesure moindre, mais cependant appréciable, en Angleterre et en France, on avait vu les capitaux, de plus en plus demandés, s'engager dans des entreprises nouvelles ou s'offrir à des entreprises déjà existantes, qui augmentaient leurs moyens de production et étendaient leur sphère d'activité. En même temps, le prix de beaucoup de matières premières montait; il en résultait une immobilisation de sommes grandissantes. Aussi les taux d'escompte s'étaient-ils graduellement tendus sur les principales places : en même temps, le cours des fonds d'État avait suivi une marche inverse; des emplois fructueux s'offrant de toutes parts aux capitaux en quête de pla-

cement, ceux-ci se portaient moins sur les rentes publiques. Cette
période avait à peu près atteint son apogée vers la fin de 1899.
Même si la guerre sud-africaine n'avait pas éclaté à ce moment,
il est probable que, dès le commencement de 1900, nous aurions
assisté à ce ralentissement de l'activité industrielle dont nous
voyons aujourd'hui se dessiner les symptômes : les commandes
de matériel de guerre, les besoins de houille pour la navigation
ont stimulé, pendant plusieurs mois, sinon l'ensemble de l'industrie, du moins certaines de ses branches. Les événemens de Chine,
au printemps et durant l'été de 1900, ont contribué à maintenir
cette disposition. Mais l'évolution naturelle du cycle que nous
avons décrite ici même, il y a peu de semaines (1), n'en devait pas
moins s'accomplir.

Dès l'automne de 1899, les conséquences de la guerre se
faisaient durement sentir à Londres : en deux mois, de septembre
à fin novembre, le taux d'escompte avait passé de 3 et demi à
6 pour 100, ce qui n'avait pas empêché l'encaisse or de la Banque
d'Angleterre de tomber de 850 à 700 millions de francs. Au mois
de septembre, les banquiers refusaient de prendre au prix courant
du papier à longue échéance, et les taux du marché libre dépassaient celui de la Banque d'Angleterre ; dans la première semaine
d'octobre, celle-ci élevait deux fois le sien, ce qui ne s'était produit que quatre fois depuis trente-trois ans, une fois en 1866 au
mois de mai, lors de la faillite fameuse d'Overend Gurney, et trois
fois en 1873, lors de la crise violente que les États-Unis d'Amérique traversèrent cette année-là et dont le contre-coup fut d'autant plus violent pour la Grande-Bretagne que celle-ci comman-
ditait alors un plus grand nombre d'entreprises américaines,
notamment de chemins de fer. En décembre 1889, si la Banque
d'Angleterre n'éleva pas son taux au delà de 6, celui du marché
libre, pour le meilleur papier, atteignit près de 7 pour 100. Au
même moment, la Banque impériale d'Allemagne fixait son taux
à ce dernier chiffre, et toutes les places financières d'Europe
étaient en proie à un malaise dû en partie à la situation de la
place de Londres. Cette inquiétude se calma au cours des premières semaines de l'année 1900 et permit aux marchés d'attendre avec plus de sang-froid l'exposé budgétaire du cabinet de
Saint-James, qui fut soumis au Parlement un mois plus tôt que

---

(1) Voyez notre étude *Métaux et Charbons* dans la *Revue* du 1er novembre 1900.

de coutume. Dans la première quinzaine de janvier, le taux d'escompte de la Banque d'Angleterre fut ramené à 5, à 4 avant la fin du même mois, et à 3 vers la fin du semestre; il a été relevé à 4, au mois de juillet, et est, depuis lors, resté à ce niveau : la moyenne du taux de l'année 1900 a été supérieure à celle de ses devancières, bien que 3,25 pour 100, moyenne de 1898, et 3,73 pour 100, moyenne de 1899, constituassent déjà des taux très hauts par rapport à l'époque précédente.

La période de fièvre industrielle qui avait sévi sur les marchés allemand et français paraissant se calmer, il convient désormais de considérer séparément le marché de Londres et ceux de Berlin, de Paris, de New-York, de Bruxelles, etc., non pas que tous ne soient solidaires et qu'aucun de ceux que nous avons cités en seconde ligne puisse. se flatter de pouvoir rester insensible à ce qui se passe sur le premier; mais l'effet produit sur les places de la Grande-Bretagne est plus direct et plus fort que sur les autres. Celles-ci commencent à sortir de la crise d'expansion qu'elles ont traversée récemment; le loyer des capitaux est moins élevé à Berlin et à Paris qu'il y a un an et semble avoir une tendance à y décroître; en tout cas, il n'est pas probable que ces deux marchés revoient des taux aussi élevés.que ceux qu'ils avaient connus à la fin de 1889. A Londres, au contraire, on doit s'attendre à une allure différente, ne fût-ce qu'à cause des besoins d'argent du gouvernement, que nous avons tout à l'heure essayé de chiffrer. La dette anglaise, une fois la paix rétablie, aura peut-être été augmentée de deux à trois milliards, somme presque égale à celle des économies accumulées pendant 20 ans dans les caisses d'épargne postales du Royaume-Uni.

De nouveaux appels vont être adressés au marché de Londres, de nouveaux emprunts seront émis, et le seront sans doute à des cours inférieurs au dernier, qui fut un 2,75 pour 100, souscrit à 98 et demi. Si riche que soit la Grande-Bretagne, elle n'a pas un chiffre illimité de disponibilités : le concours américain qu'elle a dû réclamer, pour une émission relativement faible de bons du Trésor, l'a démontré. Il devra en résulter le maintien de taux élevés, une rareté relative de capitaux. Mais ailleurs les phénomènes ne seront pas les mêmes, à moins que les affaires de Chine, s'aggravant et se prolongeant, ne mettent à contribution tous les grands marchés, en imposant de lourdes charges aux puissances qui ont envoyé des escadres et des troupes

à Tientsin et à Pékin. Cette dernière hypothèse ne nous paraît pas
très vraisemblable : en dépit de certains langages belliqueux,
nous pensons que l'Europe arrivera à discerner ce qu'elle doit
faire en Chine et se ralliera à la manière de voir de la Russie
plutôt qu'aux idées qu'on a pu un moment prêter à l'Allemagne.
Si nos prévisions sont exactes, les marchés de New-York, de
Berlin et de Paris vont se trouver dans un état différent de celui
de Londres : les États-Unis sont prospères, augmentent leurs
exportations dans une proportion merveilleuse, et, à moins de se
laisser aller à quelqu'une de ces exagérations dont leur histoire
économique nous a laissé le souvenir et qui sont dans le caractère du pays, garderont des capitaux énormes à leur disposition.
La réélection du président Mac-Kinley a donné une sécurité
nouvelle aux commerçans et aux financiers. Berlin s'arrête dans
la voie des créations industrielles, où la mesure est atteinte et a
été parfois dépassée. Paris, qui n'avait guère péché que par l'in-
flation des cours de certaines valeurs métallurgiques et de transport, va sentir l'effet des centaines de millions que l'Exposition a fait affluer vers lui et dont l'encaisse de la Banque de
France, grossie en six mois de 350 millions, donne le témoignage
irrécusable. Ces trois places et d'autres encore vont donc pouvoir
envoyer des capitaux à Londres et y acheter des titres, à la condition toutefois qu'elles y trouvent un rendement rémunérateur :
les Anglais, qui, au cours du développement pacifique de leur
industrie et de leur commerce, étaient devenus les créanciers de
tant de pays, les commanditaires de tant d'industries étrangères,
vont passer temporairement de l'état de nation prêteuse à celui
de nation emprunteuse. Leur crédit est assez solide pour leur
permettre de trouver chez eux et au dehors les milliards dont ils
auront besoin : mais cela va modifier leur situation économique.
C'était grâce à l'accumulation de leurs réserves, grâce aux sommes
considérables qu'ils percevaient, tous les ans, à titre de coupons
d'intérêt ou de dividende, qu'ils payaient l'énorme excédent de
leurs importations sur leurs exportations. Si ces revenus dimi-
nuent, si d'autre part la concurrence américaine menace leurs
propres exportations de fer, d'acier et de charbon, sans parler
des cotonnades qui pourront, elles aussi, trouver des rivales
dans les usines du Sud des États-Unis, comme elles en ont rencontré déjà aux Indes, les Anglais doivent peut-être s'attendre à
une période moins brillante que celle qu'ils viennent de traverser.

Aussi voit-on percer chez les hommes d'État anglais, même chez les membres de ce cabinet conservateur-unioniste qui a fait la guerre sud-africaine et qui vient de recevoir un nouveau bill d'indemnité du pays par les élections d'octobre 1900, le désir d'obtenir de leurs colonies un concours financier. C'est avec discrétion que sir Michael Hicks Beach, dans un discours prononcé à Liverpool, le 24 octobre 1900, devant la Chambre de commerce, a touché ce point : mais il n'en a pas été moins curieux d'entendre de sa bouche des paroles comme celles-ci : « L'Empire s'est développé ; ce développement a exigé des dépenses croissantes. Comment y subvenir ? Chacun répondra : par le Trésor (*Exchequer*) impérial. Mais il n'y a pas de trésor impérial. Je voudrais qu'il y en eût un. Certainement rien ne fera consentir nos grandes colonies, qui se gouvernent elles-mêmes, à abandonner leur droit de s'imposer à une assemblée dans laquelle elles pourraient être en minorité contre les représentans du Royaume-Uni. Mais, avec un Empire qui s'agrandit, nous devrions avoir un système, beaucoup plus étendu que le système actuel, de contribution à la défense de cet Empire... Je suis convaincu que toutes les colonies ont le sentiment qu'elles ne voudraient pas demander à la métropole plus de sacrifices qu'elle n'en doit faire pour la défense impériale. Je désire voir tirer parti de l'enthousiasme qui s'est emparé des sujets de Sa Majesté à travers tout l'Empire. Cela ne va certes pas sans grandes difficultés : si elles contribuent aux dépenses, les colonies auront une part de responsabilités dans la politique étrangère. Mais il convient de mettre à profit les années qui viennent pour faire un pas dans la voie du principe de la défense commune de l'Empire. »

Un pareil discours prononcé par le chancelier de l'Échiquier jette un jour significatif sur l'état d'âme de nos voisins : après avoir fait les plus grands efforts pour lancer et entretenir ce mouvement impérialiste, dont l'envoi de quelques médiocres contingens au Cap devait être le témoignage éclatant, ils voudraient en tirer avantage pour soulager quelque peu les finances de la Métropole, dont ils commencent à ne plus envisager sans inquiétude les charges si terriblement accrues. Et cependant ces colonies, ou du moins certaines d'entre elles, auront elles-mêmes de grosses dépenses à supporter pour réparer les effets de la guerre : que deviendront le Cap et le Natal avec leurs revenus diminués, leurs chemins de fer à réparer, si le marché de

Londres n'absorbe pas les emprunts qu'ils vont avoir à émettre?

La modification des situations respectives des marchés de Londres, de Paris et de New-York se traduit d'une façon mathématique dans la cote des changes entre la première de ces places et les deux autres. Le change étant le prix de la monnaie d'un pays exprimé dans une autre monnaie, on comprend que, plus un pays est endetté vis-à-vis d'un autre, et plus sa monnaie sera offerte dans ce dernier. Or, le chèque sur Londres, c'est-à-dire la livre sterling, était cotée à Paris en octobre 1899 à 25 fr. 25; un an plus tard, elle ne valait plus sur ce même marché que 25 fr. 10, ce qui indique la mesure dans laquelle les créances de la France sur l'Angleterre ont augmenté durant ces douze mois; au cours de la même période, le prix de la livre sterling à New-York est tombé de 4 dollars 83 à 4 dollars 80 : la dépréciation a donc été d'environ trois cinquièmes pour cent de la livre sterling par rapport au franc et par rapport au dollar. L'Angleterre, dans les derniers temps, plaçait bon an mal an une somme d'environ 1 500 millions de francs en fonds d'État et chemins de fer coloniaux et étrangers, en actions diverses de compagnies minières, d'exploration et autres. Il suffit qu'elle cesse d'employer de la sorte ses économies pendant un an ou deux pour fournir à son propre gouvernement les sommes dont celui-ci pourra avoir besoin : mais elle deviendra d'autant moins créancière de l'étranger et elle jouera un rôle d'autant moins important dans le concert financier international qu'elle aura plus à faire chez elle et que les soins de son budget, de sa réorganisation financière et militaire l'absorberont davantage.

V

Tel est l'état actuel des finances et des marchés anglais. Nous n'en avons pas dissimulé la gravité. Nous avons montré les charges nouvelles imposées aux contribuables, l'abandon de la belle politique d'amortissement de la Dette, qui avait été une des gloires de l'histoire de la Grande-Bretagne au cours des deux derniers tiers du xixe siècle, le relèvement de certains droits de douane et d'accise, qu'une lignée de grands hommes d'État avait cherché sans relâche à abaisser. Nous n'exprimerions cependant pas notre pensée tout entière si nous n'ajoutions pas que nous croyons l'Angleterre de force à surmonter les difficultés financières de la guerre actuelle, quels qu'en doivent être et la longueur et les contre-coups imprévus. Mais, sans même nous occuper des difficultés politiques qui, de l'aveu de tous les hommes clairvoyans, ne feront que naître au lendemain de la cessation des hostilités, nous examinerons quelques-uns des effets économiques de l'impérialisme qui sévit en Angleterre depuis un quart de siècle et qui a trouvé son expression la plus aiguë dans la guerre sud-africaine. Quelle a été l'action, sur le commerce et l'industrie, de ce nouveau système? A ne considérer que la statistique globale du volume des affaires, on est tenté de répondre qu'il y a eu un progrès énorme : une analyse plus serrée modifie ce jugement ou montre du moins que le progrès ne s'est pas également manifesté dans toutes les directions. Le commerce d'exportation de produits indigènes du Royaume-Uni, qui avait gagné près de 30 pour 100 dans la période 1870-74 par rapport aux cinq années précédentes, n'a augmenté, en 1895-99, que d'un peu plus de 2 pour 100 en comparaison de la période 1890-94 et aussi de la période 1870-74, dont le chiffre était même supérieur à celui des cinq dernières années, tandis que les dépenses militaires sont supérieures de 62 pour 100 à ce qu'elles étaient, il y a trente ans. La partie du commerce qui a le plus augmenté est l'importation, dont la valeur, pour les dix premiers mois de 1900, dépasse de 3 495 millions celle de l'exportation, tandis que cette différence était de 1 400 millions en moyenne par an dans la période 1865-69. Pour l'établir, nous ne tenons pas compte seulement des exportations de produits anglais dont nous venons de rappeler les chiffres, mais aussi de celles des produits étrangers et coloniaux, dont la moyenne est d'environ 1 500 millions de francs par année.

(1) Voici le tableau des exportations et de l'excédent des importations depuis 1865, groupées par périodes quinquennales :

Périodes.	Exportations de produits étrangers et coloniaux.	Exportations totales.	Importations totales.	Excédent des importations sur les exportations totales.
	millions de francs.	millions de francs.	millions de francs.	millions de francs.
1865-1869	6 075	27 850	34 900	7 050
1870-1874	6 925	36 300	43 259	6 950
1875-1879	6 750	46 875	61 625	14 750
1880-1884	8 000	37 275	50 950	13 675
1885-1889	7 600	35 900	47 475	11 575
1890-1894	7 725	37 000	52 325	15 325
1895-1899	7 525	37 500	56 625	19 125
1900 (dix premiers mois).	1 326	8 026	11 521	3 495

On ne comprend pas aisément, au premier abord, comment
les deux branches de commerce ont pu suivre une marche aussi
différente, l'une restant stationnaire et l'autre augmentant de plus
de 60 pour 100. On en trouve l'explication dans l'accroissement
des placemens de capitaux à l'étranger, qui fournissent aux Anglais des revenus de plus en plus considérables, au moyen desquels ils soldent l'excès croissant de leurs importations sur leurs
exportations. Le total des seules dettes indienne et coloniales,
dont les titres sont presque exclusivement aux mains de capitalistes anglais, dépasse aujourd'hui 16 milliards de francs, alors
qu'il n'en atteignait pas 4 en 1865 : les revenus de ces capitaux servent à payer les marchandises expédiées de ces pays à la
métropole, envers laquelle ils s'acquittent pour ainsi dire en
nature. Pour ne citer que quelques exemples, la dette du Cap a
passé de 25 (chiffre de 1869) à 750 millions de francs; celle du
Natal, de 7 à 200 millions; celle du Canada, de 400 millions à
2 milliards. Ce n'est qu'en leur prêtant sans cesse de nouvelles
sommes que la Grande-Bretagne a pu assurer le développement
des diverses parties de son empire, qui sont toutes ses débitrices.
Elle est aussi créancière d'un grand nombre de pays étrangers,
en Europe, en Asie, en Amérique, et elle tire une partie de sa
puissance économique de cette situation, qui n'a cessé de se fortifier au cours de la seconde moitié du xixe siècle. La guerre
actuelle amène un temps d'arrêt : le pays s'est vu dans la nécessité d'aliéner quelques-uns des titres que son épargne avait
acquis : nombre de valeurs américaines, notamment d'actions
et d'obligations de chemins de fer, ont été rachetées par les
États-Unis, qui ont même, nous l'avons vu plus haut, souscrit
en septembre 1900 une partie des bons de l'Échiquier qu'émettait
le Trésor anglais, renversant ainsi les rôles et commençant à
constituer l'Amérique créancière de l'Europe et de la Grande-
Bretagne en particulier.

Des points noirs surgissent à l'horizon économique de l'Angleterre. Les chemins de fer, tout en ayant réalisé, en 1899 et
dans le premier semestre de 1900, des recettes brutes en augmentation sur celles des époques précédentes, ont vu ces excédens
dévorés et au delà par l'accroissement des charges résultant
notamment de la hausse du charbon et de celle des salaires : le
coefficient d'exploitation s'est élevé de 3 pour 100 et le dividende
moyen distribué aux actions ordinaires est descendu de 3 7/8

à 3 1/2 pour 100 l'an. Les dépenses de premier établissement de ces entreprises ont été aussi élevées : on estime qu'au cours des deux années 1899 et 1900 elles dépasseront, pour les vingt et une principales compagnies, 800 millions de francs, lesquels, au taux de 4 pour 100, représentent une charge annuelle d'environ 32 millions. D'autre part, on critique la gestion financière de beaucoup de ces compagnies. Les douze principales d'entre elles avaient, au 30 juin 1900, environ 350 millions à payer, tant pour dividendes que pour intérêts sur obligations : elles n'avaient, pour y faire face, que moins de 200 millions d'encaisse; elles devaient en même temps à leurs banquiers près de 150 millions, si bien qu'en réalité c'était 300 millions dont elles étaient à découvert. Le portefeuille des grandes banques anglaises ou de quelques-unes d'entre elles a inspiré des réflexions chagrines à certains de nos confrères d'outre-Manche, qui n'approuvent pas toujours la politique suivie par ces établissemens. On entend des plaintes toutes nouvelles sur les retards de la Trésorerie à acquitter ses engagemens et la nécessité où elle est de vivre d'emprunts à la Banque d'Angleterre. L'*Investor's Review* s'écriait le 20 octobre 1900 : « Tous les paiemens sont en retard, non seulement la pauvre solde des combattans, mais les factures des fournisseurs; il devient de plus en plus difficile d'obtenir de l'argent de la Trésorerie, et cela par la simple raison qu'elle n'en a pas. » En face de dépenses engagées pour 1250 millions, le gouvernement n'a pas 400 millions de disponibilités, consistant en bons du Trésor à émettre et en versemens à encaisser sur l'emprunt de 750 millions (le *Khaki loan* du printemps 1900). »

La même revue écrivait déjà au mois de septembre dernier : « Nous avons à considérer l'héritage économique que nous léguera la guerre, héritage qui sera assez douloureux en d'autres sens pour que nous n'ayons pas à parler de la difficulté plus grande que des millions d'hommes éprouveront à gagner de quoi vivre. Nous aurons, avant la fin de l'année, un accroissement de la dette publique, de nouvelles complications sur le marché monétaire de Londres, en même temps qu'une diminution d'occupation pour les salariés dans plus d'une branche importante d'industrie. Il se pourra qu'il faille réduire, faute d'argent, les monstrueuses dépenses que le gouvernement fait en matériel et approvisionnemens de guerre, depuis les cuirassés jusqu'aux chariots destinés aux déserts africains et jusqu'aux armes commandées par millions. Aussi longtemps que ces frais continuent sur un pied démesuré, on peut ne pas songer à l'état dans lequel se trouveront les autres industries nationales, livrées à elles-mêmes, ou celles qui ne reçoivent pas de commandes gouvernementales. Mais, à mesure que se succèdent les mois, la difficulté de continuer à dépenser sur le même pied croîtra vite, en raison de la peine qu'on éprouve à se procurer les fonds. »

Quel sera, d'autre part, l'effet produit sur les sources vitales de la fortune anglaise, sur ce commerce et cette industrie dont la prospérité peut seule assurer le maintien de sa situation dans le monde, son agriculture étant notoirement insuffisante et inapte à nourrir sa population? Nous avons déjà fait connaître à quels rudes assauts ses houillères et ses usines métallurgiques sont en butte (1). La hausse actuelle du combustible fait que les mineurs du Pays de Galles ne se préoccupent pas beaucoup de la concurrence américaine, qui vient vendre des charbons dans divers ports d'Europe, où n'avaient été importés jusqu'à ce jour que ceux de Cardiff; il semble que chaque pays, inquiet de l'épuisement possible de ses réserves en « diamans noirs, » ne soit pas en ce moment désireux d'en activer l'exportation. Mais, si les propriétaires de charbonnages gallois n'élèvent pas encore de plaintes, il n'en est pas de même des établissemens métallurgiques du Royaume-Uni, qui tournent des regards anxieux vers les forges et usines de Pensylvanie et de l'Illinois. Celles-ci paraissent en voie de régenter dans le monde les prix du fer et de l'acier; elles offrent leurs produits sur des marchés dont la Grande-Bretagne se croyait la maîtresse incontestée. Les charges que la guerre du Transvaal va imposer aux contribuables anglais se traduiront par une augmentation du prix de revient de ses objets manufacturés, qui auront d'autant plus de peine à soutenir la lutte avec ceux qui viendront de pays plus favorisés.

Quant au commerce, voilà plusieurs années que la concurrence allemande gêne et inquiète nos voisins; on n'a pas oublié le célèbre *Made in Germany* (fait en Allemagne) qui a jeté l'alarme parmi les négocians de Londres et de Liverpool. Sans vouloir exagérer le danger de cette compétition, qui n'est après tout que l'effet naturel de l'entrée en scène d'une communauté aussi puissante et active que le jeune empire germain, on peut rappeler ici

(1) Voyez notre étude *Métaux et Charbons* dans la *Revue* du 1er novembre 1900.

la place de plus en plus considérable que prennent au dehors les maisons allemandes : jusque dans les Indes orientales, jusque dans les ports de Chine, où ne se voyaient guère auparavant que des commerçans anglais, ces derniers cèdent peu à peu la place à des Allemands, auxquels se joignent des Suisses et des Belges. Sous l'influence de cette poussée redoutable, les Anglais, ou du moins certains d'entre eux, perdent la foi inébranlable qu'ils avaient conservée jusqu'ici dans les principes du libre-échange. Partout où le pavillon du Royaume-Uni, l'*Union Jack*, apparaissait, il apportait dans ses plis le principe de la « porte ouverte, » que la Grande-Bretagne réclamait pour elle, dans les territoires étrangers, après l'avoir proclamé bien haut là où elle établissait son autorité, se jugeant sûre de garder toujours la même avance sur les autres nations. Aujourd'hui elle se sent menacée : de là ces projets tout nouveaux d'union douanière entre la métropole et ses colonies, dont le programme a été tracé en 1897, dans un discours du « premier » canadien, sir Wilfrid Laurier, qui vient de remporter un éclatant succès aux récentes élections et d'être maintenu au pouvoir pour une nouvelle période ; de là ces germes d'idées protectionnistes, qu'on ne peut interpréter que comme l'aveu d'un sentiment de faiblesse ou tout au moins d'inquiétude. La guerre sud-africaine, loin de changer ce courant, paraît devoir l'accentuer. Les Anglais se rendent compte qu'il ne suffit pas de conquérir pour s'assurer le commerce du pays conquis. Ils s'émeuvent de la concurrence américaine et allemande. Déjà le consul général des États-Unis à Capetown engage ses compatriotes à établir une ligne directe de vapeurs entre ce port et New-York, de façon à faciliter l'écoulement de leurs marchandises dans ce Rand, auquel l'Amérique a fourni tant d'ingénieurs et non des moindres. Quant à l'Allemagne, dont les exportations au Transvaal, dans l'Orange et dans les colonies anglaises de l'Afrique australe avaient passé de 8 à 36 millions de francs dans les cinq années 1891-1896, elle a déjà pris les devans et organisé des services maritimes qui transportent les marchandises, à bon marché et dans des conditions de grande sécurité, des principales villes d'Allemagne aux ports africains, d'où les chemins de fer néerlandais, en vertu d'arrangemens intervenus, les réexpédient aussitôt à l'intérieur. Un phénomène analogue se produit dans d'autres possessions britanniques.

L'opinion insulaire note ces symptômes avec un souci dont

certaines publications se font l'écho : M. L. L. Price, dès le mois
de septembre 1900, écrivait dans l'*Economic Journal:* « Il est
probable que la réalisation d'une union douanière impériale nous
amènera à nous écarter de ce qu'on appelle communément du
nom vague de principe du libre-échange, lequel implique l'absence de tout traitement différentiel et veut que le commerce
suive ses voies naturelles, sans être ni contrarié ni aidé par une
intervention gouvernementale se manifestant par des droits différentiels... L'absence de droits protecteurs d'un État à l'autre,
aux États-Unis, équivaut à l'établissement du libre-échange sur
une immense étendue. Il est de même possible que, grâce à l'organisation d'une union douanière pour l'Empire britannique, à
l'*intérieur des vastes limites de ce grand Empire*, plus d'échanges
s'opèrent librement qu'il ne s'en pratique en ce moment sur une
même surface du globe. Il n'est pas douteux toutefois qu'à côté
de ce *libre-échange intérieur*, les marchandises étrangères subi-
raient des traitemens différentiels ou distinctifs d'une espèce,
sinon d'une importance, analogue aux droits appliqués par les
États-Unis aux objets d'importation. »

Les chiffres du commerce des dix premiers mois de 1900 que
nous avons reproduits plus haut n'ont encore, il est vrai, rien
d'alarmant : il ne faut pas oublier toutefois qu'ils sont singulièrement enflés par les hauts prix de beaucoup de matières premières,
prix qui paraissent destinés à reculer dans un avenir plus ou
moins prochain.

Telles sont les préoccupations commerciales ou industrielles.
Au point de vue financier, l'accroissement des dettes locales est
un point noir qui a été signalé à plusieurs reprises. Depuis le
mois de juin 1875 jusqu'au 31 mars 1898, les dettes des corporations publiques, telles que comtés, municipalités, en Angleterre
et dans le pays de Galles, ont augmenté de 4 250 millions de
francs, soit environ 182 pour 100, par rapport au chiffre d'il y a
vingt-cinq ans. Le total de ces dettes, à la date précitée de 1898,
atteignait plus de 6 550 millions, et dépassait les deux cinquièmes
de la Dette nationale. Il convient d'y ajouter 1 050 millions en
Écosse et 275 en Irlande. Après la guerre sud-africaine, la somme
des dettes nationale et locale sera vraisemblablement d'environ
25 milliards de francs.

A l'heure où disparaissent ainsi en partie les résultats si brillans de l'amortissement de la dette anglaise, nous avons le droit

d'éprouver quelque satisfaction à voir le ministre des Finances de la République française faire sienne cette politique, et inaugurer, dans le budget de 1901, le système du remboursement de rentes perpétuelles au moyen d'annuités terminables. On connaît l'ingénieux mécanisme par lequel les Gladstone, les Childers, les Lowe, les Northcote dégrevaient l'avenir, ou du moins le préparaient à supporter de nouveaux sacrifices quand l'heure en aurait sonné : ils prenaient dans le portefeuille des administrations publiques, telles que caisses d'épargne postales et banques d'épargne, des rentes perpétuelles qu'ils annulaient; en échange, ils servaient à ces caisses ou banques des annuités au nombre de dix, douze, ou tel autre chiffre, calculées de façon à permettre aux administrations en question de racheter, durant la période de paiement des annuités, un total de rentes égal à celui des titres annulés : à cet effet, l'annuité comprenait une somme égale à l'intérêt des titres annulés et la somme suffisante à l'achat de nouvelles rentes. M. Caillaux a inscrit, pour inaugurer une opération de ce genre, au budget du ministère des Finances, une première annuité de 37 millions : au moyen de vingt annuités semblables, il annulera un capital de 560 millions de rentes 3 pour 100 appartenant à la Caisse des dépôts et consignations. Nous espérons voir les crédits affectés à cet emploi éminemment sage et judicieux grandir dans nos budgets futurs, et nos ministres suivre l'exemple que leurs collègues de Londres leur avaient si longtemps donné, et dont ils s'écartent aujourd'hui.

De quelque côté qu'ils tournent leurs regards, nos voisins voient des périls naître de cette guerre, qui semble les avoir jetés hors de la route dans laquelle, au cours du XIXᵉ siècle, ils avaient trouvé tant et de si légitimes succès. Combien de voix s'élèvent, parmi celles des meilleurs et des plus nobles de ses enfans, pour déplorer le déchaînement de chauvinisme brutal et irréfléchi qui se manifeste dans les villes du Royaume-Uni et qui provoquait, il y a peu de jours, les scènes fâcheuses qui ont marqué l'entrée à Londres des volontaires de la Cité revenant de leur campagne africaine. Si nous imprimions quelques-uns des discours qui se tiennent et des articles qui s'écrivent en ce moment de l'autre côté de la Manche, nos lecteurs se refuseraient peut-être à croire que des critiques aussi sévères sortent de la bouche ou de la plume de citoyens anglais. C'est d'ailleurs l'honneur de ce pays, qui n'a pas encore perdu le sentiment de la liberté vraie, que de permettre à chacun d'y exprimer pleinement sa pensée. De même qu'il y a plus d'un siècle de grands orateurs ne craignaient pas de prononcer, en pleine Chambre des communes, des paroles favorables aux colons d'Amérique révoltés, de même aujourd'hui les avertissemens ne manquent pas au peuple : le caractère de ceux qui les lui donnent devrait le rendre attentif : mais il est emporté par un tourbillon d'où il ne sortira que plus tard.

L'Angleterre s'est lancée dans une aventure où ses meilleurs amis ont regretté de la voir s'engager. On a comparé la situation de l'Afrique du Sud à celle des États d'Amérique, lorsque au xviiie siècle les colons s'insurgèrent contre la métropole et se séparèrent d'elle pour ne pas payer les taxes qu'elle prétendait leur imposer. Mais la conjoncture actuelle est plus grave encore : la majorité des colons américains était anglaise de race et ne nourrissait pas contre la mère patrie la haine terrible qui est au cœur des Boers et qui, au lieu de disparaître, comme il arrive quelquefois après des guerres suivies d'une paix loyale et franchement observée, a été avivée par les entreprises répétées de la Grande-Bretagne contre l'indépendance et la liberté de l'Afrique du Sud. Non seulement la majorité de la population blanche des deux Républiques, le Transvaal et l'Orange, est de sang hollandais, mais une grande partie des habitans de la colonie du Cap est de même origine ; bien des chefs de familles établies dans cette colonie ont combattu et combattent à côté des Boers, ont vu leurs fermes confisquées et ne peuvent entrevoir que la misère, la ruine, la mort peut-être, si la domination britannique est assise dans leur pays. A d'autres époques, il se trouvait à Londres des hommes d'État qui reconnaissaient les erreurs commises, qui rendaient les Iles Ioniennes à la Grèce et qui, après Majuba Hill, arrêtaient l'effusion du sang et laissaient au Transvaal une indé-pendance à peu près complète, sauf le maintien théorique d'une suzeraineté nominale. Nous ne sachions pas que cette politique ait diminué la grandeur ni même porté atteinte au prestige du Royaume-Uni : bien au contraire, il est apparu alors aux yeux du monde civilisé comme une puissance que l'ambition ne guidait pas seule ; il a été loué par les libéraux de tous les pays comme le gardien fidèle de ces belles traditions, que nous nous sommes plu longtemps à considérer comme l'apanage du gouvernement parlementaire. En dépit des sophismes contraires, jamais la prospérité économique du pays ne s'est développée avec plus de vigueur qu'aux jours où, ne suivant pas une politique agressive, l'Angleterre se contentait d'un état militaire et maritime suffisant pour protéger son domaine colonial et ses flottes commerciales. Ce fut aussi l'époque la plus brillante de ses finances, celle où l'amortissement de la Dette suivit la marche la plus rapide, où le système des impôts reçut des transformations presque toutes judicieuses et salutaires, où la puissance des marchés anglais parùt s'affermir de la façon la plus décisive. Nous craignons que le tableau ne change au cours des premières années du xxᵉ siècle : le budget anglais vient d'être porté soudainement à un chiffre énorme et qui paraîtra lourd, même à une communauté aussi riche et où tant de capital a été accumulé. Beaucoup de dépenses, qui semblaient temporaires, resteront inscrites d'une façon permanente, à cause de la nécessité de maintenir une armée nombreuse dans l'Afrique frémissante et d'assurer les communications avec ce continent. Des réserves de capitaux et de sagesse ont permis à nos voisins de supporter sans sourciller le premier choc d'une guerre aussi ingrate : mais ils vont en sentir peu à peu les effets fâcheux. Déjà le résultat de vingt ans de persévérance dans l'amortissement de la dette est annihilé par la création de rentes nouvelles, dont le service réclamera peut-être une annuité égale à celle qui avait été supprimée. L'impôt sur le revenu a été porté à un taux inconnu depuis la guerre de Crimée. Et toutes ces difficultés naissent à un moment où la concurrence commerciale allemande et où la concurrence industrielle américaine serrent de près les Anglais et leur disputent, souvent avec succès, des marchés où ils croyaient régner sans conteste. Le ciel d'Albion est chargé de nuages : nous savons que son peuple n'est pas de ceux qui se laissent abattre par les revers, ni détourner de leur route par les obstacles qu'ils rencontrent. Mais nous n'en constatons pas moins qu'en un an, ses finances ont souffert l'atteinte la plus grave qu'elles aient reçue depuis près d'un siècle et que la répercussion économique de la guerre sud-africaine sur le marché de Londres et sur le commerce du Royaume-Uni ne peut encore aujourd'hui être mesurée dans toutes ses conséquences

RAPHAEL-GEORGES LÉVY.

LE DESSIN

CHEZ

LÉONARD DE VINCI

La vie et les œuvres de Léonard ont été, en ces derniers temps surtout, l'objet de nombreux travaux. Grâce aux progrès incessans de l'héliogravure, de magnifiques publications accompagnées de judicieux commentaires mettent en quelque sorte sous nos yeux ses manuscrits eux-mêmes et les dessins qui en font l'ornement. Après M. Séailles, qui consacrait à l'artiste et au savant une pénétrante étude, M. Eugène Müntz nous donnait ici même le résumé de ses longues et heureuses recherches sur le maître et réunissait ensuite dans un beau volume tout ce que les découvertes de ses prédécesseurs et les siennes propres nous permettent aujourd'hui de savoir sur la vie de Léonard, sur son œuvre et sur le milieu où il a vécu.

Si précieux que soient ces travaux, leurs auteurs confessent eux-mêmes que longtemps encore la critique pourra s'occuper d'un pareil sujet sans risquer jamais de l'épuiser, tant il présente de problèmes et de côtés divers. Entre tous ceux qui sollicitent l'attention, il n'en est pas, croyons-nous, qui, mieux que le dessin de Léonard, mérite de la fixer. Le dessin était, en effet, son véritable langage, et c'est par lui que s'est manifestée sa supériorité. Mais en dehors même des chefs-d'œuvre qu'il a laissés et qui attestent son excellence en ce genre, le grand artiste se plaisait à disserter et à écrire sur cette partie de son art. Toujours il le faisait avec cet esprit éminemment philosophique qui constitue un des traits les plus saillans de son originalité. Il nous a donc

paru qu'il y avait quelque intérêt à chercher si la suite même de
ses dessins aussi bien que les notes éparses de ses manuscrits ne
présentent pas entre elles un lien, un enchaînement logique, et
comme les élémens formels d'une doctrine. Ainsi qu'on le verra,
en même temps qu'une part très grande y est attribuée à la
science, on sent partout le légitime désir d'assurer par elle au
sentiment, à l'imagination et à toutes les facultés créatrices de
l'artiste la plénitude de leur exercice. Personne n'a mis dans
l'expression de ses pensées plus de netteté que Léonard. Jaloux
qu'il est d'acquérir pour lui-même toutes les perfections, il les
rêve pour les autres et leur trace la ligne de conduite qui lui
paraît la plus propre à les leur procurer. L'art pour lui n'est pas
une chose isolée; il se rattache intimement à la vie, et l'hygiène
morale qui lui convient, toute supérieure qu'elle soit, demeure
toujours pratique. Cet accord seul peut être fécond et mettre
l'artiste en possession de toutes les ressources nécessaires à son
complet développement. Il y a là un ensemble de vérités qu'il
n'est peut-être pas inutile de rappeler, en invoquant pour elles le
bénéfice de l'exemple et des préceptes de Léonard.

I

On sait que la plupart des maîtres de la Renaissance ne se
bornaient pas à la pratique d'un seul art, et qu'à ses débuts surtout, bon nombre d'entre eux se sont distingués à la fois comme
architectes, comme peintres ou sculpteurs, excellant plus ou
moins dans ces différens arts suivant leurs tempéramens, leurs
goûts ou les conditions mêmes de leur vie. Michel-Ange, qui réunissait en lui ces diverses aptitudes, était avant tout sculpteur, et
il affirmait lui-même ses préférences pour la statuaire, qu'il considérait comme très supérieure à la peinture. N'eût-il pas ainsi
formulé sa pensée, que ses dessins eux-mêmes auraient témoigné
de ses sentimens à cet égard. A le voir exprimer, comme il fait,
le modelé de ses figures à grandes hachures de la plume ou du
crayon, données fièrement dans le sens de la forme, on reconnaît l'homme habitué à pétrir l'argile ou à marteler le marbre.
Léonard, au contraire, vantait la prééminence de la peinture, et
cette prédilection résultait pour lui « du peu de matière et du
peu d'efforts musculaires qui suffisent à cet art, en comparaison
de ce qu'exige la statuaire. » La poésie elle-même devait, sui-

vant lui, s'effacer devant la peinture. « Quel poète, dit-il, est capable, avec des paroles, de mettre en présence d'un amant la fidèle image de son idéal avec autant de vérité que le peintre pourra le faire! »

Plus universel qu'aucun de ses contemporains par sa curiosité comme par son savoir, Léonard, à raison de l'excellence qu'il attribuait à la peinture, peut être considéré comme le représentant le plus complet de la Renaissance italienne dans ce qu'elle a de vraiment caractéristique. La peinture a été, en effet, la création la plus originale de cette brillante période d'expansion de l'art, et les chefs-d'œuvre qu'elle a produits en ce genre lui appartiennent mieux encore que ceux de la sculpture. Sans doute, les maitres florentins ont pu ajouter à la statuaire cette expression du sentiment religieux qui, dérivée du christianisme, donne à leurs ouvrages les plus remarquables un charme de tendresse et d'intimité poétiques inconnu des anciens. Mais comme beauté exquise de la forme et largeur de l'exécution, ils n'ont pas dépassé les modèles que leur avaient légués les sculpteurs grecs de la grande époque. La peinture, au contraire, est un art relativement récent et par ce que les écrivains ou les monumens qui nous ont été conservés nous apprennent de ses productions dans l'antiquité, il est permis d'affirmer qu'elle n'a jamais alors tenu la place, ni acquis la perfection qu'elle devait atteindre dans les temps modernes. Aussi l'éducation des peintres de la Renaissance fut-elle lente et laborieuse, et quand on songe à l'enthousiasme que provoquait à son apparition la *Vierge* de Cimabuë, solennellement promenée dans les rues de Florence aux acclamations d'un peuple entier, on peut se faire une idée de tous les progrès, de toutes les découvertes qu'ils avaient à réaliser. En dépit du génie de Giotto, d'Angelico da Fiesole et même de Masaccio, l'inexpérience de leur technique devait conserver à leurs œuvres un air de timidité naïve qui, si charmantes qu'elle nous les fasse paraître aujourd'hui, ne pouvait, sous peine de condamner la peinture à une enfance indéfinie, durer bien longtemps. C'est à assurer cette marche jusque-là hésitante que s'étaient appliqués les prédécesseurs immédiats de Léonard, en faisant profiter leur art des notions positives d'anatomie et de perspective qu'ils avaient successivement acquises, ainsi que de leurs heureuses recherches en vue d'obtenir des proportions plus exactes, des compositions mieux définies et un choix plus sévère dans les formes. Enfin l'emploi de l'huile substitué aux procédés primitifs était venu ajouter à la peinture les précieuses ressources d'éclat et de fini qui lui manquaient encore.

A ses dons extraordinaires, à son infatigable activité, à son amour constant de la nature et de son art, le Vinci joignait un esprit merveilleusement doué pour la science. Après s'être, dès sa jeunesse, assimilé toutes les conquêtes de ses devanciers, il était bientôt appelé à les étendre, et sans jamais faire montre de son prodigieux savoir, il le mettait au service d'un art désormais émancipé et vraiment expressif. Mais si grand que soit le génie du peintre, il convient de dire que les qualités du dessinateur l'emportent de beaucoup chez lui sur celles du coloriste. Ses tonalités sont plus sobres que brillantes, et l'harmonie de ses tableaux résulte plutôt de l'effacement et de la rareté des colorations que de leur diversité ou de leur puissance. Sans même parler des Vénitiens, il a eu, sous ce rapport, des émules et des égaux parmi ses contemporains. Par son dessin, au contraire, il est tout à fait personnel et supérieur, et dans le dessin nous entendons ici comprendre toutes les parties de l'art qui chez lui en dérivent et où il a été vraiment créateur : c'est-à-dire avec la correction, le caractère et la beauté des formes, la science de la composition, celle de l'effet, celle du modelé et des valeurs. C'est là son domaine; c'est lui qui l'a définitivement constitué et il en est resté le maître. C'est là aussi que les dons qu'il a reçus ont été le plus manifestes, fécondés, comme ils le furent, par une étude intelligente et un travail continu. Dans ses goûts comme dans ses mérites, le dessin tient une place à part, la plus essentielle, la première. Il veut voir sa pensée figurée, et toute description écrite lui semble incomplète. Pour lui, le moindre croquis vaut mieux. Il lui est arrivé plus d'une fois d'exprimer sa pensée sous une forme littéraire, et il y parvient sans grand effort, dans une langue imagée, concise, d'un tour vivant et avec une singulière propriété de termes. Mais le plus souvent il s'interrompt, comme mécontent de sa prose, et soit qu'il la trouve insuffisante ou qu'il veuille se faire mieux comprendre, il recourt au dessin comme à un procédé plus simple, plus net, plus communicatif. C'est pour lui une langue universelle, bien supérieure à toutes les langues particulières. En tout cas, c'est son vrai langage, et il y excelle.

Il n'y a pas à s'étonner que dans la prodigieuse quantité des

dessins de Léonard qui nous ont été conservés, un grand nombre
aient trait directement à son art ou à ceux qu'il a également pratiqués, comme l'architecture et la sculpture. Mais c'est aussi par
des dessins qu'il essaye de traduire les données ou les résultats
des diverses études qui se sont disputé son attention : celles de la
géologie, de la météorologie, de la botanique, de la mécanique,
celles qui se rapportent à la science de l'ingénieur ou à l'art militaire. Il faut que les observations auxquelles il se livre, aussi
bien que les vérités ou les applications qu'il en veut dégager,
prennent une forme pittoresque, et que la science et l'art s'y prêtent un mutuel secours. Aussi à côté d'épures géométriques, de
problèmes d'optique ou de perspective, sur les marges de ses manuscrits se pressent des croquis de toute sorte : construction de
digues ou de ponts, des phares ou des estacades, des forteresses,
des catapultes, des armes d'attaque ou de défense, des écluses,
des formes de nuages, des eaux qui s'écoulent, des arbres avec la
structure de leurs troncs, de leurs racines ou de leurs branches,
avec la disposition variée de leurs feuilles, etc. Les cartes de géographie qu'il dresse lui-même, celle de la Toscane par exemple,
sont des représentations de la terre à la fois scientifiques et vivantes, avec la vue panoramique des diverses vallées, des cours
d'eau qui les forment, des montagnes d'où ils descendent, de la
mer à laquelle ils aboutissent. En consultant de pareilles cartes,
les savans y constatent la logique des lois naturelles et les artistes
y découvrent la beauté pittoresque d'une contrée.

En dehors de ces dessins qui offrent ainsi un double intérêt,
Léonard se propose des exercices ingénieux, comme ces entrelacs
d'une complication extrême dans lesquels, avec une dextérité
sans égale, il multiplie les entre-croisemens et les nœuds. Il sait
se retrouver au milieu de ce dédale et tirer de ces arabesques les
motifs d'une ornementation originale, faisant paraître simples
et faciles des tracés où s'épuiserait la patience des autres.

Dessiner est pour lui un plaisir et un besoin de tous les instans. A côté de comptes de ménage ou de calculs longs et ardus,
le souvenir d'un beau visage ou d'une élégante attitude lui revient tout à coup à l'esprit et il ne peut s'empêcher de les noter
en quelques traits. Ou bien c'est un chat qui est entré dans sa
chambre et qu'il s'amuse à dessiner pendant qu'il joue avec ses
petits ou qu'il fait sa toilette, avec toute la souplesse et la vérité
de ses attitudes familières. Ici ce sont des caricatures et plus

loin des allégories subtiles dont souvent l'explication nous échappe. Chaque année aussi, quand vient le printemps, il guette ses premiers sourires et rapporte de ses promenades dans la campagne les fleurs qu'il a cueillies, une touffe de violettes, des ancolies, des ellébores, des anémones, une rose d'églantier ou une branche de ronces qu'il place devant lui et que, plein de respect, d'une plume légère et attentive, il nous montre avec les inflexions gracieuses de leur feuillage et la délicatesse du tissu de leurs corolles.

La technique de ces dessins de Léonard n'est pas moins variée que les sujets qu'ils représentent. Tous les procédés, tous les matériaux lui sont bons : la mine d'argent, le crayon noir, la sanguine, la plume ou le pinceau, le papier blanc de ses manuscrits ou les feuilles légèrement teintées de ses albums sur lesquelles, par des rehauts de blanc, il exprime les lumières, ou bien à l'aide de quelques touches de lavis à l'encre de Chine il indique les valeurs. Avec ces ressources restreintes il obtient, quand il le veut, des prodiges de finesse, d'une exécution poussée à fond, mais toujours large, ou d'autres fois des croquis enlevés avec une sûreté étonnante, mais d'une correction impeccable et d'un charme exquis. Dans ceux de ces dessins qui sont faits au crayon noir ou à la mine d'argent, M. Galichon et après lui M. Morelli avaient cru reconnaître que les ombres étaient obtenues par des hachures parallèles, tracées uniformément en descendant et de gauche à droite. De cette façon de procéder, provenant suivant eux de ce que Léonard était gaucher, les deux critiques avaient même prétendu déduire un moyen de vérification pour l'authenticité de ses dessins. Mais si dans ses croquis sommaires et rapides on peut, en effet, constater assez souvent cette manière d'opérer, elle n'offre cependant pas, hâtons-nous de le dire, le caractère de généralité qu'on lui avait attribué. En tout cas, pour les études faites avec soin, en face de la nature, la direction des hachures et le travail plus ou moins serré, plus ou moins apparent dans les ombres, présentent, au contraire, une diversité extrême, en rapport avec les exigences du modelé des différens objets que le maître veut reproduire.

Ses procédés, toujours simples d'ailleurs, varient suivant ce qu'il se propose de faire. Le sens de la forme est par lui si nettement, si intelligemment déterminé, que même dans des dessins qui visent un but purement scientifique ou industriel, c'est un plaisir très vif pour un artiste de voir à quel point il est exact et précis, avec quelle aisance et quelle fidélité il arrive à montrer, à expliquer les rouages et les engrenages des machines les plus ingénieuses, le fonctionnement d'une poulie, d'une vis, d'un cabestan, l'entrelacement de fascines destinées à briser la violence des flots, les échafaudages superposés d'une construction, les nœuds de cordages qui relient fortement entre eux des pieux assemblés en vue d'une résistance énergique, etc. Dans ces dessins, jamais une hésitation, ni une erreur. Chaque objet est rendu avec une clarté et une évidence qui donnent aussitôt raison de sa fonction. Partout on sent un esprit aussi pénétrant que vigoureux. Entre l'art et la science de Léonard il y a comme un échange continuel et un profit constant. Aussi, avec sa curiosité toujours en éveil, a-t-il produit un nombre prodigieux de dessins. Durant toute sa vie, dans les intervalles assez longs où il ne peignait pas, absorbé qu'il était par ses travaux de statuaire ou d'ingénieur, il ne cessa jamais de dessiner, et quand, fixé, pendant sa vieillesse, à Amboise, la paralysie commençait à le gagner, il continua, tant qu'il put, de le faire. C'est son existence tout entière qu'on repasse, c'est son intelligence si ouverte et son immense savoir qui se manifestent à nous quand nous feuilletons ses dessins. Le total en est vraiment fait pour confondre, et si aux chefs-d'œuvre que possèdent les riches dépôts du Louvre, du British Museum, de Windsor, du musée des Uffizi, de la Bibliothèque du roi à Turin, de l'Académie des Beaux-Arts à Venise, et la collection de M. Léon Bonnat, nous ajoutions les croquis innombrables contenus dans ceux des manuscrits de Léonard qui nous ont été conservés et qui ne forment pas moins de 5 000 pages, nous arriverions à un chiffre formidable. Il y a donc lieu de remercier les auteurs des récentes publications de ces manuscrits pour les jouissances et les enseignemens qu'ils nous ont procurés. En mettant ainsi à notre disposition les fac-similés de ces merveilles, ils nous font pénétrer dans l'intimité de l'un des plus merveilleux génies qui aient honoré l'humanité.

II

Parmi les dessins du maître, les plus intéressans pour nous sont ceux qui ont été faits en vue de son instruction ou pour la préparation d'une de ses œuvres.

Avec la haute idée qu'il avait de son art, Léonard voulait
que le peintre fût capable de tout exprimer. « Il doit, disait-il,
chercher à être universel; car c'est manquer de dignité que de
faire une chose bien et une autre mal; » et ailleurs, revenant
sur ce point, il insiste sur la nécessité de ne pas se borner à une
seule spécialité, « comme une tête, des draperies, ou des animaux, ou des paysages, ou des objets particuliers semblables, car
il n'est pas d'esprit qui, en s'étant tourné vers une chose seule
et l'ayant toujours mise en œuvre, n'arrive à la bien faire. » Il
pense, du reste, que la nature est la vraie, la seule maîtresse,
celle à laquelle il faut toujours revenir. Il l'aime avec passion
et admire de toutes ses forces l'esprit qui l'anime, car « bien que
le génie humain fasse des inventions qui, par des moyens intel
ligemment combinés, aboutissent à une fin, jamais il ne trouvera d'inventions plus belles, plus faciles, plus concises que la
nature; car dans les inventions de celle-ci rien ne manque et il
n'y a jamais rien de trop (1). » Traçant le programme d'une
éducation vraiment artistique, il exige, au début, une étude
rigoureuse de toutes les parties techniques, comme l'anatomie,
la perspective et les proportions, et fait aussi une part à l'étude
des maîtres afin de profiter de leur expérience; mais il recommande instamment de conserver vis-à-vis d'eux son indépendance et de ne pas abdiquer sa personnalité, car « en imitant la
manière d'un autre on n'est plus que le petit-fils et non le fils
de la nature. » Il faut « que le peintre dispute et rivalise avec
la nature elle-même. »

Cependant au milieu de cette infinité de choses qu'il doit pouvoir représenter, comment l'artiste se retrouvera-t-il? Quelle
marche suivre pour son instruction? Sous peine de s'égarer en
allant à l'aventure, il est nécessaire qu'il mette tout l'ordre qu'il
pourra dans la suite des études qu'embrasse son art. Certes cet art
dépasse la stricte imitation des objets; mais il faut avant tout
que le peintre acquière cette part d'imitation qui en est la condition indispensable. Plus il s'en sera rendu maître et plus il

(1) C'est là une idée que Descartes devait reprendre et exprimer presque dans
es mêmes termes, quand il dit « qu'au lieu de cette philosophie spéculative qui
s'enseigne dans les écoles, on en peut trouver une pratique par laquelle, connaissant la force et les actions du feu, de l'eau, des astres et de tous les autres corps
aussi distinctement que nous connaissons les divers métiers de nos artisans, nous
les pouvons employer en même façon à tous les usages auxquels ils sont propres
et ainsi nous rendre comme maîtres et possesseurs de la nature. » *Discours sur la
méthode*, 6ᵉ partie, t. 1ᵉʳ, p. 192.

disposera de ressources pour exprimer sa pensée. Un esprit élevé
et pénétrant apporte d'ailleurs dans cette étude primordiale des
exigences graduellement croissantes qui développent sa propre
originalité. Léonard s'applique à étayer de son mieux cette préparation initiale, par tout ce qui peut la guider et lui donner
une base assurée. « Ceux qui s'éprennent de pratique sans
science, dit-il, sont comme des pilotes qui entreraient dans un
navire sans gouvernail ou sans boussole, et qui ne sauraient
jamais certainement où ils vont. »

Entre toutes les études qui s'offrent au peintre comme au
sculpteur, celle du corps humain est l'étude par excellence,
celle qui, avec la disposition où nous sommes de rapporter
tout à nous-mêmes, est la plus faite pour nous intéresser. C'est
elle, d'ailleurs, qui pour l'artiste contient le plus d'enseignemens,
car bien connaître le corps de l'homme donne la clé de la structure de beaucoup d'autres êtres pour lesquels notre corps peut
en quelque manière être considéré comme un type d'où ils
dérivent. L'anatomie et la science des proportions qui lui est
connexe donnent raison des formes normales de ce corps et du
fonctionnement des muscles qui déterminent ses mouvemens.
Mieux qu'aucun autre artiste, Léonard a cherché à dégager nettement de cette étude le caractère à la fois scientifique et esthétique, et mieux qu'aucun autre aussi, — les nombreux dessins qui
constatent ses recherches à cet égard en font foi, — il a essayé
de trouver dans le corps humain celle de ses parties qui, étant
exactement contenue dans les autres, pourrait servir à toutes de
mesure commune. Cependant, si positives et si utiles que soient
des notions de ce genre, elles ne constituent guère que des moyens
de contrôle ou de vérification pour le peintre comme pour le
sculpteur. Mais tandis que le dernier se propose de reproduire
les formes telles qu'elles sont, le peintre n'a à nous les montrer
que dans leur apparence, avec les déformations que causent dans
leur aspect le plus ou moins d'éloignement, le plus ou moins
d'obliquité de l'angle sous lequel nous les voyons. De là l'obligation d'être à la fois initié à la perspective linéaire, qui, ainsi
que son nom l'indique, vise plus particulièrement la représentation des contours des objets, et à la perspective aérienne, qui
a trait à l'effacement graduel et aux modifications des couleurs
que produisent l'éloignement ou le déplacement de la lumière
qui éclaire ces objets.

Toutes ces notions que Léonard s'est attaché à réduire en préceptes scientifiques sont indispensables au peintre. Mais elles ne constitueraient pour lui qu'une préparation élémentaire, si elles n'étaient fécondées par une étude directe de la nature et par l'expression plus ou moins personnelle que, suivant son tempérament, chaque artiste arrive à dégager de la réalité pour en reproduire les traits qui lui paraissent les plus significatifs. La peinture chez les maîtres est avant tout la manifestation de la vie dans ses acceptions variées. Qu'il s'agisse d'exprimer la beauté ou le caractère d'une figure, d'en exalter la force ou la grâce, Léonard s'est montré véritablement créateur. C'est donc là ce qui, dans ses dessins, mérite surtout de fixer notre attention. A ce titre, chacun d'eux a sa valeur propre; mais leur réunion nous révèle en outre, au point de vue des enseignemens qu'il en pouvait tirer, une intention suivie et comme une doctrine qu'il convient de signaler. Ses études, en effet, ne sont pas isolées : elles se tiennent et dérivent d'un plan rationnel; elles comprennent dans leur ensemble les élémens d'une méthode scientifique. Non seulement elles tendent à exercer l'œil de l'artiste à bien voir et sa main à reproduire exactement les formes exposées à ses regards, mais elles ont aussi pour objet de lui apprendre à comparer ces formes, à estimer ce qui en elles est expressif, à les suivre dans toutes les modifications qu'elles peuvent subir, à développer par conséquent les facultés d'observation et de mémoire pittoresques sans lesquelles il n'est pas d'artiste complet.

Voici, au musée du Louvre, quatre têtes dessinées avec soin, sous la même lumière, d'après un même enfant : l'une est en profil tout à fait perdu, avec un soupçon de nez dépassant à peine les joues rebondies; dans une autre, le nez apparaît et un bout de la lèvre supérieure; la troisième est entièrement de profil et la quatrième vue de trois quarts. Dans toutes ces positions, la ressemblance de l'enfant, — avec la rondeur et la souplesse un peu molle de ses chairs, avec son front bombé et ses cheveux capricieusement bouclés, — a toujours été respectée. Mais les divers aspects que peut prendre son visage dans ces déplacemens successifs sont aussi notés avec une scrupuleuse exactitude. D'autres dessins du maître représentent des figures entières d'enfans jouant ou se caressant entre eux et montrant dans leurs attitudes familières l'équilibre encore hasardeux de leurs mouvemens, l'ingénuité et la gaucherie naïve des gestes propres à leur âge.

Ce qu'il a fait pour l'enfant, Léonard le fait pour l'adolescent, pour la jeune fille, pour la jeune femme, et l'on sait la grâce délicieuse de ses types préférés, leur large front, leurs grands cils, le doux regard de leurs beaux yeux à demi clos, la parure de leurs chevelures abondantes et soyeuses, relevées en tresses épaisses sur le haut de la tête ou encadrant, de caressantes ondulations, l'ovale de leur visage. Puis ce sont des vieillards aux traits accentués, tantôt placides (musée du Louvre), tantôt (British Museum) de physionomie un peu rude et sévère, avec leurs sourcils proéminens, la moue de leurs lèvres et les plis que les années et les épreuves de la vie ont creusés sur leur fronts.

Parcourant ainsi la suite des âges dans des types nettement caractérisés, l'artiste signale avec une conscience extrême les différences que ces types présentent entre eux et aussi celles que chacun d'eux peut offrir suivant les positions qu'il a fait successivement prendre à ses modèles. Ou bien, sur une même feuille, il cherche par quelles modifications insensibles une tête aux traits nobles et réguliers peut se transformer en une caricature grotesque, ou enfin, suivant une marche inverse, comment, de la laideur la plus difforme, il peut remonter à la beauté accomplie. Comme preuve de la précision qu'il veut qu'on apporte à de pareilles études, notons dans ses manuscrits cette remarque sur la diversité extrême que le peintre doit manifester dans les types de ses figures : « Un homme pouvant être proportionné en étant gros et court, ou court et mince, ou entre les deux, quiconque ne tient pas compte de cette diversité infinie s'expose à faire toujours ses figures pareilles et monotones; ce qui mérite le plus grand blâme. »

Les divers mouvemens du corps humain sont pareillement décomposés par le maître en suivant leur progression naturelle. Ici c'est une figure d'abord couchée, puis se levant, puis tout à fait debout; là une autre vue d'en bas, puis de niveau et ensuite d'en haut. Ou bien encore un homme est vu de dos, les bras étendus, et, à côté, le même homme est représenté de face dans la même position. La correction dans toutes ces attitudes est parfaite, et la succession d'un même mouvement est poursuivie dans chacune de ses phases en marquant nettement l'effort initial, puis l'action elle-même, et enfin le terme auquel elle aboutit. Voici un homme qui s'apprête à frapper avec une lourde masse : il la soulève, la brandit et l'abat avec violence. Un autre est d'abord dessiné au repos, puis en marche, et enfin courant. Sur une même feuille sont groupés tous les travaux des champs : des paysans qui piochent, bêchent, sèment, plantent ou fauchent; en un moment, l'esprit de Léonard a ainsi embrassé et sa main a docilement retracé les diverses occupations de la vie rurale. Ou bien l'acte qu'il représente est aussitôt accompagné de l'acte contraire : un homme monte un escalier qu'nn autre descend; celui-ci prend un fardeau, un autre le rejette. Ces suites de mouvemens prochains ou opposés sont rendues d'un trait élégant et précis, en tenant toujours un compte rigoureux des conditions d'équilibre. Peu à peu les dessins que le maître a faits posément, et avec grand soin, d'après les corps au repos, l'ont assez familiarisé avec leurs formes pour qu'il puisse noter rapidement par la suite les actions les plus vives. Les facultés d'observation qu'il a ainsi développées en lui sont d'ailleurs toujours soutenues par des procédés de vérification pratiques qui en assurent la « justesse : « Quand tu veux représenter un homme nu au naturel, dit-il, tiens en main un fil à plomb pour bien voir les rencontres des choses. »

Mais en exigeant de l'artiste tout le savoir possible, Léonard ne veut pas que la science acquise dégénère jamais en vaine pratique, ni qu'on en fasse parade. Il n'aime pas « les muscles trop apparens, aux contours trop accusés. Des lumières douces qui passent insensiblement à des ombres agréables donnent la grâce et la beauté. » L'excellence de la peinture se manifeste surtout, suivant lui, par la science du clair-obscur et des raccourcis. Mais, dans ces raccourcis eux-mêmes, il ne faut jamais étaler sa virtuosité et il cherche à prémunir contre ce danger : « Peintre anatomiste, veille bien que ton excessive connaissance des os, des tendons et des muscles ne fasse de toi un pédant, à force de faire montre de ton savoir sur ce point. »

La photographie instantanée est venue confirmer la justesse absolue des mouvemens, même les plus rapides, représentés par Léonard. Mais dans la succession ininterrompue de tous les mouvemens liés à une action quelconque, et qui, reproduits en un grand nombre de clichés, procurent au spectateur, dans le cinématographe, l'illusion même de la vie, les momens choisis par le Vinci sont tous expressifs. Chacun d'eux se suffit à lui-même, sans avoir besoin, pour être intelligible, d'être expliqué par le mouvement antérieur ou par le mouvement qui le suit,

car ainsi qu'il le dit : « La peinture étant un poème muet, il
faut, pour qu'elle se fasse bien comprendre, que la mimique des
figures soit aussi claire que possible. » En conséquence, rien
n'est indifférent de ce qui peut servir à préciser la pensée de
l'artiste et tout ce qui est de nature à y contribuer mérite son
attention. Aussi Léonard a-t-il le plus grand souci de mettre en
œuvre tous les moyens qui sont à sa disposition. Après le
visage, un des secours les plus puissans qu'il trouve à cet égard
lui est fourni par les mains et dans toutes ses œuvres il a su en
tirer le parti le plus éloquent. Il n'est satisfait que lorsqu'il
arrive à leur donner toute la signification qu'elles doivent avoir.
Qu'il s'agisse pour elles de prendre, de tirer, de frapper, de
marquer la terreur, l'admiration, l'étonnement, le mépris, la
prière ou la haine, elles font toujours excellemment, chez Léonard, ce qu'elles ont à faire, et, sur ce point encore, elles réalisent
en perfection cette idée qui lui est chère : « que les extrémités
de toutes choses donnent à ces choses grâce ou manque de
grâce. »

Il a compris aussi, mieux qu'on n'avait fait jusqu'alors, l'importance qu'il convient de donner aux draperies, à quel point
elles peuvent compromettre ou fausser l'indication d'un mouvement, détruire la beauté d'une attitude. Avant lui, les Primitifs
avaient bien pu s'accommoder du dessin un peu sommaire des
lourdes étoffes dans lesquelles ils enveloppaient les figures.
Préoccupés avec raison de mettre dans les vêtemens des personnages plus de variété et de richesse, leurs successeurs, en
dépit des progrès qu'ils avaient réalisés en ce sens, ne manifes-
taient encore que l'incohérence de leurs tentatives dans les arrangemens un peu arbitraires des plis de leurs draperies. Tantôt
molles et chiffonnées à l'excès chez quelques-uns des précurseurs, elles sont, au contraire, chez d'autres, anguleuses, rigides
et cassantes. Il appartenait à Léonard de leur donner une souplesse et une grâce qui n'ont jamais été dépassées. Lui-même a
résumé en quelques mots ses idées à cet égard : « On doit éviter
dans une draperie la confusion de plis trop multipliés et n'en
faire que là où elle est retenue avec les mains ou avec les bras.
Il faut laisser le reste tomber simplement où l'attire la nature et
veiller à ce que le nu ne soit pas traversé par trop de linéamens
ou de brisures de plis. » Bien mieux encore que ce précepte,
pourtant si judicieux, les dessins de Léonard (musée du Louvre,

bibliothèque de Windsor et collection de M. Defer-Dumesnil)
nous montrent comment il faut traiter les draperies, l'intelligence avec laquelle l'artiste commence par les disposer, la prodigieuse habileté dont témoigne son exécution, mélange de
finesse et de largeur. La justesse absolue du modelé, la transparence des ombres les plus fortes et les passages délicats de ces
ombres à la lumière attestent l'importance que le maître attachait aux moindres détails pour arriver à donner à ses œuvres
toute la perfection possible. Fort de pareilles études, il attribuait
aux draperies le vrai rôle qu'elles doivent remplir, celui de faire
valoir les formes qu'elles voilent et d'ajouter aux figures agis-
santes leur propre animation et la vivacité charmante de leurs
souples ondulations flottant autour d'elles.

Entre tous les animaux, le cheval est un de ceux que Léonard
a le plus étudiés. Bon cavalier, il l'avait beaucoup pratiqué lui-
même, et dans les représentations qu'il en a faites, il a su choisir
les allures qui mettaient le mieux en lumière la beauté des proportions, la force ou l'élégance de l'animal, et décomposer les
mouvemens de ces allures. Curieux d'ailleurs de toutes les manifestations de la vie, le maître ne manquait jamais, quand les
occasions s'en offraient à lui, de dessiner les bêtes exotiques que,
dans ce temps, les princes des cours italiennes, à Florence, à
Mantoue, à Ferrare et à Milan, tenaient à honneur de réunir
dans leurs ménageries. Mais les oiseaux surtout ont été pour
Léonard l'objet d'études particulières. Il les aimait, et ses biographes racontent que c'était pour lui un très grand plaisir
d'acheter des oiseaux captifs pour leur donner la liberté. Si touchant que soit ce trait, bien conforme d'ailleurs à la nature affectueuse du maître, peut-être quelque désir d'en tirer profit pour
son instruction personnelle se mêlait-il à cet acte de générosité.
La question du vol des oiseaux a été, en effet, une véritable
obsession pour Léonard. A bien des reprises et durant toute sa
vie, il y est revenu, remplissant de ses calculs et de ses observations de nombreuses pages de ses manuscrits, couvrant leurs
marges de ses dessins. Il n'est guère de problème qui l'ait autant
occupé que celui de la locomotion aérienne, et il s'y est appliqué
de tout l'effort de sa science et de son art. Ce n'était pas seulement au point de vue spéculatif qu'il l'envisageait. La mécanique
lui était chère et il y a laissé sa trace. Il considérait, en effet,
« la science instrumentale ou bien machinale comme très noble

et par-dessus toutes les autres très utile, attendu que par son
moyen tous les corps animés qui ont mouvement font toutes
leurs opérations. » Persuadé que la nature observée de près et
bien comprise doit livrer à l'homme le secret d'une foule d'inventions dont elle lui propose l'exemple, il avait à cœur d'en
faire profiter ses semblables. Mais la possibilité de s'élever et de
se conduire dans les airs présente plus qu'ancun autre problème
des difficultés qui l'avaient piqué au vif, et il ne se lassait pas de
tourner et de retourner la question sous toutes ses faces. Pour
la résoudre, il avait d'abord cru trouver quelque secours dans
l'étude des corps plongés dans l'eau, et particulièrement dans
celle de la natation ; mais bien vite il avait reconnu que le point
d'appui fourni par l'eau à l'homme lui fait défaut dans l'air, et
qu'il y avait à tirer du vol de l'oiseau des enseignemens plus
directs. Aussi avait-il cherché à en observer minutieusement
toutes les conditions. Suivant son habitude, il s'appliquait à
décomposer avec le plus grand soin les diverses phases de ce vol,
selon que l'animal s'élève dans l'air, qu'il plane ou qu'il descend.
La rapidité ou la lenteur de ces opérations, les facilités ou les
obstacles que leur apporte le vent, l'acte fait isolément ou en
troupe, il notait avec une précision et une pénétration singulières les moindres circonstances, et les ingénieuses recherches
poursuivies de notre temps par M. Marey n'out fait que justifier
la complète exactitude des dessins exécutés à ce propos par
Léonard (1). Tour à tour la structure interne de l'oiseau, le
mode de sa respiration, le mécanisme de ses ailes, la force et la
vitesse de leurs battemens, la forme, la disposition et la nature
de ses plumes, le rôle spécial assigné à chacune d'elles, selon le
plus ou moins de prise qu'elles ont sur l'air, en un mot tous les
élémens de la question ont été successivement examinés, rapprochés les uns des autres avec une telle sagacité qu'il est permis
de se demander lequel l'emporte ici de l'artiste ou du savant, ou
plutôt qu'on demeure confondu des ressources d'étude que tant
de supériorités réunies en un seul homme mettaient à son
service.

Cette disposition à décomposer par la pensée et à reproduire
par le dessin toutes les phases d'un mouvement ou tous les aspects d'une figure est caractéristique chez Léonard. Elle procède

(1) C'est d'ailleurs dans le sens de l'*aviation* que sont dirigées les recherches les
plus récentes faites en vue de la navigation aérienne.

d'une tournure d'esprit qu'il manifeste non seulement dans son art, mais dont on trouve également la trace dans les directions si diverses où s'est exercée son incessante activité. Quelque problème qu'il aborde, c'est comme un besoin pour lui d'en envisager toutes les conditions possibles, d'embrasser à la fois toutes les analogies et tous les contrastes qu'il peut offrir. S'occupe-t-il d'art militaire, en même temps qu'il s'applique à classer et à inventer lui-même les armes offensives les plus meurtrières : poignards, épées, arbalètes, bombardes, projectiles de toute sorte, chariots armés de faux, etc., il conçoit aussitôt les moyens de défense les plus efficaces : remparts, chemins couverts, tours, abris, boucliers, etc.

De même, si, en observateur attentif des grands spectacles de la nature, il a pu souvent constater les ruines que causent à l'homme les élémens déchaînés : l'orage, l'inondation, la tempête et les assauts de la mer en furie, il s'applique de tous ses efforts à contenir ces élémens de destruction, à les maîtriser et même à les faire servir à la prospérité des contrées qu'ils désolaient en construisant des dignes, des canaux d'irrigation, des écluses et des réservoirs. Même dans ces longues listes de mots qu'il écrit à la suite les uns des autres, on saisit, dans le groupement qu'il en fait, une vague idée de classement, soit par rapport à leur étymologie, soit à raison des analogies et des contrastes qu'ils peuvent offrir. Ou bien dans ces maximes paradoxales dont il s'amuse, nous le voyons pousser les choses à l'extrême, ainsi que d'ailleurs il faisait dans ces dessins où partant des traits d'un beau visage, il aboutissait à le rendre caricatural par des déformations successives. C'est ainsi qu'il nous montre les plus rares qualités trouvant leur terme extrême dans de véritables défauts ou inversement : « La peur sert au prolongement de la vie... La perfection de la sagesse devient occasion de sottise... Le comble du bonheur est la principale cause du malheur... La gourmandise profite au maintien de l'existence... Le soin de la conservation de l'espèce confine à la luxure, etc. (1). » Ou bien encore, sous la forme de ces courts apologues, fort en vogue à cette époque, il compose une suite

---

(1) Il y a là une disposition d'esprit analogue à celle que Pascal montrera plus tard. Ainsi que Léonard, en effet, il se plaît à ces contrastes et à ces continuels renversemens qui, pour toute idée, vont du pour au contre. On en trouverait la preuve dans un grand nombre de ses *Pensées :* « La concupiscence et la force

de petits tableaux dans lesquels certains animaux figurent comme des symboles ou des exemples de moralité offerts à l'homme : le corbeau, le coq, l'abeille, la huppe, le crapaud, le crocodile, etc. Le dernier de ces apologues, celui du crocodile, est même assez curieux et nous prouve l'ancienneté du dicton sur les larmes de cet animal. « Le crocodile, dit Léonard, prend l'homme et le tue aussitôt ; après qu'il est mort, il le pleure avec une voix lamentable et beaucoup de larmes. Ses lamentations finies, il le dévore cruellement. Ainsi fait l'hypocrite, qui pour chaque chose légère, s'emplit le visage de larmes ; et, se montrant ainsi avec un cœur de tigre, il se réjouit en lui-même du mal d'autrui avec un visage en pleurs. »

On le voit, cette tendance à pousser tout à l'extrême, à voir à la fois la face et l'envers des choses, à les opposer ou à les grouper entre elles d'après leurs affinités ou leurs contrastes, se retrouve dans l'art comme dans l'esprit de Léonard, dans les distractions qu'il s'accorde aussi bien que dans ce qui fait l'objet de ses plus sérieuses préoccupations. Jaloux d'embrasser dans ses recherches l'universalité des connaissances, ce maître prodigieux passe incessamment d'une étude à l'autre. Bien loin, par exemple, de montrer pour celle du paysage le dédain qu'affichait Michel-Ange, il se sentait attiré vers elle par l'amour que lui inspirait à la fois la nature et son art. Il a toujours été curieux des problèmes de la lumière et des ressources pittoresques si variées que le clair-obscur peut offrir au peintre afin d'ajouter à l'intérêt de ses compositions. « Regarde la lumière et considère sa beauté, » dit-il à l'artiste, et il voudrait qu'au lieu d'offrir un jour constamment égal, son atelier fût disposé pour qu'on pût à volonté y modifier les conditions d'éclairage des modèles. Il ne se lasse pas, pour son compte, d'observer dans la campagne les divers effets de soleil, notamment sur les montagnes, avec l'atténuation graduelle de leurs teintes et le bleu plus ou moins accusé dont elles se colorent suivant leur éloignement et la qualité de l'atmosphère. Il veut qu'on détermine avec une attention scrupuleuse toutes les valeurs des plans d'un paysage, en spécifiant d'abord la plus claire et la plus sombre, puis, entre ces termes extrêmes,

sont la source de toutes nos actions... On a fondé et tiré de la concupiscence des règles admirables de police, de morale et de justice ; » ou encore : « Il n'y a que deux sortes d'hommes ; les uns justes, qui se croient pécheurs, les autres pécheurs, qui se croient justes. »

tous les degrés intermédiaires. Le peintre doit prendre l'habitude
de noter rapidement ces valeurs, surtout pour les effets fugitifs,
et l'excellence de cette pratique a été consacrée jusqu'à nos jours,
particulièrement par Delacroix, qui y recourait sans cesse et en
avait fait une véritable doctrine. Suivant la judicieuse remarque
de Léonard, « les ombres des arbres ne doivent jamais être
noires, car où l'air pénètre, il ne saurait y avoir d'obscurité
absolue. » Il indique les positions dans lesquelles, suivant l'angle
où on les voit par rapport à la lumière, les feuilles montrent
leur couleur, leur transparence ou leur luisant provenant des
reflets du ciel. Il croit qu'il convient de ne pas trop multiplier
les feuilles vues en transparence, « sous peine de produire la
confusion dans les formes. » Comme résultat de son expérience,
il a remarqué que « la vraie manière de pratique pour figurer les
campagnes avec leur végétation, est de choisir le moment où le
soleil étant un peu voilé par des nuages, ces campagnes en reçoivent la lumière diffuse, universelle et non particulière, » c'est-
à-dire celle qui dénature le moins les formes, les valeurs et les
colorations et qui, à ce titre, lui paraît la plus normale. Mais il
n'entend pas qu'on se limite à ce mode d'éclairage, qui finirait
par aboutir à la monotonie, et il admire trop la variété infinie
des aspects de la nature pour qu'on s'interdise d'autres effets qui
peuvent aussi avoir leur charme.

Léonard trouve de la beauté à toutes les plantes, même aux
plus humbles, et il se plaît à constater que « parmi les arbres de
même espèce, il n'en est pas un qui, considéré avec attention,
soit de tout point semblable à un autre ; et il n'en est pas seulement ainsi pour les arbres, mais même pour leurs branches,
pour leurs feuilles et leurs fruits, et il n'est aucun d'eux qui soit
identique à un autre. » Il les dessine aussi fidèlement qu'il peut
et s'applique à rendre minutieusement la nature de leurs écorces,
la forme de leurs troncs, l'insertion des branches dans les tiges
principales, la disposition de ces feuilles sur les branches, avec
leur configuration variée suivant les diverses essences. Éclairé
par la précision de ces dessins, Léonard transporte le bénéfice
des enseignemens qu'ils lui ont fournis à des recherches d'ordre
purement scientifique qui ont marqué sa trace dans la botanique.
Ses expériences sur les phénomènes de la végétation, sur la con-
formation des plantes et sur leur mode de nutrition, méritent
encore aujourd'hui d'être appréciées par les savans.

En même temps qu'il se perfectionne dans la figuration du paysage, ses études de terrains lui ouvrent des vues originales sur la géologie. D'autre part, ses dessins d'après les nuages et leurs mouvemens dans le ciel lui fournissent de précieuses indications pour la météorologie, et quand, le crayon ou la plume à la main, il représente aussi le mouvement des eaux courantes, celui des flots de la mer se succédant au large où se brisant sur les côtes, comme d'instinct, il en déduit les lois de l'écoulement des liquides, ou bien il s'ingénie à discipliner, à emmagasiner ces eaux, et à tourner ainsi à l'avantage d'une contrée des forces qui jusque-là n'avaient servi qu'à la destruction.

A mesure qu'il acquiert ainsi une habileté plus grande à reproduire tous les aspects des choses, son esprit comprend mieux les rapports qui les unissent entre elles, et, passant alternativement de l'art à la science, il montre le profit qu'un génie tel que le sien peut tirer pour les autres et pour lui-même d'un échange aussi fécond. La perfection est, en tout, la fin qu'il se propose, et non seulement tel est le but qu'il vise dans chacune de ses études, mais il veut qu'entre ces études, il y ait un lien, une suite, que leur ensemble mette entre les mains de l'artiste toutes les ressources propres à l'affranchir des servitudes auxquelles le condamnerait son ignorance.

III

Avec la tournure philosophique de son esprit, Léonard aimait, nous l'avons vu, à disserter sur son art. Il est donc naturel qu'au moment où les questions d'enseignement commençaient à nous préoccuper en France, on ait cherché à tirer de ses écrits une méthode rationnelle de dessin. Son aide a été, en effet, invoquée par un philosophe éminent, mort depuis peu, F. Ravaisson, à l'appui d'une théorie dont il présentait Léonard comme l'inspirateur, en opposition aux idées préconisées par M. Eugène Guillaume dans une remarquable conférence sur l'*Enseignement élémentaire du dessin*, faite le 23 mai 1866 à l'Union centrale des Arts décoratifs (1). Hésitant à se prononcer entre deux doctrines qui se recommandaient de personnalités aussi en vue, la direction du *Dictionnaire de Pédagogie de l'Instruction primaire*

(1) Cette conférence a été reproduite dans le volume : *Essais sur la Théorie du dessin* par M. E. Guillaume. Paris, in-12, 1896.

jugea convenable de publier à la suite l'un de l'autre, au mot
Dessin, l'exposé de ces doctrines respectives faites par les deux
auteurs (1). On comprend l'embarras que durent éprouver les
lecteurs de ce recueil, peu préparés à trancher un différend aussi
délicat. Leur choix eût été difficile si le Conseil supérieur de
l'Instruction publique, devant qui fut portée la question, ne
l'avait, après un mûr examen, résolue en faveur de la méthode
prônée par M. E. Guillaume.

Les deux doctrines, d'ailleurs, ne·sont point aussi opposées
que primitivement on avait paru le croire. Sans entrer dans le
fond même du débat, il nous semble que dans les conditions où
il se produisait, et puisqu'il s'agissait d'enseignement élémentaire,
la solution adoptée par le Conseil supérieur était la seule possible. Ne convient-il pas de remarquer tout d'abord qu'entre les
préceptes extraits des écrits de Léonard, il y a lieu de distinguer
ceux qui s'adressent à des artistes déjà faits et ceux qui visent
surtout des débutans? Plus que personne, — et nous croyons
l'avoir assez montré par ce qui précède, — le maitre s'est préoccupé de donner à la pratique de son art tout ce qu'elle comporte
de certitude, à l'entourer de tous les secours que peuvent lui
prêter l'expérience et la science. Un de ses soucis les plus constans a été de dégager des formes des objets réels que l'artiste
se propose de représenter la géométrie cachée qu'elles contiennent, et de trouver en elle à la fois un soutien dans son travail et un moyen de contrôle qui permette d'en vérifier les résultats. Loin de croire qu'il risquait, en·le faisant, de dessécher
le sentiment et d'appauvrir l'imagination, il pensait que cette
base solide donnée aux études de l'artiste et les exigences rigoureuses dont il contracte ainsi l'habitude avaient, au contraire,
pour effet de le mettre en possession de toutes les ressources
désirables pour exprimer plus fortement sa pensée. Mais l'enseignement élémentaire du dessin, le seul que comprenne l'instruction primaire, a des visées plus modestes et aussi mieux appropriées à la masse des écoliers qui sont appelés à le recevoir. Pas
plus que l'enseignement de l'écriture et de l'orthographe n'a la
prétention de former des littérateurs, l'enseignement élémentaire
du dessin ne saurait concevoir l'ambition de faire des artistes.
Sans décourager les vocations exceptionnelles·qui peuvent se

---

(1) *Dictionnaire de pédagogie*, t. I, 1re partie, p 671 suiv.

produire, il tend à des résultats plus immédiats et plus pratiques. Bien compris, il offre à tous une instruction dont les plus humbles comme les plus hautes aspirations peuvent tirer profit. Il ne sera jamais inutile, même à un artiste, d'avoir, au début de sa carrière, appris à tracer des lignes bien droites, à comparer entre elles leurs longueurs variées, à les diviser en parties égales, — et Léonard lui-même recommande à ses confrères de pareils exercices, — à apprécier les angles qu'elles forment entre elles et à s'élever graduellement à des études destinées à procurer la sûreté de la main et « le bon jugement de l'œil. » L'idéal évidemment n'a pas grand'chose à voir à ces modestes exercices, ou plutôt, l'idéal qui doit être proposé aux débutans c'est la docilité qu'ils mettront à s'en acquitter de leur mieux.

Si nombreux, si intéressans que soient les préceptes que nous avons jusqu'ici empruntés aux manuscrits de Léonard, notamment à son *Traité de Peinture*, ou ceux qui nous ont paru dériver de l'étude de ses dessins, ils ne constituent cependant qu'une part assez restreinte des enseignemens qu'on en peut tirer. Ils ont trait, en effet, à la culture générale que le maître juge nécessaire à tous les artistes. Quant à lui, il n'entendait pas s'y borner. Au lieu de vivre sur le fonds qu'il avait amassé, il tenait à le renonveler sans cesse. Avide de perfection comme il était, il estimait que jusqu'à la fin, il devait s'instruire, et il s'appliquait à rendre chacune de ses œuvres aussi accomplie que possible. A mesure qu'il sait plus, il cherche à faire mieux. Que le sujet qu'il avait à traiter lui fût imposé ou qu'il l'eût choisi, il s'efforce tout d'abord de bien se pénétrer de ses conditions, de s'en approprier toutes les ressources et de le vivre, pour ainsi dire, en s'absorbaut en lui tout entier.

Dès ses débuts, naïvement et comme d'instinct, c'était déjà sa façon de procéder. L'ancedote bien connue de la rondache nous le montre s'entourant des bêtes les plus étranges et les plus affreuses : des grillons, des araignées, des reptiles et des chauvessouris, les observant et cherchant ainsi à stimuler son imagination, afin de combiner entre eux les divers élémens que lui fournit la réalité, de manière à créer un animal fantastique fait pour produire l'impression d'horreur et d'effroi qu'il veut inspirer. De même dans une autre œuvre de sa jeunesse, le carton de la *Tentation de l'Homme,* pour donner dans cet épisode quelque idée du Paradis terrestre, il se remplit les yeux et l'esprit des beautés d'une prairie en fleurs, et par la grâce des herbes et des floraisons, par la délicatesse avec laquelle il sait exprimer le lustre et les fines nervures des feuilles d'un figuier, il essaie de faire naître dans l'esprit du spectateur l'admiration qu'il ressent lui-même en présence d'une magnifique végétation.

Avec l'*Adoration des Mages*, Léonard abordait ensuite un des sujets alors le plus en vogue chez les peintres, car il leur fournissait l'occasion de déployer dans cet épisode pittoresque tout le luxe, tout l'apparat d'un cortège aux costumes éclatans. Pourquoi ne pas le reconnaître, l'artiste est tombé là dans un des travers contre lesquels il s'efforcera plus tard de prémunir ses confrères : celui de faire parade de leur science et de leur habileté. En nous montrant dans le lointain le tumulte d'une foule affairée, avec des chevaux qui s'échappent ou se cabrent, et surtout en disposant au centre même de son tableau l'escalier qui y occupe une si grande place et ne conduit à rien, — tout comme s'il s'agissait de résoudre ainsi un problème de perspective — il a rompu l'unité de son œuvre et détourné l'attention de l'épisode qui devait en faire le principal intérêt. En revanche, cet épisode lui-même, avec quel art et quel charme il l'a traité ! Autour du pauvre ménage et du petit Jésus qui vient de naître, toutes les formes de l'adoration sont réunies, et, mieux qu'on n'avait fait jusque-là, le maître a compris quel puissant commentaire peut prêter à la vive expression d'un sentiment le groupement de tous les sentimens similaires qui ajoutent à sa signification. La nombreuse série des dessins exécutés pour ce tableau nous montre, en effet, avec des attitudes et des physionomies variées de la façon la plus délicate, les diverses impressions de respect, d'étonnement, d'amour et de prière que, suivant la nature de chacun des assistans, la vue de l'Enfant divin produit sur eux. Cette répétition ingénieusement nuancée de sentimens qui se complètent et s'expliquent les uns les autres, agit avec force sur l'âme du spectateur, à la manière de ces argumens pareils, mais présentés sous des aspects divers, par lesquels l'orateur fait pénétrer sa pensée dans l'esprit de ceux qui l'écoutent.

De plus en plus Léonard marchera désormais dans cette voie, supprimant ce qui lui paraît inutile ou même indifférent, pour insister sur ce qui est essentiel. C'est surtout en exprimant les mouvemens spontanés de l'âme, il l'a reconnu, qu'il peut entrer en communication avec le public et l'intéresser. Aussi ne

néglige-t-il aucune occàsion de saisir sur le vif la manifestation
sincère de tous les sentimens. Pour être mieux assuré d'y parvenir, ce n'est pas chez les citadins, ni chez les raffinés, qu'il
essaiera de les surprendre. L'usage du monde paralyse, prévient
ou modifie chez eux toutes les franches expressions de la vie. Il
fréquente donc de préférence les gens simples et sans culture,
les hommes du peuple, les paysans, tous ceux chez lesquels
elles éclatent sans contrainte. Il les met lui-même par les récits
qu'il leur fait dans la disposition d'esprit qui lui fournira les indications dont il a besoin. Il épie sur leur physionomie le reflet
des impressions qu'ils éprouvent et il note scrupuleusement par
quelles modifications des traits du visage, par quels gestes et
quelles attitudes se traduisent les sentimens qu'il a excités en
eux. D'autres fois, il guette les condamnés à mort et les accompagne jusqu'au lieu où ils doivent subir leur peine, et, suivant le
tempérament de chacun d'eux, il voit l'effet que produisent sur
eux les apprêts de leur supplice, le sang-froid, la terreur ou
l'accablement qu'ils éprouvent en face de la mort. Les muets lui
offrent aussi de précieux enseignemens, car, ainsi qu'il le dit,
« ils parlent par les mains, par les sourcils et les yeux, par toute
leur personne, dans l'effort qu'ils font pour initier les autres aux
mouvemens mêmes de leur âme. »

Là encore il procède scientifiquement, et de même qu'il a
étudié séparément les positions successives du visage et du corps
humains, il suit dans ses gradations diverses l'expression d'un
même sentiment, — colère, admiration, frayeur, respect, joie ou
tristesse, — depuis sa naissance jusqu'à son terme extrême, en
marquant avec précision tous les états intermédiaires. Sans
l'amoindrir, sans l'exagérer, il veut que cette expression soit juste,
afin de l'approprier dans une mesure exacte à l'action à laquelle
elle doit correspondre et qu'il se propose de représenter.

Ainsi muni, Léonard s'est mis en état de donner au travail
de la composition toute l'importance qu'il doit avoir. Il y a là,
en effet, au début de l'œuvre, un effort qui doit rester caché,
mais d'où dépend sa destinée. C'est par la façon plus ou moins
heureuse dont les élémens en sont disposés et les côtés saillans
mis en lumière que cette œuvre agira tout d'abord sur le public.
Peut-être, à tourner ainsi son idée et à la retourner en tous
sens et sous tous ses aspects, le Vinci a-t-il parfois un peu trop
insisté sur ce travail préparatoire de la composition et s'est-il

attardé au charme, si grand pour lui, de la recherche, jusqu'à
se fatiguer d'un ouvrage avant de l'entreprendre. Mais cet ouvrage, il le veut parfait, et pour cela, rien ne doit être livré au hasard. Il faut que l'artiste aime assez son sujet pour ne pas regarder
à la peine et quand il l'aime, il n'y a pas à craindre qu'il s'en lasse.
« L'amour, dit-il, est à proportion de la connaissance » Mais si
la composition doit prévoir et installer, dans ses grandes lignes
et son effet essentiel, l'ordonnance générale et les principales
masses, si elle doit être claire et expressive, il faut par-dessus
tout éviter qu'elle soit froide et banale. La science a pour objet
de fortifier le sentiment, non de l'étouffer. « En esquissant ta
composition, procède vivement et ne finis pas trop le dessin des
membres : qu'il te suffise d'indiquer leur place ; tu pourras plus
tard les finir à loisir et à ton gré. »

La composition étant arrêtée dans son ensemble, il y a lieu
d'en étudier séparément les détails, en subordonnant leur choix
et leur exécution à l'unité de l'œuvre et à l'impression qu'elle doit
produire. Pour Léonard, la nature est toujours la seule source où
il puise pour ces études. Mais la nature est indifférente, et elle
ouvre indistinctement à tous le trésor infini de ses richesses, laissant à chacun le soin d'y chercher et d'en exprimer les traits qui
répondent le mieux à son dessein. Autant le maître est scrupuleux
d'exactitude quand il ne s'agit pour lui que de la copier pour
s'instruire, autant il recommande de conserver vis-à-vis d'elle
une entière indépendance lorsqu'on la consulte en vue d'une
œuvre projetée, les indications qu'elle fournit devant, avant tout,
se plier aux convenances du sujet. Il y a là pour l'artiste des difficultés d'un ordre supérieur, car celui qui en face de son modèle « n'est capable que d'en faire le portrait le plus ressemblant est aussi le plus insuffisant, s'il s'agit de composer un
tableau d'histoire, » où ce qu'il convient surtout de représenter
dans une figure « ce sont les pensées de son âme. »

A aucun moment, au surplus, le peintre vraiment digne de
ce nom ne peut se détacher de son œuvre, et son intelligence
sans cesse en éveil doit rester tout entière appliquée à sa tâche.
Mais si grande que soit la tension de son esprit, il ne faut pas
qu'elle demeure visible. C'est, d'ailleurs, le propre de la jeunesse
de croire que dans une composition on ne saurait trop multiplier
les intentions et les détails. Après l'*Adoration des Mages*, Léonard,
en abordant des sujets plus simples, tels que la *Vierge aux Ro-*

chers, du Louvre, ou la *Madone Litta* de l'Ermitage, ne pensait pas qu'il dût pour cela ménager ses études. Afin de donner à ces sujets toute leur signification, il s'appliquait à chercher les types les plus purs et les expressions les plus pénétrantes. Tout ce qu'on peut mettre de grâce et de souplesse dans un corps d'enfaut, de candeur, de tendresse et de dignité maternelle dans la beauté d'une vierge, tout ce que l'accord des regards, des attitudes et des gestes ajoute de force à l'unité d'une composition, en reliant affectueusement entre elles ces nobles figures, le maître a su nous le montrer dans ces œuvres exquises.

On sait, du reste, qu'il travailla quatre ans à la *Joconde* pour en faire le prodige de perfection qui, en dépit des outrages de quatre siècles, a conservé intacte toute sa jeunesse. A travers les fluctuations du goût, chacune des générations écoulées a trouvé des raisons nouvelles d'admirer cette œuvre étrange et de lui prodiguer, sans les épuiser Jamais, toutes les formes de l'éloge. Entrez-vous au Louvre, la séduisante créature est là qui vous guette au passage, et parmi tant de chefs-d'œuvre qui l'entourent, elle vous attire, vous arrête et vous garde. Elle vous poursuit quand vous l'avez quittée, et son image fascinatrice persiste dans votre mémoire. Vous croyez la bien connaître et toujours elle a quelque révélation nouvelle à vous faire. Les recherches opiniâtres des érudits, résumées et complétées par M. E. Müntz, vous ont appris tout ce qu'on peut savoir d'elle, et ce tout est peu de chose. Patricienne et mariée à un personnage considérable de Florence, Francesco del Giocondo, qui, déjà deux fois veuf, l'épousait en 1495, Mouna Lisa n'a pas laissé grande trace dans l'histoire; mais la gloire qu'elle a reçue de Léonard brille entre les plus hautes. Élégante et femme du meilleur monde, elle l'était sans doute, à en juger par son maintien et par son costume à la fois simple et riche, bien fait pour mettre en lumière toute sa beauté; intelligente, son front, ses yeux, ses traits et sa physionomie nous le disent assez.

Ces indications tout extérieures, l'œuvre nous les fournit d'elle-même. Mais après tant d'autres qui se les sont posées, que de questions naissent dans votre esprit en présence du portrait de cette femme. C'est le goût de l'artiste autant que le sien propre qu'attestent ces draperies délicates et souples, la fine broderie des entrelacs dont sa robe est ornée, cette coiffure qui dégage et encadre si harmonieusement l'ovale aminci de son visage, tout ce luxe si savant et si naturel. Pour s'être ainsi accoutrée au gré du maitre, pour avoir, elle et lui, donné quatre années de leur vie à cette œuvre commune, qu'étaient-ils l'un pour l'autre? Et ce portrait caressé avec tant d'amour et que Léonard, après un si long travail, considérait encore comme inachevé, de quel droit l'avait-il gardé en sa possession, puisque c'est de lui-même que François Ier devait l'acquérir? Pourquoi enfin, depuis qu'il l'eut peinte, l'enchanteresse a-t-elle à ce point obsédé son esprit qu'à son insu ou de parti pris, il a mêlé quelque chose d'elle à tous ses types de jeunes femmes ou d'éphèbes? Ici nous côtoyons le roman, et sans insister, sans conclure, il convient de s'arrêter sur cette pente.

Mais faisant trêve aux hasardeuses suppositions, interrogez de plus près encore cette étrange personne à laquelle le paysage bizarre et perfide, invraisemblable et pourtant réel, dont elle est entourée prête un commentaire si menaçant. Impassible, posée en pleine lumière, vue presque de face, les mains, — ses admirables mains, — croisées, dans cette attitude tranquille, il semble qu'elle ne devrait avoir pour vous rien de caché; et cependant, en elle, tout est mystère et contradiction. A voir ses formes si pleines et pourtant si fines, son âge même est incertain : sur les limites de la jeunesse elle a tout l'éclat de la maturité. Pourquoi aussi ce sourire attirant et cruel? Pourquoi ce regard provocant et hautain, à la fois fixe et fuyant, qui se dérobe et vous poursuit? Pourquoi cette physionomie glaciale et passionnée? La belle est muette; vous aurez beau la questionner, elle garde plus de secrets qu'elle ne fait d'aveux. Et pendant que vous êtes là devant elle, essayant en vain de la confesser, c'est elle à son tour qui vous retourne vos interrogations, qui vous force à rentrer en vous-même, en vous montrant le peu que vous savez de la vie, le peu que vous savez de l'art et de ses moyens d'expression. Les œuvres les plus hautes sont-elles donc celles qui conservent une plus large part de mystère et vous invitent à plonger dans l'insondable? Et à côté de ces émouvans problèmes d'une âme humaine, combien d'autres, touchant à la technique même de la *Joconde*, restent obscurs! Comment avec cette extrême précision de la facture, avec ce dessin si ferme et si arrêté et ce fini poussé à ses dernières limites, tant de poésie et de mystère peuvent-ils coexister? Comment dans ce peu de matière tant d'esprit qui l'anime? Comment, mené avec tant de soin et d'opiniâtreté, le

travail a-t-il gardé tant de souplesse et de vie? Comment, en
dépit des injures du temps qui ont pâli son teint et décoloré ses
lèvres, l'impénétrable visage montre-t-il encore ce modelé si
merveilleux de franchise et de délicatesse et cette fleur d'exécution dont Vasari disait déjà « qu'elle était à faire trembler? »
Autant de questions qu'il est aussi naturel de se poser que difficile de résoudre. Ce n'est pas seulement, on le voit, la personnalité intime du modèle qui reste obscure, c'est la technique
même du maître qui, portée à cette perfection, conserve ses secrets.
En face de cette *Joconde* faite de main humaine, comme en face
d'une œuvre divine, nous ne pouvons, après tant d'autres, que
balbutier l'hommage de notre admiration, ajoutée à toutes les
admirations qu'à travers les âges elle a déjà inspirées.

Dans *la Cène* de Sainte-Marie-des-Grâces, qu'il terminait en
1497, dans sa pleine maturité, le Vinci avait trouvé un sujet
à la hauteur de son génie, par tout ce qu'il exige d'imagination
et de style, aussi bien que par ce qu'il présente de difficultés de
toute sorte. On sait, en effet, que le moment choisi par Léonard
est celui où Jésus, entouré de ses disciples pour célébrer la Pâque,
leur dit que l'un d'eux le trahira. Dans sa simplicité extrême, la
donnée est émouvante; mais qu'on pense à l'obligation qu'elle
impose à l'artiste de ranger autour d'une table treize personnages et, par conséquent, de représenter au premier plan, ainsi
d'ailleurs que l'ont fait plusieurs peintres, quelques-uns des
convives tournant le dos au spectateur. Comment, dans ces conditions, ne pas fractionner l'unité de l'œuvre? Comment éviter
la monotonie du groupement des personnages et comment, en
spécifiant l'individualité de chacun d'eux, les réunir dans une
action commune qui laisse cependant à la figure du Christ l'importance capitale qu'elle doit avoir?

Fidèle à ses habitudes méthodiques Léonard, après avoir arrêté
l'ordonnance générale de son œuvre, s'était appliqué à lui donner toute la perfection dont il était capable. Il ne cessait pas
d'y penser, de vivre avec son idée, d'amasser toutes les études
qui lui paraissaient le mieux répondre aux convenances de son
sujet. Un chroniqueur contemporain nous apprend que « souvent il l'avait vu monter le matin de bonne heure sur l'échafaudage où il travaillait à *la Cène*, s'y tenant du lever au coucher
du soleil, oubliant de manger et de boire, pour peindre sans dis-
continuer Ou bien, pendant trois ou quatre jours sans prendre

ses pinceaux, il demeurait devant sa fresque une ou deux heures, se bornant à la contempler longuement, considérant ce qu'il avait fait, réfléchissant à ce qui restait à faire... D'autres fois enfin, donnant un ou deux coups à l'une de ses figures, puis s'en allant. » Ainsi qu'il le disait, blâmant chez autrui comme chez lui-même cette continuité absolue du travail, souvent compatible avec une certaine paresse intellectuelle : « Parfois, moins un artiste paraît travailler et plus il fait de besogne. »

IV

Comme la vie elle-même, les dons que nous recevons en naissant échappent complètement à notre pouvoir; mais il nous appartient en quelque manière de les développer ou de les laisser se perdre. Il n'est pas d'artiste, croyons-nous, qui en ait été plus comblé que Léonard, et il n'en est pas non plus qui, mieux que lui, se soit appliqué à s'en rendre digne. L'hygiène physique et morale qui convient à l'artiste a été une de ses constantes préoccupations et ses idées à cet égard méritent toute notre attention. Éparses dans ses manuscrits, les notes où il a consigné sur ce sujet le résultat de son expérience ou les subites illuminations de son génie remontent à diverses époques de son existence; mais loin d'offrir entre elles des contradictions, elles se confirment mutuellement. Il y a donc lieu de les réunir en cherchant le lien qui peut exister entre elles. En tout cas, elles présentent une suite de maximes ou de prescriptions qui, en nous faisant pénétrer plus profondément dans l'intimité du maître, nous aideront à le mieux connaître.

Obsédé par les difficultés d'exécution de *la Cène*, et buté contre son œuvre, Léonard avait fini par ne plus la juger et il dut demander à un ami les conseils dont il avait besoin pour savoir où il en était et ce qui lui restait à faire. Le trait est significatif et marque bien la modestie et la sincérité du grand artiste. Mais si, dans un tel embarras, il crut nécessaire de recourir aux lumières d'autrui pour s'éclairer, s'il estimait aussi qu'il est parfois utile pour un débutant d'être stimulé par le voisinage de condisciples plus habiles, d'une manière générale, il pensait, au contraire, que l'artiste dans la maturité de l'âge doit aimer la solitude. Ce n'est que par le travail solitaire que peu à peu il acquerra son originalité; il est perdu s'il sacrifie au goût

régnant et à la mode. Il faut donc vivre, réfléchir et converser
avec soi-même. Sans cesse Léonard revient à cette idée : « Si tu
es avec un autre, tu n'es plus que la moitié de toi-même; seul, tu
es tout entier toi-même; » et il la traduit énergiquement sous la
forme brève d'une définition tirée de l'étymologie même des
mots : « Le sauvage est celui qui se sauve lui-même : *Salvatico
è quel che si salva.* »

Quiconque s'est consacré à l'art doit se hâter de s'instruire,
car « les connaissances acquises pendant la jeunesse ralentissent
les dommages que cause la vieillesse. » Il faut aussi viser haut,
« car c'est un triste disciple que celui qui ne surpasse pas son
maître. » L'art doit être aimé par-desssus tout, puisque « toute
chose mortelle passe, mais non une création de l'art. » Il est
bon que la curiosité de l'artiste soit toujours en éveil; que le
jour et la nuit il pense à ce qu'il fait : « Il convient de repasser
durant la nuit les choses qu'on a étudiées. J'ai encore éprouvé,
ajoute Léonard, qu'il est fort utile lorsqu'on est au lit, dans le
silence de la nuit, de rappeler les idées des choses qu'on a étudiées et dessinées, de retracer dans sa pensée les contours des
figures qui exigent plus de réflexion et d'application; par ce
moyen, on rend les images des objets plus vives, on fortifie et
on conserve plus longtemps l'impression qu'ils ont faite. »

Pour ce qui a trait au paysage, « les veillées de l'hiver seront
employées par les jeunes gens à approfondir les études faites
en été, » à les résumer, à choisir les meilleurs types pour bien
les graver dans leur esprit et en dégager les enseignemens qu'ils
comportent. L'été suivant, forts de leur expérience, ils seront à
même de diriger avec plus de suite des études dans lesquelles il
convient « de mettre plus de dilection et de soin que de vitesse. »
Il vaut mieux, en tout cas, ne pas travailler que de travailler à
moitié et mollement, car « de même que manger sans envie est
dommageable à la santé, ainsi l'étude sans désir gâte la mémoire, qui alors ne retient rien de ce qu'elle prend. » Que l'artiste évite toujours la virtuosité; qu'il garde intacte et vigilante
sa volonté, de peur de voir ses nerfs prendre le dessus et sa
main devenir maitresse au lieu d'obéir. « Il est bon de s'éloigner
parfois de son œuvre, au cours de son travail, parce que celle-ci
semblant alors plus petite, elle s'embrasse mieux d'un seul
regard et que, par conséquent, on connaît mieux ainsi la discordance des proportions et des couleurs des choses. » L'usage

d'un miroir plat est également recommandé, « afin d'y regarder
souvent son ouvrage qui, étant vu ainsi en sens contraire,
paraîtra de la main d'un autre, et les erreurs y seront alors plus
manifestes. » Pour ne pas se fatiguer de cet ouvrage, il importe
aussi de temps à autre « de prendre quelque distraction, car en
revenant aux choses, on y a un meilleur jugement; rester sans
bouger sur l'œuvre fait qu'on se trompe fortement. » Mais si par
un effort trop prolongé on s'est rendu incapable de juger ce
qu'on a fait, pour s'éclairer on demandera conseil à quelque
ami, « et de préférence à celui qui se corrige bien soi-même. »
Ses observations et ses critiques seront pesées avec soin pour
apprécier leur justesse, en tenir compte, si elles sont fondées, et,
si elles paraissent fausses, montrer son erreur à celui qui les a
faites. Le contentement de soi-même est une marque et une cause
d'infériorité. « Quand le jugement de l'artiste surpasse son œuvre,
c'est un très bon signe, et si l'homme qui a une telle disposition
est jeune, il deviendra sans doute un maitre excellent. »

Tout ce qui peut développer l'esprit profite à l'artiste. Avide de
s'instruire, Léonard lui-même lisait beaucoup, et sa bibliothèque,
dont le marquis d'Adda nous a donné la composition (1), témoigne
de l'universalité de cette intelligence désireuse d'établir entre
toutes les branches du savoir humain une solidarité dont son
génie encyclopédique lui avait de bonne heure donné l'intuition.
Mais bien plus que les livres, la nature était pour lui la véritable
source de tout savoir. C'est à elle que le peintre doit toujours
recourir : « Celui qui prend pour guide les œuvres d'autrui ne
fera jamais que des ouvrages médiocres; mais s'il étudie la
nature, il en tirera les meilleurs fruits. » La façon dont Léonard
la regarde et l'interprète montre assez quel amour il avait pour elle
et les jouissances qu'il goûtait dans sa contemplation. En même
temps qu'il en reproduit exactement les formes, il en dégage la
beauté, et ses dessins relèvent à la fois de la science par leur extrême justesse et de l'art le plus élevé par leur charme poétique.

Cet accord intime entre la clairvoyance de l'esprit et la
richesse de l'imagination suppose chez Léonard un équilibre parfait. En faisant taire en lui toutes les basses inclinations qui pourraient le troubler, il arrive à cette sérénité morale qu'il souhaite
à l'artiste parce que seule elle lui permettra de se donner tout

(1) *Libreria di Lionardo da Vinci; Note di un bibliofilo,* 1873.

entier à son travail. Sans elle, les mauvaises pensées qui viennent l'assaillir amoindrissent une énergie dont il doit maintenir l'intégrité. « On ne peut avoir de plus grande seigneurie que de soi-même, » disait Léonard, et, pour la posséder, il est nécessaire de bien conduire sa vie. Ce n'est pas que lui-même ait su, suivant l'opinion commune, conduire la sienne. Au point de vue de ses intérêts et de son bien-être, son existence, en effet, resta jusqu'au bout aventureuse et assez précaire. Manquant pour lui-même de sens pratique et de ce savoir-faire qui assure souvent aux hommes les plus médiocres les honneurs et la fortune, il consumait son temps en recherches, sans tirer profit d'aucune de ses nombreuses découvertes. Comme le disait de lui un des correspondans de la marquise Isabelle d'Este, Fra Pietro da Nuvolaria, chargé par elle de presser l'achèvement d'œuvres qu'elle avait commandées à l'artiste : « D'après ce que j'apprends sur lui, sa vie est pleine d'incidens et soumise à de grandes fluctuations. » ·

Généreux, donnant sans compter, Léonard ne pense jamais à thésauriser. Quand il a devant lui quelque argent, il le dépense en grand seigneur; il mène grand luxe, il a des chevaux, il héberge ses amis et vient largement en aide à ceux qui sont dans le besoin. Il prêche ainsi d'exemple quand il souhaite que le peintre soit désintéressé, « qu'il s'observe toujours de peur que la cupidité ou le désir du gain ne l'emporte. » Sobre et frugal, il ne cède pas non plus à la volupté qui, « si elle n'est refrénée, rend l'homme semblable à la bête. » Plein d'admiration pour l'organisme merveilleux de notre corps, il entend qu'on le respecte, et mieux que personne il sait le prix de la vie qui, « si elle est bien employée, est toujours assez longue... Quiconque ne l'estime pas à sa valeur ne la mérite pas. » Non seulement il trouve infâme toute destruction violente de la personne humaine et de l'âme divine qui « habite une si belle architecture; » mais il veut que, par une hygiène bien entendue, chacun « tâche de conserver sa santé, à quoi il réussira d'autant mieux qu'il se gardera davantage des physiciens (médecins), car leurs compositions sont une espèce d'alchimie. »

Ainsi instruit, s'appliquant de son mieux à se maintenir dans une entière liberté d'esprit, il croit que le gage de bonheur le plus certain en ce monde, c'est de savoir bien employer son temps; « car de même qu'une journée bien dépensée donne joie à dormir, ainsi une vie bien dépensée donne joie à mourir. » Il

fait un tel cas du simple bon sens que ses visées semblent parfois bien modestes. On dirait qu'il a peur de perdre pied tant il
se défie des beaux parleurs et des théories trop ambitieuses :
« L'homme a grand discours, mais la plus grande partie en est
vaine et fausse ; les animaux l'ont petit, mais utile et de bon
sens ; mieux vaut petite certitude que grand mensonge. » Revenant ailleurs sur ce point, il présente la même pensée sous une
autre forme : « Toi qui vis de songes, il te plait plus les raisons
sophistiques et coquineries des hâbleurs [dans les choses grandes
et incertaines que les certaines naturelles et non de si grande
hauteur. » Mais s'il vante cette prudence grâce à laquelle « qui
marche bien tombe rarement, » il ne blâme pas moins l'inertie
intellectuelle et trouve que « qui pense peu se trompe souvent. »

D'autre part, si, mieux que personne, il sait le prix de la
science, il en connaît aussi les limites. Il croit qu'elle ne peut
tout expliquer et que « la nature est pleine de raisons infinies qui
ne sauraient être mises en expériences. » Bien qu'enivré des
beautés qu'elle lui offre, il estime pourtant que « les sens sont
chose terrestre et que la raison arrive à se dégager d'eux dans la
contemplation. » Il y a, en effet, bien des mystères qui échappent aux démonstrations de l'homme, et les plus profonds, les
plus intéressans sont en lui-même. La vie amène à chaque instant des problèmes difficiles et comme insolubles qui ne pouvaient
manquer de préoccuper Léonard. » Mon Dieu, s'écrie-t-il, vous
nous vendez tous les biens au prix de notre peine ; » et, une
autre fois, dans un moment de cruelle angoisse, ce cri douloureux
lui échappe : « Là où il y a le plus de sentiment, là il y a plus
de martyre ! » En l'entendant, on est tenté de songer à Pascal, à
ses nobles tourmens, à ses désespoirs entrecoupés d'extases et de
subits ravissemens. Mais chez le Vinci de telles exclamations sont
rares et ses tristesses durent peu. Ce n'est pas un mystique et il
surveille ses émotions. En même temps qu'il s'entraîne et qu'il
aspire aux sommets, il se contient. Sur certains points, sur ceux
qui pourtant sont décisifs pour l'homme, il s'explique si peu
qu'on a pu donner à ses réticences ou à ses aveux les interpré-
tations les plus diverses et même les plus contradictoires. Est-ce
par prudence, pour tenir les gens à distance et ne pas se livrer
lui-même, qu'il avait adopté de bonne heure cette écriture à
rebours qui lui était familière et qui rend parfois si difficile la
lecture de ses manuscrits ? Il semble bien, en tout cas, que son

prétendu voyage en Orient, auquel ont cru quelques-uns de ses
commentateurs, n'est qu'une pure fiction, et que surtout il faut
renoncer à l'idée qu'il se soit fait mahométan. Encore a-t-on pu.
le dire avec quelque vraisemblance et essayer de le prouver.

Quant à ce qu'étaient ses véritables croyances, le doute est,
tout au moins, permis. Vasari, dans la première édition de ses
Vite, avançait que, les « recherches scientifiques de Léonard
l'avaient amené à une conception tellement hérétique que ne
pouvant s'accommoder d'aucune religion, il estimait préférable
d'être philosophe plutôt que chrétien. » Mieux informé ou sentant la gravité d'une pareille assertion, Vasari avait par la suite
supprimé ce passage. En réalité, telle est bien la conclusion à
laquelle, après un sérieux examen, aboutit M. Séailles et qu'on
trouve confirmée dans le livre de M. E. Müntz. Si non seulement
les formules adoptées alors, mais les dispositions mêmes du testament de Léonard sont d'un [catholique pratiquant, c'est vainement, en revanche, qu'on chercherait dans ses écrits quelque
affirmation positive de sa foi religieuse. Les passages où, sous
forme de prophéties ou d'apologues, il s'élève fortement contre
les tendances ou les désordres du clergé, et même contre la
prédominance de certaines doctrines qui ont cours dans la chrétienté y abondent au contraire, et c'est avec une hardiesse singulière qu'il s'exprime à cet égard. A considérer l'ensemble de
ses [écrits pour essayer d'en dégager les témoignages les plus
probans, Léonard apparaît comme un déiste convaincu. Il serait
aventureux de le presser davantage, et comme l'a très bien dit
M. Séailles : « Sa religion c'est l'étude et l'intelligence de l'univers
où vit l'esprit de Dieu. » Pour lui, les vrais miracles sont les lois
merveilleuses qui président à l'ordre de cet univers, et, penché
sur le monde, cherchant à surprendre ses secrets, il en admire
surtout la beauté. Mieux que personne il est en droit de dire que
« rien ne peut être aimé ou haï si l'on n'en a d'abord la connaissance, et l'amour est d'autant plus ardent que la connaissance est
plus certaine. » Parfois le spectacle de l'univers lui apporte de si
éclatantes révélations, et qui dépassent de si haut le commun des
hommes, qu'il en reste comme ébloui et que cette vie, qui lui
vaut de si pures jouissances, lui fait un peu oublier la vie future.
A un élan de reconnaissance vers Dieu et de soumission absolue
à ses volontés, il mêle presque aussitôt un retour un peu intéressé sur lui-même : « Mon Dieu, s'écrie-t-il, je vous obéis d'abord

à cause de l'amour que raisonnablement je dois vous porter, ensuite parce que c'est vous qui savez abréger ou allonger la vie humaine. »

S'il n'est ni crédule, ni mystique, ce n'est pas non plus un sceptique. Comme tous les esprits ouverts, il voit bien vite le pour et le contre de toutes choses, mais il aime à se décider. La science qui resterait confinée dans le doute n'est pas la sienne. Il croit à l'efficacité de toutes les nobles études et de tous les sentimens élevés; il estime que la bonté est une force supérieure, qu'elle ouvre l'âme et lui communique de généreuses initiatives. Bien que son génie le porte de préférence vers les spéculations les plus hautes, il ne perd jamais pied et il ne pense pas que ce soit descendre pour le savant que tirer de sa science toutes les applications qui peuvent être utiles à l'humanité. Du reste si grand qu'ait été le penseur et le savant, l'artiste était encore supérieur. Il le savait et il le voulait, car il avait conscience de tout ce que ses prodigieuses qualités de dessinateur avaient fait pour son développement. En figurant ses pensées il les avait mieux vues lui-même et il les rendait plus intelligibles aux autres: il jugeait mieux ainsi parmi ses nombreuses inventions celles qui étaient vraiment réalisables. Les formes des choses observées dans la nature lui rendaient compte de leurs fonctions: elles stimulaient son intelligence. Il discernait, il choisissait parmi elles celles qui étaient expressives pour son art. Soutenu, renouvelé sans cesse grâce à cette pratique constante du dessin, il avait conquis par elle cette liberté suprême à laquelle l'artiste doit viser de tous ses efforts, puisque seule elle lui permet d'exprimer fortement tous les sujets qui le tentent et de se communiquer aux autres. Si exceptionnels qu'aient été les dons qu'il avait reçus de la nature. Léonard s'en est montré digne par l'emploi qu'il en a fait, et de si haut qu'il dépasse la moyenne de l'humanité, il est cependant resté très humain. Il y a toujours profit à vivre avec lui, à l'aborder par un de ses côtés les plus accessibles, par ces dessins surtout où il a mis tant de choses, où l'on saisit comme sur le vif le travail de son esprit et qui, à tout prendre, demeurent la plus séduisante et la plus complète expression de son génie.

ÉMILE MICHEL.

LE
DROIT D'ASSOCIATION

Que n'a-t-on pas dit et écrit pour célébrer le principe de l'association, pour en montrer les merveilleux effets dans tous les ordres des conquêtes humaines? Variations auxquelles il faut se garder d'en ajouter de nouvelles; elles se résument toutes dans ce simple adage, contenant en lui-même, et clairement, assez de choses pour qu'il n'y ait pas besoin de les étaler : « L'union fait la force. »

Droit d'association, droit primordial, essentiellement naturel, qui comporte nécessairement la liberté à l'origine de son exercice, sous peine d'être méconnu et violé.

La liberté, c'est ce que nous proclamons le plus haut; c'est ce que nous savons le moins pratiquer. Le mot nous grise à ce point que souvent la chose nous manque sans que nous nous en apercevions ou, tout au moins, sans qu'on nous entende crier comme des gens qu'on dépouille; le mot, nous l'inscrivons partout; la chose, qu'elle est donc malaisée à rencontrer dans son expression vraie et sincère!

C'est que nous avons une habitude invétérée dont nous aurons bien du mal à guérir : celle de l'intervention des pouvoirs publics dans les actes de la vie sociale; il semble qu'un droit n'existe véritablement qu'autant que ces pouvoirs y ont apposé leur cachet, qu'ils [l'ont consacré en le réglementant]; et l'on ne s'aperçoit pas que cette réglementation a souvent pour résultat, sinon de faire disparaître le droit lui-même, tout au moins de le dénaturer et de l'amoindrir.

On pourrait croire que, par une exception heureuse et singulière, le droit d'association ait échappé à cette ingérence de ceux qui gouvernent et de ceux qui légifèrent, puisqu'on chercherait vainement dans nos codes, pourtant si démesurément touffus, une loi qui en règle l'exercice. Ce serait une grave erreur que de voir dans ce silence et cette inaction le respect du droit lui-même; ce n'est point l'envie qui a manqué de toucher au droit, c'est la difficulté de le faire, la délicatesse des questions à résondre, qui ont formé le véritable obstacle devant lequel on s'est arrêté, entreprenant l'œuvre un jour pour l'abandonner le lendemain, paraissant entrer résolument dans la voie pour s'arrêter et retourner sur ses pas, parvenus à peine à moitié route.

Il semble que la solution du problème serait facile, si l'on se trouvait seulement en face d'associations philanthropiques, littéraires, artistiques; mais il est une autre espèce d'associations : les associations religieuses, — celles des hommes *vivant en commun*, emportant, comme on dit, renonciation *aux droits qui ne sont pas dans le commerce,* — les congrégations, les moines, puisqu'il faut les appeler par leur nom.

Si l'exactitude d'une locution peut en faire pardonner la vulgarité, on se permettra de dire que c'est là ce qui met le feu aux poudres, ce qui gâte tout, ce qui crée à l'œuvre législative des difficultés presque inextricables. Derrière toutes les dispositions projetées, discutées, il y aura désormais un fantôme, un spectre que certains ne quitteront Jamais des yeux, qui les hypnotisera, de telle sorte que, si l'on vote une loi sur les associations en général sans distinguer entre les associations religieuses ou congrégations et les autres, on fera à ces dernières un régime vexatoire, on les soumettra à des mesures que rien, dans leur nature, ne justifiera, on les enveloppera dans les mailles d'un filet au fond duquel on sera tout surpris de les apercevoir; et cela, non qu'on ait, en ce qui les concerne, ni défiance ni mauvais vouloir, mais dans la crainte du spectre, de peur d'ouvrir une brèche par laquelle l'ennemi puisse, à un instant, entrer ou sortir. Que si la loi distingue, parmi les associations, celles qui sont formées par le lien religieux, où l'on met en commun, non seulement « les connaissances ou l'activité, » mais les vies tout entières, autrement dire les congrégations, on peut être amené à créer un régime tellement exceptionnel, tellement en contradiction avec les idées de liberté, avec les principes ordinaires de droit et de justice, que ceux-là mêmes s'en inquiètent et s'en effraient qui ne trou-

vent en eux, à l'égard des congrégations, aucun sentiment de
bienveillance.

Congrégations, monachisme, ces mots suffisent pour réveiller
les passions de toutes les plus violentes, à savoir les passions religieuses. Les membres des congrégations étant, pour l'idée catholique, des instrumens particulièrement actifs de propagande,
il est naturel qu'ils provoquent les haines des hommes qui ne
veulent voir dans toute religion qu'un foyer de fanatisme et de
superstition, les terreurs des esprits toujours disposés à croire la
société civile menacée par des entreprises ayant plus ou moins
un parfum de moyen âge, tandis que les croyans, atteints dans
leur foi par les attaques dirigées contre ceux qui figurent parmi
ses principaux défenseurs, crient à l'injustice et à la persécution.
Il résulte de tout cela un trouble d'autant plus mauvais et dangereux qu'il pénètre dans les régions profondes, celles de la
conscience, une telle mêlée d'intérêts, d'antipathies irraisonnées,
de vieilles haines se rattachant à nos secousses sociales, d'animosités sectaires, comme aussi de croyances vraies, d'affections
sincères, de dévouemens enthousiastes et respectables, qu'entre
les ardeurs, sinon les exagérations de l'attaque et de la défense,
il devient malaisé de trouver une place d'où l'on puisse, avec
quelque calme, étudier les élémens du problème et en chercher
raisonnablement la solution.

Cette place, il faudra pourtant bien essayer de la faire et de
s'y tenir.

I

On ne saurait, sans injustice, reprocher au personnel parlementaire de la troisième République d'avoir reculé devant le problème de la réglementation du droit d'association; c'est plutôt
une manière de hantise et d'obsession que l'on constate, quand
on voit la question du droit d'association posée, depuis 1871,
devant le Parlement, par trente-trois projets de loi, propositions,
amendemens et rapports (1).

Tous ou presque tous sont dirigés contre les associations
religieuses; on y trouve entière la gamme de ce qu'on appelle
les précautions prises pour en empêcher le développement et

(1) Rapport de M. Trouillot, qui en donne l'énumération, p. 5.

l'action, en réalité pour mettre à la place de la liberté de naître et de vivre la liberté de mourir.

C'est en s'inspirant de ces précédens que le 14 novembre 1899 M. Waldeck-Rousseau a déposé un projet de loi « relatif au contrat d'association. »

Le projet ministériel a été fortement amendé, remanié par la Commission. Dans quel sens? Une citation du rapport de M. Trouillot, en même temps qu'elle va nous dire en résumé ce qu'on a tenté dans le passé, va aussi nous faire comprendre ce qu'on a résolu dans le présent.

« Rien de variable et de compliqué, dit M. Trouillot, comme les précautions imaginées pour concilier, dans ce système, les exigences de l'ordre public avec le principe de liberté. Inspections, déclarations multipliées, limitation de la fortune mobilière et immobilière, partage des biens facultatif, réclamations d'apports, interdiction de recevoir à titre universel, interdiction de recevoir à titre gratuit, interdiction de placemens en autres valeurs que des valeurs nominatives ou des rentes sur l'État, interdiction d'admettre des étrangers ou des mineurs, obligation de fournir l'autorisation des familles pour les admissions au-dessous de vingt-cinq ans, refus de la personnalité civile, dispositions variées pour empêcher l'interposition des personnes, droit de dissolution judiciaire ou administrative, cette longue énumération, qui comprend tout ce que les résultats de l'étude et les constatations de l'expérience ont pu suggérer à tant d'hommes éminens pour protéger, contre l'extension indéfinie de la mainmorte congréganiste, la société civile et la fortune publique, montre assez combien la solution du problème serait difficile à trouver dans cette voie. »

On ne saurait être historien plus exact; mais, puisque la conclusion de ce fidèle exposé est que la solution du problème ne se peut trouver dans la voie où l'on s'était précédemment engagé, il faut se demander par quelle voie la commission dont M. Trouillot est l'organe a pu, elle, facilement aboutir au but. Une voie simple, celle-ci :

Nécessité d'une autorisation donnée par une loi, qui déterminera les conditions de leur fonctionnement, pour les associations entre Français dont le siège ou la direction seraient fixés à l'étranger ou confiés à des étrangers, et pour les associations dont les membres vivent en commun.

— Amende de 500 à 5000 francs, emprisonnement de six jours à un an, contre les membres d'une association non pourvue de cette autorisation dans le délai de six mois (art. 11 et suiv.).

Ceci, avec les commentaires du rapport, c'est la mort avec phrases; il faut se placer résolument en face du droit et de la justice, pour se demander si cette mort peut être prononcée.

II

D'abord, le droit en lui-même. droit au point de vue abstrait, philosophique.

Je demande s'il en est un qui plonge plus avant dans les entrailles mêmes de l'être humain. Est-ce que l'homme est complet, quand il est seul? *Væ soli!* Est-ce que la loi de sa vie n'est pas de joindre d'autres forces à ses forces propres, de les chercher, de les demander? Si l'on sait analyser tous les actes qu'on voit s'accomplir, on n'en trouvera, pour ainsi parler, pas un seul qui ne comporte un secours, une assistance, une association quelconque d'efforts, on comprendra que les plus puissans en ce monde sont surtout ceux qui savent user de leurs facultés pour grouper les individus, en former des associations et s'en servir.

Le rapport de M. Jules Simon sur la proposition de loi de M. Dufaure débutait ainsi :

« L'homme est si peu de chose par lui-même qu'il ne peut faire beaucoup de bien ou beaucoup de mal qu'en s'associant. De là les jugemens contradictoires dont l'association est l'objet. Les uns ne croient pas que la société puisse être en sécurité avec elle , et les autres n'admettent pas qu'on puisse se passer d'elle.

« Nous croyons qu'il n'y a pas d'armure plus solide contre l'oppression, ni d'ontil plus merveilleux pour les grandes œuvres, ni de source plus féconde de consolation et de bonheur. Nous croyons d'ailleurs qu'on peut la rendre inoffensive, en l'entourant de publicité et de lumière. Les sociétés modernes ne peuvent se passer ni de la développer, ni de la réglementer. »

Voilà assurément un grand et noble langage; il n'y a plus qu'à souhaiter de voir les conclusions en harmonie avec ces belles prémisses.

Donc le droit d'association est, dans son essence, un droit naturel entre tous, viscéral, peut-on dire, pour tout être humain, pour toute société humaine; comment se pourrait-il faire qu'il eût jamais été méconnu et contesté? C'est cependant ce qui est arrivé, ainsi que nous le fait connaître, en s'en indignant d'ailleurs, le rapporteur de 1900, M. Trouillot. Après avoir exposé les facilités données aux sociétés ayant pour but le partage de bénéfices, aux intéressés de toute une région voulant entreprendre de grands travaux publics dans un intérêt industriel ou agricole, aux syndicats professionnels, syndicats de communes, sociétés de crédit agricole, sociétés de secours mutuels, il ajoute :

« Mais, quand il s'agit d'associer des intelligences, des volontés, des énergies en vue d'une action plus haute et plus généreuse, pour servir les intérêts les plus nobles de l'humanité, dans un but moral, politique, littéraire, artistique, philanthropique, scientifique, on tombe simplement sous le coup des interdictions et des sévérités du Code pénal... Tel est demeuré, à travers nos révolutions politiques et au bout de trente ans d'existence du régime républicain, le régime légal des associations dans le pays qui a proclamé les droits de l'homme et du citoyen! Et la surprise grandit lorsque, après avoir constaté à quel point ces dispositions discordent avec l'esprit général de notre législation, on les compare avec le régime dont bénéficie le droit d'association à l'étranger et dans les pays qui se piquent le moins de respect pour les traditions de la Révolution française. »

Si je comprends bien le sens de ces lignes, comme l'état législatif signalé par M. Trouillot s'est maintenu sous tous les gouvernemens de nature très diverse qui ont régi la France depuis un siècle, l'étonnement de le voir subsister encore après trente ans d'existence du régime républicain doit signifier que, plus qu'aucun autre, le régime républicain est respectueux du droit et de la liberté. Beaucoup lui faisaient l'honneur de le penser, mais on est heureux de se voir confirmé dans une pareille croyance par les déclarations d'un homme aussi autorisé que peut l'être le rapporteur du dernier projet de loi sur les associations. Aussi dirons-nous avec lui : « On ne rencontre plus aujourd'hui de contradictions en constatant que le droit d'association est un droit aussi naturel, aussi nécessaire que tous les autres droits reconnus et réglementés par le Code civil, et combien le développement des plus fécondes initiatives a été entravé dans notre pays par les dispositions restrictives des articles **291** et suivans du Code pénal... On s'étonnerait que, tout au moins depuis 1870, les efforts les plus persévérans, traduits par les propositions les plus nombreuses, n'aient pas tendu à faire passer dans nos lois une liberté dont jouissent la plupart des monarchies européennes, et toutes les Républiques du monde, la République française exceptée. »

Il semble vraiment qu'on puisse tout attendre d'un homme proclamant le droit en de pareils termes, annonçant vouloir réparer les défaillances du passé par les largesses de l'avenir.

Remarquez que le droit d'association est de telle nature qu'il se confond avec la liberté de l'exercer; que, là où l'exercice n'en est pas libre, non seulement il y a atteinte portée à la liberté, mais atteinte portée au droit lui-même qui se trouve nié et méconnu. Je dois être libre d'associer mes efforts aux efforts de qui bon me semble, libre de choisir ceux avec lesquels je m'unirai afin de poursuivre ensemble un but commun, de fixer les conditions de cette union, de la faire partielle, momentanée, ou de la faire complète, entière, allant jusqu'à la vie commune; pas d'autorisation à demander à personne : magistrats, préfets, ministres, gouvernement, législateurs; ou bien ces belles formules, droit d'association, liberté d'association, ne sont plus que vaines paroles, et ces manières de dithyrambes entonnés en l'honneur des grands principes que les républicains de nos jours s'apprêtent à venger de l'oubli dans lequel on les a trop longtemps laissés seraient bien près de sentir la palinodie et la dérision.

Point d'autorisation nécessaire, nulle obligation de la demander aux pouvoirs publics, liberté pour l'association quelle qu'elle soit, littéraire, philanthropique, scientifique, religieuse, de se former et de vivre : voilà le droit, le respect du droit. En ce qui concerne spécialement les congrégations, écoutons M. Dufaure :

« Vous voyez la congrégation non autorisée existant un certain temps, aussi longtemps qu'elle veut, avec son caractère simple et n'ayant pas encore acquis le caractère de congrégation autorisée, c'est-à-dire n'étant pas encore incorporée, ainsi que le dit la science du droit. Quand elles veulent se faire incorporer elles ont besoin de remplir des formalités particulières qui sont déterminées principalement par la loi de 1825, relativement aux femmes. Mais la loi de 1825, comme la loi de 1817 pour les hommes, ne dit pas et n'a jamais dit qu'une congrégation religieuse fût obligée de se faire incorporer ou de demander l'autorisation. Il n'y a aucune loi qui lui en prescrive l'obligation; ce sont elles qui, lorsqu'elles veulent acquérir certains droits, ont besoin de se faire autoriser. Il y en a beaucoup qui n'out pas besoin de ces droits et qui, par conséquent, ne se font pas autoriser. Mais toute communauté qui veut posséder les droits civils, qui veut les exercer, soit acquérir, soit aliéner, qui veut surtout, ce qui les intéresse quelquefois le plus, recevoir des donations par quelque disposition testamentaire, est obligée de se faire reconnaître.

« Je répète, qu'aucune communauté n'est forcée de demander l'autorisation, quand elle ne le désire pas; cela n'est pas contestable.

« Je prie donc qu'on ne dise pas qu'une communauté non autorisée est, par cela même, une communauté illicite, parce qu'elle n'a pas encore demandé l'autorisation. Elle a usé d'un droit en ne la demandant pas (1). »

A ces affirmations si formelles, émanant d'un homme si considérable et si compétent, on ne voit à opposer, dans le rapport présenté sur le nouveau projet de loi, que les lignes suivantes, assurément sommaires : « Décider qu'une loi sera nécessaire pour autoriser l'existence des congrégations religieuses, est-ce donc autre chose que de consacrer, par un texte nouveau et clair, le système de la législation actuelle? » Non seulement c'est faire autre chose que de consacrer le système de la législation actuelle, mais c'est faire le contraire, puisque la législation actuelle n'oblige pas les congrégations religieuses à demander l'autorisation, et que le projet de loi les y contraint sous peine d'amende et d'emprisonnement; puisque la législation actuelle donne, en réalité, aux congrégations la liberté d'association; et que, en réalité, la loi nouvelle la supprimerait.

En résumé, quand on légifère sur la matière de l'association, si l'on veut être sincère, respectueux des principes et du droit, il n'y a qu'une façon de procéder : ce n'est pas de proclamer la liberté d'association en ayant pour principal souci de la restreindre; c'est de la donner pleine et entière, ne proscrivant qu'une seule espèce d'association dont la dénomination se trouve dans un des chapitres du Code pénal, *les associations de malfaiteurs*, des hommes réunis dans un but subversif, contraire à l'ordre public; autrement dire, c'est de ne s'en prendre qu'à l'objet même de l'association, de faire une loi répressive, avec laquelle

(1) Séance du Sénat du 28 février 1880.

tout pourra être respecté, non une loi préventive, avec laquelle,
au milieu des conflits violens, des passions soulevées, tout som-
brera, si bien qu'à la place « de la loi d'ensemble, de la loi libérale qui nous manque, » pour reprendre les expressions de
M. Jules Simon, on ne trouvera plus qu'une loi de haine et d'injustice, conséquemment qu'une loi passagère.

III

En fait, la liberté d'association est refusée aux associations
d'hommes qui *vivent en commun*, ce qui veut bien dire, — personne, je pense, n'y contredira, — aux associations d'hommes
dont la vie commune est unie par le lien religieux. D'ailleurs,
point d'ambages et nulle équivoque possible devant le langage
du rapport, qui, après avoir reproduit les dispositions concernant
les associations qui ne pourront se former sans autorisation
préalable, se borne à dire : « Ces termes visent les congrégations
religieuses. »

Il faut même féliciter la commission d'avoir débarrassé son
projet de la rédaction ambiguë que contenait l'article 2 du projet
de M. Waldeck-Rousseau. « Toute association fondée sur une
cause ou en vue d'un objet illicite, contraire aux lois, à la constitution, à l'ordre public, aux bonnes mœurs, *ou emportant renonciation aux droits qui ne sont pas dans le commerce,* est nulle
et de nul effet. » *Renonciation aux droits qui ne sont pas dans le
commerce,* chacun comprend que c'est des associations religieuses qu'il s'agit, des vœux que peuvent faire leurs membres ;
mais quel chemin de traverse pris et suivi pour arriver à un but
que tout le monde aperçoit! Mauvais chemin, dans les ornières
duquel on risque de demeurer embourbé, par la raison qu'un
religieux ne renonce à rien de ce qui n'est pas dans le commerce,
ne s'engage que vis-à-vis de sa conscience et vis-à-vis de Dieu,
demeure entièrement libre vis-à-vis des hommes auxquels il ne
crée sur lui-même aucun droit civil d'une nature quelconque, ce
qui fait que, là où il n'y a pas, où il ne peut y avoir de contrat, il
ne peut y avoir une loi pour le permettre ou le défendre (1).

(1) Cette démonstration a été péremptoirement faite dans une très savante consultation signée de l'éminent professeur de la Faculté de Caen, M. Guillouard, et dans
l'adhésion qui y a été donnée par M. Rousse avec cette élévation de langage et cette
puissance d'argumentation qu'on avait déjà admirées dans sa consultation de 1880.

Avant d'aborder l'examen des reproches qu'on fait aux congrégations dans le dessein de justifier les mesures prises contre elles
pour les proscrire, est-il bien vrai qu'en fait elles soient pro-
scrites? Cela parait hors de contestation, quand, d'une part, on
voit la nécessité à laquelle elles sont soumises d'une autorisation
préalable, et, d'autre part, les conditions dans lesquelles cette
autorisation devra être sollicitée. Ici, point d'équivoques, point
d'illusions; il faut apercevoir bien au vrai la situation faite,
celle qu'on a voulu faire, avec les conséquences qu'on a entendu
y renfermer.

Ne peuvent se former sans autorisation donnée par une loi
qui déterminera les conditions de leur fonctionnement : 1° les
associations entre Français dont le siège ou la direction seraient
fixés à l'étranger ou confiés à des étrangers; 2° les associations
dont les membres vivent en commun. Associations dont le siège
ou la direction seraient fixés à l'étranger ou confiés à des étrangers, on sait que c'est le fait de la plupart des grandes congrégations d'hommes qui ont un représentant à Rome, près du Pape.
Mais il n'y a point à s'arrêter à cette première catégorie, qui pourrait comprendre certaines distinctions, dès lors que la seconde
englobe nécessairement tout le monde.

Le caractère spécial des congrégations religieuses, c'est la vie
en commun; toutes les congrégations d'hommes sont des associations dont les membres vivent en commun, donc toutes sont
soumises à la nécessité de l'autorisation donnée par une loi.
L'obtiendront-elles? On peut trouver la réponse dans les lignes
suivantes du rapport de M. Trouillot :

« Mais la commission a considéré que le retard dans le vote
de l'autorisation que solliciteraient les associations visées par
l'article 11 devait être considéré comme un refus d'autorisation.
Toute autre solution aboutirait aux plus étranges conséquences,
et notamment à donner une existence légale, assurée, *à toutes les
associations auxquelles les votes formels des Chambres l'auraient
formellement refusée.* Il suffirait, par exemple, à l'ordre des
jésuites de demander à la Chambre l'autorisation prescrite, de
laisser repousser leur demande par la Chambre, puis de la transporter au Sénat, sauf à la reproduire alternativement, dans les
délais réglementaires, au Palais-Bourbon et au Luxembourg,
pour bénéficier d'une existence parfaitement correcte et régulière
qu'aucun régime n'a jamais voulu leur accorder. »

Laissons les jésuites de côté, mais apercevons le défilé devant nos corps législatifs des capucins aux pieds nus et à la longue barbe, des congrégations enseignantes, telles que les maristes, les eudistes, ayant à un haut degré la confiance des familles, et faisant conséquemment aux établissemens de l'État une concurrence qu'on veut à tout prix éteindre, des dominicains à la parole ardente, de ceux qu'on appelle les moines fainéans, tels que trappistes, chartreux, bénédictins, et comprenons quel accueil est réservé à leurs requêtes d'autorisation. Il n'y aurait pas besoin du geste de détresse qu'on pourrait garder pour de plus grands jours; tous seraient condamnés d'avance; on aurait devant soi l'ennemi pieds et poings liés : aux gémonies!

Et puis, qui n'a remarqué ces mots inscrits dans l'article 11 du projet : « Ne peuvent se former sans autorisation donnée par une loi *qui déterminera les conditions de leur fonctionnement,* les associations, etc. »? Qu'est-ce à dire? sinon que les Chambres auront d'abord le droit, — dont elles useront largement, — de refuser l'autorisation ; la faculté ensuite, pour le cas où elles voudraient se montrer moins rigoureuses, de reviser ce qu'on appelle en langage ordinaire les statuts de l'association, ce qui se nomme, dans la langue de la matière, la règle de la congrégation. Vous représentez-vous bien l'examen de cette règle où l'on verra figurer en première ligne des obligations comme celles de se lever la nuit pour chanter les louanges du Seigneur, de s'abstenir d'alimens gras toute l'année ou à de certaines périodes plus ou moins longues, etc., fait par une commission que pourrait présider M. Brisson et dont M. Trouillot serait peut-être le rapporteur? Le spectacle, s'il venait à se produire, ne laisserait pas que d'être tout au moins intéressant.

L'autorisation sera refusée par la raison péremptoire, et qui dispenserait de toute autre, que ceux-là qui obligent à la demander sont aussi ceux qui sont chargés de l'accorder, et que ceux qui obligent à la demander et sont chargés de l'accorder sont aussi ceux qui poursuivent la mort des établissemens contraints de solliciter la permission de vivre. Elle sera refusée encore parce qu'on s'est mis, pour ainsi dire, et volontairement, dans l'impossibilité de l'accorder.

Quand il s'est agi de conférer à une association religieuse le caractère particulier et très important de congrégation reconnue, on ne l'a jamais fait, on ne le peut raisonnablement faire, non seulement sans examiner ses statuts, sa règle, mais surtout sans examiner son passé, son esprit, ses tendances, les garanties qu'elle peut offrir, les dangers qu'elle peut présenter, les services qu'elle peut rendre d'après ceux qu'elle a déjà rendus. C'est toute une histoire à étudier, une longue vie à fouiller. « Les associations, a très justement dit M. Dufaure, se forment d'abord et durent toutes un certain temps avant de prendre le caractère d'associations autorisées, et, même lorsque l'autorisation est demandée, il est important que le gouvernement sache ce qu'elles ont fait indépendamment des titres qu'elles présentent. » Comment, avec le projet de loi, le gouvernement pourrait-il apprendre ce qu'il a besoin de savoir, étudier le passé d'une association, dès lors qu'il lui est interdit d'en avoir un, et qu'on frappe de peines sévères ceux qui auraient voulu quand même qu'elle vécût ?

« Après le vote de la loi nouvelle, dit M. Trouillot, avec une simplicité de langage qui sent un peu les dernières prières, sinon la fosse, les congrégations qui n'auront pas obtenu le bénéfice de l'autorisation légale devront disparaître, » et comme on vient d'établir, — ce qui d'ailleurs ne fait de doute pour personne, — que cette autorisation ne sera pas accordée, si les congrégations font la vaine tentative de l'obtenir, c'est bien une hécatombe qu'on entend préparer ; ce sont les bois qu'on dresse, d'où la question : pour quel méfait ou pour quel crime? Comment les congrégations rentrent-elles dans la catégorie des associations de malfaiteurs, de celles que l'on a le droit de proscrire pour le dommage qu'elles causent à la chose publique ?

IV

Le seul motif que donne le projet de loi pour justifier les mesures prises contre les associations religieuses, c'est que leurs membres *vivent en commun*. Rien autre ; il paraît que cela suffit.

On peut s'étonner de voir les auteurs de propositions relatives au droit d'association, les rapporteurs des projets de loi, célébrer à l'envi la puissance, les bienfaits de l'association, et chercher à la rendre impossible, quand ses effets doivent prendre toute leur intensité et toute leur énergie par la condensation de tous les efforts dans une vie commune. Quel est donc ce mystère? Comment se fait-il qu'on ne se préoccupe pas ou qu'on n'ait pas l'air

de se préoccuper du but poursuivi par l'association, qu'on s'arrête
à la forme, aux conditions, pour ainsi parler, extérieures ? Mais,
si le but poursuivi est bon, la forme de l'association est d'autant
meilleure qu'elle. permettra de l'atteindre plus complètement et
plus vite. Il est vrai qu'à l'inverse, si le but est mauvais, la
forme, avec ses effets intensifs, deviendra détestable ; mais la
conséquence sera toujours que c'est le but qu'il faut voir, lui
qu'il faut scruter, parce que c'est lui, et lui seul, qui peut permettre d'apporter des restrictions, des entraves au droit naturel
et primordial d'association. Or, encore une fois, pourquoi laisse-
t-on de côté l'objet de l'association ? Ne serait-ce point que, si
l'on se plaçait bien en face, si on le soumettait à un examen fait
dans des conditions d'impartiale justice, on se trouverait mal à
l'aise pour justifier des mesures destinées à porter la mort là où
la vie. est aujourd'hui dans sa plénitude ?

Les associations religieuses prient : — apparemment ce n'est
pas un crime.

Elles chantent, jour et nuit, les louanges de Dieu : — il ne
semble point que cela soit subversif.

Elles enseignent : — si elles enseignent mal, tant pis pour
elles, leurs maisons resteront vides ; si elles enseignent des
choses mauvaises, contraires aux lois, l'autorité publique est là
pour les en empêcher et fermer leurs écoles. Mais l'autorité publique n'a rien pu fermer et elles ont la confiance des familles,
qui leur amènent en grand nombre leur enfans ; c'est peut-être
là une grave faute, mais elle est, en tout cas, de celles qu'on
n'avone pas et qui n'autorisent rien.

Les associations religieuses offrent un asile aux âmes blessées, meurtries : — prétendrait-on qu'il n'en existe plus dans ce
monde ?

Elles étudient, fouillent les vieux livres, écrivent, publient
le résultat de leurs recherches : — depuis quand la science ne
serait-elle plus chez nous en honneur ?

Elles prêchent la foi dans le Christ ; elles apprennent que
cette légende, qui a, dit-on, bercé notre enfance, est la réalité qui
doit guider notre vie, la suprême espérance qui doit enlever à
notre mort les affres et les grandes angoisses de l'au-delà : —
voudrait-on fermer la bouche à ces apôtres de la justice et de la
charité, comme on la ferme à des charlatans qui trompent et dé-
moralisent le peuple ?

Elles secourent les pauvres et les misérables, les nourrissent, les abritent, pansent leurs plaies, si répugnantes soient-elles, guident les aveugles, tâchent de faire parler les muets, recueillent les paralytiques, sont au lit des pestiférés et servent les lépreux : — craindrait-on qu'elles ne fissent ainsi une intolérable concurrence à la nouvelle religion prêchée de si haut?

Ces œuvres admirables, les congrégations religieuses les accomplissent parce qu'elles sont congrégations religieuses, c'est-à-dire parce que leurs membres, unis par le lien religieux, vivent en commun; supprimez le lien et supprimez la vie commune, il n'y a plus rien, plus de congrégations, mais aussi plus d'œuvres. M. Trouillot, qui me paraît avoir sur l'histoire et la situation des religions d'insuffisantes notions, écrit ces lignes au moins singulières : « Il ne semble pas que le culte protestant, dont la sphère d'influence dépasse cependant celle du culte catholique d'une façon assez sensible, ait besoin de recourir à ce moyen de prosélytisme pour étendre son action sur le globe, et qu'il ait souffert de ne point connaître ces établissemens ecclésiastiques qu'en dehors du clergé officiel, l'auteur du Concordat avait entendu supprimer. »

N'est-il pas permis de répondre au rapporteur que, contrairement à ce qu'il pense, le culte protestant a particulièrement souffert et souffre tous les jours de ce que par sa vertu propre il soit incapable de produire ces admirables dévouemens qui sont le suprême honneur du culte catholique, comme ils sont celui des associations chez lesquelles on les rencontre; que dans les contrées lointaines où se fait la propagande de la foi chrétienne, quelle que soit la sphère démesurée d'influence qu'on attribue au protestantisme, il souffre du voisinage de ces hommes, Lazaristes, Frères des écoles chrétiennes, Franciscains, Frères de Saint-Jean-de-Dieu, Prêtres de la congrégation des Missions, qui, eux, ont tout quitté, ont renoncé à toutes les joies de la famille, se sont désintéressés de tout profit humain pour vouer leur vie tout entière à la propagation de la vérité et au service des âmes. Là-bas, que ce soit au milieu des peuplades barbares de l'Asie ou de l'Afrique, partout où il y a des missionnaires, on ne s'y trompe pas; comment se fait-il que chez nous, centre et foyer de cette merveilleuse propagande par le sacrifice qui profite tant à notre patrie, ce foyer-là, bien loin de chercher à l'aviver, tous les efforts soient faits pour l'éteindre?

En tout cas, il n'est pas possible, quand on voit ce que la vie en commun permet aux congrégations d'accomplir, qu'elle soit l'unique, la vraie cause de proscription invoquée contre elle ; manifestement il y a autre chose, il y a ce qu'on appelle vulgairement des dessous ; si la loi se tait, on doit parler quelque part ; cherchons dans le rapport :

On y lit, page 16 :

« Lorsque aux premières heures de l'Assemblée nationale, MM. Tolain, Lockroy, Brisson, Floquet et plusieurs de leurs collègues demandaient l'abrogation des articles 291 et suivans du Code pénal, ils se gardaient de toucher à l'ensemble des lois et ordonnances qui forment ce qu'on a appelé plus tard « les lois existantes, » relatives aux congrégations religieuses. Le parti républicain, en effet, quoi qu'on en ait pu dire, n'a cessé de considérer comme une nécessité rigoureuse la législation qui, dans tous les temps et dans tous les pays, a vu dans le développement des congrégations religieuses un danger permanent pour l'indépendance, la prospérité et la fortune des États. »

Page 18 : « C'est le nombre de ces congrégations qui se multiplient tous les jours... C'est leur puissance financière, leur richesse mobilière et immobilière qui se développe au point d'avoir triplé depuis trente ans et de constituer plus ouvertement que jamais un péril économique et social sur lequel personne n'a le droit de fermer les yeux. C'est leur action politique, leur intervention dans les affaires publiques et les luttes des partis, encouragée par la faiblesse du pouvoir et des lois, qui se manifestent avec une audace encore sans exemple. »

Page 21 : « Il serait évidemment assez étrange, à l'heure où l'opinion publique s'émeut des abus par lesquels s'est traduite la situation actuelle des congrégations religieuses, au moment où leur nombre, leur développement, l'audace de leur action politique ont pris des proportions qui frappent tous les esprits, de voir l'effort du gouvernement et des Chambres aboutir non à fortifier, mais à affaiblir la législation qui leur est applicable. »

Page 31 : « En droit, la liberté d'association est aujourd'hui refusée à tous les citoyens français. En fait, il est une classe de citoyens français et étrangers qui ont réussi, en France, à en conquérir le privilège : ce sont ceux auxquels la loi l'interdit deux fois, d'abord par le Code pénal, ensuite par les textes spéciaux applicables aux congrégations ; ce sont ceux contre lesquels toutes les monarchies, plus durement que la République, ont épuisé les mesures de défiance et de sévérité. Et l'on peut juger à l'heure présente, par l'audace de leur action, par le développement des constructions conventuelles qu'elles ont élevées sur tous les points du territoire, par les évaluations statistiques de leurs richesses, du degré de puissance que leur vaut l'exploitation d'un tel monopole. »

Il semble bien que l'on doive être désormais fixé sur les véritables griefs formulés contre les congrégations ; ils peuvent se résumer ainsi :

Elles exercent une action politique, interviennent dans les affaires publiques et dans les luttes des partis avec une audace encore sans exemple, et sont ainsi un danger permanent pour l'indépendance et la prospérité des États ;

Par leur puissance financière, leur richesse mobilière et immobilière, elles constituent plus que jamais un péril économique et social.

C'est ce péril que les républicains, le parti républicain, veulent faire disparaître par une législation qui ramène les associations religieuses au rôle qu'elles doivent exercer.

Si le péril est vraiment tel qu'on le dit, si le feu est ainsi à la grande maison, ce n'est pas seulement le parti républicain, c'est tout le monde qui voudra concourir à l'éteindre. En tout cas, on est en droit de tenir en défiance les lois faites au nom d'un parti, des intérêts, sinon des passions d'un parti ; ces lois-là sont des lois de guerre et de combat, non des lois de justice ; celles qu'on respecte et qui demeurent sont celles qui, tenant compte de tous les droits, s'efforcent de n'en léser aucun, et si jamais il fut une matière exigeant du législateur la longue et claire vue qui ne néglige rien, la sûreté de main qui froidement pèse et mesure, c'est bien la matière de l'association, qui touche à tant de personnes et à tant de choses.

Et puis, « parti républicain » est vite dit ; c'est là un bloc qui comprend bien des fragmens n'ayant entre eux qu'une apparente cohésion. Il est de ces fragmens qui ne disent à certains républicains rien qui vaille, tandis que, pour certains autres, ils sont le monument tout entier, fondement, façade et couverture. Parmi les hommes qui considèrent la République comme une forme de gouvernement nécessaire, — ils sont beaucoup plus nombreux qu'on ne pense, et ils le seraient bien davantage encore sans cer-

tains voisinages, — on rencontre bien des conceptions diverses du
gouvernement républicain : il y a la République libérale, et puis,
il y a l'autre, la radicale et la jacobine; à laquelle appartient le
nouveau projet de loi sur les associations? Pas plus par la rigueur de ses dispositions et le but poursuivi que par le langage
de son rapporteur il ne se rattache à la République libérale; on
sent partout le souffle de l'autre; dès lors, nous nous trouvons en
face des vieilles traditions, des vieilles passions révolutionnaires :
la haine du prêtre, l'horreur du moine, l'envahissement de la
société civile par les menées cléricales; oppression des consciences, fanatisme, superstition, spoliation des familles sont ici
langage courant, si bien que c'est non seulement un droit, mais
un devoir de contrôler des affirmations derrière lesquelles il est
permis d'entrevoir autre chose que la réalité des périls annoncés.

V

Avant de procéder à ce contrôle, je tiens à formuler quelques déclarations de nature à faire comprendre dans quel esprit
il sera exercé.

Il n'est pas nécessaire d'appartenir aux républicains d'un certain groupe, ou, si l'on aime mieux, d'une certaine trempe, pour
avoir le souci des droits de la société civile, pour n'être disposé
à les incliner devant personne, pour vouloir les défendre contre
tout empiétement d'où qu'il vienne. A chacun son rôle; à chacun
sa sphère. A la société religieuse, l'enseignement, la propagation
de la foi, les âmes, la direction des consciences, les grandes
clartés à répandre sur la vie présente par les grandes espérances
à montrer dans la vie future. A la société civile, la liberté et
l'indépendance du citoyen, qui font sa dignité; l'entière liberté
de choisir la forme de gouvernement qu'il juge la meilleure,
d'organiser les forces du pays de la façon qu'il croit la mieux
faite pour garantir sa sécurité, défendre son honneur, assurer sa
prospérité. Point d'envahissement par la société religieuse, sous
prétexte.que la direction des âmes, touchant à tous les intérêts,
permet, sinon commande d'intervenir dans toutes les questions :
la société civile n'est pas faite pour être conduite par des prêtres
ou par des moines. Point d'oppression de la société religieuse par
la société civile : la société religieuse n'est pas faite pour jouer

un rôle subordonné, pour être entravée dans l'action qu'elle doit exercer sur les consciences.

Ces doctrines-là ne sont pas nouvelles et ce n'est pas à la République qu'en revient l'honneur; bien longtemps avant elle, on les trouve ayant cours dans notre vieux monde français ; ce qui revient à la République, c'est d'avoir voulu placer la société religieuse sous la domination de la société civile, et cela par les plus odieuses violences. — Prêtre, moine, soumets-toi, déshonore-toi ou meurs !

Aujourd'hui, nous nous contentons de dire : — Prêtre, demeure dans ton église, dans la grande famille qui t'a été confiée ; tu y trouveras de quoi donner aliment à tous les efforts de ton esprit, à toutes les émotions de ton cœur, à tous les dévouemens de ta charité. Moine, reste en ton couvent pour y soutenir les âmes faibles, y confirmer les âmes fortes, pour y redresser les âmes tombées; et, si tu en sors, que ce soit pour prêcher la parole de Dieu, secourir les petits, les humbles, les meurtris, les misérables, fût-ce aux dépens de ta vie. Mais ne prends pas part à nos querelles intestines; laisse-nous nos luttes de chaque jour, nos tristes luttes; elles ne sont pas faites pour toi et tu n'es pas fait pour elles. — Ne suis-je donc pas citoyen comme les autres? — Non ; les autres n'ont pas le pouvoir de lier et de délier; ils ne portent pas comme toi la marque sacrée; cette marque, ne va pas la compromettre dans nos dissensions, reste homme de prière et de dévouement, si tu veux rester homme de véritable action chrétienne, celui que le respect même des ennemis entoure et soutient.

Il n'est pas besoin, non plus, d'être un pur républicain pour s'inquiéter du développement excessif que pourraient prendre les fortunes immobilières des congrégations, de l'extension démesurée de ce qu'on appelle les biens de mainmorte. Ici, vraiment, une science juridique bien profonde n'est point nécessaire pour connaître les préoccupations qui, à cet égard, ont été, de tout temps, celles de la société civile. Vouloir les nier serait ignorance ou mauvaise foi ; vouloir s'isoler de ce courant ou le remonter serait sottise et peine perdue. Oui, permettre aux congrégations d'accroître, à leur gré, leur fortune mobilière ou immobilière serait un danger; procéder, par exemple, comme l'avait fait l'honorable M. Bertauld en 1872, c'est-à-dire, sur une simple déclaration, donner à une association la personnalité civile avec laquelle elle pourra, sans contrôle d'aucune sorte, acquérir tant que bon lui semblera, serait chose insensée. Je suis donc bien loin de répudier la législation qu'invoque M. Trouillot relativement au développement des biens de mainmorte ; je l'invoque à mon tour et la veux maintenir. Restera à savoir si le tableau qu'il a fait de la puissance financière des congrégations, de son accroissement, n'est pas trop fortement poussé au noir.

Enfin je ne dissimulerai point que l'accroissement des fortunes congréganistes, par le mode d'acquisition à titre gratuit, c'est-à-dire par donations et legs, ne fût de nature à compromettre la sécurité des familles, si, d'une part, la loi n'avait pris, au regard des congrégations autorisées, de sages précautions, et si, pour les autres, il n'en fallait beaucoup rabattre de cette légende de spoliation qu'on veut apercevoir au fond de toute maison abritant des religieuses ou des moines.

En ce qui est des congrégations autorisées, est-il besoin de rappeler la nécessité, pour l'acceptation des donations entre vifs ou libéralités testamentaires, d'une autorisation qui n'est obtenue qu'après minutieux examen des conditions dans lesquelles ces libéralités ont été faites, et particulièrement de la situation des familles qu'elles auraient frustrées ?

Et pour les autres, de quel droit veut-on les voir dépourvues de toute idée d'honnêteté et de justice, toujours prêtes à mettre la main sur le bien d'autrui ?

S'il en était ainsi, puisqu'on dit qu'elles pullulent, les tentatives, et partant les scandales, seraient de tous les jours ; or, il peut se passer de longues vies d'hommes ouvrant les yeux pour bien voir, de magistrats cherchant à rendre le mieux possible la justice à qui de droit, sans qu'ils aient vu rien de pareil, sans qu'ils aient eu à restituer à leurs légitimes possesseurs les biens dont on les avait injustement dépouillés. Alors comment justifier l'accusation portée contre les associations religieuses ? Nous ne sommes plus ici dans l'ignoré et dans l'occulte ; on peut s'en rapporter aux spoliés pour dévoiler les accaparemens et les fraudes. Les congrégations jouent de malheur : défiez-vous des congrégations riches, disent les uns, elles abusent de leurs richesses, — ce qui est au moins contestable ; — défiez-vous des congrégations pauvres, s'écrient les autres, elles abusent de leur pauvreté, — ce qui n'est pas beaucoup plus exact.

VI

Ces explications données, ces déclarations faites, entrons dans l'examen des objections élevées contre les congrégations et qu'on soutient être de nature à justifier le régime d'exception auquel on veut les soumettre.

Il en est une qui semble les comprendre toutes et à laquelle, par suite, il faut d'abord répondre : les congrégations seraient condamnées par notre droit public.

« Notre droit public, dit M. Waldeck-Rousseau dans son exposé des motifs, celui de tous les États, proscrit tout ce qui constituerait une abdication des droits de l'individu, une renonciation à l'exercice des facultés naturelles de tous les citoyens... L'association qui reposerait sur une renonciation de cette nature, loin de tourner au profit de chacun de ses membres, tendrait directement à le diminuer, sinon à l'anéantir. L'engagement perpétuel qu'elle suppose est interdit par les principes généraux du droit. L'article 3 en fait l'application spéciale à la matière. » L'article 3 déclarait nulle et de nul effet l'association emportant renonciation aux droits qui ne sont pas dans le commerce.

M. Trouillot, de son côté, dans une page ou deux, fait l'histoire des régimes administratifs, législatifs, sociaux auxquels ont été soumises les congrégations depuis le VIᵉ siècle, ce qui est un peu bref et sommaire quand on remonte si loin, et il conclut qu'à partir du décret de l'Assemblée constituante du 24 novembre 1789, qui mit les biens ecclésiastiques à la disposition de la nation, les lois ont tantôt interdit absolument, tantôt subordonné à la nécessité rigoureuse d'une autorisation l'existence des congrégations religieuses. Il importe de vérifier avec soin l'exactitude des affirmations émises par M. le ministre et M. le rapporteur.

Affirmation de M. le ministre : il n'y a point autre chose, et c'est vraiment trop peu en une matière où tout est si compliqué, si confus, si contredit. *Notre droit public et celui de tous les États proscrivent la renonciation aux droits qui ne sont pas dans le commerce*, autrement dire, les congrégations ; la preuve, s'il vous plaît ? Laissons le droit public de tous les États ; il serait trop long et surtout trop malaisé de contrôler une pareille assertion, qui, par son caractère général et absolu, est dénuée de toute portée ; restons chez nous et cherchons-y ce qui la peut autoriser.

De quel droit public applicable aux congrégations veut-on parler ? De celui antérieur à 1789 ? Mais, alors, les congrégations sont partout ; elles forment un élément considérable de la vie sociale ; non seulement il n'est · pas interdit de renoncer aux droits qui ne sont pas dans le commerce, mais les *vœux* sont un contrat que la société civile reconnaît et sanctionne. — De la période dite intermédiaire ? Elle est représentée par deux lois, celle des 13-19 février 1790, qui abolit les vœux monastiques, c'est-à-dire qui met fin à la reconnaissance par la loi civile de ce qu'on peut appeler le contrat de vœu, mais qui laisse les religieux libres de continuer à vivre en commun, et celle du 18 août 1792, qui supprime complètement les congrégations existantes, « même celles uniquement vouées au service des hôpitaux et au soulagement des malades. »

Est-ce que ce serait cette dernière loi, rendue entre la journée du 10 août et les massacres de septembre, qui représenterait à elle seule notre droit public en matière de congrégations religieuses ? A elle seule, puisque, à peine le Concordat promulgué, les congrégations renaissent, l'Empire les reconnaît, la Restauration les réglemente, la monarchie de Juillet, la seconde République, le second Empire leur laissent une telle liberté qu'on prétend qu'elles ont pullulé à ce point, acquis une si formidable puissance, que l'indépendance, la prospérité, la fortune du pays en sont compromises. Que devient alors l'argument tiré de notre droit public ?

Laissons l'affirmation du ministre pour nous tourner vers celles du rapporteur ; elles ne concernent plus la proscription des congrégations religieuses, la nullité du contrat d'association à cause du caractère illicite de ce qui en forme le principe même et le fondement, mais la nécessité d'une autorisation délivrée par la puissance publique, autorisation à l'obtention de laquelle elles auraient toujours été soumises. Reprenons nos trois périodes : l'ancienne, l'intermédiaire, la moderne.

L'ancienne : il faut purement et simplement la supprimer, par la raison que les conditions sociales, l'action exercée par l'autorité royale sont tellement différentes de celles devant lesquelles nous nous trouvons aujourd'hui, qu'aucune assimilation n'est possible, et qu'il n'y a conséquemment rien à tirer du monceau d'ordonnances rendues pour autoriser l'établissement de telle ou telle congrégation dans tel ou tel lieu, fixer ses ressources, déterminer sa place dans la hiérarchie monacale.

Conditions sociales différentes : est-il besoin d'insister sur ce point? Ne suffit-il pas de rappeler ce qui vient d'être dit, à savoir que les vœux prononcés par le religieux ne formaient pas seulement un engagement pris vis-à-vis de sa conscience envers Dieu, mais un engagement pris vis-à-vis de la société civile, qui, au besoin, se chargeait de le lui rappeler, de lui appliquer tous les effets de la mort civile qu'il avait encourue le jour où il avait solennellement promis de demeurer à perpétuité membre de l'ordre dans lequel il était entré? Comment pourrait-on trouver dans la législation qui régit de pareils temps des règles dont on pourrait se prévaloir pour régir l'heure présente?

Action exercée par l'autorité royale : en quoi pouvait-elle ressembler à l'action exercée par un gouvernement républicain? Pouvoir absolu, d'un côté ; de l'autre, pouvoir toujours respectueux de la loi, n'agissant qu'en vertu « des lois existantes. » Le roi, vis-à-vis des congrégations, n'était pas le chef d'un gouvernement leur appliquant un ensemble de règles précises, fixes, formant ce qu'on peut appeler un corps de droit; c'était, d'abord, le maître absolu, considérant les établissemens monastiques comme intéressant le bien et la prospérité de l'État, s'en faisant le protecteur, le père, ainsi qu'on disait alors, par suite disposant d'eux souverainement. Rien de commun entre ces temps et les nôtres, et, par suite, rien à demander aux monumens du droit ancien pour justifier des mesures qu'on voudrait introduire dans le droit nouveau.

La période intermédiaire : encore moins faut-il s'y arrêter. Quand on commence par tuer les gens, on n'a pas à s'inquiéter de la manière dont ils devront s'y prendre pour vivre.

La période moderne : elle est représentée par la loi du 2 janvier 1817, relative aux congrégations d'hommes, et par la loi du 24 mai 1825, concernant spécialement les congrégations de femmes. On soutient que, si l'on s'en tenait à ces lois, on en négligerait deux d'une particulière importance, celle du 18 germinal an X, dite loi des articles organiques qui, par son article 2, ainsi conçu : « Les archevêques et évêques pourront, avec l'autorisation du gouvernement, établir dans leurs diocèses des chapitres cathédraux et des séminaires ; tous autres établissemens ecclésiastiques sont supprimés, » aurait maintenu et confirmé le principe de la suppression des congrégations religieuses proclamé par la loi de 1792, — et le décret impérial du 3 messidor an XII, dont l'article 4 décide que : « Aucune agrégation d'hommes ou de femmes ne pourra se former à l'avenir, sous prétexte de religion, à moins qu'elle n'ait été formellement autorisée par un décret impérial, sur le vu des statuts et règlemens selon lesquels on se proposerait de vivre dans cette association. »

Relativement à la loi du 18 germinal an X, je me garderai d'entrer dans la vieille querelle des articles organiques; je veux les tenir pour applicables; mais je prétends qu'on a absolument forcé le sens de la disposition invoquée, qu'on lui a fait dire ce qu'elle ne dit point, quand on a voulu y voir la suppression en bloc et d'une façon absolue de tous les ordres religieux. J'en donne plusieurs raisons.

La première, c'est que, dans le langage de la matière et du temps, le terme « établissemens ecclésiastiques » n'est nullement synonyme d'établissemens monastiques; il s'applique particulièrement au clergé séculier, et c'est bien, en effet, du clergé séculier, et de lui seul, qu'il s'agissait dans le Concordat comme dans les articles organiques. On voulait le ramener à une organisation simple, le débarrasser d'une foule d'institutions parasites, conséquence, principalement, du droit de collation des bénéfices que s'était réservé le pouvoir royal; de là l'article 2 de la loi du 18 germinal an X. Vouloir, par cette formule qui, après avoir autorisé les évêques et archevêques à créer dans leur diocèse des chapitres cathédraux et des séminaires, supprime tous autres établissemens ecclésiastiques, voir tranchée la grosse question des ordres monastiques, ceux-ci supprimés par simple prétérition, me paraît tout à fait déraisonnable.

La seconde raison, c'est que, de l'avis de tout le monde, ces articles organiques sont le complément du Concordat, et qu'à aucun instant, dans ces négociations si longues, si difficiles, d'un intérêt si saisissant, qui ont précédé le grand contrat passé entre la République française et le chef de l'Église, la question des ordres religieux n'a été posée et débattue : la situation faite à la religion catholique en France, la constitution des diocèses, leur nombre, la démission des anciens évêques, l'acceptation des nouveaux, le traitement du clergé, voilà les problèmes qui s'agitent; quant aux congrégations religieuses, personne ne s'en occupe et personne n'en parle; comment, dès lors, les articles organiques s'en seraient-ils préoccupés et en auraient-ils parlé? Aussi n'en parlent-ils point et ne disposent-ils que relativement aux établissemens dépendant des évêques et pouvant être créés par eux; or, telle n'était point la situation des établissemens monastiques ayant leur vie et leur hiérarchie propre et ne dépendant que très faiblement, trop faiblement, des évêques.

Enfin, la troisième raison, qui semble décisive, c'est qu'au lendemain du Concordat, certaines congrégations d'hommes et de femmes s'étaient rétablies, et que non seulement on n'a pas lancé sur elles les foudres de la loi du 18 août 1792, ni de la loi de germinal, mais *qu'on les a reconnues!* On peut citer, notamment, l'association des Sœurs de la Doctrine chrétienne, autorisée par les décrets du 28 prairial an XI et du 11 thermidor an XII; la congrégation de la Mission de Saint-Lazare, reconnue par décret du 7 prairial an XII. Quoi! la loi si vite délaissée et contredite; on défait le lendemain ce qu'on a fait la veille; les articles organiques viennent de confirmer la suppression des congrégations; et voici qu'à ces congrégations on donne une existence légale avec tous les bénéfices de la personnalité civile! Au vrai, cela veut dire que, d'une part, les articles organiques n'ont rien statué en ce qui concerne les congrégations, et que, d'autre part, on répudie la loi du 18 août 1792. Il est donc établi qu'il faut écarter du débat l'article 2 de la loi du 18 germinal an X.

J'en dis autant du décret de messidor an XII, qui, né d'un mouvement de colère comme en éprouvait le maître absolu que venait de se donner la France, est vite tombé en désuétude, et n'a pas été appliqué par l'Empire lui-même. Une association connue sous le nom de *Pères de la foi*, d'*Adorateurs de Jésus ou Pacanaristes*, avait mécontenté et déplu; dissolution, ordre aux associés de se rendre au plus vite dans leurs diocèses pour y vivre sous la juridiction de l'ordinaire, et, comme, à cette heure, on ne procédait point par les demi-mesures, défense à toute agrégation d'hommes ou de femmes de se former sans y être autorisée par un décret impérial. Cela fait, le décret de messidor an XII n'a jamais plus été invoqué jusqu'au jour où il est venu, en compagnie de la loi du 18 août 1792, former « les lois existantes » en vertu desquelles on a jeté des citoyens hors de leurs demeures; singulier assemblage de monumens législatifs, nés, l'un, dans la période la plus tristement révolutionnaire, l'autre, dans la période la plus tristement absolutiste, invoqués par un gouvernement se disant aussi éloigné des excès de la Révolution que des violences du despotisme. J'ajoute qu'en tout cas, le décret de l'an XII a été remplacé par la loi du 2 janvier 1817, qui n'aurait pas sa raison d'être, si devaient subsister la loi de germinal an X comme abolissant les congrégations, le décret de messidor an XII comme les soumettant, pour naître et pour vivre, à l'obligation d'une autorisation délivrée par les pouvoirs publics.

La loi du 2 janvier 1817 porte : « Article premier. Tout établissement ecclésiastique reconnu par la loi pourra accepter, avec l'autorisation du roi, tous les biens meubles ou immeubles, ou recettes, qui lui seront donnés par acte entre vifs ou par acte de dernière volonté. — Article 2. Tout établissement ecclésiastique reconnu par la loi pourra également, avec l'autorisation du roi, acquérir des biens immeubles ou des rentes. » La loi du 24 mai 1825 dispose par son article 2 : « Aucune congrégation religieuse de femmes ne sera autorisée qu'après que ses statuts, dûment approuvés par l'évêque diocésain, auront été vérifiés et enregistrés au Conseil d'État. »

Pour qu'une congrégation puisse être reconnue, il faut d'abord qu'elle puisse exister; donc la loi du 18 janvier 1792 est abolie.

Si aucune congrégation ne peut exister sans autorisation, il n'est pas nécessaire de le dire, puisque cela aurait déjà été dit par le décret de messidor an XII et que l'autorisation entraîne la personnalité civile, dont la conséquence est le droit d'acquérir et de recevoir; donc le décret de l'an XII est considéré comme inexistant. La loi de 1817, comme celle de 1825, ne peuvent avoir de sens qu'autant qu'elles ont pour objet d'établir une distinction entre les congrégations reconnues et celles qui ne le sont pas, et c'est bien là, en effet, leur signification, comme l'a si bien expliqué M. Dufaure dans le passage précédemment rappelé de son discours prononcé devant le Sénat le 18 février 1880. Il y a des congrégations qui ont simplement une existence de fait; libre à elles de continuer de vivre dans ces conditions. Que si elles veulent acquérir le bénéfice de la personnalité civile, elles en auront la faculté, mais nul ne pourra les y contraindre. Et, depuis près d'un siècle, les choses se sont passées ainsi, de sorte qu'il est absolument vrai de dire que jamais notre législation, celle dont on peut se prévaloir dans notre état politique et social, n'a soumis les associations religieuses à la nécessité d'une autorisation ; quand on introduit cette nécessité dans la loi, c'est un droit nouveau que l'on crée.

La France *concordataire* est-elle absolument maîtresse de le faire ?

Pour tout homme éclairé et de bonne foi, deux choses sont certaines : la première, c'est que les congrégations religieuses ont toujours été considérées par l'Église catholique comme un de ses organes essentiels : son histoire, ses constitutions, les encycliques de ses papes, ses conciles, sont là pour le démontrer : — la seconde, c'est que le Concordat de 1801 n'a voulu enlever à l'Église aucun de ces organes, que, spécialement, il n'a pas supprimé les congrégations ; que, loin de là, ainsi qu'il vient d'être expliqué, il les a fait renaître.

Dans de telles conditions, comment se pourrait-il qu'aujourd'hui, en dehors de toute entente avec le Saint-Siège, correctement et sans porter atteinte aux principes du droit public, on fît voter une loi devant ou pouvant tout au moins avoir pour conséquence la suppression d'une grande partie des congrégations religieuses qui exercent en France leur ministère plusieurs fois séculaire, autorisé, encouragé par la papauté, et qui relèvent d'elle directement ?

Et, si l'on veut passer outre, ne s'expose-t-on pas à ce que la puissance dont on méconnaît les droits se défende avec les armes dont elle dispose ; que, par suite, notre situation, notre influence à l'extérieur, n'en éprouve un très grave dommage ?

Pour qu'on persiste à légiférer quand même, il faut vraiment que les griefs relevés contre les congrégations soient d'une nature bien particulière.

Quels sont-ils donc ?

VII

C'est que les congrégations religieuses se livrent à une action politique d'une telle audace et d'une telle nature qu'elles constituent un danger permanent pour l'indépendance du pays. Est-ce bien sérieusement qu'on dit ces choses, ou n'est-ce pas plutôt sous l'empire de ce sentiment généralement traduit en termes vulgaires, qui fait que, lorsqu'on veut se débarrasser des gens, on dit qu'ils ont la peste ou la lèpre ? Comment, en vérité, nous sommes tellement envahis par le monde clérical, monacal, jé-

suite, capucin, que nous nous voyons menacés de retourner aux
pires jours des entreprises dévotes, de la mystérieuse Congrégation, des billets de confession, des cordons de Saint-Acheul!
C'est bien de ce côté-là que nous penchons, et, si nous devons
sombrer en quelque cataclysme social, il arrivera qu'au fond,
tout se trouvera recouvert de calottes de prêtres, de capuchons
de moines, de mitres d'évêques, rien autre! Où sont les naïfs
qui croiront cela? Je ne demande pas où sont les sectaires qui
agiront comme s'ils le croyaient!

Dût-on crier au paradoxe, je soutiens que jamais les congrégations n'ont exercé une action politique moindre que celle
exercée par elles à cette heure; que jamais elles ne se sont mieux
maintenues dans leur véritable rôle, qui est de prier, de prêcher,
d'enseigner, de secourir. Il en est deux raisons principales. La première, c'est que les congrégations sont généralement composées
d'hommes intelligens, — certains même leur reprochent d'en
renfermer trop; — que les gens intelligens savent qu'il y a des
courans qu'on ne remonte pas; que parmi ces conrans-là se
trouvent, plus que tous autres, ceux qui entraînent les démocraties; et, de fait, pour qui a pris soin de relever leur attitude,
de suivre leurs manifestations, elles n'ont pas cherché à le
remonter, mais à y verser quelques idées de foi et de charité,
dans l'espoir que la grande démocratie française pourrait être une
démocratie chrétienne. Non seulement elles ont accepté sans
résistance la parole du chef de l'Église expliquant que celle-ci n'a
jamais banni aucune forme de gouvernement, que, sous la République comme sous la monarchie, le principal est d'éclairer les
âmes, de réconforter les vacillans, soutenir les faibles, aider les
misérables, de se dévouer pour ses frères, mais immédiatement
elles l'ont mise en pratique avec une sympathique ardeur.

Pourquoi donc auraient-elles eu l'antipathie de la forme
républicaine à ce point de combattre un gouvernement par cela
seul qu'il aurait été une république? Elles-mêmes ne sont pas
autre chose, la république de la vraie fraternité et de la vraie égalité, celle aussi de la vraie liberté, parce que, lorsqu'on l'a aliénée,
cette liberté, on est toujours maître de la reprendre; parce qu'on
n'obéit librement que pour rendre l'effort vers le bien plus énergique, le dévouement plus utile.

Cela ne veut pas dire que les couvens soient peuplés de républicains à la manière de M. Brisson ou de M. Trouillot; il y a

peut-être des nuances; entre la République qui respecte les croyances et celle qui les persécute, entre celle qui donne vraiment la liberté et celle qui opprime, celle qui unit et celle qui divise, est-ce qu'on n'a pas le droit de choisir? Le droit de demander quel crime on a commis, lorsqu'on est demeuré respectueux des institutions de son pays, qu'on ne fait rien, qu'on n'a jamais rien fait pour les détruire?

— Ceci, objectera-t-on, c'est l'action publique, celle qu'on montre, mais il y a l'occulte qui contredit l'autre, et l'occulte, c'est la vraie.

— D'abord, l'occulte est généralement celle qu'on ne voit pas : comment alors peut-on dire et affirmer ce qu'elle est? Pur procès de tendance. Ensuite, si, du moment où une association est soupçonnée de faire de la politique occulte, il y a lieu de la proscrire, cela peut devenir dangereux, même pour d'autres que pour les congrégations religieuses; peut-être pas aujourd'hui, mais peut-être demain, qu'on ne connaît guère, peut-être après-demain, qu'on ne connaît pas du tout.

La seconde raison qui rend nulle l'action politique des congrégations, c'est, — et ceci semble péremptoire, — que notre état social ne la comporte pas. Une action politique ne peut s'exercer utilement et de manière à devenir un danger pour les institutions qu'autant qu'elle a un but déterminé; or, je voudrais bien savoir quel est le but politique déterminé des congrégations ; elles seraient, je crois, bien embarrassées de le dire elles-mêmes, si on le leur demandait, et qu'elles pussent franchement répondre. Un but moral, un but religieux? Oui; un but politique, voulant, comme forme de gouvernement, substituer autre chose à ce qui existe? Non. J'ajoute que, le voulussent-elles, elles se verraient réduites à une ridicule impuissance par les conditions sociales dans lesquelles nous vivons. Nous sommes saisis par les étreintes d'une telle publicité; nos intérêts, nos sentimens, nos actions sont fouillés d'une si implacable façon; tout est discuté, débattu avec une telle passion et de telles ardeurs que, vraiment, nous vivons sur la place publique; que la chaire, le confessionnal, — ce grand spectre d'autrefois auquel on a arraché son suaire, — sont devenus bien insuffisans pour conduire et gouverner l'âme du peuple. Ils peuvent encore faire des croyans, en remplir les églises, ils ne peuvent pas en faire des masses populaires qu'on envoie aux urnes et qui en restent maîtresses.

L'esprit public a si bien pris sa voie et la suit avec une si
constante fermeté, que toutes les tentatives pour lui faire
rebrousser chemin demeureraient vaines et se retourneraient
contre ceux qui auraient eu l'imprudence d'employer leurs efforts
à transformer en une réalité un rêve insensé. Dans quelque
région, au milieu de quelque couche que vous cherchiez la volonté
du pays, vous trouverez toujours qu'il veut bien être religieusement enseigné, qu'il ne veut pas être politiquement conduit par
des moines.

C'est ce que comprend bien ce qu'on appelle l'armée des
moines, et il ne faudrait pas rendre cette « armée » responsable
d'imprudences comme il s'en commet toujours dans les corps de
troupes même les mieux disciplinés.

VIII

Laissons l'action politique exercée par les congrégations et
mettons-nous en face d'une objection plus sérieuse, empruntée
au domaine économique : je veux parler de l'objection tirée des
biens de mainmorte. Elle a le don d'agir d'une façon particulière
sur l'esprit public; aussi est-ce une de celles que font le plus
complaisamment valoir les adversaires des congrégations religieuses; il la faut donc examiner avec soin, bien voir ce qu'elle
est, dans quelles proportions elle se trouverait justifiée.

D'abord, le reproche : j'en prends la formule dans le rapport
de M. Trouillot, page 15. « Mais on constate aujourd'hui de
quelle façon les lois de prohibition dont nous venons de rappeler
les textes ont empêché soit la multiplication des congrégations
religieuses, soit le développement de leurs richesses. Les décrets
du 29 mars 1880, qui ont tenté la remise en vigueur des textes
méconnus, sont aujourd'hui tombés dans le même oubli que les
lois elles-mêmes qu'ils voulaient faire revivre. La situation actuelle
est même, à certains égards, plus inquiétante pour la fortune
publique que la mainmorte d'autrefois; car aux propriétés foncières occupées par les congrégations religieuses au moyen d'in-
variables interpositions de personnes s'ajoute maintenant une
fortune mobilière qui peut facilement défier toutes les évaluations
statistiques et les plus minutieuses investigations du fisc. La
démocratie se trouve en face d'un péril dont elle n'a même pas
le moyen de mesurer l'étendue. »

Page 18 : « C'est leur puissance financière, leur richesse mobilière et immobilière, qui se développe au point d'avoir triplé depuis trente ans et de constituer plus ouvertement que jamais un péril économique et social sur lequel personne n'a le droit de fermer les yeux. »

Page 23 : « En 1880, les statistiques officielles estimaient à une centaine de millions les biens immeubles possédés par les congrégations non autorisées ; une évaluation nouvelle est commencée, et il n'est personne qui ne puisse se rendre compte par son propre examen de l'énorme développement de richesses que cette évaluation devra constater. »

Le reproche ainsi formulé est-il justifié ? Et d'abord, qu'est-ce exactement que les biens de mainmorte ?

Ce sont ceux qui, étant *inaliénables*, sont ainsi sortis de la circulation et n'y peuvent rentrer que par l'accomplissement de formalités déterminées. Inaliénables par le fait de la loi qui défend de les vendre, de les échanger, de les dénaturer. Ont ce caractère les immeubles dépendant du domaine public, soit de l'État, soit des départemens, soit des communes, et aussi ceux appartenant aux établissemens reconnus comme d'utilité publique et, par suite, mis en tutelle, ce qui comprend les congrégations autorisées. « Les immeubles ou rentes appartenant à un établissement ecclésiastique (reconnu par la loi) seront possédés à perpétuité par ledit établissement et seront inaliénables, à moins que l'aliénation n'en soit autorisée par le roi. » (Loi du 2 janvier 1817, art. 3.) Cette portion des biens immobiliers possédés par les congrégations religieuses ne représente qu'une fraction relativement minime.

Quant aux biens immobiliers, de beaucoup les plus considérables, possédés par les congrégations non autorisées, rentrent-ils donc dans la véritable mainmorte ? Nullement. Ils ne sont pas *inaliénables;* propriété de sociétés civiles, ils sont, en réalité, dans le commerce, dès lors qu'ils peuvent être vendus, échangés, sans que soit accomplie aucune formalité autre que celle nécessitée par les ventes ou échanges entre particuliers ; la circulation de ces immeubles est sans doute moindre que celle de bâtimens ou terres composant les fortunes privées, mais elle a cependant lieu dans des conditions qui ne permettent pas de les classer parmi les biens de mainmorte. De plus, ces biens peuvent être très valablement frappés, et ils sont, pour un grand nombre, frappés d'hypothèques prises en vue d'assurer le paiement des arrérages de prêts, ainsi que le remboursement du capital prêté; — je pourrais citer une congrégation ayant à peu près pour quatre millions d'immeubles, grevés d'environ deux millions de charges hypothécaires; — si le paiement des intérêts, si le remboursement du capital prêté n'a pas lieu, les immeubles seront saisis et vendus; comment peut-on soutenir que de pareils biens sont hors de la circulation, hors du commerce, qu'ils sont, en réalité, des biens de mainmorte?

En outre, les véritables biens de mainmorte, tels que ceux affectés à un service public, ne paient pas l'impôt; en est-il de même pour ce qui concerne les immeubles possédés par les congrégations religieuses non reconnues? L'une d'elles, dont j'ai les comptes sous les yeux, a, depuis environ douze ans, versé au Trésor près de quatre cent mille francs! Voici une mainmorte qu'on ne pourra pas accuser de ne rien rendre. Si les immeubles dépendant du domaine de l'État, des départemens ou des communes sont exempts d'impôts, c'est, dira-t-on, parce qu'ils sont affectés à un service public. Est-ce que les immeubles dépendant du domaine des congrégations restent étrangers à un service de cette nature? La congrégation dont je viens de parler, celle aux quatre cent mille francs d'impôts versés, congrégation d'hommes, soigne plus de trois mille malades, parmi lesquels plus de deux mille indigens! Est-ce un service public, cela, ou une entreprise privée? En tout cas, ce n'est pas *une affaire* qui ait jamais chances d'avoir son cours à la Bourse.

On fait un effroyable tapage autour de ce qu'on appelle la fortune inouïe des congrégations, le développement immense des biens de mainmorte, qui auraient triplé depuis trente ans, à ce point de devenir un péril économique et social sur lequel il n'est plus permis de fermer les yeux, et l'on ne s'aperçoit pas que, d'après ses propres indications, cette fausse mainmorte est plutôt destinée à se restreindre qu'à augmenter, tandis que la vraie, l'inaliénable, prend de colossales proportions faites pour s'accroître toujours.

M. Trouillot écrit: « Aux propriétés foncières occupées par les congrégations religieuses s'ajoute maintenant une fortune mobilière qui peut facilement défier toutes les évaluations statistiques et les minutieuses investigations du fisc. » Je ne suppose pas que l'on veuille considérer cette fortune mobilière qui, dans les imaginations, prend des dimensions fantastiques, comme rentrant dans les biens de mainmorte, par la raison qu'il n'y a rien de plus circulant, de plus nécessairement *mobile* que des valeurs *mobilières;* dès lors que les congrégations ont à leur service cette admirable ressource, *défiant les plus minutieuses investigations du fisc*, comment comprendre que, relativement à la partie immobilière, elles ne se restreignissent pas d'elles-mêmes à ce que divers projets de loi ont appelé « ce qui leur est strictement nécessaire? » Les immeubles, autrefois, ce n'était pas seulement le luxe, le confort, c'était aussi la richesse; aujourd'hui, c'est devenu la charge. Hier, cela relevait et honorait; aujourd'hui, cela trahit et compromet.

Mais il en est bien autrement de la vraie mainmorte dont le flot va montant et montera sans cesse. Je ne veux pas parler de la portion immense du sol occupée par les voies publiques, ce qui, bien entendu, comprend les chemins de fer, lignes de tramways, etc., des sommes que représentent nos édifices publics de toute nature; je ne veux m'occuper que d'une seule catégorie de biens de mainmorte, créée dans une période qui ne dépasse guère nos vingt dernières années, de la création d'écoles. Ce sont des centaines de millions que l'on a dépensés pour cette œuvre, c'est-à-dire un chiffre qui dépasse de beaucoup toute la fortune immobilière des congrégations, qui en est au moins le double; on a ainsi accru dans d'énormes proportions et l'on accroît tous les jours la grande mainmorte, la vraie, l'implacable, et tout cela est bien, — *plaudite cives!* — Mais qu'une association religieuse, pour donner l'enseignement à un plus grand nombre d'enfans pauvres, pour soigner quelques malades abandonnés de plus, c'est-à-dire pour faire le service de la charité à moindres frais, mais à meilleur dévouement, acquière quelque immeuble, les vents de toutes les colères se déchaînent, cela devient l'abomination de la désolation, péril social dont on n'a pas même le moyen de mesurer l'étendue, — ce qui pourrait bien faire qu'il n'existât pas, — et auquel on ne saurait échapper que par la destruction des associations religieuses elles-mêmes!

Par les passages extraits du rapport, on a pu voir quel effrayant tableau M. Trouillot fait de la fortune des congrégations; à l'en croire, elles seraient en voie d'absorber une grande partie de la fortune de la France. « Il n'est personne, dit-il, qui ne puisse se rendre compte par son propre examen de l'énorme

développement de richesses que cette évaluation devra constater. » C'est précisément parce que chacun peut se rendre
compte par son propre examen qu'on doit se demander si le
tableau n'a pas été bien trop poussé aux couleurs sombres et ne
tourne pas quelque peu, pour cela, à la fantasmagorie. Il y a
d'abord ce que j'appellerai le côté extérieur, ce que tous les yeux
peuvent saisir. Prenons Paris, notre grand, notre merveilleux
Paris. A l'exception d'un quartier, d'ailleurs restreint, où l'on
rencontre quelques rues que l'on appelle vulgairement des rues à
communautés, est-ce que les regards des gens que cela peut
offusquer sont gênés par la vue de croix trop nombreuses indiquant, comme on l'écrit quelquefois, « des boîtes à nonnes ou à
moines »; leurs oreilles sont-elles fatiguées par trop de tintemens
« annonçant les niaiseries de la superstition? » Pour quoi comptent, dans l'immense fourmilière, quelques cornettes ou quelques
robes de religieux? Quelle place occupent dans la gigantesque
cité, dans la colossale usine, les quelques refuges dans lesquels
on prie en silence, où l'on travaille sans bruit, d'un travail dont
la rémunération attendue n'est pas de celles que les hommes
peuvent offrir; que sont les quelques millions auxquels on peut
évaluer ces refuges, en regard des incalculables milliards de
richesse immobilière entassés dans ce qui est Paris?

Et si l'on sort de Paris et qu'on se mette à parcourir le pays
dans toutes les directions, — ce qui aujourd'hui est facile et vite
fait, — où sont les monastères d'autrefois que l'on rencontrait,
pour ainsi parler, à chaque tournant de chemin? Par-ci, par-là,
on vous signale une abbaye où l'on fabrique de la liqueur, à
moins qu'on n'y vende du chocolat, et dans les villes, les congrégations d'hommes sont presque une rareté, sinon une exception.
Si bien que, lorsqu'on s'est rendu compte *par son propre examen*,
on arrive comme nécessairement à ce résultat que ce formidable
danger auquel nous serions exposés est exagération voulue ou
terreurs d'esprits que les fantômes hantent et poursuivent.

Mais examinons de plus près, quittons le côté extérieur qui
peut tromper; tâchons, si c'est possible, d'arriver à des évaluations exactes. En 1880, les statistiques officielles estimaient à une
centaine de millions les biens immeubles possédés par les congrégations non autorisées, dit M. Trouillot; mais il croit que ce
chiffre est sensiblement au-dessous de la vérité. Il a parfaitement
raison; je triple, je quadruple, pour faire bonne mesure. D'après

des documens recueillis et compulsés avec soin, la fortune immobilière possédée par les associations religieuses non autorisées peut être évaluée aux environs de trois à quatre cents millions. Quatre cents millions! Mais cela est inférieur à un certain nombre de fortunes privées heureusement conduites! Cela fait vivre des milliers d'associés, cela secourt, par centaines de mille, de pauvres gens, tandis que cela suffit à peine à dorer certaines existences, entretenir la somptuosité des palais, garnir leurs cheminées, et l'on crie! Quatre cents millions! quand la fortune immobilière de la France est peut-être de deux cents milliards; Quatre cents millions! Cela va suffire pour troubler, endormir, acheter les consciences de quarante millions d'hommes, pour nous faire sombrer demain dans le cagotisme! Qui ne voit, si les choses continuent d'aller comme elles vont, d'ici peu un froc à la tête de la République?

Et remarquez que, d'après un procédé devenu classique dans un certain monde, on procède par bloc: on raisonne comme si les quatre cents millions, l'entière fortune des congrégations, étaient dans une seule main et à la disposition d'une seule volonté, tandis qu'ils sont répartis entre un nombre extrêmement considérable d'établissemens, de sorte qu'ils ne représentent pour certains d'entre eux que d'insuffisantes ressources. Que si l'on voulait prétendre que cette division de la fortune congréganiste n'est qu'apparente, qu'en réalité tout se ment sous l'impulsion d'une même pensée, d'une même direction, on serait aussi loin que possible de la vérité. Là, comme ailleurs, j'allais presque dire plus qu'ailleurs, chacun pour soi; les ressources acquises sont ressources de l'ordre, rien que de l'ordre, ressources de l'établissement, rien que de l'établissement; on n'aide pas le voisin, on ne prête pas au voisin, fût-il une bonne sœur ou un bon père. Caisse de dominicain n'est que caisse de dominicain, non caisse de jésuite ou de capucin. Et alors, qu'est-ce que cette pauvre puissance de quatre cents millions de la fortune mobilière et immobilière des congrégations? Cela s'en va en poussière; cela, comme action générale, devient misérable et nul. D'autant plus misérable et d'autant plus nul que la plus grande partie, et de beaucoup, des immeubles possédés par les associations religieuses appartiennent aux communautés de femmes, qui n'ont jamais fait et ne feront jamais que de pauvres et peu redoutables conjurés. Derrière ces grands mots: puissance financière, richesse mobi-

lière et immobilière qui se développe au point d'avoir triplé
depuis trente ans, péril économique et social sur lequel personne
n'a le droit de fermer les yeux, il semble bien qu'en définitive, il
y ait un épouvantail plutôt fait pour servir des haines que pour
servir la vérité.

IX

Ce qui n'est point simplement un épouvantail, ce qui peut
devenir la plus triste des réalités, ce sont les conséquences de
l'œuvre de destruction poursuivie, si elle venait à aboutir.
Œuvre de destruction, j'ai déjà justifié ce terme et j'en maintiens
la rigoureuse exactitude.

Les associations dont les membres vivent en commun doivent
être autorisées par une loi. Les associations existantes au moment
de la promulgation de la loi et qui n'auraient pas été autorisées
ou reconnues devront l'être dans un délai de six mois; les congrégations qui n'auront pas obtenu le bénéfice de l'autorisation
légale devront disparaître; c'est la mort décrétée, et c'est bien la
mort que l'on veut. Mais, alors, on a prévu les suites de l'événement préparé et l'on est prêt à y pourvoir.

Parmi les congrégations destinées à disparaître, il y en a qui
prêchent: eh bien! elles ne prêcheront plus, et le mal ne sera
pas si grand; n'y a-t-il pas, pour enseigner le peuple, le clergé
des paroisses? — De ce côté, le mal sera plus grand qu'on ne
pense: le clergé des paroisses, quel que soit son zèle, ne suffit
pas à sa tâche, et il a toujours eu recours, pour l'aider à la remplir, aux précieux auxiliaires trouvés parmi les membres des congrégations; eux disparus, c'est l'œuvre sacerdotale par excellence,
c'est-à-dire la prédication des vérités religieuses, qui souffrira. Je
m'arrête sur cette considération; je me contente d'indiquer ce
résultat, m'apercevant que cela suffit pour ceux dont la haine
n'obscurcit pas le jugement, que cela, pour les autres, est de
nature à les réjouir. Je ne tiens pas à leur procurer cette joie
plus qu'il ne convient.

Il y a les congrégations qui enseignent: eh bien! elles n'enseigneront plus; nos maîtres enseigneront à leur place, et ce
sera tout profit. — Que l'on trouve tout profit à fermer certaines
maisons pour combler le vide des autres, qui en pourrait douter?
Que l'on ait un trop-plein de maîtres dont il serait agréable de

trouver l'emploi, on le croit volontiers; mais, d'abord, peut-être serait-il permis de songer à la liberté des familles, de demander qu'on leur reconnût le droit de choisir les maîtres chargés de remplir la mission sacrée d'élever leurs enfans? Point: les enfans appartiennent à l'État avant d'appartenir aux pères et aux mères. — C'est la pure doctrine jacobine, elle ne se discute point; ses adeptes ne sauraient être convertis; passons donc, et contentons-nous du souci de savoir comment et où l'on abritera les centaines de milliers d'enfans aujourd'hui reçus dans les écoles congréganistes. On se mettra de nouveau à construire; mais en attendant? On recommencera la danse des millions; alors, que parle-t-on de mainmorte, et comment ose-t-on la reprocher aux autres, quand on la pratique si largement soi-même? Il n'y a qu'une chose certaine : c'est que l'on jettera dans tout un monde d'honnêtes gens un trouble profond; que ces honnêtes gens, atteints au plus intime de leurs sentimens et de leurs affections, deviendront d'irréconciliables ennemis; et cela peut être grave, parce qu'avec ce terrible suffrage universel, on n'est jamais sûr de rien, parce qu'il a de ces variations et de ces soubresauts qui défient les calculs les plus habiles, les prévisions les plus affinées.

Il y a les congrégations qui secourent. Par qui les remplacerez-vous? J'en nomme une, les Frères de Saint-Jean-de-Dieu, qu'on aura peut-être reconnue quand je parlais d'une congrégation d'hommes soignant plus de trois mille malades, dont plus de deux mille indigens, aliénés, vieillards, enfans infirmes, aveugles. Ces deux mille indigens, qui les soignera? Si l'on s'avisait de les déposer un jour sur la voie publique, d'ouvrir les cabanons de fous, croit-on qu'il suffirait d'un ou deux services de sergens de ville pour remettre les choses en ordre? Je me permets de recommander aux âmes sensibles, comme on disait au siècle dernier, dans un langage qui doit être pieusement recueilli par les purs admirateurs de ces grands jours, une visite au numéro 223 de la rue Lecourbe; elles trouveront là un spectacle fait pour émouvoir les cœurs les plus endurcis aux misères humaines, l'infirmité, la douleur prenant toutes les formes jusqu'à déconcerter l'esprit, tout en remuant profondément l'âme; mais elles y verront aussi les dévouemens admirables d'hommes éclairés et soutenus par la foi religieuse, ne reculant devant aucun soin, si répugnant soit-il, pansant les plaies du corps, soutenant et consolant les pauvres petites âmes d'enfans que l'an-

goisse torture, et parvenant encore à amener le rire sur des visages que la maladie a émaciés, que l'ulcère ronge et défigure.
Ces hommes-là, qui prendra leur place? Les Frères de Saint-
Jean-de-Dieu ne sont ni autorisés ni reconnus. Des infirmiers
largement rétribués? Allons donc!... Peut-être des solidaristes,
si quelque grand exemple leur était donné.

Il y a enfin les missionnaires, ces hommes admirables qui ne
vont pas seulement porter au loin la parole évangélique, mais
qui vont aussi y porter l'influence française, qui la font pénétrer
et rayonner là où, sans eux, elle demeurerait inconnue. Merveilleuse armée, qui, en même temps qu'elle combat pour Dieu,
combat pour la France; il aurait fallu la créer, si elle n'existait
pas; on la redoute, on nous l'envie; sa disparition comblerait de
joie nos rivaux, nos ennemis.

« Semez de la graine de missionnaire, » ont dit nos ambassadeurs, même les moins suspects de cléricalisme. Cette graine-là,
on ne la veut plus semer, mais jeter au feu. Qui prendra le drapeau tombé des mains de ceux que l'on aura chassés? Ces aventuriers qui, trop souvent, ne quittent la mère patrie que pour
étaler plus librement le spectacle de leurs vices?

— La graine de missionnaire, nous la conserverons; un des
nôtres n'a-t-il pas dit: « La guerre au cléricalisme n'est pas
matière d'exportation? »

— Vraiment? Vous les gardiens de cette semence précieuse!
Ceux qui savent ce qu'elle exige de soins ne peuvent s'empêcher
de rire d'une prétention pareille. Quand vous aurez coupé le
tronc, comment voulez-vous que les branches continuent de
vivre? Ruine à ajouter à tant d'autres. Ruine ici, ruine là-bas,
ruine partout. Il semble que nous ne soyons pas assez diminués
et qu'il faille nous rapetisser encore.

Enfin, pour couronnement de l'édifice, la spoliation!

« ART. 14. Toutefois les associations rentrant dans les catégories prévues à l'article 11 seront considérées comme dissoutes,
si, dans ce délai de six mois, elles n'ont pas rapporté l'autorisation exigée par cet article.

« Les valeurs appartenant aux membres des associations avant
sa formation, ou qui leur seraient échues depuis, mais par la
succession seulement, leur seront restituées.

« Les valeurs acquises à titre gratuit pourront être revendi-
quées par le donateur, ses héritiers ou ayans droit, ou par les

héritiers ou ayans droit du testateur, pendant le délai d'un an à partir de la publication au *Journal officiel* du jugement de dissolution ou de l'acte de dissolution volontaire.

« *Passé ce délai, la propriété en sera acquise à l'État, ainsi que le surplus de l'actif, et affectée à la dotation d'une caisse de retraite des travailleurs.* »

A quoi bon discuter ces choses? On ne discute pas le droit à la spoliation.

Arrêtons-nous et concluons:

Le droit d'association est un droit naturel, primordial. La liberté d'association, c'est le droit lui-même; qui enlève cette liberté enlève le droit.

« Le but de toute association politique, a dit la *Déclaration des Droits de l'Homme* dans son article 2, est la conservation des droits naturels et imprescriptibles de l'homme. Ces droits sont la liberté, la propriété, la sûreté, la résistance à l'oppression. »

Si on ne me laisse pas plein et entier le droit de m'associer avec qui bon me semble, de vivre avec mon associé comme bon me semble, on m'atteint dans ma liberté, et quand je résiste, je résiste à l'oppression.

Cela est vrai pour toutes les associations; on n'a pas le droit de distinguer entre elles : on n'a que le droit d'examiner l'objet de la société, de la déférer aux tribunaux si l'objet est illicite, criminel, de nature à troubler la paix publique.

« La loi, a encore dit la *Déclaration des Droits*, n'a le droit de défendre que les actions nuisibles à la société. » (Art. 5.)

L'autorisation préalable imposée à l'association est la suppression du droit de s'associer. Si on l'impose aux uns et point aux autres, elle est une injustifiable inégalité; si on l'impose aux associations dont l'objet est non seulement licite, mais pieux, comme de prier, de prêcher la foi, d'enseigner, de secourir, elle devient une révoltante iniquité, l'oppression.

L'examen de l'objet de l'association, la surveillance, au point de vue de l'ordre public, de la mise en mouvement du jeu de toutes les forces sociales, peuvent autoriser à exiger de l'association, au moment où elle se forme, une déclaration faisant connaître son objet, ses statuts, le nom des membres qui la composent, ils ne peuvent pas permettre, cette déclaration faite, d'empêcher l'association de vivre.

La déclaration, qui permet de naître et de vivre, ne doit pas avoir pour conséquence l'acquisition de la personnalité civile ; la loi ne peut pas favoriser la création des biens de mainmorte, leur accroissement par dons ou legs de biens devant rester dans le patrimoine des familles, et qui peut-être y seraient demeurés sans certaines interventions.

L'autorisation préalable par une loi, exigée pour toute association dont les membres vivent en commun, c'est la mort cherchée des congrégations d'hommes.

On prétend la justifier par l'action politique qu'elles exercent, par le développement démesuré de leur fortune mobilière et immobilière, par l'accroissement de la mainmorte, créant un vrai péril économique et social.

Ces reproches ne sont pas fondés.

L'action politique hostile des congrégations est nulle, d'abord parce qu'elle n'est pas cherchée ; ensuite parce que, le fût-elle, notre temps, notre vie sociale ne la comportent pas.

Pour ce qui est de la mainmorte, le reproche qu'on adresse aux congrégations est moins justifié encore. Les biens possédés par les congrégations non reconnues, sous la forme de sociétés civiles, ne constituent pas la vraie mainmorte ; n'étant pas inaliénables, ils sont en réalité dans le commerce. Ils se vendent, s'échangent, s'hypothèquent, paient l'impôt. La valeur de ces biens, répartie entre toutes les congrégations n'ayant qu'une existence de fait, forme, pour chacune d'elles, un maigre patrimoine, suffisant malaisément à l'existence d'un grand nombre. La propriété individuelle, c'est la propriété vraie, réelle ; nul bloc à faire. Conséquemment, la puissance financière des congrégations n'est qu'un fantôme, comme l'est le péril que cette puissance peut faire courir à nos institutions, à notre société démocratique. Conséquemment aussi, les mesures proposées contre elles sont injustes, vexatoires, oppressives.

C'est l'évidence, dira-t-on, mais à quoi cela sert-il ? Ce n'est pas devant une question de droit et de justice que l'on se trouve, mais bien devant de vieilles haines qui se veulent quand même assouvir, devant des passions de secte que le vent qui souffle rend chaque jour plus violentes et plus implacables. Comment et pourquoi discuter avec des adversaires que rien ne pourra convaincre ? Peines et efforts perdus : il n'y a de pires sourds que ceux qui ne veulent pas entendre.

Je m obstine à discuter quand même, d'abord parce que chez certains peut exister, si l'on peut ainsi parler, la bonne foi de la haine, confondant dans un même sentiment la défense républicaine et l'horreur des congrégations; à ceux-là je tiens encore à dire, à sincèrement affirmer que, du fait des congrégations, la République n'est pas en péril, que ceux qui demandent pour elles la loi commune, non le rôle de parias, n'entretiennent pas les noirs desseins dont on pourrait les croire capables. Ensuite, parce qu'il n'y a pas seulement des sectaires; il y a la masse des esprits que la passion n'affole pas, et je ne consentirai jamais à croire que cette masse ne soit pas assez considérable pour qu'en lui parlant loyalement, honnêtement droit et justice, on ne puisse parvenir à établir en elle un courant de loyauté et d'honnêteté assez puissant pour qu'il impose silence aux sectaires eux-mêmes.

Allons-nous rentrer dans les querelles religieuses, dans ces luttes qui, troublant les consciences, secouant les âmes, agitent les sociétés jusque dans le tréfonds? Y aura-t-il encore des persécutés et des proscrits? Ne sommes-nous capables que d'inscrire le nom de la liberté sur nos murailles, sans pouvoir lui faire sa place dans nos cœurs? La liberté! Faudra-t-il que nous la voyions violée par ceux qui l'ont le plus hautement proclamée, que nous trouvions le droit méconnu par les fils des hommes qui, au début de ce grand mouvement de la Révolution française qu'on doit comprendre et respecter, l'ont magnifiquement déclaré? N'avons-nous pas assez de causes de discordes; faut-il en ajouter encore?

En tout cas, comme ils étaient sages, ceux qui, en 1872, en 1883, écartaient des débats faits surtout pour rendre les divisions plus profondes, les haines plus acérées, pour amonceler de sombres nuages dans un ciel déjà bien assez chargé de tempêtes!

T. Crépon.

NOUVELLE-GRENADE

III [1]

SANTA-MARTA, CARTHAGÈNE

I

Après neuf mois de caravanes ininterrompues, de chevau-chées et de navigations dont je n'ai prétendu noter en ces pages que trois épisodes, je redescendais ce grand fleuve, ce Magdaléna roulant maintenant à pleins bords, grossi de l'hiver recommencé, de toutes les pluies jetées dans son cours. Et il roulait aussi, en se hâtant vers la mer, comme la notion même du temps oublié ; l'impatience du voyageur, subitement retrouvée, se mêlait à la sienne. Son cours, tourné vers le Nord, indiquait par exten-sion les régions plus froides, l'Europe si longtemps absente.

Pourtant, l'on a beau être un touriste pressé, se sentir dans les moelles tous les effluves électriques du vieux monde, rien ne saurait vous absoudre de quitter la Colombie sans une visite à ces deux villes littorales peu distantes, sœurs par l'histoire et des plus anciennes entre toutes celles du Sud-Amérique : j'ai dit

---

(1) Voyez la *Revue* des 15 novembre et 15 décembre 1900.

Santa-Marta et Carthagène, ces vestiges jumeaux du passé, deux linceuls de pierre, berceaux et tombeaux de deux conquêtes.

De Barranquilla, une nuit de bateau à travers les innombrables *caños* qui forment le delta intérieur du Magdaléna, nous mène à la première; une nuit à la belle étoile, sur le pont transformé en dortoir, avec une atmosphère gris-violet très spéciale, très électrique et chaude, à l'ombre de ces voûtes d'arbres penchées sur les eaux noires. Des silhouettes tragiques de cocotiers défilent courbées dans une menace d'orage et dans les souffles moites qui secouent au plafond les fumeuses lampes vagabondes, qui tordent en flammèches sur la sangle des *catres* les cheveux mal assujettis des femmes. Fréquemment un timbre strident, *bing!* Le bateau a le nez dans la berge; et, tandis que les gaffes des mariniers le rejettent à l'inconnu des nappes sombres, les branches l'accrochent au passage, le frôlent longuement, de bout en bout, avec un froissement de feuilles, comme des mains de ténèbres qui voudraient le retenir dans sa course.

A part cela, une navigation inexprimablement silencieuse. C'est un vol de chat-huant, dans l'air mort, dans l'air étouffé d'une pesanteur de tempête, mais qui va merveilleusement s'alléger, se sublimer au jour.

L'aurore, en effet, tombe à la fois sur trois choses superbes inopinément découvertes : l'immensité verte et rose de la Cienaga où l'on vient de déboucher, le liséré délicat des forêts à l'infini, la colossale silhouette d'ombre de la Sierra-Nevada, surplombant le tout. Parmi la première allégresse muette de la matinée, sous la serre d'or posée au faîte des montagnes, le spectacle est inexprimable.

Dans l'écartement de deux gorges vient de poindre le bord rougi, mystérieux du soleil. Comme d'une blessure toute fraîche, un jet de sang jaillit, en avant, sur la Cienaga. Et tout autour de cette pluie de pourpre, s'arrondit un halo d'or, de violet, d'outre-mer, éblouissant au-dessus des ténèbres gris-bleu qui restent massées à sa base.

Dans un instant, ce triangle babélique, haut comme un Mont-Blanc et demi, va se couper de nuages argentés par en dessous, va prendre toutes ces fantasmagories successives de Cordillère, dont mes yeux sont exténués. Pour le moment, ce n'est qu'une énormité bleuâtre, échancrée de braises et que reflète, irradiée à la surface de la lagune et semée d'îles de feuillage, une moire

prise à toutes les décompositions de la lumière ; épaisseur
glauque, vert profond et végétal, formé de ces millions de
spores qui faisaient courir la fièvre sur les étangs de la Guinée.
Mais les buées montent, montent le long de la nuit accumulée
sur ces pentes infinies, et, pendant que se tasse, que s'épaissit
leur lourd plafond, les crêtes résolument se sont transformées,
précisées, avec une finesse pâle, claire et proche, et la Sierra
Nevada complète, la reine littorale de la Colombie, profile définitivement ses deux antithèses superposées, sa sereine gloire et
son épouvante.

La colossale pyramide se dresse, il est vrai, sur un désert
d'une tristesse rare et qui s'accuse en avançant ; prolongemens
desséchés de la Ciénaga, steppes lagunaires, désolations grises,
stériles, fuyant à perte de vue du pauvre village de Pueblo Viejo
jusqu'à l'horizon de Rio Frio et de Savillana. Ce Pueblo Viejo,
— groupe de quelques cahutes de pêcheurs assez antiques, en
effet, — m'a pourtant semblé pendant une heure l'Eldorado lui-
même. Au-devant, la Cienaga s'arrondit et se ferme ; et derrière,
séparée seulement de celle-ci par une mince digue de sable noir,
tenace pourtant et solide, se retrouvait inopinément, haute,
déferlante tout le long de sa ligne incurvée, la mer, la mer !

Ah ! l'Océan, *la chose froide*, comme dit Loti, le champ d'illusions et de songes, dont on ne se passe plus, — quand on
a, tant de mois, peiné dans les hinterlands fermés et farouches,
dans ces forêts tombales, ce n'est pas sans une accélération des
artères, sans un peu de feu aux joues qu'on se fait souffleter par
ses embruns, qu'on marche à lui, tout vêtu, qu'importe, pour
en reprendre possession, non plus au nom d'un tyran, comme
Balboa, mais au nom des rêves qui sont les vrais rois et des
espérances qui sont les vraies reines.

Enfin, de Sevillana à Santa-Marta, des Américains ont installé une voie ferrée, d'intérêt très particulier, assure-t-on, destinée surtout à drainer, grâce à d'excellens tarifs, les produits
de leurs immenses bananeraies installées sur tout ce versant de
la Sierra Nevada. Les régimes verts, amenés à quai par trains,
sont chargés, deux fois la semaine, sur des vapeurs uniquement
consacrés à ce fret et vont, huit jours plus tard, grossir à New
York les arrivages considérables du Costa Rica, du Honduras,
du Mexique, de Cuba, de Porto-Rico, de tout le golfe du Mexique,
asservi maintenant à fournir le dessert des Yankees.

Ce railway, que les voyageurs de Barranquilla prennent à San Juan de la Cienaga, se précipite sans transition, de la plaine affreuse, dans les zones de végétation les plus extraordinaires et charmantes. Ces sous-bois ont des tons légers, légers. Des arbustes, des fouillis d'arbustes, mais desséchés, gris, morts, avec des feuilles jaunes en manteau sur le sol et tout ce deuil pitoyable que la sécheresse jette sur la nature sénégalaise. Au milieu, et surprenans à leur tour, des cactus géans, de ces cactus arborescens élevant sur un tronc noirâtre un faisceau de colonnes bleues, digitées. Enfin, par touffes, des jaillissemens d'autres arbustes, qui ne sont pas mourans, ceux-là, mais jolis, menus, d'une fraîcheur de printemps, d'un vert de mai dans cet embroussaillement de squelettes végétaux. Et le ciel, de ce bleu que Flaubert a drapé sur Carthage, apparaît souriant, au travers de leurs dentelles tristes.

— Notre Côte d'Azur, à nous! me disait le général D..., en me montrant, de fait, les mêmes versans un peu poussiéreux, un peu sauvages, dévalant jusqu'à l'écume blanche où l'on croirait encore boire le songe de la Méditerranée parmi le feuillage étalé des pins parasols. Je retrouvais la flore délicieuse des lentisques, des lauriers et des aloès accrochés par une chevelure de racines aux éboulis pierreux des ravins; et à droite, c'étaient presque encore les mêmes perspectives de montagnes toutes proches, à la nuance si étonnamment violette sous leur rideau transparent, effacé, de buissons rôtis.

Par exemple, il est impossible de rendre l'angoisse qui vous serre le cœur quand, au sortir de ces vieillots et bucoliques paysages, le wagon s'arrête soudain parmi une torpeur de décadence, de tristesse et de soleil, le long de murs rongés et mornes qui ont pris la couleur innommable des nécroses, des lèpres de la pierre à la patine des siècles; quand on se voit environné de toutes ces bâtisses sans âge de Santa-Marta chauffées à blanc par une lumière de four électrique et surmontées d'un aire chauve de collines pelées, lugubres et revêches jusqu'à l'invraisemblance.

Certes, on ne se le demande pas longtemps, nous sommes bien ici en plein passé, en plein souvenir de gloire et d'aventure resté tel quel, auquel on n'a pas ajouté une pierre depuis les épopées de la conquête. On en a laissé tomber, plutôt, et personne n'a pris la peine de les relever. A parcourir une telle

ville, on ne peut guère prendre de meilleur compagnon que son
imagination; on y croise plus d'ombres et de fantômes que de
vivans. On n'y sent même pas l'animation, la vie que donne la
proximité de la mer. C'est à peine si l'on s'aperçoit qu'il y a un
port; et que ce port est vaste, profond et sûr comme aucun autre
sur cette côte. Une jolie petite place s'offre pourtant, tout empa-
nachée de lauriers et de fleurs. Mais, autour de cette oasis,
de cette couronne souriante, il faut subir encore, et plus ternes,
plus morts ici que partout ailleurs, les damiers de maisons
blanches, basses, toutes pareilles, avec leurs grandes fenêtres
défendues de grilles de fer aux enroulemens graciles, effrités
aujourd'hui, dévorés par l'air marin. Et leur mélancolie spéciale, presque indicible, s'accroît des ruines laissées par le cyclone
d'il y a quatre ans et que personne, bien entendu, ne songe à
relever, — des immenses places désertes, saharas brûlans et rec-
tangulaires que le vent balaie de ses tourbillons de poussière
blanche; — et des vieux canons, espagnols ou français, fichés
la gueule en terre aux angles des rues, leurs inscriptions en
lettres carrées et saillantes : le Grand Robert, 1669; la Jacque-
line, 1703, — et de ce je ne sais quoi, enfin, que laisse après
soi une histoire trop légendaire et trop pompeuse pour être jamais
recommencée!

Ce je ne sais quoi trouve son expression dans cette éternelle
brise hurlante accourue de la mer, la grande ululation désolée,
vent qui n'apporte pas d'air, qui soulève, sans la rafraîchir,
l'atmosphère de plomb; ou bien encore dans la nuée qui passe
comme celle des *Orientales*, qu'on espère, qu'on supplie et qui
continue son chemin sans pitié, pour aller crever plus loin, plus
loin toujours...

Car voilà, pourtant, sinon la première ville que les conquistadors fondèrent dans le Nouveau Monde, du moins la plus ancienne qui nous témoigne d'eux, des « héraldiques splendeurs
de leurs rêves. » Panama, non point la Panama actuelle élargie
à coups de millions sur la molle anse du Pacifique, mais Panama-
la-Vieja, l'opulente et trafiquante cité que le boucanier Morgan
brûla le 28 janvier 1671, la passait seule en antiquité et importance. Et entre parenthèses, comme deux siècles d'abandon à la
forêt vierge opèrent un travail de nivellement que n'obtenaient
pas les conquérans asiatiques eux-mêmes avec leurs charrues et
le sel semé sur les ruines, c'est à peine s'il reste de cette première

Panama de 1518 quelques vestiges méconnaissables. « Aujourd'hui, dit Jalhay, une végétation luxuriante abritant des pumas, des alligators et des serpens, cache l'endroit d'où Pizarre et ses compagnons partirent à la conquête du Pérou. »

Pour Santa-Marta, ce ne fut qu'en 1725 que Rodrigo de Bastidas y planta les premières habitations européennes. Sans doute, il n'eut point l'éclatante fortune du fondateur de Carthagène; il n'eut point surtout le sac prodigieux, le butin fantastique d'un Sinu pour l'aider à frapper son blason redoré de quelque golfe d'azur à la caravelle d'argent. Mais c'est peut-être précisément parce qu'il apparaît comme un éclipsé, comme un déshérité, ce bâtisseur de ville, qu'il nous intéresse du fond de son inconnu, que nous aimerions à trouver sa colichemarde, joyau obscur d'un musée poudreux, la dalle où quelque part son nom doit être couché, avec l'épitaphe grandiloquente que Juan de Castellanos nous rapporte dans ses *Elegias de Varones Illustres de Indias :*

> *Hic tumulus condit Bastidæ saucia membra*
> *Quæ fixit gladio nuper acerba manus.*
> *Ipse, quia dives et late robore præstans,*
> *Dux Sanctæ Martæ primus in orbe fuit.*

Puis, par degrés, à promener circulairement ainsi ses yeux sur cette agglomération croulante, surannée, comme lasse d'avoir porté tant d'énergies et de bravoure entre les bravoures; à embrasser ce cirque roussâtre de montagnes où se sont heurtés un jour les regards dévorans de Quesada; à arpenter cette plage où ont débarqué les héros, d'où tant de fureurs d'être riches et de jouir se sont ruées au pillage et à la tuerie, on en vient tout naturellement à évoquer les ressorts secrets, la psychologie de cette vaillance. Combien curieux, sans doute, les mobiles profonds d'une âme d'Adelantado! Sans doute, l'amour irrefréné de l'or, la folle vanité d'être, soi aussi, un jour, vicomte ou marquis; de se faire traîner en carrosse après avoir cheminé pédestrement, fier gueux de la Manche ou de l'Estramadure, dans le pourpoint troué de Lazarillo de Tormès, de s'asseoir sur les tabourets de la Cour; la belle confiance du : pourquoi pas? qui fait bondir les cœurs d'aventuriers. Mais tout ce qu'on ne saura jamais, ces drames de l'amour, les résolutions désespérées qui atterrirent en ce Nouveau Monde pour y jouer leur suprême

coup de dés; ou encore l'expiation du crime inconnu résolue
dans le débat secret et la justice muette de la conscience. L'histoire qu'on écrirait, chronique secrète, un peu à côté, sans doute,
mais poignante, si jamais l'on pouvait connaître toutes les passions qui s'agitaient sous la cuirasse de ces rudes envahisseurs!
Y mêlaient-ils enfin, tel ou tel d'entre eux, la foi de la croisade?
Bien qu'ils aient usé et abusé d'un masque si commode, leur
procès, qu'on n'achèvera jamais d'instruire complètement, laisse
un recours ouvert à tous les septicismes.

Et, après tout, qu'importent à une telle valeur les raisons
ultimes? C'est en soi et pour soi qu'il est admirable, cet élan, par
exemple, d'où est sortie la conquête de Bogota, cette épopée
dont je foule en ce moment même le berceau, où périrent six cent
soixante des huit cent vingt risque-tout qui l'avaient tentée, chapitre de Xénophon illustré par Salvator Rosa. Il faut être ici, il
faut l'avoir refaite après eux, avec toutes les commodités modernes, cette route de deux cents lieues qui vient aboutir à la
Mequeta des Muyscas, pour se rendre vraiment compte de ce
qu'avait d'héroïque, d'insensé, une telle marche de onze mois
en forêt vierge pour cette poignée d'aventuriers aux ordres d'un
homme courageux, mais sans nulle expérience des armes et frais
émoulu du barreau. Non seulement il convenait d'avoir l'âme
chevillée au corps, mais quel superbe, quel farouche vouloir! Et
elles parlent mieux, ensuite, ces armes que lui donna, au retour, le roi d'Espagne : un lion tenant une épée; une montagne
sur des flots semés d'émeraudes; des arbres sur champ d'or.

Du départ de la côte à la fondation de Santa-Fé sur les ruines
de l'indienne Bacata, que de misères, et quel orgueil lyrique on
devine sous la plume des chroniqueurs du temps, de Pierahita,
de Gomara, de Castellanos! Il y a surtout une page angoissée, une
page où l'on sent que toute la ténacité valeureuse des hommes
va être obligée de plier devant l'impossible; c'est au moment de
l'arrivée harassée à Tamalameque et de la perte de la flottille
qui devait coopérer par la voie fluviale à la découverte des terres.
Alors la lassitude, la défection, sont les plus fortes, crient bien
haut, menacent de tout entraîner, de briser le plan de fer de
l'Adelantado. Et puis, ô prodige! il suffit d'un rien, d'un simple
pagne de coton bleu trouvé par hasard, indice de la civilisation
prochaine, pour rendre ces lions à eux-mêmes, pour les galvaniser à nouveau. La fortune leur revient avec la pointe hardie

du capitan San Martin et de ses deux compagnons, jusqu'au pied
des montagnes de l'Opon, suivie bientôt après du combat de
Nemocon, le premier que Quesada ait livré aux Chibchas. Puis
voici la traversée de la Savane à l'hallali des Panches qu'on dit
posséder de l'or, la défaite de ces malheureux, l'exploration aux
mines d'émeraudes de Somondocô, l'entrée sur les territoires du
zaque de Tunja qu'on capturait et dont on pillait les trésors,
quand les soldats enthousiasmés criaient en marchant : *Peru!*
Peru! señor general! Il se passa là, du reste, des scènes aussi déconcertantes, aussi scandaleuses et d'un retentissement aussi suf-
focant dans l'âme indienne que l'avaient pu être deux siècles
auparavant, pour la chrétienté, la conduite sacrilège de Philippe le Bel envers Boniface VIII. Ce zaque, grand vassal de
l'empereur ou *Zipa*, possédait sur son territoire le sanctuaire
d'Iraca, la « Rome des Muyscas, » située sur l'emplacement de
la Sogamoso boyacéenne, et siège alors du gouvernement théocratique de l'empire, but des offrandes et des pèlerinages. Le
grand pontife, — je résume Pereira, — était choisi par quatre
puissans caciques portant le titre d' « électeurs. » Il officiait dans
le Temple du Soleil, tuilé d'or et d'émeraudes, dit la légende,
en tous cas, le plus somptueux, après celui de Cuzco, que renfermait le Nouveau Monde. Dès leur arrivée dans le pays, les conquérans avaient laissé percer une hâte si brutale de s'emparer
des trésors qu'il contenait que les Indiens se méfièrent; et, appelant à leur secours la vieille ruse, plus efficace que les flèches,
réussirent à dépister les premiers tout en mettant à l'abri les
seconds. Quesada en eut vent et frappa un coup. Il s'assura de la
personne sacrée de Quimuinchateca, le roi. Celui-ci s'était tellement identifié avec la majesté de son dieu que, comme Boniface,
souffleté par le gantelet de Nogaret, il mourut de douleur et de
saisissement. Premier et décisif coup de hache donné aux
croyances indigènes! Pour les Espagnols, ce n'était que le signal
du sac. Iraca prise, le temple pillé s'écroulait bientôt dans les
flammes sous la rage de ces Érostrates.

Le reste ne figure plus qu'épisodes secondaires, expédition
sur les llanos et Neiva, retour vers les plateaux, la concentration des troupes à Mequeta pour l'attaque de ces bois de Faca-
tativa où Tisquesuza, fuyant, devait trouver la mort. C'est enfin
son malheureux successeur Sazipa consentant, après quelques
succès sur ses adversaires, à se soumettre, sans que cette abdi-

cation pût le sauver d'un sort trop affreux et trop prévu. Mis
aux fers, en 1538, malgré les murmures des soldats, il expire
dans les tortures, cinq ans après Atahualpa, seize ans après Guatimozin, sans avoir, plus qu'eux, révélé le secret de ses trésors.
Ainsi devait finir le dernier des zipas, comme étaient mort le dernier Inca et le dernier Aztèque.

Et pourtant, c'est vrai, l'on ne peut s'arracher à tout sentiment
d'admiration, pour la frénétique témérité des protagonistes de
ces crimes. Notre jeunesse contemporaine désireuse, assure-t-on,
de « professeurs d'énergie » et soucieuse d'expatriations fécondes,
devrait, avec la critique voulue, s'instruire à leur exemple, retenir d'eux ne fût-ce que cette indestructible confiance en soi-
même qui fait de leur histoire le plus passionnant des romans.
Cela dilate, malgré tout, la poitrine, de respirer après eux cette
époque magnifique et folle de chevalerie, de férocité, d'inextin-
guible ambition où la lie des salons et des faubourgs d'Espagne
venait sonner ici un hallali sans pitié, et, après avoir bataillé
pour tant de fortunes, finissait par se massacrer elle-même.
Cortez au Mexique, Pizarre au Pérou, Almagro au Chili, Francisco Cesar dans le Cauca, Orellana sur l'Amazone, Quesada ici,
quels âges, quelle histoire ! Il semblait qu'ils eussent tous pris
pour devise le cri du marquis de Pescara fonçant sur les Français à la bataille de Pavie : « *Ea, mis leones de España, hoy es el
dia de matar esa hambre de honor que siempre tuvisteis; y, para
eso, os a traido Dios tanta multitud de pecoras!* Çà, mes lions
d'Espagne, voici l'heure d'assouvir cette faim de gloire que vous
eûtes toujours; pourquoi Dieu a mandé vers vous une telle multitude de ces pécores ! »

Et mille songeries pareilles, pleines d'épées brandies, de
strophes rouges et de heurts d'armées, vous assaillent ainsi,
tyranniquement, quand on se promène le long de cette grève
où la mer épique a le soir une lamentation mystérieuse et douce
comme le hurlement d'âmes blessées.

Outre ce parfum concentré d'histoire, Santa-Marta offre
encore deux attraits, deux voisinages captivans : celui de la
Sierra Nevada, et celui de l'habitation rustique où s'éteignit
Simon Bolivar, le libérateur de l'Amérique.

Pour goûter le premier, il est indispensable d'organiser une
petite expédition, de ne point lésiner sur le temps et enfin

d'avoir fait preuve antérieure d'alpinisme. La deuxième de ces conditions me manquant partiellement, j'avais dû renoncer à m'aventurer sur l'incertaine piste qui s'en va, dit-on, de lacet en lacet, finir aux moraines des glaciers; j'abandonnais le projet, cependant caressé, de campement au désert sous la hutte indienne, — si haut et si loin que, seules, quelques pauvres tribus y vivent, dominant tous les paysages de la terre et de la mer, devant un des plus beaux songes réalisés, paraît-il, qui aient jamais frappé une prunelle humaine. A vrai dire, je ne perdais point toutefois le bénéfice entier de ce spectacle, et, s'il m'était refusé de le dominer par six ou sept mille mètres d'altitude, du moins en avais-je pu pressentir quelque chose de bas en haut, le matin de notre arrivée sur ces côtes, quand l'admirable montagne, vue de la pleine mer, dégradant ses couleurs du vert des vallées aux neiges de ses crêtes, s'était dressée, totale dans le soleil, en nous arrachant un cri de joie...

Obligé de limiter mes pas, j'avais donc opté pour une simple excursion vers l' « Escalera de los Indios, » en m'arrêtant au retour devant le site historique vénéré par tous les Colombiens.

C'est encore au milieu de ces bois, de ces bois légers, diaphanes, rayés de soleil, issus d'une terre poudreuse, de cette plaine forestière toute rase où, dès le soleil levé, les heures sont lourdes et brûlent. Il y fait un grand silence, naturellement, peuplé, par compensation, d'hôtes gracieux. Une quantité incroyable de palombes y a élu domicile; et, quand elles ne se faufilent pas à travers ces ramées légères, elles sont charmantes, trottant menu sur la cendre du chemin devant le promeneur, pour finir toujours par s'envoler au terme de leur course. Avec ces doux oiseaux qui remplissent l'air de leur roucoulement caché, d'autres habitans inquiets se trahissent, détalent éperdument sous vos pas; par exemple, des espèces de gros iguanes bleus, lézards d'un âge disparu, qui traversent, en courant, les fourrés, les yeux tournés vers vous, la queue relevée comme celles d'un faisan.

Voilà le cadre délicieux et désert où tout à coup une éclaircie se fait dans les feuillages, — enclos incertain, circonscrit de fil de fer, et où surgit, très simple, mais inattendue, une hacienda abandonnée. Trois petits corps de logis carrés, isolés, d'un style passé et d'une époque purement espagnole, avec, entre deux cocotiers, une haute statue de marbre blanc qu'environne un rectangle de grilles. Instantanément, c'est tout un coin d'évocation ou de souvenirs qui jaillit là, devant cette modeste *finca* de San-Pedro retombée aujourd'hui au silence et à la ruine et où, pourtant, finit ses jours, l'Affranchisseur, *el Libertador*, comme ils l'appellent tous, aujourd'hui, tardivement reconnaissans à sa mémoire.

Et cette destinée météorique s'éclaire mieux par le contraste de la thébaïde actuelle, oubliée sous les verdures, où l'imposante silhouette de pierre fraîche met une tache surprenante pour ce cadre si tristement, si mélodieusement désert. Tout cela est humble à souhait, si dissimulé sous les frondaisons, comme si le héros avait voulu se faire pardonner, en ses dernières heures, d'avoir trop longtemps commandé à l'attention des hommes! Tel le sage antique sur le pas de sa porte, il y a regardé, disent ses contemporains, tomber paisiblement le soir de sa vie. Sous ce bouquet de gros arbres courts, en parasol, il est venu asseoir ses songeries, ses amertumes et le souvenir de ses batailles. Ses regards fatigués s'y sont reposés du soleil de Junin et de Boyaca. Encore enveloppé de l'uniforme qu'il avait tant promené sur la terre des Andes, quand il poursuivait son impossible rêve de fraternité; toujours svelte, malgré les ans; glabre et chauve, avec sa tête à la Moltke, il y a connu, résigné, les déboires de la vieillesse, l'ingratitude et l'effondrement de ses calculs. On raconte qu'assistant aux premiers déchiremens de cette Amérique nouvelle qu'il avait fondée, il eut un jour ce don de prophétie octroyé au génie, et que, prophétisant, il annonça à sa patrie un sort plus affreux que celui auquel il venait de l'arracher. Sans doute la mort vint pour lui comme une délivrance, — comme une ère posthume de réparation surtout, s'il est vrai qu'il laisse, dans l'impartiale histoire, le profil d'un vrai patriote et d'un grand homme.

Vraiment ce fut un coin de sable prédestiné qui vit tour à tour atterrir tant de galions rapaces et s'éteindre celui qui les rejeta à l'Océan. L'Espagne aborde ici, et d'ici elle étend sa serre sur sa proie; au moment où elle croit la tenir, la proie enfante un vengeur, et c'est ici qu'à son tour ce redresseur de torts vient expirer en regrettant son œuvre!

Voilà qui ramènerait bien aisément, par la naturelle pente des idées, à maints épilogues sur cette guerre de l'Indépendance dont j'ai foulé, à Santa-Marta, l'un des principaux théâtres. Quel

dommage qu'il faille se borner; car elle n'est ni moins dramatique que la conquête, ni moins grosse de ruse, d'héroïsme et
de férocité, cette lutte nombreuse, disséminée, cette guérilla de
buisson et de clocher dont les scènes capitales n'eurent point,
du reste, l'ampleur qu'on serait tenté de leur prêter, mais se
rattrapèrent par des prodiges de ténacité, d'adresse indiennes,
par le dévouement individuel, par l'horreur des représailles, le
combat singulier, la palpitante embuscade. Il n'y avait que sept
mille combattans seulement à la bataille de Boyaca, gagnée par
l'Émancipateur sur le général espagnol Barreiro et qui sonna
l'affranchissement de la Nouvelle-Grenade; mais il y eut, entre
temps, les fusillades des cent vingt-cinq patriotes de Bogota et
des vingt-deux patriotes de Carthagène. Il n'y en avait que neuf
mille à la bataille d'Ayacucho où le maréchal Sucre décida de la
liberté péruvienne; mais vainqueurs et vaincus avaient pris soin
antérieurement de se déshonorer par le sac de Sorata et les folies
de carnage qui le payèrent.

Et elle me parait presque incroyable à présent, cette paix
suprême et exquise de l'hacienda de San Pedro, qui a fini par se
faire sur tout cela, à laquelle ont abouti, fatalité des lassitudes
humaines, tant de commotions et d'égorgemens. Dire que, si
tant de poitrines ont râlé, si tant de larmes et de sang ont arrosé
la généreuse glèbe andive, c'était simplement pour que, quatre-
vingts ans plus tard, cinq ou six arbres géans, [vieux, [verts
et adorables, pussent renverser leur ombre sur un jet rigide de
marbre blanc et semer, pour le plaisir des écureuils, leurs graines
brunes sur le tapis des mousses...

II

En mer, une fois encore, par la pleine nuit noire, glissant
plutôt que voguant vers la ville fabuleuse qui sera la dernière
étape de mon pèlerinage.

Mon pèlerinage... Non, le mot n'est presque pas trop fort; il
tient compte de cette disposition aux émotions rétrospectives
qu'imposent, un peu tous les jours, dix mois de caravanes à travers
ces chemins historiques, de cabotages sur ces côtes où chaque
baie, chaque promontoire, les estuaires comme les îles, vous
racontent quelques pages de la Grande Geste, gardent quelque
indélébile souvenir, généralement consacré dans le sang. Quel

sortilège fait donc qu'à la longue, de tous ces chapitres, horribles ou grandioses, pleins de ténèbres ou de gloire, il ne se
dégage plus qu'une vague impression d'ensemble, attachante et
comme un peu religieuse, résumée en quelques traits solennels,
synthétiques, les Andes, la croix, l'or, l'épée... Dans l'ombre
violente que fend le vaisseau et qui, si volontiers, se peu-
plerait de fantômes, dans cette ombre où la crainte presque superstitieuse de perdre le premier trait du spectacle attendu, me
tient éveillé sur les mains courantes du spardeck, elle passé,
elle se résume plus saisissante que jamais, cette époque où l'on
tombait agenouillé sur les rivages promis à tous les massacres ;
où le moine-soldat portait une cotte de mailles sous sa bure, le
chevalier un cilice sous sa cuirasse ; où l'on combattait, heaume
en tête et bardes en croupe, aux soleils écrasans des *Tierras
adentro*, non moins vaillamment qu'à Pavie ; où la blanche hostie
s'élevait inévitable aux mains du prêtre, sur les orgies de carnage ; où dans des boçages exotiques, des peuplades nues, ceintes
de plumes, entouraient, étonnées, des armures, aujourd'hui
rouillées dans nos musées. Non, en vérité, elle ne se pourrait
nulle part mieux évoquer, cette ère de splendeurs et de tyrannies,
que devant les rives jadis parcourues par les Nicuesa et les Bastidas, le long de cette côte obscure indiquant à peine sur le
ciel ses monolithes noirs, et que l'*Altaï* serrait silencieusement
tout à l'heure, sans un chant à bord, sans une apparence de mouvement, tel qu'un traître et muet oiseau de nuit cherchant sa
proie aux anses des rochers.

Cependant, voici le petit jour des matins de la mer, frileux
et humide, verdâtre et vaporeux, découpant, dans l'eau encore
plus huileuse, des langues de terre sans orientation apparente
tout d'abord ; petits môles naturels multipliés surtout vers la
gauche, avec, entre eux, des demi-lunes, des criques profondes,
tout un système capricieux au creux desquels les émissions dernières de l'Océan viennent se blottir, glacées d'une grande paix
verte et plus immobiles qu'un miroir. Un peu reculés par derrière, des bancs de brumes que le soleil va faire rapidement
s'évanouir, laissent percer des collines dont ils estompent les
arêtes. Tous ces lointains emmitouflés et zébrés d'aurore couvent une allégresse voilée encore, énigmatique et indolente. La
forte salure marine, qui asperge l'air intrépide, dépose aux lèvres
ce goût de larmes et de voyages savoureux dans la courte fraî-

cheur de l'aube. Enfin, sur la droite, d'autres escarpemens de
vapeurs, d'autres incertitudes montueuses se profilent pour
disparaître dans le Sud. Le plan de ce paysage difficile se définit.
La première rive est celle d'une île, la seconde celle du continent, et la ville de Pedro de Heredia est bâtie à cheval sur l'une
et l'autre, au bout de ce chenal majestueux, du triomphal bras
de mer où notre bateau s'avance, seul, avec son frôlement de
cygne.

Et, avec ce petit jour et ce décor, là-bas, dans le Nord-Est, à
notre gauche, vient d'apparaître quelque chose d'artificiel, une
blancheur rose qui détonne dans tout ce vert et tout ce bleu,
qui s'approche rapidement au milieu des balises plantées çà et
là pour marquer la route aux navires. Cela devient un groupement géométrique de murs jaillis au milieu même de cette
avenue marine et reflétant dans la nuance plombeuse et bleuâtre
des eaux ses arêtes de vieille forteresse espagnole, encore vives,
mais moins menaçantes, trop creusées par les tarets et les
mousses pour reprendre sérieusement son air matamore d'autrefois.

Et, en effet, successivement nous en découvrons tous les aspects, le petit château central, la longue ligne basse de créneaux
à fleur d'eau, donnant l'impression d'une maison inondée; nous
passons à quelques mètres de ces facettes de tuf, toutes patinées,
tout incrustées de sel; nous rasons ses angles fermés du côté
de la mer, fiers de leur sveltesse étroite, régulière, adamantine,
fiers de leur chute à plomb, dans les profondeurs insoup-
çonnées. Le soleil, qui les caresse à présent, les fait idéalement
roses. Et il paraît singulièrement triste et attachant ainsi, ce
Castillo de San Felipe que les conquérans plantèrent là, dès le
début de leur établissement en ce pays, et dont la construction
coûta des sommes folles : onze millions de piastres, disent les
comptes authentiques, somme disproportionnée, incroyable, en
effet, pour un tel travail, mais qui révèle la mesure des rapines
et l'audace des vols dont, en Espagne même, ces colonies si
lointaines furent le prétexte. La terre était là, toute proche, à
deux cents mètres peut-être; quel but pouvait se proposer cette
recherche du tour de force dans l'inutile, sinon de nourrir des
comptes exorbitans à la faveur des difficultés et des aléas de l'entreprise?

D'instant en instant et de tous côtés, les buées se déchirent,

laissent apercevoir des groupes de maisonnettes blanches, de
ruines espagnoles, non seulement sur la terre, que le rétrécissement du chenal fait de plus en plus voisine, mais encore sur
les îles semées en avant-garde, en sentinelles, et dont le vert
frais contraste avec la teinte morue, violâtre, poussiéreuse, des
serranias lointaines. Et des cocotiers d'abord isolés; puis des
lignes sans fin de cocotiers, puis des plantations touffues de
cocotiers dont la masse rappelle un peu, de loin, les forêts de
pins sur certaines plages françaises, peuplent le grand silence
des rives toutes muettes sous la grande menace commençante de
la lumière et de la chaleur. Déjà l'on retrouve avec un peu de
lassitude la lourde féerie coutumière, ces dentelures embrumées
de l'horizon qui s'abaissent, ces lointains roux de la terre flottant
dans une torpeur incendiée; tandis que la large baie prolonge
son chapelet interminable d'élargissemens et d'angusties comme
des vasques successives s'ouvrant l'une dans l'autre; que le
soleil, libéré de voiles, étincelle sur le plus immense et le plus
fatigué paysage.

Et soudain,... soudain, une grise et rose petite ligne barrant
l'horizon, une minuscule raie d'abord presque incertaine, mais
qui s'épaissit très vite, qui violente l'attention, surgit par delà
l'éblouissement, le miroitement intolérable des eaux. Une blancheur verticale pointe, un quai gris se détache; et Cartagena-
de-Indias m'apparaît à son tour, telle qu'au temps de Pointis et
de Drake, dans tout le fabuleux de sa légende et dans tout le
chatoiement de ses rivages.

C'est elle; avec son grand air, elle est bien comme je l'attendais, comme la chantaient des vers dorés, au fond de ma mémoire; elle se présente si fièrement, avec une si noble couleur,
du moins aperçue de cette distance, avec ses constructions
caressées d'un adorable rayon rose, avec les tours et les cloche-
tons de ses églises, et les rides de ses créneaux qu'on commence
à apercevoir, et la mer encore par-dessus, par-dessus le rétrécissement de la terre de gauche qui, bien décidément, n'était
qu'une longue et mince île; avec, enfin, tout cet aspect de
Saint-Malo équatorial dont elle a, du reste, étrangement, quelque
chose de la silhouette et de la destinée.

Carthagène! Rendre l'intime magnificence de ce nom! Carthagène! Tout le sauvage repaire est resté. Ni quatre sièges, ni les
convulsions de l'histoire, ni les boucaniers, ni Duret, ni Morgan,

ni l'Indépendance ne l'ont pu entamer. Le rêve fixé dans la pierre par le premier Heredia demeure intact encore ; le nid, solide et défiant les siècles, paraît attendre ses hôtes, comme si les gerfauts, partis pour une longue expédition, faisaient seulement durer leur absence quelques années de plus,

On sait que Cartagena d'Espagne fut fondée par Hasdrubal comme boulevard avancé des campagnes futures et de l'ambition puniques. Ainsi la nommait-il pour rappeler, devant l'azur gaditain, parmi les émois des camps, les murs de l'antique Byrsa, les Aqueducs et Khamon et la Voie des Tombeaux, les Mappales, chères aux Riches, Malqua où l'on cuisait les cercueils d'argile. Les soldats qui s'en vinrent, sous le *Desnarigado*, vers cette Amérique merveilleuse, se souvenaient, en plantant leur nouvelle patrie, des orangers qui fleurissent sous le ciel de Murcie et de la mer Baléare, bleue un peu à la façon de celle-ci... ; et une autre Carthagène, née par enchantement du saphir des Antilles, prolongea jusqu'ici la pensée tyrienne. Et quand les fils de cette troisième Carthage remontèrent le Cauca en quête d'une aire plus vaste à leur serre d'aiglons, ils fermèrent le cycle en évoquant ensemble la vieille cité tyrienne où hennissaient les chevaux d'Eschmoûn, les rouges murailles nées du génie d'Hasdrubal, la ville de proie éclose au soleil des Indes, et, de leur nouvelle demeure, ils firent, une fois de plus, Carthago.

Encore ne sait-on point exactement qui fut le réel « desenbridor » de ce point, ni même qui lui donna son nom, dans les premières années du xvie siècle. Francisco de Gomara, dans son *Histoire des Indes*, raconte qu'en l'an IV, Juan de la Cosa, « natif de Santa-Maria-del-Puèrto et pilote de Rodrigo de Bastidas, ayant armé quatre caravelles avec l'aide financière de Juan de Ledesma, de Séville, et de quelques autres, s'étant d'ailleurs nanti d'une licence du roi, à qui il avait offert de réduire les Caraïbes de cette terre, » débarqua en un point qu'il nomma Cartagena, pour consacrer la ressemblance de l'île indienne dè Codigo, qui en fermait le port, avec celle qui, dans la Carthagène espagnole, remplit le même office de môle naturel en avant de la baie. Là, s'étant réuni à un certain « capitan Luis Guerra, » il avait multiplié les férocités, pris six cents personnes, battu toute la contrée à la chasse de l'or et finalement trouvé dans les alluvions du golfe d'Uraba les premières parcelles de ce précieux métal que le Nouveau Monde offrit au roi d'Espagne.

Ce qui est positif, c'est qu'en 1533, Pedro de Heredia, un Madrilène retour d'Amérique, obtenait audience de Charles-Quint. Castellanos nous le présente avec emphase : « C'était un gentilhomme bien connu de Madrid... Les médecins lui taillèrent des narines de rechange dans le mollet... » En tous cas, type du partisan aventureux, *borrascoso*, disent ses biographes, il avait été un intrépide lieutenant-général de Pedro Badillo à Santa-Marta. Ses explorations l'avaient familiarisé avec les rivages pittoresques qui s'étendent jusqu'au Darien et auxquels il avait donné le nom, point trop immérité, de la *Nouvelle-Andalousie*. Le roi, avec ce geste superbe et heureux qui, en ces temps de légende, prenait couramment hypothèque sur des pays parfois même ignorés, mais dont toujours, en effet, une chance de joueur réalisait après coup les fictions enchantées, le roi les lui donnait en *adelantamiento*, terme dont il faut renoncer à traduire la hardiesse épique, la magnifique et insolente assurance. (*Adelante*, en avant.) Presque point de conditions, sinon l'appareillage immédiat avec deux cent cinquante hommes dont le conquistador choisit les trois cinquièmes sur liste, parmi ses proches d'abord, ses amis, puis entre la pègre oisive des rues de Séville, et qu'il compléta en relâche à l'Ile Espagnole (Porto-Rico). C'était un fier vol de faucons que la bourgade indienne de Calamar vit ainsi, le matin du 15 janvier 1533, s'avancer par cette même Boca Grande où nous glissons aujourd'hui, ancrer son vaisseau de guerre et ses deux caravelles, dûment pourvus, notent les narrateurs, d'une artillerie sans réplique. La bande s'enorgueillissait, entre tant de noms plus sonores que la bourse de leurs porteurs, des Sebastian de Heredia, cousin de l'Adelantado, des Alonso de Montes, des Portugais Hector de Barros et Francisco Cesar, un vrai héros, celui-là, des Martin Yañez Tafur, des Nuño de Castro ; — tous mériteraient d'être cités. Six jours après, — le soleil comptait peu, alors, — commençait la construction de la ville nouvelle. On s'était rendu compte, sur-le-champ, de la nécessité de la retrancher fortement ; l'œuvre des murs fut donc confié spécialement à Francisco de Murga, le célèbre mestre de camp, qui les édifia d'après les règles des places fortes en honneur à l'école des Flandres.

Et l'histoire de cette première implantation est encore guerrière, amusante et ingénieuse comme une chronique de Froissart ; c'est le moment des premières luttes avec les Turbacos, et

l'on y voit l'éveil soudain de la soif aurifère, quand les conquérans trouvent chez un vieux cacique une toute petite plaque
d'or, source infinie, cause minuscule et décisive de tant de larmes
et d'atrocités, — avec les histoires du chef Carex et de l'interprète
Cominche, les deux expéditions successives de Heredia vers l'Eldorado, la première et la plus fructueuse à Zamba Galera, simple
promenade militaire qui lui rapporta, sans autre dommage qu'un
homme tué, la somme vraiment coquette de 1 500 000 ducats
d'or. (Dans sa « Lettre de relation » à Charles-Quint, il n'accuse,
prudemment, que 20 000 piastres d'or, *environ*.) C'est là que les
brigands trouvèrent un dieu d'or ciselé représentant un porc-
épic et pesant cinq arrobes ou soixante-deux kilos et demi, la
plus grosse masse de métal précieux trouvée dans le Nouveau
Monde. Ils l'emportèrent, indignés, déclarant ne pouvoir tolérer
de pareilles idolâtries. La seconde équipée, forte de deux cents
hommes, avait pour objectif le cimetière du Zénu; plus pénible,
plus guerroyante, poursuivie jusque sur les hauteurs du Pan-
zenu et du Zenufana, elle ne laissa point d'être profitable encore,
puisque, défalcation faite de la Quinte royale, les soldats survivans eurent à se partager 400 000 piastres d'or, soit 330 000 francs
par tête. Et Acosta, qui rapporte ces détails, ajoute mélanco-
liquement : « Ils auraient pu retourner vivre si heureux, si tranquilles jusqu'à la fin de leurs jours sur leur petit lopin de terre,
là-bas, en Espagne! Mais non, toutes ces richesses furent dila-
pidées à Carthagène même, en buveries et en fanfreluches! » Et
c'est vrai; ainsi s'évanouit, sans profit pour personne, symbole
puissant de cette immense partie de baccarat que fut la conquête, le plus énorme gain que, Pérou et Mexique compris, ait
jamais rapporté à ses conquérans le Nouveau Monde. On se rappelle, par comparaison, les murmures qui accueillirent la remise
à chaque compagnon de Fernand Cortez des cent piastres lui revenant sur le trésor de Montezuma.

Pendant ces chevauchées, qui devaient, d'ailleurs, finir plus
tard en déroute, s'élevaient lentement, pierre par pierre, et char-
riées à force d'hommes, les formidables murailles. Le nombre
d'indigènes qui y furent employés, variable du reste suivant les
récits, relève, par ses proportions fantastiques, plutôt des comptes
de Khéops et des conducteurs de travaux de la Dix-huitième
dynastie, que de l'histoire critique et prouvée. Les légendes
l'évaluent diversement entre trente et cent mille. La vérité reste

qu'il dut être énorme. Au demeurant, cette enceinte, justement
fameuse, n'attendit point d'être achevée pour abriter le fruit des
rapines que je viens de dire. Quelques années encore, et elle
aura à circonscrire une terre d'exécutions et d'horreurs; c'est ici
que le fanatisme des Dominicains abordera sur la terre de
Colomb; c'est ici qu'en Amérique, l'Inquisition allumera son
premier bûcher.

Et, non plus quelques années, mais quelques lustres après,
ce sera le commencement des luttes acharnées, le pillage de
1544, les sièges et les prises successives, en 1583 par Drake, en
1586 par les pirates encore, en 1697 par les Français du baron
de Pointis, en 1741 par les Anglais de l'amiral Vernon qui lais-
seront sur le carreau 7000 des leurs; ce sera Carthagène entrepôt
de l'or et de l'argent dans l'Amérique du Sud; Carthagène, *Reina
de las Indias* et *Reina de los mares*, avant de devenir la
Ciudad Heroica, voyant affluer derrière ses casemates, par
les artères du Magdalena, du Sinu, de l'Atrato, les vingt-huit
milliards et demi que, de 1502 à 1775, suivant Robertson, la
Colombie, l'Équateur, le Pérou et la Bolivie s'arrachèrent des
entrailles pour satisfaire la cupidité conquérante, les huit milliards dont les seules mines de Potosi expédièrent en Espagne les
barres marquées, disent les chroniqueurs, du sang de quinze cent
mille Indiens. Enfin c'est d'elle que, le 11 novembre 1811, partira,
avec une insolente déclaration d'indépendance, le premier signal
de liberté qui volera de proche en proche sur les sommets des
Andes et mettra le feu à toute la péninsule, avant de remplir
ses propres rues de mourans et de cadavres, lors du terrible assaut de 1815.

Tandis que je me récitais ces strophes d'épopée, nous étions
parvenus à l'entrée de la baie qui vit jadis tant de fois filer,
toutes voiles dehors, ou rentrer craquantes les caravelles des
pirates, lourdes du sac de toutes ces côtes. On imaginerait difficilement plus délicieux ensemble. Carthagène se dresse au fond
de sa conque, le pied dans l'eau comme la sultane qui descend
à ses bains de marbre un beau jour d'été. Lignes infiniment
moelleuses! Ensemble mauve, blanc et doré, dont l'ordonnance
rappelle certaines médailles commémoratives et leurs architectures glorieuses! La seule tache est, s'avançant à gauche sur
l'eau lourde et métallique, le môle de bois gris bleuté où l'on
aborde et qui se soutient au moyen de pilotis grêles, pattes de

faucheux amassant l'ombre, par contraste avec la splendeur allumée là-haut sur les chaudes murailles d'ocre jaune, les campaniles pâles, les clochers et le ciel.

On n'y arrive d'ailleurs qu'en passant devant un rang de créneaux encore et toujours à ras de l'eau, mais noirs de salissures, noirs de pluie et de poudre peut-être, bien qu'indemnes de brèches, vides des terribles gueules de bronze qui y aboyèrent jadis. Elle étale, cette batterie, sa vieillesse charmante, hantée et environnée d'oiseaux, sous sa ceinture de cocotiers. Au-dessus, en second plan déjà très reculé, flottant dans la vapeur, un haut mamelon d'un vert passé supporte la ruine poudreuse, la silhouette éclopée du Castillo de San-Lorenzo, invalide glorieux sous d'innombrables blessures et drapé de ses murs démantelés, parmi l'éblouissement de là-haut, comme un gueux de Castille héroïquement engoncé dans ses haillons.

Et, dans l'extrême droite, enfin, une montagne gris-roux, la *Popa*, qui se détache à notre rencontre, laissant apercevoir à son sommet de petits profils blancs, les toits rouges d'un couvent de nonnes exilé dans les solitudes du ciel. Si haut, dominant avec une incomparable majesté la ligne non moins expressive et continue des cocotiers vert sombre, elle rend puissamment, cette colline, l'impression de gigantesque éperon de navire qui la fit nommer, d'un grand vaisseau ancré à terre et ensablé par le temps, comme la nef même qui porta la fortune de Carthagène. Mais surtout, émanée de la grisaille absolue des bâtisses et des murs, des lointains aux nuances fatiguées, des longues lignes penchantes de ces palmes que nulle brise ne fait frémir, de ce silence à quoi sont tombées la rumeur et l'agitation d'autrefois, de l'immuabilité même de cette ville figée dans son passé comme une morte restée pétrifiée et debout, quelle perception, quelle leçon de ce destin de décrépitude et de mort auquel rien n'échappe ici-bas, ni les cités les plus florissantes, ni les hommes ! Rarement il m'avait été donné de la respirer à un tel degré, l'atmosphère spéciale d'écoulé et d'irréparable, l'oppression un peu douloureuse, mais douce et caressante quand même, fille des antiques pierres, de ces vieilles eaux dormantes qui sont peut-être là, sans bouger, depuis cent ans !... C'est vrai,

Aujourd'hui le requin poursuit en paix les scombres ;

le grillon chante dans les ravenelles et les saxifrages desséchés

des murailles; il y a longtemps que les galions n'appareillent
plus vers Palos de Moguer, remportant dans leurs flancs évasés
la fortune cruciale de l'Espagne, tribut de ses capitaineries; et
Carthagène, pourtant affranchie, semble toujours en deuil de
cette animation partie; elle regarde l'horizon, la mer bleue et
calme, par-dessus ses bastions déserts, elle porte comme un deuil
éternel à la voix mélancolique de ses cloches, le long de sa
grève blanche aux croassemens tristes, sous cet ardent soleil de
la côte caraïbe, funèbre à force d'accablement...

    Du reste, elle ne doit pas se plaindre, si tant de grandeur dé-
funte ajoute encore le plus poignant prestige à cette sensation
de capitale que ne donne ainsi aucun autre port de la côte
terme. Quelque chose comme du respect vous effleure, à franchir les solennelles murailles par la poterne sombre, le corps
de garde où les soldats de Pointis et de Vernon ont dû, plus
d'une fois, se relever de faction ou gratter de la guitare, les
bottes à chaudron embarrassées dans leurs épées. Le contraste
vous prépare le mieux du monde à l'agréable aspect de la ville,
à ces rues fraîches, ombrées, un peu capricieuses mais bien
défendues contre l'ennemi, la terrible chaleur de ce pays plat et
aride, *calles* nettes et soignées que dominent les hautes demeures
à balcons pâlement multicolores. Réellement on ne les eût pas
attendues en entrant, toutes ces vérandas qui, même avec leurs
vieilles grilles de fer centenaires, grêles et rouillées, restent si
gaies à l'œil, si propres, si pittoresques par leur diversité. C'est
là en effet, ont eu soin de me prévenir les monographies locales,
qu'il faut chercher le cachet moderne et la joliesse de Carthagène, peut-être un peu hypocrites à tout prendre, puisqu'ils
n'empêchent point les apparitions assez fréquentes de la fièvre
jaune. Les descriptions intéressées annoncent pareillement des
places nombreuses et bien entretenues. De fait, sur celle, triangulaire, qui porte le nom illustre et infortuné de Christophe
Colomb, on se sent presque soulagé dans son besoin intime de
réparation et de gratitude en s'arrêtant un instant sous la
statue de marbre du navigateur, supportée par des rostres de
navire, sa main inspirée dirige un gouvernail. Et une toute
petite Amérique indienne est agenouillée à ses pieds, candide et
priante, la tête enserrée dans le diadème de plumes.

    Devant la cathédrale, c'est mieux encore : la parure d'un
beau square. Mais comment dire l'espèce de malaise, le sinistre

rappel qui émane de cette belle et hautaine maison séculaire dressée sur le plus grand côté, cette *Casa de la Inquisicion* à laquelle le peuple a conservé son vieux nom horrible, *el Quemadero*, le brûloir, pendant de cet autre *quemadero* si bien conservé et qui fit de si rude besogne à Lima. A ses balcons et à ses acrotères, à sa façade plate et pompeuse dans ce style que les jésuites ont popularisé par tout le sud-Amérique, à son dôme d'un blanc éblouissant, déformé sous les couches de chaux neigeuse, celui-ci joint pourtant bien un trait séduisant. C'est, au milieu de la large paroi blanche, un panneau oblong d'ocre pâle ; et, au milieu de ce panneau, enchâssé sous une double voussure, l'écusson d'Espagne que ceint le collier de la Toison d'Or. En marges, naturellement, on retrouve ces motifs, les enroulemens de ces rinceaux que le génie monastique de la Péninsule, un peu emprunté aux arabesques des Maures, sculptait en hauts reliefs ronflans, sur le plan raide de ses murailles.

Mais, dans l'axe même du monument, et occupant le centre des lauriers et des chèvrefeuilles, sur le terre-plein même où jadis hurlèrent les suppliciés de la sainte Hermandad, — comme pour marquer mieux l'avènement d'une pensée nouvelle sur une autre qui a fait son temps, — une statue encore, la centième peut-être, de Bolivar, se profile, équestre celle-ci, dans une attitude de conquérant rentrant en sa capitale sur les tisons de la guerre civile. Au-dessous du bronze verdi, la paroi de marbre rappelle, en quelques paroles empruntées à la vie publique du Libérateur, que, si Caracas lui donna le jour, c'est à Carthagène qu'il reçut le baptême de la gloire   salue, le chapeau très bas, comme pour faire descendre son geste jusqu'à la postérité.

Ai-je besoin de dire, au surplus, que l'intérêt supérieur, poignant, de Carthagène résidait pour moi beaucoup moins dans ses édifices à proprement parler, dans ses statues, ses écoles, même dans cet autel colossal en marbre blanc que contient l'église San Juan de Dios et dont les habitans sont fiers comue du plus beau qui se dresse sur tout le continent, que dans ces murailles justement fameuses, aussi étonnantes par leur masse que par leur valeur de symbole ; c'était assez peu la ville quelconque, moderne, beaucoup plus l'aire inexpugnable d'autrefois que j'étais venu voir. J'y devais rassasier toutes mes hantises d'évocation. De jour, de nuit, à la pointe de l'aube comme à celle du crépuscule, mes promenades délicieusement solitaires ont pris possession, dans ses moindres nuances, d'un des tableaux les plus saisissans qu'on puisse voir et sur lequel je me suis à jamais reconnaissant d'avoir dit adieu à la Colombie.

D'abord, malgré tant de luttes, elles sont admirablement conservées, ces fortifications d'il y a trois siècles et demi, bâties dans une matière indestructible; et l'on éprouve encore presque un petit frisson de sécurité à leur abri, — cette joie d'épiderme que devaient éprouver les boucaniers du Morgan en s'y retrouvant enfin après telles courses aussi profitables que dangereuses. Mais surtout, c'est du large chemin de ronde protégé par leur parapet qu'on a la vue d'ensemble la plus exquise sur le vieux repaire et sur l'Océan. Les murailles se dressent, en effet, au moins sur leur plus grand côté, presque au bord de la mer dont elles suivent le rivage ourlé d'écume blanche, en y découpant leurs saillans. Et c'est vraiment d'une mélancolie indicible, les zigzags géans de cette large chaussée abandonnée où, pourtant, pas un saxifrage, pas une giroflée n'a poussé, ces zigzags plaqués tout gris sur ce fond tout bleu, avec leurs angles nus, leur carrelage crevassé et leurs guérites de pierre où, depuis tant d'années, les sentinelles ne se relèvent plus. Je ne crois pas qu'on puisse contempler nulle part une telle majesté de constructions défuntes déployée sur l'immuabilité de l'azur, — deux nuances éteintes si idéalement songeuses, si intimement complétées l'une par l'autre.

La largeur habituelle de ce rempart accuse vingt-cinq pieds; mais, par intermittences, elle passe brusquement à cinquante et même à soixante-dix. Alors le pas résonne en s'aventurant sur elles, et l'on remarque en même temps l'étoile de petites rigoles convergeant à un minuscule impluvium carré. Là-dessous dorment les citernes qui seules, aujourd'hui, alimentent d'eau Carthagène, en sorte qu'un obus « bien placé » suffirait à la réduire par la soif. Pendant l'hiver, la totalité des pluies qui tombent sur ces immenses terrasses viennent ainsi s'accumuler à l'intérieur dans cette ombre où des sonorités singulières traversent la fraîcheur, et la quantité en est assez considérable, parait-il, pour parer éventuellement aux rigueurs d'une pleine année de sécheresse continue.

Longtemps, de la sorte, on peut errer de plain-pied, faire, au sommet de ce mur, le tour des quartiers excentriques de la ville, plonger son regard dans les bouges, dans les coulisses de l'activité urbaine. Presque en face des citernes, justement, s'arrondit l'abside de l'antique église du Rosario, complètement noire, salie comme à dessein, comme à plaisir, par la crasse des siècles, avec ses environs de faubourg pauvre, où fillettes et garçons, dans la nudité du Paradis terrestre, jouent, aux heures d'ombre, sur le seuil des portes. Un peu plus loin encore, à un nouvel élargissement démesuré de la terrasse, on connaît qu'on passe sur les *Bovedas*, les Voûtes, lesquelles sont des prisons où Espagnols et pirates s'incarcérèrent successivement les uns les autres, à moins qu'ils n'y entassassent leurs prises; sortes de Plombs de cette Venise équatoriale.

Puis, du redan du Cabrero, où l'on arrive enfin, à l'extrémité Nord des fortifications, et au point le plus élevé, le mieux défendu, l'on a encore une vue inoubliable, amollissante, sur tout l'ensemble, sur la mer, d'abord, arrêtée là-bas par l'ourlet rosâtre de la terre qui fait retour en une courbe enchantée; sur le pullulement des maisons, coupé d'un bras de mer immobile entre ses rives comme un morceau de cristal glauque. Mais on revient plus longuement à cet horizon de l'Atlantique, à cette fuite de la côte vers les moelleux lointains qui est d'une douceur de lignes sensuelle et consolante. En se penchant un peu, tout au pied des courtines, et enveloppée d'un bosquet touffu de cocotiers, gît la petite villa, endormie à la plainte marine, où Nuñez a fermé les yeux. Puis se retournant, invinciblement une dernière fois, les yeux vont encore par-dessus la ruine hautaine de San-Lorenzo, chercher la Popa, dernier écran de la vue plus haute et superbe aperçue d'ici, presque théâtrale dans son isolement d'orgueil.

De toutes les villes de la Colombie, aucune, décidément, ne se serre dans un cadre aussi heureux, qui sollicite mieux la sensation et la rêverie. Toute cette forte et amère grâce des défenses monumentales et moyenâgeuses où les cocotiers inclinent leurs houppes bleues, comme les palmes par-dessus les terrasses d'Égypte; cette tristesse sonore de l'Océan qui a bu tant de larmes et reflété tant de tragédies, qui expire, immuable, sur les mêmes rivages; la grandeur de cet horizon tropical, de ce soleil qui rend tout épique, qui magnifie tout, les événemens et les hommes; quelle atmosphère presque irréelle, circulant sur tout cela, quel décor de demi-illusion très charmeuse à emporter, charmeuse comme les pays de chimère où l'on fait

voyager les tout petits enfans!... Et c'est inévitablement, quand
j'arrive à l'angle Nord de ces formidables constructions militaires, que m'envahit toujours, je pourrais dire coïncidant avec
la même dalle, la notion certainement approchante de tout l'effort
déployé dans la réalisation de ce plan cyclopéen. Matière indestructible soit, mais chèrement payée. On reste un peu effaré
malgré tout, quand d'authentiques calculs vous font passer sous
les yeux une addition de 59 millions de piastres ou 236 millions
de francs ainsi engloutis en architectures.

La légende veut que Charles-Quint, lorsqu'on lui présenta ce
compte exorbitant, saisit une lunette et, la braquant par-dessus
l'horizon pierreux et désolé de San-Yuste, murmura avec une
ironie désenchantée : « Peut-on les voir, ces murailles? Elles
doivent être bien hautes pour ce prix-là ! »

Ah! leurs Indes occidentales! Tout ce qu'elles ont valu de
soucis, de découragemens, de nuits d'insomnie à ces rois d'Espagne qui ont successivement étendu leur sceptre sur elles!
Impuissans, malgré leur immense pouvoir, à se rendre compte
personnellement de ce qui se passait si loin, cherchant sans
cesse à se renseigner, à contrôler les uns par les autres, mais
toujours circonvenus, sollicités, trompés, aussi bien par les rapports des conquistadors que par ceux des Visiteurs qu'ils envoyaient
pour mettre les premiers à la raison, pressentant pourtant les
perfidies, les trahisons, les férocités, les abus de la force, les
massacres, soupçonnant certainement beaucoup, mais n'arrivant
à la certitude que des années après, lorsque le crime était devenu
irréparable et le criminel descendu dans la tombe... Sans parler
des disgrâces d'un Colomb, d'un Fernand Cortez, saura-t-on jamais
combien de ces satrapes de fortune partis en haillons pour
l'Ultramar et revenus inopinément afficher une richesse non
moins insolente que scandaleuse, se sont dû voir attirer par le
monarque dans l'embrasure d'une de ces grandes fenêtres ouvrant sur les tristes lointains du Guadarrama, et cingler au
visage de deux mots plus douloureux que la malédiction de
leurs victimes? Non, ce ne devait pas être une destinée enviable
que de gouverner cet empire sur lequel ne se couchait pas le
soleil. Sous ces dehors de gloire, que d'incurables plaies, que
de bouleversemens en préparation continuelle! La grande faute
de l'Espagne fut de penser que l'épée, ou, à son défaut, la croix,
suffirait toujours dans la balance. Durant quatre longs siècles,

ce n'est qu'une seule poussée, incessante, à l'intérieur de la marmite où bout le brouet espagnol, et ce, malgré le gantelet de fer comprimant le couvercle. Tout n'a qu'un temps, dit l'*Ecclésiaste*. La folie de domination par la force n'y échappe pas. On peut avoir souscrit aux 18 000 exécutions du duc d'Albe, mais on perd les Flandres; on peut avoir grillé Guatimozin, mais on perd le Mexique; on peut avoir réduit les mères indiennes à égorger leurs enfans pour leur épargner l'esclavage, mais on s'aliène la Nouvelle-Grenade; on peut avoir saigné le Pérou, mais le Pérou, même épuisé, vous rejette; on peut endosser allégrement les tortures des *reconcentrados*, mais Cuba vous renvoie chez vous avec la cendre de vos grands hommes...

... Je passe sur les flâneries de mes quelques jours ici, occupés en grande partie à des furetages, des brocantages, d'ailleurs peu fructueux, en quête de souvenirs authentiques, de ces reliefs du passé qui auront bientôt disparu tout à fait avec les razzias de certains amateurs. On en rencontre cependant encore, mais par miracle : pièces d'or à la croix, qui sont de vieux ducats espagnols aux bords déchiquetés, martelés à la hâte pour les premiers besoins de la conquête; rarissimes écus de l'Antioquia, étriers de bronze des conquistadors, massifs et de structure étrange, qu'on fondait grossièrement dans le pays même, avec des paillettes de cuivre lavées aux torrens du Cauca.

Dans leur fabrication, on lit la nécessité fiévreuse du temps, l'impatience des reîtres qui les attendaient à la porte du forgeron pour monter en selle. La fonte en est restée baveuse; on y chercherait en vain un coup de lime; et pourtant, rapidement buriné dans la pâte, il y a presque toujours, oh ! un détail, un rien, arabesque, fleur ou rinceau, qui trahit, là encore, l'incoercible besoin d'art de ces générations.

Ou bien, çà et là, un bijou, une croix, des pendans d'oreille, en filigrane d'argent ou d'or, tels qu'on continue à en fabriquer de nos jours, sur les côtes d'Algérie, du Maroc ou de la Tunisie, et charmans tout de même, par leur mièvrerie et leur fragilité arabes.

Mais en vain l'on chercherait les belles épées à la garde picaresque, les cuirasses évasées aux hanches en corsets Médicis, les mousquets évasés à la gueule comme des tromblons, les harnois de fer, tous les trophées que promenèrent sous ce ciel torride les compagnons de Balboa ou de Pizarre. Détruit, dispersé,

vendu, tout cela; des rouilles, plus corrodantes par la salure
de la mer, ont déformé le peu qui en reste; et anéantis aussi
les canons de bronze de la place, que les vainqueurs de l'Indépendance mirent aux enchères à un réal la livre.

Ainsi, les lourdes après-midi de soleil et de poussière nous
rencontraient généralement, quelques compagnons de hasard et
moi, errant à travers la vieille cité de proie qui ne donne plus
aujourd'hui que la sensation d'une paisible préfecture maritime
française, avec ses grandes places solitaires, ses façades un peu
effritées, la tristesse de ses constructions centenaires, le bassin
de l'arsenal où la mer clapote à peine contre les perrés envahis
par l'herbe brûlée. Que de fois nous avons arpenté, dans le
flamboiement dansant de la lumière, cette place de la Demi-Lune
où l'on voit dressés, en double ligne, comme une sorte de
Champs-Élysées, les bustes de marbre des vingt-deux fusillés de
1816! Tantôt encore, traversant en barquette, en *caiuco*, le morne
ensommeillement du port, nous gagnions la belle route qui conduit au pied de la *Popa*, à ce petit quartier de maisonnettes
perdues dans des jardinets de fleurs. Tout en haut, flamboyaient
les vitres du couvent qui fut, lui aussi, un château fort. Chaque
pas, presque, nous disait davantage de quel amour cupide ses
maîtres l'avaient aimée, cette Carthagène; chaque point de l'horizon révélait un vestige de ce qu'ils avaient fait pour elle.
N'était-ce point encore près d'ici, au-dessous de l'île de Baru,
qu'il débouchait, ce canal du Dique, creusé par eux à travers
135 kilomètres de forêt vierge, pour amener directement du
Magdalena à l'abri de ses forts, ces barques de gemmes, d'or et
d'argent, ces trésors venus par voie fluviale ou andine du fond
même du Pérou, en crainte de la fortune de mer et des corsaires
anglais du Pacifique? Car tel était le but de ces gigantesques
travaux d'édilité ou de protection. On reste confondu en essayant de se représenter quels efforts et quelles colonnes il
fallait pour convoyer le lingot d'or lavé dans les alluvions du
Pilcomayo, parmi les forêts impénétrables qui couvrent les dernières pentes amazoniennes de la Bolivie, pour le transporter,
dis-je, à travers 4 000 kilomètres de Cordillères, de nevadas,
de torrens furieux, de cataractes et d'abîmes, le désert d'Oruro,
le lac Titicaca, la chaussée des Incas, la vallée magdalénienne,
jusqu'à cette embouchure tranquille et dormante du Dique où
commençait sa suprême et grande aventure maritime.

Mais le titanesque labeur mis de côté, n'est-ce pas presque plus de stupéfaction encore qu'avec de pareils moyens, des réserves de corruption humaine presque inépuisables, qu'ayant sous la main la grotte d'Aladdin, l'Espagne ou l'Empire n'ait pas acheté l'Europe d'alors, levé d'irrésistibles armées, frété dix Armadas, subjugué le monde ? Où passaient-elles, ces sommes irrévables, en quels gaspillages inouïs, en quelles prodigalités païennes ou dévotes, pour que Philippe II lui-même, dès la seconde moitié de son règne, n'ait pu épargner ce suprême affront à sa signature royale, d'être refusée par les banquiers ? Retours immanens, insondables, mais nécessaires, diront les sages.

Et maintenant, j'arrête enfin, sur le *Quien sabe ?* espagnol, parent du *Makhtoub !* arabe, le cours trop long de ces rêveries. A quoi bon d'ailleurs remâcher tant de choses, puisque au fond rien ne sert jamais à rien et que tous les exemples d'hier n'empêcheront point demain de lui ressembler, *s'il le faut*, ni l'humanité de compenser chaque jour par une nouvelle tare quelconque ses bruyans progrès dans le plan matériel ? Mais, à travers les zones successives de la vie, c'est peut-être la seule utilité véritable que d'aller ainsi, explorant et notant, par goût d'artiste et sans but. Déjà un autre horizon va s'ouvrir, en échange de celui que je commence à perdre et qu'il fallait bien quitter une heure ou l'autre, ce soir, demain ou après. Et alors, voici qu'avec mon affinité complaisante pour toute cette jeune Amérique, pour tout ce vieux monde féodal, passionné et cruel, laissés derrière moi, je me reporte, non sans un peu d'émotion, à ma longue chaîne de lieues parcourues, à mes innombrables étapes, maussades ou heureuses et que, sans doute, jamais plus, je ne referai.

Du pont lisse et effilé du bateau qui se hâte à présent vers la Jamaïque et New York, perdu dans une contemplation profonde, je regarde Carthagène lentement s'éloigner. La fin de la belle après-midi projette encore là-bas, sur la soie du ciel, sur les constructions blanches, sur la campagne chaude et poudreuse, ces nuances colorées, ces fantasmagories du réel qu'on croirait empruntées à une toile de Ziem. Puis c'est la fuite, rapidement accélérée, du petit môle gris-bleu, de la baie raccourcissant sa courbe, entraînant peu à peu la tache mauve de Carthagène vers les dessous de l'horizon, derrière le scintillement apâli des eaux. Seule la haute silhouette grise et fière du Vais-

seau nous accompagne encore sur la gauche, très loin, quand
déjà a disparu le dernier clocher de San-Francisco, cette église
bizarre, synoptique, qui offre la façade d'un temple et les murs
latéraux d'une forteresse. Bien après que le dernier flamboiement de vitre s'est éteint, un temps incroyablement long, il
reste, il veille, ce guetteur naturel, ce cap de montagne bien-
veillamment jeté vers nous comme pour nous dire adieu, comme
pour prolonger encore sur notre route le souvenir, l'illusion de
ces Cordillères où, dix mois durant, j'ai erré; — jusqu'à ce
qu'enfin la montagne se retire, elle aussi, et que le petit polygone
blanc de son sommet se perde dans la nuance violet sombre des
lointains.

Bientôt, de tout ce qui fut pour moi la Colombie, ne survit
plus qu'une masse indécise de rives montueuses, à la limite de
la glauque mer plus obscure également et comme surhaussée,
bombée, en s'enfuyant vers elle. Mais, à la fois, voici que, neu-
tralisant presque ce que j'oserai appeler la douceur empoisonnée
du retour, commence déjà, — ô contrastes de la nature humaine !
— cette demi-appréhension, vaguement oppressante, effrayée,
de la fiévreuse vie des civilisés, une nostalgie inexprimable des
tranquillités du rivage, du calme reposant de ses grandioses
lointains, de la liberté du désert. On voudrait revenir en arrière,
ne pas s'en aller tout à fait encore...

Et l'Amérique va disparaître, mince ligne d'indigo exagéré,
elle sombre d'instant en instant avec le soir, elle s'enfonce au
delà des vagues, elle s'est anéantie tout à fait...

Alors, oui, c'est un regret soudain, que je n'aurais pas prévu
à ce point, une tristesse un peu souffrante et affaiblissante de
tout ce là-bas, connue de ces visages trop accoutumés dont la
séparation vous révèle la tendresse qu'on avait pour eux... Adieu,
ô terre chérie, rêve escarpé des Andes, sol béni de lumière et de
fertilité; adieu, Grenade nouvelle, où d'errantes destinées ont
trouvé leur secret, — ce secret dont les cils baissés de tes filles
récompensent parfois ceux qui te comprirent, — un sourire de
ton ciel, une fleur de tes montagnes...

PIERRE D'ESPAGNAT.

REVUE LITTÉRAIRE

LES ŒUVRES COMPLÈTES DE PAUL VERLAINE [1]

C'est une heureuse idée qu'a eue l'éditeur de Paul Verlaine, le jour où il a entrepris de publier l'édition des œuvres complètes du poète : il a rendu aux lettres un service signalé; et, quoiqu'il ne l'ait pas fait exprès et que les choses mêmes aient tourné au rebours de ses intentions, il a droit à notre gratitude. Ces minces plaquettes qui, du vivant de Verlaine, paraissaient isolément, tapageuses et furtives tout à la fois, forment maintenant un corps compact de cinq forts volumes qui font monument. L'édition est détestable, pleine de fautes, sans ordre, sans méthode, sans indication de dates et sans aucun de ces éclaircissemens qui seraient souvent si nécessaires. Mais cela n'empêche pas qu'elle ne soit précieuse, utile et telle qu'on pouvait la souhaiter. C'est une édition complète, et cela seul importe. Nous avons ici tout ce qu'a écrit Verlaine, poésie et prose, souvenirs et rêves, impressions et confessions, nouvelles, récits autobiographiques, essais de critique, les vers marmoréens et les chansons balbutiantes, les polissonneries et les élévations à Dieu, les cantiques à Marie et les obscénités, les invocations, les imprécations, les mièvreries, les niaiseries, les farces, les calembours, les jurons, les ordures, les non-sens, tout le bavardage, tout le radotage, tout le fatras où sont noyés quelques vers d'un charme morbide. Le voisinage des recueils et leur succession, l'accumulation des traits et leur progression, c'est ici ce qui est instructif. Lire Verlaine d'ensemble, voilà ce qu'on

(1) Œuvres complètes de Paul Verlaine, 5 vol. in-8, chez Léon Vanier.

ne faisait guère, et c'est à quoi l'on nous convie. Cette lecture, pour désobligeante qu'elle soit la plupart du temps, a un mérite incomparable, c'est que, dissipant toute légende et tout malentendu, prévalant contre les glorifications ingénues ou ironiques, elle remet les choses au point : je veux dire qu'elle fait apprécier l'égale platitude du personnage et de son œuvre. Aussi ne saurait-on la trop recommander aux débutans de lettres qui, sur la foi de leurs aînés, seraient tentés de croire au génie de Verlaine. Elle leur évitera d'être à leur tour victimes d'une sorte de plaisanterie énorme et dupes d'une insolente mystification.

Car c'est bien ainsi qu'il faut envisager l'extraordinaire renommée de Verlaine. Ç'a été une mystification, fâcheuse, à vrai dire, et qui ne tourne pas à l'honneur de ceux qui s'y sont prêtés, mais une mystification. Il est curieux d'en rappeler l'histoire. Les premiers recueils de Verlaine : *Les Poèmes Saturniens, les Fêtes galantes, la Bonne Chanson*, contenaient plusieurs des pièces qu'on devait par la suite admirer comme autant de bijoux délicats et de frêles chefs-d'œuvre. Or ils avaient paru au milieu de la plus complète indifférence. On n'avait vu dans leur auteur qu'un disciple souvent maladroit de Leconte de Lisle, de Banville, de Baudelaire, un parnassien dont les prétentions à l'art impeccable n'étaient guère justifiées. On en avait tout juste retenu quelques vers où se formulait d'une façon hautaine et un peu comique la plus pure doctrine parnassienne

> A nous qui ciselons les mots comme des coupes
> Et qui faisons des vers émus très froidement,
> A nous qu'on ne voit point les soirs aller par groupes
> Harmonieux au bord des lacs et nous pâmant,
>
> Ce qu'il nous faut, à nous, c'est, aux lueurs des lampes,
> La science conquise et le sommeil dompté,
> C'est le front dans les mains du vieux Faust des estampes
> C'est l'obstination et c'est la volonté !
>
> Libre à nos inspirés, cœurs qu'une œillade enflamme,
> D'abandonner leur être aux vents comme un bouleau :
> Pauvres gens ! l'art n'est pas d'éparpiller son âme.
> Est-elle en marbre, ou non, la Vénus de Milo ?

Puis on avait perdu de vue leur auteur. Un beau jour on apprit que Verlaine, après un plongeon de dix ans, faisait sa rentrée dans le monde des lettres ; pendant ces dix ans il avait, disait-on, et on disait vrai, descendu tous les degrés de la déchéance morale, commis toutes les fautes et jusqu'à celles qui tombent directement sous le coup de la loi, il s'était échoué en prison, il y avait composé des vers dévots et ses pieuses élucubrations paraissaient à une librairie catholique. C'était bien là le concours de circonstances paradoxal, absurde, « amusant, » qui constitue un « événement parisien » et déchaîne la célébrité. C'est à cette occasion qu'on « découvrit » Verlaine.

Ceux qui dès lors travaillèrent à sa réputation, ce ne furent pas les rédacteurs des petites revues et les littérateurs de brasserie, attendu qu'ils sont bien incapables de faire ou de défaire aucune réputation. Cette renommée a été l'œuvre des représentans autorisés de l'art, du goût et de la morale. Parnassien de jadis, Verlaine retrouvait ses anciens compagnons tout chargés d'honneurs et de considération bourgeoise : ceux-ci se souvinrent du rimeur qu'ils avaient coudoyé dans la boutique de Lemerre et se crurent obligés par une sorte de lien de confraternité à porter témoignage pour le camarade tombé dans le malheur. La critique, en ce temps-là, se divertissait aux jeux de l'impressionnisme et de l'ironie. Elle vit aussitôt le parti qu'on pouvait tirer des façons de vivre et d'écrire de cet irrégulier ; avec une pointe de malice, que se gardèrent bien d'apercevoir le public naïf et les bons jeunes gens, elle se plut à humilier tous les principes et toutes les règles, comme autant de conventions devant les merveilles spontanées que créait l'instinct de cet impulsif. Les gens d'église, empressés à constater les effets de la grâce et à enregistrer les conversions, se hâtèrent d'ouvrir au pécheur repenti les portes du sanctuaire. Et comme il se trouve toujours quelque groupe flottant qui, pour devenir école, a besoin de trouver un chef et s'accommode volontiers du premier qu'il rencontre, Verlaine ne fut pas plutôt sacré poète et garanti chrétien, qu'il passait chef d'école.

Alors ce fut, nul ne voulant se laisser distancer, la rivalité dans l'engouement, le ricochet d'épithètes admiratives, le crescendo d'hyperboles qui se grossissent en se faisant écho. Notre époque avait trouvé son Villon et le rapprochement devint bientôt banal. C'était d'abord d'être un « mauvais garçon » qu'on félicitait Verlaine, et de jeter si hardiment le défi à tous les scrupules de nos sociétés policées : et M. Anatole France créait à la ressemblance de l'auteur de *Sagesse* et de *Parallèlement* les figures délicieuses de Gestas et de Choulette. C'est déjà M. France qui avait salué en Verlaine « le poète le plus singulier, le plus monstrueux et le plus mystique, le plus compliqué et le plus simple, le plus troublé, le plus fou, mais à coup sûr le plus inspiré et le plus vrai des poètes contemporains. » Il le proclamait bien haut' « le meilleur poète de son temps... un poète comme on n'en voit pas deux dans un siècle. » M. Jules Lemaitre, en dépit de toutes sortes de réserves prudentes, n'en croyait pas moins devoir comparer Verlaine à l'auteur de l'*Imitation*, à sainte Catherine de Sienne et à sainte Thérèse. Toute la critique suivit, moutonnière comme à son habitude. Elle s'épuisa en variations sur le génie étrange du poète, son cynisme ingénu, sa perversité naïve, et autres fariboles. Cependant les publicistes chrétiens venaient à la rescousse des panégyristes profanes. Et ceux du clergé régulier ne le cédaient pas à ceux du clergé séculier. C'était un abbé qui, étudiant la religion des contemporains, commençait par nous entretenir de Verlaine ; mais c'était un Père jésuite qui ne craignait pas de rapprocher du nom de Verlaine celui de Dante, et dans un chapitre sur « Verlaine et la mystique chrétienne, » écrivait bravement : « Tout est là de pure inspiration chrétienne et de franche orthodoxie. C'est bien la conversion par la pénitence et l'eucharistie, non les variations d'une religiosité quelconque, mais les chants d'une âme qui retourne vers les bras ouverts de l'Église. » Désormais il demeura convenu que Verlaine avait trouvé d'instinct cette poésie mystique et symboliste à laquelle aspiraient les plus jeunes de ses contemporains, que de son œuvre datait une ère nouvelle dans l'histoire de notre poésie, et que, grâce à lui, cette poésie s'en allait retrouver une fraîcheur, une fécondité toute neuve.

Autant d'erreurs et de sophismes, dont une lecture de l'œuvre complète de Verlaine fait aussitôt justice. Car il ne s'agit plus ici de le juger sur un vers harmonieux, sur une plainte musicale, sur la rencontre d'un rythme berceur. Ce que nous avons sous les yeux, c'est tout l'écrivain et tout l'homme avec la tournure habituelle de son esprit, avec les tendances permanentes de sa nature, avec ce qui le détermine et le définit.

En dépit des amateurs de parallèles à l'ancienne mode, il faut renoncer à la comparaison jadis obligatoire entre Verlaine et Villon. C'est une rengaine dont on nous a suffisamment rebattu les oreilles, mais qui, en outre, a le défaut de ne rien signifier. Qu'un petit bourgeois, soigneusement élevé, et pourvu d'un emploi modeste, soit conduit par sa paresse, par son ivrognerie, par toute sorte de vices à la prison et à l'hôpital ; j'avoue pour ma part ne pas voir ce qu'il y a dans une telle destinée de hardi et de rare, de pittoresque et de poétique. Rien de plus lamentable, au contraire, rien de plus médiocre et de plus tristement banal. Peu importe d'ailleurs qu'il s'agisse d'un noctambule du xix° siècle ou d'un mauvais garçon du xv° ; à ce point

de vue, ils se valent, et la différence des temps n'y fait rien. Mais ce
n'est pas pour les tours pendables des Repues franches que nous
admirons Villon, et ce n'est pas pour ses vers à la belle haulmière
ou à la gente saulcissière que l'histoire de la littérature a retenu son
nom. Seulement, il a souffert de son abjection, il a eu honte de lui-
même, et dans un temps où l'âme humaine était tout imprégnée
de christianisme, le retour sur soi l'a amené à exprimer de graves et
de mélancoliques pensées. Cette humilité, ce mépris et ce dégoût
de soi, ce sentiment de repentir et de regret, c'est ce qui a manqué au
Verlaine de l'œuvre complète. Non content de nous initier, d'un bout
à l'autre de cette œuvre, à toutes les turpitudes de sa vie, il se plaît à
en évoquer l'image et à en prolonger le souvenir. Il s'installe paisiblement dans son abjection. Il l'étale avec un cynisme tranquille et
gai. Il détaille le récit de ses fautes, non dans une pensée d'expiation, mais pour le plaisir de nous en éclabousser. Il se compare au
reste des hommes, et ce qu'il trouve au bout de cet examen, c'est
la satisfaction de soi et la fierté. « L'ensemble de mon œuvre en vers
et en prose témoigne assez, d'aucuns trouvent que c'est trop, de
beaucoup de défauts, de vices même et d'encore plus de malchance
plus ou moins dignement supportée. Mais tout de même, sans trop
de vanité ou d'orgueil même, le mot de Rousseau peut servir de
morale moyenne à ma vie : on est fier quand on se compare. » C'est
pourquoi il se met en devoir, avec l'autorité qui lui est propre, de
tancer vertement son époque et de lui reprocher avec une vertueuse
indignation qu'elle ait renié l'idéal de jadis. Il gémit sur l'état de la
France qu'il voit

> Dépravée, insensée, une fille, une folle
> Déchirant de ses mains la pudeur des aïeules,
> Et l'honneur ataval et l'antique parole,
> La parlant en argot pour des sottises seules,
> L'amour s'évaporant en homicides vils
> D'où quelque rare enfant, pâle fantôme, sort,
> Son Dieu le reniant, pour quels crimes civils ?

Il compose encore tout un livre d'invectives où il s'en donne à
cœur joie d'injurier ses contemporains et de déverser sur eux des
trésors de fiel. La vanité et la haine habitaient le cœur de ce poète de
la douceur.

On lui a fait honneur de sa sensualité elle-même, on a magnifié cet
« orgueil de la vie » qui se traduit par un appétit de toutes les jouissances, on a célébré en lui le satyre à la face camuse, et trouvé une

sorte de beauté farouche à ce débordement de l'instinct. Le fait est que
les images polissonnes hantaient son cerveau, que le goût de la grivoi-
serie va chez lui grandissant avec l'âge et que la manie érotique est
le trait permanent et foncier de son imagination. C'est un chapitre sur
lequel il est difficile d'insister. Prenons pourtant une strophe, de celles
qu'on peut transcrire :

> Que ton âme soit blanche ou noire,
> Que fait? Ta peau de jeune ivoire
> Est rose et blanche et jaune un peu,
> Elle sent bon ta chair perverse
> Ou non, que fait? Puisqu'elle berce
> La mienne de chair, N. d. D.

Ces vers et des centaines d'autres traduisent moins la sensualité
d'un Lucrèce que la gaudriole à la manière de Béranger ou l'indé-
cence à la manière des pornographes de tous les temps. — Il est un
autre trait de l'esprit de Verlaine auquel on n'a pas fait assez d'attention, et qui est essentiel pour qui veut trouver la véritable signification de son œuvre : c'est son humeur goguenarde. Le pauvre Lélian
a une « humeur spécialement communicative et relativement toute
ronde. » On le plaint pour son habituelle mélancolie ; mais lui : « Mon
caractère au fond philosophe, ma constitution restée robuste en dépit de cruels et surtout des plus incommodes fins et commencemens
de maladie, rhumatismes, bronchites, le cœur maintenant, m'ont
amené jusqu'ici solide encore de corps et de tête. » C'est le cynique
portant sa besace gaillardement, parce qu'elle est pleine de bons
tours à bafouer les gens. Il a tantôt une malice sournoise, tantôt
une verve de ruisseau, une drôlerie à la Vautrin. Il se moque, et
de ceux-là d'abord qui le prennent au sérieux. Il cultive ce genre de
plaisanterie qui n'a toute sa saveur et son plein succès qu'autant que
la galerie en est dupe. C'est la blague. Elle est à la base de son esthétique. Elle modifie sensiblement la valeur et change la portée de quelques-uns des principes d'art qu'ont pieusement recueillis des adeptes
dénués du sens de l'ironie. — Polissonnerie et gouaillerie, c'est le fond
et le tréfonds du tempérament de ce poète.

Cela déjà nous renseigne amplement sur la qualité de son mysticisme. Ce qui achèverait de nous édifier, s'il en était besoin, c'est
cette prétention émise avec assurance d'exploiter « parallèlement, »
dans des recueils différens ou dans un même recueil, la veine pieuse
et la veine sensuelle. « Le ton est le même dans les deux cas, grave
et simple ici, là florituré, languide, énervé, rieur et tout ; mais le même

ton partout, comme l'homme mystique et sensuel reste l'homme intellectuel toujours dans les manifestations diverses d'une même pensée
qui a ses hauts et ses bas. » C'est donc que dans les deux cas l'état
d'esprit du poète est en effet le même : dans l'émotion religieuse comme
dans l'excitation des sens, il ne poursuit que la jouissance. Qui ne voit
que ce dilettantisme est tout le contraire du sentiment chrétien ? Au
surplus, l'exemple de Verlaine n'est pas isolé, et il est vérifié par celui
de tous nos récens chrétiens de lettres. La rêverie alanguie de nos
contemporains s'est mêlée d'un mysticisme inquiétant et trouble ; ç'a
été une des maladies de la littérature de ces dernières années : tout
juste peut-on dire que Verlaine en a été plus profondément atteint
qu'aucun autre et qu'il en a donné l'expression la plus aiguë. Après
cela il est bien superflu de discuter sur le degré de sa sincérité, et
c'est une question oiseuse de rechercher jusqu'à quel point il a été
dupe lui-même de son émotion au moment où il la ressentait. Il suffit
de ne pas s'abuser sur la nature de cette émotion et d'y voir ce qu'elle
est réellement : une forme de l'énervement, un cas de sensualité triste.

Autant il est éloigné des façons de sentir des chrétiens qui l'ont si
imprudemment adopté pour un des leurs, autant Verlaine est étranger aux préoccupations des jeunes poètes qui, par suite d'un violent
malentendu, se sont groupés autour de lui. Il est exact, en effet, que
nous assistons depuis une vingtaine d'années à un effort intéressant
et méritoire pour renouveler la poésie ; mais cet effort, dans ce qu'il a
d'efficace, va précisément à l'inverse des exemples donnés par Verlaine. Cette poésie qui s'essaie à naître a reçu de ceux qui l'ont qualifiée de symboliste son appellation la plus juste. Elle est tout ensemble une réaction contre la poésie des romantiques et contre celle
des parnassiens. Tandis que les romantiques se bornaient à subir la
poussée de leurs sentimens personnels ou de leurs sensations, elle
s'efforce de laisser à l'arrière-plan la personnalité du poète et suppose chez celui-ci une sorte de sérénité. Tandis que l'art des parnassiens était tout extérieur, elle s'efforce de réintégrer l'idée dans ses
droits. Suggérer des idées à l'aide de symboles qui ne sont que des
images organisées et vivantes, tel est son objet. Mais nul n'a été plus
que Verlaine incapable de traduire autre chose que les états de sa
propre sensibilité ; nul n'a été plus que lui incapable de concevoir
aucune espèce d'idée ; nul n'a été moins que lui créateur de symboles.
Si la trame de son style, le plus souvent prosaïque, se relève çà et là
d'ingénieuses images, ce ne sont que de subites trouvailles sitôt abandonnées. Il ne peut les suivre ; il est vite essoufflé. Son art est tout

en spasmes et en sursauts. Il n'a rien de vivace, rien de fécond, rien de jeune. Cet art est le contraire d'un art nouveau; et voilà ce qu'on ne saurait trop redire à la jeunesse. Elle se tromperait en prenant pour guide un Verlaine. Elle qui doit regarder vers l'avenir, elle se condamnerait elle-même, en liant sa destinée à celle d'un écrivain dont l'œuvre appartient à un passé déjà lointain et qu'on pouvait croire aboli. Bien loin d'être un commencement, l'art de Verlaine est la dernière convulsion d'une poésie qui se meurt. Cette poésie, ce n'est que le romantisme à bout de sève qui s'exaspère, et poussant ses principes jusqu'aux dernières limites de l'absurdité et de la folie, se donne à lui-même le coup de grâce par une espèce de suicide.

Rien qu'à le voir déambuler par les rues, Verlaine évoquait le souvenir des vieux romantiques, de ceux du temps des bousingots, fiers de porter par la ville un costume qui les faisait remarquer et persuadés que la bizarrerie de l'accoutrement a en elle-même on ne sait quelle vertu secrète. Le savant désordre et la déroute concertée de ce costume n'est qu'une variété du dandysme. Verlaine le sait et l'avoue volontiers. Il n'ignore pas qu'une mise décente lui ferait perdre une bonne part de sa personnalité, et il soigne donc son attitude. « Son visage d'ordinaire ouvert et plutôt gai se fronça, se fronça par degrés, finissant par entrer en complète harmonie avec le costume qu'il portait, quelque chose de gris-de-souris, avec, par endroits, des détails mal élégans, un bouton sauté, quelques effilochages aux boutonnières, des rires jaunes vers les coutures. Son chapeau mou semblait lui-même se conformer à sa triste pensée, inclinant ses bords vagues tout autour de sa tête, espèce d'auréole noire à ce front soucieux. Son chapeau! Pourtant joyeux à ses heures, lui aussi, et capricieux comme une femme très brune, tantôt rond, naïf, celui d'un enfant de l'Auvergne et de la Savoie, tantôt en cône fendu à la tyrolienne et penché, crâne, sur l'oreille, une autre fois facétieusement terrible, on croirait voir la coiffure de quelque *banditto*, sens dessus dessous, une aile en bas, une aile en haut, le devant en visière, le derrière en couvre-nuque... Le chapeau, certes, eut son suffrage, les irrégularités des vêtemens aussi, mais ce qui l'étonna le plus ce fut, je le crains, certain foulard de cachemire, nuance de vitrail xiii⁰ siècle, noué autour du cou avec désinvolture, mais sans la bonne grâce admise. Car le poète est un dandy. » Ces enfantillages servent tout au moins à rendre extérieurement sensible, chez notre contemporain, la survivance du goût romantique. — Les romantiques qui sont tous des bourgeois, quand bien même ils jouent

au gentilhomme, affichent l'horreur du bourgeois, déclarent la guerre
à la société bourgeoise et à sa morale. Pour eux cela seul est intéressant qui sort de l'ordre commun, et il faut que le poète soit un être
d'exception. Ils préfèrent à la santé la maladie, à la beauté la laideur,
au bon sens l'extravagance et le dérèglement. De là tant de déclamations sur le désordre et le génie, et de là cette conception falote de la
vie de bohème seule digne d'un artiste. « La société, écrit à son tour
Verlaine, n'est pas pour glorifier les poètes qui souvent vont à l'encontre, sinon toujours de ses lois positives, du moins très fréquemment
de ses usages les plus impérieux. Et par contre le poète pourtant avide
de luxe et de bien-être autant, sinon plus, que qui que ce soit, tient sa
liberté à un plus haut prix que même le confortable, que même l'aisance
d'un chacun qu'achèterait la moindre concession aux coutumes de la
foule. De sorte que l'hôpital au bout de sa course terrestre ne peut
pas plus l'effrayer que l'ambulance le soldat, ou le martyre le missionnaire. Même c'est la fin logique d'une carrière illogique aux yeux
du vulgaire, j'ajouterais presque la fin fière et qu'il faut. » Byron,
Musset, et le bon Dumas père avaient célébré la débauche et l'orgie ;
Mürger avait dit le sentimentalisme de la vie de bohème. Verlaine
continue la série des poètes de cabaret et d'hôpital.

Le romantisme est par essence une explosion de littérature individualiste. Il vit de l'exaltation du Moi. Le poète se fait le centre de
l'univers, ramenant et subordonnant toutes choses à sa propre fantaisie. Il ne s'intéresse qu'à lui seul et pense que le monde entier porte à
sa personne autant d'intérêt que lui-même. C'est pourquoi il ne cesse
de raconter ses propres aventures, et trouve en lui l'unique matière
de son œuvre, estimant que rien de ce qui le touche ne saurait être
indifférent. — Le romantisme est, d'autre part, un débordement de la
sensibilité. Il ne connaît que la passion et ses cris, ardeurs et lassitudes, enthousiasmes et découragemens, joies, tristesses, emporte-
mens et blasphèmes. Toute émotion, pourvu qu'elle ait été ressentie
et quelle qu'en soit d'ailleurs la nature, mérite d'être traduite et devient matière d'art. L'émotion est le tout de l'art ; et, par une conséquence logique, l'art, plutôt que de se passer de l'émotion, en vient
à la feindre, à la simuler, à la parodier. — Verlaine est le représentant forcené de la poésie intime ainsi conçue en conformité avec le
credo du romantisme. On ne citerait aucune œuvre où le moi se fût
encore étalé avec un cynisme aussi orgueilleux. Le poète ne nous
entretient que de lui et de sa vilaine âme ; prisonnier de son impression du moment, il est incapable de traduire autre chose que l'état

actuel et passager de sa sensibilité. Cette émotion, un jour mystique, un jour sensuelle, il suffit qu'il l'ait éprouvée pour avoir le droit autant que le besoin de l'exprimer : aucun scrupule de goût ou de convenance ne saurait l'arrêter. Il ne se soucie pas de mériter l'approbation et ne s'inquiète pas d'encourir le blâme. Impressions, émotions, sensations sont-elles nobles ou honteuses? Ce n'est pas son affaire: Il suffit qu'elles soient « siennes. » De là toutes ces vilenies qu'on a sans doute le droit et le devoir de reprocher à Verlaine, mais à la condition de n'avoir pas d'abord adopté les théories du lyrisme romantique.

Ce même principe de la souveraineté de l'individu, le romantisme l'introduit dans le domaine de l'expression au nom de la « liberté dans l'art. » Une langue, on le sait de reste, n'est l'œuvre ni d'un jour ni d'un homme : et nous ne pouvons donc nous arroger toute espèce de droits vis-à-vis de cette langue que nous n'avons pas créée. Les mots ont un sens qu'il ne nous appartient pas de changer; les phrases se construisent d'après des lois que nous sommes obligés de subir : la versification a des règles qui ne font que constater le lent et collectif travail des siècles. Aussi les meilleurs écrivains du romantisme, guidés par leur instinct qui valait mieux que leur doctrine, ont-ils soigneusement évité de mettre leur théorie en pratique. L'ardeur belliqueuse de Victor Hugo s'arrête au seuil de la syntaxe. Et son vers s'écarte à peine du type classique. Verlaine, avec la logique de l'absurde, s'est chargé de montrer à quelles conséquences devaient aboutir les réformes préconisées par le cénacle. Son bon plaisir est sa règle unique en art comme ailleurs. Sa fantaisie individuelle, opérant comme un sûr agent de décomposition, va dissoudre le vocabulaire, la syntaxe, le dessin et le rythme du vers.

Verlaine a toujours été un très médiocre écrivain. Au temps même de sa ferveur parnassienne, quand il se donnait pour un puriste et un artiste sévère, il était coutumier d'étrangetés qui n'étaient pas voulues, d'une incohérence dans les images et d'une impropriété dans le choix des termes qui sont tout uniment le fait d'un homme qui ne sait pas bien sa langue. Ce sont de vulgaires incorrections qui échappent à son ignorance. Mais qui parle d'incorrections? et, si chacun est maître de sa forme, ne suis-je pas libre d'entendre les mots au sens où il me plaît et de les associer à mon gré? Il me suffit que je m'entende et que je trouve aux mots ainsi agencés un charme qui n'est que pour moi. Et c'est si commode! Par là se trouvent excusées d'avance les fautes de français, les obscurités, les contournemens de phrase, le tortillage et la clownerie, les répétitions, le pathos, le galimatias, l'emploi des che-

villes, des « en somme, » des « en réalité, » des « certes, » des « sans
doute, » des « évidemment, » des « oui-dà, » des « que, » des « hein, »
des « là. » C'est des recueils les plus vantés de Verlaine que j'extrais
quelques spécimens de ce genre de style auprès duquel celui de Banville fait l'effet d'être simple, et la prose des Goncourt d'être naturelle.
Voici des vers tirés de *Bonheur* :

> Plus la foi, sel des âmes,
> Plus la peur de l'enfer,
> Et *ni plus* l'espérance
> Pour le ciel mérité
> Par combien de souffrances..
> Bien. Si. La charité.

Voici des vers tirés du recueil intitulé *Amour :*

> Que soient suivis des pas d'un but à la dérive
> Hier encor, vos pas eux-mêmes tristes, ô
> Si tristes, mais que si bien tristes ! Et qui vive
> Encor, alors ! Mais par vous pour Dieu ce roseau
> Cet oiseau, ce roseau sous cet oiseau, ce blême
> Oiseau sur ce pâle roseau fleuri jadis,
> Et pâle et sombre, spectre et spectre noir : moi-même
> *Surrexit hodie*, non plus *De profundis*...
> Avez-vous comme su, moi je l'ai, qu'il fallait
> Peut-être bien, sans doute, et quoique et puisqu'en somme
> Éprouvant tant d'estime et combien de pitié
> Laisser monter en nous, fleur suprême de l'homme,
> Franchement, simplement, largement, l'amitié.

Ou encore :

> Il patinait merveilleusement
> S'élançant qu'impétueusement
> Rarrivant si joliment vraiment...

Ces vers sont parmi ceux auxquels n'ont pas manqué les admirateurs. Et combien d'autres on en pourrait citer de plus amphigouriques
et de plus dégingandés, si d'ailleurs cela n'était fort inutile ! Les
meilleures pièces de Verlaine sont gâtées par ces défaillances de l'expression : cela suffirait à les empêcher de durer. Cette même décomposition la fantaisie de Verlaine l'introduit aussi bien dans la structure
des vers, changeant brusquement le rythme, remplaçant la rime par de
vagues assonances. Comme il arrive, Verlaine a érigé sa pratique en
théorie : son « Art poétique », moitié fumisterie et moitié plaidoyer personnel, n'est que le résumé de ses procédés présentés sous forme de
code. C'est la rhétorique de sa manière. Ce qui est intéressant c'est de

constater que cette rhétorique est le prolongement de celle du romantisme.

L'exaspération libertine, l'impuissance à se gouverner soi-même et à dominer ses sensations, l'inconscience où se brouillent les notions, l'obscurcissement de la raison, l'incohérence des idées et des mots, la niaiserie dolente, l'incontinence du verbiage qui coule et qui flâne, ce sont, dans l'art comme dans la vie, les signes ordinaires de la décrépitude. Cette « naïveté ingénue, » ces « maladresses adorables, » ces « gaucheries de Primitif, » qu'on a tant louées dans cette poésie, sont, à vrai dire, autant d'effets de la sénilité. Il arrive au surplus que le terme de la vie ressemble à son commencement et que les deux formes de l'enfance se rejoignent. Ces balbutiemens, ces impropriétés de langage, ce jeu d'assonances, font le charme imprécis, musical et mystérieux des chansons populaires et des rondes enfantines. Cela ne veut rien dire et tout de même remue au fond de nous on ne sait quoi de triste et de tendre. Verlaine a composé quelques-unes de ces mélopées incertaines : « Les sanglots longs, Des violons, De l'automne... Il pleure dans mon cœur comme il pleut sur la ville... « Ah ! triste, triste était mon âme ce soir-là. A cause, à cause d'une femme... » C'est la part de Verlaine, et il convient de la lui laisser. Part tout à fait stérile d'ailleurs, maigre et pâle floraison qui s'attarde sur un arbre mort. Grâce à lui le trésor presque anonyme de la chanson se sera enrichi de quelques romances et complaintes. On continuera de les chantonner sans bien savoir qui en est l'auteur. Encore est-ce là ce qu'on pourrait souhaiter de mieux pour Verlaine et pour nous. Mais il est à craindre que plus tard Verlaine ne soit pas complètement oublié. Qu'il ait pu grouper des admirateurs, parmi lesquels plusieurs étaient de bonne foi, que sa poésie ait pu trouver un écho dans des âmes qui y reconnaissaient donc quelque chose d'elles-mêmes, c'est un exemple qu'on citera pour caractériser un moment de notre littérature et montrer en quelle déliquescence les notions morales et le sentiment artistique ont, à une certaine date et dans un certain groupe, failli se dissoudre, se perdre et sombrer.

RENÉ DOUMIC.

REVUES ÉTRANGÈRES

LE NOUVEAU ROMAN DE Mme HUMPHRY WARD

Eleanor, 1 vol. Londres, 1900 (1).

Il y a, dans le nouveau livre de Mme Humphry Ward trois choses
très distinctes, réunies là tout à fait par hasard, et dont chacune mérite d'être signalée séparément : ce sont, à savoir, un roman d'amour,
une description de la Campagne Romaine, et un pamphlet contre la
religion catholique. Voici d'abord, résumé aussi exactement que possible, le sujet du roman d'amour :

Le héros, Édouard Manisty. est un homme d'État anglais qui,
jeune encore, après avoir été l'un des membres les plus brillans du
parti libéral, a brusquement rompu avec son parti parce qu'il considérait le libéralisme, surtout en matière religieuse, comme incompatible avec la grandeur politique de l'Angleterre. Dans l'aimable et
pittoresque solitude où il s'est réfugié, il achève à présent un livre
qui sera sa justification, en même temps que l'exposé du rôle nouveau qu'il s'apprête à jouer : il y démontre, sous une forme à dessein
imagée et poétique, la nécessité, pour un État fort, de s'appuyer sur une
Église fortement établie. Il ne croit, d'ailleurs, ni à Dieu, ni au diable,
ni peut-être même à ce que doit démontrer son livre : mais il a toujours eu la passion du paradoxe. Et peut-être n'apporterait-il pas à
l'achèvement de son livre l'ardeur fiévreuse qu'il y apporte s'il n'avait

---

(1) La *Revue* a eu souvent déjà l'occasion de rendre compte des ouvrages de
Mme Humphry Ward. Voyez notamment les études de Mme Bentzon, dans la *Revue*
du 1er décembre 1889, et de M. Bonet-Maury, dans la *Revue* du 1er avril 1895.

point près de lui, pour l'encourager et le stimuler, une âme plus profonde, plus ardente que la sienne : car il a été rejoint dans sa solitude
par une de ses cousines, une jeune veuve, Éléonore Burgoyne, qui
s'est tout de suite intéressée à son travail, et a fini par devenir presque
sa collaboratrice. Cette jeune femme est, — on le devine, — d'une
troublante beauté; et Édouard Manisty est, lui aussi, merveilleusement beau, du moins quant à la partie supérieure de son corps; il a
seulement, par malheur, une tête et des épaules si énormes que le
reste de sa personne en est comme écrasé. Éléonore s'en rend compte ;
elle sait également que son cousin a le travers de vouloir cacher cette
bizarre difformité : elle sait qu'il est vain, puéril, égoïste; mais elle
l'aime, chaque jour elle l'aime d'un amour plus violent, et le bonheur
qu'elle éprouve à écrire sous sa dictée lui rend chaque jour davantage les forces, la santé, et le goût de la vie. Elle n'a cependant rien
laissé voir de son amour à Manisty ; ou plutôt celui-ci, tout occupé de
lui-même, n'en a rien voulu voir; mais elle attend avec impatience
une promenade qu'il lui a promis de faire avec elle, pour elle, le jour
où il aura terminé son dernier chapitre. Ce jour-là, sans doute, leurs
deux cœurs pourront enfin s'ouvrir l'un à l'autre !

Hélas! l'espoir de la pauvre femme est tristement déçu. Au moment où va être terminé le dernier chapitre, Manisty rencontre un de
ses anciens professeurs d'Oxford qui, en quelques séances, lui prouve
que son livre n'a pas l'ombre de sens commun, tant au point de vue
des idées qu'à celui de la forme ; c'est décidément une œuvre manquée,
et l'auteur, loin de savoir gré à Éléonore de sa patiente et active collaboration, serait plutôt tenté de la lui reprocher. Mais ce n'est pas
tout. Une jeune fille américaine, miss Lucy Foster, est venue passer
quelques mois dans l'ermitage d'Édouard Manisty; et celui-ci, au
premier instant, ne s'est aperçu de sa présence que pour redouter le
dérangement qu'il allait en avoir : sans compter que cette naïve jeune
fille ignore d'instinct toute coquetterie, et ne se soucie de faire valoir
ni ses beaux cheveux, ni ses beaux yeux, ni tout son charme de gentil
oiseau exotique, ni la science et l'esprit dont elle est remplie. Tout
cela, cependant, qui échappe à Manisty, ne tarde pas à frapper Éléonore Burgoyne : et celle-ci, avec une imprudence à jamais regrettable,
se plait à parer, à embellir, à civiliser la jeune Américaine, qui s'en-
hardit même, un jour, jusqu'à complimenter Manisty de son talent
d'écrivain. Alors Manisty s'aperçoit qu'elle est délicieuse; et, pour se
distraire du souvenir de son livre, il se met à l'observer, et bientôt à
l'aimer. En vain, Éléonore s'efforce de le rappeler à elle. En vain, dans

cette promenade qu'elle a passionnément espérée, elle obtient, presque par force, que son cousin laisse un moment Lucy seule au bord d'un lac pour grimper avec elle jusqu'à des ruines parmi lesquelles, naguère, il lui a exposé le plan de son livre. De jeunes paysans, voyant Lucy assise sans personne près d'elle, accourent lui demander l'aumône; et, n'en obtenant rien, imaginent de lui lancer des pierres, dont une l'atteint grièvement au bras; et lorsque Manisty, revenant avec Éléonore, découvre l'accident arrivé à la jeune fille, peu s'en faut que sa mauvaise humeur contre sa cousine ne se change aussitôt en véritable haine.

Le lendemain, un nouveau drame achève de prouver à la malheureuse Éléonore l'irrémédiable effondrement de toutes ses espérances. Manisty reçoit la visite de sa sœur Alice, qui est folle, et dont la folie consiste surtout à vouloir tuer les jeunes filles qu'elle rencontre, sous prétexte de leur épargner les tristesses de la vie. Elle s'introduit donc, la nuit, dans la chambre de Lucy Foster, et déjà elle s'apprête à la frapper de son poignard quand Manisty arrive, la désarme, et en présence d'Éléonore, recueille tendrement dans ses bras Lucy évanouie.

Et Éléonore, le lendemain, pendant que Manisty est allé conduire sa sœur dans une maison de santé, avoue à la jeune fille son amour et son désespoir. Elle lui montre un dessin qu'elle a fait, et au-dessous duquel est écrit : *le Meurtrier et la Victime*. La « victime » est enveloppée d'un manteau qui empêche de distinguer ses traits; mais le « meurtrier, » avec ses grands yeux et ses longs cheveux noirs, c'est, à n'en point douter, Lucy elle-même.

> Le visage de la jeune fille se couvrit d'une rougeur soudaine. Elle écarta le dessin, et s'efforça de sourire.
> Éléonore se leva et vint vers elle.
> — Oui, dit-elle, j'ai pensé que vous verriez ce dessin! Je souhaitais que vous le vissiez!
> Sa voix était rauque et tremblante. Elle se tenait debout en face de Lucy, s'appuyant à une table de marbre qui se trouvait là.
> Lucy sentit que sa rougeur disparaissait. En effet elle était maintenant aussi pâle qu'Éléonore.
> — Est-ce moi que représente cette figure?
> Elle désignait du doigt le « meurtrier ». Éléonore fit un signe d'affirmation.
> — J'ai dessiné cela dans la nuit qui a suivi notre promenade, — murmura-t-elle. — C'est une vision que j'ai eüe... de moi ainsi.., et de vous... ainsi !
> Lucy tressaillit. Puis elle posa ses bras sur la table et y cacha son visage. Sa voix n'était qu'un petit souffle à peine distinct.
> — Je voudrais, oh! combien je voudrais n'être jamais venue ici !

Éléonore hésita un instant; puis elle dit, presque avec douceur:

— Vous n'avez à vous blâmer de rien! Vous ni personne! Cette image n'accuse personne. Elle représente un avenir que personne ne peut empêcher, — personne, sinon vous!

— Mais d'abord — dit Lucy tout en larmes — qu'est-ce que cela signifie! Comment suis-je « le meurtrier, » et vous « la victime? » Qu'ai-je fait? Comment ai-je mérité cela?

Sa voix faiblit. Éléonore se pencha sur elle.

— Ce n'est pas vous, mais la destinée! Vous m'avez pris... vous êtes en train de me prendre... la dernière chose qui me restait sur la terre. J'ai eu dans ma vie une chance de bonheur, avant celle-ci: un enfant, un petit garçon. Il est mort depuis huit ans! Et enfin j'avais trouvé une autre chance... et vous êtes venue me la dérober!

Lucy, relevant la tête, s'écarta d'Éléonore, comme d'une ennemie.

Mais bientôt, lorsque la jeune femme lui a raconté tous ses rêves, la pitié reprend tout le cœur de Lucy. Elle passe autour de son cou le bras d'Éléonore, et elle lui dit: « Chère amie, j'ai la certitude que vos craintes sont vaines. M. Manisty n'a pour moi qu'un peu de bonté : je ne puis lui avoir inspiré d'autre sentiment. Il reviendra à vous, et ce n'est pas moi qui vous l'aurai pris. Mais tout ce que vous me demandez, tout ce que vous m'ordonnez de faire, je le ferai ! » A quoi Éléonore, la serrant contre son cœur, répond : « Restez ici quelques jours encore! Qu'il n'y ait point de choc, qu'il n'y ait rien pour provoquer Édouard ! Et puis disparaissez, sans qu'il puisse savoir où vous êtes allée! Et il y aura au monde un être qui vous bénira du fond de son cœur, qui, aussi longtemps qu'il vivra, priera pour vous ses plus secrètes et ses plus saintes prières! » Et les deux femmes s'embrassent en pleurant; et Lucy, avec une tendresse maternelle, murmure à son amie « des paroles de promesse, de consolation, de repentir, sentant toute son âme se mêler à celle d'Éléonore dans un grand flot d'active compassion. »

Cependant l'amour de Manisty pour Lucy revêt chaque jour une forme plus pressante. La jeune fille est forcée de reconnaître qu'Éléonore ne s'est point trompée. Et celle-ci comprend que le mal est désormais sans remède: après comme avant le départ de sa rivale, elle n'a plus à espérer que son cousin consente même à prendre pitié d'elle. Alors elle change d'avis; et au lieu de laisser partir Lucy, elle se résout à partir avec elle. Elle l'emmène dans un vallon désert, où Manisty, sans doute, ne s'avisera jamais de les découvrir. Durant de longues semaines les deux femmes vivent là, cachées, se cachant l'une à l'autre la pensée qui les ronge : car Lucy, maintenant, sent bien qu'elle aime Manisty autant que l'aime sa malheureuse compagne. Elle l'aime, et rêve de lui ; mais elle reste fidèle à sa promesse, et il n'y a pas de soins ni de consolations dont elle n'entoure Éléonore, qui, de jour en jour, va s'affaiblissant et dépérissant. Puis, un jour, Manisty découvre enfin leur retraite. Il accourt; Lucy, qui voudrait fuir, se trouve forcée de rester pour soigner Éléonore. Et en vain, plusieurs jours de suite, elle essaie de se dérober à la poursuite du jeune homme : l'amour qu'elle éprouve pour lui ne cesse point de grandir.

— Dites-moi, — lui déclara Éléonore, — dites-moi en toute franchise, avec la franchise qu'on doit aux mourans, dites-moi si vous l'aimez? Au cas où je n'eusse pas été là, où je ne me fusse pas trouvée sur votre route, au- riez-vous consenti à vous marier avec lui?

Lucy mit sa tête sur les genoux de la malade, essayant de retenir l'élan de son cœur.

— Comment puis-je vous répondre? — dit-elle. — Je ne puis jamais pen- ser à lui, sauf pour me rappeler la peine qu'il vous a faite.

— Mais si, chère amie, mais si, vous le pouvez! — s'écria Éléonore en se jetant à genoux et en serrant la jeune fille dans ses bras. — Ce n'est point par sa faute que je suis dans cet état! Le médecin m'a dit, aujourd'hui en- core, que le mieux de l'année passée n'était qu'apparent. Le mal a toujours été là, toujours la fin a été inévitable. Tous mes rêves, et toutes mes décep- tions, et tous mes chagrins insensés se sont à présent évanouis comme une fumée. Rien n'en reste, rien! Et ce qui me reste, c'est l'amour, pour vous et pour lui! Oh! pas l'ancien amour, — reprit-elle comme pour se persuader elle-même plus encore que Lucy, — pas une once de cet amour-là! Mais un amour qui souffre de sa souffrance à lui, et de la vôtre. Un amour qui ne me laisse pas de repos! Qui me tue avant l'heure!

Elle se mit à marcher de long en large, fiévreusement. Lucy s'élança vers elle, la couvrit, finit par la décider à se laisser conduire dans sa chambre. Quand elle l'eut installée dans son lit, elle s'approcha de son visage, avec un visage tout ruisselant de larmes :

— Dites-moi ce que je dois faire! Ai-je jamais refusé de vous obéir?

Éléonore ferme les yeux et ne répond rien. Et de nouveau Lucy s'obstine dans son sacrifice. Mais, le matin suivant, étant sortie pour une courte promenade, elle rencontre Manisty, qui l'attendait, et qui, cette fois, lui demande résolument si elle consentira quelque jour, plus tard, après des années, à devenir sa femme.

Les yeux de Lucy s'abaissèrent sur lui, fouillant et interrogeant ce regard dont elle sentait que dépendait désormais tout son être. Et Manisty vit, sur son visage troublé, l'aveu qu'elle n'avait plus la force de cacher. Il n'essaya pas de répondre à ses paroles; c'est un autre langage qui, maintenant, commençait pour eux. Il poussa un cri, il usa d'une tendre violence, et Lucy céda. Elle se trouva serrée dans ses bras.

Mais quand elle se redressa, elle était en larmes. Elle prit sa main et la
couvrit de baisers, follement, sans savoir ce qu'elle faisait. Mais son cœur se
tourna vers Éléonore; et c'était la voix d'Éléonore, dans son cœur, qui seule
lui commandait et qui l'absolvait.

Quelques mois plus tard, Lucy devient la femme de Manisty. Et
Éléonore meurt, triste et seule; et le jeune couple vient pleurer sur
sa tombe. « Ils avaient bien des motifs de se la rappeler ; mais pour un
motif surtout, pour sa fuite avec Lucy, — la seule action égoïste de
toute sa vie, — elle sera, aussi longtemps qu'ils vivront, passionnément,
tragiquement aimée d'eux. »

Ce sont les dernières paroles du roman, et je ne me charge pas de
les expliquer. Ou plutôt je devine bien qu'elles doivent répondre à
l'idée que s'est faite Mme Humphry Ward du personnage de son Éléonore : elles ne répondent malheureusement en aucune façon à l'idée
qu'elle nous a donnée de ce personnage. Et peut-être, en effet, la tentative d'Éléonore pour détourner de Lucy l'amour de son cousin est-
elle « la seule action égoïste de toute sa vie ; » mais le roman est consacré tout entier à cette action-là, de telle sorte que nous-mêmes, —
pour ne rien dire de Lucy et d'Édouard Manisty, — nous avons toutes
les peines du monde à « aimer » une personne qui se laisse aussi
aveuglément aller à sa jalousie. Je dois ajouter que, sur les 600 pages
du livre, le seul récit de la fuite d'Éléonore en occupe 300, pendant
lesquelles je ne crois pas que la jeune femme ait un mouvement sincère de remords ni de regret. Elle se désole, elle dépérit, tout cela
avec beaucoup d'élégance et de « distinction » ; mais elle ne pense
qu'à elle, et d'ailleurs elle met, à y penser, un égoïsme si monotone,
et en fin de compte si inutile, qu'on ne comprend pas ce qui a pu déterminer Mme Ward à doubler son roman d'un pareil épilogue.

Mais si cette seconde partie du roman est franchement ennuyeuse,
la première, en revanche, contient quelques-unes des scènes les plus
émouvantes qu'ait jamais écrites l'auteur de *Robert Elsmere* et de *Bessie
Costrell.* Aussi bien est-ce un défaut assez ordinaire dans les romans
de Mme Ward, comme peut-être dans la plupart des romans écrits par
des femmes, que la fin y soit très inférieure au commencement; mais
ici le contraste est, en vérité, trop fort, et risque même de rendre
le lecteur injuste pour les précieuses qualités littéraires des 300 premières pages. Car l'arrivée de Lucy chez les Manisty, ses entretiens
avec le jeune homme, ses étonnemens et ses scrupules, la malen-
contreuse promenade avec Éléonore et Édouard, la scène où celui-ci

déclare son amour, tout cela nous est raconté très agréablement,
d'un ton à la fois très simple et très varié. Et si les deux caractères
d'Éléonore et de son cousin ne parviennent guère à nous toucher,
ayant tous deux quelque chose de trop « inhumain » dans la continuité de leur égoïsme, le caractère de Lucy est, par contre, charmant,
plein de vie et de vérité dans sa fraîcheur juvénile. Il nous montre,
une fois de plus, l'art particulier de Mme Humphry Ward à créer d'aimables figures de jeunes filles; et une fois de plus il nous porte à regretter que Mme Humphry Ward ne tire pas de cet art autant de profit
qu'elle en tirerait, à coup sûr, si elle consentait à s'y livrer tout
entière, au lieu de vouloir rivaliser avec George Eliot dans un art qui
décidément n'est point fait pour elle.

Peu de romanciers anglais d'à présent savent, aussi bien que l'auteur d'*Eleanor*, dessiner de gracieuses figures de jeunes filles; et personne, peut-être, ne sait aussi bien qu'elle peindre un paysage, donner
en quelques lignes l'impression vivante d'un coin de nature. C'est ce
que nous atteste, une fois de plus, son dernier roman. Mais la nature
qu'elle nous y décrit n'est plus, cette fois, celle des sévères collines
du Westmoreland. Elle se plaît à nous transporter en Italie. L'ermitage où se réfugie Édouard Manisty, pour écrire son livre sur l'Église
et l'État, se trouve être une villa de la Campagne Romaine, non loin
d'Albano ; le lac où il conduit Éléonore et Lucy est le vénérable petit
lac de Nemi; et lorsque plus tard les deux femmes s'enfuient, c'est
dans un village des environs d'Orvieto qu'elles essaient de se cacher à
la poursuite de l'homme qu'elles adorent. Ce qui nous vaut une foule
de paysages italiens, dont quelques-uns sont d'une couleur et d'une
émotion admirables, surtout dans la première partie ; car ceux de la
seconde, de même que l'action du roman et peut-être à cause d'elle,
ne laissent pas de paraître quelque peu monotones. Et d'une façon
générale, au reste, ces paysages italiens n'ont point la variété des
paysages anglais que, récemment encore, nous avions l'occasion de
louer dans *Helbeck of Bannisdale* (1). On sent que Mme Ward, quelque
soin qu'elle ait mis à les observer, ne les connaît point d'une façon
aussi intime ni aussi familière. Parfois même nous ne serions pas
surpris qu'elle commit de légères erreurs de topographie et d'archéologie. Tout auteur s'expose à en commettre, quand il parle d'un pays
qui n'est pas le sien. Mais, rien de tout cela n'empêche certains

(1) Voyez la *Revue* du 15 octobre 1898.

paysages d'*Eleanor* d'être parmi les plus parfaits qu'on ait jamais écrits. Il y a notamment, dans le prologue du livre, des horizons au coucher du soleil, des vues de Rome, il y a une villa avec sa terrasse, dont on ne saurait souhaiter une image plus réelle tout ensemble et plus poétique. Personne, parmi les romanciers anglais contemporains, n'a plus que Mme Humphrey Ward le sentiment de la nature, ou tout au moins le talent de nous faire sentir la nature. Mais de ce talent-là, non plus, elle ne tire point le profit qu'elle pourrait en tirer : le tout parce que, au lieu de se résigner à nous montrer de belles jeunes filles dans de beaux paysages, elle se croit tenue à continuer George Eliot, et à justifier les espérances fondées autrefois sur elle par Thomas Huxley. Et l'*agnosticisme*, décidément, lui réussit de moins en moins à chacun de ses nouveaux livres.

Car, tout comme *Helbeck of Bannisdale*, *Eleanor* est un roman « agnostique. » Mais l'agnosticisme n'y revêt plus absolument que sa forme sinon la plus naturelle, du moins la plus familière et la plus commune, qui consiste à déprécier la religion catholique. Entre les divers épisodes du petit roman d'amour dont on vient de lire l'analyse — et pour le plus grand dommage de son intérêt romanesque, — Mme Ward s'est avisée de nous offrir une soi-disant peinture des mœurs catholiques. C'est ce qu'elle avait fait déjà, — on s'en souvient peut-être, — dans son dernier roman ; mais le pamphlet y était encore plus ou moins lié à l'intrigue du récit, et puis on était en droit de supposer que les mœurs décrites pouvaient être, en effet, celles de certains catholiques anglais, réagissant contre les tendances libérales de leur milieu protestant. Ici, rien de pareil. Ni Édouard Manisty, ni Éléonore, ni Lucy ne sont catholiques ; le drame qui se joue entre eux n'a pas le moindre rapport avec le milieu tout accidentel où ils se trouvent placés ; et les mœurs catholiques que prétend nous décrire Mme Ward ne sont plus celles d'un petit groupe d'excentriques anglais, ce sont bien les mœurs catholiques en soi, telles qu'au jugement de l'auteur elles sont et doivent être.

Ces mœurs, d'ailleurs, sont infiniment plus fâcheuses encore que ne nous les montrait *Helbeck of Bannisdale*. Il n'y a pas de sottise qu'elles n'impliquent, ni de fausseté, de bassesse, de laideur morale et de dégradation. Par le seul fait de leur catholicisme, les cardinaux sont des hypocrites, les prêtres des coquins, les séminaristes des niais ; par ce seul fait les paysans sont des mendians, et même des assassins quand l'occasion s'en présente. J'ajoute que le roman de Mrs Humphry Ward contient une thèse générale : il a pour objet de

nous affirmer que la plaie de l'Italie contemporaine est le catholicisme, et que, tant qu'on aura un pape, des cardinaux, voire des curés
de village, tout l'effort des hommes politiques italiens restera stérile.
« Pauvre État, sans cesse aveuglé et souffleté par l'Église ! » Et « si la
lutte, si le martyre de tant de héros, — les Cavour, les Mazzini, et les
Garibaldi, — si tout cela n'aboutit qu'à un grand flot d'impuissance et
de corruption, à qui en est la faute, si ce n'est aux prêtres, si ce n'est
à cette noire papauté qui a tari toute liberté dans le sang italien ? »

Ai-je besoin de dire, après cela, que ce violent réquisitoire ne s'appuie sur aucun fait, ou, tout au plus, sur quatre ou cinq menus détails
d'une portée très restreinte?

Pour nous prouver que le catholicisme est la plaie de l'Italie,
Mme Ward nous montre une foule cosmopolite assistant à la béné
diction pontificale dans l'église de Saint-Pierre, « avec une curiosité
mêlée d'indifférence. » Ou bien elle nous déclare que le catholicisme,
en écartant les femmes des fonctions sacrées, condamne les prêtres
à ignorer tout de l'âme féminine. Ou bien elle met en scène un curé
de village qui a été désigné pour prêcher l'Avent dans une église à
Rome, et qui, cependant, attribue à Michel-Ange une ancienne copie
de la *Sainte Cécile*. Ailleurs encore, une jeune fille, dont le frère
vient d'être tué en Abyssinie, abandonne sa mère pour entrer au couvent. Et, si des jeunes gens se résignent à faire partie de la garde
noble, « ce n'est qu'en considération des beaux uniformes qu'ils sont
ainsi admis à porter. »|

Tels sont, cette fois, avec cinq ou six autres du même genre, les
argumens de l'agnosticisme de Mme Humphry Ward. Mais il y a au-
dessus d'eux une figure qui, sans jouer presque de rôle dans l'action
du roman, y tient cependant une place considérable, et dont la seule
destination est, suivant toute apparence, de mettre en relief et de
prouver la thèse de l'auteur. C'est un vieux prêtre bavarois, le Père
Benecke, à qui Manisty accorde l'honneur d'une estime toute particulière. « Ses joues sont creuses et sa face parcheminée, mais il a dans
les yeux une innocence et une jeunesse exquises. » Il est venu à Rome
pour défendre devant la Congrégation de l'Index un ouvrage qu'il
vient de publier, « un ouvrage d'une nuance un peu libérale, à peine
libérale, avec une légère touche d'évolutionnisme, de critique
biblique. » Et l'on apprend, un beau jour, que l'ouvrage a été condamné, et que le Père Benecke s'est soumis à la condamnation.
Mais lui-même, le lendemain, vient annoncer qu'il ne se soumet
plus :

— Oui, c'est vrai, je m'étais soumis. J'avais cédé. Ils m'avaient apporté
un message du Saint-Père qui m'avait brisé le cœur. La semaine prochaine
ils allaient publier la rétractation officielle : *Librum reprobavit et se laudabi-
liter subjecit*, vous savez la formule ! Mais, après cela, ils m'ont demandé davantage ! Son Éminence m'a demandé une lettre privée, afin de la placer
sous les yeux du Saint-Père. Alors j'y ai mis une condition. Je voulais bien
écrire la lettre, mais ils me promettraient, de leur côté, de ne rien publier
que la rétractation publique ; ils me promettraient de ne faire usage de ma
lettre que pour eux et pour le Pape. Et ils me l'ont promis, — oh ! de vive
voix, pas par écrit ! — et j'ai écrit la lettre. Je me suis placé, comme un fils,
entre les mains du Saint-Père. Et voilà que, ce matin, ma lettre, tout entière, a paru dans l'*Osservatore romano* ! Je viens donc vous annoncer que
demain je retire tout, je retire ma rétractation !

Et le vieux prêtre fait ainsi qu'il l'a dit. Attachant plus de poids,
sans doute, à son amour-propre qu'à ses idées, il envoie à un journal.
anticlérical une lettre où il déclare qu'il ne se rétracte plus, mais entend, au contraire, continuer à soutenir la thèse condamnée. Et depuis
ce moment il devient, pour les héros du roman et pour Mme Ward
elle-même, un véritable saint, le seul peut-être qu'ait jamais produit
l'Église romaine. « Avec son merveilleux désintéressement, son
poétique et passionné détachement de toute ambition, » il représente
« l'idéalisme sous sa forme la plus pure. » Contraint de quitter Rome,
il se réfugie, — coïncidence singulière, — dans le même village des
environs d'Orvieto où se réfugient Éléonore et Lucy. Il y récrit son
livre, mais cette fois plus à son aise, avec une « touche » infiniment
plus forte « d'évolutionnisme et de critique biblique. » Et son divertissement favori est de raconter aux deux jeunes femmes le mauvais
tour qu'on lui a joué à l'*Osservatore romano*.

Encore n'est-ce point la seule chose dont il ait à se plaindre. Un
cardinal, qui lui avait témoigné de la sympathie, refuse maintenant de
répondre à ses lettres. Le curé du village refuse même de le saluer.
Les gamins lui jettent des pierres en l'appelant *Bestia !* Personne ne
consent à le servir, ni à l'écouter. Sa chaire de théologie lui est enlevée. Sa sœur lui annonce qu'elle préfère désormais ne plus demeurer
avec lui. Et de chacune des phases de son martyre il se plaint abondamment à Éléonore, sa sainteté n'ayant pas la muette résignation de
celles que nons raconte la *Légende dorée*. Aussi Éléonore, de jour en
jour, sent-elle grandir sa vénération, son enthousiasme pour lui ; et
Mme Ward, elle aussi, aime et admire sans cesse davantage cet
« humble serviteur de la patrie céleste, » jusqu'à ce que, à la fin du
roman, elle lui procure une chaire de théologie dans une université

de Vieux-Catholiques. Le « martyre » du Père Benecke n'aura duré, au total, que deux ou trois mois !

Mais avant de se convertir tout à fait au vieux-catholicisme, « l'humble serviteur de la patrie céleste » a l'occasion de nous offrir, une fois de plus, le spectacle de son « idéalisme. » Car Éléonore, inquiète de la façon dont elle a agi avec Lucy, s'avise de le prendre pour confesseur. « Mon père, lui dit-elle, vous êtes prêtre. Et moi, sans être catholique, je suis un être humain, avec une âme, si une telle chose existe. Je suis en peine, et probablement sur le point de mourir. Voulez-vous entendre mon aveu comme si c'était en confession, sous le même sceau ? » Benecke consent, et Éléonore lui avoue qu'elle a séparé Lucy de l'homme qui l'aimait. Et le confesseur, en la quittant, songe que le seul remède au mal qu'elle a fait serait de prévenir Manisty, qu'il s'est engagé à ne point prévenir. Sur quoi il se rappelle sa « théologie. »

Benecke se souvint que, d'après saint Thomas, un confesseur a parfois le droit de tenir compte de ce qu'il a entendu en confession pour travailler à détruire des obstacles entravant les progrès spirituels de son pénitent. La théologie moderne nie absolument la légitimité d'un tel acte, qui, pour elle, est la violation du sceau sacré de la confession. Mais, pour Benecke, en cet instant, le tendre argument de saint Thomas revêtit une beauté et une force convaincante qu'il ne lui avait point, jusque-là, soupçonnées.

Si bien que le néo-thomiste, sitôt rentré chez lui, écrit à Manisty, non pas en vérité pour lui révéler l'adresse de Lucy, mais pour lui révéler sa propre adresse, qui est la même que celle de la jeune fille. Et pas un seul instant l'auteur ne s'en étonne. Elle approuve, elle admire de tout son cœur l'ingénieuse casuistique de l'ex-Père Benecke. Dès la page suivante, elle recommence à nous représenter celui-ci comme « l'humble serviteur de la patrie céleste. » Et les critiques anglais, après avoir signalé les défauts littéraires de son *Eleanor*, se trouvent unanimes à proclamer que jamais on n'a imaginé une plus idéale figure de prêtre, ni peint avec plus d'exactitude les mœurs catholiques !

T. DE WYZEWA.

CHRONIQUE DE LA QUINZAINE

14 janvier.

Les vacances du Jour de l'an ont été, cette année, très courtes pour le monde politique : les Chambres se sont réunies le 8 janvier. M. Fallières a été réélu président du Sénat, et M. Paul Deschanel, président de la Chambre : toutefois, si le premier l'a été sans difficultés et sans concurrence, il n'en a pas été de même de l'autre. M. Henri Brisson a posé sa candidature contre M. Deschanel. Battu déjà en 1899 et en 1900, on se demandait pourquoi M. Brisson serait plus heureux en 1901, et par quel sortilège le siècle nouveau lui serait plus favorable que l'ancien. Mais les ministériels, qui avaient pris sa candidature à leur compte, assuraient que, depuis un an, au milieu des nombreux assauts qu'elle avait essuyés et repoussés avec avantage, leur majorité s'était singulièrement fortifiée ; elle était devenue plus nombreuse et plus solide ; on allait bien le voir. On a vu tout le contraire. M. Deschanel a été réélu à quatre-vingts voix de majorité. La bataille, à laquelle, de part et d'autre, on s'était préparé avec beaucoup d'ardeur, a été gagnée par les modérés et perdue par les ministériels. Grande surprise pour ceux-ci. Ils n'avaient pourtant épargné aucune manœuvre, ni même aucune intrigue, pour atteindre leur but.

Si l'on désire plus de renseignemens à ce sujet, nous les donnerons. Les ministériels avaient remarqué que, toutes les fois que la Chambre votait au scrutin public, ils avaient la majorité ; et que toutes les fois qu'elle votait au scrutin secret, ils la perdaient. Dès lors, ils ont conclu qu'il fallait supprimer, en fait, le secret du vote pour l'élection du président. Rien de plus simple : il suffisait de procéder par appel nominal à la tribune, et de donner pour consigne à leurs amis de s'abstenir au premier tour. Les partisans de M. Deschanel, ses partisans avoués et irréductibles, seraient seuls à voter ; les autres, les hésitans et les faibles, intimidés par la surveillance qu'on exercerait sur eux, n'oseraient pas le faire à découvert. Le premier qui oserait répondre à l'appel de son nom et monter à la tribune, serait couvert de telles huées que les autres seraient découragés de suivre son exemple. On espérait ainsi ne pas avoir le *quorum*, en d'autres termes le nombre de votans nécessaire pour qu'un vote soit valable. Ce serait déjà un grave échec pour M. Deschanel : on crierait bien haut qu'il n'avait pas la majorité de la Chambre, que l'épreuve faite en était la démonstration convaincante, et, en vertu de cette loi psychologique qui poussait déjà les moutons de Panurge à suivre l'exemple les uns des autres, quoi qu'il pût leur en coûter, la majorité se grouperait au second tour de scrutin autour de M. Brisson. Avons-nous besoin de faire remarquer combien il aurait été choquant de violer le règlement pour la nomination du président, qui devrait ensuite le faire respecter ? Or, le règlement veut que le vote soit secret, et non pas sans raison. Il est toujours délicat et souvent dangereux, dans les questions de personnes, de procéder au scrutin public ; il en reste inévitablement des animosités et des rancunes entre l'élu et ceux qui n'ont pas voté pour lui ; et, quand bien même le candidat favorisé saurait se mettre au-dessus de ces petits sentimens, on ne pourrait pas l'espérer de tous ses amis. Le président de la Chambre ne doit pas être l'homme d'un parti : il appartient également à tous, et il importe que son impartialité ne soit pas même suspectée. La prescription du règlement est donc sage et tutélaire.

La dernière Chambre, dans un de ces accès de vertu politique qui s'emparaient d'elle de temps en temps, a supprimé le scrutin secret pour les votes ordinaires, et ne l'a conservé que pour les questions de personnes. Il faut, disait-on, que chacun prenne hautement la responsabilité de ses votes, et que l'électeur sache toujours comment, dans telle ou telle affaire, son représentant s'est prononcé. Nous sommes loin de contester ce qu'il y a là de sérieux. Si le vote était toujours secret, ou même s'il l'était le plus souvent, il serait trop facile au député d'échapper au contrôle de l'électeur : le mandataire ne pourrait pas savoir comment a été rempli le mandat qu'il aurait donné. Mais la règle la plus générale a ses exceptions, et il y a eu dans la suppression radicale du scrutin secret quelque chose de trop absolu. Il était bon dans certaines circonstances, et par exemple lorsqu'une campagne d'intimidation et de violence a dépassé certaines limites, que la liberté personnelle du député pût trouver un refuge dans le scrutin anonyme. Il suffisait même que cela fût possible, pour empêcher certains excès de se produire. Ils se produisent aujourd'hui avec une audace éhontée. On voit s'organiser, dans la presse et dans les comités, de véritables entreprises en vue de déterminer un vote parlementaire dans un sens ou dans l'autre. On ne recule, pour cela, devant rien. Menaces, injures, diffamations, calomnies, tout est mis en œuvre : c'est une terreur d'un nouveau genre, et peut-être la pire de toutes, qu'on fait peser sur une assemblée. Nos députés ne sont pas des héros ; il s'en faut même de beaucoup. Un grand nombre d'entre eux sont des hommes timides, faibles, amoureux de leur tranquillité et naturellement ennemis des coups. En ce sens, ils ressemblent aux électeurs eux-mêmes. Il en est sans doute que l'habitude finit par rendre indifférens et insensibles aux accidens de la vie publique. Elle les endurcit aux intempéries parlementaires et les revêt d'une carapace imperméable. Mais c'est l'exception, et les hommes de ce caractère sont rares. Dans toutes les assemblées, depuis qu'il en existe au monde, entre les deux partis principaux qui se disputent la majorité, il y a toujours un groupe indécis et flottant qui se porte tantôt d'un côté et tantôt de l'autre, et fait pencher la balance du côté où il se porte. Ce groupe, on le voit, est le maître de la situation ; mais il n'est pas impossible de devenir le maître de ce groupe ; et c'est le problème que les radicaux et les socialistes se sont chargés de résoudre à leur profit. Pour cela, aucun scrupule ne les gêne. Ils ont une police qui exerce sur les députés susceptibles de défaillance l'inquisition la plus étroite, la plus intime, la plus sûre qu'on ait encore connue. Le malheureux qui y est soumis n'a d'autre liberté que celle d'en gémir, et il ne se fait pas faute d'en user. Ah ! s'il pouvait voter suivant sa conscience ! mais il ne le peut pas ! Lorsqu'on cause avec lui, dans les couloirs de la Chambre ou ailleurs, et qu'il peut en sécurité s'abandonner aux confidences, il ne dissimule pas l'impression d'inquiétude et d'effroi que lui fait éprouver la marche de nos affaires. Le gouvernement actuel l'épouvante : il se demande où l'on nous mène. Un homme de simple bon sens, peu rompu aux mœurs parlementaires, serait convaincu que le premier vote de son interlocuteur sera pour renverser le ministère. Point du tout : il le soutient et le conserve. Il y a deux hommes divers dans ce député effaré, mais craintif et docile, que son intelligence inspire lorsqu'il cause en liberté, mais que la peur détermine lorsqu'il vote. Et voilà de quoi se compose la majorité. Pendant les quelques jours qui ont précédé l'élection présidentielle, la presse radicale n'a mis aucun embarras à l'avouer. —

Que deviendrions-nous, disait-elle, si chacun votait, par le scrutin secret, conformément à ses inclinations naturelles? Il n'y aurait plus aucune discipline dans le parti, et bientôt tout serait perdu. C'est au scrutin public que nous avons dû la majorité dans tant de rencontres fameuses où l'éloquence de M. Waldeck-Rousseau a paru triompher à elle seule, mais où la crainte de la publicité de l'*Officiel* a été peut-être plus efficace encore. Il faut donc rendre public le scrutin pour l'élection du président. Le règlement s'y oppose, tournons le règlement.

Cette question, disons-nous, est vieille comme les assemblées. Nous relisions, ces jours-ci, les deux lettres si curieuses qui nous restent de la correspondance de Salluste avec César, à une époque très différente de la nôtre à bien des égards, mais où les hommes se ressemblaient tout de même. Salluste se demandait comment on pourrait avoir une majorité certaine dans le Sénat, et il semblerait au premier abord qu'il aurait dû pousser César à y introduire le scrutin public, si favorable au gouvernement actuel : mais il fait le contraire. Il croyait évidemment que l'opinion véritable et sincère était avec César, et qu'il lui suffirait de pouvoir s'exprimer librement pour le faire en sa faveur. « Fais en sorte, disait-il, que le vote soit dégagé de toute crainte : par là, sûr du secret, chacun préférera sa liberté à la puissance d'un autre. Car la liberté est également chère aux bons et aux méchans, aux braves et aux lâches; mais la plupart des hommes, dans leur folie, l'abandonnent par peur, et, sans attendre l'issue d'un combat incertain, se soumettent par faiblesse au joug qu'on n'impose qu'aux vaincus. » *Sententias eorum a metu libera*, dit le vieil historien : ne répéterait-il pas la même chose s'il vivait aujourd'hui? C'est la peur qui dicte les votes ; c'est de la peur qu'il faudrait les affranchir. Nous convenons que cela est difficile ; mais, s'il est difficile de guérir le mal, ce n'est pas une raison pour en méconnaître la nature et les causes. On a vu une fois de plus, au Palais-Bourbon, que le scrutin public assurait la majorité au ministère, et que le scrutin secret la lui enlevait. Au scrutin public, il a environ quatre-vingts voix de majorité; au scrutin secret, il a quatre-vingts voix de minorité. L'écart est considérable. Par la faute des ministériels, qui ont voulu livrer bataille et qui l'ont perdue, on a pu jeter un coup de sonde dans les profondeurs mystérieuses du parlement. Le malheur est que, dès demain, la Chambre sera soumise de nouveau au régime du scrutin public; et alors tous ceux qui, le jour de la rentrée, ont voté suivant leur conscience, ne voteront plus que suivant leurs craintes. Le ministère n'est pas encore sur le point d'être renversé. On a vu seulement sur quelles bases il reposait.

Au point de vue parlementaire, la session se rouvre dans des conditions assez nouvelles. Pour la première fois depuis longtemps, la Chambre est débarrassée du budget à cette époque de l'année. Sans doute il n'est pas encore voté ; nous avons déjà un douzième provisoire et peut-être en aurons-nous deux ; mais la discussion est, pour le moment, épuisée au Palais-Bourbon. Lorsque, du Luxembourg, le budget y reviendra, la Chambre lui consacrera encore un peu de son temps, mais pas beaucoup : il sera comme un intermède qui interrompra à peine le travail entamé. Quel sera ce travail ?

On a promis au pays beaucoup de réformes, et, jusqu'ici, on n'en a fait absolument aucune. Le budget remplissant toute l'année, le temps matériel manquait pour autre chose. On peut discuter pour savoir si cela n'était pas préférable : quoi qu'il en soit, la Chambre a aujourd'hui du temps disponible, et nous allons voir à quoi elle l'emploiera. En ouvrant sa session, elle n'a eu que l'embarras du choix. Si jamais le labeur parlementaire n'a été moins productif, jamais non plus on n'avait accumulé un aussi grand nombre de projets, — et nous parlons seulement de ceux qui sont dus à l'initiative gouvernementale : — il faudrait vingt ans pour liquider le stock qui provient de l'initiative individuelle. — On a pu croire assez longtemps qu'il y avait d'autant moins d'inconvéniens à entasser ainsi projets sur projets, qu'il serait probablement impossible d'en aborder aucun. Mais la hâte inusitée avec laquelle la Chambre a bâclé le dernier budget, sans y regarder de très près, lui a fait des loisirs, et il faut qu'elle les remplisse. Si on laisse de côté, pour le moment, les projets de loi de moindre importance, on peut diviser les autres en deux catégories, suivant qu'ils se rapportent à des questions sociales, ou à des questions religieuses et scolaires : ces dernières sont, en fait, étroitement confondues. Le ministère a déposé, d'une part, des projets de loi sur les retraites ouvrières, sur l'arbitrage obligatoire, sur la grève également obligatoire lorsqu'elle aura été résolue par la majorité des ouvriers ; et, de l'autre, des projets sur le droit d'association et le stage scolaire. Par quoi commencera-t-on ? Le gouvernement a demandé que ce fût par la loi sur les associations, et la Chambre s'est empressée d'y acquiescer. Mais ceux qui en concluraient que M. le président du Conseil jouit sur elle d'une grande autorité ont eu bientôt de quoi se détromper. Nous allons avoir à parler de la lettre que le Saint-Père a écrite au cardinal-archevêque de Paris : un socialiste a demandé à interpeller à ce sujet le gouvernement, en insistant pour que son interpellation vînt avant la loi sur les associations et y servît de préface. M. Waldeck-Rousseau a essayé de s'y opposer, il a été battu. Les radicaux et les socialistes tiennent à agiter les passions antireligieuses avant d'aborder la loi sur les associations : ainsi sera-t-il fait. Nous avouons, toutefois, regretter l'ajournement des lois sociales. A supposer que la loi sur les associations soit jamais votée, il en résultera certainement dans le pays une grande effervescence ; mais, certainement aussi, ni nos ouvriers, ni nos paysans n'en seront plus heureux ; ni notre commerce, ni notre industrie n'en tireront le moindre profit ; et le pays pourra dire que ce n'est pas encore cela qu'on lui avait promis. Le caractère des lois de ce genre est d'être exclusivement politiques, et les lois exclusivement politiques flattent les uns, tandis qu'elles inquiètent les autres, mais ne rapportent à tous que des satisfactions ou des irritations morales. Néanmoins il était devenu difficile de retarder encore la loi sur les associations. M., le président du Conseil, toutes les fois qu'il a été dans ces derniers temps amené à prendre la parole, a présenté cette loi comme la pierre angulaire de tout son système de gouvernement ; et de plus, par un procédé oratoire peu digne de son talent, il a constamment accusé ses adversaires de ne lui faire de l'opposition que pour retarder ou empêcher l'ouverture d'un débat qui leur causait de vives alarmes. Si l'on attaquait, par exemple, l'amnistie, ou si l'on proposait de l'étendre davantage, c'était pour échapper à la loi sur les associations. Si l'on demandait une enquête parlementaire sur certains désordres qui se sont produits en pays lointain, c'était dans le même dessein. Et ainsi du reste : l'argument servait à tout. Aussi s'est-il un peu usé. On n'aurait pas compris qu'aujourd'hui M. le président du Conseil eût reculé devant une discussion qu'il avait si souvent appelée de ses vœux : il l'aurait voulu, qu'il ne l'aurait pas pu.

Nous ne dirons rien des questions multiples que soulève le projet de loi : au surplus, on trouvera, dans une autre partie de la *Revue*, une étude approfondie sur toutes celles qui se rattachent à l'ordre juridique. Mais comment ne pas parler des manifestations que le Souverain Pontife, après beaucoup de patience, a cru devoir faire pour donner aux pouvoirs publics et à l'opinion un avertissement qu'il jugeait indispensable ? Jamais le langage de Léon XIII n'avait été plus mesuré, mais en même temps plus ferme. On y sent une émotion dont l'effet est d'autant plus puissant qu'il en surveille et qu'il en contient mieux l'expression. Il n'y a pas un mot dont les plus sus-

ceptibles puissent se plaindre ; à chaque ligne, on trouve pour la France
l'assurance d'une affection évidemment sincère ; le Pape en a donné
d'ailleurs trop de preuves pour qu'on puisse la mettre en doute. Sa
lettre au cardinal-archevêque de Paris en est une preuve de plus.
Avant cette lettre, un journal avait publié une conversation de
Léon XIII avec un de ses rédacteurs, conversation qui portait tous les
caractères de l'authenticité, qui n'a été démentie sur aucun point, qui
a été confirmée sur presque tous par la lettre publiée le surlendemain, mais où l'illustre pontife parlait, avec plus de liberté qu'il ne
pouvait le faire dans un document officiel, des promesses qu'on lui
avait faites, ou qu'il pensait avoir reçues, et des pénibles surprises
qu'il avait éprouvées à leur sujet. Quelles étaient ces promesses ?
Le Pape ne le dit pas expressément. Mais on peut croire que, depuis
le dépôt déjà ancien du projet de loi sur les associations, il a été
entretenu dans l'assurance qu'il n'avait rien à en craindre ; que ce
projet ne verrait probablement jamais le grand jour de la tribune ;
en tout cas, qu'il ne serait pas voté tel quel ; enfin, qu'il n'y avait là,
de la part du gouvernement, qu'une manifestation parlementaire sans
conséquences ultérieures et durables, dont il ne fallait pas se préoccuper, ni encore moins s'alarmer. Le Pape en a-t-il été convaincu ?
Nous l'ignorons ; en tout cas, il a eu l'air de l'être, aussi longtemps
que cela lui a été possible. Le jour est venu où cette attitude ne pouvait plus être conservée sans cesser d'être de la confiance pour devenir de la crédulité. C'est alors que Léon XIII a rompu le silence, en
laissant apercevoir à la fois sa douleur et sa déception. Il n'a dit qu'un
mot sur M. Waldeck-Rousseau, à savoir que la déférence à laquelle
celui-ci l'avait accoutumé, soit avant d'arriver au pouvoir, soit
depuis, lui avait fait espérer de sa part autre chose. Il a parlé de
plus, — et, certes, il en avait le droit, — de l'appui dévoué qu'il avait
prêté à la France républicaine aussi bien dans sa politique intérieure
que dans sa politique extérieure. On l'en a, paraît-il, souvent remercié.

C'est un problème psychologique très complexe que celui de
savoir dans quelle mesure M. Waldeck-Rousseau était sincère lorsqu'il
donnait au Pape les assurances tranquillisantes auxquelles celui-ci
a fait allusion. M. Waldeck-Rousseau a une tournure d'esprit et de
parole volontiers doctrinaire ; mais il improvise ses doctrines au fur
et à mesure qu'il en a besoin, et ceux qui ne considéreraient que la
forme nette, ferme, péremptoire dans laquelle il les exprime risque-
raient de se tromper sur ce qu'elles ont en réalité de fragile,

d'inconsistant et de successif. M. le président du Conseil a donné depuis quelque temps de si nombreux exemples de cette mobilité qu'il est inutile d'y insister davantage ; mais, quand on l'écoute, on peut s'y laisser prendre. Peut-être est-il le premier à s'y tromper; il s'auto-suggestionne en parlant ; et c'est l'explication la meilleure, aussi bien que la plus indulgente, que l'on puisse donner de ses évolutions déconcertantes. Il n'est d'ailleurs pas un sectaire, loin de là ! il est un indifférent. Peut-être manque-t-il de mémoire, mais il n'en a que plus d'aisance à se mouvoir dans le moment présent. Il possède l'à-propos des circonstances, et les fait servir à la thèse qu'elles l'ont amené à adopter provisoirement et à soutenir. Par-dessus tout, artiste et tacticien parlementaire consommé : il faut un certain temps pour s'apercevoir que ce qu'il vous a dit n'est pas ou n'est plus la vérité.

Le Pape s'en est aperçu ; d'autres, dans des ordres d'idées différens, s'en apercevront après lui. Mais, pour ne pas sortir de notre sujet, il n'est pas impossible que M. Waldeck-Rousseau soit, de toute la République, un des hommes qui tiennent le moins à la loi sur les associations, qu'il a présentée. Il en avait présenté une autre à peu près identique en 1882, après être tombé du pouvoir, et, pendant dix-huit ans, il ne s'en est plus soucié le moins du monde. Il est revenu au pouvoir pendant deux ans, il l'a quitté, il a même quitté la vie politique, il y est rentré, sans paraître même se souvenir qu'il avait été autrefois l'auteur d'une loi sur cette matière. Tout d'un coup il se l'est rappelé, et il a fait avec nonchalance une nouvelle rédaction de son vieux projet, non pas qu'il y tînt plus qu'autrefois, mais parce que ses amis du moment voulaient qu'il fît quelque chose, sans savoir au juste quoi. Il a pensé peut-être que son projet de loi n'aurait pas beaucoup plus d'importance à la seconde édition qu'à la première, et il a pu le dire, ou le laisser entendre à Rome, sans cesser d'être sincère. Mais les choses ont tourné autrement qu'il ne l'avait cru. D'abord, son ministère a duré au delà de ses propres prévisions; ensuite, les exigences de sa clientèle sont devenues de plus en plus impérieuses. La première fois qu'il avait déposé un projet sur les associations, il avait eu la sage précaution de ne le faire qu'après être tombé du pouvoir; cette fois, au contraire, il a eu l'imprudence de le déposer pendant qu'il y était encore. Et il y est toujours; ses amis ne veulent pas le lâcher ; son gouvernement s'éternise; les échéances, qui paraissaient d'abord si lointaines, sont enfin arrivées. Bon gré, mal gré, M. Waldeck-Rousseau est le prisonnier de ses engagemens. Il est obligé de ramer sur la galère où il s'est embarqué, et de cingler vers le port qu'il a lui-même assigné à son équipage. Il défendra donc son projet, et le fera de son mieux. Une fois à la tribune, il mettra son dilettantisme à le faire voter, sans se préoccuper autrement des conséquences. La Chambre le votera-t-elle? c'est une autre question, et la solution nous en échappe. Elle votera, toutefois, quelque chose, et il est difficile de croire que ce quelque chose soit très bon.

On comprend donc parfaitement les inquiétudes du Saint-Père, telles qu'il les exprime dans sa lettre au cardinal-archevêque de Paris. Cette lettre se divise en deux parties distinctes. Dans la première, le Pape parle en pontife, et, s'adressant à un prélat, il rappelle ce que sont les congrégations religieuses, ce qu'elles ont fait dans le passé, ce qu'elles font encore dans le présent, enfin quels services elles rendent à l'Église. Quelle que soit l'importance de cette première partie de la lettre pontificale, ce n'est pas celle qui nous touche le plus au point de vue purement politique où nous nous plaçons en ce moment : la seconde nous frappe davantage. Après avoir énuméré les bienfaits que les congrégations catholiques répandent dans le monde, le Pape discute les reproches qu'on leur adresse. Les plus importans sont, d'abord, qu'elles échappent à l'autorité de l'ordinaire, c'est-à-dire des évêques qui sont seuls reconnus par le Concordat de 1801 ; et, ensuite, qu'elles détiennent des propriétés considérables, dont l'étendue et la valeur vont sans cesse en angmentant, qui seraient, pour la plus grande partie du moins, des biens de mainmorte, et dont l'accumulation présenterait dès lors un double danger, au point de vue politique et au point de vue économique et social. Bien qu'il repousse ces reproches comme non fondés, Léon XIII est trop éclairé pour ne pas sentir que les gouvernemens, quels qu'ils soient, ne peuvent pas se désintéresser des questions qu'ils soulèvent. En admettant même qu'il ne soit pas immédiat, le danger est toujours à craindre dans l'avenir. Qu'on s'en préoccupe, soit; qu'on y veille, rien de mieux. Mais de là à supprimer les congrégations elles-mêmes, c'est-à-dire à tarir la source parce qu'elle pourrait, si elle grossissait démesurément, submerger tout un pays, il y a loin. Alors, que faut-il faire?

Le Concordat ne dit rien des congrégations religieuses, pour la bonne raison qu'il n'en existait plus au moment où il a été signé : si elles devaient renaître plus tard, on a préféré que ce fût en vertu de la législation intérieure, ou d'une simple tolérance administrative. Donc le Concordat est muet. Il ne supprime pas les congrégations ; il ne leur est ni favorable, ni défavorable ; il les ignore. En fait, les congrégations n'ont pas tardé à renaître, aussitôt que la paix religieuse a été conclue. Les unes ont demandé la reconnaissance légale; les autres ont préféré s'en passer, peut-être parce que quelques-unes d'entre elles n'espéraient pas l'obtenir. La législation a ignoré ces dernières, comme le Concordat lui-même; et quant à [l'autorité politique ou administrative, elle a été extrêmement variable dans ses rapports avec elles. Tantôt indifférente, tantôt hostile et brutale, il serait impossible de lui découvrir d'antre principe que celui du bon plaisir. Bien que cet état de choses n'ait pas empêché le développement des congrégations, — ce qui montre d'ailleurs qu'elles correspondent à un besoin sérieux, — leur existence est restée menacée et précaire. L'idée la plus simple qui se présente à l'esprit est de faire une loi pour fixer les conditions dans lesquelles elles pourraient dorénavant naître et vivre; mais on ne tarde pas à s'apercevoir que cette loi est si difficile à faire qu'elle dépasse peut-être les facultés du législateur. Ne serait-ce pas que la question n'est pas du domaine législatif, mais plutôt du domaine politique, ou même diplomatique?

Si l'esprit qui a présidé jadis à l'élaboration du Concordat s'appliquait aux circonstances nouvelles avec la ferme volonté de trouver, à défaut d'une loi, une règle pour les congrégations, il procéderait sans doute comme au début du dernier siècle, et chercherait dans une entente avec Rome la solution du problème. Il y trouverait, nous en sommes sûrs, des dispositions favorables : à défaut d'autres raisons de le croire, il nous suffirait pour cela de lire avec attention la lettre du Saint-Père. On répète, y voyons-nous, que les congrégations « empiètent sur la juridiction des évêques et lèsent les droits du clergé séculier. » A cette accusation, voici la réponse. « Tout en sauvegardant, dit Léon XIII, la dépendance due au chef de l'Église, elles ne manquent pas, en beaucoup de cas (il s'agit des lois de l'Église en concordance avec les dispositions et l'esprit du concile de Trente), d'attribuer aux évêques une autorité suprême sur les congrégations par voie de disposition apostolique. » Il semble que cela soit suffisamment clair, et que le Pape ne se refuserait pas à placer les congrégations religieuses sous l'autorité des évêques d'une manière encore plus étroite et plus réelle qu'elles n'y sont aujourd'hui. Au reste, toutes les fois qu'un conflit s'est élevé entre un évêque et une congrégation, à qui le Vatican a-t-il donné raison? De quel côté a-t-il reconnu l'autorité véritable? Le cas s'est présenté tout récemment encore à Laval : il ne semble pas que le gouvernement ait eu à se plaindre de l'intervention du Saint-Siège. Sur le premier point donc, à savoir la soumission aux évêques, l'accord peut indubitablement se faire, si on le veut à Paris autant qu'on y est disposé à Rome. Il en est de même sur le second. Sans doute il est délicat de limiter le nombre des congrégations religieuses et des maisons qui s'y rattachent, et plus délicat encore de limiter le chiffre de leur fortune; cependant cela n'est pas impossible. M. le ministre des Finances vient de publier deux énormes volumes qui contiennent la nomenclature des biens immeubles possédés par les congrégations. Un tel travail a besoin d'être contrôlé; mais, tel qu'il est, il pourrait servir de base à une discussion sérieuse, si on la soutenait de part et d'autre avec bonne foi et bonne volonté. Cette bonne volonté, la trouverait-on à Rome? Ici encore, la lettre du Saint-Père nous fournit la réponse. Après avoir rappelé les inquiétudes manifestées au sujet de la fortune croissante des congrégations : « Passant sous silence, dit-elle, d'autres considérations, nous nous bornons à cette importante remarque : la France entretient avec le Saint-Siège des rapports amicaux fondés sur un traité solennel. Si donc les inconvéniens que l'on indique ont sur tel ou tel point quelque réalité, la voie est tout ouverte pour les signaler au Saint-Siège, qui est disposé à les prendre en sérieux examen et à leur appliquer, s'il y a lieu, des remèdes opportuns. » Cette fois, il serait difficile d'être plus explicite, et, sans forcer le sens des termes dont s'est servi le Saint-Père, on peut y voir une suggestion ou même une invite. Seront-elles accueillies à Paris? La bonne politique le conseillerait; mais on en suit de préférence une autre, celle-là même qui a inspiré le projet tout jacobin qui consiste à supprimer les congrégations non autorisées et à les spolier. Par malheur, l'expérience a prouvé que ces procédés ne réussissent pas, ou qu'ils ne le font que pour un temps. Ce sont des expédiens, ce n'est pas une solution.

Léon XIII, dans sa lettre, parle avec éloquence des intérêts de notre protectorat catholique au dehors. Les considérations qu'il présente à ce sujet sont celles que nous avons reproduites souvent ici même, avec une autorité moins grande. Le Pape s'étonne de la contradiction qu'il y a dans notre conduite. Nous tenons essentiellement à notre protectorat; tous les gouvernemens qui se sont succédé en France, — et l'on sait combien ils ont différé de tendances et de caractères! — ont également compris qu'il y avait là un instrument d'influence, et nous avons pu mesurer, dans ces derniers temps, à quel point il était encore précieux, par l'acharnement qu'on a mis à nous le disputer. Sur ce terrain encore, et surtout, nous avons besoin du

Pape : nous a-t-il fait défaut ? Non. Son concours dévoué nous a toujours été acquis, et c'est grâce à lui que, sur certains points du monde, nous avons pu maintenir l'exercice des droits que nous tenions de la tradition et des traités. Mais qu'arrivera-t-il, le jour où nous aurions enlevé aux congrégations religieuses le seul moyen qu'elles ont de se recruter, c'est-à-dire la liberté ? « D'autres nations, dit le Saint-Père, en ont fait la douloureuse expérience. Après avoir, à l'intérieur, arrêté l'expansion des congrégations religieuses et en avoir tari graduellement la sève, elle ont vu, à l'extérieur, décliner proportionnellement leur influence et leur prestige, car il est impossible de demander des fruits à un arbre dont on a coupé les racines. » Le bon sens l'indique en effet. Il est vrai que nos radicaux et nos socialistes sont parfaitement indifférens à des fruits que la politique française peut cueillir en Syrie, en Palestine ou en Chine : c'est si loin de leurs arrondissemens !

Les événemens d'Extrême-Orient montrent pourtant à quel point il nous importe d'avoir, dans ces régions, des ouvriers de la civilisation et de l'influence française : et au premier rang sont les missionnaires catholiques. La place nous manque pour nous étendre sur la situation actuelle, telle qu'elle ressort des dernières dépêches. Au reste, elle est encore fort confuse, et ne permet guère de prévoir quelle sera la suite des négociations. Lorsque les ministres ont eu remis leur note collective au prince Ching, il a semblé d'abord que toutes les difficultés s'aplanissaient comme par enchantement, et on a pu croire que le gouvernement chinois attendait cette note avec une impatience secrète, afin d'en ratifier tout de suite les conditions. Un édit impérial a autorisé Li-Hong-Chang et le prince Ching à tout accepter. C'était trop beau. La rapidité même avec laquelle tout s'était passé devait inspirer certaines inquiétudes. Avait-on bien compris à Si-Ngan-Fou ? N'y avait-il eu aucun malentendu ? Allait-on se mettre vraiment d'accord ? C'était l'hypothèse favorable. Mais une autre donnait à craindre qu'après avoir éprouvé leur faiblesse sur le terrain militaire, les Chinois n'espérassent se trouver beaucoup plus forts sur le terrain diplomatique : l'idée avait pu leur venir de passer de l'un à l'autre, au fond sans désarmer. De ces deux hypothèses, nous ne savons pas encore quelle est la vraie. A peine l'édit impérial avait-il autorisé Li-Hong-Chang et le prince Ching a signer l'arrangement, qu'un autre est venu le leur défendre. Mais on a aussitôt ajouté que ces deux grands citoyens, soucieux avant tout de l'intérêt de leur

pays et de leur bon renom dans le monde, passeraient outre à cette
opposition tardive, et signeraient le papier convenu, au risque d'y
perdre leur tête. Le geste est beau assurément : toutefois, s'ils signent
sans en avoir l'autorisation définitive, à quoi cela nous servira-t-il?
On assure que le second édit a été inspiré par un vice-roi mécontent,
et que d'autres se joindraient déjà à lui : on nomme ces derniers, ce
sont ceux qui se sont montrés jusqu'ici le plus favorables aux étrangers. La vieille impératrice serait prise de scrupules. Mais, en tout
cela, il n'y a rien de certain, et les nouvelles de demain peuvent démentir celles d'aujourd'hui. Il en sera ainsi jusqu'à la fin des négociations, et peut-être même après. Attendons-nous à ce que le gouvernement impérial, s'il accepte tout en bloc, discute chaque point en
détail avec la ténacité et la ruse dont il est coutumier. Nous ne
sommes pas encore au bout de nos peines.

La Russie seule, jusqu'ici, a tiré quelque avantage de l'imbroglio
d'Extrême-Orient, et ce n'est pas en rudoyant la Chine, mais bien en la
ménageant. Elle a rappelé ses troupes de Pékin et s'est installée, —
provisoirement, — dans la Mandchourie : il y a des chances pour que
ce provisoire dure quelque temps. Un récent arrangement vient de le
régulariser. L'opinion anglaise en a manifesté tout d'abord quelque
mauvaise humeur, puis elle s'est tue. L'Angleterre est occupée ailleurs
en ce moment. Elle est, non plus au Transvaal, mais dans sa colonie du Cap envahie par les Boers, en face de difficultés plus grandes
que jamais. Quant à son traité avec l'Allemagne, il ne saurait lui servir
à quoi que ce soit en l'occurrence, et les journaux allemands le lui
ont déclaré en termes très catégoriques. L'Allemagne n'a pas d'intérêts
en Mandchourie, la France en a encore moins : or, l'Allemagne et la
France sont les seuls pays qui aient encore aujourd'hui des forces
militaires sérieuses à Pékin et dans les environs. Nos soldats marchent
d'accord : mais qu'adviendrait-il si l'Allemagne dessinait un mouvement quelconque, fût-il seulement politique, à l'encontre de la Russie?
Au reste, elle est fort éloignée d'y songer. Nous avons grandement
besoin de l'union de nos forces, et ce n'est pas le moment pour les
autres puissances de laisser apercevoir entre elles des germes de jalousie ou de division. Les choses en sont là.

FRANCIS CHARMES.

Le Directeur-Gérant,

F. BRUNETIÈRE.

SŒUR JEANNE DE LA CROIX

A M. PAUL BOURGET

L'âme simple, dont ma main a essayé humblement de fixer les traits dans les pages que ma gratitude vous dédie, n'a pour elle que sa souffrance. Sœur Jeanne de la Croix n'est pas belle, n'est pas jeune, n'est pas riche, n'est pas élégante ; à peine l'amour de l'homme, avec sa lumière de poésie, a-t-il effleuré comme un fantôme fuyant son passé lointain ; nul drame de passion, bruyant ou sourd, n'a ébranlé, n'a consumé les meilleures années de son existence ; aucune des puissantes attractions qu'exerce la grâce physique ou la conscience morale d'une femme ne réside en elle. Sœur Jeanne n'est qu'une vieille religieuse, de plus en plus vieille et de plus en plus caduque depuis le commencement jusqu'à la fin de son histoire ; son corps, déjà courbé, s'incline chaque jour davantage vers la fosse où pourtant elle ne tombe pas encore ; ses noirs habits monastiques se déchirent et s'usent sans qu'elle ait le moyen de les remplacer ou de les réparer ; sa pauvre âme simple se fait plus tristement puérile à mesure que son destin l'entraîne, lentement, trop lentement.

Elle n'a donc rien pour attirer ceux qui, dans les peintures littéraires, se plaisent à trouver la jeunesse, la beauté, l'enchantement du luxe ; rien pour ceux qui sont avides d'aventures amoureuses, et qui en réclament insatiablement, et qui ne s'en lassent jamais ; pour ceux qui exigent que le romancier leur donne en spectacle les extraordinaires tumultes de l'âme aux heures les plus tragiques de la vie. Mais alors, à qui donc plaira l'histoire de sœur Jeanne ? Qui pourra y prendre intérêt ? Qui voudra en suivre les douloureux épisodes jusqu'à la douloureuse fin ? Ne suis-je pas trop audacieuse avec les lecteurs ?

Ne vais-je pas au-devant de leur ennui et de leur dégoût certains ? Et
encore, et surtout, n'est-il pas bien téméraire à moi de mettre ce récit
sous les yeux du poète et de l'animateur qui a créé tant de figures gracieuses, exquises, enchanteresses ?

Non, je ne crains pas que sœur Jeanne vous rebute !

Quand, après lecture faite, une personne d'esprit et de cœur ferme
quelqu'un de vos livres magiques, — n'importe lequel, courte nouvelle
ou long roman, petit joyau précieux ou rayonnant foyer de lumière
idéale, — quand on ferme, dis-je, un de vos livres, après l'avoir lu
jusqu'à la dernière page, on sent au fond de son cœur une débordante
plénitude d'admiration secrète ; et ce qui inspire cette admiration, c'est
quelque chose de très haut et de très pur que vous avez dans l'âme :
la pitié.

Vous connaissez, Ami et Maître, toutes les erreurs humaines, et
pas une seule ne vous laisse indifférent, et chacune reçoit de vous sa
part d'indulgence et sa part de douceur. Toute la faiblesse et toute la
misère de l'être humain, avec toutes ses perfidies et toutes ses lâchetés,
vivent dans vos œuvres ; mais, à côté, pour leur servir de médecine et
de baume, pour les consoler et pour les absoudre, croît aussi cette
compassion que Dieu vous a départie comme un don suprême. Toute
l'horreur de ce Mal qui donne la nausée et qui épouvante, toute cette
horreur qui jette au pessimisme et à l'athéisme tant d'âmes faites
pour croire et pour aimer, vous ne vous en détournez pas ; mais, au
contraire, vous allez au-devant d'elle, et vous l'affrontez, et vous la
combattez avec votre belle charité d'homme et de poète, et, dans la
victoire, vous conservez encore la même charité. Honneur à vous qui,
comme artiste, ne fûtes jamais dur, jamais cruel ! Honneur à vous qui,
comme artiste, ne fîtes jamais verser de larmes, et qui toujours, avec
cette sublime philosophie morale où resplendit toute votre bonté,
trouvâtes le moyen de sécher celles qui coulaient ! Puisse le pouvoir
de bienfaisance qui est en vous protéger le triste front de sœur Jeanne
et lui donner l'auréole de l'humaine compassion ! Puisse votre pitié
répandre autour de sa vieillesse, de son abandon et de sa misère le
charme mélancolique des douleurs comprises, et soulager sa silencieuse infortune, et réconforter son obscure détresse ! Alors, le poète
aura fait œuvre de poésie, l'homme aura fait œuvre d'humanité.

Mais je vais plus loin encore, dans ma sollicitude attendrie. Je
veux qu'en la nonne brutalement expulsée de son cloître, vous recon-
naissiez une modeste sœur des nobles et malheureuses femmes qui

palpitent et frémissent dans vos ouvrages; je veux que, sur le front ridé de sœur Jeanne, vous retrouviez la même empreinte fatale qui est sur le front blanc des créatures auxquelles vous avez donné un nom dans le monde et une vie mortelle. Quelle distance, n'est-il pas vrai, entre mon héroïne et les vôtres! Quelle diversité de condition, de milieu, de destin! Une petite pierre qui roule dans la fange de la route et une étoile qui meurt dans l'azur d'une nuit d'été peuvent-elles avoir quelque chose par où elles se ressemblent? Eh bien! la chose par où elles se ressemblent, la seule, mais profonde, vivante, essentielle, c'est la douleur : elles ont en commun l'angoisse de l'âme, cette rude angoisse qui lacère tous les voiles de l'artifice social, qui arrache tous les faux semblans de l'existence mondaine, qui dissipe toutes les hypocrisies et qui, dans le cœur humain de l'humble ouvrière, montre à nu la blessure non moins sanglante que dans celui de la princesse. Il est toujours pareil, le cri déchirant qui brise l'être tout entier, soit qu'il jaillisse de lèvres fleuries par la jeunesse et par le sourire, soit qu'il s'exhale d'une bouche qu'ont fanée le travail et les privations. Elles ont toujours la même ardeur corrosive, les larmes de désespérance, celles qui brillent sur les joues délicatement rosées d'un aimable visage, et celles qui coulent sur les pommettes saillantes d'une face creuse et blêmie.

Les sanglots qui éclatent, incoercibles, ont la même explosion affreuse, quand ils secouent les chairs délicates d'une femme divinement belle ou les os décharnés d'une pauvresse que dévorent l'indigence et le chagrin. Ah! quelle grande chose est la douleur, Ami et Maître, et comme elle est vaste et solennelle, et comme elle est multiforme et majestueuse, et comme elle est simple en sa variété, et comme elle est haute toujours, et comme elle emporte toutes les âmes dans un même ouragan tragique, et comme elle les exalte tragiquement jusqu'aux mêmes sommets! Quelle grande chose est la douleur, puisque seule elle est commune à tous les êtres humains, puisque seule elle les rapproche, les rend frères, les solidarise dans une sympathie universelle! Quelle grande chose est la douleur, puisque seule elle supprime toutes les distances, efface toutes les diversités morales, renverse tous les obstacles sociaux et fait que deux femmes qui pleurent, l'une dans le froid et l'obscurité d'une rue déserte, l'autre dans la richesse et le parfum d'un appartement luxueux, mais désert aussi, sont sœurs, complètement sœurs devant la justice et la miséricorde de Dieu!

Ici, volontairement, austèrement, je renonce à contenter ceux qui, dans les œuvres de l'art, demandent la beauté des lignes et des couleurs, la grâce de la jeunesse, le prestige de l'opulence ; je renonce à flatter ceux qui réclament une adaptation nouvelle de cette éternelle histoire d'amour que tous ont racontée, que tous raconteront encore ; je renonce à séduire ceux qui exigent que, sur les pages des livres, on leur peigne une fois de plus les victimes sublimes et les impitoyables bourreaux de la passion. Dans la maturité de mes ans, les vérités se font autour de moi plus limpides et plus lumineuses ; je vois mieux ma route, je connais mieux mon devoir. La vanité de la beauté et de la jeunesse, la caducité de l'amour, le leurre des brûlans délires me sont apparus avec une parfaite évidence ; et ces illusions se sont détachées de l'arbre de ma vie comme les feuilles d'automne qui tournoient, emportées au loin pour mourir. Mais déjà, sur le tronc qui a connu les sourires du printemps et les ivresses de l'été, germent des bourgeons nouveaux ; mais, quand on a fini de croire à une chose, il faut bien croire à une autre chose. Or, il y a des âmes affligées, puissantes, héroïques et fatales, que nul ne connaît ; il y a des cœurs déchirés et exaltés par la vie, que nul ne remarque ; il y a sur le chemin de pâles figures inconnues qui sont des hommes et qui sont des femmes ; il y a des événemens humains qui demeurent inaperçus, bien qu'ils aient des profondeurs infinies ; il y a de sombres histoires qui feraient frémir de stupeur et de douleur, si on pouvait les raconter tout entières.

Et ce n'est pas l'amour, au sens étroit du mot, qui occupe ces âmes, qui dirige ces femmes et ces hommes ; ce n'est pas la passion, avec ses chauds et brefs transports, qui domine ces destinées. Ce sont d'autres sentimens, semblables ou dissemblables, plus forts ou moins forts, plus solides ou moins solides ; ce sont d'autres manières d'agir, moins ardentes, mais plus durables, plus pures et plus douloureuses ; ce sont d'autres tragédies plus enveloppées d'ombre, plus inguérissables, plus dignes de pitié et de pardon. Mes yeux mortels ont vu cette foule et ils y ont distingué le visage des héros solitaires ; mon esprit s'est attaché par un lien de tendresse à ces martyrs sans nom ; les larmes de la pitié ont jailli de mon cœur. Et, si maintenant mes mains de travailleuse et d'artiste écrivaient sur un autre sujet, elles mériteraient d'être maudites !

PREMIÈRE PARTIE

Uomini, poi, a mal, più ch'a bene, usi,
Fuor mi rapiron della dolce chiostra :
Dio lo si sa, qual poi mia vita fusi.
. . . .
Ciò, ch'io dico di me, di se intende :
Sorella fu, e così le fu tolta
Di capo l'ombra delle sacre bende.
Ma poi che pur al mondo fu rivolta
Contra suo grado, e contra buona usanza,
Non fu dal vel' del cor giammai dis-
ciolta (1).

DANTE, *Paradiso*, canto III.

I

Cinq heures sonnaient. Dans l'église des *Trente-trois*, la lourde porte du chœur claustral, en vieux chêne orné de sculptures, s'ébranla, grinça, s'ouvrit toute grande, poussée par les maigres et longues mains de sœur Gertrude des Cinq Plaies. Avec une lente précaution, sœur Gertrude appliqua les battans contre la muraille; puis elle rentra ses mains dans les manches de sa robe noire, traversa le chœur et vint s'agenouiller près de la grille.

Le chœur claustral était placé très haut, aussi haut que la rangée supérieure des verrières ; et une grille en cuivre, l'entourant de ses mailles serrées sur trois côtés, lui faisait une sûre protection contre les regards des curieux qui, d'en bas où le public avait accès dans la nef, auraient essayé d'entrevoir au moins l'ombre d'une *Ensevelie-vivante* : — autre nom que l'on donnait encore à ces *Trente-trois*, dont l'ordre avait été institué jadis par sœur Ursule Benincasa en l'honneur de Jésus et de sa Passion ; — et le premier nom rappelait qu'à l'origine, le nombre

---

(1) « Des hommes, plus habitués au mal qu'au bien, — me tirèrent de la douce clôture. — Dieu sait ce qu'ensuite fut ma vie...

« Ce que je dis pour moi, celle-ci le pense pour elle-même : — elle était religieuse ; et, comme à moi, lui fut ôtée — de la tête l'ombre des bandeaux sacrés.

« Mais, lorsqu'elle eut été renvoyée dans le monde — contre son gré et contre la bonne coutume, — jamais pourtant elle ne dépouilla le voile du cœur. »

des religieuses avait dû égaler celui des années passées en ce monde par Notre-Seigneur, tandis que le second indiquait, au moyen d'une terrible image, la rigueur d'une claustration absolue, inviolable.

En s'agenouillant, sœur Gertrude plongea un regard inquiet dans l'église, que noyaient déjà les ombres du crépuscule. Elle n'y vit personne. Alors elle appuya son front contre la grille, les yeux mi-clos, le buste légèrement incliné; et sur ce front ceint du bandeau en toile blanche, sur cette poitrine couverte de la guimpe blanche, un épais voile noir tombait par devant, tandis que par derrière, selon la prescription de la règle, un grand manteau noir tombait sur la robe noire.

Quelques minutes s'écoulèrent; puis une deuxième forme noire entra dans le chœur, marcha sans bruit, vint se prosterner à côté de sœur Gertrude : c'était sœur Clémence des Épines, toute petite et menue sous le voile noir et le manteau noir. Puis, une à une, lentement, silencieusement, d'autres sœurs arrivèrent encore et s'agenouillèrent le long de la grille, en faisant de grands signes de croix. A présent, elles étaient quatorze. Elles n'avaient pas échangé une parole; mais, de temps à autre, entre deux prières, un douloureux soupir s'exhalait de dessous un voile noir; et aussitôt, de dessous un autre voile, un autre soupir faisait écho. Enfin, sur le seuil du chœur apparut l'abbesse, qui devait être très vieille; car elle marchait soutenue par une femme assez jeune, coiffée d'un bandeau blanc et d'une cornette noire à larges ailes, mais sans voile et sans manteau. Cette femme était une converse, qui, n'ayant pas encore prononcé ses vœux, gardait le visage découvert. La converse, avec une sollicitude affectueuse, réglait sa marche sur celle de l'abbesse, qui, toute courbée, presque pliée en deux, chancelante et tremblante, se dirigeait à petits pas incertains vers un prie-Dieu garni d'un coussin en velours rouge.

La converse alluma une lampe au milieu du chœur et quelques chandeliers sur les pupitres. Une faible lumière se mêla aux ténèbres. Alors les Ensevelies-vivantes se relevèrent, et chacune d'elles se dirigea vers sa stalle en chêne sculpté. Elles étaient si étroitement enveloppées dans leur voile noir et dans leur manteau noir que rien ne se laissait deviner de leur mystérieuse personne; elles s'avançaient avec une démarche prudente et glissante, s'inclinaient en passant devant l'abbesse, posaient les lèvres sur l'anneau d'argent que celle-ci portait à l'annulaire de sa main décharnée; puis, pareilles à des fantômes, elles semblaient s'évanouir dans l'ombre de la stalle où elles allaient s'asseoir.

Dès qu'elles furent toutes à leur place, elles commencèrent à réciter les complies. Cette monotone récitation dura longtemps; et, quand l'office prit fin, la nuit était venue. Pourtant, ni l'abbesse ni les religieuses ne se retirèrent : elles attendaient quelque chose.

L'abbesse, assise maintenant au fond du chœur, dans son haut fauteuil de bois noir, regardait les trente-trois stalles dont plus de la moitié demeurait vide. Autrefois, — sœur Thérèse de Jésus était si vieille, si vieille! — elle les avait vues toutes occupées; mais, hélas! la mort avait diminué peu à peu le nombre des Ensevelies-vivantes, et il ne s'était plus présenté personne pour prononcer le serment redoutable. Combien de temps s'était-il écoulé depuis que sœur Thérèse était entrée en religion? Soixante-cinq ans, peut-être ; elle ne se rappelait pas bien. Combien de temps avait-elle exercé les fonctions d'abbesse? Quarante ans peut-être; elle ne se rappelait pas bien. A cette heure, elle avait quatre-vingt-cinq ans; et elle avait vu disparaître l'une après l'autre dix-huit religieuses, dont les premières mortes avaient été enterrées dans le petit cimetière du cloître, les autres emportées au dehors dans le cimetière commun. Il ne restait plus que quatorze survivantes, avec elle-même, la plus vieille de toutes... Elle les regardait; et une triste pensée fit jaillir de sa poitrine un profond soupir; et, de ces niches noires où les noires ombres des sœurs étaient plongées dans l'obscurité, de profonds soupirs s'exhalèrent, navrés, déchirans.

— Que le Seigneur nous assiste ! — dit l'abbesse à haute voix, mais d'une voix qui tremblait.

— Ainsi soit-il ! — répondirent des voix claires, ou chevrotantes, ou étouffées.

Il y eut un nouveau silence. Enfin, un prêtre aux cheveux blancs, amené par une converse, pénétra dans le chœur. Ce prêtre était très vieux, lui aussi, avec une face rose et débonnaire, avec des yeux éclairés de tendresse. En le voyant paraître, l'abbesse avait essayé de se mettre debout pour le recevoir; mais il lui avait fait signe de ne pas se lever. Don Ferdinand de Angelis était depuis plus de vingt ans le confesseur des Trente-trois; et néanmoins, c'était la seconde fois seulement que, par ordre du cardinal-archevêque, il franchissait la clôture.

— Eh bien! mon père, quelles nouvelles nous apportez-vous? demanda sœur Thérèse avec anxiété.

Le prêtre ne répondit pas tout de suite. Il sentait que, dans les quatorze stalles occupées, des yeux ardens étaient fixés sur lui; et, comme il n'avait rien de bon à dire, il se taisait.

— Il ne nous reste donc aucune espérance?

Le prêtre se contenta de hocher la tête.

— Aucune espérance? — insista l'abbesse, d'une voix que le désir impatient d'une réponse rendait plus forte.

— Offrez à Dieu cette tribulation! — murmura le prêtre.

Mais le nom de Dieu ne réussit pas à réprimer l'éclat des sanglots. Les religieuses pleuraient toutes, les unes rejetées en arrière contre le dossier de leur stalle, les autres penchées en avant sur l'accoudoir, la tête entre les bras. Debout au milieu du chœur, où la flamme vacillante de la lampe et des chandeliers agitait des lueurs étranges, le prêtre paraissait en proie à une cruelle affliction.

— Pleurons ensemble! dit-il. Votre malheur est grand; mais il faut le supporter en chrétiennes.

Sœur Thérèse quitta son fauteuil et s'approcha de Ferdinand de Angelis. Aussitôt les religieuses imitèrent leur abbesse et vinrent se grouper autour d'elle.

— Alors, murmura celle-ci en s'adressant au confesseur, Son Éminence n'a rien pu obtenir pour nous?

— Monseigneur a fait tout le possible, répondit le prêtre. Il est même allé à Rome...

— Et il n'a pas réussi?

— Non, ma mère.

Un gémissement réveilla les échos du chœur.

— Mais le Pape, le Pape? s'écria l'abbesse avec un accent de pieux respect. Le Pape ne pourrait-il intervenir pour ses filles, pour ses servantes?

— Non; une intervention du Pape est impossible, déclara le prêtre. La loi est formelle.

— La loi? Quelle loi? interrompit une des sœurs. Notre loi, à nous, c'est celle qui nous ordonne de vivre et de mourir dans cette maison.

C'était sœur Jeanne de la Croix qui avait parlé. Sœur Jeanne était une des plus jeunes parmi ces vieilles ; elle n'avait pas encore soixante ans, et elle conservait une taille droite et svelte sous le voile et sous le manteau. L'abbesse, d'un signe de la main, lui ordonna de se taire.

— Le Pape lui-même, dit le prêtre, est dans un état d'oppression et de pauvreté.

— Ainsi, nous serons obligées de partir?

— Malheureusement oui, ma mère.

— Si vieilles! On pouvait bien attendre un peu : nous n'aurions pas vécu longtemps encore!

— C'est une épreuve que Dieu vous envoie.

— Mais où irons-nous, mon père?

Il fit avec les mains un geste vague : il n'avait rien à leur offrir, pas même une parole de consolation.

— Où irons-nous? répétèrent en pleurant quatre ou cinq religieuses.

— Il faudra voir, il faudra voir... dit le prêtre avec trouble.

— Dans un autre couvent, sans doute?

— Non, ne l'espérez pas. Le gouvernement s'y oppose.

— Mais alors, où irons-nous?

— Dans vos familles... murmura-t-il.

— Hélas! reprit sœur Thérèse. Notre véritable, notre seule famille est ici. Depuis le jour où nous avons prononcé nos vœux, nul ne s'est inquiété de nous, en ce monde. Que feront celles qui ne savent même pas si elles ont encore des parens? Que feront celles dont tous les parens sont morts?

— J'en parlerai à Son Éminence... le plus tôt possible... demain matin.., répondit le prêtre.

— Et parlez-lui aussi, mon père, du salut de nos âmes! ajouta l'abbesse d'une voix grave. Nous avons fait vœu de clôture perpétuelle, jusqu'à notre dernier jour. Si nous rompons ce vœu, Dieu nous pardonnera-t-il?

— Dieu est plein de miséricorde, ma mère.

— Mais c'est un péché mortel de rompre ses vœux!

— J'en parlerai à Son Éminence... murmura de nouveau le prêtre, si court d'esprit et si bon de cœur. Son Éminence est trop affligée pour vous apporter elle-même la consolation et le réconfort. C'est moi qui reviendrai... demain...

— Demain, dites-vous? Est-ce que le temps presse?

— Vous devez partir après-demain.

— Après-demain!

La vieille abbesse défaillit sous ce coup imprévu; et, tandis que les sœurs s'empressaient autour d'elle et cherchaient à la ranimer, don Ferdinand de Angelis, après avoir donné la bénédiction à ce groupe lamentable, s'esquiva doucement.

Les sœurs emmenèrent leur abbesse par le long cloître en bordure sur le jardin. Elles ne gémissaient plus, mais leurs pas étaient mous et traînans; et il semblait qu'elles étaient devenues plus cassées, plus voisines de la mort. Quelques-unes s'appuyaient au mur, comme si elles eussent été sur le point de s'évanouir. D'autres, les yeux tournés vers le jardin claustral où reposaient parmi les rosiers épars celles qui s'en étaient allées les premières, contemplaient tristement les tombes.

La cellule de sœur Jeanne de la Croix était faiblement éclairée par une veilleuse qui nageait sur l'huile d'un verre. La règle interdisait aux Trente-trois de garder la lumière allumée pendant la nuit; mais elle leur permettait de faire brûler une petite lampe votive devant une image sainte; et sœur Jeanne n'aurait pu dormir sans cette veilleuse, qui jetait sur le crucifix une pâle clarté.

Le sol de la cellule était carrelé de ces froides briques rouges qu'on rencontre dans les plus pauvres logis napolitains. Le mobilier se composait d'un lit, d'une chaise et d'une commode; et le lit n'était formé que de deux tréteaux en fer supportant un seul matelas et un seul oreiller. Sur les murs blanchis à la chaux, il y avait quantité d'objets pieux : tableaux de dévotion, cierges pascals, rameaux bénits. De cette cellule, située au second étage du monastère, l'œil aurait pu embrasser le magnifique panorama de Naples et de son golfe, si la fenêtre n'avait été close par un contrevent aux lames serrées qui interceptait la vue. Dans les premiers temps de sa claustration, sœur Jeanne était sans cesse attirée vers ce contrevent et ne résistait pas à l'envie de regarder, par les étroits interstices des planchettes, le lointain spectacle des choses. Elle s'était même accusée à confesse de cette curiosité profane; et, en effet, cela était bien un péché, puisque cela lui rappelait amèrement sa vie dans le siècle. Mais, peu à peu, avec les années qui passaient, avec la jeunesse qui finissait, avec les souvenirs qui s'effaçaient, elle avait triomphé de la tentation et oublié que, de-cette fenêtre aussi haute qu'une tour, on découvrait, par delà le jardin monastique, l'immensité du monde.

Ce soir-là, pourtant, elle n'arrivait pas à s'absorber toute dans la prière. Après l'horrible nouvelle apportée par don Ferdinand de Angelis aux religieuses éplorées, elle était rentrée dans sa chambrette et s'était mise à genoux devant une chaise de paille, les bras étendus vers le crucifix; mais, tandis que ses lèvres murmuraient machinalement les oraisons habituelles, son âme restait inquiète, et les troublans souvenirs du passé remontaient à sa mémoire.

Elle appartenait à une famille de bourgeois aisés. Elle s'était appelée dans le monde Louise Bevilacqua.

Elle avait eu un frère aîné, Gaëtan, et une sœur cadette, Grâce. Ah! elle les revoyait, maintenant; elle revoyait sa sœur, blonde, grassouillette, jolie, fière de ses yeux bleus et de ses cheveux d'or; elle revoyait son frère, beau garçon, élégant, méprisant la bourgeoisie paternelle, tout adonné à la vie mondaine, esclave de ses aristocratiques amis; elle les revoyait tous deux égoïstes, froids calculateurs, sordidement intéressés sous les séduisantes apparences de la jeunesse et de la gentillesse, adorés par leurs parens, au lieu qu'elle-même, brune, grande, mince, avec un long visage sans beauté, avec ces yeux vifs et ces cheveux noirs qu'ont à Naples toutes les femmes du peuple, n'obtenait de son père et de sa mère qu'une affection froide et distraite.

— Mon Dieu, mon Dieu, comme ils m'ont rendue malheureuse! — gémit-elle à voix basse, les regards attachés sur le crucifix.

Pourquoi cette lamentation inattendue? De quelle blessure ce cœur, qui se croyait guéri depuis si longtemps, recommençait-il à saigner? — Quand elle avait vingt ans, elle avait aimé d'un amour ardent et jaloux Silvio Fanelli, un jeune homme plus riche qu'elle et de meilleure naissance, mais qui semblait l'aimer aussi et qui l'avait demandée en mariage. Les Bevilacqua ne donnaient à Louise que trente mille lires de dot, bien qu'ils en donnassent cinquante mille à Grâce, leur favorite, et qu'ils destinassent tout le reste de leur avoir, qui n'était pas médiocre, à Gaëtan, le premier-né, le chef de la maison. Fière et généreuse, Louise ne prenait pas garde à cette différence: elle était contente de faire, non un mariage d'argent, mais un mariage d'amour.

— O mon Dieu, vous savez comment il me fut ravi! —

s'écria-t-elle de nouveau, en frappant de son front la pàille de la chaise.

Il lui avait été ravi traîtreusement. Grâce et Silvio avaient d'abord coqueté par jeu, sans penser à mal : lui, avec la fatuité ordinaire aux jeunes gens ; elle, pour le malin plaisir de taquiner sa grande sœur. Et puis, peu à peu, la passion s'était mise de la partie, d'abord secrètement, avec tout l'attrait du fruit défendu, et enfin si ouvertement, si effrontément, que Louise n'avait pu rien ignorer de la criminelle intrigue. Pourquoi n'était-elle pas morte de douleur, le jour où elle avait fait cette effroyable découverte? Parce que son orgueil l'avait soutenue. Elle s'était raidie par fierté contre le désespoir; et, pâle, impassible, sans une plainte, elle avait déclaré qu'elle cédait volontiers son fiancé à sa sœur. *Volontiers!* Comment avait-elle pu prononcer ce mot-là? De quelles profondeurs obscures lui en était venue la force? Dieu voulait sans doute l'appeler à lui, la retirer de ce monde où il n'y a qu'égoïsme, injustice et cruauté. Ceux qu'elle avait le plus aimés ne s'étaient-ils pas montrés envers elle faux et déloyaux? Qui avait pris sa défense contre les traîtres? Ses parens eux-mêmes n'avaient-ils pas trouvé naturel qu'un fiancé épousât la sœur cadette après avoir demandé la main de la sœur aînée? Son amour ne lui laissait qu'une immense désillusion; ses désirs et ses espoirs étaient réduits en cendre; après un tel désastre, les seules choses dont elle eût encore le goût étaient la solitude et la prière. Aussi déclara-t-elle résolument qu'elle avait pour le cloître une irrésistible vocation, et que le couvent où elle préférait s'enfermer, c'était celui où la règle était la plus dure, où la réclusion ressemblait à la mort. Lorsqu'elle entra comme novice au couvent des Trente-trois, elle avait vingt-deux ans; elle en avait vingt-six lorsqu'elle prononça ses vœux; et, depuis trente-cinq ans, elle n'avait pas une seule fois repassé le seuil de cette demeure.

Telle était la simple et vulgaire histoire de sœur Jeanne. Et cette histoire, au temps où elle était jeune encore et où ses cheveux coupés repoussaient à foison sous le bandeau blanc, lui avait paru un effroyable drame, un drame où elle avait joué le rôle d'une héroïne tragique. Mais, à mesure que se calmait l'ardeur de son sang juvénile, les faits s'étaient rapetissés dans son imagination; et enfin elle s'était libérée en Dieu. Certes, elle n'avait pas eu les crises mystiques de la grande réformatrice du

Carmel, ni les transports de sainte Catherine, ni les extases de
sœur Ludwinne; sa foi était courte, circonscrite, modeste; mais
sa foi, telle quelle, avait suffi pour l'apaiser. Car elle était véritablement apaisée; et si, tout à l'heure, dans cette nuit d'angoisse
et de tristesse, quelques plaintives accusations contre le passé lui
étaient montées aux lèvres, elle-même en avait été surprise, et
ses propres paroles avaient résonné dans son esprit comme les
paroles d'une étrangère. Non, ce n'était pas le passé qui la
rendait si triste et si inquiète : désormais, rien du passé ne
pouvait la faire souffrir. Mais il y avait trente-cinq années qu'elle
était venue dans cette maison chercher un refuge; et, à présent, elle était vieille, elle approchait de la soixantaine. Bien
qu'elle n'eût pas de miroir pour y regarder son visage, elle savait
que le temps y avait imprimé sa marque; bien que ses cheveux
fussent coupés ras sous le bandeau, elle savait qu'ils étaient
blancs. Les années lui avaient apporté la résignation ; mais elles
lui avaient aussi apporté la faiblesse et la lassitude. Et puis,
c'était une vie entière qu'elle avait passée là, dans cette cellule,
avec la certitude que ce toit l'abriterait jusqu'à son dernier
soupir, qu'elle agoniserait et qu'elle mourrait sur ce petit lit. Et
voilà que tout à coup la cruauté du sort la rejetait dans l'inconnu, à l'âge où l'on n'a plus d'autre désir que celui du repos.
Demain, cette cellule ne serait plus la sienne, ce petit lit ne lui
appartiendrait plus; elle serait chassée de cette chère maison et
ne savait pas où elle trouverait un asile.

Quelle tristesse ! Demain, lorsqu'elle aurait franchi de nouveau le seuil de cette porte qu'elle croyait refermée sur elle pour
jamais, où irait-elle? Chez les siens? Mais elle ne savait pas
même s'ils étaient morts ou vivants. Depuis qu'elle s'était retran-
chée du monde, elle n'avait ni demandé ni reçu de leurs nouvelles. Seule, vieille, craintive, embarrassée dans son voile noir
et dans sa robe noire, que deviendrait-elle, si elle ne trouvait
plus personne? Et comment vivrait-elle? de quoi vivrait-elle?
Sans doute chaque religieuse avait apporté au couvent une dot
qui était sa propriété; et sa dot, à elle, n'avait été que de
vingt mille lires, parce que ses parens avaient rogné de dix
mille lires la somme promise d'abord pour le mariage. Mais le
gouvernement restituerait-il les dots des religieuses expulsées?
Les unes disaient oui, mais les autres hochaient la tête. Si le
gouvernement ne restituait rien, comment ferait-elle pour

vivre?... Une terreur envahissait son âme, une terreur enfantine et panique, la terreur de l'inconnu et des ténèbres, la terreur de ce vaste univers plein de choses redoutables et incompréhensibles : la terreur qui glace le sang dans les veines, qui donne la chair de poule et fait claquer les dents.

Déjà une lueur pâle filtrait à la fenêtre; et sœur Jeanne de la Croix, qui, depuis tant d'années, n'avait pas jeté un coup d'œil entre les lames du contrevent, s'approcha pour regarder. L'aurore montait dans le ciel; la mer avait au loin la blancheur de l'argent; les toits des maisons napolitaines émergeaient lentement de la brume. C'était cela, le monde; c'était là-bas qu'il fallait retourner. Rien n'avait pu conjurer le sort!.

Désespérée, inconsolable, elle contemplait l'immense paysage matinal, et elle pleurait.

La veille du jour fatal, ce fut comme un refrain lugubre. A tout propos, la même lamentation revenait sur les lèvres des malheureuses.

— Ma sœur, c'est la dernière fois que nous disons les vêpres ensemble.

— Ma sœur, c'est la dernière fois que nous chantons ensemble le *Pange lingua*.

— Ma sœur, c'est la dernière fois que nous passons ensemble sous ce cloître.

— Ma sœur, c'est la dernière nuit qu'on nous permet de dormir dans cette sainte maison.

Et elles courbaient la tête; et les moins vieilles, les plus sensibles, se tordaient les mains de douleur.

Le soir, quand fut arrivée l'heure du repos, elles ne voulaient pas retourner dans leur cellule et s'obstinaient à prolonger la veillée, réunies dans les corridors et à la porte du réfectoire par petits groupes où l'on échangeait de mornes paroles.

— C'est la dernière nuit...

— C'est la dernière nuit...

— C'est la dernière nuit...

Sœur Véronique du Calvaire, celle qui, disaient les autres, se trouvait en parfait état de grâce, voulut, malgré ses soixante-dix ans et ses rhumatismes, passer toute cette nuit seule dans le chœur, en oraison: et, lorsqu'elle en sortit, à l'aube, elle tremblait de froid. Sœur Françoise des Sept Paroles alla s'étendre sur les marches de la *Scala Santa*, cet escalier qui, fait à l'imitation de celui de Rome, avait trente-trois marches et que les sœurs les plus valides et les plus ferventes montaient à genoux par pénitence. Sœur Jeanne de la Croix était descendue, vers minuit, au jardin et y avait cueilli des fleurs, de pauvres petites fleurs communes qu'elle liait en bouquet avec un fil et déposait sur les tombes des sœurs mortes au temps où la loi permettait encore de les ensevelir dans le cloître; et elle avait longuement erré parmi ces tombes comme un noir fantôme, sous la lumière pâle de la lune, s'arrêtant devant chaque sépulture pour prier et pour gémir, sans s'apercevoir que sa robe se trempait de rosée et que son voile mouillé se collait contre son visage.

Après les matines, les religieuses, absorbées dans l'idée fixe qui occupait leur âme simple, se mirent à répéter avec une monotonie funèbre :

— Ma sœur, c'est aujourd'hui qu'il nous faudra partir...

— Ma sœur, c'est aujourd'hui qu'il nous faudra quitter le toit d'Ursule...

— Ma sœur, c'est aujourd'hui que nous serons rejetées dans le monde...

— Ma sœur, c'est aujourd'hui...

— C'est aujourd'hui!

Et elles ajoutaient, la mort dans l'âme :

— J'ai demeuré ici quarante ans...

— Et moi trente-sept...

— J'avais vingt-cinq ans lorsque j'y entrai...

— Et moi, j'en avais dix-huit...

A midi, l'abbesse les réunit dans la grande salle pour les exhorter encore une fois à souffrir courageusement cette tribulation et pour les avertir de rassembler le peu qu'elles possédaient en propre. Elle-même, qui appartenait à la noble famille des Mormile et qui avait apporté au couvent une riche dot, avait déjà fait empaqueter ses effets par Christine, la converse; et, derrière le grand siège abbatial, le petit paquet était à terre, enveloppé dans un châle noir.

— Et les images? — s'écria la pieuse Véronique du Calvaire. — Est-ce que nous pourrons emporter les images?

— Celles de vos cellules sont à vous. Détachez-les et emportez-les.

— Ah! si nous pouvions emporter aussi l'*Ecce Homo* de notre église!

— Ah! si nous pouvions emporter la statue de la Madone!

— Et le Saint-Sacrement de l'autel!

— Et la *Scala Santa*, la *Scala Santa!*

— Et les murs du couvent, ces murs chéris!

Telles étaient les exclamations que leur arrachait le désespoir. D'un geste de ses vieilles mains jaunes et sèches qui depuis plus d'un demi-siècle ne s'étaient agitées que pour prier et pour bénir, l'abbesse tenta de les rendre plus calmes.

— Allez, mes filles, allez! Obéissez-moi!

Elles obéirent. Dans le long corridor du deuxième étage, toutes les portes des cellules étaient ouvertes; et, avec la lente activité de la vieillesse engourdie, chaque religieuse retirait de sa commode son pauvre trousseau, détachait du mur les images, les crucifix, les cierges pascals, les agnus, les rosaires; puis elle baisait religieusement l'objet détaché, récitait une oraison mentale et se recommandait à quelque céleste protecteur.

— O Jésus, ayez pitié de nous!

— O Madone de la Salette, protégez-nous!

— O saint Antoine, qui chaque jour accordez treize grâces...

— O saint André d'Avellino, qui assistez les fidèles à l'article de la mort...

Et les unes se jetaient sur leur lit et embrassaient l'oreiller où leur tête avait reposé si longtemps; d'autres se laissaient tomber sur leur unique chaise, les bras cassés, défaillantes; d'autres allaient et venaient, d'un air égaré.

Tout à coup un pas rapide se fit entendre dans le corridor: Judith, la converse portière, se précipitait vers la chambre de l'abbesse en criant d'une voix effarée:

— La clôture est rompue, la clôture est rompue! Les hommes du gouvernement sont en bas!

Ce fut comme une rafale qui se serait engouffrée dans le corridor avec un grondement sinistre. En proie à une terreur folle, oublieuses de l'âge et des infirmités, les sœurs s'élancèrent hors de leurs cellules et se mirent à courir, toutes, même les plus vieilles, même les plus cassées; et elles firent irruption chez sœur Thérèse de Jésus, se réfugièrent en masse derrière le haut siège abbatial comme des fillettes épouvantées et haletantes.

— La clôture est rompue! La clôture est rompue!

Sans prononcer une parole, sœur Thérèse se leva. Elle paraissait tranquille ; seulement, on voyait trembler ses mains ridées, où brillait l'anneau d'argent.

Trois hommes entrèrent dans la salle. Le premier était Gaspard Andriani, le préfet : un personnage grand et maigre, à la barbe rousse bien peignée, aux lunettes montées en or, habillé avec la sobre élégance de ceux qui, passé la cinquantaine, se soucient encore de plaire. Très correct, il avait ôté son chapeau de soie aux luisans reflets ; sa physionomie sans expression n'avait de vivant qu'un sourire aimable et glacé, qui ne manquait pas d'une certaine ironie : un administrateur dont on disait qu'il avait une poigne de fer et une main de velours. Le second, un jeune homme pâle et brun, aux brunes moustaches retroussées, était le chevalier Quistelli, conseiller de préfecture, aussi froid et non moins élégant que son chef. Le troisième et dernier, un individu à la face commune, à l'aspect servile et maussade, d'ailleurs convenablement vêtu, avec la traditionnelle paire de gants qui caractérise les fonctionnaires de la Questure, était le commissaire de police. Ils s'avancèrent tous les trois vers l'abbesse ; et le préfet, d'une voix doucereuse, la tête hypocritement penchée sur l'épaule, dit à sœur Thérèse :

— J'ai grand regret, illustre dame, d'avoir à remplir auprès de vous une mission pénible. Je viens, au nom du Roi, prendre possession de ce monastère et de tous les biens meubles et immeubles qui lui appartiennent.

— Et moi, — repartit la vieille abbesse d'une voix claire, les yeux fixés à travers le voile sur ceux du préfet, — je proteste, au nom de la règle établie par sœur Ursule Benincasa, au nom de la communauté que je représente, au nom de mes filles que voici et en mon propre nom, contre la violation de notre clôture.

Le préfet détourna un peu le regard et s'inclina en affectant des façons polies.

— Je suis désolé, illustre dame, de ne pouvoir accueillir votre protestation. Le Gouvernement a dissous les congrégations religieuses, et, par conséquent, il n'existe plus de clôture.

Sans accorder aucune attention aux paroles du préfet, l'abbesse continua :

— Je proteste contre cette prise de possession illégale et inique ; et, avec l'autorisation de mes supérieurs, je me réserve de faire valoir devant les tribunaux mes droits et ceux de mes compagnes.

Le préfet jeta au conseiller de préfecture un regard sarcas-
tique, et le conseiller de préfecture eut un imperceptible sourire :
sœur Thérèse venait de répéter la formule que Son Éminence lui
avait envoyée par Don Ferdinand de Angelis.

— Les tribunaux décideront, répliqua le préfet avec une
feinte condescendance; mais, pour l'heure, je vous prie, ma
révérende mère, de vouloir bien respecter les décisions administratives et me permettre d'exécuter la tâche qui m'incombe.

· Tandis qu'il égrenait les phrases de son éloquence administrative, le préfet lançait vers les religieuses des regards dérobés,
et le conseiller de préfecture aussi, et le commissaire de police
aussi. Une banale curiosité les pressait de voir les visages qui
se dissimulaient sous les voiles· noirs. Et, comme les sœurs
s'étaient aperçues qu'elles étaient regardées par ces hommes, elles
se serraient les unes contre les autres derrière le siège abbatial,
pareilles à un troupeau de brebis effarouchées.

— Vous m'avez entendu, illustre dame? demanda le préfet
d'une voix pateline.

— Oui; mais je ne vous ai pas compris. Veuillez vous expliquer.

— Il faut que toutes les religieuses, à commencer par vous-
même, relèvent leur voile et me disent leur nom de famille,
afin que je puisse constater leur identité.

Quatorze voix affolées s'exclamèrent :

— Non, non! Relever notre voile, jamais!

— Cela pourtant est nécessaire, mesdames, déclara le
préfet, toujours souriant, mais sur un ton plus sec.

Elles recommencèrent à crier :

— Non, non ! Dites-lui, ma révérende mère, dites-lui qu'il
nous est impossible de relever notre voile !

— Vous voyez, monsieur, — dit l'abbesse ; — elles refusent.

— Vous pouvez les y obliger : vous en avez le droit, puisqu'elles vous doivent l'obéissance, répliqua le préfet, qui maintenant fronçait les sourcils.

— Mais j'ai aussi un devoir, et c'est de ne pas leur com-
mander un acte contraire à la règle.

— J'entends que vous leur en donniez l'exemple ! déclara le
fonctionnaire, devenu glacial.

— Non, monsieur.

— Décidez-vous!

— Non, monsieur.

— Eh bien! vous me mettez dans l'obligation de recourir à la force!

— Recourez donc à la force.

Alors, le préfet s'avança vers sœur Thérèse; et, après lui avoir fait un salut, il allongea sa main finement gantée et toucha le voile de l'abbesse. Les religieuses poussèrent un long gémissement d'horreur mystique; mais l'abbesse ne fit aucune résistance. Et un pauvre visage émacié apparut : un visage où s'alliaient la noblesse de la race et la noblesse d'une vie consacrée tout entière au service de Dieu, un visage déjà marqué par le voisinage de la mort, avec je ne sais quoi de libre et d'auguste que lui donnait l'affranchissement prochain, avec je ne sais quoi de pathétique et de miséricordieux que lui donnait une immense douleur jointe à une immense résignation.

Le préfet s'arrêta, interdit, et il regarda son conseiller de préfecture, qui, lui aussi, semblait mal à l'aise. Quant au commissaire de police, il gardait l'attitude rogue d'un agent de bas étage employé à une besogne de confiance.

Le préfet, pour dissimuler son trouble, tira de son portefeuille un papier, qu'il se mit à lire.

— Illustre dame, vous êtes bien la duchesse Angiola Mormile de Casalmaggiore, des princes de Trivento?

Les paupières de l'abbesse battirent à plusieurs reprises; et elle répondit lentement :

— Je suis sœur Thérèse de Jésus, abbesse de ce monastère... Dans le siècle... oui, dans le siècle... j'étais ce que vous dites.

Ensuite, avec la même désinvolture que tout à l'heure, le préfet s'avança vers le troupeau craintif. Les religieuses tremblaient comme des feuilles. Mais, à l'imitation de leur abbesse, elles n'ouvrirent pas la bouche, ne firent pas un geste de révolte. Les quatorze voiles furent levés l'un après l'autre, et quatorze visages se découvrirent. Tous étaient des visages de vieilles : les uns, si décharnés que les os paraissaient en trouer la peau; les autres, empâtés d'une graisse molle; d'autres, tout ronds et tout ridés, comme un fruit conservé jusqu'à la fin de l'hiver; d'autres, avec un nez crochu qui s'inclinait vers un menton de galoche.

Un petit frisson courait sur ces faces qui n'étaient plus habituées à l'air libre; le grand jour faisait battre ces paupières qui ne le connaissaient plus. Mais toùtes ces bouches gardaient le silence, blêmes de douleur et sublimes de résignation.

Le préfet et le conseiller de préfecture paraissaient contrariés, un peu déçus.

Pour arriver du Corso Vittorio-Emanuele au monastère des Trente-trois, — pédestrement, puisqu'il n'existe pas de chemin carrossable, — on monte d'abord un bout de rue fort raide, mais pavé, en face du grand palazzo Cariati; puis, vient une rampe en escalier, dont les marches sont faites avec de grosses pierres disjointes; puis, on s'engage dans une venelle presque champêtre, que bordent sur un côté les hautes murailles du couvent et, sur l'autre, quelques masures sales et ruineuses; enfin, après avoir fait un coude et gravi de nouveau une suite de marches, on se trouve devant la façade. L'ascension est longue et fatigante. Pendant la première moitié du parcours, on a encore l'impression d'être dans une ville populeuse; mais, sitôt qu'on a pris la venelle, on entre dans le désert et dans le silence. A peine aperçoit-on quelques rares femmes du quartier qui, au seuil de leur taudis, les cheveux mal peignés, les vêtemens en guenilles, roulent des écheveaux de fil sur le dossier de deux chaises disjointes, tout en berçant du pied un nourrisson emmailloté dans des langes sordides. C'est près de là qu'on voyait naguère ces grottes des « filassiers, » pareilles aux autres des *gitanos*, où hommes et bêtes vivaient pêle-mêle dans une véritable état de sauvagerie. De nos jours, la maigre industrie de la filature et du dévidage procure encore un peu de pain aux habitans de ces bouges, lorsqu'ils veulent travailler. Plus haut, sur le sentier qui aboutit au couvent, on ne rencontre jamais âme qui vive.

Le couvent a deux portes, une grande et une petite. La petite est une porte de service par où les fournisseurs, sans franchir la clôture, viennent remettre les provisions de bouche entre les mains des converses; une croix de fer la surmonte et, par-dessus la muraille, un peu plus basse en cet endroit, les arbres d'un verger montrent leur cime. La grande porte, hermétiquement close, n'est décorée d'aucun insigne religieux; c'est par cette porte qu'entrèrent une à une, pour ne plus jamais ressortir, les dernières sœurs qui aient pris le voile; et, depuis trente ou quarante ans, les lourds vantaux ne se sont écartés que trois ou quatre fois, devant le cardinal ou devant le confesseur. On la voit toujours fermée, cette grande porte qui ressemble à celle d'une forteresse ou d'une prison.

A peine le bruit se fut-il répandu que les Trente-trois seraient expulsées dans l'après-midi, une foule de curieux s'amassèrent sur le Corso Vittorio-Emanuele; puis, peu à peu, ils envahirent la rampe, gagnèrent la venelle, grimpèrent jusqu'au parvis du couvent. Là, ils trouvèrent la grande porte béante; et leurs regards purent plonger dans un vestibule profond, sombre et vide.

Cette foule se composait d'hommes et de femmes du peuple, d'ouvriers, de petits bourgeois, de couturières, d'enfans. Tous avaient une impatiente curiosité de voir ces Ensevelies-vivantes, que l'on tirait de leur tombeau pour les rejeter dans le monde; et, si quelques-uns plaisantaient et se moquaient, la plupart n'éprouvaient que de l'attendrissement, de la compassion et une sorte de crainte. Ils se disaient les uns aux autres:

— Les pauvrettes, les pauvrettes!

— Que vont-elles devenir?

— Maudit soit le Gouvernement!

— Un Gouvernement de voleurs...

— Qui dépouille de saintes femmes...

— Qui leur prend jusqu'à leur maison...

— Les voilà sans asile!

— Eh bien! elles chercheront un mari.

— A leur âge!

— Dieu ne devrait pas permettre des choses pareilles!

Tout à coup, dans l'ombre du vestibule, une très vieille femme se montra. C'était sœur Thérèse de Jésus qui venait se placer sous le porche pour saluer l'une après l'autre ses religieuses, quand elles sortiraient. A ce spectacle, il y eut dans la foule un remous.

— L'abbesse! L'abbesse!

— O Madone, quel sacrilège!

— On dirait qu'elle va mourir!

La première qui sortit fut sœur Gertrude des Cinq Plaies, grande, maigre, sèche, accompagnée de son frère, un prêtre plus jeune de quelques années. Elle avait rejeté son voile en arrière, *par ordre*. Dès qu'elle aperçut l'abbesse, elle se précipita sur cette main où brillait l'anneau d'argent et elle la couvrit de baisers.

— Pour la dernière fois, ô ma mère, — dit-elle à voix basse, intimidée par la foule qui se rapprochait, — donnez-moi vôtre bénédiction !

— Je te bénis, ma fille, maintenant et toujours. Adieu.

Et sœur Gertrude passa le seuil, traversa silencieusement la foule frémissante, s'éloigna, se perdit dans ce monde qui l'avait reprise.

Vint ensuite sœur Clémence des Épines, petite, délicate, si fine de traits que, dans une vieillesse avancée, elle conservait encore de la gentillesse. A côté d'elle marchait un homme âgé, un parent par alliance, qu'elle ne connaissait pas et qui ne la connaissait pas : sans doute, un modeste fonctionnaire, qui paraissait fort gêné de son rôle.

— Adieu, ma sainte mère, adieu ! — s'écria-t-elle, secouée par les sanglots.

— Que le Seigneur t'accompagne jusqu'au jour de ta mort !

Et sœur Clémence passa le seuil, son mouchoir sur la bouche, les yeux obscurcis par les larmes, ne voyant pas où elle posait les pieds. Déjà, dans la foule, quelques femmes pleuraient, à voir cette petite vieille en pleurs ; et la commisération s'exprimait par des injures contre le Gouvernement.

— Quelle infamie ! Quelle infamie !

— Les canailles ! Les assassins !

— Martyriser ainsi ces pauvres âmes du bon Dieu !

Puis, ce fut le tour de sœur Véronique du Calvaire, la prieure, celle qui, disait-on, était en parfait état de grâce et que Jésus et la Madone avaient toujours comblée de leurs dons spirituels ; jaune, chétive, mais parfaitement sereine ; la vraie servante de Dieu, celle qui, tranquille et passivement soumise, accepte avec une paisible gratitude tout ce que le Ciel lui envoie. Originaire de Messine, elle s'était appelée dans le monde Félicité Almagi. Des neveux, avertis par la circulaire préfectorale, avaient télégraphié à la Société péninsulaire de Navigation pour que le bureau de Naples envoyât au couvent quelqu'un qui la ferait embarquer et la ramènerait en Sicile. Un jeune homme, employé de la compagnie, se trouvait donc là, ponctuel, mais visiblement ennuyé de sa mission, qui lui semblait un peu ridicule. Quand sœur Véronique fut devant l'abbesse, elle lui baisa la main simplement, comme elle avait coutume de faire chaque soir à complies ; et l'abbesse la regarda, surprise d'abord, puis

ravie d'admiration. Alors, les rôles changèrent; et ce fut la supérieure qui demanda l'assistance spirituelle de cette pieuse fille,
que Dieu avait déjà consolée.

— Rappelez-moi chaque jour dans vos prières à Jésus cru-
cifié, sœur Véronique.

— Oui, ma révérende mère, quelque indigne que j'en sois.

Et sœur Véronique, sans la moindre hésitation, s'enfonça au
milieu de la foule étonnée. Dans cette vieille si tranquille, les
spectateurs avaient deviné une de ces saintes qui déjà sont inscrites au nombre des élues.

— Dites un *Ave* pour moi, ma bonne sœur!

— Et pour moi aussi, pour mon enfant malade!

— Recommandez-moi aux âmes du Purgatoire!

Elle répondait oui, d'un signe de tête. Au tournant du sentier, elle disparut.

Celle qui la suivit offrait dans toute sa personne les marques
d'un profond désespoir. C'était sœur Françoise des Sept Paroles,
qui, dans le monde, s'était appelée Marianne Caruso et dont les
parens avaient tenu un petit magasin de denrées coloniales. Mais
les parens étaient morts; et, pour la recueillir, il n'était venu
que des cousins, le mari et la femme, épiciers en détail dans le
quartier des Saints-Apôtres. A leur mine froide et à leurs lèvres
pincées qui dénotaient une sordide avarice, on voyait bien que ces
gens-là n'étaient pas venus par bonté de cœur. Ils regardaient sœur
Françoise en dessous, d'un air de méfiance; et elle, éperdue, ne les
regardait même pas. A chaque instant elle s'arrêtait pour gémir,
pour se tordre les mains, pour couvrir de baisers la muraille.
Quand elle fut devant l'abbesse, elle se jeta à genoux et s'écria:

— O ma mère, ma mère, pardonnez-moi tous mes péchés!

— Dieu te les a déjà pardonnés, ma fille; car tu es bonne.
Mais ne te donne pas en spectacle; relève-toi et pars.

Cependant, sœur Françoise continuait à se lamenter, s'arrêtait encore pour baiser les portes du couvent, ne pouvait s'arracher de ces lieux où elle avait espéré mourir; et il fallut que
l'abbesse invoquât l'obédience pour la décider à passer le seuil.
Dehors, la malheureuse vacillait, trébuchait; elle faillit tomber.

— Elle n'y survivra pas, elle n'y survivra pas! murmurait-on
dans la foule.

— Tant mieux, tant mieux pour elle!

La triste procession des sœurs expulsées continuait. Elles arrivaient pleines de stupeur puérile et de pudeur offensée, comme hébétées par l'âge et par la souffrance. Au passage, l'abbesse leur donnait sa bénédiction, d'une main de plus en plus tremblante, d'une voix de plus en plus faible; et elles s'en allaient, accompagnées de ceux qui étaient venus les attendre. Déjà il en avait passé neuf, l'une après l'autre. Et voilà que soudain il s'en présenta quatre ensemble. Celles-là, personne n'était venu les attendre, et la circulaire préfectorale, adressée à leurs parens présumés, était demeurée sans réponse : peut-être étaient-ils morts ou partis au loin, ou ne se souciaient-ils pas de prendre à leur charge une vieille nonne chassée de son couvent. C'était sœur Bénédictine du Saint-Sacrement, sœur Scholastique de Ghetsémané, sœur Camille du Saint-Sépulcre et sœur Geneviève de la Passion: et, pour les accompagner, il n'y avait que Dominique Trapanese, ce commissaire de police qui avait escorté le préfet et le conseiller de préfecture. Elles entourèrent l'abbesse, en balbutiant parmi les sanglots :

— Où vont-ils nous conduire, ma mère?

— Où vont-ils nous jeter, ma mère?

— Personne, ma mère, n'a eu pitié de nous !

L'abbesse, dont le cœur se déchirait, demanda au commissaire

— Où les emmenez-vous, monsieur?

— A la Questure.

Sœur Thérèse ne comprit pas ce mot, nouveau pour elle.

— C'est une maison de refuge?

— Oui, si vous voulez! répliqua le commissaire en ricanant

— Je les recommande à vos bons soins, monsieur, dit-elle avec dignité.

— C'est bien, c'est bien, madame la supérieure. Allons, en marche, mes petites! ajouta-t-il familièrement, comme s'il eût donné le signal du départ à une bande de jeunes vauriens.

Et les quatre vieilles, consternées, éperdues, partirent avec le commissaire. Sœur Camille, horriblement boiteuse, menaçait de choir à chaque pas. Et la foule, qui avait compris, faisait tout haut ses réflexions :

— Elles n'ont plus personne.

— On les emmène au Dépôt...

— Avec les malandrins, avec les gueuses !

— Elles coucheront sous les verrous !

— Pauvres femmes !

Eutin parut sous le porche la dernière de toutes, sœur Jeanne de la Croix. Elle n'avait trouvé personne au parloir, mais elle avait été avertie qu'une dame l'attendait à la porte. Elle aussi, les yeux gonflés de larmes, les lèvres frémissantes, s'agenouilla devant l'abbesse et sollicita la bénédiction.

— Vous n'avez personne qui s'occupe de vous? — interrogea sœur Thérèse.

— J'ai quelqu'un, ma mère.

— Qui?

— Je ne sais pas; mais quelqu'un m'attend dehors.

Sur le parvis, une dame s'avança vers sœur Jeanne. Cette dame, qui devait avoir dépassé la cinquantaine, conservait des restes d'une beauté blonde, mais alourdie par l'embonpoint, et ses cheveux grisonnaient sous la teinture. Elle était vêtue avec une élégance prétentieuse qui ne convenait plus à son âge.

— Vous êtes sœur Jeanne de la Croix? dit l'inconnue, avec une hésitation où il y avait du doute et de l'inquiétude.

— Oui. Et vous, madame?

— Je suis ta sœur, Grâce Bevilacqua.

Elles se regardèrent avec une intense curiosité, mais ne s'embrassèrent, ni ne se donnèrent la main.

— Je suis venue te prendre, se hâta de dire Grâce, que le regard de l'autre gênait.

— Et mon père? Et ma mère? demanda la religieuse.

— Ils sont morts.

— Et mon frère Gaëtan?

— Il est mort.

— Et ton mari Silvio?

Sœur Jeanne avait prononcé ce nom sans émoi.

— Il est mort, il est mort... Partons vite...

— Partons.

La touchante et douloureuse tâche de l'abbesse était finie. Elle se leva pour s'en aller à son tour. Alors s'approcha d'elle une jeune fille de quinze ans, toute blonde, toute blanche, à la figure fine et noble. Cette jeune fille, qui s'appelait Donna Maria, des ducs de Casalmaggiore et des princes de Trivento, était la petite-nièce de sœur Thérèse et la seule survivante de la maison Mormile. Si jeune encore, elle avait le maintien recueilli et une douce fierté d'expression. Un serviteur en livrée marchait derrière elle.

Sœur Thérèse fit quelques pas incertains; puis, elle se retourna pour contempler une dernière fois les murs de Sainte-
Ursule; puis, chancelante et courbée, elle entreprit à son tour
la pénible descente, appuyée sur le bras de sa nièce attentive et
silencieuse. Et la foule, à l'aspect de cette ruine humaine, de ce
pauvre corps qui déjà était presque un cadavre, chuchotait, prise
de pitié et d'indignation :

— La malheureuse! On aurait bien pu la laisser mourir en
paix!

II

Les yeux baissés, de ce pas tranquille et prudent des femmes
qui ont longtemps vécu dans le cloître, sœur Jeanne descendait
la rue Magnocavallo, frôlant les murailles avec l'ample manteau
noir qui l'enveloppait toute. Elle n'avait plus de voile noir sur le
visage, mais elle continuait à porter le costume monacal; sous
la cornette noire, un bandeau blanc cachait son front jusqu'aux
sourcils, une guimpe blanche cachait son cou jusqu'au menton.
Ce matin-là, un grand vent glacial soufflait; et elle frissonnait
un peu sous ses vêtemens de laine, assaillie par la bise qui, dans
les rues encore désertes, semblait fouetter plus brutalenent.

Elle n'avait pas fait une longue course. Elle était allée à
l'église du Bon-Conseil, en haut de la rue Magnocavallo,
pour entendre, comme elle faisait chaque jour, la première
messe : une messe qui se disait à six heures et demie et à laquelle assistaient seulement quelques femmes du peuple, quelques
béguines, quelques mendiantes perdues dans la pénombre de
l'étroite nef, tandis que le vieux sacristain rôdait d'une chapelle
à l'autre, traînant les pieds, toussant, crachant, et que le prêtre
se retournait à peine vers le peuple invisible, pour chuchoter les
saintes paroles. Ce matin-là, sœur Jeanne avait communié. Au
temps heureux de sa vie dans le cloître, lorsqu'elle était ense-
velie vivante au couvent de sœur Ursule, son confesseur don
Ferdinand de Angelis lui accordait la joie spirituelle de la communion une fois par semaine, toujours le vendredi, en l'honneur de la sainte Croix; mais à présent, malgré sa grande bonté,
don Ferdinand était devenu plus sévère, et il ne lui permettait
la communion qu'une seule fois par mois. S'il arrivait que sœur
Jeanne se plaignît avec humilité de cette rigueur :

— Maintenant vous êtes dans le monde, répondait le confesseur, sans autre explication.

— C'est vrai, je suis *dans le monde!* soupirait sœur Jeanne, en songeant que le Seigneur se donne moins à ceux qui vivent de la vie profane.

Elle hâtait le pas, toute recueillie dans la consolation pieuse d'avoir participé à la sainte Table. Elle n'avait pas beaucoup de chemin à faire. Elle habitait rue Magnocavallo, 99, chez sa sœur Grâce Bevilacqua-Fanelli, avec sa nièce Clémentine et son neveu François, dans un petit appartement situé au fond de la cour. Si elle avait choisi l'église du Bon-Conseil pour ses dévotions quotidiennes, c'était justement pour ne pas avoir à faire de trop longues courses dans les rues, sous ce vêtement religieux qui attirait l'attention tantôt bienveillante et tantôt railleuse des passaus, et aussi parce qu'elle n'était plus jeune et qu'elle avait du monde extérieur une crainte vive et presque enfantine dont rien ne pouvait la guérir; mais, le premier jeudi du mois, jour où elle avait l'habitude de se confesser, elle s'en allait très loin, très loin, jusqu'à l'église de Sainte-Claire, trouver don Ferdinand de Angelis.

Il était sept heures à peine. Çà et là, dans la rue Magnocavallo, silencieuse et malpropre, une porte cochère s'ouvrait poussée par un concierge qui somnolait encore, un « basso » s'entre-bâillait, laissant passer un ouvrier qui se rendait à son travail. Au moment où sœur Jeanne entrait d'un pas rapide sous le porche du numéro 99, la portière, une femme sèche et hâve, avec des restes d'une beauté flétrie par la misère et les fréquentes grossesses, enceinte d'une façon très visible, enveloppée tant bien que mal dans un châle en laine rouge déteint, la salua sur un ton lamentable.

— Louée soit la sainte Vierge, *zi' monaca* (1)!

— Louée soit-elle! répondit sœur Jeanne à voix basse, en se disposant à poursuivre sa route.

Mais la portière, soupirante et gémissante, l'obligea de s'arrêter.

— *Zi' monaca*, vous devriez bien le dire à votre sœur, oui, vous devriez bien le lui dire, tout le mal que me doune le signorino don Ciccillo!

---

(1) Littéralement : « tante nonne. » C'est le nom, d'une familiarité amicale et souvent aussi un peu méprisante, que la plèbe napolitaine donne aux religieuses.

— Et comment cela? demanda presque involontairement la religieuse. Que vous a fait mon neveu?

Aussitôt, elle se repentit d'avoir posé cette question. N'avait-elle pas promis à Dieu, à son confesseur et à elle-même de ne plus s'occuper des choses profanes?

— Don Ciccillo n'est pas rentré cette nuit, reprit la portière geignante. Et, enceinte comme me voilà, je n'ai pu fermer l'œil, parce que je ne voulais pas le faire attendre lorsqu'il frapperait... Ah! on est drôlement récompensé de ses bonnes intentions!

— Mon neveu n'est pas rentré, dites-vous? murmura la religieuse, inquiète.

— Non; et je n'ai rien eu pour ma peine. Quand il rentre tard, il me donne toujours quelque chose. Mais, quand il ne rentre pas du tout,... j'ai sacrifié mon sommeil en pure perte; car, ensuite, il oublie de me rien donner... Un jeune homme si comme il faut!

Sœur Jeanne mit la main à sa poche et en tira quelques sous, qu'elle offrit à la pleurnicheuse.

— Prenez!

— Merci, merci! Quel malheur qu'un jeune homme si comme il faut passe les nuits dehors... vilainement... à jouer... à faire Dieu sait quoi!

La religieuse avait subitement baissé les yeux, le rouge au visage, en affectant un air distrait. La portière se hâta de reprendre une mine contrite :

— Loué soit le très saint Sacrement, *zi' monaca!*

— Loué soit-il!

Sœur Jeanne traversa la grande cour de la maison, laissa sur sa droite l'escalier d'honneur, enfila un petit corridor et se trouva dans une arrière-cour où était l'escalier de service. Elle gravit les marches étroites et un peu sombres, s'arrêta sur le premier palier. Là, tandis qu'elle cherchait la clef de l'appartement, elle entendit qu'au second étage une porte s'ouvrait et se refermait avec précaution ; puis, un pas étouffé descendit, descendit. C'était une dame qui s'en allait, lentement, seule, d'un air las, se soutenant d'une main à la rampe; elle était vêtue avec élégance; mais il semblait qu'elle se fût habillée à la hâte, sans prendre le temps de bien ajuster son costume. Le collet de sa pelisse était relevé, la voilette de son chapeau rabaissée; mais, à travers la voilette, on remarquait son extrême pâleur, ses yeux battus au

fond des orbites livides, sa bouche très belle, mais tirée et pleine
d'amertume. Quand la dame aperçut la religieuse, elle hésita une
seconde, puis se décida et passa, la tête courbée, avec la démarche
accablée de ceux qui ont une grande prostration physique et
morale. Déjà deux ou trois fois, le soir, lorsque sœur Jeanne
était dans la cuisine à éteindre le feu ou à ranger les assiettes
et les verres, elle avait vu cette personne monter doucement,
presque furtivement, dissimulée sous sa voilette; puis, elle l'avait
entendue s'introduire sans frapper dans la chambre du jeune
avocat logé au second étage... Après que la dame fut passée, un
subtil parfum de muse resta derrière elle. La religieuse hocha
la tête; et, ayant enfin retrouvé sa clef, elle rentra au logis.

C'était toujours l'escalier de service que prenait sœur Jeanne;
car elle ne voulait pas déranger Grâce et Clémentine en traversant l'appartement. Celles-ci se levaient tard, parce qu'elles se
couchaient tard : tantôt, elles allaient en soirée dans des maisons
où l'on jouait et où l'on dansait; tantôt, elles recevaient chez
elles des amis et des amies, huit ou dix personnes à la fois, qui
menaient grand tapage, faisaient des parties de cartes, tapotaient
sur le piano, organisaient même de petites sauteries. D'habitude,
lorsque sœur Jeanne revenait de la messe, elle se dirigeait tout de
suite vers la salle à manger, très pauvrement meublée, où elle
trouvait sur la table des assiettes sales, des verres avec un fond
de vin aigri, des serviettes tachées : le tout laissé en plan la veille
au soir par la mère et la fille qui, après avoir soupé de quelques
restes, négligeaient de remettre les choses en ordre, sûres que
la religieuse ferait la besogne avant leur réveil. Sans doute, si
par hasard elles la voyaient occupée à des travaux serviles, elles
affectaient de se fâcher et grondaient la femme de ménage, qui
ne venait que jusqu'à midi seulement : une maritorne malpropre,
mal embouchée, gourmande et paressèuse. Mais, au fond, puisque
sœur Jeanne, par mortification, par dévouement, et pour se distraire, persistait à s'occuper des soins du ménage, elles étaient
bien aises d'avoir en elle une seconde servante et la laissaient
faire, se dorlotant jusqu'à neuf heures, puis perdant leur temps
à s'attifer et à se pomponner, aussi coquettes l'une que l'autre,
de cette coquetterie obstinée, mesquine et sotte qu'ont les petites bourgeoises pauvres.

Ce matin-là, au lieu de se mettre tout de suite au travail,
sœur Jeanne voulut d'abord s'enfermer un peu dans sa chambre.

C'était l'une des meilleures de ce petit appartement, qui sentait la misère : située à l'angle de l'immeuble, elle avait un balcon sur le Vico Lungo Teatro Nuovo et un autre sur le Vico Primo Consiglio. Cette chambre avait presque l'aspect d'une cellule, avec son lit étroit et mince, avec ses murs ornés d'images pieuses, avec ses cierges pascals et son bénitier; mais la doucereuse prévenance de Grâce Bevilacqua avait garni le lit d'un édredon, et, devant le lit, un petit tapis recouvrait les carreaux luisans. Dans l'embrasure de la fenêtre qui regardait sur le Vico Primo Consiglio, il y avait deux chaises, dont l'une portait un coussin d'étoffe verte où était piquée avec ses épingles et ses fuseaux une dentelle commencée. Cette place était celle que préférait sœur Jeanne, lorsqu'elle avait terminé les besognes domestiques. Au contraire, elle n'aimait pas l'autre fenêtre, celle qui regardait sur le Vico Lungo Teatro Nuovo : de ce côté, la rue était trop peuplée, trop passante, avec des gens à tous les étages, avec des *bassi* toujours encombrés de femmes et d'enfans; une vraie fourmilière de personnes, en haut, en bas, partout. Et puis, de ce côté-là, dans la maison d'en face, habitait un joli jeune homme très élégant avec lequel sa nièce Clémentine échangeait sans cesse des saluts, des sourires, des signes d'intelligence, des paroles aimables; et bien que *zi' monaca* feignît de ne pas voir, de ne pas entendre, ce manège, qui continuait même en sa présence, lui frappait les yeux malgré elle. Aussi préférait-elle se réfugier au coin de l'autre fenêtre.

Vico Primo Consiglio était une ruelle plutôt qu'une rue. Pendant la journée, on n'y voyait personne ou presque personne. Lorsque sœur Jeanne était assise dans son coin, elle n'avait devant elle qu'un mur percé de deux fenêtres closes aux larges contrevens verts toujours fermés. Quelquefois, en été, le panneau inférieur des contrevens se soulevait un peu, ou même les fenêtres s'entre-bâillaient, mais sans rien laisser distinguer à l'intérieur. La religieuse avait fini par prendre en affection cette maison, dont l'aspect austère et taciturne lui rappelait, sans qu'elle sût pourquoi, peut-être par les contrevens clos, le monastère de sœur Ursule. Qu'il fît chaud ou qu'il fît froid, qu'il ventât ou qu'il plût, dès que sœur Jeanne avait fini d'aider la femme de ménage à faire les lits, à balayer les chambres, à préparer le déjeuner, dès qu'elle avait fini de réciter ses oraisons, d'égrener ses rosaires, de s'absorber dans ses contemplations dévotes, elle

venait se mettre dans son coin favori, vis-à-vis des deux fenêtres
closes. Ce matin-là, comme elle avait eu la douce consolation de
communier, elle désirait passer une heure en prière. Elle s'agenouilla donc près de son lit, les coudes posés sur la paille d'une
chaise. Chaque fois qu'elle commençait à prier, elle avait le cœur
gros de chagrin et elle éprouvait avec plus d'amertume le regret
de son ancienne vie, de la règle monastique, de la paix conven-
tuelle, des journées entières consacrées à la dévotion. Elle avait
bien essayé de continuer hors du cloître ses chères habitudes
d'autrefois; elle s'était efforcée de rester étrangère au monde, de
s'isoler comme jadis dans la piété, l'abstinence, les pratiques,
l'extase. Mais elle avait beau faire : elle était maintenant dans un
milieu où d'invincibles obstacles s'opposaient au recueillement de
l'âme et à la sérénité de la ferveur. Quand elle fut à genoux, elle
tâcha en vain de s'abîmer dans la méditation de l'Eucharistie.
Malgré elle, une inquiétude secrète l'obsédait. « Pourquoi son
neveu n'était-il pas rentré? Où avait-il passé la nuit? Ne lui
était-il pas arrivé malheur? »

Ce neveu, François Fanelli, le cadet de Clémentine, avait
vingt-deux ans. Grand de taille, svelte, avec des cheveux châtains, des yeux gris d'acier, une petite moustache brune, il était
tout le portrait de son père Silvio. Naturellement doué d'une
physionomie douce et riante, il se donnait encore beaucoup de
mal pour accroître par des soins minutieux le charme de sa
personne, passait des heures à sa toilette, dépensait tout l'argent soutiré à sa mère en achats de costumes, de chemises élégantes, de belles cravates, de chapeaux à la mode, se parfumait
de la tête aux pieds, portait des bagues aux doigts et des fleurs
à la boutonnière. Il savait trop bien qu'il était joli garçon, n'oubliait jamais de faire valoir sa beauté, s'en servait avec art, souriait, montrait ses dents blanches, jouait complaisamment du
doux éclat de ses yeux, prononçait d'une voix molle et un peu
féminine des phrases caressantes qu'il chantait presque. Sa mère
et sa sœur étaient sans cesse en rage contre lui, récriminaient
contre son indolence, son indifférence, ses continuels besoins
d'argent; mais il suffisait que François parût, câlin et gracieux,
avec son air content de lui-même et des autres, avec ses regards
vifs, avec son sourire séducteur, pour qu'elles aussi fussent con-
quises. Il était indifférent, mais enjôleur, égoïste, mais patelin,
exigeant, mais toujours gai et aimable, capricieux, mais plein de

mignardises et de chatteries ; très froid dans le fond, et ne cherchant
que son plaisir, mais habile à cacher sa vraie nature sous l'aspect
le plus avenant. Et sœur Jeanne de la Croix, la vieille tante, au
lieu de remercier avec effusion le Seigneur qui venait de se donner
à elle dans l'Eucharistie, avait d'involontaires distractions et se
demandait ce que pouvait bien être devenu le beau François.

Depuis une demi-heure déjà elle était à genoux · sans réussir
à fixer son esprit sur les bienfaits mystiques de la communion,
lorsqu'elle entendit frapper à la porte de la cuisine. Elle se leva
et alla ouvrir. C'était Bettina, la femme de ménage, qui arrivait
pour commencer son service. La religieuse renonça donc à la
contemplation pour travailler avec cette femme aux besognes du
ménage. N'était-ce pas encore un acte d'obéissance et de résignation à la volonté divine, cet humble labeur partagé avec une
servante? Elle était vieille, c'est vrai, et les grosses besognes
étaient au-dessus de ses forces ; mais il restait bien des choses
qu'elle était capable de faire.

Bettina était toujours de mauvaise humeur, grognait continuellement, se plaignait d'avoir trop de mal, reprochait à ses
maîtresses d'être capricieuses et hargneuses. « Pour quinze lires
par mois! Avec le déjeuner, oui; mais quel déjeuner!... » Elle
n'en finissait pas de geindre.

— As-tu apporté le café? lui demanda la religieuse.

— Le café? Je n'avais pas d'argent! — répliqua l'autre en
haussant les épaules.

— Grâce ne t'en a pas donné?

— Non. Il lui fallait une boîte de poudre pour elle et une paire
de gants pour sa fille. Le café, c'est le moindre de ses soucis.

— Tiens, dit sœur Jeanne en lui remettant quelques sous;
va en acheter.

— Alors, donnez-moi aussi de l'argent pour le lait. Vous
savez bien que le *signorino* aime le café au lait.

— Le *signorino* n'est pas là, reprit la religieuse, d'une voix
basse et tremblante. — Il n'est pas rentré hier soir.

— Il rentrera tout à l'heure, dit l'autre avec indifférence.

— Vrai, tu crois?

— Eh! *zi'monaca*, soyez sûre qu'à vingt-deux ans, il ne s'est
pas perdu! s'écria Bettina d'un air cynique.

— Mais ne lui serait-il pas arrivé quelque accident? Toute
une nuit dehors! Qui sait où il pouvait être?

— Je le sais bien, moi! — marmotta la femme de ménage.

Sœur Jeanne ne fit pas de nouvelle question. Son visage fané rougit comme celui d'une jeune fille. Elle ramena autour d'elle son manteau noir, comme si elle avait froid; et, tandis que la femme de ménage s'apprêtait à sortir et relevait sur sa tête son fichu de coton pour se protéger contre le vent, elle passa dans la salle à manger, rassembla les assiettes et les verres laissés là depuis la veille, les rapporta dans la cuisine, plaça sur l'évier toute cette vaisselle sale et ouvrit le robinet de la conduite qui amenait l'eau du Serino. Ensuite, elle prit de la braise, alluma le fourneau et fit chauffer la bouillotte.

Ces vulgaires occupations ne la contristaient pas; elle y était accoutumée depuis longtemps. Au monastère, l'abbesse exigeait que les religieuses aidassent chacune à leur tour les converses dans les travaux domestiques; et alors, c'était pour elle une joie de se soumettre à cet humble office; car, dans son âme simple et enfantine, il lui semblait que cela tournait à la gloire de Dieu. Sœur Jeanne ne faisait donc que continuer chez Grâce Bevilacqua une œuvre de domesticité dont elle avait l'habitude; mais, à présent, c'était avec moins de plaisir. Cette cuisine était si obscure et si froide! Ils étaient si pauvres, ces ustensiles que Grâce ne pensait pas à renouveler, parce qu'elle se préoccupait uniquement de l'apparence et sacrifiait tout le reste au faux luxe de la toilette! Sans compter que le travail était rendu plus désagréable encore par la compagnie de cette femme grognonne, méchante et rapace, dont la bouche lâchait aisément des propos déshonnêtes et des paroles blasphématoires; mais, si elle souffrait de ce contact, elle souffrait avec une silencieuse résignation.

D'autre part, il lui semblait aussi qu'un devoir de gratitude l'obligeait à se rendre utile dans la maison où on lui donnait l'hospitalité. Cette maison était presque pauvre maintenant; les Fanelli avaient mangé à peu près toute leur fortune, et Grâce, restée veuve avec deux enfans, ne disposait que de maigres rentes. Sa fille Clémentine était en âge de se marier; son fils François n'exerçait aucun profession et ne faisait pas œuvre de ses dix doigts. Sœur Jeanne, voyant la secrète misère de ses hôtes, se reprochait de leur être à charge et s'efforçait de payer avec son travail l'accueil généreux qui lui avait été fait. Au surplus, elle ne payait pas seulement avec son travail. Lorsqu'elle avait été chassée du couvent, elle avait, comme toutes les autres religieuses, touché une somme de mille lires que le Gouvernement, effrayé par les réclamations bruyantes des journaux clérieaux et conservateurs, s'était décidé à remettre entre les mains de ces vieilles sans pain et sans asile; et l'on croyait même généralement que, par la suite, il leur restituerait la dot qu'elles avaient apportée lors de leur entrée en religion.

Sœur Jeanne attendait avec impatience la restitution des vingt mille lires de sa dot, qui lui permettraient de se montrer généreuse à son tour et de ramener l'aisance dans cette famille si gênée; mais, en attendant, elle n'épargnait pas les mille lires qui constituaient son unique ressource. Elle ne dépensait rien pour elle-même; elle ne s'était acheté ni une chemise de flanelle, ni un jupon, ni un mouchoir; elle continuait à user ses deux robes du couvent; elle lavait et repassait de ses propres mains ses bandeaux et ses guimpes; malgré le grand besoin qu'elle avait d'une paire de chaussures, elle ne s'était pas décidée à en faire l'emplette, parce que cela lui aurait coûté dix lires. Mais, quand il s'agissait des autres, elle ne savait plus économiser. Tandis que Grâce ne songeait qu'à teindre ses cheveux dont le blond tournait au gris, tandis que Clémentine passait des heures à s'onduler au petit fer, elle tirait sans cesse quelque chose de son modeste trésor, peu de chose à la fois sans doute, des sous, des piécettes, mais si souvent qu'à la longue le trésor diminuait. Jamais Grâce ni Clémentine ne lui demandaient rien; mais, quand elles voyaient *zi'monaca* sortir son argent de sa poche, elles détournaient les yeux et feignaient de ne pas voir.

Bettina revint, et, aussitôt que le café fut prêt, elle le porta à la mère et à la fille, qui faisaient la grasse matinée.

— Où est *zi'monaca?* — demanda, en s'étirant, Clémentine, qui était encore au lit.

— Elle a déjà entendu la messe, et elle époussette la salle à manger, — répondit la servante.

— Comme elle est heureuse de pouvoir s'occuper de son salut! — marmotta Grâce, hypocritement.

Sur ces entrefaites, sœur Jeanne entendit frapper et déposa le chiffon avec lequel elle époussetait, pour aller ouvrir la porte. Elle se trouva face à face avec son neveu François, le beau Ciccillo, habillé comme une figure de modes, l'air insouciant, le sourire séducteur.

— Ah! c'est toi, c'est toi! — s'écria la religieuse.

Toute tremblante de joyeuse surprise, elle ne put lui dire autre chose. Lui, toujours aimable, prit la main ridée et un peu calleuse de sa tante, et la baisa respectueusement.

— J'ai accompagné un ami à Caserte, déclara-t-il d'un air dégagé.

— Veux-tu prendre le café au lait? Veux-tu, dis?

Et déjà elle allait le lui chercher, heureuse de servir cet enfant chéri. Mais il la retint par la manche.

— *Zi'monaca*, voulez-vous être bien gentille?

— Que désires-tu?

— J'ai ma part de voyage à payer. Prêtez-moi vingt-cinq lires.

De son pas tranquille et prudent, sœur Jeanne alla chercher l'argent dans sa chambre. François fumait une cigarette et chantonnait. On entendait Grâce et Clémentine se disputer dans leur chambre.

Assises l'une en face de l'autre, les pieds sur le froid carrelage, les mains cachées dans les amples manches de leur vêtement monacal, les deux vieilles se regardaient avec des yeux tendres et tristes et prenaient tour à tour la parole, d'une voix lente et basse. Elles avaient placé leurs chaises dans l'embrasure de la fenêtre qui regardait sur le Vico Primo Consiglio. Il n'était pas tard : quatre heures de l'après-midi venaient à peine de sonner; mais la journée était grise, d'un gris monotone, avec une couche de nuages qui fermait le ciel. Il ne faisait pas froid; mais pourtant, sur la peau flétrie de ces faces décrépites, un léger frisson courait. Sœur Françoise des Sept Paroles, qui, dans le monde, s'appelait Marianne Caruso, était en visite che sœur Jeanne de la Croix, redevenue Louise Bevilacqua. Depuis dix mois que les Ensevelies-vivantes avaient été expulsées, sœur Françoise, malgré ses soixante-dix ans et ses rhumatismes, avait parcouru trois fois le long chemin qui sépare San Giovanni à Carbonara de la rue Magnocavallo, pour venir causer avec son ancienne compagne.

Quand les deux vieilles amies se retrouvaient, elles ne s'embrassaient pas, ne se donnaient pas la main; car la règle interdisait entre les religieuses ces marques d'affection terrestre. Elles se retiraient dans la chambre de sœur Jeanne, pour être seules; et, d'abord, elles étaient un peu embarrassées, un peu taciturnes:

elles se regardaient comme si elles avaient voulu se reconnaître
mieux, et elles soupiraient comme si elles avaient découvert des
choses qui les eussent remplies de pitié. Sœur Jeanne observait
les rides profondes qui sillonnaient la figure blanche et flasque
de sœur Françoise, si rose et grassouillette naguère ; et sœur
Françoise observait les rides fines qui entouraient d'un réseau
les yeux et la bouche de sœur Jeanne, toujours brune et maigre
comme jadis. A quoi pensaient-elles sans se le dire ? Quelles mélancolies endolorissaient leur âme ? Quels regrets de la grande
paix d'autrefois, du pieux asile, des biens spirituels et de la sécurité corporelle dont on les avait dépouillées ? Et puis, peu à peu,
les ombres se dissipaient sur leurs visages encadrés par les
linges blancs ; et elles se mettaient à causer tout bas, avec la
discrétion habituelle aux personnes qui ont beaucoup fréquenté
l'église, avec le geste rare des personnes qui se sont fait une
règle de réprimer tous les mouvemens de leur chair.

— J'ai dû renoncer à la dévotion de la *Scala Santa*, — dit
sœur Françoise ; — et pourtant, c'était ma consolation la plus
douce. On m'a bien dit qu'il existe une *Scala Santa* dans une
église de Naples ; mais c'est si loin, si loin, tout au bout du
Corso Vittorio-Emanuele ! Même en prenant l'omnibus, il me
faudrait deux ou trois heures pour un pareil voyage. Et d'ailleurs, aurais-je encore la force de monter à genoux les trente-
trois marches ? Je suis si vieille ! Car, vous savez, j'ai treize ou
quatorze ans de plus que vous.

— Moi aussi, — reprit sœur Jeanne, — j'ai dû renoncer à des
dévotions qui m'étaient chères. Quand on est chez les autres, on
ne fait pas ce que l'on veut. Ma sœur me traite avec égards ;
mais elle est tout adonnée au monde, et il y a des choses qu'elle
ne comprend pas. Autrefois, vous souvient-il ? je jeûnais tous
les jeudis, parce que vendredi est le jour où Notre-Seigneur est
mort. Maintenant, je ne jeûne plus. Ma sœur dit que ces dévo-
tions-là ruinent la santé ; ma nièce Clémentine se moque de
moi ; et mon neveu François va jusqu'à prétendre que ce jeûne
est d'une affectation coupable. Mais je n'ai plus l'habitude de
manger le jeudi, et il me semble que chaque bouchée m'étrangle.

— J'ai voulu tenir une petite lampe allumée devant le Sacré
Cœur, — continua sœur Françoise ; — mais il faut que je me
fournisse d'huile moi-même. Mes neveux sont très avares. Je
ne leur en fais pas un reproche, parce qu'ils sont aussi très

pauvres; et c'est un bonheur pour eux de n'avoir jamais eu d'enfans : à peine peuvent-ils se suffire à eux-mêmes. Les deux premiers mois qui ont suivi ma rentrée dans le monde, ils m'ont gardée sans me faire payer de pension; mais c'était un lourd sacrifice, qui ne pouvait durer longtemps. Je les voyais soucieux, froids, muets, visiblement contrariés de cette charge tombée sur eux à l'improviste. Car je ne suis que leur grand'tante, et rien ne les obligeait à me recueillir. Maintenant... c'est changé.

Il y eut une pause. De temps à autre, pendant la longue visite, elles cessaient de parler et promenaient de timides regards sur les murs nus de la chambre ou sur les fenêtres closes de la maison d'en face; puis, l'une des deux ramenait sur sa compagne ses yeux dolens et reprenait l'entretien comme si elle eût parlé pour elle-même, sans s'adresser à personne, d'une voix lente, égale et monotone, qui rappelait l'écoulement continu d'une fontaine.

— Comment faites-vous donc, maintenant? — demanda sœur Jeanne en se penchant un peu vers sœur Françoise. — Vous n'êtes plus à leur charge?

— Non, je paie, — répondit l'autre avec un faible soupir. — Je paie une petite pension mensuelle. Depuis le jour où j'ai touché les mille lires du gouvernement, je me suis fait scrupule de manger le pain des miens sans leur venir en aide. D'abord, ils ne voulaient pas de mon argent : ils avaient honte de l'accepter, disaient que les voisins parleraient mal d'eux. Mais j'ai insisté, parce que j'ai bien vu qu'ils se décideraient à le prendre.

— Et combien payez-vous?

— Quarante lires par mois, tout compris. Moyennant ces quarante lires, ils me donnent la chambre, le service, le blanchissage et la nourriture : un peu de café le matin, le dîner à deux heures, la soupe le soir.

— Êtes-vous bien nourrie?

— Je préférais la cuisine du couvent.

— Et voilà huit mois que vous payez? A raison de quarante lires par mois, vous devez avoir déjà dépensé trois cent vingt lires?

— Un peu plus : trois cent cinquante... L'huile de la lampe... Quelques petites aumônes... Une paire de chaussures que j'ai été obligée d'acheter... Des mouchoirs... Il ne me reste que six

cent cinquante lires... J'ai fait le compte bien des fois : avec
ce qui me reste, j'ai de quoi vivre pour deux ans, pas davantage.

— Oui, deux ans, répéta sœur Jeanne avec une douloureuse
compassion.

— Je n'ai qu'un seul espoir.

— Vous croyez qu'on rendra les dots ?

— Non, non ; soyez sûre qu'on ne rendra rien ! déclara sœur
Françoise en hochant la tête. Outre les mille lires que nous avons
reçues, nous ne toucherons pas un sou de capital. Mon seul
espoir est que je mourrai avant ces deux ans. Comme je suis très
vieille, j'ai confiance que Dieu me rappellera, plutôt que de me
laisser mendier ou mourir de faim.

Il y eut un nouveau silence, lourd de tristesse. Enfin sœur
Jeanne dit :

— Moi, sœur Françoise, je n'ai pas même cet espoir : je suis
beaucoup moins âgée que vous. Il faudrait que Dieu me fît une
faveur spéciale pour m'ôter si vite de ce monde d'affliction et de
misère.

— Et vous, est-ce que vous payez, ici ?

— Non, je ne paie pas. Ma sœur et mes neveux n'ont jamais
consenti à recevoir d'argent. Mais, au lieu d'y gagner, j'y perds...
Ils étaient dans l'aisance, autrefois ; mais, à présent, ils sont dans
la gêne. A qui la faute ? Ce n'est pas à moi de le dire, et je me
reprocherais de porter des jugemens téméraires... Le fait est que
souvent l'argent manque à la maison. Alors, pour ne pas avoir
l'air d'une égoïste et d'une avare qui vit aux frais d'autrui, je
suis bien obligée de dépenser quelque chose.

— Et vous avez déjà dépensé beaucoup ?

— Oui, j'ai dépensé... passablement, répondit sœur Jeanne,
d'une voix altérée.

— Combien ?

— Environ six cents lires.

— Six cents lires ! Grand Dieu ! Plus de la moitié !

— Oui, plus de la moitié, hélas !

— Mais comment cela s'est-il fait ?

— J'ai donné sou par sou, lire par lire. Au début, j'avais un
petit carnet où j'inscrivais chaque jour ma dépense... Maintenant,
je n'inscris plus rien.

— Six cents lires ! C'est trop, sœur Jeanne.

— Oui, c'est trop, je le sais bien... Mais il y a mon neveu

François... un jeune homme... sans cesse à court d'argent... Il
veut se marier... Il cherche un parti... Lorsqu'il s'adresse à moi,
je n'ai pas la force de dire non.

— Vous l'aimez beaucoup, votre neveu? demanda sœur Françoise en arrêtant sur sœur Jeanne un regard scrutateur.

— Oui, je l'aime beaucoup.

— C'est le fils de celui que vous deviez épouser, à ce qu'il
me semble?

— Oui, son fils unique, — répondit simplement sœur Jeanne.
— Le père est mort. S'il n'était pas mort, je ne serais pas venue ici.

— Vous auriez eu peur de la tentation, peut-être?

— Non, sœur Françoise. Depuis longtemps, Jésus m'a donné
la paix. Néanmoins, si le mari de ma sœur Grâce avait encore
été de ce monde, je ne serais pas venue ici. Cela eût semblé ridicule et bête... Il n'est plus... Et j'ai fini par lui pardonner...

— Son fils lui ressemble?

— Il lui ressemble.

— Est-ce que vous avez parlé de tout cela à votre confesseur?

— Oui, par scrupule de conscience.

— Et il vous a donné l'absolution?

— Oui; mais il m'a engagée à ne plus donner mon argent.

— Il a bien fait. Quand vous n'en aurez plus, comment ferez-
vous?

— Je ne sais pas, — dit sœur Jeanne en fourrant ses mains
dans ses larges manches.

— Moi, j'en ai encore pour deux ans; mais vous non, ma sœur!

— J'en ai pour deux mois, peut-être!... Et vous croyez qu'on
ne rendra pas les dots? Non?... Ici, on croit qu'elles seront
rendues... et surtout, on l'espère. Je ne devrais pas tenir ce
langage, peut-être; mais le fait est que ma sœur, dans le complet désarroi de sa fortune, compte là-dessus... En venant me
prendre, elle ne m'a point parlé d'argent; mais... C'est bien
triste à dire... dans le fond du cœur, j'ai toujours gardé un soupçon, une défiance... Jamais Grâce ne m'a aimée. Pourquoi donc
m'a-t-elle recueillie?... D'abord, ils supposaient que j'avais de
grosses épargnes. Mais, vous le savez, nous avions fait vœu de
pauvreté. Ensuite, quand ils ont été bien sûrs que toute ma fortune consistait en ces mille lires, ils se sont dit que c'était
toujours bon à prendre... Ce qu'ils attendent avec une convoitise

qu'ils ne se donnent pas même la peine de dissimuler, ce sont
les vingt mille lires de ma dot; ils en parlent comme si cette
somme était à eux, comme s'ils devaient la toucher demain.

— Leur attente sera déçue.

— Vous le pensez, — reprit sœur Jeanne ; — mais mon neveu
pense autrement. Il a déjà fait deux fois le voyage de Rome
pour parler à des personnages du Ministère ; et, chaque fois, je
lui ai donné cinquante lires... Les nouvelles qu'il a rapportées
sont bonnes. Aussi reprennent-ils courage, font-ils leurs comptes,
ajournent-ils le paiement de leurs dettes au jour où la dot sera
remboursée, font-ils des projets pour de nouvelles dépenses...
Tout cela me chagrine beaucoup, sœur Françoise ; mais je n'ose
rien dire !

— Est-ce qu'ils vous traitent convenablement, au moins ?

— Oui, lorsqu'ils songent à ces vingt mille lires... Peut-être
n'est-ce pas l'intérêt qui les pousse ; mais, que voulez-vous ? ils
sont besogneux. Comme vous voyez, ils m'ont donné une bonne
chambre... Je travaille dans la maison à toutes sortes de besognes... Je ne suis pas leur servante, je suis la servante du
Seigneur. Au couvent, vous souvient-il ? on nous avait habituées
à la fatigue ; mais nous nous fatiguions alors avec joie. Ici, le travail est triste... Souvent la mère et la fille se disputent, se disent
des choses très vilaines... J'en souffre beaucoup, sœur Françoise.

— Prenez votre mal en patience.

— Je ne manque pas de patience, je vous assure ; mais il se
passe ici des choses qui ne me conviennent guère. Ni la mère ni
la fille n'aiment Dieu. Elles vont bien à l'église le dimanche,
mais seulement pour tuer une heure. Elles plaisantent sur les
choses de la religion. Dès que ces propos-là commencent, je me
lève et je m'en vais ; c'est plus fort que moi ! Et je les entends
qui rient derrière mon dos.

— Soyez courageuse dans les tribulations !

— Lorsque je suis seule, sœur Françoise, il m'arrive quelquefois de pleurer. Je me demande ce qu'il adviendra de moi
quand je ne posséderai plus rien et qu'ils auront perdu tout
espoir de toucher les vingt mille lires... Depuis quelque temps,
j'aime à m'isoler, je me retire volontiers dans cette chambre où
je m'occupe à faire de la dentelle, près de la fenêtre...

— Vous pourriez la vendre, votre dentelle, sœur Jeanne, —
dit sœur Françoise en touchant les fuseaux.

— La vendre? Et que m'en donnerait-on? Je ne connais personne... Ah! oui, si je pouvais la vendre!... Celle que vous
voyez, je la destine à l'église du Bon-Conseil pour la nappe du
maître-autel.

— Elle est très jolie. Vous trouveriez aisément des acheteurs
pour la pareille.

Elles se turent. La nuit tombait. Cassées et contristées, elles
s'abandonnaient dans leur robe noire. Blanc comme cire, le
visage de sœur Françoise ressortait dans les ombres du crépuscule; mais le visage brun et mince de sœur Jeanne s'effaçait
dans l'obscurité.

— Alors, vous passez vos journées ici, sœur Jeanne?

— Oui. Comme vous voyez, les gens qui logent de l'autre
côté de la rue sont tranquilles et silencieux. Personne ne m'observe, et je n'observe personne. Quelquefois, il me semble que je
suis encore au couvent de sœur Ursule.

— Oh! Le couvent, c'était bien autre chose! Que d'années
heureuses nous y avons vécu!

— Trop peu!

— Elles ont passé comme un jour. Il me semble que c'était
un rêve, un rêve!... Et sœur Clémence des Épines, celle qui était
si petite, si petite, vous rappelez-vous?

— Ah! oui, la pauvre sœur Clémence! Vous rappelez-vous
comme elle était dévote aux âmes du Purgatoire? Que peut-elle
bien être devenue?

— Dieu le sait! Et sœur Gertrude des Cinq Plaies, vous rappelez-vous? Elle était très bonne, elle aussi, n'est-ce pas? Un
peu fière de sa naissance; mais ce n'était qu'un péché véniel.
D'ailleurs, elle se repentait de son orgueil. Certaines nuits, vous
rappelez-vous? elle se donnait la discipline. Que peut-elle bien
être devenue?

— Dieu le sait! Toutes les sœurs m'étaient chères; mais
sœur Véronique me paraissait une sainte...

— Oui, une sainte, une sainte! Que de grâces particulières
sœur Véronique obtenait de Jésus et de Marie! Je lui deman-
dais toujours de me recommander à la Vierge et à son divin Fils;
et quelquefois elle restait des heures à genoux, en extase, priant
pour moi seule. Hélas! la reverrons-nous jamais? Prie-t-elle
encore pour moi? Où est-elle? Que fait-elle?

— Dieu le sait!

— Vous n'avez plus rien appris, ni de celles-là, ni des autres ?

— Non, rien, excepté de vous.

— Et moi, rien, excepté de vous. J'aurais tant désiré avoir des nouvelles de notre pauvre abbesse ! Mais je n'ai rien pu apprendre.

Il y eut encore un silence, un long silence pensif.

— Je crois que sœur Thérèse de Jésus est morte, reprit sœur Françoise, comme en se parlant à elle-même.

— Vous croyez qu'elle est morte ? Vraiment ?

— Oui, je le crois. Lors de notre séparation, j'ai compris qu'elle ne pourrait vivre longtemps encore.

— Si elle est morte, c'est un grand bonheur pour elle.

La nuit était venue. Sœur Françoise des Sept Paroles se leva pour partir. Sœur Jeanne se leva aussi. Elles étaient debout l'une en face de l'autre, dans l'ombre.

— Disons ensemble un *Ave Maria*, proposa sœur Jeanne, tristement.

Elles prièrent quelques minutes. Puis :

— Je m'en vais, — dit sœur Françoise. — Je prendrai l'omnibus pour rentrer à la maison. La course ne coûte que deux sous.

— Je vous remercie bien de votre visite. Quand nous reverrons-nous maintenant ? dit sœur Jeanne.

— Quand il plaira à Dieu. Jamais plus, peut-être. Le mieux est de nous quitter comme si nous étions à l'article de la mort.

— Dieu vous bénisse, ma sœur !

— Dieu vous bénisse, ma sœur !

Et sœur Françoise partit, la tête basse, les mains cachées dans ses larges manches. Sœur Jeanne referma la porte et s'assit dans la chambre ténébreuse, la tête basse, les mains cachées sous les plis de son manteau. L'une demeurait solitaire dans son logis vide, dans sa chambre taciturne; l'autre, par les rues bruyantes et encombrées de passaus, cheminait, solitaire aussi.

Deux ou trois fois Clémentine avait entre-bâillé la porte de sœur Jeanne et regardé en cachette, avec une impatiente curiosité, ce que sa tante faisait. La première fois, la vieille religieuse était absorbée dans la lecture d'un livre de prières, et elle n'avait pas même remarqué la présence de sa nièce. La seconde fois, elle était agenouillée devant le crucifix, marmottant de longues oraisons jaculatoires. La troisième fois, elle récitait le rosaire de quinze dizaines, tranquillement, assise près de son petit lit. Et, de dépit, Clémentine avait frappé du pied, avait

mordillé ses jolies lèvres toujours un peu pâles, C'était une
blonde au teint de lait, aux cheveux cendrés qui s'ébouriffaient
sur le front et sur les tempes, aux yeux d'un azur blanchâtre,
au nez retroussé, avec une expression de froideur, d'indolence et
d'ennui dans toute sa grande et mince personne. Même pour rester
à la maison, elle s'habillait d'une manière excentrique, en robe
claire et décolletée, avec des manches qui dépassaient à peine
le coude, avec un ruban bleu de ciel autour du cou nu, avec des
épingles de jais et des peignes en faux diamans dans la coiffure,
avec d'énormes perles fausses aux oreilles. Ce jour-là, elle gril-
lait d'entrer dans la chambre de sœur Jeanne et de venir au
balcon du Vico Lungo Teatro Nuovo. « Il ne finira donc pas, ce
rosaire !... » Enfin, n'y tenant plus :

— Permettez ! dit-elle à sa tante.

Et elle entra, alla droit au balcon. Sans répondre, sœur Jeanne
regarda sa nièce ; une expression de chagrin et de gêne se peignit sur son visage, les *Pater* et les *Ave* s'égrenèrent plus lentement, plus mollement sous ses doigts habitués à sentir glisser
les grains du rosaire.

Clémentine s'était installée derrière les vitres et considérait
attentivement la fenêtre d'en face. A cette fenêtre, aussi derrière
les vitres, son amoureux, prévenu, l'attendait. Ils échangèrent
des regards, des sourires ; puis commença une rapide transmission de signaux télégraphiques, de lettres figurées avec les doigts,
tandis que sœur Jeanne soupirait et se détournait pour ne pas
voir. Mais cela ne suffit pas encore à Clémentine, qui bientôt dit
à sa tante :

— Excusez, *zi'monaca*. Il faut que je parle à Vincenzino.

Et, sans prendre garde au froid qui, par cette rigoureuse
journée de février, pénétrait dans la chambre, elle ouvrit la
fenêtre, sortit sur le balcon, et, d'un côté de la rue à l'autre,
engagea une conversation avec le jeune homme, qui avait aussi
ouvert la sienne. Ils parlaient à demi-voix. Triste, embarrassée,
sœur Jeanne essayait de ne pas entendre, comme elle avait tout
à l'heure essayé de ne pas voir ; mais sa nièce, tout en ayant
soin de ne pas élever le ton, articulait très distinctement, pour
être comprise, de sorte que la vieille religieuse ne put éviter de
saisir les derniers mots de l'entretien amoureux :

— A ce soir !

— A ce soir !...

Ensuite, Clémentine referma la fenêtre, rentra dans la chambre. Animée et colorée, pendant cette courte scène, elle reprenait maintenant son air langoureux, apathique, ennuyé. Comme elle se disposait à sortir, sœur Jeanne la rappela.

— Clémentine !

— Ma tante ?

— Pourquoi fais-tu ces choses-là, ma fille ? lui demanda-t-elle en la regardant au fond des yeux, mais sans sévérité.

— Quelles choses ? répliqua la jeune fille, excitée brusquement.

— Je veux parler de... de cette amitié... avec ce jeune homme..., balbutia la pauvre femme qui, par pudeur, ne voulait pas employer de terme plus précis.

—Ce n'est pas de l'amitié, c'est de l'amour ! déclara Clémentine, impertinemment. J'aime Vincenzino et il m'aime. Voilà !

— Ce n'est pas bien, ma fille, ce n'est pas bien !

— Et pourquoi n'est-ce pas bien ? Tout le monde a des amourettes !

— Non, ma fille, pas tout le monde !

— Au surplus, *zi'monaca*, sachez, si vous l'ignorez encore, que les femmes mariées ont aussi des amans. Je ne les en félicite pas, car elles feraient mieux de se tenir à leur place ! L'amant de notre portière, une femme mariée, pas vrai ? c'est un sergent de ville, qui vient la rejoindre tous les soirs dans sa loge et qui trouve là une tasse de café et un verre de vin. Au second étage, l'avocat de Gasperis reçoit une femme, mariée aussi, qui, deux ou trois fois par semaine, arrive à la nuit close et ne s'en va que le lendemain matin : je l'ai vue, de mes yeux vue monter et descendre ; et vous aussi, *zi'monaca*, vous l'avez vue !

— Mon Dieu, mon Dieu, quelle honte ! Une jeune fille qui tient un pareil langage ! s'écria sœur Jeanne, que ce discours faisait horriblement souffrir.

— Les jeunes filles comprennent tout, à notre époque, répliqua Clémentine, dont les nerfs s'irritaient par la discussion. Les jeunes filles ne sont plus des sottes comme de votre temps, *zi' monaca*. Elles ne font plus la bêtise d'aller s'enterrer au cloître...

Mais la vieille nonne s'était dressée, frémissante, les mains étendues, réclamant, imposant le silence à cette effrontée qui ne respectait rien. Alors Clémentine s'aperçut qu'elle était allée trop loin ; et, avec un peu d'embarras :

—Pardon, *zi'monaca*, balbutia-t-elle ; j'ai mes nerfs aujourd'hui.

Et elle fit un mouvement pour sortir. Mais, à la porte, elle se souvint qu'elle avait oublié quelque chose, fouilla dans sa poche.

— Je ne pensais plus que j'avais une lettre pour vous. Le facteur vient de l'apporter...

C'était une grande lettre d'apparence administrative. Aussitôt après l'avoir donnée à sa tante, Clémentine se sauva; et sœur Jeanne resta debout au milieu de la chambre, avec ce papier entre les mains.

Elle était si agitée, si offensée, si humiliée, elle avait les doigts si tremblans de douleur et de honte, qu'elle ne put ouvrir la lettre tout de suite. Elle la tenait distraitement, comme si elle n'y eût plus songé. Enfin elle s'approcha de la fenêtre, se laissa tomber sur une chaise et regarda l'enveloppe, qui portait le timbre de Rome, avec cette suscription : *A madame Louise Bevilacqua, ci-devant religieuse de l'ordre des Ensevelies-vivantes.* Elle ouvrit l'enveloppe, lut la lettre, la relut encore, mot par mot. Son visage devint blème et sa tête retomba sur sa poitrine.

Une heure après, quand Grâce Bevilacqua entra dans la chambre, elle trouva la religieuse à sa place ordinaire. La pauvre vieille avait sur ses genoux le tambour à dentelle, mais elle ne travaillait pas; ses mains longues et maigres étaient abandonnées sur le coussin recouvert de toile verte. Elle paraissait très absorbée; mais d'ailleurs tout était comme à l'ordinaire.

Grâce, qui avait cinq ou six ans de moins que sa sœur, ne lui ressemblait pas. Avec ses cheveux mal teints, qui prenaient par endroits des nuances verdâtres, elle avait la face blafarde, bouffie d'une mauvaise graisse; et sa bouche, si belle autrefois, était tordue maintenant par une moue continuelle de mauvaise humeur. Comme sa fille Clémentine, elle portait un costume voyant, chargé de nœuds, de bouffettes et de ruches; et l'obésité gâtait ses formes, faisait craquer sa ceinture. Elle s'assit sur la chaise libre, en face de la religieuse.

— Que fais-tu? demanda-t-elle sans intérêt et sans curiosité, uniquement pour engager la conversation.

— Rien, répondit sœur Jeanne, d'une voix faible.

— Tu ne te sens pas bien aujourd'hui? Tu désires quelque chose? continua l'autre, avec un froid empressement.

— Merci. Je ne suis pas malade.

—Il y a longtemps que tu es seule? Je voudrais bien te tenir compagnie; mais je suis si occupée. J'ai tant d'affaires, tant de tracas.

— Avec Jésus et Marie, on n'est jamais seule.

Elles se turent. Il était facile de voir que Grâce avait quelque chose à dire : elle regardait sa sœur avec une sorte d'anxiété, et ses paupières blanches et flasques battaient sur ses yeux bleu gris, qui avaient été si beaux et si perfides.

— Louise?... dit-elle enfin.

— Ne me donne pas ce nom; appelle-moi Jeanne! dit la religieuse, en secouant sa torpeur.

— Comme il te plaira. Jeanne ou Louise, pour moi, c'est tout un. N'oublie pas que je suis ta sœur, voilà tout ce que je te demande.

La religieuse, devenue soudainement attentive, regarda Grâce au visage.

— Tu me vois plongée dans un océan d'ennuis. Avec le peu de fortune qui me reste, j'ai beaucoup de peine à faire vivre mes enfans et moi-même. Ce n'est pas ma faute, sois-en sûre. Silvio a dévoré tout son avoir personnel et la majeure partie de ma dot... C'est vrai, moi aussi, j'ai voulu faire figure, j'ai tenu à garder mon rang. Mais je te donne ma parole que je n'ai jamais jeté l'argent par les fenêtres...

— Pourquoi me dis-tu cela, Grâce? Je le sais.

— Non, tu ne sais pas tout, tu ne sais pas le plus terrible!... Ah! si tu savais mes chagrins... de gros, de très gros chagrins!

— Dieu t'assiste!

— Aide-toi, le ciel t'aidera! Il faut tâcher d'abord de s'aider soi-même. Si je ne marie pas Clémentine avec un homme très riche, si je ne trouve pas à François une femme très riche, tout est perdu. C'est pour cela que je conduis si souvent ma fille dans le monde; c'est pour cela que je veux voir mon fils toujours élégamment habillé... Que de sacrifices, que de sacrifices! Mais il faut que l'un et l'autre fassent un grand mariage ; il le faut!... Alors, nous serons tous heureux,... toi aussi, ma chère Jeanne...

— La seule chose que je demande au Seigneur, c'est la paix! dit la religieuse.

Grâce était inquiète, s'agitait sur sa chaise. Ce qu'elle avait dit jusqu'alors n'était qu'un prélude hypocrite et pleurard pour arriver au sujet réel.

— En ce moment, je suis dans le pétrin. Je dois au propriétaire quatre mois de loyer, ce qui fait trois cent soixante lires, à quatre-vingt-dix lires par mois; et il crie pour les avoir. Il

m'a même envoyé deux sommations. Un jour ou l'autre, il fera
saisir le peu de meubles que je possède...

— Oh! mon Dieu!

— Oui, c'est comme cela. Et il n'a pas honte de faire du tapage
pour sa baraque, avec l'inconvénient grave qui s'y trouve...

— Quel inconvénient? interrogea sœur Jeanne, sans réfléchir.

— Rien, rien..., dit aussitôt Grâce, changeant de discours,
après avoir jeté un coup d'œil sur la maison barricadée et taciturne. Bref, j'ai cent lires disponibles que j'offre de verser au
propriétaire; mais il les refuse et il exige la totalité... Si tu
m'avançais les deux cent soixante lires qui me manquent, je
serais tirée de peine...

— Volontiers, Grâce, volontiers, si je le pouvais, murmura
sœur Jeanne d'une voix humble. Mais je n'ai pas deux cent
soixante lires.

— Tu n'as pas deux cent soixante lires? s'écria l'autre, d'une
voix où la colère commençait à gronder. Tu dis que tu ne les as
pas? Comment cela est-il possible?

— Non, malheureusement, je ne les ai pas.

— Qu'est-ce que tu as donc fait de ton argent?

— Quel argent?

— Tes mille lires!... Oui, tes mille lires, dis, qu'est-ce que
tu en as fait? Ici, tu as été entretenue sans avoir à payer un
sou... Dis, qu'est-ce que tu en as fait, de tes mille lires?

— Je les ai dépensées.

— Dépensées? Où? Comment? Mille lires, c'est une somme!

— Je les ai dépensées sans m'en apercevoir... petit à petit...
Je t'en ai donné... J'en ai donné à François... beaucoup, à François... beaucoup!

— A moi, tu m'en as donné?... Une lire de temps à autre,
peut-être; mais tu en avais mille!... Pourquoi en as-tu donné à
François? Combien lui as-tu donné? Qu'est-ce qui te reste?

Et Grâce regardait sa sœur avec des yeux troubles et farouches, les lèvres gonflées et frémissantes de colère.

— Il me reste une soixantaine de lires, pas plus.

— Eh bien! tu es fraiche! Nous sommes frais! Une soixantaine de lires! Et moi qui t'ai logée, nourrie comme une princesse! Moi qui me suis ôté le pain de la bouche pour te le
donner! Soixante lires! Un beau cautère sur une jambe de bois,
tes soixante lires! Neuf cent quarante lires jetées par la fenêtre;

et demain nous serons sur le pavé! Est-il possible de gaspiller
ainsi son argent! Et si tu as besoin d'une robe, qui te la donnera? Si tu as besoin d'une paire de chaussures, qui te la donnera? Oh! se laisser gruger ainsi! Vieille folle, toujours aussi
folle qu'au temps où tu te faisais nonne pour Silvio!

Sœur Jeanne supportait en silence la colère de cette femme
qui ne se connaissait plus; et elle se recommandait mentalement
à Dieu, pour qu'il lui donnât une patience à toute épreuve. Elle
avait beau être vieille, lasse et triste : à ce cruel reproche de sa
misère et de son abandon, à cet ignoble reproche de l'asile offert
et du pain donné comme une aumône, à ce rappel méchant et
offensant de l'amour qu'elle avait eu pour un traître, son sang
glacé de sexagénaire s'échauffait et bouillait dans ses veines.
Elle serrait d'une main convulsive le rosaire pendu à sa ceinture.

— Maintenant, comment faire? glapit de nouveau Grâce
Bevilacqua. Comment le payer, ce propriétaire maudit? Il nous
faut des robes, du linge; et, bien sûr, nous n'irons pas en loques
par les rues! Voyez-vous cette égoïste qui dépense mille lires à
tort et à travers! Tu n'as donc pas de cœur? Tu n'as donc pas
de reconnaissance? Une belle religieuse, ma foi! Tu ne songes
qu'à Jésus-Christ? Dans le ciel, il n'a pas besoin de tes pate-
nôtres; mais nous, sur terre, nous devons penser à la terre!...
Maintenant, il s'agit de remédier au mal; et, puisque c'est toi la
coupable, c'est à toi de fournir le remède.

La religieuse jeta sur sa sœur un regard navré.

— Voici: je chercherai un usurier; nous emprunterons sur tes
vingt mille lires ; et c'est toi qui signeras la lettre de change...

— Sur mes vingt mille lires?

— Oui, les vingt mille lires de ta dot! les vingt mille lires
que doit te restituer le gouvernement!

Sœur Jeanne releva le front et déclara simplement :

— Je ne les toucherai jamais.

— Tu dis?

— Je dis que je ne les toucherai jamais.

— Est-ce que tu perds la tête? Il faut bien que le gouvernement te les restitue, puisqu'elles t'appartiennent!

— Le gouvernement ne me les restituera pas.

— Il ne te les restituera pas? Qu'est-ce que tu en sais?

Grâce était effrayante de colère, d'angoisse, d'effarement.

— Je le sais.

— Comment le sais-tu ?

— Par une lettre.

— Et d'où vient-elle, cette lettre? Qui te l'a écrite?

— Lis.

Grâce lut fébrilement la lettre et fut atterrée.

Après un silence :

— Tout est donc fini? reprit-elle.

— Tout est fini.

— On ne te donnera qu'une pension mensuelle? Une pension de quarante et une lires?

— Oui, de quarante et une lires, qui me seront payées le vingt-sept de chaque mois au bureau des bénéfices vacans.

— Avec quarante et une lires pour se loger, s'habiller, se chausser et manger, on est à son aise! Te voilà riche, eh !

Sœur Jeanne ouvrit les bras, d'un geste qui exprimait une vague résignation.

— Et, à présent, que comptes-tu faire? demanda Grâce, d'une voix sifflante.

Sœur Jeanne tressaillit, regarda silencieusement cette femme qui ne prenait plus même la peine de dissimuler sa haine.

— J'ai deux enfans; j'ai peu de ressources; je ne puis continuer à t'entretenir. J'ai déjà trop dépensé pour toi, et je le regrette. Que m'importent tes quarante et une lires? Cette somme-là et rien, pour moi, c'est la même chose. Dis, que comptes-tu faire?

— M'en aller, répondit sœur Jeanne.

— Tu as compris, ce n'est pas dommage ! Puisque tu as dilapidé tes mille lires sans que personne en ait vu un sou, tant pis pour toi! Plus vite tu partiras et mieux cela vaudra.

— Je m'en irai demain, dit sœur Jeanne.

A pas traînans, le visage décomposé, la bouche pleine de fiel, Grâce quitta la chambre. Sœur Jeanne, raide, immobile, frappée de stupeur, attendit que les pas se fussent éloignés; et, lorsqu'elle fut bien certaine de ne pas être entendue, elle se laissa choir sur son petit lit, sanglotante; et, parmi les sanglots, elle gémissait :

— Vierge des Douleurs! Vierge des Douleurs! Vierge des Douleurs!

MATILDE SERAO.

(*La deuxième partie au prochain numéro.*)

LE PROLOGUE

DU

DIX-HUIT FRUCTIDOR

II [1]

LE GÉNÉRAL PICHEGRU A L'ARMÉE DU RHIN [2]

Dès le mois de juillet de l'année 1797, le Directoire, menacé dans son existence par l'opposition qui s'était formée contre lui au Conseil des Cinq-Cents, sous l'influence du président de cette assemblée, le général Pichegru, était résolu au coup d'État qu'il accomplit le 4 septembre suivant, 18 fructidor de l'an V. Il le préparait et s'y préparait en s'efforçant de réunir les élémens propres à démontrer, l'opération une fois faite, qu'il y avait été contraint par la nécessité de sauver la République.

Mais ni les excès de la réaction thermidorienne que nous avons précédemment racontés, ni les intrigues royalistes brus-

---

(1) Voyez la *Revue* du 1er janvier.

(2) Afin d'éviter au lecteur la fatigue d'annotations multipliées, j'indique une fois pour toutes les sources documentaires auxquelles j'ai recouru pour cette étude. — *Manuscrits*. Au Dépôt de la Guerre : Correspondance des armées de Rhin-et-Moselle, de Sambre-et-Meuse et du Nord ; aux Archives des Affaires étrangères : Correspondance de Barthélemy, Bacher, Roberjot, Reinhardt, Fonds Bourbon, papiers d'Antraigues ; aux Archives nationales : pièces relatives au 18 fructidor ; aux Archives de Chantilly : papiers de Condé ; aux Archives de Gaillefontaine : papiers de Hoche. — *Imprimés*. Papiers trouvés dans les fourgons de Klinglin, *Mémoires* de Fauche-Borel, Montgaillard, Barras, La Revellière-Lépeaux, Merlin de Thionville, Fabre de l'Aude, Hyde de Neuville, des maréchaux Jourdan, Gouvion Saint-Cyr, Soult ; *le Comte d'Antraigues*, par Léonce Pingaud ; et, en général, les historiens de la Révolution, ainsi qu'un grand nombre d'écrits contemporains. J'ajoute que, sauf pour les dates historiques, j'ai substitué à celles du calendrier révolutionnaire celles du calendrier grégorien.

quement révélées au mois de janvier avec le complot de la Ville-heurnois n'auraient pu suffire à cette démonstration. Ces épi-sodes isolés, suivi de répressions impitoyables, avaient mis en lumière, plus encore que l'audace des rebelles et des conspira-teurs, leur faiblesse et leur crédulité, leurs illusions et leur im-puissance. Ce n'est pas la République que les menées des mé-contens exposaient à périr, mais le Directoire seul, le Directoire tel qu'il était composé et dont ils voulaient remplacer trois membres sur cinq par des hommes de leur choix. Sous prétexte de la défendre, c'est en réalité pour se défendre eux-mêmes, pour consolider entre leurs mains le pouvoir qu'on prétendait leur arracher, que Barras, Rewbell et La Revellière-Lépeaux, à l'insu de leurs collègues Carnot et Barthélemy, se forgeaient des armes, se créaient des raisons plausibles d'agir, ayant à cœur de justifier aux yeux du pays les desseins violens dont ils apprê-taient en silence l'exécution avec le consentement et le concours de Bonaparte, d'Augereau et de Hoche (1).

(1) Convaincu que la République était en péril, le jeune général, qu'on voudrait ne pas rencontrer dans cette aventure, y prit la part la plus active. Il détacha de son armée plusieurs régimens, qui allèrent jusqu'à Soissons, prêts à marcher sur la capitale au premier appel du Directoire. Le 13 septembre, huit jours après le coup d'État, il dénonçait Kléber comme ami de Pichegru, faisait destituer comme « un vil espion » le général de Salm et expédiait à Paris sous un prétexte plusieurs généraux : Férino, Souham, etc., etc., qu'il tenait pour suspects. En outre, la caisse du Directoire étant vide, il prêta à Barras, de ses deniers et de ceux de Déchaux son beau-père, une somme de 48 000 livres dont sa veuve ne fut remboursée que l'année suivante. Le 21 fructidor, déjà mortellement atteint, il s'écriait, au reçu des nouvelles du 18 :

— Docteur, mon rhume est guéri. Voilà le remède.

Le lendemain, il écrit à Barras :

« Bravo, mon cher Directeur, mille fois bravo ! Nous sommes tous ici dans 'enchantement. J'attendais votre courrier avec bien de l'impatience. Il faut une justice prompte. Songez aux maux qu'a soufferts le peuple français. Pas de fai-blesse. Si vous vous conduisez ainsi qu'en vendémiaire, attendez-vous aux mêmes résultats. Dans deux ans, ce sera à recommencer. Il faudra s'occuper de l'épuration des armées. Songez que Schérer (ministre de la Guerre) ne vaut rien. Je vous offre pour le remplacer Tilly et Championnet. »

Le 27, si proche de la mort, en recevant le commandant intérimaire de l'armée de Rhin-et-Moselle pendant l'absence de Moreau appelé à Paris, il revient à la charge : « Vous m'avez donné le commandement de deux armées. Le conserverai-je long-temps ? Faites-le-moi connaître, afin que cette armée ressemble aux autres. Pichegru, qui depuis six mois y a fait placer beaucoup de ses partisans, pourrait compter sur quelques-uns. Je ne veux point de sang, j'abhorre les mesures violentes. Il est cependant à déplorer que les circonstances forcent le gouvernement à faire grâce à ceux qui voulaient livrer notre pays à leurs plus cruels ennemis. Réflé-chissez-y, Barras, la faiblesse d'un gouvernement encourage les factieux, et nous n'aurions pas à déplorer les temps affreux qui viennent de s'écouler, si les chefs des sections eussent suivi *le maître* à l'échafaud. »

A l'improviste, le général Bonaparte leur fournit l'argument décisif qu'ils cherchaient, en leur envoyant de son quartier général un document aussi extraordinaire qu'inattendu. C'était le résumé des confidences faites l'année précédente par un aventurier politique, Roques de Montgaillard, au comte d'Antraigues, gentilhomme émigré et agent royaliste, qui venait d'être arrêté dans les États vénitiens au moment où les Français y pénétraient victorieux et dont les papiers avaient été saisis. Quoiqu'il fût visible que, pour une mince part de vérité, cette pièce contenait une plus large part de mensonge, le Directoire n'hésita pas à l'utiliser. En même temps qu'il y trouvait les motifs les mieux faits pour légitimer une grande mesure de salut public, il allait s'en servir pour consommer la perte de Pichegru en le déclarant traître à la patrie, déclaration sans preuves et sentence sans débats qui, depuis, n'ont jamais été frappées d'appel.

Sur la foi de la version Montgaillard, par tant de côtés mensongère, développée après coup en plusieurs écrits par cet homme notoirement vénal et sans moralité, les historiens, acceptant avec une égale crédulité les récits de son complice Fanche-Borel définitivement fixés dans les *Mémoires* qu'il publia en 1829, ont ratifié, pour la plupart, cet arrêt sans tenir compte à Pichegru des mensonges de ses premiers accusateurs, de leurs erreurs, de leurs oublis, des démentis qu'ils s'infligent réciproquement en y ajoutant l'un contre l'autre de perfides et injurieuses insinuations. Sans prendre la peine de comparer ces impostures aux documens officiels, ils ont accepté comme définitive et irrévocable l'opinion toute faite que nous ont léguée ces écrivains déloyaux, si visiblement intéressés à propager la calomnie.

Puis, à des époques diverses, trois maréchaux de France, Jourdan, Gouvion Saint-Cyr et Soult, qui avaient été les compagnons de Pichegru, sont venus à la rescousse (1). Encore que leurs jugemens soient contradictoires, ils tendent cependant, dans

(1) Voyez leurs Mémoires. — A propos de ceux de Jourdan, il importe de faire remarquer qu'on n'en a publié que les parties antérieures et postérieures à l'année 1795 qui est celle de la prétendue trahison de Pichegru. Le manuscrit de la partie relative à cette année est devenu introuvable. Louis Blanc, lorsqu'il écrivit son *Histoire de la Révolution*, en avait eu connaissance. Il déclare que la lecture de ce manuscrit ne laisse aucun doute quant au caractère criminel de la conduite de Pichegru. Il est fâcheux qu'il n'ait pas extrait des récits dont il parle ce qui pouvait faire partager à ses lecteurs la conviction dont il paraît animé et qui l'a poussé à commettre de graves erreurs, que la comparaison de ses dires avec les lettres de Jourdan et de Pichegru m'a permis de relever.

leur ensemble, à établir comme des preuves de la trahison du commandant de l'armée de Rhin-et-Moselle ce qu'on a appelé son inaction volontaire devant l'ennemi et jusqu'aux revers qu'il éprouva sur le Rhin. L'accusation serait grave, si elle n'était démentie par les faits eux-mêmes, tels qu'ils apparaissent dans la correspondance officielle des généraux avec le Comité de Salut public et le Directoire. Nous croyons qu'elle ne résiste pas à cet examen et que, quelque respectables que soient les appréciations sur lesquelles elle se fonde, elles ne sauraient échapper au reproche de s'être surtout inspirées du souvenir de cette rivalité entre grands chefs, dont l'histoire des guerres de la Révolution et de l'Empire offre tant d'exemples. On ne saurait du reste perdre de vue qu'elles ont été émises vingt, trente et quarante ans après les événemens, et que leurs auteurs ont pu subir à leur insu l'influence de cette opinion toute faite qu'avant eux d'autres avaient subie déjà.

Au surplus, il suffit que de telles objections y aient été opposées et que, par surcroît, preuve ait été fournie de l'effronterie de Montgaillard, des mensonges de Fauche-Borel, de leur vénalité à tous deux et de celle de leurs complices pour que les hommes impartiaux ne puissent considérer comme résolue la question de savoir si le général Pichegru, en 1795 et en 1796, lorsqu'il commandait les armées de la République, a trahi ou voulu trahir son pays ; si, comme on l'en accuse, il s'est volontairement affaibli pour faciliter les victoires des Autrichiens ; s'il a eu l'intention de leur livrer d'Alsace ; s'il leur a livré Mannheim ; s'il leur a signalé les points où il leur serait aisé de le vaincre ; s'il leur a procuré de faciles succès en refusant de porter secours à Jourdan et retardé leur défaite définitive en consentant à l'armistice de décembre. Une étude consciencieuse de sa conduite peut seule porter la lumière dans ces obscurités. Si ce n'est pour défendre une mémoire irréparablement entachée par tant d'autres faits condamnables, mais tout au moins dans l'intérêt de la vérité, une telle étude présente encore aujourd'hui un attrait que nul ne contestera, bien qu'on ne puisse espérer qu'elle détruise la légende séculaire d'un Pichegru traître et parjure, se substituant au Pichegru conquérant glorieux de la Hollande et rival de Bonaparte. Il est depuis longtemps démontré que la vérité, quand elle se produit tardivement, ne peut rien contre la légende et que presque toujours celle-ci lui survit.

I

A en croire les dires de Montgaillard, écrits aussitôt par d'Antraigues qui n'en voulait pas perdre le souvenir, le général Pichegru, en 1795, lorsqu'il commandait l'armée de Rhin-et-Moselle, serait entré, par son entremise et par celle d'un sieur Fanche-Borel, sujet prussien, libraire à Neuchâtel (1), en relations avec le prince de Condé, dont la petite armée à la solde de l'Angleterre combattait alors dans les rangs autrichiens. Sur la promesse de récompenses positives, consistant en honneurs, en grades et en argent, Pichegru, au mépris de ses devoirs de citoyen et de soldat, aurait promis et donné son concours effectif à Condé, consenti à lui livrer une ou plusieurs des places fortes dont la défense lui était confiée et favorisé de tout son pouvoir les intrigues royalistes dans le dessein de contribuer au rétablissement des Bourbons sur leur trône. Montgaillard entrait dans les détails les plus circonstanciés, levait tous les voiles, indiquait pourquoi l'entreprise avait échoué et appuyait les affirmations qu'il énonçait de plusieurs lettres signées de Condé et d'autres gens mêlés à cette ténébreuse affaire. Si sa relation n'était pas un abominable mensonge, il en résultait clairement que Pichegru s'était rendu coupable, au profit des Autrichiens et des Anglais, du crime de trahison envers sa patrie.

Comment d'Antraigues avait-il conservé une pièce aussi compromettante pour le parti royaliste et pour Pichegru? Avait-elle été trouvée dans son portefeuille, comme l'assurait Bonaparte? La lui avait-il livrée volontairement ou se l'était-il laissé dicter pour payer sa liberté? Avait-elle été fabriquée, ainsi qu'il l'a prétendu après coup, dans les bureaux du jeune conquérant de l'Italie, qui voulait perdre Pichegru en lequel il voyait un rival? Tel est le mystère que l'histoire n'a pu éclaircir, qu'elle n'éclaircira probablement jamais, et que, pour l'honneur de la mémoire de d'Antraigues, on voudrait qu'elle eût éclairci.

Il ne semble pas que le Directoire ait pris au sérieux ces accusations. Barras, qui se souvenait sans doute qu'il avait été, lui aussi, compromis à son insu par les bas agens royalistes et atro-

(1) La principauté de Neuchâtel relevait alors de la Prusse.

cement calomnié par Fauche-Borel (1), confesse dans ses *Mémoires* qu'il ne crut pas à la culpabilité de Pichegru. « Sans avoir aucune prédilection pour celui qui est accusé ici, on ne voit contre Pichegru que des assertions de la part d'agens subalternes dont rien ne prouve qu'ils lui aient seulement parlé, et aucune pièce n'est produite qui soit écrite de sa main ni revêtue de sa signature. » Mais le récit de Montgaillard certifié par Bonaparte arrivait au Directoire en un moment où entre lui et le président des Cinq-Cents s'était engagée une lutte à mort. Il ne se préoccupa ni de l'indignité de l'accusateur initial Montgaillard, homme taré, cupide, toujours à vendre au plus offrant et accoutumé au rôle de délateur, ni de l'invraisemblance de l'accusation, bien qu'elle transformât en un traître vulgaire et maladroit un général comblé des faveurs de la fortune, encore à la tête d'un grand parti, entouré d'une estime voisine de l'admiration, et qui pouvait tout attendre de sa fidélité au devoir. Il n'hésita pas à se servir des documens que lui envoyait Bonaparte pour porter à Pichegru un coup irréparable et légitimer en même temps l'acte de violence qu'il méditait en prouvant à la France la réalité de la grande conspiration royaliste qu'il lui dénonçait tous les jours.

Dans l'après-midi du 18 fructidor, après l'écrasante victoire qu'il venait de remporter sur les factions coalisées en arrêtant, le matin, leurs chefs principaux, les murs de Paris, par ses ordres, furent couverts d'affiches. L'une d'elles reproduisait intégralement, comme trouvée dans le portefeuille de d'Antraigues, une lettre de Pichegru, écrite de sa main, était-il dit, lettre accablante pour lui, puisqu'en répondant aux propositions que lui avait apportées Fauche-Borel de la part du prince de Condé, elle le montrait y souscrivant avec un empressement intéressé. « Je ne ferai rien d'incomplet, écrivait-il. je ne veux pas être le troisième tome de La Fayette et de Dumouriez. Je connais mes moyens. Ils sont aussi sûrs que vastes. Ils ont leurs racines non seulement dans mon armée, mais à Paris, dans la Convention, dans les départemens, dans les armées de ceux des généraux mes collègues qui pensent comme moi. Je ne veux rien faire de partiel. Il faut en finir. La France ne peut exister en république; il faut un roi; il faut Louis XVIII. Mais il ne faut commencer

(1) Voir mon livre : *les Émigrés et la Seconde Coalition.*

la contre-révolution que lorsqu'on sera sûr de l'opérer sûrement et promptement; voilà quelle est ma devise.

« Le plan du prince ne mène à rien; il serait chassé de Huningue en quatre jours, et je me perdrais en quinze jours. Mon armée est composée de braves gens et de coquins; il faut séparer les uns des autres, et aider tellement les premiers, par une grande démarche, qu'ils n'aient plus possibilité de reculer, et ne voient plus leur salut que dans le succès.

« Pour y parvenir, j'offre de passer le Rhin où l'on me désignera, le jour et à l'heure fixés, et avec la quantité de soldats et de toutes les armes qu'on me désignera. Avant, je placerai dans les places fortes des officiers sûrs, pensant comme moi; j'éloignerai les coquins et les placerai dans les lieux où ils ne peuvent nuire, et où leur position sera telle qu'ils ne pourront se réunir. Cela fait, dès que je serai de l'autre côté du Rhin, je proclame le roi, j'arbore le drapeau blanc; le corps de Condé et l'armée de l'Empereur s'unissent à nous. Aussitôt je passe le Rhin et je rentre en France. Les places fortes seront livrées et gardées, au nom du roi, par les troupes impériales.

« Mais il faut que vous sachiez que, pour le soldat français, la royauté est au fond du gosier. Il faut, en criant: Vive le roi, lui donner du vin et un écu dans la main; il faut solder mon armée jusqu'à la quatrième ou cinquième marche sur le territoire français... Allez rapporter tout cela au prince, *écrit de ma main*, et donnez-moi ses réponses... »

A peine est-il besoin de faire remarquer tout ce que présente d'invraisemblable ce langage dans la bouche et sous la plume d'un général familiarisé avec la victoire et dont la conquête de la Hollande avait révélé tout à la fois le désintéressement et les exceptionnelles qualités militaires. S'il avait voulu trahir, il y aurait mis plus d'habileté. Au plan tout à fait enfantin et impraticable que lui avait soumis le prince de Condé et dont il sera reparlé au cours de ce récit il n'en aurait pas substitué un plus enfantin et plus impraticable encore. Il eût apporté plus d'adresse dans ses mesures, à supposer qu'il n'eût pas essayé d'abord de démontrer l'impossibilité dans laquelle il se trouvait de réaliser ce qu'on attendait de lui. En tout cas, il n'eût pas laissé aux mains de ses complices une pièce dont la divulgation devait le perdre à jamais et faire la preuve de son crime.

Cependant, l'intérêt de ces considérations, encore qu'elles

soient pour frapper tous les esprits non prévenus, s'efface et disparaît devant un fait positif et indubitable qui les prime toutes. Ce fait est celui-ci. La lettre, affichée le 4 septembre sur les murs de Paris, sous la signature de Pichegru, et reproduite dès le lendemain par les journaux à la dévotion du Directoire, constituait un faux. Pichegru n'en était pas l'auteur. C'est la police qui l'avait imaginée, en présentant comme mise sur le papier par le général une réponse verbale que lui attribuait Montgaillard. C'est aussi cette police qui, dans la version envoyée par Bonaparte à Paris et pour en établir l'authenticité, avait glissé les mots : « écrit de ma main, » lesquels n'existent pas dans l'original.

Il eût donc été facile à Pichegru d'en démontrer la fausseté, s'il eût été mis en demeure de s'expliquer ou si, conformément aux lois qui soumettent au jugement de ses pairs la conduite d'un général accusé de trahison, il eût été traduit devant un conseil de guerre. Mais on ne voulait pas lui donner des juges. Ce qu'on poursuivait en lui, plus encore que le soldat, c'était l'homme politique dont la popularité menaçait le Directoire. Celui-ci agissait révolutionnairement. A l'heure où, à l'aide d'un faux caractérisé, il déshonorait à jamais Pichegru sans l'avoir mis à même de se défendre, le président des Cinq-Cents était emprisonné. Les directeurs triomphans signaient le décret qui le condamnait à la déportation, avec leurs collègues Carnot et Barthélemy, divers membres du Corps législatif et de nombreux suspecte arrêtés en même temps que lui. Un faux, voilà donc ce qu'on trouve à l'origine de la légende sous laquelle, depuis plus d'un siècle, sa mémoire est restée écrasée.

Il est vrai que, quelques jours plus tard, se produisait un incident qui parut corroborer les accusations de Montgaillard. Une lettre signée du général Moreau, successeur de Pichegru au commandement de l'armée de Rhin-et-Moselle, arriva à Paris, à l'adresse du directeur Barthélemy. Compris dans les proscriptions du 18 fructidor et moins heureux que Carnot, qui avait pris la fuite, Barthélemy était déjà en route pour Sinnamari. La lettre de Moreau, en date du 17, fut remise au Directoire. Il en prit connaissance. Elle lui révéla que, le 21 avril précédent, après le passage du Rhin, les équipages du général de Klinglin, major général de l'armée autrichienne (1), ayant été capturés, on avait

(1) Émigré français passé au service de l'Autriche, il était le petit-fils de Joseph de Klinglin, préteur royal à Strasbourg, père de la seconde fille d'Adrienne Lecouvreur.

trouvé dans un fourgon des papiers très compromettans pour Pichegru. Étonné que Moreau eût attendu plus de quatre mois pour faire part au gouvernement de cette importante découverte, le Directoire, désirant des explications, le manda à Paris.

La conduite de Moreau en cette circonstance ne fait honneur ni à son caractère ni à ses sentimens. On le voit d'abord soucieux de ménager son ami Pichegru, oublier ensuite tout à coup les services qu'il en avait reçus, et, saisi de peur, tremblant pour lui-même, l'accabler sous des accusations qui n'avaient d'autre base que les papiers trouvés dans les fourgons de Klinglin, base aussi peu solide que le récit de Montgaillard. C'est bien le 21 avril qu'ils étaient tombés en son pouvoir. Ce jour-là. l'armée française avait accompli un prodige en passant le Rhin sous le feu de l'ennemi, après une lutte de trente heures, durant laquelle celui-ci s'était efforcé « de la culbuter dans le fleuve. » Il existe sur ce glorieux combat, qui se termina par la défaite des Autrichiens et les contraignit à signer la paix, un rapport enflammé du général Vandamme à qui était échu le commandement des troupes, Desaix et Duhesmc ayant été blessés tour à tour, l'un à la jambe, l'autre au bras.

Vandamme raconte la déroute des Autrichiens fuyant éperdus devant la furia française : « Nous allons jusqu'à Offembourg… A chaque pas, on prit par cent et par quatre cents prisonniers, des drapeaux, des canons et d'immenses convois de bagages. Rien ne peut nous arrêter, pris Offembourg. Le général comte Orély fut pris, tout l'état-major de l'armée, plans, caisses, correspondance, administration et postes. Rien ne nous échappa. » Le même soir, du champ de bataille, le major général Reynier écrivait à Desaix : « Nous regrettons bien, mon cher général, que vous n'ayez pu participer au spectacle de la déroute et à la poursuite des Autrichiens. Vous auriez bien joui. Nous vous enverrons toute la correspondance du général Klinglin, qui a été trouvée ici, et autres papiers intéressans. »

Cette correspondance consistait en un grand nombre de pièces épistolaires, chiffrées pour la plupart, ayant pour auteur les nombreux émissaires qu'employait le prince de Condé à ses opérations diplomatiques, et signées du sobriquet que, pour rendre impénétrable le mystère de leurs intrigues, ils se donnaient entre eux : Demougé dit Furet et Fenouillot dit Robert, avocats à Strasbourg ; Vittersbach dit Lindor, ancien procureur en Alsace,

Montgaillard dit Pinault, Fauche-Borel dit Louis, son compatriote Antoine Courant dit l'Insulaire, Badouville dit Coco, chef de brigade à la suite à l'armée de Rhin-et-Moselle, et enfin une femme, la baronne de Reich de Platz, née de Bœklin, dite Diogène, politicienne bavarde, maladive et sentimentale, possédée de la manie d'écrire, nièce du général de Klinglin, chargée par lui de centraliser cette active correspondance, d'unifier les efforts des agens et de les faire concourir au succès que promettaient à la coalition les prétendus engagemens de Pichegru.

. De leur aveu ou à leur insu, tous ces personnages, en même temps qu'ils travaillaient pour Condé, travaillaient aussi pour l'Angleterre et l'Autriche. Ils émargeaient directement ou indirectement aux fonds secrets de ces puissances, dont Wickham pour l'une et Klinglin pour l'autre étaient les distributeurs. Aux ressources qu'ils se procuraient ainsi ils en ajoutaient d'autres en trompant leurs mandans. On verra ultérieurement ce que devenaient les fonds versés par l'agent anglais Wickham (Bluet) à destination de Pichegru, quelles mains les arrêtaient en route, et comment Montgaillard, toujours aux expédiens, trouva un matin le moyen de grossir ses revenus en livrant ses complices au Directoire, après s'être fait promettre l'impunité pour prix de sa délation.

Dans le volumineux dossier de leurs lettres, à côté de comparses tels que le député Chambé '(Ajax), le général Lajolais (Lajoie), ami de Pichegru, le major Tugnot (Philippe) et tant d'autres, figurent aussi divers généraux autrichiens qui combattaient contre la France : l'archiduc Charles qu'on désigne sous le nom d'Antoine ; Wurmser appelé César ; Clairfayt (le Sournois), Klinglin (Persée) ; de la Tour (Octave). Le prétendant Louis XVIII est également affublé d'un surnom : le Grand Bourgeois. Condé, c'est tantôt le Bourgeois, tantôt le Laurier. Moreau a été baptisé la Mariée. Quant à Pichegru, il est tour à tour Baptiste, Poinsinet, Poinsinette, le Banquier ou encore l'Aimable Zéde.

Lorsque, aujourd'hui, si longtemps après ces événemens, on pénètre dans ce fatras, et dans la volumineuse procédure à laquelle il donna lieu, l'esprit libre, uniquement animé du désir d'en faire jaillir la vérité, on reste confondu, tant sont inconsistantes et fragiles les preuves qu'on en tira contre Pichegru. Comme dans la relation de Montgaillard et comme dans les *Mémoires* de Fauche-Borel, publiés ultérieurement, le mensonge,

dans ces lettres, coule à pleins bords. On a la sensation d'être
entré dans une caverne où s'agite, nuit et jour, une bande d'ai-
grefins et d'escrocs, exploitant la crédulité de quelques naïfs
qu'ils se sont adjoints et cherchant à se procurer, coûte que coûte,
des ressources destinées, prétendent-ils, à payer le concours de
Pichegru et à assurer des moyens d'action à cet illustre soldat
du nom duquel ils usent et abusent à qui mieux mieux. Dans
une instruction judiciaire sérieuse, ouverte contre lui par un
magistrat consciencieux et désintéressé, aucune de ces pièces
n'eût été admise.

Telle parut être l'opinion de Moreau, lorsque son subordonné
Reynier, ayant commencé le laborieux déchiffrement des papiers à l'aide d'une clef qui y était jointe, on put comprendre
qu'ils mettaient en cause Pichegru. Est-ce pour ce motif qu'il
garda le silence? Fut-il retenu par la crainte de perdre, en le
dénonçant, un compagnon d'armes qui aimait à l'appeler son
plus cher ami et auquel il devait en partie son avancement? On
ne peut s'en référer à cet égard qu'à ses propres déclarations,
Jusqu'au 19 fructidor, il s'était abstenu d'accuser Pichegru. Ce
jour-là seulement, ayant eu vent de ce qui se préparait à Paris,
il sortit de son abstention et écrivit à Barthélemy.

Il convient de rappeler ici qu'en 1804, après son arrestation,
dans un des interrogatoires que lui fit subir Réal, il expliquait
comme suit la conduite qu'il avait tenue en 1797 : « Dans la
courte campagne de l'an V, nous prîmes les bureaux de l'état-
major de l'armée ennemie. On m'apporta un grand nombre de
papiers, que le général Desaix, alors blessé, s'amusa à parcourir.
Il nous parut par cette correspondance que le général Pichegru
avait eu des relations avec les princes français. Cette découverte
nous fit beaucoup de peine, et à moi particulièrement. Nous
convînmes de la laisser en oubli. Pichegru, au Corps Législatif,
pouvait d'autant moins nuire que la paix était assurée... Les
événemens du 18 fructidor s'annoncèrent. L'inquiétude était
assez grande. En conséquence, deux officiers qui avaient connaissance de cette correspondance m'engagèrent à la communiquer au gouvernement. Ils me firent entendre qu'elle commençait à devenir publique, J'étais fonctionnaire et je crus alors
devoir en parler à Barthélemy, l'un des directeurs, en lui demandant conseil et en le prévenant que ces pièces, quoique assez
probantes, ne pouvaient constituer des pièces judiciaires. »

Modérée dans son ensemble, cette déclaration où Moreau relève uniquement contre Pichegru ses relations avec les princes français, sans l'accuser de trahison, n'est sincère que dans sa première partie. Ce qu'il n'avoue pas, c'est qu'il ne voulait décider s'il y avait lieu ou non de se faire dénonciateur que lorsqu'il connaîtrait l'issue de la lutte engagée entre Pichegru et le Directoire. Il subordonnait sa conduite au résultat. Barras insinue que la lettre à Barthélemy, à laquelle il attribue la date du 17 fructidor, pourrait bien avoir été antidatée ; sa mémoire l'a trompé, et il est positif que la lettre fut écrite le 19. Ce qui n'est pas moins vrai, c'est que le 24, alors qu'arrivaient au quartier général de l'armée de Rhin-et-Moselle les informations relatives au coup d'État, Moreau, maintenant assuré de la victoire directoriale, traçait en marge d'une dépêche de service, adressée au ministre de la Guerre Schérer, ces quatre mots : « Défiez-vous de Pichegru. » Puis, au bas de la lettre, il ajoutait : « J'ai cru devoir à votre place et à l'amitié qui nous lie l'avis ci-joint en quatre mots. Je vous confie ce secret. Vous pouvez être sûr de sa véracité (1). »

Le même jour, répondant à l'appel du gouvernement, il annonçait son départ pour Paris : « Je n'ai reçu que le 22, très tard, et à dix lieues de Strasbourg, votre ordre de me rendre à Paris. Il m'a fallu quelques heures pour préparer mon départ, assurer la tranquillité de l'armée et faire arrêter quelques hommes compromis dans une correspondance intéressante que je vous remettrai moi-même...

« ... Je vous avoue qu'il était difficile de croire que l'homme qui avait rendu de grands services à son pays, et qui n'avait nul intérêt à le trahir, pût se porter à une telle infamie. On me croyait l'ami de Pichegru, et, dès longtemps, je ne l'estime plus. Vous verrez que personne n'a été plus compromis que moi, que tous les projets étaient fondés sur les revers de l'armée que je commandais. Mon courage a sauvé la République. » Parlant de Pichegru, il disait dans une autre lettre : « Il a été assez prudent pour ne rien écrire ; il ne communiquait que verbalement avec ceux qui étaient chargés de sa correspondance. »

Ce fut donc le succès du Directoire qui entraîna Moreau aux

(1) Sur la pièce originale conservée aux Archives de la Guerre, le représentant du peuple Pelet a mentionné, quelques années plus tard, que c'est sur ses instances que Moreau y inséra cet avertissement.

pires déclamations contre son rival de gloire, duquel il dira plus
tard qu'il lui devait sa nomination comme divisionnaire et que
c'est sur sa désignation formelle qu'il avait été successivement
appelé à lui succéder au commandement de l'armée du Nord et
de l'armée de Rhin-et-Moselle. La proclamation qu'avant de
quitter son quartier général, il adressa à son armée témoigne avec
plus d'éclat encore de son ingratitude. Elle est un acte d'accusation foudroyant et d'autant plus inconcevable que Moreau ne
tenait aucune preuve de la trahison. Le déchiffrement des pièces
était loin d'être achevé. Il ne put en emporter que quelques-unes
à Paris. Reynier se hâtait de déchiffrer les autres pour les lui
expédier aussitôt avec la clé.

Il est maintenant aisé de comprendre en quelles dispositions
il arriva dans la capitale. Soucieux surtout de se disculper aux
yeux du Directoire du long retard qu'il avait mis à lui faire connaître la capture des papiers de Klinglin, il crut, en se rangeant
parmi les accusateurs les plus ardens de Pichegru, écarter le
soupçon auquel il s'était exposé. Il accabla son camarade sous le
poids de ses dires, tâche aussi facile que dépourvue de générosité.
C'était l'heure où la Terreur recommençait. Captif, proscrit, considéré comme perdu, Pichegru n'avait pas un défenseur. Personne n'éleva la voix en son nom pour réclamer des juges. Les
griefs qu'on lui imputait, à l'aide d'affirmations écrites et verbales qui n'avaient été soumises à aucun contrôle, s'attachaient
à son nom comme la preuve indiscutable de son infamie.

A quelques jours de là, Augereau, le second de Barras dans
la préparation militaire du coup d'État, prenant possession du
commandement de l'armée d'Allemagne laissé vacant par la mort
de Hoche, traduisait en un langage emphatique, dans un manifeste à ses troupes, l'opinion déjà formée contre Pichegru.
« Caton, ne pouvant survivre à la liberté de sa patrie, déchire
ses propres entrailles, et sur son cadavre César s'élève un trône.
Hoche meurt à la fleur de ses ans et au comble de la gloire, et
Pichegru survit à ses forfaits : tels sont les arrêts de l'aveugle
destin. Soldats! qu'une larme arrose le cercueil du héros, et
qu'un cri d'exécration anathématise le traître! » C'était la pel-
letée de terre finale jetée sur la sépulture où, dès ce moment,
gisait l'honneur de Pichegru.

Sa conduite ultérieure, lorsque, après s'être évadé de Sinnamari, il arriva à Londres avide de vengeances contre les auteurs

de son infortune, ses relations plus ou moins avouées avec les puissances coalisées, sa participation au complot de Cadoudal, et enfin son trépas mystérieux et tragique, n'étaient pas pour le relever de la condamnation qui l'avait frappé. Ni de son vivant, ni après sa mort, il ne s'en est relevé.

II

De l'armée de la Moselle et de celle du Rhin, le Comité de Salut public, au mois de mai 1795, s'était décidé à n'en former qu'une seule dite de Rhin-et-Moselle. Il en avait donné le commandement à Pichegru, et, tandis qu'il mettait Moreau à la tête de celle du Nord, il plaçait celle de Sambre-et-Meuse sous les ordres de Jourdan, le vainqueur de Fleurus. Le même décret stipulait que, si la réunion de ces trois armées devenait nécessaire au cours de la campagne, c'est Pichegru qui en serait le général en chef.

Pichegru avait alors trente-cinq ans. « D'une vertu élevée, dit de lui Hyde de Neuville, un peu farouche, étrangère même aux compromis, il était, comme citoyen, contraire à son gouvernement. Mais, comme général, il n'a jamais transigé, même en pensée, avec les règles du devoir, de l'honneur militaire et du patriotisme, qui n'admettent aucune faiblesse ni concession à l'égard de l'étranger, alors même que celui-ci peut seconder vos desseins. » De son côté, Barbé-Marbois, dont la loyauté ne mérite pas plus le soupçon que celle d'Hyde de Neuville, a écrit : « Il est peu communicatif. Mais je l'ai déjà assez vu pour reconnaître en lui de hautes qualités. » Il arrivait de Hollande chargé de lauriers, objet de l'admiration universelle, et d'autant plus honoré qu'il venait de refuser la magnifique pension que les États-généraux du pays qu'il avait uni à la République étaient disposés à lui voter. Chargé, à son court passage à Paris, lors des émeutes de germinal, de la défense de la Convention, et l'ayant préservée des fureurs populaires, il avait reçu d'elle le titre de Sauveur de la patrie. C'est donc à l'apogée de la gloire et comme couronné d'une auréole qu'il prenait possession de son commandement.

L'armée de Sambre-et-Meuse opérait sur le bas Rhin, ayant en face d'elle, sur la rive droite du fleuve, le général autrichien Clairfayt, dont les troupes s'échelonnaient de Dusseldorf à Mannheim, leur centre à Mayence qu'assiégeaient les Français sur la rive gauche. L'armée de Rhin-et-Moselle avait pour théâtre le haut Rhin, de Mannheim à Huningue; elle était opposée à Wurmser, dont les effectifs se grossissaient du petit corps du prince de Condé. En arrivant au poste important qu'il tenait de la confiance du Comité de Salut public, Pichegru se flattait de l'espoir d'y trouver les mêmes succès qu'en Hollande. Sa mission, comme celle de Jourdan, consistait à passer promptement le Rhin et à chasser des pays rhénans les troupes impériales. Mais de terribles déceptions l'attendaient. Il allait voir se dresser devant lui des difficultés imprévues et innombrables, et ses patriotiques efforts paralysés par la misère noire qui régnait dans son armée, par l'indiscipline qui en était la conséquence et par une désorganisation générale de tous les services.

Cette misère résultait du discrédit dans lequel étaient tombés les assignats. Ils n'étaient acceptés par les fournisseurs qu'au taux de 3 pour 100 de leur valeur nominale; et, comme le Trésor public ne payait qu'en papier les officiers et les soldats, sauf une petite somme en numéraire, 8 francs par mois pour les uns et moins encore pour les autres, ils ne parvenaient plus à se procurer les objets nécessaires à la vie. Force était pour eux de se les procurer par la maraude et le pillage, à la grande fureur des populations dont ils occupaient le territoire. Le Comité de Salut public, réduit aux expédiens, s'efforçait de remédier à ce mal. Mais lorsque à un envoi de 130 millions en assignats il ajoutait 200 000 francs en numéraire, — telle était la proportion, — il ne faisait que verser une goutte d'eau pour apaiser la soif de quatre-vingt mille hommes. Ses ressources restaient pour longtemps épuisées de son effort, sans que l'armée, quoique regorgeant d'assignats, s'en trouvât ni plus riche ni plus efficacement soulagée.

Le 11 juillet, Pichegru, remerciant Moreau qui venait de lui envoyer 50 louis pour acquitter une ancienne dette, lui disait : « Je suis ici comme un mendiant avec un portefeuille garni. Les troupes y sont bien à plaindre, car on ne trouve rien en Alsace avec des assignats. Cela augmente leur désir d'atteindre l'autre rive, et je crois que, si elle est bien défendue, elle sera vigoureusement attaquée, car le soldat ajoutera à son énergie et à son courage ordinaire la fureur du besoin. Il est cependant bien malheureux d'avoir à chercher sur des terres ennemies des moyens d'existence ou des secours que l'on aurait le droit d'exiger

dans sa patrie et qu'on ne peut plus s'y procurer avec le seul moyen
d'échange que le soldat ait à sa disposition... J'invoque le génie
de la liberté de pouvoir suppléer encore une fois à ce qui nous
manque. Puisse-t-il m'être favorable! »

Ce n'est pas seulement à Moreau et sous cette forme confidentielle qu'il exprime ses doléances. Elles reviennent à tout
instant dans sa correspondance avec le Comité de Salut public et
le Directoire. Ses soldats n'ont ni chemise, ni bas, ni souliers.
A la date du 17 août, il manque cinquante-deux mille capotes
pour les habiller. Souvent le pain fait défaut pour les hommes;
et de même le fourrage pour les chevaux, « qui meurent comme
des mouches. » Les transports les plus urgens, l'artillerie même,
souffrent de cette mortalité, qui bientôt réduira à rien la cavalerie
de l'armée et entravera les opérations militaires les mieux combinées. « La plupart des officiers de cavalerie et d'état-major
sont démontés et les dépôts pleins de cavaliers à pied qui ne
rendent aucun service. » Le directeur des postes du Rhin mande
de Strasbourg que, faute de fonds, de chevaux, de crédit, il ne
peut plus assurer le service de l'armée. « Je n'ai que des dettes
et il m'est dû par l'État plus de 600 000 francs. »

Le 31 août, Pichegru fait entendre au Comité un avertissement plus grave encore : « Je ne dois pas vous laisser ignorer
l'inquiétude que j'éprouve de ce qu'aucune de nos places sur le
Rhin n'est approvisionnée, malgré les instances que j'ai faites à
ce sujet depuis plus de trois mois. L'ennemi en est sans doute
informé, car je ne puis me persuader qu'il se déterminât à un
passage du Rhin, s'il n'avait l'espoir de faire tomber bientôt une
de nos places, faute de vivres, s'il parvenait à en éloigner l'armée.
Vos collègues s'occupent des moyens d'y pourvoir; mais je redoute
le temps qu'exigent ces approvisionnemens. » Plusieurs mois
après, ces mêmes places, pour la plupart, manquaient encore de
tout.

Le 14 novembre, après les horreurs de la retraite de
Mayence, qui a infesté le pays de vingt mille fuyards, et durant
laquelle « les meurtres, les viols, les pillages, tout fut commis, »
le général en chef écrira : « Je presse l'approvisionnement de
Landau. Lorsque je me plains aux commissaires des guerres de
la lenteur qu'on y met, ils m'opposent le défaut de moyens de
transport, qui fait souvent manquer de pain et de fourrage. Le
général qui commande à Kaiserlautern m'a mandé qu'il n'en

avait pas depuis trois jours. Je vous le répète, citoyens représentans, il est temps que vous vous occupiez de cette armée. Ce qu'on en a fait partir pour l'armée des Alpes (1), les maladies, la désertion, les batailles, l'ont diminuée à un point incroyable. La cavalerie dépérit tous les jours et l'artillerie n'a presque plus de chevaux. Je n'ai pu encore obtenir une capote. Les troupes sont toujours dans le même dénûment. Je ne puis que me louer de leur contenance. Elles sont totalement revenues de la première terreur que leur avait causée la retraite de Mayence. »

Deux mois avant, à ce même camp de Mayence, s'étaient déjà produites des scènes de désertion et de désordre. En les dénonçant, Pichegru les attribuait à la mauvaise qualité du pain, à la négligence des commissaires des guerres sur lesquels il n'avait aucune autorité. Elles étaient dues aussi au mécontentement des troupes lasses de souffrir et qui depuis longtemps demandaient en vain à être payées en numéraire, « ne pouvant se rien procurer avec des assignats. »

Ce qui favorisait l'indiscipline, c'est que les officiers, le général en chef lui-même, n'avaient en leur pouvoir que d'insuffisans moyens de répression, et que, d'autre part, les tribunaux militaires, qui disposaient seuls des grands moyens de justice et de police, étaient déplorablement composés. « Le général en chef n'a le droit ni de suspendre ni de destituer. Toutes les voies de répression se bornent pour lui comme pour les autres à la simple prison. Aucune autre peine ne peut être infligée que par les tribunaux militaires, qui ont plus concouru jusqu'ici à détruire la discipline qu'à la maintenir. Leur réorganisation même ne produira pas l'effet qu'on doit en attendre, si l'on ne fait pas en même temps le triage des officiers de police, dont la plupart n'ont ni moralité ni instruction. »

On ne saurait s'étonner qu'en de telles conditions, l'armée ait perdu le respect, qu'elle ait pris des habitudes frondeuses, que les soldats désertent et écoutent avec complaisance les émigrés qui, de Suisse ou du camp de Condé, se glissent jusqu'à eux pour leur prêcher la mutinerie. Les uns partent simplement

(1) Au mois d'août, 10 000 hommes avaient été détachés de l'armée de Rhin-et-Moselle, malgré les énergiques protestations des représentans du peuple, en mission à cette armée, pour être expédiés à celle des Alpes. Les représentans poussèrent la résistance jusqu'à annuler l'ordre du Comité de Salut public. Mais celui-ci exigea, et force fut de lui obéir.

et se jettent dans l'intérieur où leur famille les rappelle ; les autres se portent malades, se font évacuer d'hôpitaux en hôpitaux et ne rentrent pas à leur corps ; les administrations ne les font pas rejoindre. Ceux qui restent ouvrent une oreille complaisante aux propos des émissaires royalistes et des espions autrichiens.

Bacher, l'agent diplomatique français à Bâle, bien qu'il se plaigne lui aussi d'être sans argent et de ne pouvoir plus payer des espions pour surveiller l'ennemi, parvient cependant à surprendre ces tentatives de corruption et les dénonce : « Les émigrés se servent de l'argent de l'Angleterre pour recruter de tous les côtés. Leurs commissaires se répandent et s'insinuent partout, et, si l'on n'y prend garde, ils parviendront par des embaucheurs et des embaucheuses à nous enlever bien du monde. Le meilleur moyen de déjouer ces manœuvres et de rompre ces intelligences est de changer souvent les corps placés sur l'extrême frontière, sans quoi il faudra s'attendre à une désertion qui pourra devenir d'autant plus inquiétante que nos volontaires ont de la peine à subsister avec leur prêt, vu le discrédit total des assignats, tandis qu'on leur fait croire qu'on roule sur l'or au camp de Condé. On accorde trop de permissions pour Bâle. Le désordre est tel dans cette ville qu'on voit nos militaires se promener et même boire quelquefois avec les émigrés. »

Ainsi la misère d'un côté, l'indiscipline de l'autre, voilà les deux plaies de l'armée, la cause de sa désorganisation. Les plaintes de Pichegru ne sont que trop fondées ; il en poursuit le Comité de Salut public, les représentans du peuple qui l'assistent et le surveillent et sont les témoins de ce lamentable spectacle : Merlin de Thionville, Rewbell, Garran, Rivaud ; il en entretient ses camarades : Jourdan, Moreau, Abbatucci, Liébert, son major général ; il tâche de réparer les tristes effets de l'abandon et de l'incurie dont les armées du Rhin n'ont été que trop visiblement l'objet.

Dans une lettre qu'il adresse à Jourdan le 19 novembre, on sent percer le découragement qui déjà s'est emparé de lui, à la suite des revers qu'ont subies, à cette date, les armées du Rhin, et qu'on ne peut attribuer qu'à leur désorganisation : « J'ai senti comme toi qu'il conviendrait que le gouvernement recréât l'armée de la Moselle. Je lui en ai écrit plusieurs fois, mais je n'ai reçu de lui qu'une seule réponse depuis le 8 du courant, quoique je

lui aie, depuis cette époque, envoyé des courriers tous les jours
ou au moins tous les deux jours. J'attends avec bien de l'impatience qu'il lui plaise me fournir des renforts en troupes et des
moyens matériels, ou d'accéder à la demande que je lui ai faite
de charger quelque autre de venir chercher des lauriers au
champ de la disette et de la pénurie la plus absolue.

« J'ai donné depuis longtemps des ordres pour faire approvisionner les places du Rhin et de la Moselle. Mais je ne puis me
flatter qu'ils aient été exécutés. Les départemens et les districts
qui doivent concourir à cette opération sont d'une lenteur et
d'une négligence incroyables, malgré tous les stimulans qu'on
peut leur faire avaler. »

Peut-être, en constatant l'énergie des plaintes réitérées de
Pichegru et l'impuissance de ses efforts, sera-t-on tenté de les
attribuer à un calcul. S'il est résolu à trahir, à ne pas combattre, à se laisser vaincre, dût sa gloire passée en rester à jamais ternie, il a tout intérêt à justifier par avance sa conduite, à
démontrer qu'elle lui a été imposée par l'état même de son
armée. Mais, pour réduire à rien l'objection, il suffit d'y opposer
le langage que tiennent au même moment ceux qui entourent
Pichegru et qui rectifieraient bien vite ses exagérations et ses
mensonges, s'il exagérait ou s'il mentait. Que dit Merlin de
Thionville, ce jeune exalté que Barras représente comme « capable de brûler la cervelle à Pichegru, » s'il l'avait soupçonné
d'un manquement au devoir? Que disent ses collègues? Que
disent les généraux? Les mêmes choses que Pichegru, et avec
plus de force que lui.

« Nos caisses sont à sec, écrit Merlin le 7 septembre. Il n'arrive rien. Nous devons 200 millions. Vous avez beau avoir
envoyé,... il est un fait aussi constant, c'est l'insuffisance de
ce qui est arrivé et du numéraire pour la solde des troupes. »
Et, le 12 octobre, après avoir esquissé le seul plan de campagne
qui puisse, selon lui, conjurer un échec devant Mayence, lequel
« diminuerait l'importance et la grandeur de notre situation
vis-à-vis l'Allemagne », il déclare que, pour que ce plan réus-
sisse, il faut deux choses: du monde et de l'argent. « Du monde,
puisque Sambre-et-Meuse n'est que ce qu'il faut pour faire tête
à l'ennemi sur le Mein et qu'il faudrait que la colonne qui file-
rait vers Wurtzbourg fût au moins de vingt-cinq mille hommes.
Pichegru ne peut rien faire que depuis Mannheim jusqu'à Bâle,

et quelle étendue de terrain ! Il a environ quinze mille hommes qui couvrent Mannheim ; il prépare quelque chose sur Kehl; il harcèlera l'ennemi entre Huningue et Colmar ; il ne peut donner à Sambre-et-Meuse que ce qu'il lui a donné : une division qui cerne Mayence du côté de Cassel et qui rend à Jourdan toute son armée. Mais, en supposant que Jourdan pût faire marcher vingt-cinq mille hommes sur Aschaffenbourg, il faudrait faire marcher une caisse assez considérable avec l'armée pour qu'on pût acheter de quoi la nourrir au delà de la ligne de neutralité (1). Maudite ligne ! »

Cette démonstration si précise, qui prend sous la plume de Merlin de Thionville une autorité décisive, ne révèle pas seulement l'insuffisance des moyens dont disposaient les deux commandans des armées du Rhin; elle prouve encore combien est injuste et mal fondée l'accusation formulée si souvent contre Pichegru d'avoir refusé de secourir Jourdan. Il l'a si bien secouru qu'il lui a donné spontanément une division de son armée, ainsi que le constate Merlin le 12 octobre et ainsi qu'en fait foi cette autre lettre signée Pichegru, remise à Jourdan le 6 du même mois : « Toutes réflexions faites, mon cher camarade, je porterai la gauche des troupes restant sous mon commandement jusqu'a Oppenheim exclusivement et tu pourras leur donner les ordres que tu voudras. Si je peux t'être de quelque secours en artillerie, munitions, etc., etc., tu peux compter que je m'empresserai de faire tout ce que mes moyens me permettront. » Est-ce là les sentimens et le langage d'une âme portée à la jalousie et disposée à la trahison?

Quant à l'insuffisance des moyens, Merlin n'est pas seul à la signaler. Rewbell, qu'on ne soupçonnera pas plus que lui d'être de connivence avec Pichegru, s'en explique avec une fougueuse sincérité, après s'être plaint qu'on ait affaibli de dix mille hommes l'armée de Rhin-et-Moselle pour renforcer l'armée d'Italie. « Il est inconcevable que ce soit dans ce moment-ci

(1) La ligne de neutralité s'étendait entre le champ sur lequel opéraient les belligérans et les territoires de la Prusse, qui venait de conclure la paix avec la République. La frontière suisse en formait une autre. Le Comité de Salut public eut un moment la pensée de forcer celle-ci pour faciliter ses opérations. Il y renonça sur les instances de Barthélemy, son ministre auprès de la Confédération helvétique. Les Autrichiens furent moins scrupuleux, et il semble qu'ils fussent assurés de la complaisance du cabinet de Berlin. Le 1er octobre, Merlin de Thionville demandait au Comité d'obliger Hardenberg à s'expliquer et d'exiger de lui l'engagement formel de ne pas tolérer que Claïrfayt franchît la ligne de démarcation.

(29 août) qu'on fasse exécuter un décret de messidor qui permet deux congés pour un mois par cent hommes. Ceux qui les obtiennent sont jalousés par les autres, qui sont tentés de partir sàns congé et qui succombent journellement à la tentation, au moyen de quoi l'armée active se désorganise et se réduit à rien.

«... Il faut que vous sachiez tout. Nos armées et nos places sont sans vivres. Huningue, Brisach, Belfort, Schlestadt sont sans provisions quelconques. Le général Pichegru presse en vain depuis plusieurs mois le commissaire ordonnateur en chef Martellière d'approvisionner ces places et l'armée. Comme, par la dernière loi, les commissaires des guerres sont pour ainsi dire indépendans des généraux, ils ne prennent les ordres que comme des considérations auxquelles ils ne défèrent que lorsqu'ils ne peuvent pas trouver de défaite. Martellière en a trouvé une. Il meurt de faim au milieu de l'abondance, et cela faute de fonds, et j'ai bien peur qu'il ne dise vrai. »

« L'armée manque tout à fait de moyens pour soutenir la campagne, écrit un autre représentant, Rivaud. Vous nous laissez sans moyens pécuniaires. Je vous signale la mollesse du commissaire des guerres et l'indépendance des employés, qui ne veulent pas recevoir d'ordre des généraux. Malgré les demandes réitérées du général en chef, l'armée est privée de tout. » Le tableau que tracent ses collègues Garrau et Pfleiger n'est pas moins sombre. « La discipline est nulle, dit le premier. Les officiers sont dans la misère; ils désertent comme les soldats. C'est la faute du gouvernement Aubry qui a tout désorganisé, qui, ne voulant pas le passage du Rhin, a laissé manquer ces deux armées des moyens d'attaque et de défense. Où tout cela nous conduira-t-il? Il faut que, sans délai, le Directoire exécutif prenne les mesures les plus efficaces pour remédier à de si grands malheurs, sans quoi l'Alsace est envahie et la Lorraine menacée. Il me tarde infiniment de savoir quels sont les membres du Directoire exécutif. S'il est bien composé, ça pourra aller; sinon, il faut s'attendre à une nouvelle révolution. » — « En résumé, ajoute de son côté Pfleiger, l'armée du Rhin est dans le plus affreux état. »

Mêmes constatations de la part du représentant Joubert. En arrivant au quartier général de Jourdan, il mande au Directoire que « la division de Bernadotte et celle de Championnet manquent de pain depuis trois jours, et que celle de Marceau n'avait pas eu de distribution au moment de combattre. Les transports manquent absolument. Il n'y a plus ni voiture, ni chevaux, ni même des bœufs dans le pays. » Ceci est écrit en novembre et décembre, après les revers de Jourdan et de Pichegru. Mais la détresse signalée en ces lettres révélatrices de l'imprévoyance et de l'incapacité du Comité de Salut public n'est pas le résultat de nos défaites. C'en est la cause initiale. On a été vaincu parce que tout était désorganisé. Dès le 26 août, le commissaire en chef Martellière, après avoir déclaré « qu'il est à court de 121 millions pour faire face aux dépenses ordonnées » et que, par suite, tout manque, s'écriait amèrement : « Après une campagne aussi dure que la dernière, il était permis d'espérer un sort plus heureux, surtout lorsqu'une abondante moisson en fournit les moyens. Je vois qu'il faut s'attendre aux mêmes peines et aux mêmes inquiétudes. »

Les généraux ne parlent pas autrement que les représentans du peuple. Une lettre d'Abbatucci écrite à son ami Casabianca, au lendemain de la retraite de Mayence, éclaire d'une lumière éclatante et sinistre la détresse des armées de la République sur le Rhin. « Le général Pichegru tâche de rendre le courage aux troupes qui viennent de Mayence. Mais elles sont harassées, manquant de tout depuis longtemps et contre un ennemi bien plus nombreux et contre des soldats chaussés, habillés et nourris. Les officiers, nu-pieds comme les soldats, dans la misère et obligés de manger avec eux, n'ont plus d'autorité, et si le gouvernement ne change de marche, je ne sais ce que deviendront les armées qui ont fait trembler l'Europe. On ne peut compter sur aucun mouvement; des entraves à chaque pas. Croirais-tu qu' le général en chef n'a pas le droit de faire donner une paire de souliers? Il faut que cet ordre vienne de la commission, qui ne répond jamais. Les soldats, en se retirant, ont vu des magasins pleins d'effets militaires, tandis qu'ils étaient nus, et qu'ils ont dû laisser en arrière. Les commissaires des guerres sont absolument indépendans des généraux; les gardes magasins sont indépendans des commissaires des guerres, et le service des approvisionnemens, des subsistances et de l'habillement est dans un état épouvantable. »

Voici d'autre part un jeune officier, Cochet fils, qui mande à son père, député à la Convention, que, sous Mayence et au moment d'en entreprendre le siège, on s'est aperçu qu'en dépit des ordres depuis longtemps donnés, les moyens manquaient. « Le général Bollemont, qui a eu hier une conférence avec le général Jourdan (1), me charge de vous mander qu'il croit que le Comité de Salut public est trompé sur l'effectif de l'armée de Rhin-et-Moselle, que cette armée, depuis que les divisions qui étaient sous Mayence sont réunies à celle de Sambre-et-Meuse, est réduite presque à rien, puisqu'il n'y a que trente-cinq mille hommes sous les ordres de Pichegru, qui s'étendent jusqu'à Strasbourg ; qu'il lui semble que l'armée des Alpes, qui ne doit pas tarder à prendre ses quartiers d'hiver, pourrait se porter sur le haut Rhin, et par ce moyen l'augmenter, que sans cela il est impossible de rien entreprendre. Il paraît que l'échec qu'elle a reçu dernièrement ne provient que du trop peu de monde qu'il y avait. »

C'est ensuite Jourdan lui-même qui tient un langage analogue. Le 7 septembre, il a passé le Rhin à Ordingen et il est parvenu à prendre position sur la rive droite. Mais, une fois là, il est empêché de se mettre en marche par suite des souffrances de son armée, du progrès de la désertion, du travail des familles sur les volontaires. « J'ai à peine trente-cinq mille hommes. Il me manque trente mille chevaux pour les besoins de l'artillerie et de l'administration. » Le 18 octobre, vaincu par les difficultés qui l'assaillent, « et pour ne pas compromettre l'armée qu'il commande, » il se décide à repasser sur la rive gauche.

Observons en passant qu'à ce moment, ce n'est pas sur Pichegru, qu'on accusera un jour de ne l'avoir pas soutenu, qu'il fait peser la responsabilité de sa reculade. Il l'attribue uniquement « au défaut de subsistances et de chevaux, » c'est à Pichegru qu'il le déclare. S'il a perdu confiance, « c'est, que le déplorable état de l'armée, avouera-t-il le 24 décembre au ministre de la Guerre, ne permet pas d'attendre de grands succès. » Il est bien vrai qu'à ce moment, la misère fait rage. Nous en avons pour garant le pur, l'héroïque Marceau, qu'à quelques semaines de là, une mort glorieuse va faucher dans sa fleur. Il commande l'aile droite de Sambre-et-Meuse. Le 19 décembre, il mande à son général en chef : « Les vivres nous manquent et, en vérité, nous sommes bien malheureux.

(1) C'est Kléber qui, sous les ordres du général en chef de Sambre-et-Meuse, commandait les opérations du siège de Mayence, bien que les troupes assiégeantes eussent été détachées, pour la plus grande partie, de l'armée de Rhin-et-Moselle.

Le pillage est à son comble et les officiers, plus malheureux encore que les soldats, n'ont ni force ni pouvoir. » Huit jours après, il y revient : « Un ennemi plus cruel que les Autrichiens nous assiège. La famine avec tous ses horribles entours a pris la place de la mendicité. »

Du reste, le mal est trop profond pour être promptement guéri. Dix-huit mois plus tard, en juillet 1797, Moreau, qui a pris, à la place de Pichegru, le commandement de Rhin-et-Moselle, ne pourra que répéter ce que disaient ses prédécesseurs. « L'armée est dans une détresse affreuse; il lui est dû deux mois de solde. Je ne vous dissimule pas nos inquiétudes sur les suites d'une telle détresse. Je ne puis me lasser d'admirer la patience de cette armée qui souffre tout sans se plaindre. Mais, si on ne vient promptement à son secours, il est à craindre qu'elle ne cède à l'instigation de beaucoup d'ennemis du gouvernement qui ne cessent de l'exciter à la sédition. »

III

Aux incessantes plaintes des conventionnels et des généraux, aux légitimes réclamations qui remplissent leurs lettres, que répond le Comité de Salut public, auteur responsable des misères qu'ils dépeignent en des couleurs si vives? Que répondra le Directoire, lorsqu'il aura recueilli le triste héritage de la Convention et devra résoudre les innombrables difficultés qui lui ont été léguées?

Le Comité de Salut public, lui, s'en tire par de belles phrases, par des proclamations pompeuses adressées à l'armée pour l'exhorter à remplir son devoir; il trace des plans sans se préoccuper de savoir si le défaut de moyens ne les rend pas impraticables; il donne des ordres, les révoque, irrite par ses prétentions à tout ordonner les représentans en mission; il énerve le commandement par la multiplicité de ses conseils; il fait, en un mot, la preuve éclatante des périls auxquels on expose une armée, quand on entend la diriger de loin, à cent lieues du théâtre de la guerre.

Un jour, il déclare qu'il ne faut pas hésiter à forcer, du côté de la Suisse, la ligne de neutralité; le lendemain, il renonce à cette mesure, qui ne pourrait être exécutée qu'en violation des traités. En revanche, à ces effectifs déjà trop faibles pour accomplir tout ce qu'il leur demande, il prend brusquement dix mille hommes pour les envoyer sur les Alpes; il les diminue comme à plaisir, par des congés accordés sur la recommandation de députés à qui il veut plaire ou en y opérant des recrutemens pour l'intérieur. « Cette armée de l'intérieur, écrit le chef du génie Chasseloup, énerve les autres armées, comme Paris engloutit les départemens. »

Le Comité s'étonne que les fournisseurs, à qui sont dues des sommes énormes, ne veuillent pas faire de plus longs crédits. Il considère qu'il faut exiger d'eux qu'ils continuent à pourvoir à tous les besoins. Quant au payement, on verra plus tard. Les représentans en mission protestent contre ces instructions arbitraires. Ils sont obligés de n'en tenir aucun compte et de payer les fournisseurs sous peine de laisser les troupes mourir de faim. Le Comité maugrée contre cette transgression de ses ordres. Il mande à Pichegru, comme fiche de consolation : « Une fois en pays ennemi, vous saurez bien vous procurer des ressources... La guerre doit nourrir la guerre. Faire vivre votre armée est votre premier devoir. Si vous êtes en pays ennemi, levez des contributions; si vous êtes en pays neutre, réquisitionnez en payant; si vous êtes en pays ami, procédez par la préemption. » Un envoi de numéraire vaudrait certes mieux que cet exposé de principes, tout au moins inutile en la circonstance, puisque, d'une part, on n'est pas en territoire ennemi, et que, d'autre part, l'argent manque.

Il est vrai que le Comité rappelle qu'il a envoyé des fonds au commissaire ordonnateur en chef de Rhin-et-Moselle à l'effet d'approvisionner les places : « C'est à vous, citoyen général, à activer son zèle, s'il en est besoin, et à le diriger d'une manière convenable. » Le malheur est que cet envoi de fonds consiste en assignats, ce qui ne représente rien ou presque rien, et que le zèle du commissaire ordonnateur en chef est aussi impuissant que celui de Pichegru. Celui-ci se plaint-il de l'insuffisance des fourrages et de leur mauvaise qualité, on lui répond : « Nous avons ordonné d'augmenter la ration des fourrages. Quant à leur qualité, elle n'est pas bonne, ce que nous apprenons pour la première fois; la faute en est aux agens qui les ont procurés et aux commissaires qui les ont reçus. Il faut dénoncer les uns et les autres, afin qu'ils soient sévèrement punis. » Les dénoncer, les poursuivre, faire des exemples, cela, certes, conjurera dans l'avenir les effets de la fraude, mais ne les réparera pas dans le présent, sans compter que c'est la presque-totalité des fournisseurs qu'il faudrait mettre en accusation, la longue incurie du Comité et ses complaisances intéressées ayant favorisé l'extension du vol dans des proportions incroyables.

Il en est ainsi de tout. En paroles, le Comité de Salut public a des remèdes pour tous les maux. En action, il ne remédie à aucun. La misère subsiste, l'indiscipline augmente. A la confiance qui pourrait seule exciter la valeur des soldats ont fait place un découragement, un dégoût dont les chefs de corps ne peuvent avoir raison que par des prodiges d'énergie.

Lorsque le Directoire succède à la Convention, Pichegru renouvelle ses réclamations et ses plaintes, demande des secours, démontre qu'ils lui sont nécessaires. Le Directoire lui répond par un aveu d'impuissance. Il ne peut rien tirer des autres armées, qui sont aussi en détresse : « Le Directoire ne se dissimule pas la crise dans laquelle se trouve l'armée de Rhin-et-Moselle. Il a donné au ministre de la Guerre l'ordre de la pourvoir de chevaux, de souliers, de capotes, et en général de tous les objets qu'il peut avoir à sa disposition. Mais il ne peut se cacher que les bonnes intentions de ce ministre se trouvent entravées par une foule d'obstacles accumulés, par la pénurie des moyens de tous genres, par la malveillance même et par la cupidité. » Au total, il autorise le général en chef à opérer des réquisitions, « en modérant dans l'exécution ce que ces mesures pourraient avoir de dur. » C'est en ces circonstances qu'a sonné l'heure d'agir et de combattre, et que les généraux Jourdan et Pichegru ont été invités à prendre leurs dispositions pour passer le Rhin, chacun de son côté, ainsi que d'ailleurs ils l'avaient proposé.

A propos de ce passage du Rhin, il n'est pas de dures appréciations que n'aient inspirées aux historiens de la campagne de l'an V les revers de Pichegru. Moins indulgens pour lui que pour Jourdan, qui pourtant ne fut pas plus heureux, ils ont attribué au commandant de l'armée de Rhin-et-Moselle la responsabilité des échecs de l'armée de Sambre-et-Meuse. S'inspirant, sans les avoir soumises à un contrôle sévère, des dénonciations de Montgaillard et de Fauche-Borel, ils ont raconté que, durant cette campagne, l'inaction volontaire de Pichegru n'a jamais cédé qu'à des ordres péremptoires et qu'il n'a combattu que contraint et forcé, c'est-à-dire lorsqu'il ne pouvait faire autrement à moins d'avouer la trahison à laquelle il était déjà trop résolu. Force est donc de rappeler que c'est lui qui, le premier, avait proposé de franchir le Rhin, de porter la guerre sur le territoire ennemi et de s'y assurer des quartiers d'hiver en éloignant des frontières les Autrichiens et les émigrés. C'est de son propre plan que s'inspirent les instructions qu'il reçoit du Comité. Ces instructions n'affectent jamais la forme d'un ordre. « On s'en rapporte à lui, à ses taleus, à son dévouement à la patrie pour les moyens d'exécution du système offensif (7 juillet). » Le 17, ces [instructions sont renouvelées dans la même forme. Le 27 août, le Comité lui écrit : « Le général Jourdan nous annonce que l'ennemi continue à recevoir journellement des secours du haut Rhin, qu'il a déjà un camp considérable vers Dusseldorf, un camp volant vers Mulheim, un autre camp volant en avant de Bonn et un de 25 000 hommes derrière Neuwied, et qu'il reçoit et attend encore de nouveaux renforts. L'ennemi ne pouvant faire tous ces mouvemens sans dégarnir la partie qui vous est opposée, vous en profiterez sans doute pour forcer le passage sur un des points que vous avez choisis. Le Comité ne peut à cet égard que s'en rapporter pleinement à vous, soit pour agir véritablement, soit pour faire quelques démonstrations qui puissent inquiéter l'ennemi et le tenir en suspens sur ses véritables points d'attaque. »

Cette lettre témoigne des illusions que se fait le Comité de Salut public, lorsqu'il suppose que les Autrichiens ne se sont fortifiés du côté de l'armée de Sambre-et-Meuse qu'en s'affaiblissant du côté de l'armée de Rhin-et-Moselle. En même temps qu'il rectifie cette erreur dans sa réponse du 31 août, Pichegru expose ses raisons et ses projets. Son exposé mérite d'être cité en son entier, parce qu'à la date où le Comité de Salut public en reçoit communication, Pichegru, s'il faut en croire les dénonciations ultérieures de Montgaillard, a déjà le pied dans la trahison. Si, le 19 août, comme on l'en accuse, il a pris envers les émissaires du prince de Condé de formels engagemens, on peut se demander à quels procédés il recourra pour les tenir, alors que le plan qu'il soumet, douze jours plus tard, au Comité rend impraticable celui qu'il a promis d'exécuter au profit de la cause royale. « Je ne vous ai pas fait connaître mon opinion sur le projet d'attaque et de passage aux environs d'Huningue, parce que, depuis qu'il en a été question, toute tentative est devenue impossible par les dispositions qu'a prises l'ennemi, et notre offensive sur ce point se trouve convertie en pure défensive, nos forces étant moindres que celles qui nous sont opposées et qui montent à 64000 hommes depuis Rheinfelden jusqu'à Rastadt. Le général Wurmser, qui les commande, a, dit-on, l'ordre de passer le Rhin incessamment, et déjà presque tous ses préparatifs sont faits. On nous menace en même temps d'une invasion du territoire suisse de la part des émigrés. Nous prenons nos mesures en conséquence. J'avais pensé que vos collègues, qui étaient à Bâle au moment où l'ennemi a reçu ces renforts, vous en auraient fait part. Vous voyez donc, citoyens représentans, que les secours que l'ennemi s'est donnés devant le général Jourdan ne viennent point du haut Rhin.

« Il n'en est pas moins vrai que le général Jourdan éprouve de très grandes difficultés pour son passage. J'ai le projet de les diminuer par une diversion sur le centre où l'ennemi s'est singulièrement affaibli : j'ai en conséquence donné des ordres pour faire à Oppenheim les préparatifs d'un passage qui aura lieu incessamment, si nous pouvons nous procurer les chevaux nécessaires pour le transport de l'équipage de pont ; et, quand on ne parviendrait qu'à jeter douze ou quinze mille hommes sur le Darmstadt, il y en aurait assez pour s'y maintenir jusqu'à ce que l'ennemi eût détaché des forces de sa droite ou de sa gauche, ce qui remplirait parfaitement le but de la diversion. Nous pourrions d'ailleurs profiter de ce moment pour sommer la place de Mannheim, que nous serions dès lors dans le cas de bombarder, d'après les articles de la capitulation de sa tête de pont (1). »

L'avant-veille, le représentant Rewbell, qui se trouve au quartier général de l'armée de Rhin-et-Moselle, a déjà prévenu le Comité du mouvement des Autrichiens et de la position difficile dans laquelle se trouve Pichegru. Ils se sont dégarnis à leur centre pour porter leur effort tout à la fois sur Sambre-et-Meuse et sur le haut Rhin. Ils accumulent surtout leurs forces vers Rheinfelden et Bâle, et l'on peut craindre que, pour faciliter leurs opérations, ils ne violent le territoire suisse. « Alors le haut Rhin serait entièrement ouvert à l'ennemi, qui attaquerait sur différens points… Il menacerait Huningue, Brisach et Belfort en même temps. Il faut donc du temps à Pichegru pour résister à

_____

(1) On peut se convaincre, par cette lettre et les suivantes, que le plan d'un passage à Oppenheim suivi d'une marche dans le Darmstadt et dela prise de Mannheim fut conçu par Pichegru et non par le Comité de Salut public, comme l'affirme Louis Blanc sur la foi du maréchal Jourdan.

de si grands efforts, et tout ce qu'il a de disponible maintenant est du plus exigu. »

De ces citations, il résulte que, si Pichegru hésite encore à tenter le passage du Rhin, c'est qu'il ne dispose que d'effectifs insuffisans et qu'il sait combien sont supérieurs ceux que l'ennemi a massés sur l'autre rive. Ses hésitations, qui lui seront reprochées plus tard et que ses accusateurs présenteront comme une preuve de sa trahison, sont si fondées que Jourdan les partage et représente au Comité « que Pichegru aura beaucoup de peine à aborder sur la rive droite en présence des forces concentrées devant lui, manquant de moyens de transports pour ses équipages de pont. » Aussi les instructions du Comité de Salut public deviennent-elles de moins en moins positives. « Notre désir n'est point assez vif pour que nous fassions de cette opération une instruction militaire, ni moins encore un ordre absolu. Éloignés du théâtre de la guerre, ne le connaissant point en détail, ne connaissant ni vos forces, ni celles de l'ennemi, ni vos moyens respectifs, nous aurons toujours la sagesse de nous en reposer et sur nos collègues, dont le zèle nous est connu, et sur des généraux qui ont aussi bien mérité et justifié notre confiance que les généraux Jourdan et Pichegru. »

Plus heureux que Pichegru, mieux placé pour recevoir de Hollande ses équipages de pont et disposant d'un effectif plus considérable, Jourdan passe le Rhin le 6 septembre, non loin de Dusseldorf, et s'empare de cette ville. Elle ouvre ses portes à la première sommation. Mais, pour que ce brillant succès porte tous ses fruits, il faudrait que, par de sérieuses démonstrations, Pichegru, agissant de son côté, pût retenir l'ennemi dans le Brisgau et l'empêcher de se porter en forces contre Jourdan, qu'il veut contraindre à retourner sur la rive gauche. Or, avant même que lui soit parvenue la nouvelle du brillant succès remporté par Jourdan, le Comité de Salut public a été averti par Bacher, son agent de Bâle, que les Autrichiens ont amené dans le Brisgau des renforts considérables sans affaiblir l'armée qu'ils opposent à celle de Sambre-et-Meuse. Cet avis est confirmé, le 1er septembre, par Pichegru. Il faut donc remanier le plan primitif.

« Cette circonstance, mande le Comité à Pichegru, à la date du 12, paraissant devoir vous faire renoncer à l'offensive dans cette partie, il est instant de la rejeter contre le centre des armées allemandes vers le Mein et le Neckar. Cette diversion utile indiquée par vous-même et pour laquelle vous avez déjà fait vos dispositions, doit être masquée par des préparatifs hostiles dans le haut Rhin et dans les environs d'Huningue. Il importe de faire croire aux Autrichiens que votre projet est toujours d'envahir le Brisgau. » A la date où cette lettre est écrite, le Comité n'ignore plus les succès de Jourdan sur le Rhin. Il espère que Pichegru aura pu réaliser son projet de passer le fleuve à Oppenheim, d'envahir le pays de Darmstadt et de couper ainsi toute communication entre la droite des armées alliées et leur centre. « Si cependant ce passage n'était pas encore exécuté, ajoute-t-il, s'il éprouvait même des difficultés majeures ou si le succès en paraissait en quelque sorte incertain, le Comité est d'avis que vous y renonciez pour diriger tous vos moyens d'offensive contre Mannheim. » La lettre se complète par de longs développemens sur les formes à donner à la sommation qui devra être adressée au commandant de cette place.

Ces instructions, on le voit, ne ressemblent en rien à un ordre. Elles font Pichegru maitre de ses décisions et seul juge de la conduite à tenir. Aussitôt qu'il les a reçues, il y répond. « En formant le projet d'un passage du Rhin à Oppenheim, j'avais deux objets en vue, comme je vous l'ai mandé : l'un de faire diversion aux dispositions offensives de l'ennemi sur le haut Rhin ; l'autre de satisfaire aux conditions de la capitulation du fort de Mannheim, en portant la guerre sur la rive droite, afin de pouvoir sommer cette place. Le passage que vient d'effectuer l'armée de Sambre-et-Meuse vers Dusseldorf remplit à peu près ces deux objets. En conséquence, la sommation va avoir lieu, d'après les principes énoncés dans votre lettre que je viens de recevoir, et je me persuade qu'elle aura tout le succès que l'on en peut attendre. Je ne laisserai pas de continuer les préparatifs qui se font sur Oppenheim. Mais l'exécution sera subordonnée, ainsi que vous le recommandez, aux probabilités du succès, dans le cas où l'ouverture des portes de Mannheim ne le rendrait pas inutile. J'arrêterai provisoirement mon équipage de pont à la hauteur de cette ville jusqu'à la réponse à la sommation, afin d'être à même d'en profiter sur-le-champ, s'il y a lieu. Je ferai aussi dans le même temps continuer des démonstrations sur le haut Rhin, pour y retenir un grand nombre de troupes que l'ennemi y a en ce moment. »

Devant cet ensemble imposant de citations et de preuves que nous oserons qualifier de lumineuses, et qui apparaîtront avec encore plus d'éclat, au fur et à mesure qu'après avoir réduit à leurs équitables proportions les rapports de Pichegru avec les émissaires de Condé, nous avancerons dans ce rapide récit de la néfaste campagne de 1795, que deviennent les griefs imputés à ce malheureux soldat? Que devient l'affirmation de Montgaillard, qu'nn historien comme Louis Blanc n'a pas craint de prendre à son compte, « que Pichegru ne somma le gouverneur de Mannheim de rendre la place qu'après y avoir été contraint par l'énergique insistance de Merlin de Thionville? »

Et les jugemens du maréchal Soult, énoncés dans des *Mémoires* écrits en 1816 et publiés seulement en 1854, que valent-ils? Blâmant les opérations militaires de Pichegru et constatant que l'armée de Sambre-et-Meuse, privée du concours de l'armée de Rhin-et-Moselle, était dans une situation dangereuse, il déclare « que Pichegru ne fit rien, malgré les instances de Jourdan, et qu'on ne comprenait pas son inaction. Ce n'est que longtemps après, ajoute-t-il, que nous en avons eu l'explication. » Explication donnée par qui? Par des hommes attelés aux plus viles besognes, qu'on a vingt fois convaincus de mensonge et dont nous aurons à révéler les innombrables supercheries. Le maréchal Soult n'a eu d'autres sources de conviction que ses observations personnelles, qui ne sauraient être considérées comme infaillibles, les récits de Montgaillard et de Fauche-Borel, et les papiers de Klinglin qui ne méritent pas plus de crédit.

Au surplus, les accusateurs auraient bien dû se mettre d'accord entre eux. Là où Soult voit des preuves de trahison, Gouvion Saint-Cyr, moins injuste, ne voit que des preuves d'incapacité, auxquelles il enlève d'ailleurs lui-même une partie de leur valeur en établissant que, durant cette campagne, « les retards de Jourdan firent tout manquer. » Il accuse bien Pichegru d'avoir trahi, mais il ne fait dater la trahison que de l'armistice de décembre, alors que Pichegru ne combattait plus et qu'il était résolu à quitter le commandement de l'armée de Rhin-et-Moselle après avoir fait nommer Moreau à sa place. Elle est formelle à cet égard, la déclaration de Gouvion Saint-Cyr. Elle met en pièces les dires de tous ceux qui ont prétendu que la trahison de Pichegru avait pesé sur les opérations militaires : « Je ne peux être de l'avis de ces personnes, ne voyant que des fautes là où elles aperçoivent de la trahison. Leur erreur vient, selon moi, de ce qu'elles l'ont supposé un grand homme de guerre, incapable de commettre des fautes aussi graves... M'étant trouvé alors en rapports avec lui, ayant été témoin de ses embarras et de ses sollicitudes, ayant pu apprécier plusieurs de ses démarches et juger qu'elles étaient dictées par le désir d'éviter un revers, j'ai tout lieu de croire que la pensée de trahir, bien qu'elle fût en son esprit, ne dirigeait point encore ses actions militaires. »

Voilà qui est formel et ne nous laisse plus qu'à rechercher si Pichegru fut plus coupable après l'armistice du 31 décembre qu'il ne l'avait été avant, et si Gouvion Saint-Cyr a été fondé à l'incriminer à partir de cette date, après l'avoir justifié pour la période antérieure. Nous avons lieu de croire que la suite de ce récit fera la lumière à cet égard.

Quant au maréchal Jourdan, dont la correspondance ne relève contre son camarade aucun motif de suspicion, s'il est vrai, comme le prétend Louis Blanc d'après un manuscrit non encore publié, qu'il se soit rangé parmi les accusateurs de Pichegru, nous ferons remarquer que lorsque, deux généraux ayant essuyé des échecs au même moment, sur le même théâtre, l'un des deux cherche à en rejeter la responsabilité sur l'autre, il est nécessairement suspect aux yeux de tous les hommes justes et non prévenus. C'est l'opinion qu'exprime Barras, à propos des dissentimens qui s'étaient élevés entre ce même Jourdan et Moreau, dans une situation analogue à celle où Jourdan s'était trouvé avec Pichegru. « Jourdan n'a plus là Pichegru pour l'accuser de ses revers. Il faut que ce soit maintenant Moreau. » Il importe d'ailleurs de rappeler que la conduite de Jourdan dans la campagne de l'an V, encore qu'elle ne l'ait pas exposé à une accusation infamante, a soulevé de nombreuses critiques. A ses partisans, accusant Pichegru de l'avoir abandonné à ses propres forces après le passage du Rhin, répondent ceux qui lui reprochent à lui-même de n'avoir pas secouru Pichegru après l'avoir mis en péril au mois de novembre en revenant tout à coup sur la rive gauche.

Il existe sur ce point une vive sortie du représentant du peuple Rivaud, se plaignant du silence de Jourdan et de son inaction en un moment où Pichegru comptait sur lui. « Je ne sais si le malheur qui aigrit l'esprit et dispose aux soupçons me fait voir les choses autrement qu'elles sont. Mais, il me

semble voir dans cette conduite moins de volonté de relever
promptement l'armée du Rhin de sa défaite par un secours
dont l'effet se serait confondu dans la gloire qu'en aurait acquis
cette armée que de la prétention à devenir son libérateur par un
coup plus éclatant. En un mot, je vois des jalousies de métier,
des fantaisies de gloire, où j'aurais voulu voir plus d'empressement à arrêter les progrès de l'ennemi. Je leur pardonne
d'avance, s'ils viennent promptement. Mais, pour Dieu, que ne
viennent-ils, et pourquoi ne donnent-ils pas de leurs nouvelles?
Je dois au général Pichegru la justice de dire qu'il a fait tout ce
qu'il a pu pour établir entre les deux armées une correspondance
suivie et bien nécessaire. Cependant, nous ignorons s'ils sont
encore de ce monde. »

Il y a du soupçon entre les lignes de cette lettre. Ne la prenons pas cependant trop au tragique. Mais reconnaissons, puisqu'elle est de nature à soulever tant de doutes, que la mémoire
de Pichegru doit en bénéficier, et que ce n'est pas plus au moment où Mannheim vient de lui ouvrir ses portes, — 20 septembre, — qu'au moment où il sera contraint par des forces supérieures et faute de secours d'en abandonner la défense, —
29 octobre, — qu'il est juste de l'accuser de trahison. Nous verrons
dans la suite de ces récits si, en ce qui touche ses opérations
ultérieures, l'accusation est mieux fondée.

ERNEST DAUDET.

LA RELIGION

DE

NIETZSCHE

Celui qui espérait être le plus irréligieux des hommes, celui qui allait disant : « J'ai tué Dieu, » n'a-t-il point été lui-même le grand prêtre d'une religion et l'adorateur d'une divinité nouvelle? Sa philosophie est poésie et mythologie; par là elle ressemble à tous les mythes que l'humanité a vus naître. Sa philosophie est foi sans preuves, chaîne sans fin d'aphorismes, d'oracles, de prophéties, et par là encore elle est une religion. L'antéchrist du siècle expirant s'est cru un nouveau Christ, supérieur à l'autre, et c'est en exprimant cette foi en lui-même qu'il s'est englouti dans la grande ombre intellectuelle.

Après avoir recherché les causes du succès de Nietzsche, nous nous demanderons quelle est la valeur des principaux dogmes de sa religion : adoration de la puissance, attente de la venue du surhomme, retour éternel des mêmes destinées, culte apollinien et dionysien de la Nature.

I

Le succès de Nietzsche, qui a été pour maint philosophe un vrai scandale, a des causes dont les unes sont superficielles, les autres profondes. Les aphorismes conviennent à un public qui n'a ni le temps ni les moyens de rien approfondir et qui s'en fie volontiers aux feuilles sibyllines, surtout si elles sont poétiques au point de paraître inspirées. L'absence même de raisonnement et de preuve régulière prête au dogmatisme un air d'autorité qui impose à la foule des demi-instruits, littérateurs, poètes, musi-

ciens, amateurs de tous genres. Des paradoxes en apparence originaux donnent à qui les accepte l'illusion flatteuse de l'originalité. Pourtant, il y a aussi des raisons plus profondes à ce succès
d'une doctrine fortement individualiste et aristocratique, qui se
présente elle-même comme le renversement de toute religion et
de toute morale. Outre que *Zarathoustra*, chef-d'œuvre de la récente littérature allemande, et peut-être de toute la prose allemande, est un merveilleux poème, qui enchante l'oreille indépendamment du sens des doctrines, c'est aussi une réaction en
partie légitime contre la morale trop sentimentale mise à la mode
par ceux qui prêchent la « religion de la souffrance [humaine. »
Outre les excès d'un vague sentimentalisme, Nietzsche combat
encore ceux de l'intellectualisme. Et les intellectuels auxquels
s'adressent les traits de sa satire sont de deux sortes. Voici d'abord
les savans, qui croient que les sciences positives peuvent suffire
au cœur de l'homme; voilà ensuite les philosophes, qui croient
que le rationnel est la mesure du réel, que le monde en lui-
même est un produit de la raison, œuvre intelligible de quelque
intelligence immanente ou transcendante. Au lieu d'être une
philosophie du cœur ou une philosophie dé la raison, la doctrine
de Nietzsche, comme celle de Schopenhauer, est une philosophie
de la volonté. La primauté du *vouloir* sur le sentir et sur le
penser en est le dogme fondamental.

. Ce n'est pas tout. La volonté même peut être prise au sens
individuel ou au sens collectif. Ce dernier est cher aux socialistes
et aux démocrates, qui subordonnent l'individu à la communauté. Nietzsche est de ceux qui se révoltent contre « l'instinct
de troupeau » et qui proclament, à l'image de la Renaissance, la
souveraineté de l'individu dans l'ordre de la nature.

Tout notre siècle a été partagé entre le socialisme et l'individualisme, qui ont fini par prendre l'un et l'autre la forme humanitaire. Que fut le romantisme, dans son fond, sinon le culte de
la personnàlité se développant sans autre règle qu'elle-même,
sans autre loi que sa propre force, soit que cette force fût la passion déchaînée, soit qu'elle fût la volonté sans frein? De là cet
individualisme qui devait finalement aboutir aux doctrines anarchistes. Il y a eu en même temps un romantisme socialiste et
démocratique, avec les Pierre Leroux, les Victor Hugo, les George
Sand, les Michelet; c'était l'extension à la société entière des
idées de bonheur, de liberté universelle, d'égalité et de frater-

nité, dont s'était inspirée la Révolution française. Nietzsche voit là une déviation et une décadence; il s'en tient à l'individualisme primitif et élève le moi contre la société entière. A la démocratie qui menace de tout niveler il oppose une aristocratie nouvelle, où il voit le seul salut possible; à l'homme moyen il oppose le surhomme.

Nietzsche a d'admirables qualités d'esprit et de cœur; il a la noblesse de la pensée, l'élévation des sentimens, l'ardeur et l'enthousiasme, la sincérité et la probité intellectuelles. Sa poésie est un lyrisme puissant; sa philosophie a je ne sais quoi de pittoresque qui séduit l'imagination; c'est une série de tableaux, de paysages, de visions et de rêves, un voyage romantique en un pays enchanté, où les scènes terribles succèdent aux scènes joyeuses, où le burlesque s'intercale au milieu du sublime. Nietzsche est sympathique par les grands côtés. Ce qu'il y a d'antipathique en lui, c'est la superbe de la pensée. Toute doctrine d'aristocratie exclusive est d'ailleurs une doctrine d'orgueil, et tout orgueil n'est-il pas un commencement de folie? Chez Nietzsche, le sentiment aristocratique a quelque chose de maladif. Il se croit lui-même d'une race supérieure, d'une race slave, comme si les Slaves étaient supérieurs, et comme s'il était Slave lui-même! Et toute sa vie, cet Allemand pur sang s'enorgueillit de ne pas être Allemand. Fils d'un pasteur de campagne prussien, il s'imagine qu'il descend d'une vieille famille noble polonaise du nom de Nietzky, alors que (sa sœur elle-même en fait la remarque) il n'a pas une goutte de sang polonais dans les veines; dès lors, son slavisme imaginaire devient une idée fixe et une idée-force : il finit par penser et agir sous l'empire de cette idée. Le noble polonais, dit-il, avait le droit d'annuler avec son seul *veto* la délibération d'une assemblée tout entière; lui aussi, à tout ce qu'a décidé la grande assemblée humaine, il dira *veto*. « Copernic était Polonais » et Copernic a changé le système du monde; Nietzsche renversera le système des idées et des valeurs; il fera tourner l'humanité autour de ce qu'elle avait méprisé et honni. Chopin le Polonais (qui était d'ailleurs aussi Français que Polonais, puisque son père était Français) a « délivré la musique des influences tudesques; » Nietzsche délivrera la philosophie des influences allemandes, il s'en flatte, il le croit; et il développe en une direction nouvelle la philosophie de Schopenhauer. Retournant le « vouloir-vivre dans un sens optimiste, » il dit *oui* à toutes les

misères du « devenir » que Schopenhauer accueillait par un *non*.
S'il émet une idée, il croit trop souvent que personne avant lui
ne l'a entrevue; chacun de ses aphorismes retentit comme un
Fiat lux qui tirerait un monde du néant. Dans tous ses ouvrages,
il prend l'attitude romantique d'un Faust révolté contre toute
loi, toute morale, toute vie sociale. Oubliant que l'insociabilité
est le signe le plus caractérisque de cette dégénérescence contre
·laquelle il voudrait réagir, son moi s'isole, s'oppose à autrui,
finit par grossir à ses propres yeux jusqu'à absorber le monde.
Ses théories les plus abstraites ont cet accent lyrique que donne
·au poète l'éternel retentissement du moi. Dans toute philosophie,
prétend-il avec humour, il vient un moment où la *conviction*
personnelle du philosophe parait sur la scène, où, pour parler
le langage d'un vieux mystère :

> *Adventavit asinus*
> *Pulchér et fortissimus.*

Nietzsche en est lui-même le plus bel exemple, avec cette
différence que sa conviction, à lui, qui n'a parfois d'autre titre
que d'être l'expression de son *moi*, est toujours sur la scène.
« Il y a dans un philosophe, dit encore Nietzsche, ce qu'il n'y a
jamais dans une philosophie : je veux dire la cause de beaucoup
de philosophies : le grand homme. » Partout, à chaque ligne,
perce chez lui l'ambition d'être ce grand homme. Comme la
plupart des philosophes allemands, depuis Hegel jusqu'à Schopenhauer, il se croit volontiers seul capable de se comprendre
lui-même. « Après-demain seulement m'appartiendra. Quelques-
uns naissent posthumes. Je connais trop bien les conditions qu'il
faut réaliser pour me comprendre. Le courage du fruit défendu,
la prédestination du labyrinthe. Une expérience de sept solitudes.
Des oreilles nouvelles pour une musique nouvelle. Des yeux nouveaux pour les choses les plus lointaines. Une conscience nouvelle
pour des vérités restées muettes jusqu'ici... Ceux-là seuls sont mes
lecteurs, mes véritables lecteurs, mes lecteurs prédestinés : qu'importe le reste? Le reste n'est que l'humanité. Il faut être supérieur à l'humanité en force, en hauteur d'âme, en mépris (1).·»
Dans le monde des valeurs, selon Nietzsche, règne le faux
monnayage; il est temps de changer à la fois la matière et l'effi-

---

(1) Préface de *l'Antéchrist.*

gie. L'humanité entière s'est trompée jusqu'ici sur toutes les valeurs de la vie, mais la vraie vie qui vaut la peine d'être vécue a été enfin conçue par Nietzsche. « Les milliers de siècles à venir, dit-il, ne jureront que d'après moi. » On compte à tort les siècles, ajoute-t-il, à partir « du jour néfaste » qui fut le premier jour du christianisme. « Pourquoi ne les mesurerait-on pas à partir de son dernier jour? A partir d'aujourd'hui! Transmutation de toutes les valeurs! » Ainsi parle le fondateur de l'ère nietzschéenne.

En lisant Nietzsche, on est partagé entre deux sentimens, l'admiration et la pitié (quoiqu'il rejette cette dernière comme une injure), car il y a en lui, parmi tant de hautes pensées, quelque chose de malsain et, comme il aime à le dire, de « pervers, » qui arrête parfois et rend vains les plus admirables élans de la pensée ou du cœur. *Le cas Wagner; un problème musical,* tel est le titre d'un de ses livres; ne pourrait-on écrire aussi : « Le cas Nietzsche; un problème pathologique? »

En Allemagne, toute une littérature s'est produite autour du nom de Nietzsche; les érudits et les critiques voudraient faire pour lui ce qu'ils ont fait pour Kant; Nietzsche a ses « archives » à Weimar, Nietzsche a son « musée; » c'est une sorte d'organisation scientifique au service d'une gloire nationale. Tandis que l'Allemand met tout son art, toute sa science et même tout son savoir-faire à grandir et à grossir chaque personnalité qui a vu le jour outre-Rhin; tandis que, avec une piété érudite, il entasse commentaire sur commentaire pour faire du penseur allemand le centre du monde, nous, Français, ne faisons-nous point trop bon marché de nos propres gloires? N'oublions-nous pas trop volontiers ceux qui furent chez nous les maitres, soit des Schopenhauer, soit des Nietzsche? Ce dernier, en particulier, a eu pour prédécesseurs non seulement La Rochefoucauld et Helvétius, mais encore Proudhon, Renan, Flaubert et Taine. Il a subi aussi l'influence de Gobineau, pour lequel il manifesta (comme Wagner) un véritable enthousiasme. Gobineau, en l'honneur duquel s'est fondée une société, — *en Allemagne,* — a soutenu l'inégalité nécessaire des races humaines, la supériorité de la race européenne et notamment de la race blonde germanique, la légitimité du triomphe de la race supérieure sur les inférieures, la sélection aristocratique au profit des nationalités composées des races les meilleures. Les idées de Gobineau se retrouvent dans celles de Nietzsche sur l'aristocratie des races et sur la possibilité d'élaborer une race supérieure, qui mériterait de s'appeler *surhumaine*.

Nietzsche a encore eu, sur certains points, pour devancier en France un philosophe-poète dont les commentateurs de Nietzsche ont passé le nom sous silence et dont la plus simple justice oblige les Français à rappeler les titres. En même temps que Nietzsche, se trouvait à Nice et à Menton un jeune penseur, poète comme lui, philosophe comme lui, touché comme lui dans son corps par la maladie, mais d'un esprit aussi sain que ferme, prédestiné, lui aussi, à une vie de souffrance et à une mort plus prématurée que celle de Nietzsche. La même idée fondamentale de la vie intense et expansive animait ces deux grands et nobles esprits, aussi libres l'un que l'autre de préjugés, même de préjugés *moraux*. L'*Esquisse d'une morale sans obligation ni sanction* de Guyau parut en 1885 ; *Par delà le bien et le mal* de Nietzsche fut écrit pendant l'hiver de 1885 à 1886 à Nice et parut en août 1886. La *Généalogie de la morale* fut écrite en 1887. *Le Crépuscule des idoles* et *l'Antéchrist* sont de 1888. L'*Irréligion de l'avenir* de Guyau avait paru l'année précédente et avait eu un grand retentissement. Sans doute les principales idées métaphysiques et esthétiques de Nietzsche étaient déjà fixées depuis un certain nombre d'années, mais je ne sais si ses idées morales étaient déjà parvenues à leur expression définitive ; en tout cas, elles n'avaient pas le caractère absolument « unique » et « nouveau » qu'il leur attribuait. Nietzsche a lu et médité Guyau. Dans son exemplaire de l'*Esquisse d'une morale sans obligation ni sanction*, couvert de notes marginales dont on fera quelque jour la publication, Nietzsche a fortement souligné le passage suivant : « Supposons, dit Guyau, un artiste qui sent en lui le génie, et qui s'est trouvé condamné toute sa vie à un travail manuel ; ce sentiment d'une existence perdue, d'une tâche non remplie, d'un idéal non réalisé le poursuivra, obsédera sa sensibilité à peu près de la même manière que la conscience d'une défaillance morale. » Et Nietzsche ajoutait en marge : « Ce fut là mon existence à Bâle (1). » Enseigner la philologie, quand on a la tête hantée par tous les grands problèmes de la vie et du monde, n'est-ce pas en effet une déchéance ? Dans son beau livre sur Nietzsche, M. Lichtenberger a cru superflu de rappeler les simi-

(1) Voyez Lichtenberger, Introduction aux *Aphorismes et Fragmens choisis de Nietzsche*, p. XIII ; Paris, Alcan, 1899.

litudes entre les idées les plus plausibles de Nietzsche et les idées si connues de Guyau : ces similitudes lui paraissaient évidentes d'elles-mêmes. M. Jules de Gaultier, en écrivant pour le *Mercure de France* une longue étude intitulée *De Kant à Nietzsche*, n'a pas même prononcé le nom de Guyau. En France, toute mode rare doit-elle donc venir d'outre-Rhin, d'outre-Manche ou de Scandinavie? *Made in Germany, made in England*, sont-ce les seules bonnes marques de fabrique? Il est vrai que les penseurs français les plus hardis conservent, selon la tradition classique, la raison et même le sens commun; les penseurs germaniques, eux, poussent l'outrance jusqu'au délire : par là ils attirent davantage l'attention, et leur enthousiasme pour les idées les plus étranges provoque une curiosité faite de stupeur.

Heureusement, a dit Nietzsche lui-même, comme il y a toujours un peu de folie dans l'amour, ainsi il y a toujours un peu de raison dans la folie. » « Nos vues les plus hautes, ajoute encore Nietzsche, doivent forcément paraître des insanités, parfois même des crimes, quand, de façon illicite, elles parviennent aux oreilles de ceux qui n'y sont ni préparés, ni destinés. » Lorsqu'on ne pénètre pas au sein d'une grande pensée, la perspective extérieure nous fait voir les choses « de bas en haut; » quand, au contraire, on s'identifie par le dedans à cette pensée, on voit les choses dans la direction « de haut en bas. » Suivons donc le conseil de Nietzsche lui-même et efforçons-nous de voir sa doctrine par les hauteurs. Peut-être reconnaîtrons-nous à la fin que, si élevée qu'elle ait paru à Nietzsche, cette doctrine n'en a pas moins besoin, comme toute chose selon lui, d'être « surmontée » et « dépassée. » — « En vérité, je vous conseille, éloignez-vous de moi et défendez-vous de *Zarathoustra!...* Peut-être vous a-t-il trompés... Vous me vénérez; mais que serait-ce, si votre vénération s'écroulait un jour? Prenez garde à ne pas être tués par une statue! Vous ne vous étiez pas encore cherchés; alors vous m'avez trouvé... Maintenant, je vous ordonne de me perdre et de vous trouver vous-mêmes ! »

II

·Toute la religion de Nietzsche repose sur l'adoration d'une divinité qu'il appelle la puissance. A la volonté de vie que Schopenhauer avait placée au cœur de l'être, il substitue « la volonté

de domination. » Nous retrouvons, dans cette idée de puissance
en déploiement, la vieille notion romantique dont se sont nourris
tous les littérateurs depuis Schlegel jusqu'à Victor Hugo, tous
les philosophes depuis Fichte, Schelling et Hegel jusqu'à Schopenhauer. Des forces qui se déploient sans autre but qu'elles-
mêmes ou pour les buts qu'il leur plait de poser, voilà, encore
un coup, l'idée fondamentale du romantisme, par quoi il s'oppose à l'intellectualisme classique, aux notions d'ordre, de loi,
d'harmonie, d'intelligibilité et, en un seul mot, d'intelligence. La
puissance de l'orage et de la tempête qui tourbillonne sans but,
la puissance de l'océan qui se soulève sans but, la puissance de la
montagne qui se dresse sans rien poursuivre ni rien atteindre,
la puissance de l'homme de génie, qui s'épand comme un nouvel
océan et au besoin déborde en renversant tous les obstacles,
les « droits du génie, » la morale particulière des grands hommes,
les « droits mêmes de la passion, » de la simple passion brutale,
géniale à force de violence, — amour, colère, vengeance, tout
ce qui est déchaîné au point de ne plus connaître de loi ; —
voilà ce dont le romantisme s'est enivré et nous a enivrés tous
au|xixᵉ siècle. Mais, au point de vue philosophique comme au
point de vue scientifique, quoi de plus vague et de plus insaisissable que l'idée de puissance ou que l'idée de force ?

Zarathoustra nous dit : « Celui-là n'a assurément pas rencontré la vérité, qui parlait de la volonté de vie ; cette volonté
n'existe pas. Car ce qui n'est pas ne peut pas vouloir, et comment ce qui est dans la vie pourrait-il encore désirer la vie ? » —
Schopenhauer eût répondu sans doute : — Ce qui est dans la vie
désire la continuation de la vie ; il désire aussi l'accroissement
de la vie sous toutes ses formes et notamment l'accroissement
de la conscience de vivre. — Mais, objecte Nietzsche, le vrai principe n'est pas la volonté de vie ; « il est, — ce que j'enseigne, —
la volonté de puissance. » Et nous répliquerons à notre tour : la
puissance est un simple extrait de la vie. « La vie elle-même,
reprend Zarathoustra, m'a confié ce secret. — Voici ! dit-elle, je
suis *ce qui doit toujours se surmonter soi-même.* » Belle et poétique définition, mais dont la poésie ne doit pas nous voiler le
vague. Comment la vie se surmonte-t-elle ? En vivant *plus ?* en
vivant *mieux ?* Pour Nietzsche, cela veut simplement dire : en
acquérant plus de puissance ; mais le mot *puissance, Macht,*
n'est pas plus clair que les autres, puisqu'il reste toujours à dire

ce qu'on peut, ce qu'on veut, et ce qu'on doit. Pouvoir, rien de mieux, mais pouvoir *quoi ?* Le *pouvoir* est, comme la possibilité, une abstraction qui ne se laisse saisir qu'en se déterminant à quelque réalité. L'homme qui *peut* comprendre ce que les autres ne comprennent pas, l'homme qui *peut,* par la science, saisir la vérité, celui-là a aussi de la *puissance.* L'homme qui peut aimer les autres, sortir de soi et de ses limites propres pour vivre de la vie d'autrui, celui-là aussi a de la puissance. N'appellerez-vous donc puissant ou fort que celui qui a des bras vigoureux ? Il est fort physiquement, cela est certain, il amènera, comme s'en vantait Théophile Gautier, le chiffre 100 au dynamomètre ; mais Théophile Gautier se vantait aussi de pouvoir faire des métaphores qui se suivent, et il considérait cela comme une sorte de puissance. Enchaîner des *idées* qui se suivent, c'est encore une force. Régler ses sentimens et y mettre de l'ordre, c'est encore une force. Comment donc espérez-vous édifier une doctrine de la vie, et une doctrine prétendue nouvelle, sur une entité aussi vide que celle de la *puissance ?* Votre conception soi-disant moderne est aussi scolastique que la foi à la *puissance dormitive* de l'opium. Votre transmutation de toutes les valeurs en valeurs de puissance est une transmutation de toutes les réalités en vapeurs de possibilités ; ce n'est pas de la chimie seientifique, c'est de l'alchimie métaphysique. Où Schopenhauer disait : la volonté de *vivre,* vous dites simplement : la volonté de pouvoir, et à un mot déjà vague, mais exprimant du moins une réalité qui se sent, vous substituez un terme qui n'exprime plus que la pure virtualité.

Direz-vous que la puissance est la « domination ? » — La domination sur qui ? — Sur soi et sur autrui. — A la bonne heure ! — Mais qu'indique la domination sur soi ? une force de volonté, en supposant que nous ayons une volonté, ce que par ailleurs vous niez ; et il reste toujours à savoir ce que nous voulons, ce que nous faisons ainsi *dominer* sur nos autres instincts. La volonté, pour vous, n'est qu'un instinct plus fort qui s'assujettit le reste ; mais alors je vous demanderai : — Quel est ou quel doit être cet instinct dominateur ? Répondre : — « L'instinct de domination, » — c'est répondre par la question. Ici encore, vous vous payez de mots abstraits et vides. Serez-vous plus heureux avec la domination sur autrui ? Mais il y a cent manières d'entendre cette domination. Un brutal qui vous renverse d'un coup

de poing vous domine. Un argumentateur qui vous réfute par
de bonnes raisons vous domine. Celui qui vous persuade en se
faisant aimer de vous vous domine. Si Samson dominait avec
sa force, Dalila dominait avec sa beauté. Les cheveux de Dalila
étaient plus forts que ceux de Samson. Il y a eu aussi, dans le
monde, des victoires de douceur plus triomphantes que toutes
celles de la force. Qu'est-ce donc que votre volonté de domination ? Encore un cadre vide qui attend qu'on le remplisse, et
ce n'est pas avec d'autres mots que vous le remplirez réellement
La domination du plus *fort* ne signifie rien, parce qu'il reste à
déterminer la nature et l'espèce de sa force.

Philosophiquement et scientifiquement, la force est le pouvoir de causer des mouvemens et d'introduire des changemens
dans le monde; elle est pour ainsi dire la causalité en action.
Eh bien ! s'il en est ainsi, soutiendrez-vous que vos modèles et
surhommes, les « Napoléon » et les « Borgia, » sont les seuls à
introduire des changemens dans le monde ? Le Christ, pour la
faiblesse et la bonté duquel vous n'avez que mépris, n'a-t-il pas
introduit non seulement à la surface de la terre, mais au fond
des cœurs, plus de changemens que n'en ont causé les victoires
éphémères d'un Bonaparte et surtout les orgies et assassinats
d'un Borgia ? Qui fut le plus fort de César même ou de Jésus ?
Si le premier conquit les Gaules, le second conquit le monde.

Pauvre psychologie que celle qui s'écrie : — « Qu'est-ce que le
bonheur ? — Le sentiment que la puissance grandit, qu'une résistance est surmontée. » D'abord, vous reconnaissez là vous-même
la relativité de la puissance par rapport à la résistance, comme
dans un levier; mais la résistance, à son tour, n'est que ce qu'est
l'objet qui résiste. Surmonter une résistance peut causer un
plaisir, ce n'est pas le bonheur. Avoir conscience de la puissance,
ce n'est pas non plus le bonheur.

O Seigneur, j'ai vécu puissant et solitaire !

Il reste toujours à savoir à quoi les Moïses emploient leur
puissance, l'effet qu'elle produit hors de nous et surtout en nous.
« Non le *contentement*, ajoute Nietzsche, mais encore de la puissance ! » et il ne voit pas qu'il est lui-même *content* de sa puissance, qu'il est ivre de sa puissance; que, si l'on supprime le
contre-coup de l'activité sur l'intelligence et sur la sensibilité,
il n'y aura plus de bonheur. — « Non la paix avant tout, mais la

guerre ! » Et, là encore, Nietzsche oublie que la puissance qui
rencontre un obstacle et est obligée de lutter est par cela même
diminuée, tandis que la puissance qui s'épand sans obstacle et
sans lutte a un sentiment plus grand de plénitude. La paix dans
la plénitude·n'a-t-elle pas, elle aussi, sa joie, qui vaut bien la
joie du conflit et de la mêlée? Comment donc un philosophe qui
veut restituer·à l'âme humaine toute sa richesse commence-t-il
par l'appauvrir, en lui retirant la joie de triompher sans combat, le droit d'aimer et de se faire aimer, de vivre en autrui
comme en soi, de multiplier ainsi sa propre vie par celle de
tous? Zarathoustra chantera lui-même, il est vrai, d'admirables
hymnes d'amour :

> Il fait nuit, voici que s'élève plus haut la voix des fontaines jaillis-
> santes. Et mon âme, elle aussi, est une fontaine jaillissante.
> Il fait nuit : c'est maintenant que s'éveillent tous les chants des amou-
> reux. Et mon âme, elle aussi, est un chant d'amoureux.
> Il y a en moi quelque chose d'inapaisé et d'inapaisable qui veut élever
> sa voix. Il y a en moi un désir d'amour qui parle lui-même la langue de
> l'amour...

Mais l'amour ne sera encore pour Zarathoustra que le désir
d'épandre sa puissance sur autrui; il sera une des formes, inférieures ou supérieures, du *Wille zur Macht.* Est-ce bien là le
véritable amour?

La religion de la puissance pure nous ramène à l'antique
culte du Père, aux dépens du Fils et surtout de l'Esprit. Si le
Fils symbolise la vérité et l'Esprit la bonté, il est à craindre que
vérité et bien ne soient rejetés au second plan et même niés par
tout adorateur de la pure puissance. C'est, en effet, comme nous
allons le voir, ce qui arrive au chantre de Zarathoustra.

III

Au fond, la conception du premier principe de l'être, dans
Nietzsche, est celle même de Schopenhauer; car il n'importe
guère de définir l'être .par la volonté de vie ou par la volonté
de puissance, qui finissent par se confondre. Mais la grande
différence entre Schopenhauer et son disciple. c'est que ce dernier supprime tout ce qui n'est pas le pur. « devenir; » au delà
du monde des phénomènes, il ne laisse plus rien, et la volonté
elle-même ne constitue plus |un fond différent de la· surface.

Nietzsche est partisan du réalisme absolu. Comme Gœthe, il dit au philistin : Tu cherches le cœur de la nature, mais aveugle, tu y es toujours, au cœur de la nature; il n'y a pas de réalité distincte du phénomène, il n'y a pas d'au-delà. Le monde « vrai, » imaginé par Platon, est le même que le monde réel. — « Grand jour, déjeuner, retour du bon sens et de la gaieté, rougeur éperdue de Platon; sabbat de tous les libres esprits. Nous avons supprimé le *vrai monde;* quel monde reste-t-il donc? Serait-ce le monde des *apparences?* Mais non, en même temps que le monde vrai, nous avons supprimé le monde des apparences. Midi. Instant de l'ombre la plus courte; fin de la plus longue erreur; apogée de l'humanité. INCIPIT ZARATHOUSTRA. » Tel est le grand dogme, la grande découverte. Le phénoménisme, cependant, n'était pas étranger aux devanciers de Platon, et ce dernier, en retrouvant Héraclite dans Zarathoustra, n'aurait eu au front aucune rougeur éperdue. « Midi » aura beau resplendir et l'ombre aura beau être la plus courte, il y aura toujours une ombre; on se demandera toujours si la pensée humaine est égale à la réalité radicale et universelle, si le monde représenté et le monde réel sont absolument identiques. S'ils ne le sont pas, il y a donc un ensemble d'apparences qui peut n'être pas la révélation complète du réel, qui peut, en certains cas, se trouver vrai, en d'autres cas se trouver faux.

Mais Nietzsche, lui, espère être monté *par delà* le vrai et le faux, comme *par delà* le bien et le mal. Pour lui, les prétendus « libres penseurs » sont loin de penser librement, car « ils croient encore à la vérité! » Lorsque les Croisés, ajoute Nietzsche, se heurtèrent en Orient « sur cet invincible ordre des Assassins, sur cet ordre des esprits libres par excellence, dont les affiliés des grades inférieurs vivaient dans une obéissance telle que jamais ordres monastiques n'en connurent de pareille, ils obtinrent, je ne sais par quelle voie, quelques indications sur le fameux symbole, sur le principe essentiel dont la connaissance était réservée aux dignitaires supérieurs, seuls dépositaires de ce secret ultime : « Rien n'est vrai, tout est permis. » C'était enfin là, dit Nietzsche, « la vraie liberté d'esprit, une parole qui mettait en question la foi même en la vérité! » Le savant moderne qui se croit un esprit libre, le Darwin ou le Pasteur qui, par une sorte de stoïcisme intellectuel, se soumet aux faits et aux lois en s'oubliant lui-même, qui finit par s'interdire tout aussi sévèrement

le non que le oui, qui s'impose une immobilité voulue devant
la réalité, qui pratique ainsi un nouvel ascétisme, le savant a
une volonté absolue de la vérité, et il ne voit pas que cette volonté est la foi dans l'idéal ascétique lui-même. « N'est-ce pas, en
effet, la foi en une valeur métaphysique, en une *valeur par
excellence de la vérité*, valeur que seul l'idéal ascétique garantit
et consacre (elle subsiste et disparaît avec lui (1)? » L'homme
véridique, « véridique dans ce sens extrême et téméraire que
suppose la foi dans la science, » affirme par là « sa foi en un
autre monde que celui de la vie, de la nature et de l'histoire (2), »
en un monde *vrai*, qui s'oppose aux apparences! Le savant est
donc encore un homme religieux, puisqu'il a la religion de la
vérité; il dirait volontiers que la vérité est Dieu et, en conséquence, que Dieu est vérité, λόγος. Fût-il athée comme Lagrange
ou Laplace, il ne se croit pas permis de violer la vérité, ni en
pensées, ni en actions. Nietzsche, lui, demande avec Ponce-Pilate,
qui était déjà un esprit libre : « Qu'est-ce que la vérité? » et il
finit par répondre avec le chef des Assassins : « Rien n'est vrai; »
d'où résulte, par une conséquence nécessaire : tout est permis.

Ces pages sont parmi les plus profondes de Nietzsche, car il
a bien vu que la vérité, la science et la moralité se tiennent
comme par la main, que toutes trois sont une affirmation d'un
monde autre que celui de nos sens et même de notre pensée. A
cet autre monde Nietzsche déclare une guerre sans trêve et sans
merci. Il se le représente comme opposé à la réalité, comme
ennemi de la réalité même, comme je ne sais quel abîme insondable où on veut nous faire adorer la divinité. Spencer lui-même
ne nous invite-t-il pas à nous agenouiller devant le grand point
d'interrogation? C'est à cette conception que Nietzsche oppose le
phénoménisme absolu de l'école ionienne.

Mais, demanderons-nous, la vérité que recherche la science
est-elle donc aussi mystique et aussi ascétique que Nietzsche se
plaît à l'imaginer? Selon nous, le monde vrai n'est pas distinct
du monde réel; il est le monde réel lui-même, le monde tel qu'il
est, tel qu'il se fait, tel qu'il devient et deviendra. Toute la question est de savoir si nos *sens* incomplets et inexacts nous révèlent, ne disons plus la vérité, mais la « réalité; » si même
nos facultés *intellectuelles* sont adéquates, ne disons plus à la

(1) *Généalogie de la morale*, p. 261.
(2) *Le gai savoir*, V, aphor. 344.

vérité, mais à la réalité. A ce problème philosophes et savans
ont-ils donc tort de répondre : Non ? Avant la découverte de
l'électricité, nos sens ne pouvaient nous faire séparer cette force
des autres forces de la nature ; avant la découverte des rayons X,
nos yeux ne pouvaient nous les faire pressentir. Nietzsche sait
tout cela, comme le premier élève venu d'un gymnase ; il a lui-
même emprunté à l'école anglaise ce principe que nos sens sont
primitivement des instrumens d'utilité vitale, non de connaissance désintéressée et, par conséquent, ne peuvent nous rensei-
guer sur ce que sont les choses indépendamment de nos propres
besoins. Comment donc oublie-t-il maintenant ce principe, au
point de vouloir nous persuader qu'un monde n'est pas plus
vrai que l'autre, que le monde de Copernic n'est pas plus vrai,
disons plus *réel*, que celui de Ptolémée, que les livres de physique aux mains de nos étudians ne mirent pas mieux la réalité
que ceux de Thalès ? « Rien n'est vrai, » cela veut dire, en dernière analyse : rien n'est réel. Au delà de la sensation présente
et de l'apparence fugitive, il n'y a rien ; non seulement « l'homme
est la mesure de tout, » mais la sensation actuelle est la mesure
de tout, elle est tout le réel. Si nos savans n'admettent pas une
telle aberration de la pensée, ils ne sont pour cela ni des ascètes
ni des mystiques ; ils ont, au contraire, le pied appuyé sur la
terre ferme, et c'est Nietzsche qui est le jouet d'un mirage aérien.
Point n'est donc besoin, à notre avis, de supposer un monde
vrai derrière le monde réel, mais, dans le monde réel lui-même,
il y a un monde total qui déborde l'homme, et il y a un monde
purement humain qui est celui de nos sensations et même de nos
connaissances, simple fragment du réel, partie que nous ne
devons pas confondre avec le tout. C'est le tout qui est *vrai*,
parce que seul il est totalement *réel*, et, plus nous embrassons
de rapports, de connexions de faits, de lois, plus nous nous rap-
prochons du tout, de la vérité identique à la réalité. Dans notre
conduite même, nous pouvons aller en un sens conforme ou
contraire à la vérité et à la réalité tout ensemble, à la « vie, »
pour parler comme Guyau et comme Nietzsche lui-même. Et
Nietzsche, d'ailleurs, après avoir nié la vérité, est-ce qu'il ne
distingue pas une vie plus vraie ou plus réelle, une autre plus
fausse et comme moins vivante ? Il croit donc, lui aussi, à une
vérité ! Tout en raillant le vrai, il passe ses jours et ses nuits
dans la recherche du vrai ; il pratique lui-même ce noble ascé-

tisme dont il se moque : il veut, lui aussi, se mettre en présence
de ce qui est, sans y mêler rien qui altère ni la limpidité du regard ni la limpidité de la lumière.

— Soit, dira Nietzsche, il y a de l'erreur et de l'apparence ;
mais l'apparence n'est pas là où on la place d'ordinaire, dans le
monde du devenir ; c'est, au contraire, le prétendu monde de
l'être qui n'est qu'apparent. Les idées mêmes de cause et d'effet,
d'espace et de temps, d'unité, d'identité, de similitude ou de
dissimilitude, toutes les catégories et formes nécessaires de nos
pensées ne sont que des illusions nécessaires. Cette idée de l'illusion innée à l'homme, déjà exprimée par Platon dans son allé-
gorie de la caverne, a hanté tous les esprits depuis Kant (1).
Nietzsche l'adopte à son tour, en l'exagérant jusqu'à supprimer
toute « vérité, » mais il se persuade que l'idée est neuve. « Éta-
blissons, dit-il, de quelle façon nous (je dis « nous » par politesse…) concevons le problème de l'erreur et de l'apparence. »
Nietzsche se croit donc le premier à concevoir le « devenir »
comme la réalité, l'unité et l'identité comme des illusions ; il ne
sait pas qu'il y a eu avant lui un Héraclite, il a inventé le phénoménisme, il a découvert cette Méditerranée !

Accordons-lui cependant son dogme prétendu nouveau du
phénoménisme absolu et de l'illusionnisme absolu ; il n'y
gagnera qu'une contradiction de plus avec les autres dogmes de
sa religion. Si, en effet, il n'y a que devenir et phénomènes *sans
lois* (et c'est ce que soutient Nietzsche, qui raille l'idée humaine
de loi), comment admettre cependant des *nécessités* et professer
le fatalisme le plus absolu ? Nécessité, c'est retour *identique* des
mêmes phénomènes, c'est unité. Et nous verrons tout à l'heure
l'importance qu'a prise dans la religion de Nietzsche l'idée de
« l'éternel retour ; » comment donc peut-il nier toute loi, lui qui
fait du retour la loi des lois ? Il ne s'imagine pas, sans doute,
que philosophes et savans entendent encore par loi une législation de quelque *volonté*, et non une nécessité fondée sur la
nature des choses !

De plus, comment Nietzche pourra-t-il concilier un phénoménisme et un réalisme aussi absolus avec ses propres efforts pour
pousser l'humanité vers l'idéal du surhomme ?—«Personne, dit-
il, ne donne à l'homme ses qualités, ni Dieu, ni la société, ni ses

(1) Cf. Guyau, *Vers d'un philosophe : l'Illusion féconde.*

parens et ses ancêtres, ni *lui-même*... La fatalité de son être n'est pas à séparer de la fatalité de tout ce qui fut et de tout ce qui sera. L'homme n'est *pas* la conséquence d'une intention propre, d'une volonté, d'un but, — avec lui, on ne fait pas d'écart pour atteindre un *idéal d'humanité*, un *idéal de bonheur*, ou bien un *idéal* de *moralité;* il est absurde de vouloir faire *dévier* son être vers un but quelconque (1). » Mais est-ce que Nietzsche, lui aussi, ne veut pas faire « dévier notre être » vers un but, et vers un but surhumain? « Il n'y a rien, dit-il encore, qui pourrait juger, mesurer, comparer notre existence, car ce serait là juger, mesurer, comparer et condamner le tout... Mais il n'y a rien en dehors du tout. » Pourquoi donc, juge-t-il lui-même que les « maîtres » sont supérieurs aux « esclaves, » les nobles et les forts aux vilains et aux faibles, le surhomme à l'homme? Pourquoi les compare-t-il? « Faites comme le vent quand il s'élance des cavernes de la montagne; élevez vos cœurs, haut, plus haut! Ainsi parla Zarathoustra. » — Mais à quelle mesure Zarathoustra reconnaît-il ce qui est plus *haut?* L'antinomie éclate une fois de plus dans le système de Nietzsche; entre son déterminisme fataliste et sa morale ou surmorale, — que d'ailleurs nous ne prétendons pas apprécier aujourd'hui, — il y a entière contradiction.

Nietzsche a supprimé tout but et tout sens de l'existence universelle, et cependant il prétend conserver l'idée du « héros » qui, se donnant à lui-même un but, le donne aussi à tout le reste. Mais comment le héros déterminera-t-il un tel but, sinon par un acte de l'intelligence qui peut toujours se juger, ou par un élan du cœur qui peut toujours s'apprécier? Et qu'importe d'ailleurs le but que se posera le surhomme, si la Nature, — comme Nietzsche va le montrer lui-même, — oppose à ce but un *non* inflexible et écrase le surhomme avec tout le reste?

IV

Nietzsche avait étudié les « physiologues » de la Grèce antique qui avaient conçu le retour éternel des choses dans la « grande année, » la conflagration universelle suivie d'un universel recommencement dans le même ordre, dans le même lieu, dans le même

(1) *Crépuscule des idoles*, p. 155.

temps, pour aboutir de nouveau à l'universel incendie : le phénix renaît de ses cendres pour brûler encore et renaître à l'infini. Spencer a aussi sa « grande année, » puisqu'il suppose une conflagration complète de l'univers, puis une condensation par refroidissement, qui en ferait une seule masse ; lui aussi se demande ce qui adviendra ensuite, et il laisse entrevoir que tout recommencera, mais il ne nous dit pas que ce soit de la même manière et dans le même ordre. Heine, dans les additions au *Voyage de Munich à Gênes*, écrivait ce passage qui ne figure pas dans les anciennes éditions et que Nietzsche n'a pas dû connaître : « En vertu des lois de combinaison éternelles, toutes les formes qui ont déjà été sur cette terre apparaîtront à nouveau. » Blanqui, dans son *Éternité par les astres* (1871), avait déduit de la théorie des combinaisons qu'il faut des répétitions sans fin pour remplir l'infini, soit du temps, soit de l'espace. « Ce que j'écris en ce moment dans un cachot du fort du Taureau, je l'ai écrit et je l'écrirai pendant l'éternité sur une table, avec une plume, sous des habits, dans des circonstances toutes semblables. » Chaque individu existe à un nombre infini d'exemplaires. « Il possède des sosies complets et des variantes de sosies. » En 1878, le célèbre naturaliste allemand de Nægeli prononçait, dans son discours sur *les Bornes de la Science*, ces paroles que les commentateurs de Nietzsche ne semblent pas connaître et que, pour notre part, nous avions notées (1) : « Puisque la grandeur, la composition et l'état de développement restent dans des limites finies, les combinaisons possibles forment un nombre *infiniment grand*, d'après l'expression consacrée, mais non encore infini. Ce nombre épuisé, les mêmes combinaisons doivent se répéter. Nous ne pouvons éviter cette conclusion par l'objection que des sextillions de corps célestes et de systèmes célestes ne suffisent pas pour épuiser le nombre des combinaisons possibles ; car les sextillions sont même moins dans l'éternité qu'une goutte d'eau dans l'Océan. Nous arrivons ainsi à cette conclusion rigoureusement mathématique, mais répugnante à notre raison, que notre terre, exactement comme elle est maintenant, existe plusieurs fois, même infiniment de fois, dans l'univers infini, et que le jubilé que nous célébrons aujourd'hui se célèbre juste en ce moment-ci dans beaucoup d'autres

(1) Von Nægeli, *les Bornes de la Science*, discours prononcé au Congrès des naturalistes allemands, session de Munich, en 1878, et traduit dans la *Revue Scientifique* du 13 avril 1878.

`terres. » On voit que le retour éternel dans le temps peut et doit
se compliquer de la répétition actuelle à l'infini, d'une sorte de
retour éternel dans l'espace, dont Nietzsche n'a pas parlé.

Les commentateurs de Nietzsche ont aussi négligé de mentionner que, dans les *Vers d'un philosophe,* qui parurent en 1881,
Guyau avait fait de l'analyse spectrale et de la répétition à l'infini le sujet d'une de ses plus belles pièces lyriques. Lui aussi, il
a vu que la conséquence la plus apparente et la plus immédiate
de la découverte spectrale est le retour sans fin des mêmes élémens, non pas seulement dans la durée, mais aussi dans l'espace.

> Partout à nos regards la nature est la même :
> L'infini ne contient pour nous rien de nouveau...
>
> vers quel point te tourner, indécise espérance,
> Dans ces cieux noirs, semés d'hydrogène et de fer,
> Où la matière en feu s'allonge ou se condense
> Comme un serpent énorme enroulé dans l'éther?
>
> Puisque tout se ressemble et se tient dans l'espace,
> *Tout se copie aussi, j'en ai peur, dans le temps;*
> *Ce qui passe revient, et ce qui revient passe :*
> C'est un *cercle sans fin* que la chaîne des ans.
>
> Est-il rien de nouveau dans l'avenir qui s'ouvre?
> Peut-être, — qu'on se tourne en arrière, en avant, —
> Tout demeure le même; au loin on ne découvre
> Que les plis et replis du grand serpent mouvant.

Devant cette possibilité d'un éternel retour des mêmes choses
dans le temps comme dans l'espace, — si bien que le rayon de
lumière qui traverse l'immensité, s'il pouvait traverser aussi
l'éternité, donnerait toujours le même spectre et révélerait les
mêmes scènes, — Guyau n'éprouve pas l'enthousiasme qu'éprouvera Nietzsche; tout au contraire, il demande à la Nature, avec
l'accent d'une désespérance infinie :

> Depuis l'éternité quel but peux-tu poursuivre?
> S'il est un but, comment ne pas l'avoir atteint?
> Qu'attend ton idéal, ô nature, pour vivre?
> Ou, comme tes soleils, s'est-il lui-même éteint?
>
> L'éternité n'a donc abouti qu'à ce monde!
> La vaut-il? valons-nous, hommes, un tel effort?
>
> . . . .
> Oh! si notre pensée était assez féconde

Elle qui voit le mieux, pour le réaliser !
Si ses rêves germaient! Oh! si dans ce lourd monde
Son aile au vol léger pouvait un peu peser!

La sentant vivre en moi, j'espérerais par elle
voir un jour l'avenir changer à mon regard...
— Mais. ma pensée, es-tu toi-même bien nouvelle?
N'es-tu point déjà née et morte quelque part?

Ainsi germe chez Guyau le rêve mathématique d'une répétition sans fin, qui ferait que la même pensée d'aujourd'hui est déjà née et morte bien des fois et en bien des lieux. Loin de voir là un sujet d'ivresse, Guyau y voit le dernier mot du découragement et la doctrine du suprême désespoir. Hanté de nouveau par la même idée, un jour qu'il méditait au bord de la mer, Guyau croyait apercevoir dans l'Océan non pas le miroir de Dieu, mais le miroir d'une nature sans but, se répétant sans fin elle-même, « grand équilibre entre la vie et la mort, » grand roulis éternel qui berce les êtres. « A mesure que je réfléchis, il me semble voir l'Océan monter autour de moi, envahir tout, emporter tout ; il me semble que je ne suis plus moi-même qu'un de ses flots, une des gouttes d'eau de ses flots ; que la terre a disparu, que l'homme a disparu, et qu'il ne reste plus que la nature avec ses ondulations sans fin, ses flux, ses reflux, les changemens perpétuels de sa surface qui cachent sa profonde et monotone uniformité (1). » Mais, au lieu d'accepter cette répétition éternelle, au lieu de dire oui au retour sans fin des mêmes misères et des mêmes souffrances, Guyau finit par chercher dans la vie humaine supérieure et vraiment superhumaine le motif d'espérance que semblait lui refuser la nature.

La même année où Guyau publiait les *Vers d'un Philosophe*, M. Gustave Le Bon publiait *l'Homme et les Sociétés*, et, au tome II, il soutenait que « les mêmes mondes habités par les mêmes êtres ont dû se répéter bien des fois. »

Ainsi, de tous les côtés, la même obsession se retrouvait chez les esprits les plus différens. C'est alors que Nietzsche, fasciné à son tour par cette notion antique que la science moderne a rajeunie, s'imagina qu'il avait fait une immense découverte, qu'il

(1) Dans son exemplaire de l'*Esquisse d'une morale sans obligation ni sanction*, Nietzsche a souligné tout ce passage et mis en face deux traits, avec le mot: *Moi*. Nous devons la communication des remarques de Nietzsche sur l'ouvrage de Guyau à l'obligeance de Mme Förster-Nietzsche et aux recherches du *Nietzsche-Archiv;* nous leur exprimons ici toute notre gratitude.

allait apporter à l'humanité la grande nouvelle d'où daterait l'ère future.

« Moi, Zarathoustra, l'affirmateur de la vie, l'affirmateur de la douleur, l'affirmateur du *cercle*, — c'est toi que j'appelle, toi là plus profonde de mes pensées !...

« Tout va, tout revient, la roue de l'existence tourne éternellement.

« Tout meurt, tout refleurit; éternellement coulent les saisons de l'existence.

« Tout se brise, tout se reconstruit; éternellement se bâtit la même maison de l'existence.

« Tout se sépare, tout se réunit de nouveau; l'anneau de l'existence se reste éternellement fidèle à lui-même.

« A chaque moment commence l'existence; autour de chaque *ici* tourne la boule *là-bas*. Le centre est partout. Le sentier de l'éternité est tortueux (1). »

Que le concept mathématique d'élémens finis, combinés dans le temps infini et l'espace infini, ait pu paraître si nouveau à Nietzsche et exciter à ce point son enthousiasme; que sa doctrine du surhomme ait abouti à nous représenter le surhomme lui-même comme un mirage éphémère, qui s'est produit déjà un nombre infini de fois et a disparu un nombre infini de fois, qui se reproduira de même infiniment pour disparaître non moins infiniment, et que cette conception de l'éternelle identité, qui est celle de l'éternelle vanité, ait pu sembler à Nietzsche la plus haute idée de la vie, c'est ce qu'il est difficile d'expliquer sans admettre déjà je ne sais quoi de trouble dans ce cerveau en perpétuel enfantement.

Nietzsche « comptait sur l'analyse spectrale pour confirmer sa vision du monde; » il comptait « sur la physique et les mathématiques réunies, » — lui qui avait représenté toutes ces sciences comme roulant sur des notions absolument illusoires! Est-il donc vrai que le grand dogme de la religion prétendue nouvelle eût pu être confirmé par ces sciences? Est-il vrai que le monde soit voué à une répétition continuelle, à une sorte d'écholalie, comme ces malheureux fous qui redisent sans cesse la même phrase ou se font l'écho de toute phrase dite devant eux? — A vrai dire, nous n'en *savons* rien, et le prophète de l'éternel retour n'en *sait* pas plus que nous. Mais le philosophe peut ici dire son mot. Les spéculations de ce genre, en effet, sont

(1) *Ainsi parla Zarathoustra*, trad. H. Albert, 309.

fondées sur cette hypothèse que nous connaissons tous les élémens des choses, que ces élémens, comme les corps prétendus
simples de la chimie, sont des espèces fixes en tel nombre déterminé, 80 par exemple ou 81, pas un de moins, comme si ce
chiffre était cabalistique et exprimait le *nec plus ultra* de la
nature. Dès lors, en vertu de la théorie des combinaisons, il n'y
aurait plus qu'à chercher le nombre des combinaisons de nos
80 élémens, — nombre déjà respectable, mais fini; et alors nous
tomberions sur une loi de répétition dans le temps et dans l'espace, sur une « grande année » qui, une fois révolue, recommen-
cerait identique à soi. Tel un kaléidoscope qui, à force de tourner,
ramènerait pour nos yeux la même série de visions. Eh bien!
pour le philosophe, de semblables spéculations scientifiques sont
toutes subjectives : personne ne peut se flatter de connaître le
nombre des élémens fixes (s'il y a des élémens fixes), ni toutes
les forces possibles de la nature, ni toutes ses métamorphoses
possibles. Nietzsche se contredit ici lui-même une fois de plus,
car il nous a représenté la nature comme inépuisable, le devenir
comme un torrent que rien ne peut limiter ni arrêter, qui va
toujours plus loin et peut toujours prendre de nouvelles formes;
il n'admet comme déterminé, comme figé et immobilisé, que les
mots de notre langue humaine, que les cadres et cases de notre
pauvre cerveau humain, que les catégories de notre pensée. Et
la nature, pour lui, se moque bien de nos catégories, de notre
physique et de ses lois prétendues immuables, de notre géométrie et de ses théorèmes prétendus nécessaires! Elle va, elle
court, elle monte, elle descend, elle change, elle s'échappe, elle
est en perpétuelle génération. Voilà ce que nous a dit et redit
Nietzsche; et maintenant il se prosterne devant une loi de combinaison mathématique qui devient pour lui le secret de l'absolu,
devant une fraction périodique qui lui semble le dernier mot
de l'énigme universelle! Après avoir prononcé comme Héraclite :
rien n'est, tout *devient,* il nous dit : tout *revient;* et il ne voit pas
l'antinomie, il ne voit pas la contradiction! Tout ne *devient* pas,
si la formule du retour identique *reste,* si la loi de combinaison
des élémens est toujours *la même,* si l'on est sûr que tout *reviendra* un nombre infini de fois dans un ordre immuable. Tout
ne *devient* pas, si le fleuve d'Héraclite a un rivage qui *demeure*
et des flots qui reparaissent toujours *les mêmes.* « On ne se
baigne pas deux fois dans le même fleuve, » disait mélancolique-

ment Héraclite, et Nietzsche croit le consoler en lui répondant :
— On s'y baigne et on s'y noie une infinité de fois.

Guyau, lui aussi, avait conçu la vie comme un pouvoir de
se dépasser sans cesse, mais il en avait conclu, bien plus logique-
ment, que nulle combinaison, nulle forme ne peut être considérée comme liant la vie et épuisant sa puissance. « On ne pouvait voir, dit-il, et saisir le Protée de la fable sous une forme
arrêtée que pendant le sommeil, image de la mort ; ainsi en est-il
de la Nature : toute forme n'est pour elle qu'un sommeil, une
mort passagère, un arrêt dans l'écoulement éternel et l'insaisissable fluidité de la vie. Le *devenir* est essentiellement informe,
la *vie* est informe. Toute forme, tout individu, toute espèce ne
marque qu'un engourdissement transitoire de la vie : nous ne
comprenons et ne saisissons la nature que sous l'image de la
mort. » De quel droit pourrions-nous donc condamner la nature
et la vie à revenir sans cesse s'emprisonner dans les mêmes
formes au lieu de se surmonter toujours elle-même (1) ? »

Guyau, dans son *Irréligion de l'Avenir*, examine sous toutes
les faces le problème dont, à la même époque et sur les mêmes
bords méditerranéens, Nietzsche se tourmentait avec une angoisse tragique. Depuis Héraclite jusqu'à Spencer, dit Guyau,
les philosophes n'ont jamais séparé les deux idées d'évolution et
de dissolution ; ne sont-elles point pourtant « séparables ? » Remarquons bien que jusques à présent il n'est pas d'individus,
pas de groupe d'individus, pas de monde qui soit arrivé « à
une pleine *conscience* de soi, à une connaissance complète de sa
vie et des lois de cette vie ; » nous ne pouvons donc ni « affirmer
ni démontrer que la dissolution soit essentiellement et éternellement liée à l'évolution par la *loi* même de l'être : la loi des lois
nous demeure x. » Pour la saisir un jour, il faudrait « un état
de pensée assez élevé pour se confondre avec cette loi même. »
A plus forte raison ne pouvons-nous affirmer que la dissolution
et l'évolution recommencent toujours de la même manière et
suivant la même *loi circulaire*. Et Guyau revient sur l'idée qu'il
avait exprimée déjà sous une forme poétique dans ses *Vers d'un
Philosophe*. « L'objection la plus grave peut-être à l'espérance,
— objection qui n'a pas été assez mise en lumière jusqu'ici et
que M. Renan lui-même n'a pas soulevée dans les rêves trop

(1) De nos jours, les chimistes tendent aussi à considérer les espèces chimiques
et les prétendus élémens comme *non fixes*, comme transmuables.

optimistes de ses *Dialogues*, — c'est l'éternité *à parte post*, c'est le demi-avortement de l'effort universel qui n'a pu aboutir qu'à ce monde! » Comment ressaisir un motif d'espérance dans cet abîme du temps qui semble celui du désespoir? — Guyan se répond à lui-même que, des deux infinis de durée que nous avons derrière nous et devant nous, « un seul s'est écoulé stérile, du moins en partie. » Même en supposant l'avortement complet de l'œuvre humaine et de l'œuvre que poursuivent sans doute avec nous une infinité de « frères extraterrestres, » il restera toujours mathématiquement à l'univers « au moins *une chance* sur *deux* de réussir; c'est assez pour que le pessimisme ne puisse jamais triompher dans l'esprit humain. » Comme Nietzsche, Guyan aime à rappeler la métaphore de Platon sur les coups de dés qui se jouent dans l'univers; ces coups de dés, ajoute-t-il, n'ont encore produit « que des mondes mortels et des civilisations toujours fléchissantes. » Mais le calcul des probabilités « démontre qu'on ne peut, même après une infinité de coups, prévoir le résultat du coup qui se joue en ce moment ou se jouera demain. » Il est curieux de voir Guyau, avant Nietzsche, s'appuyer sur le calcul des probabilités, mais, tandis que Nietzsche en déduit le retour éternel, Guyan soutient que les probabilités entraînent des possibilités toujours nouvelles.

A vrai dire, l'une et l'autre hypothèse sont scientifiquement indémontrables. Quand on cherche à se figurer, dit Guyau, les formes supérieures de la vie et de l'être, on ne peut rien déduire des élémens qui nous sont connus, parce que ces élémens sont en nombre borné et, de plus, imparfaitement connus. Il peut donc exister des êtres infiniment supérieurs à nous. « Notre témoignage, quand il s'agit de l'existence de tels êtres, n'a pas plus de valeur que celui d'une fleur de neige des régions polaires, d'une mousse de l'Himalaya ou d'une algue des profondeurs de l'Océan Pacifique, qui déclareraient la terre vide d'êtres vraiment intelligens, parce qu'ils n'ont jamais été cueillis par une main humaine (1). » C'est ainsi que le philosophe poète de *l'Irréligion de l'Avenir* (2) a répondu d'avance au poète philosophe de *Zarathoustra*. Il lui donne, il nous donne à nous tous la suprême leçon de sagesse, en disant : « La pensée est une chose *sui generis*, sans analogue, absolument inexplicable, dont le

(1) *L'Irréligion de l'avenir*, p. 458.
(2) *Ibid.*, p. 447.

fond demeure à jamais inaccessible aux formules scientifiques, et surtout mathématiques, par conséquent à jamais ouvert aux hypothèses métaphysiques. De même que l'être est le grand genre suprême, *genus generalissimum*, enveloppant toutes les espèces de l'objectif, de même la conscience est le grand genre suprême enveloppant et contenant toutes les espèces du subjectif; on ne pourra donc jamais répondre entièrement à ces deux questions : *Qu'est-ce que l'être? Qu'est-ce que la conscience?* ni, par cela même, à cette troisième question qui présupposerait la solution des deux autres : « *La conscience sera-t-elle?* » A plus forte raison aucun Nietzsche ne saurait démontrer que la conscience sera toujours renaissante et mourante sous les mêmes formes, que l'être est une simple volonté de domination qui aboutit à être toujours vaincue, puis à recommencer la même lutte avec les mêmes péripéties pour subir la même défaite. Au lieu d'admettre un éternel reflux, il est plus logique d'admettre un éternel mouvement en avant, par le moyen même de ces flux et reflux qui sont la vie. « Nos plus hautes aspirations, qui semblent précisément les plus vaines, sont comme des ondes qui, ayant pu venir jusqu'à nous, iront plus loin que nous, et peut-être, en se réunissant, en s'amplifiant, ébranleront le monde... C'est à force de vagues mourantes que la mer réussit à façonner sa grève, à dessiner le lit immense où elle se ment (1). » — « L'avenir, conclut Guyau avec une sagesse étrangère à Nietzsche, n'est pas entièrement déterminé par le passé *connu de nous*. L'avenir et le passé sont dans un rapport de réciprocité, et on ne peut connaître l'un absolument sans l'autre, ni conséquemment deviner l'un par l'autre. » C'est là, croyons-nous, pour tout philosophe qui a le sentiment des bornes de notre connaissance, le dernier mot de la question. Le cercle éternel de Nietzsche, au contraire, n'est qu'un jeu mathématique, qui ne peut manquer de laisser échapper le fond même des réalités. Et Nietzsche, encore une fois, aurait dû le comprendre lui-même, puisqu'il admet (comme d'ailleurs Guyau) que les mathématiques sont une simple enveloppe dont les mailles enserrent l'être sans le pénétrer.

Nietzsche, en définitive, est réduit à deux antinomies essentielles. La première éclate entre sa conception de « la vie qui va

(1) *L'Irréligion de l'avenir*, p. 458.

toujours en avant » et sa conception du piétinement universel. La seconde éclate entre son scepticisme à l'égard des lois mathématiques et sa foi aveugle au cercle de Popilius, tracé par les mathématiques. Ne finit-il pas par diviniser ce cercle vicieux lui-même, en s'écriant : « *Circulus vitiosus, Deus?* »

IV

Nous avons vu le dogme suprême et contradictoire qu'annonce au monde Zarathoustra. Il nous reste à chercher par quelles initiations successives l'homme peut participer aux mystères de la religion néo-païenne. Donnant un nom nouveau à une conception bien ancienne (que Schiller, entre autres, si méprisé de Nietzsche, avait exprimée avant Schopenhauer lui-même), Nietzsche appelle apollinienne la contemplation esthétique du monde, premier degré de l'initiation religieuse. L'adorateur du beau dit au monde et à la vie : « Ton image est belle, ta forme est belle, — quand on te contemple d'assez haut et d'assez loin pour que les douleurs et les misères se perdent dans l'ensemble : — je veux donc te contempler et t'admirer. » Rationnellement inintelligible, le monde n'en est pas moins esthétiquement beau. Renan avait déjà, lui aussi, représenté l'univers comme un immense spectacle qui offre au contemplateur *dilettante* les scènes les plus variées, où il se garderait bien de rien changer. Un Néron y fait si belle figure à sa place! Après Renan, Nietzsche nous invite à contempler le monde comme « un drame varié et riche, » — où pourtant recommencent toujours à l'infini les mêmes épisodes! Le sentiment de la beauté lui paraît une justification suffisante de l'existence. L'homme supérieur doit vivre comme un apollinien, pour rêver et s'enchanter soi-même de son rêve.

Par malheur, le rêve de la vie touche trop souvent au cauchemar pour que la justification apollinienne soit autre chose qu'une illusion où quiconque pense et souffre refusera de se complaire. Cette première initiation aux mystères n'est qu'un leurre. Nietzsche lui-même nous en propose une seconde, qu'il appelle encore d'un nom nouveau, quoiqu'elle ne soit pas nouvelle : l'ivresse dionysienne. Schopenhauer avait distingué l'état artistique de l'âme de l'état métaphysique. Pour l'artiste, le monde est un ensemble d' « idées » analogues à celles de Platon, qui se réalisent dans les individus et leur donnent leur forme propre ; pour le métaphysicien, au delà des idées et des formes, au delà de toutes les apparences, il y a une seule et même réalité, qui est la « volonté primordiale, universelle et éternelle. » Schopenhauer admet que nous pouvons avoir conscience en nous-mêmes de notre identité radicale avec tous les êtres, que nous pouvons ainsi déchirer le voile de l'illusion individualiste et vivre en autrui : *tu es moi*. Nietzsche, à son tour, admet ce pouvoir de prendre conscience du tout en sa propre volonté. Mais, ajoutait Schopenhauer, quand on a acquis la conscience de la misère universelle, on ne peut plus éprouver qu'une pitié infinie pour ce monde et un désir infini de l'anéantir. Nietzsche, au contraire, veut nous persuader d'éprouver une ivresse infinie, analogue à celle des bacchantes ; et c'est cet état qu'il décrit sous le nom de dionysien. Ainsi, au sentiment tragique et pessimiste de l'existence succède, chez Nietzsche, le sentiment enthousiaste et optimiste, sans que cependant la conception fondamentale du vouloir-vivre soit changée. Loin de là, le vouloir-vivre est encore plus vain chez Nietzsche que chez Schopenhauer, puisqu'il est conçu comme un cercle éternel où il n'y a rien à changer, au delà duquel il n'y a rien à croire, à espérer, à aimer, à vouloir.

Nietzsche, qui se croit plus optimiste que Schopenhauer, n'est-il point englouti dans un pessimisme plus profond ? Schopenhauer, au-dessus des douleurs de ce monde, élevait avec les bouddhistes le nirvâna. Mais, il avait soin d'ajouter que, « si le nirvâna est défini comme non-être, cela ne veut rien dire, sinon que ce monde (ou sansâra) *ne contient aucun élément propre* qui puisse servir à la *définition* ou à la *construction* du nirvâna. » Ce néant relatif à nous n'est donc nullement le néant absolu ; il peut être, tout au contraire, l'être véritable. « Nous reconnaissons volontiers, dit Schopenhauer dans la phrase célèbre qui termine son livre, que ce qui reste après l'abolition complète de la volonté n'est absolument rien *pour ceux qui sont encore pleins du vouloir-vivre*. Mais, pour ceux chez qui la volonté s'est niée, notre monde, ce monde réel avec ses soleils et sa voie lactée, qu'est-il? Rien. » C'est donc la volonté de la vie en ce monde qui, selon Schopenhauer, doit s'anéantir au profit d'un mode d'existence supérieur, que nous ne pouvons ni *définir* ni *construire*, mais qui, loin d'être un néant, est sans doute la plénitude de l'être. Aux confins de la nature et de l'humanité, par delà ce monde pour lequel seul, il professe le pessimisme, Schopenhauer faisait ainsi luire une espérance de libération, et de libération non pas négative, mais positive. Nietzsche, au contraire, ne s'aperçoit pas qu'il nous laisse sans le plus léger espoir de délivrance. « Le pessimisme, objecte-t-il avec force à Schopenhauer, est impossible pratiquement et ne peut pas être logique. Le non-être ne peut pas être le but. » Schopenhauer aurait pu lui répondre : le non-être d'un monde voué à la douleur et au mal peut fort bien être un but ; car le non-être de ce monde peut produire l'être véritable, dont nous n'avons, il est vrai, aucune représentation, que nous ne pouvons donc affirmer, mais que nous ne pouvons pas davantage nier. Vous, au contraire, vous ne voulez pas nier la vie telle qu'elle s'agite dans le monde de nos représentations, qui est aussi le monde de nos souffrances ; vous voulez affirmer la vie comme étant identique à l'être même ; mais votre prétendu être n'est qu'un devenir fou, éperdu, échevelé, une course à l'abime où, au lieu de rien atteindre, tout vous échappe, où, au lieu d'avancer, vous tournez sans cesse comme les esclaves antiques poussant leur meule ; votre prétendu être est l'éternelle et vaine et vide identité de l'être et du non-être dans le devenir, où Hegel n'avait vu que le plus bas degré de la dialectique, limbes de l'existence sortant à peine des ténèbres du néant absolu.

Malgré votre mépris pour la « petite raison », ni votre petite ni votre grande raison elle-même n'acceptera de dire oui à la vie, si tout a pour conséquence : non. Elle ne le peut, en vérité, que si elle est sous l'influence d'un excitant ou d'un narcotique ; mais une telle ivresse ne durera pas toute l'existence. Il y a des douleurs de l'âme qui réveillent et dégrisent même Zarathoustra. Il faudrait avoir à jamais perdu toute sa grande raison, et même tout son grand cœur, pour se réjouir de l'éternelle fuite de toutes choses, de l'éternelle vanité de tout effort, de l'éternelle défaite de tout amour. Devant le cadavre de ceux qu'on aime et qui, par leur beauté d'âme, leur élévation de pensée, leur douceur de cœur, eussent mérité d'être immortels, quelle raison saine et quel cœur sain éprouvera l'ivresse joyeuse de « l'anéantissement » et se consolera dans la pensée de l'écoulement sans limites ? En vertu de l'éternel retour, dites-vous, ce que tu as perdu revivra, et toi aussi ; un nombre infini de fois tu aimeras et un nombre infini de fois tu verras s'anéantir ce que tu aimes

Tel est le nouveau mystère proposé à notre foi; et vous croyez
que la révélation de cette éternelle duperie plongera l'humanité
dans l'ivresse! Ixion sera d'autant plus heureux qu'il saura que
la roue tournera toujours; les Danaïdes, d'autant plus folles de
joie qu'elles sauront que jamais l'eau ne comblera l'abime!
Sisyphe s'enivrera de voir son rocher retomber toujours sur sa
tête! L'enfer trouvera sa consolation dans la pensée qu'il est
éternel! Vous avez beau nous prêcher « l'affirmation de la vie,
même dans ses problèmes les plus étranges et les plus durs ; la
volonté de vie, se réjouissant dans le *sacrifice* de nos types les
plus élevés à son caractère inépuisable. » Cela se comprendrait,
si nous étions sûrs, en effet, que la vie produira toujours mieux,
se dépassera vraiment elle-même, ne sera jamais emprisonnée
dans les formes du présent, entraînera toutes choses dans un
progrès sans fin. Mais vous nous avez enseigné, contrairement à
Guyau, que les combinaisons de la vie sont finies et épuisables,
qu'une fois épuisées, elles n'ont d'autre ressource que de recommencer dans le même ordre et de dérouler le même alphabet
depuis l'alpha jusqu'à l'oméga, les mêmes élémens depuis l'hydrogène jusqu'à l'hélium. Vous nous avez enlevé une à une toutes
les raisons de vivre, et vous voulez que nous aimions la vie !

« Ma formule pour la grandeur d'un homme, écrivait Nietzsche
dans son journal de 1888, est *amor fati*, amour du destin; ne
vouloir changer aucun fait dans le passé, dans l'avenir, éternellement; non pas seulement supporter la nécessité, encore moins
la dissimuler, — tout idéalisme est un mensonge en face de la
nécessité, — mais l'aimer. » Ainsi Nietzsche s'écrie, comme le
stoïcien : « O monde, je veux ce que tu veux; » ô devenir, je
veux devenir ce que je deviendrais alors même que je ne le voudrais pas! — Mais pourquoi ce consentement à l'éternel tourbillon de l'existence, si l'existence n'est pas conçue comme bonne,
comme produisant ou pouvant produire plus d'intelligence, plus
de puissance, plus de bonté, et, conséquence finale, plus de
bonheur? Nietzsche a rejeté toute finalité de la nature, soit transcendante, soit immanente; il ne voit partout que le flot qui
pousse le flot et, au plus fort de cette tempête sans but qui épou-
vantait Guyau, il veut que nous *aimions* la vague qui nous engloutit!

— Pourquoi? — C'est, répond-il, que nous sommes nous-
mêmes « parties de la destinée; nous appartenons au tout, nous

existons dans le tout; » fragmens de la nature, la volonté de la nature est notre loi. Or, la nature tend à l'homme et au « surhomme » comme à son but; de là notre amour pour ce but. La nature tend aussi à l'anéantissement de l'homme et du surhomme lui-même comme de tout le reste; de là notre amour de l'anéantissement. — Parler ainsi, c'est personnifier la nature, c'est en faire un dieu, c'est oublier ce que vous avez dit vous-même : qu'il n'y a aucune *unité* dans le flux universel, aucune *cause,* aucune *fin*. Qu'est-ce donc que la nature? Il n'y a pas plus de nature que de dieu; πάντα ρεῖ. L'adoration de la nature n'a pas de sens. L'adoration du torrent universel où nous roulons n'en a pas davantage. *Amor fati* est une formule vide. Le destin n'a pas besoin de mon amour.

Après avoir parlé d'ivresse et d'enthousiasme, Nietzsche est obligé finalement, en face de l'univers qu'il conçoit, de faire appel à notre courage; et il le fait en accens héroïques.

« Il y a quelque chose en moi que j'appelle courage : c'est ce qui a tué jusqu'à présent en moi tout mouvement d'humeur...

« Car le courage est le meilleur meurtrier, — le courage qui *attaque :* car dans toute attaque il y a fanfare.

« L'homme, cependant, est la bête la plus courageuse; c'est ainsi qu'il a vaincu toutes les bêtes. Aux sons de la fanfare, il a surmonté toutes les douleurs; mais la douleur humaine est la plus profonde douleur.

« Le courage tue aussi le vertige au bord des abîmes; et où l'homme ne serait-il pas au bord des abîmes? Regarder même, n'est-ce pas regarder les abîmes?

« Le courage est le meilleur des meurtriers; le courage tue aussi la pitié. Et la pitié est le plus profond abîme; aussi profondément que l'homme voit dans la vie, il voit dans la souffrance.

« Le courage est le meilleur des meurtriers, le courage qui attaque; il finira par tuer la mort, car il dit : « Comment? était-ce là la vie? Allons! recommençons encore une fois!

« Dans une telle maxime, il y a beaucoup de fanfare. Que celui qui a des oreilles entende! »

Oui, nous croyons entendre. Ce courage, c'est une fanfare d'un nouveau genre, la fanfare de la résignation, qui jusqu'à présent s'exprimait plutôt par un soupir que par un cri de joie. « Allons! recommençons encore une fois! » Recommençons même une infinité de fois, et dans une infinité de lieux; recommençons les mêmes craintes, les mêmes espérances suivies des mêmes désillusions, les mêmes douleurs, les mêmes déchiremens de cœur au moment des adieux.

Il y a chez Nietzsche des mots admirables qui font entrevoir ce qu'il y avait d'amertume, de souffrance tragique, de grandeur morale sous sa prétendue ivresse dionysienne. « Tout profond penseur, dit-il, craint plus d'être compris que d'être mal compris. Dans ce dernier cas, sa vanité souffre peut-être; dans le premier cas, ce qui souffre, c'est son cœur, sa sympathie qui toujours dit : « Hélas! pourquoi *voulez-vous* que la route vous soit aussi pénible qu'à moi (1)? » Oui, pourquoi voulez-vous souffrir ce que mes pensées m'ont fait souffrir? Pourquoi voulez-vous arriver à d'aussi désespérées conclusions que celles qui se cachent sous mon optimisme?

Nietzsche s'est fait, en définitive, une conception antinomique de l'être et de la puissance qui lui est immanente. Il avait attribué à l'existence, comme Guyau, le pouvoir de déborder toutes les formes et d'aller toujours plus loin; il avait même paru attribuer à l'être, ou plutôt au « devenir toujours hétérogène et changeant, » un caractère indéfini, contingent, impossible à calculer, à déduire, à prévoir. Ses conclusions, fixes, logiques, géométriques, sont en formelle opposition avec ces principes. De là une longue série d'antinomies qui demeurent sans solution. Il y a antinomie, il y a contradiction entre l'idée de la causalité brute et l'idée d'un monde ayant une valeur finale qui le ferait accepter et aimer par l'homme. Antinomie entre le fatalisme absolu et l'effort pour donner un sens à l'existence. Antinomie entre l'illusionnisme absolu et l'héroïsme de la vie supérieure. Antinomie entre l'acceptation de ce qui est nécessaire et la « création de valeurs nouvelles. » Antinomie entre la négation de tout idéal différent du réel et l'idéal du surhomme. Antinomie entre la relativité des mathématiques, comme de toute connaissance, et la domination absolue des mathématiques dans l'univers; entre le phénoménisme absolu et l'affirmation d'une loi immuable; entre l'éternel *devenir* et l'éternel *revenir*. Antinomie enfin entre l'impuissance radicale de l'être et le désir radical de puissance qui fait, selon Nietzsche, l'essence de la vie.

Entre les extrêmes que Nietzsche a choqués l'un contre l'autre, le moyen terme manque : je veux dire l'idée, par laquelle la réalité, sans enfreindre les lois du déterminisme, se juge elle-même et se porte elle-même en avant. Nietzsche professe le dédain de l'intelligence; cet adorateur de la force ne

voit pas que l'idée est elle-même une force. Il ne voit pas que
ce qui peut faire « dévier l'être vers un but, » c'est l'idée d'un
but. Si je conçois un idéal d'humanité ou, comme Nietzsche,
de surhumanité, cette idée agit comme cause finale et comme
cause efficiente. Si je conçois même l'idée de liberté comme
d'une délivrance par rapport à tous les mobiles inférieurs et à
toutes les forces inférieures qui me poussent du dehors, cette
idée tend à réaliser progressivement en moi quelque chose d'elle-
même. Nietzsche en est resté au *fatum* rigide du mahométan,
sans comprendre l'infinie flexibilité du déterminisme, pour peu
que le déterminisme prenne la forme de la vie intelligente et
aimante. C'est pourquoi nous l'avons vu concevoir le monde
comme un retour éternel des mêmes choses, sans se demander
si le déterminisme même ne peut pas déterminer sans cesse
des valeurs nouvelles en les concevant et en les désirant. L'antinomie où tourne Nietzsche est d'autant plus profonde qu'il
prétend lui-même être un « créateur de valeurs. » Comment
les créera-t-il, sinon par la pensée qui conçoit un idéal et le
réalise en le concevant? En vertu de son fatalisme, il proclame
à maintes reprises ce qu'il appelle « l'innocence du devenir; » il
reproche à la morale de vouloir « infester cette innocence du devenir, » au lieu de la laisser comme un grand torrent que rien
n'arrête; et cependant il veut à son tour corriger et diriger le
devenir en lui imposant sa volonté propre, qui elle-même ne
peut vouloir sans concevoir l'*idée* de ce qu'elle veut! Ce réaliste
forcené a donc faim et soif d'idéal; mais nous avons vu comment
le fatalisme mathématique, avec sa répétition à l'infini des mêmes
choses, le réduit au rôle de Tantale, en même temps qu'il y réduit
l'univers.

Puisqu'il avait médité les penseurs de la Grèce au point de
leur emprunter le mythe astronomique de la grande année,
Nietzsche aurait pu leur faire emprunt d'une idée plus haute et
plus féconde: celle de la réalisation indéfinie de tous les possibles,
qui a inspiré d'abord Platon, puis, mieux encore, les Alexandrins.
Ces derniers n'ont-ils pas admis que toutes les formes de l'existence, depuis la plus humble jusqu'à la plus haute, devaient
sortir les unes des autres, de manière à épuiser dans l'infinité
du temps et dans l'infinité de l'espace l'infinité de l'être? Encore le mot humain *épuiser* est-il impropre à exprimer l'*inépuisable*. Toujours est-il que, d'après cette conception, notre monde

est enveloppé de mondes à l'infini qui le débordent et dont les
formes de notre pensée ne sauraient exprimer le contenu. Pascal
a entrevu cette idée, quand il a dit que la pensée se lasserait de
concevoir plutôt que la nature de fournir. Spinoza, à son tour, a
conçu les modes possibles de l'être comme infinis et innombrables, si bien que l'étendue et la pensée, nos deux milieux, ne
seraient elles-mêmes que deux de ces manifestations parmi une
infinité. Dès lors, la stérilité de *notre nature* ne serait qu'apparente et, en tout cas, ne serait que la stérilité d'un petit monde,
qui, malgré ses constellations, n'est, par rapport à l'océan de
l'être, qu'une goutte d'eau et un atome. Le seul refuge de l'espérance, c'est l'idée de l'infinité! En bornant la fécondité de
l'être en limitant cette *puissance* dont le désir est immanent à
l'être, en enfermant l'insaisissable devenir dans les cadres géométriques de périodes toujours semblables, en faisant de la
vie un sablier toujours retourné, Nietzsche s'est immobilisé
dans l'idée du fini. Lui qui voulait s'élancer au delà même du
bien et du mal, que ne s'est-il élancé par delà les mathématiques et la physique, pour affirmer, non pas l'incurable pauvreté,
mais l'infinie richesse de la vie? C'est à ce prix seulement qu'il
eût pu éprouver l'ivresse de ceux qui commencent à entrevoir
les suprêmes mystères. La résignation au retour perpétuel des
choses, à l'*eadem sunt omnia semper* (auquel il faut ajouter *et
ubique*), n'est que la résignation forcée du stoïcien ou de l'épi-
curien à l'ordre de la nature. Ce n'est pas la grande et libre
révolte de l'esprit contre la nature, ce n'est pas la grande guerre
pour le nouveau et pour l'*en avant*. Nietzsche en est resté au
naturalisme païen, sans même arriver à comprendre ni le sens
du christianisme, ni le sens de l'idéalisme contemporain. Les
élans sublimes de son lyrisme ne réussissent pas à voiler les
contradictions et les impuissances de sa pensée philosophique.
« Penche-toi sur ton propre puits, nous dit-il, pour apercevoir
tout au fond les étoiles du grand ciel. » Lui-même, pendant sa
vie entière, s'est ainsi penché sur soi, mais le vertige l'a pris,
et les étoiles du grand ciel se sont confondues à ses yeux dans
une immense nuit.

ALFRED FOUILLÉE.

VOYAGE AU JAPON

V [1]

L'IMAGINATION

Un jour que je visitais le château de Nagoya, un vieux samuraï m'indiqua dans une des salles basses un puits à la margelle rustique. Les anciens maîtres, me dit-il, par piété pour son eau salutaire, en avaient revêtu les parois d'une couche d'or. J'essayai d'apercevoir dans l'ombre cette richesse invisible. Et j'admirai non seulement comme autour d'une idée simple les Japonais déploient de faste inattendu, mais surtout comme ils prennent garde de le dérober aux yeux pour mieux l'imposer à l'esprit.

Un autre jour que je voyageais de Kyotô à Nara, mes compagnons me montrèrent les coteaux d'Uji où se récoltait naguère le thé de l'Empereur. Ce thé n'avait point d'arome spécial ni de saveur particulière, mais on en cueillait les feuilles les plus tendres avec solennité, on multipliait le nombre des officiers qui le rapportaient au Palais, on renchérissait sa simplicité naturelle d'une pompe dispendieuse, on en faisait un breuvage inappréciable et rare, un élixir de noblesse, une délectation pour la pensée.

Quel étrange peuple que ce peuple japonais ! Sa vie est un perpétuel mélange de réserve et d'ostentation, d'élégance discrète et de bouffonnerie cérémonieuse. Jadis ses cavaliers de marque étaient accompagnés de deux palefreniers dont la présence signi-

(1) Voyez la *Revue* des 15 décembre 1899, 15 janvier, 15 mars et 15 septembre 1900.

fiait aux yeux du vulgaire que deux hommes pouvaient à peine
contenir l'ardeur de leur monture. Et ces mêmes cavaliers, si ardens à la parade, savaient étouffer leur luxe sous les dehors de
la médiocrité. Les Japonais jouent singulièrement avec les apparences. Les actes les plus ordinaires prennent souvent chez eux
une figure sacramentelle. Ils s'ingénient à rehausser d'un prestige
magnifique ce qui n'a point de valeur, et leur vraie richesse se
cache. Mais on sait qu'elle existe. Sa réalité ne lui suffit pas ;
elle veut être imaginaire, et le soin dont elle se dissimule n'est
qu'un biais pour se grossir encore d'une estimation fantastique.
Point de peuple où l'imagination ait plus occupé la scène. Les
Japonais « ne branlent que par ses secousses. » Qu'ils paraissent
sans être ou qu'ils soient sans paraître, le même désir les stimule :
ils s'efforcent constamment d'embellir leur image dans la pensée
des autres. Mais cette fantaisie qui donna jadis à leur société son
étiquette, son emphase, sa grandeur horrifique et sa mystérieuse
simplicité, cette fantaisie qui vous guette au seuil de leurs maisons, vous distrait à l'ombre des sanctuaires, éclate dans leur
sculpture, sourit dans leur peinture, se dilate dans leurs légendes,
s'amenuise dans leurs jardins, cette fantaisie, reine et maîtresse
de la vie japonaise, a je ne sais quels traits immuables en sa diversité, quels plis rigidés en son exubérance. Les idées européennes pénétrèrent au Japon comme sous une voûte de stalac-
tites précieuses et bizarres, caprices séculaires d'un peuple où
tout ce qui surprend est raison, tout ce qui brille vérité, et dont
les modes changeantes ne sont que leurs colorations fugitives.
L'imagination japonaise, comme l'eau qui se cristallise, semble
obéir à des lois géométriques. Tenter d'en fixer les caractères,
c'est entrer plus avant dans la connaissance de ces âmes qui firent
de la folle du logis leur éducatrice, leur consolatrice, la surintendante de leurs plaisirs et la trésorière de leurs vertus.

L'imagination japonaise me frappe tout d'abord par son imper-
sonnalité, et l'influence bouddhiste ne s'est nulle part marquée
plus profondément que dans ses conceptions artistiques et littéraires. L'individu n'y trahit jamais une vision originale de la nature ou de l'humanité. Tous les Japonais regardent avec les mêmes
yeux, reçoivent du monde extérieur les mêmes impressions,

nuancent leurs sentimens des mêmes teintes et considèrent la vie
du même angle. De l'adolescent qui compose son premier devoir
de style à l'écrivain déjà mûr qui se publie dans une grande revue,
seule l'élégance des combinaisons diffère, mais ils travaillent tous
les deux sur la même réserve de sensations, d'images, d'idées.
Le ministre de l'Instruction publique, l'aimable marquis Saionji,
m'avait envoyé un certain nombre de copies d'élèves, filles et garçons. Les premières traductions que mon secrétaire m'en donna
me surprirent au point de me faire suspecter la bonne foi des
maîtres. Je n'avais point accoutumé de rencontrer chez des enfans un sens si délicat de la nature, un choix si heureux du détail.
Un bambin de dix ans qui avait à traiter de *La neige le matin*
écrivait : « Les arbres dépouillés ont fleuri pendant la nuit. Le
monde argenté scintille. Les chiens joyeux, lâchés à travers la
cour, caracolent et s'ébrouent dans la neige, et je sors monté sur
des échasses de bambou. » — Un autre, plus âgé, parlait du lever
de la lune sur le mont Obasute. « La lune est mélancolique, disait-il : elle rappelle aux voyageurs leur jardin désert et leur
maison lointaine. On peut dormir sous sa fraîche lumière, qui
croît et décroît comme le symbole de notre vie. Et cependant
l'empereur Godaigo, proscrit et fugitif, lorsqu'il la vit rayonner
sur la mer, s'écria : La lune n'a pas de cœur ! » — Une fillette
de douze ans comparaît le mont Fuji à un éventail entr'ouvert,
suspendu par son manche à la voûte céleste. Une de ses compagnes
peignait ainsi la venue du printemps : « Le ciel matinal se voile
d'un léger brouillard couleur de la fleur du pêcher. Les oiseaux
chantent et déjà les saules mariés aux fleurs ceignent la ville d'un
brocart d'or. » J'aurais cru que le professeur avait retouché ces
devoirs, si journaux, poésies, contes, chansons, et mes entretiens
mêmes avec les Japonais, ne m'avaient rapporté à chaque instant
les mêmes réminiscences et les mêmes métaphores. Les enfans
naissent avec l'instinct de ces images et, toute leur vie, logeront
leurs pensées et leurs rêves dans ces nids ingénieux et définitifs,
où c'est à peine si les générations ajoutent quelques fils de soie
brillante.

Nous connaissions une dame japonaise qui nous accompagnait
souvent dans nos promenades. Le lendemain d'un jour où nous
avions visité le parc d'Uyéno, elle nous adressa une poésie sur
un papier dont la couleur mauve répondait au mois de l'année :
« Il est charmant, disait-elle, de passer et de repasser sous les

arbres parfumés d'une terre étrangère, mais tout de même on voudrait savoir si le printemps de sa patrie n'a pas encore perdu ses fleurs. » Quelque temps après, je lus dans une anthologie japonaise le *Petit Récit d'Isé*. Isé était une grande et honnête dame qui vivait au ixe siècle à la cour de l'empereur Uda, dont elle était aimée pour son doux visage et ses beaux vers. Lorsque l'Empereur, lassé de l'amour et du trône, se retira dans une solitude bouddhiste, elle s'enferma chez elle et oncques n'erra plus qu'à travers ses souvenirs. Or, l'empereur Daigo voulut un jour obtenir d'Isé qu'elle fît une poésie sur la feuille d'un paravent où des buffles traînaient un char dans un sentier bordé de cerisiers fleuris. Il dépêcha vers elle le plus galant seigneur de sa cour, et la noble recluse, surprise et charmée, traça de son admirable écriture, sous le dessin qui lui rappelait l'enchantement impérial de sa jeunesse : « Je voudrais rencontrer quelqu'un qui vînt de voir les cerisiers en fleurs de ma terre natale ; je lui demanderais si leurs fleurs sont tombées. » Depuis plus de dix siècles la pauvre Isé repose au sein du nirvâna, mais les petites dames japonaises qui n'ont point connu l'empereur Uda et qui prennent aujourd'hui des chemins de fer et des tramways pour aller fêter la merveille printanière aux pèlerinages des cerisiers, des iris ou des chrysanthèmes sentent et pensent comme elle, revivent sa mélancolie, la modulent naturellement sur le même air.

Le Japon est la terre des reflets et des échos et proprement le pays des paroles dégelées. A chaque saison, les vers des anciens poètes et leurs jolis mots et leurs fines trouvailles fondent, s'animent, voltigent, bruissent sur toutes les lèvres. Les fleurs, les oiseaux, la lune, la tristesse magnifique de l'automne, les pins qui se mirent au bord des flots, les feuilles qui tombent sur la neige « comme des lettres chinoises sur un papier blanc, » l'eau des cascades « qui ressemble à une pièce de toile blanche agitée par la brise, » le passage aérien des oies sauvages dans les nuits claires, la brièveté de la vie : tels sont les sujets éternels où les poètes du Japon s'évertuent à fuir l'originalité. Et jamais ils ne conçurent qu'on pût chanter le soleil levant ou les étoiles ; jamais un amoureux ne poussa l'indépendance jusqu'à célébrer en vers les yeux de sa maîtresse. La peinture même, le seul art qui chez eux ait vraiment évolué, n'échappe point à l'écueil des lieux communs. Ils y sont devenus comme des lois imprescriptibles. Le pin ne va guère sans la cigogne, ni le bambou sans le

moineau, ni les pruniers sans la lune. L'École des Beaux-Arts de
Tokyô m'a stupéfait. Les rapins, silencieusement accroupis ou
étendus sur leurs tatamis, calquaient et décalquaient avec un
soin religieux d'anciens kakémonos. Et leur professeur, un des
peintres les plus réputés du Japon moderne, venait d'exposer à
l'admiration des connaisseurs un tigre qui, de la queue aux moustaches, reproduisait trait pour trait un tigre fameux du siècle
passé. Aussi ne doutai-je plus de la sincérité des maîtres de collèges, quand, après ma visite, ils m'offraient parfois des aqua-
relles de leurs élèves, dont la précocité fantaisiste m'eût naguère
déconcerté. Et je ne trouvai plus étonnant qu'un simple paysan
pût saisir la finesse d'un coup de pinceau ou le charme subtil
d'une allitération. Les Japonais ne sont souples et divers qu'à la
surface. Pour peu que vous pressiez l'individu, vous touchez
bientôt le fond immobile et résistant de la race.

Cette race, dont l'art manque de génie comme sa politesse
d'initiative, doit son imagination impersonnelle non seulement
à sa pauvreté philosophique, qui lui interdit les grands espaces, et
à son éducation bouddhiste, qui stérilise la vivacité spontanée de
la plante humaine, mais encore à l'influence des caractères chinois, si considérable dans la langue japonaise. Ces caractères prétendus idéographiques expriment bien moins l'idée féconde, agile,
vivante, aux rapports infinis, qu'ils ne figurent l'objet inerte,
immuable, borné, mort. L'esprit n'en peut étendre ni épurer la
signification matérielle. Ils ne représentent que des sensations,
n'éveillent que des idées concrètes et trop délimitées pour se
développer librement. Les écoliers qui jusqu'à quinze ou seize
ans apprennent à en tracer du bout de leur pinceau les pleins et
les déliés, outre qu'ils surmènent leur mémoire, y contractent
l'habitude d'assujettir leur pensée à des moules étroits et fixes.
Ils se font les esclaves de leurs mots, tandis que les nôtres sont
pour nous de dociles et rapides serviteurs. Quand je voyais ces
adolescens, le coude en l'air, le pinceau vertical, dessiner à traits
fins ou écrasés ces signes cabalistiques, qu'ils enjolivaient de
hachures et de pointillé, ils me semblaient ciseler précieusement
de petites cages où les idées s'étiolent et s'ankylosent. Leur calli-
graphie est un art comme le dessin et la peinture. Et, qu'une page
bien écrite vaille à leurs yeux un bon tableau, rien de plus logique,
puisqu'elle parle à l'imagination, mais toujours des mêmes objets
et sous la même forme. Un Japonais me montrait un jour deux

caractères dont l'un symbolisait le ver luisant, l'autre la neige.
Réunis, ils signifiaient « ardeur pour l'étude. » Ne vous en éton-
nez point : deux étudians chinois vivaient jadis aussi pauvres et
dénués que notre Amyot qui, les soirs d'hiver, déchiffrait ses
auteurs grecs sous le lumignon d'une Madone de carrefour. Le
premier enfermait des lucioles dans un sac de papier et travaillait à leur lumière; le second méditait ses classiques aux lueurs
de la neige amoncelée sur sa fenêtre. Mais une langue, dont les
étymologies sont ainsi des emblèmes et les signes des rébus,
détermine invariablement chez ceux qui la possèdent d'inflexibles
images et les enfonce dans une sorte de fétichisme intellectuel
où meurt toute invention.

D'ailleurs, je ne nierai point que son absence même d'individualité ne nous rende souvent la fantaisie japonaise plus avenante, plus accessible, plus hospitalière. Ce monde fermé de
vibrations lumineuses et sonores qui se transmettent d'âge en âge
sans rien perdre de leur fraîcheur ni de leur éclat répand sur ses
moindres enfans une diffusion de grâce involontaire et de poésie
inconsciente dont l'étranger, toujours tenté d'en faire honneur à
l'individu, jouit et s'émerveille. Tout le Japon se reflète en chacune de ses âmes. Un hôte vous accueille et c'est la race tout
entière qui vous salue, vous sourit, vous ménage à l'impromptu
des surprises héréditaires. Son imagination a la constance des
souffles alizés; ses inventions et artifices, la régularité des phénomènes naturels, et l'on ne s'en fatigue guère plus que de la
nature même dont elle est directement inspirée.

Observateurs scrupuleux, les Japonais ont gardé cette ingé-
nuité·charmante que donnent les champs, les bois et les flots à
ceux qui vivent de leur spectacle. Leur langue, si misérable en
abstractions, est d'une richesse étonnante de locutions réalistes
et prime-sautières. Et d'abord les onomatopées y fourmillent. Ils
les graduent et les opposent en gens dont l'oreille est habituée à
noter la valeur des bruits. On dira des tremblemens de terre. « Le
gishi gishi n'est pas dangereux, mais au *kara kara* il faut dé-
guerpir. » Ils se serviront du redoublement des mots pour exprimer la hâte ou la diversité. Leurs termes composés ne sont
parfois qu'un raccourci d'impression vive : *Tasogare* « qui est cette
personne? » désigne le crépuscule, l'heure trouble où l'on ne
reconnaît plus les figures. Le volubilis s'appellera *Asagao* « visage

du matin. » Ce peuple de coloristes n'a jamais conçu l'idée abstraite des couleurs. Il n'en a formé les noms qu'en prenant celui
des plantes, des animaux, des objets matériels. Le vert se nomme
couleur d'herbe; le violet, couleur de glycine; le gris, couleur de
souris; le jaune, couleur d'œuf; le noir, couleur d'encre. Les
habitudes, attitudes et sentimens sont presque toujours rendus
par des comparaisons empruntées à l'ordre de la nature. Celui
qui s'acquitte mollement de sa tâche « la fait en saule pleureur, »
c'est-à-dire avec l'espèce de lassitude et de langueur abandonnée
dont les longues branches du saule ondulent aux souffles de
l'air. L'orateur facond parle « comme l'eau glisse sur une planche
inclinée. » Désorienté, vous êtes pareil « au singe qui tombe
d'un arbre secoué par les vents; » réduit à la misère, « au faisan
dans un champ brûlé. » « La parole du Shogun, dit un vieux
proverbe, est comme la sueur : une fois sortie, elle ne rentre pas. »
Tout, le mot et l'image, nous impose la sensation de la réalité, et
d'une réalité familière. Par ces mêmes contrastes dont est tissue
la vie japonaise, si la langue atteint sans effort la verdeur de
l'argot et s'abaisse aux plus basses crudités, son immodestie coutumière se voile pudiquement et se réfugie dans les sous-en-
tendus, là même où nous ne craignons point la franchise du
vocable. La concubine n'est plus que la *sobamé* « la femme à
côté » ou la *mékaké* « celle sur qui l'on a jeté les yeux. » Mais
le vague de l'expression est encore marqué du geste, et, pour
ainsi dire, du mouvement des corps.

C'est ce mouvement et ce geste que les artistes japonais ont
merveilleusement attrapés, jusque dans les objets qui nous en
semblent dépourvus. Ils ont été peut-être les premiers à comprendre que la symétrie déformait et faussait la nature, et, alors
que ce procédé nous fournissait un moyen plus commode de nous
satisfaire et que notre esprit remodelait la création sur les justes
correspondances de l'organisme humain, ils cherchaient et dé-
couvraient la véritable harmonie du monde extérieur dans ses
apparences irrégulières. Les montagnes, les falaises, les rochers,
les troncs d'arbres prennent sous leur pinceau une animation
extraordinaire. Les silhouettes s'en détachent avec une hardiesse
où l'on sent chez le dessinateur non seulement le souci de l'exactitude, mais encore la conscience que la figure des choses témoigne
de leur volonté mystérieuse. Les jardiniers, qui sont à leur façon
des peintres et des poètes, usent de la pierre au même titre que

de la plante, mais ils la choisissent taillée, sculptée, fouillée par
l'eau des torrens ou le feu souterrain. Le Japon est le paradis
volcanique des pierres. Elles se dressent, bizarrement mais naturellement découpées et plates, aux approches des temples, au seuil
des maisons, sous les arbres, le long des routes. Tel jardin, tout
en rocs et en galets, vous donne si bien l'illusion d'une grève que
pour un peu vous y entendriez le bruit de la mer. Les pierres
parlent, agissent, font des signes, opèrent des miracles, saluent
les disciples du Bouddha, et l'on en cite même une que l'empereur Ojin, augustement enivré, frappa de son auguste sceptre et
qui s'enfuit épouvantée devant Sa Majesté titubante. On les aime,
on vénère la beauté de leur forme, l'étrangeté de leurs dentelures.
Il en est de même des monticules, des sinuosités d'une rive, du
tournant d'une allée, d'un sentier où de vieilles racines se tordent
et rampent. Le peintre en exprime et le jardinier en ordonne la
physionomie distincte, hiéroglyphique, vivante, je dirais presque
mobile, tant le jeu de leurs caprices nous paraît instable.

Comme ils ont observé les faces constantes de la nature, les
Japonais étudièrent les plantes et les fleurs. Des botanistes européens admirent la vérité scientifique de leurs esquisses. Plus
épris de lignes que de couleurs, ils indiquent d'un trait sûr l'élan-
cement de la tige, le jaillissement de la corolle, l'éparpillement
des feuilles, la mimique des branches. On a mené grand bruit
autour de leurs bouquets; l'Anglais Conder et d'autres après lui
consacrèrent de longues études aux méthodes japonaises d'arranger les fleurs, ce qui faisait dire à un Japonais de mes amis
qu'un jour viendrait sans doute où les professeurs de son pays
composeraient de doctes thèses sur la manière dont nos grisettes
nouent leurs rubans dans leurs cheveux. Mais, bien que le sno-
bisme étranger justifie cette ironique comparaison, les trois
branches qui composent le bouquet japonais révèlent, par leurs
courbes et leurs torsions élégantes, l'expérience de toute la grâce
où la nature peut infléchir et contourner un simple rameau.

Que l'arbre ou le rameau soient piqués des vers, ce travail
des infiniment petits séduit la fantaisie japonaise et devient pour
elle un sujet d'ornementation. J'ai vu d'anciens écrans dont les
bandes de soie brodées ou peintes représentaient du bois vieux
troué par les insectes. L'artiste avait rivalisé de patience et de
pointillage avec ces imperceptibles rongeurs. Et des milliers de
larves invisibles grouillaient dans les réseaux et les festons de son

dessin. De la chenille au papillon, de la sombre fourmi au sca-
rabée d'or, tous les insectes ont trouvé au Japon des peintres
amoureux de leur fragilité et de leur éclat éphémère. Les pinceaux trempés d'encre de Chine savent ce que vaut un rayon de
soleil sur la jointure d'une patte de criquet ou sur l'aile d'une
libellule. Les grillons et les cigales occupent une telle place dans
la vie esthétique des Japonais qu'ils en font un commerce et leur
tressent des cages minuscules et dorées. Jadis les grands sei-
gneurs eux-mêmes organisaient des chasses d'insectes, la nuit,
aux lanternes. Les poètes ont noté leur musique plus claire et
plus perçante dans le silence du crépuscule. L'un résonne comme
une clochette, l'autre vocalise comme un oiseau. Celui-ci psalmodie le *kyô* des prêtres bouddhistes, et celui-là rend des sons si
tendres qu'une perle de rosée, si elle était d'un cristal sonore,
ne saurait en vérité plus doucement tinter. Ils s'éveillent avec le
printemps ou quand les trèfles changent de couleur; ils emplissent l'automne de leur tristesse aiguë, et leurs cris redoublés vous
entrent dans l'âme, le soir, sur les rayons du clair de lune.

Leurs ennemis, les oiseaux, ont aussi des voix que tous les
cœurs entendent, témoin le corbeau dont le croassement semble
répéter le mot amour, *kawai, kawai*. Mais la célérité de leur vol,
le déploiement de leur essor, les raccourcis de leur plongeon, la
pointe aventureuse de leur bec, la légère et mobile ténacité de
leurs pattes, voilà ce que le peintre japonais saisit et fixe à jamais sur ses bandes de soie ou ses longues feuilles de papier. Il
laisse au brodeur, à l'émailleur, au sculpteur le soin de copier la
bigarrure de leur plumage et les tons les plus chauds et les
nuances les plus fondues. Les coloristes triomphent dans la por-
celaine et le cloisonné, et les temples bouddhistes sont souvent
de prodigieux musées d'ornithologie. Bécasses, pigeons, canards,
oies, grues, hérons, paons et faisans s'ébattent sur leurs frises
ajourées, et, au milieu des halliers et des vallons déserts, semblent exposés à la nature, exemplaires hiératiques de sa propre
splendeur. L'imitation est ici poussée jusqu'à la servilité. L'idéal
des sculpteurs japonais est de nous tromper comme Zeuxis faisait
de ses moineaux. Leurs animaux familiers nous suivent des yeux
et nous narguent. Les singes, accroupis sur leur arrière-train,
grattent d'une patte leur cuisse velue et de l'autre brandissent de
grosses noix. Vous êtes visé : baissez la tête! Je sais à Nikkô,
au-dessus de la porte d'un temple, un chat blanc, le dos ombré

d'une ligne de charbon, un petit chat aux aguets et qui cligne
l'œil. Les souris en ont une telle peur, dit-on, que jamais elles
ne s'aventurent dans cette enceinte sacrée.

Les Japonais ne se bornèrent point à reproduire la pose et la
couleur de l'animal. Ils connurent ses mœurs et traduisirent ses
mouvemens en paroles et en pensées. Leurs fables et surtout les
sermons populaires des bonzes sont pleins de traits qui nous
rappellent La Fontaine, quand il arrive à La Fontaine d'être assez
pris par l'observation directe des bêtes pour ne point faire uniquement de leur plume ou de leur fourrure un amusant travesti.
Les souris sont venues prier la miséricordieuse Kwannon, car
dans le logis où elles furetaient si tranquillement, leur hôte a
introduit un chat. Et comme elles descendent les degrés du
temple, elles rencontrent un vieux sage de crapaud. Le crapaud,
donneur de bons conseils et strict observateur des lois de la politesse, garde toujours la posture du Japonais obséquieux, qui vous
salue agenouillé et prosterné les mains à plat sur le tatami.
Pendant que ces demoiselles au museau futé lui content leur
histoire, il leur marque son attention en ouvrant et fermant les
yeux et, quand elles font appel à son expérience, il se rengorge.
Vous avez là, dans sa réalité piquante, une scène habituelle de
la vie japonaise. Que de fois, lorsque je parcourais les temples,
je vis des petites dames trotte-menu, enfarinées, vêtues de
kimonos clairs, consulter, au seuil de sa logette, un vieux bonze
en robe foncée qui soulevait et baissait gravement les paupières
et, au bruit de leurs éloges, aspirait tant d'air que sa gorge se
gonflait comme un goître ! Souris ou dames, bonze ou crapaud,
mon souvenir ne distingue plus entre ces personnages, et, depuis
que j'ai assisté au défilé d'un ancien cortège seigneurial, m'est
avis que les humoristes japonais croquèrent sur le vif leurs pro-
cessions dansantes d'insectes cuirassés de laque, empanachés d'an-
tenues, empêtrés de longs dards et comme hérissés de piques.

Ce même réalisme, vous le retrouvez dans les esquisses,
ébauches, illustrations, caricatures où l'artiste étudie les mouvemens de l'homme. Le fameux Hokusai, plus fameux en Europe
qu'au Japon, n'a point été un novateur, et, si nous le préférons
à ses prédécesseurs et ses rivaux pour la variété de son œuvre
où chaque coup de pinceau a la précision d'un document, ses
compatriotes ne vantèrent en lui qu'un élève admirable des
grands maîtres. L'élégance du samuraï, habile mélange de rai-

deur et de souplesse féline, la grâce effacée de la femme, la mièvrerie de la jeune fille, la morgue loqueteuse du rônin, la mine
ployée et pitoyable du paysan, le corps-à-corps des lutteurs
énormes et gavés : les dessinateurs japonais nous ont montré tout
ce que les sentimens et les habitudes pouvaient imprimer de noblesse ou de difformité à la machine humaine. Et ce goût réaliste
est si fort ancré dans la race que, dès les premières manifestations de l'art, vers le xıe siècle, le peintre Kawanari exposait à
sa porte une peinture de cadavre dont la terrible vérité mettait
en fuite ses amis épouvantés. L'imitation de la nature, même
indécente, allait naguère jusqu'à donner un sexe aux poupées des
enfans, ces poupées artistiques qui représentent les empereurs,
les impératrices, les héros et les danseuses célèbres.

Sculpteurs et ivoiriers échappèrent à la tyrannie des conventions chinoises, sinon dans l'imagerie des Bouddhas, du moins
dans les figurines des personnages et des dieux familiers. Les
artistes européens n'ont jamais fait exprimer à un morceau de
bois ou d'ivoire une vie plus intense, d'un modelé plus juste et
d'un fini plus précieux, que les Japonais en ciselant leurs samuraïs aux larges manches et leurs bonzes en prière. Le dieu du
Bonheur, juché sur deux gros sacs dorés, le bon petit dieu Daï-
kokuten, dont la tête en forme de courge s'enfonce entre ses
épaules et dont la barbiche caresse la bosse de son bedon, me
paraît incarner l'humanité goguenarde et qui s'éjouit de ses
franches lippées. Quel appétit de chère friande sur le gras bour-
relet de ses lèvres ! Ses narines subodorent le bouquet des cru-
ches de saké. Ses yeux nous épient, nous agrippent et nous rail-
lent. Il tient à la fois de Silène et de Sancho Pança. J'ai dû le
rencontrer en chair et en os dans une rôtisserie ou dans une
taverne, à moins que ce ne fût au tournant d'une page de Rabelais. Et de même, la littérature et la conversation populaires évo-
quent à chaque instant des figures et des profils dont la netteté du
contour, la vigueur du trait mettent en relief l'inoubliable détail :
« Cette vieille femme, le derrière plié en deux et qui ressemble
à une prune séchée, quand elle veut manger une bouchée de riz,
ses yeux, son nez, son menton, tout son visage entre en branle. »
— « Voyez-vous cette Hana, la mariée d'hier, avec ses manches
qui pendent et frétillent, et sa bouche finement arrondie ! » Souvent la couleur s'ajoute au geste et la phrase enluminée prend
les tons saisissans d'une estampe de Callot : « La vieille sorcière

dit qu'elle veut mourir : ce n'est pas vrai ; seulement, son désir
de vivre, elle l'a fait tant et tant bouillir et rebouillir au feu de
sa bêtise qu'il n'en reste plus rien. » Et tel proverbe campera
sous nos yeux, dans son pittoresque à demi castillan, l'orgueil
râpé du Japon féodal. Les samuraïs les plus pauvres dissimulaient fièrement leur misère. Obligés de se serrer le ventre, ils
affectaient d'avoir bien dîné. Et c'est pourquoi « le samuraï qui
n'a pas mangé se promène en se curant les dents. »

Ce serait cependant méconnaître l'imagination japonaise que
de la circonscrire dans les limites du réalisme. Nul peuple n'attacha plus d'importance aux capricieuses beautés de la nature et
ne les contempla de plus près ; mais nul peuple aussi ne goûta
davantage le charme silencieux du recueillement et du rêve. Du
matin au soir, sous le soleil, nous avons parcouru des champs
où nos pieds enfonçaient dans les fleurs, des forêts où la lumière
pleuvait sur nos pas, des grèves d'or, des vallées d'ombre. Tout
n'était autour de nous que mort et renaissance. Nous ne repas-
sions pas deux fois par le même chemin, et, le temps de cligner
les yeux, la face du monde avait changé. Nous nous sommes
endormis, pleins de parfums, de couleurs, de bruits et de métamorphoses. Mais, pendant le sommeil, notre âme, cette mystérieuse ouvrière, a tamisé les couleurs, fondu les bruits, affiné les
parfums, dégagé les formes impérissables, trié son viatique essentiel dans notre lourd bagage. Et, à l'instant délicieux où l'esprit réveillé devance l'éveil des paupières, la nature nous repa-
rait recréée, simplifiée, affranchie des lois de la perspective,
baignée d'une vague lumière, sans ombre. Des spectacles entrevus
ou admirés nous ne distinguons plus que les lignes évocatrices.
La multiplicité se fond en unité ; l'individu résume l'espèce.
Toutes les fleurs de la même famille s'épanouissent en une seule
corolle. Les formes, dont les couleurs violentes s'amortissent et
se transposent dans les tons neutres, atteignent le degré de perfection auquel la nature, fidèle à son plan, les porterait, si elle
pouvait s'exercer en dehors de l'espace et du temps. Ce demi-
rêve, où la réalité se dégrade jusques aux confins de l'irréel, est
le domaine réservé et, pour ainsi dire, le sanctuaire de l'imagination japonaise. Elle y travaille sur des essences et des types,
purifie la sensation de tout ce qu'elle a d'accidentel et l'éternise.
Les meilleurs artistes ne dessinent et ne peignent que de mé-

moire, et précisément je les trouve incomparables dans les sujets dont le souvenir seul immobilise la grâce instantanée : le coup de queue rapide d'un poisson sous les eaux, le vol éployé d'un oiseau qui traverse la clarté lunaire, une patte de cigogne éclairée d'une lueur fugitive, un frisson de brise sur des feuilles de bambou. Ce ne sont que des riens, mais tant que les bambous frémiront à la brise, tant que les longues cigognes marcheront au soleil et que la grue voyagera dans les nuits argentées et que le poisson rôdera dans la transparence de l'onde, nous les reconnaîtrons à ces riens distinctifs et immortels.

L'être ou l'objet ne nous frappent que par les traits généraux de leur type, et les détails individuels ne valent que s'ils caractérisent le genre. Cet exquis Lafcadio Hearn a écrit une de ses plus jolies pages sur la représentation des figures humaines dans l'art japonais. Là où nous sommes tentés de ne voir que des simulacres conventionnels sans expression faciale, il découvre des types marqués avec une force extraordinaire. La coiffure et le vêtement déterminent l'âge et le rang social; l'absence de sourcils indique la veuve ou l'épouse; une mèche de cheveux égarée sur le front, l'inquiétude et la douleur. Les courbures nettes et lisses du visage et du cou appartiennent à la jeunesse. Dans la maturité les muscles de la face commencent de saillir. Chez les vieillards, l'artiste signale la contraction des tissus et les traits que la perte des dents a modifiés. Jamais la vieillesse ne nous répugne par son air de ruse endurcie, d'envie ou d'avarice. Elle a toujours une résignation bienveillante, une douceur usée, comme les adolescens respirent toujours la délicatesse et la timidité. L'image n'est point faite d'après un modèle : elle n'exprime qu'une loi biologique. Des différences légères dans la position des cinq ou six touches essentielles suffisent à rendre le caractère de sympathie ou d'antipathie. N'oubliez pas que, durant des siècles, les Japonais ont dû masquer leurs sentimens personnels d'un sourire impassible, et vous comprendrez la vérité de ces personnages abstraits. Vous comprendrez aussi qu'un art qui néglige l'individuel pour ne s'attacher qu'au général s'épuise à la longue, s'anémie, dégénère en répétitions stériles. Toutes proportions gardées, la peinture typique des Japonais nous présente aujourd'hui les mêmes symptômes d'irrémédiable décadence que la tragédie chez les imitateurs impénitens de Racine. Mais alors que nos Campistrous tombaient au-dessous

du médiocre, la brièveté de leurs compositions, l'impeccable
habileté de leurs pinceaux permettent aux artistes japonais de
nous donner encore l'illusion de la fraîcheur.

Et puis, leur exactitude enveloppée de rêve, leur science du
pittoresque isolé, leurs conventions et leurs défauts même,
comme l'ignorance de la perspective, répondent aux besoins de
l'art décoratif. Ils furent et continuent d'être de prestigieux dé-
corateurs. Vous entrez avec eux dans un monde imaginaire et
pourtant réel, où les rochers, les montagnes, les plantes, les
bêtes, les figures humaines s'idéalisent en symboles sans que
leur beauté primitive en soit diminuée. Êtres et choses n'y font
pas plus d'ombre que nos acteurs sur la scène, acteurs eux-
mêmes dont nos souvenirs sont les souffleurs et les coryphées.
Je n'ai jamais ressenti une impression de nature plus merveilleuse que dans les palais de Kyotô, au milieu des cryptomérias,
des cerisiers, des chrysanthèmes, des cascades et des grands
oiseaux peints sur fond d'or. Par les frises ajourées circulait l'air
frais des jardins. J'entendais à travers les cloisons frêles le bruis-
sement des ruisseaux, le murmure du vent dans les branches, et
il me semblait que la nature avait envahi la demeure impériale
et venait à moi, étouffant ses rumeurs, adoucissant son éclat,
harmonieuse et telle, en sa vérité fantastique, que les hommes la
retrouveront un jour au paradis bouddhiste.

C'est là qu'il faudrait entendre et savourer la poésie japonaise,
car, décorative comme la peinture, elle ne fait qu'en prolonger les
décors. C'est là que j'aurais voulu voir représenter un de ces *Nô*,
courtes scènes héroïques où le chœur joue presque le même rôle
que dans la tragédie grecque et dont les vers sont peut-être ce que
la littérature japonaise a produit de plus pur : « Où vont les
nues dans la nuit? De la brise nocturne le murmure au loin
s'étend. O nuit d'automne! Quel spectacle, spectacle admirable!
Mon cœur saisi soudain en éprouve un frémissement. Sur les
flots roulent des perles, et voici la rosée blanche comme la Marguerite du pont de Gojô, dont les planches sous des pas ré-
sonnent... » J'ose ici traduire, fort improprement d'ailleurs, par
Marguerite le nom d'une fleur éblouissante qui était en même
temps celui d'une femme célèbre pour sa beauté. Mais le jeu de
mots est à peu près rendu, et rien ne manque à l'évocation de la
nuit brillante, pas même le sourire de ce nom de femme qui en
traverse la sérénité, comme un coup d'aile. Si j'en crois les ama-

teurs éclairés, cette inspiration large, ce souffle lyrique qui nous ouvre brusquement une porte sur l'infini, sont moins rares qu'on ne le penserait dans le bouddhisme dramatique des *Nô*.

Et c'est encore de ces palais, où la rusticité s'allie à la magnificence, que s'envolèrent jadis les poésies brèves dont les Japonais stimulent leur imagination. Je les compare à de précieux éventails qui, dans le même instant qu'on les déplie et les referme, font passer sous nos yeux le miracle d'un grand paysage. Suggestions rapides! Leur charme est inexprimable, quand on a vécu ne fût-ce qu'une heure, sous le toit des maisons japonaises, petites nefs immobiles dans l'océan des choses, et dont les cloisons légères nous séparent si peu de la nature que ses marées de bruits, de parfums et de lumière déferlent jusqu'en nos rêves et battent notre sommeil. D'où vient sur nos sens le pouvoir d'une fleur unique et dont l'odeur expire? D'où vient la magie d'un vers? « L'automne et l'été se sont rencontrés sur la route du ciel, et, d'un côté de cette route, le vent frais a soufflé. » Pourquoi ces mots me pénètrent-ils d'une haleine plus douce que la brise du soir? Et, quand le poète me dit : « Le flot de la rivière est plein de feuilles rouges : que d'une rive à l'autre une barque la passe, la barque coupe en eux ce grand tapis de pourpre, » pourquoi mon âme en ressent-elle une somptueuse mélancolie? Je vois la barque et le sillage, et le sillage est noir et les rameurs plus sombres que la mort.

Ainsi l'artiste japonais, parti d'une observation rigoureuse et quasi scientifique de la nature, s'est élevé peu à peu à la conception des types, et, libéré par le rêve de la tyrannie des apparences, il recrée le monde extérieur et provoque des sensations nouvelles avec une simplicité de moyens étonnante. Sa versification n'est guère moins pauvre que sa palette. Il ressemble à cette rosée dont il a si bien dit qu'elle n'a qu'une seule couleur et nuance pourtant de mille manières les feuillages de l'automne. Mais, parvenu au point extrême où il va quitter la terre et cingler vers le large, son souffle l'abandonne, et, sitôt qu'il perd de vue ses rivages familiers, il se brise aux écueils ou chavire. Son esprit, incapable d'embrasser de vastes horizons, — et qui n'obtient un certain effet de puissance qu'en multipliant des unités, — cherche la profondeur et se perd dans les subtilités mièvres, la grandeur et n'aboutit qu'au grotesque. Plus préoccupé de la façon que de la matière, moins désireux d'instruire les âmes que de surprendre

les sens, aussi fier de ses instrumens primitifs qu'un prestidigita-
teur de la boîte vide d'où sortiront des bouquets et des colombes, il
confond l'habileté artistique avec le tour de force, l'invention avec
la gageure. La poésie ne fut souvent qu'un divertissement aristocratique où les courtisans faisaient tourner leurs *concetti* sur le
pivot d'un terme ambigu. Et, pas plus que ceux de Voiture et de
nos gongoristes, leurs madrigaux ne sont exempts de cette gros-
sièreté, revanche inopinée de la nature sur la préciosité. Poètes,
peintres, ciseleurs et jardiniers eux-mêmes se sont égarés dans un
labyrinthe de menues abstractions. A force de caresser les mêmes
images, ils les prolongèrent en allégories. Et, quand ils veulent
que les jardins expriment la Foi, la Piété, la Joie, la Chasteté,
le Bonheur conjugal, je songe aux gentillesses quintessenciées du
Roman de la Rose. Du précieux au bizarre le pas est vite franchi.
La recherche du joli les conduisit à l'amour du grotesque et ces
admirateurs des vieux troncs tordus adorèrent les monstres. En-
couragés par leurs maîtres les Chinois, ils y déployèrent une
extravagance qu'ils prirent trop souvent pour de la majesté. Non
seulement ils rendirent leurs guerriers pareils à des crustacés
gigantesques, mais ils se plurent à déformer horriblement le
facies de l'homme. Ceux qui n'ont pas craint de les comparer aux
Grecs auraient dû se rappeler l'effroyable et calme beauté de la
Méduse et se détourner avec pitié de leurs masques furibonds,
convulsifs, dont le hurlement silencieux veut susciter l'épouvante et n'excite que l'éclat de rire. L'enfer du moyen âge n'a
pas inventé de bêtes plus chimériques que leur ménagerie de dragons, de lions ailés, d'éléphans sans trompe, de tigres rengorgés,
de tapirs, ni de larves plus diaboliques que leurs *Oni* cornus, à la
gueule de crocodile et aux trois yeux de faucon. D'ailleurs, je
conviens qu'ils perfectionnèrent le cauchemar. Ils en précisèrent
les contours jusque-là que sa terreur s'évanouit et que, semblable à ces oiseaux des ténèbres surpris et traînés au soleil, il
devint comme un jouet inoffensif entre des mains d'enfans.

  Allez à Nikkô. L'imagination artistique du Japon a ramassé
ses efforts sur la pente des collines où reposent les grands Sho-
runs. D'innombrables temples shintoïstes ou bouddhistes
s'égrènent au milieu des cryptomérias, devant un torrent qui
remplit l'étroite vallée et gronde sous un pont recourbé de laque
rouge. De loin vous n'apercevez que le cinabre et l'or des toits

écrasés, et, quand vous approchez, le fouillis des sculptures vous produit l'impression d'une éblouissante fourmilière. Prenez une écorce d'arbre trouée, dentelée, déchiquetée; dorez-en les guipures; passez-en les aspérités au vermillon; que chaque piqûre s'y teigne d'une couleur vive, et vous aurez la façade de ces temples, telle qu'elle apparaît à vos yeux mi-clos. Encore un pas, et tout le réalisme de l'art japonais vous saisit : les galets des grèves étincellent au milieu des cours; les plantes et les bêtes se détachent et s'animent sous les encorbellemens bigarrés de ces arches divines. Entrez dans les sanctuaires : une nature idéale surgit au sombre miroir des laques, aux tentures fauves de l'or. Mais partout, du centre des plafonds où le dragon aux écailles bleuâtres rue, comme une pieuvre énorme, ses tentacules et ses griffes, sur les portes bardées de gueules écarlates, le long des murs où les lions grimacent et d'où les tigres s'échappent en tourbillons de flammes, partout, un surnaturel baroque, une fantaisie qui n'a pour but que son propre contentement entrelace ses rameaux exaspérés à la réalité charmante ou aux types éternels. Il y a là je ne sais quelle impuissance à concevoir l'unité profonde. Ces trésors éparpillés dont chaque merveille vit d'une vie indépendante et solitaire, leur richesse éclatante, excessive et monotone, vous noient le cœur de tristesse. Voulez-vous leur donner un sens? Gravissez le long escalier de pierre qui grimpe la colline et mène les pèlerins au tombeau de Yeyasu. Son parapet de granit est tendu d'un velours humide tissé par la mousse des bois. On y aspire la fraîcheur des grands arbres dont le cortège monte avec vous. Les pagodes s'éteignent dans la verdure. Le tombeau désert est d'une simplicité solennelle; une grue hiératique perchée sur une tortue, des pierres, l'ombre et le silence. Quelle douceur! Vous avez touché l'idée vivifiante de la mort : les temples qu'elle domine et tous leurs prestiges ne sont qu'une grappe de vaines splendeurs suspendue à un sépulcre et sortie du néant.

II

La voilà donc cette imagination japonaise qui exerce sur nous l'attirance d'un aquarium où la nature nage dans du songe. Elle irradie en lueurs douces sur toute la vie domestique et sociale de ce peuple d'artistes instruits par la nature, mais tour à tour subtils comme des Byzantins et puérils comme des barbares. Ne

lui demandez pas d'emboucher des clairons épiques ni de vous
dérouler des fresques où s'agite un monde. Elle est impropre aux
grands sujets. Hormis ses *Nô*, dont le plus long n'excède pas la
longueur d'une scène de tragédie, et ses *Kyôgen*, dont notre farce
du cuvier pourrait à la rigueur servir d'exemple, je ne sache
aucun genre littéraire qu'elle ait conduit à sa perfection. Mais de
tout temps, les Japonais se régalèrent de légendes et de romans.
Si, comme nous, ils méprisèrent les acteurs, les représentations
dramatiques les ont enthousiasmés. Les fictions chevaleresques
et merveilleuses leur furent d'autant plus chères que leur esprit
n'avait point d'autre aliment. Les princes et les daïmios attachaient à leur famille, hommes ou femmes, des conteurs qu'ils
envoyaient quérir durant leurs nuits d'insomnie. Aujourd'hui encore, à la campagne, on se réunit le soir dans une salle où sont
allumées autant de bougies qu'il y a d'assistans. Chacun à tour de
rôle y va de son histoire, puis éteint une lumière. Et, l'effroi des
auditeurs grandissant avec l'ombre, souvent le dernier qui parle
s'effare lui-même et reste bouche bée au milieu de son récit.

Les théâtres populaires sont machinés avec une habileté supérieure. L'étroit plancher qui traverse, au niveau de la scène, la
longueur du parterre, cette passerelle nommée « route des fleurs »
par où s'avancent et s'éloignent les principaux personnages, nous
permet d'observer leur venue et de suivre leur départ. La scène
tournante n'a pas la brusquerie de nos changemens à vue et facilite des effets de marche que nous sommes incapables d'obtenir.
Vous assistez à toutes les étapes du crime. Le meurtrier, chargé
de sa victime, se glisse hors du logis, gagne la campagne, se tapit
derrière un rideau d'arbres, descend à la rivière, y jette le cadavre : les tableaux se sont succédé insensiblement, comme dans
la vie. Et la simplicité même des maisons jàponaises, leur sentier
de galets plats, leurs jardins minuscules, leurs enclos ajourés en
forme d'éventail sont reproduits si fidèlement qu'on étudierait
le Japon familier sans bouger du théâtre. Toujours soucieux de la
mise en scène, les Japonais ont besoin d'un décor jusque dans
leurs rêveries et leurs lectures solitaires. La décoration de leur
intérieur change selon le mois, le jour, le temps, l'état de leur
âme. Et, — comme ils savent d'un trait plus ou moins incliné
modifier sous leur pinceau la signification morale d'une figure,
— la forme d'un bouquet, le ton d'un kakémono, le choix
d'un vase de fleurs, la couleur d'un papier, suffisent à trans-

former l'harmonie du cadre où se joue leur esprit romanesque. Sur quelle trame ont-ils brodé? Leurs innombrables légendes bouddhistes, pleines d'apparitions, de songes et de voix entendues, et qui justifient presque toutes la construction d'un temple ou la consécration d'un coin de la nature, ressembleraient à nos légendes chrétiennes, sans la sécheresse de leur accent et la maigreur de leur poésie. Laissons aussi de côté la littérature obscène que la tyrannie des Tokugawa fit éclore au XVIIIᵉ siècle et dont les plus riches collections se trouvent à Londres.

J'ai d'abord voulu connaître les fables et les contes où l'enfance épelle les rudimens du merveilleux. Quelle petite province que notre humanité! Au Japon, comme chez nous, les fées et les bêtes sont les premières éducatrices. Le Basque qui venait de débarquer à Kobé et qui entendit des kurumayas prononcer une phrase de sa langue, ne fut pas plus étonné que l'Anglais à qui des Japonais racontent à peu près l'histoire de son bossu Lusmore dont les fées coupèrent la bosse avec une scie de beurre. L'Allemand étendu sur des tatamis découvre une ballade germanique nichée dans les solives de la maison de thé. Abandonné de ses parens, pas plus haut que le petit doigt, ceint d'une aiguille dont la gaine est un brin de paille, samuraï microscopique mais avisé, tu fais ton entrée à Kyotô, Petit Poucet, mon bel ami! Et tu épouseras la fille du ministre Sanjô. Le pêcheur Urashima remet en liberté une tortue prise à son hameçon, et, vers minuit, une femme divinement belle le réveille, le prend par la main, lui bande les yeux. Il sent sous ses pieds le roulis fuyant d'une barque, et, si vous voulez savoir où il atterrit, ouvrez les contes arabes. Les princesses n'y jouent peut-être ni koto ni biwa, mais elles habitent derrière un pont de cristal des palais d'or incrustés de pierreries, et j'en sais qui ne furent point cruelles aux pauvres hommes. Raikô et ses quatre partisans s'en vont en guerre contre un horrible démon dont les mâchoires d'ogre ou de minotaure dépeuplent la contrée de ses jeunes garçons et de ses jeunes filles. Une fois introduit chez le monstre, qui mesure cent pieds de haut et dont le front ocellé, comme celui de l'Argus, projette en toutes les directions des regards étincelans, que fait Raikô, je vous prie? O mânes du subtil Odysseüs! Il l'enivre d'un vin miraculeux et lui tranche la tête, cette tête énorme qui se soulève dans l'air en grinçant des dents et, soudainement éblouie par le casque enflammé du héros, tournoie et s'abat à ses pieds.

Luttes contre les diables, qui s'évanouissent au jour levant,
contre les hydres, ces araignées gigantesques; métamorphoses de
renards en princesses et de patientes fileuses en cigales; palais
sous-marins, où le Dragon, du haut de ses tours resplendissantes,
règne sur un peuple de serpens et de crocodiles; enfans trouvés
dans des écorces de bambou; bêtes fantômes et arbres fées;
déesses exilées du ciel et qui, sous la figure humaine, tournent
la tête des princes et des rois; vieux époux hospitaliers à la divinité et dont l'amour éternellement fleurit; pitoyables Cendril-
lons au foyer de leur marâtre; chapeau de paille qui vous rend
aussi invisible que l'anneau de Gygès : le Japon n'a rien inventé
dont nos mères et nos nourrices, Ovide, Perrault, Andersen, les
Mille et une Nuits n'aient orné le berceau de notre adolescence.
Et si la société du moyen âge se réfléchit au *Roman du Renard*
comme celle du XVIIe siècle aux fables de La Fontaine, la féoda
lité japonaise mire complaisamment ses masques féroces, ses
ruses, sa loyauté chevaleresque, ses vendettas et ses sacrifices
dans l'histoire transparente de *Kogane maru*, ce chien fidèle qui
venge son père dévoré par un tigre. N'en reconnaissez-vous point
les personnages? Voici le tigre seigneurial au fond de sa tanière,
les yeux luisans, la barbe hérissée comme une touffe d'aiguilles.
Son courtisan, le renard, qui perdit sa queue à l'assant d'une
basse-cour, se glisse emmitouflé de sa fourrure et « partage la
neige sous les pointes légères de ses pattes. » Deux chiens, l'un
rônin efflanqué, l'autre gras samuraï au service d'un chasseur,
se battent devant un faisan blessé, et, pendant qu'ils s'escriment
de la gueule, un chat s'avance à pas de velours, bondit sur la
proie et l'emporte entre ses dents. Plus loin, ce doux tartufe
courtise une souris que ses griffes ont déjà rendue veuve. Et la
pauvre petite dame, sauvée par le chien, meurt, pour le sauver
à son tour, avec l'héroïque modestie de la femme japonaise. Et
nous apercevons derrière eux, honnêtes et robustes travailleurs
qui essayent de soulager la misère du monde, la vache maternelle
et le bœuf équitable.

La matière des nouvelles et des romans n'est pas plus étrange.
Dans le vieux Japon guerrier, comme dans l'Amérique industrielle,
ce genre sentimental fut surtout traité par les femmes. J'ai lu le
Genji Monogatari de la grande romancière du XIe siècle et je n'y
ai pas pris moins de plaisir qu'à relire *l'Astrée*. C'est au lendemain
des tyrannies sanglantes et du sein même des guerres civiles que

l'âme humaine se forme en tous pays l'idéal d'une oasis où les
cœurs ne concevraient point d'autre ambition que d'aimer et
d'être aimé. Et certes le Lignon japonais n'a pas la pureté du
nôtre. L'idylle s'y résout vite en accouplement. Mais les caresses
s'échangent sous l'ombre des bosquets, dans le parfum des fleurs,
et même les silhouettes des verts galans en gardent une langueur énamourée. Aux romans de cour succédèrent, sous la
paix des Tokugawa, les aventures de cape et d'épée. Le romancier national Bakin exalta les prouesses des samuraïs, ces mousquetaires japonais. Et non seulement il écrivit l'histoire à la
Dumas, mais il usait des procédés de nos feuilletonistes les plus
infatigables, à preuve que, pour se retrouver parmi ses innombrables héros, il se servait de poupées rangées autour de sa table,
et que sa domestique, non moins épouvantée que celle de Ponson
du Terrail, l'entendit s'écrier un jour : « Il est temps que je tue
ma bonne ! »

Les dramaturges puisèrent au même arsenal que Bakin. Si le
Nô, d'origine religieuse, garda son caractère légendaire ou sacré,
le théâtre, ouvert à la foule, lui offrit des mélodrames héroïques
et des comédies réalistes. Les vengeances, les dévouemens ma-
ternels, les trahisons punies, les crimes découverts, les reconnaissances, les substitutions d'enfans, Geneviève de Brabant et
l'infernal Golo, le maître d'école qui sauve le fils de son prince
en sacrifiant son propre fils, l'Andromaque « qui vend sa fidélité
pour acheter de la fidélité, » les folies d'un prince épris d'une
courtisane, l'antithèse d'une abnégation sublime dans le cœur
d'une fille de joie, des scènes de tribunal, et un certain goût cor-
nélien pour les longs plaidoyers défrayèrent, durant deux siècles,
le drame japonais, qu'il fût joué par des troupes d'hommes,
de femmes, d'enfans ou même de singes, car, près du temple
d'Asakusa, des singes représentent les plus touchans épisodes
de la guerre des Taïra : ils se coupent le ventre à la façon des
samuraïs ou se rasent la tête comme de vieux guerriers touchés
de la grâce bouddhiste. Et de toutes les pièces auxquelles j'as-
sistai, après les avoir fait analyser ou traduire, pas une qui ne
me remémorât des situations du théâtre espagnol, anglais ou
français, de Calderon à d'Ennery en passant par Shakspeare. J'ai
vu des forêts marcher sur les tréteaux japonais, et des Macbeth
que leur crime poursuivait, et des rônins en état de vengeance
qui, pour endormir la défiance de l'ennemi, se grimaient en dé-

bauchés et exposaient aux crachats leur masque aviné de Loren-
zaccio. J'en dirais autant des comédies et des farces : marchands
sans conscience, chevaliers sans aveu, séduisans voleurs, bonzes
paillards, usuriers, entremetteuses, jaloux imbéciles, amoureux
éventés et prodigues, nous avons déjà voyagé dans la galère de
ces rameurs où parfois une geisha mélancolique effeuille sur les
eaux la couronne fanée de notre Dame aux Camélias.

Mais l'analogie des sujets traités fait d'autant mieux ressortir
les différences d'esprit qui nous séparent des Japonais. Elles sont
considérables et me semblent presque toutes à leur désavantage.
Premièrement, tandis que chez nous, la philosophie déborde jusqu'à l'âtre enfumé de la reine Pédauque, leurs contes et leur
théâtre trahissent une lamentable pénurie de pensées. Leurs
fables sont des os sans moelle, des boîtes sans drogue, de jolies
fioles vides. Vous perdriez votre temps à fleurer et sentir leurs
livres : ils manquent de graisse. Ce n'est point que leurs romanciers ne se piquent de moraliser, mais, quand ils n'allégorisent
pas leurs propres récits, la moralité qu'ils extraient eux-mêmes
des aventures de leurs personnages nous paraît aussi sèche
qu'imprévue. Bakin s'en remet d'ordinaire à ses pires héros du
soin de prêcher ses lecteurs. Et les anecdotes les plus salées et
les plus piquantes dont nos prédicateurs du moyen âge se plaisaient à aiguillonner la vertu de leurs ouailles nous donneraient
encore une faible opinion des étranges détours par où les bonzes
entreprennent souvent de pousser vers le Paradis le troupeau des
fidèles. Je ne connais qu'une seule fantaisie vraiment succulente.
Elle date du xviiie siècle et les Japonais l'avaient oubliée, lorsque
le savant et délicat professeur de philologie à l'Université de Tokyô, M. Basil Chamberlain, la découvrit chez un bouquiniste. Ce
sont les merveilleux voyages de Wasobyoé, le Gulliver du Japon.
Entraîné sur sa barque loin de Nagasaki, il aborde, après trois
mois de tempête, au pays de l'Éternelle Jeunesse et de la Vie Éternelle. Les insulaires de cette île enchantée, qui voyaient à peine
un des leurs mourir tous les deux ou trois mille ans, ne rêvaient
et ne s'entretenaient que de la mort. Ils tendaient de toute leur
âme vers cet abreuvoir inaccessible. Les tables des riches étaient
encombrées de poisons et de plats vénéneux, et ces déshérités de
la tombe cherchaient dans le vertige et l'anesthésie un calmant
à leur soif de mourir. De tels passages où la forme neuve et

saisissante s'ajuste à l'idée simple et forte me semblent extrêmement rares dans la littérature japonaise, et, malgré son
exceptionnelle originalité, le Wasobyoé reste encore très inférieur au Gulliver.

Les Japonais ne content et n'écrivent que pour se divertir. Ils
ne prouvent rien, ne veulent rien prouver. C'est une marque de
leur faiblesse d'esprit que leur fantaisie se suffise à soi-même, car
toute sa richesse s'évapore en vaine exubérance, se stérilise en
bizarrerie. Bien loin qu'elles les gênent, ils tiennent pour des
beautés indiscutables les invraisemblances dont leurs ouvrages
sont gâtés. L'outrance de l'invention est presque à leurs yeux un
signe de génie. Ces observateurs de la nature tombent à chaque
instant dans des absurdités de songe-creux. Leurs fabulistes ima-
gineront, sans aucun motif, les ébats d'un lapin avec un crocodile, l'entretien d'un singe avec un poisson. Leurs dramaturges
combinent des équilibres d'événemens inutiles qui se tiennent
sur leurs pointes comme des pyramides d'acrobates. Dans un
drame fameux, le *Trèfle de Sandai*, le valet d'un vieux médecin,
qui vient d'assassiner et de dépouiller son maître, cache le produit de son crime sous l'estrade de la maison, mais, pendant qu'il
s'est esquivé pour se créer un alibi, un chien déniche en gamba-
dant le rouleau de pièces d'or et va le déposer sur la hotte d'un
jardinier dont la fille sera bientôt accusée du meurtre. Et je
simplifie la scène ! Le chef-d'œuvre de Bakin s'ouvre sur l'amour
d'un molosse pour la fille du seigneur, et les huit personnages du
roman, qui incarneront les vertus du samuraï, seront les fils mystérieux de ce répugnant hyménée. Les histoires japonaises ne
nous charment absolument que dans les livres des Mitford et des
Lafcadio, c'est-à-dire émondées, purifiées et surtout recomposées
par des artistes européens.

On passerait volontiers aux Japonais la profonde insignifiance
de leurs fictions, et, vive Peau d'âne ! je ne les chicanerais point
sur leurs invraisemblances, s'ils savaient du moins nous y préparer et en tirer des effets que la logique nous rendit acceptables.
Mais rien ne leur manque tant que l'art de composer. L'impossibilité presque radicale d'ordonner un ensemble, de conduire
un sujet, d'établir un juste rapport entre toutes les parties d'un
même ouvrage, de distribuer à chacune d'elles une harmonieuse
et inégale lumière, cette impossibilité qui n'a point de quoi nous
surprendre chez un peuple où la perspective était science in-

connue, se déguise à peine dans leurs petits contes, éclate le plus souvent dans leurs romans et leurs pièces dramatiques. On rapporte que jadis un héros du nom de Motomé, chargé de tuer l'Impératrice, en séduisit la fille qui déroula pour lui un long peloton de fil à travers les corridors dédaléens de la demeure impériale. Mais Omiwa, la fiancée de Motomé, jalouse, attacha un second fil au vêtement du héros et le suivit à son insu. Vous voyez ce que devient le fil d'Ariane chez les Japonais : il se double. Supposez maintenant que le père d'Omiwa, inquiet de sa fille, use du même subterfuge, et que son peloton raccroche derrière lui des femmes curieuses et des passans inoccupés, et que tous ces gens unis par un lien si frêle pénètrent dans le palais, et que les fils se rompent : ce sera l'image du mélodrame japonais dont les mille incidens n'ont guère de commun que leur procédé générateur. Le dramaturge oublie son sujet primitif pour les autres sujets qu'il y a greffés, comme le romancier se perd en digressions et le conteur s'attarde en parenthèses. Leurs productions sont d'ordinaire invertébrées, et l'unité d'action, qui du moins à la scène nous semble une des lois de l'esprit humain, m'a paru n'être chez eux qu'une préoccupation secondaire.

La raison en vient sans doute de leur imitation servile et superficielle de la réalité. Je n'ai jamais éprouvé un instant d'ennui au théâtre japonais, car, bien que l'auteur y dispersât mon attention sur une multiplicité d'intérêts divers, je lui rendais grâce de ressusciter pour moi, dans leurs minutieux détails, la politesse et la barbarie du temps féodal et de me mettre sous les yeux des tableaux si précis de la vie quotidienne. C'est au théâtre que j'ai appris comment les samuraïs s'entaillaient le ventre et comment les bonnes ménagères cuisinent le riz. J'ai assisté à des classes faites par les maitres d'école dans les anciennes *Terakoya*, et, lorsque nos élèves fixent des cocottes en papier au dos de leurs camarades, ils se conduisent comme des cancres japonais. Les poètes dramatiques m'ont révélé les splendeurs de Yoshiwara, cette grande cité aphrodisienne aux portes de Tokyô. Le temps qu'une courtisane met à sa coiffure, je le sais, et de quel pas elle marchait jadis, quand, l'obi noué sur le ventre, recouverte d'une chape pontificale, les cheveux auréolés de flèches d'or, elle enjambait l'air avec ses hautes getas. J'ai constaté que les assassins du Japon apportent dans l'accomplissement de leur œuvre les mêmes scrupules que les nôtres à souffler les lumières indiscrêtes et à se déchausser pour que leurs sandales ne laissent point de traces sanglantes. Et j'ai mesuré la patience des filles bien élevées qui massent leur vieux père.

Que notre théâtre réaliste est resté loin de ces chefs-d'œuvre ! Quelle exactitude ! Les Japonais sont d'une implacable honnêteté : ils ne nous trichent même pas sur le nombre de minutes que peut durer la cuisson d'un plat. Montre en main, la vérité est respectée. Danseurs, clowns, mimes et comédiens admirables, si leurs acteurs parlent de la tête, cette voix de fausset, où les contraint la tradition, ne les empêche point de parler la plupart du temps pour ne rien dire, ni plus ni moins que les humbles mortels. Et si la convention régit leurs duels et leurs batailles, soyez certains que les hommes, pour s'entr'égorger au naturel, ne dépensent pas moins d'efforts. Ils savent prolonger leur agonie, pâlir, verdir, rendre l'âme avec une lenteur qui ne nous fait pas grâce d'un spasme. Des liquides rouges jaillissent et ruissellent de leur gorge ou de leur ceinture. L'Œdipe aux yeux crevés n'ensanglantait pas son visage avec plus d'art. Et, comme les nôtres, ils ont le souci de la couleur locale, le culte de l'anecdote, la manie des résurrections soi-disant historiques. On jouait, à Tokyô, une comédie dont l'héroïne, la geisha Kashiku, bonne fille, très populaire, mourût d'aimer trop à boire, et repose dans un cimetière d'Osaka. Les journaux nous apprirent que l'acteur qui répétait ce rôle était allé recueillir sur les lieux mêmes, où l'on célébrait son cent cinquantième anniversaire, tous les documens relatifs à l'histoire de cette vénérable biberonne.

Parmi les « tranches de vie » que les auteurs japonais suspendent à l'étal de leur scène, il en est dont le pittoresque et l'éclat eussent féru nos romantiques. Les unes nous enchantent de leur coloris puissant, les autres nous tenaillent et nous arrachent le cri des angoisses nerveuses. Le prince Yorikané veut racheter la courtisane Takao et consent à la payer toute vêtue son poids d'or. Et dans la salle de l'orgie, dont les cloisons dorées s'étoilent de pruniers en fleurs, au milieu des courtisans accroupis et des bouffons, devant le prince en soie mauve qui, le bras à l'accoudoir, nonchalamment s'évente, des serviteurs apportent l'énorme balance aux plateaux de laque noire, pendant que Takao, fardée comme une idole, se traîne alourdie par son manteau de brocart où des parasites sans vergogne ont cousu des lingots de plomb. — La nourrice Masaoka défend

contre les empoisonneurs un jeune prince, dernier rejeton d'un
sang précieux, et son enfant est chargé de goûter tous les plats.
Des dames du Palais ont violé sa retraite et viennent offrir une
boîte de friandises empoisonnées à l'enfant royal, mais le petit
camarade, fidèle à sa consigne, se précipite, avale un gâteau et
du pied bouscule la boîte. Sa mort va dénoncer le crime. Éperdues, les criminelles le saisissent, et, sous les yeux mêmes de la
mère, l'égorgent comme coupable de lèse-majesté. Masaoka agenouillée, impassible et muette, assiste à l'horrible agonie de la
chair de sa chair : « Ce n'était pas votre fils, s'écrient les empoi-
sonneuses déconcertées. Vous aviez changé les enfans pour mieux
nous tromper. Le prince est mort ! » Masaoka se tait. Son silence
est un aveu. Mais, à mesure que les mégères s'éloignent, elle se
relève, les suit du regard ; sa gorge se gonfle, sa figure se contracte, et, dès qu'elle se croit seule, seule avec le prince sauvé,
elle s'écroule sur le petit cadavre et pousse un tel sanglot que
toutes les femmes qui ont bercé un enfant dans leurs bras savent
qu'elle est la mère.

Lorsque je lisais les fables du shintoïsme, il m'est arrivé plus
d'une fois de penser qu'un Platon en eût tiré des mythes adorables, et, plus d'une fois, aux théâtres de Tokyô, je me suis
dit : « Quels matériaux pour un Shakspeare ! » Mais les Japonais
n'out eu ni Shakspeare, ni Platon. Ils n'ont jamais allumé dans
leurs ténèbres la lampe de Psyché, et le défaut de psychologie,
cette fréquente misère des littératures confucéennes et bouddhistes, abaisse leur théâtre au niveau d'un art de cirque. Qui
leur eût enseigné la science du cœur ? La doctrine de Confucius
raidit l'homme en attitudes inflexibles. Les devoirs subordonnés
les uns aux autres ne s'opposent ni ne se combattent. Les pièces
les plus importantes de l'échiquier où nous jouons nos parties
tragiques restent pour eux inamovibles et sacrées. D'autre part,
le bouddhisme tend à unifier les âmes, à les dépouiller de leurs
singularités distinctives. Comparez les disciples impersonnels du
Bouddha à nos apôtres tourmentés, violens, actifs ou rêveurs et
vous verrez de quel côté se trouve la vie ! La casuistique des
bonzes ne sortit point des monastères et les discussions théolo-
giques n'enrichirent point les consciences. La langue et la syntaxe
en témoignent elles-mêmes. Les Japonais n'ont, à proprement
parler, ni comparatif ni superlatif, Ils les composent au moyer
d'adverbes et ne se servent du comparatif que dans les cas les

plus rares. Et si, comme on me le faisait ingénieusement remarquer, ce peut être un signe de noblesse que de ne point établir de degrés entre le bien et le mal, le beau et le laid, le permis et l'illicite, cette noblesse qui tient du barbare ignore le travail de la réflexion et les nuances de la pensée. Mais voici qui me frappe davantage : le sujet, dans la phrase japonaise, correspond bien moins au nominatif qu'au génitif des Latins. La particule dont il est suivi a le même sens que notre préposition *de*. Alors que chez nous l'action affirme une personnalité, *je marche, le Soleil luit*, chez les Japonais elle ne prouve qu'un fait, *il pleut, il tombe de la neige*. Ce fait provient assurément du sujet, mais l'étroite relation de l'effet à la cause n'est pas mise en évidence. Le sujet subit l'action encore plus qu'il ne la provoque. Aussi le verbe reste-t-il toujours impersonnel, le futur toujours dubitatif. Ajoutez que l'absence des pronoms personnels oblige les Japonais d'y suppléer par des tournures compliquées et savantes, des noms et des adjectifs spéciaux, des particules respectueuses, des formes verbales qui expriment toute la hiérarchie de la politesse. Rien ne dénote mieux la passivité de l'âme et le perpétuel effacement de l'individu derrière son rôle ou sa fonction sociale. L'individu n'existe que relativement aux autres. C'est à l'aide de formules indiquant leurs mutuels rapports que les hommes se désignent et se différencient.

Ne nous étonnons donc point si les personnages dramatiques semblent agir sous l'impulsion de motifs extérieurs. Leur caractère ne se développe pas. Leur héroïsme ne leur coûte qu'un effort physique. Ils font des haltères avec des sacrifices surhumains. Ce ne sont pas des pantins physiologiques, Dieu merci ! Ce sont les automates du devoir ou de la trahison, de l'honneur ou du crime, de la reconnaissance ou de l'ingratitude, des conventions sociales et de la mégalomanie. Pendant qu'ils se démènent, le chœur, représenté par un vieil hiérophante rasé comme un moine, qui d'une loge grillée psalmodie son récitatif aux sons du shamisen, nous explique leur pantomime et ne nous initie guère aux débats de leurs âmes, car, si chez nous la lutte et même l'hésitation grandissent le héros, elles le diminueraient chez eux. L'amour, qui tient presque autant de place dans leurs comédies que dans les nôtres et dont la peinture reste chaste jusqu'au Yoshiwara, n'est en somme qu'un lieu commun dont tous les effets sont réglés d'avance. Les victimes en supportent la fatalité comme un homme du monde s'accommode d'un habit trop juste Chaque personnage a reçu son mot d'ordre et ne le discute pas. On obéit à l'amour et non à sa maîtresse, au devoir et non à son prince, à l'honneur et non à son père. Les affections individuelles et les sentimens de la nature le cèdent aux obligations abstraites de la consigne. Et quand le Shogun pardonne, en le comblant d'honneurs, au meurtrier qui s'est embusqué sur son passage, sa clémence ne respire ni politique, ni poésie chevaleresque : c'est un léger mouvement de tête, le geste imperceptible d'un Pharaon qui passe, étonne et rentre satisfait dans son auguste pénombre.

Mais cette simplicité, cette pauvreté de sentimens, ces êtres d'une seule idée, ces âmes limpides et brillantes, où la pensée, loin d'évoluer, se pétrifie, relèvent de l'épopée, et j'admire sans réserve les *Nô*, rapsodies dialoguées qui, habilement cousues par un aède de génie, auraient pu donner à la race japonaise l'expression testamentaire de son idéal. Les personnages de la légende, dont le flot des générations a sculpté la figure, se dressent partout comme des statues éparses qui attendraient leur panthéon. Vallées de Roncevaux, vous n'avez rien de plus mélancolique que les collines du Yamato où, jeune, glorieux et misérable, Yoshitsuné, trahi par les siens et traqué par son frère, se sépare de sa bienaimée ! Ils étaient si tendrement unis qu'une goutte d'eau ne fût pas tombée entre eux, et le plus populaire des héros japonais en est aussi le plus infortuné, car une immense pitié a soulevé de tout temps le rêve de tous les peuples. C'est lui qui arrive un soir avec sa faible escorte devant un bureau d'observation où les soldats avaient ordre de l'arrêter. Il s'est déguisé en portefaix et ses officiers, pour écarter tout soupçon, le chargent de ballots, le maltraitent, l'injurient, le frappent même, tandis que leur petite troupe défile sous les yeux des inquisiteurs. Mais le chef du poste, qui du haut de son cheval contemplait la scène, a reconnu le héros. Un tel respect de l'infortune lui prend l'âme qu'au moment où Yoshitsuné passe, il se laisse tomber de cheval, ne voulant pas, selon l'étiquette japonaise, dominer un prince. Et quand le fugitif a disparu, il s'ouvre le ventre et se punit luimême silencieusement d'avoir manqué à son devoir.

Les Japonais ont adoré le courage malheureux, et, comme une mère fait de l'enfant prédestiné à la douleur, la foule a choisi pour compagnon de ce jeune homme invincible au triste sourire

le fils le plus robuste et le plus vivace qui soit sorti de ses
entrailles. Près de Yoshitsuné voici Benkei, le moine casqué, le
copieux et farouche Benkei, ce Frère des Entommeures Japonais, hardi, délibéré, bien fendu de gueule, bon décrotteur de
vigiles et grand pourfendeur d'hommes. Quelle trogne enluminée par le feu des batailles ! De piot ni d'amour ne lui chant
guère. Plus que les ripailles lui plaisent les beaux sabres, et, dès
la seconde fois qu'il tâta de la bagatelle, il s'en déclara blasé
pour ce que, disait-il, l'air n'en variait non plus que la chanson.
Sa mère le porta dix-huit mois, et, comme Pantagruel, il était si
merveilleusement grand et lourd qu'il ne put venir à la lumière
sans la suffoquer. Bonze, il pochait les yeux des autres bonzes,
leur rompait bras et jambes, leur enfonçait les dents, écarbouillait
les cervelles, et, son monastère incendié, détroussa les passaus
jusqu'au soir où, désarmé sur le pont de Gojô par le jeune
Yoshitsuné, qui d'un coup d'éventail fit choir sa lourde dague, il
se voua corps et âme à son charmant vainqueur. Irrésistible et
prodigieux, — qu'il retire du fond d'un lac une cloche pareille
au bourdon de Notre-Dame, que le flamboiement de son sabre
jette la panique dans le cœur des assaillans ou que, sous la tempête, menacé par les mânes irrités qui chevauchent la crête des
vagues, il pétrisse à la proue du navire son rude chapelet d'exor-
ciseur, — ce bandit, que la fidélité régénère, protège encore de
sa haute stature la dernière retraite de son maître. Seul, appuyé
sur sa hallebarde, le dos hérissé d'un maillet, d'une scie, d'un
râteau, d'une faux et d'une fourche, il barre le passage à l'armée
du Shogun. Les flèches avaient plu sur l'ouvrier monstrueux et
lui faisaient comme un de ces manteaux de paille que les paysans
japonais portent en hiver. Mais lui, toujours droit, immobile,
continuait de regarder fixement, et, leurs carquois épuisés, les
ennemis sentaient peser autour d'eux une mystérieuse horreur.
Quand, à la nuit tombante, ils s'approchèrent, ils virent que
le colosse avait rendu l'âme. « Benkei debout même mort. »
Derrière le rempart de son cadavre, Yoshitsuné fuyait à bride
abattue et s'évanouissait dans ces lointains fabuleux où le peuple
inconsolable l'a ressuscité en Ghengis Khan.

Décors, personnages, événemens merveilleux, langue naïve et
pittoresque, images populaires et qu'un long usage n'a pas encore
usées, les Japonais eurent tout ce qui peut constituer à une nation
une tête épique, mais, sans puissance d'esprit, sans largeur, sans

haleine, sans unité de composition, rien de ce qui fait un Homère
ou un Rabelais.

Cette œuvre qu'ils n'ont pas écrite, ils l'ont parlée, ils la parlent tous les jours. Chez eux la parole vaut mieux que la lettre
moulée, le diseur que l'écrivain. A Tokyô, dans les villes et les
campagnes, la foule se presse le soir aux portes des *Yosé*. Les
yosé sont à la fois des tréteaux de Tabarin, des cafés-concerts, des
salles de conférences, des théâtres d'improvisateurs. Hommes
et femmes agenouillés sur des tatamis devant une petite estrade
y écoutent le conteur qui, à genoux comme eux, l'éventail à la
main, mime son récit de tous les muscles de son visage. Et ces
conteurs m'ont abasourdi par la volubilité de leur langue, la
mobilité de leurs traits, la vie multiple de l'anecdote, de la comédie ou du drame qui se jouent sur leurs lèvres. Là s'échappe
une verve comique que le puritanisme des samuraïs et la rigueur
des convenances féodales comprimèrent sans parvenir à l'étouffer.

Elle est grasse et volontiers burlesque. J'ai entendu les far-
ceurs de *yosé* poser à leurs auditeurs des questions tabariniques,
susceptibles de leur conforter les « hipopondrilles de l'entende-
ment. » Et lequel des deux est le meilleur d'avoir la vue aussi
courte que le nez, ou le nez aussi long que la vue, ils en sauraient
disserter aussi doctement que nos turlupins de la foire. Je tiens
d'eux que le Japon possède quarante-huit espèces de sots dont
la sottise se mesure d'ordinaire à leur taille. Voyez plutôt l'église
d'Asakusa : la déesse Kwannon, toute mignonne, toute petite,
pas plus haute qu'une main d'enfant, a pour se loger un temple
vaste, tandis que les gardiens des portes, qui sont énormes, heur-
tent d'un front borné le plafond de leur niche.

La plaisanterie égrillarde et souvent satirique batifole autour
des lits d'accouchées et des petits dieux choyés par les matrones.
J'ignore d'où vient aux Japonais tant de gauloiserie. Mais, si leur
langage, courtois même dans la bouche des charretiers, ne possède aucune espèce de jurement et ne s'émaille jamais de nos
pittoresques imprécations, la gaillardise plantureuse et la joyeu-
seté pantagruélique poussent dru sur le terroir des chrysanthèmes.
Les femmes et les gens d'église n'y sont pas mieux traités que
dans nos fabliaux. Le caquetage, la curiosité et la rouerie des
commères, la béate concupiscence des prêcheurs bouddhistes,
l'adresse des vieux bonzes à brider la bécasse, la friponnerie des

moinillons et des geishas, les tribulations conjugales et la jalousie des belles-mères ébaudissent le public des *yosé* non moins
que s'il était composé de raillards tourangeaux. Il aime les repar-
ties imprévues et les saillies heureuses et les facéties exubérantes.
Citerai-je le faquin Kisaburo qui près de la boutique d'un rôtis-
seur d'anguilles mangeait son riz à la fumée du rôt? Il en paya
l'odeur non point avec le son, mais avec la vue de son argent.
Et certes l'anecdote japonaise ressemble bien plus à la sèche
nouvelle du recueil italien, dont les voyageurs japonais du
xvie siècle l'ont peut-être tirée, qu'au récit où Rabelais appuya
sa touche vigoureuse. Mais ce qu'elle perd littérairement, elle le
regagne aux jeux de physionomie du parleur

Il en est de même des dits et gestes du célèbre bonze Ickyu,
ce moine du xive siècle dont la grossière enveloppe cachait tant
de finesse et d'humanité. Du temps qu'il n'était encore qu'un
petit élève bonze, un soir, en passant devant la chambre de son
maître, il huma une odeur de poisson grillé. Étonné de sentir
une telle cuisine dans une bonzerie où la règle défendait le
poisson, il entre brusquement : « Personne ne t'a appelé, s'écrie
le moine qui déjà se pourléchait. Va-t'en ! — Je m'en vais, dit
Ickyu, mais que mangez-vous là? — Du saumon salé. — Hé !
A quel arbre l'avez-vous cueilli? — Ce n'est pas le fruit d'un
arbre, grommela le Maître impatienté : c'est un poisson qu'on
nomme saumon. » Ickyu prit un air ébahi : « Hé vraiment! Un
poisson nommé saumon! Les bonzes peuvent donc manger des
poissons maintenant? — Non, mais cela m'est permis parce que
je célèbre un *indo*, c'est-à-dire que je conduis une âme dans un
autre monde. — Hé vraiment, un *indo!* — Oui, un *indo!* répète
le Maître de plus en plus irrité. Ce poisson est mort, et, mort,
pareil à une branche morte. Si même je le rejetais à l'eau,
pourrait-il nager? L'*indo* consiste à lui dire : « Il vaut mieux
que tu entres en moi et qu'avec moi tu parviennes à la sempi-
ternelle béatitude. » Sur ce, le Maître joignit les mains et tomba
en prières devant son poisson dont le parfum lui chatouillait
pieusement les narines : *Namu-amida-butsu! Namu-amida-
butsu!* » tandis que l'enfant incliné murmurait : « J'ai compris
et je vous remercie, Maître! » Le lendemain, aussitôt levé, Ickyu
attrape une carpe dans l'étang, entre à la cuisine, et, le couteau
à la main, se met en devoir de l'écailler. Toute la moinerie
s'émeut. Le Maître accourt. « Ne vous inquiétez point, s'écrie le

petit bonze. Je n'offense pas les dieux : l'*indo* est fait! — Ah! le coquin! Et quel *indo* as-tu fait, je te prie? — J'ai dit à cette carpe, répond gravement Ickyu : « Tu vis et même tu te sauverais volontiers. Mais l'eau de l'étang est bien sale et il vaut mieux pour toi que tu descendes dans mon estomac... » Et cependant la carpe attestait par ses tressaillemens qu'elle n'était point de cette opinion.

Comment ce même Ickyu, fâché que le peuple lui attribuât des miracles, voulut le guérir de son imbécile crédulité, comment il annonça que tel jour, à telle heure, il mangerait des poissons et les rendrait vivans, et, comment, après les avoir mangés sous les yeux écarquillés de la foule, il entreprit d'aller les rendre, je le raconterais si je disposais du vocabulaire de Panurge. Et je dirais aussi de quelle façon ce brave homme de moine fit sa prière un jour devant une femme endormie, comme devant la porte merveilleuse par où le Bouddha et le grand Confucius sont entrés dans ce monde. Un de nos compatriotes, dont les lettrés japonais apprécient eux-mêmes l'expérience et l'érudition, avançait un jour que notre parler du xvie siècle traduirait comme de cire ces contes et ces fabliaux. O buveurs de saké, gens du Nippon, nos frères jaunes, se pourrait-il que, dans une existence antérieure, nous eussions vendangé de compagnie et, sous la treille gauloise, mêlé nos brocs et nos chopines? Il me paraît que vous titubez encore de notre antique et joviale ivresse.

Ce n'est pas seulement de l'accent, de la mimique et du geste que les diseurs de yosé enrichissent leur matière. Servis par une langue très souple, naturellement verbeuse, et qui, malgré son manque de pronom relatif, peut se développer en périodes d'une facilité et d'une ampleur déconcertantes, surexcités par un public dont ils doivent ménager l'attention et dont le rire ou les larmes stimulent leur initiative, ces improvisateurs rencontrent dans la libre carrière où court leur fantaisie une variété de sentimens et d'émotions que nous refusent trop souvent le théâtre et le roman classiques. A leur voix les héros conventionnels se dégourdissent, les personnages même d'arrière-plan s'individualisent. Si le conteur a besoin de modèles, cent modèles animés posent sous ses yeux. L'auditoire collabore avec lui. La foule qu'il retrouve tous les soirs lui sert de décor houleux, où ses rônins, ses geishas, ses marchands, ses rufians, ses ivrognes font leurs caravanes. Je ne pense pas que la littérature

japonaise ait rien de plus original que ces romans parlés qui,
coupés habilement, se poursuivent d'une séance à l'autre et
mêlent parfois avec tant de prestesse le burlesque à l'héroïque,
la cruauté à la politesse, le cynisme au raffinement, le Japon
grouillant au Japon fastueux. C'est à la fois le conte de Boccace,
le genre picaresque et, au milieu de personnages et de visages à
nasardes qu'on dirait empruntés aux anciennes farces gauloises,
une raideur d'attitudes, une courtoisie guindée, une emphase de
matamores, une gueuserie brodée au point d'honneur, qui sentent la fraise espagnole, le pourpoint Louis XIII et les quinquets
romantiques du capitaine Fracasse.

A coup sûr, il ne faudrait pas presser la comparaison! Je sais
combien notre conception de la vie et surtout de l'amour nous
distingue des Japonais. Mais enfin je les trouve plus près de nous
dans ces récits qui sont en quelque sorte des créations de l'âme
populaire que dans la plupart des romans où leurs nouveaux
écrivains nous imitent et nous plagient. Ces auteurs modernes,
ainsi que nous le verrons plus tard, ne valent que s'ils continuent en l'assouplissant la tradition réaliste et pittoresque du
vieux Japon. Leurs adaptations souvent maladroites des ouvrages
européens font uniquement ressortir les incohérences où se
débat aujourd'hui l'esprit japonais, tandis que les amuseurs illettrés de la foule gouailleuse et romanesque représentent le meilleur peut-être du génie national. Leurs tableaux et leurs
pochades nous offrent une fidèle image de ce peuple qui, à défaut d'une intelligence large, n'attendit ses jouissances que de la
seule imagination. Imagination souvent délicate, parfois brillante, que lui manqua-t-il pour atteindre aux grands chefs-
d'œuvre? La raison trop débile fut impuissante à mesurer ses
bonds fantasques; la sensibilité trop comprimée ne put ennoblir
ses accès de mélancolie. Pareille au dragon qui enroule et
déroule ses anneaux sur la porte des temples, elle se replie, se
tord, se crispe, s'allonge, se dresse, s'élance, rit, bâille, grimace,
flatte les yeux, les caresse ou les effraie, se divertit à mille
figures, mais, alors même que le peintre ou le sculpteur lui ont
donné des ailes, on sent qu'elle rampe.

André Bellessort.

LE
MÉCANISME DE LA VIE MODERNE

XX [1]

LA PUBLICITÉ

La publicité dont il est ici question est celle qu'emploient, pour annoncer leurs produits, les fabricans et les marchands. C'est la plus voyante; ce n'est pas la seule. Outre cette publicité industrielle et commerciale, appliquée à la recherche de gains matériels, il existe divers ordres de « réclames, » politiques, mondaines, littéraires ou artistiques, qui satisfont seulement le besoin démocratique de « faire parler de soi. »

Besoin très moderne, lié à notre nouvel état social. La vanité humaine, qui varie peu dans son principe, change de forme suivant les temps. Le prurit de publicité, qui démange les contemporains, tient au mélange plus intime des classes, au rôle prépondérant de l'Opinion banale, où chacun s'efforce de tenir autant de place qu'il peut; parce que, de cette place, il tire ou croit tirer sa force, son honneur, voire sa jouissance. Désormais, point de pouvoir réel sans « popularité, » point de gloire parfaite sans « notoriété, » point ou presque point d'aristocratie durable sans un « retentissement » périodique et, chose plus

(1) Voyez la *Revue* du 1er janvier 1901.

bizarre, pas de fête privée vraiment élégante, sans distribution aux journaux de la notice explicative du plaisir que l'on a goûté.

S'amuser n'est pas tout; l'important est d'en informer les autres, de leur faire connaître ses toilettes, ses relations, le menu de sa table, les cadeaux donnés à ses enfans à l'occasion de leur mariage. Cette préoccupation du dehors, cette tendance à faire passer la rue au travers de son *home*, témoigne d'un goût universel de plein air. Le souci que les particuliers ont de se manifester, d'afficher leur situation, leur mérite ou leur personne, dans un monde où les rangs, devenus obscurs, sont par suite plus âprement disputés, procède du même sentiment que celui qui pousse le négociant à prôner sa marque de fabrique, pour n'être pas éclipsé, dévoré par la concurrence.

I

Sentiment aujourd'hui si familier, dans tous les milieux, que parfois des publicités d'ordre composite, très différentes dans leurs buts, se prêtent un mutuel appui : n'avons-nous pas vu, sur toutes nos murailles, s'étaler naguère le portrait, grandeur nature, d'un illustre homme d'État avec un verre de liqueur en main? L'ingénieux propriétaire de cette liqueur et l'éminent personnage dont il exhibait ainsi les traits augustes, trouvaient chacun leur compte à cette combinaison : l'un en vulgarisant son image, l'autre en y associant sa boisson nouvelle.

Cette publicité à double effet fut grandement perfectionnée par l'inventeur d'une autre drogue, qui, lui, ne se contenta pas d'accoler à son boniment les portraits des célébrités, mais qui accompagna chacune de ces gravures, fort bien exécutées et groupées en des albums coquets, d'une phrase autographe où les illustres modèles eux-mêmes prenaient soin de vanter, l'un après l'autre, à la clientèle, les vertus de l'incomparable « liqueur Cabassol. » Quel mobile poussa les hommes d'État et les écrivains, les généraux et les savans, les archevêques et les acteurs, et toutes les notabilités qui fusionnaient dans cette galerie à collaborer ainsi dans une réclame pharmaceutique? Ce n'était certes pas la douzaine de fioles du précieux liquide, dont l'inventeur leur faisait gracieusement hommage, qui pouvait les déterminer. Seul le charme contemporain de la publicité, auquel nul n'échappe, même parmi les plus hauts, était en cause.

Les premières signatures ont été difficiles à obtenir; les autres, ensuite, sont venues sans peine : du moment que les collègues, les confrères et les camarades avaient livré leur tête, refuser
ıa sienne eût été faire croire au public qu'on n'avait point songé
à vous la demander. Je gagerais qu'aujourd'hui la maison Cabassol refuse du monde. En tous cas elle raffine maintenant sur
la louange; du poète elle exige de vraies rimes, du musicien une
ligne de mélodie sortable, de l'artiste un dessin de quelque valeur. Je sais un peintre en renom, dont la physionomie tarde à
paraître, écartée de la prochaine livraison, parce que l'esquisse
envoyée par lui pour figurer à côté de son nom est jugée iusuf-
fisante! Triomphe de l'industrie sur les beaux-arts! Mixtion inconnue du Codex, où quelques gouttes de « vanité, » travaillées
avec une bonne dose de « finesse » dans un jus de « badau-
derie » commune, enrichissent un heureux pharmacien.

L'antique trompette de la Renommée n'est d'ailleurs qu'nn
joujou d'enfant auprès des mille engins de la réclame actuelle.
« Feu mon père, disait Montaigne, avait désiré qu'il y eut ès
villes certain lieu désigné, auquel ceux qui auraient besoin de
quelque chose se pussent rendre et faire enregistrer leur affaire
à un officier établi pour cet effet : comme, « je cherche à vendre
des perles; » « je cherche des perles à vendre; » tel veut compagnie pour aller à Paris; tel s'enquiert d'un serviteur de telle qualité; tel d'un maître; tel demande un ouvrier; qui ceci, qui cela,
chacun selon son besoin. Et semble que ce moyen de nous entr'avertir apporterait non légère commodité au commerce public;
car, à tout coup, il y a des conditions qui s'entrecherchent et,
pour ne s'entr'entendre, laissent les hommes en extrême nécessité. »

Théophraste Renaudot tenta, au siècle suivant, de réaliser ce
vœu par son *Bureau d'adresse*; l'annonce, par la voie des journaux, commença en Angleterre vers la même époque, et l'on cite
un avis inséré dès 1660, dans le *Mercurius Publicus*, par les soins
du roi Charles II, où ce prince réclamait un petit chien qui
s'était sauvé de son palais. Mais l'institution de la publicité commerciale, sous ses différentes formes, ne remonte pas beaucoup
au delà d'une soixantaine d'années.

Elle a profité d'un ensemble de découvertes et de progrès,
sans lesquels on ne pouvait même la concevoir : progrès de l'instruction primaire, puisqu'elle n'aurait pu s'adresser à un peuple

qui ne savait pas lire; établissement de la liberté du commerce,
de la presse et de la poste à bon marché, développement des
moyens de transport, des industries du papier et, de l'imprimerie. Tout cela lui était indispensable pour vivre et pour pros-
pérer.

Aujourd'hui elle correspond en France à une dépense d'au
moins *cent millions* de francs par an; la vieille maxime : « A bon
vin pas d'enseigne ! » n'est plus de mise. Bon gré, mal gré, tout
vendeur est amené, pour répandre sa marchandise, à la faire
connaître par cet organisme *nouveau* que les Américains appellent : la vapeur des affaires. Ceux à qui ferait horreur l'affiche
brutale et aveuglante de la rue, et de tout ce qui dépend de la
rue ou la prolonge; qui répugneraient aux annonces plus discrètes des journaux, aux prospectus ou catalogues; ceux qui prétendent en un mot ne pas recourir à la publicité, en font une
détournée ou inconsciente, par le décor de leurs cartons d'em-
ballage, de leurs voitures de livraison, de leur papier à lettres,
par le soin de leurs étalages, par l'octroi gratuit de leurs produits à des personnes qui les font valoir, par le sacrifice qu'ils
s'imposent pour figurer avec éclat aux grandes expositions. Tous
cherchent à frapper l'acheteur et à le séduire.

Dans les cent millions, représentant à peu près le *budget
visible* de la réclame, les journaux et périodiques de tout formàt
et de toute nature, depuis les feuilles qui paraissent tous les jours
jusqu'aux almanachs qui paraissent une fois l'an, figurent en
bloc pour 40 millions de francs. Les circulaires et imprimés,
expédiés à domicile par les soins de la poste ou d'agences privées, peuvent s'élever à 20 millions de francs; les affiches, sur
papier ou autres substances, imprimées ou peintes et apposées,
tant sur les emplacemens publics ou réservés que dans les gares
de chemin de fer, omnibus, bateaux, théâtres, kiosques et autres
chalets, montent environ, timbre compris, à 25 millions de
francs. Enfin l'on peut estimer à 15 millions les autres modes de
lancement d'un article ou d'une maison, consistant en chromo-
lithographies, calendriers, menus, boîtes d'allumettes, coupe-
papiers, tableaux-annonces et objets innombrables, partout
offerts à profusion.

Certaines publicités ne se payent pas en argent, mais en nature : les chemins de fer acquittent en permis de circulation les
annonces qu'ils demandent à la presse. Loin d'être un cadeau

fait aux journalistes, comme certaines personnes seraient portées
à l'imaginer, la délivrance de ces billets gratuits, en échange
d'insertions concernant les horaires, trains de plaisir, voyages
circulaires, etc., constitue pour les compagnies une bonne spéculation. A tel actionnaire qui, lors d'une assemblée générale, se
plaignit de cette prodigalité, il fut répondu par le directeur que
l'administration réalisait par là une économie de 500 000 francs.
Les journaux ne l'ignorent pas d'ailleurs; mais ils n'ont jamais
réussi, quoique plusieurs y aient travaillé, à transformer ce
contrat de politesses réciproques en un versement mutuel d'espèces monnayées.

Les chemins de fer, comme les théâtres, les hôtels, les casinos, sont une industrie où la publicité figure au doit et à
l'avoir : en recettes, pour les murs de leurs salles d'attente, les
cloisons de leurs wagons et même l'envers de leurs cartes
d'abonnés, qu'ils afferment à des entreprises d'annonces; en dépenses, pour les affiches et les livrets à images, qui célèbrent les
sites curatifs ou pittoresques de leurs réseaux.

Les journaux aussi se trouvent à la fois vendeurs et acheteurs
de publicité; ils l'emploient, non seulement à leur naissance et
pour fixer l'attention, mais aussi pour la maintenir, pour répéter
leur nom, le chiffre de leur tirage, le mérite de leurs rédacteurs,
groupés en bouquets alléchans, en cortèges photographiques, autour d'une vignette empoignante du feuilleton en cours. Ceux qui
possèdent le plus grand nombre de lecteurs, ceux à qui les annonces rapportent le plus, sont aussi ceux qui dépensent le plus
en annonces. Les comptes publiés par le *Petit Journal* pour le
dernier exercice, accusent, du chef de la publicité, un *encaisse-
ment* net de 2 800 000 francs — déduction faite des remises aux
courtiers — et un *débours* de 640 000 francs pour ses propres
frais d'annonces. Le coût de ce chapitre est à peu de chose près
le même au *Petit Parisien*, dont les rentrées de même provenance se chiffrent par 1 700 000 francs. Le simple lancement d'un
roman nouveau implique en moyenne 80 000 francs de réclame.

Détail à noter : il n'y a pas un grand organe quotidien qui
réalise, sur l'ensemble de son exploitation, un bénéfice égal au
produit *brut* de la publicité; ce qui revient à dire que, sans elle,
tous seraient en perte. On peut d'ailleurs ajouter que, même avec
cet appoint, les journaux politiques qui gagnent de l'argent sont
rares; il n'en est guère plus d'une dizaine à Paris, tous organisés

en sociétés de différens types. Aucun d'eux n'est la propriété exclusive d'un seul homme. Considération d'ordre vulgaire et matériel, qui n'est point sans influence sur l'état moral, le rôle et l'attitude de la presse dans notre pays.

II

L'ère du journal vivant nécessairement de l'annonce fut, comme on sait, inaugurée sous Louis-Philippe par Émile de Girardin. Lorsque, en 1835, il fonda la *Presse*, la première feuille à 10 centimes, le *Journal des Débats* — Crésus de l'époque — tirait 200 000 francs par an de sa publicité. Girardin se flatta de dépasser ce chiffre en offrant au commerce, par l'armée d'abonnés qu'il lèverait, un vaste terrain de culture pour les affaires. Le succès ne se fit pas attendre : la quatrième page de la *Presse* était affermée 150 000 francs en 1838, et 300 000 en 1845. Mais, sauf le *Siècle* qui imita fructueusement cet exemple, les organes d'alors persistaient dans leurs anciens erremens.

En 1847, M. Panis alla trouver les directeurs des journaux politiques — il en existait six seulement — et s'offrit à leur procurer des annonces s'ils lui confiaient le monopole de la régie. Comme ils n'avaient jusque-là qu'un maigre stock d'insertions légales et de vagues réclames, soldées souvent en nature, telles que « l'eau de Botot, » le marché fut tôt conclu. Ainsi naquit la première agence parisienne. A côté d'elle fonctionnait un nommé Havas, ancien banquier et fournisseur militaire, ruiné à la chute du premier Empire, qui adressait aux journaux de province une correspondance — embryon des futures dépêches et des messages téléphonés — où il résumait les nouvelles quotidiennes. Il vendait sa prose assez cher, et les feuilles des départemens, peu fortunées en général, n'affluaient pas à sa caisse ; il leur proposa de payer leur abonnement en annonces que lui-même se chargerait de fournir.

Après la tourmente de 1848 des nuées de gazettes se fondèrent dans les plus petites villes ; il s'en trouva bientôt près de 400. Mais en même temps surgit, sous le titre de *Bulletin de Paris*, une concurrence à la lettre Havas, rédigée par M. Laffite, ancien secrétaire général de la préfecture de police. Après s'être fait la guerre de leur mieux, Havas et Laffite s'associèrent (1858). Avec l'aide d'un sieur Bullier, courtier très expert dans sa profession,. ils appliquèrent à Paris le système qui leur avait réussi au dehors, et le cercle de leurs opérations était assez étendu déjà lorsqu'ils vinrent à fusionner avec les maisons similaires créées dans la capitale, tant par M. Panis, le premier initiateur, que par ses émules MM. Lagrange et Cerf, qui affermaient déjà un certain nombre de journaux.

Ainsi se constitua, sous le nom de « Société générale des annonces » (1865), un puissant trust de la publicité française, auquel toutes les feuilles politiques de Paris et la plupart de celles de province ont été successivement affiliées. à des conditions diverses.

La Société, qui avait continué l'exploitation de l'humble correspondance du début, graduellement amplifiée, métamorphosée dans ses procédés, devenue l'énorme usine à transmission des nouvelles, rayonnant sur l'univers, se cantonna en 1879 dans la publicité pure et vendit, moyennant 7 millions et demi de francs, cette branche de son trafic, avec les traités y afférens et le nom d'« Agence Havas, » à une entreprise distincte. Cette dernière distribue les renseignemens télégraphiques, avec plus ou moins de profit, suivant qu'elle règne en maîtresse sur la place ou que des rivalités, comme celle de l'Agence Dalziel, qui disparut après une lutte onéreuse, l'obligent à de lourdes concessions.

De 2 millions de francs il y a trente ans, la « Société des annonces » est aujourd'hui passée à 8 millions d'affaires avec la clientèle parisienne. Ce chiffre permet d'apprécier le mouvement ascensionnel de la publicité ; il est loin de représenter la recette totale des journaux français, même en y joignant environ 4 millions de francs que se partagent quelques agences moins importantes. Le *Petit Journal* et le *Petit Parisien*, qui font à eux deux près de 5 millions d'annonces, courtages compris, restent en dehors de ce total ; de même le *Figaro*, avec 1 800 000 francs de publicité. Les autres quotidiens politiques, au nombre de 87 à Paris, demeurent, il est vrai, fort loin de pareils chiffres et, tout au bas de l'échelle, les moins favorisés d'entre eux récoltent modestement 10 à 12 000 francs par an.

Mais cinq à six grands organes régionaux de la province, *Petit Marseillais*, *Petite Gironde* de Bordeaux, *Dépêche* de Toulouse, *Lyon-Républicain*, réalisent ensemble une recette de 2 millions et demi ; des villes de second rang, comme Nantes, rapportent à la presse une moyenne annuelle de 300 000 francs et,

quoique, dans les minuscules « Courriers, » « Échos, » « Gazettes »
et « Moniteurs » hebdomadaires des chefs-lieux d'arrondissement,
ce chapitre souvent ne dépasse pas 1 800 francs, les deux mille
feuilles locales éparses sur le territoire représentent une somme
globale d'au moins 6 millions. Il y faut joindre les magazines à
gravures dont le principal encaisse 500 000 francs; les journaux
de modes, catégorie notable, dont il se tire à Paris chaque semaine plus de deux millions d'exemplaires; les Revues graves
ou légères, de divers formats; les multiples organes spéciaux,
religieux ou sportifs, industriels ou militaires, médicaux ou
agricoles. Enfin l'innombrable série des publications annuelles :
les 150 almanachs populaires et ruraux où les continuateurs de
Nostradamus, Mathieu de la Drôme ou Laensberg, éditent à
4 millions de volumes leurs prédictions atmosphériques; le Didot-
Bottin, l'Almanach-Hachette, etc., etc.

Autour de ces périodiques, dont les uns administrent eux-
mêmes leur publicité, tandis que d'autres l'afferment à forfait à
des régisseurs, gravitent des courtiers dont les profits, naguère
élevés, se réduisent de jour en jour. Corporation assez louche et
rafalée, au dire de ceux qui en tiennent la tête et font honneur
à leurs affaires.

Besogne délicate pourtant, puisqu'elle consiste à vendre du
vent, et le vent qui convient, et à ne pas le vendre trop cher. Il
ne suffit pas de persuader au client que son argent, aventuré en
réclame, lui reviendra avec force bénéfice; si sa mise est perdue,
il se juge trompé et l'on n'y peut plus revenir. A l'industriel, au
gros commerçant de passage à Paris, dont il se flatte de tirer une
large commande d'insertions, le courtier s'attache avec une gracieuse opiniâtreté; il se constitue son ami intime, son guide
parmi les attractions de la ville; il saura au besoin, en généreux
commensal, lui offrir de fins repas. Parmi le personnel de cette
profession il se rencontre des femmes; elles ont, pour « enlever
les affaires, » des moyens que les hommes n'ont pas.

Tels courtiers, à grandes relations, se faisaient autrefois des
traitemens de ministres; mais ils disparaissent. Il fut un temps
où leur remise allait jusqu'à 30 pour 100 du montant des ordres
qu'ils apportaient; maintenant elle n'excède pas 5 pour 100 dans
les feuilles très achalandées où la publicité afflue d'elle-même;
quant à celles d'un moindre tirage, elles sont rarement demandées. Les agences avaient un moment combiné des listes, où

les journaux en vue devaient remorquer les autres, grâce à une
réduction de prix offerte sur la masse. Des organes anciens, qui
conservaient leur notoriété bien qu'ils eussent perdu leurs lecteurs, profitaient de ce système. Il a été abandonné parce que
les faiseurs de réclame, jadis peu au courant, sont devenus très
perspicaces, renseignés par leurs enquêtes personnelles sur la
valeur exacte de la presse, même de la presse provinciale, au
point de vue de son « rendement. »

Est-ce parce que ce « rendement » demeure, en France, inférieur à ce qu'il est à l'étranger, que les annonces tiennent dans
nos journaux une si petite place, comparativement à celle qu'elles
occupent dans les feuilles anglaises, allemandes et américaines?
Et ce faible rendement tient-il au prix élevé de notre publicité
ou à l'état d'esprit du lecteur français? Le *Times*, le *New-York
Herald*, étant donnée la prodigieuse abondance des matières,
perdent sur la vente des sommes considérables qu'ils récupèrent
exclusivement par les annonces ; mais aussi, dans tel numéro du
Herald qui comprend 64 pages, les annonces en remplissent 30.
La ligne s'y vend 2 fr. 25, meilleur marché que chez nous, par
rapport aux 350 000 numéros déroulés sur les cylindres, mais
bien plus cher si l'on songe à l'énorme quantité des insertions,
parmi lesquelles cette ligne est noyée.

L'annonce, qui coûte dans nos grands quotidiens 1 fr. 50 à
3 francs la ligne, vaut seulement 1 franc dans le *Standard* de
Londres ou le *Secolo* de Milan, 90 centimes dans la *Neue
Freie Presse* de Vienne, 40 centimes dans le *Heraldo* de Madrid,
50 centimes dans la *National Zeitung* de Berlin, organes dont les
tirages varient entre 250 000 et 30 000 exemplaires. Le chiffre du
tirage n'est pas au reste le seul élément constitutif de la valeur
d'une publicité ; la qualité des abonnés y entre pour beaucoup :
s'il s'agit de vendre une paire de chevaux ou un hôtel aux Champs-
Élysées, on n'aurait guère chance de trouver preneur au moyen
d'un journal uniquement accrédité parmi les garçons limonadiers,
fussent-ils cent mille.

Mais, riches ou pauvres, les Français tiennent à lire vite :
remarquons que nos organes populaires qui surpassent l'un avec
un million, l'autre avec 700 000 exemplaires, les chiffres de
toutes autres gazettes, *dans l'univers*, sont, à toutes autres aussi,
inférieurs par le format. Si ces feuilles, et celles en général
qui jouissent chez nous de la faveur du public, refusent d'ac-

croître leurs dimensions, soit en texte, soit en annonces, c'est parce qu'elles savent que notre peuple jusqu'ici répugne à cet encombrement de papier où se plaisent des peuples voisins.

Les annonces n'affluent qu'à la condition d'être profitables ; or elles ne sont profitables qu'à la condition d'être lues et, depuis la Déclaration des droits de l'homme, il semble difficile d'obliger les citoyens à les apprendre par cœur. C'est affaire aux négocians d'attirer l'œil sur leurs élucubrations, et ils ne le cèdent, dans notre République, à ceux d'aucune autre nation : les Américains disent qu'avec une publicité bien conduite on arriverait sûrement à faire admettre par tout le monde que les noyaux de pêche contiennent des perles fines ; et l'un de nos compatriotes affirmait naguère qu'avec des réclames bien tournées il vendrait l'eau de la Seine en bouteilles. Je ne sais s'il l'a vendue effectivement ; mais le succès de certaines entreprises et, par exemple, la vogue récente de ce que l'on nommait des « boules de neige, » fédérations grâce auxquelles une nuée de bonnes gens crurent acheter toutes sortes d'objets pour le dixième de leur valeur, prouve que la bêtise humaine est sans limite, puisque les inventeurs de ces machines n'en ont pas touché le fond.

L'annonce, quoique étant par définition une offre sans phrases, a, pour se faire mieux voir, de petites finesses : clichés placés à l'envers où étrangement maculés d'une éclaboussure d'encre, qui piquent la curiosité. Au contraire, c'est une demi-page blanche qui surprend le regard, avec cette annotation dans l'angle inférieur, en tout petits caractères : « Cette place était louée par la maison Dupont frères ; mais les affaires de cette maison, qui peut à peine contenter sa nombreuse clientèle, sont si prospères, qu'elle renonce à toute publicité. » Par le bruit colossal et incessant, qu'il a fait dans toutes les parties du monde autour de son savon : le *Pear's soap,* un fabricant de Londres est arrivé à vendre, de ce seul article, 15 millions de francs chaque année.

En France également, quelques annonces heureuses ont édifié des fortunes : longtemps après que M. Rigollot, fondé de pouvoirs de la chocolaterie Ménier, eut promulgué l'affirmation fameuse, « Ce chocolat est le seul qui blanchisse en vieillissant... », les ménagères demandaient aux épiciers s'ils pouvaient leur *garantir* qu'en devenant vieux ce chocolat blanchirait.

La jonction de marchandises hétéroclites donne parfois de
bons résultats : un libraire, impuissant à écouler les dix-neuf
tomes d'une édition de Victor Hugo, imagina de lier leur sort
à celui d'une pendule et de deux candélabres, en offrant, l'un
portant l'autre, l'ouvrage et la garniture de cheminée, confondus
dans le même éloge : « Géant littéraire, il personnifia son
siècle...; la pendule est en marbre noir, rehaussé de motifs
d'or...; partout où se trouve une intelligence, il y a un livre du
grand poète...; les girandoles et la coupe sont en beau bronze
d'art... » '

Mais, pour le maniement de la réclame dans les journaux,
rien n'égale la pharmacie; de même que nul, dans la rédaction
des prospectus, ne surpasse le commerce des boissons. Tantôt
c'est « UNE MÈRE qui, par reconnaissance, enverra le secret d'un
remède infaillible contre la maladie de poitrine, à qui écrira;... »
chaque insertion se terminant par cet avis : « Conservez l'adresse,
elle ne sera pas redonnée. » Tantôt c'est « UNE PERSONNE qui offre
gratis le moyen de guérir promptement... » la plupart de nos
infirmités, et prend soin d'ajouter que sa proposition humanitaire
« est la conséquence d'un vœu. » L'acquittement de ce « vœu, »
à raison de 60 000 francs d'annonces par an, serait évidemment
ruineux, si son auteur ne tirait, de la vente de ses médicamens,
un bénéfice de 75 pour 100.

C'est la proportion du gain, dans cette branche de commerce,
qui lui permet de supporter, plus aisément que tout autre, les
frais d'une large publicité. Ces pilules, bénigne mixture d'aloès
et de jalap, pourvues d'un nom pittoresque par leur inventeur,
et cédées par lui aux dépositaires pour un franc, représentent,
boîte comprise, 0 fr. 20 de débours. On en peut dire autant des
tisanes, sirops ou spécifiques quelconques, dont l'un dépense
chaque année 500 000 francs, pour raconter dans des faits divers
aux titres dextrement choisis — « Une route mystérieuse, »
« Quinze jours après, » « La locomotive désemparée » — les
cures superbes dues à la merveilleuse panacée.

Innombrables sont les créateurs de spécialités, dont l'objectif
est d'atténuer les inconvéniens de saveur ou d'odeur des produits les plus ordinaires de la thérapeutique; mais, seuls, parviennent à la fortune ceux que guide un barnum émérite. Certaines pastilles dont les annonces atteignirent certaine année
900 000 francs, durent leur succès à l'alliance du simple pharma-

cien de Sainte-Menehould, qui les confectionnait, avec le directeur d'une gazette parisienne, vivant génie de la réclame.

Qui possède cet heureux don réussit sans effort les « grains
de santé contre l'anémie » et les « pâtes » excitatrices de cheveux sur les crânes rebelles ; il lance, à tour de rôle, des remèdes
pour combattre la migraine ou pour supprimer les hernies. Et
s'il acquiert, pour peu de chose, la propriété d'un élixir qui
végète, il le revend dix fois plus cher après une période de publicité active. La maison Torchon, propriétaire du « Goudron
Guyot » et d'une quantité d'autres marques, fut mise en vente
à la mort de son chef, en 1885, sur le pied du bénéfice des exercices précédens qui s'étaient élevés en moyenne à 1 500 000 francs
par an. Un autre fabricant de produits pharmaceutiques, qui fut
quelque temps député de la Seine, gagnait à peu près la même
somme.

Toutes ces annonces, comme les objets à qui elles s'appliquent, sont de la nature la plus innocente. Mais la quatrième
page des journaux est guettée aussi par des chevaliers d'industrie qui cherchent à s'y embusquer ; tels sont, par exemple, ceux
qui offrent de procurer des emplois, à qui leur adressera, soit
des timbres, soit quelque menue monnaie « pour les frais de
réponse », et qui ne répondent Jamais. Il ne se passe pas de
jour où les feuilles sérieuses ne refusent pour un certain chiffre
d'insertions qui fleurent l'escroquerie.

Quant aux « petites correspondances » qui offensent simplement la morale, certaines gazettes sont plus indulgentes. M. Bé-
renger a donné lecture, à la tribune du parlement, de textes
dans le goût de ceux-ci : « Jeune fille désire trouver ami riche, »
ou « Jeune femme du monde, gentille, ne se suffisant pas,
souhaite union sûre avec monsieur aisé. » L'honorable sénateur
s'est plaint que ces rédactions tentatrices ne tombassent pas,
malgré leur parfum prononcé de proxénétisme, sous le coup de
la loi. Les entrefilets de cette sorte ne sont d'ailleurs pas tous
authentiques, mais ils portent quand même : pour mesurer le
degré de diffusion du journal auquel il appartenait, un reporter
jovial glissa cette phrase dans la rubrique des « mariages : »
« On demande une femme n'ayant qu'une jambe. » Il paraît que
les réponses ne manquèrent pas

III

Publicité « classée » est le nom générique que portent les catégories qui précèdent, divisées, suivant leur emplacement et leur tarif, en annonces, réclames et faits divers. Outre ces éloges, marqués en chiffres connus, d'une marchandise quelconque, existe ce qu'on appelle, en terme de métier, la publicité « non classée ». C'est tantôt un « écho, » une note brève, tantôt un article entier, dans le corps, voire en tête du journal, où celui-ci prend à son compte l'appréciation favorable qu'il émet sur un livre, une découverte, un spectacle, un projet d'édilité, parfois sur un personnage connu ou désireux de l'être. Une actrice de talent, que les louanges normales laissaient inassouvie, consacrait annuellement, pour soigner sa gloire, des sommes fort copieuses à cette renommée artificielle.

Ici l'apologie des personnes ou des choses est naturellement plus discrète; elle doit se teinter aussi d'une couleur de style, suffisante pour ne point déparer l'harmonie de la rédaction ambiante; enfin elle n'offre d'intérêt que dans des organes très répandus. La feuille d'un éclat modeste a beau proposer d'adjoindre, moyennant une centaine de francs, au récit d'une fête publique, d'une visite officielle ou de tout autre événement, une glose avantageuse sur un particulier ou sur une usine; elle a peu de chance d'obtenir cette faible allocation. Ailleurs, au contraire, il est des articles cotés 5 000 francs, quand on les obtient. Encore ne les obtient-on pas toujours. La publicité « non classée », bien qu'administrée avec mesure et bornée à un petit nombre de journaux parisiens, s'élève cependant à près de 4 millions de francs.

A côté d'elle est la publicité dissimulée, celle que font de grandes compagnies, des établissemens en vue, des casinos comme celui de Monaco, auxquels il importe de créer ou de maintenir autour d'eux une « atmosphère favorable. » C'est aussi le but de la publicité « financière, » lors même qu'elle est inapparente et ne se manifeste que par le silence et l'absence de bruit.

Cette branche d'industrie eut son apogée durant la période qui précéda le krach mémorable de 1881, lorsque des émissions nombreuses, puisant dans ce réservoir de capitaux qu'est la

France, devaient, pour atteindre les bas de laine, employer la
voie des journaux. Les exigences de ces derniers ont-elles été si
grandes, ainsi qu'on l'a prétendu maintes fois, qu'elles aient
écrasé le marché et que, pour échapper aux fourches de la presse,
les banquiers aient déserté la place de Paris ou tourné la difficulté, en procédant à ces émissions sournoises que l'on nomme
des « introductions » de valeurs ?

C'est là une légende dénuée de fondement, accréditée par les
désordres du Panama qui, suivant le mot de l'expert Flory,
« chantait » pour tout le monde, et par les pratiques du Crédit
Foncier où, sous une précédente administration, il était distribué environ un million par an en « publicité. » Remarquons,
à ce sujet que des gazettes, depuis plusieurs années défuntes,
continuaient à figurer sur les états de répartition, au nom de
gens qui émargeaient régulièrement tous les mois, mais qui
n'avaient jamais appartenu à aucun journal. D'où l'on peut infé-
rer que les sommes ainsi versées servaient à récompenser d'autres
concours que ceux de la presse. Une conséquence de cet abus
a été le vent de suspicion qui souffle désormais dans le public,
si fort qu'un ministre, il y a peu d'années, refusait de présenter pour les chemins de fer une loi qu'il savait bonne, uniqué-
ment pour n'être pas accusé d'être vendu.

Quant à la presse, à part un ou deux forbans, redoutables
dans l'art d'amener les financiers à composition, elle se divise
en deux catégories : les bons journaux, dont l'appui est précieux
et dont les prétentions ne sont jamais excessives, et les feuilles
sans nom, — les « canards », — qui volontiers usent de menaces,
mais dont on se débarrasse à bon marché.

Les relations de la haute banque avec les périodiques de
Paris et de province sont concentrées, en fait, dans deux agences
qui se chargent, moyennant courtage, d'organiser pour chaque
affaire nouvelle une publicité suffisante. Celle-ci comprend, outre
l'annonce pure et simple des chiffres de la souscription, une
mention bienveillante dans le « bulletin de Bourse » capable
d'influencer le capitaliste. Cette mention, plus ou moins longue,
plus ou moins réitérée, coûte aussi plus ou moins cher; mais on
ne descend pas au-dessous d'un minimum de 30 000 ou 40 000 francs
pour la plus petite émission, parce que l'intermédiaire ne peut
aborder les quotidiens politiques qu'à la condition de traiter avec
tous, sans exception ; chacun admettant que l'affaire ne distribue

rien, mais n'admettant pas de rester en dehors de la distribution,
s'il en est fait une. Il n'est ici question que des affaires honnêtes ; des autres, les journaux sérieux ne parlent jamais; non
seulement par délicatesse, mais parce que le préjudice moral
qui en résulterait pour eux surpasserait de beaucoup la somme
à recevoir.

La charge serait trop lourde encore pour une entreprise modeste, mais celle-là n'a pas besoin de faire appel au crédit. Il n'est
pas fait à Paris plus d'une cinquantaine d'émissions. publiques,
chaque année, et le montant total de leurs frais peut être évalué
à 5 millions de francs. Ils ne sont nullement proportionnés,
pour chacune d'elles, au capital à couvrir; l'engouement ou
l'indifférence de l'opinion y a grande part. Telle souscription de
12 millions a coûté, ce printemps dernier, 250 000 francs, affiches
comprises; ce sont là des conditions normales. Tandis que le
premier emprunt russe de 600 millions réussit avec seulement
1 million de francs, dont moitié en annonces visibles et moitié
en publicité dans les bulletins.

Quelque transformation que subisse le monde économique,
il obéira toujours aux mêmes lois : il faudra toujours de la
réclame pour avoir de l'argent et de l'argent pour susciter de
grandes industries. Sous l'influence des idées aujourd'hui en
faveur, on voit les syndicats d'ouvriers ou d'employés obtenir
des pouvoirs constitués les concessions de travaux et de monopoles. On serait tenté d'y voir une évolution socialiste. Grave
erreur; ces syndicats servent simplement de façades à des banquiers puissans qui les commanditent, emploient leurs noms pour
s'accommoder au goût du jour et mènent, sous leur couvert, des
campagnes capitalistes dans les moniteurs les plus férocement
hostiles au capital.

La publicité financière se traite par conventions purement
verbales; les agens qui la centralisent ont soin toutefois, pour
justifier l'emploi des fonds confiés par leurs commettans, d'en
acquitter le prix au moyen de chèques. Leur fonction est assez
ardue : d'un côté, ils doivent déjouer les ruses des spécialistes
qui font paraître de pseudo-périodiques, quelques jours avant
les grosses émissions, pour avoir part à la manne, ou qui, pour
augmenter la part à eux attribuée, présentent, sous plusieurs
titres, la même gazette dont les « manchettes » seules diffèrent;
d'un autre côté, il leur faut négocier l'appui d'organes presque

inaccessibles qui, si honorable que soit une affaire, promettent difficilement leur patronage formel, même en échange de participation ou d' « options. »

L' « option, » dont on s'est beaucoup servi pour le lancement des mines d'or, est un système qui, au lieu de payer la publicité en espèces, donne au journal la faculté d'acquérir, au cours d'émission, durant un délai déterminé, un certain nombre des titres futurs. Si la valeur monte, le bénéficiaire « opte » pour l'achat et encaisse une différence; sinon, il s'abstient, et le contrat est caduc.

IV

Le prospectus a, sur le journal, plusieurs avantages pour le commerçant qui s'adresse à une clientèle limitée : il en dit plus long et atteint plus sûrement son but. Soit qu'il vise en bloc certaines localités ou, éparses par toute la France, certaines catégories d'individus, les chasseurs ou les prêtres, les épiciers ou les fonctionnaires, les artistes musiciens ou les gens qui possèdent une voiture, le prospectus, petit ou grand, qu'il soit brochure luxueuse sous enveloppe ou chiffon de papier sous une pauvre bande, se rendra directement au domicile de ceux par qui l'on souhaite qu'il soit lu. Des maisons spéciales se chargent du soin de fournir les listes, de confectionner les adresses, souvent même d'opérer la distribution.

La plus ancienne, et aussi la plus connue, continue de porter les noms d'un sieur Bonnard et d'un sieur Bidault qui, en 1829, s'associèrent pour entreprendre le transport à bon marché des journaux. Bonnard et Bidault s'enrichirent, passèrent la main, mais leur enseigne demeura. Elle sert aujourd'hui de raison sociale à une société anonyme fondée en 1879 au capital de 2500000 francs, qui s'occupe en même temps de l'affichage.

Le personnel chargé de la fabrication des bandes se composait, il y a une dizaine d'années, de 500 à 600 « écrivains, » — les bandistes, — qui demeuraient presque tous sur la rive gauche, aux environs de la rue des Anglais. Ces professionnels ont à peu près disparu. Ceux qui exécutent aujourd'hui ce travail sont des gens de toute condition, quelques-uns dans la misère, épaves de la vie, — il s'y trouve jusqu'à des politiciens de rebut; — d'autres sont de petits rentiers qui se contentent d'un salaire d'appoint.

Si l'embauchage, en effet, ne comporte aucune formalité, s'il suffit de se présenter, muni d'une plume, pour être immédiatement agréé, sans avoir besoin de faire connaître ni où l'on gîte, ni qui l'on est, le métier ne donne pas de quoi vivre. Les bandes les plus avantageuses à établir, celles de Paris, qui ne portent qu'un nom propre et un nom de rue, se payent 1 fr. 80 à 2 francs le mille. Les habitués en font un millier par jour, les mains exceptionnelles arrivent à 1 500, les débutans ne dépassent pas 600. Plus longue est la transcription des adresses de province, de celles des châteaux surtout; elle décourage les scribes et provoque en vingt-quatre heures, parmi eux, de nombreuses désertions. C'est un moyen détourné de renvoyer du monde.

Quoique la maison Bonnard-Bidault établisse chaque année 65 millions de bandes ou d'enveloppes, et que les autres agences en fassent à peu près autant, ce n'est là qu'une faible partie des imprimés commerciaux qui sont expédiés chaque année; parce que beaucoup de marchands et d'industriels, — tels les magasins de nouveautés pour leurs catalogues, — tiennent, afin d'avoir des suscriptions plus correctes et soignées, à les faire exécuter sous leur surveillance par des employés à leur solde.

En effet, les copistes à façon usent, pour alléger leur tâche, de malicieuses roueries. Quand ils se trouvent en face d'une adresse un peu longue et détaillée, volontiers ils la sautent; au contraire, se présente-t-il un nom très court à écrire, ils le reproduisent quatre ou cinq fois de suite. En sorte que certaines personnes risquent de ne recevoir jamais le prospectus, tandis que d'autres sont inutilement gratifiées de plusieurs exemplaires. Quelle agence aussi est à l'abri des erreurs? Telle qui avait à distribuer 30 000 catalogues à des instituteurs et 30 000 autres à des médecins ou pharmaciens se trompa de destinataires, et, tandis que des pharmaciens recevaient les offres d'articles scolaires, les instituteurs apprenaient, sans comprendre pourquoi on jugeait utile de les en avertir, qu'une nouvelle manière de préparer les pilules venait d'être imaginée par le docteur X...

Nombre de circulaires sont encartées dans des recueils hebdomadaires ou bimensuels; elles payaient leur juste part du tarif postal de ces périodiques, jusqu'à ce que l'État se fût avisé de leur imposer une taxe égale à celle des prospectus transportés isolément. Le coût du port, à 10 francs par mille, représente moitié de la dépense totale du prospectus in-octavo qui voyage

sous bande; sous enveloppe, ces frais quintupleraient. Mais ici
interviennent les agences, qui font pour 15 francs ce que l'État
fait pour 50, et sèment, de porte en porte, quelque 80 millions
de plis fermés, à Paris et dans les grandes villes, par les mains
de leurs facteurs privés. L'administration des postes n'en reçoit
pas beaucoup davantage, — 85 millions. — Pour les imprimés
sous bande, elle atteint le chiffre prestigieux de 475 millions par
an. La comparaison des différens pays entre eux montre combien la taxe postale influe sur la publicité. Le total des imprimés
(journaux compris), qui est en France de près de 1 milliard, et
qui dépasse 2 milliards aux États-Unis, est seulement de 150 millions en Angleterre, où le taux minimum est de 5 centimes.

Le prospectus serait parfait, s'il n'avait quelque chose contre
lui : c'est qu'on ne le lit pas. Sur une quantité déterminée, un
petit nombre a chance d'être parcouru d'un œil distrait; la plupart sont directement jetés au panier. Pour augmenter la proportion de ceux qui seront au moins ouverts, les commerçans
s'ingénient à en varier la forme, à en dissimuler le caractère, à
piquer de mille façons la curiosité.

Les uns emploient du papier fastueux, y joignent d'élégantes
eaux-fortes, des dessins inédits d'un maître; d'autres, ayant remarqué que les mentions « Personnelle, » « Urgent, » « A lire
attentivement, » n'illusionnaient plus personne, simulent sur
l'enveloppe le cachet fantaisiste d'une administration de l'État,
ou mettent à l'un des angles le mot « Remerciemens, » surmonté d'une couronne comtale, ou y font figurer cette indication attrayante : « Invitation à l'Opéra. » Peu importe que, la
feuille dépliée, le lecteur constate piteusement qu'il s'agit d'un
« anticor, » très apprécié par les demoiselles du ballet; la publicité est faite.

Au moment du dernier massacre des Arméniens, lorsque
l'Europe apprenait avec stupeur que des dizaines de mille hommes
tombaient sous le poignard ou la matraque d'assassins, un grand
marchand parisien de tapis turcs répandait à flots le fac-similé
d'un télégramme qui était censé lui être adressé de Smyrne :
« Arméniens s'enfuient; quatre notables réussi sauver 150 ballots tapis que vous expédions par mer. »

Ce regard, un instant capté par lui, le prospectus s'applique
à le retenir : d'une gaine triangulaire en papier rose vous avez
extrait un billet parfumé qui débute en ces termes : « Ma toute

belle, dois-je ou ne dois-je pas te gronder?... Pourquoi, méchante,
ne t'ai-je pas vue hier soir?... » Vous savez que cette épître familière est une réclame; néanmoins, vous tournez la page et, dans
le récit d'un concert, vous apprenez l'existence d'un nouvel instrument de musique récemment inventé, « qui vaut à lui seul
un orchestre. » Ce spécimen est autographié; d'autres correspondances, plus commerciales, sont composées en caractères de
machine à écrire; plusieurs sont manuscrites. Procédé coûteux,
— chaque copie revient à 0 fr. 15 par page; — dangereux aussi,
par les bourdes orthographiques que des plumes illettrées laissent
filtrer dans cette prose.

Il a pourtant ses avantages, puisque les négocians en vins le
pratiquent avec persévérance. On riait de M. Guillaume, affirmant n'être point marchand, mais se plaire seulement à céder
son excellent drap à des amis en échange de quelque monnaie.
Sur ce personnage classique se modèle à ravir, avec une exquise
bonhomie, tout un groupe de maisons de la Gironde. Aucun de
ces fournisseurs ne se mêle de trafic; ils y sont tout à fait étrangers; celui-ci a simplement reçu quelque dépôt qu'il détaille
pour rendre service; celui-là est « liquidateur judiciaire; » avec
lui, vous profiterez de quelque bonne ruine d'un commerçant en
déconfiture; cet autre a bien fait partie de la corporation mer-
cantile, mais il la quitte : « Je viens vous faire part, écrit-il,
qu'un de mes parens, célibataire, vient de me faire héritier de
sa grande fortune, à la condition que nous irions vivre en famille
chez lui. Obligé de renoncer aux affaires, qui étaient fort agréables
pour moi, j'ai l'honneur, Monsieur, de vous offrir, avec grande
perte, les meilleurs vins du monde, etc. » .

La majorité sont des « propriétaires; » et, pour écouler le
jus de « leurs vignes, » ils disposent d'une richesse de vocabulaire qu'eût enviée le regretté Mangin, lorsqu'il débitait, le
casque en tête, des crayons sur son char. Même cette richesse,
semble-t-il, les trahit: à lire l'énumération des qualités qui distinguent leur sauterne, « nerveux, corsé, charnu, doré comme
les rayons du soleil, » possédant « une limpidité de cristal et
un bouquet adorable, » digne, par « sa vinosité, sa sève et son
coulant, » d'honorer une « bibliothèque de vins fins, » on se
demande comment un simple récoltant tourne si bien une telle
harangue, et si le « château » qui orne son papier à lettres n'est
pas uniquement le plan de celui qu'il bâtira, après fortune faite.

D'autres circulaires sont signées par des femmes; c'est moins banal. Le style en est pressant, affectueux; elles renouvellent leurs offres de vin trois ou quatre fois de suite, à des intervalles rapprochés, et s'en excusent : « Vous devez vous dire aujourd'hui, monsieur, dans le fond de votre pensée : Madame X... tient donc bien à me faire apprécier ses récoltes; vous avez les sentimens trop élevés pour vous en formaliser... » Suivent tous les bienfaits que procurent ces jus exquis, « qui charmaient l'esprit et le cœur de nos ancêtres, » et, pour finir, votre correspondante s'écrie : « Ah! je ne m'enrichirai pas, je changerai un franc contre vingt sols à peu près. »

Celui-ci fait mieux : vous ouvrez une lettre largement bordée de noir; un grand malheur a frappé le signataire, il a perdu un parent très proche; lequel lui laisse sur les bras des vins de choix, qu'il voudrait bien vendre de suite « pour n'avoir pas à payer les droits de succession, » et aussi parce que « le local où se trouvent ces barriques doit être incessamment démoli... » Faites-vous la sourde oreille? quinze jours après, une autre lettre du même vous avisera qu'il faut vous hâter, que « le maçon doit venir la semaine prochaine. »

La palme en ce genre appartient peut-être à « une mère de six enfans, » à la veille « d'être expropriée par un prêteur inexorable, si elle ne trouve immédiatement une somme minime... par la vente de son vin, etc. » Annexée au pli est la carte d'un ecclésiastique, qui recommande comme digne de tout intérêt l'expéditrice de cette requête. Bienfaisance et bonne opération, aurez-vous le courage de refuser? Je ne sais si tous ces industriels réussissent, ni quel est le rendement de leur procédé; mais ils méritaient une place de choix dans l'étude de la réclame contemporaine. L'envoi de ces divers papiers se combine utilement avec la proposition : aux architectes, d'une remise sur les matériaux qu'ils voudront bien conseiller à leurs cliens; aux médecins, d'une action de jouissance des sociétés d'eaux minérales qu'ils recommanderont à leurs malades; aux curés, d'une commission « pour les pauvres » sur divers articles qu'ils feraient vendre dans leur paroisse : c'est, dit un post-scriptum édifiant, « la part de Dieu que je me suis juré de prélever sur toutes mes affaires! »

Dans la catégorie des prospectus rentrent les annonces imprimées au dos des tickets d'omnibus ou de chaises des prome-

nades, à l'entour des menus de restaurant ou des billets de
théâtre. On y peut ranger aussi celles qu'un ministre des Finances
avait résolu d'apposer, il y a quelque temps, sur les 400 millions
de boîtes d'allumettes vendues chaque année par l'État. Le
ministre évaluait à 5 millions de francs le produit de cette pu-.
blicité; il avait des offres sérieuses et estimait assez sagement un
pareil revenu préférable à de nouveaux impôts. Un député indigné demanda aussitôt jusqu'où l'on irait dans cette voie et pourquoi l'on n'affermerait pas aussi la publicité des paquets de
tabac, des journaux officiels et des murs de bâtimens publics.
A quoi l'organe du gouvernement répondit qu'il se bornait pour
l'instant aux boîtes d'allumettes, et qu'il dépendait de la Chambre,
en s'abstenant de voter des dépenses nouvelles, de ne l'obliger
pas à aller plus loin. D'autres législateurs protestèrent; les uns
craignant « que ces annonces profitassent surtout aux gros capitalistes, » les autres estimant « qu'il était peu conforme à la
dignité de l'État » de se faire marchand de publicité, bien que
personne ne juge indigne de lui de se faire marchand de tabac
et d'allumettes. La majorité donna raison au ministre, mais le
projet tomba dans l'eau.

Aux prospectus peuvent enfin être rattachés les mille objets
gratuitement répandus par les magasins, dont ils célèbrent ou
seulement rappellent le nom. La carte chromolithographique,
naguère chargée de cet office, fut ensuite abandonnée, parce que
l'on remarqua qu'elle allait tout droit aux mains des enfans et...
n'en revenait pas. Mais combien d'articles l'ont remplacée : abats-
jour ou éventails, écrans ou papiers à cigarette, jusqu'à des
miroirs et à des parapluies! Les distributeurs automatiques des
gares, livrant galamment pour 10 centimes une chose qui souvent en vaut 15, et payant en outre une redevance aux compagnies de chemin de fer, sont une réclame analogue.

Pareils bibelots, bons pour les fabricans de biscuits et les
distillateurs d'absinthe, ne sauraient propager la marque des
industries de luxe. De celles-ci viennent les riches albums, aux
allures de guides ou d'agendas, dont les dessins originaux, payés
jusqu'à 3 000 francs à des artistes en renom, sont reproduits,
tantôt par la simili-gravure, qui donne un attrait documentaire
aux vues et aux paysages, tantôt par l'héliogravure, qui communique aux bronzes et aux objets d'art la mollesse et le fondu
des contours, par la taille-douce ou la gravure sur bois.

V

Lorsque la publicité ne saurait trier dans la foule les « sujets » qu'elle désire « travailler, » l'affiche seule lui convient. Multiple et tenace, elle ne vous arrête point dans votre marche, elle ne vous interrompt pas dans vos pensées; mais elle vous rend obligatoire la lecture d'un, deux ou trois mots. C'est le crieur de rue qui se fait entendre par les yeux, à 50 mètres de distance. Le placard racoleur, qui s'épanouit au grand jour de la ville sur le mur salpêtré, n'a pas besoin de boniment; bien plus, chercher à le transformer en agent de conviction, ce serait le réduire à l'impuissance. Chaque outil a sa fonction propre; celui-ci doit jeter un nom avec persistance et clarté. Pour dire en une seconde au public ce qu'il a de capital à lui dire, il condense la réclame en une courte phrase et l'impose, comme l'orgue de Barbarie apprend à l'oreille les airs qu'il moud sans trêve. L'affiche idéale, agissant d'une façon mathématique, est celle qui n'a pas besoin d'être lue, mais sur laquelle il suffit de laisser tomber son regard pour embrasser, *malgré soi*, le texte.

Ce texte doit-il demeurer immuable dans sa forme? Doit-il, au contraire, varier de temps en temps? Les deux systèmes ont leurs partisans : les uns jugent que l'attention s'émousse vite; qu'il faut, pour l'entretenir, renouveler à chaque instant l'effort; qu'à passer fréquemment devant Notre-Dame ou le palais du Louvre, on finit par ne plus les voir; et qu'une affiche à laquelle on s'habitue est comme si elle n'existait pas. Les autres affirment que, pour enfoncer profondément quelque chose dans la cervelle des passans, il faut frapper toujours de la même façon et au même endroit, que l'emblème d'une poudre à punaises ou d'un chocolat vu et revu quotidiennement se loge dans une case de votre mémoire et devient pour vous le prototype du chocolat ou de la poudre insecticide. Grave question de psychologie, que nous laisserons trancher par les experts!

Tous s'accordent, au reste, à bannir sans pitié les fioritures et les arabesques, qui communiquent du fondu à la composition. Ils recommandent des caractères très simples, lisibles à grande distance; peu de teintes, leur abondance atténue l'intensité du choc visuel. Une pancarte qui, dans un bureau et isolée, paraissait grande et nette, se trouve mesquine et confuse, lorsque, au·mur, elle est écrasée par la concurrence. Affaire d'ambiance, d'éclairage et de reculée. L'affiche qui descend sur le trottoir doit être « faite, » comme la tête d'une femme de théâtre qui, pour aborder la rampe, exagère les traits et les nuances de sa figure et substitue un heurté savant à l'harmonie naturelle de son visage.

Ces affiches éphémères, imprimées sur un papier qui ne contient de matières textiles que juste ce qu'il en faut pour retenir le plâtre dont il est presque entièrement composé, sont collées annuellement, dans les rues de Paris, au nombre d'environ 1 500 000 ; les années d'élection, ce chiffre augmente, dans la capitale, d'au moins 800 000 exemplaires. En province, une grande agence de Paris pose, à elle seule, 6 millions d'affiches. Leurs dimensions vont du « quart-colombier, » — $0^m,41$ sur $0^m,30$, — au « quadruple grand-aigle, » — $2^m,20$ sur $1^m,40$, — et le coût, pour la taille la plus usitée, est de 100 francs le mille. Mais l'impôt du timbre vient plus que tripler ce prix.

A cet égard, l'affichage vit sous le régime d'une loi de 1852, devenue absurde, parce que la matière régie par elle a complètement changé depuis un demi-siècle. La taxe, qui commence à 6 centimes pour les plus petits modèles, s'élève graduellement à 24 centimes pour les formats supérieurs à 82 centimètres sur 60, *quelque surface qu'ils couvrent*. Au début du second empire, il n'existait pas de presse capable de tirer de grands placards ; tandis qu'aujourd'hui, grâce au matériel typographique en usage, on arrive, pour économiser les timbres, à imprimer des affiches immenses, à employer même du papier continu.

Les premiers qui eurent recours à ce procédé réalisèrent parfois de jolis bénéfices : de ce nombre fut M. Morris, le concessionnaire des colonnes-spectacles. Les directeurs des principales scènes de Paris, pour la confection et la pose des affiches qui annonçaient leurs représentations quotidiennes, avaient avec lui des traités *à forfait*, où le coût du timbre, bien qu'il n'en fût pas fait mention, représentait pour l'entrepreneur un débours assez gros. Il parvint à le réduire en groupant *sur une même feuille*, le programme de plusieurs théâtres. Il obtint de ce chef, à raison de 2 francs par jour sur 150 colonnes, un profit supplémentaire d'environ 120 000 francs par an et cela pendant quinze ans, sans que personne se fût aperçu de cette habileté, d'ailleurs légitime.

Lorsque les affiches peintes, inconnues à l'origine, firent leur apparition, la loi les frappa d'un droit de 0 fr. 60, jusqu'à 1 mètre carré, et de 1 fr. 20 pour celles qui excédaient 1 mètre. Comme il se badigeonne, sur de vastes pignons, des fresques de 50 mètres carrés, ce tarif, bientôt reconnu défectueux, fut corrigé et... considérablement augmenté : on institua une contribution de 2 fr. 50 par mètre et par an, qui supprima incontinent la publicité peinte. Quoique le taux fût dix fois plus fort, le Trésor encaissa beaucoup moins. Pour tempérer la rigueur de cette nouvelle charge, on admit qu'elle ne serait plus annuelle, mais seulement une fois payée.

Cette concession tardive n'empêcha pas les intéressés de trouver moyen d'éluder la loi : il ne se fit plus que des affiches-papier, sujettes au timbre de 24 centimes; mais elles furent collées sur toile, laminées sur zinc, vernies, solidifiées de mille façons. On inventa un composé de carton et de caoutchouc, — le ruberroïde, — qui, légalement, était toujours du « papier » et non de la « peinture. » L'administration voulut plaider, obtint, suivant les tribunaux, des jugemens incohérens et contradictoires et renonça à la lutte.

De toutes les formes de publicité l'affiche est la plus ancienne. Parmi les recommandations faites jadis aux séminaristes de Saint-Sulpice, figurait celle de « ne pas regarder les placards du coin de la rue du Pot-de-fer; » défense qui remontait à la fondation du vénérable M. Olier et montre que, dès le milieu du XVIIe siècle, la littérature murale n'était pas d'une grande sévérité de mœurs. Son importance devait toutefois être mince, puisque, au temps de la Révolution, la corporation des afficheurs se composait de 40 individus seulement. « Ils sont quarante, ainsi qu'à l'Académie française, dit Mercier, et, pour une plus grande similitude, aucun afficheur ne peut être reçu, s'il ne sait lire et écrire. »

Aujourd'hui, des légions d'ouvriers, embrigadés par les six ou sept entreprises d'affichage, étendent leur pinceau investigateur dans les 36 000 communes de France. Ils affichent à hauteur d'homme, — « pose simple; » — à « la petite » et « à la grande échelle, » — jusqu'à 3 mètres dans le premier cas et, dans le second, jusqu'à 7 mètres de hauteur. — Ce qui coûte, pour un format moyen, de 10 à 20 francs le cent dans la capitale, et monte à 70 francs en province, pour les plus grandes tailles.

Tout emplacement inoccupé, qui n'est à personne, est à tout

le monde; donc ils s'en emparent. Mais, quoique les surfaces affichables puissent être évaluées à 300 000 mètres carrés, rien que dans Paris, les bons coins sont presque tous affermés. Les murs de l'Assistance publique lui rapportent 6 000 francs; ceux de la Ville, — 14 700 mètres, — mis à prix pour 15 000 francs en 1884, sont répartis en quatre lots entre plusieurs adjudicataires. Ceux de la gare Saint-Lazare, plus appréciés, sont loués 20 000 francs par la compagnie de l'Ouest. Tantôt, sur de vastes espaces, mesurant jusqu'à 2 000 mètres carrés, sont brossées à l'huile des annonces géantes, à raison de 5 à 6 francs le mètre; tantôt, des palissades de toile se détaillent en parcelles pour une période de trois ans, minimum nécessaire à l'amortissement des frais de peinture.

L'affiche-papier, livrée à elle-même, disparaît en deux heures, déchirée ou recouverte. Grâce aux agences qui garantissent sa conservation et se chargent de la remplacer, le commerçant sait exactement quels murs tapisseront ces feuilles fragiles, quel public les apercevra, espacées « en tirailleurs, » ou serrées « à l'américaine » par vingt ou trente sur le même point. Car le choix du quartier importe fort : pour le roman à grosses péripéties, où le tragique domine, quartier populeux; quartier mondain pour un établissement de plaisir; quartiers graves pour un ouvrage de science.

Dans les gares, les salles d'attente, les wagons, dans les omnibus et les bateaux, l'affiche s'est implantée; elle est descendue sous terre avec le métropolitain, où elle couvre déjà 30 000 mètres de superficie; elle délaisse un peu les rideaux de théâtre, parce que la vulgarité de certains voisinages a choqué, dit-on, les réclames de bonne compagnie et les a fait fuir. Elle trouve moyen aussi de se garder des intempéries de l'atmosphère, sans quitter la rue, en se montrant derrière le vitrage des kiosques à journaux et autres, de diverses nécessités. Elle s'y fait voir nuit et jour, grâce au papier « dioptrique, » sur lequel elle est imprimée, qui permet aux rayons du gaz de se réfracter en tous sens. Cet éclairage, payé par les concessionnaires 100 francs par an, dans chacun des 1 200 édicules de ce genre, est, pour la municipalité parisienne, un profit qui s'ajoute à plus d'un million de francs de redevances qu'elle perçoit de ce chef.

La publicité lumineuse n'est d'ailleurs qu'à son début, en France; nous n'avons rien de semblable à ces lanternes magiques, qui projettent des réclames sur les murs de Londres, sans respecter toujours les monumens nationaux; si bien qu'on vit, pendant plusieurs soirées, le haut de la colonne de Nelson décorée d'une annonce de pilules, que cette méthode y dessinait d'assez loin en caractères éclatans.

Les toits de nos boulevards s'illuminent seulement d'avis commerciaux qui, brusquement, sortent de l'obscurité en traits de feu et y rentrent, pour faire place à d'autres : « Plus de bonne cuisine sans bouillon X; » « lisez demain tel article dans tel journal; » « N... frères, sardines et conserves. » L'appareil qui inscrit dans les airs ces recommandations successives consiste en un cylindre, mû à bras d'homme, au centre d'une boite carrée, pleine de lampes électriques formant les lettres de l'alphabet. Au fur et à mesure que chaque mot doit paraître, les contacts sont mis en rapport. La phrase de 36 lettres se paie 300 francs par mois et doit étinceler, pendant 15 secondes, cinquante fois par soirée.

A mesure que la réclame guette et harcèle le public par des inventions nouvelles, il en est d'anciennes qu'elle abandonne ou qu'on lui défend. Le préfet de police a, par un arrêté récent, interdit la circulation des voitures-annonces, et le Conseil d'État lui a donné raison. Déjà les exhibitions d'affiches, au moyen de voitures à bras ou à dos de porteurs ambulans, tombaient en désuétude. L' « homme-sandwich, » l' « homme à perche, » marchant d'un pas morne, anéanti, préoccupé de présenter le moins de surface possible au vent, contre lequel il lutte, a presque disparu.

De même ces véhicules légers où se prélassent, dos à dos, deux pancartes roulées processionnellement par de pauvres hères à 20 sous par jour. Encore est-il retenu, sur ce salaire, un sou pour la location du costume qu'on leur prête. La concurrence et l'avilissement des prix ont tué cette publicité, que l'entrepreneur vendait aux cliens, dans le principe, 4 et 5 francs par voiture et qui coûte maintenant 1 fr· 75; somme insuffisante pour compenser les frais. De malheureux dérisoirement rétribués on ne peut exiger grand'chose ; ils se réfugient dans des rues désertes, — quelques-unes sont connues pour ce stationnement, — se couchent sous leur voiture, mangent un morceau de pain et dorment.

Ce n'est pas un personnel de choix : plusieurs étaient embauchés l'an dernier, à un taux convenable, pour se promener de 7 heures du soir à minuit sur les boulevards, en habit noir et gantés de blanc, portant, étincelante sur leur plastron glacé, une lanterne de poche qu'un électricien voulait mettre à la mode. Dès le second jour, la moitié de ces gentlemen improvisés, filant avec leur toilette, manquaient à l'appel.

J'ignore si leurs collègues, ces pseudo-gandins en pardessus mastic, qui allaient par bandes de cinq ou six, clamant sur un rythme cadencé les splendeurs du spectacle le plus proche, ont montré aussi peu de délicatesse ; mais la publicité parlée, renouvelée du moyen âge où les crieurs de bains annonçaient par la ville, à certaines heures : « Les bains sont chauds, c'est sans mentir, » ne semble pas appelée à une grande extension. Tout au plus se produit-elle, en quelques théâtres de second ordre, sous la forme d'un dialogue où le personnage, complimenté sur sa bonne mine ou sur son élégance, se vante d'absorber tel remède ou de s'habiller chez tel tailleur.

Ainsi que les placards roulans, les bas-reliefs en carton pâte ou les figures de staf vernies, promenés sur des tréteaux, ont été de courte durée. A ces sculptures mouvantes la marche communiquait un tremblement convulsif, un balancement fâcheux de roulis et de tangage. Sur l'un des balcons de l'avenue de La Motte-Piquet, qu'une agence d'annonces avait affermé, les visiteurs de la dernière exposition, entraînés par le plancher mobile, contemplaient au passage un cornichon de 4 mètres de haut, grâce auquel un fabricant de ces cucurbitacés se rappelait à leur souvenir ; mais ces représentations excentriques sont rares.

Partout où s'arrête la foule, partout où elle passe, l'affiche la suit. Elle s'implante dans les plus beaux sites de l'Europe, au Righi, au Pont-du-Diable, à Schaffouse ; elle macule la façade d'accès du Mont-Saint-Michel ; elle déshonore les chutes du Niagara, sur toute la rive américaine ; elle envahit les hauteurs même de l'Himalaya.

Elle s'espace le long des lignes de chemin de fer et se plaît, en rase campagne, à torturer le voyageur. Le train file, le paysage se renouvelle sans cesse ; vous laissez tomber votre journal pour admirer ce tableau furtif qui s'encadre dans la vitre de la portière. Horreur ! Vingt fois, cent fois de suite, avec une effrayante monotonie, vous apprendrez que tel extrait de viande ou tel bitter est le roi des apéritifs ou des bouillons. Devant les coteaux pittoresques, les prairies onduleuses, se dresse la hideur insinuante de ces écrans monstrueux, jaunes, bleus ou rouges. C'est, entre eux et vous, une lutte d'obstination. De rares lacunes vous laissent la vision rapide d'un clocher, d'un bouquet d'arbres, d'un troupeau; et toujours vous espérez la fin des affiches, tandis qu'elles se succèdent sans hâte, avec la régularité précise des choses fatales. Quoi de plus odieux, de plus horripilant; et, par suite, quoi de plus efficace, disent les annonciers!

VI

Au contraire de ces pancartes qui s'imposent, comme des fâcheux implacables, par leur importunité, d'autres affiches, élevées au rang de l'estampe, demandent à la palette du peintre leurs chances de persuasion. Elles s'efforcent d'obtenir du passant ce coup d'œil dont on se souvient, parce qu'il a plu, et de glisser sournoisement dans sa mémoire, par la suggestion de l'image, un nom que l'obsession du placard nu aurait mis des mois à y fixer. Paris développe ainsi, en une fresque vague, sur des palissades ou des crépis lézardés, la figuration allégorique de ses spectacles, de ses modes, de sa vie.

C'est la plus récente incarnation de l'affiche. La plus vieille remonte à cent quarante ans avant notre ère, sous l'aspect d'un papyrus éygptien contenant le signalement de deux esclaves échappés d'Alexandrie et promettant une récompense à qui indiquerait le lieu de leur retraite. Les avis officiels se gravaient alors sur la pierre ou sur l'airain; une stèle du temps d'Hérode le Grand menaçait ainsi de mort quiconque pénétrerait dans l'esplanade du temple. A Rome, on écrivait au pinceau les annonces des ventes, des locations, des combats de gladiateurs, et l'on peignait parfois, sur la porte du théâtre, la scène où l'acteur principal se montrait avec le plus d'avantages.

Au xviiie siècle, des vignettes appropriées commencent à orner les affiches des confréries religieuses, en même temps que celles des comédiens et des racoleurs militaires. Un équilibriste italien est représenté, en 1730, dans tous ses exercices. Un dragon, d'allure engageante sur un beau cheval, surmonte l'invitation : « A la belle jeunesse, qui brûle de servir son roi... ; accourez dans Penthièvre, y est-il dit, dont la gloire est aussi

ancienne que l'origine. Le lieutenant fera aux recrues toutes
sortes de bonnes compositions. »

Un sujet pieux occupe le haut d'une affiche paroissiale (1719),
défendant aux hommes de se présenter à l'église en tabliers ou
les cheveux en papillotes, et surtout d'y mener des chiens que
« le Saint-Esprit, dans l'Apocalypse, ordonne expressément de
chasser de la maison de Dieu. » On possède quelques affiches
théâtrales de Moreau le jeune, échappées à la destruction inévitable de ces papiers qui, non seulement étaient lavés par les
pluies, mais vendus souvent en fraude, par les afficheurs, aux
épiciers et aux « beurriers. »

Toutes ces gravures étaient en noir. Les premières illustrations coloriées parurent, au début du règne de Louis-Philippe,
sur les romans dits « de cabinets de lecture : » — *Comment meurent les femmes, Marthe la Livonienne*, les *Rêveries d'un éta-
meur*. — En 1860, d'autres commerces adoptèrent le procédé :
L'ami du cuir, brillant français fixe, montra comment l'on remplaçait son miroir par ses bottes ; divers « salons épilatoires »
s'exhibèrent dans le feu de l'action et un marchand de combustible demanda au crayon de Daumier : « Le charbonnier et la
bonne. » Mais « l'art mural » n'avait pas trouvé sa voie.

Son créateur futur, Jules Chéret, était alors absent de France.
Les deux frères Chéret, Jules et Joseph, — ce dernier entré plus
tard chez Carrier-Belleuse dont il devint le gendre, — n'avaient
reçu aucune éducation artistique. La rue, les vitrines des marchands de tableaux et les musées, le dimanche, furent leur seule
école. Ils habitaient en commun une chambre meublée d'un
petit lit, où chacun couchait à son tour pendant que l'autre se
contentait du plancher. Jules apprenait, chez un lithographe, à
faire, « à main levée, » sur des têtes de facture, la lettre bâ-
tarde ou coulée, ronde ou gothique, ainsi que les caractères
d'imprimerie, depuis le gros parangon jusqu'à la perle. Il des-
sina au « pistolet » sur des fonds au pointillé, passa aux armoiries de souverains, aux vues de magasins dans des perspectives
flatteuses et finit par les attributs délicats, soutenus par des
amours, pour des boîtes à bonbons ou des dentifrices.

Un parfumeur anglais, qu'il appelle son bienfaiteur, se l'étant
attaché pour décorer ses flacons, Chéret avait aussi abordé, à
Londres, l'illustration des titres de romances. Rentré à Paris
aux environs de sa trentième année, en 1866, il s'essaya dans

l'affiche. L'invention nouvelle de machines chromolithogra-
phiques allait permettre de tirer journellement 2 000 de ces estampes, auxquelles un encrage savant donne les transparences de
l'aquarelle, tandis qu'avec les anciens outils, avec le coloris
donné « au patron, » il fallait une journée pour obtenir peut-
être douze exemplaires.

Aux États-Unis, terre classique de la réclame, toute une brigade de chromographes et de dessinateurs, — ceux-ci payés
2 000 francs par mois, — achèvent, dans l'imprimerie Morgan
à Cincinnati, vingt-quatre grandes pierres chaque jour. Rien que
pour des cirques, il y est composé annuellement 4 000 affiches,
et, pour un seul exercice, le compte personnel de M. Barnum
s'élevait à 200 000 francs. Mais les placards américains ont un
caractère de sécheresse et de lourdeur.

Chéret, lui, a voulu mettre, dans cette chose basse et passagère, l'affiche, le même art que Clodion avait mis dans des
pommes de canne, Jean Goujon dans les marteaux de porte ou
Cellini dans un hanap ciselé. Ingres recommandait à ses élèves
la décision par ce précepte : un couvreur tombe du toit; avant
qu'il soit à terre, vous devez l'avoir posé sur le papier en quatre
lignes ; le premier souci de Chéret est de trouver le geste,
marche, ondulation, course ou vol de son modèle préféré, cette
Parisienne, d'une longueur voulue, au sourire hiératique, déesse
païenne qui s'enivre de son apothéose. Mais, si ce « maitre de
l'affiche » est vraiment original, c'est pour avoir réalisé l'harmonie des couleurs voyantes. Ce n'est pas sans un labeur per--
sévérant qu'il est parvenu, par la juxtaposition de taches heurtées,
aux nuances tendres, aux colorations assoupies.

Il s'applique à voir « le bouquet » dans ses esquisses, s'y
exerce l'œil, mêlant son propre rêve à l'étude de la nature, demandant l'inspiration tantôt aux devantures des modistes, tantôt
aux nacres irisées des coquillages, surtout aux ailes radieuses
des papillons qui couvrent les murs de son atelier, piqués sur
de vastes tableaux. D'abord Chéret fut presque le seul à dessiner
des affiches ; peu à peu surgirent des imitateurs et des émules :
les frères Choubrac, Léandre, Toulouse-Lautrec et, au premier
rang, A. Willette, auteur d'une lithographie exquise, *l'Enfant*
prodigue. Puis on prétendit avoir l'affiche « de grand art » ; on
la commanda à des maîtres mystiques et recueillis comme Puvis.
de Chavannes, à des peintres comme Rochegrosse qui livrèrent

des estampes d'intérieur, des gravures de journal, nullement ces habiles débauches de tons criards, qui doivent être des coups de pistolet sur le mur.

Avant tout, en effet, il faut prendre garde que l'affiche illustrée ne « fonde » au milieu de ses voisines ; il faut qu'elle lutte avec les boutiques qui l'entourent, avec les cinq étages des maisons qui la dominent. Tant que le croquis est à l'état d'étude ou de mise sur pierre, le dessin de Chéret ne rend rien ; mais, une fois collé à la muraille, il produit, avec un petit nombre de couleurs, l'effet tout spécial auquel aucun autre n'atteint. Le tirage se fait par trois ou quatre impressions superposées : l'une en bleu foncé, imitant le noir, établit les lignes du crayon, puis la note du rouge et du jaune, enfin le fond : les tons froids, bleus ou verts, dans le haut ; dans le bas, les tons chauds, comme l'orangé.

En trouvant la formule de la décoration extérieure, Jules Chéret a trouvé aussi la notoriété et l'aisance. De ses mains sont sorties plus de 1 000 affiches, payées 600 francs chacune, outre 50 exemplaires avant la lettre, qui, revêtus de sa signature, acquièrent aussitôt un bon prix dans le monde des collectionneurs. L'artiste prépare maintenant, suivant ses tonalités de plein air, un grand panneau pour l'Hôtel de Ville : *les Joies de la vie*, et l'on exécute aux Gobelins une tapisserie dont il a fourni les cartons.

Là disparaît pour lui cette lancinante obligation de marier, par gré ou par force, une « petite femme » affriolante avec des machines à coudre ou des pâtes alimentaires, des chicorées ou des pétroles, des eaux sulfureuses ou des hôtelleries ; car il faut que l'image toujours fasse corps avec la réclame. Les cliens ont leurs exigences !

Presque toutes les industries ont eu recours, depuis quinze ans, aux placards illustrés : des parfumeurs et des photographes, des ustensiles de voyage et des compagnies d'assurances, des poêles et des parapluies, surtout des théâtres et des cafés-concerts. Pour célébrer dignement ces produits, ces besoins et ces institutions diverses, la publicité imagée a fait passer sous nos yeux des humains de tout âge et de toute condition, faisant à peu près tout ce que l'on peut faire en ce monde, jusques et y compris de « porter sa tête sur l'échafaud, » — suivant l'expression consacrée, — car les condamnés à mort n'ont pas manqué

dans cette « défilade » de contemporains et de contemporaines
mêlés, où figurèrent le chef de l'État et « la Goulue, » des « gom-
meux » et des députés, des soldats et des clowns et des proces-
sions de polichinelles, zébrant l'espace, s'enfonçant et bleuissant
dans un ciel d'azur apaisé.

Deux bébés jaunes et roses se disputent des nonnettes de
Dijon sur un fond vert cru ; une Frisonne plantureuse, aux
tempes plaquées de cuivre et le chignon casqué de métal, nous
recommande du cacao ; un tricycliste conquérant, derrière lequel
court un gendarme essoufflé, enlève sur son « tuf-tuf » une
jeune blonde, sous les yeux de l'époux ébahi.

Où l'affiche coloriée revient sans cesse, où elle se complaît,
où elle triomphe, c'est dans la représentation d'un être femelle
aux traits chiffonnés, moitié princesse de féerie et moitié « gi-
golette, » les lèvres entr'ouvertes, des mèches folles sur le
front, les yeux prometteurs, — nos aïeux disaient « fripons, »
ce qui d'ailleurs revient au même. — Type illusoire, tantôt
se déhanchant dans un nuage de gaze, tantôt à cheval pour propager un journal de courses ; parfois s'offrant, en costume de
bains, aux caresses de la lame pour lancer une station balnéaire,
fumant en l'honneur d'un papier à cigarettes, écrivant en vue
de populariser une encre indélébile, essayant des bottines afin
de nous donner le nom d'un cordonnier, ou brandissant une
lampe au profit d'un marchand d'huile minérale ; toujours la
même par l'expression, quoique indéfiniment différente dans l'attitude, elle prête à toutes les offres du commerce le charme
de sa petite personne, un peu légère et, si l'on veut, trop hardie
dans le déploiement de ses séductions.

Mais la civilisation invente, pour notre bonheur, tant de
choses laides et tristes, qu'il sera beaucoup pardonné sans doute
à cette forme d'annonces, pour sa note de grâce et de beauté.

Vᵗᵉ G. D'AVENEL.

LA PLÉIADE FRANÇAISE

JOACHIM DU BELLAY (1525-1560)

Ce n'est pas tout que de donner des conseils ou des leçons, mais il est bon d'y joindre des exemples; « on connaît l'arbre à ses fruits; » et, dans l'histoire de la littérature ou de l'art, ce sont les œuvres qui jugent finalement les doctrines. C'est ce qu'avait bien compris le principal auteur de la *Défense*, Joachim du Bellay; et c'est pourquoi la publication de son manifeste avait été presque aussitôt suivie, dans la même année 1549, de celle de son *Olive*, en cinquante sonnets, et de ses premières *Odes*. Encouragé par le succès, le poète avait redoublé. Un second recueil avait paru, sous le titre de : *Recueil de poésie, présenté à très illustre Princesse Madame Marguerite, sœur unique du Roy*, suivi lui-même, en 1550, d'une seconde édition de l'*Olive*, — portée de cinquante sonnets à cent quinze, — et, deux ans plus tard, d'un troisième recueil : *Le Quatrième livre de l'Énéide, traduit en vers français... et autres œuvres de l'invention du translateur*. Mais, celui-ci se terminait déjà par un *Adieu aux Muses* ·

> Adieu, ma Lyre, adieu les sons
> De tes inutiles chansons,
> . . . .
> J'ai trop à ces jeux asservie
> La meilleure part de ma vie.

(1) Voyez la *Revue* du 15 décembre 1900 et du 1er janvier.

Qu'était-ce à dire? et, quoique cet *Adieu* fût imité ou para-
phrasé du latin de Georges Buchanan, quatre ans avaient-ils donc
suffi pour décourager de ses ambitieuses espérances l'auteur
encore si jeune de la *Défense et Illustration?*

1

On serait tenté de le croire; et il est certain que, si Du Bellay
n'était l'auteur que de ces trois recueils, son œuvre ne tiendrait
assurément pas la place ou le rang qu'elle occupe dans l'histoire
de notre poésie. Hâtons-nous seulement d'ajouter que ce ne serait pas une raison de la dédaigner, et la valeur littéraire du
Recueil ou de l'*Olive* fût-elle plus médiocre encore, la signification historique ne laisserait pas d'en avoir son intérêt et son
importance.

A la vérité, l'*Olive* n'est tout entière qu'un recueil de traductions ou d'imitations, et on peut douter aujourd'hui que Du Bellay soit l' « inventeur » d'un seul de ses sonnets! L'un des plus
beaux, et le plus souvent cité, le 113ᵉ :

> Si notre vie est moins qu'une journée
> En l'éternel...

ne lui appartient même pas (1); et des cent quatorze autres, non
seulement on connaît aujourd'hui tous ceux qu'il a imités de Pétrarque ou de l'Arioste, mais nous ne craindrions pas d'avancer
que, tôt ou tard, on retrouvera, dans quelque recueil italien, ceux
dont les originaux nous sont encore inconnus. On aimerait là-
dessus que le poète, plus modeste, n'eût pas écrit si fièrement,
dans la *Préface* de cette même *Olive :* « Si par la lecture des bons
livres, je me suis imprimé quelques traits en la fantaisie, *qui
après*, venant à exposer mes petites conceptions, selon les occasions qui m'en sont données, *me coulent beaucoup plus facilement
en la plume qu'ils ne me reviennent en la mémoire*, doit-on pour
cette raison les appeler, pièces rapportées? » L'euphémisme est
ingénieux, sans doute, et amusant, de ces traits, « qui lui coulent
plus facilement de la plume qu'ils ne lui reviennent en mémoire. »

(1) C'est ce qu'a montré tout récemment M. Vianey, professeur à l'Université
de Montpellier, dans une très intéressante communication qu'il a faite au *Congrès
d'histoire littéraire comparée* au mois de juillet 1900, et qu'on pourra prochainement lire dans le recueil des actes de ce congrès.

Mais a-t-on vraiment, sans s'en douter, la mémoire si précise et
si littérale, et des sonnets entiers, qui ne sont point de vous, vous
« coulent-ils de la plume » avec tant de naïve et d'inconsciente
facilité ?

Ajoutez que ce ne sont pas les Italiens seulement dont il
s'est inspiré, mais aussi les Français, nos Lyonnais, Pontus de
Tyard et Maurice Scève. La Délie de Scève, nous l'avons dit, est
la première de ces maîtresses réelles ou imaginaires qu'un poète
ait chantées dans un recueil consacré tout entier à leur gloire ;
et puisque, d'autre part, il n'y a pas moins de platonisme que de
pétrarquisme proprement dit dans l'*Olive* de Du Bellay, il n'a
fait en ce point que suivre encore Scève et Pontus de Tyard,
dont le premier livre d'*Erreurs Amoureuses* avait paru vers la fin
de l'année 1549, — c'est-à-dire entre la première édition de l'*Olive*,
à cinquante sonnets, et la seconde, celle de 1550, à cent quinze.
Observons de plus que, si le nom d'*Olive* fait songer à la *Laure*
de Pétrarque, il passe en même temps pour être l'anagramme du
nom d'une demoiselle de *Viole*, comme *Délie*, nous l'avons vu,
était l'anagramme de *l'Idée*. Et puisque enfin, dans le *Canzoniere*
de Pétrarque, les sonnets sont entremêlés de *Canzoni*, de ballades (1) et de madrigaux, c'est encore Scève qui a le premier
introduit l'habitude, avec ses 449 dizains, de composer tout le
poème d'amour en vers de la même mesure et en pièces de la
même facture.

Toutes ces imitations, dont l'art ingénieux nous semble peu
compatible avec la spontanéité de sentimens qu'inspire un véritable
amour, ont fait douter de la réalité de Mlle de Viole ; et, d'une
manière générale, toutes ces Délie, ces Olive, ces Pasithée, ces
Cassandre, ces Francine n'ayant peut-être pas existé, on en a
conclu que tous ces poèmes en leur honneur, à commencer par
l'*Olive*, n'étaient que de la rhétorique. Ce n'est pas s'en faire une
juste idée. Mlle de Viole n'a peut-être pas existé, et, à vrai dire,
les grâces apprêtées ou convenues dont Du Bellay la pare en ses

_____

(1) Il ne faut pas d'ailleurs confondre la *Ballata* de Pétrarque et de Dante avec
celle de nos Villon ou de nos Eustache Deschamps. On en trouvera la définition
dans le *De Vulgari Eloquio*, et le modèle dans la *Vita Nuova :*

  Ballata, io vo' che tu ritruovi Amore ..

  La *Ballade* écossaise, anglaise ou allemande, — la Ballade légendaire, celle de
Bürger ou de Schiller, — est encore une troisième espèce, qui n'a rien de commun
avec les deux autres.

sonnets nous donnent plutôt l'idée de quelque « amante en
l'air. » Mais il ne faut pas oublier que cette idéalisation de la
personne était une condition du genre; qu'elle en était même
l'objet; et surtout, il n'en faut pas conclure que les sonnets de
Pontus de Tyard ou de Du Bellay n'aient pas été ce qu'on appelle
aujourd'hui « vécus. »

Souvenons-nous ici des doctrines de *la Défense*. Ni Du Bellay
ni Ronsard, en écrivant leurs *Odes* ou leurs *Amours*, ne se sont
proposé de se prendre eux-mêmes pour sujets de leurs vers, et ce
n'est pas du tout dans l'expression de leur personnalité qu'ils ont
vu la définition du lyrisme. On les juge donc mal, et, quelque
jugement que l'on en fasse, on les juge à contresens quand on
les juge sur une intention qui n'a pas été la leur, et notamment
quand on apporte à la lecture de leurs poésies amoureuses des
préjugés qui ne répondent ni à leur conception de la poésie ni à
leur conception de l'amour. Servons-nous à ce propos d'une expression plus moderne qu'eux-mêmes : « classiques, » en ce
point, et déjà contemporains de tels poètes qui ne viendront que
longtemps après eux, ils n'ont prétendu qu'à revêtir d'une belle
forme d'art des sentimens généraux; et ce sont bien des lyriques,
mais ce sont surtout des humanistes, et des artistes, qu'il nous
faut surtout voir en eux.

> Seul et pensif par la déserte plaine,
> Rêvant au bien qui me fait douloureux,
> *Les longs baisers des colombs amoureux,*
> Par leur plaisir firent croître ma peine !
>
> Heureux oiseaux ! que votre vie est pleine,
> De grand'douceur ! O baisers savoureux !
> O moy, deux fois et trois fois malheureux
> Qui n'ai plaisir que d'espérance vaine !
>
> Voyant encor sur les bords de mon fleuve,
> *Du cep lascif les longs embrassemens,*
> De mes vieux maux je fis nouvelle épreuve.
>
> Suis-je donc veuf de mes sacrés rameaux ?
> O vigne heureuse ! heureux enlacemens !
> O bords heureux ! ô trop heureux ormeaux.

L'exemple est sans doute caractéristique. Quand Du Bellay
s'attarde amoureusement aux détails de ce joli sonnet, est-ce que
vraiment il songe à lui-même, ou à son « Olive ? » ou, peut-être,

est-ce qu'il essaye, comme nous dirions, de noter une « impres-
sion de nature? » En aucune manière! Il fait de l'art; il encadre un bas-relief antique dans l'architecture de ses vers, —
« deux colombs amoureux qui se baisent, » les « longs embras-
semens d'un cep lascif » autour d'un ormeau ; — et, de même
qu'au sculpteur ou au peintre, ses sentimens ou ses idées ne lui
servent que d'un prétexte à faire briller toute la virtuosité de son
exécution. On aurait d'ailleurs tort de le lui reprocher. Il fallait
commencer par le commencement, et se rendre maître de la
langue et du vers avant que de vouloir leur faire exprimer des
idées.

Notons encore un autre trait, — et disons que si la Délie de
Scève ou l'Olive de Du Bellay n'avaient peut-être jamais existé,
ce ne serait pas une raison de nier la sincérité des sentimens du
poète. Laure de Noves elle-même a-t-elle été l'unique inspiratrice
des *Sonnets* de Pétrarque? Mais plutôt, je croirais qu'il lui a rapporté, comme à une maîtresse idéale ou fictive, la diversité de
ses sensations ou de ses désirs d'amour. En tout cas, c'est ce
que nous pouvons dire, et avec bien plus de certitude encore, de
nos poètes de la Pléiade. Leurs amours n'out pas été précisément
des amours imaginaires; ils ont connu, ils ont éprouvé la joie
ou le désespoir d'aimer. Les vertus ou les grâces qu'ils ont
chantées dans leurs Cassandres ou dans leurs Pasithées, ils en
ont vraiment subi l'influence, le charme insinuant ou vainqueur, et, pour n'avoir pas toujours été très aristocratiques,
peut-être, ou pour s'être même adressées quelquefois à des « objets » un peu vulgaires, leurs expériences passionnelles n'en
ont pas été moins réelles. Ils les ont alors épurées, spiritua-
lisées, idéalisées, chacun d'eux à sa manière, mais tous en se
composant, ou en choisissant autour d'eux une idole qui ne fût
pas indigne de l'ardeur de leurs soupirs ou de l'excès de leurs lamentations. Leur amour a créé son objet, la fonction a créé son
organe; et n'est-ce pas nous qui sommes un peu grossiers de ne
voir qu'artifice, rhétorique ou convention, dans ce procédé d'art?
Pour ma part, j'estime qu'au contraire il n'y en a pas de plus légitime, s'il n'y en a guère dont la souplesse et la largeur puissent
mieux concilier les exigences de l' « imitation, » et les droits de
l'idéal. Chez nous, — comme en Italie d'ailleurs et comme en
Grèce, — l'art classique a toujours maintenu son droit de « perfectionner la nature, » et d'apprendre d'elle à la dépasser.

Enfin un autre souci d'art apparaît dans les sonnets de l'*Olive*, et c'est celui de la composition. On ne peut pas dire que l'*Olive* soit un « poème, » et elle est cependant quelque chose de plus qu'un « recueil de sonnets. » Du Bellay n'a pas emprunté au hasard, mais une idée l'a guidé dans son choix. L'*Olive* est toute une histoire d'amour qui va, par tous les chemins d'une passion tour à tour heureuse ou contrariée, de la naissance de sa dame à la conversion de l'amant :

> O Seigneur Dieu, qui pour l'humaine race
> As été seul de ton père envoyé,
> Guide les pas de ce cœur dévoyé,
> L'acheminant au sentier de ta grâce !
>
> Tu as premier du ciel ouvert la trace,
> Par toi la mort a son dard estuyé,
> Console donc cet esprit ennuyé,
> Que la douleur de mes péchés embrasse.
>
> Viens, et le bras de ton secours apporte
> A ma raison, qui n'est pas assez forte ;
> viens éveiller ce mien esprit dormant ;
>
> D'un nouveau feu brûle-moi jusqu'à l'âme,
> Tant que l'ardeur de ta céleste flamme,
> Fasse oublier de l'autre le tourment.

Ce n'est pas sans une évidente intention que le poète a placé ce sonnet tout à la fin de son recueil ; qu'il l'a fait suivre de trois ou quatre autres que l'on pourrait appeler également « chrétiens ; » et qu'il s'est servi de son « christianisme, » en vrai néo-platonicien, comme d'un passage à son « idéalisme. »

> Dedans le clos des occultes idées,
> Au grand troupeau des âmes immortelles
> Le prévoyant a choisi les plus belles,
> Pour être à lui par lui-même guidées...

Ce sonnet, moins connu, qui précède immédiatement le sonnet de l'*Idée*, l'explique ou plutôt lui donne une valeur nouvelle. Et on ne le comprend pas mieux, ni autrement qu'on ne faisait, mais on s'avise alors du caractère « original » des emprunts de Du Bellay. Si l'originalité n'est pas dans le détail, elle est dans cet ordre ou dans cet arrangement dont il semble qu'en notre langue l'auteur de l'*Olive* ait l'un des premiers soupçonné le pouvoir. C'est bien un « monument » qu'il a voulu élever,

mais il n'en revendique pour lui que l'ordonnance, que l'architecture, et, soucieux de n'y employer que des matériaux de choix,
il s'étonnerait volontiers qu'on lui fasse un reproche de les
avoir empruntés à Pétrarque. Rien encore n'était plus conforme
aux doctrines de la *Défense et Illustration,* ni déjà ne ressemblait
davantage à la théorie classique de l'invention et ne la préparait de plus loin.

Les *Vers Lyriques* de Du Bellay sont en général très inférieurs
aux sonnets de son *Olive.* Nous avons déjà cité l'*Ode* à Mme Marguerite, sœur d'Henri II : *D'escrire en sa langue;* et l'*Ode* à son
ami Bonju : *De l'immortalité des poètes.* Il y met sa *Défense* en
vers, à moins que, comme nous l'avons dit, ce ne soient ses vers
qu'il eût mis en prose dans sa *Défense.* La plupart de ses autres
Odes, quand elles ne sont pas l'emphatique éloge de quelque
grand personnage, roulent sur des lieux communs de morale, —
tels que l'*Inconstance des choses* ou *les Misères humaines,* — dont
la banalité ne se relève ou ne se particularise ni de l'éclat de
l'expression ni de l'ampleur du souffle. La langue de la poésie,
dans les *Vers Lyriques* de Du Bellay, s'exerce à l'expression des
idées générales, et en ce sens on peut dire que ses *Odes* achèvent d'éclaircir ou de préciser les intentions de son manifeste.
Mais il leur manque d'être lyriques. On dirait des essais d'écolier. *Serpit humi tutus!* Il a l'haleine courte et le vol incertain.
« L'engin de ses ailes, — pour parler son langage, — ne le guinde »
qu'à peine de quelques pieds au-dessus du sol; il hésite; et de
peur de s'exposer sans doute à quelque chute retentissante, il se
résigne finalement à ramper. On est surpris à ce propos, qu'au
lieu de s'acharner contre la prose de la *Défense et Illustration,*
qui est parfois fort belle, ses adversaires, plus habiles ou plus
malicieux, ne se soient pas contentés d'opposer ses *Vers Lyriques*
à ses conseils, et la faiblesse de ses inspirations à la grandeur de
ses ambitions.

Il sentit le contraste; et c'est alors qu'il se rejeta sur cet
exercice de la traduction, dont il avait lui-même tant médit dans
sa *Défense.*

Ne sentant plus la première ardeur de cet enthousiasme qui me faisait
librement courir par la carrière de mes inventions, — écrivait-il, en 1552, à
son ami Jean de Morel, — je me suis converti à retracer les pas des anciens,
exercice de plus ennuyeux labeur que d'allégresse d'esprit, comme celui
qui pour me donner du tout en proie au soin de mes affaires, tâche peu à

peu à me retirer du doux étude poétique. » [*Traductions et Inventions,* Dédicace à Jean de Morel, Ambrunois.]

Il disait vrai, d'ailleurs, en parlant de l'obligation où les événemens l'avaient réduit « de se donner en proie au soin de ses affaires. » La protection ou la faveur même dont l'honorait Mme Marguerite ne l'avait pas tiré de la condition très modeste où il végétait. On ne l'avait couché sur l'état d'aucune maison royale ou princière. Son frère, — le même frère qui jadis l'avait si négligemment élevé, — venait de mourir en lui laissant la charge et la tutelle d'un tout jeune orphelin. La succession était embrouillée. Il s'en suivait des ennuis, des tracas, des procès. La maladie le minait. Son plaisir même diminuait à « retracer les pas des anciens; » il injuriait jusqu'aux Muses :

> Vous trompez, ô mignardes sœurs,
> La jeunesse par vos douceurs,
> Qui fuit le Palais pour élire,
> Les vaines chansons de la lyre.
> Vous corrompez les ans de ceux
> Qui sous l'ombrage paresseux
> Laissent languir efféminée,
> La force aux armes destinée.

La plainte prenait un accent plus personnel encore, plus poignant, dans la *Complainte du Désespéré;* il y enviait :

> .... La créature
> Qui a fait sa sépulture,
> Dans le ventre maternel;

il s'y lamentait de ses infirmités, de ses déceptions, de ses souffrances; il y songeait même au suicide :

> Sus, mon âme, tourne arrière,
> Et borne ici la carrière
> De tes ingrates douleurs,
> Il est temps de faire épreuve,
> Si après la mort on treuve
> La fin de tant de malheurs.

Mais deux sentimens le soutenaient dans sa détresse : une foi très sincère, — dont on retrouve l'expression dans son *Hymne chrétien,* dans sa *Lyre chrétienne,* dans son poème de la *Monomachie de Goliath et de David;* — et, ce qui est moins chrétien, je ne sais quel besoin de ne pas mourir « sans vengeance. »

> Soit donc ma Lyre un arc turquois,

disait-il dans les derniers vers de son *Adieu aux Muses :*

> Mon archet devienne un carquois
> Et les vers que plus je n'adore
> Puissent traits devenir encore !

C'est sur ces entrefaites que son puissant parent, le cardinal Du Bellay, rentré en grâce auprès d'Henri II, et chargé d'une mission en cour de Rome, lui proposait de l'emmener avec lui. Joachim s'empressait d'accepter ; rien ne le retenait en France, pas même une Olive à célébrer encore ; et, comme il suffit de peu de chose pour retourner une âme de poète, jamais la vie ne lui avait paru plus riante qu'en ce jour du mois de mai 1553 où il partit pour la « Ville Éternelle. »

II

Son séjour y dura quatre ans, ou un peu davantage, 1553-1558, qu'il y passa plutôt, semble-t-il, en domestique ou en intendant du cardinal, qu'en « neveu de son oncle. » Il n'y a rien, hélas ! dont nous soyons moins fiers, ordinairement, que de nos parens pauvres, et notre poète eut d'abord moins à se louer du cardinal Du Bellay qu'autrefois Rabelais. Mais il faut convenir aussi que la faute en fut à son caractère. Il était né mélancolique, et la vie ne lui avait guère souri jusqu'alors. Très fier, nous l'avons dit, de sa naissance et de l'illustration de son nom, il ressentait profondément l'humiliation de n'avoir pas de quoi les soutenir. Il se consolait mal d'avoir vu son rêve de gloire s'évanouir si vite en fumée. Mais surtout il était changeant de sa nature, versatile, capricieux, fantasque, prompt à se dégoûter des hommes ou des choses ; et la mobilité de ses sentimens n'était peut-être égalée que par la sincérité avec laquelle il s'y abandonnait tour à tour. Avec la même franchise qu'il avait, dans sa *Défense*, attaqué les « poètes courtisans, » il s'était lui-même fait l'un d'eux, dans un recueil qui n'est que *Prosphoneumatiques, Odes à la Reyne, au cardinal Du Bellay, à la comtesse de Tonnerre, à M. de Boisdauphin, maître d'hôtel du roy ;* et, d'avoir composé presque religieusement son *Olive*, sous l'inspiration de Pétrarque, cela ne l'avait pas empêché d'écrire toute une pièce, et l'une de ses meilleures : *Contre les Pétrarquistes.* Pareillement encore, dans sa *Lyre chrétienne*, dieux et déesses de l'antique Olympe, après les avoir tant célébrés, peu s'en fallait, qu'obéissant à un accès de rigorisme étrange, il ne fît au poète un crime d'oser désormais les chanter. Et tout à l'heure, ou à l'instant même, ne venons-nous pas de le voir passer du désespoir le plus profond à la plus entière allégresse? Il est vrai que, s'il n'y a pas de disposition d'esprit qui soit plus propre à faire le malheur d'un homme, en le donnant comme en proie à ses impressions les plus fugitives, il n'y en a pas non plus qui soit plus favorable au développement de la sensibilité poétique. Et c'est ainsi que, de l'auteur de l'*Olive* et des *Vers Lyriques*, le séjour de Rome, les ennuis mêmes de sa situation, et les tracas de sa vie domestique allaient dégager un nouveau Du Bellay.

Aucun de nos Français, en son temps, n'a mieux senti la grandeur de Rome, non seulement en poète, mais vraiment en artiste, ne l'a plus admirée dans la splendeur de ses ruines, n'en a rendu plus éloquemment l'incomparable majesté.

> Telle que dans son char la Bérécynthienne,
> Couronnée de tours, et joyeuse d'avoir
> Enfanté tant de Dieux, telle se faisait voir,
> En ses jours plus heureux, cette ville ancienne :
>
> Cette ville, qui fut plus que la Phrygienne.
> Foisonnante en enfans, et de qui le pouvoir
> Fut le pouvoir du monde, et ne se peut revoir
> Pareille à sa grandeur, grandeur sinon la sienne.
>
> Rome seule pouvait à Rome ressembler,
> Rome seule pouvait Rome faire trembler :
> Aussi n'avait permis l'ordonnance fatale
>
> Qu'autre pouvoir humain, tant fût audacieux,
> Se vantât d'égaler celle qui fit égale
> Sa puissance à la terre et son courage aux cieux.

Il exprime encore la même idée d'une autre manière :

> Qui voudrait figurer la Romaine grandeur
> En ses dimensions, il ne lui faudrait querre,
> A la ligne et au plomb, au compas, à l'équerre,
> Sa longueur et largeur, hautesse et profondeur.
>
> Il lui faudrait cerner d'une égale rondeur,
> Tout ce que l'Océan de ses longs bras enserre,
> Soit où l'astre annuel échauffe plus la terre,
> Soit où souffle Aquilon sa plus grande froideur.
>
> Rome fut tout le monde et tout le monde est Rome,
> Et si par mêmes noms mêmes choses on nomme,
> Comme du nom de Rome on se pourrait passer,

> La nommant par le nom de la terre et de l'onde,
> Ainsi le monde on peut sur Rome compasser
> Puisque le plan de Rome est la carte du monde.

Cela tient-il peut-être à la naturelle gravité de « l'alexandrin? » Mais jamais encore la langue de Du Bellay n'avait été si pleine, si sonore et si dense. On le sent tout à fait maître ici de sa matière et de sa forme. Un pas de plus, et en devenant le poète des *Regrets*, il allait devenir tout à fait original, et déjà presque « moderne. »

Car les « beautés » de la Ville Éternelle ne l'avaient pas longtemps détourné de lui-même; et, surtout, la Rome des Papes ne l'avait point ému du même respect que la Rome des Césars. A vivre au milieu des intrigues de toute sorte qui remplissaient la Cour pontificale, et à voir de près, en spectateur désintéressé, la nature des ressorts qui faisaient mouvoir le monde, il avait senti renaître son humeur satirique. La comparaison des mœurs romaines avec les mœurs de France avait éveillé son attention sur beaucoup de choses qui ne s'apprenaient point à l'école du savant Dorat. Obligé de contenir et de cacher ses vrais sentimens, il s'en était fait comme un monde intérieur, où il se retirait avec délices, quand le service du cardinal, quand les importuns dont il était assiégé tout le jour, quand ses propres ennuis lui en laissaient le loisir. S'il y retrouvait d'autres ennuis, ils étaient d'une autre sorte, plus désintéressés, plus nobles ; et surtout ils lui étaient chers. N'est-ce pas une sorte de joie que de s'isoler au milieu d'un monde indifférent ou hostile, dont on est, où l'on vit, mais qu'on juge ? et les tristesses mêmes de l'exil ne sont-elles pas mêlées. de quelque douceur quand on sait bien ou quand on espère que l'exil ne sera pas éternel? Du Bellay l'éprouva. Voluptés du secret et de l'isolement, souvenirs de la terre natale, incidens de la vie commune, — « la mort du petit chat Belaud » et les saillies du secrétaire Le Breton, — mœurs de cour, spectacles de la rue, bruits de la ville, prélats et courtisanes, découragemens, retours d'espérance et d'orgueil, c'est tout cela qu'au jour le jour, il nota dans ses vers.

> Se plaignant à ses vers, s'il a quelque regret
> Se riant avec eux, leur disant son secret
> Comme étant de son cœur les plus sûrs secrétaires;

et c'est de tout cela que sont faits les sonnets des *Regrets*. On a des raisons de croire que Du Bellay les composa dans le cours de la troisième année de son séjour à Rome (1557); et l'un de ses premiers soins, quand il revint à Paris, fut de les faire imprimer.

III

Les *Regrets*, qui sont le chef-d'œuvre de Du Bellay, sont un des plus jolis recueils de vers qu'il y ait en notre langue. On y retrouve d'abord ce goût et cet instinct. de la composition qui sont décidément, dans l'effort commun de la Pléiade, caractéristiques ou distinctifs du talent de Du Bellay; et, de même que l'*Olive* était toute une histoire d'amour, ainsi les *Regrets* sont le journal, « le papier Journal, » d'un voyage entrepris avec allégresse, dont la réalité n'a pas tenu tout ce que s'en était promis le voyageur, et dont les impressions dernières, atténuées ou apaisées par l'habitude, s'illumineraient de la joie du retour prochain. Peut-être un recueil de sonnets ne comporte-t-il pas une composition plus sévère, — non plus qu'un recueil d'*Odes* ou d'*Élégies*, — et cette liberté même lui donne-t-elle précisément quelque chose de lyrique. Un peu moins d'ordre ne serait plus de l'ordre; mais, de lyriques, un peu plus d'ordre ou de régularité les rendrait didactiques. Il y avait trop d'ordre dans la *Délie* de Maurice Scève, trop de « correspondances » et trop d'intentions. Nous n'en retrouverons plus du tout dans les *Amours* de Ronsard. Il y a, dans les *Regrets* de Joachim du Bellay, un ordre facile et léger qui en fait d'abord le charme. Deux ou trois thèmes principaux y alternent, s'y répondent, s'y font valoir *musicalement* l'un l'autre, je veux dire par leur discordance même; et ce sont, — à une grande profondeur, presque ignorée du poète lui-même, — la tristesse d'une vie manquée; et plus apparemment, le regret de la terre natale, avec l'ennui de vivre dans ce milieu romain dont l'*aria* diffère tant de la « douceur angevine, » et les mœurs ou les coutumes, encore davantage des coutumes ou des mœurs de France.

A ce. dernier thème se rapportent les sonnets satiriques sur « les passe-temps de Rome », sur ces « vieux noms, »

> ... ces beaux noms connus de l'Inde jusqu'au More,

ces noms fameux de Fabius, de Titus ou .de Cornélius pro-

stitués aux boutiquiers du Transtévère ou de Ripetta ; les sonnets sur les courtisanes, sur la comédie de la rue, sur l'éternelle
humanité dont la pourpre cardinalice ou la majesté pontificale
ne réussissent pas à déguiser la misère :

> Quand je vois ces messieurs, desquels l'autorité
> Se voit ores ici commander en son rang
> D'un front audacieux cheminer franc à franc,
> Il me semble de voir quelque divinité.
>
> Mais les voyant pâlir lorsque Sa Sainteté
> Crache dans un bassin, et d'un visage blanc
> Cautement épier s'il n'y a point de sang,
> Puis d'un petit souris feindre une sûreté :
>
> O combien, dis-je alors, la grandeur que je voy
> Est misérable au prix de la grandeur d'un Roy !
> Malheureux qui si cher achète un tel honneur.
>
> vraiment le fer meurtrier et le rocher aussi
> Pendent bien sur le chef de ces seigneurs ici,
> Puisque d'un vieil filet dépend tout leur bonheur.

Il y a dans ces vers une vérité de représentation, une netteté de contours, une sûreté de main qu'on n'attendait pas de
l'auteur de l'*Olive*, et, généralement, dans toute cette partie des
Regrets, une force de satire voisine de celle de Rabelais. On la retrouve encore dans les sonnets du retour, sur *Venise*, par exemple,
sur *les Grisons*, ou sur *Genève*.

> Je les ai vus, Bizet, et si bien m'en souvient
> J'ai vu dessus leur front la repentance peinte...
> Comme on voit ces esprits qui là-bas font leur plainte,
> Ayant passé le lac d'où plus on ne revient.

Il n'est pas moins heureux dans l'expression du regret de la
patrie absente. Faut-il rappeler le sonnet célèbre?

> Heureux qui comme Ulysse a fait un beau voyage...

Mais celui-ci, que l'on connaît moins, ne mériterait-il pas de
faire figure dans toutes nos *Anthologies ?*

> France, mère des arts, des armes et des lois
> Tu m'as longtemps nourri du lait de ta mamelle,
> Ores, comme un agneau que sa nourrice appelle,
> Je remplis de ton nom les antres et les bois.
>
> Si tu m'as pour enfant avoué quelquefois
> Que ne me réponds-tu, maintenant, ô cruelle !

France, France réponds à ma triste querelle.
Mais nul, sinon Écho, ne répond à ma voix.

Entre les loups cruels j'erre parmi la plaine,
Je sens venir l'hiver, de qui la froide haleine
D'une tremblante horreur fait hérisser ma peau.

Las! tes autres agneaux n'ont faute de pâture,
Ils ne craignent le loup, le vent, ni la froidure,
Si ne suis-je pourtant le pire du troupeau.

Tous les poètes de la Pléiade, nous en verrons d'autres exemples, ont aimé passionnément la France, ou plutôt, nous l'avons déjà vu, dans la *Défense et Illustration de la Langue française*, nous le savons déjà; et, si quelquefois, comme ici notre poète, ils ne laissent pas de mêler à la louange du pays natal quelque considération ou « ressentiment » d'eux-mêmes, je ne voudrais pas plus le leur reprocher qu'à un enfant de ne pas distinguer, dans l'amour qu'il a pour sa mère, ce qu'il lui doit de ce qu'il en attend.

Mais ce qui achève de faire le prix des *Regrets*, c'est ce qu'ils contiennent de personnel, et pour mieux dire encore d'intérieur au poète :

Ceux qui sont amoureux leurs amours chanteront,
Ceux qui aiment l'honneur chanteront de la gloire,
Ceux qui sont près du roi publieront sa victoire,
Ceux qui sont courtisans leurs faveurs vanteront.
. . . .
Moi qui suis malheureux, je plaindrai mon malheur.

Et il l'a fait comme il le disait. Mais, ne pouvant « plaindre son malheur, » ni surtout le décrire, sans un peu descendre en soi-même, il a vécu ses sonnets d'une vie intérieure, pour les écrire, avant de les écrire; et ils vivent à leur tour de sa vie. Là est l'originalité de ses *Regrets* et de son talent. Tandis qu'en France ses amis, — et au premier rang d'entre eux ce triomphant Ronsard, — continuaient de vivre d'une vie en quelque sorte tout extérieure, qui se dépensait dans la joie de ses manifestations, et qui ne se ramassait en soi, de loin en loin, que pour y puiser la force de se répandre plus abondamment au dehors, dans les agitations de la cour et de l'amour, Du Bellay, lui, dans son exil de Rome, s'est replié sur lui-même, il s'est observé, il s'est connu, il s'est décrit; il a fait son occupation, son tourment et sa consolation à la fois, de se peindre.

vois mon âme en ces vers sans artifice peinte,

disait-il à l'un de ses amis. C'est pourquoi, si jadis dans son *Olive*,
et surtout dans ses *Vers Lyriques,* il n'avait saisi du lyrisme
que l'apparence ou la figure d'art, il en a saisi dans ses *Regrets*
le principe, qui est la sincérité de l'émotion personnelle. Les
sonnets de l'*Olive* étaient des « élévations : » ceux des *Regrets*
sont ses « méditations » ou plutôt sa « confession. » Et fallait-il
donc tant d'efforts, se demandera-t-on peut-être, et tant de bruit,
et tant d'éclat, pour n'aboutir qu'à se confesser ? On n'aura, pour
se répondre, qu'à faire une brève comparaison des *Regrets* avec
les *Épîtres* de Marot les plus personnelles, — et par exemple,
avec son *Églogue au Roi sous les noms de Pan et de Robin.*
On y joindra, si l'on veut remonter plus haut, le *Testament* de
Villon. On se convaincra sans doute alors que, pour écrire les
onnets des *Regrets,* dont nous n'avons pas cité les plus beaux
ou les plus achevés, mais les plus significatifs, il n'était pas
inutile d'avoir « pâli » sur les sonnets de l'*Olive* ou sous la
discipline érudite du collège de Coqueret. Les Grecs et les
Latins, les Italiens, Pétrarque, l'Arioste avaient servi à Du
Bellay comme d'un passage pour en revenir à lui-même, et puisqu'il n'avait pas prétendu autre chose dans sa *Défense et Illustration,* ses ambitions et celles de l'école, en ce point, n'avaient
donc pas tout à fait échoué.

En même temps que les *Regrets,* — auxquels il allait ajouter
une cinquantaine de sonnets qu'on aimerait autant qui n'en fissent point partie, — il rapportait d'Italie ses *Antiquités de Rome,*
dont nous avons cité quelques vers ; un recueil de poèmes latins, *Poemata,* en l'honneur de « Faustine » pour la plupart, —
Faustine était une Italienne, plus réelle que ^{Mlle} de Viole, et
qu'aussi le poète a aimée d'une autre manière ; — et enfin le re-
cneil intitulé : *Divers Jeux Rustiques et autres œuvres poétiques.*
Ils parurent tous les quatre dans la même année 1557.

Les *Jeux Rustiques* ne valent pas les *Regrets.* Les meilleures
pièces qu'ils contiennent, ainsi la chanson d'un *Vanneur de blé
aux vents :*

> O vents, troupe légère
> Qui d'aile passagère
> Par le monde volez...

ne sont que des traductions. La satire *Contre les Pétrarquistes :*

> J'ai oublié l'art de pétrarquiser
> Je veux d'amour franchement deviser
> Sans vous flatter et sans me déguiser...

avait déjà paru depuis cinq ans alors, et elle est un peu longue. On en peut dire autant de l'*Épitaphe du petit chat Belaud*. Et généralement, si nous n'avions appris à connaître le caractère changeant et mobile de Du Bellay, le ton d'enjouement et de liberté qui règne dans ce recueil serait pour nous faire douter de la sincérité de ses *Regrets*. Puisqu'il avait le loisir de rimer en plus de deux cents vers les qualités

> Du plus bel œuvre que Nature
> Fit onc en matière de chats;

et d'aimer si passionnément sa Faustine... en latin, ni ses ennuis n'étaient donc si cruels, ni ses regrets si poignans, ni le désespoir sur lequel nous nous sommes apitoyés si profond! Mais ce serait le juger trop pédantesquement; et il suffit que les *Jeux Rustiques* n'ajoutent rien à sa gloire pour que nous puissions dire qu'ils ne feraient pas sensiblement défaut à la connaissance de son personnage, si nous avions omis de les signaler.

Il nous intéresserait davantage de savoir comment les *Regrets* furent accueillis. Mais nous l'ignorons, et puisque nous l'ignorons, c'est sans doute que l'originalité n'en fut pas appréciée des contemporains. En revanche, nous savons qu'ils valurent au malheureux Du Bellay sa dernière disgrâce. On fit parvenir au cardinal, à Rome, où il était alors le doyen du Sacré-Collège, un exemplaire des *Regrets*, et naturellement, si libre d'esprit qu'il pût être, le cardinal en fut scandalisé. Que l'un de ses parens et de ses domestiques ne le récompensât de sa sollicitude que par des plaintes, et des plaintes presque satiriques, il eût eu déjà quelque droit d'en être offensé. Mais qu'un homme qui portait son nom, le nom connu des Du Bellay, se fût permis, lui vivant à Rome, d'écrire et de publier des vers comme ceux-ci :

> ... celui qui de plein jour,
> Aux cardinaux en cappe a vu faire l'amour,
> C'est celui seul, Morel, qui peut juger de Rome;

il estima que c'était passer la mesure ; et, dans ses lettres à ses amis de France, il s'en expliqua sévèrement. Joachim essaya de se disculper, dans une longue lettre que nous avons, et dont les faux fuyans lui font moins d'honneur que l'on ne voudrait. Il prétendit qu'un secrétaire lui ayant dérobé la copie de ses sonnets, et les ayant même fait imprimer, il avait dû se résoudre à en donner une édition authentique. Combien d'auteurs n'entendrons-nous pas donner cette étrange excuse! Le cardinal s'en contenta pourtant; ou peut-être, et quand il eut vu que la publication des *Regrets* n'avait pas les conséquences qu'il en avait un moment pu craindre, il n'y pensa plus. C'est alors que survint une nouvelle affaire. Une querelle s'éleva entre le poète, fondé de pouvoirs ou chargé d'affaires du cardinal en France, et l'évêque de Paris, un autre Du Bellay. Elle n'intéresse pas l'histoire de la littérature, et nous aurions pu nous dispenser d'en parler, s'il ne résultait de la « correspondance » à laquelle elle donna lieu que le poète jouissait, en 1559, de « trois mille livres » de rentes, en bénéfices. Il était titulaire du « prieuré de Bardenay près Bourdeaulx, » et d'une prébende « en l'église Saint-Julien du Mans, » que sa mort fit passer à Ronsard. Le cardinal avait fini par faire convenablement les choses.

Usé qu'il était par la maladie, ces contrariétés hâtèrent-elles la fin de Du Bellay? On peut le croire. Une attaque d'apoplexie l'enleva dans la nuit du 1er au 2 janvier 1560. S'il était jeune encore, il semble bien qu'à vivre quelques années de plus, il n'eût rien fait qui dût ajouter beaucoup à sa réputation. Incapable d'un long effort et d'une inspiration suivie, l'occasion qui lui avait dicté ses *Regrets* ne se fût pas sans doute retrouvée. Poète courtisan, il s'en écartait tous les jours davantage! et on se demande si ses vers n'eussent pas fini par ressembler à ceux de Marot ou de Mellin de Saint-Gelais. Mais, de toute manière, ce qui paraît certain, c'est que, dans quelque direction qu'il eût essayé de se renouveler, il eût trouvé, sinon la route barrée, du moins l'avance déjà prise par Ronsard. C'est en effet en cette même année 1560 que Ronsard allait donner la première édition collective de ses *Poésies;* et, d'un seul bond pour ainsi dire, cette publication allait l'élever si haut au-dessus de ses amis ou de ses rivaux de gloire et de popularité, que dans le rayonnement de son nom celui de Du Bellay se fût perdu comme les autres. Il nous faut étudier maintenant, dans cette œuvre « monumentale, » avec les raisons particulières ou occasionnelles de son succès, les caractères du génie de Pierre de Ronsard.

FERDINAND BRUNETIÈRE.

AU SEUIL D'UN SIÈCLE

COSMOPOLITISME ET NATIONALISME

Les fils d'Adam seraient-ils devenus plus réfléchis ? Ou seulement plus craintifs? Bon nombre d'entre eux franchirent avant nous la borne conventionnelle d'un siècle. Exception faite pour les croyans épouvantés de l'an 1000, il ne semble pas que nos pères aient ressenti le frisson mystérieux qui agitait naguère les chroniqueurs parisiens, ni qu'ils se soient abandonnés comme nous à l'exaltation mélancolique du navigateur, quand son vaisseau passe la ligne et s'oriente sous les constellations australes. C'est peut-être que dans leur simplicité, et quoiqu'ils n'eussent pas eu l'honneur de naître au siècle de la science, nos précurseurs étaient plus profondément imbus que nous ne le sommes nous-mêmes du premier principe scientifique, la loi de continuité qui régit l'univers. Autant que le meilleur darwinien et avant lui, ils tenaient ferme à l'axiome fondamental de la scolastique : *natura non facit saltus,* la nature va tranquillement son petit bonhomme de chemin. Il faut croire aussi que ces honnêtes gens entraient dans l'inconnu du calendrier avec une confiance allègre, fort diminuée chez leurs descendans. La mélancolie de ceux-ci provient sans doute du sentiment que Bassompierre observait chez le roi Philippe III, l'un des moroses souverains qui bâillaient leur vie dans la décadence de la monarchie espagnole : « Il eut plusieurs vomissemens, avec un flux de ventre, accompagnés d'une grande mélancolie, que lui causait une opinion qu'il avait de mourir. » Opinion justifiée : Philippe mourut dans la huitaine.

Donc nos contemporains se sont recueillis, ils ont fait leur examen de conscience : exercice louable; tous les guides de la vie intérieure le recommandent. Nos confrères de la presse, directeurs spirituels substitués par l'évolution des mœurs aux sermonnaires de jadis, ont résumé les enseignemens de la dernière centurie; ils ont envisagé les problèmes de demain. Énigmatiques et redoutables, les sphinx qu'ils interrogent couvrent de leur ombre toutes les avenues du nouveau siècle. Le plus embrouillé de ces problèmes, et le plus vaste, car on y peut faire rentrer la plupart des autres, est certainement le conflit engagé entre le cosmopolitisme et le nationalisme. Comment les mêmes causes ont-elles produit deux effets aussi opposés? Pourrons-nous tenir l'équilibre entre les deux forces divergentes de notre civilisation? Lequel des deux principes l'emportera, dans cette Europe qui oscille entre leurs attractions contraires? — Questions intéressantes : elles méritent d'occuper le philosophe, elles agréeront aux gens de loisir qui aiment discuter des sujets relevés, dans les parlemens et dans les cafés.

Prévenons le lecteur qu'il sera déçu, s'il cherche ici un retentissement des passions qu'on tisonne sur la place publique. Cosmopolitisme, nationalisme, nous ne prendrons point ces termes au sens restreint que leur donne le langage politique, quand il en fait des enseignes de parti, des injures faciles qu'on se renvoie d'un camp à l'autre. La politique, la plus inexacte des sciences, est une grande déformatrice des mots : elle ne se pique pas de les bien définir, elle cherche dans le vocabulaire des projectiles, et non des instrumens de précision. Essayons de nous hausser à la conception générale qui permet de ranger sous ces deux étiquettes, et, si je puis dire, de cristalliser autour de ces deux pôles toutes les tendances entre lesquelles se partagent nos contemporains.

I

J'imagine qu'il faudrait remonter jusqu'à la dissolution de l'Empire romain pour retrouver dans la vieille âme latine les troubles et les combats dont nous souffrons. Quand Rome reçut le choc en retour des masses humaines qu'elle avait amenées à la civilisation en leur imposant son hégémonie, quand elle vit s'effriter le dur ciment romain, entamé de tous côtés par les idées subtiles du monde oriental et par les forces brutales du monde barbare, alors que le peuple-roi se donnait ou subissait des maîtres de provenance étrangère, — les descendans des anciens quirites connurent sans doute un désarroi moral tout pareil au nôtre. Depuis cette grande crise jusqu'aux époques récentes, il ne semble pas que l'évolution de l'histoire ait provoqué, du moins dans notre Occident et d'une façon générale, le duel de sentimens où le nationalisme et le cosmopolitisme s'opposent.

Il n'y eut pas de raisons pour qu'il se reproduisît dans les sociétés fragmentaires du moyen âge. Elles avaient en commun une patrie morale, la chrétienté; le lien de la dépendance féodale remplaçait pour elles la notion de patrie territoriale. Plus tard, aux siècles où les petits groupes ethniques prenaient lentement conscience d'eux-mêmes, ils ne songèrent qu'à faire reconnaître leurs franchises par les maitres de hasard qui les conquéraient ou les recevaient en héritage. Le XIIIᵉ siècle fut à beaucoup d'égards une époque cosmopolite : et l'on peut en dire autant de la Renaissance. Mais les peuples d'alors ne se sentaient touchés dans leur fierté que par les invasions militaires. Les esprits étaient encore trop rapprochés dans la communion chrétienne pour qu'un groupe prit souci de se différencier moralement du voisin, de se défendre contre la compénétration des idées. Le fait d'être instruit, façonné, gouverné par des instituteurs ou des hommes d'État d'une autre race ne blessait aucune susceptibilité.

Le sentiment national se précisa avec la formation des grands États modernes; il s'aviva et s'affina dans les guerres fréquentes; la scission religieuse du XVIᵉ siècle contribua puissamment à isoler dans leurs personnalités distinctes l'Anglais et l'Allemand, l'Espagnol et l'Italien. L'opinion vulgaire s'abuse, lorsqu'elle établit un rapport constant entre les progrès de la civilisation et le rapprochement plus intime des peuples : en réalité, le cosmopolitisme perdit, au XVIIᵉ siècle, et jusque vers la fin du XVIIIᵉ, une partie du terrain qu'il avait gagné au moyen âge et à la Renaissance. Car on appliquerait improprement à l'influence exclusive des mœurs et des idées françaises, acceptées par toutes les sociétés polies de l'Europe, ce terme de cosmopolitisme qui implique réciprocité dans les échanges.

Il faut aller jusqu'en Russie pour surprendre alors le malaise qui résulte d'un froissement des mœurs nationales par l'importation d'une culture étrangère. Brusquement agrégés à la civilisation occidentale par Pierre le Grand, les Moscovites expérimentèrent les déchiremens intestins et les résistances violentes qui accompagnent ces opérations. L'âpre lutte des deux doctrines s'est prolongée jusqu'à nos jours entre les *Zapadniki*, — les Occidentaux, — et les Vieux-Russes ou slavophiles. J'ai cité ici, autrefois, quelques-uns de ces écrits où l'on retrouve les argumens, les colères, et jusqu'à la terminologie de nos polémistes récens, défenseurs ou adversaires des influences hétérogènes. Tel article de Karamsine, de Tchaadaeff, d'Aksakoff, composé entre 1800 et 1850, pourrait être traduit et inséré dans une de nos feuilles de combat : vous le croiriez rédigé à Paris, et de ce matin.

La révolution spirituelle qui devait aboutir en France et dans toute l'Europe à des fins si peu prévues, aux conflits de races et d'âmes nationales dont nous sommes les témoins, se fit chez nous à la fin du xviiie siècle. Tout a été dit sur ce grand élan d'enthousiasme philosophique où l'on inventa l'homme abstrait, l'humanité nivelée dans une patrie commune de liberté, d'égalité, de fraternité, sans distinctions de frontières, de classes, de races. Exalté par les uns, anathématisé par les autres, le rêve de Quatre-vingt-neuf mérite mieux qu'une raillerie facile : nous pensons qu'on doit toujours parler avec respect des beaux rêves de l'intelligence et du cœur, de ceux qui attestent un effort sincère vers l'idéal. On peut regretter que nos métaphysiciens politiques aient perdu de vue cette réalité des choses hors de laquelle l'homme ne bâtit rien de solide; on peut s'étonner que leurs arrière-petits-fils, après tant d'expériences et de déconvenues douloureuses, persistent à révérer comme un dogme les plus discutables commandemens de la déraison révolutionnaire; et tout d'abord celui qui proscrit l'idée chrétienne au nom de principes sortis tout vivans du livre des Évangiles. Impénétrable mystère de l'histoire, qu'il ait fallu cette ruineuse tempête pour faire lever les germes déposés dans le corps social, il y a dix-neuf cents ans, et qu'on ait maudit la semence à l'heure même où l'on recueillait l'épi! Mais nous serions autrement et tout aussi ingrats que ces réformateurs, si nous méconnaissions les parties excellentes de leur legs : ils ont laissé, sur notre horizon élargi, dans notre conscience sociale affinée, plus d'humanité, plus de justice, plus de déférence aux droits d'autrui. Nous avons répandu ces bienfaits sur le monde : ils se sont retournés contre nous.

Je dois rappeler, puisque je rentre ici au cœur même de mon sujet, comment le cosmopolitisme révolutionnaire engendra le nationalisme, c'est-à-dire le retour aux traditions de la race, partout où il croyait détruire l'esprit du passé. J'ai maintes fois développé ce thème, si fortement éclairé par les travaux de M. Albert Sorel ; mais nous vivons en un temps où il faut enfoncer sans relâche le clou qui fixera dans les cerveaux une notion essentielle.

Voilà donc les missionnaires de la rédemption française partis pour réformer et libérer le genre humain. Ils ressemblent moins aux évangélistes de Judée qu'aux envoyés de Mahomet : ils vont propager l'Islam de la nouvelle foi, baïonnette au canon. Hélas ! ces libérateurs emportent avec eux l'irréductible et trouble dépôt d'animalité qui sommeille en chacun de nous, et qui est si vite réveillé par les nécessités de la guerre : convoitises, violences, despotisme du plus fort. Ces libérateurs ne tardent pas à se donner un maître en qui s'incarne le génie des conquêtes. Alors même qu'ils asservissent l'Europe aux volontés de ce maître, beaucoup sont de bonne foi dans leur propos initial : ils se figurent qu'ils délivrent cette Europe, puisqu'ils lui apportent le Code civil, la liberté de pensée, tous les présens de leur Révolution. Et ils n'ont pas tout à fait tort ! Mais l'Europe conquise, brutalisée, saignée à blanc d'hommes et d'argent, l'Europe désillusionnée ne l'entend pas ainsi.

Alors commence le malentendu qui serait presque comique, si les suites n'en avaient été tragiques pour nous. Nos Français se flattaient de semer dans le monde l'idée abstraite de liberté ; la graine change d'espèce sous leurs doigts ; ils y sèment l'idée d'indépendance nationale, et, par une conséquence inéluctable, de réaction contre nous. Notre esprit révolutionnaire, humanitaire, se métamorphose au dehors en esprit nationaliste, strictement particulariste. Le mouvement qui devait, dans l'intention de ses propulseurs, unifier tous les peuples a pour effet de les séparer, de les spécialiser, de raffermir chacun d'eux dans son individualité. De ce mouvement est sorti le siècle des nationalités.

Autre ironie de l'histoire : la science, qui se vante de rap

procher les hommes, achevait de reconstituer les races que notre
intervention libérale avait suscitées. Grâce au progrès des
sciences historiques et linguistiques, grâce à l'étude approfondie
du moyen âge et des antiquités nationales, ces races qui s'ignoraient elles-mêmes retrouvaient, elles s'inventaient parfois une
langue, des traditions, des annales, des droits à l'existence séparée. J'ai pu suivre sur place cette ingénieuse collaboration de
la politique et de la science, à l'époque où les petits peuples
des Balkans s'éveillaient de leur long sommeil et réclamaient
leur indépendance. Des tuteurs complaisans déléguaient chez ces
peuples des savans qui ne l'étaient pas moins. Comme ces archi-
vistes qui font métier de fournir aux familles des généalogies
somptueuses, archéologues et philologues n'étaient jamais en
peine de découvrir, pour corser les titres des candidats à l'indépendance, un idiome distinct, une littérature flatteuse, une
chronique vénérable. Ces procédés ont fait surgir, plus partien-
lièrement dans le vaste monde slave, toute une végétation de
nationalités dont nos pères ne soupçonnaient même pas les
noms. Tchèques ou Ruthènes, Bulgares ou Slovaques, Albanais
ou Vieux-Serbes, on sait avec quelle jalousie farouche ces nou-
veau-nés défendent l'intégrité de la langue qu'ils ont rapprise
et des chartes qu'ils se font octroyer. Toutes les classifications
politiques, toutes les passions qui transportent d'habitude les
citoyens s'effacent devant les revendications d'un nationalisme
ombrageux : il le devient davantage chaque jour, on l'a bien vu
aux récentes élections autrichiennes. Le *Journal des Débats* en
résumait ainsi la physionomie : « Le trait dominant des élections a été l'exaspération des passions nationales qui avaient créé
ce chaos. » Et *le Temps* ajoutait : « En Bohème, les socialistes
ont été abandonnés par un peuple en proie à une sorte de délire
de race. »

Un *délire de race*, les batailles gagnées avec des glossaires,
des cartulaires d'archives, des chansons de folk-lore, le sang
généreusement versé pour la restauration d'une légende historique, — ces phénomènes sans précédens ont caractérisé la men-
talité politique d'une partie de l'Europe au xixe siècle. On les
retrouve atténués, mais toujours reconnaissables, jusque chez
les vieux peuples dont la personnalité nationale semblait hors
de discussion. Avant de servir aux petites tribus orientales en
quête d'un état civil, le fétichisme de la race a été d'un bon se-

cours aux grands États qui rassemblaient leurs membres épars. Chacun sait comment nous avons aidé l'Italie à constituer un royaume prédit par son Dante Alighieri ; comment l'Allemagne a cimenté dans notre sang un empire qui se réclame gravement, passionnément, des soldats d'Arminius et de la mythologie héroïque des Niebelungen.

II

Le siècle des nationalités, disions-nous. Nul n'y contredira, et l'histoire lui gardera ce nom. Il fut pourtant, et au même degré, le siècle du cosmopolitisme.

Un courant contraire, non moins irrésistible que l'autre, précipite malgré tout la fusion de ces peuples réfractaires. Tout conspire à les mêler sur la surface aplanie de notre globe. Il semble vraiment que le genre humain soit soumis de nos jours à de colossales expériences chimiques. Tandis que certaines sciences opéraient comme des réactifs sur les races qu'elles isolaient, la plupart des autres sciences créaient de puissans agens de recomposition : chacune de leurs découvertes hâtait la combinaison des élémens dissociés. Applications industrielles de ces découvertes, rapidité croissante des communications, transmission instantanée de la pensée, diffusion de toutes les idées par le formidable pouvoir de la presse, développement du sens critique, de l'esprit compréhensif et sceptique qu'il généralise, expansion commerciale et coloniale, internationalisme des intérêts capitalistes et des revendications ouvrières, nivellement d'un monde uniformisé par l'habit, les coutumes, les plaisirs, les méthodes de travail, — on n'en finirait pas d'énumérer les causes, présentes à toutes les mémoires, qui font de nos capitales des centres de plus en plus cosmopolites.

Hier encore, nous contemplions l'image du monde actuel dans le microcosme de la dernière Exposition : les maisons de tout pays fraternellement accotées, la foule où se coudoyaient devant ces maisons les représentans de toutes les races, la confusion de toutes les langues dans cette Babel, n'était-ce pas l'apothéose du cosmopolitisme triomphant? Ceux qui ont le goût des rapprochemens historiques se sont dit que telle devait être la physionomie de Rome ou d'Alexandrie, à la veille de la désagrégation de l'ancien monde. Mais la Cosmopolis antique, où les l:verses familles du bassin méditerranéen se rencontraient après de longs trajets, nous apparaît minuscule, incommensurable avec la Cosmopolis moderne, celle qui attire les foules mondiales, accourues en quelques jours de toutes les terres habitées, au delà des océans et aux confins des deux pôles. On ne voyait pas, dans Rome ou dans Alexandrie, les naturels de Tokio et de Chicago; on n'y recevait pas les dépêches parties une heure auparavant des antipodes; on n'y touchait pas, sur la présentation d'un morceau de papier, l'argent gagné la veille dans une opération télégraphique sur les grains d'Amérique ou les soies du Japon.

En vérité, quand on fait le calcul sommaire de ces forces d'attraction, quand on se représente la broyeuse universelle qu'elles actionnent, — je veux dire notre civilisation niveleuse, — on se demande comment deux groupes humains peuvent encore se différencier l'un de l'autre. Cependant certains de ces groupes, les plus proches, les plus semblables entre eux, ne furent jamais aussi radicalement divisés, jamais aussi irréductibles! Si quelque historien nous retraçait, dans ses études sur une époque lointaine, ces deux figures inconciliables du même temps, nous crierions à l'invraisemblance, nous dirions qu'il a mal observé. Nous serions encore plus sévères à son paradoxe, s'il attribuait ces effets contradictoires aux mêmes causes, et à quelles causes! Les conséquences dernières d'une révolution émancipatrice, l'épanouissement des sciences, la connexité chaque jour plus étroite des intérêts qui réunissent les hommes, quand ils ne les arment pas *in mutua funera!* Le phénomène est là, sous nos yeux : nul ne peut ignorer l'un ou l'autre de ses aspects. Nationalisme et cosmopolitisme, les deux principes antagonistes luttent avec des forces sensiblement égales. Je défie le plus clairvoyant prophète de dire à cette heure lequel l'emportera. Leur duel ne fait que de commencer : il sera la grande affaire du nouveau siècle, tout nous le présage.

III

Plût au ciel que cette lutte dramatique nous offrît seulement un intérêt de curiosité. Il n'en est point ainsi. Nous ne la regardons pas de Sirius. Elle a des répercussions angoissantes dans nos consciences et dans notre vie publique. Nous ne pourrions

choisir entre les deux principes sans étouffer en nous quelques-
uns des plus impérieux sentimens du cœur ou quelques-unes des
plus claires évidences de la raison.

Certes, notre vieille France n'en est pas, comme le Tchèque
ou le Bulgare, à se chercher dans un passé ténébreux des droits
à l'existence, des titres périmés qu'il faut revendiquer et défendre
avec une susceptibilité ombrageuse. Et pourtant elle s'est émue
devant les progrès du cosmopolitisme; elle s'est sentie atteinte,
menacée tout au moins dans ses œuvres vives. C'est son privilège et son danger d'être à la fois la plus engageante, la plus hospitalière des contrées, et le creuset expérimental où l'histoire
essaie d'abord toutes ses combinaisons. La nation qui était
encore, au début du xixᵉ siècle, la plus nombreuse, la plus riche,
la plus forte de l'Europe voit avec stupeur sa condition si
changée au xxᵉ siècle. Tombée au dernier rang des grands États
pour le chiffre de la population, déjà loin du premier rang pour
le développement commercial, industriel, maritime, elle craint
d'être submergée dans un prochain avenir par ces races unifiées
et multipliantes, l'anglaise, l'allemande, la slavonne.

La France est excusable d'éprouver quelque émoi devant cette
nouvelle distribution des puissances civilisées; elle serait inexcu-
sable de laisser péricliter la seule force qui lui permettra de faire
figure avec de petits moyens, sa parfaite unité morale. Elle le
sent; et c'est pourquoi nous la voyons secouée d'un frisson incoercible, depuis qu'elle croit cette unité compromise par de
trop fortes infiltrations hétérogènes, par une insidieuse main-
mise sur tous les ressorts de sa puissance, sur toutes les sources
où elle alimente sa pensée. Sachons comprendre ce sursaut d'inquiétude. Un mouvement de rétraction nationale, — ou nationaliste, — se manifeste aujourd'hui chez nous comme chez la
plupart des peuples voisins : on ne fera que l'exaspérer en le
niant dédaigneusement; n'est-il pas préférable de l'éclairer, de
le prémunir contre ses propres excès ?

Prenons-le à ses origines : car tout se tient dans les manifestations de cet instinct. Il s'est révélé d'abord dans le domaine
économique, par la réaction fougueuse du protectionnisme contre
la doctrine libre-échangiste. Je ne suis pas grand clerc en économie politique : mais j'ai peine à croire qu'on puisse résister
longtemps à la force des choses, quand elle abat les barrières
artificielles, facilite les transports, nivelle partout les prix d'une

denrée en raison de son abondance. Du moins a-t-on trouvé,. sur ce terrain des intérêts matériels, les solutions mesurées qui devraient prévaloir dans les conflits de tout ordre entre les deux principes : elles protègent le travail national, elles n'exposent pas nos populations à la disette ou à la privation des produits indispensables qui nous viennent du dehors.

Un peu plus tard, l'instinct nationaliste prit alarme du bon accueil fait en France aux littératures étrangères. Notre public se montrait las des formules à la mode sur le marché du livre parisien : il lisait avec intérêt des œuvres russes, scandinaves, anglaises, allemandes. On se souvient des cris d'effroi poussés alors par les défenseurs du « génie latin. » Pour les contenter, des personnes conciliantes leur vantèrent quelques beaux livres· d'imagination qui paraissaient en Italie : comment honorer mieux le génie latin ? Nos douaniers intransigeans ne désarmèrent pas, ils coururent défendre cette autre frontière avec une humeur tout aussi colérique. L'intégrité de l'esprit français était menacée de tous côtés : de jeunes auteurs l'assuraient, qui s'étaient heurtés chez les éditeurs aux piles de romans étrangers ; on le déplorait dans les académies. Le « cas Wagner » vint envenimer la dispute. Les enragés d'exotisme firent tout ce qu'il fallait pour l'aggraver : à les entendre, la musique était née avec le dieu de· Bayreuth, la poésie avec Browning, le théâtre avec Henrik Ibsen, la philosophie avec Nietzsche. Nous avons rompu ici quelques lances entre les deux fronts de bandière, contre les plus échauffés des deux troupes ; position stratégique fort incommode : on y embourse le maximum de coups. Je reviendrai tout à l'heure sur les argumens que nous opposions alors au protectionnisme littéraire : ils gardent à mon sens toute leur valeur, quand on les ajuste à des controverses plus récentes, nées des mêmes appréhensions.

Les belligérans n'en sont plus à nos escarmouches littéraires d'il y a dix ou douze ans. Qu'elles étaient courtoises et inoffensives, en comparaison de la furieuse mêlée où l'on jette dans le débat toutes les questions politiques et sociales ! Nationalisme et cosmopolitisme sont devenus les cris de guerre des deux armées qu'on retrouve toujours en présence, sous les bannières changeantes qui mènent à la bataille les passions et les intérêts des hommes. Ce n'est plus seulement le blé ou le vin, ce n'est plus le roman ou le drame étranger dont l'entrée en franchise

alarme un patriotisme soupçonneux : il s'emporte jusqu'à vouloir
bannir les idées, les opinions, les sentimens, les personnes
mêmes qui tenteraient de franchir la muraille de Chine qu'il
maçonne sur nos frontières : clôture derrière laquelle nous
devrions mourir de consomption dans la pureté native de notre
nationalisme. Mme de Staël écrivait déjà, il y a cent ans : « Nous
n'en sommes pas, j'imagine, à vouloir élever autour de la France
littéraire la grande muraille de la Chine, pour empêcher les
idées du dehors d'y pénétrer. » Et, pour le crime d'avoir écrit
cette phrase, biffée par les censeurs, elle recevait du bon gendarme Savary la fameuse lettre d'exil : « Il m'a paru que l'air
de ce pays-ci ne vous convenait point; nous n'en sommes pas
encore réduits à chercher des modèles dans les peuples que
vous admirez. Votre dernier ouvrage n'est point français; c'est
moi qui en ai arrêté l'impression. » — S'ils avaient même pouvoir, certains gendarmes patriotes seraient aussi péremptoires que
le duc de Rovigo.

Ce qui n'est pas français, ce qui n'est pas humain, c'est le
rétrécissement hargneux que peuvent constater tous ceux qui
observent notre société depuis vingt ans : ceux-là surtout qui ont
l'habitude d'écrire. Peu de temps après nos grands désastres,
alors que la plaie vive du patriotisme saignait encore, il arrivait
parfois qu'un événement ou un livre me donnât l'occasion de
nous venger en rendant hommage à tout ce qu'il y a de respectable et de fort chez le peuple allemand. Nul n'en savait mauvais gré à l'écrivain indépendant. A plus forte raison était-il
suivi, quand il étudiait d'autres peuples avec une curiosité
sympathique. Pourrait-on aujourd'hui récrire les mêmes pages,
louer les mêmes livres, admirer les mêmes hommes, parler avec
la même équité de l'Allemagne, de l'Angleterre, de l'Italie?...
Oui, sans doute : mais encore faudrait-il trouver le journal patriote, et ce n'est déjà plus si simple, qui ne s'effraierait pas de
quelques désabonnemens. On aurait le chagrin d'affliger beaucoup de braves cœurs, dont on partage la foi et les espérances,
avec qui l'on diffère d'appréciation sur les meilleurs moyens de
restaurer l'énergie nationale, d'en imposer à nos adversaires du
dehors et à leurs instrumens au dedans. — Ah! que nous sommes
loin de l'ancienne bravoure française, généreuse jusqu'à l'imprudence, qui ne craignait pas le contact du monde, parce qu'elle
ne doutait point de sa puissance défensive, qui ne fermait pas

les fenêtres par peur des miasmes, tant elle était sûre de sa belle santé ! Que nous sommes loin d'un Lamartine et de ses pareils, pour ne pas remonter plus haut ; loin de ces hommes aux cœurs ouverts, aux mains fraternellement tendues, de ces âmes qui vibraient à toutes les manifestations de beauté, de bonté, de grandeur, d'où qu'elles vinssent et quelle que fût la race qui en dotât le trésor commun de l'humanité !

Si l'orthodoxie nationaliste exigeait cette misérable abdication de nos coutumes séculaires ; si elle devait étouffer le cri des libres esprits de tous les temps : Je suis homme, et rien de ce qui est humain ne m'est étranger ; — si elle devenait institutrice de haine et d'incompréhension, je sais des gens qui n'accepteraient à aucun prix sa servitude. Triste philosophie, qui fonderait l'affirmation de la personnalité nationale sur cet axiome : « Je hais, donc je suis ! » Aussi faut-il s'efforcer d'éclairer les patriotes entraînés par une réaction légitime dans son principe, nécessaire peut-être pour nous libérer d'autres jougs encore plus humilians. Répétons-leur à satiété les argumens irréfutables dont nous faisions usage, dans la phase purement littéraire d'une controverse qui a changé d'objet et non de nature.

Je les résume une fois de plus. Le génie français n'a jamais craint de s'altérer en s'enrichissant. Rien n'est plus opposé à la tradition nationale que la claustration et la diète ; nos pères ne pratiquèrent pas l'abstinence, ils n'eurent pas l'horreur des mets étrangers. Ils ont emprunté de toutes mains, par tout pays, en tout temps, avec Ronsard et Montaigne, avec Corneille et Molière, avec Le Sage et Voltaire, avec Chateaubriand et Victor Hugo. Ce bel appétit, et aussi cette libéralité qui rend à tous les richesses, refrappées à notre coin, qu'on avait prises à tous, ce sont les conditions mêmes de notre vie normale : vie littéraire, vie industrielle, vie sociale. Si vous redoutez l'intoxication étrangère, c'est que votre estomac débilité ne peut plus digérer ; c'est qu'il n'assimile plus les alimens pour les transformer en substance nationale ; en ce cas, peu importe le régime qu'on vous prescrira : vous êtes condamnés à mourir d'indigestion ou d'inanition.

IV

Eh quoi ! s'écrieront des amis suffoqués, c'est donc la thèse du cosmopolitisme que vous plaidez ? — Non. Il n'est pas si dif-

ficile de faire ici les distinctions nécessaires. Libéral est le maître
hospitalier qui ouvre aux visiteurs les portes de sa maison; insensé celui qui en livre les clefs à des hôtes douteux. Un chef
d'industrie habile emploie les meilleurs matériaux, sans égard
à leur provenance; il ne souffre pas qu'un étranger lui dicte des
règlemens, ni que cet intrus bouleverse les coutumes de l'atelier.
Par aveuglement, par faiblesse, pour toute sorte de raisons plus
ou moins avouables, les chefs changeans et vacillans de l'atelier
français ont méconnu ces règles de bon sens. L'instinct national
a eu d'abord l'intuition, l'esprit éveillé a la vue chaque jour plus
nette d'une invasion cosmopolite dans l'État français, d'une domination sournoise et parfois déclarée qui s'installe au cœur
même de cet État, dans toutes les cellules de notre organisme :
enseignement, administration, judicature, finances, diplomatie.
Chaque jour, quelqu'un des citoyens optimistes ou somnolens qui
n'y voulaient pas croire a les yeux dessillés par un petit fait personnel; un incident fortuit lui montre soudain les avenues bar-
rées, les places occupées ou assiégées par une camarilla.

Visions imaginaires! répondent en ricanant ceux qui n'ont
pas encore vu, ceux qui ont intérêt à ne point voir, à empêcher
que l'on ne voie. Autant que j'aie pu observer, ces négations brutales de l'évidence ont pour effet d'irriter les gens les plus rassis;
le mensonge nous fâche plus que les menées qu'il dissimule.
Nous sommes moutonniers, nous supportons beaucoup, mais
nous n'aimons pas qu'on nous en conte. Qu'il y ait une forte part
d'exagération dans les griefs du nationalisme, que des hallucinés
en arrivent à voir le cosmopolitisme partout, j'en tombe volontiers d'accord : j'ai combattu plus haut l'excès de cette prévention. Mais on nous fera difficilement croire qu'il ait suffi d'un
fantôme sans réalité pour émouvoir aussi profondément une
grande nation. Je ne parle point ici, je le répète, d'un parti politique dont l'action sur le pays est encore problématique. Je
parle d'un état d'esprit qui peut fort bien ne pas se traduire par
le vote. Le vote est un acte de routine, subordonné à mille considérations de crainte, d'intérêt, d'attachement à une formule ou
à un homme. L'état d'esprit ne se trahit souvent que par ces
plaintes ou ces menaces vagues dont il semble que le sourd murmure aille grossissant, par cette phrase devenue contagieuse dans
les milieux où on l'attendait le moins : « Ils en feront tant... »

Soit, diront ceux de nos contradicteurs, et ils sont rares, qui

ne nient pas la prépondérance d'une camarilla inquiétante pour
nos susceptibilités de race et de tempérament, pour nos traditions intellectuelles, sociales, religieuses. — Soit, mais de quoi
vous plaignez-vous? C'est le jeu de la concurrence, le triomphe
légitime et naturel des plus aptes. Si des groupes plus ou moins
cosmopolites d'origine ou de tendance ont réussi à prendre la
direction de vos services d'État, à peser tout au moins sur cette
direction, c'est apparemment que vous ne les valez pas; c'est
qu'ils ont su former, mieux que vos indigènes, une sélection de
sujets plus habiles, plus alertes, plus richement doués d'intelligence et de caractère; c'est qu'ils l'emportent sur vous par la
cohésion, l'application, le savoir-faire actif. Vous êtes le nombre,
et vous ne pouvez pas lutter, vaincre loyalement, avec les mêmes
armes! Il est donc juste que vous soyez vaincus et dominés.
Vous êtes inférieurs; les vôtres ont l'estomac débile dont vous
parliez tout à l'heure; et, plus familièrement, ils n'ont pas d'estomac! — Je suis très sensible à ces argumens, très enclin à
reconnaître partout le droit des plus aptes; et je ne serai pas le
dernier à reprocher aux victimes plaintives l'incapacité dont elles
font preuve dans la défense de leur patrimoine. Mais la société
n'est pas une classe où l'on couronne les meilleurs élèves. Elle
est plus complexe, les rapports entre ses parties sont déterminés
par des droits d'origines diverses.

Je reconnais la maitrise d'un Anglais, d'un Allemand, dans
certaines industries; je sais quelles qualités de conduite ou de
caractère je pourrais leur envier; et je leur demanderais volontiers des leçons, dans les parties où ils excellent. Mais ce n'est pas
une raison pour que je leur cède mon champ ou ma maison de
commerce : s'ils voulaient m'en déposséder, je les prierais d'aller
déployer chez eux les qualités que j'admire. En admettant que je
leur sois inférieur selon le droit du plus apte, j'ai sur eux le droit
supérieur d'être sur ma terre, faite de la cendre de mes morts.
— La question est là, et non pas ailleurs, entre le cosmopolite
qui réclame les places et fonctions du droit de ses capacités,
de son labeur, de sa primauté dans les concours, et le Français qui entend garder ces fonctions en vertu de son droit patri-
monial. Je dis le Français. Qui l'était plus et mieux qu'un Guizot,
quand ce ferme protestant dirigeait notre politique et poursuivait
à l'extérieur les desseins séculaires de la nation très chrétienne?
Qui l'était plus qu'un Cherbuliez, quand cet ami discret et fidèle

honorait, enrichissait de son talent le pays qui l'avait adopté? Et qui, enfin, mérite mieux ce titre que tel israélite, dont la vie se dépense en œuvres charitables ou en travaux utiles à l'avancement de la science française? Ceci soit dit pour écarter du débat les questions confessionnelles et les généralisations iniques : nos suspicions ne visent que l'esprit cosmopolite, commun à des réfractaires de toutes les Églises, hostile à l'ensemble de nos traditions, agressif et destructeur de ces traditions.

Si le nationaliste est bon philosophe, — tout arrive, même cela, — il peut invoquer en outre le droit de l'inconscient contre le droit de l'intelligence. Au milieu du dernier siècle, on n'avait d'adoration que pour l'intelligence, sous la forme où elle brillait le plus souvent en ce temps-là; on lui demandait l'agilité du sens critique et analytique, la perception rapide et l'association ingénieuse d'une infinité d'idées. Un homme habile à ce petit jeu cérébral montait aux nues. Vers la fin de ce siècle, les philosophes de tout pays ont remis en honneur l'inconscient. Ils ont exalté l'instinct aux dépens de l'intelligence, qui avait cessé de plaire; ils y ont vu les sources réelles de la force, pour laquelle le monde professait un grand culte, et les profondes réserves de la vitalité des races. Je crois qu'ils n'ont pas trop mal vu. On ne les avait d'ailleurs pas attendus pour sanctionner le droit de l'inconscient, s'il est vrai que le suffrage universel ne soit pas autre chose que la reconnaissance de ce droit.

Laissons les philosophes à leurs disputes. De quelque façon que la justice idéale décide entre ces divers droits, les pasteurs des peuples doivent compter avec les faits. Et c'est un fait considérable que le nombre, que la volonté d'une nation qui se sent et se dit maîtresse sur son sol. Le nationalisme est un mouvement grégaire. Chaque berger sait combien sont irrésistibles et redoutables ces mouvemens instinctifs d'un grand troupeau, qui va devant lui où on le pousse, aperçoit soudain l'abîme, recule en désordre, n'écoute plus aucune voix, renverse et broie ses conducteurs dans sa course de panique et de colère. — Une conviction rassure les fermiers très avisés qui se sont fait adjuger la tonte du troupeau. Éblouis par la puissance des grands courans cosmopolites, — j'énumérais plus haut les forces convergentes qui en précipitent la vitesse, — persuadés que ces courans rompront toutes les vieilles digues et submergeront prochainement le monde du xxᵉ siècle, les audacieux qui en

profitent se flattent d'y voir disparaître les dernières résistances
de l'esprit particulariste; ils tablent sur ce déluge pour noyer
la pauvre arche nationaliste et les animaux incommodes qui s'y
sont réfugiés.

Ils pourraient se tromper. Rappelons-leur, — et, si je me suis
attardé d'abord à un exposé historique, ce n'était pas à autre fin,
— rappelons-leur cette loi de l'histoire qu'on oublie trop : chaque
progrès du cosmopolitisme détermine une explosion de nationalisme. On l'a bien vu par l'exemple mémorable de notre expansion révolutionnaire, qui suscita dans toute l'Europe des réactions nationalistes : et la victoire demeura à ces dernières. On
le voit à cette heure sur deux champs d'expériences très instruc-
tifs : en Chine, où l'invasion cosmopolite a déchaîné l'accès de
nationalisme farouche dont nous triompherons à grand'peine, si
nous en triomphons; au Transvaal, où le cosmopolitisme envahisseur des uitlanders a fait se lever une race qui mourra tout
entière plutôt que de le subir. Autant de leçons qu'il est sage de
méditer avant de parier pour le cosmopolitisme.

J'inférerai de ces remarques une seule conclusion. La poussée
nationaliste, comme on dit aujourd'hui, ou, pour parler mieux,
le réveil du sentiment national en France n'est pas un fait isolé.
Il se rattache à des manifestations similaires dans plusieurs
contrées de l'Europe. Il y a des causes générales à ce mouvement
universel; il y en a de particulières à chaque pays. Ces deux
ordres de causes ont agi dans le nôtre. On comprendra peut-être
mieux la crise française, on en calculera les conséquences avec
moins d'incertitude, si l'on veut bien la considérer dans cette vue
d'ensemble. Je n'ai eu ici d'autre dessein que de faciliter l'étude
du problème. Quant à le résoudre, c'est un soin qu'il faut laisser
aux hommes qui dirigeront nos affaires dans le cours du nouveau siècle. Ils vont naviguer entre les deux écueils : puissent-ils
donner les coups de barre avec l'art essentiellement français de
la mesure, avec ce tact où nous savions allier, naguère encore,
nos devoirs de protection envers les hôtes étrangers, notre respect du droit des minorités indigènes, et les fermes traditions
qui ne laissaient Jamais échapper de nos mains la garde exclusive de nos intérêts nationaux.

EUGÈNE-MELCHIOR DE VOGÜÉ.

REVUE SCIENTIFIQUE

L'ÉCLAIRAGE A INCANDESCENCE PAR LE GAZ.

Les perfectionnemens de l'éclairage public et privé ont été extrêmement rapides de notre temps. Le gaz et l'électricité règnent aujourd'hui partout, au dehors comme à l'intérieur de nos habitations, et y répandent la lumière à profusion. Entre ces agens rivaux, une sorte de concurrence ou de lutte industrielle s'est établie dès le début, dont les péripéties n'out pas été sans intérêt. Avec l'invention des générateurs magnéto-électriques et des accumulateurs, avec les améliorations des lampes à arc, avec la découverte, enfin, de la lampe à incandescence d'Edison, l'avantage semblait définitivement acquis à l'électricité. La cause du gaz paraissait perdue : on voyait le moment prochain où il n'aurait plus d'emploi que comme moyen de chauffage. — Tel était l'état des choses vers l'année 1885. C'est alors que l'invention, par Auer von Welsbach, de l'éclairage par incandescence, vint changer la face des affaires. Ce fut un revirement de fortune. En coiffant la flamme du gaz d'une sorte de capuchon en treillis léger, formé de substances rares telles que les oxydes de lanthane, de zirconium, de cérium et de thorium, le savant autrichien avait réussi à accroître, dans des proportions énormes, son pouvoir éclairant et à lui donner un éclat comparable à celui de l'électricité. Le succès industriel fut considérable. Le gaz de houille conserva ses positions menacées; il regagna même le terrain perdu et prit une extension nouvelle sur les voies publiques et dans les intérieurs domestiques. Mais il était écrit qu'il ne jouirait plus désormais d'une possession tranquille. L'apparition du gaz d'eau et celle, plus récente, de l'acétylène sont venues lui causer de nouvelles alarmes.

Ces épisodes des luttes économiques, ces alternatives d'extension ou de décadence d'une grande industrie, réglées par des découvertes de laboratoire, sont très capables d'intéresser les esprits curieux.

Les anciens avaient l'huile, la cire et la résine. Les torches, flambeaux grossiers faits d'une corde tordue ou d'un bois inflammable enduits de cire ou de résine, figuraient dans les cérémonies funèbres, dans les fêtes des hyménées 'et dans les solennités religieuses; elles étaient, chez les Grecs, les attributs des Furies. L'éclairage domestique utilisait l'huile dans des lampes d'une construction fort simple. Les Romains se servaient de baguettes de cire, chandelles, bougies ou cierges (cerei). L'usage en a existé de tout temps en Orient, et l'on croit que c'est par Venise qu'il s'est étendu ensuite en Europe, vers le VIIIe siècle. Les anciens n'ont point connu la chandelle de suif; c'est une invention anglaise du XIIe siècle, qui semble n'avoir pénétré en France qu'au XIVe. C'est la seule acquisition que, pendant une longue série de siècles, la civilisation ait ajoutée au matériel d'éclairage des anciens.

L'éclairage public n'a pas existé avant la fin du XVIIe siècle. Les premières lanternes remontent, en France, à l'année 1667. Cent ans plus tard, l'addition d'un réflecteur en a fait des réverbères. Quant à l'outillage domestique, il est resté rudimentaire jusqu'au XIXe siècle. Le quinquet date de 1786; la lampe Carcel, de 1803; les lampes modérateur sont plus récentes encore.

Tous les progrès de l'éclairage appartiennent donc exclusivement aux cent dernières années. Ils ont dépassé tout ce que l'on pouvait attendre. « Il n'y aurait pas d'invention plus utile, disait Gœthe, que celle d'une chandelle que l'on n'aurait pas besoin de moucher. » Le rêve du poète n'allait pas, comme on le voit, au delà de la bougie: il a pu le voir réalisé avant sa mort.

L'invention de l'éclairage par le gaz date de 1801 : elle est due à Philippe Lebon, qui obtenait la substance gazeuse par la distillation de la houille, mais surtout du bois. En 1803, il éclairait, avec son appareil, qu'il appelait thermolampe, les appartemens et le jardin de l'hôtel Seignelay, situé rue Saint-Dominique à Paris. Mais le malheureux ingénieur n'eut pas le temps de parfaire son invention: l'année suivante, il mourait, assassiné mystérieusement dans les Champs-Élysées. Un Allemand, Winser, au courant du procédé de Lebon, s'associait quelques années plus tard, en 1805, avec l'ingénieur anglais Murdoch, qui, de son côté, avait essayé de retirer et d'utiliser le gaz de la houille, Leurs efforts réunis triomphèrent des difficultés. L'éclairage au gaz commença d'être employé, d'après leur système, dans un certain nombre d'usines et de fabriques, en Angleterre. En 1812, cet éclairage faisait son apparition dans les rues de Londres. Six ans plus tard, en 1818, il était essayé à Paris sur la place du Carrousel. L'usage s'en répandit progressivement dans tous les pays.

Il faut arriver à 1856 pour voir surgir un nouvel agent, le pétrole. L'existence de cette substance, qui sort de terre comme l'eau des sources, dans un grand nombre de pays, était connue de toute antiquité, mais ce n'est qu'à cette époque, relativement récente, que l'on commença à l'exploiter. Très rapidement le pétrole se substitua à l'huile, dans les usages domestiques.

La lumière électrique eut enfin son tour. On sait qu'elle est employée sous deux formes : l'incandescence et l'arc voltaïque. Les lampes à arc étaient restées, depuis le temps de Davy, confinées dans les laboratoires. Ce n'est que vers 1870 que l'exploitation industrielle en devint possible, grâce aux diverses espèces de régulateurs, de brûleurs ou de bougies, inventés par Lontin, Gramme, Siemens, Japy, Helmer, Jablochkoff, Jamin. Mais, de toutes ces inventions, celle qui contribua le plus à la diffusion de l'éclairage électrique et à son adoption dans les usages domestiques fut celle des lampes électriques à incandescence, sans combustion, due à Edison, et à ses émules Swan, Lane Fox, Hiram Maxim.

C'est au moment de ce grand développement de la lumière électrique que l'industrie du gaz, qui paraissait condamnée à disparaître devant son brillant concurrent, fut vivifiée par la découverte, ou plutôt par l'heureuse utilisation de l'incandescence due aux oxydes des terres rares. Le docteur Auer von Welsbach donnait, en 1885, une première solution du problème, encore un peu insuffisante : en 1892, la solution était complète. Le gaz pouvait désormais tenir tête à l'électricité et partager avec elle le monopole de l'éclairage moderne, c'est-à-dire de l'éclairage intensif.

II

Nos sources lumineuses ordinaires sont des gaz, qui brûlent sous l'action de l'oxygène de l'air, c'est-à-dire, plus brièvement, des flammes. L'éclat de la torche, celui de la bougie, de la chandelle, de la lampe à huile ou à pétrole, sont dus à des flammes. Dans les appareils à incandescence, au contraire, ce n'est plus un gaz en combustion qui éclaire, ce n'est plus une flamme, c'est un corps solide.

Le premier appareil de ce genre a été imaginé, en 1826, par sir William Drummond. La lumière était produite par un bâton de chaux que l'on portait à l'incandescence en dirigeant sur lui la flamme, très pâle, mais très chaude, de l'hydrogène brûlant dans l'oxygène. Il y a peu de personnes qui ne connaissent la « lumière Drummond ou lumière oxhydrique » pour l'avoir vue servir à des projections scientifiques ou amusantes. Par son intensité, elle occupe le troisième rang après la lumière solaire et celle de l'arc électrique.

A l'origine, l'hydrogène et l'oxygène étaient mélangés d'avance dans un réservoir à parois résistantes. Mais ce mélange est susceptible de détoner avec une extrême violence; et, il se produisit plusieurs fois des explosions très dangereuses. On a obvié à cet inconvénient en amenant les gaz par des conduits séparés et indépendans, de manière qu'ils ne se mélangent que dans la flamme même. Au lieu d'hydrogène, on emploie d'ordinaire le gaz d'éclairage; et, lorsque celui-ci fait défaut, on peut le remplacer, comme cela a lieu dans l'appareil oxyéthérique de Molteni, par un courant d'oxygène qui se charge, dans un barboteur, de vapeurs d'éther. Mais le maniement de l'éther n'offre pas de moindres dangers que celui des gaz détonans. La catastrophe du Bazar de la Charité, le 4 mai 1897, en a fourni une preuve à jamais lamentable.

On a essayé, à diverses reprises, d'appliquer à l'éclairage public la lumière Drummond. L'épreuve en fut tentée à Paris, en 1834, par M. Galy-Cazalat; elle fut répétée au Bois de Boulogne en 1858 et à Londres en 1860. Une amélioration légère fut apportée au système, par la substitution au bâton de chaux d'un crayon de magnésie qui donne à la lumière plus d'intensité et de fixité (Parker, 1865).

L'écueil de ces expériences et la raison qui les empêcha de réussir, — au point de vue économique, — c'était la complication des appareils, la nécessité d'une double canalisation et le prix élevé du second gaz, l'oxygène, employé concurremment avec le gaz d'éclairage. Lors de l'Exposition universelle de 1867, MM. Tessié du Motay et Maréchal firent connaître un procédé industriel de préparation de l'oxygène qui devait en abaisser considérablement le prix. Un premier essai eut lieu, pendant deux mois de l'hiver de 1868, sur la place de l'Hôtel-de-Ville; et, un deuxième, en 1869, dans la cour des Tuileries. Succès scientifique, échec économique; tel en fut le résultat.

Les inventeurs ne se découragèrent point. En 1872, M. Caron entreprenait d'éclairer le boulevard des Italiens par le même procédé ; il substituait seulement le crayon de zircone aux bâtons de chaux et de magnésie, jusqu'alors en usage. Il utilisait ainsi, — après Tessié du Motay lui-même, — une ancienne observation de Berzélius, qui, en 1825, avait constaté que les oxydes de métaux rares, le zirconium et le cérium, chauffés au chalumeau, jetaient un très vif éclat. Une dernière tentative, tout aussi vaine, fut faite par M. Popp, qui essaya de remplacer l'oxygène par l'air comprimé circulant dans une canalisation qui doublait celle du gaz.

La question était définitivement jugée. Il n'y avait rien à tirer, industriellement parlant, du principe de l'incandescence des solides, appliqué à la manière de William Drummond, c'est-à-dire avec l'emploi de l'oxygène et la complication d'une double canalisation. C'est dans une autre direction qu'il fallait chercher.

III

La solution était beaucoup plus simple qu'on ne l'imaginait. De quoi s'agissait-il, en effet? Il fallait obtenir une flamme de température très élevée et s'en servir pour porter à l'incandescence un corps solide approprié à ce rôle. Et, si la disposition adoptée ne fournissait pas la flamme la plus chaude qu'on puisse obtenir, il importerait peu, à la condition de choisir un corps réfractaire parfaitement apte à l'incandescence. Il y a là, en présence, deux facteurs, la chaleur de la flamme, la qualité du corps incandescent, qui peuvent se compenser. La première partie du programme était déjà réalisée. On savait produire des flammes chaudes sans qu'il fût nécessaire de recourir à la complication d'une double canalisation. Il existait, dans les laboratoires, un appareil d'une simplicité qui ne saurait être dépassée, et qui fournit une flamme très chaude; c'est le brûleur Bunsen. Le gaz combustible et l'air y sont plus ou moins intimement mélangés avant d'être enflammés. La combustion s'y fait totale et rapide : la flamme est presque homogène, courte, pâle, légèrement bleuâtre et très chaude. Il n'y a donc pas eu autre chose à faire que d'adapter ce très simple appareil aux conditions de la pratique courante, c'est-à-dire d'en régler les dimensions et les dispositions. Les soins attentifs de quelques constructeurs y ont suffi. Dans cette révolution industrielle, — et la substitution de l'éclairage à incandescence à l'éclairage ordinaire mérite

ce nom, — on voit que la moitié de la besogne était, en quelque sorte,
faite par avance.

Le bec Bunsen n'est cependant pas le brûleur idéal : il ne réalise
pas la plus haute température que puisse produire la combustion du
gaz. Il faut, pour approcher de ce résultat, recourir à des appareils
beaucoup plns compliqués qui assurent, entre autres conditions, un
mélange plus intime du gaz combustible avec l'air comburant; tels
sont les différens brûleurs connus sous les noms de brûleur Brandsept,
brûleur Denayrouse, brûleurs Lecomte et Saint-Paul.

Le brûleur Bunsen, s'il n'atteint pas cette perfection, en approche.
Il a pour lui son extrême simplicité. Le jeu d'une virole permet
de régler la quantité d'air admise à se mélanger au gaz avant inflammation.

L'aspect de la flamme varie avec la proportion de l'air introduit.
Dans les becs à incandescence, il entre sept à huit volumes d'air pour
un volume de gaz : la flamme est courte, tassée, pâle ; elle est formée
de deux cônes emboîtés, l'un, intérieur, d'une teinte violette ou verte
selon les cas, l'autre, extérieur, plus pâle. La température y varie, dans
les différentes parties, de 1 100 à 1 600 degrés. Lorsque, au contraire,
l'air n'a plus d'accès, la flamme devient longue, molle, jaune, éclai-
rante et faiblement chauffante : il y a, dans la partie centrale, des particules de charbon en suspension, non encore brûlées : à mesure
qu'elles sont amenées dans la zone extérieure, elles y deviennent
incandescentes, et c'est l'éclat qu'elles jettent qui rend la flamme éclai-
rante.

Il n'y a donc pas lieu de maintenir la distinction faite tout à l'heure
entre l'éclairage par les flammes et l'éclairage par incandescence des
corps solides. Dans l'un et l'autre cas, il y a un corps solide incandescent. Dans le cas ordinaire ce sont les particules de charbon provenant
de la décomposition des hydrocarbures du gaz : dans les becs à incandescence, ce sont les particules du manchon de terres rares.

IV

L'adoption du bec Bunsen réalisait la première partie du programme de l'éclairage par incandescence. Le choix du corps incandescent en constituait la seconde. Il fallait trouver, entre tous, celui
qui posséderait au plus haut degré la faculté d'irradiation, le pouvoir
émissif. Ce fut précisément un élève de Bunsen, Carl Auer, qui y
réussit le mieux.

Le premier brevet d'Auer est daté du 4 novembre 1885. Le savant viennois se servait du bec Bunsen pour porter à l'incandescence une sorte de treillis cylindrique formé par les oxydes de lanthane, de zirconium, d'yttrium et de thorium, diversement associés. La lumière ainsi obtenue était très brillante, mais froide, livide, rendue désagréable par un reflet verdâtre.

Plus tard, en 1892, ce défaut disparut. Une matière nouvelle remplaça les nombreux oxydes jusque-là préconisés : à savoir un mélange de deux d'entre eux seulement, les oxydes de thorium et de cérium. Les manchons actuels contiennent environ 99 pour 100 d'oxyde de thorium, et 1 pour 100 d'oxyde de cérium. L'éclat atteint, de cette manière, le maximum d'intensité et de fixité; et, quoique la lumière soit blanche, son ton est plus chaud et plus agréable à l'œil; elle est plus proche de la lumière solaire qu'aucun autre éclairage artificiel.

Quant à la manière de préparer cette espèce de carcasse à mailles étroites, elle est peut-être ce qu'il y a de plus particulier dans le procédé d'Auer et de plus spécial à ses divers brevets.

Et cependant, rien, au fond, n'est plus élémentaire. On se sert d'une trame de coton que l'on imprègne d'un délayage des minéraux rares et que l'on détruit ensuite par calcination et incinération, après qu'elle a servi de support et de moule au dépôt des oxydes métalliques. La matière minérale a si parfaitement remplacé la cellulose qu'au microscope même, le fil d'oxyde présente exactement la même structure que le fil de coton.

V

Rien n'est plus propre à montrer la différence entre une découverte industrielle et une découverte scientifique que l'histoire de cette invention, où il n'y eut, en définitive, rien autre chose de nouveau que la perfection du résultat et la simplicité de l'outillage.

L'outillage, comme nous l'avons vu, ne comprend que deux pièces : l'une destinée à fournir une haute température, c'est le bec Bunsen, bien connu; l'autre destinée à s'illuminer par incandescence, c'est le manchon formé d'un treillis de terres rares. Si celle-ci n'avait pas encore pénétré dans l'usage courant, comme l'autre, il s'en faut, à la vérité, de bien peu.

En effet, l'idée d'un treillis coiffant la flamme avait été appliquée souvent et sous diverses formes. En 1839, Cruikshank avait employé un tissu de fils de platine très fins qu'il avait recouvert d'une pâte d'oxydes terreux. La ville de Narbonne avait été éclairée pendant quelques mois, en 1848, au moyen d'une flamme de gaz incolore, illuminant un cylindre de toile de platine. En 1849, Frankenstein, à Gratz, et Werner, à Leipzig, avaient imprégné d'une bouillie de chaux ou de magnésie des tissus légers, gazes et mousselines. Un brevet de 1862, au nom de Galafer et Villy, fait mention d'un cylindro-cône de tissu incombustible multipliant l'éclat de la flamme de gaz où on l'introduit. Clamond, en 1881, avait fait usage d'une corbeille de magnésie et de zircone. Popp, en 1882, préconisait un petit cône de fil de platine. La même année, un brevet de William Stocks, en Amérique, revendiquait l'usage d'étoffes légères, étamines et gazes, imprégnées de terres rares telles que la zircone (1).

Et, quant aux matériaux servant à revêtir ou à former ces manchons, on vient de voir la zircone apparaître dans les essais de William Stocks; mais déjà elle avait été utilisée antérieurement, pour ses propriétés incandescentes, par l'Anglais Newton en 1862, par Tessié du Motay en 1868, par Caron en 1872, par Garcin en 1879. Au résumé, la plupart des terres rares employées dans les premiers manchons d'Auer étaient connues pour leur pouvoir d'illumination.

Dans le laboratoire d'Heidelberg où Auer avait fait ses premières armes, son maître Bunsen avait reconnu l'éclat de l'oxyde d'erbium, plus brillant encore que la zircone, et celui, presque égal, des terres yttriques. Enfin, les matériaux mêmes qui ont survécu définitivement, les seuls qui composent aujourd'hui les manchons de la deuxième manière d'Auer, n'avaient, eux non plus, rien d'inédit. Outre que Berzélius, déjà en 1825, avait signalé la puissance d'incandescence de l'oxyde de cérium, et Bergemann, en 1852, celle de l'oxyde de thorium, l'idée de les employer à l'éclairage avait été nettement formulée. Un brevet d'Edison, en 1878, revendiquait l'utilisation de l'oxyde de cérium employé concurremment avec celui de zirconium, pour revêtir une corbeille de fils de platine et fournir une lumière extrêmement brillante (1).

Il n'y avait donc qu'une part d'originalité presque insignifiante dans cette découverte industrielle qui devait avoir des conséquences économiques si importantes.

Le caractère en quelque sorte accessoire de l'invention des becs à incandescence explique les nombreuses contestations auxquelles son

(1) P. Dommer, *l'Incandescence par le gaz et le pétrole*, Tignol, Paris; P. Truchot, *l'Éclairage à incandescence par le gaz*, Paris, Carré et Naud, 1899.

exploitation a donné lieu. Un certain nombre de concurrens d'Auer prétendirent, non sans raison apparente, que son procédé n'était que le développement de ceux de Frankenstein, Tessié du Motay, Clamond, Edison, William Stocks, et qu'à cet égard, son brevet était caduc. Mais le moyen d'obtenir les manchons par imprégnation suivie de calcination et le choix quantitatif des matériaux dont ils sont composés furent considérés par les tribunaux comme suffisamment caractéristiques. Les tentatives de la plupart des imitateurs furent arrêtées, découragées ; les procès engagés par la Société Auer contre les sociétés rivales, Oberlé, Deselle-Gillet. Thomas, Henry, tournèrent le plus souvent à son profit, et elle put jouir jusqu'au bout des bénéfices de ses brevets.

Cependant quelques variantes de cet éclairage ont pu lui faire concurrence en Angleterre et en Amérique. Les terres rares ne sont pas les seuls agens d'incandescence. Les manchons formés avec certains métaux tels que le platine et l'alliage de platine et d'iridium fournissent une belle lumière. Leur inconvénient est de se détériorer : les fils métalliques ne résistent pas : ils se brisent, ils perdent leur pouvoir éclairant en peu de temps. En Angleterre, la Sunlight C° a employé, pour la confection des manchons, les oxydes des métaux communs, au lieu de ceux des métaux rares. L'alumine y remplace l'oxyde de thorium du bec Auer, et le chrome y tient le rôle du cérium. L'effet est excellent. L'appareil est moins fragile que celui d'Auer ; il fournit une lumière très brillante, et il peut être régénéré par aspersion d'un sel de chrome. Ce système est le plus répandu de l'autre côté de la Manche.

En Amérique, c'est le système Fahnehjelm qui a prévalu. Le manchon ordinaire est remplacé ici par des peignes demi-circulaires formés de brins de magnésie : leur durée est relativement courte.

VI

Au début, on ne s'était pas beaucoup inquiété de l'explication théorique de l'éclairage par incandescence. On courait aux résultats pratiques. On constatait que certains corps avaient un pouvoir d'émission lumineuse considérable et supérieur à tels ou tels autres. Cela suffisait. Le moment vint cependant où il fallut se rendre compte des phénomènes, ne fût-ce que pour en poursuivre rationnellement le développement.

Un premier fait avait été aperçu dès le début. Les mélanges em-

ployés pour l'incandescence se comportent comme des corps nouveaux, comme des combinaisons ou des alliages dont le pouvoir
lumineux ne se déduit pas, par simple addition, des pouvoirs des
élémens. Par exemple, un manchon composé de cérium pur ne fournit qu'une lumière légèrement rougeâtre, dont l'éclat ne dépasse point
celui de 7 à 8 bougies; le thorium pur ne produit qu'une lumière
bleuâtre, encore plus faible, équivalente à 2 bougies, tandis que leur
mélange dans le manchon Auer donne lieu à une incandescence
éblouissante qui se chiffre par 70 à 80 bougies. De même, dans le
procédé Ludwig Haitinger et dans celui de la Sunlight, le manchon à
l'alumine seule engendre une lumière blanche et faible, et l'oxyde de
chrome une lumière jaune encore plus pâle : employés simultanément, ces deux corps donnent naissance à un éclat lumineux très vif
d'un ton chaud légèrement orangé.

Mais, que le mélange se comporte comme un corps nouveau dont
le pouvoir émissif est sans relation avec ceux des composans, le mystère n'en subsiste pas moins. Pourquoi cet éclat lumineux considérable ?

C'est, a-t-on dit d'abord, le fait d'un pouvoir émissif très élevé.
On sait que les différentes substances se distinguent les unes des autres
à cet égard; que les unes rayonnent facilement la chaleur qui leur
est communiquée, et les autres difficilement. Mais ce n'est pas une
différence de ce genre, — encore bien qu'elle ait, elle-même, besoin d'être expliquée, — qui distingue les différens corps incandescens.
M. Bunte, professeur à l'Institut technique de Carlsruhe, s'en est assuré
en mesurant comparativement, et à de très hautes températures, les
pouvoirs émissifs du charbon, de la magnésie, des oxydes de cérium,
de thorium et de l'alliage d'Auer. Les différences observées sont
insignifiantes.

L'explication est ailleurs. Elle est dans le fait observé par Killing et
que tout le monde peut vérifier. Si l'on éteint un bec Auer, et qu'après
quelques instans, on rouvre le robinet de gaz, le bec se rallume. Cet
effet est dû à l'oxyde de cérium seul : l'oxyde de thorium n'y est pour
rien. C'est dire que, grâce à cet oxyde rare, la combustion du gaz,
c'est-à-dire la combinaison de l'oxygène avec l'hydrogène, se fait à
basse température. Et, en effet, Killing a constaté directement qu'au
contact de l'oxyde de cérium, la combinaison du mélange tonnant
oxygène-hydrogène se produit à 350°, tandis que, dans les conditions
ordinaires, elle n'a lieu qu'à 650°. L'oxyde de cérium agit là comme la
mousse de platine dans des circonstances analogues; il exerce un

pouvoir catalytique qui facilite la combinaison active de l'oxygène avec l'hydrogène. Il en facilite, par là même, l'effet calorifique en vertu duquel il est porté à une très haute·température et rendu incandescent. L'éclat que jette un corps chauffé dépend toujours de la température à laquelle il est porté ; et, s'il y a, à cet égard, des différences apparentes entre les différens corps, c'est que quelques-uns, plus que d'autres, permettent, par une action catalytique inconnue, la combinaison libératrice de chaleur.

Pour que le phénomène d'incandescence, compagnon habituel d'une très haute température, puisse se manifester, il faut que la substance catalytique et réfractaire, — ici l'oxyde de cérium, — soit disséminée, en quantité très faible, sur un corps mauvais conducteur tel que l'oxyde de thorium. Le contact d'un bon conducteur abaisserait aussitôt la température du corps chaud. On sait que la feuille de papier appliquée contre une plaque de métal ne peut plus prendre feu à l'approche de l'allumette ; que la flamme du gaz est arrêtée par une toile métallique ; qu'elle se refroidit et s'éteint en touchant une paroi conductrice, et que c'est pour cela que l'inflammation se propage si difficilement à l'intérieur des tubes de métal. Dans le manchon Auer, d'après M. Bunte, l'oxyde de thorium joue le rôle d'un support mauvais conducteur, divisé en des milliards de filamens isolans qui ont pris la place des fibres du coton. A leur surface, se trouve étalée une couche infiniment mince d'oxyde de cérium, doué du pouvoir catalytique et du pouvoir conducteur. Ce revêtement sans épaisseur, porté à 1 300° dans la flamme Bunsen, condense le mélange oxygène-hydrogène, en favorise la combinaison, et, par suite, se trouve amené à une très haute température, supérieure à 2 000°. Il devient donc incandescent et acquiert un éclat incomparable.

Il ne faut point dire, avec quelques auteurs, que la propriété spéciale des terres rares et des substances similaires est de devenir incandescentes à basse température. L'incandescence reste l'attribut des températures très élevées. Ces corps privilégiés ont seulement la faculté de donner naissance à un échauffement local, dont l'effet, s'il n'est dissipé par conduction, se traduit par une vive émission de lumière. On peut comprendre, d'après cela, la direction des recherches nouvelles destinées à améliorer et à perfectionner encore l'éclairage par incandescence. L'élévation de température étant la cause de l'éclat lumineux, les moyens d'accroître la chaleur seront en même temps des moyens d'exalter l'incandescence. L'afflux de l'oxygène comburant, son échauffement préalable, le dosage exact des gaz à combiner, leur emploi à l'état comprimé, leur mélange intime, sont des facteurs évidens de la chaleur d'une flamme, et, conséquemment, de son éclat. Ce sont ces conditions que les inventeurs essaient de réaliser dans cette foule de brûleurs de toute espèce, brûleur Brandsept, brûleur Denayrouse, brûleurs Lecomte et Saint-Paul, qui aspirent à détrôner le bec Auer.

Il est superflu d'ajouter que le gaz de houille n'est nullement nécessaire pour l'éclairage par incandescence. Puisque le premier soin que l'on prend est de le dépouiller de son pouvoir éclairant au moyen des brûleurs intensifs, Bunsen ou autres, il est clair que le résultat final sera obtenu aussi bien avec tout autre gaz ou vapeur combustible, avec le gaz à l'eau, avec le gaz d'huile, avec l'alcool et le pétrole. Et, de fait, chaque jour voit naître quelque application de l'un ou l'autre de ces agens à l'éclairage par incandescence.

Les matériaux les plus parfaits pour l'incandescence, à la fois réfractaires et doués de propriétés catalytiques, proviennent de terres justement dénommées rares. C'étaient, il y a quelques années, presque des curiosités de laboratoire. La thorite, d'où s'extraient le thorium et l'uranium, n'avait été rencontrée qu'en Norvège, à Brevik et à Langesund ; elle coûtait au delà de 3 000 francs le kilogramme. La monazite, qui fournit le cérium, et d'autres métaux rares, tels que le didyme et le lanthane, n'était guère plus abondante. On se demandait, avec inquiétude, ce que deviendrait l'industrie de l'éclairage par l'incandescence lorsque ces maigres provisions de minerais seraient épuisées.

La nécessité obligea de rechercher de nouveaux gisemens. Les prospecteurs des sociétés Auer se répandirent partout et découvrirent dans les terrains aurifères de l'Oural, du Brésil, de l'Australie et de l'Amérique du Nord des masses considérables de sables lourds, jadis dédaignés par les chercheurs d'or, et, en réalité, très riches en monazite et par conséquent en métaux rares. Déjà l'exposition colombienne de Chicago avait montré, à l'étonnement des chimistes, des centaines de kilogrammes de ces oxydes de lanthane, de cérium, de thorium, et des diverses variétés de didyme, considérés jusque-là comme des pièces de collections. Ce n'est pas le moindre service que le nouvel éclairage ait rendu à la science, d'avoir développé ainsi une branche des études chimiques et d'avoir permis l'essor des recherches auxquelles ont donné lieu les propriétés physiques, extrêmement curieuses, de quelques-uns des métaux rares.

A. DASTRE.

CHRONIQUE DE LA QUINZAINE

31 janvier.

M. Balfour, dans le discours qu'il a prononcé devant la Chambre des Communes à l'occasion du triste événement qui a causé partout une si pénible émotion, disait que ceux-là mêmes qui, dans le monde entier, n'aimaient pas l'Angletérre, aimaient la réine Victoria, et qu'elle n'avait pas un seul ennemi. Rien n'est plus vrai. Que l'Angleterre ait ou non des ennemis, ce n'est pas le moment de le rechercher; en tout cas, nous n'en sommes point; mais on ne saurait nier que sa politique envahissante, sans ménagemens ni scrupules, n'ait froissé quelquefois dans l'âme humaine des sentimens très profonds. Il n'est jamais venu à l'idée de personne d'en rendre la reine Victoria directement responsable. A tort ou à raison, — et nous sommes convaincus que c'est à bon droit, car la conscience et le jugement universels ne sauraient s'être trompés pendant plus de soixante années consécutives, — on la considérait comme une femme d'un esprit juste, sensé, pondéré. On la croyait ennemie des partis extrêmes et encore plus des violences, sincèrement attachée à la paix, en même temps qu'elle était, dans la vie privée, le modèle de toutes les vertus. Sans doute, on pourrait citer, dans une existence et dans un règne si longs, quelques incidens qui dérangent un peu l'idée qu'on aime à se faire de la reine Victoria. La guerre du Transvaal est une ombre dans le tableau. Mais, pour être équitable, il faut prendre les choses dans leur ensemble, et ce n'est pas sur un détail, quelque grave et important qu'il soit, que l'on peut caractériser et juger un règne qui a dépassé les proportions ordinaires. L'histoire aura plus tard à démêler et à préciser dans quelle mesure la reine Victoria a contribué au prodigieux développement de la puissance britannique depuis plus d'un demi-siècle. Tout le mérite ne lui en revient pas : mais elle a eu celui de comprendre son temps, de s'y prêter, d'y servir dans la mesure de ses forces intellectuelles et morales qui n'étaient pas d'un ordre commun; de ne jamais rien faire qui pût y apporter un ralentissement ou un obstacle. Son influence a été douce et bonne. L'Angleterre a raison de pleurer sa perte, car elle semblait lui porter bonheur. Son âge avancé aurait dû faire prévoir sa disparition prochaine : en réalité, on ne s'y attendait pas. On s'était habitué, au contraire, à confondre la reine Victoria avec le trône qu'elle occupait. Il semblait qu'elle fût devenue une tradition et presque un symbole. Mais ses forces s'étaient usées peu à peu et la moindre secousse devait la briser. Des malheurs survenus autour d'elle, dans sa famille; d'autres qu'elle pressentait et qui étaient sa pensée constante; enfin le souci mêlé d'angoisse que lui causaient les affaires du Transvaal, toutes ces causes agissant à la fois ont déterminé la crise finale qui l'a emportée. Que ne s'est-elle éteinte deux ans plus tôt? Aucun nuage n'aurait obscurci le déclin de son règne ; aucune préoccupation douloureuse n'aurait assiégé son esprit, ni alarmé sa conscience : elle serait morte en plein bonheur, laissant son pays en pleine puissance et en pleine prospérité.

Ce qu'on ne saurait trop admirer en elle, c'est la parfaite dignité de sa vie. Avant elle, le trône d'Angleterre avait été assez longtemps occupé dans des conditions peu propres à relever son prestige : c'est déjà un grand service, de la part de la reine Victoria, de l'avoir fait participer au respect dont elle-même était l'objet. Elle a fait cela simplement, sans effort, sans prétention, uniquement parce qu'elle était ainsi, et qu'elle l'a été d'une manière continue, persévérante et en quelque sorte unie, pendant plus de soixante ans. La médisance ne trouvait sur elle aucune prise. On connaît le roman de sa vie, son mariage avec le prince Albert, et les satisfactions intimes qu'elle y a trouvées. Bien qu'elle ait éprouvé et ressenti profondément les chagrins et les deuils inséparables de la condition humaine, elle a été heureuse dans les siens. Comment n'être pas frappé du contraste entre la solitude où se sont écoulées son enfance et sa première jeunesse, et, dans ses vieux jours, l'empressement autour d'elle de la famille la plus nombreuse de toute l'Europe monarchique? Rien de plus triste, en somme, que son éducation dans le palais de Kensington, sous la surveillance de sa mère. Elle était le dernier rejeton de sa race : autour d'elle, rien. Qui aurait pu prévoir alors qu'elle laisserait tant d'enfans, de petits-enfans et d'arrière-petits-enfans, que tous les trônes de l'univers, ou peu s'en faut, en compteraient quelques-uns à leur sommet ou sur leurs marches? C'était là pour elle une joie profonde, et aussi un moyen d'influence dont il ne faut sans doute pas exagérer, mais dont il ne faut pas non plus méconnaître l'efficacité. De partout, on se tournait vers elle avec vénération et affection. On ménageait ses idées et ses sentimens. On aurait craint de lui déplaire, et plus encore de l'affliger. Pour tout ce monde particulier, qui ne dirige plus tout à fait les peuples comme autrefois, mais qui préside à leurs destinées, elle était l'aïeule devant laquelle on s'inclinait. Quel changement en soixante ans ! S'il est vrai que le ciel bénit les familles abondantes, aucune des bénédictions d'en haut n'a manqué à la reine Victoria. Ç'a été sa meilleure récompense, et probablement celle qu'elle appréciait le plus.

On a dit aussi qu'elle avait été le modèle des souverains constitutionnels, et que son sexe peut-être l'avait aidée en cela. Le sexe n'est ici qu'un accident. L'histoire ne prouve pas du tout que les femmes aient une prédisposition naturelle à s'effacer sur le trône. Le contraire serait plus vrai, et l'histoire de l'Angleterre en particulier fournit l'exemple de reines qui ont gouverné personnellement avec fermeté, avec dureté, parfois même avec cruauté. Avec la reine Victoria, rien de pareil n'était à craindre. Son caractère la défendait contre les séductions d'un pouvoir excessif. Elle a voulu être et elle a toujours été une conseillère écoutée : rien de plus. Elle a agi par influence, et non par autorité. On a fait honneur à lord Melbourne, qui a certainement contribué à son éducation politique, des heureux résultats de cette éducation. Il y a eu sa part sans doute ; il a donné les premières directions ; il a été l'initiateur habile et sagace. Mais il semait en bonne terre, et, si le maître s'est trouvé si bon, c'est parce que l'élève était excellent. La reine Victoria s'est fait tout de suite une idée exacte de ses fonctions constitutionnelles, et elle ne s'en est jamais écartée. Lord Melbourne était libéral ; la reine a été longtemps libérale à son exemple. Nous voulons dire par là que ses préférences étaient pour les libéraux ; mais, bien que ses sentimens fussent connus, les conservateurs n'ont jamais eu à s'en plaindre. Toutes les fois que l'opinion a incliné de leur côté, elle a suivi l'opinion, regardant alors comme un devoir de conscience, non seulement de remettre le pouvoir entre les mains de ministres conservateurs, mais encore de les aider loyalement, nous allions dire fidèlement dans leur tâche. On sait que, dans la dernière période de sa vie, ses sentimens se sont modifiés. Sous l'influence d'un homme très séduisant, très entraînant, mais qui avait peut-être eu plus d'imagination que de véritable esprit politique, — nous voulons parler de Disraëli, devenu plus tard lord

Beaconsfield, — elle est passée aux conservateurs. Elle se défiait de ce qu'il y avait d'aventureux dans la politique intérieure de Gladstone, et distinguait mal ce qu'il y avait de chimérique dans la politique extérieure de Disraëli. Il semble même que l'homme, chez Gladstone, lui ait inspiré des préventions peu favorables. Mais, quelles qu'aient pu être alors ses préférences ou ses antipathies, jamais à leur tour les libéraux n'out eu le moindre reproche à lui faire, au point de vue de la correction de son attitude envers eux. Soixante-trois ans de ce régime, sans interruption ni défaillance, ont donné comme une consécration définitive à cette constitution britannique qu'on ne songe pas à reviser, parce qu'elle n'est heureusement pas écrite, et qu'elle est tout entière dans les traditions et dans les mœurs. C'est là le second et très grand service que la reine Victoria a rendu à son pays. Elle a prouvé que cette constitution, ainsi comprise et ainsi appliquée, était la plus souple du monde, qu'elle pouvait servir aux plus grandes réformes, qu'elle se prêtait à tout, qu'elle n'était impropre à rien. Nul pays, en effet, n'a plus progressé que l'Angleterre depuis que la reine Victoria est montée sur le trône, et nul non plus, sans agitation ni secousse, n'a fait de révolutions politiques plus profondes, sinon plus hardies.

Pour ce qui est de la politique extérieure pendant le règne de la reine Victoria, elle a été presque constamment pacifique. Il n'y a eu qu'une exception, celle de la guerre de Crimée, où la France et l'Angleterre ont uni leurs forces contre la Russie, pour la défense de la Porte ottomane. Que les temps sont changés ! Ils le sont même à ce point qu'on a souvent le tort de juger les événemens de cette époque d'après les intérêts nouveaux qui se sont créés depuis, ce qui est une manière de n'y rien comprendre. La guerre d'Orient n'a été alors une faute, ni pour l'Angleterre, ni pour la France. Rarement notre situation en Europe a été plus grande qu'après le traité de Paris. Nous nous sommes même immédiatement réconciliés avec la Russie, qui nous boudait depuis 1830, et, si de nouveaux nuages se sont élevés plus tard entre elle et nous, ce n'est pas des souvenirs de la guerre de Crimée qu'ils sont sortis. Mais n'insistons pas sur cet épisode historique : il n'a pas dépouillé le règne de la reine Victoria du caractere pacifique qui reste le sien. On savait qu'elle aimait la paix, et sa présence sur le trône était, pour sa conservation, une garantie précieuse. Sans doute, en 1870-1871, l'Angleterre n'a pas fait ce qu'elle aurait pu et dû faire, soit pour empêcher la guerre d'éclater, soit pour en abréger la durée. Elle n'a pas compris que l'affaiblissement de la

France ne profiterait finalement pas à la puissance britannique. Mais cette erreur ne lui est pas personnelle; elle a été partagée par toutes les autres puissances de l'Europe, et il serait injuste d'en faire à elle seule un grief particulier. Ce que nous devons nous rappeler, au moment où meurt la reine Victoria, c'est qu'en 1875, dans les circonstances encore en partie mystérieuses où un nouveau danger a menacé la France, deux souverains ont agi sur le vieil empereur Guillaume pour détourner le coup qu'on semblait, à Berlin, se disposer à nous porter, et qu'ils ont été l'empereur de Russie et la reine d'Angleterre. L'intervention du premier est plus connue que celle de la seconde, et la France lui en a voué une reconnaissance bien légitime. Mais après les révélations qui ont été faites dans ces derniers temps, et que les Mémoires du prince de Bismarck ont confirmées, on n'ignore plus que la reine Victoria a écrit une lettre personnelle à Guillaume Ier, et que cette lettre a produit sur celui-ci une impression assez forte pour provoquer une irritation très violente chez le redoutable chancelier. Que la reine ait été mue à ce moment par une préoccupation politique, ou, comme nous inclinons à le croire, par un sentiment plus humain, à la pensée de voir l'Europe une seconde fois couverte de cadavres et inondée de sang, il est certain qu'elle a rendu service à la cause de la paix, et que ce n'est pas la France qui a le droit de l'oublier. Aussi ne l'oublions-nous pas, et ces souvenirs de 1875 sont entrés pour beaucoup dans l'émotion respectueuse que nous a causée la mort de la reine. Il y a eu dans sa vie des pages plus éclatantes, et surtout plus bruyantes, car son intervention, à cette époque, a été aussi discrète qu'elle a été utile. Mais, si l'on se place à un point de vue supérieur aux passions du jour, causes si fréquentes d'injustice et d'erreur, cette page de son histoire mérite d'être comptée à la reine Victoria. Depuis, comme alors, son influence n'a pas cessé de s'exercer dans le même sens. Elle répugnait à la guerre, et si elle s'est résignée à celle du Transvaal, c'est d'abord, peut-être, parce qu'elle ne pouvait pas l'empêcher, et ensuite parce qu'on l'a trompée sur son véritable caractère. Comprenant comme elle le faisait les limites de ses droits constitutionnels, elle a laissé leur liberté à ses ministres. Respectueuse de l'opinion, elle était exposée à la suivre, même dans ses égaremens. La responsabilité véritable appartient à ceux qui ont abusé leur souveraine et égaré le sentiment national.

Le mal, d'ailleurs, vient de loin, et il faut bien avouer que la reine n'y a jamais fait grand obstacle. La politique impériale plaisait à son imagination comme à celle du pays. Il y a, chez nos voisins, un ata-

visme accumulé qui prédispose les esprits à la colonisation par la
conquête, c'est-à-dire par la force. Que l'expansion britannique, audacieuse, intempérante, parfois implacable, ait servi malgré tout à
répandre dans le monde une civilisation supérieure, c'est ce qu'on ne
saurait contester; mais tout est affaire de mesure, et, dans ces derniers temps, la mesure a été dépassée. Les appétits n'ont plus connu
de bornes. L'Angleterre s'est cru tout permis et tout lui a paru possible. Il n'est pas douteux que l'idée d'empire, et non seulement l'idée,
mais le mot lui-même, n'aient été pour quelque chose dans la dangereuse explosion des esprits. Le mot est sonore, les idées qu'il évoque
sont immenses ; il faut remonter à la vieille Rome pour en comprendre le sens dans toute sa plénitude. Être un peuple énergique et
fort, et gouverner un grand nombre d'autres peuples, c'est une ambition gigantesque, que Rome a réalisée jadis autour de la Méditerranée
et que l'Angleterre, avec des moyens incomparablement supérieurs,
s'est proposé de réaliser autour des océans. Il y a dans cette conception quelque chose qui pousse inévitablement à l'outrance et à l'excès,
et il faut qu'un peuple ou un homme ait l'esprit bien solide pour
échapper à la violence capiteuse des émanations qui s'en dégagent.
Tu regere imperio populos! Depuis Rome, on avait essayé à maintes
reprises d'appliquer ce programme emphatique sur les continens,
mais non pas au delà des continens eux-mêmes et à travers l'immensité des mers. L'Angleterre a rêvé de le faire. Tout cela était virtuel-
lement compris, à l'état encore un peu vague, dans ce titre pompeux
d'impératrice des Indes dont Disraëli avait affublé la reine Victoria,
et dont celle-ci a été flattée un peu plus que de raison. Les gens perspicaces comprirent dès ce moment qu'il y aurait bientôt quelque chose
de changé et probablement d'altéré dans le caractère même de la
monarchie britannique, telle qu'on l'avait connue jusqu'alors. Elle
s'était lentement formée au milieu de discussions et de querelles où
chacun défendait opiniâtrément son droit, et était finalement parvenu
à le fixer et à le faire respecter. La constitution anglaise était faite de
limites et de contrepoids. Les droits, les limites, les contrepoids,
tout cela est difficilement conciliable avec l'idée impérialiste. Un
empire repose généralement sur autre chose. Quoi qu'il en soit, la
reine Victoria a joui vivement de son titre d'impératrice : elle en a
récompensé Disraëli en le nommant lord Beaconsfield, et c'était bien
le moins qu'elle pût faire. Peut-être ne se doutaient-ils ni l'un ni
l'autre des conséquences qui en résulteraient pour leur pays. A partir de ce jour, un besoin de grandeur s'est emparé de tous les esprits.

Les livres, les journaux, les discours n'ont point parlé d'autre chose. A la Grande-Bretagne il fallait substituer la Bretagne encore et toujours plus grande, quoi qu'il pût en coûter aux autres et même à elle, car empire oblige. Malheureusement pour l'Angleterre, cette conception merveilleuse ne sévit pas seulement sur elle. D'autres peuples sont venus au monde et entendent bien s'y assurer une large place, soit au point de vue commercial, soit au point de vue politique. C'est en Allemagne qu'est né, dans un autre cerveau impérialiste, ce mot de « politique mondiale » qui est passé aussitôt dans la langue courante. On ne fait plus, un peu partout, que des rêves démesurés, et on y applique naturellement des expressions qui ne le sont pas moins. Où tout cela conduira-t-il? Nous n'en savons rien pour d'autres puissances ; mais, en ce qui concerne l'Angleterre, on peut voir dès aujourd'hui que ces belles imaginations ne vont pas sans quelques inconvéniens.

Le hasard des circonstances, plus encore qu'une politique réfléchie et consciente d'elle-même l'ayant conduite en Égypte, l'Angleterre a commis la faute de ne plus vouloir en sortir. Bientôt, les facilités de tous genres qu'elle avait rencontrées sur le Nil lui ont fait croire qu'elle en trouverait partout d'analogues. L'idée s'est présentée aux imaginations de joindre le Cap à l'Égypte par une chaîne ininterrompue de possessions britanniques. Rien ne paraissait plus simple. Et, pour soutenir cette politique, on a vu se produire, comme par le fait d'une génération spontanée, des hommes d'État d'un type tout à fait différent de celui auquel l'Angleterre était habituée. A une politique aussi nouvelle, ne fallait-il pas des hommes nouveaux? Il s'en est produit. Mettre l'armée anglaise tout entière dans une entreprise coloniale poursuivie à l'autre extrémité du monde, ne serait jamais venu à la pensée des anciens ministres anglais comme une chose raisonnable, ni même possible. Les Romains savaient que pour faire une politique impériale, il fallait une armée impériale : les Anglais d'aujourd'hui n'y ont pas songé. On avait assuré à la reine Victoria, on lui avait fait croire, on croyait soi-même, — sans s'être donné la peine de recueillir le moindre renseignement, — qu'il s'agissait au Transvaal d'une opération de simple police à laquelle 25 ou 30 000 hommes suffiraient abondamment. Le voile, aujourd'hui, s'est déchiré; il s'est déchiré sous les yeux de la reine. On ne saura jamais quel drame douloureux s'est alors passé dans son âme chrétienne. Nous nous contentons de répéter qu'il aurait mieux valu pour elle disparaître avant que cette épreuve suprême lui fût imposée.

Sa maladie, lorsque le bruit s'en est répandu, a provoqué partout une émotion qui est devenue très vive lorsqu'on a su bientôt qu'elle était grave, et bientôt après qu'elle était mortelle. Il ne pouvait pas en être autrement et nous avons dit pourquoi. Il est très possible que la mort de la reine, comme l'a dit encore M. Balfour, marque la fin d'une grande ère de l'histoire britannique. Non pas, à coup sûr, que l'Angleterre doive s'en ressentir tout de suite, ni que l'événement soit appelé à amener un brusque changement dans sa politique. Le roi Édouard VII monte sur le trône à un âge où l'esprit est arrivé à sa pleine maturité : il ne saurait mieux faire que de se conformer aux sages exemples que sa mère lui a donnés, et c'est sans doute ce qu'il fera. Il est connu de toute l'Europe, et il a laissé partout le souvenir d'un prince bienveillant et affable autour duquel les sympathies naissaient naturellement. Ce changement de règne ne saurait avoir aucune conséquence immédiate. Mais on sent d'instinct qu'après soixante-trois ans qu'elle a passés sur le trône, la reine Victoria avait acquis une expérience et une connaissance des affaires sans égales, et que cela disparaît dans son tombeau. Elle y emporte aussi avec elle quelque chose de l'ancienne Angleterre. Après elle, apparaît une Angleterre différente, inévitablement appelée à se transformer encore beaucoup, et les symptômes que nous avons signalés de l'évolution qui s'y opère sont trop évidens pour qu'on n'en soit pas frappé jusqu'à l'inquiétude. Ce n'est pas tant la reine Victoria qui manquera, mais l'esprit public qu'elle a longtemps senti autour d'elle, et qui s'est modifié d'une manière sensible dans la dernière période de sa vie. Chez nous, le gouvernement et les Chambres ont tenu à s'associer, par une démonstration officielle, au deuil d'une nation amie. Au Sénat M. le ministre des Affaires étrangères est allé plus loin, et il a exprimé des vœux pour le règne qui commence. Ces vœux sont très sincères : trop de liens nous rattachent à nos voisins pour que nous ne nous intéressions pas à tout ce qui leur arrive d'heureux ou de malheureux. Les difficultés, les conflits même qui ont pu s'élever entre nous dans notre histoire commune, ne nous empêchent pas de voir dans l'Angleterre un des facteurs les plus importans de la civilisation générale. Si la mort de la reine Victoria est une douleur pour elle, c'est une tristesse pour nous. La femme méritait tous les hommages, la souveraine est digne de tous les regrets. Quant à Édouard VII, il jouira tout de suite des sentimens dont le prince de Galles a été si longtemps l'objet : son avènement au trône ne rencontrera en France que confiance et sympathie.

La Chambre des députés a terminé la discussion générale de la loi sur les associations. La place nous manque pour parler comme il conviendrait de ce débat; mais l'occasion d'y revenir se présentera sûrement. On doit rendre cette justice à la Chambre qu'elle a fait trêve, au moins provisoirement, aux mauvaises habitudes qu'elle a contractées depuis quelque temps. L'importance de la question, la gravité des intérêts en jeu, et, il faut le dire aussi, le talent des orateurs qui se sont succédé à la tribune ont restitué à celle-ci quelque chose de son ancien éclat, et à la Chambre elle-même quelque chose de la tenue que ses devancières ont montrée à d'autres époques. Pour la première fois peut-être depuis les élections dernières, tous les orateurs ont parlé sans être violemment interrompus. On les a écoutés; leurs amis ont pu les applaudir; et la Chambre a paru avoir le sentiment qu'il y avait quelque chose d'honorable pour elle à ce qu'une grande discussion fût ainsi conduite, avec liberté pour les opinions et respect pour les personnes. Le spectacle est devenu si rare qu'il vaut la peine d'en faire mention.

Quant aux thèses qui ont été développées de part et d'autre, elles ne pouvaient guère avoir un caractère de nouveauté. S'il y a une question qui soit connue et presque épuisée, c'est celle qui était en cause. La bataille sera chaude et vivement disputée entre les articles du projet de loi et les amendemens qui y sont proposés: c'est là que les partis essaieront d'entraîner à eux la majorité, et peut-être de la surprendre. Mais la discussion générale devait porter sur les principes, et, des deux côtés, les principes sont depuis longtemps posés dans des termes à peu près irréductibles.

Il y avait d'abord à faire un exposé général et une critique juridique de la loi : sous ce double rapport, le discours de M. Renault-Morlière n'a rien laissé à désirer et n'a laissé que bien peu de chose à compléter. Il a été précis, substantiel, vigoureux: discours de juriste habile et de libéral résolu. M. Viviani, qui a parlé après M. Renault-Morlière et en sens inverse, a laissé dès les premiers mots très loin, très au-dessous de lui, la loi dont il s'agissait, loi fort insuffisante à ses yeux et qu'il votera néanmoins, mais comme un premier pas dans une voie que ses amis socialistes et lui entendent bien parcourir ensuite jusqu'au bout. M. Viviani, lui, ne s'est pas donné pour un libéral; il a même dit en termes formels qu'il y a des momens de guerre où on ne doit pas l'être. Il veut, non seulement combattre, mais détruire l'opinion contraire à la sienne: opinion n'est pas assez dire, car c'est le sentiment religieux lui-même qu'il a pris à partie. M. Viviani

le combat sous toutes les formes ; mais c'est surtout sous la forme
catholique qu'il le poursuit de ses foudres oratoires, d'ailleurs sonores
et retentissantes. Avec lui, on est fixé tout de suite. Disperser les congrégations religieuses, c'est misère en vérité ! Allons plus loin, car
l'esprit humain ne saurait se déployer à l'aise que dans un ciel absolument désert. Supprimons toutes les religions, et la religion catholique la première, comme étant celle qui nous gêne le plus. Les orateurs catholiques qui ont parlé ensuite, M. Piou et M. de Mun, ont su
gré à M. Viviani de la parfaite franchise avec laquelle il avait posé
la question. Ainsi donc, ce n'est pas un prétendu danger pour la
République qu'on entend combattre et conjurer ; c'est d'une opinion
qu'il s'agit ; on veut la faire triompher sur une autre et, pour cela,
tous les moyens sont bons. Mais de quel droit l'État moderne, qui
a cessé d'avoir une croyance religieuse et de l'imposer, aurait-il
une opinion philosophique et l'imposerait-il ? Qu'est-il pour cela,
et qu'est sa doctrine, toujours mobile, variable, incertaine, successive
et contradictoire, c'est-à-dire participant à sa propre nature ? M. de
Mun a tiré un merveilleux effet de l'argument qu'on lui offrait. Au
reste, son discours est à lire tout entier. A la fougue d'autrefois a
succédé chez lui, avec l'âge, une manière plus grave et plus ferme ; un
accent moins impétueux peut-être, mais plus pénétrant ; quelque chose
de sobre et de fort dont la Chambre a été touchée. Cela ne l'a
d'ailleurs pas empêchée d'ordonner l'affichage du discours que
M. Waldeck-Rousseau a prononcé ensuite, ce qui suffirait à montrer,
si on n'en avait pas eu déjà l'intuition, qu'elle est résolue à voter le
projet de loi. Ce n'est pas la réponse de M. Ribot à M. le président du
Conseil qui l'arrêtera, et pourtant il est arrivé rarement à M. Ribot,
dans sa carrière parlementaire, d'être mieux inspiré qu'il ne l'a été en
combattant le projet de loi. Il a parlé en jurisconsulte et encore plus
en politique : on ne lui a rien répliqué. Au surplus, à quoi bon
parler encore quand les opinions sont faites ? MM. Lerolle et Puech
l'on fait pourtant, et avec beaucoup de verve et de chaleur. M. Puech
est un radical avancé, mais d'une espèce devenue rare. M. Puech
est resté libéral. M. Puech veut le droit commun pour tout le monde,
même pour ses adversaires. On ne lui a pas répondu plus qu'à
M. Ribot ; on s'est contenté de lui faire sentir qu'on le considérait
comme un traître à la République, et pourquoi ? parce qu'il continue
de professer les doctrines que tous les chefs et tous les principaux
orateurs du parti républicain avaient professées jusqu'ici. M. Brisson
seul fait exception. S'il n'a peut-être pas soutenu toujours, il soutient

du moins depuis longtemps les mêmes principes qu'aujourd'hui. Mais il était presque seul à le faire, il y a peu d'années encore. Sa persévérance est aujourd'hui récompensée.

La discussion générale a été close : on est passé à celle des contre-projets et des articles, qui probablement sera longue. Le nombre des amendemens déposés forme un volume. Si on les discute tous, on en a pour longtemps ! Mais, que ce soit un peu plus tôt ou un peu plus tard, la Chambre votera le principe de la loi, c'est-à-dire l'obligation pour les congrégations non autorisées de demander une autorisation qu'on leur refusera généralement ; — après quoi, elles devront se dissondre ; sinon, on les dissoudra de force et leurs membres seront passibles de peines plus ou moins sévères. On verra recommencer l'application des décrets : triste politique, indigne d'un gouvernement libre, qui n'a pas profité il y a vingt ans à la République, qui lui profitera encore moins cette fois.

Nous avons un devoir à remplir envers ceux de nos collaborateurs que la mort a frappés depuis quinze jours. Ils sont nombreux, hélas ! et dans les ordres les plus divers. M. Brunetière a tenu à parler lui-même du plus considérable de tous, M. le duc de Broglie. Il nous reste à rendre hommage à M. Arthur Desjardins, à M. Le Cour Grand-maison, à Mme Caro. Nos lecteurs les connaissent d'ailleurs aussi bien que nous.

Publiciste très distingué, M. Arthur Desjardins était, avant tout, un de ces magistrats de vieille roche, qui honoraient leurs fonctions par leur science, par leur caractère, et par la gravité même d'une vie consacrée tout entière à un travail sans relâche et presque sans distractions. Juriste éminent, il ne s'était pas enfermé dans une spécialité, même très large, et le droit public, le droit international n'avaient pas plus de secrets pour lui que le droit civil et privé. Les derniers articles qu'il nous a donnés traitaient de l'arbitrage, de *la Chine et le droit des gens,* c'est-à-dire d'une des questions qu'il avait le mieux étudiées et auxquelles il revenait le plus volontiers. Il y était ramené, non seulement par le penchant de son esprit, mais par celui de son cœur, épris de justice et d'équité. La conférence de la Haye l'avait passionnément intéressé, et, s'il se faisait peut-être quelques illusions sur la portée pratique de ses résultats, c'est à l'ardeur généreuse de ses sentimens qu'il faut l'attribuer. Il avait foi dans le progrès par la paix. Sa réputation ne s'arrêtait pas à nos frontières : il était également apprécié et souvent consulté au dehors. Son opinion y faisait autorité. Les questions sociales avaient été aussi l'objet de ses études : il a écrit sur Proudhon deux volumes qui sont certainement ce qu'on peut lire de plus complet sur le célèbre, original et puissant sophiste. Avec lui, une lumière s'éteint.

M. Le Cour Grandmaison était par-dessus tout un homme pratique. Il s'était formé dans les affaires : il était armateur. Mais son esprit s'élevait au-dessus de ses occupations professionnelles, et, tout en restant exact et précis, il ne se contentait pas d'exposer, il voulait conclure ; il ne se contentait même pas de conclure, il voulait remonter aux principes et en éclairer tout son sujet. La confiance de ses compatriotes, qui le connaissaient bien, l'avait fait entrer dans nos assemblées politiques. Au Sénat, où il prenait part à toutes les grandes discussions d'affaires, M. Le Cour Grandmaison était, en dehors de toutes les opinions politiques, universellement apprécié de ses collègues. Il laisse un vide dans cette *Revue* où l'on a pu apprécier la solidité de son instruction et l'activité d'une intelligence qui se portait avec aisance sur tant d'objets différens.

Que dire de Mme Caro ? Son premier roman, *le Péché de Madeleine*, avait paru ici, il y a maintenant plus de trente-cinq ans. Au succès éclatant qu'il a obtenu, s'ajoutait l'attrait du mystère, car il était signé d'un pseudonyme. On sentit tout de suite que nous avions un romancier de plus, et que, s'il n'avait pas la puissance des plus grands, il ne cédait à aucun autre pour la fine analyse des sentimens délicats, la bonne et saine qualité du style, enfin la distinction et la grâce. On sut bientôt que l'auteur de cette œuvre charmante était la femme d'un des plus brillans écrivains de la seconde moitié du siècle, car Mme Caro avait trop de simplicité et de vraie modestie pour se cacher longtemps. Elle a écrit de nombreux romans ; ils sont tous, pour ainsi dire, de la même famille littéraire ; on se plaît avec eux comme dans une société qu'on aime, comme on se plaisait dans celle de l'auteur lui-même, femme de cœur et d'esprit, recherchée dans tous les milieux où l'on pense et où l'on cause, et qui y manquera désormais. Elle ne manquera pas moins à cette *Revue*, à qui elle a donné le meilleur de son talent, et où elle continuait un nom resté cher à nos lecteurs.

FRANCIS CHARMES.

LE DUC DE BROGLIE

Si la *Revue des Deux Mondes* n'avait à regretter, en la personne du duc de Broglie, que le plus ancien et le plus illustre de ses collaborateurs, il n'est pas un de nos lecteurs, et des siens, qui ne partageât nos regrets, et qui ne se fît un honneur autant qu'un devoir de s'associer à notre deuil. C'est en 1848 que le duc, alors prince Albert de Broglie, avait commencé d'écrire dans la *Revue des Deux Mondes.* C'est ici qu'ont paru ces admirables études, — sur *Frédéric II*, sur *Louis XV*, sur *Marie-Thérèse*, — qui ont renouvelé l'histoire diplomatique du xviiie siècle. C'est encore la *Revue des Deux Mondes* qui publiait, il n'y a pas trois mois, son dernier article, dont le titre : *le Dernier Bienfait de la Monarchie*, résumait d'une manière si discrète et si mélancolique la foi qui fut celle de sa vie tout entière. Et, pendant ce demi-siècle, non seulement le duc de Broglie ne s'est désintéressé de rien de ce qui touchait à cette maison; mais il l'a vraiment aimée, d'une affection égale et vigilante, inquiète parfois, mais toujours libérale, je veux dire qui permettait aux autres plus de liberté qu'il n'en revendiquait pour lui-même, et qui finissait toujours par tout ou presque tout pardonner au talent. Tel était en effet l'un des traits de cette haute et souple intelligence : je n'ai connu, je crois, personne qui fût plus sensible au talent, ni qui mît plus de bonne grâce, de coquetterie même à le reconnaître, et de chaleur à le louer, jusque dans les adversaires de ses idées.

Le moment n'est pas encore venu de retracer la carrière politique du duc de Broglie. Mais l'histoire, un jour, lui rendra justice ; et, déjà, nous pouvons dire qu'aucun homme public, en ce siècle, ne s'est inspiré d'intentions plus désintéressées, plus nobles, ni plus françaises. S'il s'est trompé, — ce que je ne sais pas, ou plutôt ce que je ne crois pas, — l'avenir en décidera! Mais nous pouvons dire qu'en ce cas il y a donc des manières de se tromper qui honorent singulièrement un homme. Élevé qu'il était par sa naissance, par sa fortune, par son illustration personnelle, par l'aristocratie de ses goûts, par la noblesse de son caractère, au-dessus des ambitions vulgaires, la politique du duc de Broglie n'a toujours eu en vue que le bien de la

France; et non seulement il n'y a jamais mêlé de considération personnelle, mais, en plus d'une rencontre, il a eu ce courage de subordonner à ce « bien de la France » quelques-unes des convictions qui lui étaient le plus chères. L'ingratitude par laquelle ses contemporains l'en ont récompensé fut un des grands chagrins de sa vie, et sera dans l'histoire un des scandales de notre temps.

C'est qu'à vrai dire on ne l'avait pas compris ! J'ai quelquefois entendu reprocher à ce grand seigneur, qui fut la courtoisie, l'affabilité, la bienveillance même, je ne sais quelle hauteur et quelle morgue aristocratique. Il n'y avait pas de plus étrange méprise ! et, au contraire, on ne pouvait être ni plus simple, ni plus modeste que le duc de Broglie. J'en appelle à tous ses confrères de l'Académie française et de l'Académie des sciences morales et politiques ! Mais on n'a pas compris non plus de quelle manière il aimait la France; — et, puisque ce n'est pas ici le trait le moins original de sa physionomie, j'y voudrais brièvement insister.

Son premier article, daté du 15 août 1848, était intitulé : *De la Politique étrangère de la France depuis la Révolution de Février;* et son dernier travail : *le Dernier Bienfait de la Monarchie,* était l'histoire de la formation du royaume de Belgique. Le choix de ces sujets n'est-il pas caractéristique ? et ne le devient-il pas plus encore si l'on se rappelle que, ce qu'il s'est proposé d'étudier dans ses travaux sur *Marie-Thérèse et Frédéric II,* c'est le changement d'alliances qui, dans le cours du xviiie siècle, a modifié les conditions de l'équilibre européen ? Je me rappelle à ce propos une phrase qu'il avait souvent à la bouche, et qui exprimait le fond de sa pensée : « L'ancienne France, disait-il, ou à peu près, était un organisme dont tout l'effort et toute l'activité tendaient à l'extérieur. » Il entendait par là que, pour cette ancienne France, — la France d'Henri IV et de Richelieu, la France de Mazarin et de Louis XIV, et il n'eût pas craint d'ajouter la France de la Convention et de l'Empire, — sa raison d'être, sa sécurité, le libre développement de son génie, sa prospérité matérielle, son expansion au delà de ses frontières, tout cela n'avait dépendu et ne dépendait dans l'avenir que de sa puissance militaire et diplomatique. Héritier de toute une race de généraux et d'ambassadeurs, ses traditions de famille, éclairées par l'étude de l'histoire et confirmées par le spectacle des événemens contemporains, l'avaient convaincu que le solide fondement de la grandeur nationale et le principe fécond de son progrès, c'est, en tout temps et par tout pays, l'autorité diplomatique et la puissance militaire. Ne sont-ce pas elles qui de nos jours ont fait ce qu'elles sont de l'Allemagne et de l'Angleterre, pour ne rien dire de la Russie? et la France, depuis quand tient-elle le rôle effacé qui est le sien dans le monde, sinon depuis qu'elle a méconnu le principe de sa force vive? ou, si l'on le veut, depuis que nous avons subordonné la revendication de notre ancien prestige à des considérations de progrès économique? Le duc de Broglie a toujours pensé que le meilleur moyen d'assurer la prospérité, même matérielle, d'un grand État moderne, c'était de commencer par lui assurer ces deux forces : une diplomatie puissante et une puissante armée. C'est à nous les assurer qu'il a dirigé toute sa politique; et, s'il y a jadis échoué, nous tromperons-nous en disant qu'avant de mourir il aura eu cette consolation de voir que l'on commençait enfin à le comprendre; et que plus d'un adversaire d'autrefois, dans le secret de son cœur, regrettait amèrement de l'avoir combattu? Ajoutons qu'après avoir cessé de faire partie de nos assemblées politiques, toutes les fois qu'il lui est arrivé de traiter ici même, ou ailleurs, quelque question de la nature de celle de *l'Expansion coloniale de la France*, ou de *l'Alliance russe*, c'est à ce point de vue qu'il s'est toujours placé. Une France isolée, ou, pour mieux dire encore, une France réduite à un rôle secondaire en Europe, et préoccupée d'un autre souci que de reconquérir le premier, n'était plus à ses yeux la France, ou du moins n'en était plus qu'une ombre! Et, par la parole, par la plume, par l'action, son œuvre à lui, Broglie, a été, pendant cinquante ans, de maintenir ce rôle à sa patrie, tant qu'elle le possédait, et de le lui rendre, *pro portione virili*, quand elle l'a eu perdu.

Qu'un pareil homme ait été écarté, non seulement du pouvoir, mais de la vie politique, par les défiances de la démocratie, c'est ce que l'on ne saurait trop déplorer. Hélas! nous excellons, dans notre France contemporaine, à nous priver du meilleur de nos forces. Ce que nous demandons à un homme public, ce n'est pas d'avoir de l'expérience ou du talent, mais, par une étrange aberration, c'est d'avoir « sa fortune à faire; » et on dirait que son ignorance ou son avidité nous sont une garantie de sa capacité! Nous « l'intéressons » dans le gouvernement comme on le pourrait faire dans une entreprise de commerce ou de banque. Et, s'il en surgit un qui dépasse un peu les autres, qui ne soit animé que de mobiles nobles et généreux, qui ne s'incline pas devant l'opinion populaire, et dont la résistance ne s'inspire que du bien de la patrie commune, c'est celui-là que nous éliminons. Ce fut le sort du duc de Broglie! Mais, s'il en souffrit, il n'en laissa rien voir; et, quand l'une des pires erreurs du suffrage universel lui eut enlevé le droit de servir là France comme il l'avait rêvé, ce fut encore à la servir qu'il consacra son talent d'historien.

C'est en effet le même sentiment de la grandeur de la France qui circule au travers de ses *Études diplomatiques* et qui en fait la vivante originalité. Non pas qu'il ait jamais cherché dans le passé des allusions au présent! Ce n'était pas sa manière; et il eût cru déroger à la dignité de l'histoire, telle qu'il la concevait, comme un art et comme un jugement. Mais, soit qu'il racontât, en des pages où respirait l'ardeur militaire de sa race, la bataille de Fontenoy, soit qu'il démêlât l'écheveau singulièrement embrouillé de la « diplomatie secrète de Louis XV, » une seule chose l'intéressait, qui était de savoir comment, Saxe ou Broglie, généraux, ambassadeurs ou ministres, ils avaient eux-mêmes servi la France. Qu'avaient-ils fait de l'héritage que leur avaient légué leurs pères, et comment l'avaient-ils « géré? » Dans ses admirables *Études*, c'est la question qui revient toujours, à l'éclaircissement de laquelle concourent l'abondance de son information, la perspicacité de sa critique, la subtilité de son observation psychologique, l'ampleur magistrale de son style ; — et c'est par où les qualités de l'historien et celles de l'homme politique avaient fini par se confondre en lui dans l'unité d'un même personnage.

Il laissera parmi nous une trace profonde. Ceux qui l'ont vu dans les derniers temps de sa vie garderont le souvenir ineffaçable de la dignité simple avec laquelle il a vu venir la mort, sans permettre un instant que la menace en altérât la sérénité de son humeur ou seulement l'ordre et le train de sa vie quotidienne. Ceux qui l'ont connu et approché n'oublieront jamais la grâce de son accueil, la politesse exquise de ses manières, la bienveillance de son langage, et, sous cette bienveillance, toutes les fois qu'il s'animait, tantôt la finesse, l'ironie, la malice, et tantôt l'ardeur ou la flamme qui perçaient. Et ceux qui n'ont connu de lui que ses écrits ou son rôle public songeront enfin qu'en le perdant, ce n'est pas seulement un grand historien et un homme d'État que nous avons perdu, un grand seigneur, et, de tous les Broglie, celui qui peut-être a le plus fait pour l'illustration de ce nom glorieux : c'est encore le représentant de toute une époque de notre histoire, et plus même que cela, si c'est un homme qui faisait honneur à son temps, à son pays, et à l'homme.

F. B.

Le Directeur-Gérant,

F. BRUNETIÈRE.

SŒUR JEANNE DE LA CROIX

DERNIÈRE PARTIE (1)

III

On frappa doucement à la porte de la chambrette.

— Entrez! dit sœur Jeanne de la Croix en détachant ses mains de son rosaire.

La personne qui entra, ce fut Constance de Dominicis, une veuve salernitaine qui sous-louait cette chambrette dix lires par mois à la religieuse. Donna Constance avait une cinquantaine d'années : très grande, très maigre, avec de grosses mains et de gros pieds, avec des cheveux gris plantés bas sur le front, peignés à la mode paysanne, relevés sur les tempes et tordus au sommet de la tête, avec un teint brun, une peau sèche et rugueuse, une large bouche pâle sur des dents jaunies; fort laide, en somme; mais dans ses yeux vifs brillait la bonté humaine. Elle portait une robe de coton bleu foncé, coupée comme celles qu'on porte à la ville; mais elle avait conservé le tablier noir et le fichu à fleurs des campagnardes.

— *Zi' monaca*, vous n'êtes pas venue ce matin faire chauffer votre lait?

— Non, répondit sœur Jeanne à voix basse. Je ne l'ai pas pris au laitier.

— Pourquoi? Par abstinence, peut-être?

— Non, non! répliqua vivement la religieuse, qui avait hor-

(1) Voyez la *Revue* du 1ᵉʳ janvier.

TOME I. — 1901.

reur du mensonge. Ce n'est pas par abstinence. Mais... Je ne l'ai pas pris, voilà tout.

Il y eut une pause. Donna Constance regarda sœur Jeanne au visage; et, sur ce visage émacié où le poids des ans, les souffrances morales et les souffrances physiques avaient creusé des sillons de plus en plus profonds, sur ces joues qui s'amincissaient, sur ces paupières bleuâtres et un peu tombantes, sur ce front que ridait chaque jour davantage une stupeur douloureuse, il lui sembla qu'elle voyait se répandre une rougeur légère.

— Sœur Jeanne, pourquoi ne dites-vous pas la vérité? Est-ce que vous avez honte de la dire? A moi? Mais ne suis-je pas pauvre aussi?... Eh bien! si vous n'avez pas acheté votre lait, c'est parce que vous n'aviez pas d'argent! conclut donna Constance, d'une voix affectueusement irritée.

— C'est vrai! murmura sœur Jeanne, toute confuse. J'ai bien encore quelques sous; mais, pour vivre jusqu'à la fin du mois, il faut que je sois économe, très économe...

— Alors, vous voulez vous passer de manger? Faites donc l'économie complète : allez-vous-en tout de suite dans l'autre monde !

— Plût à Dieu! soupira la religieuse.

Comme elle était changée, sœur Jeanne! La caducité sénile avait courbé ses épaules; ses mains brunes et longues, toutes parcheminées maintenant, montraient un réseau de veines saillantes, violacées, et un petit tremblement les agitait de temps à autre. Ses vêtemens avaient souffert d'un usage trop prolongé; sa robe avait, dans les plis, les reflets verdâtres d'une étoffe noire qui se décolore. Pour ne pas user son grand manteau noir, le plus expressif emblème de sa qualité monacale, elle ne l'endossait que pour sortir; et cependant, à la maison, lorsque le manteau était pendu à la patère contre le mur, il lui semblait toujours qu'elle avait froid, qu'elle n'était pas complètement habillée. Ses bandeaux blancs, sa guimpe blanche, — elle n'en avait que trois de rechange, — trop souvent savonnés par elle-même, n'avaient plus la blancheur immaculée d'autrefois, ne gardaient plus l'empesage, avaient pris une teinte jaunâtre, étaient flasques et s'ajustaient mal. Sa coiffe pendait toute chiffonnée, s'enroulait sur les bords, s'effilochait. En vain, de ses mains industrieuses, avait-elle essayé de remédier au croissant délabrement de sa garde-robe : ces effets-là servaient depuis si longtemps ! Et elle voyait avec tristesse dépérir sur elle ces pauvres hardes qui, tombant de vétusté, emportaient dans leur ruine les derniers indices de son caractère religieux. Comme elle était changée, sœur Jeanne, comme elle était changée !

— *Zi' monaca*, il faut que vous vous décidiez à faire une chose, reprit donna Constance brusquement. Cela ne peut pas continuer ainsi.

— Que je me décide à quoi faire?

— Il faut que vous tâchiez de gagner un peu d'argent. Avec quarante et une lires par mois, vous n'avez pas de quoi vivre.

— Je le sais, répondit la religieuse avec mélancolie. Et ce n'est pas même quarante et une lires que j'ai; c'est trente-huit et demie, en déduisant l'impôt sur la richesse mobilière.

— Oh! ce gredin de gouvernement! Elle est belle, la richesse mobilière! Une richesse à crever de faim!... Sœur Jeanne, il faut que vous vous décidiez à travailler.

— Je ne demande pas mieux. Mais comment? Me mettre en service? Je suis si vieille, si faible, que je trouverais difficilement une maison où l'on voudrait me prendre. Et puis, avec ces habits-là, bien des gens me voient de mauvais œil. Il n'y a plus de religion, ma chère donna Constance. Les uns me chantent pouilles, d'autres croient que je jette des sorts, d'autres me soupçonnent d'être une fausse religieuse... Ah! si vous saviez, si vous saviez!

— Ne pourriez-vous pas vendre les dentelles que vous faites?

— On me les payerait si peu! D'ailleurs, je ne connais personne... Courir les rues comme ces dentellières qui vont de porte en porte offrir leur ouvrage? Avec ce costume, je n'oserais pas... Et qui consentirait à me les acheter?

— Mais, il y a deux ou trois mois, est-ce que vous n'en avez pas vendu plusieurs mètres à la demoiselle du second étage?

— Oui... Pour huit mètres, elle m'a donné dix lires. J'y avais travaillé si longtemps! N'importe; dix lires sont dix lires; et cet argent m'a été très utile... Si je pouvais me faire une robe, m'acheter un peu de mousseline pour mes bandeaux! Je demande chaque jour pardon à Jésus de ces habits monastiques, en si mauvais état qu'on les reconnaît à peine. Ah! plutôt que de manger, je devrais renouveler mon vêtement religieux. Quelle mortification, quelle mortification!

Et la pauvre vieille cacha son visage dans ses mains. Debout,

la rude Salernitaine regardait sa locataire ; et une émotion con-
tractait sa laide face, et ses bons yeux se voilaient de larmes.

— Est-ce que vous en avez, de la dentelle prête, sœur
Jeanne?

— Oui, assez pour garnir quatre taies d'oreiller et une courte-
pointe. Elle n'est pas très fine, cette dentelle, car je n'y vois
plus guère ; mais pourtant elle n'a pas trop mauvaise apparence.

— Eh bien! pourquoi ne l'offrez-vous pas à la demoiselle du
second étage?

Sœur Jeanne regarda donna Constance d'un air effaré ; puis,
elle courba la tête sans répondre.

— Est-ce que vous êtes humiliée de laisser voir votre besoin?
Ou bien est-ce que vous avez scrupule d'aller chez cette fille?

— Il y a de l'un et de l'autre, balbutia sœur Jeanne.

— Quant à l'humiliation, vous avez tort. Pauvreté n'est pas
vice ; et nous sommes tous pauvres, qui plus, qui moins. Voyez-
nous, mon fils et moi : pour vivre avec la bourse que lui fait la
province de Salerne, il faut joliment trimer, je vous jure. C'est
moi qui fais le marché, qui cuisine, qui nettoie, qui lave, qui
repasse, depuis le matin jusqu'au soir ; sans quoi, avec ce peu de
lires qu'on nous donne, jamais nous ne réussirions à joindre les
deux bouts. Si j'avais des dentelles à vendre, soyez certaine que
je ne serais pas humiliée de les offrir.

— Et vous auriez raison : le respect humain n'est que de
l'orgueil! Mais l'argent de cette fille...

— Sur ce point-là, je suis un peu de votre avis. Mais que
voulez-vous? A tout péché miséricorde! Jésus a bien pardonné
à la Madeleine. Pourquoi refuseriez-vous de lui pardonner aussi?

— Oh! moi, je ne suis qu'une humble pénitente, et je ne
veux juger personne. Mais enfin cet argent, cet argent...

— Somme toute, elle vit avec lui comme si elle était sa femme ;
elle ne reçoit aucune visite, elle ne sort jamais, elle mène une
vie d'esclave, la malheureuse. Vous savez : moi, j'ai pitié d'elle...
D'abord, sa présence dans la maison m'ennuyait, à cause de mon
fils Henri : j'étais fâchée qu'il y eût là une belle jeunesse pour
l'induire en tentation. Mais ils mènent, lui, une vie si studieuse,
elle, une vie si recluse, que peut-être ne se sont-ils pas même
rencontrés dans l'escalier... Allez-y, vous dis-je, allez-y! Autrement, vous ne vous tirerez jamais d'affaire. Qu'est-ce qui vous
reste encore, pour finir le mois?

— Quatre lires, dit sœur Jeanne.

— Et nous ne sommes que le 20, aujourd'hui! Sept jours avant de toucher votre pension! Allez-y, sœur Jeanne, allez-y! Soumettez-vous à la volonté de Dieu!

— Eh bien, j'irai, dit la religieuse.

La brave donna Constance, satisfaite de ce qu'elle venait de faire, tourna les épaules et partit. Elle avait à balayer tout son petit logement, qui était au premier étage d'une maison située dans le Vico Rosario à Porta Medina : quatre chambrettes qu'elle louait quarante-cinq lires par mois et dont elle sous-louait une à sœur Jeanne, pour alléger un peu ses charges.. Cette femme était, non seulement la mère, mais l'esclave passionnément dévouée de son fils, un étudiant en médecine qui avait déjà vingt-trois ans et qui, né de race paysanne, avait, par l'effort d'une volonté ardente et tenace, réussi à se pousser de l'école élémentaire au gymnase et du gymnase à l'Université, obtenant toujours les meilleures notes, bénéficiant toujours de la remise des frais d'examen, finissant par attraper de la province de Salerne une bourse pour s'entretenir à Naples durant les années d'Université. Laid, robuste et mal dégrossi, Henri de Dominicis ressemblait parfaitement à son dragon de mère; et c'était un fils très tendre, qui se promettait d'enrichir sa maman lorsqu'il aurait gagné son diplôme de docteur. Il devait le gagner cette année-là, son diplôme, et la bourse expirait au mois de décembre; mais qu'est-ce que cela faisait, puisque au mois de décembre il serait docteur, auparavant?

Sœur Jeanne mit son manteau sur ses épaules, attacha son grand rosaire à sa ceinture, prit la boîte de carton où elle serrait ses dentelles; puis, après avoir fait le signe de la croix, elle sortit de sa chambre et monta l'escalier du second étage, à pas lourds. Arrivée devant une porte où, sur une petite plaque de cuivre, on lisait ce nom gravé : *Concetta Guadagno*, elle frappa légèrement. Une servante vint [ouvrir ou plutôt entr'ouvrir la porte, avec un air de défiance.

— Voulez-vous dire à votre maitresse que la religieuse du premier étage désire lui parler? balbutia la pauvre vieille.

— Attendez un moment, je reviens, répondit la servante, qui laissa sœur Jeanne dehors.

Revenue presque aussitôt :

— Entrez! dit-elle, Madame est là.

Une odeur de papier d'Arménie flottait dans le vestibule. Les quatre pièces du petit appartement étaient meublées avec un certain luxe de pacotille, très prétentieux : fausses portières turques, éventails japonais en papier, appliques en faux bronze doré. La maîtresse du logis était dans son salon, aux meubles recouverts de cretonne jaune et rouge avec des fleurs bleues; et, couchée sur une chaise longue, elle lisait un roman de Montépin. C'était une belle fille de vingt-cinq ans, blonde, fraiche, rondelette, avec une chevelure dorée et vaporeuse qui lui faisait autour du front comme une auréole; elle portait une robe de chambre en flanelle bleu azur, garnie d'une ruche blanche, avec des babouches turques en peau rouge brodées d'or. Entre les rideaux de cretonne, les petits rideaux de mousseline étaient baissés, de sorte que le salon restait dans la pénombre.

— Ah! *zi'monaca*, comme vous avez bien fait de venir me voir! dit Concetta Guadagno, d'une voix un peu éraillée.

Et elle se leva, tendit la main pour prendre celle de la religieuse et la baiser. Mais sœur Jeanne, humblement, retira la sienne.

— Asseyez-vous, asseyez-vous, *zi'monaca*, et tenez-moi compagnie. Je suis si seule! reprit la jeune femme avec un soupir.

Sœur Jeanne s'assit; elle n'osait pas ouvrir la bouche et serrait sous son bras sa boîte en carton.

— Ciccillo n'a jamais d'heure. Tantôt il vient deux ou trois fois par jour, tantôt il ne vient pas du tout; quelquefois, il reste ici tout l'après-midi, quelquefois il reste à peine une minute. On ne peut Jamais savoir...

— Comment cela se fait-il? demanda sœur Jeanne, pour dire quelque chose.

— Parce qu'il est jaloux, répliqua l'autre vivement, heureuse d'avoir une confidente. Sa jalousie est terrible! Il me croit capable de tout. C'est pour moi un vrai martyre!

— Cependant, vous êtes si bonne!

— Oui, je suis bonne, à présent; mais, autrefois, je ne l'étais point... Vous êtes religieuse; et il y a des choses que vous ne sauriez comprendre... Enfin, je vivais dans la perdition; et ce n'était pas ma faute : on est si bête, à cet âge-là!... Mais non, il est impossible que je vous raconte des choses pareilles... Bref, Ciccillo a raison quand il me soupçonne, quand il me fait des scènes...

— Il vous gronde souvent?

— Très souvent; et il lui arrive même de me battre.

— Peut-être lui donnez-vous quelque sujet de se plaindre de votre conduite?

— Non; je ne fais rien de mal. S'il me bat, c'est seulement parce qu'il est jaloux; et j'empoche les coups sans rien dire. Pourquoi récriminerais-je? Je l'aime, je lui suis reconnaissante de tout ce qu'il a fait, de tout ce qu'il continue à faire pour moi. Vous voyez : je mène ici une existence de dame; je mange, je bois, je dors, et je suis servie. Auparavant... je ne mangeais pas tous les jours, et je dormais quand je pouvais... Il est méchant, il est furieux; mais je ne me défends pas contre lui...

— Vous dites qu'il vous veut du bien, et pourtant il vous maltraite...

— Les mauvais traitemens sont une preuve d'amour, déclara Concetta Guadagno avec philosophie.

— Vous devriez vous faire épouser, conseilla la religieuse, candidement.

— Épouser! épouser! Qu'est-ce que vous avez dit là? s'écria la fille, qui se mit à rire, à rire, à rire, de son beau rire perlé.

— Pour vous retirer du péché mortel, murmura sœur Jeanne.

— Quel péché, *zi'monaca*? Ciccillo m'aime; je l'aime. Quel mal faisons-nous?

— Du moins, vous assureriez votre avenir, ma fille, insista sœur Jeanne.

— Oh! sur ce point-là, vous avez raison! reprit Concetta, d'une voix qui tout à coup se mit à trembler un peu. En ce monde, on n'est jamais sûr de rien!

Et, malgré la demi-obscurité, la religieuse s'aperçut que la pauvre fille était devenue pâle sous sa poudre de riz.

— Oui, parfois, je me dis que Ciccillo pourrait m'abandonner. J'y pense même souvent. S'il laisse passer un jour sans venir, s'il arrive en retard, s'il est de mauvaise humeur, aussitôt j'ai l'esprit à l'envers et je me tourmente.

La beauté blonde, fraiche et gaie de Concetta était assombrie maintenant par une tristesse; le bleu de ses yeux avait perdu sa vivacité; sa bouche se gonflait comme quand on va fondre en larmes.

— Il ne faut pas vous tourmenter, dit vaguement la religieuse, qui regrettait d'avoir amené l'entretien sur ce sujet.

— Et comment ne me tourmenterais-je pas? Je vis si tranquille, si contente, si heureuse, dans cette maison où rien ne me
manque! Mais, auparavant, ah! comme j'ai souffert! Quelle horreur, mon Dieu, quelle horreur!... Qu'est-ce que je deviendrai,
si Ciccillo m'abandonne?...

— Vous dites qu'il vous aime...

— Sans doute, il m'aime... sans doute... sans doute... Mais
il y a tant d'autres femmes qui doivent lui plaire aussi... Et
puis, sa famille est contre moi... Et puis, au fond, est-ce que je
le sais, moi, s'il m'aime?

— Recommandez-vous à Dieu! dit la religieuse, qui ne trouva
pas autre chose à dire.

— Oh! oui, j'ai grand besoin que Dieu me protège! Et vous,
sœur Jeanne, vous qui êtes une sainte, vous m'assisterez aussi,
n'est-ce pas? Si je faisais dire une messe, deux messes? Que vous
en semble?

— A quelle intention, ma fille? demanda la religieuse,
étonnée.

— Pour obtenir du Seigneur que Ciccillo ne m'abandonne
pas... Deux messes : une au Saint-Esprit, dans l'église de Santa-
Chiara, que je fréquentais lorsque j'étais petite; l'autre à Sainte-
Marie l'Égyptienne, pour qui j'ai une dévotion particulière, parce
qu'elle a été une pécheresse, une repentie comme moi.

— Mais que faudra-t-il que je dise au curé? Car je ne puis
pas lui dire la grâce que vous demandez à Dieu.

— Qu'importe? Dieu la sait, la grâce dont j'ai besoin. Dites
seulement : à l'intention d'une âme pieuse. Et donnez cinq lires
d'aumône, sans spécifier à quelle intention. Justement, c'est demain dimanche. Vous seriez bien aimable, si vous y alliez aujourd'hui même.

— Comme vous voudrez, comme vous voudrez, dit sœur
Jeanne. En toutes choses, le mieux est de se remettre entre les
mains du Seigneur.

— Vous avez bien raison... Il faut que le Seigneur inspire à
Ciccillo la volonté de ne m'abandonner jamais... J'en ferai dire
encore pour cela, des messes; j'en ferai dire encore, ma bonne
sœur.

— Récitez chaque soir le rosaire, insinua la religieuse,
attendrie.

— Je le récite, je ne manque jamais de le réciter. Je le ré-

citais même *en ce temps-là*, figurez-vous! J'y ai une telle confiance!... A présent que je suis sage, que je vis chez moi, que
je ne vois personne, Dieu doit me conserver Ciccillo!

— Oui, Dieu vous viendra en aide, finit par dire machinalement la religieuse, que touchait la sincérité de cette tristesse et
de cet effroi.

— Je vais vous chercher les dix lires, conclut la fille en se
levant. Mais, pardon! Vous étiez venue pour quelque chose, et je
ne pensais qu'à moi-même. Qu'est-ce que vous désirez? Qu'est-ce
que vous m'apportez sous votre manteau?

Et, avec l'aisance, l'affabilité, la simplicité d'une bonne créature, Concetta prit la boîte, l'ouvrit, examina curieusement les
dentelles.

— C'est une garniture de lit complète, n'est-ce pas?

— Oui : ce qu'il en faut pour garnir une courte-pointe et
quatre taies d'oreiller.

— Un lit à deux personnes!... Baste!... Cela me portera
bonheur... Je voudrais, sœur Jeanne, pouvoir vous payer comme
vous le méritez; mais...

— Payez-moi ce qu'il vous plaira, ce qu'il vous plaira! murmura la religieuse.

— Vous contenteriez-vous de vingt lires? C'est très peu, je le
sais...

— Je m'en contente, je m'en contente. Je vous la donnerais
même pour rien, ma dentelle, si la nécessité ne me forçait pas à
la vendre; car vous êtes pieuse et bonne. Mais je suis si pauvre...

Déjà Concetta revenait avec un portefeuille en cuir rouge,
d'où elle tira trente lires.

— J'ai mon boursicot, fit-elle, comme si elle se parlait à
elle-même. Mais, si Ciccillo me quittait, ce que j'ai là me suffirait
à peine pour vivre deux ou trois mois.

— Pauvrette! pauvrette! dit la religieuse, d'une voix éteinte.

Cette fois, Concetta Guadagno réussit à saisir entre ses petites mains blanches et douces de femme blonde, parfumées à
l'opopanax, la main sèche et rugueuse de sœur Jeanne; et elle
y mit un baiser.

L'accouchée poussa un léger soupir. Vite sœur Jeanne quitta
la chaise où elle veillait, s'approcha du lit et se pencha sur la
malade.

— Vous désirez quelque chose?

— Un peu d'eau...

Sœur Jeanne alla prendre un verre d'eau, où nageait un gros morceau de pain grillé; puis, elle versa un peu de cette eau dans une cuillère à soupe, qu'elle glissa entre les lèvres ouvertes de la femme. Celle-ci n'avait pas même eu la force de relever la tête : après un accouchement très laborieux, elle gisait étendue sur le dos, immobile, épuisée par une hémorragie effrayante.

Cette femme était Marie Laterza, qui habitait le troisième étage de la maison dont le second était occupé par Concetta Guadagno et le premier par Constance de Dominicis : — une femme maigre et fine, avec une masse de cheveux châtains dont le poids semblait lui tirer le front en arrière; une petite femme de trente-quatre ans, mariée à Gaëtan Laterza, commis à la Banque de Naples. Le ménage n'était ni riche ni pauvre : tout ensemble, appointemens du mari et revenus de la maigre dot apportée par la femme, ils disposaient de deux cent quatre-vingts lires par mois; mais ils savaient régler leurs dépenses sur leurs ressources. Par bonheur, pendant les dix premières années de leur mariage, ils n'avaient pas eu d'enfant; et, vu la débile santé de Marie, vu l'extrême modicité de leur budget, ils avaient fini par se réjouir que leur union fût stérile. A eux deux, avec une jeune bonne qui aidait sa maitresse pour la cuisine et les grosses besognes, ils pouvaient même faire quelques économies. Et puis, tout à coup, avec un effroi invincible, Marie s'était aperçue qu'elle était enceinte. Le temps de la grossesse avait été pour elle une période d'atroces angoisses : elle était tourmentée par ces peurs de mourir qu'éprouvent les femmes grosses, tourmentée aussi par l'appréhension des difficultés financières qu'amènerait la naissance d'un enfant non souhaité, non attendu. Enfin, après deux jours entiers passés dans les douleurs, elle avait accouché d'un garçon grêle et chétif; mais une énorme perte de sang avait mis en danger sa propre existence, et elle ne devait son salut qu'à l'énergie et au sang-froid montrés par le médecin; car le pauvre Gaëtan, rompu de fatigue, affolé de terreur, ne savait que claquer des dents et était incapable de rendre le moindre service. Comme la mère n'était pas en état de nourrir le nouveau-né, on avait appelé une nourrice qui s'était installée dans la chambre voisine et qui se faisait servir à la baguette par la petite servante ahurie.

L'accouchée, pour laquelle on craignait une seconde hémorragie, sûrement mortelle, avait besoin d'une garde-malade qui ne la quitterait ni le jour ni la nuit; et le mari avait songé tout de suite à sœur Jeanne. Personne dans la maison n'ignorait que la vieille religieuse était très pauvre; aussi Gaëtan espérait-il qu'elle se contenterait d'un modeste salaire de deux lires par jour avec la nourriture, tandis que les gardes-malades professionnelles exigent cinq, six et jusqu'à huit lires.

Lorsque Gaëtan fit demander à sœur Jeanne si elle consentirait à garder sa femme, d'abord la religieuse hésita, fut prise de scrupules : elle n'avait jamais gardé de malades et elle craignait de ne pouvoir, la nuit, résister au sommeil; d'ailleurs, il s'agissait d'une femme en couches, et cela lui donnait de la gêne, choquait sa modestie puérile, offensait sa pudeur de vieille fille qui depuis longtemps a retranché de sa vie la préoccupation de l'amour, l'idée du mariage, l'instinct de la maternité. Cette fois encore, il fallut que Constance de Dominicis la sermonnât à sa manière, lui remontrât l'obligation chrétienne de visiter et d'assister les malades, lui reprochât ce que, dans sa franchise bienveillante et bourrue, elle appelait « des caprices de nonne, » et, pour dernier argument, qu'elle fît valoir l'urgente nécessité de gagner les quelques sous nécessaires à l'achat d'une robe noire, d'un manteau noir, de bandeaux blancs et de guimpes blanches. Sœur Jeanne, sans volonté, rompue à obéir, contrainte aussi par le besoin, habituée désormais aux plus viles besognes, se laissa enfin convaincre; et, le quatrième jour après l'accouchement, elle monta au troisième étage pour soigner Marie Laterza.

A peine eut-elle aperçu ce pauvre visage maigre de femme chétive, ce corps immobilisé sous les couvertures et si frêle qu'il semblait n'exister pas, ces mains plus blanches que le drap où elles reposaient, inertes, les doigts écartés, les ongles nuancés de violet, son vieux cœur bon et charitable s'attendrit, et elle se consacra désormais avec un entier dévouement à ce devoir nouveau pour elle.

— Comme cette eau me répugne! murmura la malade, d'une voix presque imperceptible.

— Le médecin vous a interdit l'eau crue;... répondit sœur Jeanne, penchée sur la couche. Désirez-vous autre chose?

— Je voudrais que vous fussiez assise plus près de moi.

La religieuse porta son fauteuil près du lit, au chevet de la

malade, qui la remercia de la tête. Il y eut un long silence ; la
malade semblait dormir... Sur la cheminée, la pendule fit entendre un léger grincement; puis, avec des sons cristallins, elle
sonna neuf heures. La malade rouvrit les yeux et regarda la veilleuse, qui brûlait devant une image de la madone de Pompéi.

— Que fait mon enfant ? demanda-t-elle.

— Tout à l'heure, il dormait dans son berceau. Voulez-vous
que J'aille voir ?

La malade fit signe que oui,. avec les paupières. Une minute
après, sœur Jeanne reparut.

— Il vient de se réveiller à l'instant même. Il a pris le sein.

— Est-ce qu'il boit bien ? demanda la mère, un peu inquiète.

— Doucement, mais il boit, répondit sœur Jeanne

— Il est si faible, le pauvre petit !

— Faible ? Mais non, je ne trouve pas.

— Qu'est-ce que vous en savez, ma sœur? Une religieuse n'y
connaît rien.

Nouveau silence. Puis :

— Que fait Gaëtan? dit encore la malade, toujours inquiète.

— Il est dans la salle à [manger ; il travaille à des écritures
pour son bureau.

— Le pauvre ami !

— Calmez-vous, calmez-vous! Il ne faut pas tant parler; il
ne faut pas tant remuer.

La malade ne remua plus, ferma les yeux; mais sa fine et
gracieuse physionomie garda une expression de trouble et de
chagrin. Pendant une heure entière, elle demeura immobile; sa
respiration était faible, mais régulière. Sœur Jeanne crut que
Marie dormait; alors, comme elle-même sentait venir le sommeil,
malgré la tasse de fort café qu'elle avait prise pour s'empêcher
de dormir, elle essaya de chasser la somnolence en récitant à
voix basse les oraisons qu'elle savait par cœur, surtout celles aux
âmes du Purgatoire, protectrices particulières des malades ; puis,
peu à peu, sa tête se courba; et déjà elle s'assoupissait; lorsqu'elle
fut tirée de sa torpeur par un faible appel de la malade.

— Ma sœur !

— Que désirez-vous ?

— Tâtez-moi les mains et le front.

Sœur Jeanne lui tâta le front, qui était tiède avec de légers
battemens aux tempes, les mains, qui étaient glacées.

— J'ai la fièvre ? demanda la malade, avec un accent étrange.

— Mais non ; il me semble plutôt que vous avez froid.

— Je n'ai pas la fièvre ?

— Mais non, mais non.

— Je croyais que j'avais la fièvre, répéta la malade avec opiniâtreté.

De nouveau elle se tut, referma les yeux, parut se rendormir. Un peu plus tard, le mari entra sur la pointe des pieds pour voir comment sa femme se trouvait.

— Elle dort ? demanda-t-il à sœur Jeanne, d'une voix qui n'était qu'un souffle.

— Oui, elle dort.

— Puisqu'elle dort, je vais me coucher quelques heures : je succombe à la fatigue. S'il arrive quelque chose, appelez-moi tout de suite.

— Je n'y manquerai pas.

— Le bébé repose tranquillement. Que Dieu le bénisse et me conserve sa mère !

— Ainsi-soit-il ! répondit pieusement la religieuse.

Le mari se retira. Il était presque minuit. La malade, couchée sur le dos, la face émaciée, mais belle encore, avait une respiration brève et régulière, et elle paraissait dormir. Sœur Jeanne, dans son fauteuil, se remit à marmotter des oraisons ; tant qu'enfin, vaincue par la fatigue, elle s'abandonna au lourd et pénible sommeil des vieillards... Un grésillement de la veilleuse la réveilla en sursaut ; elle se leva, et, d'un pas chancelant, elle alla remplir d'huile le godet où languissait la mèche fumeuse. Lorsqu'elle revint près du lit, elle s'aperçut qu'il était déjà trois heures du matin et que Marie Laterza fixait sur elle des yeux grands ouverts.

— Vous avez bien dormi ? demanda-t-elle à la malade.

— Non, je n'ai pas dormi.

Pourtant, sœur Jeanne l'avait vue reposer longuement et paisiblement.

— Je croyais...

— Non, je réfléchissais... J'ai pensé à beaucoup de choses.

La voix de la malade était rapide, vibrante, avec je ne sais quelle exaltation singulière.

— Ne parlez pas si fort ! lui dit sœur Jeanne effrayée. Vous

vous fatiguez trop. Taisez-vous ; tâchez de vous rendormir. Pour
vous, le sommeil est le meilleur des remèdes.

— Non, c'est le sommeil qui me tuera. Songez donc : en
dormant, je puis mourir sans que personne s'en aperçoive. Quand
vous voyez que je dors, ma sœur, il faut m'appeler, me secouer
bien vite, pour m'empêcher de mourir.

— Oui, oui ; mais ne parlez pas, ne remuez pas ! dit la religieuse, qui se pencha sur la malade et lui prit les mains, pour
tâcher de la faire tenir tranquille.

Les mains étaient plus glacées encore que tout à l'heure.
Pendant quelques minutes, la malade resta immobile ; mais elle
ne se rendormait pas, ne refermait pas les yeux. A un certain
moment, de sa main débile et glacée, elle toucha légèrement le
bras de sœur Jeanne.

— Que désirez-vous ? demanda la garde.

— Je veux faire de mon enfant un marin.

— Ah ! s'écria sœur Jeanne stupéfaite.

— Oui, un marin. Mon Victor... C'est le nom qu'il faudra lui
donner demain au baptême, parce qu'il a été victorieux de la
mort... Il partira pour de longs voyages; et, à son départ, je
pleurerai beaucoup ; et je serai toute tremblante, les jours de
tempête, lorsque j'entendrai le vent de la mer souffler dans les
rues, lorsque je verrai les embruns inonder le parapet de la Via
Caracciolo; et je le recommanderai à la Vierge Marie, étoile
des navigateurs : *Ave, maris stella...* Et quelle allégresse, lorsqu'il
reviendra sain et sauf, beau, fort, beau comme un ange, fort
comme un héros !...

— Ne parlez pas tant, murmura sœur Jeanne, qui, penchée sur
le lit, considérait la malade avec des yeux inquiets.

— Et j'aurai encore d'autres enfans, vous verrez ! Maintenant
que j'ai commencé, je ne m'arrêterai plus. Et chaque fois, chaque
fois, tout mon pauvre sang coulera de mes veines, après eux;
mais la Madone de Pompéi me protégera, le médecin me sauvera,
vous me soignerez, et je serai guérie. N'est-ce pas que vous me
soignerez? Oh ! vous ne refuserez pas vos soins à une mère qui
doit avoir encore tant d'autres enfans !

— Ne parlez pas ainsi, pour l'amour de Dieu !

— Vous êtes effrayée ? Pourquoi vous effrayez-vous ? Je vais
très bien, je vous assure. Vous ne voyez donc pas comme je
vais bien ? Allez dire à mon petit Victor que sa maman est guérie.

— Il dort, le pauvret. D'ailleurs, comment comprendrait-il, à son âge ?

— Un officier de marine comprend tout, ma bonne sœur Jeanne... Je vais très bien, très bien. Allez le dire à Gaëtan...

— Votre mari s'est couché ; il était brisé de fatigue.

— Je sais, je sais... Voulez-vous que je vous dise ? Eh bien ! c'est un roman qu'il écrit. Vous croyiez qu'il faisait des comptes pour la Banque de Naples ? Mais non ; c'est un roman qu'il écrit : un beau roman triste, oh oui ! triste, horriblement triste, ma bonne sœur Jeanne !

— Ne parlez plus ! Vous vous faites beaucoup de mal !

— Que dites-vous là, sœur Jeanne ? Je vais admirablement bien... Mais il faut que je vous confie une chose. Vous ne savez pas quel est le roman qu'il écrit ? Ce roman, c'est celui de notre amour, de tout notre amour... Écoutez, que je vous raconte...

— Non, non ! Je ne veux pas entendre ! Taisez-vous, taisez-vous, je vous en supplie !

— Vous ne voulez pas entendre ? Vous rougiriez d'entendre une histoire d'amour ?... Mais vous, sœur Jeanne, est-ce que vous n'avez jamais aimé ? Vous ne répondez rien ?... Certainement vous avez aimé, vous aussi ; et peut-être l'histoire de votre amour est-elle plus triste encore que la mienne...

— Si vous continuez à parler comme cela, vous vous exposerez à une grave rechute ! dit la religieuse effarée, ne sachant comment imposer silence à la malade et ne pouvant se dérober à ce discours étrange, prisonnière qu'elle était de cette petite main glacée où sa propre main était retenue comme par une morsure.
— Faites attention ! Vous pourriez en mourir.

— Je dois mourir, — déclara tranquillement la malade.

— Vous dites ?

— Je dis que je dois mourir.

— Sans doute, lorsqu'il plaira au Seigneur ; mais pas à présent, espérons-le pour vous, pour votre enfant, pour votre mari.

— Je mourrai ; et ce sera le dénouement de cette histoire, de ce roman triste que mon mari écrit dans la chambre voisine. Ma mort, voilà le dénouement. Ce pauvre Gaëtan ne sait pas encore de quelle manière cela finira ; mais moi, je le sais bien. Il s'imagine que, si l'histoire est triste, elle aura du moins un dénouement heureux ; mais le dénouement, ce sera ma mort, j'en suis sûre.

— Qui vous dit cela ? Pourquoi pensez-vous à cela ? Calmez-vous ! Taisez-vous !

— Celui qui me dit cela, c'est mon fils !

— Votre fils ?

— Oui, mon fils Victor, l'officier de marine. Il vient de s'approcher, tout petit, tout petit; et il m'a tendu ses menottes; et, avec l'une d'elles, il m'a effleuré le visage. Ah ! quelle émotion j'ai eue, lorsque la main de mon enfant m'a effleuré la joue !... Vous n'êtes pas mère, sœur Jeanne, jamais vous ne serez mère. Vous ne pouvez donc pas comprendre... Il me regardait, me regardait avec des yeux si tristes, le pauvre bébé, qu'aussitôt j'ai compris : il voyait sa mère morte...

— Si vous ne vous taisez pas, je réveille votre mari ! — s'écria sœur Jeanne, éperdue.

— Non, n'appelez personne !... Donnez-moi de l'éther... de l'éther... vite...

Marie Laterza poussa un profond soupir et perdit connaissance. L'aube commençait à blanchir les vitres de la chambre. Alors seulement sœur Jeanne se rendit compte que, sans fièvre, les mains et le front glacés, la malade avait déliré toute la nuit...

Camille Notargiacomo, le juge qui occupait le quatrième et dernier étage dans cette maison du Vico Rosario où logeaient au premier donna Constance de Dominicis avec sœur Jeanne, au second, Concetta Guadagno, et au troisième, les époux Laterza, ce juge austère et taciturne, s'était décidé, sur les vives recommandations de donna Constance, à prendre la religieuse pour femme de ménage.

Marie Laterza, relevée de couches depuis quelques semaines, était debout maintenant, toute mince, toute pâle, sans aucunes forces, avec de grands yeux doux et un peu hagards, toujours frissonnant de froid sous son châle de laine, faisant peur à son bébé, qui criait chaque fois que, de ses doigts glacés, elle lui caressait la joue; et sœur Jeanne, congédiée bonnement, avait touché un salaire de vingt-six lires, pas un sou de plus, pour ses treize jours de garde. Il lui avait donc été impossible de réaliser le désir qui la tourmentait, à savoir de s'acheter une robe neuve et un manteau neuf; car, même en choisissant un petit lainage noir de qualité très inférieure, la robe et le manteau étaient si amples qu'il en faudrait beaucoup de mètres et que l'étoffe, à elle seule, coûterait quarante ou cinquante lires, sans compter la doublure et la façon. Par conséquent, il n'y avait pas eu moyen de songer à cette emplette; et la pauvre vieille était navrée de voir que tout son travail servile et toute son humiliation morale ne réussissaient pas même à lui fournir le moyen de renouveler ses vêtemens religieux. Tout ce qu'elle put faire, ce fut de s'acheter deux bandeaux neufs pour le front et deux guimpes neuves pour le cou; et ce linge, d'une blancheur de neige, faisait mieux ressortir l'aspect minable du costume délabré. Aussi, dans sa misère qui la réduisait à retrancher sur sa nourriture, dut-elle se résigner à monter au quatrième étage pour servir le juge. Encore celui-ci ne l'avait-il pas acceptée sans peine : bourru et méfiant, il lui avait fait subir un véritable interrogatoire, comme à une inculpée; et, les premiers jours, il était sans cesse derrière elle, à la surveiller et à lui adresser d'aigres réprimandes.

Cet homme, qui n'habitait la maison que depuis huit mois, menait une existence très singulière. Il vivait claquemuré dans son appartement. Jamais il ne recevait de visite; et le portier avait ordre de répondre à tout le monde que le juge était sorti ou qu'il n'était pas visible. De temps à autre, quelques personnes venaient bien demander Notargiacomo; mais à la tenue de ces gens-là, hommes ou femmes, à leur voix pleurnicheuse, à leur insistance importune, il était facile de comprendre que c'étaient des plaideurs ou des amis envoyés par les plaideurs. D'ailleurs, ils étaient impitoyablement éconduits par le cerbère, à qui le juge donnait dix lires par mois tout exprès pour ce service. Alors les quémandeurs, hommes ou femmes, s'en allaient attendre Notargiacomo au tournant de la rue; mais ils perdaient leur peine; car celui-ci avait une façon si raide et si glaciale de ne répondre ni à leur salut ni à leur discours, de leur tourner le dos, de continuer son chemin sans jeter sur eux un regard, qu'ils restaient abasourdis et confus, sauf à soulager ensuite leur bile par des lamentations et des blasphèmes. De quoi Notargiacono ne se souciait guère : il était déjà loin, soit installé au tribunal, soit verrouillé dans son domicile.

Le facteur de la poste lui apportait régulièrement deux journaux judiciaires et, quelquefois, des lettres. Or, les lettres troublaient toujours un peu Notargiacomo : avant de les ouvrir, il ne manquait pas d'en examiner l'adresse avec des yeux in-

quiets; et, lorsqu'il avait reconnu l'écriture, tantôt il redevenait froid et indifférent, tantôt il s'agitait, pâlissait, se mettait
à trembler. Un jour, le facteur, geignant et soufflant, monta
jusqu'au quatrième étage pour lui remettre en mains propres
une lettre recommandée. Dès que le juge en eut regardé la
suscription, il parut hors de lui : ses yeux demeuraient fixés sur
l'enveloppe, et, pour signer le reçu, sa main cherchait, sans
réussir à la trouver, la plume qu'il avait devant lui. Son angoisse était si manifeste que le facteur se risqua à lui dire :

— Votre Excellence n'ignore pas qu'elle a le droit de refuser
la lettre : il suffit qu'elle m'en fasse la déclaration...

— Non, non... c'est impossible ! répondit le magistrat d'une
voix sourde.

Le plus curieux, c'était que Notargiacomo avait amené dans
ce logement où il vivait seul un mobilier d'homme marié. Le
vaste lit en bois sculpté, prétentieuse camelote, était un lit conjugal ; et, dans la chambre à coucher, il y avait une immense
armoire à trois glaces, deux tables de nuit, deux larges secrétaires, sans compter un petit bureau très élégant qui, placé
près de la fenêtre, était pourvu de tous les menus objets dont
une femme se sert pour écrire ses billets ou ses lettres d'amour,
mais dont le juge lui-même ne faisait jamais usage. Le salon
était, non pas celui d'un célibataire, mais celui d'un homme
qui jadis a eu chez lui une femme, épouse, amante ou servante-
maîtresse, enfin une femme liée à son existence ; car il était
plein de meubles de fantaisie, de bibelots et de bagatelles qui
contrastaient avec l'aspect morose du silencieux magistrat. Grand,
décharné, la tête piriforme, chauve avec une couronne de cheveux châtains déjà grisonnans, toujours boutonné dans sa redingote noire, cravaté et ganté de noir, le juge Notargiacomo avait
l'air lugubre. Était-il marié ? veuf ? séparé d'une épouse, d'une
amante, d'une servante-maîtresse ? Ou ce logis d'aspect conjugal
répondait-il tout simplement à un goût bizarre de vieux garçon ? Ce qui était certain, c'était que Notargiacomo y vivait
seul, que, seul et dans un mutisme absolu, il mangeait sur le
coin de sa table un repas apporté refroidi du restaurant voisin, et que, dans ce salon encombré de consoles, de guéri-
dons, de statuettes, de portraits encadrés, il ne venait jamais
s'asseoir.

En somme, ce taciturne et funèbre magistrat avait bien la

mine d'un homme en proie à une sordide avarice. On connaissait le chiffre de ses appointemens; et on savait aussi qu'il possédait quelques immeubles, qu'il avait des titres de rente. Or, tant pour son loyer que pour sa nourriture, avec ce modeste logement, avec ce restaurant de troisième ordre, il devait dépenser à peine la moitié de ce qu'il gagnait au tribunal; et jamais on ne lui voyait un vêtement neuf, jamais il ne prenait de voiture, jamais il ne mettait les pieds au théâtre. C'était au point que, même avec sœur Jeanne, qui devait balayer les chambres, cirer les chaussures, brosser les habits, raccommoder et repasser le linge, en un mot, faire tout le service et, de plus, garder le logis en l'absence de son maître, même avec sœur Jeanne, il avait lésiné sur les gages. D'abord, il ne voulait donner que douze lires, pas une de plus; il fallut insister pour qu'il allât jusqu'à quinze lires; et encore cette concession lui laissa-t-elle de l'inquiétude et de la mauvaise humeur. On disait dans le quartier que Notargiacomo avait de l'argent, beaucoup d'argent en réserve; on l'accusait d'être le plus impitoyable des ladres; quelques-uns même, — sans doute des gens qu'il avait condamnés, — faisaient courir le bruit qu'il prêtait à usure; et, tout en clabaudant contre lui, les voisins se plaisaient à répéter :

— Un de ces jours, les voleurs enfonceront la porte, garrotteront la vieille et fileront avec le magot.

— Une de ces nuits, les voleurs égorgeront le juge, dénicheront sa tirelire et feront prendre l'air aux écus.

Il semblait bien, en effet, que le juge craignît quelque chose de ce genre. Lui qui, lorsqu'il était à la maison, n'échangeait avec sa femme de ménage que les paroles strictement nécessaires, lui qui, au moment où elle dressait la table et y posait la maigre pitance apportée du restaurant, se mettait aussitôt à lire un journal de droit pour se dispenser de parler, il ne manquait jamais, en partant pour le tribunal, de lui faire à maintes reprises une recommandation, toujours la même.

— N'ouvrez à personne !

— Non, Excellence.

— A personne, vous m'entendez bien?

— Non, à personne, Excellence.

— Pas même si l'on vous disait que l'on vient de ma part.

— Non, non, Excellence.

Et, parfois, la recommandation était accompagnée d'une sorte de menace :

— Malheur à vous, si vous laissez entrer quelqu'un !

— Pour entrer, répondait sœur Jeanne avec un faible sourire, il faudra que l'on me tue.

La religieuse, elle aussi, avait fini par croire que le juge avait une peur horrible des voleurs : il laissait paraître une inquiétude si étrange ! Lorsqu'il revenait du tribunal, on devinait, rien qu'à sa façon de sonner, le trouble de son esprit. Tantôt il sonnait très fort, par saccades, deux ou trois fois de suite ; tantôt il touchait à peine le bouton de la sonnette ; et, lorsque sœur Jeanne accourait pour ouvrir, elle voyait devant elle un homme bouleversé, qui lui demandait avec précipitation :

— Quelqu'un est là, qui m'attend ?

— Non, Excellence.

— Il n'y a personne ?

— Non, Excellence.

— Vous en êtes sûre ?

— Tout à fait sûre.

Un soupir de soulagement dilatait alors la poitrine du juge morose, dont le visage se recomposait. Sans aucun doute, il devait avoir de l'argent quelque part, beaucoup d'argent ; et, selon toute probabilité, cet argent se trouvait dans l'un des deux secrétaires de la chambre à coucher, celui qui, outre la serrure, avait encore un cadenas à secret. Quelquefois sœur Jeanne, en pénétrant à l'improviste dans cette chambre pour y rapporter les vêtemens brossés ou les chaussures cirées, avait surpris le juge occupé à en fouiller les tiroirs ; et alors Notargiacomo s'était mis en colère contre la pauvre vieille, lui avait durement reproché sa prétendue indiscrétion ; et, ces jours-là, il s'était montré plus hargneux, plus défiant et plus triste que d'habitude.

A toutes les avanies, sœur Jeanne courbait la tête et ne répondait rien. En somme, malgré l'âge qui lui rendait le service pénible, malgré les quatre étages qu'elle avait à monter plusieurs fois par jour, malgré la rudesse de son maître, qui n'avait pour elle aucun égard, malgré la modicité des gages, qui ne lui permettait pas même de s'acheter les choses les plus indispensables, malgré l'affaiblissement de ses mains, de ses jambes et de ses yeux, qui la gênait beaucoup dans sa besogne journalière, elle était contente de sa situation et se trouvait presque heureuse. Cela ne valait-il pas mieux que d'aller, avec ou sans succès, offrir des dentelles à Concetta Guadagno, ou de soigner des femmes en couches comme Marie Laterza?

Et pourtant, ils étaient durs à gagner, les dix sous par jour que lui donnait Notargiacomo, surtout les jours où il fallait empeser et repasser le linge. Ces jours-là, elle sentait ses jambes fléchir sous elle : à l'âge qu'elle avait, il est très pénible de rester longtemps debout ; et, de temps à autre, elle se laissait choir sur une chaise, manquant de souffle, les mains pendantes. Mais n'importe : ces dix sous-là, s'ajoutant à sa chétive pension mensuelle, lui permettaient de manger un peu de viande le dimanche, d'entretenir une petite lampe votive devant le crucifix, de faire chaque lundi une aumône de deux sous pour les âmes du Purgatoire. Sans doute l'appartement du juge était fort triste, et le juge lui-même était maussade, soupçonneux, brutal, ne pronouçant jamais une bonne parole, n'accordant jamais un regard de bienveillance ; tout, dans cette maison, paraissait hostile et glacé. Mais il y avait beau temps que sœur Jeanne s'était résignée à la souffrance et aux humiliations ; depuis le jour où Grâce l'avait mise à la porte, elle savait bien que nulle douceur n'était réservée à sa mélancolique et douloureuse vieillesse, et qu'elle devrait traîner son existence comme un long martyre jusqu'à l'heure où il plairait à Dieu de la rappeler près de lui. Le soir, lorsqu'elle regagnait sa chambrette, elle était brisée de fatigue ; et elle somnolait en balbutiant ses prières. Néanmoins, elle ne se plaignait pas de son sort, qui lui semblait presque enviable quand elle le comparaît à celui de tant d'autres servantes accablées par une besogne plus lourde, moins payées et assujetties aux caprices de cinq ou six personnes.

Il y avait quatre mois déjà qu'elle était au service du juge, lorsqu'un matin, tandis qu'elle balayait le salon, elle entendit frapper à la porte. C'était à peu près l'heure où le garçon du restaurant venait reprendre la vaisselle apportée pour le dîner de la veille. Elle alla donc ouvrir, bien que, dans les derniers temps, son maitre lui eût recommandé avec une insistance croissante de ne laisser entrer personne. A peine eut-elle entre-bâillé la porte, qu'une voix sonore et douce, une voix de femme, demanda :

— Le juge est-il chez lui?

Et la religieuse aperçut devant elle une dame grande et mince, qui avait tout au plus vingt-huit ans, habillée avec recherche, blanche et fraîche de visage, aux traits purs et nobles, aux épais cheveux châtains, les mains gantées, la voilette rabattue sur les yeux.

— Il n'est pas là, répondit sœur Jeanne toute saisie, en essayant de refermer la porte.

— Eh bien ! je l'attendrai, déclara la dame avec une assurance impérieuse.

Et, d'un geste aussi calme qu'énergique, elle écarta la femme de ménage et entra dans le vestibule.

Alors sœur Jeanne, bouleversée, essaya de lui barrer le passage.

— Il est défendu d'entrer, il est défendu d'entrer, balbutiait-elle. Mon maître ne veut recevoir personne, personne !

— J'y suis, j'y reste ! répliqua la belle dame en s'acheminant vers le salon, avec un léger sourire sur les lèvres.

Sœur Jeanne la saisit par le bras, courageusement.

— On n'entre pas ! Pour l'amour de Dieu, sortez ! Mon maître ne veut recevoir personne !

La dame dégagea son bras et secoua sa manche, comme si le contact de ces mains laborieuses l'eût salie.

— Êtes-vous folle, ma bonne femme ?

— Non, je ne suis pas folle ; mais j'ai des ordres. Il faut que vous sortiez !

— Là, là, taisons-nous !

— Sortez, ou j'appelle quelqu'un par la fenêtre !

Sans s'émouvoir, la dame regarda sœur Jeanne jusqu'au fond des yeux ; et, d'une voix froide, hautaine :

— Sais-tu qui je suis ? demanda-t-elle.

— Non, je n'en sais rien. Mais sortez : ici, vous n'êtes pas chez vous !

— Tu te trompes : ici, je suis chez moi. Je suis la femme de Camille Notargiacomo. Et c'est moi qui t'ordonne de sortir !

A son tour, elle empoigna par le bras la pauvre vieille qui, muette de surprise, ne put faire aucune résistance ; et elle la poussa dehors, puis referma la porte à clef.

Sœur Jeanne, abasourdie, resta sur le palier du premier étage à épier le retour du juge ; et, lorsque celui-ci, rentrant après l'audience, l'aperçut en ce lieu où elle ne devait pas être à pareille heure, il s'arrêta et se mit à trembler.

— Dis... dis..., balbutia-t-il d'une voix qui s'étranglait, en la tutoyant pour la première fois ; dis... quelqu'un est venu... quelqu'un m'attend là-haut...

— Oui... quelqu'un... là-haut...

— Une dame ?...

— Oui, une dame...

— Et tu l'as fait entrer, tu l'as fait entrer ! s'écria-t-il, sur un ton où il y avait plus de désespoir que de colère.

— Elle est entrée de force... Elle m'a chassée... Elle a dit qu'elle était votre femme...

— C'est vrai ! soupira le pauvre homme en détresse.

Et il courba la tête comme sous un coup de massue.

Par un lourd après-midi de juillet, sœur Jeanne revenait du Bureau des Bénéfices vacans, où elle était allée toucher sa pension mensuelle. Elle avait fait tout le chemin à pied ; et cette longue course l'avait exténuée. En haut de la rue Sette-Dolori, dont la pente est rude et où il y a beaucoup de marches à gravir, le souffle lui manqua ; et, avant de s'engager dans le Vico Rosario, elle dut s'adosser un instant contre le mur. Lorsqu'elle cheminait par la ville, elle évitait toujours de regarder autour d'elle et passait son chemin sans faire attention aux gamins qui tantôt la huaient en criant derrière elle : *zi'monaca! zi'monaca!* et tantôt lui demandaient très sérieusement les numéros qui devaient gagner à la loterie. Mais, ce jour-là, encore plus distraite et plus absorbée que de coutume, elle ne s'aperçut pas même que des groupes stationnaient à la porte de sa maison, ni que, dans le vestibule, des gens arrêtés chuchotaient entre eux, ni que d'autres montaient et descendaient l'escalier. La tête basse, les épaules courbées, la main appuyée sur la rampe de fer, elle atteignit à grand'peine ce premier étage où donna Constance de Dominicis lui sous-louait une chambre ; et, après avoir un peu repris haleine, elle tira la sonnette.

Ce fut donna Constance qui vint lui ouvrir. Cette femme, dont le visage si laid était illuminé par des yeux si bons, semblait bouleversée : ses cheveux, toujours si bien tirés et luisans, étaient ébouriffés ; ses grosses lèvres rouges frémissaient de sanglots récens ou prochains ; son fichu était mis de travers. Sœur Jeanne, malgré sa lassitude et son abattement, remarqua tout de suite ces particularités étranges et nouvelles ; car donna Constance avait le courage allègre, et on la voyait bien quelquefois en

colère, mais on ne la voyait jamais triste. Les deux femmes se
regardèrent un moment sans rien dire ; et la religieuse, au lieu
de rentrer droit chez elle, suivit l'autre dans la salle qui servait
à la fois de salon, de salle à manger et d'office. Elles s'assirent
près de la table recouverte d'un vieux tapis, l'une d'un côté,
l'autre de l'autre; et alors, n'ayant plus à craindre la vaine curiosité des indifférens, elles épanchèrent leur douleur.

Sœur Jeanne fut la première à rompre le silence.

— Qu'est-il donc arrivé ? demanda-t-elle.

— Ah! *zi'monaca*, des disgrâces, de cruelles disgrâces!

— Lesquelles? Votre Henri n'est pas malade? Il n'a pas eu
d'accident?

— Non, il n'est pas malade; mais c'est bien pis encore! Ah!
nous ne méritions pas un pareil malheur! Après avoir tant travaillé! Après nous être imposé tant de privations!...

— Dites, donna Constance, dites-moi tout. Je ne suis qu'une
pauvre nonne; mais, si pauvre qu'on soit, on peut toujours
offrir une parole de consolation.

— Hélas! Vos saintes paroles ne serviront à rien. Dieu nous
a oubliés, *zi'monaca !* Il s'est endormi dans le ciel !

— Taisez-vous, taisez-vous! s'écria sœur Jeanne, épouvantée
de ce blasphème. Tout le reste fût-il perdu, tâchez au moins de
sauver votre âme!

Donna Constance éclata en sanglots si violens que, pendant
quelques minutes, il lui fut impossible d'articuler un mot. Sœur
Jeanne attendit silencieusement la fin de cette crise; puis, quand
elle vit l'autre un peu plus calme :

— Allons, dites! reprit-elle.

— C'est la ruine, la ruine absolue! Vous savez qu'Henri devait prendre son doctorat en médecine cette année. Une fois
muni de son diplôme, il aurait pu se présenter au concours et
obtenir une place de médecin municipal dans une commune des
environs. Nous serions partis ensemble, lui pour gagner sa vie et
la mienne, moi pour continuer à le servir comme je fais maintenant...

— Eh bien ?

— Eh bien ! ce matin, il a été refusé pour deux matières !

— Alors, il n'a pas obtenu le diplôme ?

— Non! Il a été refusé, vous dis-je. Ah! lui qui travaillait
dix heures par jour, qui se relevait la nuit pour étudier, qui per-

dait la tête sur ses livres ! Est-il possible qu'on refuse un garçon comme lui, si laborieux, si savant, capable d'en remontrer à tous ses professeurs, je vous jure !

— Mais comment cela s'est-il fait?

— Les injustices, vous savez, les injustices ! Il n'y a plus que cela dans les examens.

— Et le mal est sans remède?

— Sans remède ! La bourse finit ce mois-ci; et, après cet échec, il est bien certain qu'on ne la lui prolongera pas. Or, il ne pourra se représenter que dans un an... Mais comment ferions-nous pour attendre encore une année?· Une année ! Il faut vivre, et nous n'avons pas le sou.

Sœur Jeanne pressa ses mains contre sa poitrine, comme si elle y eût senti une blessure.

— Qu'allons-nous devenir? Pour nous, c'est le coup de la mort. Ah ! les bourreaux ! Ils nous ont tués tous les deux !

— Dieu voit, prévoit et pourvoit, dit sœur Jeanne, de sa voix incolore, monotone et un peu larmoyante. Comment votre fils a-t-il supporté ce malheur?

— En m'annonçant la terrible nouvelle, il s'est évanoui dans mes bras. Concetta Guadagno, qui venait au même instant pour me dire adieu, a vite couru chercher un médecin. Justement, il y en avait un dans la maison, appelé pour d'autres infortunes... Nous avons fait boire à Henri une tasse de camomille avec du cognac, et il a repris connaissance. Ensuite, nous l'avons fait coucher. A cette heure, il dort, le pauvre enfant!... Concetta aurait bien voulu vous dire adieu, à vous aussi, avant de partir.

— Elle s'en va? Pour longtemps?

— Pour toujours !

— Où va-t-elle?

— Je ne sais pas; et elle ne sait pas non plus.

— Mais alors...

— Le propriétaire lui a donné congé. Elle devait rendre la clef à midi.

— Quoi! Son... son mari est donc mort?

— Il n'est pas mort, et il n'a pas la moindre envie de mourir. Mais il a lâché Concetta, parce qu'il doit épouser une jeune fille honnête, à Rome.

— Oh! la malheureuse!

— Oui, malheureuse, vous pouvez bien le dire ! Ce n'était pas une mauvaise fille. Lorsqu'elle est venue me dire adieu, elle ressemblait à un spectre; elle était blanche, blanche... Elle m'a chargé de vous dire qu'elle se recommandait à vos prières...

— Certainement, je prierai pour elle la Madone des Douleurs.

Donna Constance alla voir dans l'autre chambre si son fils dormait toujours. Elle revint au bout de quelques instans.

— Il dort d'un sommeil calme, — annonça-t-elle. — Mais si vous l'aviez vu, tout à l'heure! Il rêvait à haute voix, prononçait des paroles sans suite..

— Comme Marie Laterza, — dit sœur Jeanne. — Il ne faut pas vous inquiéter; cela n'est pas grave. Marie Laterza a été bientôt guérie.

— Guérie? Non, zi'monaca, elle n'a jamais été guérie. Est-ce que vous ne l'avez pas rencontrée, si pâle, si faible, avec ses longues mains maigres, qui restaient toujours froides?

— Je l'ai rencontrée; elle était faible; mais elle ne paraissait plus malade.

— On a pu longtemps cacher/son mal. Le délire ne la prenait que la nuit, et son mari n'en parlait à personne. Mais, à présent, elle délire aussi le jour...

— O mon Dieu!

— Elle est folle, entièrement folle. Elle s'imagine que son fils Victor est sur mer par la tempête, et qu'il l'appelle à son aide, et qu'elle ne peut [se lever pour le secourir, parce qu'elle est morte...

— Comme cette nuit-là, comme cette nuit-là!

— On est venu la chercher hier soir, en grand secret, pour la mettre, non dans un asile, mais dans une maison de santé où elle sera soignée en payant... Don Gaëtan est au désespoir.

— A-t-elle au moins quelque chance de guérison?

— Peut-être; on le dit... Mais c'est peu probable... Ah! que de malheurs! En ce qui me concerne, vous savez si j'ai jamais manqué de courage. Eh bien! me voilà par terre!... J'ai été trop ambitieuse pour mon fils; j'ai commis le péché d'orgueil. J'aurais dû rester avec lui au village, faire de lui un paysan comme son défunt père. Mais j'ai voulu en faire un monsieur, un docteur; et le bon Dieu m'a châtiée... Qu'allons-nous devenir, maintenant? Dans une grande ville comme celle-ci, où nous ne sommes connus de personne, nous ne trouverons pas même à travailler pour vivre!

Sœur Jeanne ne répondit que par un sanglot sourd et sans larmes : le sanglot des vieillards.

— Ah! si je n'avais pas mon Henri, je sais bien ce que je ferais!... Je ferais ce qu'a fait le juge Notargiacomo!

— Et qu'a-t-il donc fait?

— Il s'est tué.

— Oh!

— Il en avait assez de souffrir... Sa femme était une gourgandine qui le couvrait de honte, qui lui prenait tout son argent et qui s'en allait faire la vie. Eh bien! il n'avait pas la force de lui résister. Elle était déjà partie trois fois et revenue trois fois. Hier soir, elle n'est pas rentrée; et, ce matin, il s'est jeté par la fenêtre!

— Que de fléaux sur cette maison!

— Ah! *zi'monaca*, nous ne méritions pas tant d'infortunes! Est-ce que Concetta Guadagno n'avait pas commencé à se repentir de ses vieux péchés? Est-ce que le juge n'était pas un brave homme, coupable seulement d'être faible avec sa gueuse de femme? Est-ce que Marie Laterza n'était pas une bonne épouse et une bonne mère, vivant selon les commandemens de l'Église? Et, mon pauvre fils et moi, quel mal avions-nous fait, pour être ainsi maltraités? La religion est une belle chose, *zi'monaca;* mais le Seigneur a la main trop lourde, quand il châtie!

— Le Seigneur sait ce qu'il fait, murmura sœur Jeanne.

— Vous dites cela parce que vous êtes nonne et que vous n'avez jamais rien eu à aimer, ni mari, ni enfans!

— Peut-être, soupira sœur Jeanne avec humilité.

— Vous le dites parce que Dieu vous a épargnée, vous!

— Non, il ne m'a pas épargnée. Je rapporte aussi mon épreuve.

— Quelle épreuve? demanda la Salernitaine, radoucie instantanément.

— A quoi bon la dire?

— Dites, ma bonne sœur! Je veux savoir!

— Oh! c'est peu de chose.

— Dites!

— On m'a avertie, au bureau, qu'à partir du mois prochain, ma pension serait réduite.

— Réduite?

— Oui, le gouvernement veut faire des économies.

— Et combien toucherez-vous, désormais?

— Vingt-sept lires, au lieu de quarante et une.

— Seulement vingt-sept lires?

— Pas même tout à fait : en déduisant l'impôt sur la richesse mobilière, il ne me restera que vingt-cinq lires et demie.

— Mais il vous faudra mendier pour vivre!

— J'en ai peur!

Elles ne dirent plus rien. Elles se regardèrent; et leurs regards exprimaient une douleur mortelle.

IV

Une femme cheminait dans la nuit glaciale. A l'entrée de la rue du Port, elle s'arrêta un peu et regarda devant elle, paraissant hésiter à poursuivre sa route.

Il était neuf heures du soir et cette rue, habituellement si passante, était déserte. Les rares becs de gaz ne suffisaient pas à en dissiper complètement les ténèbres; mais, dans le fond de l'obscurité, ils faisaient entrevoir des tas de pierres aux singuliers contours, des monticules aux formes blanchâtres, des pieux dressés comme des chevaux de frise. La démolition de la vieille rue, commencée depuis quelque temps, n'avançait qu'avec lenteur; l'hiver pluvieux retardait les travaux; et, tandis que les habitans des maisons expropriées se réfugiaient aux alentours, dans les rues latérales, dans les ruelles, dans les impasses, dans les « cités, » l'artère principale, évacuée presque entièrement, dépavée, éventrée, n'était plus qu'un chaos de décombres, de plâtras, de poutres, avec la plupart de ses candélabres arrachés et couchés sur les déblais, avec ses vieux trottoirs transformés par la pluie en marécages de boue et d'immondices.

La femme prit le parti de pousser en avant. Elle releva sa robe et, regardant à ses pieds par crainte qu'un faux pas ne la fît se cogner contre un monceau de moellons ou rouler dans la fange, elle se remit en marche. Elle allait lentement, très courbée; de temps à autre, elle glissait; et alors elle s'arrêtait de nouveau, semblait se demander si elle ne ferait pas mieux de revenir en arrière. Elle atteignit enfin le troisième carrefour, tourna à droite, marcha d'un pied plus sûr; toutefois ses épaules restèrent courbées.

Après quelques pas dans la rue Sedile di Porto, elle leva les

yèux et avisa une lanterne rouge sur le verre de laquelle on lisait
en grosses lettres : *A la Ville de Paris, chambres meublées.* La
porte était ouverte; au fond du corridor, sur une petite console
de pierre, devant une Vierge Immaculée, entre deux vases
ébréchés où la poussière ternissait des fleurs artificielles, une
veilleuse brûlait, projetant sur l'image déteinte une lueur étrange.
La femme s'engagea dans le corridor, et, lorsqu'elle fut devant
cette image pieuse, elle s'arrêta, se signa, dit avec un léger
mouvement de la bouche une brève oraison; puis elle se signa
encore une fois et entreprit l'ascension de l'escalier obscur. Sur
les marches aussi, les pieds glissaient dans l'humidité et dans
l'ordure. Pour se soutenir, elle appuyait sa main contre la muraille; car elle n'y avait pas d'autre appui. Tandis qu'elle gra-
vissait avec peine la raide montée, un bruit de pas se fit entendre
dans le corridor : quelqu'un y entrait rapidement, le parcourait
d'un bout à l'autre, puis se mettait à escalader les marches. Autant qu'on en pouvait juger dans la pénombre, c'était un homme
grand et jeune. Lorsqu'il eut rejoint la femme, il se pencha vers
elle comme pour la mieux voir, parut la reconnaître, s'écarta
avec un air de satisfaction respectueuse; puis, d'une voix forte,
mais éraillée :

— Bonsoir, dit-il.

— Bonsoir, répondit la femme, à bout de souffle.

Et l'homme continua de monter quatre à quatre, en laissant
derrière lui dans l'escalier une puanteur de mauvais cigare.

Sur le palier du premier étage, la femme trouva une porte
qui n'était pas fermée non plus, et qui donnait dans une espèce
de vestibule. Là, près d'une table à moitié démantibulée, une
matrone assise tricotait machinalement un long bas de coton
rouge, dans la clarté d'une petite lampe à pétrole dont le globe
verdâtre était tout sali d'huile. Elle était énorme, cette matrone
de cinquante ans, au crâne presque chauve, aux épaules volu-
mineuses, au buste où la poitrine et le ventre se confondaient,
aux flancs massifs, aux bras courts et bouffis, aux mains pa-
taudes et rougeaudes, aux doigts mous qui remuaient difficilement. Elle avait la face mafflue, boursouflée, avec des joues
où le nez disparaissait presque, avec de petits yeux percés en
vrille, avec un double menton; le tout parsemé de taches rous-
sâtres sur un fond de couleur vineuse : bref, une ignoble trogne
où l'indifférence s'alliait à la dureté. Lorsque l'arrivante parut

sur le seuil, la matrone leva les yeux, et, l'ayant reconnue, lui
fit avec la tête une petite salutation.

— Bonsoir, donna Carminella, dit la femme.

— Bonsoir, répondit la tricoteuse, sans interrompre son
travail.

— Est-ce que vous m'avez conservé mon lit? demanda l'autre,
d'un air timide.

— Des lits, il y en a tant que vous en voudrez! grogna la lo-
geuse, qui d'ailleurs ajouta aussitôt : Est-ce que vous avez apporté les cinq sous?

— Oui, oui, les voilà! s'empressa de dire la femme, en fourrant sa main dans sa poche.

— Donnez-les!

Et les cinq sous, tirés un à un, furent déposés sur la table
par une longue main sèche, aux doigts nerveux, ankylosés et
tremblans, à la peau durcie et terreuse, où se dessinaient en
saillie de grosses veines violacées. Puis, la main se retira, se cacha
dans les plis de la robe. Donna Carminella prit les sous, les
compta, les examina l'un après l'autre, les fit sauter sur la table,
se décida enfin à les empocher. .

— Vous comprenez, dit-elle ensuite, comme pour fournir une
explication, vous comprenez qu'il m'est impossible de faire crédit.
Dans une maison comme la mienne, on a beaucoup de mal et
peu de recette.

— Vous avez raison, vous avez raison, murmura la femme
avec un soupir. Est-ce qu'il y a beaucoup de monde, ce soir?

— Comme ça! bougonna la matrone avec un soupir qui ressemblait à une suffocation d'asthmatique. Les logeurs sont trop
nombreux, et la concurrence tue les prix. Croiriez-vous que, dans
certaines maisons du quartier, on loge pour quatre sous, pour
trois sous? Des caves, des souterrains, quoi! Ici, on paie cinq
sous, c'est vrai; mais au moins on est bien logé, dans une
maison honnête.

— Quelles sont les personnes qui occupent les autres lits ce
soir?

— Les lits de la troisième chambre? de la vôtre? Vous savez,
c'est la meilleure!... Il y a Fortunata, la grêlée, celle qui est
femme de ménage; et je lui ai permis de garder avec elle ses deux
fillettes. Que voulez-vous? Il faut bien être charitable! Elles se
serreront davantage dans leur lit... Ensuite, il y a une nouvelle,

une jeune femme que j'ai vue aujourd'hui pour la première fois. Elle s'appelle Madeleine Sgueglia. Elle semble malade : elle tousse, elle tousse! Espérons qu'elle vous laissera dormir... Quant aux deux autres lits, ils sont vides.

— Alors je vais me coucher; bonne nuit! dit la femme.

— Bonne nuit!... Vous êtes heureuse, vous! Moi, il faut que je veille; je dors quand les autres se lèvent. Un sommeil qui ne profite guère!

Et, comme la femme s'en allait :

— Vous ne me laissez pas encore le sou pour votre café de demain matin?

— C'est que..., dit-elle, c'est que... cela me gênerait...

— Vous voulez donc vous faire mourir? Le café vaut mieux que le pain, croyez-moi! Un sou de café, au saut du lit, il n'y a rien de tel pour vous remettre le cœur.

La femme hocha la tête, peu convaincue; puis, lentement et comme à regret, elle se décida à tirer un sixième sou de sa poche.

Donna Carminella ne vantait pas sans raison l'honnêteté de la *Ville de Paris ;* car contrairement à ce qui se passe dans la plupart des maisons de cette espèce au quartier du port, les hommes et les femmes y occupaient des chambres distinctes. Mais, avant d'arriver aux deux chambres où couchaient les femmes, — des malheureuses qui ne possédaient jamais les dix lires nécessaire pour louer un *basso* et qui d'ailleurs n'auraient eu ni un grabat ni une chaise à y mettre, — il fallait traverser les deux chambres où couchaient les hommes. Chacune des deux chambres destinées aux hommes avait quatre lits, et chaque lit avait près de lui une chaise; des toiles grossières, soutenues par des cordes, formaient des alcôves mobiles que les hôtes de ces couches ne prenaient pas même le soin de fermer exactement; de sorte que, à la blafarde clarté d'un lumignon qui, par ordre de la police, brûlait toute la nuit, les femmes, en gagnant leur chambrée, vieilles ou jeunes, filles ou épouses, connues ou inconnues, entrevoyaient malgré elles les corps de ceux qui, après une journée de travail ou de vagabondage ou de débauche ou de crime, étaient venus s'échouer là. Ils gisaient comme des cadavres, la tête enfoncée dans le mince oreiller, appesantis par une torpeur léthargique, sans donner d'autre signe de vie qu'un ronflement sourd ou sifflant. L'atmosphère était empestée par la puanteur de la chair immonde, des haleines vineuses, du tabac fumé dans des brûle-gueule, des haillons crasseux déposés sur les chaises auprès des lits.

L'arrivante traversa d'un pas rapide les chambres des hommes sans tourner la tête ni à droite ni à gauche, raide, les yeux baissés. Bien qu'elle essayât de ne faire aucun bruit en marchant, deux ou trois dormeurs se réveillèrent, se retournèrent sur leur lit qui grinça; et même l'un d'eux, peut-être celui qui lui avait dit bonsoir dans l'escalier, se dressa sur son séant. Alors elle hâta le pas vers la porte de la troisième chambre, qui était fermée seulement au loquet.

Cette troisième chambre était de tout point semblable aux deux précédentes, avec ses quatre lits, ses quatre chaises et son lumignon, sauf que chaque lit y avait une image pieuse, collée ou épinglée contre le mur : une Madone des Douleurs, un Saint Antoine, un Saint Gaëtan, un tableau des Ames du Purgatoire. Dans l'un des quatre lits dormait Fortunata, la grêlée, cette femme de ménage dont le mari était à l'hôpital, et qui n'avait plus de quoi payer le loyer d'un *basso;* elle tenait entre ses bras la plus jeune de ses filles, un bébé de trois ans, tandis que l'ainée, qui avait cinq ans, était couchée tête-bêche aux pieds de sa mère. Dans le second lit était la « nouvelle, » la jeune femme dont avait parlé donna Carminella; au lieu de s'allonger comme on fait d'habitude, elle avait redressé son oreiller contre le mur et s'y tenait les épaules appuyées; et, dans cette attitude, elle gardait les yeux grands ouverts.

L'arrivante se rencogna dans la ruelle du troisième lit, resté vide et se mit à se déshabiller. Dans cette chambre, aucune toile ne séparait les lits les uns des autres, comme si, entre femmes, il n'y avait pas de pudeur. Tandis qu'elle ôtait ses vêtemens et les déposait sur la chaise, un accès de toux éclata, venu du lit où était couchée la « nouvelle. » C'était une toux sèche et continue; entre les quintes, on entendait la tousseuse pousser un soupir sifflant; et, de temps à autre, elle gémissait :

— O Madone, Madone !

Ce bruit désagréable et persistant fit retourner Fortunata dans son lit; les deux petites filles s'éveillèrent, se donnèrent des coups de pied, geignirent.

— Paix, paix ! dit la mère qui, encore à moitié endormie, serra l'une contre sa poitrine et chercha l'autre avec la main, pour la calmer.

Madeleine Sgueglia continuait à tousser, plus lentement, plus faiblement, avec une sorte de râle dans la gorge. L'accès se termina par un véritable cri de douleur.

— Qu'est-ce que vous avez? Vous êtes malade? demanda, de son lit où elle venait de se glisser sous les pesantes couvertures, la dernière venue.

— Oh! oui, je suis malade, très malade! répondit la toussense, en agitant sa tête sur l'oreiller.

— Alors, tenez-vous tranquille ; autrement, vous vous ferez encore plus de mal.

— A quoi bon? rien, rien ne me soulage! La nuit, je ne dors plus ; à peine ai-je senti la chaleur des draps, que cette vilaine toux me prend et chasse le sommeil.

Elles parlaient toutes les deux à voix basse : l'une parce qu'elle était à bout d'haleine, l'autre parce qu'elle ne voulait pas réveiller Fortunata et ses fillettes.

— Il y a longtemps que vous l'avez, cette toux?

— Depuis six mois et davantage. Elle ne me laisse pas un instant de répit. J'en mourrai, c'est sûr!

— Il faut espérer que non, reprit l'inconnue, compatissante.

— Oh! cela vaudrait mieux, cela vaudrait mieux. Qu'ai-je à faire encore dans ce monde!

— Vous avez à y faire la volonté de Dieu!

Madeleine Sgueglia se pencha pour mieux voir celle qui lui prescrivait la soumission chrétienne ; mais, à la lueur vacillante du lumignon, elle n'aperçut qu'un coin de peau jaunâtre et ridée: le reste du visage disparaissait sous une sorte de fichu noir que l'arrivante avait enroulé autour de sa tête pour se garantir du froid. Ce mouvement provoqua un nouvel accès de toux, plus fort et plus long que le précédent. L'une des fillettes se prit à pleurer.

— Maman, maman, la voisine m'empêche de dormir, avec sa toux!

— Cache ta tête sous les draps, et bouche-toi les oreilles, marmotta la mère, dans un demi-sommeil.

— Cela ne m'empêche pas de l'entendre. Dis-lui de se taire, de laisser les gens dormir!

— Tu as raison, ma pauvre petite! murmura la malade. Ah! c'est trop, c'est trop, vraiment, d'être condamnée aussi à priver de sommeil cette âme du bon Dieu!

— Tu ne peux donc pas t'empêcher de tousser? demanda la fillette en levant sa tête mignonne où brillaient de grands yeux. Va chez le médecin; il te fera une ordonnance, et tu guériras.

— J'y suis allée, quand j'avais de l'argent; il m'a fait une ordonnance; mais je ne me suis pas guérie.

— Pourquoi n'y es-tu pas retournée?

— Parce que je n'avais plus d'argent.

— Tu es comme nous, alors?

— Hélas! si j'en avais, je ne serais pas ici!

Elles se turent, et probablement elles se rendormirent, bien que la respiration brève de la malade continuât à siffler. Le bienfait du sommeil s'étendait maintenant sur tous les hôtes de la maison, sur ces hommes qui étaient peut-être des voleurs et des assassins, sur ces femmes et ces fillettes qui, après une journée d'exténuante fatigue et de mortelle misère, étaient venues s'échouer dans cette pièce où elles se trouvaient réunies sans se connaître, sans rien savoir l'une de l'autre, contraintes par l'indigence à cette répugnante promiscuité, mais affranchies momentanément de leur angoisse et de leur souffrance par la divine trêve du repos où l'on oublie tout.

Pendant deux heures, aucun bruit insolite ne troubla le silence dans la chambrée des femmes. A peine, de temps à autre, arrivait-il des salles contiguës quelques bruits vagues : un craquement de lit sous un corps qui se retournait, une parole balbutiée en rêve, un gémissement. De temps à autre, dans la rue, résonnait le pas lourd de gens attardés, qui regagnaient de ce côté-là un misérable gîte ou qui vaquaient à d'ignobles métiers nocturnes : des mendians, des ramasseurs de bouts de cigares, des chiffonniers rôdant sur les tas d'ordures, des ivrognes chantant d'une voix de rogomme une chanson sentimentale. Et on entendait aussi, de temps à autre, des coups de sifflet prolongés, auxquels répondaient d'autres coups de sifflet, signaux bien connus qu'échangent entre eux les malandrins et qui, la nuit, font trembler d'effroi sous leurs chaudes couvertures les bourgeois enfermés à triple verrou. Deux ou trois fois, à demi réveillée par ces coups de sifflet, Madeleine Sgueglia s'agita, toussa un peu, puis retomba dans sa torpeur.

Tout à coup, la porte de la chambre s'ouvrit et quelqu'un apparut sur le seuil.

— Qui est là? demanda Madeleine en se dressant sur son lit.

— C'est moi! murmura d'une voix altérée donna Carminella, toute ballottante sur ses grosses jambes courtes.

— Qu'arrive-t-il?

— N'ayez pas peur; ce n'est rien... répondit la patronne, qui maintenant parlait plus fort, comme pour réveiller les dormeuses.

— Que se passe-t-il? balbutia Fortunata en se mettant sur son séant, avec la plus jeune de ses fillettes dans les bras, tandis que l'autre avait déjà glissé à bas du lit et regardait autour d'elle, effarouchée.

— N'ayez pas peur... Un petit désagrément... Ce n'est rien, ce n'est rien!

— Quel désagrément? demandèrent les femmes, qui toutes s'étaient éveillées.

— La police est dans la maison.

Madeleine Sgueglia jeta un cri perçant.et se cacha la figure entre les mains, Fortunata se mit à pleurer en serrant contre elle ses deux fillettes. La troisième, celle qui était arrivée la dernière, ne disait rien, mais ses dents claquaient de terreur.

— Pourquoi vous mettre ainsi sens dessus dessous? — s'écria la matrone. Pourquoi crier? pourquoi pleurer? Qu'est-ce que vous avez à craindre? La police ne vous mangera pas!

— O Madone, Madone! continuait à gémir Madeleine.

— Cela aussi! Cela aussi! bégayait Fortunata, parmi les sanglots.

— Mais, en somme, si vous n'avez rien fait de mal, qu'est-ce que la police peut vous faire? glapit donna Carminella, qui faisait effort pour dominer sa secrète inquiétude.

— Et pourquoi donc vient-elle ici, la police, puisque nous n'avons rien fait de mal? s'écria Madeleine.

— Elle vient... elle vient... parce qu'elle doit venir, murmura la matrone. Ces visites-là se font toujours...

— Oui, quand on cherche quelqu'un pour l'arrêter! dit Fortunata, qui paraissait la mieux renseignée.

Et Madeleine, Fortunata, les deux fillettes commencèrent à se lamenter comme si on allait leur mettre les menottes et les conduire en prison. La troisième se taisait, sans doute parce que la terreur l'avait paralysée.

— On n'arrête personne, à la *Ville de Paris!* déclara donna Carminella. Personne, entendez-vous! Dans ma maison, il n'y a ni assassins, ni voleurs!

Mais le ton de ces paroles exprimait l'audace plutôt que la
sécurité; on sentait que la grosse tenancière du garni n'était pas
bien certaine de ce qu'elle affirmait.

— Et cependant, la police est là ! dit Madeleine. Pouvons-
nous au moins nous lever, nous vêtir?

— Vous n'en avez plus le temps : le commissaire est déjà
dans la première salle, dit donna Carminella en baissant le ton,
par respect pour l'autorité.

— Alors, on va nous voir au lit ! s'écria Fortunata en se cachant la face dans ses mains. Oh! quelle honte, quelle honte!

— Tais-toi, Fortunata, tais-toi! Si tu cries, ce sera pis encore! Un peu de patience, un peu de patience !

— Maman, maman, j'ai peur de la police ! murmura d'une
voix étranglée l'aînée des deux fillettes.

— Voilà que les gamines se mettent aussi à piailler? Il ne
manquait plus que cela !

Au même instant, des pas retentirent dans la salle voisine. Il
se fit aussitôt dans la chambrée des femmes un silence de terreur. Machinalement, donna Carminella avait allumé une petite
lampe à pétrole qui se trouvait sur une commode; et une
lumière plus vive s'était répandue dans la pièce. Les trois femmes
s'étaient soulevées sur leur lit; et Madeleine Sgueglia montrait
une face défaite, allongée, sous une masse de cheveux châtains
en désordre; Fortunata laissait voir un visage tout criblé par la
variole, et, à trente ans, brisée par le travail, par le jeûne, par le
manque de repos, paraissait en avoir cinquante ; quant à la troisième, qui avait tiré le drap sur sa figure comme pour se cacher
toute, elle ne laissait entrevoir qu'un front jaunâtre et ridé, avec
des yeux enfoncés dans les orbites : des yeux pleins d'humilité,
de tristesse et d'épouvante.

De la salle voisine arrivaient maintenant des bruits sourds,
des chuchotemens animés, des exclamations à moitié ironiques et
à moitié rageuses, un va-et-vient de pas. Donna Carminella, immobile, rigide, prise, elle aussi, d'une terreur qu'elle ne cherchait plus à dissimuler, tendait l'oreille ; mais elle n'osait pas
sortir de cette salle. Toutes les femmes étaient pétrifiées ; et les
deux fillettes avaient caché leur face dans le sein maternel.

De nouveau la porte s'ouvrit, et le commissaire s'avança. Il
portait un costume civil, mais il était suivi de deux agens en
uniforme. Ce commissaire était un jeune homme de trente ans,

grand, avec une paire de fines moustaches, plutôt joli garçon ;
mais il avait la physionomie si dure, l'aspect d'un homme si
ennuyé, si agacé par cette visite faite à cette heure, que toute sa
personne en devenait déplaisante. Sans saluer, il s'approcha du
lit de Fortunata. Celle-ci le regardait, la respiration coupée,
toute pâle.

— Que fais-tu ici, toi? lui demanda-t-il d'une voix rude.

— Je dors, Excellence, je dors...

— Tu n'as pas de domicile?

— Non, Excellence ; je n'ai pas le moyen de louer une
chambre...

— Alors, tu es en état de vagabondage?

— Non, non, Excellence; je travaille, je suis domestique.

— Chez qui?

— Chez le chevalier Scarano, à San-Giacomo... Tout le
monde le connaît ; vous pouvez prendre des informations...

— Et tu t'appelles?

— Fortunata Santaniello, pour vous servir.

— Ce sont tes filles, ces enfans-là?

— Oui, Excellence.

— Elles n'ont pas de père, eh!

— Que dites-vous là? s'écria la pauvrette offensée et confuse. Il est à l'hôpital, leur père... ce pauvre Pascal... mon
mari...

Et elle serrait convulsivement les fillettes contre sa poitrine,
parmi les sanglots. Mais déjà le commissaire, sans plus se sou-
cier d'elle, avait tourné les talons ; et maintenant il interrogeait
la malade, qu'il regardait avec plus de curiosité, mais aussi avec
plus de dédain.

— Et toi, qu'est-ce que tu es venue faire ici? demanda-t-il
encore, les sourcils froncés, en mâchonnant un bout de cigare.

— Me reposer un peu, monsieur le commissaire, dit Madeleine, d'une voix faible et tremblante.

— Comment t'appelles-tu?

— Madeleine Sgueglia.

— Tu n'as pas de domicile?

— Non.

— Tu es en état de vagabondage?

— Non ; je suis plieuse de journaux.

— Pas possible! Et combien gagnes-tu par jour?

— Quinze sous, répondit la malheureuse, dont la voix tremblait davantage.

— Tu dis que tu es plieuse de journaux ; mais j'ai bien idée
que tu es autre chose.

— Non, non, monsieur le commissaire, je ne suis pas ce
que vous voulez dire ! cria désespérément la jeune femme.
Prenez des renseignemens sur moi demain, à l'imprimerie du
Journal de Naples !... Madeleine, Madeleine, la malade... Tout
le monde me connaît. Je vous en supplie !

— Ne te fâche pas, ne te fâche pas ! dit brutalement le commissaire. A les entendre, elles seraient toutes des anges, dans ce
garni ; elles vivraient toutes comme de petites madones... Connu,
connu !...

Il avait encore une fois tourné les talons, ayant hâte de terminer sa visite dans ces chambres puantes, au milieu de ces guenilles et de cette misère. Et il se trouva face à face avec donna
Carminella qui le suivait des yeux, immobile, inquiète et muette.

— Prenez-vous exactement les noms de ceux qui couchent
ici ? demanda-t-il, en cherchant dans sa poche des allumettes pour
rallumer son cigare éteint.

— Bien sûr, Excellence, bien sûr ! Je demande toujours les
noms.

— Il ne suffit pas de les demander. Il faut que vous ayez un
registre...

— Mais, Excellence, je ne sais ni lire ni écrire...

— Le registre est obligatoire... Si vous n'en avez pas, vous
serez à l'amende..., et je ferai fermer votre garni...

— J'en aurai un, j'en aurai un, murmura la grosse matrone.

Le commissaire s'aperçut qu'il y avait encore une personne
dans le lit du fond, et il s'approcha pour interroger celle qui
l'occupait.

— Et vous, que faites-vous ici, ? demanda-t-il pour la troisième fois.

— J'y suis venue pour passer la nuit, répondit la femme,
d'une voix faible et tremblante.

— Vous y venez souvent ?

— Oui, depuis quelques semaines ; je n'ai pas de domicile,
expliqua-t-elle sur le même ton.

— Vous êtes en état de vagabondage ?

— Oh ! non, non, monsieur...

— De quoi vivez-vous ?

— J'ai une pension...

— Une pension ? De combien ?

— De dix-sept sons par jour...

— Et qui vous la paie, je vous prie, cette pension ?

— C'est le Gouvérnement... dit la femme, qui détourna la tête.

Le commissaire jeta vers donna Carminella un regard interrogateur. Celle-ci, encouragée, se pencha vers le commissaire et lui chuchota quelques mots à l'oreille. Cependant, la femme continuait à cacher son visage. Le commissaire lui adressa de nouveau la parole, mais avec plus de douceur.

— Voulez-vous me dire votre nom ?

La femme garda le silence.

— Il faut que vous me disiez votre nom...

Elle garda encore le silence.

— J'exige que vous me disiez votre nom, répéta-t-il, impatienté

— Je m'appelle Louise Bevilacqua, déclara-t-elle, d'une voix qui n'était qu'un souffle.

— Vous n'avez pas de surnom ?

— Aucun.

— Vous n'avez jamais porté d'autre nom ?

Elle hésita une seconde ; puis, comme si elle venait de prendre une résolution pénible, elle répondit très vite :

— Je m'appelle Louise Bevilacqua et je n'ai jamais porté d'autre nom

Et puis, elle poussa un soupir.

V

Cette année-là, Pâques était tombé à la mi-avril, et les cloches résonnaient gaiement dans l'air tiède et printanier. Par les portes des églises où finissaient les chants des messes solennelles et où commençait l'office chuchoté des messes basses, la foule entrait, sortait. Sous les portails, des vieillards et des enfans offraient des images pieuses et d'humbles violettes pascales ; et, dans les quartiers aristocratiques, les fleuristes proposaient des fleurs plus riches, des roses-thé, des lilas qui embaumaient. Le va-et-vient était grand le long des rues pleines de soleil, devant les

magasins qui ne se décidaient pas à fermer parce qu'une foule
nombreuse s'arrêtait aux étalages. Jennes femmes et jeunes filles
suivaient lentement les trottoirs en regardant devant elles avec
de beaux yeux doux et fiers, ces yeux napolitains où s'allient
d'une façon si séduisante la langueur et la vivacité; hommes
et jeunes gens arrivaient à leur rencontre, ou les accompagnaient,
ou marchaient derrière elles, en quête d'une œillade, d'un sourire, d'un signe tendre. Le mouvement des voitures de maître et
des voitures de louage était continuel. Il y avait partout une
gaieté diffuse qui venait de la blonde lumière, de la caresse
atmosphérique, de la fête carillonnée, de cet intime sentiment de
libération et d'allégresse qui envahit la foule après les religieuses
mélancolies de la semaine sainte. Les cloches, après avoir pendant vingt-quatre heures gardé un lugubre silence, carillon-
naient maintenant à toute volée, voisines ou lointaines, avec un
joyeux mélange de sons graves et de sons cristallins; et le
monde se réjouissait à célébrer le second millénaire de la résur-
rection de son Rédempteur.

Dans la rue de Tolède, en haut, tout en haut, à l'endroit où
cette grande voie, après avoir atteint la place Dante, perd son
nom et devient la rampe du Musée, à gauche pour ceux qui
viennent de San-Ferdinando, il y a une rue latérale qui mène
au palais de Tarsia, dont elle porte le nom. C'est une rue de traverse, par où l'on gagne celles de Pontecorvo, de Montesanto et
de la Pignasecca; très fréquentée les jours ouvriers, elle est
presque déserte les jours de fête. Mais, par exception, ce dimanche
de Pâques, les deux trottoirs y étaient encombrés de gens qui
montaient vers le palais.

Ce palais, qui appartient à la municipalité de Naples et dont
l'architecture vise à imiter tant bien que mal la délicieuse maison
pompéienne de Diomède, avait toute sa façade pavoisée d'écus-
sons et de drapeaux : maigres drapeaux, à vrai dire! Il y avait
même sous le péristyle, le long des murs blancs, quelques plantes
vertes, mises là en manière de décoration; et des messieurs tra-
versaient continuellement le vestibule ou parcouraient la galerie
de la colonnade, donnant des ordres, échangeant entre eux
quelques paroles au passage. Tous ces messieurs étaient habillés
d'une longue redingote, coiffés d'un chapeau haut de forme; et
quelques-uns, plus élégans ou plus désireux de paraître élégans,
laissaient voir, sous les revers flottans de leur redingote non

boutonnée, la fraicheur d'un gilet blanc comme neige. Ils avaient tous à la boutonnière une petite cocarde en soie jaune et rouge, insigne de leur fonction.

Cette élégance faisait un contraste bizarre avec l'aspect de la foule qui, muette et pourtant impatiente, attendait devant le palais. C'était une foule de miséreux, sans cesse accrue par des arrivées nouvelles. Parmi ces pauvres hères, on distinguait bien, çà et là, quelques individus mis avec une propreté qui dénotait l'indigence décente; mais presque tous paraissaient tombés à ce point du dénuement où l'on ne connait plus aucune honte, où l'on n'a plus aucun souci de dissimuler son abjection. Non seulement les vêtemens étaient déchirés, mais nulle main diligente n'avait pris soin d'en recoudre les lambeaux; non seulement ils étaient en loques, mais ils étaient couverts de taches, encroûtés de fange, salis sur le dos même de ceux qui les portaient dans les bouges où l'on passe la nuit sans se déshabiller, sous les porches des églises où l'on se blottit pour dormir en plein vent. A la radieuse lumière du soleil printanier, ces vêtemens, qui n'étaient que des guenilles, révélaient toute l'horreur de l'avilissement progressif; ils disaient l'ignoble abandon de soi-même, l'oubli de toute dignité, de tout respect humain, de toute pudeur; ils disaient le profond cynisme, le cynisme fatal et absolu qui vient d'avoir eu trop faim, d'avoir eu trop froid, d'avoir trop souffert, d'avoir trop désespéré de la vie, des hommes et de Dieu.

Les femmes avaient des jupes déteintes, rapiécées avec des morceaux d'une autre étoffe qui s'étaient usés ou lacérés à leur tour et qu'on avait ensuite laissés tels quels : des jupes dont le bord effiloché pendillait de toutes parts et battait sur les talons boueux de ces malheureuses. Elles avaient des corsages qui n'avaient pas été faits pour les jupes et qui montraient aux aisselles la crasse de la doublure : des corsages sans boutons sur la poitrine, avec des manches trop courtes qui laissaient voir des poignets osseux, rouges, écorchés; des corsages donnés par hasard en aumône et garnis encore d'ornemens délabrés que rendait ridicules cette misère sans vergogne. Elles avaient autour du cou et sur les épaules des foulards en lambeaux, des châles en haillons, qui n'arrivaient pas à couvrir les souillures et les accrocs de la robe. Deux ou trois d'entre elles, venues de la zone suburbaine où les faubourgs confinent à la campagne, marchaient pieds nus; plusieurs avaient ces sabots de bois en usage dans les quartiers les plus pauvres de Naples; d'autres avaient ces sortes de sandales en cuir, sans talon, que l'on appelle *pianelli;* d'autres avaient des souliers d'homme avec de gros clous.

La personne et le visage de ces femmes étaient fort étranges. Presque toutes étaient vieilles ou paraissaient l'être, brisées par l'indicible misère, par la mauvaise nourriture, par les journées sans pain, par les gîtes insalubres où l'on couche quatre ou cinq dans une petite chambre. Il y en avait beaucoup de très vieilles, que l'âge avait pliées en deux et faites bossues; il y en avait quelques-unes qui étaient jeunes encore, et celles-ci cherchaient à se dissimuler dans les angles, détournaient la tête pour ne pas être vues, se cachaient à demi le visage avec le coin d'un mouchoir rabattu sur le front et noué sous le menton. La plupart semblaient malades : les unes avaient la peau flasque et le teint blême que donnent les inguérissables anémies, les pertes de sang arrivées faute d'alimentation suffisante, après de tristes couches faites à l'hôpital; les autres étaient jaunes et bouffies par l'effet du mauvais sang, des maladies de cœur, de l'empâtement adipeux. Il y en avait une qui était dégoûtante, avec ses yeux cerclés de rouge; une autre qui cherchait en vain à cacher un énorme goître sous un fichu malpropre; une autre qui, affectée d'un tic nerveux, tordait à chaque instant son visage et poussait un effrayant éclat de rire; une autre qui cheminait clopin-clopant sur deux béquilles rafistolées. Toutes avaient sur le visage une même expression d'apathie profonde; mais, sur ce fond commun, on remarquait des différences. Les unes avaient l'air dur et promenaient autour d'elles un regard farouche; d'autres avaient l'air timide et réservé, comme si elles eussent voulu passer inaperçues; d'autres avaient l'air douloureusement résigné que donne une infortune ancienne et irréparable; d'autres avaient l'air effronté et provocateur. Dans cette bizarre assemblée féminine, le silence était général : ces malheureuses s'étaient groupées, mais elles se taisaient.

Quant aux hommes, leur costume était peut-être encore plus répugnant que celui des femmes. Des pantalons horriblement maculés, cent fois rapetassés, soutenus avec une épingle, trop larges pour celui qui les portait, ou trop courts et laissant voir des chaussures ignobles, des pieds sans chaussettes dont les doigts sortaient par l'empeigne crevée; des cabans qui, de noirs, étaient devenus verts, et de verts, jaune sale, sans boutons, sans parcmens, sans ourlets; des chemises, — mais on n'en voyait guère! — soit en coton à carreaux, soit en grosse flanelle raide, si crasseuses que cela donnait des haut-le-cœur; autour du cou, des cravates roulées comme des ficelles. Les couvre-chefs les plus extraordinaires surmontaient les têtes : des chapeaux, jadis noirs, disparus maintenant sous des couches de poussière et d'ordure; des casquettes sans visière, des feutres effondrés et posés sur l'oreille. Il y avait même un vieux mendiant qui portait un claque devenu rouge brique et plissé comme un accordéon.

Chez ces hommes, les stigmates de la misère et du vice apparaissaient avec une horrible évidence. Il y en avait de vieux tout ridés, à la peau blafarde, aux yeux larmoyans, au nez crochu, au menton de galoche, à la bouche violette et livide, aux lèvres rentrées sur des gencives sans dents. Il y en avait de jeunes, et même de très jeunes, estropiés, ou bossus, ou aveugles, ou malades, avec des faces terreuses, avec des pommettes tachées de sang par la phtisie, avec des joues que la barbe non rasée hérissait de poils rudes, avec des oreilles larges, plates et exsangues qui dénotaient d'incurables infirmités ou une native dégénérescence. L'un d'eux n'avait pu passer son bras ankylosé dans la manche de sa jaquette; un autre était idiot, avec une bouche de travers et des yeux hagards; un autre était cul-de-jatte, ce qui ne l'empêchait pas d'aller et de venir sur ses deux moignons, les mains chaussées de patins en fer; un autre avait la moitié de la face mangée par un lupus que recouvraient d'impurs bandages noués sur le haut de la tête. Plusieurs avaient le nez rouge des ivrognes incorrigibles; quelques-uns fumaient un bout de cigare, ou culottaient une pipe en terre de deux centimes, ou mâchonnaient une chique.

Ces hommes avaient une mine si repoussante qu'ils décourageaient la pitié. Aucun ou presque aucun d'entre eux n'avait cet air timide et dolent qui n'était pas rare chez les femmes; ils semblaient n'éprouver aucune honte d'être là, devant le palais municipal, réunis en une infâme corporation de claquedens et de marmiteux. Certains avaient la figure cruelle et sinistre de ces détrousseurs qui, au tournant d'une rue, arrêtent le passant attardé pour lui demander la bourse ou la vie. La plupart affectaient la bravade, les mains dans leurs poches, un pli de mépris aux lèvres, haussant par momens les épaules avec un air de

défi. Ils ne se parlaient pas les uns les autres ; ils se jetaient
même des regards obliques et soupçonneux, comme s'ils eussent
craint que le voisin ne leur dérobât quelque chose. Il y en avait
qui se tenaient appuyés sur leur bâton, la tête basse ; le plus
grand nombre s'était mis au soleil pour se réchauffer ; plusieurs
toussaient et crachaient, étouffés par l'asthme et le catarrhe
séniles.

Lorsque tonna le canon de midi, — un coup très fort, parce
que le quartier de Montesanto est sous la colline de San-Martino,
d'où l'on tire à Saint-Elme le coup régulateur, — il se fit un
double mouvement. D'une part, tous les messieurs en chapeau
haut de forme et en redingote vinrent se placer sur deux rangs
dans le vestibule du palais de Tarsia, assistés de quelques sergens de ville, de quelques gardes municipaux et de quatre carabiniers ; d'autre part, tous les miséreux, hommes et femmes,
s'acheminèrent vers la porte, qui rapidement, qui lentement,
selon l'âge, les infirmités et les mutilations. Chacun de ces derniers tenait à la main une carte blanche où on lisait : *Banquet
des pauvres*, avec l'indication du lieu et de l'heure ; et la carte
portait en tête les armoiries du Municipe, lequel, pour fêter la
solennité de Pâques, offrait ce repas à trois cents mendians :
cent cinquante hommes et cent cinquante femmes. Avec une
grande politesse, et même avec un peu d'exagération dans la
politesse, quatre messieurs, deux d'un côté et deux de l'autre,
vérifiaient si les cartes d'admission étaient en règle, et les retiraient ensuite aux porteurs qu'ils laissaient passer. Les sergens
de ville et les carabiniers maintenaient l'ordre et veillaient à ce
qu'un seul mendiant ou une seule mendiante passât à la fois. Et
il n'y avait rien de plus bizarre que ce défilé de gens en guenilles,
sales, infirmes, courbés par la vieillesse et par la souffrance,
entre ces deux files d'hommes élégans et corrects, aux longues
redingotes coupées par le bon faiseur et aux chapeaux impec-
cables. Au moment du passage, presque tous les miséreux, même
les plus cyniques, étaient pris d'une timidité honteuse et bais-
saient les yeux ; quelques-uns étaient si confus qu'ils ne trouvaient plus leur chemin, faisaient des faux pas, manquaient de
tomber. Il y eut même une vieille mendiante qu'un beau gentilhomme aux grosses moustaches blondes, décoré de la croix de
chevalier, remit debout avec ses mains gantées de gants gris
perle, au moment où elle allait choir de faiblesse et de honte.

Quelques difficultés se produisirent. Un jeune idiot, au sourire enfantin dans une face imberbe, boiteux avec un pied difforme retourné contre l'autre pied, avait perdu sa carte d'admission; repoussé poliment, mais froidement, par l'un de ces messieurs, il fondit en larmes, tandis que sa bouche tordue continuait à sourire; alors, un autre pauvre vint attester qu'un quart d'heure auparavant, l'idiot avait bien sa carte et que sans doute, vu son imbécillité, quelqu'un la lui avait prise; mais ce témoiguage demeura sans effet. Une femme voulut entrer avec ses deux enfans et, toute sanglotante, discuta sur le seuil de la porte avec les messieurs en redingote, affirmant qu'elle les garderait sur ses genoux, jurant qu'ils seraient bien sages; mais cela ne servit à rien; et alors elle couvrit les petits de caresses, leur recommanda de l'attendre auprès de la grille, leur promit qu'elle ne mangerait rien et leur rapporterait tout; puis elle se décida enfin à entrer, tremblante d'émotion. Une autre, qui avait cinq enfans avec elle, présentait deux cartes en déclarant qu'elle-même n'entrerait pas et qu'elle renonçait à manger, mais qu'elle sollicitait la permission de faire entrer et manger les cinq petits, avec ces deux cartes; et elle parlementait, suppliait l'un, suppliait l'autre, tant qu'enfin, par exception, on lui permit d'entrer avec les deux plus petits. Et, si on le lui permit, ce fut seulement pour se débarrasser d'elle; car il se faisait déjà tard, et ces messieurs en redingote, avec la cocarde aux couleurs parthénopéennes, qui avaient dépensé beaucoup de patience et d'urbanité pour recevoir tous ces mendians, avaient hâte d'en finir.

Quand les trois cents convives furent tous dans la salle, il était une heure moins vingt minutes; la lente théorie n'avait pas duré moins d'une demi-heure. Les tables étaient disposées sur deux files dans le salon central; à droite et à gauche, le long de la double colonnade prétendue pompéienne qui sépare ce salon des pièces voisines; et, au milieu, entre les tables, un large espace restait libre pour permettre la circulation. Toutes les pauvresses devaient prendre place à droite, et tous les pauvres à gauche. Les tables étaient dressées sans aucun luxe, mais avec décence : sur une nappe très blanche, chaque couvert avait sa serviette blanche, son verre luisant de propreté, sa cuillère et sa fourchette d'étain toutes neuves et presque aussi brillantes que si elles avaient été en argent, son couteau avec un manche en os, un gros morceau de pain frais, une bouteille contenant

un peu moins d'un litre et pleine d'un petit vin clair. Çà et là,
contre le mur, il y avait d'autres tables, couvertes seulement de
nappes, et qui devaient servir aux domestiques pour découper
les viandes et tailler le pain. Ainsi arrangées, ces tables avaient
un aspect simple qui ne manquait pas d'une certaine grâce; mais
le vaste salon gardait son apparence habituelle de désert glacial
et triste, malgré tout ce monde qui s'y agitait.

A présent, les messieurs se donnaient beaucoup de peine
pour faire asseoir les trois cents pauvres et pour activer le service. Ils avaient quelques dames avec eux, très élégantes aussi,
et qui, comme les hommes, portaient sur la poitrine une petite
cocarde jaune et rouge. Ces dames étaient les patronnesses, les
inspectrices, les surveillantes du banquet des pauvres; et, ce jour
de Pâques, elles avaient, par esprit de sacrifice, abandonné toute
autre occupation, toute autre distraction. Quelques-unes avaient
même retiré leurs gants, avec lenteur, et elles montraient leurs
mains nues, chargées de bagues, parce qu'elles avaient la ferme
intention de travailler en personne à cette œuvre de charité. L'une
d'elles, la plus élégante de toutes, grande, svelte, avec de splendides yeux verts dans un visage de lait, avec une opulente chevelure aux reflets rougeâtres, et qui portait aux oreilles des solitaires de dix mille lires, regardait tout cela d'un air où il y avait
de la curiosité, de la stupeur et un je ne sais quoi qui ressemblait
à de la crainte. Cette belle jeune femme se tenait un peu en
arrière des autres, avec une sorte de répugnance hautaine; et
elle s'appuyait sur le manche précieux de son ombrelle, un
manche à poignée d'or toute parsemée de petites turquoises.
Deux ou trois fois elle porta à ses narines sa main qu'elle n'avait
pas dégantée; et c'était pour respirer un petit flacon de sels anglais, un flacon en cristal de roche qui avait pour couvercle une
grosse opale environnée de diamans.

Ce n'était pas tout: il y avait encore d'autres personnes dans
la salle, ou plutôt dans les galeries, qui faisaient le tour de la salle,
à la hauteur d'un second étage. Là haut, des têtes de dames,
d'hommes et d'enfans se penchaient pour regarder en bas, avec
une vive curiosité. C'étaient des familles de conseillers municipaux, d'électeurs influens, d'employés de la mairie qui, n'ayant
rien à faire en ce jour férié, étaient venus là pour passer une
heure. Dans ces galeries, comme dans les loges d'un théâtre, il
y avait des fauteuils et des chaises; et les spectatrices, en grande

toilette, coiffées de clairs chapeaux printaniers, s'accoudaient
sur la balustrade comme sur le velours d'une avant-scène,
bavardaient entre elles, se communiquaient leurs impressions,
poussaient de petits cris de surprise ou de pitié: cris un peu
artificiels de gens qui, bien repus, bien vêtus, bien portans,
voient apparaître dans toute sa réelle horreur le spectre du
pauvre à moitié mort de faim, blême et en guenilles. Les enfans
allongeaient le buste, se montraient du doigt quelqu'un de ces
miséreux plus horrible ou plus ridicule que les autres, et laissaient échapper des éclats de rire. Les jeunes filles se tenaient
raides sur leurs sièges, avec la même immobilité et la même distinction qu'à San-Carlo.

Enfin, après beaucoup de va-et-vient, d'agitation, de confusion, les messieurs en redingote réussirent à faire asseoir les
trois cents convives chacun à sa place. Et cela n'avait pas été
une petite affaire: ces pauvres diables étaient si lents, si em-
barrassés, si décontenancés en présence de ces tables propres où
ils allaient remplir leur fonction de manger en public, servis par
des valets de grande maison et par d'élégantes personnes du
monde aristocratique! Il y eut une pause: les mendians attendaient, assis; les messieurs attendaient, debout, dispersés dans
la salle, et quelques-uns, plus fatigués, plus échauffés, ôtaient
leur chapeau haut de forme et s'essuyaient le front; les dames
charitables attendaient, groupées dans un coin, prêtes à faire
œuvre de leurs belles mains pour le service des pauvres, et deux
d'entre elles, qui semblaient s'intéresser extrêmement à la chose,
myopes sans doute, regardaient ceux qu'elles allaient servir, la
première avec un lourd binocle à long manche en argent ciselé,
d'un travail ancien, la seconde avec un léger binocle en écaille
dont le manche portait un long monogramme de brillans. Eh
bien! durant les quelques minutes où tout le monde attendait,
beaucoup de mendians et de mendiantes avaient courbé la tête
sur leur assiette vide pour se soustraire aux regards des personnes présentes, pour éviter ces yeux qui les examinaient
curieusement; d'autres se tenaient immobiles, la face tournée
vers un point qu'ils ne voyaient pas, préoccupés seulement de ne
pas attirer sur eux l'attention; plusieurs avaient allongé la main
vers le morceau de pain, mais n'osaient pas le rompre et le
porter à leur bouche; presque aucun n'avait pris sa serviette et
ne l'avait déployée sur ses genoux. Chez tous ces misérables,

chez tous ces loqueteux, chez tous ces affamés, le sentiment qui
l'emportait sur tous les autres, qui mettait tous les autres en
déroute, c'était l'humiliation, l'humiliation de l'homme devant
l'homme, devant celui de qui Dieu l'avait fait le semblable,
mais de qui les hasards de l'existence, les fatalités sociales, la
naissance, la pauvreté, l'erreur, la douleur, le vice l'avaient fait
si différent; l'humiliation de trois cents créatures humaines, en
chair et en os, ayant un cœur, une conscience, une sensibilité,
une personnalité, devant la richesse orgueilleuse, la charité
orgueilleuse, la pitié orgueilleuse, l'aumône orgueilleuse, inutile
et méprisante.

Mais déjà venaient des assiettes où fumait une grosse et large
tranche de macaroni à la sauce brunâtre, farci de mozzarelle, de
fromage, d'intérieur de poulet, cuit dans une croûte de pâte
rissolée au four. Le service commença, rapide, silencieux; les
domestiques plaçaient les assiettes devant chaque pauvre, sous
la surveillance de quatre messieurs très affairés autour des tables.
Et alors, deux ou trois d'entre les dames qui étaient venues pour
surveiller, celles qui avaient retiré leurs gants et qui faisaient
scintiller à leurs doigts les pierres précieuses des bagues, par
une sentimentalité sincère ou affectée, demi-sincère et demi-
affectée peut-être, se mirent aussi à servir les pauvres. Elles
allaient de l'un à l'autre, s'inclinaient vers eux, leur dépliaient
la serviette, leur offraient du pain, leur versaient du vin; et les
mendians levaient à peine la tête, de plus en plus gênés, de
plus en plus humiliés, ne répondant rien, se laissant servir, se
rendant parfaitement compte que la charité de ces messieurs et
de ces dames n'était qu'une condescendance altière et passagère,
que l'intérêt porté par ces gentilshommes et ces châtelaines à ce
banquet public n'était que la curiosité d'un divertissement rare
et ne ressemblant à aucun autre.

Maintenant, tous les pauvres mangeaient leur tranche de
macaroni; et les visages avaient pris une expression nouvelle.
A la confusion et à l'humiliation succédait la jouissance physique de rassasier sa faim, de savourer une copieuse et appétis-
sante nourriture dont le palais avait depuis longtemps perdu
l'habitude; et ce plaisir de dévorer donnait aux physionomies
quelque chose de vulgaire, de bas et de quasi bestial. Les uns
mangeaient avidement, sans regarder autour d'eux, comme des
bêtes affamées qui se repaissent d'une proie dans un coin de

leur tanière; d'autres mâchaient bruyamment, avalaient à la hâte et devenaient tout rouges parce que la bouchée ne passait pas bien; d'autres, plus gourmands, recherchaient d'abord la farce, puis mangeaient le macaroni, et en dernier lieu la croûte. Tous mangeaient avec maladresse, assis de travers, le chapeau ou la casquette sur les yeux, la tête penchée, les doigts inhabiles à manœuvrer la cuillère et la fourchette. Plusieurs, soit parmi les hommes, soit parmi les femmes, mangeaient peu, mesuraient leur faim, parce qu'ils avaient là-bas, à la grille du palais ou dans leur taudis, quelqu'un qui attendait sa part. On les avait prévenus qu'après le repas ils seraient libres d'emporter les restes; et la charité municipale leur faisait même cadeau de la serviette et du couvert : quelque chose qui valait 50 centimes et qu'ils pourraient revendre 5 ou 6 sous.

Comme les deux ou trois dames aux mains nues, scintillantes de pierreries, s'empressaient autour des tables et surmontaient leur instinctive répugnance pour venir en aide aux plus infirmes, aux plus vieux, aux plus maladroits, la jeune dame aux yeux verts, celle qui portait à ses oreilles des solitaires de 10 000 lires et qui s'appuyait sur une ombrelle à manche d'or semé de turquoises, un peu honteuse sans doute de son oisiveté en ce lieu où elle était venue pour faire acte de charité chrétienne, peut-être aussi un peu désireuse d'impressions plus fortes, curieuse de mieux voir, de mieux se rendre compte et de donner ainsi à ses nerfs une secousse nouvelle, quitta le groupe des élégantes qui jusqu'alors s'étaient tenues à l'écart, et se mit à faire le tour de la table occupée par les femmes. Gracieuse et fine, avec ces beaux yeux verts qui souriaient doucement derrière la voilette blanche, elle se courbait un peu vers les pauvresses pour leur adresser quelques mots; mais celles-ci, absorbées par le plaisir de manger ou importunées par les questions, levaient à peine la tête pour répondre. La jeune dame n'en continuait pas moins sa tournée, les joues un peu rosies, parlant d'une voix douce et basse où l'on sentait un léger frémissement d'émotion. Elle s'arrêta près d'une femme de cinquante ans, à la face froide et hostile.

— Vous êtes contente de votre Pâque, n'est-ce pas, ma brave femme ? lui demanda-t-elle avec un accent de bonté.

La mendiante dévisagea celle qui lui parlait, puis rabaissa les yeux vivement; puis, elle répondit d'une voix brève et sèche, comme si la demande l'eût mortifiée :

— Oui, Excellence.

La jeune dame resta interdite par cette revêche humeur de pauvresse orgueilleuse. Elle fit quelques pas, et, un peu plus loin, elle s'arrêta de nouveau près d'une petite vieille décharnée qui avait la tête serrée dans un foulard rougeâtre, à la mode des paysannes.

— Vous n'êtes pas Napolitaine, sans doute? lui demanda-t-elle avec beaucoup de douceur.

L'autre tourna vers elle de tristes yeux d'animal blessé, et elle répondit :

— Non ; je suis de la Basilicate.

— Et que faites-vous à Naples?

— J'étais... j'étais servante... Je suis venue avec une famille de là-bas, il y a longtemps...

— Et à cette heure?

— Mes maitres m'ont renvoyée... il y a longtemps.

— Pourquoi?

— Parce que j'étais malade... J'avais une maladie de cœur... Je ne pouvais plus travailler.

— Et vous l'avez encore, cette maladie, ma pauvre femme?

— Oui, dit la mendiante, dont la face blême se couvrit d'une rougeur légère.

Alors la dame éprouva un embarras, ne sachant plus que dire ni que faire. Peut-être, en ce moment, comprit-elle toute l'inutilité, toute la vanité de l'intérêt qu'elle témoignait à ces misérables frappées d'infortunes sans remèdes; peut-être comprit-elle que les questions qu'elle posait par pitié ne servaient qu'à raviver chez ces misérables toutes les douleurs qui contristaient leur existence. Et, pendant quelques minutes, elle resta muette, pensive, les mains appuyées sur le manche précieux de son ombrelle.

Le second plat faisait son apparition sur les tables. C'était un ragoût de viandes préparées à la napolitaine, c'est-à-dire nageant dans une sauce brune et épaisse où entraient comme condimens du lard, de l'oignon et de la tomate en conserve, avec des pommes de terre cuites à même dans la sauce du ragoût. Et, de nouveau, les faces des convives prirent une expression de voracité animale, à la vue de cette viande dont ils n'avaient pas mangé depuis si longtemps. Plusieurs portaient le morceau à leur bouche sans le couper, et le déchiraient à belles dents,

et avalaient gloutonnement le lopin arraché, tandis que le reste
pendait sur leurs lèvres ou demeurait accroché à leur fourchette;
quelques-uns coupaient une partie du morceau et mettaient le
reste de côté, soit pour le manger eux-mêmes le lendemain, soit
pour le conserver à un autre. La salle s'était emplie d'une odeur
de cuisine mélangée à l'odeur de toute cette humanité sale et fa-
mélique. Mais les messieurs en redingote n'en continuaient pas
moins à diriger le service avec un flegme imperturbable; mais
les dames dégantées n'en continuaient pas moins à prendre des
mains des domestiques, dans leurs belles mains gemmées, les
assiettes dont elles voulaient hâter la distribution.

La jeune dame aux yeux verts était arrêtée maintenant près
d'une pauvresse qui, la tête basse, attendait le second plat. Cette
femme paraissait très vieille; à en juger par les rides profondes
qui sillonnaient sa face parcheminée et jannie, elle devait avoir
au moins soixante-dix ans : soixante-dix ans d'une existence
affligée par les plus cruelles épreuves, torturée par les plus
épuisantes privations. Sur ce visage décrépit et ravagé, il semblait qu'on lût cent histoires de tristesse et de désastre, ou peut-
être une seule et très longue histoire. La septuagénaire était si
courbée que son dos s'arrondissait en voûte et que son menton
touchait sa poitrine; sans doute elle n'avait plus de dents, car
ses lèvres étaient toutes rentrées, et son nez pendait dessus;
elle était vêtue d'une robe noire, ou plutôt d'un haillon sans
couleur, dont les manches raccourcies par l'usure laissaient voir
des mains cadavériques; autour du cou, elle avait un fichu
blanc tout en loques, attaché par une épingle, et dont l'arrangement bizarre dénotait une intention de chasteté ridicule à cet
âge et dans cette condition; sur la tête, elle avait un foulard de
coton noir disposé comme une espèce de cornette, cachant les
oreilles et se nouant sous le menton. Elle était assise tout au
bout de la table, à l'endroit où il y avait le moins de mouvement
et où le service se faisait avec le plus de lenteur; elle tenait ses
coudes ramenés contre son corps, par crainte de heurter ses voisins, et ne tournait la tête ni à droite ni à gauche, comme
recueillie dans l'attente.

Au cours de sa promenade le long des tables, la dame aux
yeux verts avait un peu pâli. Ce spectacle de pauvreté, d'ordure,
de malheur et de vice avait fini par troubler sa sereine conscience de femme belle, heureuse, ivre de vie opulente... Peut-

être avait-elle déjà regretté d'être venue à ce lamentable banquet des pauvres et attendait-elle avec impatience l'heure du départ. Toutefois, courageuse, faisant effort pour vaincre sa répulsion,. elle se pencha vers cette vieille au buste cassé, à la tête embéguinée de noir et tombée sur sa poitrine, pour adresser une parole à celle qui paraissait la plus seule, la plus taciturne et la· plus abandonnée de toutes ces pauvressès.

— Vous avez bien fêté Pâques, n'est-ce pas? lui demandat-elle, ne sachant pas trouver autre chose à dire.

La vieille releva son visage tailladé par les rides et ravagé par les déformations de l'âge, fixa sur la dame des yeux châtains, un peu larmoyans, aux cils brûlés, mais qui conservaient encore une doucenr triste; et elle ne répondit rien.

— Avez-vous trouvé le dîner à votre goût? reprit avec effort la jeune dame, qui se croyait obligée d'arracher une réponse quelconque à la mendiante.

— Oui, Excellence, murmura la vieille.

— Ils sont bons, ces messieurs... très bons... tous... ajouta la dame, avec un attendrissement dans la voix pour la bonté de ces messieurs, de ces dames et d'elle-même.

— Oui, Excellence, murmura de nouveau la vieille.

Elles se turent. Il semblait qu'elles n'eussent plus rien à se dire, qu'il n'y eût plus aucune communication possible entre cette vivante image de la grâce, de l'élégance, de la richesse, et ce lamentable symbole de la sénilité, de la décadence, de la misère. Pourtant, une minute après, la dame reprit encore :

— On va vous servir la viande. L'aimez-vous?

— Oui, Excellence, je l'aime.

— Il y a longtemps peut-être que vous n'en avez mangé, ma pauvre femme?

— Oui, longtemps... très longtemps, balbutia la malheureuse.

— Vous êtes sans famille?

— Oui. Je n'ai personne... personne.

— Et que sont devenus vos parens?

— Ils sont morts... ou partis... Je ne sais pas.

— Vous êtes donc absolument abandonnée?

— Absolument.

— Mais alors, comment vivez-vous?

— On me donne... on me donne dix-sept sous par jour, fit la vieille, dont le visage dévasté rougit encore un peu.

— Et qui vous les donne? interrogea la dame qui se pencha davantage, prise d'une vive curiosité.

— C'est le Gouvernement, Excellence.

— En vérité? Et pourquoi?

— Parce que... parce que j'étais religieuse, confessa la pauvresse, d'une voix tremblante.

— Religieuse? Vous étiez religieuse? Mais où donc étiez-vous religieuse?

Au même instant, un domestique posait devant la vieille une assiette où se trouvait un rougeâtre morceau de ragoût, flanqué de quatre ou cinq pommes de terre, rougeâtres aussi. Mais la vieille ne regardait pas la pitance; elle tenait immobiles près de l'assiette ses deux mains desséchées, jaunies, aux veines saillantes; et ses pommettes s'étaient couvertes d'une brûlante rougeur.

— J'étais religieuse au monastère des Ensevelies-Vivantes, soupira-t-elle.

— Ah! les Ensevelies-Vivantes... je me rappelle... je me rappelle... J'étais toute petite, alors... Il y a bien des années, n'est-ce pas?

— Oui, bien des années... bien des années..

— Combien d'années?

— Vingt ans, peut-être... Je ne sais plus...

— Et on vous donne dix-sept sous par jour? Que pouvez-vous faire avec dix-sept sous? Vous êtes obligée de demander l'aumône!

— Non, je ne demande pas l'aumône! repartit la vieille avec vivacité.

— Pourquoi?

— Parce que cela me fait honte.

— Mais alors, quelqu'un vous vient en aide?

— Non, Excellence, personne! On se dit que je touche une pension, et on ne croit pas nécessaire de m'aider.

— Ah! ma pauvre femme! Et vous étiez une dame, peut-être?

La vieille hocha la tête, comme s'il se fût agi d'une chose perdue dans un passé immémorial.

— Oui... oui... j'étais une dame.

— Et comment vous appelez-vous?

— Je m'appellé Louise Bevilacqua.

Il y eut un silence. Puis :

— Mangez votre viande, dit la jeune femme.

De ses mains déshabituées et tremblantes, le vieille prit son
couteau et sa fourchette et se mit à couper sa viande maladroitement. La jeune femme la regardait, avec ce genre d'intérêt passionné qu'inspire toujours un cas extraordinaire et affreux. Et,
quand la vieille eut divisé sa viande en petits morceaux :

— Dites-moi, interrogea encore la dame aux yeux verts, vous
portiez sans doute un autre nom au couvent?

La vieille resta pensive.

— Vous ne portiez pas un autre nom? Vous n'aviez pas un
nom de religieuse?

La vieille continuait à se taire.

— Vous l'avez peut-être oublié, votre nom de religieuse,
depuis si longtemps?

— Non... Je m'appelais... je m'appelais sœur Jeanne de la
Croix.

Deux grosses larmes coulèrent le long de ses jones, et elle
cessa de manger.

MATILDE SEBAO.

IMPRESSIONS DE FRANCE

I

LE CENTRE. — ARNAY-LE-DUC

La carte me l'avait appris; il existe, en France, un point géographique d'où les eaux coulent dans trois directions différentes et opposées. De ce point, une goutte d'eau idéale, divisée en trois parties, rejoindrait, par la Loire, l'océan Atlantique, par la Seine, la Manche, par la Saône et le Rhône, la Méditerranée; c'est un petit Saint-Gothard, un Saint-Gothard français. Il est situé au cœur d'un triangle déterminé par Autun sur l'Arroux, affluent de la Loire, Beaune sur la Saône et Dijon sur la Seine, à la limite du Morvan et de la Bourgogne. Le bourg le plus proche est Arnay-le-Duc. Je suis allé à Arnay-le-Duc.

C'est une bonne vieille bourgade, accueillante et familière, à laquelle il ne manque rien de ce qui fait le charme d'une ancienne petite ville française. Maisons blanches, rues nettes, pavé retentissant quand dévale l'inévitable omnibus de l'inévitable Hôtel de la Poste, marmaille éparse, poules facilement effarouchées et facilement rassurées, paix profonde, silence général et géraniums fleuris sous les rideaux de mousseline blanche : voilà la ville.

Peut-elle vous faire un plus joli accueil que de vous dire, par l'inscription qu'on lit, d'abord, sur une de ses antiques maisons:

« Ici est né Bonaventure des Périers? » Oui, le gaulois auteur du *Cymbalum mundi*, le philosophe au nez pointu, le Bourguignon salé qui en savait si long et qui en dégoisait tant sur les hommes et sur les dieux, le valet de chambre de Marguerite de Navarre, ce petit Voltaire de l'avant-veille qui dut connaître Rabelais, est né dans ce coin inconnu de la vieille France. La maison où il vint au monde subsiste, telle quelle, avec ses fenêtres en anse de panier; et la ville elle-même n'a pas changé, probable, depuis que le mauvais sort du pauvre Bonaventure l'en a fait sortir pour courir le monde.

Le bourg est un peu loin de la gare où le petit chemin de fer arrive en peinant et en soufflant; on dirait qu'il y a quelque gêne dans le contact encore hésitant de la vieille ville et de la station récente. On voisine, et voilà tout. De beaux arbres subsistent, restes des avenues du vieux château, et suffisent, à eux seuls, pour justifier l'appellation seigneuriale, *la Duché*. Le château lui-même, bâti, dit-on, par les ducs de Bourgogne, retentit constam-ment, derrière ses murailles hautes, closes et discrètes, d'un grand bruit de fer : hélas! c'est maintenant une clouterie. Le bourg a groupé, autour de sa vieille église, refaite au xvie siècle, ses vieilles maisons monacales, aux judas grillés, ses rues étroites, ses places triangulaires ou de guingois, les longs murs blancs où grimpe, par-dessus la tuile, la verdure discrète des jardins, la ceinture du tour de ville, où, le soir, se perdent les amoureux, et enfin, le long des chemins, le semis des maisons rustiques et pauvres qui vont, peu à peu, se dispersant en faubourgs, s'égre-nant et se perdant dans la campagne solitaire. Le pays, tout autour, se sent encore du Morvan. La campagne est verte, coupée de haies, avec de grands arbres qui marquent l'échiquier serré de la propriété morcelée.

J'arrivai à Arnay-le-Duc un soir de juin. Il faisait chaud. On entendait les buveurs crier et rire derrière les rideaux rouges des auberges : les femmes allaient et venaient par les rues, donnant le dernier coup de main à la besogne du soir, et surveillant les hommes et les enfans; les vieux fumaient leur pipe, assis sur les bancs de pierre. A l'hôtel, souper copieux, hôtesse avenante et vin bon.

Après le souper, je parcourus la ville, à la clarté de la lune. Le monde était rentré; les maisons avaient fermé leurs portes et leurs volets. La ville s'était endormie; elle était pleine de silence et de lumière adoucié. La lune dessinait, sur le pavé blanc, les pignons d'ombre des maisons pointues et les tours rondes du château. L'air était parfumé de l'odeur des foins coupés dans la campagne; le crapaud répétait, sur sa flûte rythmée, son idylle monotone, et les chiens aboyaient à la nuit claire.

Le lendemain, je partis à la recherche de mon Saint-Gothard. Un bon tape-cul, vieux comme les chemins et plus dur qu'eux, un solide roussin à la croupe râblée, un bon garçon finaud et qui en savait plus long qu'il n'en disait, c'était mon équipage. Nous roulions, dès patron-minette, « à la recherche des eaux. »

Par une belle route ombragée, nous longeons les *pâtis* où est parsemée la tache blanche des bœufs morvandiots. Sur la hauteur, une chapelle témoigne d'un grand souvenir. C'est là que notre Henri IV, encore roi de Navarre, fit ses premières armes sous l'amiral de Coligny, et que, s'efforçant de gagner le Midi, la petite armée protestante, n'ayant pas 6000 hommes, passa sur le ventre aux 12000 hommes du maréchal de Cossé-Brissac qui prétendait lui barrer la route. Ces passages, qui unissent les grandes vallées de la Seine, de la Saône et de la Loire, ont toujours eu une importance stratégique et historique considérable.

La route s'allonge sur les crêtes, — les crêtes que les Gaulois et les Romains suivaient en marche, pour surveiller le pays au loin. Ce château, non loin, nomme la région : c'est le Fête. Nous franchissons l'Arroux, près de sa source, nous dirigeant vers son affluent, l'Eau-de-Beaune. Sur l'horizon, des lignes bleues rangées en cercle font un autre faîte et complètent le cirque. De ces hauteurs et de celles que nous suivons, découlent apparemment les eaux souterraines qui vont sourdre à nos pieds, dans la vallée. Le ciel est clair et le temps frais; le cocher fait claquer son fouet allègrement. Le vent doit souffler rude sur ces hauteurs, l'hiver; les arbres isolés sont penchés de l'ouest à l'est comme sur les bords de la mer. Aussi la contrée n'est pas riche : une fillette en chapeau de paille à ruban garde un petit troupeau de cochons et de moutons que rassemble et bouscule le trot constant d'un maigre grand chien noir.

Voici le château du Grand-Fête, aux Carnot, dont le nom remplit toute la contrée.

Nous descendons la côte; un instant, l'aspect du pays change : la prairie cesse, champs superbes, céréales, riches coteaux bien exposés. Adieu le Morvan, c'est la Côte-d'Or. Pourtant, au fond de la vallée il y a un repentir; la terre est peu perméable; la prairie reprend, pauvre et d'aspect chétif. Le château de Ville-neuve se cache parmi les grands arbres. Nous approchons; il faut quitter la route. On demande le chemin à un vieux paysan vêtu du sarrau gaulois et coiffé du chapeau noir à ganse qui rap-pelle le chapeau breton. Il mène en laisse une chèvre qui broute la haie : il finasse, et nous interroge avant de répondre.

Nous avons franchi l'Eau-de-Beaune; nous allons vers la source de l'Armançon. Nous sommes sur le plateau où les deux pentes se rejoignent insensiblement. Tout près, un village bien pauvre, Meilly-sur-Rouvres. Le chemin se perd, s'arrête, dans les marécages. La voiture ne peut plus avancer, il faut mettre pied à terre. Ce sont des prairies humides à l'herbe grossière, des terres molles qui cèdent, en giclant, sous le pied, des ajoncs, longtemps cachés dans le mystère des bois. Tout autour, la forêt enserre encore les mauvais terrains, aujourd'hui défrichés. Je pousse une pointe dans le sol boueux et fétide. Au passage, les vaches blanches accourent et regardent en meuglant.

Enfin j'y suis : je viens de quitter les eaux qui vont vers la Loire et qui s'écoulent à Nantes. Voici, maintenant, celles qui vont vers la Seine, les eaux qui passent à Paris. Au fond d'une cuve naturelle, dans la prairie humide et triste, une touffe d'herbes vertes, un tuyau de dix mètres et un petit réservoir de quatre mètres carrés : c'est la source de l'Armançon, qui recueille les eaux de tous les plateaux environnans et du cirque que je viens de franchir. Les collines nous entourent. Nous sommes bien dans une cuve; mais cette cuve a, elle-même, de trois côtés différens, son écoulement. Car c'est ici que le parti se dessine et que les eaux, qui paraissent mortes et stagnantes, commencent sourdement la séparation et le voyage qui mènera les unes à la Méditerranée, les autres à la Manche, les autres à l'Océan.

Rien de saillant, ni de brusque, ni même d'accentué dans ce départ des trois grandes vallées. Tout au contraire; le point est insignifiant, quelconque, négligeable. La source est dans la na-ture la plus simple, parmi des herbages indifférens; tout près, un cheval qui paît, des vaches; sur une ondulation, un berger et son troupeau; tout autour, des oiseaux qui s'entêtent dans la même chanson. Soudain, c'est le bruit d'un train qui passe. A deux kilomètres, le village d'Essey, malgré le chemin de fer, est la pauvreté même; plus loin, un autre village: Thoisy-le-Désert, le bien nommé.

C'est, en effet, dans ce désert anonyme, parmi ces marécages, derrière ces bois, au pied de ces coteaux caillouteux, dans l'incertitude de ces champs incultes, que naissent la Bourgogne, le Morvan, le Lyonnais, — que naît la France. Il est modeste, mon Saint-Gothard. A lever la jambe, on le tient sous le pied.

Cependant cette cuve est dominée, de loin, par une colline qui, d'en bas, parait haute et noble; ses flancs sont âpres; des constructions la couronnent. « Elles sont romaines, » me dit mon cocher; le lieu est ancien; il s'appelle Châtellenot. Les Romains! Quand il s'agit d'eaux, on les rencontre toujours. Quand il s'agit de lignes de faite ou de partage, ils sont là. Montons à Châtellenot.

Par des chemins raboteux, orniéreux et caillouteux à vous arracher le ventre, nous sommes allés vers la haute colline. Nous traversons d'abord des bouts de bois mal entretenus, aux chemins verts et peu foulés; mais à mi-côte, voici des haies denses, touffues, vigoureuses et flenries de troènes, d'aubépines, de sureaux, de roses sauvages. A droite et à gauche, les champs reparaissent et les prairies aménagées où l'on fane le foin.

Tout à coup, au milieu d'un champ, auprès du sommet où est bâti Châtellenot, une statue parmi les herbes. J'approche: sur un piédestal de pierre, une femme est debout, drapée à l'antique; elle tient à la main une corbeille de graines ou de fruits. C'est une Cérès ou une Pomone; son port est noble; la draperie est d'un bon travail, la figure charmante, quoique mutilée par le temps et par les injures des passaus. Mon cocher assure qu'elle est romaine; les paysans qui travaillent aux champs ne savent pas; « on l'a toujours vue là. » Ce morceau intéressant est-il ancien, est-il connu, est-il classé? Il m'étoune et me séduit par sa grâce, par son isolement, par l'idée qu'il représente: la Cérés antique, mère des moissons, érigée et conservée séculairement en ce point qui domine, au loin, les horizons de la terre gallo-romaine.

Du pied de la statue, en effet, je découvre, à perte de vue, toute la cuvette où se fait le partage des eaux. Maintenant je la comprends, je la lis, pour ainsi dire, comme une carte. La plaine est toute parsemée de vastes étangs et de réservoirs. C'est, à gauche, le réservoir de Cercey où s'attardent, tout près de leur source, les eaux de l'Armançon; c'est, en face, le réservoir de Chazilly d'où les eaux coulent, d'une part, dans l'Arroux et, d'autre part, dans l'Ouche et, par là, dans la Saône; les autres se confondent, vers Rouvres, avec les marécages de la plaine.

Le Châtellenot actuel est ce qui reste d'un vieux château féodal dont les ruines sont éparses sur la colline. Tel quel, il rappelle la villa romaine décrite par Pline. Un corps de bâtiment, ayant façade sur la vallée et monté sur trois étages de terrasses en gradins, se compose d'un pavillon central et de deux ailes; le tout est construit en briques et moellons et couvert en tuiles; l'entrée principale s'ouvre par derrière, sur le plateau; c'est une poterne percée dans une sorte de donjon carré. Tout contre, une vieille chapelle construite en appareil très ancien et ombragée de grands arbres, avec une vieille abside romaine, en cul de four.

Le cirque, dominé par la position du château, est beaucoup plus vaste et plus important que je ne l'eusse cru tout d'abord. Géographiquement, il appartient à l'Auxois, — l'Auxois d'Alise-Sainte-Reine. Cercey, Thoisy-le-Désert, Pouilly, tous les villages que je vois d'ici semés dans la plaine avaient pour capitale l'Alésia de Vercingétorix, qui est à quelques lieues au nord. En face, ce sont les collines de la Côte-d'Or. Au sud, dans la direction de Nolay, c'est l'ouverture qui mène en Suisse, par le Jura, et vers le sud, par le Rhône. A l'ouest, ce sont les montagnes du Morvan, et j'aperçois, d'ici, le Mont-Beuvray, la Bibracte des Éduens.

Quels noms, et quelle haute et grande antiquité évoquée tout à coup et réunie là sous un seul regard! Comme le champ historique et le paysage lui-même s'élargissent! La cuve, à mes pieds, montre clairement ses trois parties distinctes, comme si la nature avait voulu dessiner, dès la matrice, les trois aspects de la création qu'elle méditait : à gauche, les étangs et les bois; en face, les prairies; à droite, la terre arable et les premiers carrés de vignes.

Je reviens vers la Cérés et je la dessine; avant de partir, je jette un dernier coup d'œil sur la vallée respectable. Quand les Romains s'installèrent là, ils savaient ce qu'ils faisaient. Car, c'est ici, entre la Bibracte des Éduens et l'Alésia de Vercingétorix, c'est dans ces lieux que la Gaule a vécu, s'est défendue et

a péri, au point où se rapprochent ses grands fleuves, en combattant pour la contrée mère des eaux.

J'ai poursuivi mon excursion. Je n'avais pas visité toute la
région des étangs et je voulais la parcourir tout entière. Repre-
nant chemin par Arnay-le-Duc qui forme, en somme, le centre
de la grande cuve, je marchai vers Nolay, c'est-à-dire vers le
sud-ouest, vers les vallées de la Saône et du Rhône.

A quelques kilomètres d'Arnay, on rencontre, de nouveau,
les grands réservoirs qui sont généralement situés sur les contours de la cuve : c'est l'étang de la Cauche, qui se perd dans une
ceinture de marécages couverts de nénuphars et qui forme une
masse d'eau de plus de soixante hectares ; c'est l'étang de Rouheys
et l'étang du Bois des Rupts ; de là, les eaux s'écoulent dans toutes
les directions et les réservoirs, eux-mêmes, sont alimentés par
les infiltrations des hauteurs environnantes. On monte peu à peu,
les gradins du cirque par Antigny-la-Ville, Champignolles, Jours-
en-Vaux. On longe la forêt de Saussey et l'on débouche sur
Cussy-la-Colonne.

Ici, encore, la grande figure de Rome se dresse tout à coup.
Sur le territoire du petit village ignoré, au cœur d'un étroit
vallon, dans un champ nommé Précheraine, auprès d'une source
suintant imperceptiblement parmi les pierres, se dresse isolée,
élégante et fine, parmi la nature rustique, une colonne du galbe
le plus pur, couronnée par un chapiteau corinthien.

Entourée d'une margelle de pierres, émergeant d'une fron-
daison robuste, elle est élevée sur un piédestal triangulaire ; un
tambour octogonal la soutient. Là, sont sculptées, en relief, les
figures des grands dieux protecteurs de Rome, et en outre un
captif et une femme. Le fût s'élance au-dessus ; sa hauteur est de
dix mètres environ. La partie inférieure est palmée, la partie
supérieure est polie. Le chapiteau actuel a été refait d'après l'ancien, lors d'une restauration sous Charles X. Parmi les feuilles
d'acanthe, sont sculptés les visages et les attributs des divinités
de l'Olympe : Jupiter et l'aigle, Mercure et le caducée, Apollon
et la lyre, Junon et le paon.

Tout autour, la campagne est solitaire et nue. Aucune hauteur remarquable, aucun tumulus, aucun souvenir particulier ;
un village insignifiant et sans passé. Non loin de là, il est vrai,
un autre village porte le nom significatif de Saint-Romain. Mais

c'est tout. Que fait là cette colonne? De l'autre côté du cirque,
elle est, en quelque sorte, la contre-partie de la Cérès de Châtellenot. Les deux mystères se complètent : la Majesté de Rome
est assise entre les deux.

On dit que la colonne aurait été érigée, ici, par les Romains,
en commémoration d'une victoire remportée sur les Helvètes. Je
me suis reporté au texte de César : il raconte que la grande émigration des Helvètes, à laquelle il avait résolu de s'opposer, avait
franchi la Saône en venant du mont Jura, qu'elle avait remonté
le cours du fleuve sur la rive gauche; qu'ensuite, du consentement
des Éduens, elle avait pénétré dans leur territoire, en se dirigeant
vers l'ouest. César la surveillait; mais, manquant de vivres, il se
décida à quitter la poursuite de l'ennemi et à rejoindre la capitale des Éduens, Bibracte. Les Helvètes, croyant qu'il fuyait,
l'attaquèrent inopinément, et la grande bataille s'engagea. César
dit, en propres termes, qu'il était à dix-huit mille pas de Bibracte;
or, c'est, à peu près, la distance qui sépare Cussy d'Autun. La
tradition se vérifierait donc et ce serait sur ce point qu'aurait eu
lieu la bataille mémorable, premier acte de la guerre qui devait
livrer la Gaule à César et à la domination romaine. Le cirque
et le circuit s'achèvent. La grande guerre a commencé ici, et elle
s'est terminée là-bas, à Alésia. Voilà le vrai point central, le
nœud historique et géographique du pays. Il suffit, d'ailleurs,
d'achever l'excursion pour s'en convaincre.

En quittant Cussy, un dernier effort nous porte au gradin le
plus élevé de l'immense ceinture dont nous venons de parcourir
le diamètre. La région a pris, tout à coup, un aspect grave, austère, presque pénible. Le plateau qui sépare les deux versans,
celui de l'Océan, à l'ouest de la Loire, et celui de la Méditerranée, à l'est, par le Rhône, n'est qu'un désert aride et nu; ce
sont les *Grands Chaumes*, où l'herbe pousse à peine. De vastes
étendues sans un arbre, sans une maison, sans un champ cultivé; à peine, au loin, la silhouette d'un berger veillant sur un
mince troupeau. Lentement, sous le soleil implacable, et par la
route rôtie et sèche, nous moutons au sommet. Une auberge en
ruine se nomme Bel-Air.

De là, tout à coup, un panorama magnifique s'ouvre devant
nous, et c'est le spectacle de l'abondance, de la richesse, de la
fécondité. La brusque rupture des falaises de Saint-Romain
laisse la vue tomber à pic sur la vallée; et c'est la vallée de la

Saône, au point où elle est, peut-être, la plus riche et la plus belle, — où elle est une des plus belles et des plus riches vallées du monde.

Au loin vers le nord, c'est Nuits, c'est Beaune; à mes pieds, c'est Pomard, c'est Volnay, c'est Meursault; en face c'est Nolay et Chagny et Chalon-sur-Saône; un peu au sud, à droite, c'est la région des mines, le Creusot et Montceau-les-Mines. Au-dessus de la vallée, vêtue de brume ensoleillée, au-dessus des lignes populeuses que font les moissons, les herbages, les haies, les villages, les villes, les mines, au-dessus des coteaux· vêtus du manteau des vignes, au-dessus encore, une ligne bleue, c'est le Jura. Et au delà, bien au delà, par les jours clairs, à la veille des pluies, dans le ciel, une imperceptible ligne blanche, quelque chose d'indiqué à peine ou plutôt de deviné, ce sont les Alpes, les Alpes des Helvètes battus, là, par César, et c'est leur chemin même que l'œil parcourt, d'ici, sans obstacle.

Quelle entrée superbe, quelle descente allègre et joyeuse sur la Côte-d'Or, par la route qui dévale des Grands Chaumes et qui se précipite sur Nolay! Le cheval trotte et fait sonner ses grelots; la voiture roule vers la bonne terre qui s'ouvre en bas. On dirait que le ciel veut se mettre de la partie. Une courte averse nous avait surpris, après l'arrêt de Bel-Air; mais le soleil sort du nuage et un arc-en-ciel se déploie sur l'immense vallée. Elle resplendit dans le contraste de la lumière et de l'ombre, et l'on dirait un monde féerique, je ne sais quel coin des *Mille et une Nuits* dans lequel, par la porte triomphale, nous allons pénétrer.

C'est, tout simplement, la bonne et savoureuse Bourgogne. Nous sommes à la Rochepot, bientôt à Nolay, d'où nous prendrons la Saône, à Chalon, et nous entrerons ainsi dans les pays méditerranéens.

Il est trop aisé de se rendre compte, maintenant, de l'importance de la région parcourue. Contre l'envahisseur venant du Rhône, le refuge est inévitablement ici. Les populations ont remonté le fleuve; elles ont suivi le cours des rivières; car, la vallée, ce n'est pas seulement l'eau, c'est la nourriture pour les hommes et pour les animaux. Où se réfugier? Non pas dans les montagnes, inaccessibles et incultes, où l'on mourra de faim et où l'on s'isolera de tout le monde. On remonte encore; mais la vallée est intenable et de poursuite trop facile. Or, le Morvan offre ses prairies verdoyantes, ses recoins solitaires, ses vallons étroits et faciles à couper, ses hauteurs accessibles et, pourtant, de défense facile; il a autour de lui, comme un boulevard, le désert des Grands Chaumes. Et puis, c'est de là que viennent les eaux; c'est par là que se joignent les grandes vallées; c'est par là que les secours des frères du nord et de l'ouest arriveront sans danger. Tenant ces lieux, on est maître de toutes les communications.

Ainsi raisonnèrent, instinctivement, les vieux Gaulois, et le pays des Éduens fut, pour eux, le véritable chef-lieu et la citadelle de la Gaule. Bibracte et Alésia les virent vivre et mourir. Les Romains leur succédèrent et firent comme eux : ils occupèrent fortement ces régions, y établissant la capitale « auguste » par excellence, Autun.

Aujourd'hui, les mêmes régions vivent dans l'oubli et la sécurité. Elles ont laissé à d'autres l'honneur et le péril des grands combats et des grandes gloires. Les champs de bataille sont ailleurs, les Germains d'Arioviste étant plus redoutables que les Romains de César. Mais il ne convient pas que les temps modernes oublient les nobles services que ces vaillantes terres ont rendus aux anciens âges, et, parmi tant de sujets qui m'attirent dans la figure et dans le passé de notre pays, j'ai eu quelque joie à découvrir, au cœur de la France, un Saint-Gothard de cinquante mètres, qui est un pays illustre depuis plus de vingt siècles.

II

LES CATHÉDRALES

Chartres, juin 1899..

... Il n'y a rien qui s'emplisse d'histoire comme ces cathédrales. Jamais le génie français, si apte à comprendre, à ramasser les idées, à les résumer et à les rendre claires, n'a mieux débrouillé les aspirations obscures de l'humanité, son rêve en marche vers l'Infini.

A Chartres, il y a trois personnes maîtresses, trois dames, trois Notre-Dame : c'est d'abord la « Vierge Noire » des Druides; puis la Vierge orientale dont la « chemise, » la fameuse relique, vient de Byzance et d'Asie, puis la « Vierge au Pilier, » qui est

du moyen âge et française. L'Asie, l'Europe celtique, l'Europe romaine et chrétienne, voilà ce que ces humbles ouvriers ont réuni
dans un seul sanctuaire, voilà les diverses traditions qu'ils ont reçues d'un peuple qui les sentait obscurément au fond de lui-même,
voilà ce qu'ils avaient à raconter aux populations de l'Ile-de-
France et aux pèlerins venus du monde entier pour voir et adorer.

Pour traduire ces idées intimes, ces instincts séculaires et ces
aspirations obscures, pour répondre à l'attente et à l'émotion du
fidèle, il fallait le plonger dans une atmosphère particulière, dans
une lumière atténuée et tamisée, dans une sorte de grâce.

On entre; les rayons du soleil, les traits de l'Apollon antique, si clairs et si droits, se précipitent sous la voûte. Mais, bientôt, l'ombre les saisit, les dévore; ils sont, déjà, comme fondus
dans l'obscurité ambiante, lorsque leur éclat atténué rencontre
celui qui tombe des vitraux, si doux et si somptueux à la fois,
et alors s'établit une pleine harmonie grise, qui se fait de toutes
les couleurs que la lumière du dehors et le prisme des vitraux
lui ont livrées. Elle remplit, de ses ondes ternes, les hautes
voûtes de la nef, tandis que le regard est appelé vers le transept
et le chœur par les grands rayons lumineux, qui, en traits
obliques, frappent l'autel et signalent la transfiguration. C'est
comme une sorte de bain pénétrant et doux dans lequel on est
plongé par l'art des constructeurs, — la lumière et le silence
captés et sensibles, dans le calme et la majesté des lieux clos.

La nef est tout entière tenue volontairement dans cette demi-
obscurité, cette simplicité, cette gravité : le dallage est rude, les
tombes sont exclues et tout ce qui profane. Le rythme monotone et les effets répétés des colonnes, des chapelles, des chapi-
teaux font comme une musique calme et lente. Mais, tout à
coup, un luxe inouï éclate; et c'est au point où siège Dieu.

Le reste convenait à l'assemblée des hommes. Pour la divinité, c'est tout autre chose. Le pourtour du chœur, qui, autrefois,
s'accompagnait du jubé, rassemble tout ce que la richesse et la
souplesse de l'imagination ont pu inventer pour illustrer et ennoblir le sanctuaire. Le poème de la religion y est sculpté tout
entier avec une abondance, une richesse, une réalité, une sincérité qui font à l'autel la plus magnifique couronne de travail
humain et d'adoration. Quatre siècles de persévérance y ont suffi
à peine et les vieux imagiers du moyen âge, qui ont commencé

l'œuvre, ont transmis quelque chose de leur foi aux élèves du
cavalier Bernin qui l'ont achevée.

Ce qui est admirable, c'est que cette nef, une des premières
construites, est, peut-être, la plus vaste, la plus belle, et qu'elle
arrive du premier coup au définitif : tant est grande la force du
bon sens!

C'est bien une œuvre collective. Une lettre, écrite en 1145,
par Hugues, archevêque de Rouen, montre tout le monde au travail : « Les habitans de Chartres, dit-il, ont concouru à la construction de leur église, en charriant des matériaux... Nos dio-
césains eux-mêmes, les Normands, se sont transportés à Chartres
pour accomplir un vœu. Depuis lors, les habitans de notre diocèse et des contrées voisines forment des associations pour le
même objet; ils n'admettent personne dans leur compagnie, à
moins qu'il se soit confessé, qu'il ait renoncé aux animosités
et aux vengeances et qu'il se soit réconcilié avec ses ennemis.
Cela fait, ils élisent un chef, sous la conduite duquel ils tirent
leurs chariots en silence et humilité. »

Cette construction n'appartient donc à personne. Elle se prolonge à travers les siècles et réunit toutes les classes. Les verrières sont de saint Louis et de Blanche de Castille : c'est pour la
reine Blanche qu'a fleuri, dans le portail, la « rose de France; »
mais elles sont aussi des cordonniers, des drapiers et des serru-
riers. Voilà de quel cœur travaillaient, au XIIIe siècle, tous ensemble, ces Français de France.

Le Diable, « le Malin, » n'apparaît ici nulle part. Tout est
clair, franc, optimiste, comme la vie ordinaire des gens de province qu'aucune pensée secrète ne trouble, qu'aucun vice de
l'esprit n'a effleurée.

Je trouve imposante l'assemblée des chaises qui sont comme
agenouillées dans l'ombre. Elles représentent, de leur bois simple, l'assemblée des fidèles. Elles sont là depuis des générations;
les pères et les enfans s'y succèdent.

J'ai passé là une journée entière. Les chants ont succédé au
silence; le silence a succédé aux chants. J'étais seul, alors, et je
n'entendais, sous la haute nef, que le bruit de mes pas.

Vraiment, les œuvres de l'homme peuvent soutenir la comparaison avec celles de la nature. On trouverait une grotte de cette dimension qu'on en serait stupéfait. On viendrait, pour la voir, du bout du monde.

Sur ces grandes plaines de Beauce où le moindre relief fait montagne, l'architecte a eu cette idée simple qu'il fallait un monument très haut et très élancé. La fine flèche du vieux clocher, aiguë, aérienne, indique ce qu'il a voulu faire : sacrifier tout à l'ascension vers le ciel; d'où, nécessairement, la force, la puissance et la sobriété partout, mais surtout en bas. C'est un édifice plein, logique et nu. Il ne faut pas s'attarder aux parties ornées, si belles qu'elles soient; ce sont des superfétations et des excroissances. La leçon de l'église est donnée par la façade et la nef, mais, surtout, par le vieux clocher et par la crypte.

Il faut s'imaginer ce que fut, ou ce qu'eût été, sur l'immense plaine, l'église magistrale avec ses neuf flèches pareilles à celle qui subsiste, et portant vers le ciel, pour toutes les populations de laboureurs, à dix lieues à la ronde, la prière à la Vierge-Mère.

Car Chartres, c'est la Notre-Dame par excellence, la Notre-Dame druidique, celle qui est née des entrailles du pays. Je ne vois rien de plus émouvant, à ce point de vue, que la visite à la crypte : la crypte, c'est l'âme, c'est la mère, c'est la nourrice de l'église. C'est là que viennent les longues files de pèlerins marmonnant des prières, égrenant des chapelets et cherchant, au fond de leur âme obscure, le motif de respect et de piété qui les rassemble. C'est là que le cœur des populations palpite : là fut, en effet, dans les temps anciens, le sanctuaire des Carnutes, le plus vénéré de toute la Gaule, vers lequel les chefs s'acheminaient, un à un, sous les bois, en cas de péril public, soucieux de consulter l'oracle. (*César*, VI, 13.)

Le culte qu'on célébrait était celui de la Vierge Noire, la même, probablement, qui avait son temple à Pessinonte et que toute l'antiquité celtique a connue et adorée. Ne pas oublier que, d'après la tradition locale, la primitive église aurait été élevée *avant* que la Vierge Mère du Christ fût morte, de même que la Vierge Noire a été sculptée par les Druides *avant* que la Sainte Vierge et son fils ne fussent nés et par une sorte de prescience de ce qui devait s'accomplir. Ainsi, la tradition est reconnue par l'Église elle-même ou, du moins, par les fidèles. La cathédrale n'est que la châsse énorme et la couverture chrétienne du Saint des Saints de la vieille Gaule.

La crypte renferme, dans sa partie la plus mystérieuse, près de la chapelle de la Vierge Noire, une eau sacrée, le puits des *Saints Forts*. Et ceci paraît encore plus ancien que la Vierge Noire, — qui sait? peut-être le point de départ et l'origine de tout. — Au pied de quelque buisson, au fond des forêts obscures, dans les temps très anciens, cette eau coulait. Le Dieu y fut adoré; les rassemblemens se firent autour d'elle; les sacrifices mystérieux s'y perpétuèrent. La guerre de l'Indépendance fut décidée là. Aujourd'hui, la cathédrale s'est élevée et les troncs de sa nef remplacent les chênes de la forêt. Le mystère règne toujours sous ces voûtes, et la crypte garde, avec la Vierge Noire et l'eau sainte, vainement proscrite par les conciles, le secret de cette race vivace qu'on croit légère et superficielle et qui a des racines et des profondeurs mystérieuses que l'on ne connaît pas.

Aussi de quel cœur les braves populations de l'Ile-de-France ne s'y sont-elles pas consacrées? La construction de l'église n'est rien qu'une longue lutte contre les incendies. Depuis le petit temple initial, construit sur la grotte des Druides jusqu'à la Notre-Dame actuelle, frappée et à demi détruite dans ce siècle même, en passant par la vieille basilique naïve de saint Fulbert dont les peintures de la crypte ont conservé l'image, nous connaissons l'histoire de cette série de catastrophes qui se promène à travers les siècles. Les édifices se succèdent, toujours détruits, toujours reconstruits, grimpant les uns au-dessus des autres, et laissant leurs traces dans le monument actuel, depuis le vieux fût de colonne du IV\ siècle, encastré dans les fondations et qui soutient encore tout l'édifice, jusqu'au vase de bronze planté au haut du clocher neuf et où fleurit la girouette. C'est un vœu perpétuel, une aspiration au durable, parmi l'éphémère des choses, et au noble, parmi leur vulgarité.

Quelle joie ce fut pour ces gens, qui ne songeaient qu'à la survie, non à la vie, quelle joie, quand, à la place des plafonds de bois, toujours en péril du feu, ils ont trouvé la *Voûte*, la voûte immortelle, — qui dure maintenant depuis sept cents ans!

S'ils savaient que leur rêve est réalisé, que leur œuvre est toujours là, hautaine et massive, qu'elle a tout bravé : les accidens, les révolutions, le feu du ciel, et qu'elle n'a pas brûlé, et qu'elle ne s'est pas écroulée, et que la flèche est toujours là, élancée et fine au-dessus des champs !

Je ne le répéterai jamais assez : ces gens de l'Ile-de-France ne sont contens que de l'exquis et du parfait. Aussi, ils sont de critique vive, agressive, — aiguillon constant et douloureux. On dirait que l'architecte en a souffert lui-même. Car son esprit fin et caustique a inséré, en bas de la plus belle partie du monument, les figures ironiques de la *Truie qui file* et de l'*Ane qui chante*, allusion évidente à ceux qui blâment sans savoir et sans produire.

La façade plate, étroite, où la rosace s'insère simplement dans le carré, est si belle que je la trouve attique. Je l'ai regardée pendant une journée entière. J'étais là, le matin, à six heures. Il est six heures du soir. Elle est encore blanche, lumineuse et nette, comme quand j'arrivais tout à l'heure. L'ombre ne la touche pas... c'est qu'il n'y a pas de place pour l'ombre. On dirait une serviette, une Sainte-Face tendue le long du ciel. Rien ne peut la salir. L'eau du ciel coule tout le long et lave tout. Et le grand soleil la caresse sans obstacle, la cuit et la dore. Façade admirable pour un pays de grains. Car on dirait une aire qui s'est dressée après que le travail fut accompli.

Comment ces gens qui sont des « barbares » ont-ils pu concevoir une chose si simple, si parfaitement équilibrée, d'un si grand bon sens ; tellement que des générations plus « artistes, » en voulant embellir, ont gâté, vulgarisé? Ainsi, du clocher neuf, élégant, certes, mais qui, par comparaison, est vaniteux et prétentieux. L'architecte, Jean de Beaune qui, assurément, n'était pas une bête, a voulu signer : l'admirable anonyme du moyen âge qui avait conçu les neuf clochers pareils l'eût pris en grande pitié !

Même ces riches portails latéraux feraient de la peine, dans leur luxe déchiqueté, s'ils ne sauvaient tout par le sourire si bon enfant et si fin des statues. Ile-de-France, je vous retrouve encore là, adroite, insinuante et atténuée.

Dans son ensemble, la Notre-Dame de Chartres est la grande
œuvre gothique, la pure, la sainte, la noble, sortie du sol, fille
de la race, — élégante et *juste!*

III

L'AITRE SAINT-MACLOU

J'avais quatre heures à passer à Rouen. Mes deux amis
m'attendaient à la gare. Ils m'avaient laissé l'entière disposition
le mon temps. Ils voulaient m'accompagner seulement et me
faire, à mon gré, les honneurs de leur ville.

« Allons à Saint-Maclou, » leur dis-je. Ils m'annoncèrent que
le déjeuner nous attendait, pour midi, à l'Hôtel de la Couronne.
Il était dix heures du matin.

La ville se débarbouillait de la brume matinale. Le pavé était
gras et glissant. Comme on était aux derniers jours de l'automne,
les gens se hâtaient dans les rues, les mains dans les poches et
col relevé. C'était jour de marché. La vieille ville était remplie
du bruit des voitures, du cri des marchands et de l'empressement
des ménagères, le panier sous le bras. On se bousculait un peu ;
mais il faisait bon vivre dans la cohue familière.

Pour aller à Saint-Maclou, nous passâmes devant la maison
de la rue Saint-Romain, qui s'écroule d'elle-même tandis que la
ville, partagée en deux camps, discute passionnément la question
de savoir si on la démolira. La politique s'en mêle. Les uns déclarent qu'il faut élargir les rues, ils ont raison ; les autres voudraient qu'on gardât les vestiges de l'antiquité, ils n'ont pas tort.
Ceux-ci luttent pour la beauté de la ville ; ceux-là pour sa commodité. Se disputer, tandis que le temps passe, c'est la vie.

On m'arrêta devant la maison dont le ventre hydropique menace les passans, et on voulut avoir mon avis. Je dis que cela
demandait réflexion. Comme nous n'étions pas pressés, nous nous
attardâmes volontiers à échanger, sur ce sujet, de nombreux
propos inutiles. Nous avions plaisir à être ensemble.

Sur la place Saint-Maclou, nous nous mîmes en extase. La
dentelle de pierre tombait du ciel comme un store blanc sur le
fond gris de la brume. Nous fîmes le tour de l'église. On l'a
dégagée depuis quelque temps et on a construit, vers le chevet,

quelques édifices d'usage ecclésiastique qui ne sont pas sans grâce. Un amateur original et millionnaire s'est pris d'amour pour ce quartier où il est né et il l'orne, à ses frais, comme l'eût fait quelque âme pieuse du moyen âge. Les sentimens et les monumens durent ensemble et ils disparaîtraient ensemble si l'on mettait la pioche dans ce vieux coin de la vieille cité.

Au lieu d'entrer dans l'église, nous primes à gauche, nous passâmes sous l'arcade d'une porte cochère dont les panneaux garnis de clous disaient la robuste antiquité et nous nous trouvâmes en un lieu cloîtré et découvert : c'est l'*aître Saint-Maclou*.

Nous dîmes deux mots en passant à la concierge. Pour nous répondre, elle ouvrit un vitrage sur le devant de sa loge et montra sa tête pâle et les bandeaux plats de sa chevelure jaune. C'était une jeune femme un peu fanée et qui paraissait lasse. Elle nous donna obligeamment le renseignement que nous lui demandions. Derrière la femme, dans l'ombre, on apercevait un intérieur modeste, avec des chaises de bois et de paille, un buffet de menuiserie mesquine, des ustensiles de ménage cloués au mur jauni. Sur le rebord de sa fenêtre, trois chrysanthèmes se mouraient dans un pot de faïence bleu.

Nous entrâmes dans l'aitre. C'est un lieu mélancolique. Les trépassés dorment là, oubliés, sous l'aile de l'église. Le cimetière, jadis, n'était pas plus grand qu'un mouchoir. On a bâti, tout autour, l'ossuaire en forme de cloître, et la bonhomie des aïeux a sculpté, sur les bois des arcades, toute la « Danse des morts. » Ce ne sont que squelettes, tibias, faux, sabliers, croix funéraires et crânes décharnés montrant leurs dents d'ivoire. La mort est donc là, partout, présente. Elle est dans la terre où elle gît parmi la cendre des défunts ; elle est le long des murs qu'elle anime de sa fantaisie macabre ; elle est dans la vieille église, qui prie pour tout son monde, ceux qui sont venus et ceux qui vont venir.

L'aitre était vide. On eût dit un jardin. Il est divisé en petits carrés par des barrières de bois ; des plantes courent sur des treilles ; quelques fleurs s'attardaient encore dans d'étroites plates-bandes le long du cloître et les derniers liserons grimpaient aux fenêtres. On respirait une odeur de terre et une senteur d'humidité pénétrante.

Nous nous taisions. Tout à coup, une porte s'ouvrit, et, comme une nuée d'oiseaux lâchés, un vol de fillettes s'envola.

Ce ne fut qu'un cri de joie dans tout l'aitre, soudain réveillé. C'était l'heure de la récréation, et les enfans de l'école avaient un moment de liberté. Elles en profitaient, comme vous pensez: Elles étaient bien une quarantaine. Elles se formèrent rapidement en plusieurs groupes, les grandes, les moins grandes et les plus petites. Celles-ci jouaient aux quatre coins, avec des cris, des appels, des éclats de rire. Les plus grandes s'étaient rapprochées et causaient entre elles comme de petites dames. Nous les regardions attentivement. Ce sang normand est beau avec le rose de la vie à fleur de joue. Fines, sveltes, allongées, elles sont plutôt brunes que blondes, et elles ont une grande douceur dans l'éclat de leurs yeux bleus. Quel joli bouquet elles faisaient ainsi réunies en corbeilles, avec les belles nattes pleines et drues tombant dans le dos et quelle jolie promesse pour la vie et pour l'amour !

Les sœurs de l'école surveillaient le petit troupeau. Elles portent un costume gris souris très clair, un tablier blanc, une coiffe blanche, et la figure est encadrée d'un bonnet sans ailes ni ruche, comme dans les figures gravées sur les pierres tombales. Elles allaient et venaient doucement parmi les groupes, épongeant parfois un front en sueur ou apaisant, d'un geste souple, une partie trop animée. Une vieille Normande s'approcha des sœurs. Elle avait une collinette bien serrée sur les oreilles, un fichu à ramages jaunes et rouges, la jupe aux cent plis, et un immense panier sous le bras.

Tout à coup, du haut du clocher, un appel puissant retentit. C'était la cloche de onze heures. Les corbeaux s'envolèrent en croassant. Une immense rumeur se développa et versa ses ondes sonores à la suite du premier coup qui venait de se faire entendre. Les enfans crièrent plus haut encore ; les gosiers devinrent perçans comme des flûtes. La cloche redoubla et ronfla comme un orgue. Le quartier tout autour s'anima, et, en même temps, le soleil, déchirant la brume, emplit l'étroite enceinte d'un soudain rayon.

Alors, on eût dit que la vie se réveillait un instant et engageait le combat avec la mort, maîtresse souveraine jusque-là. Les jeux s'excitèrent dans une sorte d'ivresse ; la vieille Normande gesticulait avec animation ; des oiseaux voletèrent en piaillant ; l'ombre et la lumière se poursuivirent parmi les sculptures macabres qui se mirent en mouvement, et les crânes décharnés riaient joyeusement de leurs dents d'ivoire.

Tout le petit jardin était en fête et, sous la terre réchauffée et amollie, les vieux morts eurent envie de se soulever pour prendre part à la joie de leurs enfans qui criaient à plein gosier et qui frappaient le sol en dansant.

Car c'étaient les filles de toutes les mères couchées là. C'était la même race, le même sang, les mêmes âmes peut-être. Mortes et vivantes, elles étaient réunies au pied de la vieille église qui les avait vues, et les voyait, et les verra toutes passer sans cesse à travers les siècles, et qui les abrite indistinctement.

La sœur maitresse se montra sur le seuil de l'école. Elle frappa trois fois, de la main, sur son livre d'heures; la récréation était finie. Les sœurs rassemblèrent le petit monde. Sur un signe, les jeux cessèrent; les figures roses se rapprochèrent et, deux par deux, elles rentrèrent et disparurent dans l'ombre du vieux porche. Cependant, les voix gazouillaient encore, comme celles des oiseaux dans les haies quand le soir tombe. Elles se turent pourtant, l'une après l'autre, et le silence remplit de nouveau tout le cloître. On n'entendait plus que la voix grêle d'une petite qui, à l'intérieur de la classe, égrenait sa leçon en hésitant.

Le soleil s'était caché. La brume monta de la terre et s'épaissit lentement. L'église s'enveloppa d'un suaire. Les morts se rendormirent.

Nous partîmes, craignant de troubler leur repos.

En passant devant la loge, nous saluâmes la concierge. Elle sortit un instant sa tête pâle, regarda le ciel et, craignant la pluie, rentra le pot de chrysanthèmes.

GABRIEL HANOTAUX.

L'ENCYCLOPÉDIE

I. *Les Encyclopédistes*, par M. Louis Ducros, 1 vol. in-8°. Paris, 1901, Champion. — II. *Mes Souvenirs*, par Jacob-Nicolas Moreau, première et seconde partie, 2 vol. in-8°. Paris, 1900-1901, Plon.

M. Ducros a consacré aux Encyclopédistes un livre diligent, consciencieux, et qu'on ne peut lire ni sans intérêt ni sans avantage. Ce livre était à faire et, ce qui est beaucoup plus rare, on peut dire qu'il est fait et que l'essentiel, au moins, de l'œuvre centrale du xviii° siècle est dit désormais et peut se trouver quelque part en une forme accessible, claire et même agréable. C'est un grand service que M. Ducros a rendu là au public.

L'*Encyclopédie*, en effet, est beaucoup plus célèbre que connue. On se croit quitte envers elle en la regardant avec respect ou en la feuilletant avec circonspection, ou, et plus souvent, on croit la connaître suffisamment pour avoir lu le *Dictionnaire philosophique* de Voltaire dont un certain nombre d'articles avaient paru dans le célèbre recueil, et les *Élémens de littérature* de Marmontel dont le sort avait été à peu près le même. Ce n'est pas assez faire. Il faut lire l'*Encyclopédie* et d'assez près, comme les ouvrages mal faits, qui ne donnent ce qu'ils ont de meilleur ou d'essentiel qu'à l'endroit juste où on ne l'attendait point. Il faut la lire avec une critique particulière aussi, comme un ouvrage qui dissimule avec soin sa pensée principale et sa pensée vraie à l'endroit où on la cherche et qui la laisse ou surprendre ou entrevoir dans une digression, dans une incise, dans une parenthèse ou à contre-fil du sujet traité; et c'est ainsi que

ce sera dans les articles concernant le paganisme qu'on trouvera l'idée véritable des Encyclopédistes sur la religion chrétienne. En un mot, il faut lire l'*Encyclopédie* comme on lit le
Dictionnaire de Bayle, et « gouverner, » comme on disait au
XVIIe siècle, la fille comme on gouverne le père, c'est-à-dire se
mettre et se maintenir en rapports avec l'une et avec l'autre
avec la même méthode, les mêmes tempéramens et les mêmes
précautions.

Et c'est ce qu'a fait M. Ducros, fort pertinemment, patiem-
ment, non sans labeur, non sans sagesse et flair et coup d'œil.

Mais est-il besoin de se donner tant de peine et le profit est-il
en raison de l'application et du zèle? Certainement; car l'*Encyclopédie* est un ouvrage d'un caractère tout spécial et infiniment
rare. Il y a des ouvrages qui sont faits par des hommes de génie,
et je n'ai peut-être pas besoin d'en démontrer l'utilité. Il y en a
qui sont faits par des gens médiocres; et, parfaitement inutiles au
temps où ils naissent, ils ont cette récompense imméritée d'être
extrêmement utiles un ou deux siècles plus tard. S'il était vrai
qu'un homme de génie fût le produit net de sa race en un certain milieu et à un certain moment, c'est l'homme de génie qui
serait, un siècle après sa mort, le document historique à consulter sur son temps; mais cela n'est pas vrai, et, pour savoir ce
qu'a vraiment pensé le commun des hommes à une certaine
époque, c'est l'homme médiocre et très mêlé au monde de son
temps qu'il convient de choisir ou d'accepter comme témoin. Or
l'*Encyclopédie* a ce sort d'avoir été faite par des hommes supérieurs, par des hommes de moyen ordre, par des hommes médiocres et par des hommes un peu au-dessous de la médiocrité.
Ici c'est l'*Esprit des lois*, ici c'est les *Considérations sur les
mœurs*, ici c'est le *Journal* de Barbier, et ici c'est un almanach.
Elle est donc la représentation exacte de la France pensante
ou croyant penser de 1750 environ. Elle est, à en prendre
comme la moyenne, l'opinion même de la France émancipée
et curieuse de nouveautés vers le milieu du XVIIIe siècle. Il n'y
a pas, à ma connaissance, un autre ouvrage au monde qui ait
ce caractère. C'est un document historique absolument unique
en son genre.   :

Aussi, s'il n'est pas très raisonnable de chercher l'esprit de
la Révolution française dans les œuvres de Montesquieu, de
Rousseau et de Voltaire, il l'est un peu plus, sans qu'il le soit

tout à fait, comme nous aurons l'occasion de le voir, de le
chercher dans les articles de l'*Encyclopédie*, l'un corrigeant
l'autre et un certain milieu étant pris entre les opinions expri-
mées en ces lourdes feuilles. La lecture de l'*Encyclopédie* est
donc chose extrêmement utile pour mettre au point, si l'on peut
ainsi dire, le xviiie siècle, et pour en saisir l'esprit général, l'esprit commun, l'esprit courant.

Pour apprécier toute l'importance, à ce point de vue, de
l'œuvre de Diderot et D'Alembert, voyez comme il nous manque
d'avoir quelque chose d'analogue pour le xviie siècle et même
pour le siècle dernier. Pour le xviie siècle, Sainte-Beuve, toujours avisé, a pris Port-Royal comme une sorte de point central
d'où l'on pouvait jeter des regards sur toutes les avenues du
siècle, et en effet la pensée de Port-Royal a pénétré assez fort le
siècle tout entier, pour que ce lieu d'observation fût bien choisi.
Mais encore, qui ne voit que Port-Royal est à la fois trop haut
et à certains égards trop à l'écart pour que l'on y puisse relever
la carte avec une suffisante précision de tous les côtés et pour
qu'on n'y soit pas comme forcé de donner à ce qui s'y rapporte
immédiatement trop d'importance relative et de mépriser peut-
être plus qu'il ne faut ce qui s'en éloigne? C'est un centre décidément un peu excentrique.

Et de même, pour le siècle dernier, où se placer pour prendre
hauteur? Les collections des revues importantes seraient un très
bon champ d'observation, le meilleur peut-être; mais les unes
furent trop exclusivement littéraires, les autres trop exclusivement scientifiques, et tout cela est trop dispersé. Les programmes d'enseignement secondaire ne seraient pas, non plus,
un mauvais instrument; mais ils donnent plutôt la pensée de
ceux qui les ont dressés que la pensée de ceux qui les ont appliqués et de ceux qui les ont subis. Il y aurait occasion d'erreur.

On voit que le xviiie siècle est le seul qui, par le hasard heureux d'une combinaison de librairie, a laissé son testament,
complet, détaillé, facile, sinon agréable, à consulter, et authentique. Lisons-le donc dans le compte rendu intelligent et impartial que nous en donne M. Ducros. Je dis intelligent et impartial, je ne dis pas tout à fait complet. M. Ducros a un peu
négligé de « situer » l'*Encyclopédie* dans son cadre et dans ses
entours. Sans doute il nous parle des ennemis de l'*Encyclopédie*,

et cela était nécessaire, encore qu'ils aient été pour la plupart
d'assez piètres personnages; mais il ne s'est pas inquiété de
nous parler de ses amis, comme l'avait fait succinctement, mais
avec précision, M. Brunetière, dans son *Manuel de l'histoire de
la Littérature française*. Il ne jette pas un regard sur ces salons du milieu du xviiie siècle qui ont été les places fortes, les
places de sûreté et les places de ravitaillement de l'armée encyclopédique. Ce n'était pas matière étrangère à son ouvrage ; c'en
était partie presque essentielle et c'en était ornement autant
qu'appui et soutien. C'est la lacune la plus regrettable de ce bon
travail. Mais venons aux Encyclopédistes eux-mêmes, puisque c'est
d'eux presque exclusivement que M. Ducros a voulu s'occuper.

I

Les Encyclopédistes, c'est-à-dire, encore une fois, la majorité
des hommes de lettres, la majorité des « intellectuels, » la bourgeoisie pensante du milieu du xviiie siècle, les Encyclopédistes
ont voulu : 1° changer l'esprit général de la France; 2° le
diriger vers les préoccupations rationnelles, scientifiques et pratiques; 3° dénoncer les imperfections de la législation et de
l'administration française ; 4° détruire la religion chrétienne ;
5° créer une sorte de religion de l'humanité et de la bienfaisance; 6° ne rien changer à la forme ni au fond du gouvernement de la France, si ce n'est peut-être rendre la royauté un
peu plus despotique et irresponsable qu'elle n'était.

Et, sans doute, de leurs intentions et de leurs idées j'en
omets quelqu'une et peut-être qui n'est pas sans importance ;
mais ce sont bien là les principales. Le fond de l'esprit même des
Encyclopédistes est le mépris de la tradition et l'amour de la
nouveauté, à peu près quelle qu'elle soit ou puisse être. Ils sont
novateurs par instinct et par principes. Ce qu'ils détestent, c'est
tout le passé, même quand le passé donnerait raison aux plus
vifs et aux plus impérieux de leurs instincts. Ainsi, par exemple,
à quoi le xvie siècle ne s'est pas trompé, l'antiquité est une
bonne arme ou un bon auxiliaire contre le moyen âge et ce qui
s'ensuit ou semble s'ensuivre. On peut y trouver une philosophie de la nature à opposer à la morale austère et contemptrice

et persécutrice de la nature, qu'a enseignée le christianisme. On peut y trouver une philosophie rationnelle à opposer à cette phi-. losophie du surnaturel qui est le fond même et comme le vif du christianisme. Enfin le xvi⁰ siècle a fait de la renaissance de l'antiquité une agression contre l'esprit du moyen âge et a comme ressuscité Julien l'Apostat. L'Encyclopédiste, lui, ne méprise guère moins l'antiquité que le moyen âge. Il date de sa date et voit commencer le monde habitable avec lui-même ou immédiatement après lui. Il veut résolument, cent cinquante ans avant nos jours, exterminer de l'enseignement l'étude du grec et du latin, comme il appert de l'article *Collège*, qui est de D'Alembert. Il a pour Homère, Virgile et toute l'antiquaille, le parfait dédain du sénateur Pococurante, dont, du reste, il ne faudrait pas trop faire le porte-voix de Voltaire, Voltaire, il faut savoir le dire, n'étant qu'un demi-Encyclopédiste. L'Encyclopédiste a cette particularité, assez curieuse, qu'il ne se cherche point d'ancêtres. Cette coutume, chère à la plupart des novateurs, lui est à peu près inconnue, et cela ne tient pas à ce qu'il est ignorant; car, assez souvent, il ne l'est pas; cela tient à ce que le nouveau seul l'attire et le séduit et que sa conviction très profonde est que l'humanité n'a pu que se tromper jusqu'à ce qu'il naquit.

Rien, par exemple, ne serait plus naturel, quand on est libre penseur, que de se réclamer de Descartes. Rien n'eût été plus naturel que ceci, que les Encyclopédistes se réclamassent de Descartes et se déclarassent Cartésiens moins les « erreurs. » Une preuve en est que M. Ducros, bon Encyclopédiste au demeurant, rattache fortement, comme nous le verrons, à Descartes le mouvement encyclopédique. Rien n'eût été plus naturel que ceci, que l'*Encyclopédie* inscrivît en épigraphe à sa première page : « Ne comprendre rien de plus en nos jugemens que ce qui se présentera si clairement et distinctement à notre esprit que nous n'ayons aucune *occasion* de le mettre en doute. Conduire par ordre nos pensées, en commençant par les objets les plus simples et les plus aisés à comprendre pour monter peu à peu comme par degrés jusqu'à la connaissance des plus composés. » Et, sur ces maximes, écarter résolument tout ce qui ne se pèse point et ne se mesure point, et n'accepter que l'évidence sensuelle, prolongée, pour ainsi parler, par l'évidence logique, rien encore n'était plus naturel. C'est ce qu'avait fait pendant une cinquantaine d'années, avant les Encyclopédistes, Fontenelle, qui les voyait naître avant de mourir; et Fontenelle, plus avisé qu'eux, était resté Cartésien et n'avait pas cessé de faire profession de l'être.

Cependant, ils ne le firent point, pour bien des raisons, dont le spiritualisme, le théisme et le christianisme aussi de Descartes ne doivent pas être les moindres; pour celle-ci aussi, sans aucun doute, que Descartes est un ancien, qu'il a fait école, qu'il a laissé tradition, qu'il est classique, que l'enseignement scientifique et philosophique du xviie siècle s'en est emparé, que, de Port-Royal à Bossuet et de Bossuet à Fénelon et à Malebranche et enfin à Fontenelle lui-même, Descartes a circulé à travers les hommes. Descartes a comme une odeur de xviie siècle et le xviie siècle, à l'exception de Bayle, est en horreur aux Encyclopédistes, comme « siècle de grands taleus plutôt que de lumières. » Il faut faire un esprit tout nouveau en France et qui ne conserve pas même souvenir du passé. Il faut brûler le vieil homme de telle manière qu'il n'en reste plus même de cendres.

C'est de là que vient le caractère cosmopolite ou plutôt le caractère étranger de l'*Encyclopédie*. Il ne suffit pas de n'être pas chrétien; il faut encore n'être pas Français. « Un homme né chrétien et Français » c'est la définition donnée par La Bruyère, de l'homme du xviie siècle. Aussi c'est du côté de l'Angleterre, ce que, du reste, je ne lui reprocherais point du tout, si en même temps il avait tenu compte du passé scientifique et philosophique de la France, que se tourne l'Encyclopédiste. Non seulement le seul philosophe qui existe à ses yeux est le « sage » Locke; mais, comme l'a très bien indiqué M. Ducros, le théoricien politique qui le guide à l'ordinaire n'est autre que Hobbes. Les Anglais seuls pensent, peuvent penser, doivent penser. La préface de l'*Encyclopédie* à cet égard, c'est le *Siècle de Louis XIV*, lancé juste au moment où l'*Encyclopédie* allait paraître. On a dit, et c'est M. Rebelliau dans une introduction qui n'est pas aussi connue qu'elle mérite de l'être, que, « si Voltaire se propose de peindre le siècle de Louis XIV, c'est surtout par esprit de réaction dépitée contre le siècle présent.., contre ce « siècle de fer » et ce gouvernement imbécile... contre ces Français de la décadence qui s'endorment sous la somnolente torpeur d'un ministre caduc et d'un roi apostolique... » Il y a du vrai, et somme toute, là aussi, Encyclopédiste seulement à demi, Voltaire est un des hommes du xviiie siècle qui ont le plus rendu justice au siècle précédent, et l'on peut, pour s'en persuader, le comparer à Montesquieu qui exècre le siècle de Louis XIV ,et à Rousseau qui l'ignore profondément. Mais il faut bien reconnaître cependant que le chapitre intitulé *Des Sciences* est bien plutôt un réquisitoire contre la science française du xviiᵉ siècle qu'un éloge à elle adressé ou même qu'un tableau véritable de ce qu'elle fut. Il n'y est guère rendu hommage qu'aux savans étrangers, il y est parlé de Descartes avec le plus impertinent dédain, Pascal n'y est pas nommé, mais en revanche Bacon, Galilée, Torricelli, la Société royale de Londres y sont encensés comme il faut, et le chapitre se termine... par ces premières lignes du chapitre suivant : « La saine philosophie [c'est-à-dire la science] ne fit pas en France de si grands progrès qu'en Angleterre et à Florence ; et si l'Académie des Sciences rendit des services à l'esprit humain, elle ne mit pas la France au-dessus des autres nations. Toutes les grandes inventions et les grandes vérités vinrent d'ailleurs. » Et n'est-il pas étrange que dans un tableau de l'esprit humain au xviiᵉ siècle la philosophie française tout simplement ne figure point? On dirait que la France ne s'est point occupée de philosophie au xviiᵉ siècle. Descartes n'est cité ici que comme savant et savant chimérique, Pascal que comme auteur des *Provinciales*, et Malebranche n'est pas nommé. En somme, pour Voltaire, la philosophie française au xviiᵉ siècle n'existe pas, la science française au xviiᵉ siècle existe à peine, et le xviiᵉ siècle n'est qu'un siècle d'aimables et brillans littérateurs. Pour les Encyclopédistes, il en est tout de même. Mépris complet du passé, rupture absolue de la tradition, tendance à accepter comme excellent tout ce qui est nouveau, secret dessein de *dépayser* la nation, d'une part en la détournant de son passé et de continuer son passé, d'autre part en lui montrant l'étranger comme la source de tout progrès, le sanctuaire de tous les modèles à imiter et l'école de la « saine philosophie; » c'est ce qu'il faut entendre par ce dessein des Encyclopédistes de donner à la France un esprit nouveau.

II

Mais encore quel nouvel esprit? Les Encyclopédistes, comme on peut croire, ne l'ont pas vu eux-mêmes avec une extrême précision. Il est toujours beaucoup plus facile d'être négatif qu'inventeur, de critiquer que de créer, de détruire que d'édifier et de se moquer de son père que de faire mieux que lui. Cependant les Encyclopédistes, par leurs négations mêmes, étaient amenés à affirmer certaines choses assez nettement, et par leurs répugnances à en adopter quelques-unes avec assez d'ardeur. S'apercevant que l'humanité avait été dirigée jusqu'à eux par des idées où certes on peut être conduit par la raison, mais qui cependant la dépassent, par des théories auxquelles l'observation n'est pas étrangère, mais qui, cependant, la dominent, et par des sentimens qui, certes, mènent au bonheur, mais qui y mènent sans le chercher, précisément parce que, au lieu de le chercher, ils le produisent; les Encyclopédistes ont pris sinon exactement, car il faut se méfier de la symétrie quand on expose l'évolution des idées humaines, du moins approximativement le contre-pied de ces idées, de ces théories et de ces sentimens, et ils ont rêvé une humanité guidée par la seule raison, armée de la seule science, n'ayant pour but que le bonheur, et ne cherchant le bonheur que dans le bien-être matériel.

Rationnelle, scientifique, pratique, telle doit être la philosophie nouvelle; rationnel, scientifique, pratique, tel doit être l'esprit nouveau.

C'est une chose assez singulière que ce que les Encyclopédistes entendent par raison. Ce n'est pas précisément une force de l'esprit, c'est une répugnance et une méfiance de l'esprit. C'est je ne sais quelle faculté de notre âme qui aurait pour devise le « Souviens-toi de te défier » de Mérimée. Par homme raisonnable, l'Encyclopédiste entend un homme qui se défie de l'imagination, qui se défie du sentiment, qui se défie du consentement universel, qui se défie de la tradition, qui se défie de la raison collective et qui se défie de la raison d'autrui. Et remarquez que nous sommes tellement individualistes que, vous qui me lisez, vous ne laissez pas de vous reconnaître un peu en ce portrait, et que, moi qui écris ceci, j'ai terriblement peur qu'il ne me ressemble. C'est que l'Encyclopédiste est du premier coup l'individualiste passé maître et l'individualiste modèle. Et c'est pour cela qu'il est rationaliste fieffé. En cela, il réfute bien par avance Cousin et son école. Celui-ci et celle-ci pensaient que la raison est impersonnelle, parce qu'ils la confondaient avec la logique. La raison n'est point impersonnelle; elle ne l'est pas plus que le sentiment, la passion, l'imagination et l'instinct. Elle l'est même moins. Nous sentons, nous nous passionnons, nous nous imaginons parfaitement en commun, par contagion, épidémie ou endémie, et la psychologie des foules l'a assez démontré. Et nous raisonnons de même, mais beaucoup moins. Le raisonnement est un acte froid, une opération tranquille ou qui tâche à l'être, et qui l'est relativement. A ce titre, il est excellemment personnel; il comporte une sorte de détachement et d'isolement, et de retraite et de sécession. On n'est nulle part mieux pour raisonner que dans un poêle. Le tort même de la raison, c'est de s'abandonner à cette pente qui lui est trop naturelle, et de ne pas tenir compte des sentimens universels et de ce qu'il y a, de ce qu'il peut y avoir de raison en eux et que c'est à elle de démêler. Mais ce qui est son tort était pour les Encyclopédistes son mérite, et ils isolaient l'homme dans le sanctuaire et dans la forteresse de sa raison, surtout pour le dresser à mépriser profondément la pensée de la foule, cette pensée mêlée de sentimens, chargée de traditions, encrassée d'habitudes et rouillée de préjugés. Et ils ont fini par faire de la raison, purement et simplement, une forme de l'orgueil.

Cette altière raison, et ici il faut d'abord rendre justice aux Encyclopédistes, doit pourtant, selon eux, avoir un instrument qui, en même temps, est une sauvegarde, et qui, en même temps, est presque un maître en cela qu'il est un guide. L'Encyclopédiste est beaucoup moins qu'on a dit partisan de la raison pure, de la raison abstraite et de la raison raisonnante, c'est-à-dire de la raison vide. Il veut qu'on raisonne sur quelque chose, et c'est-à-dire sur l'observation scientifique. Il veut qu'on amasse des faits et qu'on raisonne sur eux, attaché à eux et sans les quitter. Rien de mieux, et les services sont grands que l'*Encyclopédie* a rendus ainsi à la science, ou plutôt à l'amour de la science, et par suite à la science même. Seulement, il est comme bizarre que, tout en aimant la science profondément, les Encyclopédistes l'aient, de leur grâce, comme circonscrite, restreinte et rétrécie. Est pour eux matière de science ceci, cela, et non pas autre chose, et non pas tout. Est matière de science, le monde extérieur et visible, la matière, rien ou quasi rien autre chose. C'est à peine si les sciences morales existent pour l'Encyclopédiste. L'étude de l'âme leur paraît un amusement un peu vain du siècle précédent, ce qui pourrait se soutenir si l'étude de l'âme n'était pas la préface nécessaire de l'étude de ses besoins, et ne devenait pas, sitôt qu'on la considère ainsi, l'étude la plus importante qu'on puisse faire. La philosophie se réduit pour l'Encyclopédiste à l'histoire de la philosophie, c'est-à-dire, dans son esprit, à la revue des rêves, chimères, visions et billevesées de l'humanité. L'histoire est, me dira-t-on, fort estimée de l'Encyclopédiste. Assez, en effet, mais dans un esprit qui en vicie parfaitement l'étude et qui tend à la rendre assez inutile. Jusque-là, l'histoire était considérée comme féconde en leçons pour les rois, les grands et les peuples, et cette formule entre dans toutes les définitions qu'on en a données jusqu'au second tiers du xviiie siècle. Pour l'Encyclopédiste, l'histoire n'enseigne rien, si ce n'est à quel point l'humanité est restée dans la barbarie jusqu'à l'apparition de l'*Encyclopédie*, et par conséquent elle ne donne aucune leçon, sinon celle-ci, qu'il est extrêmement inutile de l'étudier. Il n'y a rien qui puisse davantage détourner de l'étude de l'histoire que la conviction que l'histoire est tout entière à effacer et qu'il ne faut la continuer d'aucune façon et qu'on peut ne pas la continuer. L'histoire nous devient ainsi quelque chose d'extérieur et d'étranger. On n'a plus qu'une raison d'y jeter quelque coup d'œil, c'est le plaisir qu'on éprouve à contempler le spectacle de folies dont on est exempt. Et cette raison ne laisse pas d'être assez forte, les jouissances de l'orgueil étant assez vives; mais on se lasse assez vite de ce genre de satisfaction, quand il coûte une certaine peine, et l'élève de l'*Encyclopédie* est presque forcément un homme qui se détournera de l'étude de l'histoire comme d'un divertissement à la fois très vide et un peu amer. C'est un homme né pour Rousseau, lequel fut si antihistorique qu'il fut préhistorique, non seulement dans ses rêves, mais dans ses démonstrations politiques. Le refroidissement, si je puis ainsi dire, des études historiques, de 1760 à 1815 environ, est un des faits les plus significatifs de l'histoire de notre civilisation, et c'est au moins en partie à l'esprit encyclopédique qu'on le doit.

Et enfin, de toutes les sciences morales, la morale elle-même est celle que le groupe encyclopédique a le plus négligée. Je n'en chercherai point la preuve dans les ouvrages immoraux de Diderot, qui n'ont paru en librairie que très longtemps après la date de l'*Encyclopédie* et pour la plupart au courant du xixe siècle; mais il est remarquable à quel point l'*Encyclopédie* elle-même est sèche, quand elle n'est pas absolument muette, sur ces ques-

tions : devoir, bien moral, fins de l'homme, obligation, conscience. Cherchez à ces mots et dites-moi ce que vous y trouvez.
On dirait que ces problèmes que le xviie siècle et le xixe ont
remués en tous sens n'existent point ou n'existent qu'à l'état de
vague souvenir en 1750. Il y a un article de Diderot sur les *Passions*, qui n'est pas mauvais du tout. Il les analyse fort bien et
rend compte très adroitement de leur jeu et s'avise et nous avise
fort exactement de leurs auxiliaires. Mais on l'attend à la fin.
Peut-on combattre les passions et comment peut-on les combattre? Diderot est ici fort succinct, dont ce n'est pas l'habitude.
Voici tout ce qu'il trouve : « Poussé par ces vents contraires,
l'homme pourra-t-il arriver au port? Oui, il le faut. Il est pour
lui une raison qui modère les passions, une lumière qui l'éclaire,
des règles qui le conduisent, une vigilance qui le soutient, des
efforts, une prudence dont il est capable. *Est enim quædam medi-
cina certe ; nec tam fuit hominum generi infensa atque inimica
natura ut corporibus tot res salutares, animis nullam invenerit...* »
On conviendra que Diderot ne s'est pas mis en grands frais et
qu'il dit assez posément ce dont on a moins affaire et tourne
court, et en se dérobant derrière une phrase de Cicéron, quand
il est au point. Il est assez clair qu'il ne croit guère au moyen
de vaincre les passions et n'y tient du reste pas autrement. Vous
pouvez rapprocher de cela l'article *Morale* dans le *Dictionnaire
philosophique*. Une petite page où il est dit, parmi quelques
épigrammes contre le christianisme, que les païens ont eu une
morale, que la morale n'a rien de commun avec les dogmes et
que la morale est universelle comme la géométrie, encore que
celle-ci soit peu répandue. Sur quoi Voltaire tire sa révérence :
« Lecteur, réfléchissez; étendez cette vérité; tirez vos conséquences. » On n'eût pas été fâché que Voltaire s'étendît lui-même,
tirât ses conséquences et fit ses réflexions personnellement. Il
s'en soucie peu; c'est assez clair. En général, les Encyclopédistes
ne parlent morale que pour l'opposer à la religion et pour assurer
que celle-là n'a aucun besoin de celle-ci. C'est avec peine que,
recourant aux ouvrages particuliers de D'Holbach et d'Helvétius,
M. Ducros a pu tracer une grêle esquisse de la morale encyclopédiste, sur quoi nous aurons occasion de reveuir.
   La science donc et la science réduite aux mathématiques et
aux sciences naturelles, c'est le véritable objet de l'*Encyclopédie*.
L'homme, armé d'observation, d'expérimentation, de bons outils

et de l'instrument mathématique, doit étudier le monde matériel. Mais pourquoi? Pour augmenter le bien-être de l'humanité. Rationnel, scientifique et, en dernière analyse, pratique, tel doit être l'esprit nouveau. L'Encyclopédie, non seulement s'est défiée de l'idéal en général; mais elle s'est défiée de l'idéalisme scientifique. L'idéalisme scientifique existe. C'est cette « haute curiosité » dont aimait à parler Renan. C'est la curiosité désintéressée. C'est le goût de connaître les secrets du monde pour les connaître. Il n'y a rien de plus noble que cet idéalisme du savant désintéressé. Il travaille pour rien, et c'est ce qui fait la beauté de son travail. Faire quelque chose pour rien est ce qu'il y a.de plus ridicule et puéril, ou de plus haut et de plus magnanime, dans la vie humaine. C'est quelque chose pour rien que le jeu, la chasse et la conversation des femmes, comme dit Pascal; c'est quelque chose pour rien que la curiosité scientifique et le travail de l'artiste et la spéculation du métaphysicien. Entre ces deux manières de travailler pour un objet inutile ou très éloigné et qu'on ne voit pas, et de faire de l'inutile ou de l'utile à échéance indéfinie, se place le travail pratique, à objet précis, prochain, visible et vu. C'est à celui-ci que l'Encyclopédiste réserve son approbation. Certes il n'a pas tort; mais il n'a pas assez raison. Il ne tient pas compte et des instincts mêmes, probablement éternels, de l'humanité, et de ses intérêts véritables. L'homme, qui a inventé le jeu, a un besoin d'employer son activité à quelque chose qui n'ait pas d'objet, et, si on lui interdit le jeu supérieur, c'est aux jeux bas ou au moins frivoles qu'il aura recours. Et, de plus, les travaux sans but immédiat se trouvent toujours les plus utiles en dernière analyse et au dernier terme. De la curiosité mathématique est venue la mécanique qui a transformé la terre, l'astronomie qui a ouvert et agrandi l'univers aux yeux de l'homme, sans compter tous les instrumens qui ont permis à l'étude de la nature d'être autre que superficielle et grossière. Pasteur commence par les études et les travaux les plus désintéressés qui puissent être, il finit par les découvertes les plus utiles, les plus pratiques et les plus bienfaisantes qui aient jamais été, et sa vie, à cet égard, représente la suite même et la succession de la science. Le savant désintéressé travaille pour sa satisfaction de travailleur et de chercheur et pour un résultat pratique qu'il verra peut-être, que très probablement ne verront que ses successeurs très éloignés; et peu lui importe.

C'est cette placidité de la science *pure* que les Encyclopédistes ont peu connue et peu recommandée. Ils sont impatiens et
réalistes. Ils veulent, grands travailleurs du reste, le travail à
objet prochain et à récompense immédiate. Ils ne croient pas
assez à la vertu propre de la pensée pour la pensée et aux chances
qu'a la pensée pure de devenir un jour pensée applicable et
appliquée. Ils se disent que ce n'est qu'une chance, en quoi ils
ont raison, et que, par conséquent, compter ainsi est une imagination, et ils n'aiment point l'imagination. Cela est d'assez bon
sens ; mais c'est trop de bon sens moyen, et c'est ainsi qu'on
rétrécit le champ d'activité du genre humain. Il faut semer
plus largement. Une partie des graines ira dans les cailloux et
dans les ronces, une partie seulement dans la bonne terre.
Mais, à rétrécir le geste, on habitue l'homme à se confiner dans
ses préoccupations locales et éphémères ; on le détourne des
grands espoirs et des vastes pensées ; on lui ferme l'avenir ;
on rapproche de lui son horizon ; on le rend plus petit et on
l'habitue à se complaire dans sa petitesse. L'homme ne vit
qu'nn jour ; mais, à l'habituer à ne vivre par la pensée que ce
jour même, on rend ce jour plus court encore et plus vide.
L'homme a une manière de se dépasser ; elle consiste à vivre
dans ce qui l'a précédé et dans ce qui le suivra, sans négliger le
temps où il est. Par son mépris du passé et par son indifférence
relative à l'égard de l'avenir, l'Encyclopédiste rend à l'homme le
mauvais office d'abréger la vie humaine.

III

Puisqu'ils sont si pratiques, suivons les Encyclopédistes dans
leur œuvre pratique et dans ce qu'ils ont fait pour le temps même
où ils ont vécu. Ici nous aurons de très grands éloges à leur
adresser. Ils se sont attachés à dénoncer les imperfections et abus
de la législation et de l'administration française et ils n'ont pas
fait, en cette matière, un mauvais travail. D'abord et avant tout,
ils ont représenté comme extrêmement arriérée et comme véritablement barbare la législation pénale de leur temps. Ils ont été,
ici, guidés par deux idées, l'une négative, l'autre positive, qui
toutes deux sont assez justes. D'une part, croyant très peu au

libre arbitre humain, ils ont fait abstraction, en quelque sorte, du « droit de punir » et n'ont considéré que le droit, pour la société, de légitime défense. Ils ont dit à peu près ceci : « Comme nous ne savons pas au juste dans quelle mesure le criminel fut libre ou ne le fut pas de ne point être criminel, nous prions l'État de ne se point faire juge de l'acte, mais du danger que représentent pour la société l'acte et celui qui l'a commis. De cette façon, la société reste armée tout autant ; seulement elle ne se met plus en colère, ce qui est essentiel en justice pénale. *Elle ne hait pas le criminel.* Elle ne poursuit plus une vengeance. Elle est en face du criminel comme en face d'un incendie, d'une inondation ou d'un « chien enragé » (mot de Voltaire). Elle lui oppose une digue, c'est-à-dire qu'elle le met en prison ou en déportation ou en exil. Elle le tue, si elle ne peut pas faire autrement. Mais elle ne le fait jamais souffrir inutilement et pour le plaisir de faire souffrir un être qu'on hait. Donc plus de tortures, plus de raffinemens dans les supplices. Il faut proportionner la peine, non à la culpabilité, mais au danger que le crime fait courir à la communauté et au préjudice à elle causé. Il est possible que le crime de sacrilège soit le plus grand de tous. Mais, comme danger à l'endroit de la société, il n'est qu'un délit très léger. Que Dieu juge du crime et nous du préjudice. Il est possible que le vol domestique soit *moins criminel* que le vol simple ; car la tentation est plus grande, et la facilité, et l'occasion ; mais, sans le punir de mort, comme vous faites, ce qui n'est pas proportionné au préjudice, nous accordons qu'il doit être plus puni que le vol simple, parce que le danger pour la communauté est plus grand. En somme, dans quelle mesure convient-il de punir, nous n'en savons rien ; dans quelle mesure faut-il se protéger et se défendre, nous le savons. C'est ce principe qui doit nous guider. »

Et c'est ainsi que les Encyclopédistes ont été amenés à poser cet axiome excellent : « *Le principal et le dernier but des peines est la sûreté de la société. Toutes les fins particulières des peines, prévenir, corriger, intimider, doivent toujours être subordonnées et rapportées à la fin principale et dernière, qui est la sûreté publique.* »

Leur seconde idée générale à ce sujet est que la société doit poursuivre l'amendement du coupable *avant* et *après* le crime commis. L'amendement préalable, c'est l'éducation ; l'amendement subséquent, c'est la correction morale. Avant comme après, pour prévenir le crime, comme pour prévenir la récidive, il faut agir sur le caractère du méchant et modifier ce caractère : « Un imbéeile peut punir les forfaits; le véritable homme d'État sait les prévenir; c'est sur la volonté encore plus que sur les actes qu'il étend son empire. » C'est l'*Encyclopédie* à l'article *Économie politique*, c'est-à-dire c'est Rousseau, qui parle ainsi ; et Diderot, de son côté, considère un caractère comme une passion dominante, accompagnée de passions subordonnées sur toutes lesquelles on peut agir par une sorte de suggestion; et D'Alembert encore : « Les lois pénales sont des motifs [mobiles] que l'expérience nous montre comme capables de contenir ou d'anéantir les impulsions que les passions donnent aux volontés des hommes... La société punit les coupables, quand, *après leur avoir présenté des motifs assez puissans pour agir sur des êtres raisonnables*, elle voit que ces motifs n'ont pu vaincre les impulsions de leur nature dépravée. »

On trouvera peut-être que ces deux idées ne sont pas sans présenter, à les rapprocher l'une de l'autre, quelque contradiction. D'un côté, les Encyclopédistes croient fort peu à la liberté humaine et considèrent le coupable comme un simple *impedimentum* social qu'il s'agit de mettre hors d'état de nuire; ils le traitent comme une chose. D'autre part, ils le considèrent essentiellement comme un être libre, qui peut s'amender, se corriger, se redresser, se relever, pour peu qu'on l'y aide; ils le traitent essentiellement comme une personne. Ces deux idées ne sont pas si antinomiques qu'elles peuvent en avoir l'air. Pour l'Encyclopédiste, l'homme est un être infiniment malléable qui subit les impulsions de ses entours et les impulsions intérieures de son tempérament. C'est pour cela qu'on ne peut guère le considérer comme un être libre et le punir comme un être responsable; mais c'est pour cela et d'autant plus qu'il faut agir sur lui par l'éducation et par l'avertissement sévère de la loi. Ce rôle de personne morale, juge du bien et du mal, que les Encyclopédistes ôtent à l'État en lui refusant le droit de punir, ils le lui rendent en l'investissant du rôle d'éducateur, de moniteur, d'avertisseur et de redresseur. Ils se détachent bien moins qu'on ne pourrait croire de l'antique conception de l'État. Dans la conception ancienne, l'État était comme un père de famille revêtu d'une autorité formidable, juge certain de la moralité des actes de ses en

fans et les châtiant selon leurs démérites; dans la conception
des Encyclopédistes, l'État est un père de famille, dépositaire de
la justice et de la morale et chargé surtout de l'enseigner à ses
enfans, et n'ayant le droit de les punir qu'après avoir fait tout
son devoir d'éducateur. Mais il est toujours père de famille. La
conception toute moderne est encore loin qui considère l'État
comme uniquement répresseur des actes qui mettent son existence en danger et, du reste, se désintéressant de la moralité ou
de l'immoralité des individus.

Après tout, les Encyclopédistes n'ont pas tout le tort. On peut
leur dire : « Vous qui voulez qu'on prévienne, plutôt que vous
ne voulez qu'on punisse, et qu'on enseigne, plutôt que vous ne
voulez qu'on réprime, pourquoi attaquez-vous si fort la religion,
qui est une éducation morale et un agent à prévenir les crimes
au lieu de les attendre? » Ils répondront : « C'est précisément
parce que, pour d'autres causes, nous voulons faire disparaître la
religion que nous sentons le besoin d'un agent moral et d'un
éducateur moral et que nous investissons l'État de cet office. »
Et, en effet, à mesure que l'influence des religions diminue, on
s'aperçoit que le seul agent de moralité est la loi, et que le
peuple s'habitue à cette idée que tout ce qui n'est pas défendu
par le Code ne l'est par rien et non seulement est licite civile-
ment, mais est parfaitement moral. « Je ne tombe pas sous le
coup de la loi; je suis un honnête homme. » Et alors vient la
tendance toute naturelle à replacer dans la loi civile ce qui était
autrefois dans la loi religieuse, pour qu'il y ait un agent et un
éducateur de moralité quelque part. Ce qui était un péché, on
est forcé d'en faire un délit. L'ivrognerie devient un délit; l'ignorance est un délit; demain le célibat en sera un. L'État redevient personne morale; l'État redevient sacerdotal comme il le
fut dans l'antiquité. Les Encyclopédistes n'ont pas prévu la chose
jusqu'à ce point; mais ils l'ont prévue et ont ouvert la voie à y
parvenir. Il y aurait eu de quoi les faire reculer, s'ils avaient été
libéraux; mais nous verrons plus loin qu'ils ne l'étaient pas pour
une obole. J'en suis pour le moment à indiquer seulement qu'ils
ne manquaient pas de logique.

Ils ne manquaient pas de bon sens non plus, quand ils combattaient énergiquement la justice arbitraire. Au fond, le Code
pénal d'alors était si confus à la fois et si élastique, le droit laissé
au juge d'aggraver la peine selon les circonstances du procès

était si étendu et s'étendait si facilement jusqu'à la mort, que c'était une chose reconnue universellement que la justice pénale était absolument arbitraire et que le magistrat avait droit de vie et de mort sur les citoyens. « C'est une espèce de maxime que les peines sont arbitraires dans ce royaume, dit Servan en 1766. Cette maxime est accablante et honteuse. » Les Encyclopédistes ne cessèrent de réclamer un code précis, obligeant le juge, de telle manière que l'aceusé ne fût, comme les autres hommes, soumis qu'à la loi et non mis à la merci du juge. Le Tiers de Draguignan, en ses cahiers de 1788, résumait la pensée encyclopédique quand il disait : « Nous souhaitons que les peines soient *fixées*, de sorte que le juge soit lié et que la loi seule condamne. » Il est curieux de rapporter ces paroles et de revenir sur ces idées, au moment où il se trouve des juges pour demander que ces vérités devenues banales soient abandonnées et qu'on rebrousse jusqu'en deçà de 1750, et qu'on retourne à l'arbitraire du juge comme remède de la rigidité et de l'inflexibilité de la loi.

Les Encyclopédistes n'out pas été moins bien inspirés en général dans leur guerre à la législation industrielle et à l'administration intérieure. Là, ils furent libéraux, et ce n'est que là, en vérité, qu'ils le furent. Ils combattirent les douanes intérieures, les droits seigneuriaux vexatoires pour l'agriculture et l'institution des maîtrises. Il n'y a rien à dire ici, si ce n'est qu'ils eurent absolument raison. Quand on songe à tout ce qui pesait sur l'agriculture au xviiie siècle, biens de mainmorte, impôts effroyables et triplés par la manière de les percevoir, droits seigneuriaux, douanes intérieures, ce qui étonne, ce n'est pas qu'une partie du territoire fût en friche, c'est qu'il n'y fût pas tout entier. Il y a à montrer de la reconnaissance aux Encyclopédistes, gens des villes, gens de salons et de cafés, pour ce qu'ils se sont très vivement émus en faveur de l'agriculture et ont fort bien vu que tout, dans nos pays, dépend d'elle, à commencer par la natalité, ce qui probablement est le principal. Ils furent poussés de ce côté par deux hommes surtout, tous deux provinciaux, ruraux ou devenus tels, Voltaire et Turgot, qui avaient vu de près le mal et quelques-uns des moyens d'y remédier.

Quant aux maîtrises, elles sont un exemple de la grandeur et de la décadence des institutions. Elles avaient été extrêmement utiles; elles avaient longtemps conservé dans les corporations ouvrières la moralité, la sécurité, les habitudes de travail et de probité, une saine discipline. Elles étaient devenues tyranniques, infiniment étroites d'esprit, rebelles à tout progrès, ennemies de toute indépendance et conservatrices de toute routine. Elles étaient détestées du public, du gouvernement, de la magistrature, de leurs subordonnés et de tout ce qui n'y était pas maîtres. On ne peut s'étonner, ni se plaindre, de ce que les Encyclopédistes leur aient fait si rude guerre. Peut-être a-t-on eu tort de supprimer purement et simplement les maîtrises et eût-il valu mieux les amender profondément; mais elles n'étaient pas loin de mériter leur sort. Je ne laisse pas de craindre qu'elles ne renaissent, cent dix ans après leur destruction, dans les syndicats ouvriers. Il y a lieu sur ce point à quelque inquiétude. Ce ne sont pas les destructions salutaires de l'*Encyclopédie* et de la Révolution qui paraissent être définitives.

Toujours est-il qu'on ne voit guère que des idées de bon sens dans l'*Encyclopédie* (comme dans Voltaire, du reste) sur tout ce qui concerne la législation et l'administration intérieures. Tout ce qu'elle pouvait dire, elle l'a dit; tout ce qu'elle a dit est extrêmement peu contestable, et l'on applaudit à ce résumé : « Voulez-vous rendre la nation riche et puissante? Corrigez les abus et les gènes de la taille, de l'impôt sur le sel ; répartissez les impôts suivant les principes de la justice distributive... La France serait trop puissante et les Français trop heureux si ces moyens étaient mis en usage. »

IV

Les Encyclopédistes ont tenu plus encore à une destruction plus importante selon eux et plus salutaire que toutes celles que nous venons d'indiquer. Ils ont désiré très vivement l'abolition de toutes les religions. L'état d'esprit des Encyclopédistes à cet égard est tout à fait particulier. Il est certains esprits qui détestent dans la religion, quelle qu'elle soit, un principe d'autorité. Despotisme temporel, despotisme spirituel leur paraissent connexes et solidaires. Religion est pour eux commandement extérieur; esprit religieux est pour eux abdication de la volonté. Et cet état d'âme n'est pas celui des Encyclopédistes; car ils ne sont rien moins que libéraux ou « libertaires » et l'anarchie n'a aucune première source ou première racine dans l'*Encyclopédie.*

Il est d'autres hommes qui suspectent dans la religion une abdication moins de la volonté que de l'intelligence et qui y voient avec répugnance une habitude de penser en commun, alors qu'à leur avis la pensée est éminemment chose personnelle. Ce sont ces hommes-là ou qui ont inventé, sous un mot ou sous un autre la « libre pensée, » ou qui ont institué le protestantisme, lequel, par le développement même de son principe, devait incliner de telle manière, le temps aidant, vers la libre pensée qu'il en serait comme l'asymptote, toujours près de se confondre avec elle et ne la rejoignant jamais. Et ceci est un peu plus l'état d'esprit des Encyclopédistes, car ils sont individualistes; mais ce ne l'est pas encore tout à fait; car ils sont assez loin de mépriser l'effort en commun, la pensée de plusieurs, coordonnée, au moins, au service d'un dessein général, et ils ne sont pas si éloignés d'être une petite église.

Le fond de la pensée des plus qualifiés des Encyclopédistes relativement à la religion me paraît être à peu près celui-ci. Toute religion suppose une foi, des mystères, une tradition. Ce sont trois choses détestables. La foi est une sottise. Il ne faut pas croire, il faut savoir. La loi de l'homme est d'apprendre, de raisonner sur ce qu'il apprend, et de savoir de plus en plus. Au delà, en deçà, à côté, rien. La foi est un effort de volonté ou une paresse. Comme paresse elle est honteuse; comme effort de volonté, elle est un travail vain et une excitation maladive et malsaine. La foi est « l'antipathie » même, dans le sens qu'on donnait à ce mot au xviiᵉ siècle, de l'esprit encyclopédique. L'Encyclopédiste, qui est le plus affirmatif des hommes, en est le moins croyant. Il regarde comme puéril d'avoir une certitude de sentiment ou une évidence de volonté. On ne doit avoir qu'une certitude de connaissance ou une évidence de raisonnement. « Le cœur [c'est-à-dire l'intuition intime] a ses raisons que la raison ne connaît pas » est un mot qui n'a aucun sens. On sait ou l'on ne sait point. Croire sans savoir n'est pas d'un homme.

Et aussi toute religion a des mystères, ce qui est du même ordre d'idées que la foi, mais n'est pas tout à fait la même chose. La foi est l'essence de la religion; le mystère en est l'aliment spirituel, et en est aussi comme l'exercice spirituel. Le croyant se plaît au mystère, pour entretenir et pour exercer ses facultés

mystiques. Il aime à respecter, à vénérer avec étonnement et
terreur, et respecter et vénérer avec étonnement et terreur est
peut-être la définition même d'adorer. Donc il aime que ce qu'il
adore ne soit pas clair. Il se plaît aux bornes mêmes de son intelligence et de son savoir, et il aime à s'incliner devant les ténèbres
de l'inconnaissable et de l'inintelligible, et son humilité trouve
des délices à s'étonner et à se confondre de la sorte. Le mystère
particulier qu'on lui enseigne est pour lui une formule, du mystère général des choses qui le dépassent de toute l'infinité du
monde. Il lui rappelle qu'il y a de l'insondable, et c'est une pensée
dont il lui plaît de se pénétrer. Il n'aime pas être en familiarité
avec Dieu, ni avec la création. Il les sent inaccessibles à notre
vue faible, et il aime à les sentir ainsi. Un Dieu démontré est
quelque chose que l'on vient de trouver au bout d'une méditation ou d'un raisonnement, et c'est donc quelque chose qui vous
appartient comme la page que vous venez d'écrire ou un objet
d'art que vous venez de fabriquer. Il déplaît infiniment à l'esprit
religieux, à l'homme qui veut adorer, d'être si près de l'objet de
son culte et à tel point qu'il ne saurait pas si son culte ne
s'adresserait pas à lui-même. Donc il ne déteste pas qu'on multiplie les nuages redoutables entre lui et l'objet de son adoration.
Il sent qu'on ne fera jamais Dieu trop compliqué, puisque, aussi
bien, il l'est infiniment; il sent que le « mystère » ecclésiastique, si obscur qu'il soit, n'est qu'une image du mystère universel qui nous entoure et du mystère initial du principe des
choses. D'où vient que le mystère ecclésiastique, non seulement
ne lui répugne point, mais lui agrée, et répond précisément à sa
nature d'esprit.

Il y a dans cet état d'âme de l'humilité, du respect, le sentiment de l'infirmité humaine, le sentiment de la grandeur de
l'univers, le sentiment de l'infini, et c'est-à-dire tout ce qui est
le plus contraire et tout ce qui est le plus antipathique à ces
Messieurs de l'*Encyclopédie*. Ils ont l'esprit clair, ils aiment
trouver les choses très claires, et ils ne sont pas respectueux. Ils
aiment tant démontrer, et ils démontrent infatigablement, et ils
n'aiment ni reconnaître la faiblesse de l'esprit humain ni l'incliner devant quoi que ce soit au monde. Athées ou déistes, ils
ne sont pas, pour autant, très éloignés les uns des autres. Athées,
ils démontrent l'athéisme ; déistes, ils démontrent Dieu. Dieu
démontré n'est pas leur ennemi et n'est pas pour leur déplaire.

Ils n'ont pas à l'adorer ; ils le constatent, et il leur semble qu'il
dépend d'eux en quelque manière. Une « religion naturelle »
ne les irrite point, et ils vous en feront une, si vous le leur demandez, en quelques heures. Et c'est qu'ils sentent bien qu'une
religion naturelle, ne comportant et n'admettant rien de mystérieux ni de troublant, n'entraîne pas plus de respect, de vénération, de crainte et d'adoration qu'un théorème de géométrie.
Quand elle est faite, on dit : « exact. » Une religion naturelle leur
plaît assez en ce qu'elle n'est pas une religion. — Ce qui leur dé-
plairait autant, je crois, qu'une religion mystérieuse, ce serait le
positivisme du siècle dernier, qui trace une limite, qui dit :
« Ceci èst démontrable ; ce qui est au delà, par définition, ne
l'est pas. Arrêtons-nous ici. On ne démontre pas plus avant. »
Ils se diraient que, loin de fermer la porte, c'est la rouvrir ; que
le croyant trouve son compte à cette délimitation et à ce départ ;
qu'on lui laisse un champ vaste à se mouvoir et à s'élancer sur
les ailes de la foi et de l'espérance ; qu'il peut dire que l'inconnaissable, c'est le mystère ; qu'en lui disant que l'infini est indé-
montrable, tant s'en faut qu'on lui apprenne rien, qu'au contraire
on lui donne raison, et tant s'en faut qu'on l'arrête, qu'au contraire on le laisse aller et même on le pousse d'un nouvel élan.
Le positiviste dit au croyant : « L'infini est inconnaissable. » Le
croyant répond : « J'allais vous le dire. » Voilà ce qu'aurait
pensé l'Encyclopédiste du positivisme, et je crois qu'il aurait eu
raison.

Enfin, et peut-être surtout, la religion est éminemment traditionnelle et prétend nourrir les vivans de la pensée et de la foi
des morts, et tout ce qui est tradition est tellement désagréable à
l'Encyclopédiste qu'il suffirait de cette raison pour que toute religion lui fût suspecte, et, sur ce point, il n'y a pas lieu d'insister.
Je ferai seulement remarquer ici ce que j'aurais pu noter en un
autre endroit. L'Encyclopédie est si hostile à l'esprit de tradition
qu'elle évite d'être historique. Sauf en matière philosophique, où
elle ne déteste pas faire revivre les systèmes anciens pour les
opposer aux idées chrétiennes ou dauber sur les philosophies
spiritualistes de l'antiquité pour que l'idéalisme moderne en reçoive un contre-coup, elle fait très petite ou elle fait nulle la part
de « l'historique » de chaque idée ou de chaque invention ou
de chaque découverte. Elle n'aime pas à « remonter. » C'est le
savoir actuel ou la pensée actuelle, c'est le savoir ou la pensée

de la seconde moitié du xviiie siècle qu'elle constate, qu'elle expose et qu'elle étale, comme si cela ne se rattachait à rien ou comme si ce qui l'a précédé ne l'avait pas amené et comptât pour rien. L'*Encyclopédie* n'aime pas à voir la suite des choses. Un grand destin commence; c'est où elle tient son regard attaché; un triste destin s'achève ; c'est d'où elle détourne volontiers les yeux. Comment donc avoir quelque considération pour ces dépôts de traditions qui sont les religions; pour ces écoles de respect envers le passé qui sont les religions ; pour ces chaînes vivantes par quoi les générations se relient les unes aux autres et se sentent dépendantes les unes des autres qui sont les religions ?

M. Ducros remarque très justement dans l'*Encyclopédie* l'absence de toute exégèse. Rien de plus naturel. L'exégèse est aux livres sacrés ce que la critique des textes est aux « profanes. » Elle implique une dévotion éclairée, libre et active; mais une dévotion. Si elle n'est pas la soumission, si elle n'est pas l'humilité, encore moins est-elle le dédain, et, étant l'attention scrupuleuse, elle est encore une forme du respect. Ce qui est conforme à l'esprit encyclopédique, c'est de combattre les religions par le raisonnement général, ou par le sarcasme plus ou moins couvert et oblique, ou par la considération des crimes commis sous prétexte de religion; c'est de dire comme Diderot, à la fin d'un article très scientifique et très correct sur les Théosophes :
« ... Il y a encore quelques Théosophes parmi nous. Ce sont des gens à demi instruits, entêtés à rapporter aux Saintes Écritures toute l'érudition ancienne et toute la philosophie nouvelle; qui déshonorent la révélation par la stupide jalousie avec laquelle ils défendent ses droits; *qui rétrécissent autant qu'il est en eux l'empire de la raison dont ils nous interdiraient volontiers l'usage;* qui sont toujours prêts à attacher l'épithète d'hérésie à toute hypothèse nouvelle ; *qui réduiraient volontiers toute connaissance à celle de la religion* et toute lecture à celle de l'Ancien et du Nouveau Testament, où ils voient tout ce qui n'y est pas et rien de ce qui y est; qui ont pris en aversion la philosophie et les philosophes; et qui réussiraient à éteindre parmi nous l'esprit de découvertes et de recherches et à nous replonger dans la barbarie, si le gouvernement les appuyait, comme ils le demandent. »
— Et il est bien entendu qu'il n'est question ici que des Théosophes.

V

Les Encyclopédistes ont eu pourtant une manière de religion. Ils se seraient reconnus dans cette « religion de la souffrance humaine » dont on fit si grande rumeur il y a une vingtaine d'années et dont il n'est plus beaucoup question aujourd'hui. C'est proprement leur invention. J'entends qu'ils en ont parlé comme si ce fût eux qui eussent inventé la charité. Toujours est-il qu'ils ont prodigué les mots de piété, de sensibilité, de bienfaisance et d'humanité. Sachons dire que, s'ils n'ont rien trouvé sur ce point qui n'eût été répété à satiété et généralement avec plus d'éloquence par tous les orateurs chrétiens; s'il serait assez juste de leur appliquer le mot de Giboyer : « Ils ont dit des choses toutes nouvelles sur la charité. — Ils ont donc dit de ne pas la faire; » si, du reste, tout en prêchant ardemment la bienfaisance, leur bienfaisance se serait bien passée de poursuivre, avec une rigueur et une fureur qu'ils eussent appelées ecclésiastiques chez d'autres, ceux qui étaient leurs adversaires ou seulement leurs contradicteurs; reste encore qu'ils ont été très convaincus, nullement hypocrites, profondément pénétrés au contraire et presque émus dans leur croisade pour l'humanité.

A quelqu'un qui était fort charitable, non sans un grain d'affectation, mais charitable enfin d'une façon réelle et active, je me tenais à quatre mains pour ne pas dire : « Comme vous seriez insensible, si vous n'étiez pas athée ! » Son athéisme était en effet la raison, au moins principale, de sa philanthropie. Il voulait prouver qu'un homme irréligieux peut être un honnête homme et même un homme vertueux. Toute sa vertu tenait à son prosélytisme antireligieux. L'une de ces choses lui faisait aimer l'autre, et, s'il était vertueux par athéisme, il se renforçait dans son athéisme par admiration de sa vertu, preuve si évidente que la vertu ne tient nullement à la religion. La philanthropie des Encyclopédistes est très analogue à ce cas particulier. Elle est surtout un argument de polémique. Elle a le caractère d'une preuve à l'appui. Ils cherchent à l'emporter en zèle philanthropique sur les prédicateurs les plus pitoyables et les plus chaleureux de toutes les églises, et ils mettent la surenchère pour établir la supériorité de la philosophie sur la religion. Le résultat, après tout, n'est pas mauvais, en cela surtout que, par un choc en retour, il rend réellement bons des hommes qui n'avaient pas grande raison de l'être. La philosophie sensualiste n'endurcit pas nécessairement le cœur; mais elle n'est pas faite en soi pour l'attendrir. Elle ramène trop l'humanité à la seule recherche du bien-être ici-bas et l'habitue trop par là à un certain oubli du sacrifice. La « philosophie scientifique » elle-même met trop l'esprit humain en présence d'une nature insensible et même cruelle, indifférente au moins au juste et à l'injuste, et à laquelle on peut s'habituer à se conformer. Grâces soient donc rendues à des hommes qui ne se sont pas souciés sur ce point d'être très conséquens, ou grâces soient rendues pour un moment à ce besoin de démontrer l'innocence ou même l'excellence de la philosophie nouvelle, heureuse nécessité qui a fait des Encyclopédistes des apôtres inattendus de la charité.

Il faut bien dire que des sentimens comme celui-ci, qui, par leur origine et, pour ainsi parler, par leur fabrication, ont quelque chose d'artificiel, ne durent pas et ne peuvent point durer très longtemps. Il n'en est pas moins que ces sentimens d'humanité sont ce que l'*Encyclopédie* a laissé après elle de meilleur et peut-être de plus fécond. La Déclaration des Droits de l'Homme en ses meilleures parties est pénétrée de l'esprit encyclopédique : « Le but de la société est le bonheur commun. — La loi est la même pour tous; elle ne peut ordonner que ce qui est utile à la société; elle ne peut défendre que ce qui lui est nuisible. — Nul ne doit être accusé, arrêté, ni détenu que dans les cas déterminés par la loi. — Tout homme est présumé innocent jusqu'à ce qu'il ait été déclaré coupable; toute rigueur qui ne serait pas nécessaire pour s'assurer de sa personne doit être réprimée par la loi. — Nul ne doit être jugé qu'après avoir été légalement entendu. — La loi ne doit décerner que des peines strictement et évidemment nécessaires, proportionnées au délit et utiles à la société. — Les secours publics sont une dette sacrée. » — Et surtout l'idée même de la Déclaration est une idée encyclopédique. L'*homme a des droits*, parce qu'il est homme, sans qu'il soit besoin d'autre raison à les fonder. Je crois que c'est faux, mais qu'il faut faire comme si c'était vrai. C'est ce que Voltaire appelait un préjugé nécessaire.

VI

Et ceci nous ramène à la politique. Un seul mot sur ce point. Quelles ont été les idées des Encyclopédistes en politique proprement dite ? Il est incroyable combien en cela, non seulement ils ont été peu « avancés, » c'est-à-dire peu proches de nous,'mais combien ils ont été rétrogrades. Les Encyclopédistes, — comme Voltaire, — sont des aristocrates, des autoritaires, des monarchistes et des despotistes, et j'ai pris plaisir à voir que M. Ducros est sur ce point absolument de mon avis, et du reste il suffit de lire.

Rien n'égale leur mépris pour le peuple, ou, si vous aimez mieux, leur conviction que le peuple est un incapable, et, comme dira plus tard cet effronté de Joseph de Maistre, « toujours fou, toujours enfant, et toujours absent. » Ce n'est pas Voltaire seulement qui dit « qu'il faut abandonner l'infâme aux laquais et aux servantes, » et que tout « est perdu quand la canaille se mêle de raisonner ; » c'est Diderot, c'est « le fils du coutelier de Langres, » comme dit méchamment M. Ducros, qui écrit : « Les progrès des lumières sont limitées. Elles ne gagnent guère les faubourgs : le peuple y est toujours trop bête. La quantité de la canaille est à peu près toujours la même... La multitude est toujours ignorante et hébétée. » Ils n'ont jamais eu l'idée, non seulement d'une égalité de conditions, — et ce n'est pas de cette idée que je les féliciterais, ni de ne pas l'avoir eue que je les blâme, — mais d'une diminution même de l'inégalité des conditions. Être égaux devant la loi, « également liés et également protégés par les lois, » c'est tout ce qu'il faut et rien de plus. Quant à la participation de tous à la création de la loi, c'est une idée de Rousseau, où les Encyclopédistes ne sont point entrés et dont ils n'ont même pas approché. Ils sont aristocrates par leurs goûts, par leurs habitudes, par leurs fréquentations et commerces, par leur caractère ; un peu vaguement ils le sont par leurs idées, non pas en ce qu'ils rêvent de restaurer l'aristocratie française qui décline, mais en ce qu'ils songent obscurément et sourdement à la remplacer. Ils prévoient un avenir où, comme dit Voltaire, « les premières places seront occupées par les philosophes. » Leur chinoiserie ou leur *chinoisisme*, si étalé et dont on n'a pas eu tort de se moquer, tient en partie à cela : « Ils sont ravis, dit Tocqueville, à la vue de ce pays dont le souverain est absolu, mais exempt de préjugés, où toutes les places sont obtenues dans des concours littéraires; qui n'a pour religion qu'une philosophie et pour aristocratie que des lettrés. »

Pour autoritaires et despotistes ils le sont absolument. Ils n'ont l'idée ni de la liberté de la presse, ni de la liberté parlementaire, ni d'aucun frein, ni d'aucune limite à imposer à l'autorité royale. Ils sont si peu partisans de la liberté de la Presse qu'ils ne cessent de réclamer les rigueurs de l'autorité contre leurs adversaires, et qu'ils sont ravis quand on les choisit eux-mêmes comme censeurs, et qu'ils s'acquittent en toute sévérité de ces missions. Ils sont implacablement hostiles aux Parlemens, qui ont toutes sortes de défauts, mais qui représentent seuls, depuis un siècle et plus, l'esprit de résistance à l'omnipotence royale. Il n'y a pas un mot de « liberté politique » dans l'article *Liberté* de l'*Encyclopédie*, lequel est de Diderot, ou, pour être littéral, il y en a un, transcription de Montesquieu, mais sans aucun commentaire, et jeté là, après des considérations sur le sens attaché au mot liberté dans les différens peuples, avec la plus parfaite négligence : « Il n'y a point de liberté dans les États où la puissance législative et la puissance exécutrice sont dans la même main, ni à plus forte raison dans ceux où la puissance de juger est réunie à la législatrice et à l'exécutrice. » Et l'article, qui semblait commencer, est fini.

Du reste, les professions de foi despotistes abondent dans les écrits des Encyclopédistes. Diderot : « Ce serait un vice dans un gouvernement qu'un pouvoir trop limité dans le souverain. » D'Alembert : « La liberté est un bien qui n'est pas fait pour le peuple; car le peuple est un enfant qui tombe et se brise dès qu'on le laisse marcher seul et qui ne se relève que pour battre sa gouvernante. » Diderot : « Personne ne respecte plus que moi l'autorité des lois publiées contre les auteurs dangereux. » Et l'auteur dangereux qui est visé ici est Pascal. Diderot : « Le législateur donnera le gouvernement d'un seul aux États d'une certaine étendue. » Diderot : « Une doctrine si énorme ne doit pas être discutée dans l'école, mais punie par les magistrats. » Et il s'agit de la doctrine de Spinoza. Diderot : « Il faut défendre tout écrit dangereux en langue vulgaire. » Tout compte fait, malgré quelques phrases déclamatoires contre les « tyrans, » les Encyclopédistes ont eu pour idéal le *bon despote*, le monarque absolu, ami des lumières et des philosophes, un Frédéric II ou une Catherine de Russie. Leur vrai maître est Hobbes. Ils ignorent l'Angleterre et sa constitution, ou ils considèrent celle-ci comme anarchique. A Grandval, Diderot fait cent questions au père Hoop sur le Parlement d'Angleterre, et tout ce que lui dit l'Anglais lui paraît extraordinaire. D'Holbach, « le théoricien politique du parti, » comme dit très justement M. Ducros, tient la liberté anglaise pour pure licence : « Car ce n'est pas être libre que troubler impunément le repos des citoyens, insulter le souverain, calomnier les ministres et publier des libelles. »

On voit qu'en politique les Encyclopédistes rebroussent en deçà même de Montesquieu. Ils ne comprennent pas que la liberté politique est la garantie de toutes les autres et que, sans elle, il n'y en a et il ne peut y en avoir aucune dans une nation. Ou plutôt *ils ne tiennent à aucune liberté*. Ils demandent *des réformes* et ils les attendent de la royauté absolue. C'est une conception ; mais ultra-monarchique. Ils demandent un Louis XIV entouré de quelques Colbert recrutés dans l'*Encyclopédie*. Ce n'est pas une absurdité ; et certainement les grandes réformes, en France du moins, ont toujours été faites par un despotisme intelligent ; mais le malheur, c'est que c'est s'en remettre au hasard que de compter sur « le bon tyran » qui ne vient qu'accidentellement et sans qu'on puisse ni le produire ni même le prévoir.

Diderot l'avoue lui-même dans ce mot qui lui échappe : « Le seul baume à notre servitude, c'est, *de temps en temps*, un prince vertueux et éclairé. Alors les malheureux oublient pour un moment leurs calamités. » Voilà précisément l'imperfection assez grave du système politique des Encyclopédistes. Ils attendent la grâce d'une providence intermittente, et déposent leurs vœux sur le chemin où elle doit passer. Mais les sottises du despotisme sont telles et compensent si bien ses bienfaits qu'on peut au moins se demander si les réformes plus lentement obtenues par le système de la nation se gouvernant elle-même ne sont point préférables aux progrès rapides mais suivis d'abominables désastres ou de terribles langueurs, qui sont le fait d'un gouvernement tantôt bon, tantôt exécrable, selon le hasard de la naissance et des circonstances accidentelles. La France, du moins, a fait son choix, qui n'a pas été dans le sens des Encyclopédistes, et. si nous avons vu que certaines idées encyclopédiques se sont retrouvées dans les œuvres de la Révolution française, il faut reconnaître aussi que l'idée maîtresse de la Révolution a été directement contraire à l'esprit de l'*Encyclopédie*. L'influence de Montesquieu et de Rousseau a été sensible sur la Révolution. L'influence de Voltaire, de Diderot, de d'Alembert et de l'*Encyclopédie* n'y a été que partielle et de peu de conséquences.

VII

J'aurais bien des choses à dire encore, et dont quelques-unes seraient à l'éloge de M. Ducros, sur les idées générales dont il appuie son ouvrage et dont il encadre son sujet. Mais je me hâte et me borne ici au strict essentiel. Pour M. Ducros, l'*Encyclopédie* est le terme éclatant d'une évolution d'idées qui remonte à la Renaissance. Du « naturalisme » de la Renaissance dériva le rationalisme de la Réforme et de Descartes, du rationalisme de la Réforme et de Descartes, l'humanité, la philanthropie, si marquées dans les œuvres de l'abbé de Saint-Pierre, de Montesquieu, de Voltaire, de Vauvenargues. Et naturalisme, rationalisme et humanité se retrouvent, en une forte synthèse, dans l'esprit encyclopédique, pour former une philosophie achevée et une morale admirable.

Les raisons que donne M. Ducros à l'appui de ce système ingénieux sont ingénieuses elles-mêmes, subtiles, adroites et, prises en soi, souvent vraies et toujours très agréables. Le système reste pour moi plus spécieux que juste. Je ne vois pas bien, malgré les efforts de l'auteur à me la faire voir, la filiation du naturalisme au rationalisme. La Réforme en particulier me paraît moins une dérivation du naturalisme qu'une formidable insurrection contre les tendances naturalistes de la Renaissance et contre la Renaissance elle-même et une ardente explosion d'idéalisme indigné. Le cartésianisme, moins indigné et moins ardent peut-être, me semble avoir exactement le même caractère, et, peut-être, en *adoptant* Descartes, les croyans spiritualistes du

xviiᵉ siècle ne s'y sont pas trompés. Enfin, comment la sensibilité, la philanthropie, l'humanité du xviiiᵉ siècle dérivent-elles
ou du rationalisme, ou du naturalisme, ou de tous deux; c'est
encore ce que je ne démêle pas très précisément. Il m'a toujours
semblé que raison et nature s'opposaient assez exactement, la
nature, ses leçons et son exemple ne nous enseignant qu'à obéir
à nos passions et à déployer nos forces, la raison ne nous enseignant qu'à réprimer nos passions, à régler nos forces et à
désobéir à la nature. — Et il ne me semble pas, enfin, que
« l'humanité » se rattache très étroitement soit au naturalisme,
soit au rationalisme. Le naturalisme, s'il nous enseigne quelque
chose, nous dresse ou plutôt nous incline à une insensibilité
analogue à celle de la nature elle-même et à l'acceptation du
droit de la force, et peut-être M. Ducros aurait-il dû faire attention au sens profond de ce mot de Grimm qu'il cite : « La loi
éternelle s'exécute toujours [même dans la société, car c'est de
la société politique qu'il parle] et veut que le faible soit la proie
du fort. » C'est le mot d'un pur « naturaliste » que le « naturalisme » n'a pas rempli de pitié. Et quant au rationalisme, il enseigne, si l'on veut, la philanthropie; mais il l'enseigne très
froidement. Il faut autre chose que la considération de l'ordre
universel et des raisonnemens sur l'idée du bien pour inspirer
à l'homme l'idée de sacrifice.

Non : on peut trouver dans l'*Encyclopédie* du naturalisme, du
rationalisme et de l'humanité, et, par exemple, Diderot est naturaliste en ses écrits secrets jusqu'à l'abolition de toute morale,
il est rationaliste dans ses écrits officiels, et il est homme sensible et de très bon cœur un peu partout et même dans ses actes.
Mais ce n'est pas à dire qu'entre ces idées et sentimens, il y ait
une généalogie et un parentage.

Le naturalisme a été l'esprit dominant à l'époque de la
Renaissance, c'est à peu près vrai. L'idéalisme de la Réforme
est venu après, comme suite si l'on veut, mais comme suite à
titre de réaction et comme effet à titre de révolte furieuse. Le
rationalisme est venu plus tard, comme un idéalisme mitigé,
apaisé et tranquille, très contempteur encore du naturalisme et
allié très naturel de l'idéalisme religieux. Et ensuite quelque
chose a paru qui n'est pas très définissable. C'est la philosophie
du xviiiᵉ siècle, qui est beaucoup plus une négation qu'une synthèse de tout ce qui la précède.

Elle n'est pas naturaliste ; car elle tient essentiellement à ce que l'homme soit gouverné par des *idées ;* elle n'est pas beaucoup plus rationaliste, quoiqu'elle le soit davantage ; car elle fait appel continuellement au *sentiment.* En vérité, elle est très originale dans sa médiocrité. Elle n'est pas de force à embrasser en leur entier et à suivre jusqu'à leur terme les systèmes qui se sont produits avant elle. Elle s'arrête à un certain bon sens moyen, qu'elle soutient comme elle peut d'un appel et d'une confiance aux passions généreuses. De là une certaine valeur pratique que nous avons constatée et, dans le domaine des choses pratiques, une foule d'observations intéressantes et utiles et fécondes. C'est là sa très belle part, et pourquoi il n'en faut jamais parler qu'avec gratitude. De là aussi son impuissance à instituer une philosophie d'ensemble, une politique, ou une morale.

Tout au plus a-t-elle établi tant bien que mal une morale qui est strictement une morale sociale. C'est cette morale d'Helvétius, que M. Ducros analyse très bien et admire trop, et qui n'est qu'une « discipline sociale. » Elle consiste à aimer son pays jusqu'à se sacrifier pour lui, parce que..., parce qu'une bonne éducation vous a donné cette habitude. C'est une morale un peu fragile. Rien ne montre mieux la nécessité de l'idéalisme, sous forme religieuse ou sous une autre forme, que l'inanité pitoyable d'une morale qui prétend se passer de lui. L'homme qui se croit obligé par une religion, l'homme qui se croit obligé par sa « conscience, » l'homme qui se croit obligé par « l'honneur » est un idéaliste. Il rattache sa règle de conduite à quelque chose qui n'est point visible, qui n'est point palpable, qui n'est pas même un sentiment ni une passion, qui n'est pas même un raisonnement. A quoi donc ? A un je ne sais quoi de mystérieux. La morale est toujours fondée sur un mystère. Elle est toujours religieuse, même quand elle croit se séparer de toute religion ; car, dans ce cas, elle est une religion elle-même, quelque chose qui ne se prouve pas et qui se fonde sur soi-même. Il ne faut pas dire : « Ceux qui ne sont guidés que par la morale n'ont pas de religion ; » mais : « Tous ceux qui ont une vraie morale ont encore une religion. » La morale vraie, la seule puissante, est un reste dans l'homme de l'instinct religieux et le remplace. Ceux qui ont perdu toute trace même d'instinct religieux, ou n'ont point de morale du tout, ou en fabriquent une qui n'a aucune vertu.

On peut donc parler de la faillite philosophique, politique et morale de l'*Encyclopédie.* Elle a beaucoup moins pensé qu'elle ne l'a cru. Mais elle a réuni les connaissances humaines dans un tableau assez vaste, assez clair et très bien ajusté à la commune mesure des intelligences. Elle a été pénétrée d'un esprit d'humanité et de bienveillance pour les meurtris et pour les faibles, qui fait oublier bien des intolérances et des étroitesses. Elle a éveillé, non sans vigueur, l'attention des mauvais esprits, mais aussi des esprits justes, sur des abus erians et des iniquités détestables. Écoutée, elle eût peut-être épargné au pays des secousses effroyables dont nous souffrons encore et dont il est à craindre que nous ne cessions jamais de souffrir. Elle a fait une œuvre bonne et mauvaise, comme sont, à tout prendre, les meilleures des œuvres humaines. C'est assez pour en faire grand cas, outre que le prodigieux labeur des ouvriers qui y coopérèrent, rien que de soi, honore la France. C'est assez pour qu'elle méritât un historien appliqué, informé, diligent, intelligent et dévoué, et, quelques divergences qu'il puisse y avoir entre M. Ducros et nous, nous ne pouvons, tout compte fait, que le féliciter d'avoir été cet historien-là.

ÉMILE FAGUET.

LE CONSEIL INTERNATIONAL

DES FEMMES

International Council of Women. Report of transactions of the second quinquennial meeting, held in London, July 1899, with an introduction by the countess of Aberdeen. London, Fisher Unwin, 1900.

PREMIÈRE PARTIE

Au milieu de l'avalanche de congrès qui a été l'un des traits caractéristiques de la dernière Exposition, il y eut trois congrès de femmes, dont deux officiels, reconnus par l'État : le Congrès des œuvres et des institutions féminines, réuni du 18 au 23 juin ; le Congrès de la condition et des droits des femmes (5, 6, 7 et 8 septembre) ; et le Congrès catholique. Dans ces trois assemblées, représentant assez bien le centre gauche, la gauche républicaine, extrême gauche comprise, et la droite intransigeante, Mrs May Wright Sewall, que l'on proclame aux États-Unis général en chef d'une armée de cinq millions de femmes, espère trouver les élémens d'un de ces conseils nationaux dont le groupement forme la grande fédération qui l'a choisie pour présidente.

Elle a mis tout en œuvre à cet effet, créant dans le pavillon américain de la rue des Nations un bureau d'informations permanent, multipliant les brochures, organisant des conférences hebdomadaires sur la puissante association féminine qui grandit depuis des années et dont le public parisien a pourtant découvert l'existence avec surprise. Mais ce public, ignorant ou sceptique,

trouvera, tout averti qu'il soit, beaucoup à apprendre encore
dans les sept volumes compacts renfermant les « transactions »
du Congrès international tenu à Londres en 1899. Recueil de ré-
férences sans prix que lady Aberdeen couvre de l'autorité de son
nom. Il répond par des faits à la question que nous nous posons
toujours avec un certain découragement au bout de chaque
congrès : — A quoi bon? — Après avoir feuilleté ces pages sug-
gestives et comme vivantes, on conçoit mieux le bien et le mal
qui peuvent résulter du rôle nouveau pris par la femme dans les
affaires publiques et les raisons qui font que ce rôle sera moins
facilement accepté dans tel pays que dans tel autre, encore qu'il
s'impose partout.

C'est à Washington que s'organisa, il y a une douzaine d'années, le Conseil international.

La fédération générale, — sous une présidente élue, — de
plus de trois cents clubs et associations appartenant aux divers
États d'Amérique, en a fourni le germe. Ayant commencé en
1888, il se réunit tous les cinq ans. Deux de ces assemblées
quinquennales ont eu lieu déjà, la première à Chicago, en
1893, la seconde à Londres, en 1899. La troisième doit être
tenue, en 1904, à Berlin.

Le caractère de l'assemblée est exprimé ainsi : « Nous, femmes
de toutes les nations, sincèrement persuadées que le bien de l'humanité peut être avancé par une unité plus grande de pensée, de
sympathie et de but, et qu'un mouvement organisé par les
femmes contribuera d'abord au bien de la famille et de l'État,
nous nous enrôlons en une confédération de travailleuses qui
se propose d'appliquer de plus en plus à la société, aux mœurs et
à la loi, la Règle d'Or : Fais à autrui ce que tu voudrais qu'on te
fît. »

Cet idéal une fois posé, les moyens pratiques pour le rendre
réalisable furent activement poursuivis. Il s'agissait de procurer
aux femmes des différentes parties du monde l'occasion de se
réunir afin de discuter les questions qui les intéressent. La constitution fut dressée sans retard; elle repose sur cette base essentielle : « Le Conseil international ne servira les intérêts de nulle
propagande et n'exercera sur ses membres d'autre autorité que
celle de la suggestion et de la sympathie. »

Aucun des conseils nationaux demandant à y entrer ne peut
donc avoir à craindre d'empiétement ou de pression quelconque

sur son unité organique, son indépendance et ses méthodes de travail. Le comité se compose d'une présidente, d'une vice-présidente, de deux secrétaires et d'une trésorière, élues pour cinq ans et formant, avec les présidentes des conseils nationaux fédérés, un comité exécutif dont les deux tiers sont chargés des intérêts généraux du grand conseil international. Dans tous les pays où le conseil national n'est pas organisé encore, des représentantes sont invitées, à titre de vice-présidentes honoraires de leurs pays respectifs, aux séances du Congrès; celles-là n'ont pas cependant le droit de voter. Toute question, avant de se produire en séance, doit être soumise d'abord à l'exécutif; la cotisation pour chaque membre ou pour chaque association est, tous les cinq ans, de cent dollars, cinq cents francs.

Le véritable développement du Conseil date de l'exposition de Chicago. Depuis lors; le Canada, l'Allemagne, la Grande-Bretagne avec l'Irlande, la Suède, le Danemark, la Hollande, la Nouvelle-Galles, la Nouvelle-Zélande, la Roumanie y sont entrés. Ailleurs, en Italie, en Autriche, en Russie, en Sicile, en Norvège, dans la colonie du Cap et celle de Victoria, l'adhésion complète se prépare. Les déléguées de tous ces pays se groupèrent le 26 juin 1899, jour de l'ouverture du deuxième congrès quinquennal, dans le cadre imposant de l'immense *Convocation Hall* à Westminster. Auprès de ces déléguées se trouvaient les vice-présidentes honoraires venues de France, de Belgique, d'Islande, de Palestine, de l'Inde, de la Perse, de la République argentine, une Chinoise de haut rang dans le costume d'apparat de son pays, de même que les dames parsis et hindoues. Lady Aberdeen; précédée par une grande et légitime popularité, occupait le fauteuil de présidente.

On peut considérer la comtesse d'Aberdeen comme l'une des fondatrices de l'œuvre. Elle arrivait d'Angleterre au Canada avec son mari, gouverneur général, lorsque les dames canadiennes, animées du beau zèle qu'elles avaient rapporté du Congrès de Chicago, la supplièrent de devenir présidente de leur conseil. Elle accepta, et toutes, sous sa direction, Anglaises et Françaises ensemble, travaillèrent de la façon la plus efficace. Pour ne citer que quelques-unes des victoires qu'elles ont remportées, on leur attribue l'élan nouveau donné à l'enseignement des arts manuels et domestiques dans les écoles publiques, la nomination si précieuse de dames inspectrices du travail dans les fabriques et ateliers où sont employées des ouvrières, la réforme des prisons de femmes, l'amélioration du sort des émigrantes, l'établissement des classes de cuisine et d'hygiène dont profitent les mères de famille, et enfin la fondation d'une école célèbre d'infirmières ambulantes.

M. Wilfrid Laurier, le Premier ministre, a rendu au Conseil national des femmes un hommage public en déclarant que le Canada lui devait d'avoir appris à se mieux connaître, à se respecter dans sa diversité et dans son union, éloge qui trouva un écho chez nombre d'hommes politiques et d'hommes d'église éminens (1), catholiques compris, la Règle d'Or n'étant autre que la règle principale de l'Évangile appliquée à toutes les relations de la vie.

La présidence d'une femme du rang et du caractère de lady Aberdeen fut en Europe, pour le Conseil international, un gage de succès. Quelques-unes des plus grandes dames de l'Angleterre suivirent l'impulsion qu'elle avait donnée; on les vit à Londres présider telle ou telle séance, côte à côte avec les professionnelles de l'éducation, des arts et des métiers. Le mélange des classes sociales donnait à cette assemblée un caractère particulier, et les déléguées les plus avancées d'opinion apprécièrent les splendides réceptions faites aux congressistes dans de très aristocratiques demeures. La reine Victoria elle-même les accueillit en son château de Windsor. On sait que les radicaux, fussent-ils féroces, se laissent apprivoiser quelquefois par ces avances séduisantes du grand monde. Pourquoi leurs émules du sexe faible n'en feraient-elles pas autant?

J'ai entendu l'une des plus égalitaires parmi nos envoyées de France parler avec une évidente complaisance des perles de la belle duchesse de Sutherland. Et, plus que tout, le discours de bienvenue de l'aimable et si supérieure comtesse d'Aberdeen donna le ton au Congrès.

Elle commença par recommander la tolérance pour les points de vue apparemment contradictoires, pour l'expression d'idées et de sentimens qui ne seraient peut-être pas toujours compris du premier coup, le mouvement devant quelque peu changer de forme selon le génie de chaque peuple. Le Conseil international

(1) *Women of Canada, their life and work*, compiled by the National Council, at the request of the hon. Sydney Fisher, Minister of Agriculture, for distribution at the Paris international Exhibition.

offre une agglomération de conseils nationaux qui eux-mêmes renferment dans leur sein un certain nombre d'unions locales, lesquelles ne sont autres que les fédérations de sociétés moins considérables. Comment des centaines de milliers de femmes, appartenant à des races, à des religions, à des sphères sociales différentes, peuvent-elles travailler de concert dans un dessein pratique... Comment? Mais c'est la variété même des opinions, des idées, des méthodes qui impriment au Conseil sa raison d'être, car l'unité qu'il se propose ne consiste pas dans l'identité de l'organisation, ni dans l'identité du dogme, mais dans une consécration commune au service de l'humanité. « Cette assemblée n'aura pas seulement pour effet, ajouta lady Aberdeen, l'élargissement de nos esprits; nous y puiserons en outre une compréhension plus juste les unes des autres, l'appréciation des travaux et des difficultés de chacune; toutes choses nécessaires pour fortifier entre nous les liens de foi et d'amour sans lesquels notre association ne saurait être une réalité vivante existant pour le bien de tous. »

Elle énuméra les premiers résultats obtenus : leçons de coopération et de solidarité, notions au moins élémentaires du devoir d'agir ensemble d'une façon constitutionnelle en s'inclinant devant la majorité, mais en respectant le droit des minorités. Surtout, dans ces nouvelles expériences, ne jamais repousser l'aide des hommes, ne point faire systématiquement bande à part. L'homme n'est pas né pour vivre seul, mais l'isolement serait bien plus funeste encore à la femme. La rédemption de la race ne peut être accomplie que par les hommes et les femmes d'accord, unissant leurs mains dans une action commune. Le Conseil féminin se garderait de détourner la femme des soins et des devoirs du foyer. Il lui rappellera au contraire que la première mission pour elle doit être dans son intérieur; c'est par là qu'elle sera jugée, c'est par la vie de famille que chacun des pays représentés au Congrès tombera ou restera debout.

Je voudrais citer tout entière la noble et sage allocution se terminant ainsi : « Que Dieu soit avec nous! »

Paroles qui, prononcées par une présidente dont la vie d'épouse et de mère est un exemple, ont bien leur importance au début d'une révolution pour en déterminer l'esprit.

En outre, chaque matin, tant que dura le congrès de juin-juillet 1899, une courte prière fut faite avant l'ouverture, dans

une pièce spécialement réservée. Un service religieux à l'intention des membres du Congrès fut célébré à l'abbaye de Westminster, et des sermons sur la mission de la femme chrétienne
attirèrent la foule dans plusieurs églises. Tout ceci révèle de
certaines tendances qui, ailleurs, ne paraissent pas toujours être
celles des femmes attelées au char des réformes et du progrès.

Avant d'appuyer sur ces oppositions, je pense qu'il serait opportun d'indiquer sommairement l'état actuel du féminisme en
général. On me permettra de suivre aussi exactement que possible l'ordre des divisions adoptées par les éditeurs des rapports
qui nous montrent la femme dans la vie industrielle, dans
l'éducation, dans la vie politique et dans l'action sociale; ce
dernier aspect est peut-être le plus intéressant. En voici le résumé rapide.

I. — L'ACTION SOCIALE

La discussion commença sur l'œuvre des prisons. La duchesse
de Bedford, qui présidait, rendit hommage aux efforts de l'admirable surintendante de Sherborne, dont les lecteurs de la *Revue*
ont eu dès longtemps connaissance (1). Elle-même, la duchesse
de Bedford, et sa collègue lady Battersea, appartiennent au comité
officiel des visiteuses d'une grande prison de femmes. Ces visites
paraissent être un moyen puissant de moralisation; c'est aussi
pour les libérées le plus sûr moyen de trouver du travail. Beaucoup d'entre elles, leurs nobles patronnes l'affirment, ont répondu à une protection méritée par la persévérance dans le relèvement. De pareils succès donnent raison aux tentatives qui se
poursuivent à l'égard des pensionnaires d'Elmira (États-Unis),
une prison d'hommes où les malfaiteurs, considérés comme des
malades qu'il faut guérir, sont traités en conséquence. La durée
de la peine n'est pas fixe, nul ne pouvant savoir combien de
temps prendra la cure, en admettant que la maladie soit curable.
Peu à peu, à mesure qu'une amélioration se produit, le coupable régénéré jouit d'un degré de plus de liberté, jusqu'à ce
qu'il rentre dans la société sous une surveillance qui ne cesse
qu'à la longue.

Sherborne est l'Elmira des femmes, avec le même système

(1) Voir *la Condition des Femmes aux États-Unis, Revue* du 1er décembre 1894.

d'épreuves et d'avancement. Mrs Johnson, sa directrice, expose
ce système au Congrès international dans un magnifique rapport
tendant à prouver que nulle criminelle n'est incorrigible. Le plus
grand service qu'on puisse rendre à ces malheureuses est de les
amener à une soumission intelligente, leur enseignant à bien agir
parce que c'est bien, à prendre la bonne décision en se sentant
libre de prendre la mauvaise, car leur mal est une sorte de paralysie de la volonté. L'empire sur soi-même, voilà ce qu'elle s'efforce d'inculquer à des êtres qui n'ont plus de gouvernail, et elle
reconnaît leurs moindres efforts par de petits privilèges qui tous
auront pour but d'éveiller dans des âmes abaissées au niveau de
la brute une lueur d'idéal, si vague soit-elle.

Mrs Johnson cite des exemples nombreux et saisissans de sa
manière d'opérer; elle insiste sur un point : ni dureté, ni faiblesse, esprit de justice sans cesse présent; ainsi on vient à bout
des pires, et les pires ne sont pas toujours celles qui ont commis les crimes les plus punis. Il ne faut donc pas considérer les
causes de la peine, ni provoquer d'inutiles confidences, mais
oublier systématiquement le passé pour ne tenir compte que de
la vie nouvelle dont la forte discipline et l'éducation morale de
la prison seront le fondement.

« Les bons principes dans le cœur de beaucoup d'abandonnées peuvent se comparer aux dernières étincelles d'un feu qui
meurt. Avec infiniment de soin et d'attention, il est possible d'en
faire doucement jaillir une petite flamme, mais sous une main
rude elles s'éteindraient, perdues pour jamais. »

Tels furent les derniers mots que prononça Ellen Johnson, au
Congrès où elle ne devait plus reparaître. Elle avait, le 27 juin,
remué tous les cœurs par sa parole chaude et généreuse; le 30 du
même mois, sa mort fut annoncée.

Cette figure d'une femme de bien, dévouée à la plus grande
de toutes les tâches, celle qu'elle résumait ainsi : « Un criminel
corrigé est un citoyen de plus gagné à la patrie, » cette figure
où dominait une bonté toute maternelle qui n'excluait pas une
souveraine autorité, restera impérissable dans la mémoire de
ceux qui l'ont connue, ne fût-ce, comme moi, qu'un seul jour.

On entend avec sympathie Mme Bogelot, directrice générale de
l'œuvre des libérées de Saint-Lazare, fondée à Paris par l'abbé
Michel et par sa nièce, Mlle de Grandpré, servie ensuite par de
nobles femmes, telles que Mme Caroline de Barrau et Mme Émilie

de Morsier. Vingt-quatre années de la vie de Mme Bogelot ont été déjà consacrées à l'amélioration physique et morale du sort de la prisonnière.

L'enthousiasme et l'optimisme qui la distinguent l'ont toujours préservée du découragement. Son système est, dit-elle, celui du chirurgien au lit du malade ; calmer d'abord l'agitation, profiter de l'anesthésie provoquée pour sonder la plaie, retirer le patient d'un milieu empesté, l'isoler avant tout, — c'est-à-dire, la cellule, les visites bienveillantes de femmes charitables sans fausse sentimentalité, mais possédées de cette humilité sincère qui doit nous venir en présence des fautes durement expiées par le prochain. Il est à remarquer que ce mot d'humilité se retrouve dans la bouche des personnes les plus irréprochables, sur les lèvres de Mrs Johnson, de Mme Bogelot et aussi dans le beau *Manuel du Visiteur des prisonniers*, laissé au monde comme un monument sublime de charité par doña Concepcion Arenal, à qui l'Espagne va élever une statue.

Ce qui ressort des discours prononcés, c'est que la science est en train de modifier profondément la notion du châtiment, qui tenait trop de place dans l'ancien système des prisons. De plus en plus on admettra les fatalités de l'atavisme et du milieu ; de plus en plus on se proposera de *réformer* les criminels ; et la préservation étant une œuvre beaucoup moins difficile que la réforme, on s'occupera surtout de l'enfance vicieuse ou abandonnée. Voilà pourquoi se multiplient en Angleterre et en Amérique les écoles industrielles et autres, annexées à des maisons de correction d'un nouveau modèle pour lesquelles on évite deux écueils, la centralisation d'abord et l'intervention de l'État. La direction privée sous un comité responsable est le meilleur régime. Point d'agglomération, rien de la caserne, rien de ce qu'on pourrait appeler une discipline mécanique ; de cinquante à cent enfans, pas davantage, afin qu'un intérêt tout individuel puisse être pris à chacun d'eux. Les médecins n'ont jamais guéri leurs malades en bloc ; ils traitent chaque cas séparément.

On a constaté qu'aux États-Unis la criminalité des femmes était, proportion gardée, moins fréquente que dans la plupart des pays d'Europe ; mais, en tout pays, les femmes sont retenues plus que les hommes par la crainte de l'opinion. Les réformatrices se serviront de cette disposition particulière, et, en leur rendant peu à peu l'estime et l'approbation dont elles sont si jalouses, les conduiront insensiblement au respect soutenu d'elles-mêmes.

L'éducation, une solide éducation morale et religieuse, doit être pour les deux sexes la pierre fondamentale; l'éducation des yeux, des oreilles, des doigts, de tous les membres sera faite par des travaux appropriés, le plus souvent en plein air, et toujours sous une haute impulsion, c'est-à-dire avec le sentiment, sans relâche suggéré, que toutes les besognes, fût-ce de gratter la terre, peuvent être, selon l'esprit qui les inspire, des œuvres grossières ou des œuvres divines.

Que la part indispensable d'instruction élémentaire ne nuise pas à l'enseignement physique et industriel; une fille est mieux armée contre les tentations de la vie en apprenant la cuisine qu'en poursuivant la conquête d'un certificat d'études. La gymnastique fera partie des classes, et la vie des enfans sera rendue aussi heureuse que possible afin qu'ils aient l'impression de former une famille, d'être réunis autour d'un foyer. Il importe de détruire le préjugé courant contre la maison de correction. Un pauvre petit diable peut y être envoyé pour une faute qui n'attirerait sur un enfant mieux favorisé de la fortune qu'une admonestation. Et, quelle que soit la faute commise, elle est effacée par quatre ou cinq ans de bonne conduite.

En Angleterre, les meilleurs d'entre les jeunes gens des deux sexes élevés dans les nouveaux *reformatories* trouvent donc aisément à se placer; même on espère que la loi fermant aux garçons qui ont subi une peine l'accès de la marine sera bientôt abrogée en leur faveur.

L'étude des obligations de la tempérance, telle qu'elle s'impose à toutes les écoles depuis que Mrs Mary Hunt les a fait accepter en Amérique, et un autre enseignement de haute importance, celui de nos devoirs à l'égard des animaux, la cruauté exercée contre les bêtes pouvant être le premier pas vers le crime, voilà les principaux moyens employés aux États-Unis pour développer des sentimens humains chez les jeunes malfaiteurs, — chez tous les enfans en général, car seize millions d'entre eux sont soumis aux règlemens dits de tempérance qui proscrivent toute boisson alcoolique et, dans la seule ville de Philadelphie, quatorze mille garçons font partie de la Ligue de pitié que dirigent activement des dames. La *Humane education*, un nouveau genre d'humanités, entre maintenant dans le programme scolaire de plusieurs États.

Les patronages, les orphelinats, les écoles d'apprentissage, les sociétés pour l'émigration prospèrent dans presque tous les pays sous les auspices des femmes. Deux sociétés, *l'Union des Mères* et *l'Union de l'Éducation nationale par les parens*, contribuent fortement en Angleterre à moraliser les familles pauvres. Ces parens-là estiment que la discipline de l'éducation chrétienne ne doit pas se borner au cercle restreint de la famille, mais envelopper en outre d'autres enfans auxquels, depuis le berceau, elle a manqué.

Les enfans, trop négligés, des classes inférieures ont besoin de la tutelle des femmes de bien qui portent le titre de tutrices des pauvres, *poor law guardians*. En cette qualité et comme membres du Conseil supérieur des écoles, les dames anglaises montrent tous les jours efficacement que les femmes peuvent travailler de concert avec les administrations auxquelles incombe le soin de préparer des citoyens.

Nous apprenons sur ces entrefaites l'existence d'une Ligue chrétienne et nationale pour la promotion de la pureté sociale aux États-Unis. L'œuvre commence dans le mariage, en vue de perfectionner la race par un régime spirituel et scientifique, aidant chaque couple à monter vers l'état le plus noble, tant au physique qu'au moral. La femme, redevenue l'égale de l'homme par le libre exercice de sa volonté et l'affranchissement de toute dépendance financière, a chance de procréer des enfans meilleurs et mieux portans; l'hygiène, la physiologie, le respect de soi-même, dirigent les époux. Les membres de la Ligue comptent que la stirpiculture sera un jour enseignée dans les collèges.

Durant la séance consacrée aux œuvres de relèvement, Mlle Sarah Monod, l'une des vice-présidentes honoraires, indique, dans un excellent rapport en français, combien la philanthropie de notre temps a suivi partout le mouvement général intellectue et scientifique, combien elle perfectionne ses méthodes et arrive à se spécialiser de manière à leur faire rendre le plus possible.

En Allemagne, — des Allemandes nous le disent, — les mères pensent que c'est à elles d'abord qu'il appartient de former des hommes respectueux de toutes les femmes. Jusqu'à présent la mère, même chrétienne, n'avait pas assez insisté sur la gravité de l'infraction du sixième commandement, aussi impérieux (les jeunes gens doivent être amenés à le comprendre) que ceux qui interdisent l'homicide ou le vol. Les honnêtes femmes s'attachent aussi dans ce pays où existe, comme chez nous, la réglementation du vice, au genre d'apostolat qui a rendu célèbre en Angleterre le nom de Joséphine Butler. On touche ici un sujet périlleux, celui de la « traite des blanches » qui, dans nos congrès de France, a été développé avec un luxe de détails tout au moins inutile, puisque le simple vœu d'une morale unique pour l'homme et pour la femme, telle que la religion est seule à l'exiger, en dirait assez. Et c'est l'avis de ce qu'on appellera probablement la pruderie, l'hypocrisie anglaise, car la duchesse de Bedford intervient pour dire que la disposition à s'étendre sur de pareils sujets lui semble trahir une curiosité malsaine, les tendances morbides du temps présent. Ces tendances apparaissent, dit-elle, même dans les remèdes proposés pour guérir le mal.

La leçon ainsi donnée porte ses fruits. Tout ou presque tout ce qui traite de la prostitution a été publié à part, en dehors des sept volumes de *Transactions*. Cette brochure détachée arrive, bien entendu, à ceux qui en font la demande, mais une pareille précaution est caractéristique de la conduite prudente et mesurée dont le Congrès international de Londres ne s'est jamais départi. L'action la plus utile que puissent exercer les femmes en si délicate matière consiste à préserver leurs sœurs pauvres. C'est pourquoi les œuvres internationales pour la protection de la jeune fille ont une très grande importance. Personne n'ignore qu'un commerce immonde, savamment organisé, fait des filles, qui cherchent au loin le moyen de gagner leur vie, une marchandise souvent inconsciente, expédiée dans les grandes villes, vers l'infamie. Il est donc bon que, d'autre part, un réseau d'agences défende ces pauvres voyageuses contre les dangers de l'ignorance. En Suisse, l'organisation internationale s'est formée sous une influence protestante d'abord; son exemple a fait naître la société catholique dont le siège est à Fribourg, et les deux œuvres marchent de front amicalement; sur le terrain de l'action sociale chrétienne, la concurrence devient chose sainte.

Le bureau de Fribourg est assisté d'un conseil international, composé des représentans de différens pays européens, soumis à l'office central et constituant des comités nationaux, régionaux ou locaux. Tous les trois ans, un congrès rassemble les membres de ces comités, tantôt dans un pays, tantôt dans un autre. L'œuvre a pénétré déjà en Asie, en Amérique, elle a établi des *homes*, des écoles ménagères, placé des milliers de jeunes filles et rapatrié un grand nombre d'émigrées, car elle n'est pas favorable à l'expatriation de la femme.

Les séances qui ont eu l'émigration pour objet prouvent cependant qu'il y a beaucoup à faire pour les femmes dans les pays où l'on manque de domestiques, au Canada, dans l'Afrique du Sud, en Australie. Des maisons de bienvenue attendent les émigrantes qui débarquent sous le patronage de Sociétés chrétiennes. L'émigration est un des moyens les meilleurs pour rétablir l'équilibre entre le travail et la production, mais les gouvernemens doivent la conduire avec prudence, procéder à un choix rigoureux, le rebut, qui est si souvent envoyé outre-mer, ayant inspiré de justes méfiances. C'est ce qu'a fort bien compris, par parenthèse, Mme Pégard, en organisant l'émigration de nos femmes françaises aux colonies.

Le traitement des classes indigentes figure avant tout dans le vaste cadre des œuvres sociales où se distinguent les femmes converties aux nouvelles méthodes, celles qui remplacent l'antique aumône. L'aumône rendait la vie des pauvres momentanément possible; maintenant, on prétend abolir la misère héréditaire; on ne veut plus rien faire pour son soulagement qui ait chance d'aggraver ses causes.

Mme Mauriceau, *administratrice* d'un de nos bureaux de bienfaisance, donne un rapport détaillé sur l'assistance publique française, en émettant le vœu que la femme y soit incorporée de plus en plus, car elle peut être d'un grand secours dans l'administration du service d'inspection, d'enquête, de visites, ainsi que dans le Conseil supérieur de l'Assistance, dans les conseils de surveillance des hospices, etc. On le reconnaît en Angleterre, où plus de cent femmes remplissent ces emplois; de même en Suède, en Norvège, en Danemark, aux États-Unis. En Allemagne, une association de femmes de toutes conditions s'est formée, à Elberfeld, pour compléter l'œuvre de l'assistance publique et y suppléer au besoin; elle lutte activement contre la mendicité. Amener le progrès des conditions générales de la vie et du caractère, tel est le but qu'elle se propose.

L'influence féminine s'affirme ainsi dans les établissemens de charité dont sont très richement dotées toutes les colonies anglaises. Nulle part plus qu'en Australie ne prévaut le senti-

ment que les vaincus dans le combat pour l'existence ont droit
aux secours de la communauté, que c'est là un devoir de conscience publique. Le gouvernement ne s'occupe pas directement
du paupérisme, mais il accorde un subside égal aux taxes que
s'impose la colonie à cet effet.

Le système de la Grande-Bretagne est celui-ci : appliquer
rigoureusement la loi des pauvres aux vagabonds qui obtiennent
le souper et le gîte dans le *workhouse*, mais à la condition qu'ils
payent leur écot le lendemain par du travail; éviter l'aumône
faite à la porte ou dans la rue; prendre toujours la peine d'interroger le mendiant et le diriger ensuite vers la société spéciale qui peut l'introduire, valide, dans un atelier ; malade, dans
un hôpital; infirme, dans un asile. La société d'organisation de
la charité à Londres fonctionne avec une précision inouïe. Elle
compte huit cents membres volontaires, et des sociétés corres-
pondantes existent dans les villes de province. Ces méthodes
de secours commencent à influencer la foule des personnes
charitables qui faisaient indistinctement l'aumône, en contrariant
par une action adverse la charité raisonnée. Rien ne contribue
à encourager le goût salutaire de l'indépendance chez ceux que
la misère avait rendus dépendans comme la connaissance exacte
de ce qu'ils peuvent attendre des autres et de ce que les autres
attendent d'eux. L'organisation de la charité s'est établie aux
États-Unis sur les mêmes bases qu'en Angleterre, avec la même
annexe indispensable de *social settlements*.

M. Augustin Filon a exposé dans la *Revue* (1) les procédés
de ces admirables « colonies sociales » qui sont comme une
association de toute la famille humaine sur un pied de bon voisinage. Il les a fait trop bien connaître pour que nous en parlions après lui.

Au fond, la colonie sociale, tout en se rattachant à l'œuvre
des missions, est un club, et le club en général est le plus puissant moyen d'action que les femmes aient trouvé jusqu'ici.

Il a surgi en Angleterre, où les hommes donnèrent l'exemple.
Dès 1770, une première coterie féminine apparut, manifestation
éphémère dont le réveil se fit attendre plus d'un siècle ; ensuite,
trois douzaines au moins de clubs mondains, littéraires, philanthropiques et autres virent le jour presque à la fois. Leur succès

(1) 1er novembre 1900.

est tel qu'il a nécessairement des détracteurs; ceux-ci expriment la crainte de voir à la longue le club remplacer le foyer domestique. Il aura du moins contribué à créer l'esprit de corps entre les femmes et à stimuler la culture intellectuelle. L'histoire des clubs est particulièrement intéressante pour les sociologues qui cherchent à découvrir le chemin que prendront dans l'avenir les activités féminines. En tant que force sociale, le mouvement date de 1868, l'année où le fameux Sorosis fut inauguré à New-York et le non moins célèbre Club des femmes de la Nouvelle-Angleterre à Boston.

Dans la grande république, les clubs de femmes étaient un produit tout naturel de la force des choses et de l'état social (1). Les associations nécessairement nouées entre pionniers pour défricher des forêts vierges, bâtir l'église, puis former l'école, devaient conduire à cette persistance dans l'organisation qui est devenue le trait distinctif du génie américain.

Les premières associations de femmes, à côté de celles des hommes, furent d'abord purement charitables. Elles prirent un caractère public lorsque naquit la société dite anti-esclavagiste, puis la société de tempérance. C'est en travaillant à ces œuvres de pur altruisme que les femmes mesurèrent leurs ressources et en sentirent les limites. Il leur fallait beaucoup apprendre pour répondre victorieusement à leurs adversaires, pour se procurer l'argent indispensable et avoir la liberté de l'employer. De là l'origine de la fameuse convention de Seneca Falls, qui fut la mère de toutes les autres (1848). Les femmes y réclamèrent pour la première fois le droit de s'instruire, de s'assurer la liberté industrielle, des facultés pécuniaires, des privilèges civils.

Pendant les dix années qui suivirent, elles parurent se livrer au travail égoïste de leur propre développement, mais toujours avec l'arrière-pensée d'appliquer au bien général les progrès acquis. On en eut la preuve lors de la guerre civile. Cette grande crise dans la vie nationale arracha, bon gré mal gré, les Américaines aux occupations du ménage. Les citoyens étant devenus soldats en masse, leurs femmes durent, pendant des années, les remplacer dans de lourdes tâches qui leur firent constater qu'elles n'étaient ni faibles, ni incapables, ni fatalement dépendantes. Elles se mirent à pratiquer de leur mieux toutes les in-

(1) *Organisation as a factor in the development of modern social life*, by Mrs May Wright Sewall.

dustries qui avaient été jusque-là le partage exclusif de l'homme
et, la guerre civile terminée, ne se soucièrent plus d'abandonner
des occupations rémunérées pour la simple vie domestique qui,
d'ailleurs, ne leur semblait pas incompatible avec elles, pas plus
que ne l'avaient été les ligues patriotiques, les commissions sa-
nitaires, les œuvres de toute sorte organisées pendant cette période terrible. La prostration nerveuse, ce fléau si fréquent en
Amérique et qui tient à l'abus de l'activité, ne se manifesta chez
elles que plus tard, et Mrs Sewall, dans son beau rapport sur
l'Organisation dans la Vie sociale, n'en parle pas; elle nous
montre ses compatriotes continuant à mener de front les devoirs
de la famille et la discussion d'intérêts importans. De ces discussions sortirent les clubs.

Réunis en fédération générale, ils gagnèrent du terrain, tendant
toujours à élever l'éducation de la femme et à effacer cet esprit
de caste que produit trop souvent l'accroissement des richesses.
Les club spécialement civiques, dont l'objet est d'amener des
réformes municipales, déploient un zèle intrépide; on leur doit,
dans l'Ouest surtout, la salubrité des rues, le nettoyage des
écuries et des abattoirs, une sorte d'extension des devoirs de la
ménagère à tout son quartier, à tout son village. Appuyées sur
les préceptes de Ruskin, les femmes s'appliquèrent, comme membres de la communauté, à des œuvres d'assainissement et de beauté;
elles eurent le pouvoir de les accomplir, chaque club étant un
petit État en lui-même qui possède son comité exécutif et que
dirige le vote de la majorité; ceci, entre autres avantages, crée
une éducation parlementaire favorable à la netteté des idées, à
la facilité de l'élocution et préparatoire peut-être au droit de suffrage. Chose remarquable, aucun de ces clubs de femmes ne s'est
jamais endetté, ce qui prouve en faveur des capacités financières
de leurs membres. Beaucoup d'entre eux ont construit leur
maison et s'en sont fait une source de revenus. Le *New Century,*
à Philadelphie, paya un dividende de 10 pour 100 à ses actionnaires six mois après l'inauguration. Mais ce sont surtout les
clubs d'ouvrières dont on doit souhaiter le développement.

Ils réussissent tant en Angleterre qu'aux États-Unis, sans
pour cela se ressembler tout à fait dans les deux pays. Leur but
est ici et là de détourner les jeunes filles des amusemens grossiers, de les reposer des fatigues de la fabrique et de l'atelier,
de leur assurer des relations utiles. « Solidarité, coopération,

éducation, gouvernement de soi-même, » pourrait être leur devise. A Londres, la classe élevée s'y intéresse tout particulièrement; ils empêchent les mariages précoces, qui, dans le peuple anglais, sont une source de misère. Au lieu des fréquentations du soir dont le moindre péril est de les conduire à se mettre en ménage presque enfans et sans le sou, les jeunes filles, dès l'âge de quatorze ou quinze ans, trouvent au club des classes d'histoire, des lectures et d'honnêtes récréations de toute sorte.

Les patronnes du club organisent pour leurs protégées des excursions aux divers monumens ou dans les musées, leur font faire de petits voyages, les invitent chez elles à la campagne par groupes. Si l'on considère les conditions de la vie du peuple à Londres, l'horreur des étroits logemens, où parens, enfans, frères et sœurs vivent pêle-mêle, au milieu des pires habitudes d'ivrognerie, on jugera que le cercle où ces jeunes filles sont reçues, instruites, amusées est un bienfait.

En Amérique, sous l'influence surtout de miss Grace Dodge à New-York, les clubs d'ouvrières, réunis en une ligue générale, tendent à se gouverner et à se soutenir eux-mêmes au lieu d'être dans la main, pour ainsi dire, des classes dirigeantes. Comme à Londres, ils admettent des personnes de toute race et de toute religion; mais le club ne s'organise que sur la proposition d'un premier groupe de membres, qui nomme son comité; chaque membre a sa part de responsabilité dans les dépenses et le succès de l'entreprise. Souvent le club renferme des classes de cuisine, de ménage, de couture, de sténographie, de gymnastique, de littérature, les écoles municipales prêtant leur concours; en fait de plaisirs, il y a des conférences, des jeux, un peu de musique et même de danse; en ce dernier cas, les jeunes gens de l'autre sexe sont quelquefois admis.

Aux clubs de jeunes ouvrières se rattachent des clubs de petites filles depuis douze ans, et des clubs pour les ouvrières mariées qui viennent discuter entre elles des questions d'économie pratique ou d'hygiène pour leurs enfans.

La ligue compte aujourd'hui cinq associations et 86 clubs : plus de 7 000 membres. Encore n'embrasse-t-elle que les États de l'Est, les clubs d'ouvrières, qui se multiplient dans l'Ouest, le Centre et le Sud n'y étant pas entrés jusqu'ici.

Il n'y a guère de club qui ne fasse corps avec les sociétés de tempérance; la grosse question de la tempérance se mêle à toutes les réformes. C'est le thème international par excellence, et les femmes y prennent un intérêt naturel, la dignité et le bonheur de la maison dépendant de la sobriété de l'homme.

L'association anglaise de tempérance des femmes a pour présidente lady Henry Somerset, émule et amie de la fameuse Frances Willard, qui entreprit en Amérique une si ardente croisade contre l'alcoolisme. Le péril est pressant, car, à l'entrée du xxᵉ siècle, la consommation des liqueurs fortes ne cesse de grandir en Angleterre, et les femmes, pour ne parler que d'elles, sont possédées plus que jamais du démon de l'ivrognerie. La mortalité par excès alcooliques a augmenté depuis vingt ans de 104 pour 100 parmi elles. Contre un mal aussi violent et aussi invétéré, il n'y a, selon lady Somerset et ses adeptes, que l'abstinence totale qui puisse être efficace; l'ennemi doit disparaître de toutes les tables.

Les Allemandes tâchent dans leur pays d'éveiller à ce sujet la conscience sociale et y ont déjà si bien réussi qu'une loi va être promulguée par laquelle l'ivrogne de profession sera déclaré mineur et interdit. Maintenant on construit, dans de jolis sites que fréquentent les promeneurs, des cafés qui n'ont rien de commun avec ceux où le café proprement dit n'est qu'un prétexte; des salons de lecture y sont annexés. Quant aux misérables victimes de l'alcool, elles sont soignées et quelquefois guéries par les efforts de sociétés de charité spéciales.

Le problème de la suppression de l'ivrognerie est traité au Congrès par une femme pasteur américaine, la Révérende Anna Howard Shaw. Les membres d'une union, affiliée au conseil national des femmes, secondent avec zèle les écoles dans l'instruction scientifique de la tempérance qui est donnée à toute la jeunesse. Ces dames attaquent le monstre au moyen de la presse et de la tribune. Il y a, pour les encourager, de beaux exemples de réforme. Au commencement du siècle, les Suédois étaient peut-être, de tous les peuples d'Europe, celui qui s'enivrait le plus. Chaque citoyen avait le droit de fabriquer et de vendre des liqueurs fortes; en 1829, il existait 173124 distilleries pour une population de trois millions à peine. Le fléau fut conjuré par la loi de 1855, qui taxa les spiritueux et mit leur distribution entre les mains de l'État. Huit cents paroisses rurales supprimèrent aussitôt la vente de l'eau-de-vie. Nulle part aujourd'hui, il n'y a moins de cabarets que dans ce pays digne de servir de modèle à tous les autres. 300 000 Suédois (16 pour 100 de la population) professent l'abstinence totale.

Ces réformes radicales ne sont guère préconisées qu'au nord de l'Europe, où la vigne ne croît pas; ailleurs, on se borne souvent à former des lignes pour l'usage modéré de l'alcool, mais partout les lois du pays devraient leur prêter secours. En Angleterre, au contraire, la loi semble plutôt favoriser l'intempérance. On ne pourra rien contre le trafic des liqueurs tant qu'il s'associera à la politique. Il faudrait veiller aussi à ce que, pour le peuple, le seul plaisir accessible ne fût pas de boire.

A ce propos, lady Battersea parle d'une façon brillante et persuasive de la morale des amusemens. Elle montre l'envers du faux puritanisme d'où résulte l'ennui, un mauvais conseiller qui souvent pousse au mal. Tout en faisant l'éloge des sports qui produisent le courage, l'énergie, la camaraderie, l'amour de la campagne et la santé, elle en blâme l'abus et les déclare immoraux dès qu'ils deviennent l'occupation principale de la vie. Cette Anglaise ose attaquer le grand divertissement national, les courses, et le jeu dont celles-ci sont le prétexte; en revanche, elle fait l'éloge de la bicyclette qui, prise à doses modérées, contribue à l'émancipation raisonnable de la femme.

Des sujets futiles en apparence, comme la toilette dans ses relations avec la vie animale, sont supérieurement traités. C'est la duchesse de Portland qui préside la séance où se plaide la cause des oiseaux. Cette question n'est pas purement sentimentale; elle est économique aussi, elle intéresse les céréales. Les fantaisies des marchandes de modes condamnent trente-cinq millions de petits oiseaux à être importés chaque année en Angleterre, sans parler des autres pays de l'Europe. L'amour de la toilette menace donc des races entières d'une extinction totale ou partielle. Certain récit de la chasse à l'aigrette, si barbare, suffirait pour que toutes les femmes se défendissent de porter jamais cet ornement. Il est temps qu'elles apprennent que les animaux ne sont pas des *choses*, de simples automates, faites pour servir de proie ou d'amusement aux hommes, mais de vraies personnalités qui, depuis des siècles, rendent à l'espèce humaine des services que seuls les ignorans méconnaissent.

II. — L'INDUSTRIE

Dix séances du Congrè sont consacrées à l'industrie, dont presque toutes les branches s'ouvrent aujourd'hui aux femmes. La besogne traditionnelle du ménage s'étant considérablement allégée depuis le règne des machines, elles se sont précipitées vers les fabriques et vers les ateliers. Le sort de l'ouvrière est devenu par là beaucoup plus dur que celui de l'ouvrier, ce travail du dehors ne pouvant être pour elle, comme il l'est pour lui, l'affaire principale. Les devoirs de famille, qu'elle soit fille, mariée ou veuve, pèsent sur elle d'une façon beaucoup plus compliquée. Veiller à ce qu'elle travaille dans de bonnes conditions hygiéniques et reçoive une rémunération suffisante, tel doit être le souci des femmes qui *possèdent*, des femmes qui *savent ;* on n'élèvera point le niveau moral de l'ouvrière avant d'avoir amélioré pour elle les conditions matérielles.

Le Congrès international procède donc à une investigation préliminaire.

Les renseignemens fournis sur la Russie sont lamentables. Ses ouvriers de fabriques ne forment pas encore une classe bien distincte. Beaucoup d'entre eux sont des agriculteurs, qui, l'hiver, exercent pour vivre un métier mal payé. Par exemple, les manufacturiers de la Russie centrale logent gratis leur personnel dans des baraques où l'on empile autant d'individus, hommes, femmes et enfans qu'elles en peuvent contenir. Cependant cette affreuse misère commence à attirer l'attention. Une loi récente fixe pour les adultes à onze heures et demie le temps du travail, qui était parfois de quinze ou dix-sept heures. On a pu voir aussi, à notre dernière Exposition, que les industries rurales sont patronnées par les princesses et les dames de la société, et que d'intéressans ouvroirs se fondent sous le patronage de l'Impératrice.

En Allemagne, le nombre des femmes engagées dans l'industrie est formidable. De 1882 à 1895, il a augmenté de 400 000, et l'effet de certains métiers sur la santé générale des mères a justement ému l'État, qui veut de beaux soldats pour le servir. Des lois spéciales ont donc été appliquées au travail des femmes mariées; on est même allé trop loin, on a prétendu leur fermer les fabriques, et elles ont énergiquement protesté contre cette défense, censée humanitaire, qui supprimerait leur indépendance économique. La question se pose cependant très grave en tous pays, car l'ouvrière mère de famille est un rouage important dans la société, non seulement parce qu'elle aide à produire la richesse, mais parce qu'elle donne à la nation ses travailleurs, faute desquels la nation périrait. Dans la plupart des pays d'Europe, il est interdit aujourd'hui aux femmes de travailler après leurs couches durant un laps de temps qui varie de quatre à six semaines; il semble que l'État devrait, pour se faire obéir, assurer à la mère un secours qui n'aurait rien d'humiliant pendant le temps qu'elle est contrainte d'accorder au repos. La loi serait ainsi mieux respectée.

La Suisse protège les femmes enceintes contre les industries malsaines qui pourraient les empêcher de mettre au monde un enfant robuste ou seulement viable. Ce n'est pas le cas en Autriche où les mères de la génération future travaillent à la gueule des mines, aident les maçons sur leurs échelles, traînent de lourdes charrettes comme des bêtes de somme jusqu'à la fin de leur grossesse. Dans toute l'Allemagne, d'après le recensement de 1891, il y a cinq millions de femmes qui gagnent leur vie dans l'agriculture, les fabriques, etc., et un million en outre qui travaillent chez elles avec beaucoup plus de risques, car, partout, on le constate, le travail à domicile, regardé autrefois comme le seul qui convînt à la mère de famille, ne doit plus être préconisé, du moins dans les grands centres. Les pires inconvéniens de l'atelier s'y glissent et s'y exagèrent, quand plusieurs personnes étouffent ensemble dans un réduit mal aéré. Pour les enfans eux-même , les crèches, les écoles maternelles valent infiniment mieux que de pareilles conditions.

La propreté des logemens d'ouvrières devrait être sévèrement surveillée, comme elle l'est en Amérique, à un double point de vue d'hygiène. Aux États-Unis la crainte des microbes fait sacrifier tout vêtement sorti d'une chambre qui peut être infectée de contagion; les fréquentes maladies des enfans sont particulièrement redoutées; il est reconnu que les étoffes, les fourrures s'en imprègnent et les propagent. Des inspectrices attitrées ont le devoir, si elles découvrent qu'il y a dans la maison le croup, la diphtérie, la variole ou toute autre affection contagieuse, de saisir les objets qu'on y fabrique et de les détruire sur-le-champ. La déclaration de ces maladies est obligatoire sous

peine d'une très forte amende. Et il n'y a pas là autant d'exagération qu'on pourrait le croire; le danger a été signalé chez nous
à Lyon, où beaucoup de tisseurs travaillent chez eux.

Ce n'est plus guère que dans les campagnes que l'habile
artisan peut, comme autrefois, créer à lui seul une œuvre complète, dans laquelle il prend une joie d'artiste. En Hongrie, par
exemple, les femmes ou filles de fermiers et le fermier lui-
même achèvent pendant l'hiver une foule d'ouvrages se rattachant à un art populaire d'origine asiatique, qui a ses traditions
et ses symboles : poterie, tissus textiles, vannerie, objets en bois
et en étain. Le gouvernement s'intéresse à cette fabrication et
lui procure des débouchés. En Suède, les arts transmis par les
aïeux, la broderie, le tissage de la toile et de la laine, sont pratiqués de même dans les campagnes, les paysannes ayant un
goût inné ou transmis pour le dessin et des recettes pour la teinture. Une société de dames protège ce qu'on appelle le *sloyd* à
domicile. Cette société, comme celle à laquelle appartiennent en
Russie Mmes Polénova, Davydova et autres artistes, a recueilli
toutes les manifestations esthétiques de la Suède primitive et
fondé une école où peuvent se perfectionner les ouvrières. Les
associations agricoles encouragent ces études nationales, de
fortes sommes sont consacrées à leur propagation. Il en est de
même pour l'association des industries irlandaises sous l'intelligent patronage d'un groupe de femmes du monde qui font vendre
dans les grandes villes d'Angleterre les charmantes étoffes ourdies
par de pauvres paysannes.

L'avenir se dessine donc ainsi : dans les campagnes l'encouragement d'industries à domicile, mais dans les villes l'atelier
coopératif bien installé, hors des logemens exigus et insalubres,
ou même, faute de cet atelier, la fabrique, avec des heures de
travail sagement réglementées et quelques précautions hygiéniques auxquelles veilleront des inspectrices. Rien de plus. Les
ouvrières sont généralement ennemies d'une législation qui menacerait leur liberté, à moins que la même protection ne s'étendît aux hommes, comme c'est le cas en Suède et en Finlande. La
division du travail se produit alors selon les qualités partien-
lières à chaque sexe. Quant aux métiers meurtriers, ils doivent,
si aucune précaution ne peut conjurer le danger, être interdits
également à tous. Tôt ou tard, en effet, les lois appliquées d'abord
à l'enfant, puis à la femme, concerneront les adultes du sexe

masculin. Une des congressistes l'a fort bien dit : « Il doit en
être de la législation des métiers comme de celle de la navigation,
les bateaux étant construits pour flotter et aussi de telle manière
que les conditions de la vie à bord ne soient préjudiciables à la
santé de personne. »

Les lois qui régissent le travail des enfans, passifs entre les
mains de leurs exploiteurs, étaient plus indispensables encore
que celles qui protègent les femmes contre elles-mêmes, contre
leur propre courage. C'est la France qui a donné le signal. Entre
1876 et 1893, presque tous les pays civilisés ont suivi son exemple
et promulgué successivement ces lois bienfaisantes; l'âge d'admission dans les fabriques varie, depuis lors, de neuf à quatorze
ans. Il a été d'abord rigoureusement déterminé pour le pénible
travail des mines, tout au moins en France, en Angleterre et en
Prusse, car en Italie, de très jeunes garçons sont empoisonnés
d'air méphitique dans les mines de soufre; en Espagne, c'est
bien pis encore: toutes les horribles maladies que dégage l'exploitation du plomb et du mercure, toutes celles qui résultent
de certaines industries chimiques déciment les pauvres enfans
du peuple, déformés, défigurés, atteints, tout petits, de tremblement incurable ou de nécrose. L'ouvrier anglais, après avoir
abusé avec l'énergie implacable propre à sa race du droit reconnu
à tout être de lutter jusqu'à complet épuisement, est enfin revenu de cette monstrueuse exagération de l'effort et se trouve
peut-être aujourd'hui dans de meilleures conditions économiques
qu'aucun autre travailleur, ce qui n'empêche que l'Angleterre
ait encore des réformes à faire dans la législation du travail des
enfans. Certes on ne voit plus les pauvres *babies* du Lancashire
aider, à quatre ans, dans les fabriques, debout et prisonniers des
lourdes bottes de bois et de plomb qui soutenaient leurs jambes
trop faibles; ces supplices ont cessé; mais les ênquêtes auxquelles se livre le Conseil industriel des femmes produisent cependant la découverte de faits révoltans : 147 000 enfans, tout
en fréquentant l'école, sont, avant ou après la classe et les jours
de congé, employés à des besognes au-dessus de leurs forces. Un
petit marchand de journaux ajoute chaque semaine jusqu'à
cent heures de travail à ses devoirs d'écolier. Une fillette de sept
ans est appointée pour faire chaque matin le *knocking up* de son
quartier, réveiller les ouvriers en les appelant à quatre heures
et demie, hiver comme été. Beaucoup d'autres sont louées par

leurs parens pour garder des marmots presque aussi grands qu'elles, font des courses énormes avec de lourds paquets et, jusqu'à une heure avancée de la nuit, fabriquent des boîtes d'allumettes.

Les dames anglaises demandent que les lois relatives au travail des enfaus soient affichées dans tous les ateliers, que les menus trafics de la rue soient prohibés et que l'école ait le droit, après remontrance aux parens et aux patrons, d'avertir les magistrats de toute infraction à ce règlement.

Il y va de la morale publique : 70 pour 100 parmi les jeunes détenus de la prison de Platzensee, près de Berlin, vendaient dans la rue dès leur bas âge. Le conseil national des dames allemandes a mis au jour certains faits qui menacent la génération à venir d'un inévitable abaissement si l'on n'y remédie. Et le remède serait d'aller à l'école jusqu'à seize ans, afin d'y acquérir une solide instruction technique, tout en apprenant un métier. De grand progrès ont été accomplis depuis peu, mais la cupidité des parens trouve moyen de tourner ou d'esquiver la loi; il y a en Allemagne 25 pour 100 environ d'enfans qui travaillent hors de la fabrique, où ils ne peuvent entrer qu'à quatorze ans.

La Suisse elle-même, qui marche en avant sous ce rapport comme sons beaucoup d'autres, a lieu de constater que la vigilance de ses inspecteurs est souvent déjouée.

Une séance spéciale est consacrée par le Congrès au service domestique, lequel dans tous les temps a employé plus de femmes qu'aucun autre métier. Les conditions de la vie moderne y font surgir des difficultés toujours croissantes. D'un bout du monde à l'autre, la même clameur retentit : — Il n'y a plus assez de domestiques! Les domestiques ne valent rien! — Et c'est le signe évident d'une transformation prochaine dans l'organisation de nos intérieurs.

1° Il n'y a plus assez de domestiques parce que le genre de service qu'on réclame d'eux n'a pas suivi l'évolution industrielle et qu'il conserve un caractère féodal, antipathique aux démocraties. La servante vit dans un milieu qui n'est pas le sien et où elle a moins de liberté qu'ailleurs, ne pouvant jamais disposer de son temps; de plus, la domesticité est considérée, dans la classe où elle se recrute, comme un état inférieur. C'est un peu la faute des maîtresses. Sans doute la cuisinière, la femme de chambre,

voire l'humble bonne à tout faire est matériellement plus heureuse que le grand nombre des ouvrières, mais les mêmes femmes
qui, depuis cinquante ans, réclament à grands cris leurs droits
civils et politiques ne songent pas toujours assez aux droits
moins ambitieux qu'ont, en tant que femmes, les personnes qui
les servent; il leur suffirait cependant de faire un retour sur elles-
mêmes pour comprendre que rien n'équivaut au privilège de
vivre à son gré sa propre vie. Le moyen le plus simple pour corriger cet état anormal, vivre dans une famille, sans aucune part
réelle à la vie de famille, serait de laisser la domestique rentrer
chez elle, sa besogne faite, comme toute autre journalière. C'est à
quoi se résignent déjà les personnes de condition modeste. Dans
d'autres sphères on a pris aussi l'habitude d'appeler du dehors des
auxiliaires; ces spécialistes à l'heure ou à la tâche pourront sans
inconvénient se multiplier, et nous n'en serons pas plus surpris
que ne l'ont été nos pères d'avoir affaire au boulanger au lieu de
pétrir le pain chez eux comme l'exigeait une longue habitude.

Seconde face du problème : les domestiques ne valent rien
parce qu'ils ne font généralement pas d'apprentissage, ce qui les
place très réellement au-dessous des autres corps d'état. On commence à y remédier en Angleterre, où un enseignement technique
et pratique est donné à cet effet aux filles du peuple dans plusieurs *homes*. Le même genre de révolution s'était produit pour
les gardes-malades, grossièrement ignorantes jadis et scientifiquement dressées aujourd'hui. A Londres, le Conseil industriel
des femmes a formé une association de journalières habiles, et
l'Institut Norland s'occupe de l'éducation des domestiques d'élite,
ladies in service, notamment des bonnes d'enfans, si souvent inférieures dans beaucoup de pays à tous les autres serviteurs,
tandis que leur mission est beaucoup plus haute, puisqu'elle implique l'éducation. Il convient que la bonne ait les sentimens et
les habitudes d'une gouvernante dans la juste acception du mot,
et cela fait d'elle une dame qui s'attachera sans peine au milieu
raffiné où elle sera traitée avec les égards qu'elle mérite. Ce sont
donc les personnes capables d'une œuvre de dévouement qu'aucuns gages ne sauraient payer qui semblent devoir seules continuer les anciennes méthodes de domesticité. Les inventions nouvelles, la coopération, les machines, les fabriques, la vapeur
suppléeront d'ailleurs en grande partie aux industries domestiques du passé.

Des diplômes délivrés par les écoles techniques de cuisine, de couture, etc., qui déjà fonctionnent avec succès, et un enregistrement régulier du certificat remis ensuite à chaque employé par le maître qu'il quitte, avec impossibilité pour celui-ci de le refuser, bon ou mauvais, contribueraient au développement d'un système dont le but général doit être d'élever autant que possible le niveau du travail et la dignité personnelle.

Une déléguée des États-Unis, où les conditions du service sont presque impossibles, fait observer que, n'ayant pas, comme en Europe, les avantages de la tradition, qui permet aux maîtresses et aux domestiques de diriger leur barque instinctivement, pour ainsi dire, beaucoup d'Américaines sentent la nécessité d'une instruction technique donnée aux unes et aux autres. Des écoles ménagères spéciales seraient fréquentées par les riches comme par les pauvres. Les premières arriveraient ainsi à concevoir ce qu'il faut de fatigue et de peine pour exécuter les ordres qu'elles donnent; elles en deviendraient plus patientes, plus justes et meilleures maîtresses de maison, tandis que la servante acquerrait quelques notions scientifiques très utiles à l'accomplissement intelligent de sa tâche. Les soins donné aux *Kindergarten* par nombre de jeunes filles du monde leur ont déjà fait faire un pas dans la science domestique. Cette université d'un nouveau genre aurait sa très réelle valeur.

Partout les meilleurs juges s'entendent pour reconnaître que résister à la loi de l'évolution est absolument chimérique: elle abolira de plus en plus le labeur personnel et tournera nos efforts vers le bien commun de l'humanité. Peut-être le foyer unitaire coopératif est-il destiné à devenir autre chose qu'une utopie, en Amérique tout au moins, ou même en Angleterre, où la dispersion des fils est générale, où tant de filles non mariées entrent dans les carrières industrielles et vivent de la vie de pension, où le club accapare les heures de loisir de ceux et de celles qui sont censés rester au foyer.

L'esprit du siècle est un esprit d'indépendance et d'activité, qui impose des devoirs nouveaux, entre autres celui de reconstruire la vie de famille sur des bases plus larges, l'antique maison paternelle devenant une république organisée de manière à produire de sérieuses économies d'argent et de travail.

Les cuisines du peuple, en Allemagne, à l'imitation des fourneaux de soupe dont le comte Rumford eut la première idée dès 1818, inaugurent avec succès la cuisine coopérative. Elles empêchent l'ouvrier pauvre de tomber au rang de mendiant, procurent à bas prix une nourriture saine et combattent les habitudes d'ivrognerie. Leur succès est considérable, tant au point de vue philanthropique qu'au point de vue financier. Il faut dire que des inspectrices absolument désintéressées surveillent de près ces cuisines, que le service du comité est gratuit, que la charité féminine la plus active, en un mot, a posé les bases de cette entreprise, qui n'a cependant rien de commun avec l'aumône.

Mais, si la cuisine coopérative rend de grands services aux classes nécessiteuses, nous ne croyons pas que, de longtemps, elle se fasse accepter par les classes aisées. Celles des déléguées au Congrès international qui ont insisté pour que l'éducation des jeunes filles les préparât à une crise domestique imminente et pour que le ménage prit une partie du temps qu'on retirera, s'il le faut, à la bicyclette, paraissent avoir touché le point le plus pratique de la question.

Cuisine à part, le système coopératif serait le moyen efficace et pacifique de résoudre ce gros problème du travail. Un de ses avantages est d'assurer aux femmes le même salaire, les mêmes privilèges qu'aux hommes. La coopération est le mouvement démocratique par excellence; par lui, l'esprit public peut être éveillé chez les hommes et chez les femmes, faisant d'eux tous de meilleurs citoyens; il élève le niveau de la vie; jamais les réformateurs et les théoriciens ne produiront rien qui soit l'équivalent de cet effort du peuple pour le peuple.

Notons que l'individualisme n'a pas de place dans la coopération; elle enseigne que la vie des êtres humains est tellement entremêlée que nul ne peut rien faire de bien ou de mal sans nuire aux autres ou les servir. Les femmes ont gagné beaucoup à ce mouvement. Il leur a enseigné à s'intéresser aux choses publiques, qu'elles croyaient jusque-là être le partage exclusif de l'homme, et celui-ci s'est habitué à voir la femme s'associer à des idées qu'il la jugeait incapable de comprendre. Les diverses sociétés coopératives comptent, en Angleterre, 1 800 000 membres ; une guilde coopérative féminine a 262 branches où figurent 12 560 femmes. Son but est l'étude de toutes les questions touchant aux problèmes sociaux du jour et aux sujets domestiques qui peuvent amener une meilleure direction du ménage et des enfans.

En Suède, la coopération fait son chemin, à peu près sur les mêmes bases qu'en Angleterre et en Écosse; elle rencontre, par suite de la concurrence, les mêmes difficultés dans les grands centres de population et n'a encore bien réussi que dans quelques forges, quelques scieries du Nord, ou, mieux encore, pour les crémeries, les fabriques de beurre et de fromages. La coopération agricole semble destinée au succès en ce temps où, un peu partout, les travaux de la campagne sont abandonnés comme trop peu rémunérateurs. Le fermier, devenu propriétaire, arrivera, avec la culture intensive, à rendre la terre plus féconde. Pour cela encore, il faut compter sur l'effet de l'éducation.

Cette éducation industrielle des femmes a été, nous l'avons vu, abondamment traitée par le Congrès. Il a discuté aussi l'avantage qu'il peut y avoir pour elles au partage des bénéfices tel que le pratiquent, sans mélange de coopération, certaines compagnies et maisons de commerce. Ce partage leur fait, pour le moment, un double tort, parce qu'elles ne participent aux bénéfices qu'en-proportion de leur salaire, lequel est plus bas que celui de l'homme. Néanmoins elles s'y rallient en prévision d'obtenir, comme les ouvriers eux-mêmes, lentement, mais sûrement, un contrôle administratif. Tôt ou tard l'association triomphera et la rémunération aura lieu pour chaque associé, de quelque sexe qu'il soit, selon la somme et la qualité du travail fourni. Déjà les femmes contribuent à la production coopérative sortie des fabriques et ateliers qui existent par l'association du capital et du travail des ouvriers, avec ou sans aide du dehors; ces établissemens sont nombreux dans la Grande-Bretagne; mais, jusqu'à présent, la direction générale des affaires y est laissée à l'homme. Le Congrès ne manque pas de signaler, dans l'étude de la production coopérative, notre fonderie de Guise et la grande maison Leclaire à Paris.

Pour revenir aux femmes, les *trade unions* leur rendent déjà de grands services, que ces unions soient mixtes ou qu'elles restent exclusivement féminines. Fante d'union, les salaires baissent, et il arrive trop souvent que les patrons renvoient les ouvriers pour les remplacer par des ouvrières moins bien payées, ce qui nuit aux uns et aux autres. Plus de cent mille femmes sont enrôlées aujourd'hui; elles deviendront très vite plus nombreuses,

l'opposition jalouse que leur faisaient les hommes autrefois ayant
cessé, si bien qu'ils les aident à s'organiser et invitent leurs déléguées aux conseils et congrès qui, auparavant, leur restaient
fermés. Le véritable obstacle, c'est l'instabilité, l'incertitude, qui
empêche les jeunes filles d'arriver à une certaine habileté
technique ; elles s'attendent toujours à être interrompues par
le mariage. Et il ne serait pas désirable, en effet, que les femmes
mariées fussent soumises à l'effort soutenu qu'exige l'incorporation dans la *trade union;* mais il en est autrement de la femme
célibataire ; c'est le remède à son ignorance des affaires, à sa
faiblesse en tant qu'individu.

Conclusion : que faut-il pour améliorer la condition des ouvrières ? L'éducation d'abord : éducation morale, qui enseigne l'importance de l'union et la nécessité de certains sacrifices au bien
commun ; l'éducation technique, qui augmentera le talent en
agrandissant le champ des industries où peuvent se distinguer les
femmes ; et enfin l'organisation. Avec le système du travail spé-
cialisé, les travailleurs ne peuvent plus faire de contrats individuels ; les exigences de l'industrie moderne veulent que l'on travaille par groupe, et, dans toutes les questions de salaire, il s'agit
du groupe, non pas de l'individu. Intérêts communs, action
unie.

Coûte que coûte, on en viendra là en tous pays. Le pacifique
petit Danemark est celui où les *trade unions* fonctionnent le
mieux, sans excepter l'Angleterre, leur patrie d'origine. On y
compte 16 pour 100 de femmes, plus du double de la proportion
qui existe en Angleterre, et la fédération des ouvrières a victorieusement enlevé le salaire égal pour les deux sexes dans un
certain nombre d'industries.

Le jour de la discussion des salaires au Congrès, la salle où
elle avait lieu fut tellement encombrée par la foule qu'il fallut
faire passer une partie de ce trop nombreux public dans une
autre salle, où lecture des rapports fut donnée pour la seconde
fois.

On insiste sur le travail non rétribué de la ménagère, de
l'épouse, de la mère, qui n'a jamais de repos et ne recueille aucun
fruit de sa peine. Sans doute il y a des ménages où tout est en
commun, où le mari reconnaît la valeur de l'effort de sa femme
et son droit à une moitié de la bourse qui est autant à elle qu'à

lui-même. Mais combien d'autres intérieurs où le contraire se produit! Cela commence assez haut; dans la bourgeoisie, la mère de famille, chargée d'enfans, accablée de responsabilités, n'a pas toujours l'argent de poche nécessaire pour prendre l'omnibus; son mari, lorsqu'il lui offre une robe neuve, s'attend à des explosions de reconnaissance; et, quant à l'ouvrière, c'est une servante, souvent maltraitée, dont le service ne s'arrête jamais. N'y aurait-il pas lieu de forcer l'homme à reconnaître un dévouement de toutes les minutes? Mais à quoi bon poser cette question? Les femmes l'écarteront, comme je l'ai vu faire chez nous au Congrès des droits de la femme; une femme éloquente, qui se glorifiait d'être du peuple, s'est élancée pour répondre avec une noblesse que je n'oublierai de ma vie. Il faut bien dire, cependant, que l'habitude de travailler pour rien retarde le développement industriel. Ce qui le retarde plus encore, c'est l'ignorance dédaigneuse du travail témoignée par certaines femmes qui ne savent, celles-là, que se faire servir, sans participer à aucun effort, tout en exerçant une égoïste influence sur la société et, chose plus grave encore, sur leurs enfans, qu'elles gâtent sous prétexte de les élever. Ces femmes-là propagent à la fois le mépris du travail et l'avidité du gain, car se faire donner sans rendre est un besoin animal assez naturel.

Qu'on se dise bien que la position d'indépendance économique qui s'ouvre aux femmes d'aujourd'hui, qu'elles ont même atteinte déjà aux États-Unis et en Angleterre, n'est pas seulement un moyen de gagner leur vie, mais que c'est le détachement de l'égoïsme individuel primitif pour un mutualisme généreux qui est l'ordre véritable de ce monde.

Les femmes doivent encourager, dans l'intérêt de la qualité du travail, le vœu de la réglementation légale des salaires; cette réglementation existe à Melbourne (Victoria). Le minimum des salaires de certains métiers y est fixé par la loi. C'est peut-être le seul moyen d'avoir raison des mauvaises ouvrières qui font tant de tort aux plus habiles en avilissant les prix.

Mais il ne s'agit pas seulement de l'éducation technique du producteur; il faut aussi considérer l'éducation morale du consommateur. Un très joli rapport, envoyé des États-Unis, traite de l'éthique de la dépense; il montre que notre manière de la concevoir influe très fort sur l'avancement de la civilisation et sur le développement du caractère. Chaque fois que nous dépensons un écu de cinq francs, nous faisons du bien ou du mal; la demande de l'acheteur suscite un besoin économique. Quiconque achète un mauvais livre contribue au succès de la plus basse littérature. Les femmes qui refusent de porter sur leurs chapeaux de certaines plumes mettent fin à un massacre odieux de petits oiseaux; celles qui achètent du linge ou des vêtemens à trop bon marché sont responsables du sang et des fibres humaines tissés pour ainsi dire dans ces étoffes, etc. Notre devoir est de tourner nos goûts et nos acquisitions d'un côté qui ne puisse nuire ni aux autres ni à nous-mêmes, d'associer nos besoins personnels au bien de l'univers entier. Voilà des conseils pratiques, applicables à la vie de tous les jours, et qui ont certainement plus de portée que les nuageuses abstractions où se perdent beaucoup de féministes. La Ligue des consommateurs qui fonctionne aux États-Unis s'en est inspirée; elle a éveillé le sentiment public jusqu'à ce que la législation s'en mêlât. Grâce à elle, les inspecteurs de l'hygiène redoublent de zèle; les commerçans ont dû autoriser les employées dans leurs magasins à s'asseoir, à prolonger l'heure du repos; le travail des enfans est surveillé, abrégé; les membres de la Ligue se défendent de rien acheter les jours de fête et de congé; ils effacent de la « Liste blanche, » qui porte les adresses des maisons de commerce de New York, tout établissement où les mesures d'humanité qu'ils proposent ne sont pas acceptées. La fédération des ligues de consommateurs qui existent déjà dans quatre États a obtenu des résultats qui s'ajoutent à l'œuvre des *trade unions*. Chacun de nous doit apprendre dès l'enfance qu'il fait partie d'une force vivante, créatrice des conditions de l'existence humaine, et qu'à tout âge, il contribuera sans cesse, fût-ce par de petites choses, à élever ou à opprimer l'humanité.

TH. BENTZON.

DIX-HUIT FRUCTIDOR

III [1]

PICHEGRU ET LES ÉMISSAIRES DE CONDÉ

I

Nous avons laissé Pichegru aux portes de Mannheim. Comme Dusseldorf, cette ville appartenait à l'Électeur de Bavière. Retenu dans la coalition par la crainte, s'il se retirait, d'être pris entre deux ennemis, ce prince voulait éviter à ses sujets les horreurs d'un bombardement. C'est par son ordre que Dusseldorf avait capitulé devant Jourdan, après un semblant de résistance ; par son ordre aussi, que Mannheim capitula le 20 septembre devant Pichegru dès la première sommation, sur la promesse que fit celui-ci, conformément aux instructions du Comité de salut public, de la rendre à l'Électeur, aussitôt la paix conclue et dans l'état où il l'aurait trouvée. Il y établit sur-le-champ son quartier général et les services de l'armée. En envoyant au Comité le texte de la capitulation, il disait : « Elle ouvre aux troupes françaises un nouveau passage sur le Rhin sans coûter une goutte

(1) Voyez la *Revue* des 1ᵉʳ janvier et 1ᵉʳ février.

de sang et nous met en position d'intercepter de la gauche à la droite l'armée autrichienne que chasse devant lui le général Jourdan. Je vais profiter de cette occasion pour faire passer le plus de troupes sur la rive droite pour couper Clayrfait de Wurmser. »

Ainsi, par suite du double mouvement des armées de Sambre-et-Meuse et de Rhin-et-Moselle, « les Français, constate l'historien allemand Sybel, avaient pris possession de deux places fortes du Rhin et occupaient tout le pays compris entre le Rhin, le Mein et la ligne de démarcation établie avec la Prusse. » Après plusieurs mois durant lesquels, sur les deux rives, les belligérans étaient restés immobiles, la campagne s'ouvrait par un succès pour la République, succès auquel, pour sa part, Pichegru avait contribué. Jourdan avoue, dans le manuscrit dont s'est inspiré Louis Blanc, que, si lui-même ne tira pas de son victorieux passage du Rhin, un meilleur parti, c'est que les moyens lui faisaient défaut. On peut invoquer la même raison au profit de Pichegru. Il serait souverainement injuste que ce qui justifie l'un ne justifiât pas l'autre. Si Pichegru, Mannheim occupé et le Rhin franchi, ne s'est pas emparé d'Heidelberg où les Autrichiens avaient leurs magasins, s'il n'a pas coupé la communication entre Wurmser, qui couvrait Fribourg-en-Brisgau, et Clayrfait, qui s'était retiré au delà du Mein ; s'il ne peut empêcher l'ennemi de repasser cette rivière, ce n'est pas faute de combattre ; c'est qu'il ne dispose que d'effectifs insuffisans auxquels manquent, d'autre part, les ressources qui peuvent seules soutenir la vaillance des soldats et seconder les résolutions de leurs chefs.

Cet aveu d'impuissance, il le fait à son ami le général Moreau, le 19 octobre (20 vendémiaire), dans une lettre datée de Mannheim : « Peu de jours après notre entrée ici, j'ai voulu pousser vigoureusement l'ennemi pour empêcher la jonction des armées de Wurmser et de Clayrfait et pour nous emparer surtout des magasins d'Heidelberg dont nous avions grand besoin. J'avais pensé qu'une marche hardie et précipitée tromperait l'ennemi sur notre force et qu'il ne ferait pas grande résistance. Je l'attaquai le 1er et le 2 de ce mois (24 et 25 septembre). Le premier jour fut heureux et le second commença assez bien. Mais, des renforts de cavalerie arrivant à l'ennemi, il prit l'avantage sur nous par la supériorité de cette arme et força la gauche de notre attaque sur Heidelberg, où il n'y avait qu'un seul régiment de cavalerie et qui ne se comporta pas très bien. Une compagnie d'artillerie légère y perdit la plus grande partie de ses canons, et nous fûmes forcés à la retraite. Depuis ce temps, nous sommes restés sur notre position autour de cette place, la gauche sur Viefferthal (1), le centre sur la Necker à Fudenheim et la droite à Neckerau. Tout cela est occupé par environ huit mille hommes. L'armée de Sambre-et-Meuse est sur le Mein où elle doit recevoir ou livrer bataille incessamment. Je me propose de harceler l'ennemi demain du côté de Weinheim pour faire une petite diversion. »

Après cette lettre, on ne saurait contester que l'arrêt dans la marche et l'échec dans l'action s'expliquent pour Pichegru par les mêmes raisons que pour Jourdan. N'empêche que ses accusateurs, qui nous l'ont montré, au mépris de la vérité, n'avançant vers Mannheim que sur les injonctions plusieurs fois renouvelées du Comité de Salut public et des représentans en mission, vont maintenant conclure avec plus de force de sa prétendue inaction qu'engagé depuis un mois dans les criminelles intrigues que dénoncera bientôt Montgaillard, il est résolu à trahir. C'est le 16 août en effet que, selon Montgaillard et Fauche-Borel, celui-ci a vu pour la première fois le général en chef de l'armée de Rhin-et-Moselle.

Pour se guider dans les ténèbres où nous entrons, on n'a eu, jusqu'à ce jour, que les dires imprimés des deux compères qui, sur un grand nombre de points, se contredisent. Les papiers saisis par Moreau à Offenbourg avec les fourgons de Klinglin, sembleront ultérieurement les confirmer les uns et les autres. Mais, pour ce qui est des débuts de cette négociation mystérieuse, nous possédons uniquement les affirmations de Fauche-Borel, qui a été avec Antoine Courant le porte-parole de Condé ; celles de Montgaillard, que Condé a chargé de diriger leurs démarches, de lui en rendre compte, qui n'a jamais vu Pichegru et ne sait rien de leurs relations avec lui que ce qu'il leur a plu de raconter. C'était bien peu, on le reconnaîtra, pour prononcer une condamnation sans appel, surtout lorsque tant de révélations successives ont démontré que la valeur morale des négociateurs est trop fragile pour servir de caution à leurs récits et que, d'autre part, ressort des événemens de cette époque l'intérêt puissant qu'avait le Directoire à perdre Pichegru.

Aujourd'hui, nous tenons d'autres élémens de conviction. A une date récente, les archives de Chantilly se sont ouvertes ; elles

(1) Pour l'orthographe de ces noms, j'ai suivi les documens originaux.

nous ont livré les papiers de Condé, où nous trouvons, — et cela
vaut mieux que ce qu'ont écrit ultérieurement, sous l'empire de
préoccupations diverses et méprisables, Fauche-Borel et Montgaillard, — ce qu'ils écrivaient à l'heure même où la négociation
dont ils étaient chargés suivait son cours. A étudier, dans ces
pages contemporaines de l'événement, leur conduite et leurs allégations, on distingue plus aisément, entre leurs innombrables
mensonges, ceux qu'ils forgeàient alors, pour tirer de leur entreprise un profit plus grand, de ceux qu'ils ont forgés après coup,
Montgaillard, dans une intention de vénalité, Fauche-Borel pour
se tailler un rôle à son gré. Il est sans intérêt de rechercher lequel
des deux a le plus menti, lequel des deux a occupé la place la plus
grande dans la confiance du prince de Condé et a tenu le principal
rôle, qu'ils se disputent. Leurs contradictions ne sont bonnes à
établir qu'autant qu'elles aident à les convaincre de fausseté.
Pour le reste, elles ne sont que détails oiseux, puisque, après
tout, le premier comme accusateur, le second comme défenseur,
tendent au même but, c'est-à-dire à prouver que Pichegru a
voulu livrer son pays aux Autrichiens et aux Anglais.

Au mois de mai 1795, le prince de Condé, qui venait de s'établir
avec sa petite armée à la solde de l'Angleterre, parmi les troupes
autrichiennes, à Mulheim-en-Brisgau, pour prendre part avec
elles à la campagne contre la France, conçut le projet de sonder
le général Pichegru et de l'intéresser au succès de la cause royale.
L'idée d'acquérir à la monarchie le bras et l'épée d'un général
républicain était déjà une des « turlutaines » favorites des émigrés. A l'heure même où le prince de Condé jetait les yeux sur
Pichegru, un agent royaliste, Tessonnet, écrivait de Lyon où se
préparait, sous la direction d'Imbert-Colomès, le soulèvement que
dévoilèrent avant l'heure et firent avorter les imprudences du
marquis de Bésignan : « Nous avons à nous un adjudant général dont nous sommes sûrs. Nous avons des espérances sur le
général qui est à la tête de l'état-major et sur celui qui commande l'armée à la porte de Lyon... Ce qui est plus important
encore, ce sont les fortes espérances que nous avons de gagner
Kellermann, commandant en chef de l'armée des Alpes. L'adjudant général qui est à notre dévotion nous en répond sur sa tête. »

On croit aussi pouvoir compter sur le général Ferrand, qui
commande à Besançon, et qui n'hésite pas, lorsque la partie est
perdue, à se faire honneur du prétendu refus qu'il a opposé aux

propositions qui lui étaient faites. On rêve de séduire Bonaparte. Hoche sera, de son côté, l'objet de ces tentatives de corruption (1). On essaie de même auprès de Moreau, quand il commande l'armée de Rhin-et-Moselle. Au cours des préliminaires de Léoben, le ministre autrichien Thugut envoie le colonel Vincent au quartier général des alliés en lui recommandant de saisir toutes les occasions de nouer avec Moreau des liaisons qui, « dans la position où sont les différens partis en France, pourraient conduire à une intelligence plus ou moins avantageuse pour le cas où il faudrait reprendre les hostilités. Vincent devra aller chez Moreau sans affectation et sans que ces messages excitent de la sensation. » Il n'est donc pas étonnant que Condé ait songé à se mettre en rapports avec Pichegru.

Mais, pour entamer l'affaire, il fallait un homme courageux et habile ; courageux, car se faire auprès d'un. général républicain l'organe du parti des Bourbons, c'était jouer sa tête ; habile, parce qu'il importait de ne pas offenser Pichegru en lui faisant des offres qui pouvaient lui laisser croire qu'on doutait de son désintéressement. Pour le malheur de la cause royale, Condé, esprit crédule et borné, particulièrement impropre à juger les hommes, porta son choix sur Roques de Montgaillard. Il le connaissait depuis peu. Montgaillard lui avait été présenté quelques mois avant à Bruchsal où était cantonnée la petite armée royale. Séduit par sa faconde, frappé des appréciations que lui inspiraient les affaires du moment dans des brochures publiées à Londres et en Suisse, il avait voulu l'avoir à sa portée. Sur l'instant désir du prince, Montgaillard s'était fixé à Lerach, puis à Munfelden dans le pays de Bâle.

De là, il correspondait avec Condé, lui révélait l'état de l'Europe, l'éclairait sur les dispositions des cours, qu'il prétendait connaître, s'offrait à servir les Bourbons, donnait des conseils, tout en protestant de son dévouement à la monarchie. Cet homme au teint pâle, « contrefait de corps et l'air d'un juif portugais, » prit, dès le premier moment, une active influence sur

---

(1) Je n'en connais aucune trace écrite. Mais je tiens du. marquis des Roys, petit-fils de Hoche, que sa grand'mère, veuve du général et qui lui survécut soixante-deux ans, racontait souvent s'être trouvée au quartier général de Sambre-et-Meuse quand s'y présenta un émissaire royaliste chargé de propositions. Elles consistaient en honneurs et privilèges et deux millions. Hoche, après avoir écouté, montra la porte au visiteur en le menaçant de le faire fusiller, s'il osait revenir. Ce visiteur éconduit, quel qu'il fût, ne s'est jamais vanté de sa déconvenue.

son auguste correspondant. Celui-ci ne se donna pas la peine d'étudier sa conduite antérieure. Il paraît avoir ignoré que Montgaillard passait à Londres pour être l'agent secret de Robespierre; qu'ayant fait en 1793 un séjour dans cette ville, il s'était vu contraint d'en sortir, à la suite d'intrigues aussi obscures que les raisons qui l'avaient déterminé à s'y mêler; et qu'en dépit des opinions royalistes qu'il affichait, il avait, aux heures les plus sombres de la Terreur, vécu dans Paris, sans être inquiété, bien qu'il figurât sur la liste des émigrés. Averti de ces circonstances, Condé se fût méfié. Mais on ne les connaissait pas encore. Personne ne les lui révéla. Montgaillard fit sa conquête en lui donnant à entendre qu'il pourrait sans doute lui faciliter un emprunt.

Ce fut donc à lui que le prince s'adressa, quand il songea à tenter Pichegru. Bien que nous ne sachions rien de précis, quant à la date et à la forme de leurs pourparlers préliminaires, il semble que Montgaillard ne marchanda pas longtemps son concours. Une lettre que le prince lui écrivit le 2 juin afin de le mander à Mulheim le trouva décidé et d'ailleurs déjà au courant, à la suite de conversations antérieures, des intentions dont on voulait encore l'entretenir. Le surlendemain, après une rapide visite à Condé, il lui annonçait de Bâle son départ pour les bords du lac, d'où il comptait ramener la personne nécessaire, à laquelle il était essentiel d'en joindre une troisième. Il avait jeté les yeux « sur quelqu'un dont l'activité, l'esprit et les lumières étaient parfaitement propres à la mission. » Ce quelqu'un, c'était le libraire Fauche-Borel, qu'il avait rencontré naguère en Suisse, à Neuchâtel où le futur metteur en scène de la conjuration de Pichegru était domicilié.

Fauche-Borel, à cette époque, avait trente-trois ans. Imprimeur et libraire dans sa ville natale, il y était estimé. Quoique protestant et sujet du roi de Prusse, il avait grandi dans le culte de la France, ce qui n'est pas pour étonner, sa famille, d'origine française, n'ayant passé à l'étranger qu'à la suite de la révocation de l'édit de Nantes. Violemment hostile à la Révolution et aux Jacobins, il avait fait de sa maison un asile pour les émigrés, le centre de leurs intrigues et la fabrique des publications contre-révolutionnaires qu'ils s'évertuaient à répandre en France à l'effet d'éclairer l'opinion publique. Il était l'éditeur des écrits qu'à tout instant lançait en Europe et essayait de faire pénétrer en France le comte d'Antraigues. Montgaillard lui-même avait récemment publié à sa librairie quelques-unes de ses élucubrations. C'est ainsi que s'étaient noués leurs rapports.

A la demande de Montgaillard, Fauche-Borel consentit à se rendre auprès du prince de Condé. A Mulheim, il apprit ce qu'on attendait de lui. Flatté dans son orgueil et autant par présomption vaniteuse que par amour pour les Bourbons, il se chargea, sans hésiter, de la difficile mission d'aller jouer auprès de Pichegru le rôle périlleux du tentateur. A dater de ce moment, il va devenir un autre homme. Les mauvaises besognes pervertissent promptement ceux qui les exécutent. Chez Fauche-Borel, on voit se développer peu à peu l'esprit de ruse, l'amour de l'intrigue, une ambition démesurée, une agitation de toutes les heures, laquelle se trahit par une sorte d'illuminisme qui lui fait voir les choses, non comme elles sont, mais comme il voudrait qu'elles fussent. Sorti de la voie droite et paisible en laquelle il a toujours marché, il n'y rentrera plus, entraîné par les illusions qu'il nourrit et qui lui cachent l'abîme vers lequel il court.

Dans ses Mémoires, il ne perd aucune occasion de rappeler qu'il a sacrifié son patrimoine et sa carrière à la monarchie, comme si nous n'avions pas la preuve qu'en bon commerçant, il a toujours tenu le compte de ses dépenses, qu'on les lui a toujours remboursées, que tous ses services ont été pécuniairement et largement payés, qu'il a reçu de toutes mains, de la Prusse, de l'Angleterre, de Condé, de la Restauration, voire de la police impériale, disent les mauvaises langues, et que, s'il est tombé dans la misère qui le conduisit au suicide, c'est par suite d'un goût immodéré pour les spéculations industrielles (1). Mais il se garde bien de dire à quel prix il mit son dévouement, en le promettant à Condé. C'est Montgaillard qui nous l'apprend et cette fois, sans doute, il n'a pas menti, puisque son complice n'a pas protesté.

Fauche-Borel eut la promesse, en cas de succès, d'un million à recevoir à l'entrée du Roi en France, du poste de conseiller d'État, chargé de la direction de l'Imprimerie royale et de l'in-

---

(1) On en trouve la preuve non seulement dans ses Mémoires, mais encore dans d'innombrables lettres de lui, qui figurent au fonds de la police de la Restauration. En 1818, il s'était jeté dans un commerce de chaussures sans couture qui tourna mal.

spection générale de la librairie, et du cordon de l'Ordre de Saint-
Michel. Dans le cas où ses démarches ne seraient pas suivies
d'effet, une indemnité de mille louis lui serait comptée. On en
promit une égale à Antoine Courant, le collaborateur qui lui fut
imposé et qui, moins exigeant que lui, s'en contenta. Enfin, au
moment de se mettre en route, ils devaient, de son aveu, toucher trois cents louis pour couvrir leurs premières dépenses (1).

Dès ce moment, d'ailleurs, son effort tendra à écarter Courant
de la négociation afin de s'en réserver tout l'honneur. « Ses traits
fortement prononcés, dit-il, trop durs peut-être, ne répondaient
pas assez de sa part à ce qu'une pareille mission exigeait de convenance et de délicatesse (2). » En fait, Courant ne joua qu'un
rôle effacé dans l'aventure. Avant même qu'elle ne commençât,
on dut y introduire un nouvel acteur, l'émigré Fenouillot
d'Avans, ancien conseiller au Parlement de Besançon, auteur de
brochures royalistes, que Fauche-Borel avait consulté, — c'est
lui qui l'affirme, — avant de s'engager. On ne savait rien de
Pichegru, de sa manière de vivre, de son caractère, de ses habitudes. Fenouillot s'offrit pour procéder à une enquête qui permettrait de décider par quels moyens on pouvait aborder le
général, sans éveiller les soupçons de son état-major et des représentans en mission auprès de lui, dont la présence et l'incessante surveillance constituaient le plus grave obstacle au succès.
Une fois dans l'affaire, il y resta.

On voit, à ces détails, que le secret commençait à n'en plus
être un. Sans parler de Condé et de ses confidens, le marquis
de Montesson, le chevalier de Contye et autres, Montgaillard,
Fauche-Borel, Antoine Courant, Fenouillot y étaient initiés. A
quelques jours de là, Condé le communiquait aux agens anglais Wickham et Crawfurd, au général autrichien Wurmser :
aux premiers, pour en obtenir un concours en argent, au second, pour en obtenir un concours militaire. Puis y entraient
à leur tour l'avocat alsacien Demongé, la baronne de Reich, qui
résidait à Offenbourg, l'ancien procureur Wittersbach, et, par ce
trio d'espions qui servent l'Autriche, le général de Klinglin. D'au-

(1) Le reçu qu'Antoine Courant et lui laissèrent à Condé le 26 juillet porte qu'il
leur fut compté 500 demi-souverains d'or à 8 florins et 70 louis.
(2) Le 30 mai 1796, Wickham invoquait la même raison pour refuser à Courant,
désigné sous le nom du Turc, de le charger d'une mission de confiance. Il écrivait
à Condé : » V. A. S. sait que la figure de cet homme est si remarquable qu'on
crierait partout sinon : *Au Turc*, du moins : *Au Renégal !* »

tres acteurs ne tarderont pas à y prendre un rôle : Chambé, homme de loi, élu plus tard député aux Cinq-Cents, le comte de Beaufort, ami de Montgaillard, le général Lajolais, Saint-Rémond, officier supérieur de gendarmerie, le major Thugnot (1) et, au premier rang de ces comparses, le chef de brigade Badouville, dont les papiers, retrouvés au ministère de la Guerre et aux Archives nationales, révèlent les vices et la bassesse d'âme, et dont la conduite, la vénalité, les imprudences ont tant contribué à compromettre Pichegru, qui, trompé par sa bravoure au feu, a eu le tort de l'admettre dans son état-major. Des ennemis de la France, tels que Wickham et Crawfurd; des hommes sans moralité, tels que Montgaillard et Badouville; des besogneux, tels que la baronne de Reich, Fauche-Borel, Demougé qui finira espion de la police impériale à Strasbourg, voilà en quelles mains va tomber l'honneur de Pichegru. Ce n'est pas pour exciter la compassion en sa faveur qu'il convient de le constater, mais pour mettre le lecteur à même de juger quelle confiance peut être accordée à des dires visiblement intéressés et que dément toute sa conduite militaire.

Quant aux indiscrétions dont bientôt se plaindra Condé, bien que la responsabilité en revienne surtout à lui, à ses émissaires, aux émigrés qui l'entourent, il y en eut de commises, on ne sait par qui, dès le début de l'affaire. Le 2 septembre, un sieur d'Egrr, conseiller aulique, résidant à Rastadt, agent secret du prince, lui offrait à l'impromptu ses services à l'effet d'arriver à Pichegru, ce qui prouve ou que l'idée de séduire ce général hantait déjà d'autres cervelles que celle de Condé ou que le bruit de la démarche tentée auprès de lui s'était vite répandu. Condé tomba de son haut. Dans sa réponse, il laissa voir qu'il soupçonnait son agent d'avoir abusé d'un secret que le hasard lui avait livré.

D'Egrr protesta. C'était le général Wurmser, affirma-t-il, qui lui avait parlé des moyens de gagner Pichegru, se disant autorisé à lui offrir, s'il voulait passer avec son armée dans le parti du roi, le cordon rouge et le grade de lieutenant général.

(1) Ces noms nous sont fournis par les pièces de l'instruction judiciaire qui s'ouvrit à Strasbourg au lendemain du 18 fructidor. Elle ne jette d'ailleurs aucune lumière sur les actes reprochés à Pichegru, déjà déporté. Tous les inculpés nièrent énergiquement, et le système leur réussit. Le Conseil de guerre les acquitta, ce qui n'empêcha pas, sous la Restauration, ceux qui étaient encore vivans d'invoquer, comme titre à la faveur royale, les faits qu'ils avaient niés.

Sous cette confidence, d'Egrr avait cru voir les intentions du prince. Il s'était aussitôt occupé de trouver des intermédiaires capables de remplir une mission aussi délicate. Il déclarait « avoir trouvé quelqu'un. » Condé ne put que lui objecter qu'il arrivait trop tard, la partie étant déjà liée. Fauche-Borel et Antoine Courant avaient quitté Mulheim le 26 juillet, pourvus d'instructions et de ressources, pour se rendre en Alsace où opérait l'armée du Rhin.

Il est difficile de s'expliquer pourquoi Montgaillard ne s'était pas exclusivement réservé l'honneur de la négociation et avait abandonné à des tiers les démarches actives. Craignait-il de se compromettre ou de s'exposer à quelque avanie, s'il était reconnu au quartier général français? On ne sait. Un fait seul est positif: c'est qu'il laissa les fatigues et les dangers de l'entreprise à Fauche-Borel et à Courant, résolu, quant à lui, à rester dans la coulisse et à tout diriger de haut et de loin. A cet effet, il alla se fixer à Bâle, également à portée des agens et du prince de Condé.

Le 10 août, étant en route, il fait halte à La Caldelberg, d'où il commence à accabler le prince de sa menteuse, vide et toujours verbeuse correspondance : « Je crois très probable qu'à la fin de ce mois, Votre Altesse aura peut-être changé la face de l'Europe. Mais je la supplie de me permettre de lui observer que le plus impénétrable secret peut seul, dans le moment actuel, assurer l'exécution du projet. Je réponds des personnes à qui j'ai confié le projet et le secret. » A cette date, « les personnes » étaient à Strasbourg, non loin du quartier général de Pichegru, établi au château d'Illkirch, cherchant en vain l'occasion d'aborder le commandant en chef de Rhin-et-Moselle.

Ici, s'ouvre l'interminable série des mensonges de Montgaillard. Ils emplissent les lettres qu'il écrit à Condé pour lui rendre compte des faits et gestes des agens. N'ayant rien de bon à dire, il invente. Un jour, il annonce « qu'ils sont sûrs de parler au général le lendemain; » un autre jour, que l'un d'eux va sans doute revenir avec quelqu'un de confiance. Puis, toujours à l'en croire, les événemens promettent de se précipiter; ils vont éclater. Durant plus d'une semaine, il trompe ainsi l'impatience de Condé. Le 12 août, il lui déclare être averti qu'un des agens est parti de Strasbourg pour venir conférer avec lui. Ceci, du moms, était vrai. Fauche-Borel arrivait à Bâle, mais c'était pour prévenir Montgaillard qu'en dépit de ses efforts, il n'avait pu parvenir au général et que, de ce fait, l'affaire subissait une stagnation forcée (1). Il ajouta, il est vrai, que le concours de l'adjudant général Badouville était acquis aux émissaires du prince de Condé : « travaillé par Courant, » cet officier promettait de leur faire obtenir audience du général. Après ce compte rendu de ses premières démarches, Fauche-Borel retourna à Strasbourg pour les continuer.

Quelques jours s'écoulent. Le 17, à la fin de la journée, il reparaît chez Montgaillard, joyeux, tout ému, transfiguré. La veille, à l'en croire, il a pu entretenir Pichegru, au château de Blophseim, chez Mme de Salmon de Florimont, qui passe pour être la maîtresse du général.

« J'eus à peine dit à ce général que je venais lui parler de Mgr le prince de Condé qu'il me serra vivement le bras et qu'il me dit aussitôt :

— Que me veut le prince de Condé? Je ne puis aller à Bâle, on ne peut venir ici; allez et rapportez-moi par écrit ce que l'on désire de moi. Il ajouta : — Je devais partir à cinq heures; je resterai ici jusqu'à demain cinq heures après-midi à vous attendre; en conséquence, faites diligence (2). »

Développé par Fauche-Borel, ce récit électrise Montgaillard, excite sa verve; il prend la plume et consacre une partie de la nuit à rédiger une lettre qui sera remise à Pichegru et que doit accompagner la nomenclature des avantages qui lui sont assurés s'il fait ce qu'on attend de lui. Durant la même nuit, Condé est averti du résultat des démarches de Fauche-Borel. Est-ce celui-ci qui le lui fait connaître? Est-ce Montgaillard? Sur ce point, — ce n'est pas le seul, — ils sont en désaccord. Chacun d'eux prétend avoir porté seul à Condé la bonne nouvelle, et

---

(1) Ces détails ne figurent pas dans les *Mémoires* imprimés. Ils me sont fournis par les Archives de Chantilly et prouvent la fausseté du récit contenu dans ces *Mémoires* (t. Ier, p. 235), d'après lequel Fauche-Borel aurait causé avec Pichegru, au château de Blophseim, le 11 août. Lui-même, dans ses rapports à Condé, place cette première entrevue à la date du 16.

(2) Dans les *Mémoires* imprimés, ce récit remplit plusieurs pages où abondent des détails plus ou moins vrais, sans intérêt pour l'histoire de la conjuration. Pour ceci comme pour le reste, j'ai donc préféré m'en tenir, autant que je l'ai pu, aux papiers de Condé, contemporains de l'événement. Ce qui caractérise la manière de Montgaillard et de Fauche-Borel, c'est qu'au fur et à mesure que le temps s'écoule, ils ajoutent aux détails déjà donnés d'autres détails visiblement inventés. Si ce qu'ils ont écrit sur le moment est déjà suspect, à plus forte raison ce qu'ils ont raconté plus ou moins longtemps après.

avoir contribué à ses résolutions. Le dissentiment ne présenterait d'ailleurs aucune importance, s'il n'était une preuve de la multiplicité des mensonges des deux narrateurs. Après des hésitations que Montgaillard déclare n'avoir dissipées qu'avec peine et que Fauche-Borel dit ne s'être pas manifestées, le prince de Condé se décide à tracer de sa main quelques lignes destinées à Pichegru, et que Fauche-Borel devra lui remettre le lendemain au rendez-vous qu'ils se sont donné.

II

En retournant à Strasbourg, le 18 août, Fauche-Borel emportait donc un billet du prince de Condé et une lettre de Montgaillard, complétée par l'énumération des récompenses qu'on promettait à Pichegru et des engagemens qu'on lui demandait. Le billet du prince était ainsi conçu : « Puisque M. Pichegru paraît penser comme je l'ai toujours espéré, il est absolument nécessaire qu'il m'envoie, avec un mot de sa main, un homme de confiance qui m'instruise positivement s'il veut et peut faire ce qui lui a été communiqué et à qui j'expliquerai de mon côté les avantages de tout genre que j'assurerai à M. Pichegru et à ses amis, s'il veut contribuer avec moi à sauver la France et à rétablir notre Roi sur son trône. Sans la mesure que j'indique, les messages peuvent se multiplier, perdre un temps précieux et compromettre cet important secret. — Mulheim, ce 18 août 1795. Louis-Joseph de Bourbon. »

Impossible de se tromper à ce que ce billet trahit de hauteur et de réserve envers Pichegru, de défiance envers les émissaires. C'est d'abord l'affectation mise à ne pas donner à Pichegru son titre de général; c'est ensuite la demande « d'un mot de sa main et d'un homme de confiance (1), » qui semble indiquer qu'on doute de la véracité des agens. Cependant, le prince n'est pas loin de croire au succès. Nous en avons pour preuve la lettre qu'il envoie le même jour à Montgaillard et qui tend d'ailleurs à démontrer que celui-ci, contrairement à ce qu'il prétend, n'était pas à Mulheim, quand le prince a écrit à Pichegru : « Ceci prend une bonne tournure, lui dit Condé; il est impossible de se refuser à l'espérer. Je suis bien résolu à envoyer avertir le Roi

(1) Fauche-Borel, dans ses *Mémoires*, affirme que le prince de Condé n'a pas demandé un écrit de Pichegru. La lettre du prince lui inflige un démenti.

dès que j'aurai parlé à l'homme de Pichegru... Je souhaite que cela se termine comme vous l'espérez. J'en accepte l'angure et je me flatte bien que vous jouirez de votre ouvrage... L'embarras sera de dégarnir entièrement l'Alsace pour nous porter sur Paris. Il faudra réfléchir à cela. »

La lettre de Montgaillard à Pichegru, dont était également chargé Fauche-Borel, ne mérite pas d'être citée. C'est un long verbiage où, dans un style de basse flatterie, et par un pompeux tableau de la gloire dont le général se couvrira, s'il assure la restauration des Bourbons, on l'excite à passer au Roi avec son armée. « J'ose vous assurer, général, dit le tentateur en finissant, que les émigrés faisant partie de l'armée du prince étonneront l'armée que vous commandez, en s'y ralliant, par la cordialité et l'union avec lesquelles ils se confondront avec vos officiers. Ce sont des larmes de tendresse que vous verrez répandre par tous les émigrés. »

Autrement important est le programme des récompenses et engagemens, joint à la lettre. « Le général sera créé sur-le-champ lieutenant général des armées du Roi, maréchal de France à l'arrivée du Roi à l'armée et grand-croix de Saint-Louis. Il aura pendant toute sa vie le commandement en chef de l'Alsace; il jouira, tant qu'il vivra, du château et parc de Chambord avec huit pièces d'artillerie. Il jouira de deux cent mille livres de pension annuelle et viagère, dont la moitié réversible à sa femme, le quart à ses enfans, de mâle en mâle, jusqu'à extinction de postérité. Une pyramide sera dressée à l'endroit où se trouve l'armée du général et portera cette inscription : *Pichegru sauva la monarchie française et donna la paix à l'Europe.* Arbois, sa ville natale, sera exempte de toutes impositions pendant dix ans; elle prendra le nom du général. Il y aura sa statue; une médaille sera frappée en son honneur. Il aura sa sépulture à Saint-Denis. On lui donnera un hôtel à Paris, un million en espèces. Les officiers de son armée conserveront leurs grades et traitemens, ceux qu'il leur conférera, sauf celui de maréchal de France, les récompenses pécuniaires qu'il leur accordera ainsi qu'aux représentans du peuple. Les amnisties qu'il prononcera seront reconnues et confirmées. Les villes qui ouvriront leurs portes seront exemptées d'impositions pendant trois ans. Enfin, les commandans chargés de la défense des places et qui les rendront au Roi jouiront d'une pension de vingt-quatre à vingt-cinq mille livres, suivant l'im-

portance de la place; ils seront maintenus dans leur grade et
employés en conséquence. »

Voilà pour les avantages assurés à Pichegru. Quant aux engagemens qu'il devra prendre en retour, Montgaillard, s'inspirant
des instructions antérieures du prince de Condé, les stipule comme
suit : « Le général fera proclamer par son armée Louis XVIII,
roi de France et de Navarre, ainsi et de même que ses prédécesseurs l'ont été. Le général fera prêter par son armée serment
d'obéissance, de soumission et de fidélité au roi Louis XVIII; il
effacera dans son armée et dans toutes les dépendances de son
armée tout ce qui porte l'empreinte des trois couleurs, et lui
donnera aussitôt la cocarde et le drapeau blanc.

« Au jour convenu pour cette opération, ainsi que pour la suivante, le général fera arborer le drapeau blanc à Strasbourg,
Huningue et dans les principales villes d'Alsace. Les rives du
Rhin, dans l'étendue de la ligne, retentiront des cris de : *Vive
le Roi!* Le général fera avertir au même instant le prince, et
lui enverra un trompette, les yeux bandés, pour informer Son
Altesse Royale que l'armée française a proclamé Louis XVIII, et
pour l'inviter à se rallier à l'armée de la rive gauche du Rhin.
Le général offrira et livrera au prince la ville d'Huningue (celle
de Strasbourg, s'il est possible) pour sûreté et avec la liberté d'y
établir un pont de bateaux.

« Le prince fera proposer de la part du général et proposera
lui-même sur-le-champ aux généraux autrichiens depuis Basle
jusqu'à Mayence un armistice jusqu'à l'arrivée de Louis XVIII,
à qui il sera envoyé sur-le-champ un courrier, ainsi qu'à toutes
les puissances belligérantes. Le général fera descendre, si cela lui
est possible (comme on le pense), des pontons pour le passage du
Rhin par l'armée du prince. On prendra de part et d'autre les
mesures nécessaires pour que les troupes coalisées ne passent
point le Rhin. Le prince prendra ses mesures pour faire exécuter
le passage à son armée dans un espace de temps très court, et
même malgré l'opposition des coalisés, quoiqu'on ne présume
pas qu'elle ait lieu. Le passage s'exécutera à l'arrivée du Roi, ou
de suite, si le général le juge nécessaire. Le général purgera son
armée de tout ce qu'il pourra y connaître de jacobins et d'anarchistes. Tous les emplois qui se trouveront vacans au moment
de l'exécution du projet seront réservés au prince, et la nomination en sera faite par lui. Le général dirigera et exécutera lui-

LE PROLOGUE DU DIX-HUIT FRUCTIDOR.

même et en chef le projet dont on aura convenu les dispositions ;
il commandera sous le Roi, les princes et les gentilshommes
français ; les deux armées se confondront ensemble et ne feront
qu'un seul et même corps ; c'est dans des embrassemens mutuels
que des Français divisés d'opinion, mais aimant tous leur patrie,
oublieront les dissensions qui ont fait couler si longtemps le
sang français.

« Si les propositions susdites sont acceptées par le général,
ainsi que son honneur, sa grandeur d'âme et son amour pour la
patrie ne permettent pas d'en douter, le général communiquera,
le plus promptement possible, les dispositions qu'il jugera à
propos de prendre. Les personnes qu'il enverra à Basle y trouveront toutes les sûretés, garanties et pleins pouvoirs nécessaires. »

Telles sont les pièces que Fauche-Borel a été chargé de mettre
sous les yeux de Pichegru dans l'entrevue du 20 août. Mais les
lui a-t-il remises, et l'a-t-il même vu ce jour-là ? Dans ses *Mémoires* imprimés, il déclare n'avoir donné au général que le
billet du prince de Condé. Quant à la lettre de Montgaillard
et aux promesses, il affirme les avoir laissées à Bâle. Elles
formaient un paquet volumineux, et il fait remarquer que, les
voyageurs étant fouillés à leur entrée en Alsace, le transport de
ces papiers, l'eût exposé aux plus pressans périls. Il jugeait en
outre que, sous la forme que lui avait donnée Montgaillard,
l'offre était par trop grossière ; elle eût offensé Pichegru. Il n'a
donc emporté que le billet du prince, cousu dans la manche de
son habit, sous l'aisselle. Il le dit ; mais dit-il la vérité ? Une
lettre adressée à Montgaillard et où il déclare avoir remis au
général « la lettre de Monsieur le Comte », — Montgaillard se
prétendait comte, — lui donne un démenti. Il ment dans cette
lettre ou il ment dans ses *Mémoires*. En tous cas, il n'est fait
mention nulle part d'une réponse quelconque de Pichegru à
ces offres mirifiques.

Fauche-Borel est-il plus sincère quand il déclare avoir vu
Pichegru ? Un document découvert au dépôt du Record Office (1)
permet d'en douter. C'est une quittance signée Badouville. « J'ai
reçu de Courant et de Fauche la somme de dix louis pour
objets remis le 20 août. — Badouville. » Quels peuvent être ces

(1) Cité par un jeune professeur, M. Caudrillier, dans un remarquable *Essai sur
l'affaire de Pichegru*, qu'il avait prise comme sujet de thèse.

objets, sinon les divers papiers qui devaient être présentés à Pichegru, et n'est-on pas autorisé à conclure de ce reçu de Badonville que, ne pouvant arriver jusqu'au général, les émissaires ont obtenu de l'aide de camp, moyennant argent, qu'il s'acquitte de la commission en leur lieu et place? D'autre part, il existe aux Archives de Chantilly un billet qui passe pour être de la main de Pichegru, — ce serait le seul autographe qu'on eût de lui relativement à cette affaire, — et qui prouverait qu'il a réellement reçu des papiers. « L... a reçu les pièces d'X... et les examinera pour en faire usage dans les circonstances convenables. Il aura soin d'en prévenir X... »: Mais il ne prouve pas que Pichegru a vu Fauche-Borel, tandis que le reçu de Badouville autorise à penser qu'il n'a pas voulu lui donner audience. Quelle que soit au surplus la vérité à cet égard, et quoique tout un ensemble de circonstances rende bien invraisemblable cette visite du 20 août, il ressort des aveux de Fauche-Borel qu'un plan a été soumis à Pichegru, puisque ce plan est visé dans les diverses réponses verbales attribuées au général.

Entre ces réponses, — il en existe au moins trois, — nous n'avons que l'embarras du choix. Il y a celle qu'a reproduite Montgaillard dans sa conversation avec d'Antraigues, et que le Directoire fit afficher le 18 fructidor sur les murs de Paris, en la donnant comme écrite de la main de Pichegru, alors que le délateur lui-même ne l'avait présentée que comme verbale. Il y a celle qu'a insérée dans ses *Mémoires* Fauche-Borel; elle a été manifestement rédigée après coup et accommodée aux nécessités des polémiques qui s'étaient engagées entre Montgaillard et lui. Il y a enfin celle qu'il transmit à Condé, et qui figure dans les Archives de Chantilly. Elle porte ce qui suit :

« Pichegru a promis d'envoyer à Basle, sous trois jours, à compter du 25 août, un homme de confiance porteur d'une lettre de sa part, laquelle répondra à la note à lui remise de la part du prince. Il a manifesté en des termes non équivoques son entier dévouement à la chose; il m'a chargé de faire ses excuses s'il ne répondait pas au prince d'une manière plus convenable; mais, crainte de compromettre la chose, il a cru prudent de se contenter d'annoncer qu'il avait reçu la pièce et qu'il allait s'occuper du travail nécessaire à la réussite du projet. Il s'est informé si le prince avait l'argent nécessaire pour solder son armée; il a demandé qu'on ne pressât pas trop l'exécution, dans la crainte qu'une démarche trop précipitée ne compromît cette importante affaire.

« Il a annoncé ne pas avoir encore tout son monde, mais que la visite qu'il allait faire dans les différens postes de son armée stationnés entre Strasbourg et Huningue lui faciliterait les moyens de choisir les personnes qu'il croirait devoir employer au bien de la chose. Quand il aura tout disposé, il aura soin d'en informer le prince, et au moment où il croira l'instant favorable à l'exécution. *Il a paru* se disposer à livrer Huningue, où il s'est rendu pour s'assurer de l'esprit de la garnison, afin de la changer ou la diminuer selon que les circonstances lui paraîtront l'exiger. Il a témoigné tout son amour pour les princes, et a assuré qu'ils avaient déjà manqué plusieurs fois l'occasion de se réunir à son armée. Il a demandé où était le Roi et s'il ne viendrait pas auprès des princes; il a appris avec plaisir l'heureux débarquement de M. le comte d'Artois à la Vendée. Il ne parait pas inquiet sur la manière de s'assurer des représentans, et il ne paraissait pas craindre le passage des Autrichiens. Il a désiré une proclamation très courte, mais énergique, pour son armée. »

Il n'y a pas lieu de rechercher si cette première version de l'entrevue du 20 août est plus véridique que les deux autres; il suffira de constater qu'elle en éclaire vivement les mensonges. Il n'y est question, ni, comme dans celle des *Mémoires* de Fanche-Borel, d'un passage du Rhin, favorisé par les Autrichiens et d'une marche sur Paris, bras dessus· bras dessous avec l'armée de Condé, ni, comme dans celle de Montgaillard, de l'engagement pris par Pichegru d'éloigner « les coquins et de les placer dans des lieux où ils ne pourront nuire, la garde des places fortes d'Alsace étant confiée aux troupes impériales. » Si ces promesses ont été faites, ce n'est ni le 16 août, ni le 20; c'est le 24, dans une troisième entrevue, dont voici le compte rendu rédigé par Fauche-Borel en mai 1796, c'est-à-dire plus de huit mois après, ce qui ajoute à tant d'autres motifs de douter de sa véracité.

« A mon troisième voyage au quartier général de Pichegru, le 24 août, il me dit :

— J'ai bien réfléchi depuis six jours à ce que Son Altesse désire. Le seul moyen prompt et sûr de l'exécuter est celui-ci. Je passerai le Rhin, — d'autant que les représentans du peuple veulent qu'on le passe, — avec six, huit et dix mille hommes, la quantité en un mot que Son Altesse fixera, le jour, l'heure, le lieu et

de la manière qu'elle le désirera, étant maître de toute ma ligne
de Strasbourg à Huningue. Je laisserai dans les places les officiers et bataillons dont je suis le plus sûr. Le Rhin passé et la
jonction faite avec l'armée de Son Altesse, le serment de fidélité
prêté au Roi, nous repassons le fleuve avec le prince de Condé,
nous rejoindrons le reste de mon armée, les places nous seront
ouvertes, et rien ne nous empêchera d'arriver à Paris. Je suis
persuadé que les autres armées suivront l'impulsion de la
mienne. Assurez Son Altesse de mon entier dévouement. »

Sans s'arrêter plus longuement aux contradictions qui existent
entre tant de propos prêtés à Pichegru, quel homme de bonne
foi ne serait frappé par tout ce qu'ils présentent de puéril et
d'invraisemblable? Même en admettant qu'il ait voulu trahir, le
conquérant victorieux et désintéressé de la Hollande n'est ni un
escroc ni un imbécile. Il serait nécessairement l'un ou l'autre, s'il
avait présenté les plans inexécutables dont on le dit l'inventeur.
Gouvion-Saint-Cyr, dont les jugemens en ce qui le touche ne
sont pas moins contradictoires que les affirmations de Fauche-
Borel et de Montgaillard et que nous avons vu le défendre en
tant que commandant d'armée, a écrit : « Il connaissait trop
bien l'esprit qui animait les armées pour oser rien tenter onver-
tement en faveur des princes. » Cette appréciation d'un ennemi
lave Pichegru des stupides intentions qu'on lui prête. Au projet
de Condé il n'en a pas substitué un non moins impraticable, et
qui, de sa part, eût été aussi insensé que criminel.

Comment aurait-il pu croire à la possibilité d'entraîner son
armée dans le parti du Roi sans soulever les protestations de tout
ce qui s'y trouvait de patriotes et allumer la guerre entre ses
troupes? Comment se serait-il flatté de l'espoir de préparer ces
opérations, sans éveiller les soupçons des représentans du peuple
qui l'entouraient et des généraux qui lui faisaient escorte? Comment enfin aurait-il été assez crédule pour supposer que les
Autrichiens toléreraient qu'il passât le Rhin, sans, au préalable,
lui demander des gages propres à les protéger contre les conséquences qu'il pourrait tirer ensuite contre eux d'une victoire
facile, dont ils se seraient faits les complices? Encore, à ce point
de vue, les accusations que ne lui ménage pas Gouvion-Saint-Cyr
le défendent. « Il se contenta de prendre l'argent des princes et
celui des Autrichiens, les amusant par de belles phrases. Les
services qu'il leur rendit se bornèrent à faciliter les succès des

Autrichiens aux dépens de sa gloire, de celle de son armée et de la vie du soldat. »

Nous verrons par la suite ce qu'il y a de fondé dans ces allégations, que Gouvion-Saint-Cyr a d'ailleurs lui-même infirmées par la déclaration citée plus haut « que la pensée de trahir ne dirigeait pas encore les actions militaires de Pichegru. » C'est cette déclaration seule que, pour le moment, il convient de retenir. Au reste, la conduite militaire de Pichegru, dont le récit va suivre, est là pour répondre. Elle atteste qu'il n'a pu tenir, ni le 16 août, ni le 18, ni le 24, et pas davantage plus tard, le langage qu'on met dans sa bouche. Ce langage a été inventé, soit par Badouville, soit par Fauche-Borel et Demougé, qui entrera bientôt en scène, enjolivé par Montgaillard, exploité par la baronne de Reich et autres, à seule fin de tirer argent de Condé, de Wickham et de Klinglin.

L'impraticabilité de ce plan fantaisiste était d'ailleurs tellement frappante que le prince de Condé le repoussa tout aussitôt pour en revenir au sien. Montgaillard, qui, au début de la négociation, ne voulait recourir aux Autrichiens qu'à la dernière extrémité, conseillait maintenant d'invoquer leur secours et, redoutant qu'ils ne voulussent pas favoriser le plan, déclarait « qu'il fallait les engager malgré eux. » Il glissa ce conseil dans une lettre sans fin où, renchérissant sur les inventions de Fauche-Borel, il disait : « Pichegru est allé au delà de ce qu'il était permis d'espérer. Il n'a point hésité sur les propositions qui lui étaient faites. Il s'est hâté de rentrer dans le devoir et il l'a fait d'une manière si positive et si noble qu'on ne peut s'empêcher de reconnaître combien ce général attendait avec impatience l'occasion qui vient de lui être offerte. Il a écouté son devoir bien plus que son ambition. Son cœur est profondément dévoué à la Monarchie et au Roi. Il désire leur consacrer ses services et sa vie. Il le désire avec autant d'ardeur que les émigrés eux-mêmes. Monseigneur, il m'est prouvé aujourd'hui que Pichegru est né pour faire de grandes choses... Il est depuis huit jours un grand homme à mes yeux. »

Montgaillard poursuivait ce dithyrambe par le récit des démarches de Fauche-Borel et de Courant, « dont l'habileté a été au-dessus de tout éloge. Grâce à eux, dans une ville où chaque regard est celui d'un espion ou d'un traître, le ministre français Barthélemy, les représentans du peuple, les généraux, personne n'a rien vu. » Pour conclure, il pensait qu'il fallait laisser Pichegru libre d'exécuter ses projets de la manière dont il le jugeait convenable : « Votre Altesse doit être passive, c'est-à-dire qu'elle doit avoir l'air de recevoir et d'amnistier un sujet du Roi revenu de ses erreurs, qui cherche à expier sa gloire en prêtant serment de fidélité à son souverain. » En revanche, il faut fixer au général le jour et l'heure où il doit passer le Rhin avec cinq ou six mille hommes. Ce ne doit pas être plus tard que les trois premiers jours de septembre. « M. Courant lui portera les dernières dispositions de Votre Altesse. Ce voyage est le dernier qu'il sera possible de faire au quartier général de Pichegru. Il faut encore que Votre Altesse parle à Pichegru comme à un grand homme, excellent moyen qu'il le devienne en quinze jours.

« Il faut communiquer à Wurmser ce qu'il faut qu'il sache du plan, sans lui en laisser deviner la latitude et les conséquences qui en dérivent, aller jusqu'aux cessions territoriales, si le concours des Autrichiens est à ce prix... Le moment est arrivé de tout sacrifier pour conduire le Roi sur son trône. Il s'agit de conquérir le royaume et non pas de conserver une province. Ce serait l'Alsace. Mais, une fois à Paris, on forcerait bien l'Autriche à rétrocéder cette province. Au besoin, la Prusse y aiderait. Votre Altesse a encore en sa faveur et l'étonnement de l'Europe et l'indécision des cabinets. »

A toute cette phraséologie, Condé, qui a déjà repoussé l'idée de livrer l'Alsace, répond en démontrant l'impossibilité d'exécuter le plan. On ne saurait sans danger le confier à Wurmser, lequel est incapable par lui-même et gêné par sa cour. Il assemblera ses généraux. Tous diront que c'est un piège. « J'aurai beau leur démontrer, — si je suis appelé au conseil, ce qui est douteux, — qu'ils n'ont rien à craindre en rassemblant quatre fois autant de troupes que Pichegru en enverra, ils n'entendront pas raison. Si, ce que je tiens pour impossible, on les persuade, voilà dix personnes au courant du secret. » Indiscrétion ou trahison, l'opération sera manquée, Pichegru compromis. « Et enfin, si le projet est accepté, le secret gardé, comment Pichegru pourra-t-il jeter un pont sur le Rhin, paisiblement, devant les troupes autrichiennes qu'on verra très bien de l'autre côté du fleuve, sans tirer un coup de canon et sans trahir une connivence suspecte. » Il est donc nécessaire d'avoir un homme de confiance

de Pichegru qui permettra de régler ces questions. » Quant à
l'argent, on le donnera une fois sur le territoire français. « Il
vaut mieux qu'il n'arrive qu'après coup. » Montgaillard eût préféré, et pour cause, « qu'il arrivât avant. »

Condé ne persévéra pas dans sa résolution de garder le
silence envers les Autrichiens et d'agir sans eux. Bientôt après,
il faisait avertir Wurmser en même temps que Wickham. Mais,
à cette heure encore, il subordonnait cette démarche à l'entretien qu'il voulait avoir avec l'homme de confiance que Pichegru, lui disait-on, avait promis de lui envoyer avec un mot de
sa main. Malheureusement l'homme de confiance ne paraissait
pas.

« Ce retard, écrit, le 2 septembre, Montgaillard, n'ôte rien à
la certitude dans laquelle je suis que la chose aura cet effet. Il
me cause l'impatience la plus vive, mais il n'excite pas la plus
légère inquiétude. Je suis convaincu que la chose éclatera quarante-huit heures après l'arrivée et que, si elle est différée, c'est
une preuve que l'on prend des mesures générales pour l'ensemble
et qu'on veut avoir tout disposé et être sûr de tout, lorsqu'on
enverra à Votre Altesse. »

Le lendemain, il rappelle ce que Pichegru a dit à Fauche :
« Dans deux ou trois jours, j'enverrai quelqu'un de confiance au
prince. Vous pouvez lui en donner ma parole. Mais, je n'ai pas
encore tout mon monde et je ne veux rien laisser derrière moi.
Il vaut mieux employer quelques jours de plus et exécuter la
chose pleinement. » Il n'enverra donc quelqu'un que lorsque ses
dispositions seront toutes prises. « Encore deux, trois, quatre
jours, peut-être huit, pas plus, à attendre. Pichegru est obligé à
beaucoup de prudence pour endormir les soupçons. »

Mais rien n'arrive. Le 7, Montgaillard, sur les instances de
Condé, envoie Courant au quartier général de Pichegru, « non
qu'il ait des inquiétudes, mais pour savoir de quoi il retourne. Si,
ce que je ne soupçonne même pas, le général craignait ou différait trop d'exécuter, je crois qu'il y aurait un moyen sûr de l'y
forcer… Je suis mortifié que Votre Altesse ne juge point à propos de fournir au général les fonds dont il est certain qu'il a
besoin. Je serais parfaitement tranquille, s'il avait à sa disposition un moyen si nécessaire à l'exécution du projet. » On surprend ici Montgaillard en train de lever le masque et de trahir
la préoccupation qui le guide. Mais le prince fait la sourde

oreille, s'obstine dans son idée, témoin ce billet : « Le prince de
Condé voit avec peine que M. Pichegru ne s'est pas prêté à ce
qu'il lui demandait, de lui envoyer un homme de confiance avec
un mot de sa main (1). »

Le 14 septembre, Courant apparaît à minuit. Montgaillard
mande la nouvelle de son retour à Montesson, l'aide de camp du
prince, qu'il prie de venir le voir le lendemain matin. « Ma tête
est dans un état affreux et le sujet trop étendu pour que je puisse
le mettre exactement par écrit. » Il pourrait ajouter qu'il ne sait
comment communiquer les impressions qu'a rapportées Courant
du quartier général de Pichegru, tant elles confirment peu les
projets que lui-même a mensongèrement attribués au général les
jours précédens. Pichegru se dérobe ; il n'offre plus d'ouvrir des
places, ni de passer le Rhin ; il ne veut en un mot rien livrer au
hasard dans une affaire aussi grave, et, s'il a un plan, il ne l'exé-
cntera qu'avec lenteur. Comment apprendre au prince de Condé
cette reculade, sans s'exposer à voir se tarir la source des sub-
sides qu'on espère? Il faut donc, malgré tout, entretenir sa confiance, et Montgaillard, à cet effet, rédige une note qu'approuve
Montesson et qu'il apporte au prince. On y lit : « La chose est
si positivement engagée que je la regarde comme exécutée, parce
qu'il est *de toute impossibilité* que le général Pichegru ne l'exécute point. » Mais il lui faut du temps. Il désire avoir auprès
de lui M. Courant, et que M. Fauche se tienne à Paris pour le
renseigner.

Tout ceci, on l'a deviné, n'est qu'inventions et mensonges ;
mais c'est pour arriver à cette conclusion : « Le général désire
que la personne qui sera près de lui puisse lui fournir, au moment même où il en aura besoin pour les officiers généraux
et son armée, les sommes qui lui seront nécessaires. » Et Montgaillard ajoute : « Si Votre Altesse ne peut pas disposer d'une
somme de cent, deux cent mille livres, il devient nécessaire
de la demander aux Anglais. Je suis si parfaitement pénétré
de la perfidie du Cabinet anglais que, lorsque j'ai l'honneur
de proposer une mesure semblable à Votre Altesse, Votre Altesse doit être bien convaincue combien l'état des choses me
paraît critique... Cette confidence peut être faite d'ailleurs à

(1) Ce billet laisse supposer que Condé doutait de l'authenticité de celui qu'on
lui avait dit être de Pichegru (voyez plus haut) ou qu'il n'y attachait aucune importance.

M. Crawfurd d'une manière qui ne lui livre pas tout le secret. »

Loin de trouver dans cette lettre des motifs de découragement, le prince de Condé doit en être satisfait, car il écrit, le même jour, à Fauche-Borel : « Je suis enchanté que Baptiste (Pichegru) m'ait fait renouveler les assurances qu'il est bien dans mon sens et dans celui du grand bourgeois (le Roi) dont je suis et ne dois être que l'organe. Vous remettrez à Baptiste la lettre ci-jointe qui lui fera une nouvelle preuve de ma confiance en lui. Mais, dans ma position, il est de toute importance que je puisse prévoir les époques pour m'arranger en conséquence. Suivez cette affaire avec le zèle que je vous connais. Tâchons d'amener la conclusion. Je me fie entièrement à vos instances auprès de Baptiste, à votre intelligence et à tous vos soins que je ferai certainement valoir avec autant de vérité que de chaleur. »

Mais, cette lettre n'étant accompagnée d'aucun envoi de fonds, Montgaillard, le même jour, 15 septembre, reproche au prince, dans une missive qu'il lui fait porter par Fenouillot, de n'avoir pas envoyé « ses ordres » pour ledit Courant, que Pichegru avait dit vouloir voir le même jour. C'est d'autant plus regrettable que Pichegru vient de passer avec ses officiers à Bâle, allant à Arlesheim. « Je ne doute pas que l'adjudant général Badouville n'ait cherché M. Courant à Bâle. » Pourquoi il l'a cherché, la suite de cette lettre le laisse deviner. « La chose est tellement avancée qu'il dépend de Votre Altesse de l'exécuter. Les instans sont précieux. Chaque heure qui s'écoule devient irréparable. Si l'on balance, si l'on diffère, si l'on tergiverse un moment, la chose est perdue sans ressources... Si Votre Altesse désire que nous fassions la chose, j'aurai l'honneur de lui observer que les fonds que M. de Montesson remit, il y a cinq semaines, à M. Fenouillot sont épuisés depuis longtemps par les courses si multipliées que nous avons faites, et j'ai employé tout ce que j'avais moi-même de ressources, ainsi que M. Fenouillot. » Voilà la question nettement posée ; c'est une question d'argent, ni plus ni moins.

Après avoir lu cette lettre, le prince de Condé répond à Fenouillot, qui la lui a remise, qu'il s'efforce à l'heure même de se procurer des fonds et qu'à cet effet, il vient de communiquer tout le plan aux commissaires anglais Wickham et Crawfurd, qui seuls peuvent le tirer de la triste situation à laquelle il est

réduit par le manque d'argent (1). Cette communication, dont
Montgaillard est aussitôt prévenu, « le jette dans la douleur. »
Elle est inopportune; elle n'était pas nécessaire. Il avait dit
que Courant attendait des ordres pour aller trouver Pichegru,
et le prince a livré tout le plan! Il oublie que, quelques jours
avant, lui-même a invité Condé à recourir à Wickham. « L'affaire
est manquée et Pichegru perdu sous tous les rapports. Les deux
agens anglais préviendront leur cabinet; ils voudront diriger,
ils entraveront; et Pichegru, ne voyant pas Courant, aura des
soupçons. » Et, toujours perfide, préparant déjà sa délation, il
lance cette menace : « Il nous devient impossible aujourd'hui
de répondre à Votre Altesse du secret qu'exige cette affaire. Il
n'est plus entre nos mains. Nous n'en sommes plus garaus, par
conséquent. Si Votre Altesse avait pu disposer des moyens
d'exécution, nécessaires au général Pichegru, Votre Altesse eût
conduit en France le Roi et son armée. »

Les sentimens qu'il éprouve ou qu'il feint d'éprouver, il les
fait partager à ses collaborateurs : Fauche-Borel, Courant,
Fenouillot, le chevalier de Beaufort, « son ami d'enfance, » qu'il
s'est adjoint comme secrétaire, et d'Olry, un diplomate bavarois
mêlé, on ne sait trop comment, à l'affaire.

Ils décident unanimement de se retirer, de rentrer chez eux.
Montgaillard demande au prince un passeport pour traverser les
lignes autrichiennes. Ces résolutions épouvantent Condé; il se
demande ce que va devenir le secret, quand ceux qui le détiennent n'auront plus intérêt à le cacher. Il envoie à Bâle son fidèle
Montesson pour prévenir une désertion dont les suites sont incalculables. A force de raisonnemens, de démonstrations, de suppli-
cations, Montesson parvient à dissiper l'orage. Les bons apôtres ne

---

(1) On verra, par la lettre de Condé à Wickham citée plus loin, que l'agent anglais avait été mis au courant dès le début de la négociation. Du reste, cet incident met en lumière un nouveau mensonge de Fauche-Borel. A la page 262 du
tome 1er de ses *Mémoires* imprimés, il dit : « Le prince, dans sa détresse, crut
devoir s'adresser à M. Wickham. » Or, à la page 255 du même volume, — et ceci
est le comble de l'impudence, — il a écrit : « J'eus ordre aussi de dire à Pichegru
que le prince de Condé avait quinze à seize cents mille livres comptant en caisse,
cinq à six millions en effets dont on pouvait réaliser plus de moitié dans deux fois
vingt-quatre heures, et que, si le général le désirait, on ferait déposer à Bâle une
somme de cent mille écus en or, laquelle serait mise à sa disposition sur la première demande qui en serait faite. » A la fin d'août, on nage dans l'or; le 15 septembre, la caisse est vide. N'est-il pas évident que Fauche-Borel a effrontément
menti dans ce passage, qui n'est d'ailleurs que la reproduction textuelle du récit
de Montgaillard?

résistent que pour la forme; ils cèdent tour à tour et consentent à continuer leur concours au prince; Montgaillard désarme le dernier, après s'être montré un peu plus récalcitrant. Le 19 septembre, il semble avoir tout oublié. Il mande au prince que « Courant, plein de zèle, est rentré en France le 18 pour rejoindre Pichegru; que Fanche et Fenouillot sont à Berne. Ils se serviront des moyens que je leur ai donnés pour déterminer Pichegru à agir avec célérité. Ce sera peut-être dans huit ou dix jours. »

En parlant « des moyens qu'il avait donnés » à Fanche et à Fenouillot, il se vantait. Les seuls moyens qu'ils eussent consistaient en une lettre de Condé pour Wickham, dont Montgaillard ignorait le contenu, peut-être même l'existence, et dans laquelle il n'était nullement question de lui. Cette lettre mérite de trouver place ici, parce qu'elle révèle l'état d'âme de Condé, à la date où elle fut écrite (17 septembre), et démontre qu'à ce moment encore, sa confiance dans les dires de ses émissaires n'était pas ébranlée.

« Pour vous prouver, Monsieur, la confiance entière que j'ai en vous, sur laquelle il m'est revenu (ce qui m'a fait infiniment de peine) que vous ne comptiez pas, comme je suis sûr de la mériter, je vous envoie MM. Fenouillot et Fanche, qui sont connus de vous, et qui sont les deux hommes dont je me suis servi pour me mettre au point très favorable où j'en suis avec Pichegru. Ils disent que Pichegru a dit qu'il fallait qu'il eût de l'argent disponible au premier moment qu'il éclaterait; il s'agit de 200 000 francs ou 300 000 francs. Pour vous donner toutes les sûretés possibles que cet argent sera employé à son objet, Fenouillot offre de rester avec vous en otage. Il est question, Monsieur, de sauver la France, peut-être, de la seule manière dont elle puisse l'être. C'est le vœu de l'Angleterre, vous me l'avez dit, elle me l'a prouvé, je ne me permets pas d'en douter un seul instant.

« J'ose être sûr que vous n'hésiterez pas, si vous avez assez de confiance en Fauche, pour le charger de cet argent (comme je crois que vous le pouvez; il a un état et une fortune qui vous répondent de lui). Je crois que cela vaudrait mieux, que de faire voir à Pichegru un nouveau visage, qui lui inspirerait peut-être de la méfiance. Je ne vous avais fait proposer d'envoyer quelqu'un à vous, que pour ne pas vous laisser le plus petit doute sur l'emploi de vos fonds. Si vous y tenez, cela sera fait, mais je vous dis l'inconvénient que j'y trouve. En conséquence, si, dans l'intervalle de votre réponse à cette lettre, il m'arrive quelqu'un de votre part, pour cette mission, je la garderai, soit ici, soit à Basle, jusqu'à ce que j'aye reçu de vos nouvelles.

« Je crois aussi qu'il est essentiel que vous disiez à Fauche qu'il peut assurer Pichegru que, du jour qu'il aura éclaté, ses troupes seront payées sur le pied de mon armée. M. Crawfurd me l'a bien promis, mais cette condition, de toute importance pour le bien de la chose, ne saurait être trop constatée pour le succès et pour notre sûreté, après la jonction, si elle a lieu, comme on peut l'espérer.

« Je remets, Monsieur, cette grande affaire entre vos mains, elle dépend de vous à présent; de sa réussite dépend le sort de la France, peut-être celui de l'Europe entière. L'armée de Wurmser, délivrée de celle qui lui est opposée, marcherait en toute sûreté au secours de celle de Clayrfait, et l'Allemagne, menacée, serait sauvée sans aucun doute ; la Suisse se déclarerait peut-être, et cela changerait en huit jours, j'oserai le dire, la face du monde entier. Votre manière de voir, qui m'est connue, est trop grande et trop saine, pour me permettre d'ajouter aucune réflexion. La France et son Roi auront une obligation éternelle à l'Angleterre et à vous, et le parti que vous allez prendre va sans doute augmenter encore ma vive reconnaissance, ma profonde estime, ainsi que la sincère et confiante amitié que m'ont inspirée la noblesse de vos procédés, la sûreté de votre jugement et l'intime connaissance que j'ai été assez heureux pour faire avec vous. — LOUIS-JOSEPH DE BOURBON.

« P.-S. — Vous sentez combien il est nécessaire de garder le secret le plus absolu; il me semble que vous pourriez dire, à vos plus intimes, que ces deux hommes sont venus pour parler du Jura.

« Je vous demande encore d'avoir l'air, vis-à-vis d'eux, d'apprendre la chose par cette lettre, ou par celle que vous avez reçue de M. Crawfurd il y a trois jours, pas plus tôt, parce que, pour les engager encore plus au secret, je ne leur avais pas dit que je vous l'eusse confié dès le commencement de la négociation. »

Cette lettre partie donne lieu trois jours plus tard à un nouveau coup de théâtre. Montgaillard mande à Condé, le 20, qu'il a reçu un mot de Courant le suppliant d'arriver promptement à

Strasbourg, lui ou Beaufort, « dût-on crever les chevaux. » Il est urgent que Fauche, qui a reçu des fonds de Wickham (1), les porte à Pichegru « à qui j'écris lettre sur lettre. » Tout est à la joie, car tout va éclater. Le 28, c'est une autre antienne. A quoi rêve Pichegru? Sa conduite est déconcertante. Il vient d'établir un camp sous les murs d'Huningue et il a signifié au Sénat de Bâle que, s'il ne gardait pas mieux ses frontières contre les Autrichiens, il les gardera lui-même. C'est à n'y rien comprendre « et tout cela est bien grave. » Le 1er octobre, Pichegru « est venu à Bâle en poste pour passer la nuit chez Mme de Salmon, dont il est profondément amoureux. Il est reparti hier à cinq heures du matin. » En l'annonçant au prince, Montgaillard ajoute : « Je regrette qu'il n'ait point encore les fonds qui lui sont nécessaires. » Du reste, il a écrit au général une lettre encore plus pressante que les autres. « Je regarde comme impossible que cette démarche ne le force à agir. »

Cette correspondance de supercherie et de mensonge va se continuer ainsi monotone, inventive, toujours vide, pleine de réticences et d'aveux involontaires, épuisant l'imagination de Montgaillard qui, le 25 octobre, après avoir prétendu que, la veille encore, il a écrit à Pichegru et à Badouville, déclare qu'il ne leur écrira plus. « Je tremble que cette fréquence de correspondance ne compromette l'affaire. Si, malheureusement, une seule lettre était interceptée, on pourrait avoir des soupçons. Prière à Fauche d'écrire le moins possible. » Néanmoins, il persiste à prétendre que « tout va bien; » il le répète à satiété; il l'affirmera encore le 30 décembre et s'attirera cette réplique dédaigneuse et sèche de Condé : « Je ne vois point encore le succès s'avancer d'une manière aussi rapide que paraît le croire M. Pinault (Montgaillard). »

Tout cela n'est-il pas assez clair? N'est-ce pas évident qu'à cette date, les agens n'ont encore rien obtenu de Pichegru et que,

(1) Dans ses *Mémoires* imprimés, Fauche-Borel affirme que, le 18 septembre, Courant, en partant pour Strasbourg, reçut de Condé mille louis, et que Wickham lui délivra à lui-même un crédit de huit mille louis sur ses banquiers de Lausanne. Mais il résulte de son récit que Pichegru ne toucha rien de ces sommes. « Je le prévins, écrit Fauche, que j'avais avec moi les fonds nécessaires aux premiers besoins de son armée. » C'est tout ce qu'il en dit, avant de raconter comment il dépensa lui-même cet argent en frais de propagande dans l'armée, ce qui n'est peut-être pas plus vrai que la plupart de ses autres affirmations. A remarquer encore qu'en racontant sa visite à Wickham, il évite de dire que Fenouillot était avec lui et affecte de s'en attribuer à lui seul tous les mérites.

pour tromper Condé, pour l'entretenir dans ses illusions, ils ont menti à qui mieux mieux?

III

Tandis que se nouaient sur son nom ces abominables intrigués, quel a été le rôle de Pichegru? Les a-t-il favorisées et encouragées? Dans quelle mesure a-t-il justifié les dires des émissaires de Condé? Nous croyons avoir prouvé qu'à ne considérer que sa conduite militaire, dégagée des appréciations erronées, des insinuations calomnieuses, des préoccupations politiques qui l'ont obscurcie, rien ne l'accuse encore à la date où nous sommes. Les documens officiels, sa correspondance, celle même de ses rivaux démontrent son innocence. Plus nous avancerons vers la fin de cette étude et plus deviendra éclatante la preuve qu'en tant que commandant d'armée, il a rempli tout son devoir; que, placé dans des circonstances critiques devant un ennemi plus nombreux, mieux armé et pour tout dire ne manquant de rien, il a fait, quoique manquant de tout, ce qu'exigeait l'honneur.

Si, plus sévère en ce qui le concerne qu'on ne l'a été pour Jourdan, qui ne fut pas moins malheureux que lui dans cette campagne de 1795, on lui impute à crime ses revers; si l'on prétend qu'ils ont été volontaires; qu'ils constituent la preuve de sa trahison, nous rappellerons ce jugement du plus autorisé de ses accusateurs, le maréchal Gouvion-Saint-Cyr, disant, sans remarquer d'ailleurs qu'il s'inflige à lui-même un démenti, « qu'il a été le témoin de ses embarras et de ses sollicitudes, qu'il a pu apprécier plusieurs de ses démarches et juger qu'elles étaient dictées par le désir d'éviter des revers. » Nous objecterons en outre que les ambitions qu'on présente comme ayant été le mobile de sa trahison n'étaient réalisables qu'à la condition qu'il fût victorieux. Pour conserver son prestige, sa popularité, son ascendant sur la France qu'il voulait, assure-t-on, rendre au Roi, et sur l'armée sans laquelle il ne pouvait rien, il était tenu de vaincre, d'éloigner l'étranger de la frontière et d'être enfin le libérateur de son pays. Alors peut-être, mais à ce prix seulement, eût-il pu devenir le Monk des Bourbons. Et, comme il est prouvé qu'il a fait effort pour vaincre, la logique voudrait que ses accusateurs cherchassent la preuve de son forfait, non dans ses revers, qui ne lui en permettaient plus l'accomplissement, mais dans cet effort même, qui ne peut être contesté aujourd'hui et qui devait lui donner les moyens de l'accomplir. La vérité oblige donc à reconnaître qu'on l'a calomnié en l'accusant d'avoir joué la partie des Autrichiens et facilité leurs victoires. Elle est outragée quand on dit de lui qu'il n'a rien voulu faire que d'accord avec eux ; qu'il s'est offert à leur livrer Huningue (1) ; qu'il leur a effectivement livré Mannheim et sa garnison, calomnie d'autant plus odieuse que les faits et les écrits sont d'accord pour en démontrer la fausseté et que, ainsi qu'on le verra bientôt, il suffisait d'y regarder pour s'en convaincre.

Alors que l'étude des papiers conservés aux Archives de la Guerre peut livrer à quiconque se donnera la peine de les parcourir un faisceau de preuves irréfutables, d'où se dégage avec une évidence saisissante la vérité, on ne peut que se demander par quelle fatalité ou par quelle violence de haines elle a été, durant plus d'un siècle, voilée et cachée, comment l'histoire, ayant à se prononcer entre la vérité et le mensonge, a opté pour le mensonge.

Entre les divers faits relatifs à Pichegru, qu'elle a ainsi travestis, il en est un notamment qui, plus encore que tous les autres, démontre et rend inexplicable le parti pris dont se sont inspirés, pour la plupart, les narrateurs de ces événemens. Peut-être se rappellera-t-on qu'en nommant Pichegru, Moreau et Jourdan au commandement des armées de Rhin-et-Moselle, de Sambre-et-Meuse et du Nord, le Comité de Salut public avait décidé que, si la réunion de ces trois armées devenait nécessaire, Pichegru en serait le général en chef et, à ce titre, aurait sous ses ordres ses deux camarades. Vers la fin de septembre, alors que nous tenions Mannheim, que Mayence était assiégée, et que le passage du Rhin, effectué successivement par Jourdan et Pichegru, semblait rendre possibles des opérations plus actives, le Comité de Salut public, pensant qu'elles seraient facilitées par la réunion des deux armées du Rhin, ordonna la mise à exécution de la décision qui les plaçait, le cas échéant, sous les ordres de Pichegru. Il crut devoir, en en informant Jourdan, lui exprimer l'assurance « que le désintéressement du grand citoyen étoufferait en lui les susceptibilités du soldat. » Nous ne savons ce qu'en dit Jourdan dans ses

(1) L'accusation à cet égard n'a d'autre fondement que cette phrase de Fauche-Borel, dans son rapport sur l'entrevue qu'il prétend avoir eue le 20 août avec Pichegru : « Il a paru se disposer à livrer Huningue. »

Mémoires inédits. Mais Louis Blanc, qui l'a su, s'écrie à ce propos : « La France ne tarda point à expier cruellement l'arrêté qui subordonnait à un homme par qui elle était trahie le modeste, l'illustre vainqueur de Wattignies et de Fleurus. »

L'éminent historien se serait épargné ce regret, s'il avait pris la peine de consulter les Archives du dépôt de la Guerre. Il y aurait appris que l'arrêté qu'il déplore ne fut pas exécuté, par suite du refus de Pichegru d'accepter le commandement suprême. Le 5 octobre, rendant compte au Comité d'une conférence qui avait eu lieu la veille à son quartier général entre lui, Jourdan et les représentans du peuple, à l'effet de se concerter sur les opérations, en vertu des ordres reçus, le commandant de l'armée de Rhin-et-Moselle s'exprimait comme suit :

« Quel que soit jamais le rapprochement des deux armées, je regarde comme impolitique d'en réunir le commandement tant que dureront surtout le concert et la bonne intelligence qui ont toujours régné entre le général Jourdan et moi. Au surplus, si le Comité persiste dans son intention à cet égard, je déclare d'avance qu'il doit jeter les yeux sur un autre que moi pour exercer un commandement qui se trouve infiniment au-dessus de mes forces et de mes moyens. La guerre, en affaiblissant les ressorts physiques de tous ceux qui la font, altère aussi les facultés morales de ceux qui la dirigent par un travail et une tension continuels que l'inquiétude et les soucis rendent infiniment pénibles. »

Devant ce refus catégorique, le Comité de Salut public n'insista pas. Il renonça à faire exécuter son arrêté. Chacune des deux armées conserva son autonomie. Louis Blanc n'en a pas moins affirmé un fait matériellement faux, dont, dans son ardeur à défendre Jourdan, il a tiré des conclusions accablantes pour Pichegru. Il en est souvent ainsi dans cette douloureuse aventure. On dirait que la mauvaise foi et l'erreur s'y sont donné rendez-vous pour dénaturer la conduite militaire du général. Ses accusateurs, cependant, ne sauraient invoquer ici les argumens qu'ils peuvent tirer des obscurités dont reste enveloppée ce que nous appellerons sa conduite politique, c'est-à-dire l'histoire de ses rapports avec Condé.

Ce qu'ont été au juste ces rapports, nous ne le savons que par Fauche-Borel et ses acolytes, et tant de fois nous les avons surpris en flagrant délit de mensonge qu' ucune de leurs affirmations ne nous inspire confiance. Tout y est louche, suspect et douteux, Quand ils prétendent qu'ils ont vu Pichegru, causé avec lui, reçu ses déclarations, nous sommes en droit de ne pas les croire, parce que les propos qu'ils lui prêtent et les plans qu'ils lui attribuent sont les propos et les plans d'un fou, indignes de l'homme de guerre qu'était Pichegru. La volonté de trahir fût-elle démontrée, elle ne parviendrait pas à les rendre vraisemblables. Le passé de Pichegru, l'idée que nous nous faisons de ses aptitudes professionnelles, l'impraticabilité démontrée des projets qu'on expose en son nom, sans apporter ombre de preuve qu'il y ait participé, la certitude acquise que les Autrichiens, loin de les favoriser, les ont repoussés (1), encore qu'on leur affirmât qu'ils venaient de lui, les enjolivemens ajoutés de jour en jour par les émissaires à chacune de leurs versions, et enfin le détournement des fonds qu'on disait lui être destinés et que nous voyons arrêtés en chemin par ceux qu'on chargeait de les lui verser, tout concourt à exciter notre incrédulité et nous conduit à penser que depuis un siècle, l'histoire, en ce qui touche cette affaire, vit sur une fable imaginée par une demi-douzaine de calomniateurs, dont la vénalité apparaît à chaque ligne des écrits à travers lesquels nous pouvons les juger.

Leurs calomnies, cependant, ont une cause et une origine. Ils ne les ont pas forgées de toutes pièces. Pour qu'elles naquissent, il a fallu qu'elles eussent un prétexte plausible, et, pour se développer, se répandre, pousser de toutes parts leurs rameaux vigoureux et empoisonnés, qu'elles trouvassent un terrain propice. Or, ce prétexte et ce terrain, c'est assurément Pichegru qui les a fournis en se prêtant à des rapports avec Condé, soit par l'intermédiaire de Fauche-Borel, soit par toute autre voie, celle par exemple de son aide de camp Badouville, lequel ne savait pas résister à une poignée de louis, habilement offerte, ni à quelques flatteuses démarches (2). Nous avons de ces rapports un témoignage irrécusable. C'est une lettre en date du 28 décembre

---

(1) « Je vais obéir à Votre Excellence, qui est mon chef militaire, mais, il est de mon devoir, en obéissant, de lui représenter que le parti qu'elle prend de m'empêcher de passer le Rhin devant moi est désastreux pour la cause. » — *Condé à Wurmser.*

(2) Le 9 septembre, Fauche-Borel écrit à Condé : « Je trouve aussi que, pour contenter Coco (Badouville), qui par la suite aura le commandement de la cavalerie dont il a la confiance, et même pour aiguillonner le zèle de Baptiste, il serait à propos de le satisfaire en ce qu'il désire tant, qui est de lui écrire ces quelques mots : *Je suis content des services de M..... Je désire qu'en aucun cas il ne lui arrive aucun mal.*

1795, adressée à Condé par ce colonel baron de Vincent qu'en
1797, le ministre autrichien Thugut enverra au camp des alliés
dans l'espoir que, de là, il parviendra à nouer des liaisons avec
Moreau. Vincent est, paraît-il, l'homme de ces besognes ingrates.
C'est lui qu'on met en chasse, quand on a besoin d'un traître ou
d'un renégat. Venu au camp de Pichegru au moment de la conclusion de l'armistice proposé par Kray et consenti par les généraux français, il rend compte en ces termes d'un incident auquel donna lieu sa visite : « Quoique, lors de mon entrevue avec
Pichegru, je ne l'aie vu que quelques instans, je suis parvenu à
lui montrer l'écrit de Votre Altesse lui marquant qu'il peut avoir
confiance en moi... Il m'a répondu : — Pour le moment, la chose
est impossible. Le prince de Condé sait la manière dont je pense,
que je suis disposé à tout faire pour lui. Mais je n'ai personne
à qui je puisse me fier. Mon armée n'est pas à la hauteur des
circonstances dans le bon sens. Il faut attendre tout du temps. »

Cette lettre ne permet pas de douter qu'il y ait eu des relations
antérieures entre Condé et Pichegru ; et, comme ce n'est assurément pas le prince qui les a suivies personnellement et directement, il faut bien en conclure qu'au mois d'août précédent, Pichegru a reçu une lettre de lui, que lui ont remise les émissaires
ou qu'ils lui ont fait parvenir par Badouville. Le fait n'est pas
niable, et c'est en vain qu'on voudrait dégager de ce souvenir la
mémoire de Pichegru. La question, dès lors, n'est pas de savoir
s'il a vu les émissaires, ni par quelle voie, dans le cas contraire,
il a reçu leurs propositions, mais pourquoi, étant prouvé qu'il
n'en a tenu aucun compte, il n'a pas coupé court à ces rapports
compromettans. A cette question on ne peut répondre que par
des hypothèses. Toutes sont permises, même celle qui conclut
de l'attitude de Pichegru qu'il s'est emparé de la démarche de
Condé et des visites de Fauche-Borel, qui était bien homme à
jouer double et même triple jeu, comme d'un moyen de connaître les projets des émigrés, leurs moyens d'action et les plans
des Autrichiens. Mais, quelque admissible que soit celle-ci, il en
est de plus vraisemblables.

A l'heure où Condé s'adressait à lui, Pichegru, comme tous
les hommes prévoyans, ne pouvait n'être pas pénétré des innombrables périls auxquels l'impéritie des gouvernans, la guerre civile
déchaînée, le désarroi des esprits, la désorganisation générale et
les incertitudes quant à l'avenir exposaient la France. La restau-

ration des Bourbons n'était pas alors considérée comme impos-- sible. Elle l'était si peu, qu'il est admis aujourd'hui que, si les émigrés n'eussent, par leurs folies, découragé les dispositions d'un grand nombre de citoyens résidant à l'intérieur, elle se fût probablement opérée. En ces conditions, on peut supposer que Pichegru, en écoutant les émissaires de Condé, en ne les repoussant pas avec indignation, n'a peut-être voulu que se ménager en vue du lendemain. S'il a vu pour son pays en danger une chance de salut dans le rétablissement de la monarchie, il est compré- hensible qu'il ne se soit pas jeté au travers des efforts royalistes et qu'il se soit même déclaré prêt à les seconder. Rien ne tenait plus; tout était compromis et menacé ; c'eût été son droit de citoyen d'appeler de ses vœux un régime nouveau et réparateur, à la condition cependant de ne pas en favoriser le triomphe par la violation de ses devoirs militaires et en ouvrant à l'étranger sa patrie. Or, à cela, il s'est toujours refusé. La preuve en est, non seulement dans sa conduite militaire, mais encore dans tous ses propos, dans ceux même que lui prêtent Montgaillard et Fauche-Borel.

« Je ne veux pas être le second tome de Dumouriez, dit-il et répète-t-il, à les en croire; rien de partiel. Qu'on ne fasse rien de décousu ou on perdra la chose. Qu'on entreprenne l'esprit public autant que possible jusqu'à ce que j'aie trouvé le moment favorable d'éclater. J'ai mon plan; il comprend tout, je l'exécu- terai; qu'on me laisse faire et qu'on soit sans inquiétude sur les moyens que je croirai, d'après les circonstances, devoir prendre, malgré qu'ils paraîtront ne pas coïncider avec les vues qu'on a de l'autre côté. » Ces idées le hantent ; il y revient sans cesse : « Qu'on ne se presse pas, qu'on ménage l'opinion; qu'on ne parle pas d'ancien régime, qu'on ne parle que d'oubli, ni de punir personne. Une fois le roi en France, il sera le maitre de faire ce qu'il voudra et je ne me mêlerai plus de rien. » Enfin, d'après le rapport [de Fauche-Borel d'où ces paroles sont tirées, il dit une autre fois : « Le Roi, le prince et les émigrés ne pourront jamais me faire un reproche fondé. J'ai défendu le territoire français; *je le rendrai intact à Sa Majesté.* Je ne désire ni grâces, ni récompenses... J'espère que La Fayette et Dumouriez ne sont point dans ce que vous êtes chargé de me dire. »

Si Fauche-Borel a été plus véridique ici qu'il ne l'a été ail- leurs, ce qu'il n'est pas en notre pouvoir d'affirmer, nous voilà

bien loin des projets qu'on prêtait à Pichegru au mois d'août.
Les inventions calomnieuses qui ont suivi les premières entrevues
se sont effondrées. On ne parle plus de livrer à l'Autriche les
places fortes de l'Alsace ni de passer le Rhin. Nous entendons le
langage d'un homme politique fatigué du régime qui pèse sur
son pays et menace de le perdre, mais non celui d'un traître.
Qu'il soit disposé à faire défection à la république, c'est possible.
Mais qu'il veuille y employer la trahison, ses paroles le démentent
comme sa conduite.

Objectera-t-on que ses premiers projets ont réellement existé
et que, s'il y a renoncé, c'est après la journée du 13 vendémiaire
(5 octobre), durant laquelle Bonaparte a défendu la Convention
expirante, écrasé les sections royalistes, assuré la mise en train de
la constitution nouvelle et l'avènement du Directoire? Alors, nous
rappellerons que Pichegru n'a pas attendu ce jour pour marquer
sa volonté de remplir tout son devoir de soldat. Dès le mois de
septembre, ses actes militaires ont été tels qu'ils rendaient inexécutables les plans que Fauche-Borel et Courant prétendaient tenir
de lui, alors même que la surveillance de son entourage et des
représentans du peuple ne l'eût pas empêché de les exécuter.
Sans doute, Montgaillard a prétendu, à propos des représentans,
que Pichegru ne s'en inquiétait guère et qu'au besoin, il les « f.....
dans le Rhin. » Mais c'est encore ici un mensonge, une gascon-
nade de Montgaillard, et, de son propre aveu, Pichegru, lorsque
Condé lui a demandé de lui livrer ces hauts personnages, a im-
plicitement refusé en condamnant tout le plan où figurait cette
exigence.

A l'appui des considérations qui précèdent, voici une lettre
confidentielle de Pichegru à Moreau (1) qui ne laisse guère de
doute sur ses dispositions. Un journal ayant écrit contre lui, le
15 septembre, pour contester ses taleus de général, il répond le
19 octobre : « Je n'avais pas eu la moindre connaissance, mon
cher ami, de la diatribe insérée sur mon compte dans la *Gazette
française* du 15 septembre que je me suis procurée sur les
indications de ta lettre. S'il était possible d'ajouter à l'attachement que je t'ai voué, la démarche que tu as bien voulu faire
à ce sujet ne pourrait manquer de produire cet effet. Mais, depuis

(1) Les lettres confidentielles de Pichegru à son ami sont conservées au Dépôt
de la Guerre, où elles furent sans doute envoyées en 1804, après l'arrestation de
Moreau, suivie de la saisie de ses papiers.

longtemps, je comptais sur ton amitié, et le nouveau témoignage
que tu viens de m'en donner n'a fait qu'ajouter à ma reconnaissance. Veuille, je te prie, la faire partager à tous les généraux
qui ont bien voulu joindre leurs attestations à la tienne. Elles
me sont infiniment précieuses, quoique je sois bien décidé à n'en
pas faire usage. Cette circonstance, non plus que toute autre de
cette espèce qui pourrait se présenter à l'avenir, ne me fera point
sortir de mon caractère, et je ne répondrai jamais à aucun article
des journaux. Je me persuade que le compère Gaspard du
3ᵉ régiment d'artillerie est un être imaginaire. Mais, fût-il existant, je ne lui ferais la grâce de lui répondre que d'une manière
palpable. S'il savait combien peu je tiens à une futile renommée,
il ne se donnerait pas la peine de l'attaquer. Que mon nom
soit tout à l'heure enseveli sous la poussière, et qu'enfin ma
patrie soit tranquille et heureuse. »

Elle est éloquente cette lettre qui met si vivement en lumière
l'ingratitude dont, deux ans plus tard, fit preuve Moreau, lorsque,
au lendemain de Fructidor, passant du côté du vainqueur, il osait
écrire, en parlant de Pichegru : « Depuis longtemps, je ne l'es-
timais plus. » Comment douter de la sincérité des accens de
Pichegru, quand elle est confirmée par tant d'autres faits et
d'autres paroles si propres à prouver qu'il n'a jamais voulu trahir
son pays ni se déshonorer? Il n'en a pas moins fourni lui-même
des armes à la calomnie par une imprudence coupable, laquelle
laisse planer une ombre sur sa conduite et oblige l'historien de
ces heures obscures et troublées à s'entourer, pour le justifier, de
toute la lumière de documens irréfutables et d'évoquer, dans un
cadre de vérité, le souvenir de ses actes de soldat, abominable-
ment dénaturés par ses calomniateurs.

ERNEST DAUDET.

POÉSIE

AVANT LE SOIR

Le soir n'est pas encor tombé, le soir mystique
Qui calmera nos cœurs et fermera nos yeux,
Le soir où surgiront, par delà d'autres cieux,
Les tours de sombre azur des villes du cantique.

Mais déjà quelque brise, un murmure confus
Dans l'ombre qui s'allonge en annoncent l'approche,
Et je me sens bercé d'une invisible cloche
Qui pleure, on le dirait, sur l'homme que je fus.

L'eau vive court encore où l'anémone blanche
Abandonna son cœur aux souffles du matin.
Un charme est demeuré sur la mousse et le thym ;
Le rossignol d'amour est toujours sur la branche.

Hélas ! La toute belle a perdu ses couleurs :
Une ombre de langueur se mêle à sa tendresse,
Et le chant de l'oiseau n'a plus cette allégresse
Qui faisait tressaillir tout le pays des fleurs.

Quand midi grésillait sous l'azur qui flamboie,
J'ai cheminé dans l'or comme un bon moissonneur,
J'ai tenu dans mes mains l'écusson du bonheur,
J'ai porté fièrement l'étendard de la joie.

Faut-il donc insulter à ce passé charmant?
Non, non. Je suis à lui comme au toit l'hirondelle.
S'il ne me connaît plus, je lui reste fidèle;
Je n'ai rien désappris du vieil enchantement.

Car je tiens que le rire est une noble chose,
Un frère de l'amour, un guide sans pareil,
Et qu'on ne peut avoir, au pays du soleil,
De meilleurs conseillers que le lys et la rose.

Pourtant, aux meilleurs jours, j'ai parfois entendu
Souffler en mon jardin comme un vent de colère :
Un serpent d'émeraude est au fond de l'eau claire;
Quand je m'y suis baigné, le traître m'a mordu.

Et j'ai souffert. Beaucoup. Peut-être plus qu'un autre.
J'ai fait plus d'une halte au château des affronts.
O ma jeunesse à l'œil si vif, aux gestes prompts,
Tu n'as pas oublié la peine qui fut nôtre.

Marguerites des prés et pervenches des bois
Étoilaient à l'envi ta chevelure brune...
Ah! dans ces longues nuits que fleurissait la lune,
Qu'il a passé de pleurs entre tes petits doigts !

Le page qui, tremblant, tenait ta lourde traîne
L'a bien su, mais jamais il n'en aurait rien dit.
A voir ta bouche close il était interdit;
Pour or ni pour argent il n'eût trahi sa reine —

Jeunesse, ma Jeunesse, avons-nous bien lutté?
Avons-nous bravement tenu tête à l'orage?
Sourire en plein tourment, n'est-ce pas du courage?
Quand nous agonisions, nul ne s'en est douté.

Le Printemps, à sa cour, aimait à nous entendre ;
L'aube accueillait gaîment nos rires ingénus.
Noûs avons tant chanté qu'on nous a méconnus,
Et beaucoup n'ont pas vu ce que j'avais de tendre.

Qu'importe? En vérité, c'était là le bon temps,
Le temps de la bataille et le temps des verveines ;
Un sang vermeil et chaud nous courait dans les veines,
Un beau songe de gloire enflait les combattans.

Maintenant, tout est morne et tout se décolore ;
Les roses du parterre ont un parfum d'adieu,
Et dans ce tri te ciel, qui fut un jour si bleu,
Pas un seul n'est resté des voiles de l'Aurore.

Résigne-toi, mon cœur. Il ne faut plus aimer.
Ne cherche pas à voir où le soleil se lève.
Regarde : celle-là qui fut ton dernier rêve,
Ses yeux délicieux sont prêts à se fermer.

La fleurette d'antan n'est plus à son corsage,
Le bois ne s'ément plus de son rire argentin.
Va. Sans même un murmure accepte ton destin.
Lorsque la nuit est proche, il convient d'être sage.

                                    GABRIEL VICAIRE.

UN CONFLIT DE RACES

AMÉRICAINS ET PHILIPPINS

« Les États-Unis ne réussiront à gouverner les Philippines
que s'ils pénètrent le caractère et les conditions de la population
et s'ils réalisent avec sympathie ses aspirations et son idéal. Pour
durer, un gouvernement doit prendre ses racines dans les besoins,
les intérêts, l'intelligence et l'affection du peuple ; il n'y parvient
que s'il sait s'adapter au caractère et aux moyens des gouvernés,
s'il discerne ce qu'ils sont, ce que leur nature propre leur permet de devenir, ce qu'ils réclament, et tout autant, ce qu'ils se
croient en droit de posséder. »

Ces lignes, inspirées par une profonde psychologie politique,
devraient servir d'épigraphe au remarquable rapport que la
Commission d'enquête des Philippines a adressé à M. Mac-
Kinley (1), au lieu d'y être perdues dans un chapitre quelconque.
Très surpris que les habitants de l'Archipel ne se fussent pas
empressés à déposer les armes sitôt après la conclusion du
traité de Paris, très contrarié surtout d'être obligé d'entretenir
une nombreuse armée de terre et de mer pour essayer de leur
faire accepter la domination américaine, le Président des États-
Unis avait décidé de confier à trois civils et à deux militaires
éminens le soin de le renseigner et de le conseiller. Les commissaires sont venus aux Philippines, ils ont vu, ils n'ont pas
vaincu. Leur témoignage et leurs conclusions sont du moins

---

(1) Janvier 1900. Washington, imprimerie du gouvernement, 2 vol. in-8°.

consignés dans deux volumes dont la lecture est infiniment suggestive.

On sait avec quelle intensité l'impérialisme sévit sur le monde anglo-saxon tout entier. La Grande-Bretagne y a perdu, par sa manière de traiter les Boers, une partie de sa réputation, d'ailleurs quelque peu usurpée, de libéralisme. Elle s'est vue conduite, après avoir provoqué le conflit avec le Transvaal en réclamant l'extension du droit de vote en faveur des étrangers de passage, à refuser le suffrage aux habitans de race blanche. Elle se trouve entraînée, à la suite d'une expérience plutôt malheureuse, à remanier profondément ses institutions militaires pour chercher à procurer à son armée continentale un peu de la force et du prestige qu'elle exerce sur les mers. Il en est sensiblement de même des États-Unis : pour peu que les choses durent quelques années encore comme elles sont engagées, les armées permanentes n'auront bientôt plus de secrets pour eux. La plupart de leurs « généraux » n'étaient guère jusqu'ici que des « civils, » avocats, commerçans, industriels d'hier et de demain, n'endossant l'uniforme que pour une besogne déterminée et éphémère : l'Union ne tardera pas à en avoir de professionnels. Sa constitution, infiniment moins plastique que celle de l'Angleterre, n'avait point prévu le cas des possessions lointaines : elle subira le contre-coup de cette brusque irruption d'élémens hétéroclites dans la puissante Confédération de l'Amérique du Nord. Les États-Unis ne se piquent pas de libéralisme, il est vrai, du moins à la façon policée et tempérée des civilisations occidentales; mais, oubliant volontiers et la destruction progressive des Indiens, et les efforts pour repousser l'infiltration jaune à l'Ouest, et le traitement différentiel récemment inventé par certains États du Sud pour se protéger contre la prépondérance noire, on leur savait encore gré de s'être montrés de vigoureux égalitaires et d'indomptables démocrates au cours de la guerre de Sécession. A l'instar de John Bull, Jonathan risque fort de voir s'altérer sa physionomie extérieure, tout aussi bien que les conditions de sa vie interne, si du conflit des Philippines et du rapport de la commission d'enquête se dégagent toutes les conséquences qu'ils recèlent.

Il n'est point sans intérêt de noter au passage quelques-unes de celles-ci. D'où viennent les habitans des Philippines et où prétendent-ils aller? Que sont les Américains et comment con-

çoivent-ils l'adaptation de leurs idées et de leurs traditions à des
hommes qu'ils n'osent traiter ouvertement de sujets, mais que la
raison politique les empêche de considérer comme des concitoyens? Autant de questions qui méritent de retenir l'attention
de ceux qui, malgré les leçons du passé et du présent, s'obstinent
à relever d'insaisissables vestiges d'un esprit de système dans
le triomphant empirisme des Anglo-Saxons.

I

Les Philippins sont au nombre d'environ huit millions. Il s'y
rencontre à peine 25 000 exemplaires de la race autochtone,
les Negritos, qui disparaissent rapidement et que les enquêteurs
proclament être, sous le rapport de l'intelligence, « au dernier
échelon de la série humaine, » les jugeant « incapables d'aucun
progrès appréciable. » Les Indonésiens, qui sont un peu plus
de 200 000, sont presque tous cantonnés dans île de Mindanaö :
ils possèdent un type physique supérieur, de l'adresse et de
l'intelligence; la plupart ont un tempérament très belliqueux,
quelques-uns seulement s'adonnent aux arts de la paix. La
grande majorité des habitans est d'origine malaise : leur teint
est moins clair que celui des Indonésiens, moins noir que celui
des Negritos; « quoique ignorans et illettrés, ils sont parvenus
à un degré élevé de civilisation, et, à l'exception de quelques
centaines de milliers de musulmans, ils sont presque tous chrétiens. »

« Ignorans et illettrés » est bientôt dit. Encore faut-il s'eñ-
tendre; et, quoiqu'on puisse aisément se mettre d'accord avec les
Américains sur ce principe que « l'aptitude d'un peuple à maintenir un gouvernement populaire dépend étroitement de l'éffi-
cacité de l'instruction dans les masses, » il y a bien des manières
d'interpréter cet axiome. Nous aurons l'occasion de voir par la
suite qu'au début de ce siècle, Jefferson déclarait les Français
de la Louisiane décidément inaptes au régime politique inauguré
par Washington. Il n'est pas bien certain qu'à l'heure où
nous sommes, un citoyen de la libre Amérique, voire même un
sujet de S. M. Britannique, nous jugerait assez éclairé pour partager ses franchises : chacun croit volontiers supérieur l'ordre
social auquel il appartient, et dédaigne volontiers les peuples
qui, par d'autres voies, ont poursuivi d'autres objets que lui.

Quoi qu'il en soit, il ne semble pas douteux que l'instruction primaire des Philippins n'est pas extraordinairement avancée.

Le gouvernement espagnol avait décidé qu'il y aurait une école de garçons et une école de filles pour chaque fraction de 5000 habitans; en fait, même si l'on exclut les quelques tribus sauvages, où la polygamie, l'esclavage, le sacrifice humain même sont encore dans les mœurs, les deux écoles n'existent que pour 7000 habitans. Les indigènes étaient obligés de les fréquenter de 10 à 12 ans, mais l'enseignement qu'ils y recevaient était médiocre : beaucoup de catéchisme, très peu de langue espagnole, — les moines qui faisaient fonction d'inspecteurs étant très hostiles à l'expansion de leur langue nationale, — la lecture et l'écriture dans les idiomes locaux; c'est tout, malgré les promesses de programmes officiels infiniment plus vastes. La géographie était enseignée sans cartes, l'histoire soigneusement limitée aux faits et gestes de l'Espagne, et l'agriculture pratique se réduisait à une « triste farce. » Mais cela tenait presque exclusivement aux défauts de l'organisation du service : quoique les Jésuites eussent créé à Manille une très bonne école normale, les traitemens alloués aux instituteurs étaient si faibles (de 25 fr. à 100 fr. par mois) qu'on n'arrivait pas à recruter la carrière et qu'il fallait souvent confier les fonctions magistrales à des personnes à peu près aussi ignorantes, surtout dans la langue castillane, que leurs futurs élèves. Ceux-ci, cependant, sont loin d'être incapables : à peine arrivés dans l'île, les Américains ont voulu enseigner l'anglais, ce qui est fort naturel, et ils reconnaissent que les jeunes Philippins ont une facilité remarquable pour apprendre. Les établissemens d'enseignement secondaire ou supérieur, placés sous le contrôle des Dominicains et des Jésuites, donnent de bons résultats; de même pour les écoles d'arts et manufactures, d'agriculture, de peinture et de sculpture, etc. Bref, le Philippin est « d'une remarquable application et d'une grande adresse manuelle; il est naturellement musicien; avec sa nature imaginative, il aime l'art, bien qu'il ait jusqu'ici imité plus qu'il n'a créé; il est rebelle aux mathématiques, mais il a du goût pour la mécanique, pour le droit et pour les sciences naturelles. »

Il y a bien des peuples dont on n'en pourrait dire autant, beaucoup surtout qui, en matière d'art, méritent le même reproche d'être imitateurs plutôt que créateurs. En tout cas, ce ne sont point là les caractères distinctifs d'une race inférieure, condamnée à végéter dans les rangs les plus humbles de l'humanité, et l'on conçoit que les Américains en parlent avec quelque sympathie.

A ce peuple vraiment digne d'intérêt, quel était le régime administratif appliqué par l'Espagne ? Jamais peut-être l'expression de « colonie d'exploitation » n'a mieux été appropriée, dans un sens, il est vrai, qui n'est pas précisément celui où le prennent communément les économistes : tout, dans le système espagnol, était conçu pour assurer une centralisation outrancière et drainer les ressources financières du pays au profit des fonctionnaires, civils ou militaires, de la métropole ; rien, même dans l'organisation municipale, n'y permettait aux Philippins de se régir eux-mêmes, ou seulement de se préparer à le faire quelque jour.

Dans la commune, de rares électeurs, — anciens fonctionnaires ou gros propriétaires, payant au moins 250 francs d'impôt foncier, — désignaient douze délégués, qui formaient une sorte de conseil communal, et qui choisissaient une municipalité de cinq membres. Cette municipalité était placée sous l'autorité du gouverneur général, qui pouvait lui imposer des pénalités pécuniaires, la suspendre ou la révoquer. Elle était chargée du recouvrement des impôts et des dépenses locales, sous la tutelle du conseil provincial. Ce dernier conseil était purement consultatif : il se composait de cinq fonctionnaires et de quatre représentans des municipalités ; malgré son nom, il n'avait rien à voir dans l'administration de la province ; sa mission se bornait uniquement à surveiller étroitement la gestion communale. Dans la capitale des Philippines siégeait le gouverneur général, qui était lui-même sous l'autorité du ministre d'Outre-Mer, à Madrid. A côté du ministre, un conseil consultatif des Philippines, presque exclusivement composé de fonctionnaires en activité ou en retraite ; à côté du gouverneur général, un conseil d'administration, également consultatif, et formé des chefs des services civils et militaires, auxquels se joignaient six délégués des conseils provinciaux. Ainsi, un électorat municipal singulièrement étroit, puisque les capacitaires mêmes n'y étaient pas admis ; à tous les degrés, la prépondérance assurée à la bureaucratie, puisque nulle part les assemblées n'avaient de pouvoir délibérant : voilà pour l'aspect purement administratif des choses. Joignez-y un dernier trait caractéristique : à tous les degrés aussi, l'action théocratique; la loi donnait au prêtre de paroisse l'accès du conseil municipal et le droit de proposer, concurremment avec le gouverneur civil de la province, les candidats aux fonctions de juge de paix; elle faisait entrer les vicaires généraux et les juges ecclésiastiques dans le conseil provincial; elle faisait siéger dans le conseil d'administration du gouvernement général non seulement l'archevêque de Manille, mais les supérieurs de tous les ordres religieux. Bureaucratie théocratique : tel était le système (1).

Il a donné les fruits qu'on en pouvait attendre. Les Philippins, sous le régime espagnol, avaient un budget de près de 70 millions de francs en recettes : 33 provenant des taxes directes, 23 des douanes, 5 des monopoles, etc. Aux dépenses, un million et demi passait à Madrid pour les divers services du ministère d'Outre-Mer et les consulats d'Extrême-Orient; 3 et demi étaient affectés aux pensions de retraite et aux tribunaux locaux; 6 au clergé, dont la moitié seulement pour les paroisses et les évêchés; 20 à l'armée, 12 et demi à la marine, 15 aux services civils, et 3 seulement aux travaux publics, la plus grosse partie de cette dernière somme servant d'ailleurs à payer du personnel. Et ce personnel qui, pour tous les hauts grades, venait d'Espagne, était si mal rétribué aux rangs inférieurs de la hiérarchie qu'il était condamné à chercher des ressources complémentaires dans des profits accessoires de nature plus que douteuse.

Que les Philippins aient fini par se révolter, cela se conçoit aisément; qu'ils aient réclamé leur indépendance, cela encore est normal, puisque ce dont ils avaient surtout à se plaindre, c'était de l'abusive intrusion d'élémens étrangers à leur race dans leur administration intérieure et la gestion des impôts qu'ils payaient.

Ils ont tout d'abord donné à leurs revendications une forme révolutionnaire sans doute, mais parfaitement compatible avec le maintien de la souveraineté espagnole. L'expulsion des moines et la restitution de leurs biens soit aux communes, soit aux anciens propriétaires; la tolérance religieuse; l'égalité des Philippins et des Espagnols devant la loi et dans les fonctions publiques; la liberté de la presse; les institutions représentatives;

(1) Voyez, dans la *Revue* du 15 juillet 1897, l'article de M. Charles Benoist sur *la Révolte des Philippines et les Mœurs politiques de l'Espagne*, et, dans la livraison du 15 février 1899, celui de M. André Bellessort : *Une semaine aux Philippines.*

l'autonomie administrative et économique; l'abolition de la déportation par mesure de police : à cela se bornait une proclamation des insurgés publiée en juillet 1897, et qui se terminait par un chaleureux appel aux armes, « de manière à donner les preuves les plus évidentes de vitalité et à imposer des concessions à l'Espagne. » Mais l'insurrection se prolonge, la répression castillane n'en vient pas à bout, le traité de Paris intervient, substituant la suzeraineté américaine à celle de la Reine-régente. Les prétentions des Philippins s'élèvent aussitôt. En vain les plus éclairés ou les moins audacieux d'entre eux insinuent-ils que la population est mal préparée à se gouverner elle-même, et que, le fût-elle bien, l'archipel n'a point de ressources suffisantes pour s'ériger en État indépendant, et soutenir son intégrité au regard des tiers ; en vain les sceptiques allèguent-ils que la rébellion n'est pas générale, qu'elle est presque exclusivement cantonnée dans les tribus tagalog de l'île de Luzon, qu'elle englobe moins d'un quart de la population totale et que le surplus des habitans semble résigné à son nouveau sort. Les rebelles ne se laissent ébranler ni par ces argumens, ni par les deux corps d'armée que l'Amérique du Nord est tenue d'entretenir chez eux depuis qu'elle a conquis la souveraineté nominale des Philippines. Mieux encore : à l'heure précise où était désignée la commission d'enquête dont nous analysons aujourd'hui les travaux, en janvier 1899, les insurgés du régime espagnol, demeurant insurgés sous la férule américaine, se proclamaient en République et se donnaient une constitution régulière.

On peut sourire devant certains détails de cette constitution : elle comporte, par exemple, l'existence d'un certain procureur général nommé par l'assemblée nationale et qui a un pouvoir propre de mise en accusation des ministres ; elle est marquée des mêmes illusions que notre constitution de 1848, quand elle charge une commission permanente de surveiller les actes de l'exécutif durant les intersessions. Mais, sur tous les points essentiels, elle dit ce qu'elle veut dire : la déclaration des droits qui la précède ressemble à s'y méprendre à celle de 1789, et, en mainte occasion, a même plus de précision que celle-ci ; les articles suivans instituent un président électif assisté de ministres responsables devant l'assemblée législative ; ils créent l'indépendance nationale, parce que sans doute ses auteurs ne se sont pas fiés à la civilisation américaine pour leur procurer ce qu'ils

avaient vainement sollicité de la civilisation espagnole. Dernière considération, enfin : les « preuves de vitalité » que la
proclamation de 1897 réclamait vis-à-vis de l'Espagne, les Philippins n'ont point cessé de les fournir, depuis plus de deux ans,
à l'encontre des États-Unis.

II

Ce qu'il y a de piquant dans la position qu'occupent les Américains dans le conflit actuel, c'est que leur naissance comme
État indépendant, à la fin du xviiie siècle, s'est produite au milieu de circonstances analogues, sinon identiques, à celles où se
sont trouvés les Philippins : chacun sait en effet que leur rébellion contre le joug anglais provint des procédés arbitraires
de la métropole à l'égard de ses colonies et de la méconnais-
sance de ce principe essentiel de droit public, très justement
rappelé par les républicains du Pacifique dans l'article 18 de
leur constitution de 1899 : « Nul n'est tenu de payer les impôts
qui n'ont pas été votés par l'assemblée populaire. » Pas plus que
les Philippins d'aujourd'hui, les Américains d'alors n'admettaient
que des contribuables fussent taxés sans leur assentiment; tout
comme les Philippins, ils ne voulaient pas être gouvernés par
une bureaucratie omnipotente, agissant au nom et pour le
compte d'une métropole sur laquelle ils n'avaient point d'action
directe.

Ils n'étaient pas plus de quatre millions lorsqu'ils se révol-
tèrent, proclamèrent leur indépendance, et décrétèrent la Confédération des Colonies unies de l'Amérique du Nord, d'où sortit,
après plusieurs années d'hostilités, la célèbre constitution du
4 mars 1789, qui est demeurée jusqu'à nos jours le type le plus
complet d'une fédération d'États. Chacune des anciennes colonies
britanniques de l'Amérique du Nord constituait, avant l'indépendance, une entité distincte de ses voisines, directement rattachée
au gouvernement central. Quand les circonstances poussèrent ces
colonies à s'allier pour s'affranchir de ce dernier, elles ne montrèrent aucune disposition à aliéner leur propre personnalité :
elles créèrent, il est vrai, un pouvoir central, mais ne confé-
rèrent à ce pouvoir que des attributions limitées, celles-là seulement qui étaient nécessaires à la défense et à la vie économique
communes, la plénitude de la souveraineté continuant à résider,

pour les attributions non déléguées, dans chacun des États de
l'Union.

De là les stipulations principales du pacte fédéral. L'Union
a compétence pour tout ce qui concerne les relations extérieures,
la guerre, le commerce, et les moyens financiers et judiciaires
d'y pourvoir; chacun des États reste maitre de tout le surplus de
sa législation, civile, criminelle ou politique. L'Union ne peut
interdire la traite des esclaves, au moins avant 1808, ni créer des
titres de noblesse, ni suspendre les garanties de la liberté individuelle, ni subordonner à une déclaration religieuse déterminée
la collation d'une fonction publique fédérale ; chacun des États
reste libre de le faire. Sans doute les interdictions édictées contre
l'Union ont fini par se faire jour jusque dans les constitutions
individuelles des États, mais la chose ne s'est accomplie qu'en
vertu de la libre et spontanée initiative de chacun d'eux : il a
fallu la guerre de Sécession pour qu'on donnàt mission à l'Union,
en 1865, d'abolir l'esclavage, en 1870, d'assurer l'égalité politique sans distinction de couleur. Encore les États restent-ils
maitres de régler à leur guise le droit de vote, non pas seulement pour leur usage propre, mais même pour les élections
fédérales, et certains d'entre eux ont réussi, par des procédés
détournés, à porter une atteinte sensible aux promesses faites
aux noirs à cet égard en 1870.

Par le seul fait que, dans la pensée des constituans de 1789,
l'Union était principalement destinée à être un instrument de défense et d'action extérieures, la notion s'est imposée à eux de
fonder un pouvoir exécutif fort : le Président élu et les ministres
qu'il choisit ne sont pas énervés, dans leur œuvre quotidienne,
par le jeu continu de la responsabilité parlementaire ; durant les
quatre années de son mandat, le Président est le maitre incontesté de l'administration, sous la seule réserve qu'il doit obtenir
l'assentiment du Sénat pour la nomination des hauts fonctionnaires et pour la ratification des traités conclus avec les puissances étrangères. Ce régime, qui serait plein d'inconvéniens dans
un pays unifié et centralisé, par les tentations et les facilités
qu'il offrirait au pouvoir personnel, n'en a que peu ou point aux
États-Unis, puisque, encore une fois, l'activité de l'exécutif ne s'y
peut exercer que sur un domaine restreint et soigneusement
limité.

Quant aux quelques lois nécessaires au fonctionnement de

l'Union, elles sont faites par un Congrès composé de deux Chambres : un Sénat, où chaque État nomme également deux membres, quelle que soit son importance relative, en les désignant suivant le procédé qu'il juge le plus convenable; une Chambre des Représentans, où chaque État possède un nombre de députés proportionnel à sa population, ces députés étant nommés par le corps électoral le plus nombreux dont l'existence soit prévue par la constitution locale.

Tel est le cadre où se ment l'Union. Les États possèdent toutes les attributions qu'ils n'ont pas déléguées à celles-ci; ils ont dû, pour les mettre en œuvre, se doter d'institutions qui, à la vérité, présentent de grandes analogies avec les pouvoirs fédéraux, mais sont cependant infiniment variées dans les détails de leur organisation. Il suffira de rappeler que, dans les États comme dans l'Union, tous les pouvoirs procèdent de l'élection; que les législatures locales se composent, elles aussi, de deux Chambres, et qu'elles émanent du suffrage universel; que l'exécutif n'y est pas très occupé, à raison des larges franchises reconnues aux communes et de l'extrême intensité de la vie municipale; et qu'enfin, si l'expérience a conduit nombre de constitutions locales à restreindre les pouvoirs des assemblées législatives pour éviter leur immixtion dans des matières que les citoyens désirent soustraire aux fluctuations politiques, le principe est ici l'opposé de celui qui prévaut dans l'Union : ces assemblées jouissent de tous les pouvoirs qui ne leur sont pas expressément déniés par la constitution, et ce jusqu'à revision de celle-ci, suivant une procédure prévue par la constitution même.

Cette organisation a procuré une extrême autonomie aux treize colonies qui ont signé le premier pacte d'union; elle a conféré les mêmes avantages aux États plus nombreux qui, depuis l'origine, sont venus s'agréger autour du noyau primitif pour former, en définitive, la puissante et populeuse confédération avec laquelle le monde entier est désormais tenu de compter : sa durée et l'extension progressive de sa zone d'application sont le plus bel éloge que l'on puisse faire de la maîtrise de ses auteurs. Mais, entre le moment où un pays est complètement étranger aux États-Unis et celui où son étoile vient prendre place sur la bannière fédérale, peut s'écouler une période intermédiaire : les États-Unis le font entrer en quelque sorte dans leur sillage, sans l'admettre encore au rang des associés de l'Union; ils le cou-

vrent de leur protection, ils établissent sur lui leur domination, ils préparent son incorporation. Cette position mixte a été
prévue par les fondateurs de la grande république américaine :
l'institution des « territoires » a donné à leur conception première l'élasticité qui lui manquait et que les circonstances
rendaient nécessaire; elle s'est précisée dans une loi fondamentale de 1804.

Il y a deux espèces de « territoires : » les uns sont dits « non
organisés, » les autres « organisés. » Des premiers, il n'y a
guère à parler : ce sont les régions sans colons, où sont refoulés
les Indiens, jusqu'à ce qu'ils consentent à disparaître; elles sont
administrées, pour le compte de la collectivité, par des fonctionnaires fédéraux, et, quand il leur faut des lois, le Congrès fédéral
leur en fournit.

Les seconds, au contraire, méritent toute notre attention, car
c'est d'eux que sont sortis ou sortiront tous les États situés entre
la rive droite du Mississipi et les côtes de l'Océan Pacifique.
Voici comment les choses se passent en général : ou bien le nouveau territoire provient d'une cession consentie par un État
étranger, ou bien, se trouvant vacant et sans maitre au point de
vue international, il a été ouvert, à date et heure fixes, à la colonisation, et l'on a vu s'y précipiter quelques milliers d'individus en quête qui d'une mine, qui d'une propriété agricole,
qui d'un emplacement favorable pour édifier une auberge. L'autorité fédérale évoque presque aussitôt ces territoires à la vie
politique, mais à une vie qui restera restreinte tant que la population n'y sera pas assez nombreuse pour équivaloir à un des
districts électoraux moyens servant à élire les députés au Congrès, *ou tant que les circonstances locales spéciales n'inspireront
pas toute confiance aux États-Unis*, comme, par exemple, l'énorme
proportion de sang latin dans la région frontière du Nouveau-
Mexique, ou naguère l'obstination des habitans de l'Utah à vouloir pratiquer la polygamie mormonne.

Jusqu'à l'émancipation définitive ou, plus exactement, jusqu'à
l'érection du territoire au rang d'État, la vie locale y est ainsi
réglée, en vertu d'une charte qui lui est spécialement attribuée
par le Congrès, mais qui s'inspire des principes posés par le
texte de 1804 : le Président des États-Unis y nomme un gouverneur et quelques hauts fonctionnaires civils ou judiciaires;
le gouverneur possède un droit de veto sur les actes de la

législature locale; celle-ci se compose de deux Chambres, jouis-
sant de prérogatives analogues à celles des États de l'Union,
mais avec quelques restrictions cependant, telles que l'interdiction de faire des concessions de terre ou de frapper d'impôts
différentiels les propriétaires non résidens, et surtout sous la
réserve dominante que le Congrès fédéral peut à tout moment
se substituer à elles pour légiférer. Ainsi, exécutif et judiciaire
dépendant du pouvoir fédéral; législatif subordonné à l'agrément tacite du Congrès, qui a le droit de reprendre ce qu'il a
donné; enfin, point de représentans au Sénat fédéral ni à la
Chambre, mais seulement, près de cette dernière, un délégué
avec voix consultative, ayant le droit de parler, non celui de
voter : les choses durent de cette manière jusqu'à ce que les
États-Unis, rassurés sur la sagesse de leurs nouveaux concitoyens ou constatant le rapide peuplement du territoire, votent
une loi autorisant celui-ci à se donner une constitution et à
entrer dans l'Union sur un pied de complète égalité avec les
États qui l'y ont précédé.

On ne peut méconnaître l'ingéniosité extrême de cette solution : l'Union, qui a été créée par des États et n'est que leur
émanation, crée à son tour des États après leur avoir donné sa
première empreinte et sans se préoccuper d'y assumer un rôle
autre que le rôle limité auquel l'ont destinée les constituans
de 1789. Il y a là un exemple peu commun de modération, que
l'on pourrait recommander à d'autres pays plus proches de la
France, qui se piquent de pratiquer les vrais principes de la
politique fédérative. Ce système laisse cependant une porte assez
largement ouverte à l'arbitraire. La mise en quarantaine de
l'Utah pour motifs de moralité publique a duré jusqu'en 1896;
celle du Nouveau-Mexique, à raison des suspicions qu'excite l'élément espagnol, n'a pas encore cessé, depuis 1850; la Louisiane
n'a subi que neuf années le régime de la demi-ration, mais sans
doute parce que la race anglo-saxonne s'est empressée d'y venir
noyer la population française, car « nos nouveaux concitoyens,
disait en 1803 Jefferson en parlant de celle-ci, sont aussi incapables que des enfans de se gouverner eux-mêmes, » — ce qui, on
l'avouera, était peu gracieux pour des hommes dont Napoléon
avait si bénévolement et si inopinément confié les destinées aux
Américains du Nord.

L'organisme du « territoire » est donc souple à souhait, et

l'esprit qui s'en sert exclusivement guidé par des considérations d'opportunité et d'utilité politiques. « Il faut, disait encore Jefferson, il faut savoir suspendre ses propres principes. » Cela est vrai, chaque fois que l'application logique des principes conduit à l'absurde.

Le devoir des hommes d'État n'est assurément pas de faire de la philosophie de cabinet, et de sacrifier les intérêts généraux dont ils ont la charge à quelque théorie spéculative. Encore faut-il que la « suspension » de leurs principes primordiaux ne soit en effet qu'une suspension, et n'implique pas le reniement de leurs idées essentielles, sinon mieux leur vaut abdiquer au profit d'autres hommes ayant d'autres doctrines. De même, leur tâche consiste surtout à s'accommoder des circonstances passagères pour coopérer aux fondations durables. Sous ce rapport, l'on peut se demander si la formule du « territoire, » parfaitement convenable pour les régions contiguës à l'Union, suffit aux conditions spéciales des Philippines, si elle peut satisfaire, non pas seulement aux facultés et aux aspirations présentes des habitans de l'Archipel, mais à la solution de quelques problèmes sociaux, très aigus à Manille, inexistans dans l'Amérique du Nord. C'est ce qu'il convient maintenant de rechercher.

III

Si enclins que soient les membres de la Commission d'enquête américaine à s'inspirer uniquement des nécessités pratiques et des considérations tirées de la seule opportunité, ce n'est pas sans quelque gêne qu'ils en arrivent à formuler et surtout à justifier leurs conclusions. Ils n'ont point, bien qu'ils l'invoquent et le citent, la tranquille et brutale franchise de Jefferson : un siècle s'est écoulé depuis que celui-ci parlait de la Louisiane; dans l'intervalle, la langue politique s'est encombrée d'un lourd bagage de formules et de brocards, qui ne permet pas toujours de discerner clairement les réalités vraies. L'hypocrisie oratoire a énervé, au moins en apparence, jusqu'à la rudesse de mœurs des Américains du Nord. Si cette hypocrisie spéciale est, elle aussi, un hommage rendu à la vertu, c'est-à-dire aux louables scrupules, d'ordre philosophique ou humanitaire, qui ont désormais pénétré la conscience populaire des nations civilisées, son interposition entre le fait nu et le mot qui sert à le décrire rend plus malaisée la perception et l'appréciation des actes de la vie publique et de leurs mobiles véritables.

Les enquêteurs partent, pour échafauder leur raisonnement, de prémisses que l'enchaînement historique des événemens rend simplement plausibles, mais que l'on ne saurait admettre comme incontestables, sans négliger les facteurs passionnels du conflit actuel. La révolte des Philippines, disent-ils, est née du besoin de redresser des torts déterminés, et de s'assurer la garantie de ces droits fondamentaux de l'humanité que les Américains tiennent pour l'apanage naturel et inaliénable des individus, et qui ont été outrageusement méconnus sous la domination espagnole ; les habitans de l'Archipel ne songeaient pas à s'affranchir au point de vue politique ; l'idée de se rendre indépendans ne leur est venue que plus tard, elle n'a été qu'«un accessoire plus ou moins superflu du mouvement insurrectionnel ; » d'où l'on doit aussitôt déduire, au gré des commissaires, que, les États-Unis s'étant substitués à l'Espagne, et étant parfaitement aptes par leurs traditions et leur organisation à protéger les droits individuels, les Philippins n'ont plus aucune raison de s'obstiner sur « l'accessoire ; » le principal leur est acquis, au moins en puissance, et selon la rigueur de l'axiome scientifique, *cessante causâ, cessat effectus.*

De ces prémisses découlent nombre de conséquences pratiques, au point de vue de l'établissement de la domination américaine, s'entend. Quelques Philippins, par exemple, ont conçu la pensée d'ériger leurs provinces en autant d'États autonomes et de les réunir en une confédération, selon le type précédemment décrit des États-Unis eux-mêmes, avec un gouvernement central à pouvoirs délégués. L'objection se présente d'elle-même, et le motif pour ne pas tenir compte de ce vœu s'impose : il n'y a point de précédent local ; les provinces ne sont que des « entités imaginaires ; » les habitans n'ont aucune expérience dans le *self-government*, et le système n'est pas indispensable pour leur procurer les franchises individuelles qu'ils réclament. Donc, point de confédération.

Puisque les Philippines n'ont besoin, pour atteindre leur objectif essentiel, ni d'être indépendantes, ni de se voir fédérées, seront-elles colonie, protectorat ou quoi encore ? L'expression de « colonie » n'est qu'une étiquette, n'impliquant, comme le prouve surabondamment la variété infinie d'exemples fournis par les possessions britanniques, aucun système propre d'administra-

tion; mais il faut ici proscrire l'étiquette, parce que, dit sagement le rapport, « dans l'expérience des Philippins, la colonie est
une communauté politique dépendante, que le pouvoir souverain
exploite et opprime. » Ni le mot de protectorat, ni les procédés
administratifs que le protectorat suppose, ne sont non plus de
circonstance : les Américains proclament, — ce qui serait d'une
portée incalculable pour leurs propres institutions, si l'on voulait
épiloguer, — que « la domination intérieure et la responsabilité extérieure doivent marcher de pair, » et que nul ne
saurait être tenu pour comptable, au regard des tiers, des mé-
faits d'un juge ou d'un fonctionnaire, s'il n'a point sur ces derniers d'autorité effective; de plus, le régime du protectorat a
toujours reposé jusqu'ici sur l'existence d'un souverain local,
communément héréditaire, avant l'immixtion du protecteur, »
et sur le maintien de ce souverain après cette immixtion. Or,
l'on ne rencontre aux Philippines ni souveraineté d'aucune sorte,
ni roi, ni prince héréditaire ou non.

Il y a bien, dans l'arsenal des combinaisons inventées par le
génie britannique, des modèles que l'on pourrait copier plus
ou moins servilement à l'usage des Philippins. Les colonies
autonomes de l'Australie ou du Canada, par exemple, sont des
nations aujourd'hui indépendantes, qui conservent les formes
extérieures d'une dépendance autrefois réelle à l'égard de la mère
patrie, avec laquelle elles se bornent désormais à vivre dans
« une union de sentimens et d'intérêts contre le reste du monde. »
Mais, — et ici la raison d'État parle pour une fois haut et clair, —
« ce système ne saurait guère exister, comme le prouvent tristement les affaires de l'Afrique australe, là où ne prédomine pas
le sang anglais. » D'autre part, les colonies possédant des institutions représentatives sans gouvernement responsable devant
elles semblent une anomalie : quoique ce système renferme la
promesse de l'autonomie, il ne donne pas les moyens de résoudre les conflits qui peuvent surgir entre les élus des colons et
les représentans du pouvoir central. Enfin, quant aux colonies
dites « de la Couronne, » où tous les pouvoirs sont aux mains
des agens de Sa Majesté Britannique, où les conseils locaux sont
composés en majorité de fonctionnaires métropolitains, elles
procurent une excellente administration, mais le gouvernement
y est imposé du dehors aux habitans; il ne favorise pas l'éclosion
de l'autonomie locale.

Et c'est ainsi qu'après avoir successivement écarté tous les types d'organisation administrative pratiqués par les autres puissances, les commissaires américains concluent que le régime national des « territoires » semble avoir été inventé, il y a près d'un siècle, pour l'usage propre des Philippines. On leur donnera un gouverneur, des fonctionnaires et des Juges, hauts ou moyens, nommés par le Président des États-Unis, les citoyens américains pouvant être, sauf de rares exceptions, nommés sans examen, les indigènes seulement après avoir fait preuve de capacités suffisantes. On créera un Parlement local de deux Chambres : la première se composera par moitié de fonctionnaires et de membres élus; la seconde sera tout entière élective, « le droit de suffrage étant subordonné à des conditions de capacité ou de fortune, ou peut-être à toutes deux. » Ce Parlement pourra s'occuper à reviser les codes espagnols, qui demeureront provisoirement en vigueur, mais, pour le cas d'écart de conduite, le Congrès de Washington retiendra son pouvoir législatif suprême, lequel, aux termes de la jurisprudence, peut s'exercer sur les territoires sans limitation quelconque, sauf pour ce qui concerne l'esclavage. En échange, les Philippins auront le droit d'entretenir près de lui un délégué consultatif.

Ainsi, pas plus d'autonomie que d'indépendance, en matière législative tout au moins. Les Philippins seront-ils mieux partagés sous le rapport de l'administration locale? On pourrait le croire tout d'abord, l'enquête concluant à leur accorder une large part d'autonomie communale. Mais ici encore, disent nos commissaires, les habitans aspirent « à une indépendance plutôt appropriée qu'absolue; ils s'attendent à être contrôlés et réglementés par le gouvernement central de Manille. » On leur donnera donc des assemblées dans la commune; on leur en créera même dans la province, pour faire plus tard de celle-ci quelque chose d'analogue au comté américain, mais toujours en subordonnant le droit de vote aux conditions de capacité et de fortune; le Parlement local, et au besoin le Congrès de Washington, fera les lois nécessaires à cet effet. Quant au contrôle, il s'exercera par l'intermédiaire de quelques hauts commissaires américains : il y en aura, par exemple, un pour 250 000 habitans; ils ne seront là que pour surveiller et conseiller, mais il est bien entendu, — les termes sont formels, — « que leur avis sera demandé *et suivi* dans toutes les questions ne concernant pas la religion et les coutumes indigènes; » ce qui veut dire, la vie municipale ni la vie provinciale ne touchant à aucune de ces deux exceptions, qu'ils auront en tout et sur tout le premier et le dernier mot.

Comprise de cette façon, l'autonomie locale semble aussi hypothétique ou aussi fallacieuse que l'autonomie législative. Il n'est pas besoin d'autant de phrases ni de périphrases pour décrire le régime dont, en définitive, jouiront les Philippins : ce régime ressemble très crûment, dans ses traits essentiels, à celui qui précéda l'insurrection. A part quelques modifications superficielles, le pouvoir, dans sa réalité, pour l'administration aussi bien que pour le gouvernement, restera aux mains d'étrangers. Pour ce qui est des mœurs administratives, la trop célèbre histoire de Tammany-Hall, d'autres encore plus nombreuses et moins connues, ne promettent pas *a priori* à l'Archipel que ces mœurs seront sensiblement plus pures dans l'avenir que par le passé. En ce qui concerne les droits individuels, nous reconnaîtrons volontiers que les Américains ont à cet égard des notions et des pratiques toutes différentes de celles des Espagnols ; mais comment veut-on que les Philippins aient une foi complète dans les assurances de la Commission d'enquête? Après s'être ouvertement servi d'Aguinaldo et de ses troupes pour l'aider dans ses opérations contre les Espagnols, l'amiral Dewey s'est vanté de ne l'avoir jamais « considéré comme un allié (1), » ce qui ne saurait passer pour un gage très précieux des sentimens égalitaires de la démocratie américaine. Et, quand on leur annonce qu'ils jouiront désormais paisiblement de leurs libertés personnelles et de leurs droits civils, on refuse aux Philippins, comme contraire à l'expérience américaine, ce qu'à tort ou à raison ils considéraient comme la sanction suprême de ces droits : la faculté de poursuivre les fonctionnaires sans autorisation préalable, la mise en jeu de la responsabilité parlementaire des ministres.

Croit-on que, parmi les Philippins instruits, — « beaucoup plus nombreux qu'on ne le suppose, » dit la Commission, et remarquables, non seulement par « l'élévation de leur intelligence et leurs connaissances, mais aussi par leur affinement social et par la grâce et le charme de leur caractère, » — croit-on que, parmi ceux-là, il ne s'en trouvera pas pour démontrer à

(1) Déposition de l'amiral devant la Commission d'enquête.

leurs compatriotes que les garanties sont tout autres aux États-Unis, où le pouvoir est décentralisé et exercé à tous ses degrés par des représentans élus de la race autochtone, qu'elles ne le seront aux Philippines, avec la centralisation et la tutelle étrangère? La Commission d'enquête aura beau plaider : elle ne prouvera point l'identité des vœux des Philippins avec les principes qui l'ont guidée dans son œuvre; tous ses raisonnemens n'aboutiront qu'à souligner le malentendu, irrémédiable peut-être, qui sépare les États-Unis de leurs nouveaux sujets.

IV

Il n'y a pas seulement incompatibilité d'humeur et contradiction d'aspirations ou d'intérêts entre les Américains et les Philippins : on peut se demander même si les premiers possèdent, dans leurs traditions et leur expérience personnelles, les ressources nécessaires pour résoudre les questions politiques ou sociales les plus compliquées et les plus délicates qui se posent dans l'Archipel. Ce n'est pas trop dire, en effet, que plusieurs de ces questions leur sont entièrement étrangères : pour les traiter, ils devront dépouiller le vieil homme qu'ils sont déjà, après un siècle de vie nationale.

Ils sont à l'aise, il est vrai, en ce qui concerne le péril jaune, Ce péril se présente aux Philippines dans les mêmes conditions que sur la côte ouest de l'Océan Pacifique. Sous la domination espagnole, l'immigration chinoise était déjà de 10 à 12 000 individus par an ; les deux tiers seulement repartaient chaque année, si bien qu'il subsiste dans l'archipel un stock de 40 000 Célestes, dont la moitié habite Manille. Les Chinois sont, là comme ailleurs, d'excellens ouvriers, peu exigeans quant aux salaires, et d'une extraordinaire sobriété; si la demande de main-d'œuvre vient à augmenter par le développement industriel de l'île, l'exploitation des mines, etc., leur nombre ne pourra que croître dans des proportions considérables. Comme ils ont aussi de remarquables aptitudes pour le commerce et la banque, en dépit de leur amour invétéré du jeu, ils sont, aux Philippines autant qu'en Amérique, exécrés des autochtones, qui aiment le plaisir, la parure et les vices élégans. L'Espagne, pour protéger ses nationaux contre une concurrence aussi désastreuse, avait astreint les Chinois au paiement d'une taxe mensuelle variant de un à vingt dollars, selon la profession qu'ils exerçaient. Cela n'a pas empêché ces derniers de monopoliser certains métiers et certains négoces : le commerce de détail, les opérations sur le tabac, le riz, le sucre, le café sont tout entiers entre leurs mains; il n'y a guère qu'eux dans les corporations de débardeurs, de matelots, de domestiques. Les Américains ne demandent pas mieux que de continuer à protéger les indigènes contre cette envahissante rivalité, et l'on sait, par l'exemple de la Californie, qu'ils s'y entendent assez bien. Mais ils sont venus aux Philippines pour faire des affaires; la |main-d'œuvre locale est insuffisante pour leurs besoins; ils seraient désolés que des mesures trop restrictives prises contre les Chinois entravassent l'essor économique dont ils escomptent les profits, et comme, en définitive, les Philippins sont des sujets, et non point des citoyens électeurs, la Commission se borne à recommander à l'attention des autorités fédérales la question de savoir « à quelles conditions, sur quels points de l'Archipel et pour quels objets les Chinois seront autorisés à s'établir. »

Cette conclusion est vague, et pour cause. Il en est d'autres qui ne brillent pas par une précision beaucoup plus grande. Les enquêteurs reconnaissent, par [exemple, que tout n'est pas bon dans les mœurs américaines et que tout n'y doit pas être, suivant un mot célèbre, article d'éxportation : le *spoils-system*, le système des dépouilles ou du patronage, qui consiste, à chaque changement présidentiel, à donner tous les emplois fédéraux, grands ou petits, à des hommes du parti vainqueur, serait assurément « fatal » pour la bonne administration des îles; il faudrait constituer un [service civil, où les fonctionnaires demeureraient tant que leur conduite serait satisfaisante. Mais comment espérer une telle révolution dans les habitudes administratives de la libre Amérique, et pourquoi un agent de l'administration philippine serait-il plus respecté qu'un ambassadeur ou un consul quelconque? La Commission admet aussi que l'entretien d'une grosse force militaire sera indispensable durant de longues années. Mais cette armée sera-t-elle, comme l'ancien corps d'occupatiou espagnol, composée en majorité d'indigènes avec des cadres étrangers? Continuera-t-elle, comme c'est le cas depuis deux ans, à être formée de volontaires américains, offrant une médiocre résistance au métier militaire et une grande instabilité d'effectifs? Faudra-t-il se résigner à dresser et à entretenir des troupes permanentes vraiment professionnelles? Il semble que les commissaires aient eu peur d'aborder cette étude : leur rapport est complètement muet à cet égard. Et ce n'est pas assurément qu'ils se jugent incompétens en matière militaire, car, pour la marine, où ils croient sans doute être mieux soutenus par l'opinion américaine, ils professent hautement qu'il conviendra d'entretenir aux Philippines une escadre permanente, avec des cuirassés et des croiseurs, « la distance et les délais nécessaires pour y envoyer des renforts en cas d'attaque d'une puissance étrangère montrant clairement l'utilité de rendre cette attaque improbable par la présence sur les lieux de forces suffisantes; » puis, cela dit, ils énumèrent avec soin les points de la côte à fortifier, les ports à aménager, les travaux à entreprendre.

Ils sont plus nets et très raisonnables dans l'examen de la question douanière. La constitution américaine exige l'unité douanière entre tous les États de la Confédération; on a étendu jusqu'ici cette unité, par mesure de convenance, aux territoires organisés depuis un siècle, parce que tous ces territoires, sans la moindre exception, étaient contigus aux États de l'Union. Qu'adviendra-t-il des Philippines? Le droit d'importation sur le riz est dix fois plus fort en Amérique qu'il ne l'est dans l'Archipel; comme il s'agit ici d'un produit de grande consommation populaire, on serait certain de provoquer l'insurrection, à supposer qu'elle n'existât déjà, si l'on prétendait unifier les tarifs. Cet exemple est le plus saillant, mais il en est d'autres du même genre que l'on pourrait donner. La Commission se prononce catégoriquement contre l'assimilation douanière, tant que subsisteront les différences fondamentales qui séparent les conditions sociales et économiques des Philippines de celles des États-Unis. Au surplus, cette assimilation serait un mythe en ce moment, puisque le traité de Paris assure pour une période de dix ans aux produits espagnols le même traitement qu'aux américains. Et d'ailleurs, en vue de stimuler le commerce local, mieux vaudrait diminuer les droits que de les augmenter.

C'est affaire aux protectionnistes des États-Unis qui, on le sait trop, sont impérieux et puissans, de s'accommoder à ces théories nouvelles. On ne peut du moins méconnaître qu'elles tiennent compte des faits plus que des doctrines, et qu'à ce titre elles sont dignes de l'attention des hommes publics, d'autant que, si l'on veut que les Philippins payent leurs propres dépenses, il serait d'une suprême imprudence de commencer par ruiner le pays.

Mais où la commission semble totalement abdiquer, où elle se contente de timides suggestions, où elle est manifestement surprise par la nouveauté du problème et effrayée par sa complexité, c'est dans tout ce qui a trait à la question religieuse Et, si l'on veut bien y réfléchir, réserve, surprise ou effroi sont parfaitement explicables.

On a quelque peine, sur le continent européen, à concevoir l'état d'esprit très particulier où se trouvent les Américains pour ce qui concerne les rapports des Églises avec l'État. Lors de la guerre de l'Indépendance, l'élément puritain dominait dans les colonies britanniques : s'étant expatriés pour échapper aux persécutions religieuses, catholiques ou anglicanes, de la métropole, les protestans du Nouveau-Monde s'étaient constitués en communautés libres, accoutumées à se régir elles-mêmes et à subvenir à leur besoins par les cotisations volontaires de leurs adhérens. Quand il fallut signer le pacte fédéral, l'esprit qui animait les Américains à cet égard se manifesta par l'interdiction formelle à la Confédération de faire aucune loi tendant à prohiber le libre exercice d'un culte quelconque ou à « établir » une Église, c'est-à-dire à lui conférer des privilèges. Quand on rédigea les constitutions locales, on refusa de même aux parlemens particuliers le droit d'édicter aucune préférence fondée sur la pratique d'une religion déterminée ou aucune obligation pour les citoyens de payer un clergé. La liberté de la presse, celle des réunions et des associations ayant été stipulées par ailleurs, on eut ainsi le régime de liberté confessionnelle et de séparation des Églises et de l'État le plus complet qui ait jamais fonctionné en aucun pays : l'État ignore véritablement les Églises, toutes les Églises sans exception, et les Églises ignorent l'État ; aucune n'a d'existence administrative ; toutes, et elles sont nombreuses, sont le fruit spontané des énergies individuelles ; le catholicisme lui-même, qui s'est extraordinairement développé aux États-Unis dans le cours du XIXe siècle, tant par l'immigration irlandaise ou allemande que par l'incorporation dans l'Union de certains États du Sud, est né et a crû sous le couvert de la liberté, sans avoir jamais bénéficié de la protection séculière et s'imprégnant ainsi d'un caractère et d'une vitalité propres qu'on ne lui retrouve en aucune autre partie du monde.

Il n'en va pas précisément de même aux Philippines, où l'on
a pu voir déjà l'existence officielle du clergé catholique consacrée
par d'énormes crédits budgétaires · et par la participation des
prêtres à tous les actes de la vie publique, municipale, judiciaire
ou gouvernementale. Ce n'est pas tout : à côté du clergé séculier,
les réguliers ont acquis une action prépondérante ; des moines
occupent de nombreuses paroisses ; des congrégations monopo-
lisent la direction de l'enseignement à tous ses degrés, et, comme
partout où les congrégations sont puissantes, la question de la
mainmorte est devenue suraiguë. Les indigènes, qui sont croyans
et fidèles à l'Église romaine, accusent les moines de s'être em--
parés d'énormes propriétés foncières avec la complicité des autorités espagnoles. Les moines étant pour la plupart d'origine
européenne, tandis que le clergé séculier, au moins dans ses
rangs inférieurs, se recrute principalement dans l'Archipel, le
problème social qui se pose ici, comme il s'est posé à diverses
époques dans presque tous les États catholiques, se complique
d'une sorte particulière de nationalisme.

Les Philippins demandent l'expulsion des moines ; ils veulent qu'il soit pourvu au service paroissial par des séculiers, et
que leurs compatriotes soient admis dans les fonctions épiscopales. « C'est évidemment une affaire où l'État n'a rien à voir, »
répond la Commission, qui, tout entière imbue des traditions
américaines, ne soupçonne même pas qu'il puisse y avoir à cet
égard des négociations à poursuivre avec le Vatican. Et elle
ajoute : « On peut dire que cette question et toutes les autres
questions touchant à la politique ecclésiastique doivent être
abandonnées aux autorités de l'Église. » Il existe pourtant des
points de contact inévitables entre l'État et l'Église : l'état civil,
par exemple, est aux Philippines exclusivement aux mains du
clergé ; le clergé n'admet que les catholiques aux honneurs du
mariage ; il faudra tout au moins, comme aux États-Unis, donner
concurremment aux magistrats de tous ordres et aux ministres de
toutes les confessions la faculté de le célébrer régulièrement.
Mais la Commission ne semble même pas entrevoir que, ce faisant, on ajoutera un ferment d'hostilité de plus à ceux · qui existent déjà dans l'Archipel.

Et que dire des solutions recommandées pour la mainmorte ?
Outre son manque d'expérience en la matière, la Commission
est ici arrêtée par l'article 8 du traité de Paris, qui garantit à

tous les particuliers et établissemens publics ou privés, laïques ;
ou ecclésiastiques, la paisible jouissance de leurs propriétés
de toutes natures. Ce texte, concluent les enquêteurs, n'empêche
ni la vérification des titres de propriété par les tribunaux, ni
l'exclusion des personnes interposées pour abriter des détenteurs
incapables; il n'interdit pas non plus à l'État « d'acheter à un
taux convenable certains biens fonds, et de les revendre aux
indigènes par petits lots, à des conditions raisonnables. » Mais
croit-on que les indigènes, fort excités sur la liquidation sociale
de la mainmorte, se contenteront d'une procédure aussi lente,
et qu'ils accepteront de payer des indemnités d'expropriation
dont les États-Unis ne consentiront certainement pas à solder la
note ? Le doute est au moins permis.

« Une complète séparation de l'Église et de l'État doit être
inaugurée aux Philippines comme dans tous les territoires placés
sous l'autorité américaine, dit la Commission pour se résumer.
La profession de prêtre ou d'ecclésiastique ne doit conférer
aucun droit particulier d'occuper un emploi civil. » Ces principes sont merveilleux en doctrine; ils sont même d'une application relativement aisée dans les terres vierges, où aucun système contraire ne prévalait auparavant. Aux Philippines, il
s'agit de détruire un édifice ancien, de heurter des intérêts acquis,
de satisfaire à des aspirations matérielles très fortement en éveil.
Tout le problème gît dans les mesures transitoires qui facili-
teront l'évolution ou conduiront le pays à une révolution. Or,
c'est précisément sur ces mesures que la Commission est muette,
ou à peu près: elle ignore et l'acuité de ce différend, à la fois
politique, religieux et social, et les remèdes qui ont été employés
ailleurs pour obvier à des situations analogues; elle ne trouvera
rien dans les précédens américains pour la tirer de peine, parce
que l'Amérique du Nord n'a connu rien de semblable.

V

Plusieurs mois se sont écoulés depuis que la Commission
d'enquête a arrêté et publié ses conclusions. Ni la pacification, ni
le règlement de la question religieuse n'a fait aucun progrès :
les brillantes perspectives économiques ouvertes par le rapport
n'ont séduit aucun indigène, et le commandant en chef des forces
américaines, le général Mac-Arthur, constatait récemment dans

un rapport officiel que la situation restait sérieuse, sinon grave. En fait, les Américains ne commandent aux Philippins que dans la zone où portent les fusils et les canons du corps d'occupation. Une nouvelle commission civile, envoyée par le président Mac-Kinley dans l'Archipel, pour travailler à l'apaisement, ou tout au moins pour figurer, à la veille du scrutin présidentiel du 6 novembre, un commencement d'exécution des réformes conseillées par les enquêteurs de 1899, a cru devoir, le 1er septembre dernier, retirer au général tous pouvoirs de direction politique. Elle a éprouvé aussitôt diverses surprises qui ressemblent fort à d'amères déceptions. Ne sachant comment employer une disponibilité de 2 millions pour le plus grand bien des îles, elle a voulu consulter les notables : les notables ne lui ont pas répondu. Convaincue que l'organisation de la vie municipale offrirait pour l'instant une satisfaction suffisante aux aspirations des Philippins, elle a ordonné qu'on procédât aux élections communales dans les villes et villages : les seules localités où est déployé l'étendard étoilé des États-Unis ont obéi; encore le malheur des temps a-t-il voulu que plusieurs des fonctionnaires municipaux aient été assassinés par hasard au lendemain de leur élection.

Au point de vue religieux, les Américains ne semblent pas mieux éclairés que devant : témoin le questionnaire que la nouvelle commission vient de répandre dans toutes les provinces pour se former une opinion (1). Ils s'obstinent, pour la main-

(1) Les passages ci-dessous de ce questionnaire montrent à quel point les Américains manquent du sens, ou du flair, des difficultés auxquelles ils ont à faire face :

« 4° Quelles sont les fermes et plantations dont les moines tiraient de grands revenus ; où sont-elles situées ?

« 5° Quelles fonctions civiles et politiques, du temps de la domination espagnole, exerçaient les religieux et quels étaient leurs rapports avec les alcades et autres représentans du gouvernement ?

« 6° Quelles taxes prélevaient les desservans pour la célébration d'un mariage, d'un baptême ou d'un enterrement ? Savez-vous si elles étaient basées sur un tarif déterminé, officiel, et si, en raison de leur haut prix, un mariage pouvait parfois ne pas s'effectuer ?

« 7° Pensez-vous que les relations qui existaient] entre desservans et fidèles se eraient modifiées, si les premiers, n'ayant ni influence politique, ni pouvoir civil à exercer, n'eussent reçu pour vivre que les dons volontaires des seconds ?

« 8° Quelle était la moralité des religieux établis dans votre province ? Comment avez-vous pu en juger ? Citez-nous quelques faits à l'appui de votre opinion ?

« 9° Quelle est la raison majeure de l'inimitié que les Philippins ont vouée aux moines d'Espagne ? Cette haine implacable s'étend-elle à tous les ordres monastiques ? En connaissez-vous faisant exception ?

« 10° On accuse les moines d'avoir fait déporter un grand nombre de Philippins

morte, dans la conception d'une expropriation avec indemnité préalable; ils s'imaginent que la présence à Manille d'un archevêque de leur nationalité aiderait à résoudre les conflits pendans entre séculiers et réguliers, aussi bien qu'à calmer l'impatience des indigènes; ils oublient que, façonnés par d'autres mœurs et en habituelle communauté de caractère et de tendances avec un clergé de même origine, les évêques américains ont rencontré plus d'une difficulté sur le sol même des Etats-Unis; ils ne se doutent pas que, mis aux prises avec des prêtres d'un autre sang et de traditions différentes, ces mêmes hommes risquent fort de n'exercer qu'une autorité nominale et de ne point parvenir à faire prévaloir leurs vues et leurs doctrines. Bref, inconscience absolue du milieu où ils ont à se mouvoir et des nécessités de la politique ecclésiastique : voilà où en sont, après plus de deux années d'occupation, les nouveaux maîtres des Philippines.

Que les Américains aient été de bonne foi dans leur conquête, qu'ils aient été convaincus qu'il suffirait de leur présence dans l'Archipel, avec leur patrimoine d'idées démocratiques et de mœurs libres, pour tout concilier : cela n'est pas en discussion. Qu'une fois placés en face des résistances locales et sans se rebuter de la prolongation de la lutte, ils aient fait un effort considérable et impartial pour s'initier aux données essentielles de leur tâche et découvrir les méthodes adéquates pour s'en acquitter avec honneur : le rapport de la Commission de 1899 en fait foi. Mais qu'ils\ aient échoué jusqu'ici dans leur entreprise, nul ne le peut contester. Et cela tient surtout à ce que, pénétrés de la supériorité de leur civilisation, ils n'ont pas assez bien su discerner, suivant les expressions textuelles de leurs enquêteurs, « ce que sont les Philippins, ce que leur nature propre leur per-

patriotes, et même d'en avoir torturé quelques-uns. Pouvez-vous citer des faits précis à l'appui de ces accusations?

« 11° Qu'arriverait-il, si les moines chassés par le peuple philippin de leurs cures y étaient réintégrés?

« 12° Quel effet produirait dans le pays la nomination d'un archevêque américain?

« 13° Que penserait-on si, dans chaque école, une heure avant les études, une instruction religieuse était faite aux élèves par un ministre de n'importe quelle religion? Pourrait-on y associer les deux enseignemens?

« 14° Quel effet produirait l'expropriation, par le gouvernement américain, des biens monastiques, si, *après avoir indemnisé leurs propriétaires*, le même gouvernement vendait ces biens par parcelles et en appliquait le montant à l'édification de collèges ou autres maisons d'éducation? »

met de devenir, ce qu'ils réclament, et tout autant, ce qu'ils se croient en droit de posséder. »

On dit que, depuis la conclusion du traité de Paris et l'impossibilité dûment constatée de s'accommoder au régime américain, les Philippins sont pris d'un regain d'amour, désormais platonique, pour l'Espagne. Le fait n'est point nouveau : fréquens sont les ménages où la dispute règne continuellement, et où l'affection ne se manifeste qu'à titre rétrospectif, après la disparition de l'un des époux; nombreux aussi, les peuples qui vouent aux gémonies, de leur vivant, les meilleurs serviteurs du pays, pour leur élever des statues sitôt après leur mort. Sans doute les Philippins ont prétendu relâcher, puis rompre les liens administratifs qui les unissaient à leur ancienne métropole; mais, en agissant ainsi, ils ne voulaient ni ne pouvaient renier leur hérédité propre, qui se révèle chez eux et par le sang et par les mœurs et par les lois. De cette hérédité, rien peut-être n'est plus radicalement éloigné que l'atavisme anglo-saxon, qu'il soit britannique ou américain. Si ce dernier a, dans le passé, donné de beaux exemples de plasticité politique en s'adaptant, — non sans crises violentes d'ailleurs, — aux exigences particulières du Canada ou de l'Inde; s'il a su soit cohabiter avec les descendans de Montcalm sans heurter leurs traditions nationales, soit se superposer aux Hindous sans désorganiser leurs castes, c'est qu'il n'était pas encore en proie à cette ambition impériale où s'exaspèrent ses appétits dominateurs, où se raidit sa morgue naturelle, et où s'altère la souplesse ancienne de son génie commercial.

Nous vivons dans un temps étrange : tandis qu'une poignée d'esprits abstraits, mais remuans supprime les frontières et s'envole vers une conception toute subjective de l'humanité de demain, partout, sauf peut-être en France, va se concentrant, plus étroit, plus intraitable et plus âpre, l'instinct national de chacun. Quand il se sépare de l'Espagne, le Philippin veut affirmer son individualité; quand il s'épand au loin, l'Anglo-Saxon entend imposer sa personnalité morale. Et, lorsque tous deux viennent à se rencontrer, ce sont vraiment des mondes étrangers, des civilisations opposées qui s'entre-choquent, sans qu'on puisse dire encore si ceci tuera cela, ou s'il en résultera quelque métissage imprévu.

Le sentiment qui pousse les masses et fait mouvoir, parfois à leur insu, les gouvernemens est si intense qu'il brise les cadres des catégories où la théorie pure s'applique à cataloguer et à enserrer les humains. On parle volontiers dans la langue courante, voire dans la philosophie transcendante, des principes socialistes, de l'unité scientifique, de la rigueur dogmatique du catholicisme, de la liberté d'examen protestante. Mais on ne prête pas une attention suffisante à l'extrême variété des formes extérieures qui recouvrent chacun de ces corps de doctrine, au point de modifier profondément leur force d'expansion et ne pourrait-on pas dire jusqu'à leur essence même. Il n'y a pas grand'chose de commun, quant à la manière d'être et à la conduite pratique, entre les socialistes d'outre-Rhin et les protagonistes des idées révolutionnaires en France. Le savant allemand qui, dans son enseignement, déploie un sens critique et une indépendance intellectuelle voisins de l'anarchie est, aussitôt sorti de sa chaire et ramené aux conditions normales de la vie sociale, le réserviste le plus discipliné, le plus aveuglément soumis aux ordres du premier caporal venu. Les Anglo-Saxons étaient encore catholiques, mais déjà Anglais, lorsqu'ils ont brûlé Jeanne d'Arc; les Germains, déjà protestans, mais pas encore Allemands, quand ils s'alliaient au cardinal de Richelieu. La communauté de religion n'a pas empêché les guerres d'Italie au xvie siècle, celle du Transvaal au xixe. Ni le socialiste, ni le savant, ni le croyant ne sont le même homme sur tous les points du globe, alors même qu'ils semblent s'incliner devant un dogme identique. En dépit des assauts qui lui sont donnés de toutes parts, l'instinct national, c'est-à-dire l'inconsciente, mais agissante communauté de sang, de traditions et d'intérêts demeure le facteur dominant des compétitions universelles. Malheur aux peuples qui s'efforceraient d'étouffer en eux, par dilettantisme intellectuel, cette voix spontanée et impérieuse de la nature ! Ils sont dupes et deviendraient bientôt victimes de l'illusion où se complaît leur fantaisie et où se dissout insensiblement leur courage.

ANDRÉ LEBON.

REVUE LITTÉRAIRE

LE DRAME ESPAGNOL

ET

NOTRE THÉATRE CLASSIQUE

Une littérature ne se suffit pas à elle-même : il lui est ̦bien impossible de s'isoler du mouvement général des esprits et de se tenir en dehors des conditions de l'histoiré; elle ne saurait d'ailleurs, sans s'épuiser, vivre toujours et uniquement sur son propre fonds : il faut donc ́qu'elle emprunte à l'étranger des élémens qui lui serviront à se renouveler, et dont, à la condition de se les assimiler, elle tirera un large profit. Cela est vrai de toutes les littératures, mais surtout de la littérature française, aucune autre n'ayant été ni plus accueillante aux œuvres étrangères, ́ni plus habile à ménager, jusqùe dans ses emprunts, les droits de son originalité. C'est donc une nécessité, pour qui veut retracer la suite de son développement, de tenir un grand compte des influences qui, venues du dehors, en ont, à plusieurs reprises, modifié le cours. Une histoire de la littérature française, pour être seulement intelligible, a comme support indispensable l'histoire des littératures étrangères, présentées dans leṁs rapports avec la nôtre. On l'a ́maintes fois répété dans cette *Revue*, où l'on ne cesse de réclamer et de provoquer des études de ce genre. C'est bien pourquoi nous nous empressons de signaler l'excellent travail que M. Martinenche vient de consacrer à l'histoire de *la Comedia espagnole en France* (1). Comment se distinguent l'une ́de l'autre les influences ita-

(1) E. Martinenche, *la Comedia espagnole en France*, 1 vol. in-12, Hachette. €f. Morel Fatio, *La comedia espagnole du* xvii° *siècle*, 1 vol., Vieweg; *Études sur l'Espagne*, 2 vol., Bouillon. — Brunetière, *Études critiques* t. III et IV, Hachette.

lienne et espagnole qui, au début du xvii° siècle se mêlent, dans notre littérature et se disputent l'empire de notre esprit? A quel moment la Comedia espagnole fait-elle chez nous son apparition? Quels élémens allait-elle apporter à notre théâtre et dans quel sens allait-elle diriger notre tragédie et notre comédie? De quoi lui sont redevables le grand Corneille et son petit frère, et Rotrou, et Scarron, et Molière, et tant d'autres? En retour, quels services avons-nous rendus à la Comedia? Puis, pourquoi une réaction est-elle devenue nécessaire et contre quels excès s'est révolté l'esprit français? Et, au moment où elle semblait mise en déroute, l'influence de l'Espagne ne préparait-elle pas un retour offensif? Ce sont autant de questions dont on voit assez l'importance et sur lesquelles M. Martinenche nous apporte de précieux renseignemens. S'il a profité, comme il le devait, des travaux de ses devanciers et de ceux notamment de M. Morel Fatio, son étude n'en reste pas moins neuve sur beaucoup de points. C'est un chapitre de notre histoire littéraire qui devait être écrit. M. Martinenche nous le donne dans un livre qui témoigne, non pas seulement d'une compétence spéciale, mais aussi d'un goût très exercé et d'un réel talent d'exposition.

Par une rare bonne fortune, la voie qu'a suivie chez nous l'influence espagnole est toute bordée de chefs-d'œuvre, puisque *le Cid, Don Juan, Gil Blas, le Barbier de Séville, Hernani* sont d'origine ou de couleur espagnole. Pendant plus de trois siècles, les rapports entre les deux littératures sont ininterrompus. Aussi bien on sait précisément à quelle date et sous quelle pression a commencé de se faire sentir chez nous l'influence de l'Espagne. Charles-Quint atteignait à l'apogée de sa puissance, les Espagnols emplissaient le monde du bruit de leurs exploits; leur puissance politique et militaire donna l'essor à leur renommée littéraire. Les *Amadis* traduits en français obtiennent chez nous un succès prodigieux. Un élément nouveau, et dont il n'y avait pas trace dans notre littérature du xvi° siècle, y fait son apparition : le romanesque. Le courant se continue et se renforce avec la *Diana* de Montemayor, avec *l'Astrée,* qui en est une imitation, et avec toute la littérature sortie de *l'Astrée.* Désormais le chemin de la France est ouvert : beaux esprits, romanciers chevaleresques et picaresques, moralistes et casuistes passent par la brèche. Les circonstances peuvent changer et l'Espagne de Philippe IV peut bien être singulièrement déchue : en vertu de la vitesse acquise, le mouvement s'accélère et se propage. Au temps de Louis XIII, l'influence espagnole pénètre les modes, les mœurs, les relations sociales,

les façons de sentir et de penser. C'est alors ce qu'on pourrait appeler le second moment de la pénétration espagnole en France. Et cette fois c'est la « Comedia » qui fait chez nous son entrée.

Qu'est-ce, en Espagne, que la « Comedia, » c'est-à-dire le drame? Elle nous offre le très curieux et très frappant exemple d'un genre dont la valeur et l'insuffisance viennent pareillement de son extrême originalité. Notez d'abord que, de toutes les nations modernes, l'Espagne est seule avec la France à avoir un théâtre. L'œuvre de Shakspeare est en Angleterre une exception géniale et qui reste isolée. Le drame existait en Espagne avant Lope de Vega, et il a conservé, jusqu'aujourd'hui, ses caractères essentiels : c'est cette continuité de production qui constitue « un théâtre. » Notez encore que ce théâtre est plus complètement original que le nôtre. Nous avons pris à l'antiquité la plupart des sujets de nos tragédies, et nous n'avons pas su mettre à la scène les grandes figures de notre histoire et nos gloires nationales. La « Comedia » puise dans les annales de l'Espagne, comme d'ailleurs à toutes les sources : elle représente au vif les mœurs de la société et elle en traduit les aspirations : elle répond, non pas seulement aux exigences d'une élite, mais aux désirs du public tout entier : c'est le drame né sur le sol et jailli spontanément des entrailles d'un peuple. Une race s'y exprime et y accuse ses traits distinctifs en un puissant relief. Voilà ce qui fait sa grandeur et sa force. — Mais, d'autre part, son histoire nous fait assister à un phénomène bien digne d'être noté. Ce théâtre, si espagnol, n'arrive pas à sortir d'Espagne. Ses œuvres ne se font pas lire en dehors de leur pays d'origine. Tandis que les romans, ceux de Cervantès, de Quevedo et de vingt autres, sont traduits et se répandent en Europe, il n'en est pas de même des pièces de théâtre. Elles n'entrent pas dans le domaine de la littérature universelle. M. Morel Fatio a mis ce point en pleine lumière dans sa remarquable étude sur *la Comedia au. XVII*ᵉ *siècle*. « Il faut tout dire en un mot. La Comedia, œuvre grande tant qu'on la considère en soi et ne la sort pas de son milieu, perd singulièrement de son importance, sitôt qu'on l'introduit dans l'enceinte de la littérature générale et qu'on la compare à d'autres productions du même ordre. Quel genre d'intérêt excite aujourd'hui, chez les lettrés français, anglais, allemands ou italiens, le théâtre espagnol du xviiᵉ siècle? Un intérêt de curiosité, rien de plus... Même à l'époque de sa plus grande splendeur, la Comedia n'a jamais été acceptée et imitée comme l'a été pendant un siècle la tragédie française : on n'y a vu qu'un répertoire de situations... En franchissant les Pyrénées, ce drame a dû, pour nous plaire, et plaire par nous aux autres nations, prendre l'habit à la française et renoncer à son accoutrement de *cabal-lero* espagnol. » Les raisons que M. Morel Fatio donne de ce fait sont décisives. Les auteurs ne s'adressaient qu'à un public populaire et ne se souciaient que de recueillir l'applaudissement immédiat. D'une verve et d'une fécondité incomparables dans l'improvisation, ils ne se sont astreints à aucun travail d'art. Ils n'ont subi aucune des contraintes qu'impose le goût difficile d'un public de connaisseurs : ils ont négligé l'étude des caractères et des passions, la composition et le style. Contens de divertir, ils n'out pas mis dans leurs œuvres cette substance morale, sans laquelle les œuvres de l'esprit ne durent pas. Enfin, ils n'ont pas su s'élever au général ; et, une fois de plus, on en a eu la preuve, c'est par ce qu'elles ont de trop particulier, de trop ressemblant à la société où elles se produisent, que les œuvres se démodent. « Nos Espagnols sont décidément restés trop de leur terroir, les mœurs de leur théâtre sont trop imprégnées d'espagnolisme pour pouvoir intéresser qui ne possède pas une connaissance intime du milieu. L'intelligence parfaite de ce drame exige une étude approfondie de l'histoire politique et littéraire, des usages et des modes de l'époque et du pays, et il ne faudrait pas croire que les Espagnols de nos jours puissent s'en dispenser. » Ces qualités d'art, cette inquiétude morale, cette généralité, ou, pour tout dire d'un mot, le caractère « d'humanité, » voilà ce qui a manqué à la Comedia. Et par là se trouve déjà déterminée la nature des services qu'elle pouvait nous rendre et de ceux qu'elle pouvait attendre de nous.

Les services que nous a rendus la Comedia sont considérables, puisque c'est grâce à elle que notre tragédie classique a pu trouver définitivement sa voie. Rappelons-nous en effet quelle avait été la série de ses tâtonnemens jusqu'aux jours où Corneille se mit à l'école de l'Espagne. Nos tragédies du XVIe siècle calquées, non sur celles des Grecs, mais sur celles de Sénèque, n'avaient de la tragédie que le nom. Dans son étude sur *Corneille*, M. Lanson émet cette théorie qu'il y aurait eu chez nous deux types de tragédie successifs et également légitimes. « Si l'on veut porter au théâtre un de ces événemens qu'on appelle tragiques lorsqu'on les rencontre dans l'histoire et dans la vie, deux voies s'offrent. On peut reculer le fait tout à la fin du drame, et disposer sous les yeux du public les ressorts qui le produisent : leur jeu constitue l'action dramatique... On peut aussi placer le fait au centre du drame, le poser dès l'abord comme certain pour ne point s'embarrasser de sa production et étaler aux yeux du public l'aspect

horrible, les suites déplorables du drame... Le premier système est
celui du xviie siècle, le second est celui du xvie siècle. » C'est dire que
de ces deux types il y en a un à qui manque ce qui fait justement la
tragédie. Car un événement n'est pas tragique parce qu'il est douloureux; mais un événement douloureux devient tragique s'il nous est
présenté d'une certaine façon. De ces deux systèmes, le second, qui
n'enferme aucun élément d'action, est donc un système de poésie, non
pas dramatique, mais lyrique. En fait les Jodelle, les Garnier, les
Montchrétien, dont les œuvres contiennent de réelles beautés d'ordre
tout lyrique, ne travaillaient pas en vue de la représentation, et leurs
pièces, quand il leur arrivait d'être jouées, ne l'étaient que devant un
public de collège : ils n'ont pas su dégager le drame du lyrisme. Le
premier, Alexandre Hardy, poète aux gages d'une troupe de comédiens, travaille pour le public et introduit au théâtre l'élément indispensable à toute œuvre qui veut retenir l'esprit des spectateurs :
l'action. A voir la liberté et la complexité des intrigues de ses pièces,
on a cru longtemps qu'il avait dû s'inspirer du théâtre espagnol. Il
n'en est rien. Hardy emprunte ses sujets à l'Italie ou aux historiens
et aux poètes de l'antiquité. Parmi ses pièces, imprimées ou non,
on n'en compte que sept dont les sujets soient empruntés à l'Espagne; et ils sont tirés, non de la Comedia, mais de nouvelles espagnoles. La pastorale qui règne longtemps sur notre scène, et la tragi-
comédie, qui la remplace, procèdent du roman et versent dans le
théâtre la matière romanesque : enlèvemens, travestissemens, folies
simulées, duels, reconnaissances. Mais ni la galanterie pastorale, ni la
fantaisie des intrigues n'avaient à proprement parler de valeur dramatique. Ce qui manquait à notre théâtre, il l'a reçu, non d'un genre
voisin, le roman, mais directement du théâtre. L'influence a été du
même au même, et on le voit bien en lisant l'étude de M. Martinenche.
A ce moment précis intervient la Comedia pour fournir à notre
théâtre les véritables ressorts dramatiques.

Le premier est l'amour. L'amour à la gauloise ne se prête guère
qu'à un récit malicieux ou à une farce grossière. L'amour à l'italienne
n'est que la sensualité et le plaisir facile. L'amour tel qu'on le conçoit
encore dans l'Espagne du xviie siècle enferme tout à la fois les élans
les plus chevaleresques et les désirs les plus ardens. C'est la passion
qui pour se satisfaire ne reculera devant rien. Elle rencontre devant
elle une société où la femme est sévèrement gardée. De ces obstacles
qui s'opposent à elle, naît la lutte. Ce ne sont dans la vie espagnole
que sérénades et coups de couteau. La justice est impuissante à

arrêter ces scandales. Mme d'Aulnoy en compte une moyenne de cinq cents par nuit. Et ainsi, s'inspirant du spectacle de la vie, c'est donc l'amour tragique que la Comedia emprunte aux mœurs contemporaines et fait pour la première fois apparaître sur le théâtre. — Le second est cette fameuse religion du point d'honneur. Magnifique et absurde, héroïque et extravagant, on connaît assez ce sentiment qui emplit la scène espagnole de ses prouesses, de ses rodomontades et de ses dangereuses folies. En principe, rien de plus légitime et même rien de plus noble. C'est la conscience de notre dignité personnelle ; c'est l'idée que, d'une part, nous ne pouvons accepter certains traitemens et que, d'autre part, nous gardons contre les abus de la force ou contre les assauts du malheur une forteresse inexpugnable : l'estime de nous-mêmes. L'honneur s'apprécie plutôt qu'il ne se définit : il varie d'un individu à l'autre, il se mesure à la valeur morale et à la délicatesse de conscience de chacun : c'est un pouvoir idéal et qui contrebalance le pouvoir brutal des faits ; c'est par là qu'il est le sentiment chevaleresque par excellence.

Mais nous ne sommes, hélas ! que de pauvres hommes, et une loi de notre nature veut que ce qu'il y a de meilleur en nous, s'il n'est contrôlé par la raison, l'autorité, le sens commun, dévie et se corrompe. Ainsi en est-il arrivé du sentiment de l'honneur. Un code de l'honneur a été édicté et promulgué par l'usage, et ce qui n'aurait dû relever que de la libre appréciation est devenu une tyrannie toute conventionnelle. Ce qui aurait dû être le respect de soi s'est tourné en vanité, crainte de l'opinion et du qu'en-dira-t-on. Surtout l'honneur a été un splendide déguisement, manteau, cape et pourpoint à l'espagnole, dans lequel s'est drapé l'amour-propre. La religion de l'honneur, c'est le culte du moi, c'est le moi se posant en idole et décrétant la dévotion à ses propres autels. Et c'est bien pourquoi cette religion est si ombrageuse, si intransigeante et farouche, si prompte à soupçonner une offense, si empressée à réclamer pour une atteinte légère un châtiment disproportionné, si altérée de vengeance. C'est le plus redoutable des fanatismes, le fanatisme de soi. Il faut voir dans la Comedia les folies qui signalent et les hétacombes qui ensanglantent cette religion. « Elle présente sans les discuter les situations les plus cruelles et les plus odieuses, et les paroles qu'elle met dans la bouche de ceux qui en sont victimes ne révèlent guère cette lutte intérieure où pourtant le drame se serait renouvelé. Fernando a besoin du sacrifice de sa sœur pour assurer sa vengeance. Froidement elle l'accepte, et froidement il l'accomplit. Don Sancho fait mieux encore. Son père, Don Nuño, proli-

tant d'une ressemblance frappante, s'est fait passer pour le roi défunt, afin de punir sur Don Bermudo une injure dont il est d'ailleurs
innocent. L'imposture est découverte, et l'imposteur condamné à une
mort infamante. Le père supplie alors le fils de le tuer pour lui éviter
la honte du supplice. Et Don Sancho obéit. De pareilles atrocités deviendront de plus en plus fréquentes sur la scène espagnole. L'honneur espagnol n'est trop souvent qu'une sorte de théologie froide et
repoussante, dont tous les dogmes réclament du sang, encore du sang,
toujours du sang (1). » Stendhal pourrait se réjouir et s'écrier : Il y
a de l'énergie ! Et Mérimée ne s'y est pas trompé. C'est ici un legs
de la brutalité du moyen âge, c'est surtout un trait de race, un effet
de l'imagination sombre et de l'humeur cruelle des Espagnols. Et
sans doute, contre ce prétendu devoir qui fait de l'assassinat une
obligation, il y aurait beaucoup à dire : la morale réclame et la nature proteste. Mais, si l'on n'envisage les choses que du point de vue
du théâtre, il faut avouer que l'honneur peut devenir une source
merveilleusement féconde de péripéties tragiques. Ajoutez-y la passion, mettez-le en conflit avec elle, vous avez l'essence même du
drame.

De ce drame touffu, romanesque, héroïque et atroce, comment
pouvait-on dégager la tragédie ? Il fallait y introduire de l'ordre, de
la clarté, du choix ; il fallait pousser plus loin la peinture, trop souvent
superficielle, des caractères et l'étude de la passion, afin d'atteindre
jusqu'à ces profondeurs où l'âme n'est plus espagnole ou française,
mais humaine. C'est ce qu'a fait Corneille. La tradition veut qu'un
gentilhomme, M. de Chalon, l'ait mis sur la voie de l'imitation de
l'Espagne, en sorte que ce gentilhomme serait en quelque manière
responsable de l'Illusion comique et que nous lui devrions aussi bien
la première idée du Cid. Respectons cette tradition, sans laquelle il
est douteux que le nom de M. de Chalon fût venu à la postérité. Le
fait est que, pour se tourner du côté de l'Espagne, Corneille n'avait
besoin du conseil de personne. Il y était invité par la mode et nul ne
fut plus soucieux de la mode que ce bourgeois de Rouen. Il y était
amené par une secrète affinité de génie : Corneille a, de lui-même, un
tour d'esprit héroïque, un goût du romanesque et de l'extraordinaire,
une naturelle grandiloquence, qui font de lui le plus Espagnol des
Français. Il sait la langue de Lope de Vega et de Guillen de Castro,
non pas de façon sommaire et, comme on dit, assez pour s'y recon-

(1) Martinenche, La Comedia espagnole, p. 106.

naître, mais à fond et de manière à en pénétrer les nuances : il n'a cessé de fouiller le répertoire espagnol et d'y chercher des motifs d'inspiration. Mais son imitation n'est pas un esclavage; en empruntant des sujets, des personnages, des scènes entières, il reste original. Et c'est ce qui importe. Encore est-ce trop peu dire ; mais du drame espagnol il tire un genre qui, de tous les genres de notre littérature, pourrait bien être celui où notre esprit français a mis sa marque la plus reconnaissable et donné sa plus exacte mesure.

Il y a été aidé d'abord par la contrainte des règles. C'est ce qu'on ne saurait trop redire, à supposer qu'il se trouvât encore quelqu'un pour ne pas rendre justice à ces règles bienfaisantes et tant décriées. C'est grâce aux pédans que notre tragédie s'est constituée, et il n'est pas d'exemple plus significatif de l'utilité de la critique et des services que les théoriciens peuvent rendre aux créateurs. Corneille peut bien avoir eu plus d'un mouvement de mauvaise humeur contre l'étroitesse de ces règles ; mais ne plaignons pas outre mesure le « pauvre grand homme » d'avoir été mis à la gêne par les commentateurs d'Aristote, et réservons pour d'autres cas les trésors de notre pitié. Il sentait à part lui ce qu'il y avait de juste dans les préceptes des « réguliers. » Ils lui ont permis d'organiser la matière du drame espagnol. Ils l'ont forcé à élaguer les épisodes, à supprimer les accidens pour aller droit à l'essentiel. Ainsi débarrassé de tout ce qui est extérieur et ne sert qu'à amuser l'imagination, circonscrit et condensé, le drame ne peut plus se développer qu'en profondeur. Il se replie sur l'étude de l'âme et force lui est d'y creuser toujours plus avant. Ce qu'il y découvrira lui donnera sa valeur de psychologie, qui subsiste en dehors même du mérite spécifique du théâtre. Et c'est du conflit des sentimens que naîtra l'intérêt dramatique. — Une autre contrainte acceptée par Corneille est celle que lui impose l'histoire. Sans s'asservir à suivre dans le détail les données de l'histoire, et obligé au contraire de compléter ce qu'elles ont nécessairement de fragmentaire et ce que la réalité a toujours d'inachevé, la poète est cependant forcé par les faits eux-mêmes à refréner son imagination et à se tenir en garde contre les excès de sa fantaisie. L'histoire s'oppose au romanesque et lui fait contrepoids. — Le Français est moraliste : les recueils de nos moralistes forment une des parties les plus originales de notre patrimoine littéraire; Corneille est même sentencieux. Et la morale, sous peine de cesser d'être elle-même, doit se fonder sur des principes qui valent pour tous. — Enfin, aucun autre peuple n'a été plus soucieux que le nôtre de s'affranchir du point de vue particulier et de penser pour tous les peuples. C'est ainsi que, contrôlés par la raison, les ressorts de la comédie prennent une valeur absolue. L'amour à l'espagnole se dépouille de ce qu'il avait de relatif aux mœurs locales pour devenir tout uniment l'amour. Le drame de l'honneur devient avec Corneille le drame de la volonté. Le Cid, habillé à la française, va prendre place parmi les héros de la littérature universelle. Et la Comedia, devenue la tragédie, s'imposera à l'imitation de toute l'Europe lettrée.

Corneille, au moment où il fait paraître la merveille du *Cid*, n'a donc pas pris modèle sur la Comedia ; mais, guidé par les auteurs espagnols, il a trouvé en lui-même ce qui était bien à lui : la conception de la volonté. Cette volonté consciente de soi et qui par un effort réfléchi tend, en dépit de tous les obstacles, à l'accomplissement d'un devoir déterminé par la raison, c'est ce qu'on peut trouver de plus conforme à l'idée même du drame. Car, d'une part, le drame est la mise à la scène de l'activité volontaire, et c'est cela qui le distingue de tel autre genre comme le roman ; et, d'autre part, la moralité est constituée par la bonne volonté en tant qu'elle est un ferme propos de faire ce qu'on a reconnu être le bien. Désormais la tragédie a trouvé sa matière et sa forme. Entre les mains des écrivains médiocres, et pour la satisfaction des spectateurs frivoles, qui sont toujours la majorité, même dans une élite, elle pourra bien se complaire dans l'agencement d'une intrigue compliquée et dans l'expression de sentimens de convention. Dans les chefs-d'œuvre de Corneille et dans ceux de Rotrou, elle sera le conflit de sentimens puisés au fond de notre nature. Le malheur est qu'on s'élève difficilement à ces hauteurs et qu'on ne s'y maintient pas longtemps. L'équilibre est vite rompu. C'est ce qui va bientôt arriver, et c'est Corneille même qui donne le signal et l'exemple de cette déviation. Déjà l'Émilie de *Cinna* ne méritait que trop ce nom de « furie » que lui décernaient les précieux par manière d'éloge. L'âpreté qu'elle met à poursuivre sa vengeance part moins d'une âme irritée que d'une volonté orgueilleuse et qui s'acharne à atteindre le but, quel qu'il soit, qu'elle s'est une fois fixé. Cette tendance ira sans cesse s'exagérant chez les héroïnes et chez les héros de Corneille, depuis le temps de *Pompée* et de *Rodogune*. Désormais Corneille ne comprend plus que la volonté n'est qu'un moyen et que sa valeur morale réside non pas en elle, mais dans la fin qu'elle s'est assignée. Il admirera l'effort pour lui-même et la volonté trouvant sa fin en soi. Aussi bien il se départira du procédé qu'il avait appliqué au drame de Guillen de Castro, et, au lieu de faire résider l'invention dans le choix, il l'entendra au sens le plus vulgaire du mot, comme une faculté de trouver des combinaisons de faits extraordinaires. Son respect de l'histoire l'abandonnera; et, le goût du romanesque profitant de tout ce que perd le sens historique, c'est, depuis *Don Sanche*, le romanesque qui de nouveau va triompher. Enfin, l'histoire même dont Corneille explore les parties les plus obscures ne lui servira plus qu'à trouver les situations les plus bizarres et lui sera un moyen d'autoriser les extravagances mêmes de son imagination.

Ainsi reparaîtront tous les défauts de la Comedia espagnole, renforcés de quelques autres. L'amour, que Corneille estime trop chargé de faiblesse pour être la dominante dans une pièce héroïque et qu'il sacrifie à l'ambition, cesse d'être une passion digne d'être étudiée en elle-même et capable de fournir le conflit des sentimens. La volonté orgueilleuse, guindée et figée dans son attitude, devient une forme vide ou une odieuse parade tout de même que le *pundonor*. La recherche des situations forcées et rares, se combinant avec la tyrannie des règles, fait un drame plus étriqué, mais aussi absurde. Le spectacle de la vie, faussé par la vision cornélienne, devient aussi exceptionnel et factice que pouvait l'être un drame modelé sur les mœurs particuliières de l'Espagne. La tragédie retombe dans toutes les erreurs dont Corneille l'avait dégagée. La Comedia espagnole apparaît ainsi comme la limite au-dessus de laquelle la tragédie doit s'élever pour être elle-même.

Si la Comedia nous intéresse surtout dans ses rapports avec la tragédie, il s'en faut qu'elle ait été sans influence sur notre comédie. En effet, la séparation des genres n'existe pas en Espagne, et ici c'est plutôt leur confusion ou mieux encore leur opposition violente et leur contraste qui est dans le goût national. L'Espagne s'est peinte aussi fidèlement dans le roman picaresque que dans la nouvelle héroïque, et, si de l'un à l'autre genre le lien échappe, leur parenté n'en est pas moins certaine. Don Quichotte et Sancho Pança sont inséparables, et le rôle du gracioso fait partie intégrante de la Comedia. L'imitation, ici, ne pouvait guère être que fâcheuse et elle l'a été de plus d'une manière. Si *le Menteur* est une charmante comédie, encore n'est-ce qu'une comédie d'intrigue, et qui n'a pu servir de modèle à Molière que pour son *Étourdi*, non pour son *Misanthrope*. Ce qui vient directement de l'Espagne, c'est le burlesque. Nous y étions déjà préparés par la fortune qu'avait faite en France le roman picaresque. Le genre va s'implanter au théâtre avec Scarron et son *Jodelet*. La postérité de Jodelet ne sera

que trop abondante; les valets de la comédie classique lui devront
beaucoup de leur impertinence triviale et encombrante. Et, s'il reste
jusque dans les meilleures comédies de Molière trop de souvenirs de
la farce, trop de drôleries de tréteaux, trop de bas comique, c'est donc
qu'il a recueilli une partie de l'héritage de Scarron, et qu'il a subi
encore l'influence de ce burlesque dont il débarrassait la scène, au
moment où il menait à bien sa difficile entreprise de faire rire les
honnêtes gens. Par la complexité de l'intrigue romanesque, qui est
une déformation de la réalité, la Comedia espagnole engageait notre
théâtre dans une voie justement opposée à celle que devait suivre
la bonne comédie. Elle était, non pas le moyen, mais l'obstacle.

C'est pourquoi, aux environs de 1660, la réaction était devenue nécessaire. Avec les dernières tragédies de Corneille, avec celles de
Thomas, avec les comédies de Scarron, la Comedia espagnole triom-
phait. Au lieu que ses élémens fussent modifiés et atténués par le travail de notre esprit, ils s'étalaient dans leur crudité. L'esprit français
ne s'assimilait plus les élémens étrangers : il n'avait donc qu'un
moyen de se défendre contre eux, c'était de les rejeter. Telle est
l'œuvre à laquelle s'employèrent nos grands classiques, avec la sûreté
et la décision de leur goût. C'est Boileau qui déclare la guerre au burlesque, à l'emphase, aux pointes et aux grands mots. C'est Racine qui,
persuadé que l'art consiste à faire quelque chose de rien, recule dans
l'avant-scène les incidens dont jadis on surchargeait le drame, et, réduisant celui-ci à n'être que l'étude d'une crise de conscience, pousse
plus loin qu'il n'a été donné à personne l'analyse des passions de
l'amour. C'est Molière qui, parfois négligent jusqu'à l'excès de l'intrigue de ses comédies, n'aspire qu'à donner une peinture ressem-
blante de la société de son temps et des vices de notre nature. Grâce à
eux, notre littérature accumulait, en quelques années, ces chefs-d'œuvre
qui, en outre de leurs autres mérites, ont celui-ci, de nous offrir la plus
pure image de notre esprit, la seule où on ne trouve aucun alliage
d'élémens étrangers. Ce qui en France est national, c'est le réalisme
entendu au sens complet du mot. Ce réalisme, qui tient compte de la
nature tout entière, mais qui se réserve d'y faire son choix, et n'a en
vue que l'art et la vérité, est aussi bien du goût de peu de gens. La
foule réclame l'imprévu, l'extraordinaire, l'extravagant, et c'est pourquoi, chaque fois que notre esprit se lassera de l'observation juste et
du bon sens, notre littérature s'empressera d'aller s'approvisionner en
Espagne d'aventures et de fantaisie truculente.

La question spéciale des rapports de notre théâtre avec la Comedia espagnole se trouve donc dès maintenant élucidée avec beaucoup de netteté, et c'est un résultat dont on ne saurait trop remercier M. Martinenche. Nous ne méconnaissons pas notre dette envers l'Espagne, et, ce qui vaut mieux encore, nous en apercevons la nature et l'étendue. Comme l'écrivait naguère M. Morel Fatio : « On ne contestera pas que les Espagnols n'aient été pour quelque chose dans le majestueux épanouissement du siècle de Louis XIV. Nulle littérature moderne ne nous touche de plus près que la littérature espagnole, et, si nous lui avons beaucoup donné, elle nous a beaucoup rendu. Au XVIIᵉ siècle, en nous envoyant son *Cid*, l'Espagne s'est en grande partie acquittée de la dette qu'elle avait contractée pendant le moyen âge envers nos auteurs de chansons de gestes, de fabliaux et de poèmes moraux. » D'Espagne nous est venu le romanesque, dont l'héroïque, le précieux et le burlesque ne sont qu'autant de formes. La Comedia a dirigé nos écrivains dans la découverte de la tragédie, et elle a failli les égarer dans la recherche de la comédie de mœurs. De notre côté, en la dépouillant de ses caractères trop particuliers, nous avons suivi la pente de notre génie, qui semble bien avoir été en tous les temps d'amener les idées et les nuances de sentimens nées hors de chez nous à la pleine lumière de l'humanité. Et enfin, cet exemple sert à illustrer la loi qui régit les rapports intellectuels des peuples. Certes, les emprunts faits à l'étranger sont légitimes et profitables, pourvu toutefois qu'au lieu de nous laisser étouffer sous les richesses importées du dehors, nous y voyions seulement la matière à laquelle nous imposerons notre forme, et pourvu que ces emprunts nous servent comme d'une occasion à manifester notre propre génie.

RENÉ DOUMIC.

REVUES ÉTRANGÈRES

UNE NOUVELLE BIOGRAPHIE DE HANS MEMLING

Hans Memling, par James Weale, 1 vol. in-18, illustré; Londres, 1901.

Dans ses *Vies des plus célèbres peintres des Pays-Bas*, publiées à Alkmaar en 1604, Charles van Mander, le Vasari hollandais, citait le nom d'un certain Hans Memling, qui « avait travaillé à Bruges avant l'époque de Pierre Pourbus. ». Le renseignement était exact, Memling étant mort en 1494 et Pierre Pourbus n'ayant commencé à peindre que vers 1540 : mais sans doute ce renseignement aura paru insuffisant au continuateur français de van Mander, Jean-Baptiste Descamps, qui, après avoir fort admiré à Bruges les peintures de Memling que possédait — et possède encore — l'hôpital Saint-Jean, a pensé que d'aussi belles peintures méritaient d'avoir une histoire, et s'est empressé de leur en donner une. C'est lui, en effet, qui, en 1753, dans sa *Vie des Peintres flamands*, a le premier représenté Memling comme un soldat de l'armée de Charles le Téméraire, blessé au siège de Nancy, recueilli à l'hôpital Saint-Jean, et peignant là, par gratitude pour ses bienfaiteurs, *la Châsse de Sainte Ursule* et *le Mariage de Sainte Catherine*, sans compter deux ou trois morceaux de moindre importance. D'autres historiens sont venus ensuite qui ont ajouté à cette légende mille détails nouveaux : ils nous ont conté les amours de Memling, ses voyages, sa mort dramatique et touchante dans un monastère espagnol ; ils nous ont fait connaître ses vertus, mais surtout ses vices, d'ailleurs amplement rachetés par son repentir. Et, comme on sait aujourd'hui que tout cela, non seulement n'est pas vrai, mais se trouve être, par hasard, tout à fait à l'inverse de la vérité, historiens et critiques se croient désormais tenus, pour peu qu'ils aient à parler de Memling, de protester en termes pleins d'amertume contre la fable inventée jadis par l'ingénieux Descamps.

Seul Fromentin ne peut se décider à partager leur indignation. « Malheureusement, dit-il (et quel dommage!), ce joli roman n'est qu'une légende à laquelle il faut renoncer. D'après l'histoire véridique, Memling serait tout simplement un bourgeois de Bruges, qui faisait de la peinture comme tant d'autres, l'avait apprise à Bruxelles, la pratiquait en 1472, vivait rue Saint-Georges, — et non point à l'hôpital Saint-Jean, — en propriétaire aisé, et mourut en 1495. De ses voyages en Italie, de son séjour en Espagne, de sa mort et de sa sépulture au couvent de Miraflorès, qu'y a-t-il de vrai ou de faux? Du moment que la fleur de la légende a disparu, autant vaut que le reste suive! »

Oui, c'est grand dommage que cette légende se soit désormais effondrée; et je me sens d'autant moins le courage de protester contre elle que je la soupçonne d'avoir rendu plus de service à la gloire de Memling que ne pourront le faire toutes les découvertes de « l'histoire véridique. » Si Bruges attire depuis un siècle tous les pèlerins de l'art, si elle leur apparaît comme une sorte d'Assise ou de Sienne flamande, peut-être le doit-elle moins à ses vieilles églises et à ses vieilles maisons, au silence de ses rues et de ses canaux, qu'à cette petite salle de l'hôpital Saint-Jean où, dans un décor d'une style gothique assez malencontreux, sommeillent la Châsse de Sainte Ursule et les Vierges de Memling. La « fleur de la légende » a disparu : mais son parfum lui survit, et cette petite salle en est tout imprégnée. Nous y retrouvons malgré nous le pauvre soldat de Granson et de Nancy; nous croyons le voir, vêtu de sa longue blouse de malade et le bonnet sur la tête, le voir s'ingéniant à ses naïves peintures pour remercier les bons frères qui l'ont recueilli. Aussi bien les gardiens de l'hôpital continuent-ils à raconter aux visiteurs la fable de Memling, sachant par expérience combien elle aide à voir, — sinon à comprendre, — l'œuvre du vieux maître. Ils montrent également le portrait de Memling, — une tête d'homme barbu et coiffé d'un bonnet, dans un des coins de l'Adoration des Mages; — et les visiteurs ont beau songer que, cent ans auparavant, c'était un autre personnage du même tableau qui passait pour être le portrait du peintre; ils ont beau se rappeler qu'à Munich et à Londres, on leur a montré, dans d'autres tableaux, d'autres

figures qui ont tout autant de droits à être tenues pour des portraits de
Memling; ce portrait-là n'en reste pas moins pour eux le seul véritable, à cause de la barbe inculte et du bonnet d'hôpital, à cause de la
fable inventée jadis par l'abbé Descamps, et qui a trop longtemps
contribué à appeler sur Memling l'attention publique pour ne' pas se
trouver, désormais, étroitement mêlée à son souvenir.

Je dois ajouter que « l'histoire véridique, » après avoir démoli de
fond en comble la légende de Memling, n'a découvert que fort peu de
chose à y substituer. Son rôle en cette affaire, comme en maintes
autres, a été surtout négatif : et Fromentin, par exemple, s'il vivait
encore, serait sans doute étonné d'apprendre que ce qu'on lui avait
présenté comme « l'histoire véridique » de Memling était en fin de
compte à peu près aussi inexact que « le joli roman » du peintre-
soldat. Nous savons en effet aujourd'hui que Memling n'était pas « tout
simplement un bourgeois de Bruges, » qu'il n'avait pas « appris la
peinture à Bruxelles, » et qu'il n'est pas « mort en 1495. » Quelques
documens ont été mis au jour qui fixent, d'une manière probablement
décisive, certains faits de la vie du peintre. Mais si petit est le nombre
de ces faits qu'on peut sans trop de peine les énoncer en vingt lignes,
Les voici, ou plutôt voici ceux d'entre eux que l'on a découverts
avant l'année 1889, où un heureux hasard a permis la découverte d'un
fait nouveau, à beaucoup près le plus important de tous, pour ne pas
dire le seul qui ait une importance réelle.

Le premier en date des tableaux authentiques de Memling étant le
portrait d'un graveur en médailles italien, Nicolas Spínelli d'Arezzo,
qui se trouvait à Bruges en 1467, on en peut conclure que Memling
doit avoir commencé à y travailler vers cette année-là. Entre les années 1470 et 1480, il s'est marié avec Anne de Valckenaere, fille d'un
riche citoyen brugeois. En 1478, il a peint pour l'église Saint-Bar-
thélemy, sur la commande du miniaturiste Guillaume Vrelant, un
grand tableau représentant les diverses scènes de *la Passion*, et qui se
trouve aujourd'hui au Musée de Turin ; en 1479, il a peint pour un des
frères de l'hôpital Saint-Jean, Jan Floreins, le triptyque de *l'Adoration
des Mages*; et, la même année, il a achevé son *Mariage de Sainte
Catherine*, destiné au maitre-autel de la chapelle de l'hôpital. L'année
suivante (1480), le maitre-tanneur Pierre Bultinck lui a confié l'exécution, pour l'église Notre-Dame, d'un tableau représentant diverses
scènes de la *Vie du Christ* (aujourd'hui au Musée de Munich). Et, au
mois de mai 1840, Memling a acheté, dans une rue de Bruges, trois
maisons, dont une très grande, et en pierre de taille, — *domus magna*

lapidea. Le peintre était déjà, à cette date,— peut-être par suite de son mariage, — un des habitans les plus riches de la ville : son nom figure parmi les cent quarante citoyens ayant à payer l'impôt le plus fort. Il avait, dans son atelier, de nombreux apprentis : les registres de Bruges mentionnent deux d'entre eux, admis chez lui l'un en 1480, l'autre en 1483. En 1484, Memling peignait, sur la commande du maitre-épicier Guillaume Moreel, un triptyque destiné à une chapelle de l'église Saint-Jacques, et aujourd'hui exposé à l'Académie de Bruges. En 1487, il perdait sa femme. C'est dans cette même année qu'il peignait le diptyque de l'hôpital Saint-Jean représentant, d'un côté, la Vierge, de l'autre, le bourgmestre de Bruges, Martin van Nieuwenhove. Le 21 octobre 1489, il achevait l'exécution de *la Châsse de Sainte Ursule*, généralement considérée comme l'une de ses premières œuvres, tandis qu'elle est, en réalité, une de ses dernières. Et enfin, en 1491, il peignait, — ou plutôt faisait peindre par ses apprentis, — l'énorme polyptyque que lui avait commandé un bourgeois de Lubeck, et qui se voit aujourd'hui encore dans la cathédrale de cette ville d'Allemagne.

Voilà tout; et c'était d'après ces maigres dates qu'on avait à se représenter la personne et la vie de Memling, lorsque, en 1889, un savant jésuite, le P. Henri Dussart, découvrit, dans la bibliothèque municipale de Saint-Omer en Artois, un manuscrit de l'historien brugeois Jacques de Meyere, où étaient cités divers extraits d'une chronique brugeoise de la fin du xvᵉ siècle. Et, parmi les extraits relatifs à l'année 1494, le P. Dussart eut l'agréable surprise de lire ce qui suit : « Le onze août, est mort dans notre ville maitre Hans Memmelinc, regardé comme le plus habile et excellent peintre de toute la chrétienté. Il était né dans la principauté de Mayence (*oriundus erat Maguntiaco*), et a été enterré dans l'église Saint-Gilles. » Ainsi, du même coup, nous étaient révélées la date de la mort de Memling et sa véritable patrie, qu'aurait pu faire soupçonner déjà son prénom tout allemand de « Hans. » Et la découverte du P. Dussart confirmait, fort à point, une hypothèse énoncée dès 1865 par un érudit anglais, M. James Weale, qui a voué sa vie à l'étude de Memling. M. Weale avait affirmé, dès 1865, que le nom de Memling devait être tiré du nom de l'endroit où le peintre était né : et il en inférait que le peintre devait être né soit à Memelynck, bourgade hollandaise voisine d'Alkmaar, ou à Mœmling (qu'on écrivait aussi Memling), petit village des environs d'Aschaffenbourg, ayant dépendu jadis de l'évêché de Mayence. M. Weale, en vérité, penchait de préférence pour la ville hollandaise :

force lui a été de reconnaître qu'il se trompait, et d'admettre l'origine allemande du peintre brugeois.

C'est précisément M. Weale qui nous offre aujourd'hui le résumé de ses travaux sur Memling, dans un petit livre qui est un modèle de critique consciencieuse et savante (1). Après nous avoir exposé les quelques faits historiques que j'ai dits, — faits qui, pour la plupart, nous seraient encore inconnus, si lui-même n'avait pris la peine de les découvrir, — il étudie tour à tour, dans l'ordre de leurs dates, les diverses peintures authentiques du maître. Ces peintures sont en nombre assez restreint, à peine vingt-cinq : et notre Louvre est, avec l'hôpital de Bruges, le musée au monde qui en possède le plus. De celles-là et de toutes les autres, M. Weale nous décrit les sujets et nous raconte l'histoire, plaçant toujours en regard de son texte d'excellentes images qui achèvent de nous faire connaître, année par année, le progrès du talent de Memling et de sa manière. Mais plus intéressans encore peut-être, et à coup sûr plus utiles, sont les chapitres suivans, où l'érudit anglais passe en revue les principales peintures qu'on s'est récemment avisé d'attribuer à Memling, dans mainte collection publique ou privée.

Car deux grandes écoles se sont produites depuis un demi-siècle dans la critique d'art, qu'on pourrait appeler l'école italienne et l'école allemande, la première ayant eu d'abord pour représentant l'Italien Morelli, tandis que l'autre a été inaugurée surtout par M. Bode, l'éminent directeur du Musée de Berlin. Et de ces deux écoles l'une, l'italienne, s'efforce volontiers de « désattribuer » aux grands maîtres quelques-unes des œuvres qui, depuis des siècles, ont porté leur nom : c'est elle qui, par exemple, réduit presque à l'État de mythe le Vénitien Giorgione, à force de le déposséder de tout ce que les anciens auteurs ont admiré sous son nom : c'est elle qui partage entre Beltraffio, Ambrogio de Predis et Cesare de Sesto les peintures même les plus fameuses de Léonard de Vinci, ne laissant presque à celui-ci que le génial fatras de ses manuscrits. Mais au contraire l'école allemande, pour ainsi parler, a pour occupation favorite de « prêter aux riches. » Dans des œuvres que personne durant des

(1) Ce volume fait partie d'une très intéressante collection de monographies artistiques, qui paraît depuis quelque temps à Londres sous la direction de M. Williamson, et qui, au point de vue du plan général comme à celui de la sûreté de ses renseignemens, dépasse de beaucoup toutes les collections analogues publiées jusqu'ici en France ou en Allemagne.

siècles n'avait remarquées. elle découvre solennellement des Durer, des Léonard, des Rembrandt et des Velasquez. C'est elle qui, au cours des années qui ont suivi la proclamation de l'empire allemand, a en quelque sorte « créé de rien » le Musée de Berlin, en a fait un des musées les plus complets de l'Europe, un musée où se trouvent présens, tout au moins sur le catalogue, tous les maitres de tous les pays. Je me souviens d'avoir naguère assisté à une des opérations les plus hardies de cette école : l'attribution en bloc à Donatello de toute une série d'œuvres dont le style n'avait absolument rien de commun avec le style ordinaire du sculpteur florentin, mais qui, à en croire M. Bode, n'en représentaient pas moins une des phases capitales de l'évolution de son génie. Et Memling figure au premier rang des « riches » à qui l'école allemande a le plus prêté.

A la trentaine d'œuvres authentiques que nous possédons de lui elle en a joint plus de cinquante autres, sans qu'on puisse même deviner ce qui a pu la conduire à ces attributions. Elle a découvert, par exemple, à Dantzig, un Memling plus grand encore que celui de Lubeck, un immense *Jugement dernier* où je ne crois pas qu'il y ait une seule figure qui n'ait la laideur caractéristique des figures des Thierry Bouts et des Ouwater. A Berlin et à Londres, à Bruxelles et à Madrid, cette généreuse école a enrichi, de la façon la plus imprévue, l'œuvre de Memling; au Louvre même, où cependant ne manquaient point les Memling authentiques, elle n'a point trouvé leur nombre suffisant ; et nous avons vu avec stupeur, tout récemment, le nom de Memling substitué à la vieille désignation « École flamande, » sous un triptyque d'un dessin et d'une couleur tout à fait médiocres, et remarquable surtout par une extraordinaire réunion de nez épatés. Mais, si les néo-Memling ont ainsi surgi en foule dans les musées, ai-je besoin de dire que leur éclosion a été infiniment plus riche encore dans les collections particulières ? Une biographie allemande de Memling, publiée à Leipzig en 1899, nous offre la reproduction de près de quatre-vingts tableaux attribués, par l'auteur, au vieux peintre brugeois : c'est trop de plus de moitié, au jugement de M. Weale, et le fait est que quelques-uns de ces soi-disant Memling, si on les tenait pour authentiques, suffiraient non seulement à bouleverser toutes nos idées sur le style de leur auteur, mais à nous mettre en défiance de son génie même.

Aussi tous les admirateurs de Memling ne sauraient-ils assez remercier M. Weale de la peine qu'il a prise pour examiner et refuser une à une, au nom du maître, les plus autorisées de ces donations. Grâce à à lui, le génie du vieux peintre nous apparaît de nouveau dans toute sa pureté, tel que lui-même nous le définit au dernier chapitre de son petit livre : « Memling, nous dit-il, n'a jamais rien produit d'égal à la grande *Adoration de l'Agneau* d'Hubert van Eyck; mais il s'est incontestablement montré supérieur à tous les autres peintres de l'école flamande. Jean van Eyck, en vérité, l'a surpassé au point de vue de l'exécution technique, du modelé, de la minutieuse reproduction des objets réels : mais, au point de vue de la conception des sujets religieux, tout l'avantage reste à Memling. Jean van Eyck voyait avec ses yeux, Memling avec son âme. Jean étudiait, copiait, reproduisait avec une exactitude merveilleuse les modèles qu'il avait sous les yeux : lui aussi, étudiait et copiait, mais il faisait plus : il méditait et réfléchissait. Toute son âme passait dans ses œuvres; il idéalisait, il glorifiait, il transfigurait les modèles qu'il avait sous les yeux... Comparé aux autres artistes de son école, il est le plus poétique et le plus musical... Et, à l'inverse de van Eyck, dont les tableaux religieux n'éveillent en nous que des pensées terrestres, les tableaux même profanes de Memling nous offrent comme un reflet des choses du ciel. »

Ainsi l'excellent ouvrage de M. Weale nous fournit sur la vie et l'œuvre de Memling une foule de renseignemens d'un prix inestimable. Mais nous ne pouvons nous empêcher de penser qu'une méthode plus large, un plus libre usage des droits et des devoirs de la critique historique, lui auraient permis de tirer de ces renseignemens plus de fruit encore qu'il n'en a tiré. Il nous a fait connaître, avec une précision et une sûreté admirables, toute la partie extérieure de la vie et de l'œuvre du maître brugeois ; mais des rapports qui ont existé entre cette œuvre et cette vie, du rôle joué par Memling dans la marche de l'art flamand et des circonstances qui l'ont amené à y jouer un tel rôle, de tout cela il ne nous a rien dit, faute d'interpréter les documens divers qu'il plaçait sous nos yeux. Aussi bien la peinture est-elle peut-être, de tous les arts, celui dont l'histoire se prête le mieux à l'emploi de la méthode dite « évolutive : » car les progrès, les tours et détours de l'évolution s'y laissent non seulement deviner, mais presque sentir et toucher au doigt; et cependant l'histoire de la peinture est aujourd'hui, de toutes les branches de l'histoire de l'art, celle où l'emploi de cette méthode est le plus négligé. Qu'ils aient à parler des van Eyck ou de Durer, de Poussin ou de Watteau, les critiques considèrent ces peintres comme des phénomènes isolés, abstraits, sans rapport avec les peintres qui les ont précédés, qui les entourent, ou qui vont les suivre. Tout au plus nous décrit-on parfois le milieu politique ou mon-

dain où ils doivent avoir vécu : on nous raconte les guerres de Bourgogne, les débuts de la Réforme en Allemagne, le faste de Versailles
ou du Palais-Royal; et l'on omet de nous introduire dans le milieu
artistique, professionnel, de ces maîtres, qui est pourtant le seul que
nous aurions besoin de connaître. De même fait M. Weale, dans son
étude sur Memling. Il nous présente l'auteur de *la Châsse de Sainte
Ursule* tout à fait en dehors du mouvement général de la peinture flamande, se bornant à le comparer une ou deux fois avec Jean van Eyck,
qui était mort trente ans avant l'arrivée de Memling à Bruges. Frappé
sans doute de l'incontestable supériorité de Memling sur ses prédécesseurs et ses successeurs immédiats, sur les Rogier van der Weyden et les Gérard David, il juge inutile de rechercher les liens qui,
cependant, ne peuvent manquer de l'avoir uni aux uns et aux autres.
Et par là, quelque effort qu'il tente pour nous définir le génie de
Memling, il risque de nous donner de ce génie une idée à la fois trop
confuse et trop incomplète : il risque de nous faire apparaître comme
une aimable et brillante exception un homme dont la vraie grandeur
est, au contraire, dans la façon dont il a continué, modifié, transformé l'art du pays où il a vécu.

Pour bien comprendre toute la grandeur de Memling et toute l'importance du rôle qu'il a joué, ce n'est pas assez de le comparer avec
Jean van Eyck. Celui-ci est un merveilleux [ouvrier, le plus habile
peut-être qu'ait jamais produit la peinture flamande. On sent qu'il ne
peint que pour le plaisir de peindre, et que, avec une vision naturelle
d'une finesse et d'une justesse étonnantes, il est encore comme enivré
des ressources que lui offrent les procédés nouveaux de la peinture à
l'huile. Mais il meurt en 1440, et après lui viennent d'autres maîtres,
les Rogier van der Weyden, les Hugo van der Goes, les Thierry Bouts,
qui, tout en continuant son naturalisme, font entrer la peinture flamande dans des voies déjà bien différentes de la voie calme et un peu
étroite où il l'a laissée. Ceux-là se rappellent déjà qu'ils ont à peindre
des sujets religieux : et, pour les bien peindre, ils s'efforcent d'y mettre
la plus grande somme possible de mouvement, de vie, d'émotion tragique. Ainsi Rogier van der Weyden (mort en 1464) prête à ses Vierges
des expressions douloureuses et désespérées : ainsi il nous représente
les disciples s'abîmant en sanglots au pied de la croix, ou bien encore
il s'efforce de traduire l'agitation amenée dans la Sainte Crèche par
l'arrivée des Mages avec leurs présens. Ainsi Hugo van der Goes, dans
la seule œuvre authentique que nous possédions de lui (peinte à peu

près vers le temps de l'arrivée à Bruges de Hans Memling), nous montre
la Vierge sous les traits d'une paysanne flamande silencieuse et triste,
tandis qu'autour du Dieu nouveau-né des bergers expriment, en de
joyeuses grimaces, l'élan de leur joie et de leur piété. Ainsi Thierry
Bouts, entre les années 1460 et 1470, se plaît à représenter les mar-
tyres des saints. Tous ces maîtres, et les Pierre Christus et les Ouwater, pratiquent un art religieux où le plus implacable réalisme s'allie
à la recherche de l'expression dramatique : et tous, dans leur réalisme,
perdent tout à fait de vue le souci de la beauté. La plus laide des Vierges de van Eyck (par exemple celle du tableau de l'Académie de Bruges) a encore une sérénité qui la transfigure : les Vierges, les Christ,
les saints de Rogier van der Weyden et de Thierry Bouts, infiniment
plus vivans, sont aussi infiniment plus laids ; et de l'excès même
de vérité humaine, dans les tableaux de tous ces maîtres, résulte
une impression de prose que ne donnent jamais les œuvres les
plus réalistes des peintres primitifs d'Italie ni d'Allemagne. C'est là
un art qui, de toutes ses forces, tend à être religieux, et qui cependant
ne peut y parvenir, faute d'admettre cet élément de beauté, ou en
tout cas de poésie, sans lequel nous ne saurions concevoir l'émotion
religieuse.

Et c'est au milieu de cet art qu'apparaît Memling, vers l'an 1470,
et, aussitôt, la venue de Memling y amène un changement profond et
décisif, une véritable révolution. Qu'on relise, à ce sujet, — en ajoutant au nom de van Eyck ceux des Rogier et des Bouts, — l'éloquente
comparaison établie par Fromentin entre l'ancien art flamand et l'art
de Memling :

> Considérez van Eyck et Memling par l'extérieur de leur art : c'est le même
> art qui, s'appliquant à des choses augustes, les rend avec ce qu'il y a de plus
> précieux... Sous le rapport des procédés, la différence est à peine sensible
> entre Memling et Jean van Eyck, qui le précède de quarante ans : mais, dès
> qu'on les compare au point de vue du sentiment, il n'y a plus rien de
> commun entre eux : un monde les sépare...
>
> Van Eyck copiait et imitait ; Memling copie de même, imite et transfi-
> gure. Celui-là reproduisait, sans aucun souci de l'idéal, les types humains
> qui lui passaient sous les yeux. Celui-ci rêve en regardant la nature, ima-
> gine en la traduisant, y choisit ce qu'il y a de plus aimable, de plus délicat
> dans les formes humaines, et crée, surtout comme type féminin, un être
> d'élection inconnu jusque-là, disparu depuis. Ce sont des femmes, mais des
> femmes vues comme il les aime, et selon les tendres prédilections d'un
> esprit tourné vers la grâce, la noblesse, et la beauté... En peignant le beau
> visage d'une femme, il peint une âme charmante.
>
> Mais, si la nature était ainsi, d'où vient que van Eyck ne l'ait pas vue

ainsi, lui qui connut le même monde, y fut placé probablement dans des situations plus hautes ? Pourquoi n'a-t-il pas sensiblement embelli l'*Ève* de son frère Hubert ? Et, dans Memling, toutes les délicatesses adorables de la chasteté et de la pudeur : de jolies femmes avec des airs de saintes, de beaux fronts honnêtes, des tempes limpides, des lèvres sans un pli : une béatitude, une douceur tranquille, une extase en dedans qui ne se voit nulle part ! Quelle grâce du ciel était donc descendue sur ce jeune soldat ou sur ce riche bourgeois pour attendrir son âme, épurer son œil, cultiver son goût, et lui ouvrir à la fois sur le monde physique et le monde moral des perspectives nouvelles ?

Oui, Memling a introduit dans l'ancienne peinture flamande l'élément idéal, poétique, qui, depuis les van Eyck, non seulement lui avait manqué, mais sans cesse tendait à lui manquer davantage. M. Weale a raison de dire qu'il a été « le plus poétique et le plus musical » des peintres flamands. Et nous savons aujourd'hui à « quelle grâce du ciel » il doit de l'avoir été. Aux questions que se posait Fromentin nous sommes aujourd'hui en état de répondre. Si Memling a transformé comme il l'a fait la peinture flamande, c'est que, tout en pratiquant de son mieux les procédés de cette peinture, il n'était Flamand ni d'origine ni d'éducation : son rôle consiste à avoir importé à Bruges les sentimens et la conception artistiques d'un autre pays.

Il était né dans ces terres rhénanes qui, durant tout le moyen âge, avaient été un vivant foyer de rêverie poétique et mystique. Mais surtout il avait étudié dans la vénérable capitale de l'art religieux, et c'est de Cologne que vient en droite ligne tout ce qu'il apporte de nouveau dans le vieil art de Bruges. Nous savons en effet, par un document tout à fait précis et irréfutable, qu'il a fait à Cologne un très long séjour. Dans sa *Châsse de Sainte Ursule*, peinte en 1489 et lorsqu'il était installé à Bruges depuis plus de vingt ans, les images qu'il nous offre de Bâle et de Rome sont de pure fantaisie : les images de Cologne sont d'une exactitude si parfaite que, aujourd'hui encore, on ne saurait plus fidèlement représenter l'aspect de la cité rhénane. La cathédrale inachevée avec ses deux tronçons, la grosse tour romane de l'église Saint-Martin, et l'église Notre-Dame, et l'église des Apôtres, tout cela est comme photographié dans les deux miniatures de la *Châsse de Sainte Ursule*. Et l'homme qui, après vingt ans, gardait un souvenir si précis des moindres détails des églises de Cologne, cet homme-là doit certainement avoir passé à Cologne de longues années, les plus ardentes et les plus actives de toute sa vie (1).

(1) Memling ayant imité, dans son *Adoration des Mages* de l'hôpital Saint-Jean, la disposition générale d'un triptyque célèbre de Rogier van der Weyden, on en a

Qu'on reprenne, en effet, les définitions que tente Fromentin de ce qu'il y a d'original dans l art de Memling : elles répondent mot pour mot aux caractères essentiels de l'art de Cologne, tel qu'il a été depuis le milieu du xive siècle, mais tel surtout qu'il était dans la première moitié du siècle suivant, au moment où le jeune Memling travaillait dans quelqu'un des nombreux ateliers de la ville-allemande. Cinquante ans avant Memling, l'admirable Lochner, le Fra Angelico allemand, avait donné à ses Vierges « toutes les délicatesses adorables de la chasteté et de la pudeur. » Il avait représenté « de jolies femmes avec des airs de saintes, de beaux fronts honnêtes, des tempes limpides, une béatitude, une douceur tranquille, » et cette « extase en dedans » qui est même, chez lui, infiniment plus profonde que chez le peintre brugeois. Il avait, lui aussi, « peint des âmes charmantes en peignant de beaux visages de femmes. » Et, après lui, les peintres de Cologne avaient eu beau emprunter aux Flamands des procédés nouveaux, ils avaient eu beau allonger les visages de leurs Vierges et leur donner pour cadres des paysages réels, l'inspiration de leurs œuvres restait toute différente de celle qui animait l'œuvre des van der Goes et des Pierre Christus. Jusqu'à la fin de l'école de Cologne, les peintres rhénans ont continué à « transfigurer ce qu'ils copiaient, » à « rêver en regardant la nature, » à « choisir dans les formes humaines ce qu'ils y voyaient de plus aimable et de plus délicat. »

C'est aussi ce qu'a fait Hans Memling, qui était l'un d'entre eux (1). Mais, étant plus habile, il l'a fait avec plus une maîtrise technique supérieure : et puis, demeurant à Bruges, c'est dans la langue des peintres flamands qu'il a traduit ses visions et ses émotions. En associant aux formes des van Eyck les sentimens de Lochner, il a renouvelé la peinture flamande. Et la transformation qu'il lui a fait subir ne nous a point seulement valu les beaux tableaux de Bruges, de Munich,

conclu qu'il devait avoir travaillé à Bruxelles dans l'atelier de ce maître. Mais le triptyque de Rogier a été peint pour une église de Cologne : et tout porte à croire que c'est à Cologne que Memling l'aura vu.

(1) De même que les peintres de Cologne, Memling pousse son goût d'idéalisation jusqu'à idéaliser, dans ses tableaux religieux, les portraits des donateurs. On peut voir au Musée de Bruxelles et à l'hôpital Saint-Jean les trois portraits, — évidemment peints d'après nature, — du maître-épicier Moreel, de sa femme, et de sa fille. Ces trois personnages se retrouvent, en compagnie de saints, sur les deux volets du triptyque de l'Académie de Bruges : mais leurs visages, aisément reconnaissables encore, y ont perdu quelques-uns de leurs traits caractéristiques. Ils sont comme adoucis, épurés, *déshumanisés*. Et le fait est que, nulle part autant que chez Memling, les portraits des donateurs ne s'harmonisent avec les sujets religieux : ses bourgeois et bourgeoises agenouillés aux pieds de Marie semblent porter, sur leurs visages, le délicieux reflet d'une présence divine.

et du Louvre : son effet s'est poursuivi bien au delà de l'œuvre personnelle de Memling. On peut dire que c'est elle qui a sauvé la
peinture flamande, en l'arrachant à un naturalisme où elle allait
dépérissant d'année en année. Que l'on voie, à l'Académie de Bruges,
ou au Louvre, ou au musée de Rouen, les premiers tableaux de
Gérard David : ce sont encore les figures et les attitudes des Vierges
de Memling, à peine un peu moins naïves dans leur douceur calme.
Et qu'on voie ensuite, au Palais municipal de Gênes, le grand triptyque du même David, qu'on voie à la chapelle du Saint-Sang de
Bruges les tableaux qui lui sont attribués et qui, s'ils ne sont de lui,
ont été certainement peints par ses élèves : déjà la manière de Memling s'est élargie, renforcée, a en quelque sorte secoué son enveloppe
archaïque; et c'est Quentin Metsys qui déjà s'y annonce, le maître de
la *Mise au Tombeau* d'Anvers et de la *Sainte Anne* de Bruxelles. De
Memling à Metsys, la filiation est directe, immédiate, incessante. Et
l'on sait l'influence qu'a exercée l'œuvre de Metsys sur les destinées
ultérieures de l'école flamande : plus que les van Noort et les Otto
Vénius, plus que les Italiens eux-mêmes, c'est elle qui a éveillé et
entretenu dans l'âme de Rubens le culte de la beauté. C'est ce culte
qu'avait le premier apporté à Bruges, vers l'année 1467, un jeune
paysan allemand des environs d'Aschaffenbourg : et l'on comprend
que les Brugeois, en présence de l'art nouveau qu'il leur révélait, l'aient
proclamé « le plus habile et excellent peintre de la chrétienté. »

T. DE WYZEWA.

CHRONIQUE DE LA QUINZAINE

————————

14 février.

La Chambre des députés continue de discuter la loi sur les associations : il n'a fallu rien moins, pour suspendre pendant quelques jours cet important débat, que la maladie de M. le président du Conseil. Nous pourrions peut-être nous dispenser nous-mêmes de toute discussion du projet et nous contenter d'en publier le texte, car tout porte à croire qu'il sera voté tel quel, et que tous les amendemens, ou du moins ceux qui sont destinés à en atténuer le caractère antilibéral et jacobin, seront également repoussés. Le parti pris de la Chambre est certain ; et qui sait ? peut-être faudra-t-il, en fin de compte, savoir gré à M. Waldeck-Rousseau de n'avoir pas été encore plus féroce. La Chambre, en effet, le dépasse volontiers dans la voie où il l'a engagée avec lui, et, s'il avait proposé contre les congrégations des mesures encore plus vexatoires, plus rigoureuses et plus draconiennes, elles n'auraient pas manqué d'être votées. Son tort est d'avoir déchaîné des passions dont il n'est pas le maitre, et qu'il ne pourrait plus modérer aujourd'hui quand bien même il le voudrait. La majorité, qui le pousse encore plus qu'elle ne le suit, ne lui permet pas de s'arrêter, et les journaux qui le soutiennent, journaux radicaux et journaux socialistes, déclarent déjà à qui mieux mieux que la loi est insuffisante ; qu'elle fait faire sans doute un premier pas, mais qu'après le premier, il faudra en faire un second, puis un troisième, enfin aller jusqu'au bout du régime de la persécution et de la spoliation. On a dit autrefois : « Le cléricalisme, voilà l'ennemi ! » Ce mot, prononcé il y a vingt ans, est aujourd'hui démodé comme trop faible. Le discours de M. Viviani a dénoncé un autre ennemi que le cléricalisme, à savoir la religion elle-même, qu'elle soit d'ailleurs catholique, protestante ou israélite. L'esprit religieux est un obstacle à la libre et complète expansion de la

pensée humaine : c'est donc lui qui est l'ennemi, lui qu'il faut combattre, lui qu'il faut supprimer ou extirper.

M. Viviani serait le premier d'avis qu'il est puéril de faire la guerre
à quelques moines et à quelques religieuses, si ce n'était pas là un
simple commencement, une préface à des événemens ultérieurs, une
ouverture à des exercices plus sérieux. D'ailleurs, il est socialiste, et,
aux yeux des socialistes, il y a dans la loi un article particulièrement
heureux : c'est celui qui prononce la confiscation d'une partie des
biens des congrégations non autorisées. Il a été d'abord question d'un
milliard à prendre aux congrégations pour le donner aux ouvriers.
Un milliard! M. Waldeck-Rousseau a énoncé ce chiffre imposant dans
son discours de Toulouse : on a dû s'en réjouir dans les cafés et les
estaminets des environs. Mais les socialistes intelligens savent fort
bien que c'est là pure fantasmagorie. Les congrégations n'out pas un
milliard de biens immobiliers; elles n'en ont même pas la moitié.
M. Ribot, dans son éloquent discours en réponse à M. le président
du Conseil, a parlé de 379 millions, et il s'appuyait sur des documens
officiels. Si l'on défalque de cette somme les biens des congrégations autorisées, auxquelles le projet de loi ne touche pas, et ceux
qui, d'après le projet lui-même, pourront être l'objet de reprises de
la part des donateurs ou de leurs ayans droit, on arrivera à un chiffre
qu'il nous est impossible de préciser, même d'une manière approxima-
tive, mais qui sera sans doute peu élevé. N'importe; on a promis
un milliard; les socialistes, alléchés par cette promesse, ne se contenteront pas à moins. Après avoir excité leurs appétits, il faudra les satisfaire. Comment ? Le ministère sera peut-être en peine d'en trouver
le moyen: eux, ne le seront pas. Ils passent leur vie à dénoncer l'argent qu'ils disent mal gagné, et qui s'accumule dans certaines mains :
en quoi cet argent serait-il plus intangible et plus sacré que celui
des congrégations ? S'il est plus difficilement saisissable, on en prendra du moins ce qu'on pourra. Oui, certes, les socialistes se réjouis-
sent d'une loi, bien incomplète encore à leur gré, mais qui crée un
précédent et fournit un exemple. Et voilà pourquoi les passions antireligieuses d'une part, et les cupidités socialistes de l'autre, s'unissent pour le succès de la loi sur les associations. Quant à M. le président du Conseil, sans se préoccuper de ce que cette situation a
d'inquiétant et de redoutable, il fait de belles phrases de juriste du
temps passé et de sophiste de tous les temps. Il multiplie les preuves
d'un talent subtil et raffiné, qui a d'ailleurs peu de rapports avec
les réalités ambiantes. Il n'entend rien des objections qu'on lui adresse,

ou il dédaigne d'y répondre. Et la discussion poursuit son cours vers
le vote final, que rien sans doute ne saurait plus empêcher. On assure
toutefois que l'article relatif à la confiscation aura du mal à passer :
nous verrons bien.

Un seul amendement a été voté jusqu'ici. Il est à peine besoin de
dire qu'il ne venait pas des régions libérales et modérées de la Chambre ;
mais il a été appuyé et voté par le centre et même par la droite. Tout
en soutenant la loi pour les motifs que nous avons énoncés plus haut,
les radicaux et les socialistes, les derniers surtout, ne sont pas sans
quelques vagues appréhensions sur les résultats qu'elle pourra produire. Ils sont aujourd'hui au gouvernement, fort étonnés peut-être
de s'y voir, et n'ayant qu'une confiance médiocre dans la durée d'une
situation aussi rare au cours de l'histoire. D'habitude, la législation
n'a pas été bien tendre pour eux. La société qu'ils veulent détruire se
sent portée par l'instinct de conservation à se défendre, et elle le fait
quelquefois au moyen de lois assez dures. Les lois de ce genre sont
restées suspectes aux socialistes, alors même qu'elles ne sont pas immédiatement dirigées contre eux. Ils sentent bien qu'il suffirait d'y
changer quelques mots pour qu'elles leur devinssent applicables, et
qu'en tout cas elles fournissent des types dont l'imitation ou la reproduction sera désormais plus facile. Aussi le projet de loi sur les associations, tout en les flattant par certains côtés, ne leur a-t-il pas inspiré,
dès qu'ils l'ont connu, une pleine sécurité. Ils se sont demandé s'il
ne pourrait pas servir à une double fin. On accuse les congrégations
religieuses d'être internationales, mais leurs propres associations ne
le sont pas moins, et les précautions qu'on prendra contre les premières finiront un jour ou l'autre par retomber sur les secondes.
C'est la dynamique immanente des choses.

L'article premier, qui définit les associations, était à peine voté
qu'un socialiste, M. Groussier, a demandé qu'on le complétât par l'addition suivante : « Les associations de personnes pourront se former
librement sans autorisation ni déclaration préalable, mais elles ne
jouiront de la capacité juridique que si elles se sont conformées aux
dispositions de l'article 4. » L'article 4 énumère les conditions qu'elles
devront remplir pour assurer leur publicité. M. Groussier a parlé avec
quelque amertume. Rappelant les services que ses amis et lui-même
ont rendus au gouvernement, il a reproché à celui-ci, sous prétexte
d'attaquer les congrégations, de menacer les socialistes eux-mêmes. Il
a accusé la loi de perfidie. A peine était-il descendu de la tribune que
M. Ribot y est monté pour défendre l'amendement. On n'en sera pas

surpris : l'amendement, dans sa forme première, était excellent. Le principe en était tout juste l'opposé de celui du projet de loi. Le projet de loi met toutes les associations dans l'obligation de faire une déclaration d'existence, et de solliciter en même temps l'autorisation d'exister. Jusqu'à présent, cette obligation n'a pas été imposée aux associations naissantes, ni même à celles qui vivent depuis plus ou moins de temps. Si elles veulent être reconnues, c'est-à-dire jouir de certains avantages dont le premier peut-être est une sécurité plus grande, il est parfaitement légitime de leur demander de se conformer à des règles préétablies : et c'est ce qui existe déjà. Mais, si elles ne demandent rien, on n'a non plus rien à leur demander, sinon de respecter les lois générales du pays. C'est ainsi qu'un nombre considérable d'associations ont pu se former sans chercher à être reconnues. Elles n'en sont pas moins dans leur droit. On discute pour savoir si elles sont dans la loi, et M. Waldeck-Rousseau propose de les y faire entrer par contrainte. Il ne conçoit l'association que sous la forme d'un contrat qui sera le même pour toutes. Elles devront être coulées dans un moule unique et revêtues de l'estampille officielle. L'union libre est interdite ; la nouvelle morale de l'État n'autorise qu'un mariage bien régulier, avec un contrat obligatoire à l'appui. Il faudra des déclarations, qui seront faites à la préfecture au lieu de l'être à la mairie : on recevra par la suite une autorisation, qui sera donnée par un décret ou par une loi, à moins pourtant qu'elle ne soit refusée. On comprend sans peine qu'un pareil régime ne dise rien qui.vaille aux socialistes. M. Groussier a eu bien raison de s'en inquiéter ; il a montré de la prévoyance et de la sagesse ; malheureusement, il ne les a pas montrées jusqu'au bout. Voyant leur amendement défendu par M. Ribot, les socialistes, qui avaient été bien inspirés par une première défiance l'ont été mal par une autre. M. Fournière a proposé d'introduire une exception dans le texte proposé par son collègue, et de dire : « Les associations de personnes, — autres que les associations religieuses, — pourront se former librement... » L'amendement a été voté avec cette réserve. La loi y a gagné en clarté, puisque les associations religieuses, en d'autres termes les congrégations, ont été mises en dehors du droit commun : c'est plus brutal, mais plus franc. C'était, en effet, une des perfidies de la loi de dissimuler dans une loi générale et qu'on dit libérale pour les associations, des dispositions meurtrières contre les congrégations. Grâce à l'amendement de M. Groussier, amendé par M. Fournière, nous savons mieux désormais à quoi nous en tenir. On fait une loi libérale pour les associations, — autres que les asso-

ciations religieuses. Quant à savoir si les socialistes ont vraiment garanti leur avenir par une disposition semblable, c'est une autre affaire,
et nous ne la discuterons pas aujourd'hui. Contentons-nous de dire
qu'ils nous ont enseigné comment, au moyen de quatre ou cinq petits
mots intercalés dans un texte de loi, on peut en excepter qui on
veut.

A cette franchise nous répondrons par une autre. En soi, le fait
d'avoir mis les congrégations religieuses en dehors de la loi sur les
associations n'a rien qui nous choque. Les sociétés civiles ou commerciales, les associations, et enfin les congrégations, bien qu'elles procèdent d'une même conception de la force qu'acquièrent les hommes
et les choses elles-mêmes par leur groupement, sont des degrés distincts
de l'application de cette idée générale, et constituent des êtres moraux
d'un caractère très différent. On n'a jamais confondu les sociétés
avec les associations ; on a tort de vouloir confondre les associations
avec les congrégations. Quand nos adversaires disent qu'il y a entre
elles une différence essentielle, ils sont dans le vrai. Aussi n'est-ce pas
nous qui avons établi la confusion. Les quatre groupes avancés des
gauches se sont réunis avant l'ouverture de la discussion, et ont délibéré pour savoir s'il n'y avait pas lieu de distinguer les associations
des congrégations et de légiférer séparément pour les unes et pour
les autres. Après y avoir mûrement réfléchi, ils se sont prononcés
pour la négative, croyant qu'il serait plus facile d'étouffer les congrégations dans une loi générale sur les associations. C'était peut-être
une illusion de leur part. Les libéraux n'ont pas protesté, parce qu'ils
ont eu une illusion contraire, à savoir qu'il serait plus difficile d'arriver au but qu'on se proposait, si l'on confondait les congrégations
avec les associations, les premières devant bénéficier, ils l'espéraient
du moins, de la liberté que l'on accorderait aux secondes. Mais la force
des choses a prévalu avec l'amendement de MM. Groussier et Fournière.
Ce n'est pas la même chose de mettre en commun ses connaissances
ou son activité, et de se réunir pour cela de temps en temps, ou de
mettre en commun des personnes, et de les faire vivre ensemble sous
une règle très étroite. Ce n'est pas la même chose d'associer ses efforts
pour un but limité et quelquefois très rapproché, ou de fondre des
personnes dans une congrégation éternelle, en vue d'un objet qui est
éternel lui-même, qui échappe au temps et presque à l'espace, en
ce sens qu'il est le même toujours et partout. Il est donc parfaitement
admissible que les associations et les congrégations ne soient pas
traitées sur le même pied. Qu'on mette les congrégations à part des

associations ordinaires, et qu'on prenne à leur égard certaines précautions, soit; tous les gouvernemens l'ont fait, avec des moyens et des procédés différens suivant les époques; et, s'il est absurde de vouloir user aujourd'hui des mêmes procédés et des mêmes moyens qu'autrefois, nous ne contestons pas qu'il ne faille en employer de plus conformes à l'esprit des temps nouveaux. Mais qu'on aille, pour plus de simplicité, jusqu'à la suppression pure et simple des congrégations et à la confiscation de leurs biens, c'est un excès contre lequel ne saurait s'élever une protestation trop vive. Or, le projet de loi ne fait pas autre chose. Atteindra-t-il son but? Nous ne le croyons guère. Les moyens les plus violens ne sont pas toujours les plus efficaces. A exagérer sa force agressive, on s'expose quelquefois à ne montrer que sa faiblesse et son impuissance. Mais il s'agit pour le moment des intentions de la loi. Elles sont bien telles que nous les avons exposées : suppression, confiscation!

M. Ribot, dans le beau discours qu'il a prononcé en réponse à M. le président du Conseil, a posé la question à peu près comme nous le faisons nous-mêmes. Il n'a parlé ni en simple juriste, ni en philosophe, quoiqu'il soit assurément l'un et l'autre, mais en homme politique. La question que la Chambre agite en ce moment est, en effet, toute politique. Vouloir la résoudre, plus de cent ans après la Révolution française, avec les souvenirs, les traditions et les procédés de l'ancien régime; évoquer les arrêts de nos vieux parlemens et faire revivre les ordonnances de nos anciens rois; parler, avec M. Waldeck-Rousseau, de d'Aguesseau et même de Charlemagne, c'est faire, non pas de la politique, mais de l'archéologie. Il n'y a qu'une chose qui soit encore pire, c'est de vouloir, avec M. Viviani, imposer par la force une doctrine à la place d'une autre, et immoler la religion à la philosophie du jour. M. Ribot a rappelé fort à propos que nous étions au xxᵉ siècle, et qu'il y a cent ans, nous avions fait avec Rome un traité qui s'appelle le Concordat. On remarque beaucoup ce qu'il n'y a pas dans ce traité, mais on ne regarde pas assez ce qui y est. Sans doute, le Concordat ne parle pas des congrégations religieuses, et nous avons déjà dit pourquoi : c'est parce qu'elles avaient été balayées par l'ouragan révolutionnaire, qu'il n'y en avait plus en 1802, et que le Premier Consul n'entendait pas les rétablir, ni les autoriser en vertu de son contrat avec le Saint-Siège. Il préférait, et avec raison, les laisser soumises aux lois générales du pays. La suite a prouvé d'ailleurs qu'il n'entendait pas les proscrire, puisqu'il en a, au contraire, autorisé un certain nombre. Pour revenir au Concordat, qu'est-il, avant tout, si-

non la consécration d'une politique d'entente avec l'Église sur les sujets qui intéressent à la fois l'Église elle-même et l'État? De son application intelligente et loyale résulte toute une politique. L'a-t-on suivie
dans ces dernières années? Non, à coup sûr; on n'a suivi ni celle-là
ni aucune autre; on n'en a suivi absolument aucune. On a laissé croître
et se multiplier les congrégations sans paraître s'en apercevoir, sinon
s'en préoccuper, sauf à procéder contre elles par des actes de force
intermittente, comme on l'a fait en 1880, et comme on propose de le
faire encore aujourd'hui. M. Ribot a montré qu'à la veille même de la
discussion de la loi, loi qui était pourtant rédigée et déposée depuis
plus d'une année, on ne savait rien dans nos divers ministères sur le
nombre des congrégations existantes, ni sur le chiffre de leurs biens
immobiliers. On en a été frappé tout d'un coup; on a fait jouer le télégraphe; on a demandé des renseignemens immédiats, et le ministère
des Finances a improvisé et bâclé une nomenclature qui restera un monument d'ignorance à la fois et de présomption administratives. Le
ministère a espéré peut-être que le volume qu'il a distribué se défen-
drait par sa masse, et que personne n'aurait le courage de le lire;
mais M. Ribot l'a eu. Peut-être ne l'a-t-il pas poussé jusqu'au bout:
quelques investigations dans ce dédale obscur lui ont suffi pour apporter à la lumière de la tribune un certain nombre de bévues, de contradictions et de non-sens qui suffisaient à juger et à condamner le
travail tout entier. Toutefois, ce n'est pas pour arriver à cette conclusion que M. Ribot a pris la peine d'éplucher la statistique officielle,
mais pour montrer qu'on ne savait rien d'exact sur les congrégations
religieuses, qu'on en parlait à l'aventure, et qu'on ne s'était occupé
d'elles qu'au moment précis où, pour des motifs d'ordre purement
ministériel, — c'est-à-dire parce que M. Waldeck-Rousseau avait voulu
donner à sa majorité une satisfaction du plus grossier aloi, — on
avait entrepris de les supprimer. Y a-t-il là trace d'une politique suivie?
A-t-on fait du Concordat et de l'esprit qui en dérive l'usage qu'on
aurait pu en faire? Non, incontestablement. On se plaint que les congrégations pullulent: à qui la faute? L'État avait des moyens de surveiller et de limiter leurs développemens, et il ne s'en est pas servi.
Ce n'est pas par un accès d'impatience et de colère qu'on réparera en
un jour une longue négligence. Il faut revenir à la politique qu'on
aurait dû suivre et qu'on a abandonnée.

Cette politique doit s'inspirer avant tout de l'intelligence des temps
où nous sommes. Nous ne sommes plus avant la Révolution, c'est-à-
dire à une époque où l'Église faisait en réalité partie de l'État, et où

celui-ci avait sur elle les droits que l'on peut avoir sur un de ses membres. L'Église était un corps privilégié, dans une société politique qui reposait sur le privilège. Elle avait d'immenses domaines, qui appartenaient les uns au clergé séculier et les autres au clergé régulier. On s'inquiétait alors de l'extension démesurée des biens de mainmorte et l'on avait bien raison : on continue de s'en inquiéter aujourd'hui, sans doute par habitude, et certainement avec une moindre raison de le faire. Les biens des congrégations non autorisées ne sont pas des biens de mainmorte dans le sens juridique du mot, puisque ces congrégations peuvent toujours les aliéner. Ils le sont en fait, si l'on veut, dans ce sens qu'ils sont affectés à des services permanens de charité ou d'enseignement : mais, si l'État venait à s'en emparer de manière ou d'autre, comme ils continueraient de servir aux mêmes objets et que la seule opération à laquelle on les soumettrait serait d'en laïciser le personnel, ils ne circuleraient pas plus qu'auparavant et ils conserveraient absolument le même caractère. Tous ces grands mots de mainmorte et autres analogues, qui effraient par des impressions d'atavisme, ne sont bons, aujourd'hui, qu'à donner le change aux gens qui ne prennent pas la peine de réfléchir : malheureusement, c'est le grand nombre. Les abus dont vivaient le clergé et les congrégations d'autrefois n'existent plus. Les privilèges sont détruits. Le droit commun est partout. Et que demande l'Église, sinon l'usage des libertés générales ? C'est ce que M. Ribot a fort bien exprimé en disant que l'Église, à mesure qu'elle a perdu de sa situation privilégiée, a gagné et dû gagner en liberté. Elle estime, — et ce n'est pas là de sa part une opinion nouvelle, — que les congrégations sont nécessaires à son existence et à son action efficace dans le monde. De quel droit l'État s'inscrirait-il en faux contre cette affirmation ? Est-ce qu'il peut descendre dans la conscience des catholiques et décider souverainement de ce qu'il leur est permis et de ce qu'il leur est interdit de croire ? Aussi longtemps que les catholiques en tant que particuliers, et que l'Église en tant qu'institution, ne portent pas atteinte aux lois du pays, on n'a rien à dire, ni rien à faire contre eux. Mais ils les violent, dit-on : et pourquoi ? Ici, nous rencontrons un des sophismes sur lesquels repose le projet de loi. Les vœux de chasteté, d'obéissance et de pauvreté sont déclarés contraires à de certains principes, sacrés, mais obscurs, dont nous n'avons trouvé trace nulle part, et que d'ailleurs le projet de loi ne respecte pas lui-même. S'il est vrai, en effet, que ces vœux sont immoraux et illicites en soi, ils doivent l'être dans tous les cas ; et alors comment les tolère-t-on de la part des congrégations qu'on autorise, après les avoir interdits de la part de celles qu'on n'autorise pas? Comment les tolère-t-on, au moins partiellement, de la part du clergé séculier? Tous ces argumens sont de vains prétextes : ils ne résistent pas à quelques minutes de discussion. Il n'y a rien d'immoral, rien d'illicite, rien qui soit condamnable et qui puisse être condamné dans les vœux que font les congréganistes. Autrefois, au temps où l'Église était étroitement unie à l'État, celui-ci connaissait de ces vœux, et en prenait l'exécution à sa charge. Le religieux qui s'échappait de son couvent était poursuivi par la maréchaussée et ramené de force dans le giron qu'il avait déserté. Aujourd'hui, l'État ignore des vœux qui n'intéressent plus que la conscience, et ceux qui les ont faits sont libres de ne pas les tenir : aucune loi civile ne saurait les y obliger, ni aucune loi pénale les y contraindre. Mais venir déclarer que les mêmes vœux sont immoraux chez les uns et moraux chez les autres, licites de la part de ceux-ci et illicites de la part de ceux-là, est une absurdité qui ne saurait se soutenir.

La vérité est que les congrégations religieuses doivent rester permises ; mais que, par leur nombre et quelquefois par la nature de leur action, elles peuvent devenir un danger pour la tranquillité de l'État. Il faut les laisser en liberté, mais les surveiller, et, contrairement à ce qu'on a fait jusqu'à ce jour, se tenir au courant de leur développement et de leur propagande. Si elles commettent des actes qui tombent sous le coup de nos lois répressives, leurs membres doivent être poursuivis et punis. Si elles deviennent trop nombreuses, et si les biens qu'elles détiennent prennent une extension excessive, est-ce que le Concordat ne donne pas aux évêques autorité sur tous les établissemens ecclésiastiques de leurs diocèses, et est-ce qu'il ne donne pas au gouvernement des moyens d'agir sur les évêques? Il lui donne des moyens d'agir sur le Pape lui-même, en établissant entre eux des rapports continuels, portant sur une infinité d'objets? M. Ribot s'est montré convaincu que le gouvernement pourrait s'entendre avec les évêques pour limiter à de justes bornes l'expansion du mouvement congréganiste. Il a raison. Mais, dans bien des cas, l'intervention du Saint-Siège sera désirable et utile pour mettre ou pour maintenir les congrégations sous l'autorité des évêques. Pour cela, des modalités sont à trouver : étant donné l'esprit qui règne actuellement à Rome, on les trouverait aisément, si on voulait les chercher de bonne foi, avec un désir sincère de s'entendre, c'est-à-dire de clore des querelles irritantes. Nous n'en voulons pour preuve que la lettre de Léon XIII au cardinal-archevêque de Paris, lettre dont nous avons cité, précisément à ce propos, des passages significatifs. La limitation même des biens des congrégations n'est pas un problème insoluble, pourvu qu'on y applique les mêmes procédés. Ne semble-t-il pas que cela vaudrait mieux que de recourir tous les vingt ans à des violences dont le souvenir est pénible à ceux qui les ont commises beaucoup plus qu'à ceux qui les ont subies, et dont les résultats pratiques ont d'ailleurs été toujours nuls? Le seront-ils cette fois encore? Peut-être. Mais on aura agité l'opinion, on aura enfiévré les esprits, on aura donné le spectacle de portes enfoncées, et de religieux et de religieuses jetés dans la rue; — car, en 1880, on n'y a jeté que des religieux, mais, aujourd'hui, il s'agit également des religieuses. — Spectacle affligeant et répugnant, qu'il était assez et même trop pour une génération d'avoir vu une fois. Le reverrons-nous encore, et aggravé? M. Ribot a mis au défi le gouvernement de le reproduire jusque dans nos villages, et de comprendre les religieuses dans l'exécution de la loi. Si on le fait, a-t-il dit, on fera se révolter les arrondissemens mêmes qui envoient à la Chambre les députés les plus radicaux. Le gouvernement sera alors embarrassé de son œuvre, et ses meilleurs amis ne tarderont pas à lui reprocher de les avoir engagés dans la pire des impasses.

Et pourquoi tout cela? Est-ce qu'on en veut véritablement aux congrégations charitables et hospitalières? Est-ce qu'on en veut à celles qui sont consacrées à la vie contemplative, ou encore à celles qui se livrent, comme les bénédictins le font encore, à des travaux intellectuels, mais individuels? Non, on en veut seulement aux congrégations enseignantes. Ce sont celles-là qu'on vise; et, pour les atteindre plus sûrement, on les comprend toutes dans la même proscription. A présent, comme il y a vingt ans, ce rude assaut livré aux congrégations est un simple détail d'une campagne entreprise contre la liberté d'enseigner. En 1880, on n'a fait les décrets contre les congrégations non autorisées que parce que l'article 7 n'avait pas été voté par le Sénat, et l'article 7 interdisait l'enseignement aux congréganistes. Aujourd'hui, on n'a pas osé revenir à l'article 7, bien que certains amis du gouvernement en aient fait la proposition. On a osé encore moins faire une loi franche et directe contre la liberté d'enseignement. Mais c'est bien cette liberté qu'on veut détruire, quoique le courage manque pour le dire. On prend un détour, un moyen oblique, un biais sournois pour atteindre le but par ricochet. Nous doutons qu'on y parvienne. Depuis un demi-siècle, la liberté d'enseigner est si profondément entrée dans nos mœurs qu'il est devenu impossible de la supprimer. Quand même la loi serait votée telle quelle, et quand même elle serait appliquée avec la dernière rigueur, la liberté d'enseigner subirait sans doute une crise dans la personne de la plupart de ceux qui en usent, mais elle ne périrait pas, et les établissemens libres, ceux d'aujourd'hui ou d'autres qui ne manqueraient pas de se former, ne perdraient pas un seul élève. Probablement même, sous le coup de le persécution, en auraient-ils davantage.

Alors, à quoi aura servi la loi? Comme l'a encore dit M. Ribot, cette loi brutale, mais inapplicable, est un simple cri de guerre que le gouvernement a jeté dans le pays. Il a voulu par là grouper tous ses amis, radicaux et socialistes de toutes nuances, d'ailleurs divisés à tant d'égards, mais facilement émus par une haine commune contre l'Église catholique, et les entraîner, au besoin les compromettre sans retour dans une action violente où ils oublieront peut-être d'autres revendications qui, naguère encore, paraissaient leur tenir plus au cœur. Nous ne savons pas si on obtiendra par là plus d'union, ou plutôt si on réalisera une parfaite unité d'esprit dans les générations futures, et, à dire vrai, nous n'en croyons rien. Quant à la génération présente, on y aura sûrement jeté des brandons de discorde et de haine qui viendrout s'ajouter à quelques autres. Le parti républicain sera coupé en deux plus irrémédiablement que jamais, et, ce qui est pis, la France le sera comme lui. Est-ce là ce qu'on a voulu? Oui, sans aucun doute. On a trouvé qu'il y avait trop de concorde et d'union dans le pays, et que le parti républicain, le vrai, le pur, le seul, risquait d'y perdre quelque chose de sa sève amère et de son énergie hargneuse. De ce sentiment est sorti le projet de loi. Mais, demandera-t-on, la Chambre le votera-t-elle? Oui. Le Sénat le votera-t-il? Oui. Le gouvernement l'appliquera-t-il? Oui, dans la mesure où il le pourra et assez, en tout cas, pour produire un trouble profond. Pendant ce temps-là, nos autres affaires iront comme elles pourront. On s'en occupera moins, tant sera vif et piquant l'intérêt de la lutte engagée contre quelques congréganistes des deux sexes. Malheureusement pour nous, les autres nations s'appliquent à des intérêts plus grands : mais chacun mesure à sa taille la besogne qu'il s'assigne, et le gouvernement actuel n'a pas manqué à cet instinct des proportions. Il n'a oublié que la grandeur de la France.

Nous dirons aujourd'hui peu de chose de l'étranger, parce que, dans les différens pays qui appellent l'attention, il y a, comme en

Autriche, une crise politique qui continue, ou, comme en Italie, une crise ministérielle qui commence, mais que nulle part encore on n'est arrivé à une solution.

L'Autriche, hélas! en est plus éloignée que jamais. Comme il était facile de le prévoir, les élections qui viennent d'avoir lieu ont augmenté la confusion dans le Reichsrath, au lieu de la diminuer. C'est d'ailleurs ce qui arrive toujours, lorsque les élections ne sont pour un ministère qu'un moyen de durer quelques mois de plus, et tel était bien le cas en Antriche. Nous ne voulons pas dire par là que M. de Kœrber tienne beaucoup au pouvoir dans les conditions où il l'exerce: il se serait retiré sans doute très volontiers après avoir constaté son impuissance, si un aussi grand nombre de ses prédécesseurs ne l'avaient pas fait avant lui. Tout s'use, même le jeu de la démission. On a vu se succéder plusieurs ministères dont les uns inclinaient du côté des Tchèques et rencontraient l'obstruction des Allemands, et les autres inclinaient du côté des Allemands et rencontraient l'obstruction des Tchèques : la politique variait, mais le résultat était toujours le même. On ne pouvait pourtant pas continuer indéfiniment ces exercices de bascule. L'Empereur a jugé le moment venu de recourir au pays, et il a même annoncé à ce moment qu'il jouait sa dernière carte constitutionnelle. C'était un expédient désespéré. Par malheur, le mal était plus encore dans le pays que dans le Parlement, et on n'a pas tardé à s'en apercevoir. Il y a eu certaines modifications dans la composition du Reichsrath. Pour des motifs divers, les catholiques ont perdu quelques sièges dans les Alpes, et les antisémites à Vienne même. Mais, en vérité, tout cela n'a pas une importance bien considérable. Ce qui en a davantage, c'est l'élection dans tous les partis des députés les plus exaltés, et notamment des pangermanistes, qui étaient quatre dans la dernière Chambre et qui sont plus de vingt dans la nouvelle. M. Schœnerer aura désormais des soldats : son groupe prend la tournure d'un parti. Or, ce parti demande tout simplement l'union de l'Autriche à l'empire allemand, à l'exception de quelques parcelles trop exclusivement slaves. Il ne faut rien exagérer, et sans doute le danger n'est pas immédiat : mais il y a là un symptôme grave, aussi bien pour la politique extérieure de l'Autriche que pour sa politique intérieure. En attendant, le parti pangermaniste ne pourra qu'augmenter le désordre au Reichsrath. Il trouvera d'ailleurs à qui parler : on a pu s'en apercevoir dès la première séance. Les Tchèques sont revenus renforcés d'un groupe socialiste peu important par le nombre, — il se compose de cinq personnes, — mais qui, lorsqu'il faudra faire de l'obstruction, ne le cédera à aucun autre. Ces socialistes d'une espèce particulière sont violemment nationalistes. Il semble que le caractère international de leur parti devrait les rendre un peu indifférens aux luttes de nationalités, qui sont si ardentes en Autriche : mais, avant tout, ils ont songé à être élus, et ils ne pouvaient l'être en Bohême qu'à la condition de se montrer nationalistes forcenés. Ils se sont distingués, le premier jour, en criant à tue-tête : « Vous êtes tous des ânes, fermez votre maison de fous ! » Les pangermanistes n'ont pas voulu être en reste de manifestations inconvenantes, et, lorsque le président d'âge a cru devoir exprimer des regrets sur la mort de la reine Victoria, ils ont crié : « A bas les Anglais, vivent les Boers ! » croyant par là, dit-on, exprimer les sentimens des Allemands du Nord avec lesquels ils rêvent de fusionner. Cette première séance en promet d'autres qui ne manqueront pas de chaleur. Pour le moment, les partis font trêve, mais une trêve probablement très courte, devant le discours du trône, où le vieil empereur fait appel à l'esprit de bienveillance et de concorde qui devrait animer les membres d'une même patrie. Il prodigue les bons conseils, et aussi les objurgations et les prières. En même temps il demande au Reichsrath de voter quelques mesures en vue de rendre plus pratique l'usage de l'article 14 de la constitution, cet article qui lui permet de gouverner en dehors du parlement. Nous doutons que le Reichsrath s'inspire des vœux du vieux souverain, soit dans le premier cas, soit dans le second. Et alors, qu'adviendra-t-il? C'est le secret de l'avenir, mais d'un avenir peut-être très prochain.

En Italie, la crise est moins grave : il ne s'agit que d'un ministère renversé, et aussi de savoir comment on le remplacera. Le roi Victor-Emmanuel III en est à sa première expérience de ce genre. Il s'est orienté très nettement vers la gauche: cela vaut mieux sans doute que s'il n'avait su prendre aucun parti, et si, au moyen d'un ministère habilement dosé d'élémens de gauche, de droite et du centre, il était resté dans l'indétermination.

Tel était le caractère du cabinet qui vient de tomber. Par les qualités de son esprit, qui a plus de finesse et de ressources que de résolution, et aussi par son grand âge, M. Saracco était bien fait pour une de ces combinaisons complexes, ou plusieurs partis sont représentés et se tiennent dans un équilibre si parfait qu'ils se condamnent les uns les autres à l'immobilité. Ces cabinets sont généralement transitoires. Après le général Pelloux, qui avait trop entrepris et pas assez réussi, peut-être y avait-il lieu d'en composer un sur ce format. On l'a fait; de douloureux événemens se sont produits ; la Chambre a été souvent en vacances; le cabinet a duré plus qu'on ne pouvait l'espérer. Ministère de coalition, il a succombé finalement sous la plus formidable coalition qu'on eût encore vue. La droite, vers laquelle il avait incliné, ne l'a même pas défendu, et, si le fidèle marquis di Rudini ne lui avait pas donné l'appoint des quelques voix dont il dispose, il aurait risqué d'avoir contre lui l'unanimité de la Chambre. M. Saracco n'avait pas mérité un aussi triste sort. L'affaire de la Chambre du travail de Gênes, fermée pendant la dernière grève, a été terriblement exploitée contre lui ; mais elle n'a servi que de prétexte. En réalité, aucun des hommes les plus importans de la Chambre ne faisait partie du gouvernement, et ils étaient tous pressés d'y prendre place. Toutefois, même au cours de l'assaut qu'ils ont livré ensemble, ils ont laissé voir plus de jalousie encore les uns envers les autres que de malveillance commune contre M. Saracco. C'est au point que, le lendemain de la chute de celui-ci, et malgré le poids de la majorité qui l'avait écrasé, les journaux ne regardaient pas comme impossible qu'il fût chargé de départager les vainqueurs et de procéder lui-même à la composition du futur cabinet. Même aujourd'hui, certaines gens se demandent si l'on ne finira pas par là. M. Sonnino, qui s'est montré un des plus ardens dans la lutte, a vu se dresser contre lui des préventions acharnées. M. Zanardelli, malade, n'assistait pas à la bataille : cela ne l'a pas empêché d'en recueillir les lauriers. C'est lui qu'après avoir entendu tout le monde, le Roi a fait définitivement appeler pour lui demander s'il consentirait à former un ministère. S'il y réussit, le cabinet sera surtout recruté dans la gauche et dans le centre. M. Zanardelli aurait pour principal lieutenant M. Giolitti ; on commence même à dire que, vu l'état de santé de son chef, M. Giolitti serait l'homme le plus actif de la combinaison. M. Prinetti aurait le portefeuille des Affaires étrangères : on ne s'attendait pas à voir M. Prinetti, qui est un des chefs de la droite, figurer dans un cabinet Zanardelli. Mais M. Zanardelli réussira-t-il ? Au moment où nous écrivons, le crise est toujours ouverte, et rien ne prouve qu'elle se dénoue si rapidement.

Nous ne pouvons laisser passer sans le signaler avec sympathie l'événement qui provoque une joie si vive dans toute la Hollande. On sait que la reine Wilhelmine a choisi pour époux le duc Henri de

Meklembourg, et le mariage vient d'avoir lieu au milieu de l'enthousiasme et de l'espérance de tout un peuple. Dans ce pays où le loyalisme est resté intact, la reine est aimée pour elle-même, pour sa jeunesse, pour sa bonne grâce, pour ce que sa situation a d'exceptionnel et même d'unique sur tous les trônes de l'Europe. On a rappelé le mariage de la reine Victoria à propos du sien, et, en ce moment surtout, ce rapprochement devait se présenter à tous les esprits. Comme la reine Victoria, la reine Wilhelmine a choisi elle-même son mari parmi les princes allemands, sans écouter d'autre conseil que celui de son cœur : elle a suivi son inclination. Le scepticisme qui se dégage de l'histoire nous a appris à ne plus attacher, en pareil cas, beaucoup d'importance politique au choix de tel prince de préférence à tel autre : la jeune reine a certainement bien fait de se déterminer par des considérations toutes personnelles. L'exemple de la reine d'Angleterre était fait pour lui servir d'encouragement, de même que celui du prince Albert peut fournir un modèle au prince Henri. Les Hollandais sont jaloux de leur indépendance : ils seraient même ombrageux, s'ils croyaient que la moindre atteinte pût y être portée, mais certainement cela n'arrivera pas. La reine Emma est récompensée aujourd'hui des soins qu'elle a pris de sa fille. Après une régence heureuse, voilà un règne qui commence sous les auspices les plus favorables. Quant à nous, nous faisons des vœux sincères pour le bonheur du nouveau couple royal, et pour la prospérité d'un pays auquel nous rattachent tant d'intérêts communs.

FRANCIS CHARMES.

Le Directeur-Gérant,

F. BRUNETIÈRE.

CINQUIÈME PÉRIODE — LXXIᵉ ANNÉE

TABLE DES MATIÈRES

DU

PREMIER VOLUME

JANVIER — FÉVRIER 1901

Livraison du 1ᵉʳ Janvier.

Livraison du 15 Janvier.

Paris. — Typ. Chamerot et Renouard, 19, rue des Saints-Pères. — 40463.